JN329395

精神医学の潮流

大阪大学精神医学教室120年の歩み

120周年記念誌編集委員会編

株式会社 新興医学出版社

吹田キャンパスの阪大医学部

正面に中之島から移転した「医学部」石碑。佐多愛彦と楠本長三郎の銅像を両側に配置。後方左が基礎研究棟，右が臨床研究棟（2013年4月撮影）

吹田キャンパスの阪大医学部と病院

共通棟，その後に臨床研究棟，右側に病院。精神医学教室は臨床研究棟最上階（10階）右半分に，神経科・精神科病棟は病院の東2階にある。（2013年4月5日撮影）

旧大阪大学医学部正面

旧大阪大学医学部附属病院南側

旧大阪大学医学部，昭和 12 年頃

旧大阪大学医学部附属病院正面・昭和 12 年頃

精神医学の潮流-大阪大学精神医学教室120年の歩み

昭和18年年頭の医局員
中央に和田豊種名誉教授と堀見太郎教授　昭和18年元旦

第二次世界大戦の困難な時期を乗り越えた医局
醫長，杉原，橋田，倭，岩谷，布施，千島，大澤，高橋
昭和20年冬

昭和31年度和風会　宝塚ホテル

昭和40年度和風会
和田豊種教授が出席した最後の総会

金子仁郎先生旭日重光章受賞祝賀会，1987年11月3日リーガロイヤルホテル

西村健教授退官記念パーティー，1995年5月20日リーガロイヤルホテル

後列　中尾和久，工藤義雄，浅尾博一，髙橋清彦，一人おいて，南野壽重，井上健，関山守洋。前列　松田武先生，金子元教授，岡崎綾子氏，松下正明東大教授，西村健前教授

教室創設百周年記念祝賀会
千里ライフサイエンスセンター 1994年11月26日

武田雅俊教授開講10周年記念講演会

リーガロイヤルホテルにおいて記念講演会と祝賀会を開催し，野村靖幸教授の司会で Brian E. Leonard（University College Galway），井原康夫教授の司会で Khalid Iqbal（NY Institute for Basic Research in Developmental Disabilities），西村健教授の司会で武田雅俊教授の記念講演があった。(2006年11月25日)

精神医学の潮流-大阪大学精神医学教室120年の歩み

平成20年度医局員

平成22年教室忘年会

平成24年度医局員

大阪大学精神医学教室百二十年の歩み

序　文

　明治22年9月5日，大西鍛が大阪医学校に赴任し精神病学と生理学の講義を始めた。そして明治27年4月7日に精神科が新設され，大西鍛を医長として精神病学教室が誕生した。わが国においては東京大学に次ぐ二番目の精神病学教室であった。この時から数えて百二十年の月日が経過した。

　この間に大阪大学医学部の名称は，大阪府立高等医学校（明治36年），府立大阪医科大学（大正4年），大阪医科大学（大正8年），大阪帝国大学医学部（昭和6年），大阪大学医学部（昭和24年）と変わり，そして，大学院大学となり大阪大学大学院医学系研究科へと変わった。

　精神医学教室はこの百二十年間その歴史をつないできたが，診療科名と教室名もそれぞれの時代に合わせて変化した。大西鍛は，明治27年に精神科を独立させ，その診療科長を勤めた。この時をもって教室誕生の起点としている。引き続き阪大病院では明治31年に神経科ができ，大西鍛が科長を併任することとなり，診療科名は「精神神経科」となった。和田豊種は，精神病も神経病も担当するという従来の方針を引き継いだが，診療科名を「神経科」とした。この当時の神経病は今でいう精神疾患も神経疾患も含まれていたからである。そして金子仁郎の時に，一般にわかりやすいようにとの配慮から診療科名を「神経科精神科」と呼ぶようになり，現在まで「神経科精神科」の名称を使用している。

　教室の名称は，教室創設以来「精神神経科学教室」であったが，昭和44年金子仁郎教授時代に「精神医学教室」を使用するようになり，医学部における名称は「精神医学」，医学系研究科の名称は「精神神経科学」を平成8年度まで使用してきた。平成9年度の大学院重点化施策により大阪大学が大学院大学となった時に教室名の変更を余儀なくされた。その事情は，大学院大学となり大講座制を導入したことと，当時の文科省から他の大学院大学と異なる教室名を使用するようにとの強い要請がなされたことによる。このような事情により多くの大学院大学に，一般には解りにくい教室名が次々に誕生することとなった。当教室でも，平成9年度の大学院重点化の改組により「神経機能医学講座（精神医学）」となり，平成14年度の未来医療専攻設置による改組により「プロセシング異常疾患学」となった。これは余りにも解りにくい教室名だったと今でも反省しているが，平成17年度の大学院改組により，めでたく教室名は情報

統合医学講座「精神医学」に戻り，現在も「精神医学」教室をその正式名称としている。

　教室および同門会「和風会」では，この百二十周年の節目に教室の歴史をまとめることになった。これは，故西村健先代教授の時代 1994 年に教室百周年の記念式典を開催したが，その折に記念誌は刊行されなかったからである。小生も教室百周年記念式典に出席したが，教室に関係する貴重な話を興味深く拝聴した。歴史が記録されないままに散逸してしまうことが残念に思われたことから，ここに本誌を編纂することとなった。

　温故知新の諺が示すように教室の歴史を振り返ることにより，更なる発展を期したいと思うのであるが，折しも，小生も定年までの任期が残り一年となり，先代の西村健先生が御退官の一年前に百周年祝賀会を開催されたのと重なる。歴史を振り返ることは，役目を終わろうとする立場の人にふさわしい仕事であり，このような時期に教室の百二十周年記念誌を編纂しようと思い立ったのであるが，本書が温故知新の役割を果たすことにより，さらなる教室の発展へ向けて歴史を次の世代に引き継ぎたいと思っている。そのような意味で編纂に当たってはこれから精神医学の進むべき道を示唆してくれるよすがとなることを心掛けた。教室百二十年の歴史の中から，その底流に流れる思想と潮流を感じ取っていただきたい。それぞれの時期において先達が残してくれた貴重な経験と体験とを振り返ることにより，どのような困難に直面したときにも新たな時代への進路を指し示す内容が盛られていると信ずるからである。

　本誌編纂の作業中に数多くの得難い体験をした。歴代教授ゆかりの地と墓所を訪問し，資料の収集にあたったが，このような作業の中にも，教室に流れる脈々とした潮流を感じる心地よい作業であった。

武田　雅俊

120周年記念誌編集委員会

編集委員長	志水	彰	志水堺東診療所
副編集委員長	工藤	喬	大阪大学保健センター 精神科 教授
編集委員	武田	雅俊	大阪大学大学院医学系研究科 精神医学教室 教授
	西沼	啓次	やまと精神医療センター 名誉院長/精華町国民健康保険病院 顧問
	清水	將之	三重県特別顧問（子ども家庭局）
	杉田	義郎	大阪大学キャンパスライフ支援センター 特任教授（非常勤）/関西学院保健館 学校医・産業医（常勤）
	井上	洋一	星ヶ丘厚生年金病院 院長相談役・精神科
	福永	知子	元大阪大学大学院医学系研究科 精神医学教室/関西ロールシャッハ研究会 世話役
	紙野	晃人	独立行政法人国立病院機構 やまと精神医療センター 院長
	数井	裕光	大阪大学大学院医学系研究科 精神医学教室 講師
	岩瀬	真生	大阪大学大学院医学系研究科 精神医学教室 講師

執筆者一覧 (五十音順・本文文中，原則敬称略)

吾妻　　壮	大阪大学大学院医学系研究科 精神医学 助教
東　　　司	社会福祉法人天心会 小阪病院 理事長・院長
東　　　均	社会福祉法人天心会 小阪病院 副院長
飯田　信也	大阪市立総合医療センター 児童青年精神科 副部長/元星ヶ丘厚生年金病院 精神・神経科 医長
池田　　学	熊本大学大学院生命科学研究部 神経精神医学分野 教授/熊本大学医学部附属病院副病院長
石井　良平	大阪大学大学院医学系研究科 精神医学教室 講師（医学部）
乾　　　正	大阪府立大学福祉学部 教授/大阪府こころの健康総合センター 所長/花園大学社会福祉学部 教授
井上　洋一	星ヶ丘厚生年金病院 院長相談役・精神科
岩瀬　真生	大阪大学大学院医学系研究科 精神医学教室 講師
上西　圀宏	上西クリニック
梅田　幹人	関西労災病院 心療内科・精神科 部長
江川　　功	日生病院精神科 部長/元大阪回生病院精神神経科 部長
大河内正康	大阪大学大学院医学系研究科 精神医学教室 講師
岡　　達治	岡クリニック 院長
岡本　輝夫	医療法人ピーアイエーナカムラ病院 理事
奥田純一郎	元国立病院機構 松籟荘病院 院長
尾崎　　哲	医療法人和泉会 和泉丘病院 院長
柿本　泰男	愛媛大学名誉教授 精神科
籠本　孝雄	大阪府立精神医療センター 院長
柏木雄次郎	関西福祉科学大学社会福祉学部 臨床心理学科 教授/前・大阪府立成人病センター 心療・緩和科 主任部長
数井　裕光	大阪大学大学院医学系研究科 精神医学教室 講師
紙野　晃人	独立行政法人国立病院機構 やまと精神医療センター 院長
亀田　英明	医療法人菱仁会 かめだクリニック 理事長
河﨑　建人	公益社団法人 日本精神科病院協会 副会長/一般社団法人 大阪精神科病院協会 会長/医療法人河﨑会 水間病院 理事長・院長
北嶋　省吾	医療法人鴻池会 秋津鴻池病院常勤顧問 精神科
木下　秀夫	医療法人養心会 国分病院 院長
工藤　　喬	大阪大学保健センター 精神科 教授
小池　　淳	医療法人豊済会 小曽根病院 理事長/小池診療所 院長
胡谷　和彦	NTT 西日本大阪病院 精神科 部長
小土井直美	福田クリニック/独立行政法人国立病院機構 大阪医療センター
後藤　基規	大阪精神分析研究会 代表
小西　博行	元奈良県立医科大学精神科 助教授/小西メンタルクリニック 院長

執筆者一覧

近藤　秀樹	医療法人河﨑会 水間病院 診療部長
阪本　栄	医療法人六三会 大阪さやま病院 理事長・院長
澤　温	社会医療法人北斗会 さわ病院 理事長・院長
篠崎　和弘	和歌山県立医科大学医学部 神経精神医学教室 教授
志水　彰	志水堺東診療所
清水　徹男	秋田大学大学院医学系研究科 精神科学講座 教授
清水　將之	三重県特別顧問（子ども家庭局）
杉田　義郎	大阪大学キャンパスライフ支援センター 特任教授（非常勤）/関西学院保健館 学校医・産業医（常勤）
角　典哲	医療法人社団澄鈴会 箕面神経サナトリウム
関山　守洋	医療法人松柏会 榎坂病院 理事長・院長
高石　昇	医療法人 高石クリニック 理事長/日本医科大学精神医学 客員教授
髙橋　明	公益財団法人 浅香山病院 理事長
髙橋　幸彦	医療法人清風会 茨木病院 理事長
武田　雅俊	大阪大学大学院医学系研究科 精神医学教室 教授
館　直彦	たちメンタルクリニック 院長
田中　克往	医療法人社団澄鈴会 箕面神経サナトリウム
田中　稔久	大阪大学大学院医学系研究科精神医学教室 准教授
谷口　充孝	大阪回生病院睡眠医療センター 部長
田伏　薫	公益財団法人 浅香山病院 名誉院長/元星ヶ丘厚生年金病院 副院長
爲永　清吾	医療法人清順堂 ためなが温泉病院 理事長・院長
辻尾　一郎	箕面市立病院 心のクリニック（精神科）部長
堤　俊仁	公益社団法人大阪精神科診療所協会 会長/医療法人適水会つつみクリニック 院長
手島　愛雄	大阪厚生年金病院神経精神科 部長
德山まどか	市立豊中病院精神科 部長
豊永　公司	大阪市立総合医療センター 医務監兼児童青年精神科部長
中尾　和久	甲南女子大学人間科学部心理学科 教授
長尾喜八郎	一般社団法人大阪精神科病院協会 名誉会長/医療法人長尾会 ねや川サナトリウム 創業者・名誉院長
中川　賀嗣	北海道医療大学 心理科学部 教授
中嶋　照夫	医療法人 中嶋医院 院長/京都府立医科大学名誉教授
中村　祐	香川大学医学部 精神神経医学講座 教授
夏目　誠	大阪樟蔭女子大学大学院 人間科学研究科 教授
行田　建	独立行政法人労働者健康福祉機構 大阪労災病院精神科 部長
納谷　敦夫	なやクリニック高次脳機能外来 医師
西川　隆	大阪府立大学大学院 総合リハビリテーション学研究科 教授
西沼　啓次	やまと精神医療センター名誉院長/精華町国民健康保険病院 顧問
服部　英幸	独立行政法人国立長寿医療研究センター 行動・心理療法部（精神科）
菱川　泰夫	秋田大学 名誉教授/秋田回生会病院 名誉院長

廣常　秀人	独立行政法人国立病院機構大阪医療センター（旧・国立大阪病院）精神科科長・緩和ケアチーム 室長 （がんサポートチーム，AIDS 緩和ケアチーム）・臨床心理室室長	
福永　知子	元大阪大学大学院医学系研究科精神医学教室/関西ロールシャッハ研究会世話役	
藤井　久和	元大阪府立公衆衛生研究所 精神衛生部長	
藤戸　せつ	医療法人おくら会 理事長/医療法人みずき会 理事長	
藤本　淳三	大阪府立精神医療センター 名誉院長	
補永　栄子	兵庫県立光風病院 児童思春期精神科	
本多　義治	医療法人爽神堂 七山病院 理事長・院長	
松浦　玲子	大阪府こころの健康総合センター 所長	
松本　和雄	関西学院大学 名誉教授	
三上　章良	大阪大学 保健センター 准教授	
水田　一郎	大阪大学 保健センター 教授	
南　　諭	南クリニック 院長/大阪精神科診療所協会 名誉会長	
宮本　英七	熊本大学 名誉教授	
森　滋郎	医療法人達磨会 東加古川病院 理事長	
柳　雄二	医療法人好寿会 美原病院 名誉院長	
湯浅　亮一	市立堺病院 名誉院長	
横井　公一	医療法人微風会 浜寺病院	
吉田　功	医療法人河﨑会 水間病院	
和気　隆三	医療法人和気会 新生会病院 理事長	
和田　慶治	医療法人敬寿会 吉村病院 院長	
渡辺洋一郎	公益社団法人日本精神神経科診療所協会会長/渡辺クリニック 院長	
Ashick Ansar	Department of Psychiatry, Albert Einstein Medical Center	
Daizy Nurun Begum	Attending Psychiatrist, Dover Behavioral Health System	
Ramón Cacabelos	Director, Euroespes Medical Center, Vice Rector of Hose-Camilo University	
Leonides Canuet	Center for Biomedical Technology Madrid Complutense University, Madrid Polytechnic University	
Antonio Currais	Salk Institute for Biological Sciences, La Jolla	
Khalid Iqbal	Charman, Department of Neurochemistry, New York Institute for Basic Research in Developmental Disabilities	
Golam Sadik	Professor, Department of Pharmacy, University of Rajshahi	

精神医学の潮流　大阪大学精神医学教室 120 年の歩み
CONTENTS

第 1 部　歴　史 1

1　教室の歴史 1
1　教室前史 .... 武田　雅俊　2
2　大西鍼教授時代 .... 武田　雅俊　12
3　今村新吉教授時代 .... 武田　雅俊　17
4　和田豊種教授時代 .... 武田　雅俊　20
5　堀見太郎教授時代 .... 柿本　泰男　29
6　金子仁郎教授時代 .... 志水　彰　36
7　西村健教授時代 .... 井上　洋一　48
8　武田雅俊教授時代 .... 工藤　喬　57

2　関連組織の歴史 65
1　石橋分院 .... 藤井　久和　65
2　大阪大学保健センター .... 杉田　義郎　70
3　大阪府立精神医療センター（旧・中宮病院） .... 籠本　孝雄　74
4　公衛研 精神衛生部 .... 藤井　久和　81
5　大阪府立急性期・総合医療センター
　　（旧・大阪府立病院）の精神神経科 .... 亀田　英明　86
6　大阪府こころの健康総合センター .... 松浦　玲子　95
7　やまと精神医療センター（旧・松籟荘） .... 紙野　晃人, 西沼　啓次　102
8　独立行政法人国立病院機構 大阪医療センター
　　（旧・国立大阪病院） .... 廣常　秀人　108
9　大阪市立総合医療センター児童青年精神科 .... 豊永　公司　113
10　日生病院精神科神経科 .... 北嶋　省吾　120
11　大阪警察病院精神神経科 .... 東　均　123
12　NTT 西日本大阪病院（旧・大阪逓信病院） .... 吉田　功, 胡谷　和彦　128
13　大阪厚生年金病院 .... 手島　愛雄　132
14　星ヶ丘厚生年金病院 .... 田伏　薫, 飯田　信也　135

15	関西労災病院	梅田　幹人	*143*
16	市立豊中病院	德山まどか	*150*
17	箕面市立病院	辻尾　一郎	*156*
18	大阪回生病院	谷口　充孝, 江川　功	*160*
19	国立長寿医療研究センター	服部　英幸	*165*
20	大阪府立成人病センター	田中　克往, 柏木雄次郎	*169*
21	大阪労災病院（独立行政法人労働者健康福祉機構）	行田　建	*173*
22	北大阪けいさつ病院（旧・大阪第二けいさつ病院）	工藤　喬	*175*
23	近畿精神神経学会の歴史 　近畿精神神経科学教室集談会と合同卒後研修講座を含めて	武田　雅俊	*178*
24	日本精神神経学会と阪大精神医学教室とのかかわり	武田　雅俊	*184*
25	大阪精神科病院協会の歩み（1）設立から平成10年まで	長尾喜八郎	*188*
25	大阪精神科病院協会の歩み（2）平成10年から現在まで	河﨑　建人	*191*
26	日本精神科病院協会の歩み	河﨑　建人	*194*
27	大阪精神科診療所協会	堤　俊仁	*200*
28	日本精神神経科診療所協会	渡辺洋一郎	*205*

第2部　精神医学の潮流　　*213*

1	精神神経学雑誌に掲載された教室関係者の論文	武田　雅俊	*214*
2	我が国の精神分析学の歴史と現在 　―教室関係者の仕事を中心に	水田　一郎, 他	*226*
3	産業精神医学の歴史	藤井　久和	*237*
4	催眠研究の歴史と現状	高石　昇	*245*
5	睡眠医学の歴史	菱川　泰夫	*256*
6	笑いの精神医学	志水　彰	*267*
7	精神医学への生化学的研究の導入と神経化学の推進 　―佐野勇グループの活動―	柿本　泰男	*279*
8	神経化学と精神薬理学研究の流れ	宮本　英七	*285*
9	精神神経科における薬物療法の幕開け	中嶋　照夫	*291*
10	神経学と精神医学	湯浅　亮一	*294*
11	フランス精神医学の潮流―歴史と今後の動向	小池　淳	*299*
12	児童精神医学，127年の歩み	清水　將之	*303*
13	老年精神医学の潮流	武田　雅俊	*309*

第3部　大阪府および各地の精神医療 ……… 317

1 大阪府下の精神科病院 ……… 318

 1 公益財団法人 浅香山病院 …………………………… 髙橋　　明 318
 2 和泉丘病院 …………………………………………… 尾崎　　哲 322
 3 医療法人清風会 茨木病院 …………………………… 髙橋　幸彦 324
 4 医療法人松柏会 榎坂病院 …………………………… 関山　守洋 327
 5 医療法人六三会 大阪さやま病院 …………………… 阪本　　栄 330
 6 医療法人豊済会 小曽根病院 ………………………… 小池　　淳 335
 7 国分病院 ……………………………………………… 木下　秀夫 337
 8 小阪病院 ……………………………………………… 東　　　司 340
 9 澤潤一とさわ病院 …………………………………… 澤　　　温 344
 10 医療法人爽神堂 七山病院の歴史 …………………… 本多　義治 347
 11 医療法人和気会 新生会病院 ………………………… 和気　隆三 352
 12 清順堂 ためなが温泉病院 …………………………… 爲永　清吾 356
 13 医療法人長尾会 ねや川サナトリウム～数々の出来事 … 長尾喜八郎 358
 14 医療法人河﨑会 水間病院 …………………………… 河﨑　建人 362
 15 箕面神経サナトリウム ……………………………… 角　　典哲 367
 16 美原病院 ……………………………………………… 柳　　雄二 370
 17 吉村病院 ……………………………………………… 和田　慶治 373

2 各地の精神科医療 ……… 377

 1 和歌山医大精神科の創立と当時の和歌山県精神科医療 … 篠崎　和弘 377
 2 奈良県立医科大学精神科と当時の奈良県の精神科医療 … 小西　博行 384
 3 加古川脳病院の設立と当時の兵庫県精神科医療 …… 森　　滋郎 391
 4 国立呉病院神経科設立と当時の広島県の精神医療 … 岡本　輝夫 397
 5 藤戸病院設立と当時の高知県精神科医療 ………… 藤戸　せつ 401
 6 大阪府の精神保健医療福祉行政について ………… 納谷　敦夫 408
 7 秋田大学精神科学教室設立と当時の秋田県の精神医療 … 清水　徹男 413
 8 愛媛大学医学部創設と精神神経科の成長 ………… 柿本　泰男 418
 9 香川大学精神科と香川県の精神科医療 …………… 中村　　祐 426
 10 熊本大学神経精神科と熊本県の精神医療 ………… 池田　　学 430

第4部　和風会の人脈 ……………………………………………………………… 435

 1　「和風会誌」から見た教室の歴史 ……………………………… 武田　雅俊　*436*
 2　谷向　弘 ………………………………………………………… 乾　　　正　*448*
 3　恩師　佐野　勇先生 …………………………………………… 中嶋　照夫　*450*
 4　神谷美恵子 ……………………………………………………… 髙橋　幸彦　*454*
 5　長山　泰政 ……………………………………………………… 清水　將之　*458*
 6　白石　純三 …………………………………………………… 奥田純一郎　*461*
 7　中宮病院時代の垣内史郎先生 ………………………………… 上西　囿宏　*467*
 8　播口　之朗 ……………………………………………………… 武田　雅俊　*470*
 9　有岡　巖の思い出 ……………………………………………… 夏目　　誠　*476*
 10　浅井　敬一 ……………………………………………………… 田中　克往　*479*
 11　頼藤　和寛 ……………………………………………………… 中尾　和久　*483*
 12　工藤義雄先生を思う …………………………………………… 小池　　淳　*488*
 13　杉原　方 ………………………………………………………… 松本　和雄　*492*
 14　浅尾博一と大阪府立中宮病院 ………………………………… 藤本　淳三　*495*
 15　角辻豊先生の思い出をめぐって ……………………………… 南　　　諭　*501*
 16　田邉敬貴先生 …………………………… 池田　　学，中川　賀嗣，西川　　隆　*505*
 17　髙橋　清彦 ……………………………………………………… 田伏　　薫　*509*
 18　辻　　悟 ………………………………………………………… 福永　知子　*512*

第5部　阪大精神科の研究の流れと現在の研究活動 ……………………………… 517

 1　神経化学研究室 ………………………………………………… 田中　稔久　*518*
 2　脳波睡眠研究室について語る ………………………………… 三上　章良　*526*
 3　認知行動生理学研究室 ………………………………………… 岩瀬　真生　*534*
 4　精神病理研究室 ………………………………………………… 井上　洋一　*540*
 5　超音波ドプラ・神経心理研究室 …………………… 近藤　秀樹，数井　裕光　*545*
 6　行動療法グループ ……………………………………………… 中尾　和久　*552*

第6部　阪大精神科の位置付け　和風会が関与した主要学会 …………………… 561

 1　日本精神神経学会学術大会 …………………………………… 武田　雅俊　*562*

2　日本老年精神医学会とのかかわり……………………………田中　稔久　566
　3　日本睡眠学会………………………………………………………杉田　義郎　570
　4　日本生物学的精神医学会…………………………………………岩瀬　真生　575
　5　日本神経化学会……………………………………………………工藤　　喬　579
　6　日本精神病理学会…………………………………………………清水　將之　583
　7　日本認知症学会……………………………………………………大河内正康　587
　8　日本神経心理学会…………………………………………………数井　裕光　600
　9　日本臨床神経生理学会……………………………………………石井　良平　605
　10　日本青年期精神療法学会…………………………………………井上　洋一　608
　11　日本ロールシャッハ学会…………………………………………福永　知子　612

第7部　国際化への貢献 …………………………………………………………… 621

1　主催した国際学会の記録 ……………………………………………………… 622
　1　第5回アルツハイマー病及び関連疾患に関する国際会議………武田　雅俊　622
　2　国際アルツハイマー病学会と教室のかかわり …………………武田　雅俊　632
　3　第13回国際老年精神医学会 ………………………………………武田　雅俊　636
　4　国際老年精神医学会（IPA）と教室のかかわり ………………武田　雅俊　645
　5　第11回世界生物学的精神医学会（WFSBP 2013）………………工藤　　喬　651
　6　国際学会を通しての皇族・王室とのお付き合い………………武田　雅俊　654

2　教室への留学生 ………………………………………………………………… 667
　1　ラモン・カカベロス（Ramón Cacabelos）
　　　スペイン　1982-1991………………………………… Ramón Cacabelos　667
　2　デイジー・ヌルン・ベグム（Daizy Nurun Begum）
　　　バングラデッシュ　2002-2007 ……………………Daizy Nurun Begum　672
　3　アシック・アンサー（Ashick Ansar）
　　　バングラデッシュ　2002-2007 ………………………………Ashick Ansar　676
　4　ゴラム・サディク（Golam Sadik）
　　　バングラデッシュ　2003-2009 …………………………………Golam Sadik　678
　5　レオニデス・カヌエット・デリス（Leonides Canuet Delis）
　　　キューバ　2005-2009………………………………Leonides Canuet Delis　681
　6　アントニオ・クライス（Antonio Currais）
　　　ポルトガル　2009 …………………………………………Antonio Currais　685

7　Two Decades of a Fine Relationship with the Department of Neuropsychiatry, Osaka University Medical
　　　　　　　　　　　　　　　　　　　　　カリッド・イクバル（Khalid Iqbal）　687
8　教室に受け入れた外国人留学生・外国人研究者……………武田　雅俊　691

3　国外研究機関との連携　694
1　教室からの留学の記録……………………………田中　稔久　694

第8部　資料　701

1　神経科医局日誌　昭和19年から22年……………武田　雅俊　702
2　和田豊種の日露戦争従軍日記……………………武田　雅俊　761
3　大阪大学精神医学教室入局者名簿　798
4　和田教授時代入局者の写真帳　804
5　和風会会員の動向　814
6　大阪大学精神医学教室歴代教授と保健センター・高次研教授　816
7　大阪大学精神医学教室の学位受領者　819
8　大阪大学精神医学教室を中心にした精神医学歴史年表　838

第9部　和風会会員による精神医療サービス　885

和風会会員の病院，診療所……………………………武田　雅俊　886

INDEX　935
　人名　935
　件名　941

第1部

歴史

1 教室の歴史
2 関連組織の歴史

1 教室前史

● 武田　雅俊

大阪大学の歴史概観

　大阪大学は，江戸時代中期に創設された懐徳堂と，幕末に開設された適塾とをその源流とする。いずれも大阪市民の間に生まれた私塾であり「地域に生き世界に伸びる」大阪大学の標語と共通するものがある。

　1868（慶応 4）年 2 月 3 日から 40 日に及ぶ明治天皇の浪華行幸があり，大阪に窮民施療のために病院設立を命じる御沙汰書が出された。その沙汰により 1869（明治 2）年に大福寺（天王寺区上本町）に仮病院が設置され，緒方郁蔵，緒方惟準ら多くの適塾の医師が移籍した。この浪華仮病院を源として大阪大学医学部は，2014 年まで連綿として 145 年の歴史を紡いでいるのであるが，ここでは精神医学教室前史として大阪医学校に精神医学講座が開設されるまでの大阪における医学教育の流れを記載し，我が国最初の精神医学書を著した神戸文哉についても合わせて記載する。1889（明治 22）年 9 月 5 日に，精神科学・生理学担当として医学士大西鍛が大阪医学校に赴任したのであるが，これ以降の教室の歴史は章を改めて記載されるので，ここでは大阪大学全体の歴史概観にとどめる。

懐徳堂と適塾

　懐徳堂は 1724（享保 9）年に大阪の豪商（三星屋武右衛門・富永芳春・舟橋屋四郎右衛門・備前屋吉兵衛・鴻池又四郎）が設立した学問所であり，この 5 名は懐徳堂の五同志と称される。1726（享保 11）年に将軍徳川吉宗により公認され官許学問所となり学校敷地を拝領したが，明治政府により旧幕府からの諸役免除などの特権が廃止され，1869（明治 2）年に懐徳堂はいったん廃校となった。その後半世紀を経て 1916（大正 5）年に，最後の預人中井桐園の嫡子中井天生らの尽力により重建懐徳堂が設立され再興を果たした。懐徳堂と重建懐徳堂との間には長い空白期間があり，教育機関としての歴史的連続性がないため，大阪大学は懐徳堂を学問的系譜とはいうものの，その前身とは言及していない（図 1）。

　適塾は，蘭学者・医者として知られた緒方洪庵が 1838（天保 9）年に大坂・船場に開いた私塾で，緒方洪庵の号「適々斎」を由来として正式名を適々斎塾という。石阪惟寛，大鳥圭介，大村益次郎，佐野常民，高松凌雲，武田斐三郎，長与専斎，橋本左内，福沢諭吉ら幕末から明治にかけて活躍した多くの人が適塾に学んだ（図 2, 3）。

図1　懐徳堂旧阯碑
大阪市中央区今橋

図2　緒方洪庵の胸像
(1810年8月13日-1863年7月25日)

図3　適塾
大阪市中央区北浜3丁目

図4　現在の大福寺
天王寺区上本町

仮病院・大阪府病院

　幕末1868（慶応4）年1月に大久保利通による大坂遷都論が唱えられ，明治天皇の大阪行幸があり大阪に病院取建の御沙汰書が下った。適塾は1868（明治元）年に閉鎖されたが，翌1869（明治2）年2月に本学医学部につながる浪華仮病院と仮医学校が大福寺（天王寺区上本町4丁目）に設立された時，適塾から緒方洪庵の子である緒方惟準ら多数の教師・塾生が移籍した。仮病院では，緒方惟準を院長とし，オランダ人医師ボードウィン（A. F. Bauduin）を雇用した。ボードウィンの指図により大阪府医学校の建築が進められ1870（明治3）年に新講堂の落成とオランダ人医師エルメレンス（C. J. Ermerins）の就任挨拶記念講演会が開催された（図4, 5）。

図5　1869年竣工の大阪府医学校病院
現在の国立大阪病院東南部にあった。

　ところが1871（明治4）年の文部省の学制改革により各地の医学校病院廃止が決定された。大阪府庁には市民からの病院再興への強い要望と醵金が寄せられ，大阪府は西本願寺に仮病院を設置し，高橋正純院長とエルメレンスが着任

した．病院正面にはエルメレンスによる OSA-KA HOSPITAL の門票が掲げられた（図6,7）．

エルメレンスの病院内外における信望は厚く，病院は興隆の一途を辿り，大阪府はエルメレンスの再雇用にあたって無期限雇い継ぎに改めたほどであったが，本国の事情によりエルメレンスは帰国することとなり，1877（明治10）年に，その後任に京都療病院からオランダ人医師マンスフェルト（C.G. vanMansvelt）が着任した．このように初期の大阪医学校はボードウィン，エルメレンス，マンスフェルトと続いたオランダ人医師により指導され順調に発展した．今でもエルメレンス顕彰碑が医学部前庭に残されている．

大阪府知事渡辺昇により病院の新築移転が進められ，中之島の旧広島藩蔵屋敷跡に洋式の尖塔を中央に配した華麗な建物が完成し1879（明治12）年4月1日に大阪公立病院と改称して開院式を行った．教授局長に橘良栓，院長に高橋正純が就任し，1880（明治13）年から大阪府立医学校と大阪府立病院として医学教育重視の態勢が整えられた（図8）．

図6 仮病院門票
大阪西本願寺（津村別院）に掲げられた扁額

図7 西本願寺時代の大阪府病院教職員・生徒
中央がエルメレンス，その右が高橋正純

図8 大阪府立高等医学校病院（1979〜1910年）
1879年4月北区常安町に病院を新築し，西本願寺の病院を移し大阪公立病院と称した．この建物は1910年まで存続するが，当時としてはモダンな建物であった．1880年に府立大阪医学校および府立大阪病院と改称し，1888年には大阪医学校，1903年には大阪府立高等医学校と称した．

大阪府立医学校から大阪医学校

1880（明治13）年5月に大阪府知事建野郷三が就任し病院と学校の改革に着手し，イギリス留学中に親交のあった海軍中医監の吉田顕三を1881（明治14）年1月に招聘し院長兼校長に任命した．建野知事の強権的ともみえる改革は，本学の草創期を担った人たちを一掃することとなり，オランダ人教師や緒方惟準，高橋正純たちにより築かれたオランダ式の医学教育の終焉を意味していた．新校長となった吉田顕三は，自分が学んだロンドンのユニバーシティカレッジの医科本科の規則に倣い，学生を5ヵ年の修業年限とする甲種と4ヵ年の乙種とに分ける教則を定めた．

このころ1882（明治15）年に，政府は医学校通則を定めることを各府県に通達した．その内容は医学校を甲種と乙種とに区分けして，甲種医学校卒業生には試験を要せず医師開業免許状を与えることとするものであった．甲種の条件として，3名以上の医学士若しくは大学医学校

の卒業学士を教諭とし，生徒に相応の助教諭を置き，4年以上学期・教則および試験法を完備し，附属病院を有し生徒の実験に資すべき器械標本を具備することとされた。当時の医学士数は限られており，1882（明治15）年初頭に甲種医学校の認可を受けたのは，岡山，千葉，愛知，金沢，京都，三重，兵庫，和歌山，広島，長崎の医学校であった。府立大阪医学校は，医学士としては，吉田顕三，神内由巳，熊谷省三がおり，神戸文哉，森鼻宗次という医学士に準ずる人もいた。解剖学に医学士岳野忠興，製薬士に乃美辰一がいたので，医学士と助教諭の人材は十二分過ぎるほどであり，学期も4年以上であり，通達にある4条件のうち3条件は備わっていたが，附属病院の1件だけが問題であった。そこで府立病院を附属病院とすることにより，通達の要件をすべて満たすこととなり，1882（明治15）年11月18日に甲種医学校の認可となり，1884（明治17）年に初めて第1回卒業生4名を出した。

しかしながら認可を受けた後の医学校・病院の運営は順調なものではなかった。1887（明治20）年9月30日に，勅令第48号を以て「府県立医学校の費用は明治21年以降地方税を以て之を支弁することを得ず」と交付されたからである。この勅令により全国の府県に設置されていた医学校のほとんどが廃止の運命をたどることになり，経営的に存続が可能であったのは大阪，京都，名古屋の3校のみであった。他の多くの医学校は廃校となり，1887（明治20）年に国により設置された仙台，千葉，金沢，岡山，長崎の高等中学校医学部が医師の養成を担当することになった。このような時期に建野知事が辞職し続いて吉田顕三校長も辞任した。吉田辞任後は教諭神戸文哉が校長代理となりその重責を担うこととなった。神戸文哉は校内の動揺をよく収拾し，後任の清野勇に引き継いだが，その功績を忘れてはならない。

神戸文哉と精神病約説

神戸文哉は1881（明治14）年から14年間，吉田顕三を援け大阪医学校教諭として活動した。当時は，精神病学は未だ独立した講座とはなっていなかったが，我が国における最初の精神医学書を著した人であり，ここにその経歴と最初の教科書の概要を記しておく。

神戸文哉（1848年8月12日～1899年7月17日）は，信州小諸藩士神戸安右衛門の第2子として，1848（嘉永元）年に小諸城内に生まれた。1860（安政7）年江戸に遊学し，はじめ野呂俊臣に和漢学を，次いで杉田玄端に蘭学を学び，1865（慶應元）年から3年間幕府開成所において川本清二郎らについて英学を学んだ。1869（明治2）年9月大阪に移り，大阪府病院にて，ボードウィン，緒方惟準らについて医学を修めた。同年11月に大阪府医学校病院が創設されると，神戸文哉は同年12月14日に医学校句読師助勤となった。1870（明治3）年にはボードウィンの後任としてエルメレンスが赴任してきたが，神戸は少読業生，大読業生と昇進し，局長に任ぜられた。

1871（明治4）年5月に神戸は再び東京に戻り，大学東校に勤務した。同年7月にプロシアから来日したミュルレル，ホフマンについてドイツ医学を勉強し，さらに1873（明治6）年7月にドイツから来日したデーニッツについて当時としては最新のドイツ医学を学んだ。そして1875（明治8）年2月14日に京都府に招聘されて療病院監学事となった。1877（明治10）年11月に教授編集係兼務となり，療病院発行の雑誌「西医雑報」「療病院雑誌」の編集に携わった。このころに我が国で最初の精神医学書となる「精神病約説」全3巻（1878〔明治9〕年12月刊）を刊行した（図9）。リノールズ（Russel Reynolds）編「内科全書」の中の精神医学者モーズーリー（Henry Maudsley）著「精神病」の翻訳であったが，「精神病約説」の章立ては，表1

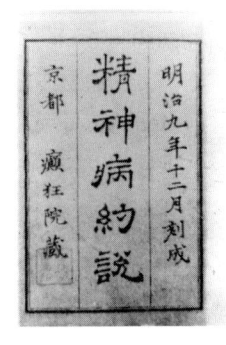

図9 神戸文哉による精神病約説の表紙

表1 精神病約説の章立て

第一　癲狂（Mania）
　　　急性症又躁暴症（Acute or Raving Madness）
　　　慢性症（Chronic）
　　　復帰症（Recurrent）
第二　癖狂（Monomania）
第三　鬱憂（Melancholia）
第四　徳行症（Moral insanity）
第五　失神又健忘（Dementia）
　　　自発症（Primary）
　　　続発症（Secondary）
第六　痴呆附愚鈍（Idiocy, including Imbecility）
第七　全身麻痺（General Paralysis or Paresis）

のようになっている。

　神戸文哉は，1881（明治14）年1月に京都府衛生課長心得兼療病院副長心得となったが，大阪医学校校長に就任したばかりの吉田顕三の招きに応じて，同年3月18日に来阪し，医学校副校長兼教諭として吉田を補佐し，生理学を担当した。1889（明治22）年3月に吉田顕三が辞職した後も校長代理としてその後を継ぎ，府知事の更迭，校長の辞職後の廃校・廃院への不安による混乱状態をよく収拾した。

　1889（明治22）年7月に清野勇が岡山県病院から校長嘱託兼病院長として赴任してくると，神戸は同年8月1日に医学校を辞し，9月には東区河原町1丁目1番地に開業した。開業時代は，患者列をなし大いに繁盛し，1893（明治26）年の大阪医海二十傑では内科第1位に入るほど

であった。1899（明治32）年7月17日脳溢血で倒れ同月21日に没した。墓所は大阪市中央区高津中寺町顕孝庵。

清野勇による病院・学校の改革

　建野郷三の後を受け大阪府知事に就任した西村捨三は，吉田顕三が辞職した後の病院経営の不振を立て直すための人材を広く求め，1889（明治22）年7月25日，大阪府は大阪医学校校長として，第三高等中学校医学部から清野勇を迎えた。清野勇は1854（安政元）年静岡県富士郡上条村出身。1879（明治12）年10月東京大学医学部の第1回卒業生の新医学士として弱冠26歳で岡山県病院長に招聘され，翌年には岡山県医学校教頭を兼務し，病院および医学校の大胆な制度改革を成し遂げたことで知られていたからであった。

　清野勇が来阪しての1年間は心労が多かったようであるが，病院改革は着々と進められて行った。清野が手掛けた改革の目玉は，「診療分科」体制の確立に沿った病院の職制，診療組織の改編であった。従来の正副院長の各日交番制により入院外来患者を診察するという「八宗兼学」的診療体制を改めて，専門分化制を導入し，内科，外科，眼科，小児科，婦人科の五科を分立させ，各人の長所を生かした診療科に配置し，専任教諭（医長）を置くことを目指した。また基礎医学にも解剖学をはじめとして専任教官を置き，細菌学も全国に先駆けて取り上げた。予科における語学も英語からドイツ語に変更し，臨床・基礎医学においてドイツ医学への転換を図った。清野が就任して1ヵ月後の1889（明治22）年9月5日には，精神科学・生理学担当医学士大西鍇，外科学担当医学士遠藤外三郎の招聘が実現した。このような経過を経て，大西鍇は後に大阪大学精神医学教室の初代教授となった。

大阪府立高等医学校・大阪医科大学

　1902（明治35）年ドイツ留学から帰朝後間もない教諭佐多愛彦が校長に推戴された。佐多は鹿児島県立医学校，帝国大学医科大学撰科の出身であり，当時31歳の若さで医学士以外の人が校長になるという異例の人事であった。佐多は「医育統一論」を唱え，程度の異なる複数制医育機関を設けることは，人命の平等不変の原則からみて不条理な制度であり，これを最も高い医科大学の程度にほかを進めて，一級の理想を実現すべしというものであった。1903（明治36）年に専門学校令が公布されると，佐多は文部省と大阪府とに働きかけて，大学と専門学校との中間に位置する高等専門学校の認可を得ることに成功し，同年9月22日に大阪府立医学校は大阪府立高等医学校となった。そして1910（明治43）年11月に病院が，1912（明治45）年6月に学校が改築された。病院は木造2階，延6,500坪，病床500床を有し，一般病館のほかに伝染病館と精神病館が新たに建てられた。校長佐多愛彦の医育統一，分科大学設立の理想のもとに，予科・本科年限延長等の制度改革，卒業生の学校名を冠する医学士称号の認可，教科・研究体制の整備，学校・病院の改築竣工などによりほぼ整備を終えた（図10）。

　大阪高等医学校のこのような躍進は，規模・内容において帝国大学医科大学と対峙しうる状態に達したと判断した佐多は，文部省に対する医科大学への昇格運動を繰り返した。その努力が実り1915（大正4）年10月28日に府立大阪医科大学に改称された。ところが，1917（大正6）年2月19日に病院本館から出火した火災はたちまちのうちに病院3,000坪を全焼し，道路を隔てた大学校舎をも焼き尽くした。大学首脳はただちに再建案を検討したが，現在の場所に再建するのか移転するのかについて世論を巻き込んだ大きな論争があった。最終的に現在の場所に再建すること，予科を他所に分離すること

図10　改築された大阪府立高等医学校・病院（1910年）

図11　中之島側に建てられた医科大学仮病院（1918年）

が大阪府議会で議決され，1918（大正7）年8月に仮病院が再建され（図11），予科は豊能郡石橋待兼山の地34,200坪が充てられ，同年10月に開校した。

　1919（大正8）年11月22日の大学令の改革により，新大学令による大阪高等医学校は公立大学の初の認可となり大阪医科大学となった。

　火災の後の本病院建築は1918年より設計に着手されたが，その特徴は各科集中の方針を以てクリニックの配置を決め，病院の東半分を外来診察室，手術室，研究室，教授助手室，薬局などに充て，西半分は三列三階建てとし，中央に大廊下を配して各室を病床に充てることとされた。新病院落成式は1924（大正13）年3月1日に開催された（図12）。同年5月3日に学長佐多愛彦が退職して，楠本長三郎が学長となり病院長を兼ねた。

図12 堂島側に建てられた新病院（1922年竣工）

大阪帝国大学・大阪大学

大阪に帝国大学をという思いは，大阪府民の強い願いであった．大阪医科大学楠本学長を中心として大阪財界からの寄付金を募り，その設立に向けての運動が長年続けられていたが，ようやく1931（昭和6）年4月28日の官報に大阪帝国大学の設立が勅令第67号として交付され，同年5月1日に大阪医科大学が医学部として吸収される形で，大阪帝国大学が設立された．設立当初の大阪帝国大学は医学部と理学部だけであり，初代総長に長岡半太郎を迎え，台北帝国大学に次ぐ第八番目の帝国大学としてスタートした．帝国大学発足時の医学部は基礎12講座，臨床12講座の陣容であり，当時の医学部の講座・教授名を表2に示す．

大阪帝国大学は，1933（昭和8）年に大阪工業大学を工学部として吸収した．1934（昭和9）年に楠本長三郎が第二代総長に就任したが，楠本総長は，同年9月に微生物病研究所，1935（昭

表2 大阪帝国大学医学部創設当時の講座と教授

1931年5月現在

講座名	担当教授	講座名	担当教授
解剖学第一	黒津敏行[1]	内科学第一	楠本長三郎
第二	高木耕三	第二	小沢修造
第三	富田朋介	第三	今村荒男
生理学第一	中川知一	外科学第一	小沢凱夫
第二	正井保良	第二	岩永仁雄
生化学	古武彌四郎	産科婦人科学	緒方十右衛門
病理学第一	村田宮吉	眼科学	中村文平
第二	片瀬 淡	精神病学	和田豊種
薬理学	長崎仙太郎	小児科学	笠原道夫
細菌学	谷口腆二	皮膚科泌尿器科学	佐谷有吉
衛生学	石原 修	耳鼻咽喉科学	山川強四郎[2]
法医学	中田篤郎	理学的治療学	長橋正道

1) 1936年8月就任
2) 1931年11月就任

和10）年8月には大阪癌治療研究会，1937（昭和12）年1月には日本学術振興会附属災害科学研究所，1939（昭和14）年11月には産業科学研究所の設立など大学の規模拡大に大きく貢献した．

戦後1947（昭和22）年に大阪大学と改称し，1949（昭和24）年に旧制大阪高等学校・旧制浪速高等学校・大阪薬学専門学校などを統合し，文学部・法経学部・理学部・医学部・工学部の

図13 大阪帝国大学発足当時の医学部と病院（1931年）

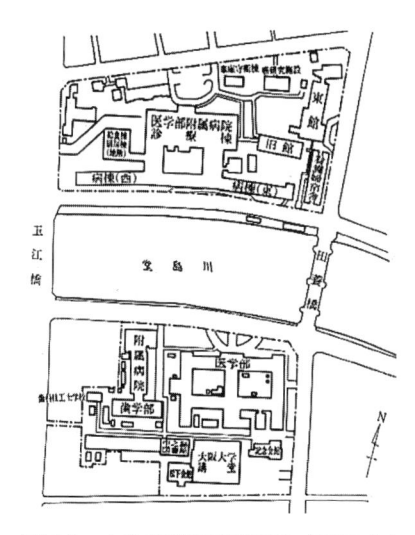

図14　中之島地区配置図（1983年）

図15　吹田地区配置図（1932年）

図16　戦後の新制大阪大学の発展
左上より医学部全景，医学部正面，下段左より病院正面，堂島川沿いからの病院。
精神科病棟は最上階東9階にあり，屋上には金網を張り入院患者の運動の場として
利用された。

5学部と一般教養部からなる新制大阪大学が発足した。以降，1953（昭和28）年に法経学部を法学部と経済学部に分離。1955（昭和30）年に薬学部を設置。1960（昭和35）年に歯学部を設置。1961（昭和36）年に基礎工学部を新設。1967（昭和42）年に医療技術短期大学部を設置。1972（昭和47）年に文学部から人間科学部を分離設置。そして1993（平成5）年に医学部保健学科を設置した（図14～16）。

1993（平成5）年には大阪市堂島川河畔から

図17　大阪大学吹田キャンパスの医学部と病院

図18　現在残っている医学部前のモニュメント

　医学部附属病院が移転し，大阪大学は吹田・豊中両キャンパスへの統合を完了した。病院が吹田地区に移転した当時は，未だモノレールも開通しておらず，病院前庭公園の樹木も十分に育っていなかったが，病院移転後も大阪大学は着々と発展を遂げてきた（図17）。

　1994（平成6）年に教養部を廃止。1997（平成9）年に大学院重点化完了。2004（平成16）年に国立大学法人法の規定により国立大学法人大阪大学となり，2007（平成19）年に国立大学法人大阪外国語大学と統合して，外国語学部を設置することとなった。統合後の1学年あたりの学生定員は，国立大学で最多の3,245人となった。現在は「地域に生き世界に伸びる」（英語：Live Locally, Grow Globally）をモットーとして，学生数16,000人を抱える旧国立大学では最も学生数の多い大学として発展している。

　大学内の本部前には長岡半太郎の胸像があ

図19 医学部正面玄関と共通棟病院（2013年）

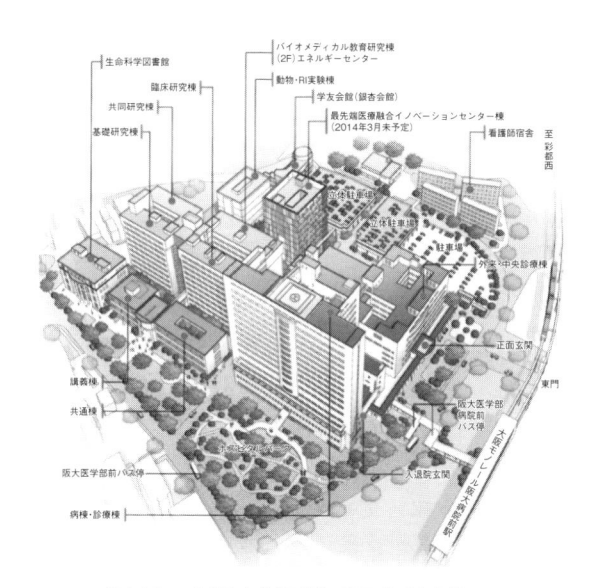

図20 大阪大学医学系研究科建物図

る。医学部前にはエルメレンスの碑，炬火の碑，楠本長三郎と佐多愛彦の胸像とがある（図18）。

2013（平成25）年4月に筆者が撮影した医学部正面の写真を掲載する。左は共通棟の正面であり，後方左に基礎研究棟，右側に臨床研究棟が見える。精神医学教室の研究室は臨床研究棟の最上階10階の右端にある。右側の写真は，共通棟，その後ろに臨床研究棟，そしてその右に附属病院である。神経科・精神科の病棟は病院東二階にある（図19）。

本稿の最後に，現在から未来に向かって発展しつつある大阪大学医学系研究科の建物図を掲げる（図20）。吹田に移転直後には大変広く思えた敷地だったが，当初十分に確保されていた駐車スペースには次々に新しい建物が建設されて，移転後20年足らずで手狭となってきた。大阪大学および精神医学教室のさらなる発展を祈念して筆をおく。

2 大西鍛教授時代

● 武田　雅俊

　大西 鍛（文久元年4月18日～昭和6年3月17日）は教室の初代教授であり，教室の創設者である。この記事は，平成6年に西村健教授により開催された教室百周年記念祝賀会における松田武助教授（大阪大学医学部），岡崎綾子氏（大西鍛先生ご息女），松下正明教授（東京大学精神医学）による講演記事（和風会誌第39号，1995）による部分が多いことをお断りしておく。

大西鍛の大阪医学校赴任

　大西鍛が帝国大学医科大学第一医院（現東京大学医学部）から母堂手織りの袷一枚を着用して，大阪医学校に着任したのは，明治22年9月5日であった。この当時大阪医学校では新たに就任した清野勇校長の構想に則した専任制が始められようとしており，大西の担当は精神病学・生理学であった。

　明治32年11月14日発行の勢州毎日新聞実業発展号には，「刀圭界の豪傑　医学士大西鍛」の見出しのもとに次のような記事が掲載されている。「其の頃医界を騒がしつつあった大阪医学校に教鞭をとるべく進められた時は明治22年9月であった。此の当時，大阪医学校は大阪病院をも其の支配下に置かれて居って，校長は英吉利派を戴く関西刀圭界に名も亦大なる勢力を持っていた吉田顕三と呼んだ人であった。君が此の大阪医学校に職を奉ずる事となると同時に，独逸派の大家たる清野勇という人が校長に任ぜられた。つまり君は此の新校長を扶けるため，特に抜擢されて就任を命ぜられたのであるから，其の任や実に軽るしとすべからず。併かも此の大阪医学校の新旧校長の交代は英独学派の天目山，英派勝つか独派倒るるか，或いは，学校病院共倒潰するかと云う，謂わば医界の革命期である。変乱に際して俟つべきは群を抜くの傑士である。即ち君は当時欠くべからざる偉傑として多大の嘱望を以て其の任を命ぜられたのである。君が此の大任を命ぜられ之に選ばれたのは当路に才幹を認められたからである。最も良く君を知っていたのは時の医科大学長であった三宅秀氏であったのだ。（中略）

　非情の意気を持って大阪に乗り込んだ君はまた非情の意気を持って改革を断行した。然るに英派の残党たる有力な人々が尚沢山に止まっている。之を圧倒するは容易ではない。折りさえあれば衝突する。学問の戦いが意地の戦いとなって君の許へ一週五六通の脅迫状は必ず舞い込んできた。盛んに否むしろ猛烈に独逸と英吉利とに於ける医学の優劣を論じて勢力を張り，更に扶植し最後の勝利を獲得するにはあらゆる手段を講じて施した。其の当時君は予て知遇を得た時の文部大臣榎本武揚氏に頼んでわざわざ出張を乞い演説をしてもらったこともある。また君は多方面の識者の後援を受けて革命的医学戦に一身をささげたのである。斯くの如ければ，

図1 同志社英学校での大西鍛(4)と妹しず(3)(1877年撮影)

図2 帝国大学医科大学卒業時の大西鍛

英吉利派の迫害は一層強烈となって君は常に護身用として短刀を其の身辺から離さなかったという．献身的な君の大活躍はついに革命戦争の勝利者となって大阪医学校は茲に独逸学派を以て立ち又基礎も漸く固くなったのである．」

大西鍛は元藤堂藩船奉行大西重寛の家，三重県津市中新町41番屋敷に生まれた．津藩学校にて読書習字算術を習い，津市大門町の私塾に通った後，明治6年2月から8年3月まで安濃津小学校にて普通小学科を修了．明治9年4月から11年6月まで西京同志社英学校にて英語普通科を修めた．同志社英学校でのスタークウェザーのバイブル・クラスの写真が残っている（図1）．

明治13年5月大西鍛は帝国大学予備門分黌に入学．明治16年12月帝国大学医学部本科に入学し，明治21年12月22日に帝国大学医科大学を卒業した．明治22年1月24日に医術開業免状を授与され（医籍登録第3493号），同年3月8日に帝国大学医科大学助手となり第一医院勤務となった（図2）．そして半年後，明治22年9月5日に大阪医学校教諭として赴任した．

大西鍛は，清野勇による「診療分科」の方針に沿って精神科学と生理学とを担当したが，明治23年末の医学校教授部職員名簿は表のようであった．

大西鍛は大阪医学校に赴任以来，精神科の講義を担当していたが，精神科が診療科として独立し，独自の病室を有するようになり独立した診療科となったのは明治27年であった．明治27年4月7日に大西鍛は病院精神科医長に命ぜられた．呉秀三による「我邦に於ける精神病に関する最近の施設」（明治40年刊）には，「大阪府立高等医学校にては明治22年9月以後，医学士大西鍛教諭として内科の一部として外来及び入院の精神病者を取扱いしが，27年4月7日に至り精神神経科新設せられて此に初めて斯

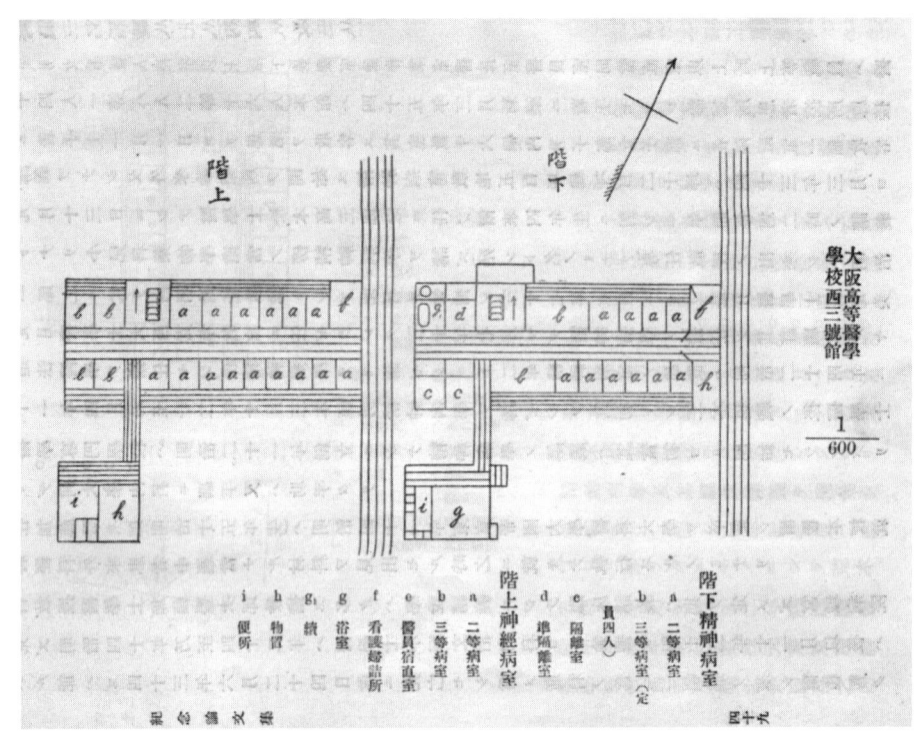

図4 明治27年4月教室創設時の病室配置図

表　大阪医学校教授部職員（明治23年末）

学科	教諭	助教授
内科学	清野勇	河野徹志，大谷幾三郎
外科学	井上平造	岡潔
眼科・小児科学	劉小一郎	
産科婦人科学	菅沼貞吉	亘寛三
解剖学	金子治郎	石川喜直
精神科学	大西鍛	
薬学	町田伸	
数学		遠藤満清

科の独立を見たり」との記載がある（図4）。また樫田五郎による「日本における精神病学の日乗」には，「明治27年10月大阪府立医学校病院内に六号病館新築落成し，精神病者を収容す。是れ同院精神科に於いて精神病患者を監置治療したる嚆矢なり。該病館には病室八個ありて，内狂躁質三個，看護人詰所一個ありたり」との記載がある。

大西鍛は，明治31年6月28日大阪医学校教諭（内閣），明治31年12月3日府立大阪医学校病院精神科神経科医長兼務（大阪府），明治32年1月20日府立大阪医学校病院副院長兼務（大阪府）となった。明治31年に清野勇が校長および病院長を辞職し，沢辺保雄がその後を継いだが，その2年後の明治33年には沢辺保雄が校長および病院長を辞職したため，明治33年4月20日に大西鍛が府立大阪医学校校長心得（大阪府）となり，翌34年4月まで勤めた。明治34年4月23日に医学校校長心得兼副病院長を辞し教諭専任となったが，後任には，大阪府書記官西沢正太郎が校長兼病院事務心得取扱に就任した。そして，明治35年5月に佐多愛彦が校長兼病院長に就任したのであるが，この間の変則的かつ複雑な人事の推移については，どのような事情があったのかはわからない。

大西鍛は，明治38年8月11日依願免本職となり，年来の希望であったウィーン大学のベネディクト教授のもとへ自費留学した（図3）。こ

図5 ウィーンにおける日本留学生明治38年撮影
旭憲吉，久保猪之吉，高木兼二，大西鍛，石坂友太郎，豊丸勝二，守屋源四郎，石原誠
（九州大学大学文書館 FHOTO CATALOG より引用）

図6 大西鍛の墓前にて
（左）右が大西鍛ご夫妻の墓，その左側に大西家累代の墓と墓標とが並んでいる。
（右）右側面に「昭和六年三月十七日没八代目大西鍛，昭和二一年三月十一日没妻うめ」と記載され，裏面には「大西重喬建之」と記載されている。

のとき大西鍛は44歳であった（図5）。教室には京都帝国大学医科大学教授今村新吉が嘱託として来任し，助教諭和田豊種のドイツ留学からの帰国を待つことになった。

大西鍛はウィーンから帰国後，明治40年から大阪市東区高麗橋詰72番地にて物療内科神経科を開業した。ご息女岡崎綾子氏には，平成7年に開催された教室百周年祝賀会にご臨席いただき，大西鍛の思い出をお話しくださり，和風会誌にもご寄稿いただいた。そのご寄稿によると，とても厳しい先生であり，看護婦からは雷先生と呼ばれていたそうである。声が大きいことと，ウィーンで学んだ回転電気治療器を使った治療を中心に診療していたからという。

昭和6年3月17日71歳で没した。墓所は津市，日蓮宗佛眼寺。法名は勵精院通玄日荘居士。

筆者は，平成25年6月8日に三重大学精神医学教室同門会に呼ばれる機会があったが，その際に大西鍛教授の墓参りを果たすことができた（図6）。教室出身で三重大学精神科准教授として赴任している谷井久志君に案内してもらった。津市はその名前の通り港を有する藤堂藩の城下町であり寺松の一画に佛眼寺があった。寺人の説明によると，戦後の区画整理により佛眼寺の墓地が没収されることになり，佛眼寺の墓は青谷墓苑に移転されたとのことであった。佛眼寺の建物も昭和29年に建て替えられたが，隣の百五銀行本店と前の片側四車線の道路に以前の墓所があったという。ご息女の岡崎綾子氏が大西家累代の墓を建立され，綾子氏が亡くなられた後は東京在住の堀越氏が墓守をされているとのことであった。

大西鍛の出版物

1) 後藤　前（明治35年10月大阪府立医学校卒業，大分県）：講義ノート「大西鍛教諭講述　精神病学」．大阪大学医学部資料室所蔵
2) 大西　鍛：人間は真似を為す動物なり．明治25年大阪医学研究会3月常会第1席，大阪医学研究会雑誌2号，1892
3) 大西　鍛：精神病者の電気療法について．大阪医学研究会雑誌8号，1892
4) 大西　鍛，亘　寛三：偏執狂患者の刑法に関する実験．大阪医学研究会雑誌10号，1892
5) 大西　鍛，大谷幾三郎：伴狂者の実験．大阪医学研究会雑誌12号，1893
6) 大西　鍛，亘　寛三：臓躁狂患者の刑法に関する実験．大阪医学研究会雑誌14号，1892
7) 大西　鍛：偽狂者の鑑定実例．大阪医学研究会雑誌16号，1892
8) 大西　鍛：中酒狂鑑定実例．大阪医学研究会雑誌19号，20号，21号，1894
9) 大西　鍛：民事に関する精神鑑定実例．大阪医学研究会雑誌23号，1894
10) 大西　鍛：他殺を行ひし偏執狂患者の鑑定実例．大阪医学研究会雑誌24号，25号，1894
11) 大西　鍛：伴狂者法医学的鑑定実例．大阪医学研究会雑誌26号，27号，1895
12) 大西　鍛：論精神所據托．大阪医学研究会雑誌28号，1895
13) 大西　鍛：精神病者の責任能力につきて．第1回大阪医学校大会学術講演会，1903

3 今村新吉教授時代

● 武田　雅俊

阪大2代教授　今村新吉

今村新吉（明治7年11月15日〜昭和21年5月19日）は，京都帝国大学精神病学教室の初代教授を務めた人であるが，5年間にわたり大阪医学校の第二代精神科教授をも兼務した。京都帝国大学は明治30年に設置され，それに遅れること2年，明治32年に京都帝国大学医科大学が開設された。京都医科大学の精神病学教室は，今村新吉がドイツ・オーストリアへの留学から帰国し教授に就任した明治36年12月14日に始まった。

大阪医学校神経科では，明治38年8月11日付で大西鍛が大阪医学校教諭を退職し，ウィーンへの自費留学に旅立った後，5年間の教授不在の時期となった。東京養育院の医員であった菅井竹吉が講師として来任し医長代理を務めたが，菅井竹吉は後に大阪府立外島病院癩療養所長に転出し，癩に関する研究で業績をあげた。当時未だ日本には精神科専門の学者は少なく，後任者の招聘が困難であったので，京都帝国大学京都医科大学教授として赴任して来たばかりの今村新吉に教授を嘱託することになった。今村新吉は京都帝国大学に明治36年12月に赴任して2年ほどの間のない時期であったが，この要請を受け，毎週3日京都と大阪を往復して大阪医学校精神神経科の教授と診療を担当した。この兼任は和田豊種が欧州留学から帰国し第三代教授として赴任した明治43年12月まで5年間続いた。

今村新吉は，明治7年11月15日に第一高等学校の仏語学者であった今村有隣の長男として東京に生まれた。明治26年一高を卒業し，明治30年に東京帝国大学医科大学を卒業した。明治32年より私費留学生としてウィーン大学のObersteiner教授，Exner教授のもとに留学した。ウィーン滞在中に新しく設置される京都帝国大学の教授に内定し，その後文部省国費留学生としての留学は4年余りとなったが，中枢神経系の解剖学的研究に従事し，ウィーン大学滞在中に下記の論文を発表している。

1) Imamura S：Vorstudien uber die Erregbarkeitsverhaltnisse herzhemmender und motorischer Nerven gegenuber verschiedenen elektrischen Eeizen. Archiv fur Physiologie no. 3/4：187-196, 1901
2) Imamura S：Beiträge zur Histologie des Plexus choroideus des Menschen. Arbeiten aus dem Neurologischen Institute 8：272-280, 1902
3) Imamura S：Über die corticalen Störungen des Sehactes und die Bedeutung des Balkens. Arch. Physiol 100：495-531, 1903
4) Imamura S：Uber die Temperaturempfindung bei subkutaner Injektion. Zentralblatt fur Physiologie 17：233-237, 1903

明治36年12月14日に京都帝国大学京都医科大学教授となり精神病学講座を担当した。

今村新吉は，Bergsonの思想やJanetらのフランス精神医学にも関心が高く，「喜劇と妄想」（京都医誌，1917）「精神分離症の心理学的説明原理としての社会的本能欠陥」（神経学雑誌，

1927)「ヒステリーについて」(北野病院業績第1巻, 1929)など精神病理学の論文を発表し, 我が国の精神病理学の基礎を作ったと言われている。定年で退官するまで31年間京都帝國大學精神病学教授を務め, 日本の精神病理学者の先駆者であった。

弟の今村次吉（明治14年3月〜昭和18年4月17日）も東京帝国大学卒業で, 大蔵省書記官, ロシア駐在財務官市財務局長を務めた後に亞細亞林業社長, 日露實業常務を務めた。また大日本蹴球協會初代会長, 大日本レスリング協会会長, 大日本陸上競技連盟顧問なども務めた。

今村新吉が京都帝大教授になる1年前, 明治35年に日本神経学会が創立され, 学会誌神経学雑誌が創刊された。その設立発起人には呉秀三, 三浦謹之助を代表として49名が名前を連ねているが, 大西錬の名前も含まれている。その後毎年日本神経学会が開催されることになったが, 最初の8回は東京で開催され, 東京以外での開催は明治43年の第9回の大阪府立高等医学校での大会が初めてであったが, その時の会長は今村新吉が務めており, これは, 今村新吉が大阪医学校の兼務をしていた最後の年であった。

今村新吉は, 大正11年の第21回大会, 昭和2年の第26回, 昭和8年の第32回を京都で主催しており, 大阪での大会長も含めると併せて4回の神経学会の大会長を務めたことになる。

附興会医学研究所と北野病院

今村新吉は昭和3年4月21日から昭和7年4月30日まで京都大学医学部長を務めたあと昭和9年12月に60歳で京都帝国大学教授を定年退官した。退官後は阪神間の岡本に住み, 大阪日赤病院, 兵庫県立病院, 光風寮などの弟子たちが活躍するところで研究の指導にあたった。今村新吉と大阪市との接点として, 財団法人田附興風会医学研究所とその附属病院北野病院がある。田附興風会医学研究所は, 大正14年に田附政次郎が50万円を寄付してできた研究所である。当時, 大阪市も田附政次郎から50万円の寄付を受けており, 大阪市としても田附氏の事業に対して応援をしたいということで昭和3年に, 附置の病院を作り, その初代理事長を今村新吉が務めた。研究所附置病院としてスタートした病院を, 当時の大阪市長, 関一が北野病院と名づけた。昭和3年当初は120床の病院であったが, 昭和37年に510床, 昭和40年に580床と増床して大阪市の主要な病院として活動を続けている。

今村新吉は, 岡本の自宅が神戸大空襲で焼けた後に福井県高浜の別邸に移り住んだ。昭和21年5月この別邸から列車にて上洛中に発疹チフスに罹り, 北野病院神経科医長木村潔（後に和歌山医大教授）の勧めにより5月16日に京大病院に入院した。入院中にカトリックに入信し, 昭和21年5月19日に73歳時にクリスチャンとして帰らぬ人となった。今村新吉の墓所は東京巣鴨の染井霊園にある。

教室の医局日誌昭和21年6月5日に, 「今村京大名誉教授葬儀。三条河原町（京都）天主教會にて午前十時よりある筈なり。堀見, 時間の都合上, 荀子今村新吉御自宅を（寺町通丸小路下ル）を弔問」との記載があり, 今村新吉の葬儀が教会にて6月5日に執り行われたことが判る。没後弟子たちにより「精神病理学稿」(1948, 弘文堂, 京都)が刊行された。京大精神科教室の図書室には, 歴代精神科教授の油絵が掲げられている。筆者が目にしたことがあるのは, 今村新吉教授から三好功峰教授までの油絵であるが, いずれの絵画も, 筆者がお目に掛かった事のある大橋博司教授, 木村敏教授, 三好功峰教のそれぞれの雰囲気が伝わってくるいい絵画であった。今村新吉教授のお人柄もこの絵画によく表れているものと思いここに掲載させていただく。本稿の執筆に当たっては三好功峰教授の著書（続・精神医学を築いた人々下巻, 1994, ワールドプランニング, 東京）を参考にし, 京大

(京都帝国大学医学部精神医学教室編：今村教授還暦祝賀記念論文集，1936 より)

図1　今村　新吉（明治7年11月15日〜昭和21年5月19日）

精神科村井俊哉教授と波多野和夫博士の御助言を得た。

今村新吉のお墓

　平成25年10月6日，東京巣鴨の都立染井霊園にある今村新吉の墓所に詣でた。染井霊園は明治7年に開設された桜の古木に囲まれた霊園であり，今村新吉の墓所は1種（イ）1号22の場所にある。樅の木が植えられた墓所には背丈のある上品な丸石灯篭の間に今村家のお墓があった。石碑背面には今村豊次　昭和32年10月28日没行年17才，今村新吉　昭和21年5月19日没行年73才，今村婦美　昭和43年1月29日没行年80才，今村新太郎平成9年6月13日没行年89才，今村三千代平成9年11月29日没行年85才，今村新一郎平成24年10月7日没行年77才の6名の墓標が刻まれていた。染井霊園は，明治初期に開設された都内の霊園であり，ソメイヨシノの名前の由来の場所でもあり，岡倉天心，高村光太郎・智恵子，波多野精一，二葉亭四迷，安岡正篤，若槻礼次郎などの著名人の墓所でもある。

図2　今村家の墓所全景　　図3　今村家の墓碑　　図4　墓碑の正面と背面

4 和田豊種教授時代

● 武田　雅俊

　和田豊種（明治13年8月6日-昭和42年3月9日）は明治・大正・昭和にわたる31年間を阪大精神神経科の第三代教授として勤め，その長い在任期間に教室を発展させた。教室には和田豊種にかかわる写真が多数残されており，和風会誌第11号和田豊種先生追悼号（昭和42年発行）の記述に従って和田豊種の人となりを振り返ってみたい。

大阪医学校教授になるまで

　和田豊種は，明治27年夏大阪東洋学館から大阪医学校に入学した。当時の大阪東洋学館は大阪をはじめ多くの医学校に進むものが多かったようで，写真の裏書に「大阪私立東洋学館出身にて他の諸学校へ入学せしものは自ら其好誼の薄らがんことを恐れ茲に之を撮影す。其姓名は如左」と27名の姓名が記載されており，和田豊種は前列一番左端に居る（図1）。大阪医学校時代の写真がある。羽織袴姿の内科医学士枝玉南太郎教諭を中央に，42名の同級生とともに学舎中庭で撮影したものであり，和田豊種は後列右端に写っている（図2）。

　和田豊種は，明治32年10月31日大阪府立医学校を卒業した。明治32年11月7日大阪医学校秋期総会において大阪医学校中庭にて撮影された写真（図3）では，新卒業生7名の一人として和田豊種は前列左から3人目に羽織袴姿で収まっている。医学校卒業後，志願兵として歩兵第八連隊第六中隊の軍医生を1年間経験した

図1　大阪私立東洋学館出身者（明治27年9月）

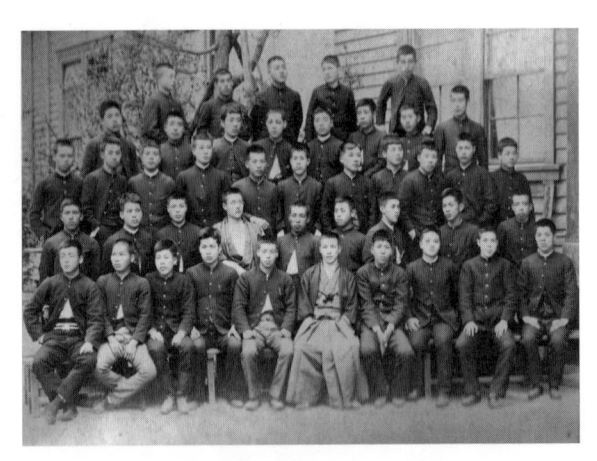

図2　大阪医学校第三学年生（明治30年）

図3 大阪医学校秋期総会　大阪医学校中庭にて
　　（明治32年11月7日）
前列左から3人目が和田豊種

図4 歩兵第八連隊第六中隊幹部及び軍医生
　　（明治33年7月20日）
前列左から　軍医生和田豊種，中隊付陸軍歩兵少尉吉成欽，中隊長陸軍歩兵大尉橋本四郎

図5 卒業生宴会（明治36年）

（図4）。そして，明治34年3月から母校の無給助手，病理科兼精神神経科助手，助教諭となった（図5）。

明治37年3月から日露戦争に応召され2年間満州での軍医生活を経験した。この従軍日記は，墨書きの貴重なものであり教室に保存されていたので，本誌にも資料として掲載した。当時の佐多愛彦学長の勧めにより精神病学を担当することになり，明治39年から京大，東大に内地留学し，明治42年3月に教諭に任ぜられた（図6, 7）。和田豊種による当時の東大精神病学教室の記事が和風会誌に掲載されている。

そして，明治42年4月からウィーンに留学しObersteiner, Marburg, Franklewhite, Wagner, Kleipoidle に従事し，明治43年夏からはミュンヘンに移りKraepelinの教室で学んだ（図8）。明治43年12月に帰国し，明治44年1月に教諭兼病院精神神経科医長に任ぜられた。

大阪医学校は，その後医科大学，帝国大学となったが，和田豊種は昭和16年の定年まで31年の長きにわたり，精神病学教室主任教授として教室を指導した（図9～13）。初代の大西鍛が7年間在籍した後に辞職し，その後5年間京都大学の今村新吉が兼任として和田豊種の赴任を待つことになったが，その在任期間の長さから見ても，教室を大きく発展させた初めての本学卒の第三代教授であった。

和田豊種の業績

和田豊種は精神疾患と神経疾患の両方の研究を押し進め，幅広い領域で業績を挙げた。梅毒性麻痺性痴呆の治療についてはワグナーとヤウレックがマラリア療法を発表すると直ちにその追試を試み，我が国におけるマラリア療法の先

図6　和田豊種　京都帝大にて
（明治40年）

図7　東京巣鴨病院庭園にて（明治40年）
後列右から　氏家信，池田隆徳，黒澤良臣，齋藤玉男，田澤秀四郎，
前列右から　和田豊種，三宅鉱一，呉秀三，松元孟，中村譲

図8　ウィーン留学時代（明治43年）
木下東作，廣川和一，津留寿船，和田豊種ウィーンにて明治43年4月13日

達の一人となった．脳炎については，大正8年に流行した脳炎がエコノモ型嗜眠性脳炎であることを明らかにし，この経験を踏まえて，昭和8年に流行した脳炎は，それまでの脳炎とは異なる新しい型の脳炎であり，夏季脳炎あるいは日本脳炎と呼ぶことを提唱した．

和田豊種は，精神病者の治療研究を目的として昭和7年に石橋分院を設立し，定年まで石橋分院長を兼ねた．当時，精神科神経科の患者数は多く，阪大病院の中でもほとんどトップの病院収入を上げる診療科であった．そのようなこともあり，和田豊種は，付属病院の中でも最も影響力のある教授の一人であり，昭和9年から3年間は付属病院長の重責を担った．和田教授時代の入局者は84名を数え，学位授与者は10名であった．教室には和田先生が保管されていた入局者の写真集が残されており，本誌第8部資料4としてその写真とお名前を掲載した．

図9　和田豊種の肖像写真（明治43年，大正元年，大正5年，昭和6年，昭和16年）

図10　医局集合写真

図11　医局集合写真

図12　医局ハイキング

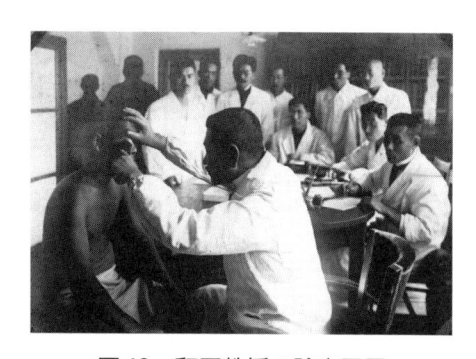

図13　和田教授の診察風景

　和田教授時代，大正6年2月19日午后1時40分，病院本館第2号館3階から火災が発生した．折からの強風により瞬く間に全館を覆う大火災となり病院3千坪を全焼した．病院焼け跡での精神科医局員の写真が残っている（図14）．また，大正12年9月には関東大震災があった．その際阪大病院は救護班を結成して東京に赴いたが，その折の救護班の写真を掲載する（図15）．
　昭和5年にW. Weygandt教授が東大呉秀三教授とともに神戸の湊川脳病院を訪問されたこのときの写真には和田教授，越田教授，小関教授が写っている（図16）．
　和田豊種は昭和16年に定年退官した．昭和16年4月22日の最終講義は「妄想に就いて」であり，その後には盛大な退官記念パーティが行われた（図17，18）．
　精神衛生の普及も和田豊種の大きな活動の一つであった．昭和元年に日本精神衛生協会が設

図14 阪大病院焼け跡の精神科医局員
（大正6年3月）

図15 関東大震災の阪大救護班
（大正12年9月）

図16 神戸湊町脳病院（昭和5年6月13日）
前列左から Dr. Zinn, Ehrenprof. Kure, Prof. W. Weygandt,
Prof. T Wada, Prof. G Koshida, Prof. M Oseki

立されたときに初代副会長を勤め，昭和5年第11回国際精神衛生会議のアジア名誉副会長として精神衛生運動の推進に尽力した。昭和30年に大阪精神衛生協議会が誕生したときにはその会長となり陣頭指揮に当たり，精神衛生研究所（大阪府公衆衛生研究所精神衛生部）の創設のために尽力した。昭和28年から41年まで大阪大学医学部学友会理事長として医学部学友会の発展にも大きな貢献を果たした（図19）。

定年後は大阪市北区天神橋にて開業した。和田豊種はもともと健康でスポーツを好む人であった。医局にも水練の写真，スキー姿，登山

姿の写真が残されている（図20〜22）。身痩躯の健康なお身体で，定年後も毎週のように登山やハイキングを楽しまれていたようである。

和風会では，昭和31年に喜寿の御祝いを催したこと，昭和32年には金婚式をご夫婦御健康で迎えられたことが記録されている（図19, 23, 24, 25）。昭和41年の夏に体調を壊され，同年9月に阪大病院に入院し，昭和42年3月9日に逝去された。病理解剖の所見は「両側頭頂葉から側頭葉に及ぶ陳旧硬脳膜出血による膜様物形成」であった。和田教授の業績をたたえて，昭和42年3月27日大阪大学大講堂において阪

図17　阪大神経科・東大脳研による徳島美馬町東祖谷村調査（昭和16年8月1〜7日）

図18　和田教授退官記念祝賀会（昭和16年）

図19　和田教授喜寿祝賀会（昭和31年）

図20　池の平スキー場（昭和7年）

図21　深江水練（昭和12年）

図22　登山（昭和16年）

図23　盛装の和田豊種教授（昭和16年）

大医学部学友会と精神医学教室合同の告別式が執り行われた。

　和田豊種教授には二人の御子息がおられた。和田種久は（大阪高専昭和14年卒）で，当教室医局に昭和15～29年まで在籍された後，北区南森町にて開業され，昭和58年12月4日に逝去された。和田種彦は日大昭和14年卒で当教室に入局されたが，太平洋戦争において戦死された。

　大阪精神科診療所協会の堤俊仁会長から大阪精神科診療所協会雑誌に掲載された和田種久先生によるご寄稿をお寄せいただいた。和田種久先生は，精神神経科診療所の草分けの一人であり大精診の初代会長を勤められた。種久先生のご記憶に残っている御尊父和田豊種教授と当時の阪大精神神経科医局員の思い出が綴られているので，ここに掲載しておきたい。

　「大正時代の思い出

　　　大阪精神科診療所協会名誉会長　和田種久
　大阪神経科医会雑誌の編集の方より何か原稿をとの依頼があり，思い付いたのが大正時代，即ち私の少年時代の記憶による最も古い時代の神経科医の思い出を書けば，現在の若い神経科医の方にも多少の興味もあろうかと筆をとった次第であります。

　何分50年以上も昔の事で，又子供の時の事

図24　金婚式の和田教授御夫妻（昭和32年）

図25　和田教授金婚式祝賀会（昭和32年）

であり，記憶による外参考資料もありませんので，不確実不正確であり，又私事になる事が多いので誠に恐縮と存じますが，お容赦の程を。

　私は生まれながらにして神経科医の息子でして，神経科医の家庭の雰囲気の中で成長しました。私が生まれた大正元年頃は父は阪大の前身大阪医科大学の神経科の少壮教授で張り切っていた時代の様に想像されます。当時医科系大学は大阪に一つしかなかったと思われます。私立の精神病院では堺，七山等は既に開院していたと思われますが，勿論神経科開業医は皆無だったと思われます。大阪の精神々経科医は大部分が大学神経科医局員という事になります。

　私の最初の神経科医の記憶は，私が7, 8歳位で父が30代後半の若い教授で医局員と友達のような交遊をしていた事です。毎年夏には阪神間の深江の海岸に家を借り（後年そこに住みついた），毎日曜に医局員の大勢が遊びに来られて居り，多い時は10人以上も来られていた様です。浜に漁船をチャーターして，海水浴，魚釣り，相撲等に興じ，時には太鼓を叩き，遠泳もやって居ました。夕方になると四斗樽2, 3個にビールを大量に冷やし，庭に筵を敷き屋外でスキヤキをやり一日を楽しんでいた様であります。当時医局員も元気な方が多く，特に相撲が盛んだったと記憶して居ます。春秋は医局員大勢で六甲初め奈良等に写真撮影を兼ねてハイキングをやって居ました。時には，信州，富士山麓迄も遠征し，大正時代ののんびりムードを満喫しながら，医局生活を送っていられた様に記憶します。

　当時の医局員で私の記憶にある方は広島の天野先生，岡山の河田先生，米子の広江先生等で何れも現在孫の時代ではないかと存じますが，精神病院を経営されています。その外杉原先生の御尊父様，後に中宮病院長を長くやられた小関先生等であります。当時大学は府立であった為か，内科の楠本教授，小沢教授等もそうでしたが，教授の自宅で患者を診察する事が大目に見られていた様で，私の父も週2, 3回午后2時間位自宅で診察をしていました。投薬，注射等はしませんが，診察の上処方箋を出していました。参考迄に当時教授の自宅診察料は初診10円，再診5円，往診旧市内30円でした。当時の貨幣価値は大学初任給50円位，理髪25銭，市電6銭位の時です。又，当時は大学病院も各科収入を競っていた時代で，各科の収入も教授会で発表されていたという話を聞いていました。今から思えば不思議な様ですが，神経科は常に全科のトップに居り，時に2位に下がる事があると言う事でした。私が昭和14年に神経科に入局した時でさえ全科共通の一等，特等の病室の半分以上を神経科で占領していました。当時は医局員も少なく，入局は毎年1, 2名で，医局員全員で11, 2名であり，受持をする医局員は1人で50名以上を受持って居ました。尚当時大阪市内に神経科の開業医は殆ど居りませんでした。

　昭和16年父が停年退官し自宅で開業しました。然し間もなく戦争となり，昭和23, 4年迄はブランクとなりました。戦後急激に精神々経科の認識が高まり，神経科医も急増し，昭和30年後半頃より開業医も徐々に増加し，40年代中頃に大阪神経科診療医会が結成され，数年後全国組織である日本神経科診療医会が誕生したのは皆様御存知の通りであります。

　以上思い出す儘，取りとめもなく纏まりもない事を書きましたが，老医の郷愁と御寛容の程御願いします。」

「大阪精神神経科診療所医会誌」第2号　昭和63年3月25日発行より転載

　和田豊種教授の墓所は，大阪市北区長柄の大阪北斎場のすぐ近くの大阪市設北霊園にある（図26）。天神橋筋6丁目から北東の方角に徒歩5分程度の交通至便の場所に位置する霊園で，案内板のE区画77番と78番に和田家の墓所がある。和田家の墓所には明治43年，大正2年，昭和43年に建立された三基の墓碑があるが，

図26 大阪市設来た霊園全景と案内図（2013年10月）
和田家の墓所は E-77,78

図27 中央墓碑の正面と背面（2013年10月）

図28 和田家の墓所には3基の墓碑がある（2013年10月）

図29 右の墓碑の正面と背面（2013年10月）

図30 左の和田家之墓正面と背面（2013年10月）

図31 和田家之墓と霊標（2013年10月）

　和田豊種先生は左側の昭和43年に建立された和田家の墓に祀られている。和田家之墓の霊標には，廣済院釋仁勝，慈照院釋尼賢尚，常照院釋仁彰，愛楽院釋尼慈光，妙音院釋尼浄楽の五方の戒名が記載されている（図27〜31）。
　堤俊仁先生から和田豊種教授の墓所を教えていただいた。和田豊種教授のご長男和田種久先生は昭和26年大阪医大卒で豊種教授の精神科診療所を引き継がれ昭和57年に逝去されたが，大阪精神科診療所協会長を勤められていたこともあり，現会長の堤先生のご尽力を得た。種久先生のご長男の和田豊久氏に連絡をとっていただき，和田豊種教授の墓所を教えていただいたとのことであった。

5 堀見太郎教授時代

柿本　泰男

序

　堀見教授が当教室の教授を担当されたのは昭和16年から昭和30年の間である。その間の活動を記すためには，学問的にみてわが国の精神神経医学の動向，中国侵略から始まり第二次世界大戦への国民総動員と敗戦，戦後の荒廃と復興の歴史なしには語れない。大阪大学医学部および附属病院と分院（当時石橋地区）は幸いにして戦火から逃れたが，生活，研究や医療に関する物資の不足，医師も含めた国民全員の戦争への動員，いちじるしい生活困難と大学の教育，医療研究の停滞をもたらした。堀見教授が亡くなられたころはようやく戦後の復興も目途がついたころであった。

　堀見教授の時代にはわが国での精神神経医学は精神医学から神経病学の双方を神経系の疾患として捉え，それらを教育，医療，研究の対策としていた。脳神経外科や神経病学が独立した講座診療科として創設されたのは昭和30年代後半になってからである。

堀見教授時代を記するに当たっての資料

　柿本（筆者）は大学の学生時代3年生（当時は教育制度は今と異なり，小学校6年，中学校5年，高等学校3年，大学医学部4年で現在の教養部の教科は高等学校が担当）のとき，ポリクリである患者を当てられ，その診断に興味を持ち当時の担当主治医の診断に同意できず，精査した病名も急性連合性脊髄変性症と考え，その結果をノート二冊にまとめていた。堀見教授の回診のとき，君はどんな病気と考えているのかと問われ，自分の考えを述べると「俺もそう思っていた」との答えをいただいた。そのころから精神神経科に入局を考え，学生時代から医局に出入りさせていただいた。昭和29年に卒業してインターン時代も医局でほとんどの時間を過ごさせていただいた。正式の入局は昭和30年4月でありその年の8月に堀見教授が亡くなられた。堀見教授時代の以下の記述は主として1987年にまとめられた「堀見太郎教授記念集」と1965年の和風会誌「故堀見教授追悼号」の記述と，諸先輩から聞いていた話の記憶によってまとめた。

堀見教授の略歴

明治33年11月21日生
大正15年3月　大阪医科大学卒業
大正15年4月　大阪医科大学副手
昭和4年4月　大阪医科大学助手
昭和6年5月　大阪帝国大学助手（精神精神病学教室勤務）
昭和8年8月　大阪帝国大学助教授
昭和12年2月～13年8月　欧米各国に出張

図1 堀見太郎教授（明治33〜昭和30年）
（大阪大学医学部精神医学教室編：堀見太郎教授記念集。昭和62年より）

（Bonhaeffer 教授に学ぶ）
昭和16年7月　大阪帝国大学教授（精神病学講座担当）
昭和16年9月　大阪帝国大学医学部附属医院分院長
昭和22年10月　大阪大学教授（精神病学担当）
昭和30年8月16日　退職（御逝去）

堀見教授時代の臨床

　当時は現在の精神病学を専攻するのとは異なり精神医学に加えて神経病学（現在，脳神経外科および神経内科が担当）も同時に担当していた。

　神経疾患として第1に感染症として梅毒による進行麻痺および脊髄癆の頻度が高く，日本脳炎もたびたび大流行したため大学の精神科のベッドは不足に陥っていた。結核も現在より流行し，常に結核性脳脊髄膜炎の入院患者がいた。毎日ストレプトマイシンのルンバール注射だった。外来にはてんかん患者も多く，内科や脳外科は担当しなかったので，常に患者であふれかえっていた。それに脳波計も分院にしかなかった時代である。脳腫瘍は外科が担当していた。神経変性疾患は精神科の担当であった。したがって，筆者ら堀見時代に入局したものは神経病学の担当症例の経験は多い。

　昭和30年代に神経病やてんかん患者は主として神経内科や脳外科の担当となった。当時の筆者の経験でも進行麻痺に対するマラリアの効果はめざましかった。マラリアは他患の血液をいただいて順次接種するのであるが，発熱療法は著効を呈した。筆者の入局ごろがマラリア療法の終わりごろでその血液を得るのが難しくなりつつあった。その後発熱療法として種々の製剤が試されたが，有効といえる発熱物質は市場に現れなかった。筆者は医学部3年生のとき，2軒隣の40代の男性が「変なことを口走る」と診察を頼まれ，その精神症状と対光反射欠徐，ミオピーから進行麻痺と診断，近くの精神科病院に送り，治療を受け完治し喜ばれたことを憶えている。

　堀見教授に指導を受けて，てんかん患者にアレビアチンが有効だったことを憶えている。しかしその治療ではあらゆる患者はいちじるしい歯肉増殖を伴い，歯が表面から見えない患者も多かった。これは，現在ではない。あるとき製薬会社にこの歯肉増殖はアレビアチンに含まれた不純分であったと申し入れたが会社は強く否定した。ウィルソン病についての調査・診療も活発であったがこれは佐野助教授が全国から患者を集めて研究しておられた。

　精神神経科で統合失調症，双極性障害，神経病に対する診断，治療はやはり中心であった。しかし，統合失調症に対する治療は電気ショック療法が中心で，入院患者には時にインシュリン療法が行われた。インシュリンでの低血糖は砂糖水の胃ゾンデでの注入とブドウ糖の静注で回復させていたが，昏睡からの回復が困難な例も多く，それほど使用されなかった。電気ショックは週の中で決まった曜日に20〜30例，外来で行われた。1部屋に4ベッドくらいをおき患者は寝かされショック治療を受け，隣の観察室で毛布の上で寝て30分くらい，様子をみてい

図2 昭和23年 日本精神神経学会に出席の折（金沢兼六園にて，同上書より）
左端が堀見教授

図3 昭和29年当時の生化学グループの写真
写真は後列左上から右へ，谷向弘，中島久，蒲生達三，2列目左から垣内史郎，宮軒富夫，柿本泰男，前列左，岡本輝夫，右が工藤義雄（岡本，柿本以外は故人）

た。時にもうろう状態になる患者が見られた。その方々への観察と介助は若い医師と看護師の役割だった。1週間内の定例行事は梅毒患者へのサルバルサンの静注（漏らすと皮下組織がネクローゼになるので注意を要し，入局2年目以降の医師の役割）とルンバールの日（脊髄癆の患者へのビタミン注入など）であった。当時は脳脊髄液の検査は言うにおよばず，血液の血球計算，肝機能も全部，当科の研究室で行った。

中央臨床検査科ができたのは昭和30年代後半である。

病床としては，山口別館（女子閉鎖病棟）別一（男子閉鎖，男性看護士）南一に内科と共同病棟，南三，本館二階，新館に特別病棟，北下に学用患者病棟（無料，研究教育のための病棟）と約90床を精神神経科が受け持っていた。教授回診は毎週一回 4〜5時間にわたってあり，医局員が同行した。しかし，他科で見られたような大名行列のようなものではなく，受持医とほか10名くらいの医師が随行同行していた。

堀見教授の研究業績

初期の発表は進行麻痺のマラリア療法について先代の和田教授との共著の論文から始まる。堀見教授は梅毒の診断法として雑魚のだしを抗原とする梅毒性沈降反応を考案した。これは堀見反応とよばれた。

ついでBonhoeffer教授のもとに留学し当時外因反応型精神病（症状精神病）と呼ばれる疾患群概念を学び，帰国後多くの症例を集めて精神神経学会で宿題報告を行った。

一方で心身相関に関心を持ち，視床下部の役割について動物実験を多く行った。ここでは動物に熱ストレスを与え視床下部の変化について

組織学的な研究を継続していた。昭和24年には日本医師会で「精神身体医学―情動と身体疾患―」と題して講演をしている。これらの研究はわが国への心身医学の導入を促進したといえる。

これ以前の研究としては発表論文からみると昭和5年から9年にかけては進行麻痺や脊髄癆に関する研究が多い。昭和9年ごろから11年にかけては日本脳炎の臨床研究の発表が多い。当時日本脳炎の流行が繰り返され，またその多くの入院治療を引き受けていたとみられる。その当時は日本の中国への侵略戦争が始まっており，医師も軍隊に参加させられた。時には教授を含めて医師4人という状態になったため，医師は週の半分くらいの当直をして大変だったようである。その事態で堀見教授の回診が深夜に行われることもまれではなく大変な状況であったとのことである。

昭和14年ごろから統合失調症のインシュリンショック療法についての発表が多い。昭和15年にはてんかんのアレビアチン療法について発表している。太平洋戦争が開始された昭和16年には統合失調症の遺伝予後についての発表を行っている。その他結核患者の精神状態・腸チフスおよび赤痢における症候性精神病，昭和18年にはてんかん，症候性精神病，小脳星状細胞腫などの症例報告がみられる。

昭和23年になり再び日本脳炎について臨床的病理学的所見について発表をしている。

戦後の昭和24年には臨床的研究は増加し，てんかん，接種マラリア，ロボトミーへの批判，覚醒アミン剤などについて発表している。昭和25年からは精神身体医学，集団精神療法に関する論文を発表し始めている。昭和26年には「患者の心理」「結核患者の心理」「病めるものの心」などの今日的な力動精神医学に関する論文が増えたのが注目される。

昭和27年にはてんかんの研究として東大内村祐之編 精神医学に寄稿している。28年には精神神経領域における化学療法として今日の向精神薬の始まりを紹介している。29年には心身医学や神経症の治療や受診時の患者の態度，TATなど精神療法に関する紹介が多くなる。そのころロールシャッハ・テストにも関心を持ち辻講師らを中心に研究を進めた。今日でも阪大式ロールシャッハ・テスト評価法として用いられている。

昭和30年には精神身体医学的疾患というシンポジウムで神経症を論じている。また佐野助教授がドイツから持ち帰り実施したクロルプロマジンおよびセルパシル療法の治験を佐野ら18人の共著として診療8巻6号に記載発表した。このころも脊髄炎，ハンチントン病，ギラン・バレー症候群などの神経疾患についての発表も続き，最後に「多発神経炎の諸問題」が遺稿として日本医事新報1647号に発表された。

堀見教授の生活と人柄

堀見教授の人柄について，筆者は学生時代とインターン1年と大学院生としての半年しか接していないのでよくわからない。しかし堀見教授記念集（1987）にある弟子の先生方の記述によると学者として学問に非常に熱心な方で部下にも厳しかった方のようである。

筆者にもそのような方と見えたが，優しいところもあり，夜遅く働いていると教授室から出てこられてアメリカ産のタバコを下さったりした。堀見教授はアルコールはたしなまれず，当時の佐野助教授は，高級洋酒だといって堀見教授が渡されたのがトリスウイスキーだったと記述しておられる。音楽が好きで交響楽団の演奏会によく行かれたそうである。後任の金子教授の記述によると，堀見教授は土佐出身で骨っぽい土佐人とあり，野球やスキーも愛しておられたとのことである（図4,5）。

堀見教授の私生活についてはほとんどわかっていない。図6のように教授室は医局側から出

図4 堀見教授　直筆署名入

図5 最後のハイキングにて（昭和29年）

入口と廊下への出入口との2つがあり，教授室は図書室でもあったため書庫で囲まれ内部は迷路のようになっていた。堀見教授が在室中か否かは誰にもわからなかったようである。そのうえ教授室にはベッドもあり，帰宅されたか，夜宿泊して仕事をされているのかもわからなかった。戦時中，戦後の忙しく苦しい生活の中，教授室での泊まり込みの日々が多かったと考えられる。そして亡くなられたのもそのベッドの上であった。

　筆者も佐野助教授や婦長について駆け付けたがベット上で全身けいれん，意識消失状態で佐野助教授が必死に人口呼吸をされ，その中に内科の王子助教授も来診されたがやがて亡くなられた。脳内出血と診断された。その日は午前中分院で仕事をされ，辻講師に体調不良を訴えられ会議参加を中止し，午後本院に戻られたあと

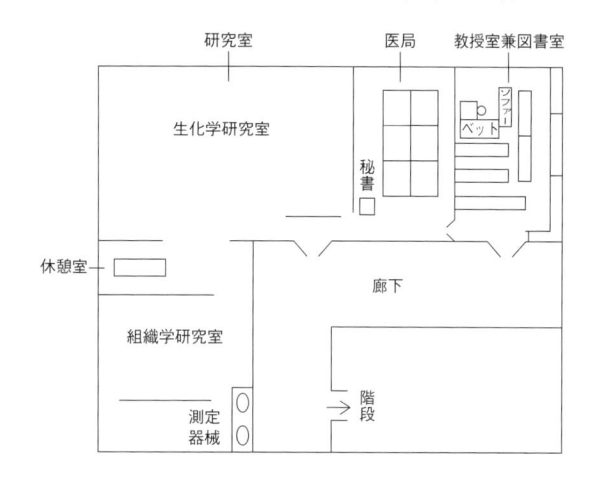

図6 精神神経科教授室，医局と研究室
助教授室は新館9階にあり，生理学研究室は一階の外来に接して2室，生化学研究室は地下にもう一室あった

の出来事であった。

堀見太郎先生のお墓参り　　　　武田雅俊

　和風会誌第9号昭和40年12月発行は堀見太郎先生追悼号であり，有岡巖による「故堀見太郎先生の墓碑建設に関する報告」記事がある。記事によると，和風会員の中で，堀見先生没後十周年を記念して箕面墓地に堀見先生のお墓を建立しようとの話し合いがまとまり，多数の和風会員からの拠金が集まり，墓碑が箕面墓地公

図7 昭和31年和風会（堀見教授ご逝去後）

園に建立され，昭和40年8月15日に墓前で十年蔡を挙行したことが記載されている。筆者は，当初この記事を読んだ時以来，和風会員が拠金によって建立したのは，堀見太郎先生の墓碑ではなくて顕彰碑のことであろうと勝手に思っていたが，実際に堀見先生のお墓参りをして，その考えが間違っていたことを知った。

平成25年10月12日，堀見太郎先生の墓所にお参りした。171号線の勝尾寺口交差点から南に入ったところに箕面墓地公園がある。箕面墓地霊園は丘陵地に広がる素晴らしい眺望の墓地公園で，車で墓地の中に入ることができる。171号線沿いの入口にある管理事務所で，堀見家墓所の場所は静城台西に-2と教えていただいた。

静城台西の区画は管理事務所からは一番奥の旧い区画である。静城台西の区画まで行くと堀見家の墓所があり，そこには二基の墓標があった。一つは和風会有志の建立による堀見太郎先生之墓であり，背面には「昭和三十年八月十六日逝去五十四才，右側面には昭和四十年八月十五日和風会有志建立」と記されている。その右側にはひときわ背の高い墓碑がある。自然石の上に設置されたやや赤みを帯びた御影石の墓碑であり，正面にはすべてカタカナで「ホリミウヂノハカ」と記されている。この墓碑にはそれ以外の文字は一切記されていない。周囲の墓碑と比較しても頭一つ背丈のあるこの墓標は遠くからもよく目立つ。墓所にはこの二基の墓碑に加えて左側には御影石製の座台が設置してあった。

筆者は堀見太郎先生にお会いしたことはないが，西村健教授から堀見先生の双眼鏡を見せていただき，堀見先生は教授室に籠ってこの双眼鏡で教室員の動きを観察しておられたと説明してもらったことがある。その時には，堀見先生がどのような方が知らなかったこともあり，変わった先生だったのだろうなと思った。堀見先生は昭和30年8月16日夕方，教授室にて執務中に突然倒れられたことから，その死因についても脳出血，ペニシリン・ショックなどいろいろなうわさが飛び交ったらしい。

筆者はこの120年誌をまとめるにあたって多くの教室の資料を目にすることがあった。特に第二次大戦中の神経科医局日誌では，堀見先生の直筆の記載を随所に目にすることがあった。医局日誌から伝わってくる人物像は「研究を第一としてその道を追求する神経質な研究者」であった。他人に対しては遠慮がちで医局員に面と向かっての叱責は言わないどちらかというと人見知りの繊細で傷つきやすい性格の方ではなかったかと思う。

以下は筆者の勝手な考えである。「ホリミウヂノハカ」の墓標は堀見太郎先生の揮毫ではな

箕面墓地公園の風景

かろうか。医局日誌の堀見先生の直筆とよく似ているからである。堀見太郎先生は，大阪医科大学教授堀見克礼の長男であった。父親の薫陶よろしく母校の教授となり神経科を担当した。父子共に母校の教授を勤めた大阪医科大学のサラブレッドであった。戦争中の苦しい時期の教室を少ない人員で切り盛りして教室の研究を推進した教授であった。戦後いち早く研究体制を整えて我が国の精神医学研究をリードしたその功績は大きい。このような研究者肌のお人柄であったので，堀見先生独自のお考えで堀見家の墓碑を建立されて「ホリミウヂノハカ」と揮毫されたのではないか。そしてその他の文字は一切省略して記載されていない。自然石の上に置かれた赤御影石の墓碑は堀見太郎先生のお人柄を伝えているようにも思われる。

しかしながら，教室の弟子たちから見たら，なんとも不親切な墓碑でもあった。堀見太郎先生を慕う教室員の中から後世の人が見ても解るような墓碑にしたいとの意見が出たのではなかろうか。そして，和風会員の中から墓碑建立の運動がおこり，堀見太郎先生の没後十年祭に合わせて誰にも解るような堀見太郎先生之墓が並べて建立されたのであろう。

この記事を書くに当たり，湯浅亮一先生に堀見先生の墓所を教えていただき，ご教示を受けた。

6 金子仁郎教授時代

● 志水　彰

はじめに

　金子仁郎教授は堀見太郎教授急逝のあとを受けて，昭和31年8月に大阪大学教授に就任され，以後22年間精神医学講座を担当し，昭和53年3月に定年退官された。この間の入局者は160余名，学位授与者は93名であり，出稿された論文総数は454編で，金子が筆頭著者の論文は344編であった。本稿ではこの金子時代につき，まず建物を，さらに診療および研究，社会的活動の諸面から概観することにする。

建物とそれに関する思い出

　金子教授の就任当時の阪大附属病院は，4階建ての赤レンガ造りで，堂島川に面した道路の北側に位置し，田蓑橋から玉江橋の沿岸にあった。
　堂島川の南側には，病院の正面に医学部の建物があり，それに並んで歯学部の学舎およびその附属病院が建っていた。私は昭和27年から石橋にあった教養学部で2年間学んだ後，昭和29年から医学部の建物へ通学したが，週に何回かは病院で講義があり，病院の建物でも学んだ。私の主観で言えば附属病院の赤レンガの建物も，それから道路へと続くアプローチの木のブロックも豊かな風格が感じられ，誇らしく思っていた。しかも受診患者は全国から集まっており，西日本の医学の殿堂のように感じられた。
　しかし，築後年数を重ねていたうえに昭和36年の第二室戸台風による被害が大きかったので，昭和46年に同地に新たな9階建ての病院が建設され，残された一部の建物（当時は東館と呼ばれた）とともに使用された。そしてその9階建ての病院は，平成7年に現在の万博の跡の病院に移るまで使用された。つまり金子時代は途中で建物が変わったものの，終始堂島川の北岸に病院があった。
　本稿では4階建て当時の病院を，万博跡に移るまで残された東館とともに「旧病院」と呼び，9階建ての病院を「新病院」と呼ぶこととする。
　当時はこの他に，阪急沿線の石橋に4階建ての石橋分院（後に医療技術短期大学部が使用）があり，精神疾患および神経疾患患者の外来診察，入院治療，回診も行われ，金子教授は石橋分院長も兼任された。

図1　石橋分院

「旧病院」では精神医学講座は，建物の南東部分に位置して，その1,2階を占め，1階が診療室で2階が研究室，医局および教授室であった。外来患者は1階で診察し，入院患者は他科の診療室を通り抜けて1階の西側に続く山口病棟および別棟の別館病棟に入院し，共に閉鎖病棟であった。神経疾患の入院患者は少数で南館3階，中館3階，北館地下1階の病棟に他科の患者とともに入院していたので，回診の際はこれらの病棟を巡ってまさに"回診"していた。

なお，当時の教授回診については，マスコミに皮肉をこめて"大名行列"と名づけられ，何十人もの医局員が教授の後ろに従ったと伝えられているが，金子教授の回診は，主治医および必要な10人前後の医局員のみで行われた。

しかしこの時代，大学病院の医師には，今では考えられないある種の特権意識があったことは否定できない。日ごろの診療では患者からいろいろな質問をされても，あまりていねいにそれに答えることなく，上から「これが正しいのだから守ってください。」という言い方をすることがしばしばであり，今から思うと随分人権に対する意識が違っていた。新年の診療開始も，今では公務員として祝日のみの休診が当然だが，当時は1月をいつから始めようかなどと，話し合いで決めていたこともその表れである。

やがて病院の建物は昭和40年に9階建ての当時の「新病院」となった。「新病院」は「旧病院」とは反対側つまり，建物の北側の中央部に玄関があり，門を入って1階の駐車場をはさんで左右のスロープを上がって玄関に達した。外来診療は1階および2階で行われたが，精神神経科の外来診療は，少し奥，つまり北東に入ったところの2階にあった。

精神神経科の病棟は東館9階に移り，やはり堂島川を望む南側にあり，看護師詰所をはさんで東側の閉鎖病棟に主として精神疾患患者が，西側の開放病棟に神経症患者や神経病疾患の患者が入院した。

新病院建設当時，私は留学中であったのでいきさつはわからないが，もともと1階および2階にあった閉鎖病棟を9階に移すにあたって，飛び降り自殺を恐れる声が多かったが，十分に見回りをするという前提で最上階にある東館9階に移った。その1階上の屋上は広く，金網のフェンスが随分高く張られており，閉鎖病棟の患者の運動はそこで行われ，俗称"鳥かご"と呼ばれた。

「新病院」になって医局は当時東館と呼ばれていた「旧病院」のうち取り壊しの対象ではない建物の5階に移った。今では考えられないような旧式の自分で運転するエレベーターで5階で降りて，北へ延びた廊下の右側に手前から順に医局，金子教授室，佐野助教授室，精神病理研究室・図書室があり，生化学研究室と精神生理研究室，脳波研究室，超音波研究室は「新病院」の東館8階で9階病棟の下で南から北へと連なっていた。

旧病院東館の図書室には金子教授が退官時にその蔵書を寄贈されたため，従来の教室の図書に加えて多くの図書があった。また金子教授は同時に資金も寄付され，そこから購入した本と合わせて，図書室に収められ，金子文庫と呼ばれてよく利用された。

私がいた精神生理研究室は，西村講師（次代教授）がおられた生化学研究室と隣り合わせで，病棟の東館8階，つまり病室の1階下にあった。同じ階に睡眠研究室，超音波研究室が並んだ。しかしその研究室に設備を揃えて実験を行っていたのは生化学のみで，他は研究の性質上，阪大内の施設や阪大外の設備のある施設で研究を行っていた。

私は隣室の西村講師の生化学研究室をよく訪れた。思い出に残るエピソードとして，ある日私が入っていった時にちょうど西村講師が，患者の血液の入った試験管で指を傷つけられ，血を吸い取りながら，「これはアルツハイマー型認知症患者の血液が入っていたのですが，この

疾患がスローウイルスによるのだとすると，20年先に私はアルツハイマーになっていますよ。」と語られたのが未だに印象に残っている。

当時，阪大に日本で初めて設置されたICUで精神障害が多発したため，私はその解明を，後に愛媛大学へ移った金澤医師とともに担当したが，ほぼ毎日ICUに入りびたりで，9階の精神科病棟に行くことが少なかったので，精神科の看護師から「先生は何科の方ですか？」と冷やかされていた。しかし，いささか我田引水ではあるが，ここで多発したせん妄の症状をまとめた私の論文「ICUにおける精神障害」は，日本初の報告であり，他大学の先生方からも高い評価を受けた。

診療

金子教授就任当時の精神医学講座は，全国の他大学と同じように精神神経科を標榜しており，精神疾患および神経疾患の診療を担当していた。このため外来，入院患者ともに両方の疾患が混在していた。

金子教授の最終講義によると，金子教授時代の初期は，全国の精神神経疾患の約57％は統合失調症，梅毒による進行麻痺は13％，双極性障害は10％，知的障害は10％，アルコール中毒は3％，てんかんは3％であり，認知症はまだ少数であった。

「旧病院」当時の阪大病院精神神経科の入院患者はほとんどが統合失調症であり，これに少数のうつ病などの精神疾患，さらに中枢神経系の梅毒などの神経疾患が含まれていた。まれには筋萎縮性側索硬化症その他の神経疾患があり，これらの神経病患者は大学院生の教育用として，大学院生の受け持ちとなっていて，私も常に2～3人を受け持った。

金子教授は就任後，比較的早期に脳血流障害と老年期精神病，ことに認知症に強い関心を抱き，脳血流障害については超音波ドプラー法を開発して臨床の役に立て，認知症についてはその心理検査を含めた臨床症状を開発し，その方面でも全国にその認知度を高めていった。また認知症患者は初期には少なかったが，時とともに増えていった。

このため認知症患者は全国的にみて早い時期から入院治療を試み，「旧病院」では男性は別館病棟，女性は山口病棟に入院し，だんだんとその数は増えていった。当時認知症について無知であった私は，回診について行き金子教授の「東の反対は？」という質問に対し，答えられない患者を見て驚いた記憶がある。

しかし，時とともに外来も入院も患者の構成が変化した。ことに思春期障害と認知症の患者が増加した。思春期グループと呼ばれた研究グループが生まれ，不登校，家庭内や学校内での暴力を含む問題行動の解決が重要な課題となり，外来でも入院でもその患者が増えていった。

私は思春期患者の診療は行わなかったが，認知症患者の主治医となることはしばしばであった。私が初めて受け持った認知症症例では主治医の私が病室に黙って入ろうとすると，「無礼者！」と一喝され，「まず名を名乗れ！」と言われた。その患者は戦時中，陸軍中尉の地位にあった方とのことで，以後病室に入るにあたり扉をあけ，「受け持ちの志水入ります！」と大声を出して，「よし！」と言われてから診療しなければ

図2 金子教授の診察風景

ならなかった。

こうして「新病院」での閉鎖病棟では，統合失調症やうつ病などの精神疾患と認知症のほかに，思春期障害，不登校児などが徐々に増加し，入院患者はさまざまとなっていった。神経疾患の患者は年とともに減少し，金子時代の終わりころには，入院患者としてはほとんどいなかった。

治療

1．薬物療法以前
①統合失調症および神経症

統合失調症の治療は，金子時代に大きく変化した。

金子時代の初期の治療はインシュリン療法と電気ショック療法が中心であった。このころ私はしばしば当直医をしていたが，夕方インシュリンを主治医が注射して昏睡に入った後，翌朝になっても低血糖で覚醒しない患者にブドウ糖を注射して，覚醒を確めるのが大きな仕事の1つであった。持続睡眠療法に用いられた施設はあったが，私の入局時には使用されていなかった。

電気ショック療法は，統合失調症と双極性障害患者を対象に施行された。その効果の持続はともかく，施行から短期間の間はかなりの効果があったが，骨折などの副作用のため徐々に施行されなくなっていった。

クロルプロマジンをはじめとする抗精神病薬は，当時ドイツに留学していた佐野助教授がいち早くその情報を届けてくれたので，早期から使用してみたかったが，安全性の確保がなく当時の厚生省の許可もおりていなかったために，ほとんど使用されていなかった。

先述したように，金子教授は昭和32年から石橋分院の院長を兼任され，1～2週に1回分院を訪れ，診察もされた。医長は辻悟講師であった。分院では神経症患者の入院が中心で，辻講師は得意の心理療法で加療されることが多く，一定の効果をあげていた。当時はフロイトの提唱した精神分析療法がアメリカを中心に主流となっていく時代であったが，それを応用した治療法は石橋分院ではかなり活発に行われていた。

②双極性障害病

双極性障害の躁病期には電気ショック療法が行われた。うつ病期には精神療法が主体であった。

③梅毒性疾患

神経梅毒の治療には初期にはマラリアによる発熱療法が中心であったが，ペニシリンの発見以来徐々にペニシリンを中心とする薬物療法に変わっていった。そして神経梅毒自体が年月とともに減少していった。私は石橋分院にしばらく勤務したが，マラリア原虫を顕微鏡下に見て，それを投与して発熱させることで，梅毒を治療することを目近に見て驚いた記憶が未だに生々しい。

④不登校や思春期障害

これらの，当時は新しかった概念は，それぞれの研究者がそれぞれの治療を試みていたが，それらの試みは後に大きく発展した。

2．薬物療法

そして1960年以後は多くの抗精神病薬，抗うつ薬，抗不安薬が開発され，金子時代の終わりまでにこれらの薬物と精神療法の併用が，統合失調症をはじめとする精神疾患の治療の主流となっていった。

①統合失調症

統合失調症は原因が不明で，治療法も金子時代の少し前までは隔離収容が中心で，金子時代の少し前のころになって，前述のインシュリンショック療法と電気ショック療法が導入された。

金子教授は「我が国の精神病者は精神病になったという不幸を背負っているだけではなしに，我が国に生まれたという不幸を持っている」という呉秀三先生の言葉を最終講義で引用し，「それがいまだに続いている。これを何とかしたいというのが我々の願いである。」と述べている。

やがてクロルプロマジンをはじめとする向精神薬，抗精神病薬の開発とともに，ようやく統

合失調症をはじめとする精神疾患の薬物療法が可能となり，監禁を中心とする対応から薬物療法を中心とする対応へと変化していった。しかし私宅監禁が禁止された昭和39年に起こったライシャワー事件で，再び患者の治安対策が強化されそうになった。これに反対して，若手医師により患者の人権を守る運動が精神科以外にも広がりをもって全国的に展開された。医局講座制の崩壊と患者の人権を守ることを目指して行われた，いわゆる大学紛争である。この紛争の最中，金子教授は病院長であり，山村医学部長とともにその収拾に大きな役割を果たした。全国的なこの紛争が収まるとともに精神科医療は人権を重視しながら，抗精神病薬治療による治療へと大きく進歩していった。

世界的にみて最初に普及した抗精神病薬は，クロルプロマジンである。クロルプロマジンは他の抗精神病薬と同じように，他の疾患の治療中に偶然発見されたが，その効果は絶大であった。私は当時週に1回，民間の精神病院の当直をしていたが，いくつかある病棟は2群に分けられ，1つは「非治療病棟」として，従来通りただ拘束しているだけであり，夜の回診に際しても入院患者に急に攻撃されないか注意をして見回っていた。保護室の患者を診るにあたっては，慎重な注意が必要であった。もう1つの「治療病棟」，つまり抗精神病薬を中心に治療していた病棟は，まったく違う雰囲気で石炭ストーブの周囲に集って談笑し，ストーブの管理も自分たちで行っていた。当時の精神科医たちはその効果に驚き，わが国でも急速に普及していった。北杜夫の著書「日本の夜と霧」はこのころの事情を生き生きと描いている。

金子教授が在職中，昭和30年のクロルプロマジン以後8種類の抗精神病薬が導入され，ハロペリドールは現在もよく用いられている。これらはすべて脳内のセロトニン，ノルアドレナリンなどの神経伝達物質とその受容体に影響を与えるものであり，現在もその流れで薬物の開発が続いている。

②双極性障害（気分障害）

双極性障害については精神療法が中心のときが続いたが，やがてうつ病に対する薬物療法は，三環系および四環系の抗うつ剤とモノアミン酸化酵素阻害剤を中心に発展した。そしてこれらの薬物もセロトニンやノルアドレナリンを変化させるもので，はじめは疑いながら投与していた医師たちもやがてその効果を認識し，大いに利用するようになった。三環系および四環系抗うつ薬については，昭和34年発売のイミプラミン以来急速に発展し，金子教授の在職中にもイミプラミンのほかに6剤が発売，使用されるようになり，現在でもその多くは使用中である。

モノアミン酸化酵素阻害剤については，谷向，乾を中心とする阪大の精神薬理のグループが大きく貢献した。"サフラ"という商品名で発売されたモノアミン酸化酵素阻害剤は，しばらく市場で用いられたが，強い肝障害のため徐々に用いられなくなった。

③神経症

主として開発されたのは抗不安薬であり，その中心を占めたベンゾジアゼピン誘導体は，時とともにきわめて有効であることが認識され，確固たる地位を占めるようになり，その後開発された抗不安薬とともに神経症の治療に大きな役割を果たした。初期の薬物には習慣性が強く問題になったが，徐々に改善され，現在も多くの医師が神経症治療薬および不眠治療薬として用いている。

これらの精神疾患に対する薬物療法の効果は，精神疾患およびその治療に対する一般の人々の認識を大きく変え，現在の治療法の基礎を築いた。しかし当時はまだ「薬で精神疾患を治す」ことに世間一般の抵抗が強く，副作用も大きく取り上げられたが，薬の進歩や使い方の改善とともに徐々に反対はなくなっていった。

④てんかん

てんかんについて金子時代の初めから薬物療

法が中心であり，当時から使用されていたフェノバルビタール，フェニトイン，カルバマゼピンは現在でも主な治療薬である。阪大では乾，東により開発された炭酸脱水酵素阻害剤が，"オスロポット"の商品名で発売され，今なお使用されている。

⑤認知症性疾患

認知症に有効な薬物はまったく手探りの状態であった。しかし医局会や病棟の会議ではその可能性がしばしば論議された。

なお，病棟の症例検討会はほぼ毎週病棟医長を中心に行われ，各医師が自分の受け持ちの患者につき報告し，出席者と意見を交換した。この検討会はきわめて有用で，受け持ちの患者について報告し，診療に大きな示唆をもらうことがしばしばであった。

⑥この時代の診療一般について

この時代の診療を今から振り返ると，多少の記憶の誤りを恐れずに言えば，診断にも治療にも医師の主観が大きなウエイトを占めていた。ことに気分障害と神経症については，ある医師の判断と別の医師の判断が異なることもしばしばであり，それに伴い治療法も異なっていることもまれではなかった。したがって「〇〇先生の患者さん」との意識が，医師にも看護師にも強く，客観的ですべての医師に共通する診断基準の確立が強く望まれていた。

その後世界的に導入された ICD や DSM はこの要請に応えて，世界的に共通の基準を示すものであった。それは治療のうえにも研究のうえにおいても大きな進歩をもたらすことになり，それが現在に引き継がれているのは周知の事実である。

医局運営

医局の運営は代々の医局長が行っていた。毎週金曜日の夕方から開かれる医局会には，医局員のほかに府立病院，日生病院，中宮病院，浅香山病院，その他の関連病院から多数の参加者があり，医局運営のための会議のほかに勉強会，研究発表会が加わり，40人を超える医師，研究者が毎回集った。

学会発表の前にはこの会議で予備発表をすることになっていた。その際に活発な議論が広範な領域にわたって交わされ，大学院生であった私には大変勉強になった。当時の研究グループは神経化学，認知症，脳波，心理テストなどに分かれていたが，私の属していた脳波の研究グループは，この医局会の後に研究会を行っていたし，他のグループも随時研究会を開いていた。

人事については当時下っ端の私にはよくわからなかったが，大部分は金子教授が決めていたように思う。

研究体制と業績

1．老年精神医学の研究

老年精神医学は認知症の研究が中心となった。阪大式老年知能検査（OISA）の開発により，認知症を軽症，中等症，重症に分類したが，この分類はWHO老年精神医学専門家会議の検討で高い評価を得て，その後のアルツハイマー型認知症と脳血管性認知症の判定に大きく貢献するなど，阪大は世界の認知症の研究の中心の1つとなっていった。この際，超音波を用いた脳血流の測定が大きな役割を果たした。

また認知症の治療薬の開発には多大な関心が注がれ，さまざまな仮説のもとに多くの試みがなされ，病棟の症例検討会でもしばしば話題となったがあまりにも未知の部分が多く，成果を上げるには至らなかった。

2．精神生理学的研究

①ナルコレプシーの入眠時幻覚，脱力発作とREM睡眠との関連の解明（菱川，立花，杉田ら）

この研究は世界の注目を引き，現在その説は確固たる事実として取り上げられている。REM睡眠は通常，入眠後数十分を経て初めて

出現するが，ナルコレプシーでは入眠後数分以内に出現し，ナルコレプシーのすべての症状を見事に説明した。

また当時睡眠研究は，睡眠時無呼吸症候群を研究していて，これもまた世界の先頭を切っていた。実際には東館9階開放病棟の一部を夜だけ利用していることが多かった。睡眠時無呼吸症候群については菱川，杉田を中心に世界最先端の研究が行われていたが，9階で患者が寝入ると，夜中にすさまじいいびきが8階に響き渡り，病棟主任をしていた私は，当日は8階を利用していた内科に了承を得に行くというありさまであった。

②ポリグラフを用いた心身の状態の研究（志水，松本ら）

ここで取り上げられたポリグラフは，脳波，筋電図，心電図，GSR，呼吸曲線など，いくつかの生理学的指標を組み合わせて，心身の状態を総合的，客観的に解明するもので，今では普遍的な技術となって嘘発見器に利用されたりしているが，当時はそのパイオニアであり，多くの新しい知見をもたらした。

③表情筋筋電図を用いた表情と笑いの研究（角辻，志水，田中ら）

きわめて細いステンレス電極を毛根から挿入し，痛みを伴わず笑いその他の顔面表情を，表情筋の動きから客観的に捉える方法で，笑いの研究の基礎を作った。

3．生化学的研究

①脳のモノアミンの研究とその阻害剤を中心とする抗うつ薬の開発（谷向，乾ら）。

これについては先述した。

②脳の生化学的分析による認知症の原因の解明（西村，武田ら）

この研究は，西村次期教授により大きく発展し，その後の精神医学教室の研究の中心となり，現在に引き継がれて，世界的に評価されている。これについては「西村時代」に詳しく述べられる。

4．思春期精神医学，小児精神医学の研究

社会の変化とともに新しい精神医学の課題となった，不登校，家庭内暴力の原因やその家族関係の解明（清水，藤本，石上ら）の研究は，時とともにその重要さを増した。後に府立中宮病院を中心に行われ，多くの成果をあげた。当時自閉症と呼ばれたこの1群の疾患が，現在のような社会の大きな問題になるとは予見していなかった。現在はアスペルガー症候群と呼ばれるであろう症例も入院患者として検討されていた。

5．心理学的研究

ロールシャッハテスト，TATなどの心理テストおよびそれを応用した治療は辻，藤井らを中心に，主として石橋分院での研究を軸に発展し，ロールシャッハ研究会は長い間我が国の研究の中心となった。また高石らは催眠療法の研究を行い，成果を上げた。

社会的貢献

金子教授は広い関心の表れとして，多くの学会や社会的活動に取り組まれ，その面での貢献も大きかった。

その表れである多くの学会長，委員会を列挙し，その多大な貢献の一端を示すこととしたい。

1．学会活動

昭和37年　第8回日本催眠医学・心理学会会長
昭和38年　第4回日本精神神経学会会長
昭和38年　第5回日本精神病理精神療法学会会長
昭和38年　第4回日本超音波医学研究会会長
昭和40年　第11回日本精神分析学会会長
昭和41年　第7回日本精神身体医学会会長
昭和42年　第1回精神衛生管理研究会会長
昭和43年　第9回日本児童精神医学会会長
昭和43年　日本老年医学会会長
昭和48年　第14回日本神経学会会長
昭和52年　第1回死の臨床研究会会長
昭和52年　日本老年学会会長

2．社会活動

大阪府精神衛生審議会委員
　同　衛生対策審議会委員
　同　優生保護審査会委員
　同　麻薬中毒審査会委員
　同　社会福祉審査会委員
　同　児童福祉審査会委員
大阪市医療扶助審査会委員長
　同　社会福祉審議会員
大阪府精神衛生協議会副会長

3．勲章

昭和17年　勲5等授端宝章
昭和62年　勲2等旭日重光章

金子時代の忘れ得ぬ出来事

1．第二室戸台風による堂島川の氾濫とその影響

当時堂島川べりにあった「旧病院」の精神神経科の医局（2階），外来（1階），脳波研究室から堂島川を見ると，水はかなり澄んでおり，海が近いので，海や川の魚が泳いでいるのが見えた．堂島川は中之島公園から阪大病院の前を通って海へ流れており，公園からボートをこぐカップルもよく見受けられた．

昭和36年9月に大阪を襲って，3,900人の死者を出した第二室戸台風は，現在よりはるかに低かった川べりの堤防を越え，一帯が水浸しになった．濁流は夜の間に地下の精神神経科の脳波研究室に流れ込んだ．このため数台あった脳波計は使用不可能となった．

隣室に他の研究室の細菌培養室があったが，のちに聞いた話では，そこで培養されていた有害細菌が一部川に流れ込んだらしいという噂があった．翌朝出勤した私たち大学院生は，そうとは知らずに脳波計のチェックのために汚水の中を歩き回り，しばらくは例えばペスト菌の感染をひどく恐れた．地下の汚水は翌日には流れ去り，脳波計は，当時の文部省に水害の被害を申請し，数ヵ月後に新品が補充された．この災害のため，堂島川の堤防は水面から見たところでは数倍高くなって修復され，川は見えなくなり，見えても泥水となった．

次に教授に就任した西村とは，平成になってロイヤルホテルの川べりのレストランから川を見下ろして懐古談をするとき，このことがしばしば話題になった．蛇足ではあるが，私が「ここで過ごした年月は私たちにとって，とても重要でしたね」と話しかけると，西村は「いや，それが私のすべてですよ」と応じられたのが印象に残っている．

同じ台風で今の淀屋橋に負けない立派な石の橋で病院と医学部を繋いでいた田蓑橋が傷み，現在の金属の橋に変わって，風情が著しく低下した．

2．金沢学会

金子時代の精神科診療は，学会紛争と精医連（精神科医師連合）を抜きには語ることができない．

この点については私個人の体験を加えて，誤解を恐れず記載したい．それは客観的のみの記載は不可能と考えるからである．

私は2年間のアメリカ留学を経て昭和42年末に帰国し，初めての精神神経学会が金沢で開かれた学会である．この学会ではいわゆる学問的なテーマはほとんど議論されていない．そもそもそうした研究は無意味有害であるという前提が主流になっていた学会だからである．

あえて主観的に言えば，この学会では従来の形の研究はすべて患者の人権を阻害し，患者にとって有害無益な検査を医学者の業績のために行ったものであり，それを糾弾しなければならないという考えが主流であった．

阪大精神科の中にも同じ考え方の人があり，その主旨に沿った発言がなされた．それには正しい主張もあり，それによって精神科医療が人権の立場から改善されたことは無論であり，当然何らかの形で患者の人権を尊重した医療に切り替えなければならない時でもあった．いわゆる大和川病院事件はそれを象徴していた．

当時の記録は私の手元にはないので，多くの思い違いを恐れずに言えば，それに引き続いてなされた金子教授の過去の研究に対する追及は行き過ぎがあったと思われる。この時にも「まあまあ落ち着いて」といつもの穏やかな態度で，抗議に来た学生達をなだめられたとのことである。

人柄

金子教授の人柄については，ここに項を設けてお伝えするべき価値のあることと思われる。共に過ごした人々の思い出はほぼ共通していて「笑顔」と「大丈夫」に集約される。いつもにこにこしながら相手を受け入れ，お話の後は相手は心が和み安心し，豊かな気持ちにさせられるとすべての人が述べている。それは息子である金子弘氏の思い出によると，家庭においてもその通りであるとのことである。研究人としても家庭人としても，他人に自分の考えを押し付けることをせず，相手を受け入れ元気を与える（それはすべての人に同じように）ということであったと思う。

私の体験では研究テーマをもっていくと，しばらく考えて「まあやってみるのがいいだろう」と，常に許可された。1, 2年経って「あれは駄目なのでこのように変えたい」と言うと，

図3　金子教授の笑顔

「じゃぁ，そうしよう」と大まかに認めていただき，2, 3のヒントを与えられることが多かった。ただ，かなり基礎的な研究テーマを持っていくと，「それは精神科医療に役立つのか？」と聞かれ，「臨床から離れないように」と注意された。

多くの人がゴルフに対する思い出を語っているが，私には「コースに出てクラブを振るのが好きで，ボールがどこへ飛ぶのかは関係ない」の言葉が胸に残り，いつも思い返すと温かい思いで満たされた。

なお，金子教授の人柄について，平成10年に和風会から刊行された「金子仁郎先生追悼記念集」に多くの人々が思い出を語っているが，ほとんどの人が一致して「笑顔」「優しさ」「何で

大阪大学附属病院分院閉鎖記念（昭和43年）

も受け入れてもらえる」を挙げており，お話をして別れた後，ゆったりと満たされた気持ちになることが共通であり，私もその1人である。

図4　金子教授開講20周年記念祝賀会（昭和51年）
図5　金子教授開講20周年記念祝賀会（昭和51年）

図6　金子仁郎先生旭日重光章受章祝賀会（昭和63年）

図7　旭日重光章記念

金子仁郎教授のお墓詣り────武田雅俊

平成25年10月13日，京都市南禅寺真乗院にある金子仁郎教授のお墓をお参りした。真乗院は南禅寺の塔頭の一つで南禅寺三門の入口近くにある。永享8（1436）年に山名持豊（宗全）が香林宗簡の塔所として開いた寺院であり，真乗院の墓地中央には山名宗全のお墓と山名家のお墓がある。山名持豊は文明5（1473）年3月19日に亡くなりここに葬られた。

真乗院墓地はさわやかな秋の行楽日和の中で静かなたたずまいを見せていた。庭園を抜けて，

お寺の左側の通路を抜けると視界が開けて清閑な場所があった。金子仁郎教授のお墓は真乗院墓地の右側奥にある。金子仁郎教授の戒名は「不覺院仁術精博居士」，墓碑の右面に「平成九年九月二十一日寂，俗名金子仁郎行年八十三才」と記されている。

金子仁郎教授は，当教室教授を定年退官された後関西労災病院院長を7年間勤められた。阪神大震災の年に定期健康診断が1年だけ抜けたことが災いして，胃がんの発見が遅れてしまった。関西労災病院で手術を受けられたが，その後ご自宅の近くの京都市伏見区の武田病院にて療養生活を送られた。この時期，西村健教授はほとんど毎日金子教授の病室をお見舞いに訪れた。東京帰りの日にも武田病院に立ち寄られていた。小生も数回だけであったが，西村教授のお供で武田病院に金子先生のお見舞いに伺ったことがある。

筆者は，金子教授の卒業試験を受けて卒業し，西村教授の時代に精神科に入局したので，金子教授から直接の指導を受ける機会はなかった。金子仁郎教授の思い出は，金子教授の笑顔に尽きる。いつお会いしても堂々たる体躯には柔和な金子教授の笑顔があり，金子教授の笑顔を見さえすれば癒されたものであった。金子教授は阪大を退官されてからも多くの学会を創設されご活躍であったが，晩年には「死の臨床研究会」を新たに興され，がんの宣告を受けられた後も毎年の和風会総会にはご出席くださりご自分の生き様をもって多くのことを若い世代に教えていただいた。

金子仁郎教授は平成9年9月21日に亡くなられ，告別式が和風会員も多数参列して，9月25日千里会館において行われた。また和風会では，金子仁郎教授のご逝去の1年後に金子仁郎先生を偲ぶ会を開催した。この会には，金子美

南禅寺全景
矢印は金子仁郎先生の墓所のある南禅寺真乗院

真乗院の入り口　　**真乗院の庭園と本堂**

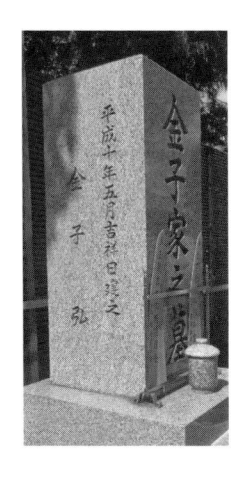

真乗院の金子仁郎先生のお墓

金子仁郎先生の墓所を訪れる筆者

津子令夫人,お兄様の金子太郎様,ご長男金子弘様,陣内先生のご家族にご参列いただいた。真乗院の金子家のお墓は,ご長男金子弘様が金子仁郎教授を偲ぶ会に合わせて建立されたもので,墓碑の左側には「平成十年九月吉祥日金子弘建立」と記されている。

7 西村健教授時代

● 井上　洋一

　西村 健先生は昭和53年に大阪大学精神医学教室の教授に就任され，平成7年に退官されるまでの17年間にわたって教授を務められた。西村先生が教授をされた時代の精神医学教室を一言で言うと安定と発展の時代であったように思われる。西村先生は確固たるお考えの下に大阪大学精神医学教室の研究，教育，臨床の各分野を指導され，発展をもたらされた。

　西村先生が教授に就任されたとき，筆者は精神病理グループの一研究生として思春期外来と抄読会に参加していた。当時の私には西村先生の教授ご就任は雲の上の出来事であった。西村先生とお話させていただく機会はほとんどなく，先生のお顔を遠くから拝見するだけであった。5年後に助手として大学に戻り，西村先生から様々な面でご指導いただくようになった。

　そのころ阪大病院は福島にあり，精神医学教室のほとんどの研究室は病棟と同じ建物にあったが，医局と教授室は東側の古い建物にあり，トンネルのような暗い廊下を挟んで眼科医局と向かい合っていた。精神病理研究室は教授室の隣にあったので，西村先生に廊下でお会いしたときなどに気軽に声をかけていただいた。研究内容について具体的なご指導を受けることはあまりなかったが，西村先生に声をかけていただくことが私の励みとなっていた。今振り返ってみると，西村先生のご配慮と確固たる信念に支えられて，医局員は自分の仕事に専念することができていたように思われる。

　西村先生と特に親しくされた先生方，あるいは直接指導を受けられた先生方が書き記されたエピソードの数々は，西村先生のお人柄を鮮明に私たちに伝えてくれる。これらの文章を援用しながら西村先生の思い出を以下にまとめてみたい（図1，2）。

教室運営

　西村健先生が教授に就任された昭和53年は，全国の大学医学部・医科大学の精神科教室を巻き込んだ精神科改革の嵐がようやくおさまろうとしていた時期であった。

　全国的な大学運営の混乱期に大阪大学精神医学教室は大きな傷跡を残すこともなく，教室関係者が協力し研究を続けることができ，近年の精神科医療に重要な働きをした国立大学医学部精神科の最右翼の一つに位置づけられた。

　西村先生が取り組まれた最初の課題は，改革の中で指摘された精神科医療のマイナス面や，改革運動のために生じた大学精神科の様々な混乱や研究面での遅れから脱出し，精神科に安定と発展をもたらすことであった。西村健先生は精神科教室員が落ち着いた環境で研究・教育・診療ができるように心を配られ，各研究グループがそれぞれの領域で成果を上げる環境をいちはやく整備され，阪大精神科教室を自由で活気

図1 西村教授退官記念祝賀会
左上：金子教授乾杯とご夫妻，右上：浜岡医学部長挨拶とご夫妻，左下：ご夫妻，右下：挨拶する西村教授（平成7年）

図2 西村健教授退官記念パーティ（平成7年）

のある教室に導かれた。
　教室の研究グループの全体の活動に気配りしておられた西村先生の調整力が大きな力となったことを故金子名誉教授は記しておられる（図3）。
　西村健先生はご自身の研究でも時代を先取りし，認知症の脳の生化学的研究において世界をリードされ，多くの業績を上げられた。従来，老年精神医学においては臨床疫学的研究，神経生理学的研究，脳血流研究などが主流であった。そのような時代の中で西村先生は老人脳の生化学的研究，特にたんぱく質に関する研究を精力的に進められた。当時，老人脳の生化学的研究は乏しく，しかも脂質に関するもののみであった。西村先生は，世界に先駆けてたんぱく質の研究を行い，アルツハイマー病などの認知症の脳においては水溶性蛋白質の不溶化があることを突き止めて，その後のこの分野の発展の道を開かれた。（図4）

　認知症の重要性が認識されるにしたがって，西村健先生は第一人者として世界から評価され，多くの国際学会で講演され，シンポジストとして活躍され，第4回国際老年精神医学会の組織委員長，平成7年には日本老年医学会会長（大阪），平成8年には国際アルツハイマー病学会会長を務められるなど，内外の主要な学会を主宰された（図5）。

図3　学生へ講義中の西村教授

図4　夏の生化研究グループ旅行

図5　ミネアポリスのアルツハイマー病学会（平成8年）
　　　左：大阪大会へのバトンを引き継がれる西村教授
　　　右：Iqbalのラボとの食事会

　多くの現象を見つめ，あるいは多くの人の考えに耳を傾け，そこから得た複雑な全体像を解きほぐし，最も基本的な構造を取り出すという西村先生ならではの洞察力は，研究においてだけでなく，医局運営においても存分に発揮され，医局員および和風会員，医学部学生を指導された。

　西村先生は多くの研究グループの研究を支援され研究の発展に貢献された。各教官が担当していた研究領域としては，脳波研究，精神生理

図6 竹友教授を迎えてのセミナーの折に（昭和57年）

学的研究，脳波分析，事象関連電位，神経化学的研究，神経精神薬理的研究，神経心理学的研究，脳循環研究，精神病理学的研究，心理療法など多岐にわたっていた。全国的に見ても，他に見られない多様な領域の研究グループが存在していた。西村健先生は教室員の自主性を尊重して，各グループが独自性を持って研究を発展させるように指導され，多くの人材を育てられた。

臨床においても教室員に自ら模範を示された。外来診療では患者さんの話を丁寧に聞き，一人ひとりに優しく接しておられた。研究，教育，臨床のどの領域においても，西村健先生の優しいお人柄と真摯な態度，そして精神医学に対する使命感が精神医学教室の模範となり，発展の基盤となっていた。

精神医学教室への入局者は増加して毎年ほぼ20名となりいつも活気にあふれている教室となっていた。西村健先生のお人柄や，学生への細かい心配りが卒業生をひきつける大きな要因となっていた。

臨床教室の教授の重要な仕事の一つに教室員の人事がある。関連病院から人材派遣の要請があり，例えば精神科病院院長，総合病院の精神科部長や医員などの推薦依頼である。各病院で必要とされる人材派遣の要請に応えて医局員を派遣し，地域の病院を支援し，地域医療を守っていくことが教室の役割であり，教授の重要な仕事となっていた。西村健先生は各医局員の事情を汲み，希望にも配慮されながら，適材適所の配置を考えられ，人事は円滑に進み，西村健先生の推薦により多くの院長，部長が誕生した。

西村先生は欧米での見聞を通してわが国の医学教育，研究，医療，福祉への物や人の投資が貧弱であることを痛感され，できるところから改善していこうとの考えから，教育に力を注がれた。和風会の講演会を年に2度，6月と12月の総会に開催し，会員の勉強の機会を増やすとともに，新入局者の教育体制についても，医師としての知識や技術以前の基本態度の重要性を強調され，近畿9大学の合同研修会への新入局員の参加を促し，教室関連機関に後輩の教育を呼びかけられた。

昭和57年WPA地域会議が京都で開催され，シンポジストとしてニューヨークから帰国されたアルバートアインシュタイン大学精神科竹友安彦先生が大阪で講演された。西村先生はその後5年間，竹友先生を招聘教授として招かれ，竹友先生のセミナーや教育分析を通じて教室員が学ぶ機会を設けられた。またメイヨークリニックの岡崎春雄教授が来日されるたびに講演会を開催された。先輩を大切にし，教室員の教育も重視される西村健先生ならではの配慮であった。西村先生のご配慮が実を結んで，教室員がニューヨークの竹友先生の下に留学し，米国で研究をする道が開かれた（図6）。

吹田移転

　西村健教授ご就任中にあった大きな出来事の一つは医学部・附属病院の吹田移転であった。基礎研究棟が老朽化して危険な状態にあること，医学部および附属病院が手狭となり，大型化する機器や研究設備の導入に対応できなくなったことなどの理由で，長年の歴史を残す中之島を離れて，吹田の地に新しい病院が構想された。国立大学医学部の移転は阪大が初めてで，全国の注目を集めており，西村健先生は移転の委員として，「ぜひ良いものを作らねばならない」と移転を成功させるために力を注がれた。

　西村先生は多くの委員会に出席され，「吹田キャンパスへの移転に明け暮れる」日々を送られるようになった。将来の学生の教育のためにも移転を成功させなりればとの強い思いを持っておられた西村先生は努力を惜しまれなかった。

　新病棟は中央診療部門と外来部門が入る低層の建物の上に積み上げられ，精神科はその最下層に入り，低層部の屋上の運動場をコの字型に囲むような形に病室が配置された。「東洋一の規模を誇る大学病院にふさわしい精神科であり得るようにいまから心構えを新たにしておかねばならない」と西村先生は移転への決意を述べられた。

　臨床研究棟は11階建てとなり，精神科はその最上階に入ることが決まった。研究棟の委員会の委員長をされていた西村先生は，他の教室の希望に対しては譲らなくてはならず，精神医学教室は最上階に入ることになった。委員長としての気使いから他科が希望しない最上階を選択されたのだが，西村先生は後に，最上階も悪くなかったとの感想を述べられている。西村先生が11階を選ばれた結果，南向きの研究室を与えられた研究グループは，万博公園の緑や生駒山，梅田などを眺望できる大変見晴らしの良い部屋で研究に専念することができた。

　平成5年2月に病院が完成し，病院の移転の段階に入った。3月以降次第に患者数を減らし，診療継続が必要な患者については関連診療機関に紹介し，医学部の吹田キャンパスへの移転の仕上げとなる附属病院の移転は7～8月の2ヵ月間に行われ，9月1日から新病院で診療が開始された。約1世紀にわたる中之島地区での大阪大学医学部の歴史は幕を閉じ，吹田の地で21世紀にむけて新たな歴史を刻み始めたことへの思いについて西村先生は，「旧医学部および病院については，和風会の皆様それぞれに色々な思い出があることでしょう。人気のない病院の辺りを通ると，言い知れぬ感慨がわいてきます。わたしたちが育ててもらった中之島の医学部と堂島の附属病院に改めて深く感謝したいと思います」と記されている。

　教育を重視されていた西村健先生は，医学部学生の心に残り，ここで学んだことを誇りをもって思い出せるような建物が必要であると考えられ，先生のご尽力により生命科学図書館の正面にギリシャ風の列柱と階段が設けられた。医学部のファサードが持つアカデミックで重厚な雰囲気は西村先生から学生への贈り物であった。西村先生は移転の中心的役割を担うお一人として，責任感を持って大役を果たされた（図7）。

西村先生のお人柄

　西村先生の思い出について多くの先生方が書き記されている。これらの貴重な証言をたどりながら西村先生のお人柄について記しておきたい。

　西村先生に研究の指導を受け，長く接しておられた多田先生は西村先生の思い出を次のように語っておられる。「西村先生は，まっすぐ私の顔を見て丁寧に対応された。いつも人と話されるときには，真正面から相手の顔をじっと見て丁寧に対応される。見上げるような，あるいは見下げるような形で対応されるのをほとんど見たことがない。そして，言葉も態度も余分な修飾をなさらない。そのような形は，人，物，に

図7 大阪大学生命科学図書館
左：全景，右：玄関

対して即断的な評価を避け，より正確に，その本来の価値を見ようとする謙虚な心を反映しているように思われる。その姿勢は人が何を考え，何を話そうとしているのかをより正確に知るための基本的な姿勢であり，また人生において繰り返し遭遇する様々な物事に対して，より正しく判断し行動するための基本的な姿勢である」。西村先生は物事を正しく受け止めて，正しい判断をされる方だったこと，そして他人に対して先入観をもって接することはなく，オープンな態度で相手を受け入れる姿勢を持っておられたことを多田先生は指摘しておられる。このような姿勢を貫かれた西村先生は多くの人の信頼を得て，教室の運営に当たられていた。

故浅尾先生は，ある学会で老人に関する演題発表をされた西村先生に質問をされたところ，西村先生が質問を正確に受止められ，明確に堂々と答えられたことに感銘を受けたことを記されている。

西村先生が人間関係を大事にされたことを示す多くのエピソードがある。精神医学講座の開講100年を迎えた折，西村先生は初代大阪医学校大西鍛教授のご遺族を探してご出席をいただき座談会を開催され，初代教授およびご遺族への気遣いを示された。

西村先生の深い心遣いを示すエピソードを浅尾先生が記しておられる。浅尾先生と竹友先生と西村先生の3人で夕食を共にされていたときのことである。垣内教授（高次研の神経薬理学教授）の訃報が入り，西村先生の発案ですぐに垣内先生の入院先の成人病センターに行くことになった。3人でセンターに到着すると，夜更けのことで，病室には垣内先生の奥様が独りさびしくおられた。その姿を見た西村先生が声をかけられたのを見て，西村先生の優しさを改めて感じさせられたと浅尾先生は書いておられる。

西村先生は国際学会で知己となられた外国人研究者との交流も大切にされていた。日本で開催された神経病理国際学会に出席されたロイジン先生が教授室に来られた折は，旧知の友であった西村先生はねんごろに話をされ，その夜箕面の料亭で一席を共にし，楽しく過ごされたという。筆者の記憶に残っているのは，米国のメニンガー研究所のメニンガー氏が来日され，西村先生を教授室に訪問されたときのことである。正式にはメニンガーと発音するのか，メニンジャーと発音すべきなのかと西村先生が質問されたのをきっかけに話が弾み，メニンガー先生を囲む昼食会をレストラン「アラスカ」で開いていただいたことが思い出される。西村先生のホスピタリティは外国の方も魅了するものであった。

平成2年の和風会誌上では，永年，神経科の外来婦長を務められた小松四女さんが逝去され

図8 川崎トヨ子病棟婦長の送別会
左：左から川崎婦長，西村教授，金子名誉教授
右：左から栗山婦長，辻悟，川崎，西村教授

たことに触れられ，神経科のために誠心誠意を尽くされたとして深い感謝の意を表された。和風会員ではない婦長さんに対しても功績をたたえる言葉を贈られていた。このような病棟職員に対する気配りは川崎トヨ子婦長の送別会においても示されていた（図8）。

人並み外れた仕事量をこなしておられた西村先生は多忙の中に安らぎを見つけられる天才でもあったと多田先生は書いておられる。特にご趣味に割く時間も持っておられなかった西村先生もカメラや旅行を楽しんでおられた。研究資料の撮影をいかにも楽しげにされたり，国内外の学会に出席されるとき，そのときどきの旅を楽しまれた。仕事中心に過ごしておられても，他人の遊び話には楽しそうに耳を傾けて話に興じておられ，肩肘を張らずに常に自然体で，周囲への気配りを忘れず，驚異的な量の仕事をこなし，指導力を発揮された。

先生はプロ野球の阪神タイガースを応援しておられた。掛布，バース，岡田を擁したタイガースが日本一になったときにはとても喜ばれ，医局会の後で虎のマーク入りの缶ビールをわれわれに振舞われた。先生はアルコールを飲まれないのだが，熱心なファンとして喜びを分かち合いたいという先生のお気持ちがビールから伝わってきて，楽しいひと時をすごしたことが思い出される。

西村先生のお人柄を伝えるエピソードの一つとして最後に筆者の個人的な思い出を記すことをお許しいただきたい。2006年，阪大のコンベンションセンターで日本精神病理学会第29回大会を開催した時のことである。懇親会でのスピーチを西村先生にお願いしたところ，快くお引き受けいただいた。先生は若い医師たちに，精神病理学的な視点を身につけてもらうことが重要であることを強調された。認知症の生化学的権威として世界をリードしてこられた西村先生に精神病理への理解と，臨床や教育における精神病理の重要性を語っていただいた。それは全国から参加している学会員への暖かい歓迎の言葉でもあり，また精神病理学会大会を主催する身には心強い励ましとして感じられた。西村先生の見識の広さと暖かさを強く感じた次第であった。

故金子先生が言われたように臨床教授の仕事は「3日したらやめたくなる」といわれるほどの激務である。阪大の精神医学教室をまとめ，運営していくことは余人にはわからない大変大きな責任と負荷を引き受けることである。西村先生は，多くの卓越した能力をもって職務を果たされ，大きな足跡を残された。またあらゆる人に分け隔てなく愛情を持って接しておられた教授としてわれわれの心に残っている（図9）。

図9 阪大医学部教授の記念写真
西村教授は2列目右端

西村健教授のお墓詣り────武田雅俊

平成23年8月に西村健教授ご長男の西村直純氏，工藤喬君ら教室の若手と西村健教授の遺品の整理のため，姫路の西村教授の御宅を訪問した折に西村家の墓所に参拝した。西村家墓所は姫路市営名古山霊園の中にある。姫路城から北西約1kmの名古山の山上にある墓地で，ネール首相から贈与された仏舎利塔や第二次大戦で没した陸軍軍人の墓などがある大きな墓地

図10 西村健教授の墓所

であった。西村家の墓所は名古山霊園のほぼ中央の仏舎利塔を望む場所にある。西村健教授のお父上西村慶次先生により建立された墓碑の背面に「昭和45年8月建立西村家十代常吉三男慶次」と記されている。

　お墓参りをした後に，西村健教授のご自宅を訪問した。西村健教授のお父上西村慶次先生は岡山医専出身の陸軍軍医であったが，終戦後に姫路にお住まいになりご実家で内科医院を開業された。お母様は西村健教授にお父上の内科医院を継いでほしいとのお気持ちを強く持っておられ，慶次先生が亡くなられた後も姫路のご実家に一人でお住まいになられていた。西村健教授は高齢になられたお母様に大変よく尽くされていた。阪大退官後に甲子園大学に移られたが，生駒のご自宅，宝塚の甲子園大学，姫路のご実家を夜中に車を運転して通っておられたと伺っている。西村教授のお母様は，その最期を阪大病院当科で迎えられ，筆者も御母堂の告別式に参列させていただいた。

　筆者たちが訪問させていただいた平成23年にもご実家と西村内科医院の建物はほぼそのままの形で残されていた。なかなか雰囲気のある建物であり，映画のロケに使いたいとの申し出もあったと直純氏が話しておられた。

図11　西村健教授姫路のご実家

8 武田雅俊教授時代

● 工藤　喬

個人よりも全体の力を，中よりも外へ

　武田雅俊教授は，大阪大学医学部学士編入制度の第一期生として大阪大学医学部を卒業し，大阪大学大学院精神医学教室にて学位を取得し，フロリダ大学神経科学部，ベイラー医科大学生物物理学部に留学した。帰国後，大阪大学精神医学教室助手，講師を経て，平成8年4月1日付で，7代目大阪大学精神医学教室教授に赴任した。赴任にあたり，「個人よりも全体の力を，中よりも外へ」は，武田教授が教室運営の指針として掲げたものである。武田教授時代は，この指針に則り，教室の研究・診療・教育体制の整備を図り教室の「力」を結集し，学会活動を通して「外へ」力を発揮させた18年間であった。これらの成果について振り返ってみたい。

武田教授の生い立ちから教授就任まで

　武田雅俊は，昭和24年10月20日，武田秀俊・直子の長男として佐賀県鳥栖市村田町に生まれた。姉富美子（昭和22年）と弟典夫（昭和27年）の3人姉弟であった。小学4年生時に佐賀市に転居し，赤松小学校，佐賀大学付属中学校，佐賀西高等学校を卒業した。

　佐賀はもともと教育熱心な風土で，鍋島藩36万石時代の藩校「弘道館」の後に旧制佐賀高校，新制佐賀高校があった。佐賀高校を卒業して精

図1　武田教授出生時
ご両親と御姉上（昭和24年）

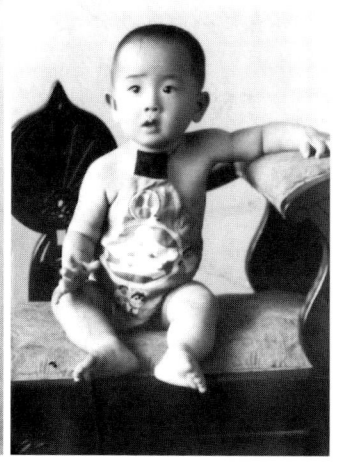

図2　武田教授1歳時
（昭和25年）

神科医として活躍した人として，松下正明（元東大精神科教授），鳩谷龍（故人・元三重大精神科教授）などがいる。全国でも最大の学生数となっていた佐賀高校は，昭和41年に佐賀西高，佐賀北高，佐賀東校とに分離した。佐賀西高校は県下随一の進学校であった。武田は首席で佐賀西高等学校に入学し，高校3年間を通じてほとんど成績トップを維持していたという。高校生時代は青白い秀才タイプであったろう。

大学受験では東京大学理科Ⅱ類と慶應義塾大学医学部とに合格し，昭和43年に東京大学に入学した。そのころは東大精神科から起こったいわゆる大学紛争の真っ只中であり，東京大学でも学生は授業ボイコットをしており，大学構内には立て看板が立ち並び，授業はなく，クラス討論会・学生集会などで過ごす日々であった。翌昭和44年の大学入試は大学紛争のために中止となっている。武田は，大学での政治集会に着いていけず，毎日下宿で文芸書・小説・哲学書を読み漁る日々であったらしい。このような鬱々とした時期を過ごした後に，サンケイスカラーシップを得て昭和45年秋から米国ニューハンプシャー州のダートマス大学に留学した。当時は未だ留学生数は少なく，ダートマス大学における日本人留学生はデザイナー森英恵氏のご子息，森顕氏，三井物産社員としての短期留学で来ていた中井氏との3人であった。ダートマス大学に編入した翌年1月の東大安田講堂陥落ニュースを図書館の英字新聞で読み大変ショックを受けたと話しておられる。当初は，翌年には東大への帰国が予定されていたが，当時の東大は外国での単位を一切認めないとの方針であった。これに対してダートマス大学では東大での単位を認めてくれることとなり，留学を1年延長して生物学と生化学を専攻してダートマス大学を卒業した。1ドル360円の固定金利の時代であり，実験室の器具洗い，大学図書館での書籍整理などのアルバイトをしての留学生活であった。当時は日本語の新聞も雑誌もなく，大学図書館で「満州医学雑誌」を見つけて日本語を貪るように繰り返し読んだことを覚えているという。当時アイビーリーグ大学の多くは男子校であったが，武田が卒業した翌年からダートマス大学は共学となった。武田は，ダートマス大学を卒業した後半年間，ヨーロッパ，中東，アジアを放浪した後に帰国した。

帰国後は，昭和48年4月から東京大学医科学研究所内田久雄教授の大学院生となった。分子遺伝学の黎明期であり，T4ファージが大腸菌に感染する際に必要な足の数を決定するというテーマに取り組んだ。東大医科研での2年間は実験，テニス，バイオリン演奏などで楽しく過ごしていた。そのような時期に，大阪大学医学部では全国に先駆けて医学部学士編入制度を開始した。昭和50年から武田は学士入学第一期生として阪大医学の学生となった。当時の釜洞総長の肝いりでスタートした新しい試みで，第一期生36名の多くは東大，京大からの学生であった。阪大医学部の学生として4年間を過ごした後，入局先を決めるときには，西村教授の精神科，山村教授の第三内科，佐野教授の皮膚科と，いろいろと迷ったが，精神科を訪ねて西村教授に面会したときに自然にこの人についていこうと決心されたという。阪大医学部卒業と同時に精神神経科学教室の大学院生となり，その時から精神医学の道を進むことになった。

武田は，大学院修了後，昭和58年から奈良県郡山市の国立療養所松籟荘に勤務した。当時，西村教授の学生時代からの親友であった西沼啓次が荘長を務めていた。西村教授によるいい研究者としてのキャリアには一時期臨床の場に身を置くことが必要との判断からであった。当時の松籟荘は，結核を併発した精神障害者の入院治療を担当していた。また松籟荘には液体クロマトグラフィ装置を備えた実験室があった。そのようなことから，武田は，結核を併発した統合失調症患者の薬物療法について検討し，ハロペリドール血中濃度が抗結核薬のリファンピシ

ンと INAH の併用により正反対に変化することを見出した。また，悪性症候群の病態に関する研究，下垂体腫瘍により発症した皮膚寄生虫妄想の病態などについて発表した。

昭和59年に助手となり大学に戻り，同年10月からフロリダ大学神経科学部門に留学した。フロリダ大学では，Kim Angelides や Gerald Shaw の教室で細胞骨格蛋白の動態についての研究に従事した。このころフロリダ大学の薬学部 Gordon 教授の研究室には，日本の製薬企業や大学から，医学部脳外科教室 Lawton 教授の研究室には九大脳外科からの留学者がおり，のびのびとした研究生活を送ったという。昭和60年夏に Kim Angelides とともにヒューストンのベイラー医科大学に移動した。フロリダからテキサスへの引っ越しのときには，阪大の教室から新川久義と Ramon Cacabelos とが合流し，一緒にヒューストンまでの車旅を楽しんだ。当時ヒューストンのメディカルセンターは，Baylor Medical College に加えて MD Anderson Hospital, St. Lukes Hospital, South Texas Medical School など5つの医学校と病院が集約された巨大な医学・医療センターであり，ここではニューロフィラメントの動的解析，重合解離に関する仕事をした。

昭和62年秋に阪大精神医学教室に戻り，生化学研究グループのリーダとして多くの大学院生とともに研究に臨床にと活躍した。そして，平成3年に講師，平成8年4月に教授に就任した。

大学の研究体制の整備

まず，武田教授が取り掛かったのは大学の研究体制の整備であった。教室の長い歴史の中で生理学系，生化学系，心理学系の研究グループはそれぞれ独立して活動しており，さらに細分化した研究グループとなっていたからである。当時，生理学系には，脳波分析，精神生理，睡眠脳波，誘発電位，超音波のグループが，生化

図3 高槻での家族（平成4年）

学系では神経化学と精神薬理のグループが，心理学系では精神病理，行動療法，神経心理のグループが独自の活動を行っていた。武田教授は，「現代の精神医学研究は，研究手法でそれぞれが独立した活動をするよりも，1つの疾患・病態に対して生理学・生化学・心理学的なあらゆる研究手法を駆使して研究を進め，それらの多角的な研究結果を総合してはじめて新しい発見がなされるもの」とし，古い伝統的な枠組みを取り払い，生理学系，生化学系，心理学系の大きな研究グループに再編成され，認知症や統合失調症などの研究をグループの枠を超えて遂行できるようにされた。

平成20年度，武田教授は製薬メーカーとの精神神経創薬コンソーシアムの設立に参加され，寄付講座「分子精神神経学講座」との共同研究体制が展開されるようになった。

和風会における研究体制の整備

武田教授は和風会における研究体制の整備にも着手された。平成9年度から，「和風会講演会」が年間4回（うち1回は和風会総会の前に行われる和風会会員による講演会を含む）開催されるようになり，日本全国から講師を招きフレッシュな精神医学研究の講演を拝聴することができるようになった。ただ単に講演を拝聴するだけではなく，武田教授の発案で，講演1時間，討論1時間といったきわめて異例の構成で，活

図4　和風会講演会

図5　和風会研究会

発な討論ができ，教室で行われている研究遂行に大いに参考になっていった。

また，平成10年度からは「和風会研究会」が開催されるようになった。この会の目的は，若い研究者の研究支援，特に大学外の和風会関連施設で行われている臨床研究を発表してもらい，その研究遂行のために大学の教室が如何に支援していくかを議論するものであった。この研究会に対しても武田教授はユニークな発案をされた。それは，各発表者は発表の抄録だけではなく参考文献もあらかじめ参加者に配布し，発表ごとに教室教官から指定討論者を決め，彼らの予習を踏まえてじっくり発表後の討論をするというものであった。この会を通じて，いくつもの論文がまとめられていった。

競争的研究費の獲得

武田教授が赴任されたころより，研究を遂行するためには競争的資金を獲得することが強く求められるように文部科学省や厚生労働省の施策が展開されていった。これに対し，武田教授は助教以上の教官層を指導し，ほとんどの教官が文部科学省科学研究費を獲得する体制を確立された。

全国で少数の施設しか獲得できない大型の認知症研究費の獲得に，武田教授は努力された。平成12年度には文部科学省の未来開拓研究事業のゲノムサイエンスプロジェクトの研究資金を獲得し，当時に導入されつつあったSNP（一塩基多型）を用いたアルツハイマー病の原因遺伝子検索が行われた。平成17年度からは医薬基盤研究の研究費資金を獲得し，アルツハイマー病の根本治療薬としてγセクレターゼ阻害薬の研究開発が製薬メーカーと共同で行われた。この資金導入を契機にポスドクの研究者を雇用して研究を推進する体制が整った。平成23年度からは文部科学省の脳科学戦略プログラムに採択され，アルツハイマー病の早期生物学的マーカーの研究が展開されている。統合失調症に関する大型予算である厚生労働補助金の獲得にも武田教授は尽力され，統合失調症の中間表現型，特に認知機能に着目し，その関連遺伝子の検索と創薬の研究を活性化した。その他にも多数の文部科学科研費，厚生労働省科研費，特に長寿科学事業の研究費などの大型の競争的資金が獲得されていった。これら大型研究費の獲得は大学にも間接経費として還元されるのであるが，武田教授は平成24年にその研究費獲得の業績に対して大阪大学から顕彰された。主な武田教授が獲得された競争的研究費を表に示す（平成25年度現在）。

診療体制の整備

ここ20年来日本の精神科医療は大きく変遷を遂げてきたが，それらのタイミングを逃すことなく，武田教授は教室の診療体制の整備を図ってこられた。

近年，精神疾患の軽症化が指摘されるようになり，脱施設化も相まって，精神医療における

表

年度	種類	題名
1997-2001	長寿科学研究	精神機能老化の生物学的指標に関する精神神経免疫学的研究
1999-2004	厚生省生活安全総合研究事業	アルミニウムなど金属とアルツハイマー病発症機構との因果関係に関する研究
2000-2004	日本学術振興会未来開拓学術研究推進事業	アルツハイマー病疾患関連遺伝子の解明
2001-2003	厚生労働省 21 世紀型医療開拓推進研究事業	アルツハイマー病生物学的診断マーカーの確立に関する臨床研究
2004-2005	厚生労働科学研究費補助金痴呆・骨折臨床研究事業若手医師・協力者活用等に要する研究	痴呆のスクリーニング及び早期診断法の確立に関する臨床研究
2005-2008	厚生労働科学研究費補助金保健医療分野における基礎研究推進事業	アルツハイマー病関連遺伝子解析研究に基づく診断・治療法開発
2006-2008	厚生労働科学研究費補助金長寿科学総合研究事業	アルツハイマー病神経原線維変化包括的抑止法に関する研究
2006-2009	独立行政法人医薬基盤研究所	アルツハイマー病病理過程の分子レベル基盤研究と発症リスク遺伝子の機能解析およびそれらの融合
2008-2009	文部科学省科学研究費特定領域研究（応用ゲノム）	アルツハイマー病の関連遺伝子探索研究研究
2008-2009	厚生労働科学研究費補助金厚生労働科学研究費補助金	精神疾患脆弱性遺伝子と中間表現型に基づく新しい診断法・治療法の開発に関する研究
2009-2011	厚生労働科学研究費補助金認知症対策総合研究事業	リン酸化タウの凝集阻害及び分解過程の検討と治療薬開発
2010-2012	厚生労働科学研究費補助金障害者対策総合研究事業	精神疾患の生物学的病態解明研究―最新の神経科学・分子遺伝学との融合―
2012-	文部科学省『脳科学研究戦略推進プログラム（精神・神経疾患の克服を目指す脳科学研究〔健康脳〕）』	革新的技術を活用し，加齢による脳機能低下と異常蛋白蓄積につながる病理過程の上流を追求・解明し，認知症の血液診断マーカーと治療薬を開発する

　外来診療の重要性が増してきているのはご承知のとおりである．武田教授は 7 診察室で 1 日平均 150 名の患者を診る外来体制を整備された．また，入院治療に対しては量よりも質を考慮され，総室の個室化などに取り組まれた．ただ，単純な稼働率上昇のみを求めてくる病院側との対応には苦労されていたようである．

　平成 23 年，厚生労働省は地域医療の基本方針となる医療計画に盛り込むべき疾患としてきたがん，脳卒中，急性心筋梗塞，糖尿病の 4 疾病に加えて，新たに精神疾患を含めた「5 疾病」とする方針を決定した．これは，高齢化による認知症の増加や職場でのうつ病の患者数が増加し，国民に広くかかわる疾患として重点的な対策が必要とされたからである．認知症に関しては，従来から教室のメインテーマであったが，この厚生労働省の発表に先駆けて，外来においても画像検査と神経心理学的検査を有機的に組み合わせた認知症専門外来を整備され，阪大精神科は大阪における認知症診療の拠点となった．また，うつ病に関しては，単なる薬物療法だけではなく，修正型電気けいれん療法，反復性経頭蓋磁気刺激療法（rTMS），あるいは認知行動療法などを積極的に取り入れられた．

　重大な事故につながったり，動脈硬化を惹起して循環器系の疾患などを引き起こしたりする

睡眠時無呼吸症候群など睡眠障害も精神科の重要な課題であり，平成18年に武田教授は附属病院の睡眠センターの設立に携わり，そのセンター長を務めた。また，広汎性発達障害や注意欠陥・多動性障害（ADHD）などは成人してからの問題化が話題になっており，平成18年に武田教授は子どものこころの分子統御機構研究センターの立ち上げに携わる傍ら児童精神専門外来を整備された。がん患者に対する緩和医療についても近年ニーズが高まっているが，平成20年武田教授は附属病院オンコロジーセンター設立に携われた。

教育体制の整備

武田教授の時代から，精神科の講義は医学部に留まることなく，保健学科や歯学部でも行われるようになった。これは，精神医学の講義をするということは，若い人の教育にはとりわけ重要であり，また，医学部生以外にも講義することは教室の発展につながるという教授の方針に沿った決定であった。指導された大学院生は多数に上り，テーマも多岐にわたった。

和風会全体の教育体制としては，武田教授は，前述した「和風会研究会」や「和風会講演会」以外に，平成19年度より「和風会症例検討会」を始められた。この会は，大阪地区を北部，中央，南部に分け，症例発表を持ち寄り少人数で特に薬物療法を学ぶ目的で行われた。武田教授は，新研修医制度の下，若い人が大学に入局せずに直接，総合病院や単科病院で育っていくようになったことに危惧を抱かれ，そのような状況に対する対策の一つとしてこのような取り組みを考案されたようである。

外へ力が発揮された各学会運営―金沢革命レジームからの脱却

武田教授は内外の精神科関連学会のグランドスラムを達成されたといっても過言ではない。なかでも日本精神神経学会へのかかわり合いは，日本の精神医学・精神医療への影響の重大さという点では，特筆すべきであろう。

昭和44年，金沢で開催された第66回日本精神神経学会総会では，従来の学会の在り方が精神医療をゆがめるものとして激しい批判を浴び，予定されていた学術発表は取りやめとなり，評議員会と総会のみが行われることになってしまった。この年に全国に広がった大学紛争の影響を受けた先鋭化した会員たちは，「医局講座制解体」や「学会認定医制反対」を主張し，理事会不信任と評議員解散の手続きが取られるに至った。この一連の出来事を「金沢革命」と呼ぶ人もあるが，これを契機に日本精神神経学会は暗黒の時代に突入することになった。学会では，学術的議論，特に生物学的な議論をすることがタブーとなり，終始政治的な批判のみが声高に聞こえるといった状況になった。多くの会員が学会の参加を敬遠するようになり，日本生物学的精神医学会など細分化された独自の学会の立ち上げが行われ，現在に至る精神科系学会の乱立につながったともいえる。大阪大学精神医学教室・和風会も日本精神神経学会に対しては一定の距離が置かれ，筆者の父である工藤義雄が唯一理事として残るという状態であったが，工藤義雄は「学会の正常化は大阪大学・和風会が中心となってなすべきある，なぜなら東京大学も京都大学も精神科医局が機能していないから」と主張していた。

武田教授は赴任後すぐに日本精神神経学会の正常化に向けて行動を開始された。平成12年には理事に就任され，平成13年の第97回総会の主催を打診され引き受けられることになった。学会にとって第97回総会は，翌年に横浜で開催予定の第12回世界精神医学会（第98回日本精神神経学会と同時開催）の成功を占う重要な位置づけとなっていた。というのも，例年の日本精神神経学会は1,200名程度の参加数であ

図6　第97回日本精神神経学会（平成13年）

図7　第97回日本精神神経学会（平成13年）

り，国際学会の成功には2,500名規模の参加が前提であり，大阪総会で大幅な参加者数増が期待されていたからである。

総会の運営には学会運営の平穏性が求められることは言うまでもない。しかし，当時，日本精神神経学会総会はいわゆる金沢革命の時ほどの先鋭化された動きは少なくなっていたものの，第95回東京総会では触法性精神障害者対策についてのシンポジウムでは患者団体が壇上を占拠してマイクでがなるような騒ぎが起き，第96回仙台総会では人格障害と精神病質を巡ってのシンポジウムでも同様の騒ぎが起き，シンポジウムが中止されるといった金沢革命レジームをなお引き摺っていた。

武田教授は第97回総会の計画に大胆な改革を盛り込んだ。まずは，若い参加者を増やすために，全国の講座担当教授に声をかけて演者となってもらい教育講演を大幅に増やした。また，卒後研修コースも従来の4倍に増やした。もう1つの試みは，精神科医師だけではなく，他の医学・医療分野，コメディカル，生活支援団体などの精神医学・医療に関係する幅広い関係者の参加をも呼びかけた点も特筆すべきである。しかし，刑事司法と精神障害者に関するシンポジウムでは，前々回，前回と同様の騒ぎとなる可能性が十分考えられたことから，武田教授は理事全員にシンポジウムの参加を求め，前日には不測の事態に備え，演者・司会を如何に安全に退室させるかの周到なリハーサルが行われた。このような準備のおかげで，まったく騒ぎが起こることなく，無事にシンポジウムは終了した。このように大阪総会は成功裏に終わり，全国の何人もの先生方から「武田先生によって学会の悪しき体制から完全に脱却ができましたね」と言っていただいた。日本精神神経学会の昭和44年の金沢総会を1つの変曲点と捉えるなら，平成13年の総会は金沢革命レジュームからの脱却として意義深いと考えられよう。

武田教授は，日本精神神経学会の学会誌編集委員長として精神神経学雑誌の改革にも取り組まれた。学会誌も長年金沢革命の影響を受け，学術的な論文が少ない形骸化したものになっていたからである。武田教授は，従来の学術論文に加え，総会のシンポジウムや教育講演の演者に執筆を依頼し，教育的な記事を増やして，魅力的な雑誌へと変貌させていかれた。また，歴史的な精神医学業績の現代語訳を，武田教授自ら，5年間にわたり毎号寄稿されていた。平成24年度からは，武田教授は学会理事長に選出され，日本精神神経学会の一層の改革を進められている。

金沢革命の負の遺産として，精神神経学会近畿地方会休会状態があった。近畿地方会は，まさしく金沢革命の昭和44年の第94回を最後に活動を停止していた。地方会的な活動の必要性から，学会に変わるものとして近畿精神神経科学集談会が近畿地区の大学関係者らを中心に開かれていたが，近畿地方会の再開を望む声が多く上がっていた。成功裏に終わった大阪総会の翌年，武田教授は第95回近畿精神神経学会を開催され，近畿地方会の再開・正常化について

図8 日本神経精神医学会（平成10年）

図9 日本痴呆学会（平成14年）

図10 アルツハイマー病の神経生物学に関する国際シンポジウム（平成14年）

図11 世界生物学的精神医学会（WFSBP）（平成25年）

も成功された。これも，金沢革命レジームからの脱却と言えよう。

　武田教授は，日本精神神経学会以外にも，多くの内外の学会の開催に尽力された。平成10年には，神経科学の立場から精神疾患を検討しようとする日本神経精神医学会を開催された。平成13年には，西村前教授が理事長を務めておられた認知症診療を中心とした日本老年精神医学会を開催された。また，平成14年には，もう1つの認知症に関する学会である日本痴呆学会（現日本認知症学会）とアルツハイマー病の神経生物学に関する国際シンポジウムを開催され，認知症医療界を武田教授はリードされていった。このリーダーシップは国外にも発揮され，平成19年には国際老年精神医学会（IPA）を武田教授は開催され，3,000人近くの参加者があり，大変な盛況であった。その後，武田教授はこのIPAの理事長を務められた。

　また，武田教授はその活動を認知症以外にも拡大され，精神疾患全体にわたる研究・診療にリーダーシップを示された。平成17年には，日本生物学的精神医学会を開催され，後に武田教授はこの学会の理事長を務められた。平成20年には，日本神経化学会を開催された。この学会は，佐野勇らが中心となって設立された学会で，和風会とかかわりが深い学会であることはご承知のとおりである。さらに，平成21年には日本統合失調症学会を開催され，アジアからの研究者50名ほどを招待され，アジア統合失調症ワークショップも同時に開催された。また，平成21年には，日本未病システム学会も開催され，武田教授は未病概念と精神疾患との関連についての討論の場を設けられた。このように，武田教授は多くの学会のお世話をされてきたが，その集大成として，平成25年には世界生物学的精神医学会（WFSBP）を開催され，天皇皇后両陛下のご臨席を賜った開会式など，大成功に導かれた。そしてWFSBPの次期理事長に選出された。

1 石橋分院

● 藤井　久和

石橋分院の成り立ち

　石橋分院は風光明媚な待兼山の山麓に阪大の分院として，昭和7年に和田豊種教授のご尽力で開設される。その当時は，神経症者や慢性疾患患者の回復期の転地療養の病院でもあった由と聞く。

　昭和16年から後任の堀見太郎教授が分院長も兼務し，昭和19年から3年間1時閉鎖になるが，昭和22年より再開院する。

　そして，細川純平（昭和16年・慈恵医卒），原田一彦（昭和18年・大高医卒），別府彰（昭和18年・阪大医専卒・医長）・小牟田清博先生（昭和23年・阪大医専卒），ことに長坂五朗・岩井豊明・吉田優先生は，昭和20年阪大医卒でや長く勤務した由である。

　昭和30年4月1日に分院医長に辻悟講師（昭和23年・阪大医卒）が就任し，その元に，濱中（後に加藤）菫香（昭和23年・大阪女医卒）・藤戸せつ（昭和25年・大阪女医卒）先生と依岡信幸先生（昭和26年・阪大医卒）が助手として勤務する。

　堀見太郎教授は石橋分院で毎週1回，朝の8時から2時間弱の事例研究会（1週目は事例報告，翌週には，その事例のロールシャッハテスト・TAT・SCTを含む多様な投影法心理検査所見との対比検討）が開催され，上記の先輩や杉原方（昭和16年・阪大医卒）や，HTPを習得された本間正保（昭和18年・大阪医専卒）らを含む10数名が毎回参加した。なお，この研究会

図1　石橋分院

は午後6時から開催されていたが，参会者の帰宅が遅くなるため，朝に変更された由である．

その場では，堀見教授の科学的，人間愛的・求道者的とも言える立場からの指導が行われ，現在の力動精神医学・精神身体医学の原点を見る思いがした．この研究会に藤井は，昭和29年から阪大での新人同期生として，神谷美恵子（神戸女学院大教授，後に津田塾大教授）らと参加する．

石橋分院と私

昭和30年2月，大阪大学精神医学教室の石橋分院勤務の助手であった水津和夫が，父親（地方の精神病院長）の急逝により，その跡を継ぐために退職する．

堀見太郎教授は，その後任として藤井を指名する．藤井（昭和28年・阪大医卒）は，国立大阪病院で医師実施修練を終え，同病院の布施敏信精神科医長（昭和15年・阪大医卒，前・精神医学教室助教授）の推挙により，昭和29年9月から本多弘（昭和18年・阪大医卒）が院長の上野芝病院に勤務していた．そのため，事例研究会後に藤井を車に乗せ，勤務先の本多弘上野芝病院長と布施国立病院医長に挨拶してくださった．

そして藤井は昭和30年4月16日から大阪大学医学部助手（当時でも助手になるのに，数年間は大学で副手をするのが通例）として，阪大石橋分院精神科に10年間勤務する．

阪大の石橋分院は，交通至便でしかも風光明媚な待兼山の山麓にある，精神科を中心にした3階建ての立派な総合病院であり，特等の部屋には風呂・トイレ・付添室があり，2等の部屋でも個室で，多くは付添が付いていた．したがって，統合失調症者も付添か家族の者が同伴するなら，自由に院外の散策は許されていた．閉鎖病棟感のない，近代的・理想的な，そして贅沢な病院でもあった．

本館2階の個室料金がやや高価なため，入院患者は関西でのいわゆる名士やその家族が多かった．もちろん，待兼山の山麓に普通の共同病室もあった．

なお，当直室は本館2階の病室に隣接していたが，緊急に看護師から起こされることは少なかった．むしろ，翌朝のインシュリン療法の患者に，昏睡に入る直前にブドウ糖を注射して目を覚まさせるのが，当直医の重要な仕事であった．その後に砂糖水を飲ませた覚醒時の表情は軟らかく，近年の向精神薬服用中の方の顔と異なり，とても優しく感じたと後に亀田英明が回想している．当時の入院中の精神病者には，近年開発された新薬はなく，インシュリン療法が主流であった．

もちろん，てんかんの大発作様のけいれんを起こさせる電気ショック療法は，入院者だけでなく外来者にも行っていた．昭和30年代後半に，うつ状態が再燃し，左記の電気療法を望む女性があり，「なぜ」と聞くと「薬物療法より早く回復するから」と答えた方を思い出す．

また当時，香港では，入眠・強心・筋弛緩薬を注射した後に電気ショック療法を行っていたと聞くが，その料金は1万円（日本での治療費の100倍も高価）とのことで驚いた．

ともかく，上記のインシュリン療法や電気治療による事故は，1件もなかったと付言する．

昭和30年代後半に，藤井が医局長のような立場にあったことや，病院のすぐ山手にある宿舎に住んでいたこともあり，精神療法を含む治療にも専念でき，臨床経験も豊かになり，医学部を卒業した10年後に，精神科医として自立できたと考える．

研究と臨床

当時，精神科医長の辻悟講師は，臨床心理検査法として最も有力なロールシャッハテストの大阪大学方式を確立するべく情熱を燃やされていた．

昭和30年8月，堀見太郎教授が急逝されても，辻講師を中心としたロールシャッハテストの研究は続けられ，週に2回は夜遅くまで続く検討会に，諸先輩や三谷昭雄（昭和29年・阪大医卒）らと参加して指導を受ける。

　この研究会は昭和32年6月から，辻講師，長坂五朗らが世話人となって，「関西ロールシャッハ研究会」に発展し，月に1回開催した。その事務局を担当した藤井は，坂本昭三（昭和31年・和医大卒），林正延（昭和33年・奈良医卒）・古庄和郎（昭和34年・京府医卒）らの応援を受け，ガリ版での開催案内，会員名簿，ニュースレターの発行等をした。

　一方で河合隼雄（元・文化庁長官），藤岡喜愛，村上英治，田中富士夫，秋谷たつ子，板谷美代子，さらには片口安史氏など，日本を代表する臨床心理学者に親しく，話し合える機会を得ることになる。この研究会は70回以上開催し昭和41年まで続く。

　大学の助手になった数ヵ月後に，辻悟講師が，「ロールシャッハテストの反応内容」についての研究を藤井に指示する。

　昭和31年8月，分院長に金子仁郎教授が就任されたが，堀見教授が毎週早朝の事例研究会をされていた伝統を守られ，臨床症状と多様な臨床心理テスト結果との関連について修得した。もちろん，藤井も数回以上，事例を提出し討議の対象にしていただいた。

　なお，病院での外来・入院患者に対する臨床対応も，心身症や神経症者が半数を占めていたため，精神療法の実践は緊張の連続であった。昭和30年に初めて受持ちとなった一人の痙性斜頸患者の対応には，統合失調症者の10倍以上の精力を必要とすることを実感した。

　また，1日に一斗（18L）の水を飲む心因性の多飲症者の精神療法を通して，症状の形成には不幸な戦争の影響を受けて帰国した「生育歴」が，大きく関与していることを教えられる。

　さらに，昭和33年の春，才媛の女性がうつ状態で入院し，藤井が主治医になった1週間後，夫と2歳の幼児を残し，本館3階の開放病室から飛び降り自殺する。その10時間前には日曜日であったが回診したところ，見舞いにきた友人2人と楽しそうに談笑していた姿が，今も鮮明に残っている。以来，その弔い合戦の気持ちで，自殺予知と予防の研究をしようとした。

　当時の外来診療の場で，「自殺は人間だけが持つ特権である」「自殺は人間に与えられた最後の自由である」「自分は死ぬのではない。新しく生きるのだ」と言う多数の若い希死念慮者に対し，「原爆を作ったのは人間ではないか」「希死念慮を持つ友人を自殺に導くのは殺人行為でもある」等と毎日のように反論する。

　一方で，毎朝・夕の新聞を見ては，不幸にして阪大精神科受診後に自殺した者の，生前のカルテや心理テスト所見を読み直したりした。自殺した後では，その家族から正確な情報が得られないという学問的事実のためである。

自殺について，54年間取り組んでいる藤井の考察

　昭和33年は，日本の自殺率が最も高かった年（人口10万人対：25.7）で，世界のランキングでも1位で，年齢別では男女とも，20〜24歳時に突出して多く，藤井が阪大病院で担当した若い女性が自殺した年でもある。また，60歳を過ぎれば多く，75歳以上では特に自殺率が多くなっている。この数値は，自殺死亡統計（厚生統計協会）から得ている。

　平成10年から自殺者が急増し，年間3万人を越える年が多く，昭和33年時と平成22年の年齢別・性別の実態と比較すると，現代は45〜59歳の男性の自殺が突出して多く，逆に思春期・青年期や，70歳を超える老年期には，昭和33年より，男・女性ともに，2分の1ないし3分の1になっている。上記は国民衛生の動向・2011/2012による。

そのため，現代は「中高年男性受難の時代」と言える。なお，平成22年の中高年女性の自殺は，逆に全年齢で減少し年齢差もあまりない。

しかし，同年の死因順位で，自殺が男性20～40歳，女性15～34歳で第1位であることは，悲しい。

近年，学校生徒の自殺をマスメディアで大きく取り上げているが，昭和33年に比し男女を合算すると，平成22年時の10～14歳までは，ほぼ同率（同じ年齢の10万名に対し1.1名）であるが，15～19歳では，昭和33年の26％に過ぎない。

なお，自殺の精神力動規制については，本誌「公衛研　精神衛生部」の項に藤井が少し考察している。

藤井は昭和33年3月に金子仁郎教授から大阪国税局診療所で週に半日，メンタル面の診療に関与するように指示される。以来現在まで55年間続け，産業精神医学に深く長く関与する契機になる。大阪国税局での昭32年度の職員数は9,045名で，長期欠勤者は，産休79名を除くと574名で，そのうち，結核に起因する者は53.5％で，精神障害者は5.6％に過ぎないのになぜ就任したかわからなかった。しかし，数年前，昭和32年に大阪国税局職員の自殺者が5名あったと知る。以後もちろん，左記局の職員の自殺は増えていない。

昭和38年に講師に昇任，以来，金子教授の指示で阪大医学部学生に，「自殺」と「臨床心理検査」について講義し，昭和40年4月に大阪府立公衛研に転任する。

しかし，上記テーマでの医学部学生への講義は，非常勤講師として西村教授の元でも毎年続け，平成8年に武田教授から「産業精神医学」に変更を指示され，満70歳時に退任する。

なお，阪大石橋分院では，研究と臨床にのみに明け暮れていたのではなかった。

辻悟医長の「研究と遊びは一緒だ」という卓見もあり，スポーツ（ことに野球，卓球，岩井先輩の指導によるスキー），室内ゲーム（麻雀，囲碁，将棋，浜中菫香・藤戸せつとのトランプ等）をよく楽しみ，時にカクテルパーティー，毎年末のクリスマスパーティー，医局員の家族を含めた旅行など，存分に学び，ストレスの発散もできた10年間であった。

辻医長は昭和42年7月に阪大精神医学教室の助教授に昇任・転勤され，後任に高石昇（昭和29年・日本医大卒）が，講師・分院医長として就任する。坂本昭三（昭和31年・和医大卒）と宮崎浄・井田英乃夫（ともに，昭和34年・阪大医卒）が助手として，昭和43年に阪大石橋分院が閉鎖になるまで勤務した由である。

なお，辻悟医長の追憶文は，平成24年3月に発行された和風会誌（阪大・精神医学教室・刊）の藤井の執筆頁に，詳しく記しているので，かなり省略した。

他に，石井康雄（昭和25年・阪大医卒），白石純三（昭和29年・阪大医卒），大海作夫（昭和31年・阪大医卒・同大学院卒），大野周子（昭和31年・阪大医卒），谷口和覧（昭和31年・阪大医卒），亀田英明（昭和33年・阪大医卒・同大学院卒）らが，阪大・分院に勤務し，林正延（昭和33年・奈良医卒）・古庄和郎（昭和34年・京府医卒）・清水將之（昭和35年・阪大医卒・同大学院生）が，臨床研究・研修・診療に数年間常に来院する。また，小林良成（昭和35年・奈良医卒）・保坂正昭（昭和36年・阪大医卒）も上記目的で来院する。いずれもメンタル・マインドを持つ親しい後輩である。

以下に，辻悟医長が阪大石橋分院で指導された博士論文のみ記す。

1) 藤戸せつ：TATに関する研究．精神神経学雑誌 59 (9)：748-770, 1957
2) 藤井久和：ロールシャッハ, テストのコンテントに関する研究．大阪大学医学雑誌 11 (5), 409-420, 1959
3) 三谷昭雄：書痙の力動精神医学的研究．大阪大学医学雑誌 12 (12)：1577-1604　1960
4) 大海作夫：めまいの心身医学的研究．大阪大学医学雑誌

5) 坂本昭三：離人神経症者の内面史的研究．大阪大学医学雑誌　18（3・4）：105-119　1966
6) 大野周子：シナリオ・テストの研究：特に精神障害発症前後の比較研究．大阪大学医学雑誌，19：553-571，1967
7) 林　正延：精神分裂病家族のコミュニケーション．精神神経学雑誌　72（6）：618-635，1970
8) 小林良成：強迫神経症の家族研究．大阪大学医学雑誌，（巻・号・頁は，不明，本人も）　1971
9) 高橋京子：神経筋肉系心身症の研究―心因性手指振戦症を中心として―．精神神経学雑誌　75（4）：219-238，1973
10) 古庄和郎：精神分裂病者の両親の人格特徴―ロールシャハテストによる自我構造論的検討．精神神経学雑誌，（巻・号・頁は，不明），1974

　本文記載に貢献していただいた，藤戸せつ・三谷昭雄・大野周子・坂本昭三・林　正延・高橋京子・亀田英明先生に心から感謝する．

Memory

第39回日本精神神経学会総会
会頭和田豊種教授　昭和15年4月

教室では，これまでに日本精神神経学会を6回担当した．
第 9 回 1910（明治 43）年 4 月 2-3 日，大阪府立高等医学校病院にて，今村新吉会長
第29回 1930（昭和 5）年 4 月 3-4 日，大阪市中央公会堂と大阪医科大学第一講堂にて，和田豊種会長
第39回 1940（昭和15）年 4 月 6-7 日，大阪帝国大学医学部附属病院大会議室にて，和田豊種会長
第44回 1947（昭和22）年 4 月 1-2 日　大阪大学病院東講堂にて，堀見太郎会長
第60回 1963（昭和38）年 4 月 3-4 日　大阪サンケイホールにて，金子仁郎会長
第97回 2001（平成13）年 5 月 17-19 日　大阪国際会議場にて，武田雅俊会長
写真は第39回総会時の病院玄関に掲げられた看板と講演中の和田豊種会長．この当時の講演は数枚の模造紙に記載した図表を指し示しながらの講演であった．

2 大阪大学保健センター

● 杉田　義郎

大阪大学保健管理施設の変遷　学生保健室から保健センターへ

1．学生保健室

　大阪大学における学生の健康管理を目的とした施設は，昭和33（1958）年10月の学校保健法施行に基づき，大阪大学学生保健室を医学部附属病院内に設置したことに始まる。昭和39（1964）年10月には同学生保健室分室が豊中地区学生会館内に設置された。

2．保健管理センター

　昭和44（1969）年4月には学生保健室は保健管理センターと名称を改められ，本室を豊中地区学生会館内に置いた。同年6月には同保健管理センター中之島分室を医学部附属病院内に，同吹田分室を工学部福利厚生棟内に設置した。
　昭和46（1971）年3月には保健管理センター豊中本室が竣工した（図1）。

3．健康体育部保健センター

　昭和56（1981）年4月健康体育部保健センターへ改組された。平成5（1993）年8月保健センター中之島分室廃止，平成6（1994）年8月新保健センター吹田分室が竣工し，旧吹田分室（工学部福利厚生棟内）は廃止された。同年9月保健センター吹田分室が移転，業務が再開された。

4．保健センター

　平成16（2004）年4月に国立大学法人大阪大学への移行に伴い，大阪大学保健センターへ改組された。平成19（2007）年10月に大阪外国語大学との統合に伴い，大阪外国語大学保健管理センターを引き継ぎ，大阪大学保健センター箕面分室が設置された。平成22（2010）年10月に保健センター豊中本室の増・改築工事が竣工した（図2）。

学生保健室

　メンタルヘルス支援，相談に関する資料は残っていない。
　保健管理センター年報創刊号（昭和45年度）の中の座談会の話から推察すると，すでに白石純三が学生のメンタルヘルスの調査および相談にかかわっていたとの記述がある。

保健管理センター

　そもそも，各国立大学に「学生の保健管理に関する専門的業務を行う厚生補導のための施設として」，保健管理センターが設置される法的根拠は，国立学校設置法施行規則が昭和39（1964）年4月1日に全面的に改定され，ついで昭和44（1969）年に文部省令によって一部改正されたことに基づいている。その位置づけは，第一章　国立大学及び国立短期大学の第五節事務組織等の中に位置づけられていた。そのために保健管理センターに所属する教員（医師）

図1　保健管理センター豊中本室（昭和46年）
左：学生相談室（2階）　右：本館

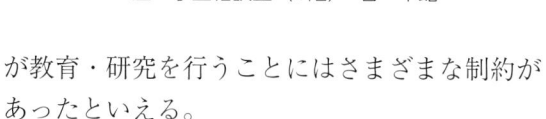

図2　保健センター豊中本室（現在）

が教育・研究を行うことにはさまざまな制約があったといえる。

　これらの措置は，戦後の第1次ベビーブーム（昭和22～24年）の時期に生まれた子どもが大学に入学するのが昭和41（1966）年からであり，大学進学志願者数の上昇と相まって，入学定員の大幅増加が実施された時期でもあり，これらのことを意識したものであることは明らかである。昭和40年代に全国の国立大学で次々と保健管理センターが設置された。

　白石純三は，保健管理センター設置の年の昭和44（1969）年8月に大阪大学保健管理センター講師となり，昭和50（1975）年2月に大阪大学保健管理センター助教授に昇任している。昭和45（1970）年の年間主要業務表には新入生にUPI学生精神的健康調査（University Personality Inventory：UPI）と文章完成テストを実施したことが記載されている。昭和42（1967）年入学の筆者は入学時に提出物の中に文章完成テストがあったことを記憶しているので，文章完成テストは以前より新入生に実施されており，その頃に開発されたUPIが昭和45（1970）年から新たに追加されたのであろう。メンタルヘルスのハイリスクグループをより効率的に抽出できないかという試みが検討されていたといえる。

　昭和56（1981）年4月には健康体育部に改組されたことを受け，白石は健康体育部助教授に配置換えされ，さらに大阪大学大学院医学研究科精神衛生学（現在は，医学系研究科精神健康医学）も担当することになった。

健康体育部保健センター

　国立大学の教養部が法制化されたのは昭和38（1963）年の「国立学校設置法」の改正によってであり，翌年の昭和39（1964）年の「国立大学の学科及び課程並びに講座並びに学科目に関する省令」によって，原則として専門教育は講座制，一般教育には学科目制がしかれ，それぞれに定員が配置されることになった。しかし，一般教育を教養部だけが受け持つことは制度上問題があり，一般教育の専任教員制が欠陥をもつことを指摘されるなど，責任体制の確立のための教養部の法制化は，実現後すぐに問題扱いされたのであった。そして，一般教育をめぐる議論は，教養部解体論へむけて進んでいくことになる。

　教養部保健体育科，保健管理センターとが統合して誕生した大阪大学健康体育部は当時あった教養部の改組・解体と密接に関係していたのである。

　前述の保健管理センターの位置づけで欠落していた教育研究機能が明文化されたのが健康体

育部保健センターである。この法的根拠は，「国立学校設置法施行規則」の第三節　附置研究所，附属図書館及び附属病院その他の教育研究施設の中に，大阪大学健康体育部及び健康体育部長の項が設けられ，第二十条の五の六において，「大阪大学に，健康科学及び体育科学に関する教育研究を行うとともに，職員及び学生の保健管理並びに体育指導に関する専門的業務を行うための組織として，健康体育部を置く。2　前項の健康体育部に健康体育部長を置き，教授をもって充てる。」としている。

なお，健康体育部と同等の大学学内組織は，すでに昭和50（1975）年4月に名古屋大学に総合保健体育科学センター，昭和53（1978）年4月に九州大学に健康科学センターが設立されていた。大阪大学，名古屋大学，九州大学の各センター組織の目的・目標が類似していたので，持ち回りで三大学協議会を開催し，お互いの活動報告や各大学の自己評価書の評価を実施していた。

白石は健康体育部設立に深くかかわり，昭和56（1981）年10月に大阪大学健康体育部教授に昇任し，昭和60（1985）年8月から2年間，大阪大学健康体育部長，大阪大学評議員を併任している。研究面では，健康体育部に所属して教官に限っても奥田純一郎，田邉敬貴，中川賀嗣らと活発に医学部での脳循環障害や脳障害を有する患者を対象として，超音波血流検査や神経心理学的検査等による共同研究を行っていた。

杉田義郎は，平成8（1996）年11月に大阪大学医学部精神医学教室助手から健康体育部健康医学第三部門教授に昇任した。平成9（1997）年9月から平成16（2004）年3月までは健康体育部保健センター長を併任した。医学部精神医学教室の睡眠脳波研究室グループの渡辺卓也，三上章良，熊ノ郷卓之，足立浩祥らとの共同研究を，保健センターに改組後も行っていた。

井上洋一は，平成11（1999）年健康体育部カウンセリング学部門教授に就任して以降，平成25（2013）年3月の定年退職まで，健康体育部保健センター学生相談室の室長を務めた。医学部精神医学教室の精神病理グループの指導や共同研究に，保健センターに改組後も従事していた。

学生へのメンタルヘルス支援，学生相談に関して大学関係者はもちろんのこと，社会的にも注目させることが，平成12（2000）年に文部省高等教育局から出された報告書「大学における学生生活の充実について─学生の立場に立った大学づくりを目指して─」（通称：廣中レポート）によってもたらされた。その報告書の冒頭には，1950年代に目指されたはずの「学生の人格形成への総合的な援助」が，高等教育の現場では40年以上にわたって十分取り組まれてこなかったことが問題として掲げられている。さらに同報告書では，大衆化とIT化が進み，学生が多様化したキャンパスにおいて，さまざまなこころの問題を抱える学生が増えていること，その背景には核家族化，少子化，地域の子育て機能の弱体化などに起因する幼少期からの育ちの問題があり，高等教育は大きく視点の転換，すなわち「教員」中心の大学から「学生」中心の大学へ，を図らなければならない時期に来ていることが論じられている。

大阪大学でのメンタルヘルス不調の学生の相談急増を受け，そして「廣中レポート」の精神を具体化するために全学的なメンタルヘルス支援体制の構築が必要なことは疑問の余地がなかった。そこで，現状を打開するため，杉田と井上とが中心となり全学ぐるみのメンタルヘルス支援計画案を作成し，当時の岸本忠三総長に提案した。中身は各学部・研究科に「なんでも相談室」設置を呼びかけるとともに，教職員と連携・協力を推進し，相談しやすい保健センター（精神科・学生相談室）の構築に尽力した。

杉田と井上は，主題別講義・環境と人間カテゴリー「こころと健康」を共同で担当した。ここではこころの健康の概念を理解させるよう努め，また，学生のストレス対処能力の向上を多

面的にサポートするメンタルヘルス教育には，保健センターに改組された後も引き続き力を注いだ。睡眠障害に関するテーマの講義では，熊ノ郷卓之，足立浩祥，三上章良が協力した。

井上は在職中年1回の全学教職員を対象としたメンタルヘルス講演会を企画・開催し，学生へのメンタルヘルス支援への啓発に力を入れた。

杉田は健康体育部保健センター長として大阪大学の法人化に際しては，健康体育部の改組，保健センターを独立部局とするかの検討に深くかかわった。また，全学的な法人化準備作業において，平成15（2003）年度は教育・情報準備室の室員としてかかわり，法人化後の労働安全衛生法のもとでの職員の各種健康診断の実施方法や産業医活動等のあり方を積極的に提案するとともに学内外における保健センターの果たすべき役割を考慮して健康体育部保健センターの規程を全面的に見直して定め，現在の保健センターの基盤を確定させた。

保健センター

法人化前の数年間は他学部からの流用定員の解消という全学的な方針のもとに助教ポスト返上が進行していたが，改組を契機にして運営費の抜本的見直しがなされ，学生相談室担当任期なし教員の1名，複数の任期付き教員ポスト（医師）が新規に認められるとともに，非常勤職員スタッフの増員が図られ，保健センターの機能が飛躍的に向上した。

法人化後にはメンタルヘルス不調で休職したすべての職員の復職面接を杉田をはじめ，保健センター精神科医が担当した。

杉田は平成16（2004）年から平成18（2006）年まで，保健センター長を務め，大阪大学の全学生・教職員の健康管理にかかわるとともに，保健センターの運営に深くかかわった。

杉田は井上と協力して作成したメンタルヘルス支援体制の提案や「なんでも相談室」設置の呼びかけ，およびスタッフと連携しながら相談しやすい保健センターの構築に努めるなどの功績が認められて，平成24年8月に平野俊夫総長から総長顕彰（管理運営部門）を受けた。

また，杉田は全国大学保健管理協会および国立大学保健管理施設協議会の理事を歴任するとともに，国立大学保健管理施設協議会の「食と心身の健康に関する調査研究班」の主査（平成20〜平成24年度）を務め，大阪大学と他の規模や特色の異なる大学（秋田大学，奈良女子大学，福岡教育大学）においても，学部入学時に，過半数の学生において生活上に支障をきたすような心身の不調が存在すること，中でも精神神経領域の不調がある場合には有意にパフォーマンスレベルが低下していることを明らかにした。また，食行動の良否とストレス対処能力の良否，心身の不調の有無には相互に有意の関係があって，一つが良好であれば他の指標も良好であることが高いことが明らかとなった。これらのことから，現代においては入学時から学生に多面的な健康リテラシー教育を実施することが重要になっていると考えられる。

3 大阪府立精神医療センター（旧・中宮病院）

● 籠本　孝雄

中宮病院のこれまでの歩み

　中宮病院は，精神病院法第1条（大正8年3月法律第25条）により大正12年，内務大臣から大阪府に対しその設立を命じられ，同年12月より起工し，内務大臣指定の精神病院第1号として大正15年4月15日に病床数300床で開院した．

　病院設立までの経過は，その10年前に遡る．大正5年11月兵庫県の私宅監置患者が監置室を抜け出し，神戸市内で通行人数人を路上で殺傷し，1ヵ月後に大阪府内で逮捕されるという事件が起こった．同年11月，大正天皇の武庫離宮宿泊が予定されていたことも重なり，一大事件となった．通常大阪府会はこの事件を取り上げ，社会の安寧のために精神病者を収容する機関の設置を全会一致で決議した．その後精神病院法発布を経て，大正12年8月に設立認可された．

　大阪府枚方市東口山田村に敷地32,400坪余，建築面積3,400坪余，工費42万円で建築された．当時の山田村中宮は，人家も乏しく閑散としていた．大阪府の東北端で大阪市内から遠く離れ大阪のチベットに病院を建てたと話をする人もいた．地元山田村としては，農村経済の疲弊の中で，農家の子弟の働き場所として病院を誘致したようである．規模は東京の松沢病院の半ば程度で病室は10棟，他に本館，伝染病病棟，炊事場，看護師宿舎，汽缶室，解剖室，霊安室などがあり，すべて平屋木造回廊式の建築であった．犯罪を犯した精神病者が入院する別館だけが鉄筋コンクリート造りであった．松林その他の空き地が十分にあり，精神病治療の新しい方法たる教育的治療法，農豚作業などが特色であった．

　初代院長は阪大病院和田豊種教授の門下生で，洋行帰りの小関充尚助教授で，岸田美登，長山泰政ら5人が医員として勤めた．看護長4名，看護人61名，薬剤師2名，事務長1名，書記3名．小関院長は開院の挨拶の中で，「最近の進歩せる医学の中で，わが精神医学はややこれに伴わないごときあり，我らの遺憾としているところだが，このたびの法律により内務大臣の

開院当時の中宮病院（大正15年）

指定をもって中宮病院が開設されることとなった。もっとも理解されない精神病患者のために，一つの施設をみるのは我らの歓喜するところである。今後精神医学を実際に応用して，その進歩を期すには我々病院当事者の研究と努力と相俟って，皆様のご理解とご協力を得なければならない云々」と述べた。当時府下の精神疾患者は3千名とされた。中宮病院の出現は各方面から注目され喜ばれた。

最初の入院患者は，手錠をはめられて連行されてきたので，みな瞠目したという。当時病室は患者の居室と廊下とが障子で仕切られており，まだ不慣れな看護人たちは恐る恐る障子に穴をあけ，そこから覗いて患者の動静を窺っていたという。初期の病院行政では，中宮病院は大阪府警察部衛生課の所管するところであり，病院の事務長も警察官の出身であったため，警察官僚の統制と医療を重んじて緊縛を嫌う医師との間で確執があった。そのような時代にあって，長山泰政医長は，「わが国の現状に照らし精神病者院外保護機関の設置を提唱す」という考えを医事公論に発表し，昭和6～8年にかけ欧州に留学してヘルマン・シモンの作業療法を学び，わが国で最初の体系的な作業療法を中宮病院で実施した。

立花光雄によると[2]，『統合失調症の年間退院件数は，時代によって異なる3つの層を構成している。第1層は大正15年から昭和11年までである（昭和11年までは年間数件であった）。昭和11年において7件であった軽快退院件数が昭和12年には18件になり，大正15年から昭和11年までの年間退院件数3.9（±1.87）に対して，昭和12年から昭和21年までの軽快退院件数は18.3（±5.48）に上昇している。これが第2層である。第1層から第2層への移行は唐突であり，この時代の診療録には治療に関する記述がほとんどないが，この断層はインシュリン・カルジアゾール療法の導入によるもので

あると推測される。昭和17年ごろから電気けいれん療法に関する記載がカルテに散見されるようになるが，それは軽快退院件数に断層をもたらしていない。

インシュリン衝撃療法は1933年（昭和8年），カルジアゾール療法は1937年（昭和12年）に開発され，それぞれ2～3年後に日本で試行され，実用に移った。長山泰政医長は昭和15年の医界時報に次のように記している。「精神病院に於いては主にマラリヤ療法，ワクチン療法，硫黄療法が使用せらるるなり。これら発熱療法の対象は周知の如く麻痺性痴呆症にして，適応症を選びて本療法を施行し，後療法としてスウィフト・エリス療法，サルヴァル酸療法を施すならば効果を挙げうべし。精神病治療における最新療法は精神分裂病に対するインシュリン衝撃療法，カルジアゾール痙攣療法，電気痙攣療法等にして今日迄同病に対する在来の療法に比して驚異に値する治療成績を収めつつあり」

第3層期は昭和37年以降であり，これは薬物療法の導入がもたらした変化である。昭和37年において軽快退院件数が開設以来初めて40を超えて48件になり，これ以降小さな増減を伴いつつ昭和63年の343件に至るまで増加していく。昭和30年において電撃療法が主要な治療手段であったが，昭和36年には電撃療法から薬物療法への移行が完了している。これ以降，薬物療法が中宮病院における基礎的治療手段になり，その上に活動療法や精神療法が展開されていく。（中略）中枢神経遮断剤療法（冬眠療法）が中宮病院に導入されたのは昭和30年（1955年）であり，1952年のDeniker, Pのクロルプロマジンの抗精神病作用に関する報告の3年後であった。当初使用されたのはクロルプロマジンとレセルピンである。この時期，排他的に1つの治療法が選択されたのではなく，電撃療法，インシュリン療法，冬眠療法が選択肢として存在していた。入院直後の院長診察において「電気治療，効果がなければ冬眠療法」とい

うような指示が医局員に与えられる。また、作業療法だけが指示されることも多く、収容だけで専門療法が指示されていない患者も多い。当初、冬眠療法は漸増漸減療法によって期間を区切って行われていた。神経遮断剤という未知の治療手段を手にしたとき、医師たちが電撃やインシュリン衝撃のパラダイムに沿ってこれを実施するのは自然なことである。しかし、やがて冬眠療法のクール終了後間もなく病状の再燃をきたす症例に遭遇する。こうして漸増漸減療法が入院中に反復実施されるようになり、昭和34年になると、退院するまで一定量の薬物が維持されることが多くなっている。（中略）

中宮病院は昭和39年から42年度にかけて全面改築され、分棟式の病棟配置はそのままに木造建築から鉄筋コンクリート2階建ての病棟群になった。当時これが「東洋一の精神病院」と喧伝されたのは、新しい病院の研究設備の中に、生化学研究室や生理学研究室とともに電子顕微鏡があったからであるという。旧病院のなかの唯一の鉄筋コンクリート造りの病棟（昭和29年に火災で焼失した病棟後に昭和31年に建てられたもの）が作業アトリエになり、敷地辺縁の土地が屋外作業療法のためのスペースとして確保されていた。閉鎖病棟と開放病棟のほかに社会復帰専門病棟がおかれたことに示されているように、薬物療法の時代を迎えて社会復帰が新病院の中心的医療課題の一つになっていた。

思春期患者のための専門病棟が男女50床ずつ開かれた。男女閉鎖病棟各50床が麻薬中毒治療病棟として厚生省の助成金を得て設置された。昭和45年には第一種自閉症施設「松心園」が開設された。

時代はわが国の精神医療の転換期であった。第2次大戦後に欧米で始まった精神病院の開放化の波は、1960年代において反精神医学として先鋭化し、やがて世界を席巻することになる。その運動が日本ではじめて明確な形をとったのは昭和44年金沢の精神神経学会総会においてであった。

中宮病院が「東洋一」の新病院といわれて出発した昭和43年（1968年）は精神医学・医療のみならず、既存の制度の多くが厳しい問題に直面しているこのような時代であった。

昭和44年、ある男性入院患者から院長宛に入院患者の人権についての抗議文が提出され、当該病棟の患者数十人によるデモ行進、病院敷地内の巨大煙突のてっぺんからの告発演説、人権擁護集会での糾弾などにより、中宮病院は混乱に陥り、院長・事務局長・医務局長が交替した。告発者の運動は大阪府や大阪市の保健行政に拡大し、いくつかの改善がなされ中宮病院は次第に秩序を取り戻していった。』

20世紀後半から始まった精神保健政策の方向は、19世紀に西洋から始まった精神科病院への収容政策から大きく転換し、地域精神医療へと大きく舵が切られた。日本では、昭和40年（1965年）に精神衛生法が改正されて、地域の保健所が地域精神保健行政の拠点として位置づけられ、通院医療費公費負担制度が創設された。昭和62年（1987年）に、精神保健法の改正がなされ、社会復帰が初めて法律に書き込まれた。同意入院制度（家族の同意による入院）を廃止して任意入院制度が設けられ、適正な行動制限を担保するための精神保健指定医制度の創設、入院患者の通院面会の自由の保証、入院患者の退院及び処遇改善請求を審査する精神医療審査会など精神障害者の権利擁護のための制度が新たに定められた。そして、作業療法・デイケア・生活技能訓練（SST）、訪問看護などの社会復帰支援プログラムの実施に財政的基盤が与えられていった。また、診療報酬体系の再編により精神科診療所の運営が促進されて地域での外来診療拠点が広がっていった。国と都道府県が担っていた精神保健福祉行政が市町村に移管され地域精神医療の基盤整備が進められてきた。昭和40年代から現在までの精神医療環境の大きな

流れの中で，中宮病院の診療機能も変化してきた。

中宮病院に関する朝日新聞の記事より

中宮病院の戦前の活動を示すために掲載された記事を紹介したい。

1．大正13年11月6日記事
北河内郡山田村大中宮と牧野村に亘る3万余坪の地に，府は目下精神病院を建設中である。（中略）本病院は，従来のものが患者を単に監視するといった風の不備を補い，監置と同時に治療を加えようとするもので，従って患者を取り扱うにもなるべく監禁等の手荒いことは避け，鉄筋コンクリート造りとはいいながら，まず名称からして隔離室と穏やかに出て，次に重症室・軽症室・安静室・開放室，そして世の中へと出ていった風に，入院から全快まで温情と親切とで患者を治療するという。…その他，園芸・手細工から百姓の仕事に至るまで患者に夫々適応した仕事を与え正気を取り戻すことに努める。…病院の名も土地に因んで「中宮病院」とつけたのも此心意気である。

2．大正15年4月16日記事
中宮病院開院式
府立中宮病院は15日午前10時開院式を挙げた。

3．昭和11年11月26日記事
農園の生活で社会人に還る
―精神病者の院外保護好成績　さらに乗出す中宮病院
大阪府立中宮病院では，わが国はじめての精神病者の院外保護をこころみることとなり，かねて作業治療部で成績優秀な患者1名を退院させ同郡川越村坂本農園に預けて働かせていたが，この患者は見事に快癒，今では立派な社会人として働いており，同農園からさらに男女患者数名を預かりたいと好意的に申し出たので，長山医長も大いに乗り気になり2，3日中に選考するはずだが，同病院ではこの好成績にかんがみ不幸な精神病患者を明るい社会生活にかえ

すよう，府下の篤志家にすがって大々的院外保護事業に乗り出すことになった。

4．昭和13年3月3日記事
スポーツ訓練や音楽で情操指導
―府立中宮病院の計画
最近入院患者五百余名のうち半数以上，建国体操などの相当複雑な団体訓練にならされてきたのを機会に，軽症者の運動競技訓練にまで手を延ばす計画を立て，まず，スポーツ・ヤードをつくるため，数日前から医員・看視員・患者らが共同で500坪あまりの空き地の地ならしにとりかかり，器械体操，土俵，バスケットボール台を設ける。一方，患者訓練のため，すでにハーモニカ十個を買い入れ，簡単な音符の吹奏から将来は患者のハーモニカバンドをもつくろうという不幸な患者への福音計画が次から次へとたてられている。

5．昭和14年3月2日記事
陸軍禁野火薬庫大爆発
―枚方陸軍倉庫発火す　焼失五，六百戸，負傷者二百名
1日午後2時40分，大阪北河内郡枚方町禁野・中宮両大字に跨る枚方陸軍倉庫禁野火薬庫西北隅から出火，驚天動地を震わすものすごい大爆音とともに爆発し，黒鉛濛々と点に沖し，爆音は枚方を中心に京阪一帯に響きわたった。
（中略）府立中宮病院収容患者五百名と職員百名は，直ちに裏山の旧川越村の天理教会へ避難した。避難者は京阪国道を大阪へ大阪へと列を作って逃げているが，大体深更までに五千八百名がそれぞれ避難終了，各所で炊き出しを行い避難者の収容にあたっている。救護班は枚方署に本部を置き，府・市・阪大・済生会・赤十字をはじめ来援した兵庫県の救護班などが，水防組合・内務省土木出張所為・旅館かぎ屋の4ヵ所で負傷者に手当てを加えている。

6．昭和15年11月28日記事
中宮病院で患者が野菜作り
府立中宮病院では患者のために病院裏の休閑

地五段歩を開墾，軽症患者五十名が鍬をとって熱心に耕作しているが，杓子菜・尾張大根・玉葱などが見事に実って一同大喜び。また，谷間の水田に患者の手で作った糯米(もちごめ)でお正月には全患者に美味しい鏡餅やお雑煮を配給する。このほか薬草の栽培をしているが，これも順調に明日の収穫が期待されている。

7．昭和 19 年 1 月 29 日記事
中宮病院で軽症患者に作業療法

大阪府立中宮病院副院長長山泰政博士は，一部軽症患者に作業を行わせて治療を促進する作業療法の特性を応用し，勤労報国のこころを培って一日も早く生産戦線に送り出そうと，大東亜戦争勃発当初から軍用被服のボタン付や糸切作業をやらせているが，成績はすこぶる良く，中には熟練工にひけをとらぬ能率を示すものもあり，現在では約三十名が看護婦さんの優しい指導の下に朝八時から午後四時まで生産報国にいそしんでおり，治療のうえにもよい効果をあげ，これら作業の収入は互助精神で共同で貯蓄，一部を慰安会にあてているが，積立貯金だけですでに千円を貯蓄報国の実も上げている。

木村婦長談「みんなとても熱心で，『前線の兵隊さんが喜ばれるでしょう，一生懸命やらなくては』と話し合っている姿を見ると，いつかはあれほど手を焼いた患者さんとは思えずうれし涙が出て，こんな時ほど自分の仕事に生きがいを感じることはありません」

戦後の中宮病院の展開

中宮病院では，昭和 50 年代から病院近郊のアパート退院への取り組みを行い，精神科訪問看護の先駆的活動を実施してきた。平成 13 年には，全員参加型の横断的組織としての訪問看護部門である在宅医療室を開設し，患者を全人的に理解し地域生活を支えるチーム医療を展開してきている。また，平成の時代に入ってからは，精神科救急医療に取り組むとともに，措置入院患者や激しい問題行動を伴う難治症例，覚せい剤等の薬物性精神病，児童思春期の発達障害・虐待・不適応などの治療に積極的に取り組んできている。平成 15 年 10 月，中宮病院を大阪府立精神医療センターと改称し，平成 18 年 4 月運営形態が地方独立行政法人となった。平成 19 年からは，医療観察法に基づく入院治療を開始している。

平成の時代になってからの主なことがらは以下のとおりである。

平成 3 年 12 月　大阪府精神科救急医療体制整備の一環として，第 7 病棟 1 階に緊急・救急病棟を設置

平成 6 年 9 月　大阪府立中宮病院基本問題懇話会が「今後のあり方について」環境保健部長へ提言

平成 14 年 9 月　大阪府衛生対策審議会の答申（行政的医療への重点化と病院の建て替え）

平成 15 年 3 月　答申を踏まえ府立の病院改革プログラム（診療機能の見直し編）を策定（基本方針）
- 精神医療センターの機能
- 措置患者や難治症例など治療・看護に困難を伴う症例の受け入れ機能の整備
- 児童部門と思春期部門が連携し，効率的・効果的に専門的医療を提供できる機能の整備
- 病院の建て替え：施設の老朽化・狭隘化の改善と療養環境の改善

平成 15 年 10 月 1 日　大阪府病院事業条例の一部改正(平成 15 年 3 月 25 日大阪府条例 42 号)「中宮病院」の名称を「大阪府立精神医療センター」に改称

平成 15 年 10 月　医師法に基づき臨床研修病院に指定

平成 17 年 7 月 15 日　心神喪失等の状態で重大な他害行為を行った者の医療及び観察等に関する法律（平成 15 年法律第 110 号）に基づき指定通院医療機関に指定

平成 18 年 4 月 1 日　大阪府病院事業例廃止

新病院の概観

（平成17年大阪府条例第145号）
「地方独立行政法人大阪府立病院機構」設立，事業移行
「地方独立行政法人大阪府立病院機構大阪府立精神医療センター」として稼働病床数514床で発足

平成19年9月7日
心神喪失等の状態で重大な他害行為を行った者の医療及び観察等に関する法律（平成15年法律第110号）に基づき指定入院医療機関に指定，医療観察法専門病床（5床）開設（稼働病床数505床）

平成22年4月　稼働病床数　463床（2病棟2階4床減，5病棟1階3床減）

平成25年3月18日より新病院で診療開始

1．新病院の基本方針

大阪府の精神科医療のセンター機能を担う病院として，より一層親しまれ信頼される質の高い医療を提供する。とりわけ，精神科救急，措置入院，医療観察法，児童思春期，薬物依存症，他の精神科医療機関では治療が困難な重症精神障害などの医療を重点的に行う。また，精神科リハビリテーション，訪問看護，アウトリーチを展開し，地域の関係機関と連携して，早期治療，社会復帰，自立，社会参加を支援する。さらに，臨床研究と新たな治療モデルの提供，医療従事者の研修・教育を通じて医療水準の向上と人材育成に貢献していく。

2．新病院の概要
地上4階
敷地面積 84,842 m^2
建築面積 14,758 m^2
延床面積 30,339 m^2
病床構成（うち個室・保護室数）
緊急・救急医療 40床（22床）
高度ケア医療 4病棟計200床（計66床）
総合治療 3病棟計150床（計30床）
児童・思春期医療 50床（30床）
医療観察法医療 33床（33床）
合計 473床（181床）

○個室・保護室の充実（旧病院76床→新病院181床）
○児童・思春期医療部門の一体的な運営
○医療観察法病棟の充実（5床→33床）。大阪の対象者の入院治療は原則当院で行う。

3．新病院の新たな取り組み
○アウトリーチによる積極的介入
待つ医療から，出向く医療へ。精神科医療の可能性を切り開く。
○児童思春期の精神科医療の拠点機能
家庭，学校，関係機関との相互連携で，早期対応と重症化の防止に貢献する。
○薬物依存症治療の充実
○重症うつ病患者の受け入れ
○精神科救急病院機能
365日24時間の救急診療に加えて，精神科三次救急病院としてゴールキーパー機能を担う。
○医療観察法に基づく先駆的チーム医療の展開
治療・社会復帰におけるチーム医療のさらなる可能性を追求する。
○身体合併症に適切に対応できる体制を構築するため，他病院との太いパイプをつくり，精神科治療と身体科治療のコラボレーショ

ンを進める。

○地域医療の推進

地域医療推進センターを核として,地域連携・訪問看護(訪問診療)・精神科リハビリテーション・病診連携・病病連携を組織的に推進する。

○臨床研究と人材育成

臨床開発・研修センターを核として,臨床研究・治療技法の開発・人材育成を計画的に進める。

文　献

1) 中宮病院：大阪府立中宮病院事務概要書．平成13年精神保健福祉白書2009年版，中央法規出版，東京，2008
2) 立花光雄：総説　大阪府立精神医療センターにおける精神医療の変遷．大阪中宮病院紀要15．pp4-21,2005

Memory

福澤諭吉記念碑

　福澤諭吉は堂島川北側沿いの玉江橋北詰にあった豊前中津藩屋敷に誕生した。福澤諭吉誕生地の記念碑は,阪大病院がこの場所にあったころ,昭和59年に建立された。阪大病院が移転した後の跡地には,朝日放送,高層マンション,法務省合同庁舎が建てられたが,朝日放送の建物が建設された際に,記念碑の周囲が整備され,「天はヒトの上に人を造らず人の下に人を造らず」の碑と中津藩蔵屋敷跡の碑とが設置された。平成26年1月撮影。

4 公衛研　精神衛生部

● 藤井　久和

公衛研の歴史

　大阪府立公衆衛生研究所は昭和35年7月に設立される。初代所長は梶原三郎（大正13年・阪大医卒）で，昭和40年から大阪府衛生部長をされていた古野秀雄（昭和3年・阪大医卒）が継ぎ，昭和56年に國田信治（昭和22年・阪大医卒）が3代目所長に就任する。

　なお，昭和25年に精神衛生法が公布され，昭和27年に竹谷政男（昭和13年・阪大医卒）が，精神衛生のパイオニアとして，大阪府立精神衛生相談所長に就任する。

　その元に，心理職，社会福祉士，事務職など4名が関与する。さらに，竹谷と阪大医を同期卒業の金子仁郎教授の示唆もあり，上記の相談所に，高階経昭（昭和25年・阪大医専卒），高石昇（昭和29年・日本医大卒），大海作夫（昭和31年・阪大医卒），小池淳（昭和28年・阪大医卒）等が勤務する。

　さらに，昭和31年に竹谷が主になって，社団法人大阪精神衛生協議会を設立する。そして竹谷が直接関与した大阪精神衛生協議会から大阪府知事に対する陳情により，昭和36年に公衛研に精神衛生部が設置されたので，上記の協議会は，公衛研・精神衛生部の生みの親ともいえる組織である。

　このことは，昭和40年の精神衛生法の改正で，各都道府県に精神衛生（保健）センターを設置することができるようになった4年も前であり，竹谷政男のメンタルヘルスへの情熱と相談実績に起因すると感動する。

　さらに，竹谷の元で昭和34年から精神衛生保健協議会の事務局を担当され，上記協議会の副会長であった本岡一夫のメンタルヘルスへの情熱にも感謝する。上記協議会の事業である精神衛生についての啓発普及のための会誌の刊行・精神衛生大会・研究例会の開催などで，公衛研の当部が密接不離な関係を保ち得たのである。

　初代の井上謙・精神衛生部長（昭和9年・阪大医卒）は，終戦後旧ソ連に抑留されたこともあり，ご病弱であったが，精神科医として誠実で正鵠を射た指導をしていただく。

　金子仁郎教授と，先輩の岩井豊明公衛研成人精神衛生課長（昭和20年・阪大医卒）の推挙により，藤井が公衛研の環境精神衛生課長心得として，昭和40年に赴任する。

　藤井が楽になったことは，受け持ちの入院患者と当直（阪大分院時代は週2回はする）がなく，製薬会社・学術課のプロパーとの対応が激減したことである。

　悩んだことは，精神科ソーシャルワーカー（PSW）とは初めての出会いであり，その立場や役割が十分理解できなかったことや，環境精神衛生「課」としての研究のテーマと，「部」としての研究と臨床のあり方についてであった。

　昭和43年に上記の岩井豊明課長が2代目の

精神衛生部長に昇任し，大阪府下の精神障害者の実態調査，大阪精神科診療所医会の設立などマクロ的，実践的な活動をされたことに敬意を表したい。

なお，岩井成人精神衛生課長の後任に，小池淳→今道裕之→大海作夫→藤本修（昭和52年・阪大医卒）らが就任する。

公衛研の活動

昭和40年に，公衛研の岩井成人精神課長が世話人となり，大阪にある4大学の精神科教授や教室員・各精神病院・総合病院の精神科医を会員とする大阪精神医会（会長は4大学精神科教授の廻り持ち）の幹事として，藤井と白石純三（昭和29年・阪大医卒，後に阪大健康体育部長）が，大阪の精神科医の研究・親睦・地位の向上に努める。総会は年1回，幹事会は月1回開催され，3年間続く。

この活動の一部は，現在の大阪精神科診療所協会の母体になる。衝撃的だったのは，大阪府医師会の理事を招聘し，精神療法費の健康保険での値上げについて懇談したとき，精神科医が地区医師会でもっと活動しないかぎり，困難であるといわれ，精神科医はまったくマイナーグループであることを思い知らされたことであった。

昭和41年4月に，会長に金子仁郎阪大教授（昭和13年・阪大医卒），副会長に笠松章国立精神衛生研究所長が就任され，精神科医による職場・学校・地域を対象にした，「精神衛生管理研究会」が設立される。その幹事として，藤井と白石が設立の根回し（東京から九州までの大学の研究者に賛同を得るため），会則案の作成，準備委員会の開催等と，運営にかかわり，昭和48年まで全国レベルで13回研究会が開催される。

このように，職場や学校の精神健康管理に関心を持つ，当時の高名な精神医学の教授に，一度は研究会の開催をお願いし，親しく交流できたのも，職場と学校のメンタルヘルスの研究を

進めるうえで，視野を広げることになる。

3代目の浅尾博一精神衛生部長（昭和20年・阪大医卒）は，9年間の在任中に，当時大きな社会問題であった航空機騒音，光化学スモッグ，マンガンなどの公害と精神衛生との関連について研究をされるとともに，大らかなご人徳により，学校・職場の精神保健の研究にも理解と支援をしていただく。

昭和53年に大阪府立中宮病院長に栄転されたため，4代目部長として藤井が環境精神衛生課長から昇任する。藤井の後継課長に夏目誠（昭和46年・奈良医卒）が就任する。

なお，藤井は公衛研・精神衛生部に28年間勤務（課長職13年，部長職15年）し，平成5年に満65歳で定年退職する。

後任に，藤井と産業精神保健面で13年間ともに関与した夏目が，5代目部長に昇任する。しかし，精神衛生部が平成6年に，大阪市住吉区に設立された大阪府こころの健康総合センターに移転になる。

藤井が赴任当時精神衛生部では，環境・成人・児童精神衛生の各課に精神科医2名（課長を含む）と，上記相談所と同様，臨床心理技師（CP）と精神科ソーシャルワーカーが各2名配置され，部長のほか，臨床部門に精神科医・薬剤師・臨床検査技師各1名と看護師2名等，計24名と多数の人材で構成される。なお，部にモンロー式の大型の電気計算機（当時で10万円以上，現在では千円未満の電算機より機能が劣る）があり，印象に残る。

なお，藤井の就任時の精神衛生部は，4年前に設置されたという経緯もあり，6職種の者がやや「タコ壺的」に仕事をしており，部会も開かれず，臨床面でも閑古鳥が鳴く曜日もあった。

環境精神衛生「課」としての研究テーマは，地域・職場・学校・家庭などの「場」と個人とのかかわりのなかに見られる精神衛生的な問題を研究課題にし，しかも，3職種の者が共同してかかわれる課題を選ぼうとした。

不登校の研究

 幸か不幸か，昭和40年から，「学校に登校したくてもできない」者が臨床事例として，多く見られるようになる。藤井自身も昭和30年代の阪大時代に経験したこともない「症例」であった。その最初の事例は，昭和40年の秋に「登校しない」として母親に付き添われて来所した生徒に，「何とか登校するように説得」したところ，「家族や教員から何度も説得されている」「登校したいのにできない自分の心理が専門家でもわからないのか」「ブルータスお前もか」という感じで憮然とされ，まったく驚愕する。

 以来，彼らは登校を拒否しているのではない，「登校したいのにできないのだ」として「不登校」と呼称することにする。さらに，課員との話し合いのなかで，この不登校を「課」の研究主題にした課長としての藤井の決断は，今でも正しかったと考えている。

 この学校不登校生に，藤井・中村妙子（PSW）・安藤順子（CP）らが，直接関与した71名を対象として，公衛研所報・精神衛生部編，14号（昭和51年）に，「思春期・青年期の学校不登校生に対する精神衛生的アプローチ」としてまとめる。

 大学生に対しては，SPS・昭和55年度・中部地区学生補導厚生研究会（参加大学73校）で，「大学における精神衛生上の諸問題について」藤井が講演し，その内容は，昭和57年に上記研究会から発刊される。この講演は，大阪外大が当番校になり，その外大教授の浅井敬一先生（昭和25年・阪大医卒）の依頼による。

 さらに，昭和45・55・61年の3回，白石純三が集めた，阪大入学時に学生に自記・持参させたUPI（University Personality Index）による調査結果の集計と分析に関与する。

 昭和45年入学者より61年入学者のほうが，自己評価は良くなる傾向にあったが，昭和61年入学者でも，「いつも身体の調子が良い」は，56％あったが，「決断力がない」が37％，「頸すじや肩がこる」が30％，「赤面して困る」が16％（男女差は少ない）にみられた。

青少年の自殺

 ともかく，環境精神衛生課の昭和40・50年代は，中学・高校・大学生を主にした精神面の相談診療と，学校精神衛生（主に高校・大学）の研究の時代であったと言える。

 一方，昭和54年の近畿学校医連合会総会で，会長の山口正民先生（昭和25年・阪大医卒）が座長になられ，「青少年の自殺について」，藤井が大阪府医師会館で講演する。

 自殺の精神力動機制について，一般に，うつ病，統合失調症，うつ状態，失恋，叱責，家庭不和，受験失敗といった単独の要因が，自殺と結びつくと考えられているが，「実際は生育歴を含む多くの要因の総和」が，自殺と関連すると述べる。なお，「臨床場面における自殺の予知」について，精神医学誌に古荘和郎，藤井の見解が掲載（昭和40年）される。さらに，藤井が考察をかさね，平成12年度に兵庫産業保健推進センターからの刊行書に，「働く者を含めた自殺の精神力動機制」を記している。

 しかし，行政的には学校精神衛生や自殺の研究成果は，評価されにくいものという経験的な事実と観点から，最も身近な大阪府職員（当時は2万名弱の知事部局職員）の心の不健康者の対応に，藤井は精力的に働きかけようとした。その成果は本誌の産業精神医学の歴史の項に記している。

精神衛生部各課の業績

 昭和53年に藤井の後任として夏目が環境精神衛生課長に就任する。同課では，館直彦（昭和56年・阪大医卒）が，自己臭や嘔吐する事例を専門誌に記し，木下清臨床心理士が，「結婚モラトリアム」を出版する。また木下と荒井貴史

臨床心理士は大阪府職員採用時の心理検査の判定等を藤井の後継者として行っている。PSWの中村妙子は、地域精神衛生面で活躍し、「大阪府内で精神疾患の診療を行う機関一覧」を作成する。この冊子は現在も上記の荒井が主になって、「大阪府こころの健康総合センター」に転任後も、毎年上記センターから刊行している。

また、昭和43年ごろから月に2回の環境精神衛生課の症例検討会には、畏友の坂本昭三（昭和31年・和医大卒）に十数年間、その後は白石順三（上記）に、藤井が定年退職するまで参画・指導をしていただく。一方で、古川唯幸（成人病センター脳神経科部長、昭和26年・阪大医卒）は、環境課で開催する夜の懇親会での親しい先輩・常連であった。

成人精神衛生課では、初代課長の岩井と井上文男（昭和27年・大医大卒）が「社会学的側面からみた家庭老人」を、井上らが「精神医学的側面から家庭老人」について、「厚生の指標（昭和42年刊）」に記している。今道裕之課長はアルコール症に精力的に取り組み、後に大阪府の断酒会を発展させている。

後任の大海作夫課長は、心身症のうち、催眠とバイオフィードバックの技法で、書痙や斜頸などの筋肉骨格系心身症の臨床研究を行う。そして「心身症」について、「今日の治療指針（医学書院刊、昭和53年）」や、「催眠感受性および催眠の精神生理学的研究」を大海・夏目・南野とで、催眠医学研究誌（昭和54年）に掲載されるほか、「自律訓練法における人間関係」が自律神経研究誌（昭和54年）に掲載されるなど、数多くの学会誌に掲載される。

田中則夫（昭和52年・阪大医卒）は、上記の大海の臨床研究を継承し、「書痙の類型と筋電図 biofeedback 療法の適応について」、大海と並記し1982年の心身医学誌に掲載される。

さらに田中は大阪府の地域保健課と連携し、学問的視点から社会生活適応訓練事業（職親制度）の評価を行う。中尾和久（昭和58年・阪大医卒）はパニック障害の病態生理学的研究を行い、さらに不適応をきたした中高生（多くは不登校生）のグループワークや青年期精神医学の調査研究の一端を担う。

児童精神衛生課長の加藤（旧姓・浜中）菫香（昭和23年・大阪女医卒）は、自閉症をはじめ多動症候群（現在のADHD）、その他発達に問題を持つ子どもたち、子どもの心身症、不登校などの診療相談にかかわり、調査研究を行う。当時、子どもの診療・心理相談やカウンセリングができるユニークな数少ない臨床専門部門として一目おかれていた。

当時ともかく外来臨床部門に多数の児と親が来所し、公衛研・児童課が児童精神医学のメッカになる。さらに加藤は昭和45年に大阪府立中宮病院に隣接する地に、自閉症者の専門施設としての松心園の設立について、多大な貢献をされ、昭和45年に園長に就任される。昭和46年に退任され、後任に林正延が就任する。

後任課長に、林正延（昭和33年・奈良医卒）→松本和雄（昭和35年・阪大医卒）→服部祥子（昭和34年・岡大医卒）→大月則子（昭和41年・阪大医卒）らが就任する。

大月・松本らの「自閉的障害児の脳波学的研究」が、児童精神医学とその近接領域誌（昭和52年）に掲載され、さらに松本は大月・坪井と研究し、「行動異常児の脳波学的検討」「てんかん発作を持つ自閉症児病態」について、臨床脳波誌（昭和55、57年）に掲載される。

一方、臨床検査室では、南野壽重（昭和38年・阪大医卒）、浅尾博一、藤本修（昭和52年・阪大医卒）と、偉大な太田義隆検査技師も関与した体性感覚誘発電位に関する研究が多く、昭和60年までに30編以上も学会誌などに記している。

南野によれば、最も印象的だったのは、「伊丹国際空港の騒音公害による睡眠障害の調査研究」であったと述べる。

具体的には、当時20名の成人を対象に、ポリグラフ（EEG, EMG, ECG, EM）を記録し、

録音してきた伊丹空港の飛行機騒音を，睡眠中に曝露し，騒音の睡眠に及ぼす影響を調査する。具体的には，騒音刺激を，65db・75db・85dbの3段階に設定し，各睡眠深度（徐波睡眠とREM睡眠時）に，騒音を曝露し，騒音の睡眠深度に及ぼす影響を検討している。

ここで得られたデータは，後に地域住民の防音工事費の補助金の算出，午後9時以降の飛行機の発着陸禁止措置の裏付け資料になった由である。

一方，藤本は老年期の電気生理学的な検討も行い，その成果は「身体各部位の機械的刺激による体性感覚誘発電位（SER）—正常成人と脊髄損傷患者について—」を昭和59年の臨床脳波誌に記し，「正常老人の神経生理学的研究—SER, CNVを指標として」を日本老年医学会誌に昭和60年に記す等，数多い業績がある。

なお，当部の総合臨床検査室では，病院という表示がないため，学生や生徒が受診しやすい面があったが，経済的な負担を考慮し，昭和51年から健康保険制度を導入する。臨床をより重視し，「研究と臨床が車の両輪」のようになってこそ，精神衛生部が発展するという理念による。

そのため，昭和50年代後半には，相談・診療件数が，昭和40年代の3〜4倍になり，臨床担当者を多忙にさせたが，進んで協力していただいたこと，また，大きな事故もなかったことに感謝する。

なお，藤井が28年間も継続診療したためか，診療曜日には50名以上の方が来所され，朝の9時から昼食抜きで夕方まで診療したことも，懐かしい体験であった。午後4時半に終わらないと薬剤師が定時に帰宅できないからである。

なお，精神衛生部に勤務した精神科医は30名近くで，その多くは阪大精神医学教室の関係者であったことを付言する。ともかく，平成3年6月に発刊された公衛研誌の名簿等によれば，上記の部課長のほか，館直彦（昭和56年・阪大医卒），大久保圭策（昭和60年・奈良医大卒），粟野菊雄（昭和56年・金沢大医卒），坪井真喜子，飯田信也（昭和59年・阪大医卒），田中則夫（昭和52年・阪大医卒），金沢彰（昭和37年・阪大医卒），山之内裕子（昭和35年・阪大医卒），桑田善記，立花直子（昭和58年・阪大医卒），中尾和久（昭和58年・阪大医卒），石田卓，井田英之夫（昭和34年・阪大医卒），郭麗月（昭和48年・阪大医卒），小西裕之（平成2年・阪大医卒），宮本英久（昭和38年・阪大医卒），岡本正子（昭和49年・京府医卒），濱崎和子，堀川諭（昭和55年・鳥取大医卒）などが勤務する。

後に，これらの約半数が大学の教授ないし病院長に就任し，約半数が開業ないし勤務医をしている。なお，申し訳ありませんが順不同です。

本文に掲載した研究は，大阪府立公衛研誌の創立10・25・30周年記念誌に掲載され，公衛研・精神衛生部に所属した精神科医が記した主な文献を参考に記した。

本文作成に貢献していただいた，小池淳・大月則子・藤本修・中尾和久先生，特に南野壽重先生に，心から感謝する。

文　献

1) 藤井久和，夏目　誠：「最近イライラしませんか」—職場不適応克服のカルテ．東洋経済新報社，東京，1981
2) 服部祥子：親と子—アメリカ・ソ連・日本．新潮選書．新潮社，東京，pp 1〜269, 1985
3) 藤本　修・藤井久和編著：メンタルヘルス入門．創元社，大阪，pp 1〜353, 1989
4) 藤井久和：働く人の心理相談いろはがるた．働く人の健康づくり協会，（中災防の下部機関），東京，pp 1〜163, 1992
5) 藤本　修　荒賀文子　東牧子：女性のメンタルヘルス．創元社，大阪，pp 1〜273, 1996
6) 夏目　誠：「スマイル仮面」症候群—本当の笑顔のとりもどし方．NHK出版，東京，pp 1〜222, 2006
7) 藤本　修：精神科医はどのように話を聞くか．平凡社，東京，pp 1〜199, 2010

5 大阪府立急性期・総合医療センター（旧・大阪府立病院）の精神神経科

● 亀田　英明

　大阪府立急性期・総合医療センターは，そのルーツを辿れば，明治4年民部省沙汰布告により，府民風俗改善と梅毒予防，庶民の健康保護の目的で大阪府命令として発布され，検梅施行施設として「楳毒院」が設置されたことに始まる。昭和34年当時，阪大精神神経科の医局で昔の入院患者台帳を見たことがある。記録された病名は，脊髄癆と進行麻痺が軒並み続いていたことに驚いた。

　明治5年には大阪駆黴院（西区松島仲之町）設立。明治16年，遊郭増加に伴う患者増のため，南区難波新川に新病院を建設移転した。明治32年には，大阪府立難波病院及び大阪府立娼妓健康診断所と改称した。大正13年，現住吉区万代東に大阪府立難波病院（病棟5棟）が新設，改称された。昭和14年支那事変以来の軍需景気により，患者数が激増し，病棟4棟を増築した。

　昭和20年，第2次大戦の空襲激化し，難波病院は数ヵ所に被弾したものの，娼妓入院患者は全員退院，終戦時まで住吉区方面の被災者救護所に転用された。

　終戦後は，連合軍の公娼廃止の覚書により，公娼制度が全廃され，娼妓は接待婦と改め，大阪府令，花柳病予防特別施行細則制定により業態者（芸妓，中居，接待婦，女給，ダンサーその他料理店，飲食店の接待婦）に対する検診と，性病罹患者の強制入院を行うことになる。

　昭和21年，接待婦，街娼患者の検診治療に限らず，広く一般患者の診療を併せ実施する名実共に社会施設としての模範的診療機関たる総合病院に移行すべく，大阪府立大阪病院と改称された。

図1　旧・大阪府立病院
（大阪府立病院開院25周年記念誌より）

昭和23年，進駐軍の指令により，接待婦等の強制検診制度は廃止され，一般診療科の充実が徐々に進められた。しかし性病診療と一般診療の併設では，受診患者の偏りが避けられず，府民の要望に十分応えきれないため，昭和28年，性病診療部を大阪府立森之宮病院（東区森町南）に移転した。昭和29年，本院を総合病院とするための増改築をした。昭和30年管理棟を新築，旧病棟を改築し，病床数330床，精神神経科を含む11診療科が揃い，総合病院としての体制を整え，大阪府立病院（図1）と改称された。大阪府立病院の揺籃期は，大阪府民の健康について，最も厳しい部分を担ってきたと言える。

戦後の日本の精神科医療は，昭和20年代は「隔離病棟・ショック療法時代」で，いわゆる薬物療法出現以前で，転地療養という言葉通りの阪大石橋分院があり，阪大病院山口病棟の地下には瓢箪型持続浴の浴槽が残っていた時代だ。当直の夜，その風呂に入った記憶がある。隔離を原則にし，興奮患者には抑制衣を着せて拘束していた。積極的治療には，電気ショック，インスリン・ショック療法が行われ，神経梅毒にはワクチン療法，マラリア療法の発熱療法が行われ，砒素製剤（サルバルサン），硫黄製剤（ズルフロール）が薬物療法となっていた。

昭和31年ごろから，レセルピンに始まる薬物療法，クロールプロマジンに続く向精神薬の出現から精神科医療は姿を変えた。精神科も薬物療法による内科的治療が可能になり，総合病院の治療スタイルに馴染んできた。

昭和30年精神神経科の「開拓時代」が始まった。曽谷邦男（昭和11年卒，昭和36年中宮病院院長），別府　彰（昭和18年卒，後の関西労災病院部長），大野恒之（昭和23年卒，昭和37年大阪労災病院部長），石井康雄（昭和25年卒，別府先生の後任）というそうそうたる陣容でスタートしている。母校としても期待の大きい病院であったと思われる。第6病棟の開放病棟20床からスタートした。無断離院もよくあったそうだ。当時から大野恒之はレクリエーション療法に積極的で，碁，将棋，トランプや陶芸にも取り組んでおられた。昭和34年には第8病棟が増築され，2重扉の閉鎖病棟，定床の50床ができた。

大阪府立病院の開院二十五周年記念誌は昭和55年に発行され，年報の五十周年記念誌は平成17年に発行されている。これは明らかに大阪府立病院と呼称された時期を以て，大阪府立病院の始まりとし，それまでの歴史を病院の歴史から切り離している。しかし，大阪府立病院はそのルーツを明治4年に設置された楳毒院にあると受け止め，平成25年は142年目に当たる。性病対策に始まる病院の始まりは，昭和23年の接待婦等の強制検診制度の廃止によって，総合病院への転換の道が開かれてきた。いずれにせよ，府立の病院として庶民の健康の最大の障害を解決すべく取り組んできた歴史であるといえる。

昭和37年曽谷邦男部長は府立中宮病院に移られた後は，浅井敬一（昭和25年卒）部長が跡を継いだ。昭和30年代後半の「地固め時代」は医局体制も徐々に変わり，谷口和覽（昭和31年卒），三宅弘子（昭和32年卒），西沼啓次（昭和32年卒），井田英乃夫（昭和34年卒）等が手足となって，精神神経科の地固めが進んだ。病室は閉鎖病棟50床，一般混合（婦人科）病棟に6床程度があり，神経症や神経病が入院した。脳腫瘍や脊髄疾患，神経筋変性疾患にも取り組んだ。閉鎖病棟の構造は男子大部屋と女子病棟がL字型に位置し，渡り廊下と第7病棟に囲まれた中庭があって，入院患者の運動場になっていて，バレーボールができた。男子大部屋では食堂も兼ね，時には卓球場にもなっていた。

昭和39年3月アメリカのライシャワー駐日大使が暴漢に襲われる事件が起き，犯人が統合失調症であったため，精神障害者の処遇が問題になった。退院患者の保健所届け出制度，在宅患者の定期的訪問指導制度，治療費の公費負担制度ができたのはこの時期だ。

かくして昭和40年代は「生活療法・レクリエーション療法時代」に入った。医員も交替し，昭和41年ごろからは浅井敬一部長，亀田英明（昭和33年卒）田中克往（昭和40年卒），吉田功（昭和41年卒），臨床心理士・富岡瑞子の医局体制がしばらく続いた。精神科治療のホスピタリズムの反省とレクリエーション療法が始まる。昭和43年3月にはデイルームが増築された。食堂，作業場，卓球場，芸術療法（近藤良一・絵画，小林克美・習字）等が日課の中に組み込まれた。閉鎖病棟の火災避難訓練も行ったところ，患者は整然と避難行動をとったことに，スタッフ一同驚きと拍子抜けを感じた。年間行事には，春秋のバスツアー，ハイキング，夏の盆踊り，秋の運動会が行われ，冬のクリスマス会には患者も看護師や医師，臨床心理士（西浦真理子）も隠し芸を披露した。年々その内容もレベルアップし，医局仲間も白浪五人男等を演じたときもあった。

昭和44年精神神経学会・金沢総会において，精神病院の生活療法と称する患者使役に対する批判は，患者の生活改善を求め，治療のあり方を問う反精神医学という大きな波となって医療現場にも影響があった。昭和45年には朝日新聞の大熊一夫記者がアルコール中毒を装って精神病院に潜り込み，入院生活の一部始終を「ルポ・精神病棟」の記事にして，7回連続報道した。中宮病院の医局事情にも動揺が起き，状況収拾のため，浅井部長はこのころ，一時期中宮病院医務局長に赴任している。しばらくの間，亀田英明が部長の代理を務めた。患者家族会の1人が毎晩病院へ来て，無理難題を喚き続け，事態収拾のため夜な夜な病院へ出向いた。昼間には本庁の所轄担当課に相談もしたが，事態は変わらず，最後は昼間に菓子折りを持って話し合いに訪問して，やっと治まった。入院中の患者にも権利を主張する者が出たが，親族が冷静さを保ってくれて，ことなきをえた。

昭和47年には，浅井部長の指導で，「みどり会」という患者自治会が結成され，会長，副会長，書記は3ヵ月ごとに改選され，壁新聞を毎月発行した。昭和48年には，トイレの大改造を行った。大便所は用便中頭が見える構造になっていたが，ドアを大きくしてプライバシーを保てるようにした。男子小便所も仕切りのない公衆便所タイプであったが，仕切りのある便器に取り替えた。詰所には天井下に仮眠空間のある職員トイレがあったが，仮眠ベッドを撤去し，トイレの構造を広くした。

昭和40年代後半は，身体合併症患者が他院からの紹介で入院するケースが増え，緊張感の強い病棟に変わっていった。男子興奮患者が入院すると，看護師だけでは収拾がつかず，男性医師が交代で対応に当たったこともあった。医師が複数いることで，患者との治療関係にも相性のようなものがあることを感じていた。

昭和50年代は「リエゾン精神医療時代」といえる。昭和51年亀田英明が精神神経科部長に昇格する。当時の精神科医療は医療保険制度では低く査定されていて，一般診療科が，基準看護1類，または特1類のところ，基準看護2類しか採れないとされていた。合併症患者増加に伴う看護密度が濃くなる実態を訴え，医療審査を2度にわたって受け，昭和52年4月特1類が認可された。

大阪府立病院全体としても，改革ムードは進み，昭和47年に始まる病歴管理委員会は，入院病歴の近代化に取り組んだ。カルテはB5判からA4判に大きくし，入院病歴は中央で管理し，共観カルテも一本化し，疾病分類，治療分類もICD分類を採用し，全国共通の内容と，その統計資料も対外的に通用するものになった。昭和52年には医療情報管理委員会（委員長亀田英明：精神神経科部長兼務）に組織を改め，病院の改革計画の一翼を担うことになった。山家武雄院長，田辺　孜院長時代には，医師定数が増えず実現しなかった救急医療特殊診療科が，昭和49年，芝　茂院長就任と同時に救急部専属医

師定数を確保し，新設が実現した。

昭和53年ごろから医員も交代し，新しく福田俊一（昭和51年卒），野田俊作（昭和52年卒），松林武之（昭和56年卒），更井正和（昭和55年卒）が着任し，臨床心理士も西浦真理子から豊中啓子に交代した。研修病院としても役割を果たすことになった。絹川眞理（昭和53年卒）は研修医第一号として着任した。研修環境も整備し，外来面接室と準備室をワンウェイ・ミラー構造にして，研修医の面接を隣の部屋から観察できるようにした。面接中助言が必要なときは上級医から電話で指示を出した。面接技法を真剣に学ぶいい機会になった。

福田俊一，野田俊作は，それぞれ米国で精神療法を学ぶため退職され，交代に谷口典男（昭和54年卒），籠本孝雄（昭和54年卒），松永秀典（昭和55年卒）が就任した。精神科救急ハンドブック（アンドリュー・スレイビー，他2名著）を分担して翻訳し，星和書店から出版したのも，将来の精神科救急医療を見据えてのことだった。

厚生労働省が進める難治性疾患克服研究事業の一環として，大阪府が実施する特定疾患治療研究事業を受けて，大阪府立病院でも精神神経科と整形外科が協同してパーキンソン病の薬物療法と運動機能訓練，心理機能評価をテーマに取り組んだ。L-DOPAへの期待はOn-Off現象とともに反省され，Agonistの効用が注目されてきた時期で，リハビリテーションにもその考えが反映された。

近代化整備事業第1期（昭和60年～平成2年）がスタートした。昭和62年には，病院診療科の専門分化が行われ，名称も変更になった。特に精神神経科は，神経内科の新設に伴い，精神科に変わり，定員も1名減になった。同年，新病棟が完成し，12階で総室40床，個室4床，保護室2床，デイルームのある閉鎖病棟に生まれ変わった。患者の1人は頑として引っ越しを拒否し，説得に応じないため，医師全員で強制的に静脈麻酔して搬送した。搬送後，目が覚めてから説明して抑制帯を外そうとすると，今度はそれを拒否し，母親に食事介助を求める一幕もあった。統合失調症患者の心には入り込めない難しさを感じた。

昭和57年以降，研修を積まれて巣立っていただいた先生には次の方々がいる。柳尚夫（昭和56年卒），中田理恵（昭和57年卒），中林圭一（昭和59年），秋山典子（昭和60年），澤田甚一（昭和61年），越智友子（昭和61年），佐藤滋（昭和61年），箱崎健明（昭和61年卒），亀岡智美（昭和58年卒）。

精神科の定員を実働医員で減らすことは，日常の診療体制が弱化すると考えた。そこで現実的解決法として，部長が退職し，当時府立大学教授の乾　正（昭和36年卒）を兼務で迎えることを，本庁所轄課にお願いした。乾正部長は，昭和63年から平成6年まで在籍された。

近代化整備事業第2期（平成3～8年）は大阪府全体の医療システムが明確化した。平成3年大阪府の合併症受け入れ精神科病院として，11病院が指定された。（図2）

精神科合併症治療準備期（平成9～16年）として，平成6年から平成14年までは藤本　修（昭和52年卒）部長に引き継がれた。府立病院の特色は，総合病院という性格から，いろんなケースが経験できる。精神保健指定医の資格取得については，措置入院のケースが必要となる。部長は積極的に措置鑑定に出務し，女性看護師で対応可能なケースを選ぶ苦労もあった。病床数44床に1年強で8例のレポート該当ケースがあった。精神保健福祉士も国家資格化され，移行期間の資格取得希望者を看護師の中から募り，看護師長と主任は講習会に参加し，若手看護師3人は試験を受けて，資格を取得した。精神科薬物療法では，SSRIやSNRIが話題になり，うつ病に対するアプローチの理論的構築がテーマになってきた。大阪南地区精神医学研究会が病院と開業医の和風会関係の精神科医師の

	17年度	18年度	19年度	20年度	21年度	22年度	23年度
藍野病院	89	77	57	73	127	74	74
浅香山病院	51	65	63	53	61	41	45
東香里病院	16	31	25	29	21	16	18
府立急性期・総合医療センター	23	21	23	36	92*	108*	111*
市立総合医療センター	6	9	9	0	8	7	9
大阪赤十字病院	12	5	8	9	9	4	2
北野病院	1	1	3	1	1	0	0
大阪医大病院	5	5	15	9	9	6	8
大阪市大病院	4	4	2	7	3	5	6
関西医大病院	3	2	6	3	2	3	4
阪大病院	0	3	1	4	1	1	1
計	210	223	212	226	334	265	278

図2　11の合併症受入病院の受け入れ実績（精神科病院に入院中の合併症患者）

（*：うち約3割が救急診療科にまず入院）
（松永秀典提供）

図3　大阪府立急性期・総合医療センター航空写真

勉強会として年1回ペースで開催されることになった。

この時期の常勤医は，松永秀典のほか，田口智己（平成7年），稲葉正晃（昭和60年卒），瀧本良博（平成2年卒），加島麻子（平成7年卒）．研修を終えて巣立って行かれた先生は次の方々である。三由幸治（平成2年），花谷隆志（平成1年卒），高森信岳（平成3年卒），藤原朗（平成4年卒），齋藤中哉（平成6年卒），山村周平（平成12年卒）。

精神科の激動の時期の平成14〜16年までは上間武（昭和55年卒）部長が務められた。常勤医には松永秀典，田口智己のほかに原元燈（平成12年卒）が加わった。当時の診療態勢は，診療待ち時間の長さや，乱暴で処遇困難な患者の対応が問題になった。初診患者と再診患者を分け，必要な診察時間の長短で区別する診療体制とし，予約時間を30分枠単位で区切り，診療時間内に終わるようにした。入院についても，緊急入院や予約入院に際して，手続きを簡略化と一本化にすることで，スタッフ間のストレスが軽減された。この時期は次に来る合併症患者の処遇に役立つ体制作りになったと思われる。

平成15年病院名は，大阪府立急性期・総合医

療センターに変更された（図3）。精神科においても，「精神科合併症治療充実期（平成17年以降）」に移行する。平成17年からは，松永秀典（昭和55年卒）が部長に昇格する。精神科の合併症受け入れの役割が明確になり，入院の方針に当センターでしか治療できないことに重点をおくことが決められた。そのため病棟改造と移転が行われた。閉鎖病棟は12階から11階に移り，病床数は34床（保護室2床），病棟設備の改造が実施された。個室を増やし（6床），各室に酸素，吸引のパイピングが設備され，合併症治療への対策が講じられた。

平成18年には，事業主体が変わり，地方独立行政法人大阪府立病院機構が設立され，事業移行が行われた。平成19年には，大阪府立身体障害者福祉センター附属病院と統合し，障害者医療・リハビリテーション医療部門を設置した。

従来の救急診療科（TCU：Trauma Care Unit）に，CCUと，新設のSCU（Stroke Care Unit）をまとめて，新しく救命救急センターになる。平成22年7月には，全国で25番目の高度救命救急センターに認定された。

松永部長の奮闘は，平成20年春の診療報酬改定で新設された精神科救急・合併症入院料の施設認定を目指し，平成22年5月にこれを達成したことにある。この入院料は精神科救急入院料の要件をほとんどそのまま残して，合併症患者を入れる合併症ユニットを設けるというものだ。医師5人（指定医3人）以上という施設基準があるため，この入院料をとれば最低医師5人を確保できる。大阪では当センター以外にはないという思いから，平成20年のうちに大阪市や市立総合医療センターや近畿厚生局に出向いて可能性を検討し，21年1月に市立総合医療センターで行っている大阪市内の緊急措置受け入れ当番を一部いただくことを大精協の集まりでもお願いした（翌日の後送受け入れを大精協がしているため，大精協の理解と協力が必要だった）。そして21年度に，同入院料の施設基準を満たす診療実績をあげ（措置・緊急措置・応急入院で計30件など），22年4月に常勤精神保健福祉士2名を採用し，22年4月に申請して5月から認められた。当センターの認可は全国で6番目だった。このような動きの中で，21年度から合併症受け入れ患者数が一挙に増えた（図4）。

また，若い医師が指定医の申請に必要なケースレポートの症例を集めるために，措置入院も

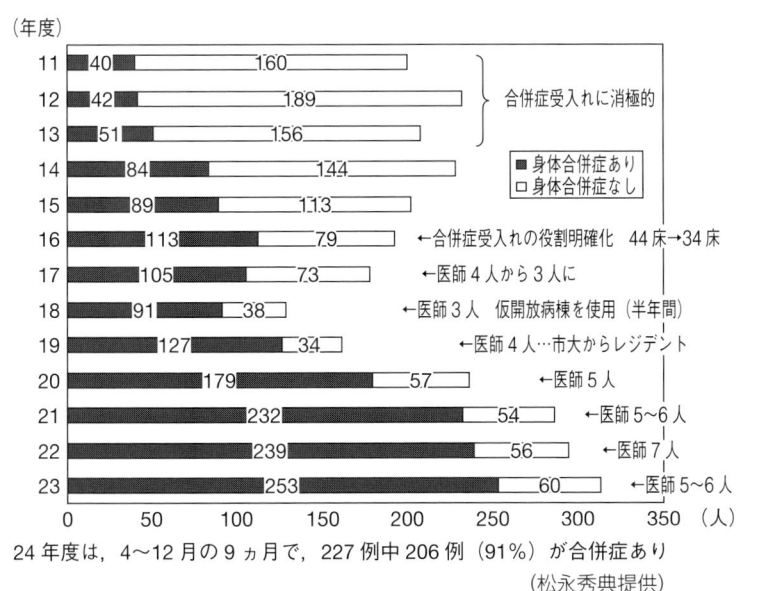

（年度）	身体合併症あり	身体合併症なし	
11	40	160	合併症受入れに消極的
12	42	189	
13	51	156	
14	84	144	
15	89	113	
16	113	79	←合併症受入れの役割明確化　44床→34床
17	105	73	←医師4人から3人に
18	91	38	←医師3人　仮開放病棟を使用（半年間）
19	127	34	←医師4人…市大からレジデント
20	179	57	←医師5人
21	232	54	←医師5〜6人
22	239	56	←医師7人
23	253	60	←医師5〜6人

24年度は，4〜12月の9ヵ月で，227例中206例（91％）が合併症あり
（松永秀典提供）

図4　精神科入院患者数と身体合併症の有無の推移
合併症受け入れの役割が明確化した平成16年からは身体合併症患者が明らかに増加し，病棟改修が終わった19年度以降は，合併症患者が大半を占める病棟に変貌を遂げた。

取るようになった。精神科救急・合併症入院料を目指し始めた21年度以降は，措置と緊急措置を併せて20件近くとっている。(21年度：措置17例＋緊急措置1例，22年度：12例＋8例，23年度：8例＋8例，25年度：2月時点で9例＋9例)。

救急診療科との連携も密になっている。当科病棟は救急病棟の後送病棟として多くの患者を

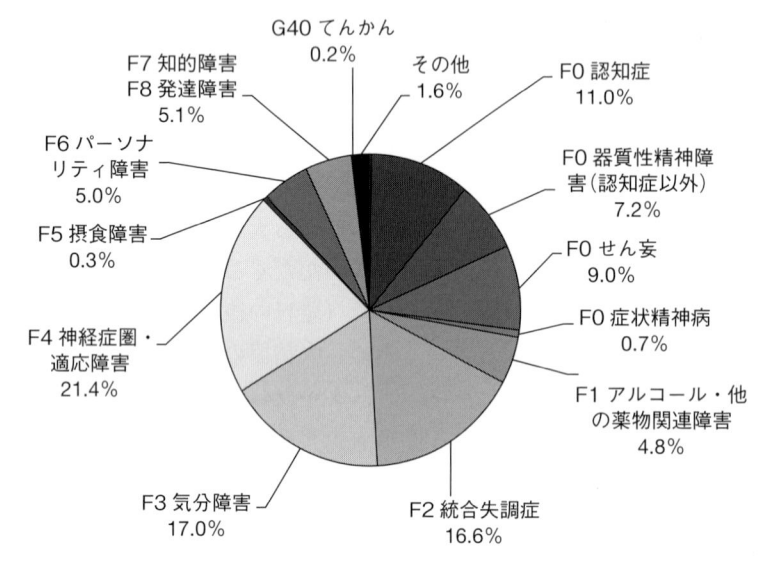

図5　平成24年の初診患者の内訳（ICD-10による診断）
器質性精神障害（F0, F1）は32.7%，統合失調症と気分障害（F2, F3）は33.6%，神経症圏と適応障害（F4）は21.4%を占め，全体の90%近くになる。
（松永秀典提供）

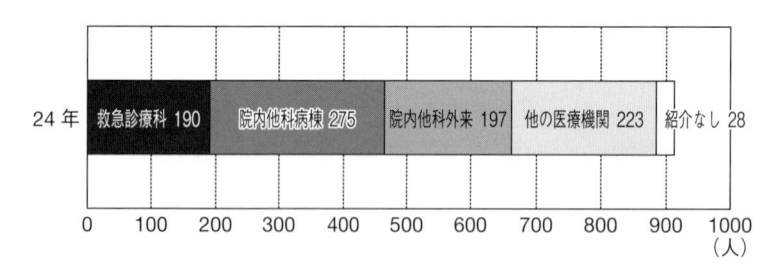

図6　平成24年の初診患者の913人の依頼元
初診患者の紹介元は，救急診療科，院内他科病棟，院内他科外来，他の医療機関が20〜25%を占めている。
（松永秀典提供）

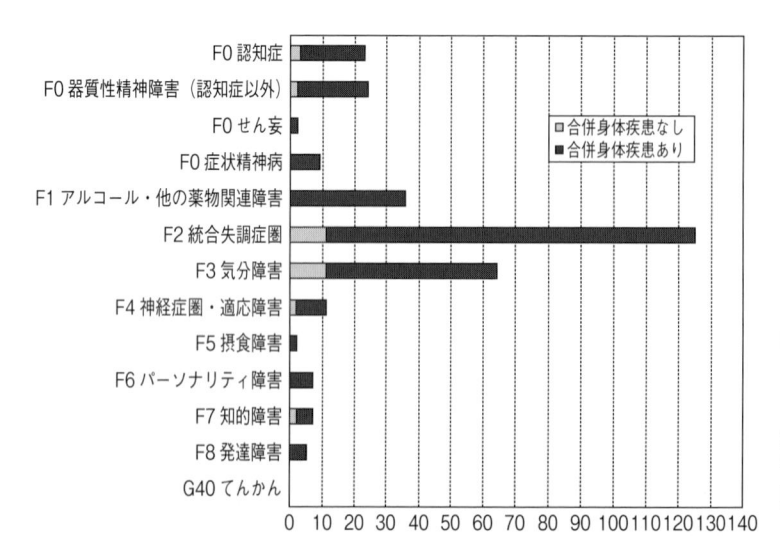

図7　平成24年の新入院患者315人の内訳と身体合併症の有無
新入院患者の精神科基礎疾患では，当然のことながら，統合失調症圏，気分障害がずば抜けて多く，アルコール，薬物関連，器質性精神障害が続く。
（松永秀典提供）

受け入れているが（常時10人以上が救急診療科共観である），救急病棟でも，精神科患者を多く受け入れていただいている。救急病棟に入院した精神科関連患者はすべて診察する。また，合併症の転院依頼で，重症で急を要する場合は救急診療科に相談する態勢もできている。

この時期の常勤医には，田口智己，原元燈のほかに，福森亮雄（平成12年卒），木村亮（平成14年卒），松本（久郷）亜紀（平成12年卒），柳田誠（平成16年卒），森康治（平成16年卒），高屋雅彦（平成16年卒），富岡孝仁（平成16年卒），金井講治（平成19年卒）がいる。研修された医師には，吉村知穂（平成19年），島田藍子（平成19年），北内京子（平成21年），齋藤（大西）円（平成21年），池田俊一郎（平成18年卒），小深田博紀（平成22年），岩田悠希（平成22年），熊崎博一（平成22年），影山祐希（平成23年），白井卓（平成25年），疋田高裕（平成25

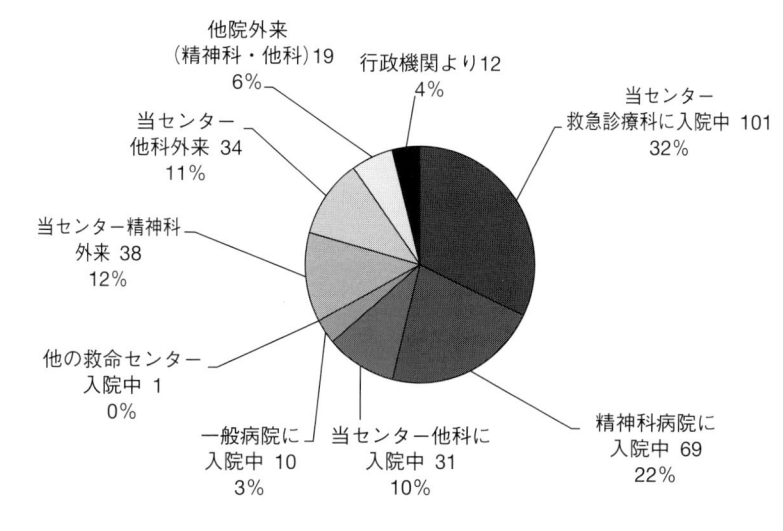

図8　平成24年の新入院患者315人の直前の紹介元

救急診療科や精神科病院に入院中のもので54％を占める。それ以外の入院中で転入院するケースを含めると，67％になる。当センターまたは他院外来からのケースは29％ある。
（松永秀典提供）

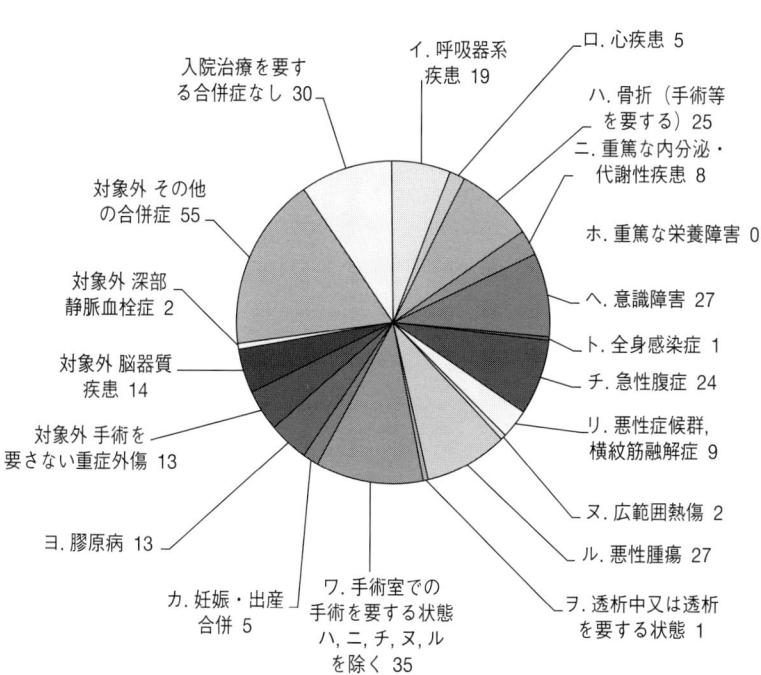

当センター救急診療科に入院中 101　32%
精神科病院に入院中 69　22%
当センター他科に入院中 31　10%
一般病院に入院中 10　3%
他の救命センター入院中 1　0%
当センター精神科外来 38　12%
当センター他科外来 34　11%
他院外来（精神科・他科）19　6%
行政機関より 12　4%

図9　平成24年の新入院患者315人の合併身体疾患の有無とその内訳

（イ〜ヨは精神科救急・合併症入院料の合併症ユニット対象疾患）
合併症ユニット対象疾患は63.8％，対象外合併症は26.7％だった。
（松永秀典提供）

入院治療を要する合併症なし 30
イ. 呼吸器系疾患 19
ロ. 心疾患 5
ハ. 骨折（手術等を要する）25
ニ. 重篤な内分泌・代謝性疾患 8
ホ. 重篤な栄養障害 0
ヘ. 意識障害 27
ト. 全身感染症 1
チ. 急性腹症 24
リ. 悪性症候群，横紋筋融解症 9
ヌ. 広範囲熱傷 2
ル. 悪性腫瘍 27
ヲ. 透析中又は透析を要する状態 1
ワ. 手術室での手術を要する状態 ハ，ニ，チ，ヌ，ルを除く 35
カ. 妊娠・出産合併 5
ヨ. 膠原病 13
対象外 手術を要さない重症外傷 13
対象外 脳器質疾患 14
対象外 深部静脈血栓症 2
対象外 その他の合併症 55

年)．

　現在の精神科病棟の様子は，昔のような精神科の雰囲気は微塵もない．広くゆったりした詰所にコンピュータ画像を見ながら5，6人の若手医師と指導医が話し合っている．彼らは救急診療科に属している．看護師達も戸惑った様子もなく，淡々と業務をこなしている．間もなく救急医の回診が始まる．指導医は患者の目線に座って，患者さんと会話する．患者さんに指示していたことを優しく問いかけ，返事を待って褒めている．リラックスした，いい雰囲気だ．
　救急病棟へ行ってみると，精神科医が忙しそうな看護師に混じって，患者さんの状態把握をして，疑問点が残らないように指示を出している．
　手術室で今から修正型電気けいれん療法をするところにも案内してもらった．麻酔科医の合図で，精神科医がパルス波治療器で通電をする．けいれん状態を確認し，静かな雰囲気で淡々と時が経過していた．

　原稿をまとめるにあたり，乾正先生，藤本修先生，上間武先生，松永秀典先生より，資料やご助言をいただきましたこと，お礼を申し上げます．

Memory

医局ハイキング　宇治醍醐
京阪電車天満駅に集合して宇治浮島，蛍渕で舟遊びをして楽しい一日を過ごした和田名誉教授，堀見教授，河口講師．傳法院山門前にて集合写真．昭和16年5月1日

6 大阪府こころの健康総合センター

● 松浦　玲子

概要

「大阪府こころの健康総合センター」は，精神保健福祉法第6条に基づき設置されている大阪府の「精神保健福祉センター」であり，「精神保健福祉に関する技術的中核機関」である。

平成6年4月，大阪府精神衛生相談所と府立公衆衛生研究所精神衛生部を母体として，府立病院（現在の府立急性期総合医療センター）の南隣に建設された。建物は，地上4階と，地下1階から成る。

「精神保健福祉センター」は，都道府県と政令指定都市に1ヵ所ずつあり，（東京都のみ，3ヵ所）平成24年4月現在，全国に69ヵ所ある。大阪市と堺市は，それぞれのセンターが所管しており，大阪府のセンターは，大阪市・堺市を除く府域を所管している。

平成24年度の業務は，①知識の普及，②調査研究・教育研修，③相談および指導のうち，複雑または困難なもの，④診療，⑤精神障害者の社会復帰促進，⑥精神医療審査会，⑦自立支援医療費（精神通院）支給認定等業務，⑧精神障害者保健福祉手帳の審査に関すること，⑨その他，府民の精神保健の向上および，精神障害者の福祉の増進を図るため必要なこと，と多岐にわたっている。

平成24年度の常勤職員は，39名で，職種別内訳は，精神科医7名，ソーシャルワーカー14名，心理技師6名，保健師2名，看護師2名，薬剤師1名，作業療法士1名，事務職員6名である。

ホームページ「こころのオアシス」において，「相談窓口検索」「研修」「刊行物」など，さまざまな情報提供を行っているので，ぜひご覧いただきたい（http://kokoro-osaka.jp/）。

また，全国の精神保健福祉センターでは，平成20～22年度（2008～2010年度）の3年間，9月を「自殺予防強化月間」と定め，共同キャン

大阪府こころの健康総合センター概観

ペーン事業を行い，全国一斉にPRして，啓発効果を高めることにした．その一環で「ポスター」を作成して掲示した．全国精神保健福祉センター長会のホームページもご覧いただきたい（http://www.acplan.jp/mhwc/）．

全国精神保健福祉センター共同キャンペーンポスター

大阪府こころの健康総合センターの沿革

　行政機関のため，国・大阪府の精神保健福祉の動向や，時代の要請と深くかかわっている．この「沿革」の部分では，ここ100年余りの国と大阪府の年表を示し，府センターに関連が強い部分に下線を付した．ただ，年表の項目や下線については，筆者が独自に記載したものであり，漏れもあると思われるが，ご容赦願いたい．

年	大阪府の精神保健福祉の歩み	国の精神保健福祉の歩み
明治33（1900）年 大正6（1917）年		精神病者監護法 精神障害者全国一斉調査 　精神病者総数は，約6万5,000人，うち精神病院等に入院中のものが約5,000人に過ぎず，約6万人の患者は，私宅監置（座敷牢）を含め，医療の枠外にある実状が報告された
大正8（1919）年 大正15（1926）年	府立中宮病院開設	精神病院法公布

年	大阪府の精神保健福祉の歩み	国の精神保健福祉の歩み
昭和25（1950）年		精神衛生法公布 　①措置入院制度 　②保護義務者の制度 　③精神衛生鑑定医制度 　④精神衛生相談所設置
昭和27（1952）年	大阪府精神衛生相談所設置 　庁舎は，大阪府児童相談所に間借り 　　　　（大阪市天王寺区）	
昭和31（1956）年	府立病院に精神神経科開設	
昭和35（1960）年	精神衛生相談所の独立移転 　　　　（大阪市東成区） 「精神衛生5ケ年計画」 　精神衛生相談所から，4ヵ所の保健所に出張相談	
昭和37（1962）年	府立公衆衛生研究所に精神衛生部開設 　精神衛生相談所の庁舎は，公衆衛生研究所の3階部分に同居となる	
昭和39（1964）年		ライシャワー事件
昭和40（1965）年		精神衛生法改正 　①保健所が，地域の精神保健行政の第一線機関 　②精神衛生センターの設置 　　都道府県の精神衛生に関する技術的中核機関 　③通院医療費公費負担制度開始
昭和41（1966）年	府保健所に精神衛生相談員配置	「保健所における精神衛生業務運営要領」
昭和44（1969）年		「精神衛生センター運営要領」
昭和45（1970）年	府立中宮病院に自閉症児施設「松心園」開設	
昭和49（1974）年		精神科作業療法・デイケアが保険点数化
昭和50（1975）年		保健所において，「社会復帰相談指導事業」開始
昭和56（1981）年	社会生活適応訓練事業開始	国際障害者年
昭和57（1982）年		「通院患者リハビリテーション事業」実施
昭和58（1983）年	1月 府精神衛生相談所が，大阪市天王寺区六万体町に移転し，単独機関となる	国連・障害者の10年
昭和59（1984）年		宇都宮病院事件
昭和60（1985）年	8月 府精神衛生審議会に対し，「"こころの保健所"整備について」諮問	
昭和62（1987）年		精神保健法へ改正 　①任意入院制度 　②入院時の権利等の告知 　③精神保健指定医制度 　④精神医療審査会制度の創設 　⑤応急入院制度 　⑥精神病院に対する報告徴収・改善命令

年	大阪府の精神保健福祉の歩み	国の精神保健福祉の歩み
昭和63（1988）年	1月 府精神衛生審議会が，「"こころの保健所"構想について」答申 →構想の展開として，「精神保健センターの設置」 精神保健センターが整備すべき機能 ①情報提供 ②相談と，専門診療の実施 ③地域精神保健活動の支援 ④調査研究 ⑤デイケアなどの実施 ⑥スタッフの養成 ⑦関係部局との連携の強化 ⑧地域の関係機関との連携の促進 ⑨民間関係団体の育成	
平成3（1991）年		12月　国連総会で，「精神疾患を有する者の保護及びメンタルヘルスケアの改善のための諸原則」採択
平成5（1993）年	2月　大和川病院事件	6月　精神保健法改正 　①グループホームの法定化 　②平成8年4月から，知事の事務を 　政令指定都市市長に委譲（大都市特例） 12月　障害者基本法成立 　法の対象とする障害者に精神障害が含まれる
平成6（1994）年	4月 府精神衛生相談所及び 府立公衆衛生研究所精神衛生部を廃止し， 府立こころの健康総合センター開設 　　　　　（大阪市住吉区万代東） 業務内容 ①知識の普及 ②調査研究・教育研修 ③相談・指導のうち，複雑・困難なもの ④診療 ⑤社会復帰の促進 ⑥その他，府民の精神保健の向上 組織は， 1室2部5課体制で， 企画室と，総務課，「相談・診療部」に診療課・デイケア課，「こころの健康づくり部」に地域ケア課・ストレス対策課	
平成7（1995）年 平成8（1996）年	1月〜 阪神淡路大震災への精神保健救護支援活動	精神保健福祉法へ改正 　精神障害者保健福祉手帳の創設 1月 「精神保健福祉センター運営要領」

年	大阪府の精神保健福祉の歩み	国の精神保健福祉の歩み
平成9（1997）年	4月 府知事が，府精神保健福祉審議会（以下，「府審議会」と略）に「府障害保健福祉圏域における精神障害者の生活支援施策の方向とシステムづくりについて」諮問 10月　大和川病院廃院	
平成11（1999）年	3月　府審議会が，「府障害保健福祉圏域における精神障害者の生活支援施策の方向とシステムづくりについて」答申	精神保健福祉法の改正 　　　（一部を除き，平成12年4月施行） ①精神障害者の人権に配慮した医療の確保 ②移送制度の創設 ③精神保健福祉センターの機能の拡充 精神医療審査会事務局，通院公費負担と手帳の審査業務の追加 　（平成14年4月施行，任意規定だったセンター設置が義務となる） ④市町村を主体とする在宅福祉サービスの規定 ホームヘルプとショートステイが加わる 　　　　　　　　　　（平成14年4月施行）
平成12（2000）年	4月 ・府審議会答申の具体化として，「社会的入院解消研究事業」（後の「退院促進支援事業」）開始 ・大阪市が「こころの健康センター」（精神保健福祉センター）開設 5月　府審議会が 「精神病院内における人権尊重を基本とした適正な医療の提供と処遇の向上について」意見具申	
平成13（2001）年	6月～ 「大阪教育大附属池田小学校児童殺傷事件」でのメンタルケア	
平成14（2002）年	2月 箕面ヶ丘病院廃院 4月 府立こころの健康総合センターが，府こころの健康総合センターに改称 業務に精神医療審査会事務局が加わる 　組織は，2部6課体制で，総務課，「企画調整部」に企画課・地域支援課と，「相談診療部」に診療課・リハビリテーション課・ストレス対策課 9月 　平成12年5月の意見具申の具体化に向け，「府精神障害者権利擁護検討委員会」が，府審議会に「精神科病院における入院患者の権利擁護システムの構築について」報告し，承認を得る	

年	大阪府の精神保健福祉の歩み	国の精神保健福祉の歩み
平成15（2003）年	4月 府精神障害者権利擁護事業が発足し，精神医療オンブズマン活動が始まる （府精神障害者権利擁護連絡協議会の事務局は，府こころの健康総合センターが担う）	
平成16（2004）年		7月 「ひきこもり地域精神保健活動のガイドライン」 精神保健医療福祉の改革ビジョンのとりまとめ（おおむね10年間の具体的方向性） 「入院医療中心から地域生活中心へ」
平成17（2005）年		4月「発達障害者支援法」施行 7月「心神喪失者等医療観察法」施行
平成18（2006）年	4月 堺市の政令指定都市移行に伴い，「こころの健康センター」開設	4月「障害者自立支援法」施行 10月「自殺対策基本法」施行 12月 「精神保健福祉センター運営要領」改正
平成19（2007）年	4月 府センターで，手帳の審査会・交付事務を行う（本庁からの移管）	
平成20（2008）年	橋下知事就任， 「財政非常事態宣言」を受け，「府精神障害者権利擁護事業」廃止	
平成21（2009）年	4月 「精神科医療機関療養環境検討協議会」開始（事務局は，府センター） 府センターで，「地域自殺予防情報センター」と，「ひきこもり地域支援センター」開始	4月 「地域自殺予防情報センター事業」と，「ひきこもり地域支援センター事業」 9月 改革ビジョンから5年（10年間の中間年） 「今後の精神保健医療福祉のあり方検討会」報告
平成22（2010）年	4月 府センターのストレス対策事業は，「ストレス対策課」を廃止し，企画課で「メンタルヘルスケア」事業として展開を図ることになる 組織は，2部5課体制	
平成23（2011）年	3月〜 東日本大震災への支援活動	7月 医療計画に記載する「4疾病」に精神疾患を加え，「5疾病」となることが決まる （平成25年度スタートの医療計画に盛り込む）
平成24（2012）年	4月 府センターで，自立支援医療費（精神通院）支給認定等業務を行う（本庁からの移管）	

大阪大学精神医学教室と当センターのかかわり

歴代の常勤職員を次に列挙します。
　　　（敬称略，着任順，在籍年度，所属課）
乾　　　正（平成6〜12年度，所長）
大月　則子（平成6〜15年度，相談・診療部長）
夏目　　誠（平成6〜12年度，こころの健康づくり部長）
岡本　正子（平成6〜8年度，デイケア課長）
籠本　孝雄（平成6〜7年度，診療課長）
飯田　信也（平成6年度，診療課）
大久保圭策（平成6年度，診療課）
花谷　隆志（平成6〜11年度，診療課）
漆葉　成彦（平成10〜17年度，診療課長，相談診療部長）
加島　麻子（平成12〜14年度，診療課）
亀岡　智美（平成13〜23年度，ストレス対策課長，診療課長，相談診療部長）
藤原　　朗（平成13〜17年度，デイケア課）
三上　章良（平成14〜19年度，ストレス対策課長，企画調整部長）
松浦　玲子（平成15〜現在，企画調整部長，所長）
渡辺　琢也（平成18〜20年度，診療課，ストレス対策課長）
鎌形英一郎（平成21〜24年度，診療課，リハビリテーション課）
三好　紀子（平成22〜23年度，診療課）

　その他，大阪大学精神医学教室からは，非常勤職員として，研修講師，診療業務，精神医療審査会委員，手帳審査会委員，自立支援医療費審査会委員，共同研究等，多大なご支援をいただいており，この場を借りて厚く御礼申し上げます。今後とも当センターにご理解・ご協力をいただけますよう，お願い申し上げます。

7 やまと精神医療センター (旧・松籟荘)

● 紙野　晃人, 西沼　啓次

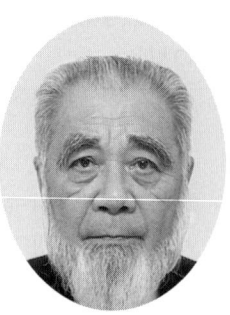

やまと精神医療センター(旧・松籟荘)の沿革

1. 結核から精神へ (昭和15〜42年)

　松籟荘(しょうらいそう)は昭和15年2月24日に創設された奈良県立結核療養所を母体としている。広辞苑によると、松籟とは「松に吹く風。また、その音。松韻。」の意味である。開設時には、当時の大阪大学第3内科教授今村荒男が用地選定に当たり、松籟の名称を提案した(西沼談)。今村は地元の安堵町(あんど)の出身で、昭和20年に新設の奈良県立医学専門学校(現奈良県立医科大学)初代校長、昭和21年に大阪帝国大学総長に就任している。松籟荘は昭和18年に日本医療団へ移管、終戦を経て昭和22年4月1日厚生省に移管され、「国立療養所松籟荘」が定床130床で発足した。当時の結核治療の厳しさについては、初代荘長瓜谷重敏氏の記述を引用するに留める。

　『戦前の結核の治療は昔からの大気安静栄養療法を基本にして軽症には人工気胸法を併用することが行われていましたが、時には肋膜癒着焼灼術或は肋膜剥離術を、後に阪大教授となられた武田義章先生を迎えて私が助手となって、今から思えば甚だ不完全な設備の中で行ったこともあります。

　然し中等症以上の患者さんは栄養不足もあって医師として唯見守るばかりでその無力さをつくづく感じさせられ、特に戦争の激化と共に荘内の空気は愈々暗くなるばかりでした。

　戦争が終わり昭和21年頃には米軍の横流しによる、ストレプトマイシンを農家出身の人は食糧と交換して手に入れることが出来ましたが、極めて高価で1グラムが1万5千円以上(現在から見ると約20万円位でしょう)もしており、或る患者が10本だけですがと注射を始めたところ、喉頭結核による痛み、腸結核による下痢は3本位で止り、熱も下り食欲(しょくよく)も出るなど全くうそのように快くなりましたが、後が続かず亡くなられるといった気の毒なこともありました。』[1)]

　その後、薬物療法の普及により結核患者数は減少し、昭和34年にはすでに結核医療の不採算対策が議論されている。一方で、昭和39年ライシャワー事件を機に精神障害者対策が問題となり、松籟荘でも精神転換が計画された。当時の松籟荘は小高い丘で松林が拡がり松茸も採れたと言う。敷地内には大きな玄室を備えた笹尾古墳が現存している。昭和41年には大阪大学神経精神科学教室金子仁郎教授より、後の第八代荘長である西沼啓次が精神科医長に招聘された。精神転換時のご苦労が、第六代荘長内田　誉(ほまれ)氏の記述に残されている。

　『近畿でも、管内20の国立結核療養所の、それぞれの将来像をまとめて本省へ提出し、話し合った。中でも、統廃合ニヵ所、国立病院転換一ヵ所と共に精神療養所へ転換ニヵ所が考えら

れていた。松籟荘は精神転換施設として，施設の案がまとめられ，地域の医療需要の動行，その他種々の要件に合致していたが，阪大精神科金子教授が，阪大，奈良医大で精神科医を確保する，と言って下さったので方向づけは決定し予算がつくようになったものである。(中略) 地元では静かながら強い反対気勢が潜行しており，奈良県の精神病院協会では厚生大臣に，松籟荘の精神転換反対意見の申し入れが進んでいた。後者に対しては当時の奈良医大精神科教授大澤安秀先生が御努力下さり，「国立精神療養所が，松籟荘長の述べる如く，個人病院では治療困難な合併症を有する精神病患者を収容する方向で進むのなら，松籟荘については精神転換を反対しないが，以後国が精神療養所を創設する事は反対である。」と云った意向の申し入れに変わったと聞いてほっとした。(中略) 昭和41年に入って西沼先生が阪大から赴任して下さり，北病棟が竣工し，4月1日から精神病患者の収容予定となった。病棟完成では竣工式はしないことになっているが，事実上は開所式的なもの故，特に願って許可を得た。3月の半ば頃であったが，県市地元代表，阪大，奈良医大，和大等各大学，地方局，療養所関係から来ていただき，各方面の力強い御賛同と御激励の中で精神転換のうぶ声を挙げた。中でも，和歌山大学長市原硬先生の御言葉には思わず感泣した。有波事務長の膽(きも)入りで難波高島屋が出張してくれた事も今も忘れ得ない。』[1]

2．精神科療養所の充実（昭和42年～平成2年）

昭和42年11月には，大阪府立中宮病院に長年勤務された濱義雄が精神科医としては初代の荘長に就任し，昭和56年に西沼啓次が第八代荘長に就任した。平成2年4月1日には五十周年記念式典が開催されており，西沼先生の五十周年記念誌への寄稿を引用する。

『昭和41年1月中頃に私が初めて松籟荘を訪れたのは氷雨の降る寒い日で，関西線大和小泉駅からのタクシーは地道の泥を家並の軒まで跳ね上げていた。狭い暗い荘長室に温顔の内田荘長に迎え入れられ，別所睦美医務課長，中田誠一内科医長にお会いした。北病棟の竣工が近付いていて年度内に精神科への新入院患者を迎えたいとの考えから，私が精神科医長としてあわただしく着任したのは翌月の2月16日であった。国立大阪病院の精神科での経験豊富な徳永美津子婦長も転勤して来られて病棟開設準備に弾みが加わった。

病棟竣工式後，女子病棟を先づ開設した。昭和41年3月31日に最初の精神科の入院患者さん一人を迎えて年度内の発足の責めを果した時は松籟荘の新しい船出に改めて緊張を感じていた。

北一病棟を男子病棟，北二病棟を女子病棟として入所者を受け入れるのと共に，結核病棟を閉鎖するための努力がなされ，内田荘長と香川タキミ総婦長の私財を投じての説得や別所医務課長，久原医事係長の努力で残り約40名の結核患者さん達が国立奈良療養所等に転院を完了されたのは41年10月28日であった。結核療養所としての仕事が終わったのを見て香川総婦長が昭和42年1月末に退職され，昭和42年2月に徳永婦長が総婦長に昇任された。

昭和41年度に男女混合病棟にする設計での西病棟が竣工して，精神病棟が200床となり，昭和42年4月1日に近畿地方医務局管内で唯一の国立精神療養所となったことが告示されて名実ともに精神転換が完了した。

入院精神障害者の死亡原因の半数が肺結核症であった時代ではなくなっていたが，肺結核症を合併した精神障害者の入院処遇は必ずしも十分とは考えられず，現在も尚集団感染が起こっている閉鎖病棟での結核合併症対策のためには病棟単位での対応が必要であるとの考えと，結核療養所の経験を生かす意味もあって西一病棟を結核合併病棟とした。西二病棟は開放病棟として運営している。

精神病院の種々の病棟の性格や経営収支から

図1 昭和42年精神転換時の国立療養所松籟荘
病棟は木造で後方の敷地が整備されている。金魚池や農地に囲まれていた。

考えると，300床乃至400床が運営に適した規模であると言われている．松籟荘も当初300床の計画を国立療養所課で考えて貰っていたが，200床を満床にすることが出来るまでに約5年の歳月が必要であったことから整備計画が大幅に遅れた．その間に，精神科医の荘長による運営が必要であると言う外圧が噂されるようになり，大阪府立中宮病院で30年間勤務されていた浜義雄先生が内田荘長の後任として昭和42年11月に荘長になられた．周辺の住宅地開発が始まったこともあって看護スタッフが増え，医師も奈良県立医科大学や大阪大学から赴任した．その後，全職員が精神科医療に積極的に取り組むことによって，病床利用率が常に100%以上を続けていたが，公務員の定数消滅の大方針の壁は厚く，未だに精神科病棟の増床に至っていない．

昭和50年12月1日から重症心身障害施設としての東病棟を併設し，2病棟80床に「いわゆる動く重症心身障害児」の入所を受け入れ始めた．精神病院での重症心身障害児の受け入れなので，本来の重複重度障害児ではなく，精神科医療での対応が必要な障害児を受け入れることにした．行動障害のために施設や家庭での処遇が難しい障害児やてんかんの発作症状の改善が困難な障害児で，一人歩きが出来る程度の運動能力を持つ障害児が児童相談所の措置によって入所している．

作業療法棟と生活療法棟が出来て，体育館での体育やデイケア等の作業や集団活動が活発に行えるようになり，社会復帰を目標にした精神医療を充実しつつ，精神障害者の地域処遇の促進に向けての努力をしている．

昭和56年4月に浜荘長が定年退官された後任に私が就任して既に9年の年月が経過した．全職員の協力と努力によって松籟荘の運営は円滑に推進されているが，今一歩更なる発展には光陰矢の如くに日数を重ねて来た観がある．加えて，昭和63年7月に精神保健法が改正され，精神障害者の人権尊重を主体にした処遇と社会復帰のための理解と保護を精神科医療に求めている中での国立精神療養所としての役割は極めて重大になった．更に，高齢化が急速に進む中で，老人痴呆に対する精神科医療の面でも対応

出来る能力を早急に持ち，指導的役割をしなければならなくなって来ている。』[2]

この寄稿の最後には精神科医療に対する心構えを述べられているが，松籟荘には精神科医療への期待が脈々と引き継がれてきた。

『ヒポクラテスに戻れと言われる医の原点に立ち，病める人達に対する奉仕者としての医療人に撤し切ることが第一である。医療関係者であることのみで既に，病に苦しむ人達を全力で支えようとする意志をみなぎらせていなくてはならないのである。精神科医療での保護とは，奉仕者として精神障害者を介護することである。国立精神療養所が精神科医療の中で分担すべきものは，奉仕者としての介護の実践を呈示して見せることであろう。精神障害者介護の対応で，より一層の工夫が必要な分野で率先して奉仕者となることでもある。

精神障害者を理解し，精神障害者の自立に協力し，精神障害者が地域で生活することを支援するのと同様に，重症心身障害児に対しても理解し，協力し，支援する奉仕者でなければならないと考えている。重症心身障害児（者）を守る親の会で重症心身障害児の生き甲斐を考えようと言う提案がなされているが，精神障害者に対しても同じ事を訴え，共に考えなくてはならないと思う。』[2]

3．療養所から病院へ

昭和62年秋には「国立病院等の再編成に伴う特別措置に関する法律」が施行され，組織改革の法的根拠が準備された。平成5年には国立病院部長から業務改善の指示が出され，松籟荘は療養所から病院への方向付けが決定された。一方，平成3年度には老人性認知症疾患対策モデル事業として精神病床200床のうち50床が機能付与され，平成4年10月から老人性認知症患者の治療に当たっている。平成8年4月1日西沼荘長退官の後任として，星ヶ丘厚生年金病院副院長であった田伏薫が第九代荘長に就任した。この時代は国立療養所にとって激動のときで，全国の国立療養所・国立病院の再編成，統廃合が行われた。奈良県にあった国立療養所3施設の中で，当院は単独で存続し精神と重心という2つの機能を担う専門医療施設として役割を果たしていく方向が決定された。そういう中で，田伏は奈良医大との人事交流に努め，医師数を大幅に増員し，ほとんどの建物を更新築または改修した。国立病院の果たすべき政策医療とは何かが問われ，精神身体（結核）合併症病棟の継続，当時模索されていた認知症への取り組みとして研修事業が実施された。食生活の改善も指示され，国内産の食材を使用する当院の食事はいまでも評判が良い。平成12年5月より奈良県精神科救急医療システムが稼働し，当院は他の民間病院に比べて2倍の輪番日数を担当し，病床稼働率，収支率も改善し，外来患者数は倍増した。なお，平成13年1月，中央省庁も再編が行われ，厚生省は労働省と統合されて厚生労働省となり，近畿地方医務局は近畿厚生局と改組された。田伏は荘長を5年勤めた後，浅香山病院長に就任した。

平成13年4月1日，副荘長の奥田純一郎が第十代荘長に就任した。期せずして，平成13年6月8日大阪教育大学附属池田小学校事件が起こった。無差別殺人犯である宅間守は精神科受診歴があり，精神障害の有無が取り沙汰されたが，「責任能力あり」と鑑定され，有罪の判決を受けた（平成16年9月14日大阪拘置所にて死刑執行）。この事件では多数の児童が犠牲となり，精神障害者への偏見が再燃することが危惧され，触法患者への対応が重大な問題となった。同年12月8日厚生労働省から国立精神療養所院長協議会へ触法患者病棟建設の指示が通知され，ナショナルセンターおよび国立病院機構が入院医療機関として中心的役割を果たすことになる。そして，平成15年7月16日「心神喪失等の状態で重大な他害行為を行った者の医療及び観察等に関する法律」（略称：医療観察法）が成立した。平成16年4月1日，独立行政法人国

図2 医療観察法病棟
平成22年8月に開棟した医療観察法病棟

図3 平成23年松籟荘（現NHOやまと精神医療センター）
左奥が医療観察法病棟。開発が進み周囲は住宅密集地になった。

立病院機構が発足し，国立療養所松籟荘は，独立行政法人国立病院機構松籟荘病院として新たに発足した。そして，平成17年，国立精神・神経センター武蔵病院（現国立精神・神経医療研究センター）に医療観察法病棟第一号が開棟し，その後，岩手県の花巻病院，愛知県の東尾張病院，佐賀県の肥前精神医療センターと，国立病院機構にも次々と医療観察法病棟が開設された。

松籟荘病院では医療観察法病棟建設に対する地元住民からの激しい反発が続いた。平成18年5月7日には，地元住民の決起集会が行われ，医療観察法病棟反対を掲げて，病院へ大挙して押し寄せている。近隣には，建設反対の大きな立て看板が設置されていた。その後も住民代表が松籟荘病院を訪問し，安全管理について病院幹部と夜遅くまで折衝が繰り返された。当時の奥田院長および吉田欣司事務長の心労は計り知れず，吉田事務長は脳幹部梗塞を発症されたが，幸いなことに早期治療が奏功して復職され，現在は南京都病院にてご活躍されている。平成19年ようやく工事が着手され，奥田院長は7年で院長を定年退職された。

平成20年4月1日，大阪大学精神医学教室から赴任していた紙野晃人が院長を継ぎ，東京都目黒区の機構本部から病院経営の立て直しを

厳命された。医療観察法病棟は，平成19年7月基礎工事が始まったものの，同年9月に突然槌音が途絶えた。建設を請け負った「みらい建設」が会社更生手続きを申請，事実上の倒産である。そのうえ，耐震基準の法改正に該当するところとなり，設計変更もあって中断が長引いた。工事が再開したのも束の間，平成21年9月には電気設備を請け負っていた「英光電設」が倒産。当時の総看護師長小林陽子氏が，「『みらい』も『えいこう』もなくなったら，『しょうらい』もない，と職員に閉院の噂が流れている」と心配するほど，工事は遅々として進まなかった。中国の景気拡大の余波で資材が高騰し大幅な予算超過となったが，なんとか本部の承認をいただいた。この間，佃龍事務長が住民対応に奔走し，住民の意見を極力取り入れて安全管理体制・補償契約にも万全を期した。平成22年7月には奈良県立医科大学精神医学教室岸本年史教授から井上眞副院長の招聘をいただいて診療体制も整い，平成22年8月1日医療観察法病棟開棟に至った（図2）。計画から7年，工事着工から3年が過ぎていた。

ちなみに，機構本部では病院名称を地域・専

図4 平成25年度院長OB会より
左から元病院長（現顧問）田伏　薫，名誉院長西沼啓次，名誉院長奥田純一郎，紙野晃人

門が反映されるように改称を勧めており，熊本の再春館病院と当院のみが残されていた。新病棟開棟を機に心機一転を企て，平成23年4月1日「国立病院機構（NHO）やまと精神医療センター」に改称している（図3）。ちなみに，「大和」は幹部および看護師長に募集した中から選ばれたが，他病院の類似名称に配慮した結果，「やまと」の表記に決まった。「やまと」は万葉の里，まほろば，麗しき「松籟荘」の歴史を踏まえて，精神科医療の進歩と社会的貢献に期するところである。

平成25年2月現在，医療観察法病棟を含んで精神183床，一般（重症心身障害児〔者〕）80床の合計263床で運用している。結核合併病床は4床に縮小されたが，医療観察法病棟はフル規格の35床で運用している。医療観察法病棟，急性期病棟を中心として心理教育が実践され，精神訪問看護を開始し，チーム医療を実践し病院機能は向上した。難治性精神疾患に対しては，クロザリルなど薬物療法を充実し，修正型電気けいれん療法を取り入れ，臨床治験にも取り組んでいる。教育研修では，大阪大学・奈良県立医科大学から医学生および医師の研修を，県下全域から医療・療育の実習を引き受けている。さらに，平成26年には重症心身障害病棟が新築予定である。医局員の活躍に目を向けると，広瀬棟彦は在任中に班研究として心理教育を導入するとともに，グループホームの設立など社会復帰の促進に尽力した。当院出身者では，加藤佳也が大阪教育大学教養学部人間科学講座教授に，中広全延が夙川学院短期大学家政学科教授に就任している。

最後に，当院の理念を引用して，筆を置かせていただく。

『当院は，精神障害，重症心身障害を対象とする精神科専門医療機関です。我々は，地域との調和を元に，生命の尊厳と人権を守り，患者様の視点に立った良質な医療の提供に努めます。』

謝辞　起稿に際して，顧問田伏薫元院長先生，名誉院長奥田純一郎先生，岡耕二事務長にご協力いただきました。感謝申し上げます。

文献

1) 創立30周年記念誌　編集委員長　西沼啓次，発行責任者　西沼啓次：国立療養所松籟荘，西本印刷，1977
2) 創立五十周年記念誌「松籟―結核から精神の五十年―」編集委員長　神野和夫・中西武嘉，編集責任者　中西武嘉，発行責任者　西沼啓次：国立療養所松籟荘，森本誠文舎印刷所，1990

8 独立行政法人国立病院機構 大阪医療センター（旧・国立大阪病院）

● 廣常　秀人

旧・国立大阪病院開設前史

　独立行政法人国立病院機構大阪医療センター（旧国立大阪病院：以下当センターと略）の歴史は，明治初期に遡る．さらに，この元となる病院が大村益次郎の意向によって建てられた大阪（坂）病院であり，大村益次郎が緒方洪庵の適塾の塾頭であったことに依拠するならば，適塾にまで遡ると言えるかもしれない[3]．

　このように歴史ある病院にもかかわらず，当センターの歴史をひもとく資料はほとんど残されていない．精神科となると皆無である．病院中を尋ねまわったが，見つかった文献は，文献6)のコピーおよび5)のみであった．

　幾人かの先達に問い合わせつつ，いくつか資料館や史跡を訪ねては見たものの，残念ながら時間切れである．今回は，この未完成の報告を中途ながら提示することで寛恕を願い，向後も和風会の諸先輩方に教えを乞い，さらに精査を続け，後の完成を目指し期したい．

　なお，平成13（2001）年，谷口典男がすでに和風会誌の関連施設紹介で，「国立大阪病院精神・神経科」を紹介している[7]．

　大村益次郎（村田良庵のちの蔵六）（図1，2）は長州出身，適塾に学び塾頭をも務めた優秀な蘭学医である．かつ，日本で初めての西洋式軍艦を建造し，明治維新には長州軍のトップとして数々の戦果を上げ，明治には兵部大輔（陸軍

図1　大村益次郎の肖像（レリーフ）

次官）として軍務を司り，陸軍の父とされた農民出身，短驅黎面の男であった．よくご存じのように，司馬遼太郎の著した「花神」[1]は大村益次郎を描いた歴史小説である．

　大村益次郎は，この大阪（坂）病院をつくらせ，この病院で命を閉じたのである．彼が大阪の地に病院を必要と考えたのは，維新後の西郷隆盛との戦争を想定していたからであった．

　ちなみに大村を描いた司馬遼太郎自身も，平成8（1996）年2月12日，腹部大動脈瘤破裂のため，当センターで生涯を終えており，少なからぬ因縁を覚える．当時を知るある当センターのスタッフによると，腹部大動脈瘤破裂に消化管出血を合併し，大出血のために日赤血液センターからの輸血も不足し，職員に献血を求めたところ，司馬のファンは大変多く，進んで献血

図2　兵部大輔大村益次郎卿殉難報國之碑

を申し出る者の長蛇の列ができたという。

　当センター敷地の東南角地には，その大村益次郎の記念碑がある。昭和15（1940）年に建てられた「兵部大輔大村益次郎卿殉難報國之碑」（図2）である。

　戊辰戦争，東北緒戦，函館戦争が終結，討幕・旧幕軍掃討が完了すると，新政府にとって次の課題は外圧からの防御，すなわち国防であった。大村益次郎は，欧州の列強に対応しうる強力な国防軍を設立するため，従来の藩兵制度から，西洋式軍制に基づく国民皆兵制度に切り替えようとした。この急進的な変革が尊王壊夷派や，討幕により体制が変わることによって仕官を期待した浪人などの，不満を募らせることとなったのである。彼らは京都に集まっていたが，大村は明治2（1869）年9月4日，伏見連兵場の検閲や，宇治の弾薬庫予定地検分，天保山の海軍拠点予定地視察等のため京阪を訪れ，京都三条木屋町上ルの長州藩控屋敷に投宿した。この宿を長州藩団伸次郎，神代直人ら8人の刺客が襲撃，益次郎の教え子や，益次郎を訪れていた友人ら3名が殺され，大村も前額，左こめかみ，左手，右大腿部に刀傷を負った。とりわけ，右大腿部の傷は重症であり，京都では十分な治療ができないために，大阪仮病院に運ばれ，オランダから来日していたボードウィンの右大腿部切断術を受けたが，敗血症を起こし11月5日午後7時死去した。享年46歳。この碑はいわば大村終焉の地である後の当センターの一角に，昭和15年に建てられた。

　明治元（1868）年の布告によれば，大阪に本格的な医学専門教育学校と病院建設が計画されていた。学校については舎密（大阪舎密局は現在の中央区大手前3丁目にあり，当センターから北に歩いて十数分のところに史跡が残る）が発足したが，病院については財政難で明治2（1869）年2月ようやく大坂府知事後藤象二郎と薩州出身小松帯刀によって大福寺（天王寺区上本町4丁目に浪華（大坂）仮病院跡の石碑）で仮病院として開業を見た。しかし，財政難のために本格的な組織として拡張できず，半年後の7月に当センター付近に移転，緒方洪庵の二男である緒方惟準が院長，オランダ人医師ボードウィン（Anthonius Franciscus Bauduin）が主席教授として，その任にあたった。この浪華（大坂）仮病院がのちに大阪府病院，大阪府医学校病院，大阪府立病院などと変遷して，現在の大阪大学（医学部付属病院）につながっていくのであるが，この大阪府病院は鈴木町代官屋敷跡に竣工され，鈴木町はのち明治12（1879）年5月27日，法円坂と改称されたのである。いわれは浄照坊開祖の法円がここに邸宅を構えていたからとも，慶長期以前に法案寺という寺があったからとも言われており，定かではないらしい。

　さて，時代は少し下る。明治10（1877）年，大村益次郎が予言したかのごとく勃発した西南の役で負傷した政府軍の兵卒をどこに収容するかという問題が生じた。これには大病院を必要としたが，長州出身者は馬関（下関）に設けるべしと主張したが，奥州伊達郡生まれの当時陸軍軍医監（陸軍大佐相当官），後の軍医総監となる石黒忠悳の主張によって，大阪に陸軍臨時病院が設けられることになり，石黒がその初代病院長となった。当時33歳であった[2]。この病院が大阪陸軍第一病院となり，後の当センターへ

と至る。この頃からどうも大阪大学と当センターの系譜が別れていったようである。

旧国立大阪病院開設および精神科開設史[4,6,8]

　第二次大戦敗戦後，海軍省および陸軍省は，勅令を以て廃止され，それぞれ第一，第二復員省となり，各軍軍人の復員を主導する省へとなった。さらに両復員省は統合，復員庁となり，復員庁は厚生省に移管され，廃止された。これらの動きに伴って，全国146の旧陸海軍病院が国立病院，53施設の傷痍軍人療養所が国立療養所となった。

　大阪のこの地では，昭和20（1945）年12月1日，大阪第一陸軍病院が厚生省に移管され，名称を国立大阪病院と改称し発足した。この時はまだ名称が変更されても職員はほぼそのままであり，病院長は大阪第一陸軍病院長陸軍軍医少将　江村守一のままであった。しかしながら翌年，連合軍最高司令部の指令による正規陸海軍将校の公職追放が始まり，江村守一の退職を端緒に，佐官・尉官級の将校に対しても，昭和22（1947）年7月から欧文の詳しい軍歴書付きの調査が再三行われ昭和23（1948）年4月30日限りで，各科の医師，薬剤科，庶務課長など，病院の草創期に中心となった22名の覚書該当者がすべてその職を去ることとなった。この補充には，おもに大学その他から各専門家を招聘して，医療陣容の立て直しが行われ，病院の2級官以上の職員はほとんど更新された。二代目院長には，大阪大学から佐谷有吉が就任した。

　発足から昭和24（1949）年6月までは，主として復員軍人・引揚者・戦災者の診療に従事していた関係から病院の経費費用は一般会計により賄われていたが，昭和24年7月からは国立病院特別会計となり，改めて一般国民のための病院となった。

　さて，先ほど大阪のこの地では，と述べたが，国立大阪病院が発足したのは，厳密にいうと，現在の法円坂にではない。大阪第一陸軍病院は，堺市長曽根町にあり，1番病棟から37番病棟まで2列に建ちならび，3,000名以上の傷病兵を収容，内地環送患者の第1収容病院として，その役割を担い，さらには，日赤大阪，日赤阿武山，白浜，岩屋，大手前，郡山，丹波市，明石市など多くの分院を擁し7,000名の収容力を持つ大きな組織であった。

　終戦後，米軍の進駐によって，金岡にあった本院は隣地にあった騎兵連隊などともに接収されたので，河内長野市木戸（当時南河内郡長野町）の大阪陸軍幼年学校跡に移転した。

　各地からの引揚患者が大阪駅に着くたびに，患者自動車に担架を積み込んでは迎えに行くという不便さもあり，大阪市内への移転が重要課題となっていった。

　昭和12（1937）年1月に馬場町の陸軍被服廠後に馬場町診療所を開設するにいたった。

　ちなみに，開設当日2名のマラリア患者が受診したようで，これをもって当地当院の第1号患者としているようである。この当時の復員患者はマラリア罹患が多いのが1つの特徴であった。

　さらに交渉は続けられ，昭和21（1946）年，東区法円坂町の中部第23部隊後の使用を大阪財務局より許可を得た。昭和21年度経費700万円が投入され，陸軍兵舎を患者の診療収容が可能なように応急工事にとりかかり，馬場町分院と命名された。

　昭和22（1947）年4月28日，本院が河内長野千代田から現在地に移った。これは分院として残り，後の大阪南医療センターとなる。

　当時の建物は明治34（1901）年の建築によるもので，旧陸軍兵舎のなかでも最も古いものであった。（図3）そのため昭和26年度結核病棟，27年度に外来診療棟，29年度には中央治療棟，30，31年度に一般病棟と建て替えが進められた。さらに最終的に建て替えられた当時の全貌が（図4）である。

図3 旧外来診療棟（元陸軍部隊兵舎）
（病院展望 No.3 創立十周年記念號．国立大阪病院，大阪，1956より引用）

図4 平成5年ごろの病院
（国立病院附属看護助産学校看護学科同窓会「この花」編集委員会：創立五十周年史．国立大阪病院附属看護助産学校，大阪，1999より引用）

1．精神科の歴史（年表）[6,8]

さて，ここからがようやく精神科である．ここからの情報収集があまりに弱い．以下に年表によって，上記戦後の経緯をまとめつつ，精神科の歴史を示す．精神科に関係する箇所は下線を付した．

昭和20年
12月 1日 厚生省の外局として医療局が設置される
12月 1日 大阪第一陸軍病院が厚生省に移管され，国立大阪病院と改称され発足
　　診療科
　　　内科，小児科，外科，皮膚科，眼科，歯科
　　白浜分院（旧大阪陸軍転地療養所）
　　岩屋分院（　　〃　　）を併設

昭和21年
10月22日 医学生の実地修練を開始
12月 3日 看護生徒第1期生卒業式
12月20日 嘱託　溝口輝彦　精神病科医長兼務任命
12月27日 精神病室を第5内科病室と改称

昭和22年
 1月15日 国立宇治病院の廃止に伴い，その事務を引き継ぎ，精神科を設ける

昭和24年
 3月31日 技官　澤潤一　精神科医長任命

 4月 7日 南病棟階下に精神科病室開設
 7月11日 外来診療棟2棟南端で精神科の診療を開始
12月12日 厚生省組織規程の制定により院内の組織を定める．
　　院長　技官　佐谷　有吉
　　内科，精神科，小児科，外科，皮膚泌尿器科，産婦人科，眼科，耳鼻咽喉科，理学診療科，歯科
　　精神科（医長）技官　澤　潤一

昭和25年
 8月 4日 医療法の定床変更
　　一般　411床　結核　300床　計711床

昭和26年
 6月14日 医療法定床変更
　　一般　386床　結核　280床　精神　20床
　　計686床

昭和27年
10月31日 技官　澤　潤一退職精神科医長免
11月 1日 技官　布施敏信精神科医長任命

昭和29年
 8月 4日 医療法上の定床変更
　　一般　332床　結核　228床　精神　20床
　　計580床

昭和31年
11月15日 医療法上の定床変更
　　一般　486床　結核　122床　精神　12床
　　計620床

昭和32年
6月28日　総合病院の名称使用について承認される

昭和63年
3月　国立病院・国立療養所の再編成・合理化の基本指針を策定し閣議に報告「国立病院の果たすべき役割（政策医療）の明確化と施設の類型化」

平成11年
3月　国立病院・療養所の再編成計画の見直しが公表される
4月　中央省庁等改革の方針（中央省庁等改革推進本部決定）において、「平成16年度に独立行政法人化」を決定

平成12年
12月　行政改革大綱（閣議決定）のいて、「各施設毎に区分経理する単一の独立行政法人に移行すること」を決定

平成14年
12月　第155回臨時国会において、「独立行政法人国立病院機構法」が成立

平成15年
7月　国立療養所仙石荘病院と統合し、国立病院大阪医療センターに改称。このとき、仙石荘病院にあった心療内科が統合され、精神科・神経科・心療内科を標榜

平成16年
4月　全国154ヵ所（国立高度専門医療センターおよび国立ハンセン病療養所を除く）の国立病院・国立療養所について、独立行政法人に移行。独立行政法人国立病院機構大阪医療センターに改称
東京都目黒区に本部を設置
全国を6地域（北海道東北、関東信越、東海北陸、近畿、中国四国、九州）に分け、各地域にブロック事務所を設置。当センター敷地内に近畿ブロック事務所設置
精神科・神経科の病床廃止

平成20年
4月　医療法改正に伴い、神経科標榜の廃止、ならびに心療内科標榜の廃止

2．歴代部科長（医長）

昭和21年～昭和24年	溝口　輝彦 精神病科医長（嘱託）
昭和24年～昭和27年	澤　潤一 精神科医長
昭和27年～昭和47年	布施　敏信 同上
昭和47年～平成7年	谷口　和覧 同上
平成7年～平成9年	上西　國宏 同上
平成9年～平成16年	谷口　典男 同上
平成16年～平成18年	越智　直哉 同上
平成18年～	廣常　秀人 同上

図5　現在の大阪医療センター

　謝辞　この場を借りて，上西國宏先生，谷口典男先生，越智直哉先生，楠岡英雄院長，百崎実花院長秘書に御礼申し上げたい。先生方のお力添えなくしては，中途ながらもここまで形あるものにすることができなかったであろう。また，このような機会が与えられなければ，自分の勤める病院の歴史を詳しくたどることもなく，先達が遺されてきた多大な財産を知ることなく，学ぶこともなかったであろう。歴史から学ぶという大変貴重な機会を与えてくださった武田雅俊教授に心より感謝申し上げたい。

　なお，文中でも述べているように，本稿は当センターの歴史のごく一部しか調べ得ておらず，道半ばである。特に各部科長時代の体制の特徴並びに業績について何もご紹介し得なかった。当センターの歴史についてご存知のことがおありであれば，どのような小さなことでも，下記メールアドレスまで是非ともご一報ご教示くださればと思う。道半ばの歴史を少しでも埋めるべくご教示いただければと鶴首してお待ち申し上げる次第である。

　（www-adm@onh.go.jp）

文　献

1) 司馬遼太郎：「花神」　新潮文庫，新潮社，東京，1976．
2) 石黒忠悳：「懐旧九十年」　岩波文庫，岩波書店，東京，1983
3) 中田雅博：「緒方洪庵―幕末の医と教え―」思文閣出版，京都，2009
4) 新村拓：「日本医療史」吉川弘文館，東京，2006
5) 国立病院附属看護助産学校看護学科同窓会「この花」編集委員会：「創立五十周年史」錦盛堂印刷，大阪，1999
6) 病院展望　No.3　創立十周年記念號．国立大阪病院，大阪，1956
7) 谷口典男：「国立大阪病院　精神・神経科」，和風会誌，25-29，大阪，2001
8) 機構のあゆみ（http://www.hosp.go.jp/13,2352.html），東京，2013

9 大阪市立総合医療センター児童青年精神科

● 豊永　公司

大阪市立総合医療センターの沿革と精神神経科，児童青年精神科

　大阪市立総合医療センターは大阪市立桃山市民病院，大阪市立城北市民病院，大阪市立母子センター，大阪市立小児保健センター，大阪市立桃山病院の5つの大阪市立病院が統合されて1993（平成5）年12月に開設された。大阪市都島区にあり，全病床数は1,063床，全診療科数は63科，そのうち小児系の病床数は200床，診療科数は18科であり，近畿圏の基幹総合病院の一つである。当センターには成人部門に属する精神神経科と小児部門に属する児童青年精神科（当科）の2つの精神科があり，当科の正式な名称は大阪市立総合医療センター小児医療センター児童青年精神科である。精神神経科は大阪市立大学の関連病院であり当科は大阪大学の関連病院であるが，お互いの独立性を保ちながら協力し合って仲良くやっている。2つの科はそれぞれ独立した病棟を持っており，精神科病床数は55床で，そのうち当科の病床数は開設時は28床であったが現在は22床である。

　総合病院で児童青年期と成人の2つの精神科病棟を持った病院は全国的にも稀有な存在である。つまり当センターではやる気さえあれば児童青年期と成人の精神科の診療と臨床研究をどちらも専門的に堪能できるといえる。

　当科はまた，全国的に20数ヵ所しかない児童青年期の独立した病棟を持つ精神科である。全国児童青年精神科医療施設協議会（以下全児協）の正会員施設にもなっており，近畿圏の児童青年期精神科医療の基幹病院の一つである。

図1　大阪市立総合医療センター

大阪市立小児保健センター

　当科のルーツは前身の大阪市立小児保健センター精神神経科に遡る。大阪市立小児保健センターは1965（昭和40）年10月に全国で2番目に開設された小児専門の総合病院であり，日本における小児の先進的な医療と臨床研究を担ってきた病院の一つである。筆者も研修医時代の1976（昭和51）年に地下鉄中央線緑橋駅近くの同センターに見学に行き，当時の武貞昌志部長

図2　大阪市立小児保健センター

に親しくお話を聞かせていただいた。

　大阪市立小児保健センター精神神経科を紹介する。同センター年報第1号（1978（昭和53）年発行）～第16号（1993（平成5）年発行）から抜粋したものをいくつか挙げる。「」内が抜粋である。先ず同センターの沿革である。

　「昭和40年10月7日開設
　昭和40年11月1日外来診療開始
　昭和41年1月　入院診療開始（100床）
　昭和41年6月5日常陸宮，同妃殿下視察
　昭和45年9月15日皇太子，同妃殿下視察
　昭和53年6月15日新館完成
　昭和53年6月24日102床に増床
　昭和54年4月院内学級開設
　昭和55年4月200床（一般180，精神20）に増床
　平成5年11月閉所」

1970（昭和55）年4月に初めて精神科の病床を持った。

　次に精神神経科部門の抜粋である。当時の部長の武貞昌志先生が書かれたものであろう。

　「はじめに
　小児専門の精神神経科の医療は成人のそれとはかなり違う点が多い，というのは小児は発達途上にあり，心身ともに未成熟でありそこに表れる障害は，その発達段階によって表れ方も異なりしかも環境の影響を受け易いからである。

従って，外来治療にしても入院治療にしても，多角的なアプローチが必要となり，多くの人々の共同作業が必要なのである。

　すなわち，母子関係の意義，情緒発達の意味とその認識，診断学的な意義，治療技法，治療の目的，家族関係の意味，それに教育の問題も含まれてくる。そこで単に診断，治療という狭義の医療問題という視点からこれを論ずるのではなく，広く社会文化的な視点から考えることが要求され，教育，経済，政治，宗教などの関連において行われなければならず，更に社会の一成員としての小児の権利と責任と義務をしかるべく発揚できるような社会を目指すようにしなければならないといえよう。

　こうした目的を達成するためには，診断，治療，訓練，リハビリテーション，教育にわたる綜合的機能を持つこと，や通院治療，デイケアー，入院治療，母子入院治療などの多面的な治療形態を考えねばならない。更にこれらの機能を十分に発揮するために，児童精神医学に経験のある医師や看護婦のみならず，臨床心理技術者，精神医学的社会事業家（PSW），作業療法士，言語訓練士を軸に，保母，教員などが有機的な関連を持ち活動することを心がけねばならない。」

　これは科の基調となる考え方であるが現在にも通じるものであり，まさに我々は今，ここに書かれてあること，つまり院内の多職種，院外の教育，相談，福祉などの多機関との連携を中心とした質の高い児童青年期の精神科医療を目指して努力しているのである。

　「精神神経科の外来治療について
　治療期間が長期に及ぶことが多く，症状や障害の軽重に関係なく両親の積極的参加が治療のために必要であり，場合によっては家族全体を治療の対象とする。

　患児に対しての治療は主として，薬物療法と精神療法及びその併用である。…精神療法は，週一回1時間を原則に個人または集団を対象と

して行っている。…心理検査は精神科の診断に欠くことのできぬものであり，発達検査，知能検査，人格検査を主に行っている。近年は多動症候群(微細脳損傷)の問題に取り組んでいる。」

「病棟について

小児の治療については家庭から分離すべきでないという意見もあるが小児の持つ問題が重篤な場合，例えば重症の心因性食欲不振，親子関係や問題のあり方が複雑化している場合，子どもの治療にとって有害な環境と考えられる場合には分離が必要とされる。また治療的な意味のみでなく入院は診断的な機能としても有意義なものである。外来の診療ではできない観察期間を持つことが出来る。とくに精神病，心身症，神経症，習慣形成の問題などの子供についてである。…」

これらも現在に十分通じるものであるが，微細脳損傷の診断名があること，虐待に関するはっきりした記載がないことが時代背景の違いであろう。

ここで精神神経科に在籍した医師のお名前を，記録がないので当時のことを知っておられる先生の記憶を頼りに，挙げる。もし遺漏があれば平にご容赦いただきたい。児童精神医学の領域では著名な先生が多くおられる。歴代の科の責任医師は順に，

松本和雄，武貞昌志(後に小児保健センター所長になられた)，大溝春雄，松林武之，小土井直美であった。
また在籍した医師は，

濱崎和子，服部祥子，天富美彌子，岡本正子，中川和子，山本晃，岩切昌宏，堀川諭，林原都也子，清水鈴子，平野美紀，松村昌洋，赤垣(旧姓深江)伸子，渡邊純，神川千賀子，川上英美，鄭庸勝，山下仰
の方々であった。

大阪市立総合医療センター児童青年精神科

1．はじめに

大阪市立小児保健センター精神神経科の伝統を受け継いだのが当科である。筆者は1999(平成11)年10月1日に当時の大阪府立中宮病院(現大阪府立精神医療センター)から大阪市立総合医療センターに児童青年精神科部長として赴任した。そして2000(平成12)年4月から2011(平成23)年3月まで精神神経科部長を兼務した。筆者の前任，つまり当科の初代の責任医師は小土井直美であった。筆者は小土井と交代の形で赴任したが，中宮病院で思春期の患者の診療はしていたが児童期の患者を本格的に診るのは初めてといってよく，大いに戸惑い，当時おられた医師の横井公一，廣常秀人，鄭庸勝や科の臨床心理士の松岡敏子や前田志壽代，久野節子，田中千代，当時大阪府中央子ども家庭センターにおられた岡本正子医師などにていねいに教えていただいたことを今でもはっきりと覚えている。

2．科の対外的な活動，教育，臨床研究など

科の対外的な活動のうち主なものを挙げる。大阪市立小学校の新入学児童を対象とした就学時精密健康診査を毎年実施している。大阪市就学指導委員会にも毎年出席している。また茨木市教育センターでの特別教育相談を毎年引き受けており，大阪市立児童院(情緒障害児短期治療施設)と大阪市こども相談センター(児童相談所)には週1回医師を派遣している(児童院は現在休止中)。2001(平成13)年から，大阪府公立高校の新採用養護教諭の研修を委託され確か3年間ほど実施したが，対象となる新規採用教諭数が60〜80人に増えて人手の少ない当科では対応できなくなったため残念ではあったが以後はお断りした。また，もちろん児童青年期精神医学の領域に関してであるが，大阪大学医学部学生，神戸女学院大学大学院学生の臨床実習，大阪教育大学障害児教育課程の学生の実習

を毎年受け入れ，ほかに大阪市立大学医学部学生，京都大学医学部学生，神戸大学医学部学生の臨床実習，精神保健福祉系の大学生の実習，臨床心理系大学院生の臨床実習を適宜受け入れている。当センターの初期研修医に対しては精神神経科と合同で必修科目として1ヵ月の研修を実施している。

2004（平成16）年には前述の全児協正会員となり，2005（平成17）年2月には第35回全児協研修会を主催した。その後も毎年研修会に参加している。その他日本児童青年精神医学会，日本総合病院精神医学会を中心に学会での発表を積極的に行っている。

勉強会として3～4ヵ月に1回院外からスーパーヴァイザーを招いてレジデントや科内スタッフが治療や処遇に関して困っているケースを持ち寄ってのケースカンファレンスを行っている。

成人の精神障害の小児患者への適応拡大と，小児特有の精神障害への適応取得の2つの面から最近次々と実施されている小児の臨床治験にも参加している。

科内の医師や心理士で話をしていたときに児童青年精神医学の教科書になるような本を出版しようということになり，科内スタッフだけでなく大阪大学精神医学教室関連の児童青年精神医学に携わる医師や心理士などの多くの知人の協力を得て2003（平成15）年9月20日にミネルヴァ書房から横井公一，前田志壽代，筆者の共同編集で別冊発達「児童青年精神医学の現在」を出版した。ここに執筆者のお名前を目次順に挙げておく。

服部祥子，小土井直美，豊永公司，田中千代，水田一郎，久野節子，榎木直恵，前田志壽代，大月則子，岡本正子，渡辺治子，廣常秀人，横井公一，亀岡智美，佐藤寛，松岡敏子，鄭庸勝，金子浩二，木村文隆，山本晃，左直子，赤垣伸子，赤垣裕介，小林一恵，植月マミ，山本恒雄，菅田季美，補永栄子，石上亙，岡田督，近松典

図3 児童青年精神科の医師

子，巽葉子，五百木寛
の方々である。改めて10年ぶりに厚く御礼申し上げる。

3．在籍医師

当院開設時の医師は小土井直美，赤垣伸子，鄭庸勝，山下仰であったが，山下，赤垣が辞め横井公一，廣常秀人が来て，その4人の体制が約5年続いた。2002（平成14）年に横井，廣常が相次いで辞め，佐藤寛，金子浩二（大阪市大医局）が来てから医師の異動がかなりあり，その後補永栄子，山口日名子（大阪市大小児科医局），岡崇史，中村（現在は神吉）裕香，荒木美香，春原敦（大阪市大医局），飯田信也が在籍した。

4．診療体制

現在の科の診療体制は，医師として筆者が部長，副部長が飯田信也，レジデントが春原敦，荒木美香（現在育児休暇中）の4名（実働は3名）である。現在欠員があるが，2014（平成26）年度からは常勤医師2名の採用が決定している。そして筆者は今年度末で定年となるため，来年度からの診療体制は大きく変わる。臨床心理士は4名配置され，科専従の精神保健福祉士が1名配置されている。

5．診療の現状：外来

診療の対象年齢は0～18歳未満であり，診療の対象とする疾患は多岐にわたっている。精神病圏（統合失調症，気分障害など），神経症圏（強迫性障害，解離性障害，身体表現性障害，不安

障害など），摂食障害，心理的発達や行動，情緒の障害（知的障害，広汎性発達障害，注意欠陥多動性障害，学習障害，素行障害，チックなど），不登校，被虐待例，小児系他科から紹介される慢性身体疾患に合併する精神障害などである。中でも広汎性発達障害の患者が断然多い。当科では 2000（平成 12）年ごろから初診患者に占める広汎性発達障害の患者の割合が次第に増え，平成 18 年には 43％ となり，同時に初診患者数も増え，初診の待ち期間が 5 ヵ月にまで伸びた。そのため 2007（平成 19）年 6 月から発達障害の患者だけを診る発達外来を週 1 日設けることにし，現在に至っている。この結果現在の通常外来の初診待ち期間は 1～2 ヵ月となった。ただし，発達外来の初診待ち期間は約 6 ヵ月となっている。

初診患者数は多いときは 1,000 名を超えた年もあったが，最近の数年は年 700～800 名である。これらの診療依頼を科専従の 1 名の精神保健福祉士がすべて受け，トリアージし，緊急外来，通常外来，発達外来の 3 つのコースに振り分けている。緊急外来は早い入院が必要な可能性の高いケースで当日～1 週間で診察ができるように対応している。

患者の発達状況や病態を把握するために発達検査，知能検査，人格検査などの心理検査を初診患者の多くに実施するが，児童・思春期の場合は成人の患者と比べて心理検査の重要性が格段に高い。発達段階に応じた治療目標の設定，治療計画の作成の根拠になるからである。

外来治療は薬物療法と精神療法，環境調整，生活指導が柱である。ただし，児童の患者，特に発達障害の場合は成人と比べると薬物療法の適応となる比率はかなり低い。他院児童精神科での調査によると初診患者で初診後 6 ヵ月以内に薬物療法を実施する率は約 50％ である。精神療法と学校や家庭などの教師や親による対応，処遇の改善，学校での特別支援教育を中心とした個別対応などの環境調整で良くなる場合が割合ある。

また臨床心理士による遊戯療法やカウンセリングなどの個人心理療法，臨床心理士が主導する集団心理療法，引きこもり傾向のある高校生年代の患者を対象としたショートケアを実施している。

初診患者のうち年齢別では毎年 6～8 歳と 12～14 歳にピークがあり，2 峰性となっている。6～8 歳のピークは発達障害の患者が多くを占め，男子が女子よりかなり多い。12～14 歳のピークは神経症圏や摂食障害圏が比較的多くを占め，女子が男子より少し多い。

初診患者の居住地の内訳としては毎年大阪市内が 50～60％，大阪府内（大阪市外）が 30～40％，近畿（大阪府外）が約 10％，近畿外が 1％ 未満である。このように当時の診療圏は広域にわたっている。

6．診療の現状：入院

病棟では 2012（平成 24）年度に新設された児童・思春期精神科入院医療管理料（入院患者 1 人 1 日 2911 点）を算定している。10：1 の看護体制をとっており，看護師は 17 名配置され，そのうち男性看護師は総合病院のため少なく現在 2 名である。入院患者に対して医師，看護師，臨床心理士，精神保健福祉士など多職種の職員が連携してかかわるチーム医療を科として進めてきている。年間平均病床稼働率は 2012（平成 24）年度は 90.8％，2013（平成 25）年度は 4～9 月で 92.8％ で，全診療科中トップクラスである。これは科内スタッフ全員の努力の賜物である。平均在院日数は 2012（平成 24）年度は 102.3 日，2013（平成 25）年度上半期は 105.4 日であった。また入院待ち患者は常時 30 名ほどいる。

小児系入院患者の小中学生を対象にした院内学級（大阪市立光陽特別支援学校院内分教室）があり，入院患者に対する学業の保障をしている。当科からの通学患者数は最近は常時 12～15 名であり，通学できない患者に対しては必要時にはベッドサイド学習を提供している。

病棟は閉鎖エリアと開放エリアがある。閉鎖エリアは8床，開放エリアは14床であり，閉鎖エリアには精神病圏や発達障害圏の衝動傾向が強い患者などの，比較的重症の患者の入院が多く，開放エリアには神経症圏や衝動傾向が強くない発達障害圏などの，行動面で比較的軽症の患者の入院が多い。対象となる疾患は多岐にわたっており，精神病圏（統合失調症，気分障害など），神経症圏（解離性障害，強迫性障害，不安障害など），摂食障害（神経性無食欲症），心理的発達や行動，情緒の障害（広汎性発達障害，注意欠陥多動性障害，素行障害など），不登校，被虐待例などである。中でも神経性無食欲症，広汎性発達障害，そして最近では被虐待例が多く，精神病圏，神経症圏がそれに次ぐ。

神経性無食欲症は痩せが進むと身体管理を必要とし，総合病院にある当科に入院依頼が多いのは自然であろう。最近は著しい痩せをきたしている患者が比較的多くなり，入院時のBMIが10.0未満の患者が年に2～3例はいる。そして以前に比べると神経性無食欲症が特殊な病態でなく，母子関係の問題が基本にあって対人関係や学業面で現実的な困難に直面したときに陥る病態の一つとして一般的なものになってきた印象を感じる。

広汎性発達障害の入院には大ざっぱにいうと2種類のパターンがある。一つは障害の特徴としての敏感さや不安が強く，あるいは強迫性障害や不安障害，幻覚妄想状態などの併存症があり，それらの治療のために入院に至るパターン，もう一つは家庭での養育上の問題があり情緒，行動面での問題が大きくなって入院に至るパターンである。後者の入院は児童期が比較的多く，年々少しずつ増えている印象がある。

院外の相談機関との連携が進んだため，大阪市こども相談センター，大阪府子ども家庭センター，時に他府県の児童相談所からの依頼で被虐待例の入院が増えてきている。

毎週1回新規入院患者のケースカンファレンス，主治医ごとの入院患者に関する病棟での定期的な多職種（医師，看護師，臨床心理士，精神保健福祉士）合同ケースカンファレンスを実施して治療方針の明確化と，その共有と徹底を図っている。

治療としては薬物療法や個人精神療法だけでなく，多職種の職員（医師，看護師，臨床心理士，精神保健福祉士）がかかわる集団精神療法，社会生活技能訓練（SST），音楽療法，絵画などのアクティヴィティ，季節に応じたレクリエーション，病院敷地内に作った小さな花壇や畑でのボランティア主導の花や野菜の栽培など多彩なプログラムを実施している。

7．児童精神科リエゾン

当センターの小児系病棟には多くの血液疾患，悪性疾患，難病の患者が入院している。これらの入院しているすべての子どもたちとその家族がより良く過ごせるようにサポートするために，2011（平成23）年2月に多職種合同チームを立ち上げ，子どもサポートチームと名付けて活動している。その内容は①疼痛などの症状緩和，②検査や治療などの処置時の苦痛緩和，③子どもの心理的ストレスの緩和，④家族のサポート，⑤在宅治療への導入とサポートであり，担当者が適宜患者や家族のところに出向き，週1回メンバー全員でケースカンファレンスをしている。この③と④が児童精神科リエゾンである。筆者も立ち上げ当時からかかわっていたが多忙で参加できなくなり，現在は臨床心理士がチームの中心メンバーの一人として継続的にかかわっている。

8．院外機関との連携

科専従の精神保健福祉士が当科に配置された2008（平成20）年から，精神保健福祉士を窓口にして紹介機関からの診療依頼や，主治医からの紹介機関や学校への問い合わせの依頼など双方向の連携を行ってきたが，院外の医療機関，相談機関（大阪市，大阪府，他府県の児童相談所や家庭児童相談室），教育機関（教育センター

など），学校，幼稚園，行政機関などとの連携が進み，今では週に2～3回は，これらの院外の機関の担当者に来院してもらい，必要な場合には家族にも同席してもらって，科のスタッフ（主治医，精神保健福祉士，担当看護師，病棟看護師長）との間でケース会議を開いている。医師より精神保健福祉士のほうが，顔の見える気安い関係ができやすく，院外機関はしばしばより多くの情報提供をしてくれるようである。精神保健福祉士は連携のキーパーソンであり，今や科にとってなくてはならない存在になっている。

著書，論文，学会発表

（大阪市立総合医療センターの業績の中から選ばせていただいた。ご了解いただきたい。）

1) 廣常秀人，甲斐達朗：災害後の精神的ケアについて．山本保博代表：平成6年度厚生科学研究費補助金健康政策調査研究事業［集団災害時における救急医療・救急搬送体制のあり方に関する研究］研究報告書．1995
2) キャスリン J. ゼルベ著，小土井直美，横井公一，廣常秀人他訳，藤本順三，井上陽一，水田一郎監訳：心が身体を裏切る時—増え続ける摂食障害と統合的アプローチ．星和書店，東京，1998
3) 豊永公司：思春期の入院治療をめぐる諸問題—臨床の現場から—．患者の成長への歩みと共に．臨床精神医学 30（10）：1217-1222, 2001
4) 横井公一，前田志壽代，豊永公司編：別冊［発達］27 児童青年精神医学の現在．ミネルヴァ書房，京都，2003
5) 中村裕香，岡崇史，佐藤寛，他：当院における摂食障害の入院治療—11年の統計と考察—．第39回全国児童青年精神科医療施設協議会研修会　横浜，2009

終わりに

大阪市立小児保健センターと精神神経科，大阪市立総合医療センターと児童青年精神科について紹介した。1965（昭和40）年10月7日から2013（平成25）年の今日まで，大阪市立小児保健センター精神神経科，大阪市立総合医療センター児童青年精神科で仕事をされた医師をはじめすべての職員，および我々を支えて下さったすべての方々に対して深く感謝の意を表して筆を置く。

10 日生病院精神科神経科

● 北嶋　省吾

日生病院精神科神経科創設のころ

　日生病院精神科神経科の創設は今から54年前（昭和34年）である（図1, 2）。当時，私は弱冠30歳で阪大精神科（助手）から単身赴任した。そのころ精神科領域では新しい波が起きつつあった。それは従来のインシュリン・ショック療法や電気ショック療法にとって替わる新しい薬物療法が導入され始めた時代であった。そのきっかけとなったのは，当時の西ドイツに留学されていた佐野勇先生が昭和29年に帰国されたときに持ち帰られたChlorpromazineが発端となった。すなわち，これによって本邦における最初の精神疾患の薬物療法が始まったのである。しかし私が日生病院へ着任した当時はまだインシュリン・ショック療法や電気ショック療法を行い，従来の鎮静剤や睡眠剤を用いていた。けれども私はそれ以前に阪大病院でChlorpromazineの臨床治験をしていたので佐野先生の許可を得て日生病院でも治療を開始することができた。

　一方，欧米における精神作用薬の研究開発は目覚ましいものがあった。昭和30年から35年ごろにかけて，まず抗不安薬としてChlordiazepoxide，ついで抗うつ剤としてImipramine，さらに抗精神病薬としてブチロフェノン系薬物が登場した。これらの新薬によって精神科の治療内容が変わり，特に外来通院患者が増加していった。当時，私は外来診察を一人で担当していたので多忙をきわめた。このようにして精神科診療とともに，他科からの神経病患者の紹介も受けるようになった。それはかつて精神科医局で修行していたころ先輩たちから精神科医には脳神経系の専門知識が絶対に必要であると教育されたことによるのではないかと考えている。いずれにしても院内におけるこのような交流は他科のドクター間との連携に役立った。なおこのころの医学界の背景として昭和38年に日本精神神経学会に隣接した領域に新たに日本神経学会がスタートしている。

精神科神経科医局の人脈

　精神科神経科診療はドクターによって形成される。それは医局を構成する人の流れ，人脈ではないだろうか。いくら最新の医療機械やスマートな医療環境，病室があっても，基本となるのはやはり診療する医師の専門知識と病者に対する温かい心である。私は診療を開始したころ多くの困難に遭遇したが，その都度若かりし多くの先生方のエネルギッシュな応援がそこにあったので耐えることができたのだと，改めて当時を思い出し感謝している。それではスタート当時を少し振り返ってみよう。前述したように初期はたった一人の私の診療から始まった。単身赴任が決まったときは，これにかなり躊躇，

図1　昭和初期　開院当時の病院玄関

図2　開院当時の玄関内部

抵抗したが結局受け入れることになる。着任後は連日の外来診療が始まったが，当時の婦長による医局日誌によると，その様子が克明に記録されており佐野先生からの紹介が多かった。私は夕方になり診療が一段落すると阪大病院精神科の生化学研究室へゆき仲間との会話で憂さを晴らした。時には北新地に繰り出すこともあった。1年以上，この状態が続いたので私は院長に窮状を訴え，ようやく許可を得た。そして佐野先生に医師の応援をお願いしたところ，ただちに新進気鋭の高橋幸彦医員の派遣となった。さっそく二人交替の外来診療となり大変に助かった。そして入院患者を受け入れ，新薬の治療を開始した。こうして初期のスタートは順調に続いた。若かった高橋医員は阪大での研究論文が一段落すると，長島愛生園の診療に参加したいので出張させてほしいと申し出た。私はこの時，彼の熱意に打たれて院長にハンセン病の診療のためだと説得しやっと許可を得た。これは阪大精神科医局に当時所属されていた神谷美恵子先生の希望もあったと聞き及んでいる。その後，高橋医員は2年余で医局にもどった。次いで着任したのは播口之朗医員であった。若かったころの彼はその名のように"コレ，ホガラカ"そのもので人付き合いがよく，院内で他科との協調が円滑になり大変に助かった。そのうえ彼の配慮で阪大の若い同世代の医師3〜4名に交替で脳波筋電図検査要員として参加してもらい，医局の活性化に大いに寄与した。(後に彼は精神科助教授となり，これから花を咲かせられたのに実を結ぶことなく逝ってしまい残念であった)。続いて常勤として来てくれたのは奥田純一郎医員であった。彼は神経病領域にも造詣が深く診療の幅が広くなった。こうして常勤医師として播口，上島，奥田各医員が3名，ナース3名となり，ようやく診療体制がととのった。オープンしてから5年目になろうとしていたころであった。ここで，初期から最近までに当科に所属し診療に協力された医師名を挙げてみよう。

1．高橋幸彦　　　2．播口之朗（死去）
3．上島哲男　　　4．奥田純一郎
5．平井基陽　　　6．井上良一
7．多田国利　　　8．田邉敬貴（死去）
9．平野美紀　　10．住田竹男
11．篠崎和孝　　12．藤本雄二
13．田中哲徳（死去）　14．吉田　功
15．数井誠司　　16．本　義彰
17．片田珠美　　18．渡辺琢也
19．中村　祐　　20．楯林義孝
21．関山敦生　　22．山下　仰
23．江川　功　　24．高橋　励
25．木藤友美子

（順序不同）

以上現在までの在籍者は 25 名，残念なことに 3 名の方が死去されてしまった。

戦禍を経た旧病院から現在の病院へ

ところで，旧病院は太平洋戦争の末期，昭和 19 年ごろからたびたび空襲の被害を受け，敗戦後は特に困難な運営状態にあった．私が着任した昭和 34 年ごろは既存の臨床各科が主要なスペースをすでに占拠していたのでほとんど入りこむ余地はなかった．仕方なく院長の指示で 1 階の内科，外科などの外来診察室が並ぶ一番奥にあった二つの部屋の隔壁をぶち抜いて精神科神経科外来診察室と処置室として使用することになった．その隔壁は板の衝立によるものであったが，これでは診察時の会話が筒抜けでとても満足とはいえなかった．しかし私は我慢した．それは着任当時協力してくれた若い先生達が，新しい精神科を作ろうと強い熱意で頑張ってくれていたのを私は肌で感じとっていたからである．さて，前述の如く常勤医員が 3 名になると少し余裕ができてきた．当時，昭和 42 年には佐野勇先生が大阪大学教授（医学部）に就任，次いで昭和 44 年に大阪大学医学部附属高次神経研究施設長に併任されていた．それに伴い私は非常勤講師の命を受け，阪大病院精神神経科外来診察と神経病領域の講義を担当することになった．後に西村教授時代にも講義の依頼を受けた．このように多忙ではあったが，それなりに当時はクリエイティブな仕事なので張り切っていた．昭和 40 年ごろになると企業では職場の精神衛生への配慮が注目され始めた時代でもあった．私は日本生命本社診療所の顧問医となってその対策を開始した．当時は金子教授の呼びかけで，本邦で最初に精神衛生管理研究会を立ち上げたころで私も協力した．気がつくと着任してから 20 年が経過し，私は 50 歳代になっていた．このころ，新病院建設構想が始まる．各科の責任者が集まって病院内の設計が始まった．喧々諤々の状況であったが，私はこのチャンスは逃せないと頑張った．その結果，昭和 57 年に新しく建設されたモダンな病院では，2 階西隅の閑静な場所で精神科神経科外来のスペースを十分に確保することができた．永年の雌伏の結果である．しかし，病院の移転はなかなかの難事業であった．ことに重症患者の移送には細心の注意を払った．当時勤務していた田辺，平野両医員の配慮で無事完了できたことに感謝している．昭和 63 年になり病院の理事，副院長，看護専門学校長に就任した．次第に病院管理の面で多忙になってきたので，西村教授に依頼して精神科の後任に吉田功部長の着任を得た．私にはこのあたりで自分の仕事の終着点がみえてきた．

平成 6 年の春，日生病院を後にした．実に 35 年間の勤務であった．よくよく考えてみると自分の人生の最盛期のエネルギーを全部注ぎ込んだことになる．初期の着任当時を考えると感無量である．大きな事故もなく，自身もたいした病気もせずに此処までに到達できたのは幸運であった．これもひとつの人生かと自己満足している．

現在，私は平成 20 年より日生病院医局 OB 会の会長を務め，会誌も発刊した．聞くところによると現在地の病院より西方の地，大阪市西区江之子島の旧大阪府庁跡地に次世代の新しい病院建設が決まり平成 29 年 12 月には竣工予定と聞いている．

なお最後になったが，この機会に日生病院創生期の由来について述べてみたい．大正 13 年に日本生命保険株式会社によって日本生命済生会が設立された．当時の発起人には楠本長三郎学長（当時大阪医科大学），佐多愛彦前学長（当時大阪医科大学）の名前が確認され，並々ならぬ入れ込みであった．これを母体にして昭和 6 年に日生病院が誕生したのである．本年で 82 年が経過している．さらなる発展を祈念しつつ，ここで筆を止めることにする．

11 大阪警察病院精神神経科

● 東　均

　大阪警察病院は，上町台地の北，大阪市天王寺区北山町に建つ病床数500余，約20の診療科を有する総合病院で，75年の歴史を持つ伝統ある病院である。歴代院長はじめ主な診療科の部長は，ほとんど大阪大学医局の出身者で，大阪大学医学部の主要な関連病院として運営されている。大阪警察病院は「警察」という名前がついていることから，専ら犯罪者や受刑者を診る病院であるとしばしば誤解されるが，本来は，大阪府警の警察官およびその家族のための職域病院で，警察の仕事とは直接の関係はない（ただ，留置中の人の診察を依頼されることはしばしばある）。また，昔から，地域の中核病院として，警察関係だけでなく，地元の一般の人々にも親しまれていたようで，病院そのものは大阪市内でも屈指の高級住宅地の一角にあるにもかかわらず，患者は，生野区や東成区など下町の人々が多く，病院の雰囲気も下町的な活気にあふれている。

図1　中央館落成後の風景

大阪警察病院精神神経科の設立

　この大阪警察病院において，神経科（警察病院では，院内外ともに「精神神経科」を「神経科」と標榜してきたので以下「神経科」と記す）は，昭和34年に整形外科とともに設立されたが，神経科第2代目の部長である故井上修が，昭和54年に警察病院40周年記念誌に寄稿されたものに，設立当時の様子（図1）や今とはずいぶん違う人事の決定のいきさつなどについて，興味深い話があるので，一部を引用させていただく（一部改変）。

　「大阪警察病院が20周年を迎え新館増築，旧館改修などが行われ，その飛躍に院内はおそらく充実感を新たにしていたであろうとき，整形外科とともに神経科が同時に増設されることになった。昭和34年のことである。当時，まだ神経科のある総合病院はあまりなく，わずかに北野，回生，日赤につづいて国立大阪病院，大阪府立病院，大阪労災病院に作られていたに過ぎない。警察官を診療する警察病院に神経科が必要かという素朴な疑問を抱くおもむきもあったようだが，これは，社会的な要請と，心の医学の重要性を取り入れられた当時の井上院長の決

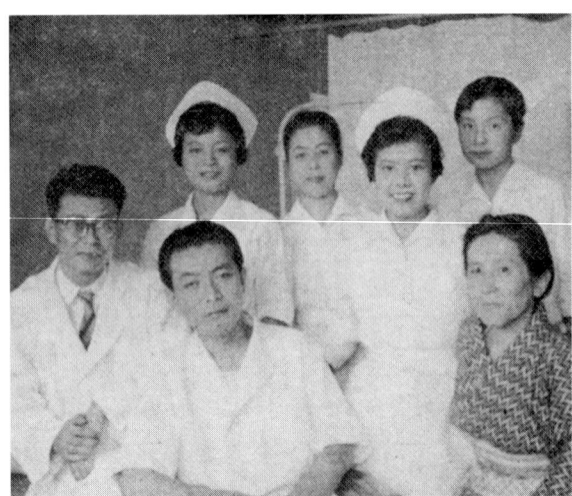

図2　開院当時の神経科スタッフ（昭和34年）

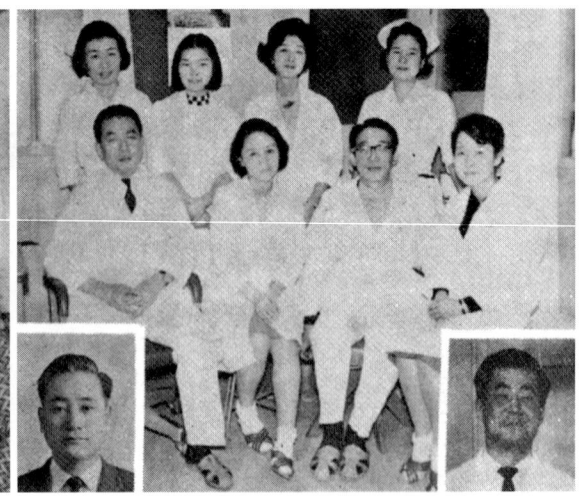

図3　神経科スタッフ（昭和44年）
工藤義雄（前列・左）一人おいて長田正義，一人おいて，
谷向　弘（医務嘱託・左枠内），乾　　正（医務嘱託・右枠内）

断によるものであった。しかも総合病院の神経科としては，いまだ「はしり」といった時代に，いきなり30余床の病棟をつくるなどは，まさに英断といわざるを得ない。初代部長には工藤義雄先生が就任されたが，看護婦諸嬢に精神科のいかなるものかの理解を深めるためには，なみなみならぬ努力をされたようである。工藤部長の就任が，かなりの時間的余裕をもって決められたのならともかく，昭和34年1月末のある日，当時の井上院長，（阪大精神科の）金子教授からその話を聞かれ，その場で即断，2月1日から就職とあっては職場教育の苦労もさぞやと思うのである。しかし，工藤先生の決断の早さもさることながら，当時のスピード人事は，本人と何度も話し合い互いに希望を入れ合って決める現在の人事とは，まさに今昔の感がある。このようにして警察病院に神経科が誕生したころから，大阪府下にも神経科を増設する総合病院が相次いで現れた。それは他領域の患者の中にも心身症や神経症，産褥性精神病，症状精神病など精神科的かかわりあいを要するものが増えてきたこと，逆に，従来内因性精神病とみなされていた患者も種々の身体的検索が可能になった結果，身体的基盤の上に成り立っていると考えられる疾患がしばしば発見され，単科の精神病院では治療のむずかしい場合があることや，治療はより社会的環境の中ですべきであることが強調され，薬物療法の発達がそれを可能にしたことなどによるものであろう。その結果，患者もより抵抗なく受診できるようになり，早期発見，早期治療が容易になってきている。このような状況下で発足した神経科は，初代の病棟婦長に工藤婦長が就かれた。工藤部長，工藤婦長を見て少なからぬ人が夫婦で勤務をしているのかとか，職場で結ばれたのかとのかんぐりを持ったようである。」（以下略）

警察病院神経科医療内容の歴史的変化

このように発足した警察病院の神経科（図2，3）は，初代の故工藤義雄（大阪警察病院退職後，大阪第二警察病院院長に就任）以後，故井上修の時代には，51床の神経科単独病棟を有し，準閉鎖病棟的に運営され，神経疾患のほか，幻覚や妄想など急性期の活発な病的体験を持つ精神病患者も受け入れていたほか，レクリエーションや作業療法などの精神科特殊療法が時間をかけてゆっくりと行われ，ある意味，総合病院で

図4 神経科職員（昭和47年）
後列左から，田中重実，西口俊樹，東司，宮田明。前列左から3人目，井上修。
（大阪警察病院40年史編集委員会編：40年史．大阪警察病院，p 124，1978）

図5 精神神経科職員（平成9年）
後列左から，森麻里子，一人おいて，岡山孝政，京島徹。前列左から，達田健司，一人おいて，東均，京谷京子
（大阪警察病院60年誌編集委員会編：創立60周年記念誌，大阪警察病院，p 78，1997）

図6 現在の精神神経科職員（平成25年）
前列左から，藤本いずみ，太田敦，柳健太郎，矢田恭輔。後列左から2人目，和田民樹

ありながら単科の精神科病院的な雰囲気もあったようである（図4）。近所の公園のグラウンドを借りてソフトボールをしたり，貸し切りバスでのレクリエーション旅行なども盛んに行われていた。しかし，時代が進むにつれ，世の中の風潮に従い，医療の世界でも採算性が重視されるようになり，総合病院の中でも収益性の低い精神科病床が多くの総合病院で削減あるいは閉鎖されるようになってきた。大阪警察病院も例外ではありえず，井上部長時代の終盤の平成4年には，病院が全面的に改築されたのを契機に，神経科単独の病棟は廃止され他科との混合病棟となり，病床数も徐々に削減されていくことになった。筆者が部長として着任した平成6年には内科との混合病棟で29床であり，その後まもなく，26床となった。しかし，当時もまだ，入院患者に対する絵画療法や集団自律訓練，桜の季節の花見散歩などの精神科病棟らしい治療法や行事も何とか続けられていた（図5）。しかし，他科との混合病棟である関係上，病的体験の活発な患者や興奮の激しい患者は受け入れが困難となり，それに変わって，うつ病や神経症などの疾患が中心となり，在院日数も短縮され，徐々に精神科独自の治療法は実施されなくなってしまった。これらの変化は，単に病棟構造の変化を反映しているだけでなく，受診する患者の疾病構造の変化も影響しているものと思われる。そこで，警察病院神経科の医療内容の歴史的変化をうかがう一助として，入院患者の疾病分類を年代別にまとめたものを示す（表1）。これらの分類方法には時代によって若干の差があるので，正確な比較はできない面もあるが，概して，時代が下るにしたがって，神経科よりも

表1　疾患別入院患者数

	1965年	1977年	1996年
統合失調症	48 (19.6%)	39 (16.7%)	28 (13.9%)
感情障害	27 (11.0)	39 (16.7)	68 (33.7)
非定型精神病	2 (0.8)	11 (4.7)	5 (2.5)
てんかん	12 (4.9)	8 (3.4)	5 (2.5)
神経症	51 (20.9)	38 (16.2)	42 (20.0)
小児精神障害	3 (1.2)	1 (0.4)	1 (0.5)
老年精神障害	19 (7.7)	21 (9.0)	12 (5.9)
パーソナリティ障害	2 (0.8)	7 (3.0)	7 (3.5)
精神遅滞	1 (0.4)	0 (0.0)	0 (0.0)
物質依存	10 (4.1)	10 (4.3)	5 (2.5)
症状精神病	1 (0.4)	3 (1.3)	2 (1.0)
心因反応	0 (0.0)	34 (14.5)	11 (5.4)
摂食障害	0 (0.0)	0 (0.0)	6 (3.0)
神経疾患	68 (27.8)	22 (9.4)	10 (5.0)
計	244 (100.0%)	234 (100.0%)	202 (100.0%)
病床数	51床	51床	26床

表2　大阪警察病院神経科の歴代在籍医師

氏名	就職日	退職日	氏名	就職日	退職日
工藤　義雄　☆	S34.2.1	S47.2.1	寺島喜代治	58.7.1	H6.6.15
井上　文男	34.2.12	35.9.30	横井　公一	59.7.1	H5.5.26
武貞　昌志	34.5.11	34.9.30	鵜飼　聡	59.7.1	H3.6.30
湯浅　亮一	35.1.16	40.4.31	京嶋　徹	H2.7.1	H9.3.31
蔭山　登	35.11.1	40.10.31	岡山　孝政	3.6.1	11.8.31
白石　純三	35.11.1	37.8.31		15.5.1	16.6.30
小池　淳	37.9.1	41.7.31	☆	17.7.1	23.3.31
	44.8.20	46.1.31	達田　健司	5.6.1	12.8.31
井上　修	40.11.1	42.4.30	東　均　☆	6.2.1	17.6.30
☆	49.10.1	H5.12.2	森　麻里子	6.6.1	9.5.31
築山　裕子	41.1.1	45.10.20	京谷　京子	9.4.1	14.6.30
長田　正義	42.2.7	47.3.31	渥美　正彦	9.6.1	11.5.31
佐竹　則子	42.6.1	44.10.15	尾藤　信一	11.6.1	13.5.31
上枝　一成	45.7.1	47.8.31	太田　敦　☆	11.9.1	
大森貴美子	45.10.1	47.2.29	山田　典史	12.9.1	20.3.31
佐藤　和歌	45.12.1	47.3.31	上田　裕子	13.6.1	14.5.31
早野　泰造	46.4.1	48.1.1	荻野恵里奈	14.6.1	19.6.23
松尾　雅夫	47.3.1	47.8.6	川口　俊介	16.7.1	18.9.30
田中　清一	47.4.1	51.2.1	中川　隆史	18.10.1	19.6.5
岡田　一男	47.9.1	49.6.20	山森　英長	19.6.1	20.9.30
宮田　明	48.1.1	55.5.15	藤本いずみ	20.4.1	
	58.4.1	H2.6.21	欠田　恭輔	20.10.1	22.3.31
田中　重実	48.4.1	57.5.14		24.4.1	
西口　俊樹	51.4.1	59.6.30	柳　健太郎	21.4.1	
東　司	52.4.1	53.10.10	金井　講冶	22.4.1	23.3.31
松尾龍之介	54.1.16	58.11.28	木村　宏明	23.4.1	24.3.31
藤本　雄二	55.7.1	57.8.31	谷口　信介	23.4.1	24.3.31
服部　英幸	57.6.14	58.3.31	和田　民樹	24.4.1	

(☆は部長)

精神科としての色彩が強まり，それも，内因性の精神疾患よりもうつ病や神経症など反応性のものが目立つようになってきていることが見て取れる。この変化の要因としては，病棟構造の変化のほか，脳外科や神経内科などの新しい診療科が開設され，神経疾患などはそれらの診療科で扱われることが多くなり，総合病院の精神神経科には，もっぱらうつ病圏や神経症圏の患者が治療を求めて訪れるようになったことも関係しているように思われる。筆者が部長をしていた時代には，周囲の総合病院の精神科病床が次々と閉鎖されていく中で，貴重な総合病院の精神科病床を何とか維持しようと，例えば睡眠時無呼吸症の検査入院を取り入れるなどして病床利用の効率化を図るなど，いろいろと工夫をし，筆者の後任に部長に就任された岡山孝政，さらに現在の部長の太田敦もいろいろ努力されたようだが，残念ながら，経済効率への要求は高まるばかりで，結局，平成19年には，一部を除いて，神経科の病床はなくなってしまった。これに対して，外来部門は，病床削減後も引き続き多くの患者を受け入れ，現在も感情障害や神経症圏の疾患，認知症，さらにはリエゾン精神医学，悪性腫瘍の緩和医療などを中心とした医療が活発に行われている（図6）。

おわりに

　大阪警察病院に神経科が設立されて50余年，その間に日本の社会や医療は大きく変化し，精神科神経科領域の医療も随分変わった。今後も，さらに変化していくものと予想されるが，その中で，大阪警察病院の神経科が，総合病院の精神神経科として時代に即したその役割を今後も果たし続けていくことを祈念している。最後に，神経科設立から現在まで，大阪警察病院神経科に在籍された先生方のお名前と在籍期間を列挙させていただく（表2）。

12 NTT西日本大阪病院（旧・大阪逓信病院）

● 吉田　功，胡谷　和彦

私（吉田功）が勤めていた頃の大阪逓信病院精神科

　私が大阪逓信病院精神科に勤務していたのは，昭和63年7月から平成5年7月までの約5年間である。

　大阪逓信病院は，JR環状線桃谷駅から歩いて5分のところにあった。

　駅から西に向かって歩くと真っ白な9階建ての病院が見えてくる。各階には建物いっぱいにベランダがめぐらされていた。中央にエレベーターホールがあり，その付近の壁には大理石が使用されていた。エレベーターを待つ間，患者と一緒に壁の中のアンモナイトの化石を探して時間をつぶしたこともあった。

　当時の大阪逓信病院精神科は，40床の精神科病棟，精神科デイケア，外来部門で構成されていて，常勤4名（吉田功，漆葉成彦，山下正，小川一恵），非常勤2名（宮崎淨，豊永公司）の精神科医が勤務しており，心理検査やカウンセリングのために関西学院大学文学部の篠置昭男教授，社会学部の芝野松次郎教授，荒川義子教授が非常勤で来られており，NTT中央健康管理所から有光洋一氏に臨床心理士として来てもらっていた。

　病棟は最上階である9階東側にあり，東9病棟あるいはE-9病棟と呼ばれていた。個室総室あわせて40床，病室以外に食堂，デイルーム，保護室などが設けられていた。看護師は全員女性で18～19名の定員だった。

　隣の西9病棟は，耳鼻科と眼科の病棟であわせて40名の患者が入院していた。東9病棟はいつも満床だったが，部長会で月1回提示される収支表では，精神科は常に赤字，下から1～2番目に位置していた。

　勤め始めて間もないころ，院長に，
「いつも赤字の上位ですみませんね」
と謝ったことがあった。
「常に100％入院していて赤字，吉田君，君が謝る必要なんかないよ。これは医療制度の問題なんだ」
と当時の前山昌男院長は言ってくれた。
「しかしいずれ赤字部門は縮小，切捨てということにならないんですか？」
との問いに対し，
「PsychiatryのないGeneral Hospital1なんて世の中にあってはならないんだ」と。

　院長のこの言葉，うれしかった。

　過去の経験では，外科系の医師で精神科を理解してくれる人は少なかったが，産婦人科の医師である院長のこの言葉に感激，この人の下で精いっぱい働いてみようと思った。

　外来部門は3階の北側の隅にあり，向かいには産婦人科の外来があった。

　外来診察室が1～4診察室まで並んでいて，心理検査室，処置室があり，さらにデイケアの

部屋やカウンセリングルームが設置されていた。

通常は外来は1,2診察室が使用され,3,4診察室は必要に応じて使われていた。

心理室は関西学院大学の先生方が主に使用していたが,足らない時には3,4診察室やデイケアのカウンセリングルームも使用していた。

デイケアには毎日10〜15人の患者が参加し,病棟の患者と一緒に作業療法,絵画療法,音楽療法,スポーツ療法などを行っていた。

絵画療法や音楽療法のために,専門家に1週間に一度来てもらっていた。

私の知る限り当時の大阪の総合病院の中では,最高の精神科だったと思う。

そのためかしばしば見学者が訪れ,その都度私は気分よく案内して回った。

まるで自分が作った総合病院精神科であるかのように。

私が勤務していた5年間の間に漆葉成彦が退職し,代わりに本多秀治が着任,その後,本多秀治が退職し,戸高（橋本）千穂と交代した。

大阪逓信病院精神科の歴史

こんな立派な総合病院精神科が一朝一夕にできたわけではない。

和風会の先輩の方々の過去の努力が,逓信病院精神科という華を開花させた。

大阪逓信病院は昭和17年に逓信省の病院として開設された。昭和27年に法律改正に伴い,日本電信電話公社の所轄となる。

もちろん昭和17年や27年の逓信病院には精神科は存在しなかった。

逓信病院精神科が誕生するのは,もう少し時間が必要だった。

1．大阪逓信病院精神科の夜明け

大阪逓信病院精神科の前身は昭和33年内科の中に設置された精神衛生相談室であり,そこで精神科診療が開始された。

昭和36年には第三内科として精神科が独立

図1　1990年ごろの大阪逓信病院

した。

当時の精神科医は森輝明が中心で和風会の諸先生方の助けを借りて精神科の診療が続けられていた。

昭和42年4月には,名称を第三内科から精神科に変更,名実ともに精神科となった。

2．初代部長・森輝明の時代（昭和42年2月〜昭和52年2月）

当初は入院病床は4床と少なく,精神科外来,デイケアや職場の精神医学が主な仕事であった。やがて入院患者の増加に伴い,入院病床は昭和51年に8床と変更された。

昭和43年には宮崎淨が着任し,精神科医2人態勢となり,その後の患者数増加に伴い,昭和48年に納谷敦夫が就任,精神科の常勤医師は3人態勢となった。

3．2代目部長・宮崎淨の時代（昭和52年2月〜昭和63年6月）

初代部長の森が副院長になり,その後任として宮崎が部長に昇格した。

宮崎の下に,納谷敦夫,中川和子,平井孝男,豊永公司,水原哲生,田代啓男,東均,都井正剛,更井正和,漆葉成彦,山下正,小川一恵,の和風会の各先生方が逓信病院精神科に勤務された。

昭和59年に病院が新築されると,その9階に独立した精神科病棟が作られた。病床数は40

床，精神科病床のため保護室も設置，医療保護入院はもちろん措置入院患者も受け入れOKの病棟だった。同時に常勤医師の定数も4人に改められた。

昭和33年精神科相談室からスタートした逓信病院精神科は，この時点で頂点を迎えたことになる。ここに到達するまでには，森輝明，宮崎浄の粘り強い努力が必要だったし，逓信病院精神科に関係した多くの和風会の先生方の協力が必要であった。

4．3代目部長・吉田功の時代（昭和63年7月～平成5年7月）：前述

5．4代目部長・近藤秀樹の時代（平成5年8月～平成12年9月）

3代目部長・吉田までは総合病院精神科の興隆期，繁栄期であったが，この時代から総合病院精神科は暗黒時代に突入していく。

日本各地の総合病院では精神科病床の廃止，精神科外来の縮小や廃止が流行した時代だった。

逓信病院でも赤字対策の名のもとに，精神科のスリム化が図られた。平成12年2月に精神科病棟（E-9病棟）が閉鎖され，次いで精神科医の定員縮小，精神科非常勤職員の整理が進められた。

平成13年7月，逓信病院に行く機会があり，その際，懐かしい精神科病棟（E-9病棟）を見るためエレベーターで9階に上っていった。9階の西側，W-9病棟は明々と電気が灯っており，スタッフや患者の人影も見えた。しかし東側のE-9病棟は静かだった。病棟に続く大きなガラスの扉は閉じられ，その向こうは暗闇だった。入口の扉のガラスには「病棟閉鎖中，立ち入り禁止」の紙が貼られていた。

あんなに賑やかで華やかだったE-9病棟，常に満床で患者であふれていたのに，今は誰もいない。世の中から精神科の患者がなくなったわけでもないのになぜか精神科病棟がなくなってしまっていた。

昔の思い出とともに胸がつまった。

6．5代目部長・胡谷和彦の時代（平成15年～現在）

この時代の大阪逓信病院の精神科についてはよく知らない。病院の名前もいつの間にか大阪逓信病院からNTT西日本大阪病院に変更になっている。そのため現在の胡谷和彦部長に今のNTT西日本大阪病院の精神科についての記載をお願いした。

現在のNTT西日本大阪病院精神科・神経科

NTT西日本大阪病院は長期的に部長が不在で，小川一恵医師と加藤健医師の2人の常勤医師と非常勤の山下医師，宮崎医師が勤務していた。その当時は精神科・神経科での病床は持たなかった。

平成15年7月1日に胡谷和彦医師が部長として着任し，NTT西日本大阪病院精神科・神経科の体制を新しく作ることになった。入院については，西8階は腎臓内科の病棟で42床であったが，そのうちの10床を確保した。内科病棟であったので，まったく行動制限は不可能であり，精神科病床ではなく一般病床であった。うつ病を中心に，軽症の統合失調症や，行動制限の必要のない患者を中心に入院を受け入れた。しかし，一部には離院する患者もあり，興奮のために精神病院への転院が必要な患者があったりして，運営にはかなりの困難を要した。特に看護スタッフに興奮患者の対応に対する経験や知識がなく，統合失調症に対する理解も難しかった。それでも入院の希望者は多くあり，平均在院日数は1ヵ月以内で，平成16年には病床稼働率は95％であった。

また，総合病院の特徴としてリエゾンの依頼が多く，特に入院患者で，老人のせん妄と認知症の対応が多かった。またがん患者の精神的な問題に対する対応が必要となる場合が多く，カウンセリング等も必要とした。さらに当院の特徴として，免疫内科があり免疫専門の病棟があ

るので，自己免疫疾患の患者の精神的問題への対応が必要であった。特に SLE の場合，精神的に不安定となることが多く，ヒステリー症状やうつ状態，躁状態，幻覚妄想等の多彩な精神症状を呈した。しかも，その原因として心因以外に，ステロイド精神病もあり，特に中枢性ループスに関しては，見逃した場合は死亡に直結する場合もあり，診断と治療が難しかった。他の膠原病であるリウマチや強皮症，多発性筋炎に関しても，それぞれに特徴があり，精神科的な治療は難しい場合が多かった。

外来については，総合病院には珍しいデイケアがあり，専任のスタッフ2名を確保していた。また，心理カウンセラーも5名が交替でカウンセリングを行う体制で，神経症や人格障害，思春期患者などの対応を行っていた。また，当院の位置は JR 環状線の桃谷駅から徒歩で約5分の位置にあり，通院に非常に便利であったので新患数も多く，平成16年には年間延べ外来患者数が21,268名であった。

平成17年4月には小川一恵医師が転勤し，荻野淳医師が赴任した。医師3名の体制で平成17年度はスタートしたが，平成17年8月に加藤健医師がやめてしまい，その後は医師2名体制になってしまった。入院患者の受け入れに関しては制限せざるを得なかったが，外来に関しては制限せずに行った。平成18年4月にも医師の補充はなく，平成18年度は常勤医師2名での運用となった。しかし，平成18年の年間延べ外来患者数は22,248名であった。

平成19年10月末で荻野淳医師は退職となり，平成19年11月から梅田寿美代医師が赴任した。また，病院全体の病棟再編があり，神経科病棟が西8階から東6階に移ることになった。東6階は血液内科の病棟で，白血病や悪性リンパ腫の患者が多く，そのうちの5床を精神科・神経科とした。

平成19年の外来患者数は，年間延べ24,316名に達し，医師2名ではほぼ限界となった。そのため平成20年4月からは外来の新患の受け入れを制限し，新患を予約制とした。それから外来患者数は徐々に減少する傾向となり，入院に関しても，西8階から東6階病棟に移った影響があり，入院患者数も減少傾向となった。

また平成20年4月から緩和ケアの専門チームが当院でも発足し，当科では梅田医師が担当となった。次にデイケアに関しては，保健所からの指摘で，大規模の施設基準を満たしていないため，平成20年8月からは小規模での届出となった。

平成21年4月からは当院はがん拠点病院となり，梅田医師は週1回の緩和ケア回診に加わり，サイコオンコロジー外来をも開設した。しかし，平成22年2月に胡谷部長が喘息発作で2週間入院し，その後は入院患者の受け入れを約1年間中止した。しかし，平成23年4月からは入院も再開しており，少数の入院患者の短期入院を受け入れており，外来に関しても患者数は平成23年通算で延べ16,997人を確保している。またデイケアも毎日行っており，専任看護師，専任の精神保健福祉士，専任の臨床心理士の合計3名のスタッフで運営している。臨床心理に関しては，専門のスタッフ4名が交代で心理検査とカウンセリングを行っている。

文　献（NTT 西日本大阪病院図書館より借用）
1）大阪逓信病院三十年史．1972
2）大阪逓信病院四十年史．1983
3）大阪逓信病院 50 年のあゆみ．1992

13 大阪厚生年金病院

● 手島　愛雄

はじめに

　大阪厚生年金病院が設立されてから60年が経った。人間ならば還暦を迎えたことになる。そして奇しくもこの病院の名は今年度（平成25年度）限りで消滅する。来年度より新しい経営体制のもとで，「地域医療機能推進機構大阪病院」と名称も改めて再出発する。大きな節目に当たる年が，大阪大学精神医学教室の創立120周年にも当たるのだという。単なる数字のうえでの暗合とはいえ，感概深い。

　当院の神経精神科が開設されたのは，昭和34年10月1日であった。現在までに54年が過ぎた。この間に部長を務めたのは，伊藤正昭，林幹夫，手島愛雄の3名である。当院の神経精神科の歴史を述べるには，これらの3名が部長であったそれぞれの時期に分けて，どのような診療を行ったのかを述べるのがよいと思う。

伊藤正昭と精神病理学

　診療を行うためには，拠り所とする理論が必要である。伊藤が拠り所としたのは，当時華々しく業績を挙げた精神病理学であった。この精神病理学が拠り所としたのは，主としてヨーロッパの哲学であり，哲学が拠り所としたのが言葉であった。ミンコフスキーの主張によれば，言葉は単なるコミュニケーションのための道具ではない。われわれの実存なのである。よって精神病者の言葉を検討すれば，実存的次元において健康な者との違いを明らかにすることができると考えられた。

　現在のグローバル化された精神医学と異なり，精神病理学には深遠さが感じられた。それは上記のような，精神病理学的視点とでもいうべき見方によったからである。

　伊藤の診察室には，いつも瞑想的な雰囲気が漂っていたであろう。ゆったりとした時間の流れの中に身を置いて，患者と豊かな会話を行ったことであろう。

　伊藤は21年もの長きにわたり，部長として勤務した。しかし，定年に至る前に退職した。時代の変化に伴い，哲学に依拠する，瞑想的な診療を，総合病院において行い難くなったこと

図　大阪厚生年金病院

が，退職した理由の一つであったのであろう。

この時期に部長のもとで働いたのは，現在小林堂島クリニックをご経営の小林良成医師だった。

伊藤のような診療を行うことは，その後ますます難しくなってきた。効果が早く現われる治療が求められるようになったからである。

林幹夫と絵画療法

哲学と言葉に依拠する診療が，当院において疑問視されるようになったので，言葉以前の水準に注目する診療を行なわざるをえなくなった。

昭和55年9月1日に，2人目の部長になった林幹夫が熱心に取り組んだのは，芸術療法特に絵画療法であった。言語表現が苦手な患者に関しては，絵を描かせるほうが精神状態をより明瞭に把握しやすい，などといった利点があったことに加えて，精神病理学的診療と比較すると，言葉を介さないために，直接的で感覚的な認識による診療を行うことができた。

絵画を含めて，あらゆる芸術的な創造行為は，その巧拙や芸術性の有無にかかわらず，自分を越えた大きな存在者に出会えたかのような，神聖な体験を生じさせる。それが精神科の患者において，治療面で有益であると林は主張したかったのではなかろうか。さらには，そうした神聖な体験をそれまでにしたことがなかった者が，精神科疾患に罹りやすいと考えていたのではなかろうか。

林が意図したことや主張したかったことが，間違っていたわけではなかったであろう。しかし，総合病院の院長にとって，そして医療においてもっとも大切なのは科学性に基づいた判断であるとの信念をお持ちである方にとっては，林の考えを肯定できなかった。絵画療法に普遍的な効果があろうとは思えなかったであろうから。不幸にして，林が生涯を懸けた努力は報われなかった。

林の部下で常勤医として働いた，伊藤明，関健児，本義彰，田中千足，斉藤真喜子，岡島和夫，赤垣裕介，福間史倫の諸先生方は，筆舌に尽くし難い辛酸を嘗められた。ここに名前を挙げて御苦労をねぎらいたい。

手島愛雄と自然治癒力に期待する治療

16年近く部長を務めた林の後を継いで，平成8年8月1日に就任したのが筆者である。初めて出勤した日の朝，隣接する公園でワァッシ，ワァッシ，ワァッシ，ワァッシと熊蟬が鳴いていたのを今でもよく思い出す。オレが，オレが，と自己主張の強い人が叫んでいらっしゃるように聞こえた。

ブランケンブルグの表現を借りれば，当時の大阪厚生年金病院には自明性が欠けていた。

2つだけ例を挙げる。まず，救急部の設立に関してである。地域医療において中核的な役割を果たすために必要であるとのことであったが，ならば約7年間にわたって専任部長さえ不在のままであったのはなぜか。整形外科や内科のように多数の医師がいる科であっても，年中24時間無休の診療体制を整えることは容易でない。にもかかわらず，もともと閉鎖病棟を持たない上に，常勤医が2名しかいない当科も例外として扱わないから救急診療にあたれ，との御命令であった。外来診察中でも，救急部からの依頼があれば出向かなければならなかった。そればかりでなく，夜間や休日でも電話がかかってくるし，出向かなければならない場合さえ珍しくなかった。奮闘してくれた池澤浩二医師には，いまだに言うべき言葉がない。

上記のような窮状は，大正区にほくとクリニック病院が設立され，また大阪府の精神病院協会が救急診療システムを整えたことによって，大幅に緩和された。澤温院長をはじめ多数の先生方に，深く感謝申しあげます。

もうひとつの例として挙げたいのが，理想を持って働けといわれることであった。野戦病院

のような環境で、要請を受ければ時間外にも診察をしなければならないという条件のもとで、である。高度の技術と知識をもって、ほとんどの者には治せない特定の疾患を改善させることを目標とせよ、しかも収益をあげよ、との意味であったであろう。

精神科の治療において、最も大切なのは患者が有する自然治癒能力をできるだけ働かせることである、と筆者は考えている。診断したり状態を把握するためには、言葉を手掛かりにする精神病理学的視点も、絵画などの非言語的手段によって表現されたものから直観的に感じ取る方法も有益である。しかし、疾患が何であれ、治療にかかわる原則は一つしかないと思う。まず患者の脳あるいは精神を休ませることである。それによって患者が有する自然治癒能力を発動させることである。ただし、患者を一人で放置して寝かせておけば良い、という意味ではない。治療者が患者の傍らに存在することが、休息をとらせ、自然治癒能力を働かせるために必要なのである。精神療法や認知行動療法や薬物療法や芸術療法は、患者の自然治癒能力がより良く働くように援助するという意義はあるものの、これらが最も中心的な役割を果たすと考えることは、本末転倒した考えではなかろうか。

ただし、話が飛躍するが、精神科の患者は最終的に、自分を肯定する物語を作りあげ、生きる意味を自覚できるようになって、ようやく治癒したといえるであろう。それを達成することは理想以上の難事であろうが。

筆者の治療論を実践するうえで最も困難なのは、「病気というものは休息している間に改善するものです」、とのメッセージを患者に伝えて受け容れさせることである。きわめて簡単そうなことが意外に難しいのであるが、精神科の診療に携わる者でなければわからず、そうでない人にとってはきわめて平凡であり、誰でも実行できる原則だと思われるであろう。あまりにも簡単そうに感じられるために、理想の実現を目指す診療や専門化した高度な医療の実践をしているようには思われない。それどころか、愚かでぐうたらな医師の自己弁護だとみなされるのではなかろうか。そのように想像したため、本音を隠したままさまざまな建前論を苦心して作りあげた。

今となって思うことだが、さんざん苦労させられたのは次のような暖かい御配慮の賜物ではなかったか。精神科医ならば、このような環境でもなんとか適応してみよ。そして最近激増しつつある適応障害や新型鬱病の患者達の手本となれ。そうしたありがたい御指導を受けたのではなかろうか。感謝しなければならないことだったのかもしれない。

ともあれ、当院の厳しい労働環境は、最近10年ほどの間に、徐々に緩和されてきた。楽とはいえないが、苦しいと感じる場面がずいぶん減った。

筆者のもとで常勤医として働いてくれたのは、池澤浩二医師のほか、金山大祐、藤田晶子、森裕の諸先生方であり、現在は三好崇文医師である。感謝いたします。

14 星ヶ丘厚生年金病院

● 田伏　薫，飯田　信也

病院の概要

　星ヶ丘厚生年金病院の歴史は，その前身である健康保険星ヶ丘病院が当時は国民病であった結核への対策として昭和28年に設立されたことに始まる．その後，結核患者がいちじるしく減少し，一方，医療におけるリハビリテーションの必要性が認識され出した時流をいち早く取り入れて，リハビリテーションを主とする総合病院への転換が図られた．昭和43年に健康保険病院から厚生年金の福祉施設に移管され，病院の名称も星ヶ丘厚生年金病院と改称された．その運営は全社連（全国社会保険協会連合会）に経営委託された国有民営の病院である．昭和47年，全面改築により近代的な病院に生まれ変わり，国道1号線沿いの約3万坪の敷地に640床を有し，診療圏は枚方市とその近隣都市を含む人口約100万の地域の中核的病院としての役割を果たしてきた．

神経科の設置

　当院に神経科が設置されたのは昭和46年10月15日である．当初は非常勤医師による診療

図1　星ヶ丘厚生年金病院正面（1975年）

のみであったが，昭和47年に大阪大学から谷口和覧講師が神経科部長として着任して本格的な診療を開始し，翌年には上枝一成，今岡信夫の両医師が加わった。当時は当院が結核病院から総合病院へ変貌し，各科が次々と創設されていった時代である。当初，病院から期待されていた神経科の役割は神経疾患の診療であったので，この領域（今でいうと神経内科の疾患）での地歩を固めることから始められた。谷口部長は2年間の在職の後に国立大阪病院へ転出した。昭和50年4月，後任部長として金子仁郎教授の推薦により大阪大学医学部講師の田伏薫が着任し，以後20年あまりの期間にわたって，星ヶ丘の神経科を担うことになる。

神経科の役割と発展

田伏部長が就任し，医員も交代して，飯島壽佐美，正岡哲となった。このころは，病院が新しい目的に再形成されていく途上で，病院の建物はできあがっていたが，各科，各部門への配分，各科の病棟，外来の配置は流動的な時期であった。当時，神経科の外来は内科外来の一角にあり，病棟は，6階西病棟（58床）を泌尿器科と共用していた。各科の間の垣根はあまりなく，部長が思うように自分の科を作っていける時代であった。脳神経外科，神経科，脳卒中内科，リハビリテーション科の合同カンファレンスやブレインカッティングもよく行われていた。そういう中で，神経科が病院の神経疾患の診療を担当するのは当然の責務であるが，田伏部長はそれに加えて精神科の診療も力を入れて行うこととした。臨床研究も活発に行いたいと考えていた。

まず，当科の特徴的なものとして，部長のもともとの専門が脳波であり，医員も阪大の教室で同じ研究グループに属していた者たちであったので，脳波の研究を続けること，すなわち神経疾患の臨床脳波的研究が科の1つのテーマと

なった。対象となる症例は実に多彩で豊富に得られた。また，病院がリハビリテーションを看板として大規模な設備とスタッフを整備しており，あらゆる種類のリハビリ患者が当院に集まってきていた。その中には失語症や高次脳機能障害を呈する患者も多かった。これは神経学と精神医学の接点というべき，まさにわれわれに打ってつけの領域で，失語症の診療，研究は当科の大きな柱となった。

昭和53年から，清水徹男医員が脊髄小脳変性疾患の睡眠障害の研究をはじめ，何回も病院に泊り込んで終夜睡眠ポリグラフをとった。昭和54年には山本晃医員が着任して，それまで手薄であった精神病理，精神療法の面を充実させ，当院における思春期精神医学の領域を開拓した。

患者数の増加，医師の増員，外来の拡張

外来患者数は年々増加し，もとの診察室で対応できる限界に達したが，昭和55年に病院の外来診療棟が増築拡張されて，神経科は新しい棟に移り，診察室2室，処置室，心理療法室が設けられた。これにより，当科の診療に必要な，落ち着いて患者と話をかわせる場を得ることができた。同時に，臨床心理士の谷川俊子が配置されて，各種の心理検査やカウンセリングを行えるようになった。心理はそれ以後も，小泉佳子から高取美也子に至るまですべて関西学院大学の篠置教授から派遣していただいている。

昭和55年はまた，病院に頭部用CTが設置されて，神経疾患の病巣診断が大きく進歩した年である。この年に着任した西川隆医員は，失語症など神経心理学領域に情熱を持って取り組み，言語療法室のスタッフの協力を得て，精力的に研究を行い，つぎつぎと成果を発表した。昭和57年，山本医員がチュービンゲン大学に留学し，松村喜志雄医員と替わった。松村は如何なる神経疾患にも正面から取り組み，当科の貴重な戦力となり，当時は難しかった神経学会

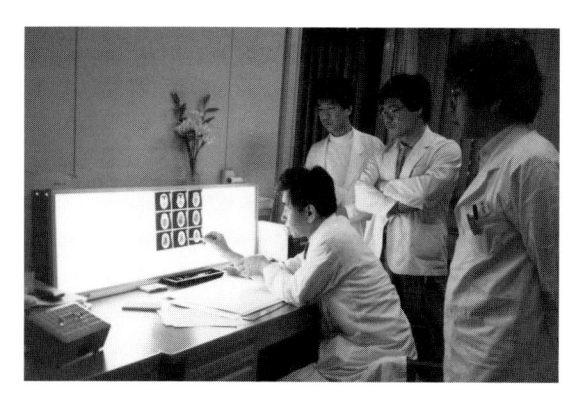

図2　神経科症例検討（1989年）
田伏，三上，西川，松村

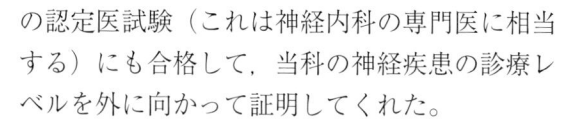

図3　神経科スタッフ（1988年）
松村，田伏，堤，他

の認定医試験（これは神経内科の専門医に相当する）にも合格して，当科の神経疾患の診療レベルを外に向かって証明してくれた。

　神経科の診療実績は伸び続けていたので，昭和58年に医師1名が増員されて，堤俊仁医員が加わり，常勤4名となった。堤は大学では脳波睡眠グループに属していて，その流れの研究を続けたが，何事にも理解が早く，当科の複雑な仕事にすぐに適応した。昭和61年，田伏部長は副院長に昇任したが，神経科部長の職もそのまま兼任して業務を行った。神経科の医師数は田伏を含めて5名となった。昭和63年には堤医員が転勤して，三上章良医員と入れ替わった。

当時の診療内容

　このころの科の診療内容は，外来は2診察体制で行っていたが，1日平均80名の患者が受診し，100名を越えて夕方までかかる日もしばしばあった。診療対象は広く，神経疾患と精神疾患の両方を扱っている。病院の近辺に神経科をもつ総合病院がないので，当科に対する需要は多かった。入院患者も1日平均50名を越えるときもあり，本拠地の6階西病棟のほかに，各科共有の7階病棟，その他に工夫して当科患者を入れる状態であった。当時の過去10年間の入院患者統計をみると，脳血管障害，神経症，うつ病，パーキンソン病，脊髄小脳変性症が常に上位を占めている。てんかん，脳炎，髄膜炎，脊髄炎も多い。その他，多発性硬化症，ギランバレー症候群，多発性筋炎，重症筋無力症，筋萎縮性側索硬化症なども入っているなど，多様で稀少な神経疾患にも遭遇している。脳血管障害の患者数が多いのは，本来診療を担当する脳卒中内科だけでなく，神経科が他院からリハビリ目的で紹介されてきた脳血管障害に伴う失語症患者をも受け入れていたからである。

　精神疾患は外来では何でも診たが，入院については当院には厳密な意味での精神科病床はなく，閉鎖精神病棟もない。入院はうつ病・神経症圏が主で，統合失調症は入院させていない。しかし，600名の入院患者の中には，かなりの精神症状を呈する者も当然出てくるので，他科から相談を受ける場合も多く，リエゾン精神医学は当科の重要な役割を担っていた。昭和56年ごろから外科と神経科の医師，看護師，臨床心理，ソーシャルワーカーらによる「がんに関する悩み相談会」を作って，がんの告知や家族・患者の心のケアを行っていた。

　なお，精神科医としての高いレベルも確保し，それを外部にも示したいと考えていたので，昭和63年に精神衛生法が精神保健法へ改正施行され，精神保健指定医制度が創設されたのを機会に，当科医師は全員が精神保健指定医の資格

を取得した。

精神科も標榜，神経学会の教育施設にも

　平成3年には，当科の診療範囲の実情に合わせて，診療科名も神経科に加えて精神科をも標榜することになった。教室との関連人事で若い医員の交代は定期的に行われており，平成の初期に着任したのは，本多秀治，岡嶋詳二，佐藤寛，篠原英明らの各医員であり，古川辰之，上岡優も短期間在籍した。平成7年は当科の入院患者数はピークに達して，年間入院患者総数は241名，1日平均42名，平均在院日数64日であった。外来患者数は1日平均96名であった。

　こういう中で，平成8年に田伏副院長兼神経科部長が国立松籟荘病院（現，やまと精神医療センター）の病院長に転出し，神経科は松村医長が後を継いだ。平成10年には小笠原將之医員が着任し，精神疾患，神経疾患の両方を診療した。この時代の医師たちは本多，佐藤など精神保健指定医と日本神経学会認定医（神経内科の専門医）の両方の資格を取得した者が多く，平成11年4月には日本神経学会より「教育施設」の認定を受けている。しかし，その年の6月に松村医長が開業のために退職し，後を継いだ本多医長も同年10月に実家の七山病院の副院長に転出することになった。

精神科が主体に

　新たに飯田信也が医長として着任し，佐藤，小笠原両医員との3名体制となった。3名とも精神病理学を専門としていたこともあって，これを機に徐々に神経内科領域からの撤退を図ることになった。平成13年12月，佐藤医員は大阪市立総合医療センター児童青年精神科医長に転出し，翌年1月福田病院から西村康が着任したが，同年4月，小笠原医員も阪大精神医学教室へ助教として帰任し，医師2名体制となった。この時点で神経内科診療は事実上西村医員が1人で担わねばならなくなったため，科名から神経科を外し，「精神科」としたが，在宅療養中の神経難病患者の往診などは継続していた。

　平成16年前田憲太が着任したが，翌年，飯田医長が敬寿会吉村病院の部長に転出し，ほどなく西村医員も福田病院に戻った。この時期は，新医師卒後研修制度の開始などがあって全国的に医師不足で，大学から一般病院へ医師の派遣が困難になった時代である。その結果，当院の精神科診療は前田医員がただ1人の常勤医として重責を果たしていたが，平成21年，その前田医員が急逝した。教室から後任の派遣は得られず，その後の精神科の仕事は入院患者の緩和ケアに特化して非常勤医によって細々とつながれているという状態になっていた。

　平成25年4月，阪大保健センター教授を定年退官した井上洋一が，星ヶ丘の杉本壽院長と阪大の同期という縁もあって，院長相談役・精神科常勤医として就任し，精神科教室と星ヶ丘厚生年金病院との絆が良い形で復活した。井上は，専門の精神病理学と学生のメンタルヘルス相談という経歴を活かして，緩和ケア病棟の精神的サポート，院内の入院患者や職員の精神科コンサルテーションの仕事を開始している。

　以上が経年的に記した当院神経科・精神科の歩みである。次に，教室関連の総合病院のなかで当神経科は特色のある内容を有した科であったと思うので，その診療内容と役割を，研究上の業績も含めて振り返りたい。

星ヶ丘における神経科の性格，特徴

1．神経科という科名，その幅広さ

　当科がこのように特色のある科になったのはいろいろな要因が複合した結果であろう。まず，神経科の背後にある病院自体がリハビリテーションに重点をおく総合病院に作られていく時期であった。そのために神経科が設置され，そ

れは神経疾患を診ることが主たる役割であった。病院は大学に医師の供給を要請し，われわれの教室から医師が派遣された。もしこれが第二内科から派遣されていたら，当科の性格も随分違ったものになっていたであろう。当時は診療科が今のように精神科と神経内科に分かれている時代ではなかった。教室名は精神神経科学教室であり，阪大病院の中では精神科・神経科という標榜名で精神疾患と神経疾患の両方を1つの教室で診療していた。筆者（田伏）が昭和37年に大学院生として教室に入局したときは精神疾患1名，神経疾患1名の入院患者の受け持ちをさせられた。昭和45年以降に教官として外来診療をしていたときは，ハンマーや眼底鏡も使ってポリクリ学生に神経学的診察法も教えていたほか，星ヶ丘の部長在任時には非常勤講師として大学へ出向き，失語症の講義は当然ながら，多発性硬化症の講義までした記憶がある。そのため私は星ヶ丘で神経疾患を担当することに違和感はなかったし，初期の医師たちも同様であっただろう。そのうえ，神経疾患だけでは飽き足らず，精神疾患も診たいという気持は，われわれ全員が思っていたことである。

　このような考えのもとに，当科の守備範囲（診療の対象とする疾患の範囲）を幅広く取った。実際に実に多種多様な神経疾患を診療した。主要な神経疾患はすべて多数例を診察し，珍しい疾患も多種にわたって経験した。これは，当院が人口の多いこの地域のなかの中核的な総合病院であり，近辺に神経内科のある病院がなかったこと，そして当院はリハビリテーションという治療手段を持っていたため，患者が自分で希望して，あるいは医療機関からの紹介によって，広く当院に集まってきたのである。

　精神疾患については，精神科閉鎖病棟を持たない普通の総合病院が診ることのできる範囲のものはすべて診療した。統合失調症を入院させることは差し控えたが，これは当院と国道をはさんだ反対側のすぐ近くの位置に府立中宮病院（大阪府立精神医療センター）があるので，患者はそちらへ行っていたためである。神経科という語には，神経症レベルの軽い精神疾患を診るという意があり，重い精神病は精神科だという語感が患者や人々の間にあったのかもしれない。

2．高次脳機能障害（失語症）

　もうひとつ，他院にはできない当科の特色は失語症の診療である。神経心理学は神経学と精神医学の両方の素養が必要な領域で，まさに当科のような科がこれに一番ふさわしい診療科だと考える。その診断だけでなく，治療（リハビリの言語療法）もできることは当院の大きな強みであった。当時，わが国ではリハビリテーション医療が立ち上がろうとしていた時代で，星ヶ丘は東洋一のリハビリテーション施設を目指して意気込んでいたので，スタッフも設備も整っていた。20数名のPT（理学療法士），10数名のOT（作業療法士）のほかに，ST（言語療法士）も5名配置された。当時こんな病院はほかになかった。失語症の診断や治療はまだ黎明期で，いろいろな試みがなされていた。こういう状況のなかで，田伏は自分自身の医学的関心と当院に整った環境があることから，失語症（高次脳機能障害）の診療を当科の柱に据えた。これを行える病院はきわめて少なかったので，患者は近畿一円から集まってきて，当科の入院患者の内訳の中で1位の数を占めた。この症例の豊富さと治療環境の良さは多くの研究成果を産むもとになった。

3．専門性の確保

　神経疾患の診療は科の責務であり，当科の症例の豊富さ，患者数の多さは実績が示すところである。筆者が部長としていつも意識していたのは，診療の質，医学的なレベルであった。幸い，関連各科のレベルは高く，協力的で，教えてもらったり，助けてもらったりすることも多かった。当科自身のレベルはどうか。各医員は精神疾患については，大学の出身教室で教育，訓練を受け，経験があるから，自信をもってい

る。神経疾患については経験はしてはいるが，精神疾患と比べると経験が少ないというのが実際のところである。むしろ当院に来てから経験を積んでいっている者が多い。この問題に対しては，松村医員が神経疾患に正面から取り組み，当時は専門医制度ができたばかりで難関であった日本神経学会の認定医試験（神経内科の専門医試験に該当するもの）に合格して，彼自身と当科のレベルを証明して，向上させてくれた。彼に続いてこの資格を取得した者も，本多秀治や佐藤寛など，何人もいる。筆者（田伏）もこの資格をとり，さらにリハビリテーション医学会の認定臨床医の資格も取得している。そして，個々の医師に対してばかりでなく，病院自体も日本神経学会の「教育施設」として認定された。これで当神経科のレベルは保証されたと考えてよいであろう。

なお，精神科のレベルについては，当時はまだ日本精神神経学会の専門医制度は発足していなかったが，昭和63年に精神衛生法が精神保健法へ改正施行され精神保健指定医という制度ができたのを機会に，当科医師も精神保健指定医の申請をして，全員がその資格を取得している。当時は，日本の専門医制度が各科別々に成立していった時代で，こういうこともできたのである。

4．時代の流れ

しかし，時代の流れのなかで精神科と神経内科の分離が進んでいった。これについては，両方に精通した医師がいれば理想的ではあろうが，現実には2つの専門をもち，両方の専門レベルを維持していくということは非常に難しい（筆者は精神科医には神経学の素養が絶対必要であると今でも思っているが，それはここで述べていることと矛盾することではない）。大学においても，われわれが所属する精神医学教室のほかに，神経内科の教室が生まれた。こういう背景の中で，教室から当科への医師の派遣が行われていたのである。しかし，全国的に医師不足の時代となり，特に新医師卒後臨床研修制度の影響で大学の医師不足が顕著になり，大学から出先機関への医師の派遣が困難になった。そういう状況のなかで当科も次第に性格を変えて，主として精神科・心療内科を担い「精神科・神経科」と称するに至った時期を経て，最終的には神経疾患からは撤退して，「精神科」と称する科となった。

その後の数年間は，単科の精神科病院と比べて患者の受診抵抗が少なく，他科と連携を蜜に行えるという総合病院精神科の利点を活かして，さまざまな病棟に間借りする形で思春期患者（自傷行為を繰り返す女子高校生なども産婦人科病棟が快く受け入れてくれた）や精神と身体の合併症患者の入院治療，さらに緩和ケアチームへの参加などを積極的に展開しつつあったが，医師人員が枯渇し，ついには外来診療の休止という残念な結果に至ったことは既に記したとおりである。そして最近になって井上洋一により精神科が復活したことは筆者の最大の喜びである。

星ヶ丘の研究業績

一般の病院においては，患者に良い治療を行うことが最大の目的であり，科として果たさねばならない当然の責務である。しかしそれだけではなく，大学から赴任してきたばかりの筆者は，大学時代の研究，教育，診療という意識を持ち続けていて，診療と研究は相互に他を向上させるものと考えていた。そういう考えのもとに，当科では臨床研究も重視していたので，ここに記しておきたい。平成元年に発行された病院の創立35年記念誌には研究業績の部に1975～1986年の神経科の業績の目録が18ページにわたって（内容は論文ばかりではなく，学会発表抄録に終わったものも含まれているが）掲載されていて，それは医師の数がはるかに多い内科の業績のページ数とちょうど同じ分量に

当たる。当科の研究の活発さを示していると思う。各医師は大学の自分が所属する研究グループにおいても研究活動をしていたであろうが，ここでは星ヶ丘で行われたものについて記す。当科の研究は，①神経疾患の脳波，②失語症などの神経心理学，③精神科臨床・精神病理，の3つの領域に分けられる。

1．神経疾患の臨床脳波

当科にはさまざまな神経疾患が集まってきており，症例が豊富であった。田伏はもともと教室の脳波睡眠研究グループの出身であり，初期の医員たちも同じグループの者たちであったので，ごく自然にこの研究が始められた。1つの神経疾患を脳波と睡眠の角度から詳細に検討することは，その疾患の病態の解明にも役立つことである。その1つに，清水徹男が中心になった脊髄小脳変性症，進行性核上性麻痺の終夜ポリグラフ研究がある。こういうまとまった研究のほかに，珍しい疾患に遭遇するとその脳波をとり，多少の附加的なことも入れて症例報告をするということを数多く行った。疾患名のみ挙げると，シャイ・ドレーガー症候群，ランス・アダムス症候群，OPCA，プラダー・ウィリー症候群，偽性副甲状腺機能低下症，単独ACTH単独欠損症，薬物中毒によるα昏睡，読書てんかん，笑い発作，等々である。これらは，学会発表にとどまったものもあるが，学会誌や「臨床脳波」誌などで論文になっているものも多い。

各種の神経疾患がそれぞれどのような精神症状を呈するかということも，当科にとって意義の深い重要なテーマだと思っていた。各症例研究ごとに脳波所見とともに精神症状の記載は詳しく行うようにしたが，それを横断的にまとめるまでには至らなかった。神経病とうつ病の関係について少し書いた程度である。

2．失語症など高次神経機能障害

当科が発足した当時は，わが国においていくつかの施設で失語症へ取り組みが始められ，全国的な研究会が作られようとしていた時期である。当院はリハビリ志向で，言語療法室もあり，症例は豊富で，失語症研究には絶好の条件下にあった。研究は，われわれ医師がCTや電気生理学的に病巣部位や神経機構を調べ，STが失語症検査や心理学的方法で言語症状を捉えて，一緒に研究した。柏木敏宏という優秀な言語療法家（彼も和風会員である）がいたことも幸いであった。最初のころは，CTによる病巣とブローカ失語・ウェルニッケ失語の言語症状のタイプを比べて，従来いわれている学説が本当に正しいか検討することから始めた。後に着任した西川隆はこの神経心理学分野の研究を精力的に行い，毎年失語症学会と神経心理学会に発表し，シンポジストに指名されるまでになった。それらには，精密な生理学的な聴覚検査を駆使した聴覚性認知障害の研究，脳梁前部梗塞による失行症例に意図の抗争という概念を導入した研究，聴覚性および視覚性の時間順序分別の研究，などがある。田伏も皮質聾や純粋失読，聴覚失認の症例などについて，国内国外の学会で発表し，言語療法室との共同研究も多く，日本失語症学会（高次脳機能障害学会）の評議員も務めた。

3．精神科臨床・精神病理

昭和56年ごろからの外科と神経科のメンバーによる「がんに関する悩み相談会」の活動内容は，毎年「死の臨床研究会」で発表し，その会誌に掲載されていた。山本晃は当院での臨床経験をもとにいくつかの論考をまとめている。佐藤寛は小笠原将之らとともに，当科を受診した思春期青年期の多彩な事例について数多くの症例研究を行うとともに，当科で診療しているパーキンソン病の精神症状の症候学的研究などを，思春期青年期精神医学会，精神病理学会，精神神経学会で活発に発表し，「臨床精神病理」誌などに収載されている。

図4 星ヶ丘厚生年金病院スタッフ（2001年ごろ）
佐藤，田伏，小笠原，西村，飯田，他

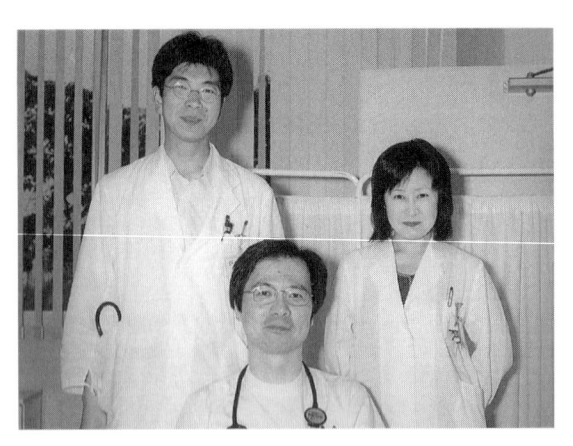

図5 精神科スタッフ（2002年ごろ）
西村，高取，飯田

図6 星ヶ丘厚生年金病院スタッフ（1996年）
田伏，西川，三上，他

星ヶ丘のOBは今

　当科に在籍した医師たちはすべて和風会員である。そして，当時を振り返って，「星ヶ丘は仕事の量が多くてめちゃくちゃに忙しかったが，いろいろな症例を経験して医師としての実力がついてよかった，今となっては苦くて楽しい思い出である」と言う。実際そのとおりで，身体面の治療も人に教えてもらいながら自分でやらねばならなかったから，少々のことは何でもできるという自信をもっているであろう。星ヶ丘で一時期を過ごし，その後，各方面で活躍している人は多い。

　敬称略で記すと，谷口和覧，今岡信夫はそれぞれ国立大阪病院，大阪南病院の部長になった。飯島壽佐美は秋田大学助教授を経て，秋田回生病院長になり，清水徹男は秋田大学精神科教授である。山本晃は大阪教育大学の，西川隆は大阪府立大学の教授，三上章良は阪大保健センター准教授を務めている。田伏薫は，国立松籟荘病院長を経て浅香山病院長となり，本多秀治は実家の七山病院に，飯田信也は大阪市立総合医療センター副部長になっている。その他，多くのOBたちが各病院で中堅，要職についている。開業して活躍中のものも多く，堤俊仁は大阪市でクリニックを開き，大阪精神科診療所協会長として業界を代表し，正岡哲は実家の池田で，松村喜志雄は地元の枚方で，佐藤寛は故郷の埼玉県川口市で自分のクリニックをもち，地域医療に貢献している。

15 関西労災病院

● 梅田　幹人

　関西労災病院の現在の正式な呼称は，「独立行政法人労働者健康福祉機構関西労災病院」である。平成25年7月1日に，創立60周年を迎えた。所在地は尼崎市の西の端で武庫川の近くである。国道2号線の北側で，JR山陽線の南側である。尼崎市と宝塚市を結ぶ尼宝線という道路に面している。歴史の長い病院であり，またその所在地から，阪神タイガースの選手や宝塚歌劇団のメンバー，競馬の騎手等のさまざまな著名人の治療も行ってきたようある。

関西労災病院の沿革

　関西労災病院は，尼崎市等の要請により，昭和25年に財団法人労災協会を運営母体として設置が決定され，昭和26年11月に工事が着工された。昭和28年1月に，内科，外科，整形外科，理学診療科の4診療科，50床にて診療が開始されている。同年の8月には，眼科，耳鼻咽喉科，神経科，皮膚泌尿器科，歯科の5診療科が新設され，病床数は100床に増床された。昭和30年4月には，3階建て西病棟が完成，昭和31年4月には3階建て東病棟が完成して，病床数は548床に増床された。昭和32年7月には，運営が労働福祉事業団に移管され，その後，産婦人科，小児科，麻酔科，脳神経外科，放射線科，形成外科が新設され，皮膚科，泌尿器科が分科され，検査科が独立した。昭和35年3月には，総合病院の承認を得た。昭和40年3月には，5階建て東棟が完成，昭和42年1月には，5階

図1　現在の関西労災病院

図2　玄関ホール

図3　開院当初（昭和28年1月）

図4　3階建て西病棟完成（昭和30年4月），3階建て東病棟完成（昭和31年4月）

建て西棟が完成して，従来の東病棟，西病棟は北病棟，南病棟と呼称が変わった。昭和43年10月には，結核病棟50床，精神病棟14床が増設され，病床数は612床となった。昭和48年3月に，重症治療部（ICU）が開設され，8床増床となり，病床数は620床となった。同年4月に，付属施設として，関西労災高等看護学院（定時制進学過程）を開設した（その後，関西労災看護専門学校に名称変更されました）。昭和56年8月には，心臓血管外科を新設。昭和57年7月には，付属施設として健康診断センターを開設。昭和59年4月には，臨床研修病院の指定を受け，同年5月には病床数は670床となり，神経科が新設され，18診療科となっている。昭和62年4月には，神経科から神経内科へ標榜変更された。平成3年4月に，13年計画の増改築工事が開始され，平成8年10月には，南棟（9階建て）が完成して，結核病床20床，精神病床14床が一般病床に種別変更となった。平成10年1月に，勤労者メンタルヘルスセンターが開設された。同年の4月には，循環器科を標榜して，19診療科となる。平成11年12月には勤労者心の電話相談室が開設された。平成12年3月に北棟（10階建て）が完成。平成13年1月に神経・精神科の標榜を，心療内科・精神科に変更している。平成14年4月には，外来棟が完成。

平成14年6月には，救急部が開設されました。平成16年3月には，増改築工事が竣工。同年4月1日に，経営母体の独立行政法人化に伴い，病院の正式呼称は「独立行政法人　労働者健康福祉機構　関西労災病院」となっている。同年10月に，化学物質過敏症診療科（シックハウス科）が開設。平成17年9月には，アスベスト疾患センターが開設。平成19年1月，地域がん診療連携拠点病院に指定。平成19年6月，心臓血管センター，開設。同年7月，CCU，P-CCU設置等に伴い，病床数は642床に減少となった。平成21年12月，地域医療支援病院に指定された。

関西労災病院における精神科の沿革

関西労災病院における精神科の歴史も60年の歴史がある。したがって，その間には非常に多くの和風会の先生方が当院にかかわってこられた。人事面に関しては，表にまとめた。表1は部長，副部長の人事で，表2は和風会関連の，ほぼすべての医師についての人事である。

関西労災病院における精神科の歴史

関西労災病院における精神科の歴史について

表1 歴代の部長・副部長

	職名	任命	退（転）任	氏名
部長	神経科部長	昭和 32.7.1	昭和 60.3.31	別府　彰
		昭和 60.4.1	昭和 62.3.31	小西　博行
	神経・精神科部長	昭和 62.4.1	平成 12.9.30	小西　博行
	心療内科・精神科部長	平成 12.10.1	平成 18.3.31	柏木　雄次郎
		平成 18.4.1		梅田　幹人
第二部長	第二神経科部長	昭和 51.4.1	昭和 57.6.30	上山　満三
	第二心療内科・精神科部長	平成 23.4.1		辻本　浩
副部長	神経科副部長	昭和 46.4.1	昭和 51.3.1	上山　満三
	心療内科・精神科副部長	平成 18.4.1	平成 23.3.31	辻本　浩

は，60年の歴史があることでもあり，筆者が語り尽くせるものではない。ここでは，筆者が最初に当院に赴任した昭和62年6月1日～平成11年6月30日のころを中心に，当時の状況を紹介させていただく。昭和62年当時は，金子仁郎名誉教授が当院の院長を勤めておられ，小西博行が部長をされていた。初代部長の別府彰は定年退職されていたが，週に1回，非常勤で外来をされていて，1日60人程度の外来患者を診ておられた。当時の小西部長の方針で，「精神科医師にとっても，身体管理は必須である」ということで，当科に来られた医師は，すべて麻酔科かICUでの研修を受けた。筆者も麻酔科で3ヵ月の研修を受けて，70例以上の全身麻酔を経験させていただいた。このことは，その後の医療活動にとって非常に有益であったと思っている。しかし中には身体管理等がいやで精神科に入局された方もあり，かなり抵抗された方もあったようである。

関西労災病院において，金子仁郎名誉教授の存在は，忘れられない重要なエピソードである。金子仁郎名誉教授は，昭和53年4月2日より，関西労災病院の院長に赴任され，病院経営を黒字化に導く等，さまざまな功績を残されて，機構の本部からも非常に高い評価を受けて，定年延長も受けられ，平成2年3月31日まで，院長を続けておられ，その後，平成2年4月1日より平成9年9月21日まで，名誉院長をされていた。大変御多忙であったにもかかわらず，病院内の精神科関連の会合には，必ず出席されていたのを憶えている。いつも大変お元気で，よく戦争体験やゴルフの話をされていた。

金子院長の御在任中に，昭和61年，関西労災病院に神経内科が開設され，和風会から招聘された稲岡長部長を中心に，阪大に神経内科の講座ができてスタッフが当院に派遣された平成2年まで，入院管理も含めて活発な医療活動が行われていたことも，和風会にとって重要な出来事であったと思われる。

平成17年に精神科・心療内科の病床がなくなるまで，当科には長期間にわたり病床があったが，平成8年10月までは，14床は精神病床として届けられていたようである。すなわち同意入院や医療保護入院といった強制入院が可能な病床があったということである。増改築に伴い，北棟が完成して，平成13年の4月に心療内科の病床が，北10階病棟に移るまで，旧館の北1階病棟に40床程度の病床を有していたが，近年は強制入院は実施しておらず，病棟の構造も同意入院が可能なものではなくなった。当時のスタッフもそのことは知らなかったようで，平成8年に精神病床が一般病床に変更になったころに，そのことを知らされて全員が驚いていたのを憶えている。当時の病棟の構造は，西側にのみ出入り口があり，病棟の廊下の中央あたりに扉の跡があって，そこから奥（東側）の病室

表 2-1　和風会からの協力医師

氏名	採用	副部長	部長	退職	診療科	
別府　彰	昭和 30.7.1		昭和 32.7.1	昭和 60.3.31	神経科	
沖野　博	昭和 31.7.1			昭和 33.8.31	神経科	
鮫島　拓弥	昭和 28.7.1			昭和 34.3.31	神経科	
植田　雅治	昭和 33.9.1			昭和 37.7.31	神経科	
森　龍男	昭和 34.4.1			昭和 34.9.10	神経科	
大貫　美奈子	昭和 34.9.11				神経科	
足立　科子	昭和 36.8.1			昭和 38.12.31	神経科	
石井　康雄	昭和 37.8.1			昭和 41.7.31	神経科	
保坂　正昭	昭和 39.12.1			昭和 40.6.30	神経科	
稲岡　長	昭和 40.6.16		昭和 58.4.1	平成 1.6.30	神経科/退職時神経内科部長	
安井　浩子	昭和 41.6.16			昭和 43.1.31	神経科	
長田　正義	昭和 41.7.1			昭和 41.9.15	神経科	
坂田　善吾	昭和 42.12.11			昭和 43.3.5	神経科	
	昭和 43.7.1			昭和 49.6.15		
若松　晴彦	昭和 43.2.1			昭和 50.6.15	神経科	
上山　満三		昭和 46.4.1	昭和 51.4.1	昭和 57.6.30	神経科	第二神経科部長
近藤　秀樹	昭和 49.6.1			昭和 57.8.31	神経科	
門田　永浩	昭和 50.5.20				神経科	
藤本　修	昭和 53.5.11			昭和 56.6.30	神経科	
上間　武	昭和 56.7.1				神経科	
田畑　紳一	昭和 57.7.1			昭和 61.6.30	神経科	
久保　貴子	昭和 57.8.1			昭和 59.4.30	神経科	
藤本　雄二	昭和 57.9.1			昭和 60.4.30	神経科	
越智　直哉	昭和 59.7.1			平成 2.12.31	神経科/退職時神経内科	
中田　理枝	昭和 59.7.1			平成 1.9.30	神経科	
小山　康男	不明			昭和 57.6.30	神経科	
吉田　連	昭和 60.5.1	平成 1.7.1		平成 2.8.31	神経科・退職時神経内科副部長	
大久保　圭策	昭和 61.7.1			平成 1.6.30	神経科	

の窓には鉄格子が入っていた．一番奥の東端の2つの病室は扉が2重になっていて，以前は保護室として利用されていたと思われる．初期のころには強制入院の制度は利用されていたようである．近年は，強制入院はしていなかったも

のの，精神運動興奮の強い患者の入院はけっこう多くて，大量のハロペリドール等の持続点滴で管理せざるを得なかったケースもよくあった．今振り返ってみると，かなり危険性はあったと思われるが，大きな事故は，ほとんどなかっ

表 2-2 和風会からの協力医師

氏名	採用	副部長	部長	退職	診療科	
梅田 幹人	昭和62.6.1			平成11.6.30	神経・精神科	
			平成18.4.1		心療内科・精神科部長で採用	
大久保 ゆかり	昭和62.7.1			昭和63.12.31	神経内科	臨床研修医
古河 辰之	平成1.7.1			平成2.12.31	神経内科	
長沢 辰一郎	平成1.7.1			平成2.6.30	神経・精神科	
勝田 充代	平成2.1.1			平成3.3.31	神経・精神科	
鄭 庸勝	平成2.7.1			平成4.5.31	精神科	
三上 章良	平成3.4.1			平成5.5.31	神経・精神科	
辻本 浩	平成4.6.1			平成14.6.30	精神科	
	平成17.6.1	平成18.4.1	平成23.4.1		心療内科・精神科	
小西 博行			昭和62.4.1	平成12.9.30	神経・精神科部長	昭和62.4.1に補職
志水 隆之	平成5.6.1			平成7.6.30	精神科	
為永 一成	不明			平成9.3.31	精神科	
宇田 祥子	不明			平成11.8.31	精神科	
保坂 直昭	平成11.7.1			平成15.8.31	精神科	
吾妻 壮	平成11.10.1			平成12.5.31	精神科	臨床研修医
松岡（岡田）淳子	平成12.6.1			平成15.3.31	精神科	臨床研修医
柏木 雄次郎			平成12.10.1	平成18.3.31	神経・精神科部長	平成13.1.1 神経・精神科→心療内科精神科に標榜変更
小城 加津子	平成14.7.1			平成15.3.31	心療内科・精神科	
前田 憲太	平成15.4.1			平成17.3.31	心療内科・精神科	
西野 悟	平成15.4.1			平成17.5.31	心療内科・精神科	
八田 直己	平成15.9.1			平成17.9.30	心療内科・精神科	
小池（遊佐）裕子	平成17.10.1			平成19.3.7	心療内科・精神科	
安野 史彦	平成18.12.1			平成19.3.31	心療内科	
久保 嘉彦	平成19.4.1			平成24.3.31	心療内科	
福本 素由己	平成24.4.1				心療内科	

た。ただ，患者の離棟等は時々あった。このころは，精神科医師も内科当直に入っており，当直になると，入院中の患者の対応はもちろんのこと，心臓疾患や脳血管障害，呼吸不全，消化器疾患等のすべての内科系疾患の急患に対応しなければならなかった。現在では当院では研修医当直が2人いて，内科系当直以外にも循環器当直，脳外科当直等も常駐しているが，当時は内科系を一人で担当していた。筆者自身も当直時には，脳出血，脳梗塞，吐血，心筋梗塞，発作性上室性頻拍症等の対応をしたが，ストレスの多い業務であった。平成17年に精神科・心療内科の病床がなくなってからは，精神科は内科系当直からはずれている。

当時の大きな出来事としては，平成7年1月17日の阪神淡路大震災があげられる。午前5時45分ごろの地震で，筆者も地震の揺れで目が覚めて，かなり大きな地震でテレビをつけてみると，各地の震度（5〜7）が表示されていて，「津波の心配はありません」というテロップが繰り返し流されていただけであったので，もう一度寝なおして，定時に車で出勤しようとした。大阪方面からの出勤なので，見た感じでは大きな被害は見受けられなかったが，車の渋滞がひどかったのを憶えている。ラジオのニュースを聞いていて，「阪神高速が倒壊して，死者が6人出た模様」との報道があり，初めて大地震であったことを知ったが，一方で，「阪神高速が倒壊するような大地震で死者が6人？」と疑問に思った。関西労災病院には，午前10時ごろにやっと到着したが，病院は休診になっていた。神戸方面から通勤している医師も次第に到着して，彼らの話から初めて大惨事の実情を知った。関西労災病院には地震の直接的な大きな被害はなく，2〜3日で診療を再開したと憶えているが，病院のすぐ西側を流れている武庫川を越えると状況は一変していた。当時，病院の5階に上がって西側をみると，あちこちから煙が上がっていて，上空には多数のヘリコプターが行きかい，サイレンの音は絶え間なく鳴り続けるといった戦時下のような状況であった。ある程度おちつくまで6ヵ月以上を要したと思われる。

心療内科・精神科の現在の業務

関西労災病院では，現在は心療内科・精神科の病床はないので，外来での診療が中心となっている。現在は常勤医師3名［部長：梅田幹人，第二部長：辻本浩（緩和ケア科部長　兼任），医長：福本素由己］，非常勤医師1名［重人好古（睡眠外来担当）］で診療を行っている。臨床心理士は，常勤が1名，非常勤が2名で，各種の心理検査やカウンセリングを行っている（図5）。

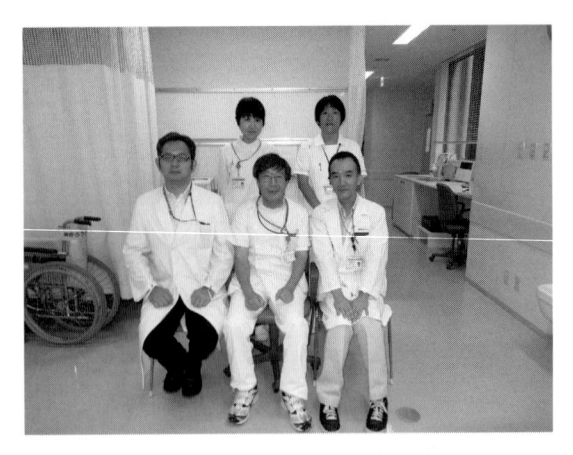

図5　心療内科・精神科の現在のスタッフ
前列右より，辻本浩第二部長，筆者，福本素由己医長
後列右より，三浦看護師，黒瀬臨床心理士

1．外来診療

精神科一般の診療を行うとともに，精神科医療の専門性の高度化を目的として，以下の特殊外来を設置している。

① 「ストレス外来」による心身症・軽症うつ病への専門的対応
② 「老年期外来」による認知症・高齢者うつ病への専門的対応
③ 「睡眠外来」によるナルコレプシー，睡眠時無呼吸症候群，レム睡眠障害等への専門的対応

2．リエゾン診療

他科にて入院中の患者につき，他科医師の要望に応じてリエゾン診療を行っている。そのための，オンコール体制も準備している。

3．メンタルヘルスおよび地域連携

病院の理念と方針に基づき，勤労者に急増している「うつ状態」などの各種のストレス性疾患に対して早期に対応し，軽症の段階から治療してゆくとともに，職域・地域において各種講演・研修活動を活発に行い，メンタルヘルスに関する予防医学的な啓蒙を実践している。そのために以下の活動を行っている。

① 関西労災病院で行っている「勤労者心の電話相談」あるいは「関西労災病院　勤労者

メンタルヘルスセンター」との連携。ストレスドックの実施。
② 啓蒙的各種講演・研修活動によるメンタルヘルスの向上。
③ 症例を通じての診療所・病院との連携による患者の相互紹介の促進。
④ 地域医師会での講演・研修等において当科診療内容の案内を行い，患者の相互紹介。
⑤ 老年期疾患について，地域医療機関と簡易紹介システムを構築して，患者の相互紹介。
⑥ 兵庫県の産業保健推進センターへ月に1回，医師を派遣。

4．緩和ケア

関西労災病院は平成17年1月に，地域がん診療連携拠点病院の指定を受けている。そのため緩和ケアは病院においても重要な課題になっており，平成23年4月1日に，緩和ケア科が設立された。心療内科・精神科の援助も必要である。当科では，辻本浩第二部長に緩和ケア科部長を兼任していただき，当院における緩和ケアの中心的な役割を担っていただいている。

5．対面カウンセリング

臨床心理士により，予約制で行っている。

6．SST（Social Skill Training）

臨床心理士により，月に2回行っている。

7．兵庫県労働局への協力

兵庫県労働局が行う，「労災による精神疾患」を認定する「精神部会」に，筆者が部会長として，辻本浩第2部長が委員として，協力している。

16 市立豊中病院

● 德山　まどか

沿革

　市立豊中病院（以下，当院）は，大阪府北部に位置する地域の中核病院です。大阪大学附属病院からは，雨にぬれることなくモノレールで往来できる最寄り病院でもあります。

　当院は昭和19年に私立病院を買収する形で，豊中市民病院として内科・外科・小児科の3科でスタートしました。その後逐次拡張を重ね全科病院となり，昭和29年に旧病院が阪急豊中駅前に建設され，市立豊中病院と改称開院されました。その後も豊中市の住宅都市としての飛躍的な発展とともに利用者も増加の一途をたどり，増築を繰り返して対応してきました。しかしながら，人口40万を超える大自治体の病院として旧病院が保有する設備では追いつかず，平成9年11月，619床，20診療科（現在は613床，21診療科）をもって，大阪大学豊中キャンパスに隣接する現在のモノレール柴原駅前に新病院が更新築されました。新病院は元々池だった所を埋め立てて建設され，モノレール駅から病院までのアプローチにはその池の一部が残っており，池の中央には「宇宙の花」と題されたモニュメントが設置されています。新宮晋氏の作品で，風と光と水を美しく調和させ，病院建物や周辺修景と一体となっています（図1）。平成18年10月から施行された敷地内禁煙の影響も受けて，池周辺にはゆったり喫煙する患者や職員の姿が見られます。病院建物は，上から見ると船のような形で，一見病院らしからぬ姿を

図1　病院前景

図2 病院ロビー

しています。病院の北側に位置する附属の院内保育所（医師・心理士利用可，保育時間は午前7時半～19時半ですが，週3日24時間保育あり，特に市長が必要と認めた場合は7時半～翌22時までの延長も可能。病児保育有，園庭付）も小さな船の形をしています。外観もさることながら，建物内部も旧病院とは様相が一変しました。吹き抜けがあちこちに設けられ，開放的な空間を呈しており，床はカーペット敷きで，至る所に絵画が飾られ，間接照明が随所に効果的に使用されています。平成12年には日本医療福祉建築協会主催の「医療福祉建築賞」を受賞しています（図2）。

このように建物への投資が過大であったため，また，病院経営ではありがちですが収益はそこそこでも結果的に平成9年の新病院移転以降，毎年度赤字が続いています。平成23年度より新たな施設基準の獲得で改善の方向に転じ，赤字額は減少傾向にあります。平成24年度の医業収益は約160億円でした。当院全体の24年度の患者数は外来が平均1,288名/日，入院が平均563名/日で，平均病床利用率94.7%，平均在院日数は12.6日でした。救急外来患者平均59名/日，分娩903件/年，手術5,503件/年と地域の中核病院としての役目を果たしています。

平成14年地域がん診療連携拠点病院（平成22年更新），平成22年地域医療支援病院の認定を受け，平成22年には日本医療機能評価機構からの認定を更新することができました（ver 6.0）。

当科の変遷

旧病院時代は「精神科」はなく，「心身医療相談」として頼藤和寛先生，中尾和久先生，中尾先生の留学中は田中則夫先生が非常勤として勤務されていました。

平成9年の新病院開院にあたって宮川真一先生を迎え，精神科が新設されました。当初は三田浩平先生や小山明子先生など和風会の先生方に応援頂きました。宮川先生の一人医長時代が続いた後，平成12年3月に臨床研修病院に指定されたことを受けて，精神科の定員が2名となり，同年4月より徳永博正先生が赴任されました。翌年9月には大学に戻られましたが，平成14年4月に徳山が赴任し常勤2名に復旧しました。これにて懸案であった入院患者への精神科医療の強化が可能になり，毎日外来1名，病棟1名の体制での運用が軌道に乗りました。一方，外来は年々増加の一途をたどり，予約診療などの形で対応してきたものの，待ち時間の増加や病棟往診が夜になるなどの問題が解決できず，頭を痛めておりましたところ，折しも当院の急性期病院，地域医療支援病院としての方向付けが明文化されたことに伴い，当科もそれに沿ってリエゾンを重視する方向で運営していくことになり，年間延べ外来患者数は平成14年度の4,933人をピークとし，以後は年々縮小し18年度には2,593人にまで減少させました。しかしながら後述のように平成20年度から再び増加の一途をたどり，平成24年度は3,714人となっています。

平成15年の徳山の育児休暇中は石井良平先生に応援していただきました。

当科を創設された部長の宮川先生が平成18

年春に沖縄県より招請を受けて異動された後は徳山が部長心得（下級の者が上級の役職を代行する時の職名）を拝命し，毎月1名ずつ回ってくるスーパーローテーターと2人3脚の1年間を過ごしました。平成19年春，大西友祐子先生が赴任され，晴れて医師2名体制に復活しました。同時に徳山が（おそらく当院としては最年少で）正式に部長となりました。しかしながら，晴れ間もつかの間，1年後の平成20年4月より大西友祐子先生が1年間の育児休暇に入り，再び医師1名体制となってしまいました。横小路美貴子先生と林紀行先生に外来診療を応援していただき，リエゾンを優先し外来は前年度より-15％に絞ることで何とか乗り切れた1年でありました。大西友祐子先生が復帰されてからは，初診予約までの待機が長くなってしまっていたことを解消すべく，外来を増枠し，外来初診患者数は前年度の1.7倍にまで増加しました。入院患者診療と外来診療の比率は例年およそ3対1の比率で行っていましたが，この年は外来数の増加に伴いおよそ2対1となりました。

平成16年度より発足した緩和ケアチーム活動は7年目を迎え，がん診療連携拠点病院加算の算定を勘案し，平成22年12月より徳山が緩和ケア専従医となりました。これにより就業時間の8割は緩和ケアに従事していることが条件となりました。

平成23年ごろより地域の一般科診療所の先生方からの当院の物忘れ外来へのニーズが高まり，外来初診者に占める物忘れ外来の割合は70％近くなり，患者数は前年度対比120％の勢いで年々増加し，診療枠内に収まらなくなってきています。また平成21年に開設した認知症看護認定看護師によるもの忘れ看護相談外来の反響も同時期より大きくなり，こちらの相談件数も飛躍的に増加して参りました。これにより自然と地域の診療所の先生方や介護従事者との連携が課題となり，積極的に地域医師会主催の講演会に出席するなどして顔の見える関係作り

に取り組んで参りました。平成24年10月より近隣の包括支援センタースタッフ，地域のケアマネージャーらとともに月1回事例検討会を始めました。形骸化した会議形式ではなく，あくまで実践的な場としての会にしたいと考え，メンバーは特に定めず，来たい人が来たいときに来る，というサロン形式をとっています。困難事例を抱えたケアマネージャーが症例を持ち込んで，職種に関係なく平易な立場で検討し合うアットホームな会で，包括スタッフやケアマネージャーと顔の見える関係が着実に築けてきています。参加者の地域は豊中市内だけに限っておらず，時に隣接する箕面市や池田市からの参加もあります。豊中市には在宅医療推進のために医療と介護の連携を図る目的で，市役所の高齢福祉課と地域包括と医師会，歯科医師会，薬剤師会，介護保険事業者連絡会，訪問看護ステーション連絡会とで構成される「虹ねっと連絡会」という組織があります。平成24年度から当院も正式に参画することになり，当院からは徳山を含め2名の医師が病院の代表として参加しています。会議形式のものが年に6回，宴会形式が2回あり，上記の事例検討会に加えて虹ねっと連絡会に参加することで，顔の見える関係作りはさらに重層的なものとなり，緩和ケアと認知症の地域連携の両面から当科にとっては重要な場であると考えています。上記の活動の成果と言うべきか，診療所の先生方からの紹介だけでなく，担当ケアマネージャーなどから当院のもの忘れ外来を勧められるケースが増え，平成24年末頃には物忘れ外来の予約待機が3～4ヵ月と長くなっていました。そこで，平成25年4月より当院神経内科医1名（認知症学会専門医）と和風会より杉山博通先生の応援を得て物忘れ外来の枠を増設し，1～2ヵ月の待機まで短縮することができました。

平成24年4月豊中市の中核市移行に伴い，府から豊中保健所に配属されていた精神科医が撤退したため，月に2回，豊中保健所の精神保

図3 スタッフは全員女性

健福祉グループの会議に徳山が参席するようになりました。業務負担は増えましたが，豊中保健所の精神保健グループは豊中市の精神保健行政の中核であり，会議に出席することで，市の施策だけでなく国や府の方向性，さまざまな福祉機関の活動が了解でき自治体病院精神科にとって有用な時間とpositiveに考えて出席しています。

平成25年12月より大西友佑子先生が2度目の育児休暇に入られます。目下，育児休業中に上記のように拡大し続けた業務をどう縮小維持するかが大きな課題となっています。女性医師の割合は年々増加しており，現在当院では165名の医師のうち，女性が32％を占めています。当院でこれまで1年間の育児休暇を取得できている女性医師は徳山，大西先生を含めおそらく数名であり，それ以外の女性医師は出産当日まで出勤したり，産休のみの取得であったり，数ヵ月の育児休暇で復帰するなどまだまだ厳しい条件で仕事を続けています。女性スタッフオンリーの当科だからこそ，女性が育児をしながら働き続けられる職場の1つのモデルとして妊娠・出産を機に崩壊することは避けたいと考えています（図3）。

当院は平成17年12月より日本精神神経学会精神科専門医制度研修施設に認定されています。また，現在，一般病院連携精神医学専門医特定研修施設を申請中です。

当科の現状

現在のスタッフは常勤医師2名，臨床心理士は常勤1名，嘱託2名，応援2名の総勢5名で診療を行っています。外来看護師は平成17年4月以降長らく不在でしたが，平成24年4月より認知症看護認定看護師が配属となり，精神科業務は格段にレベルアップし，特に認知症医療については飛躍的に充実しました。以下が当科の業務内容です。なお，番号はそのまま優先順位を反映しています。

1．コンサルテーション・リエゾン

精神科病床がないため統計上当科での入院症例はありませんが，他科での精神医療への需要は多く，年間650名を超えるコンサルトがあり，常時40〜60人をフォローしています。診断名としてはせん妄や認知症（ICD-10コード：F0）が70％以上を占めています。実際にはコンサルト型よりは共観に近いかかわり方ですが，精神科病床がないためリエゾンと呼んでいます。当科のリエゾンスタイルはいわゆる「御用聞き方式」をとっており，外来診療以外の時間は各病棟をうろついています。看護師や他科医と雑談も交えながら，気軽に精神科医に声をかけられる関係を作ることによって，精神的問題を抱えた患者さんへの早期介入が可能になり，在院日数の短縮化に貢献していると考えています。また，リエゾンには他科医への教育的要素もあり，院内全体の精神医療のレベルアップにも貢献できればと考えています。

平成23年9月より厚生労働省のチーム医療実証事業実施施設の指定を受けてせん妄予防対策チームを立ち上げ，平成24年4月より診療報酬で新たに策定された精神科リエゾン加算を算定しています（図4）。チームメンバーは精神科医2名，認知症看護認定看護師，臨床心理士，薬剤師，作業療法士，リハビリ病棟師長，事務

図4 せん妄予防対策チーム

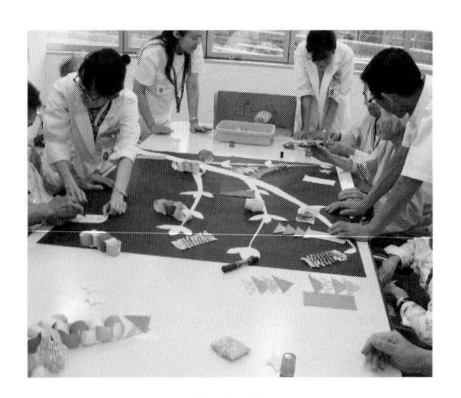

図5 病内デイケア

員で構成され，各病棟にハイリスク者のフィードバックを行う，週1回回診，院内デイケア運営，光療法，その他随時病棟看護師から認定看護師にせん妄の相談が入ります。週1回の回診に看護師がつくようになったことで，認知症やせん妄のケアの工夫点を直接その場で病棟の担当看護師にアドバイスできることが非常に成果をあげています。また，過剰な身体拘束・抑制をできる限り減少させるべく，回診時に病棟スタッフと抑制について話をし，看護の意識変革を起こしていきたいと考えています。これらの活動は草の根的ですが，少しずつ変化がみられています。

平成24年5月から始動した院内デイケアは作業療法士の全面協力を得，順調に運営されています（図5）。理学療法士の中にも興味をもってくださる方が表れるなど，いい形でリハビリ部との連携が広がっています。集団だけではなく個別作業療法と組み合わせることで，入院中のせん妄予防や認知機能低下予防効果をねらっています。週単位で表情が改善し発語が増えたり，帰宅願望が強く病棟で手を焼いていた方がデイケア参加後から穏やかになられたり，個別の作業療法では引き出せない集団の効果が見られ，我々スタッフの励みとなっています。

平成24年度も平成23年度に続き，厚生労働省のチーム医療実証事業に認定されました。取り組みとして平成25年2月にせん妄予防対策研修会を開催し，近隣の急性期病院7病院から8職種33名の参加がありました。

2．緩和ケア

当院は平成14年12月に地域がん診療連携拠点病院の指定を受け，豊能地区（豊中市，吹田市，箕面市，池田市，豊能郡）における地域のがん治療中核病院としてさまざまな取り組みを行ってきました。当科では平成16年3月より外来がん患者対象のグループ療法を始めたのを皮切りに，その後も継続，平成17年6月にはサロン形式のものも加え，平成17年8月からは現在も継続中の「がんサポートプログラム」を運営しています。具体的には臨床心理士らが中心となって，がん患者（入院外来問わず）やその家族を対象にセミナーやグループ療法，個人カウンセリングを行うもので，これが院内外で高い評価を受け，雑誌取材や全国のさまざまな病院から見学者が訪れています。

平成16年11月に発足した緩和ケアチームは当初，会議や教育中心の活動でしたが，平成17年8月よりメンバーが病棟に繰り出すようになりました。従来よりリエゾン活動の中で精神科としてがん患者を診療してきましたが，身体科医師（外科医，麻酔科医，内科医），がん専門看護師，がん性疼痛看護認定看護師，心理士，薬剤師，MSWらと緊密に連絡をとりながら，一人の患者に対して他職種でかかわるチーム医療という新たなアプローチが加わり，診療の幅が

広がりました．チームのメンバーはその後も拡大増殖を続け，がん放射線療法看護認定看護師，がん化学療法認定看護師，訪問看護師，外来師長，放射線技師，栄養士，理学療法士も加わり，現在総勢24名のチームとなりました．

3．精神科臨床研修

平成16年より始まった臨床研修制度によって，当科にも2年次スーパーローテーターが毎月1名ずつ回ってくるようになりました．身体科医師が頻繁に遭遇する精神症状に対して基本的な診断治療が行える医師の育成を目標として，松柏会榎坂病院の協力も得ながら，主に当院での研修を中心に教育指導を行っています．知識や技術の習得はもちろんですが，1ヵ月終了時には「精神科って意外に面白い，楽しい」と感じてもらえるよう心がけています．4～5倍の倍率をくぐりぬけて採用試験に合格した熱心な研修医が力をつけて行く姿を見るのは指導する側にとっても大変励みになっています．

4．外来診療

病棟部門の診療を優先し，外来部門は再診週3日，初診週3日で診療しています．平均紹介率約80％，逆紹介率約150％と地域医療支援病院である当院の病診連携の方針に沿って，安定された患者さんは地域の診療所に紹介させていただいています．幸い，当院近辺には和風会の諸先生方がたくさん開業されており，先生方には平素より大変お世話になっています．MRIや脳血流SPECT，心筋シンチなどの設備と臨床心理士が複数名在籍する豊富な人材を生かして平成16年より「物忘れ外来」を開設しており，認知症の鑑別診断と周辺症状に対する治療・助言を行っています．平成19年度からはVSRADやeZISなどの診断補助解析ソフトも導入されました．初診に占める物忘れ外来の割合は年々増加しており，高齢化に伴い増加する認知症性疾患の早期発見・治療のため，ますます役立てていただきたいと願っています．

上記業務のほか，医師・看護師のメンタルヘルスケア，裁判外紛争解決制度（医療ADR）を担う当院医療安全管理室室長への助言，臨床研修医採用試験，処遇困難例（クレーマー，訴訟，退院拒否，頻回入院等）への介入や事例検討会への参加等，臨床心理士と共に院内各部門に出動しています．これらの多岐にわたる活動によって，精神科は不採算部門であるにもかかわらず厚遇されています．また院内における心理士の知名度は年々向上しており，入院患者のカウンセリングを直接依頼されることもしばしばあります．緩和ケア活動も心理士の活躍による所が多いのですが，それ以外にも小児科入院・外来ケースの相談，発達相談，NICU入院児の親のケア，妊産婦のカウンセリング，糖尿病患者のグループ療法等を担っています．平成20年6月より開設された糖尿病思春期外来では患者（子）の診察は内科医師，親面接は臨床心理士が担当する形で連携をとりながら診療しています．保健所の母子グループが行っている，障害児の母親への精神的支援を目的としたグループ療法に医師と臨床心理士が参加協力しています．

当科の業務内容は，無床総合病院精神科の役割に特化しているかもしれませんが，「自前の病棟をもたない総合病院精神科のスタンスとしては（院内外の）お役に立ってナンボ」という創設者宮川真一先生の言葉を受け継いで，今後もこのスタイルを堅守していく所存です．また，当科は心理士も含めスタッフ全員既婚女性という珍しい職場で，毎日ランチタイムはミーティングという名目の下，談論風発，和気あいあいと過ごしています．前々代の院長が常日頃，「チームワーク！ コミュニケーション！ 明るく，楽しく，笑顔で！」とあちらこちらで口にされておりましたが，これからもそのような職場環境を育んで行きたいと思っています．

17 箕面市立病院

● 辻尾 一郎

はじめに

　箕面市立病院は当時の市民の熱い思いから昭和56年7月に開院された箕面市内の唯一の総合病院である。地域医療の中核病院として，近隣医療機関との強い連携のもとに，高度の医療技術を駆使した救急医療，急性期の入院診療，各専門医による専門外来診療を中心に市民の健康を守るべく役割を担っている。開院時は11診療科200床だったが，現在は17診療科317床を擁している。また，財）日本医療機能評価機構による病院機能評価の審査を受け，2013年8月18日付で病院機能評価「一般病院2　機能種別版評価項目 3rd　G：Ver.1.0」の認定を受けている。また，平成21年4月より大阪府のがん診療拠点病院に，平成22年4月からは地域診療拠点病院の認定を受けている。場所は北千里急行千里中央駅や阪急箕面駅からバスで15分，萱野という箕面市街や箕面の山々を見渡せる高台にある住宅街の一角にあり，豊能広域こども急病センターや箕面ライフプラザ（老人保健施設や保健所など）が隣接している。当科は平成7年4月に将来臨床研修指定病院の指定を受けることを前提に和風会員の内藤正敏を部長として迎え（平成7年4月より16年3月まで勤務・平成14年10月より副院長を歴任）開設した。開設当初は精神科の診察室がなく，中央放射線部の一室を仮の診察室として使用していたが，平成8年4月にリハビリセンターが竣工し，それと同時にプライバシーの保てる診察室と心理検査室，処置室，受付が完備した施設が完成した。それと同じくして平成9年4月より応援医師の増員も認められ，週5日の外来診療が開始された。また，内藤は院内のリエゾン精神医学にも力を入れ，日本総合病院精神医学会のせん妄治療のマニュアル作りにも尽力した。副院長時代にはさまざまな病院改革に取り組まれ，特に院内使用薬剤の制限の調整を円滑に取り仕切られた。その後医員として金山紀子が勤務（平成14年4月より15年5月まで勤務），また，平成16年5月からは谷口謙が部長として勤務した（平成16年5月より20年7月まで勤務）。外来では，新たに認知症の診断，ケアに取り組む一方，平成16年に設立された緩和ケアチームの委員長としてチームの礎を作った。平成20年8月より辻尾が赴任し，外来を主とする形で診療を行っている。初代の内藤が，総合病院内の精神科として患者に気軽に受診しても

図1　箕面市立病院と箕面市の夜景

らえるように，外来名を心のクリニックと命名した経緯があり，その信念を継続し診療を行っていくことを心がけている。

当科の現状

1．外来診療

現在のスタッフは常勤医1名，非常勤医1名，非常勤臨床心理士1名である。看護スタッフは専任ではないのだが，専門外来（内科系）から常に同じ3，4名のスタッフにローテーションで来てもらっている。患者からの電話の問い合わせや他科との連携なども含め，当科特有の特殊な対応も含め，的確に進めてくれている。外来診療は当科開設当初は週2日の診療で始まったが，現在は毎日1診で月，火，金は午前診のみ，水，木は午前・午後診を行っている。平成24年度の年間外来患者数は7,000名で1日平均約30名前後となっている。基本的に予約制となっており，新患や再診で予約のない方は，当日枠や地域連携枠を設けて対応している。診察はうつ病，躁うつ病，パニック障害や強迫性障害，不安障害，不眠症，認知症，統合失調症など精神科一般の診療を行っているが，アルコールや薬物依存症の方には専門医療機関の受診を勧めている。箕面市も他所と変わらず，高齢化の波が押し寄せており，65歳以上が全人口の20％を優に超えていることもあり，認知症患者を含む高齢の患者様が多い印象を受ける。今後ますます高齢化が進んでいくこともあり，認知症患者は激増する可能性が高く，当科のみならず，いろいろな科で認知症患者をフォローしていく必要があり，地域の先生方と研究会などを開催し，連携を強化している。週2回（火曜午後・金曜全日）非常勤の臨床心理士によるカウンセリングや認知症評価テスト，心理・知能検査などを行っている。現代のストレス社会や高齢化もあり需要が多く，常に飽和状態となっている。また，当科は入院病床がないため，入

図2　緩和ケアチームカンファレンス

院が必要な患者は近隣の精神科病院を紹介している。その際は近隣の和風会の先生方に大変お世話になっている。また，当院ERでの精神疾患患者への対応など可能な限りお手伝いをしている。

2．入院診療

当院には精神科病床はないが，他科の入院患者の精神科治療（リエゾンコンサルテーション）を中心に診療活動を行っている。年間約400名のコンサルテーション枠を用意し，また，その場に応じ他科の医師からの依頼をできるだけ受けるようにしており，常時約20名強の患者をフォローしている。主なコンサルテーション依頼は，せん妄，不眠や精神疾患の合併などへの共観，アルコール離脱や大量服薬の患者への対応など可能な限りお手伝いをしている。当院も高齢化社会のあおりもあり，当然ながら入院患者の高齢化も進んでおり，80歳以上の患者や認知症を合併した患者の入院が多く，特にせん妄への対応は非常に増えている。そのため，認知症を含め老年期に関する認定看護師などの採用も検討されている。

3．緩和ケア

当院は地域のがん治療中核病院で緩和ケアチームを発足しており，谷口が緩和ケアチーム発足時からのメンバーで，チーム委員長であっ

図3　2013年緩和ケアチーム

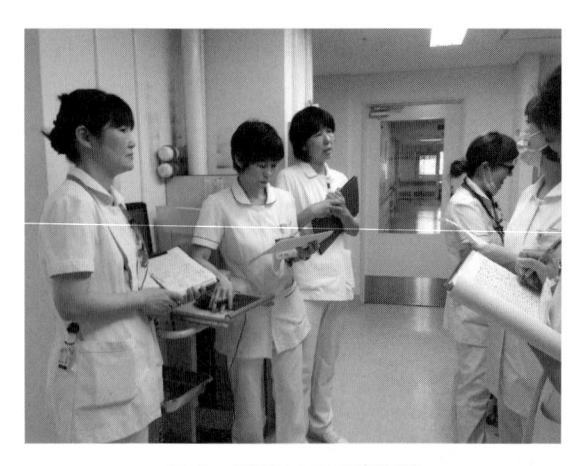

図4　緩和ケア回診風景

図5　2007年緩和ケア医療学会での谷口先生の発表

図6　2007年度緩和ケアチームスタッフと谷口先生

たこともあり，私もそれを引き継いで活動を行っている．スタッフと一緒に週1回の病棟廻診や精神症状に対する共観を受け入れている．本来ならば精神科医としては外来での緩和ケア対象患者やその家族のメンタルケア，啓発なども重要と考えられるが，外来は慢性的に飽和状態であり，病棟での活動が中心となっている．幸い，当院にはガン緩和ケア認定看護師が2名在籍しており，連携をとりながら，緩和ケア患者の精神的なケアを行っている．また，緩和ケアチームのもう一つの目標として，がん症状マネージメントの質的な向上と緩和ケア医療に対する教育・啓蒙活動を掲げており，院内向けで は平成23年度より月2回の割合で，ランチョンセミナーを行っており，院内の緩和ケアにかかわる他職種の方に講師になっていただいたり，緩和ケアにかかわる，薬品や栄養，医療器具の説明を各企業の方に講演していただいたりしている．院外向けではこれも平成23年度より年2から3回の割合で，当院主催で北摂緩和ケア学習会を立ち上げ，各部門の著名な方に講師となっていただき，講演会を開催している（下記に詳細を示す．）プレ大会を含めて，和風会の先生方にも大阪大学，谷向仁先生，市立豊中病院の徳山まどか先生，関西福祉科学大学の柏木雄次郎先生の3名に講演をしていただいた．そ

の他にも近隣のホスピスや在宅医療との連携強化のため，千里ペインクリニックやガラシア病院などとの合同勉強会を，不定期ではあるが開催している。

平成 20 年 11 月 17 日
　箕面市立病院緩和ケア講演会
　甲南病院　精神看護専門看護師　山田淳子先生
　「緩和ケアにおける精神症状アセスメントとケア」
　院内 96 名参加

平成 21 年 11 月 26 日
　箕面市立病院緩和ケア講演会
　大阪大学オンコロジーセンター特任助教　谷向　仁先生
　「がん患者における心理反応と精神症状（緩和ケアにおけるサイコオンコロジー）」
　院内 94 名　院外 14 名参加

平成 23 年 9 月 29 日
　第 1 回北摂緩和ケア学習会
　星ヶ丘厚生年金病院　緩和ケア科部長　塚原悦子先生
　「そこから始まる緩和ケア～症状緩和のコツを交えて～」
　院内 114 名　院外 36 名参加

平成 23 年 12 月 1 日
　第 2 回北摂緩和ケア学習会
　近畿大学附属病院　家族支援専門看護師　藤野　崇先生
　「家族全体の力を高めるケア～家族が抱えるトータルペインへの支援～」
　院内 90 名　院外 20 名参加

平成 24 年 3 月 22 日
　第 3 回北摂緩和ケア学習会
　市立豊中病院　精神科部長　徳山まどか先生
　「精神科医から見た緩和ケア～せん妄からスピリチュアルペインまで～」
　院内 72 名　院外 23 名参加

平成 24 年 5 月 24 日
　第 4 回北摂緩和ケア学習会
　淀川キリスト教病院　ホスピス長　池永昌之先生
　「急性期病院における緩和ケアのコツ」
　院内 153 名　院外 31 名参加

平成 24 年 9 月 27 日
　第 5 回北摂緩和ケア学習会
　ふるかわ医院　古河　聡先生
　「在宅医療支援診療所における在宅緩和ケアの実際」
　院内 102 名　院外 48 名参加

平成 25 年 2 月 14 日
　第 6 回北摂緩和ケア学習会
　関西福祉科学大学教授　柏木雄次郎先生
　「がん患者・家族のこころのケア」
　院内 112 名　院外 34 名参加

平成 25 年 5 月 16 日
　第 7 回北摂緩和ケア学習会
　公益財団法人　がん研究会有明病院麻酔科副部長
　　　　　　　がん治療支援緩和ケアチーム
　　　　　　　　　　　　　　　　　服部政治先生
　「がん疼痛治療の基本から最前線まで」
　院内 129 名　院外 41 名参加

おわりに

　箕面市も他所と変わらず，高齢化の波や現代のストレス社会の影響をまともに受けており，当科を受診する患者数は増えているように感じている。特に高齢化に伴う認知症の患者が非常に増えており，認知症は当科を含め専門医といわれる科のみならず，老年期の患者が受診をするすべての科でフォローをしていかなければコントロールできない状況になっている。そのことも含め，認知症に関する研究会や，認知症をフォローできる医師を記載した箕面市の認知症 MAP 作製などに微力ながら取り組んでいる。

18 大阪回生病院

● 谷口　充孝, 江川　功

大阪回生病院の歴史

　大阪回生病院の歴史は古く, 手塚治虫氏の「鉄腕アトム」「ブラックジャック」などの漫画でも回生病院が描かれている。日本の病院には医学の家塾を前身としているものがあり, 大阪大学の前身である緒方洪庵の適塾だけでなく, 後の順天堂医院（順天堂大学）になる千葉県佐倉の佐藤塾, 慶應義塾大学医学部となる慶應義塾医学所などがあるが, 大阪回生病院もその1つで家塾を前身として創設された病院である。大阪回生病院を創設した菊池氏は南朝の忠臣として九州では非常に有名な一門であり, その菊池氏の第37代が慶安3年（1650年）に佐賀小城藩に「回生堂」という屋号を称する医院を開業した。大阪回生病院を設立した菊池篤忠（第43代）は佐賀好生館および長崎で蘭学を修め, 明治2年（1869年）に東京大学東校（現東京大学）に入学し, 明治3年（1870年）に緒方洪庵塾が大学東校の管轄となり大阪分校と称せられたとき, その正訓導（講師）として来阪している。菊池篤忠は明治13年（1883年）大阪陸軍病院院長（軍医監）となり, また, 「回生堂医院」という家塾を創設し, その後, 明治33年に軍を辞して, 大阪市衣笠町（現西天満2丁目）の鍋島藩の蔵屋敷の跡地に「一視同仁, 博愛慈善」をもって患者に接することを院是とする大阪回生病院を看護婦養成所とともに開設した。最近でこそ病院が理念を持つことは当然であるが, 東京で新規の公立病院を一から作り上げた知り合いの医師が新しい病院の理念を策定するうえで調べたところ, 日本の病院で最初に理念を掲げたのは大阪回生病院のようである。当時の病床数は103床（内科, 外科）で, 上水道および各室に蒸気暖房, 滅菌水製造機, 自家発電電燈, 扇風機を備え, 当時としては画期的な近代的な病院だったようである。また, 明治37年（1904年）には大阪府下で初めての小児科を, 明治41年（1908年）には耳鼻咽喉科, 明治45年（1912年）には婦人科が開設され, 大阪市内で初めての私立総合病院となった。

　大阪回生病院は大正15年（1926年）に互恵の精神に基づく, 非営利無配当の株式会社法人に組織変更し, 現在もなお株式会社による病院運営となっている。医療機関の株式会社への参入に関しては大きな論議を呼んだが, 実際には株式会社では制約や不利な点が多く, 昭和に入り, 株式会社から財団法人への移行を申請したが, 当時の財団法人は「慈善」を標榜しなければ許可されなかった。初代の大阪府医師会会長も務めた院長の菊池米太郎は, 「病院経営は『互恵』の精神によってなすべきもので, 慈善＝慈恵をする者は, 知らず知らずのうちに傲慢な心となり, 人間本来の純粋な慈善の心が曲げられてしまう。また, これを受けるものは卑屈になる。」として, 「慈善」を標榜することを退け,

結果として財団法人への移行を断念した。その後，正式に昭和9年（1934年）には日本では珍しい「株式会社互恵会」の名称で株式会社として病院経営が正式に許可されている。その後，再度，昭和25年（1950年）に厚生省事務官通牒により株式会社より医療法人への組織変更が指示されたものの，医療法人を設立するためには株式会社を商法上解散せざるを得ず，その場合，高額の課税を受けて病院が経済的に成立しなくなるため，断念せざるを得なかった。その後も株式会社からの医療法人への移行を折衝しているものの，法的解釈に阻まれ組織変更されないまま，日本ではほとんどない株式会社による運営のまま至っている。なお，昭和41年（1966年）には大淀区（現北区）豊崎に入院339床の当時としては最も近代的な病院を新築移転し，昭和47年（1972年）には日本初の医事コンピューターが導入された。その後，病院の老朽化や周囲の人口の減少もあり，平成17年（2005年）新大阪の駅からほど近い大阪市淀川区宮原に新病院が開設され，19の診療科からなる地域に根差し，特色のある専門医療を行う急性期病院を目指して現在に至っている。

大阪回生病院精神神経科の歴史

精神神経科の歴史を述べるうえでは大きく2つに区分する必要がある。前期は九大精神科の関連病院としての時期であり，後期は阪大精神科の関連病院として活動した一面を持つ。

前項で記載されたように，大阪回生病院の創業家である菊池家は九州と深い関係があり昭和10年（1935年）に精神科が発足したときには九大より，斎藤直光医師が初代部長として招聘された。斎藤部長が在職中に逝去されたため，後任として山下実六先生が着任された。山下先生は戦前戦後を通じ精神科部長として活躍され回生病院精神科の顔ともいうべき存在であった。戦時中は召集されたため，その間は山之内多聞先生が3代目部長として精神科を運営されていた。

山下先生は長崎大村出身の生粋の九州人であり，当初大阪赴任にはかなり難色を示されたらしいが，兄弟子にあたる，中修三先生（九大精神科教授から後に大阪市大精神科教授に異動）から「大阪は日本のハンブルグ」だと言われ，「大阪に赴任すれば今までと異なった疾患の研究ができる」という言葉が学究肌の先生の回生病院赴任の動機となった可能性もある。

終戦後は佐野先生のクロルプロマジン導入までは，発熱療法，インシュリン療法，持続睡眠療法などでの加療が山下部長を中心に行われた。阪大精神科との関係はあまりなかったが，昭和52年（1977年）に江川功，杉本央が阪大出身者として始めて回生病院に赴任した。当時から精神科は4階病棟の1フロアーを占めており，病棟内にはインシュリング室なるものがあり，いったい何をするところか驚いたものであったが，昔そこでインシュリン療法をした名残であったらしい。山下部長は神経病理が専門であり，大阪では貴重な存在であり，阪大や大阪市大でも教えを乞うた先生も多かったらしい。昭和40年代に入り，学園紛争や精神医学での改革の嵐のため，山下部長定年後しばらくは部長不在であったが，幸か不幸か当時の学園紛争のため多くの有能で善良な教官が大学を追われており，その中に4代目の部長となる今泉恭二郎先生がおられた。今泉先生は徳島大学の教授であり，パブロフの条件反射学説の臨床応用や当時珍しいソ連の精神医学などについてのエキスパートであった。その今泉先生が徳島大学を追われるように退職されたので，山下部長が熱心に勧誘され昭和49年（1974年），部長として赴任された。柳川出身の九州男児であり，熱心に部下の指導や臨床にあたられた。和風会員の中でも飯島壽佐美先生が，今泉先生の診療につかれたときもあった。昭和55年（1980年）定年となられた際，当時は九大精神科も佐賀，宮崎，大分等の精神科に医局員を派遣するなどし

て，回生病院にまで後任部長を派遣する余裕がなく，医局員の若手医師の派遣に留まった。しかし，いつまでも部長を空席にしておくわけにもいかず，回生病院上層部が阪大精神科の西村健教授に部長の派遣を依頼した。西村教授は山下名誉部長とも面識があり，後任の推薦に苦慮されたと思われるが，当時成人病センターの脳神経科の部長であった，古川唯幸先生がインターン時代に大阪回生病院にいたことがあり，山下名誉部長とも交流があり，よく回生病院に山下先生を訪ねられ話し込んでいかれたり，忘年会等にも参加されていたこともあったことから古川先生に白羽の矢がたてられた。ただ古川先生もすぐに回生病院に異動することはできないため，親友である，伊藤利清先生に依頼し，1年間部長として着任してもらうこととなった。そして翌昭和57年（1982年）に6代目部長として古川先生が着任された。古川部長は九大精神科との関係をある程度の期間維持しながら，少しづつ阪大精神科との関係を深める軟着陸を試み，昭和62年4月からは，九大精神科の医局員の派遣を解消し，阪大医局から若手医師を派遣してもらうこととなった。このようにして阪大精神科の関連病院としての体制を確立した。しかし，残念なことに，昭和59年（1984年）末に古川部長が悪性リンパ腫に罹患され，在任途中の平成元年に逝去された。そのため，しばらくの間部長不在期間があったが，阪大播口之朗助教授のご尽力により，江川功医師が7代目部長に昇格することとなった。その後は阪大精神科医局より継続的に医師を派遣してもらい，和風会の諸先生（特に正岡哲先生，石島正嗣先生等）からも，多くの入院患者を紹介してもらった。精神科の運営は順調に進んでいたが，大阪回生病院の新大阪への移転を機に江川部長が日生病院に異動し，常勤医はいなくなり，現在は非常勤医による外来診療に特化している。

最後に回生病院の精神科において特徴的であったことに，言及しておきたい。回生病院においては，山下部長のころより，臨床心理士を2名採用していることが多く，臨床心理士を中心に若手医師や病棟看護師が協力し，外来患者や入院患者と一緒に運動やハイキング（箕面の滝，万博公園等）などを行い，診療場面ではみられない患者の生の姿みることで若手医師の教育にもなることがあった。また今ではあまり重視されていないが，脳波検査技師を精神科のスタッフとし，脳波室も精神科病室内に設置したのは当時としては斬新であった。そのため，脳波を専門とする，古川，江川部長時代には反射てんかんやせん妄の終夜脳波等の検査を行う点で有利であった。また，睡眠医療センターの発展にも少なからず功績があったと思われる。

大阪回生病院睡眠医療センターの歴史

精神神経科の睡眠外来としての専門外来から発展した睡眠医療センターは平成10年（1998年）に開設され，これまでの初診患者数21,900名，CPAP管理患者数2,900名（平成25年11月時点）と日本ではトップレベルの症例数を誇る睡眠診療を専門とする施設へと発展した。以下にその経緯を述べたい。

1．1990年代前半までの米国および日本での睡眠センターの状況[1~4]

米国ではGuilleminaultとDementによって1970年代の始めに睡眠関連疾患センターが設立され，その後，1981年にSullivanによってnasal CPAPが閉塞性睡眠時無呼吸症候群に著効する報告によりCPAPの商業ベースの機器が市場に出回るようになり，米国の睡眠医学および睡眠関連疾患センターの華々しい歴史が作り上げられるようになった。日本でもSullivanの報告の数年後には一部の研究者によって試作され，CPAPの有効性は検証されていたが，商業ベースの機器が日本でも輸入されるになったのは1990年ごろであり約30万円という高額な自費負担を必要としたことや睡眠関連疾患の診

療に取り組む医療施設が少なかったことから，必要とされる患者が潜在的に多数いるにもかかわらず医療としては広がらなかった。1980年後半になって，閉塞性睡眠時無呼吸症候群は精神科だけでなく特にこれまで呼吸生理を専門としてきた呼吸器内科や耳鼻咽喉科からも関心を集めるようになったが，ほとんどの施設では診療に必要な終夜睡眠ポリグラフ検査はまだ研究的に少数例を行うことしかできなかった。

日本での睡眠医療への積極的な取り組みは，1981年に久留米大学精神科の「睡眠障害クリニック」であるが，専門の検査技師はおらず週に2～3例程度の終夜睡眠ポリグラフが行われるのみであったが，1990年に浦添総合病院で北米型の睡眠診療専門施設として開設され，専門の検査技師によって睡眠ポリグラフ検査が行われ，日本でも大規模な睡眠呼吸障害診療が行われるようになった。1992年の山口ら[1]が行った日本における大学精神科へのアンケート調査では，週に1人以上終夜睡眠ポリグラフ検査を施行していると回答した施設が7施設であり，最も多い施設で週に3例でしかなかった。一方，アメリカにおいては1992年における米国睡眠関連疾患センター協会によって認定された睡眠障害センターは228施設となっており，この数倍といわれる認定外の施設を合わせると日本との間にはきわめて大きな開きができてしまっていた。

2．睡眠医療センターの開設～現在に至るまで

大阪回生病院では，1980年代から精神神経科で江川功部長が透析患者のレストレスレッグズ症候群および周期性四肢運動異常の先駆的な臨床研究を行っており，大阪大学精神科睡眠脳波研究室との共同研究として精神神経科の脳波室で終夜睡眠ポリグラフ検査を施行していた。ただ，こうした研究志向性の高い終夜睡眠ポリグラフィのみでは，多くの患者に対応することはできないという限界があり，睡眠関連疾患で悩む患者はほとんど診療を受けることができなかった。こうして臨床としての睡眠関連疾患診療の必要性を痛切に感じた谷口が，米国の睡眠関連疾患センターをモデルにした施設をつくっていた沖縄県の浦添総合病院を参考として平成7年（1995年）に睡眠関連疾患の臨床に取り組む専門外来として睡眠外来を開始した。その際には谷口が普段の精神神経科の業務を行いながら，夜を徹して終夜睡眠ポリグラフィを行っていて，睡眠不足でふらふらになりながらも，何とか睡眠診療を軌道に乗せたいという一念で踏ん張り，その実績と江川部長の大きなサポートのおかげで平成10年（1998年）からは精神神経科の病棟を一部改築して睡眠医療センターの開設にこぎつけた。この睡眠医療センターの開設にあたり，日本睡眠学会の前理事長であった菱川泰夫先生に無償で顧問になっていただいた。開設当初にマスメディアに掲載されると睡眠時無呼吸症候群など睡眠関連疾患で困っていた患者が殺到した。ほぼ毎日10～20名の初診患者を夜まで診療しても，診療を待つ患者は数ヵ月先まで及んだ。診療を終えた後も終夜睡眠ポリグラフィを行わなくてはならなかったが，江川部長の理解や大阪大学睡眠脳波研究室の杉田義郎先生，立花直子先生，三上章良先生など研究室の仲間の励ましのおかげで持ちこたえることができた。特に菱川先生から顧問就任時にいただいた「回生病院の睡眠医療センターが失敗すれば，今後，誰も睡眠診療に取り組む医師はいなくなり，日本の睡眠医療の未来がなくなる。睡眠医療センターを開設した限りは日本の睡眠診療のために死ぬ気でがんばれ」という叱咤激励のお言葉は心にしみた。開設にあたって覚悟はしていたものの，その立ち上げの過酷さは想像を越えていて何度か過労で倒れたが，この言葉を思い出すと翌朝には復活し，休みをとらずに診療に邁進した。

開設時は大阪大学精神科教室の睡眠脳波グループの精神神経科2名と京都大学医学部胸部疾患研究所から派遣されていた呼吸器内科医師

1名と，睡眠検査技師1名の小さな人員で始めた睡眠医療センターであったが，こうした悪戦苦闘の診療を積み重ねたことが，その後，京都大学から大井元晴先生をセンター長として招き医師や睡眠検査技師の増加，検査室の増設，さらには平成17年に新大阪に病院が移転した際には，10室の検査室，5室の診察室をもつ独立したスペースをもつ病院併設の大規模な睡眠医療センターへとつながり，今日に至っている。

3．睡眠医療センターの現況（平成25年11月現在）と今後

大阪回生病院睡眠医療センターの初診患者は年間900～1,500名であり，平成10年（1998年）から現在までの累計は21,900名にのぼるが，なおも予約待機患者は200名以上，2～3ヵ月待ちになっている。重症の睡眠時無呼吸症候群の患者において第一選択であるCPAPは約25万人に使用されていると推計されているが，大阪回生病院ではその1％強の2,900名のCPAPの継続管理にあたっている。

睡眠医療センターのスタッフも増え，常勤医師8名（うち5名は呼吸器内科兼務），非常勤医師4名が診療にあたっている。このうち，大阪大学脳波睡眠グループからは常勤で部長を務める谷口のほか，非常勤医師として三上章良医師（大阪大学保健管理センター准教授），京谷京子医師（京谷クリニック）に外来診療を担当してもらっている。大阪大学脳波睡眠グループ以外の医師として，京都大学呼吸器内科からセンター長の大井元晴医師，中井直治医師（呼吸器内科部長）のほか，呼吸器内科では岡村城志医師，前田優希医師，武田悦子医師，麻酔科出身の原田優人医師，神戸大学神経内科出身の大倉睦美医師が勤務し，それぞれ医局や専門分野などバックグラウンドが異なる中でお互いの専門分野を生かし，さまざまな睡眠関連疾患の診療に取り組んでいる。専任の検査技師10名が在籍し，9名は日本睡眠学会の認定技師の資格をもち，医師の谷口を含め7名は米国睡眠検査技師資格（RPSGT）を持つ。平成24年度の初診患者は1,304名で，受診患者数は延べ39,732名（月平均3,311名）にのぼり，関西では最も多数の睡眠検査および診療を行っており，大阪だけでなく関西，中国・四国地方からの受診患者も少なくない。睡眠検査は平日にほぼ毎日3～4件施行しており，平成24年度の実績では終夜睡眠ポリグラフィ859件　無呼吸モニター314件　MSLT 104件，MWT 4件を行った。

睡眠医学は急速に発展してきた医学分野であるが，われわれの施設を含め，精神科領域での睡眠診療の今後における課題は多い。その1つは専門医療として確立されてきたために，一般の精神科医にとって睡眠関連疾患の診療が遠い存在になってきていることである。しかしながら，不眠は言うまでもなく睡眠覚醒リズムの問題，過眠は精神疾患と合併して生じることが非常に多いため，精神科の診療の中で行われるべきであり，精神科医自身が睡眠関連疾患の適切な知識を有する必要があろう。また，睡眠医学には呼吸器内科，神経内科，循環器内科，小児科，耳鼻咽喉科などの多くの診療科がかかわるとは言え，なおも精神科医が睡眠医学の中で果たすべき役割が大きいことも認識されなくてはならないだろう。

文　献

1) 山口成良：わが国および海外における睡眠障害クリニックの現況．日本睡眠学会編：睡眠学ハンドブック，朝倉書店，東京，pp557-563, 1994
2) 谷口充孝：睡眠時呼吸障害の現況と展望．井上雄一・山城義広編：睡眠時呼吸障害Update：エビデンス・課題・展望．日本評論社，東京，2002
3) 谷口充孝：日本の睡眠診療の現状・問題点について考えよう．綜合臨床 58：406-412, 2009
4) 谷口充孝：睡眠センター12年の歩みを振り返って—その光と影．大阪保険医雑誌 38：47-51, 2010

19 国立長寿医療研究センター

● 服部　英幸

設立の経緯

　他の関連病院に比べると，独立行政法人国立長寿医療研究センター精神科の歴史は浅い。平成12年，そのころは国立療養所中部病院であったところに，新たに開設された。国立療養所中部病院はもともと結核サナトリウムとしての歴史があった。その後，重度心身障害小児の療養病棟が設けられたが，昭和60年に当院を老人総合医療センターとする構想が発表された。平成元年に策定された高齢者福祉推進10ヵ年戦略（ゴールドプラン）においても，国立長寿科学研究センター設立が明確に打ち出された。それに沿って，平成7年7月に中部病院に隣接して，老年医学，老年学の基礎的研究を行う「長寿医療研究センター」が設立された。中部病院はセンターの臨床部門を担い，高齢者医療の臨床研究を行える総合病院に向けて組織改編が行われることになった。その大きな流れの一環として，精神科が新たに開設されたのだ。

設立当初

　平成12年4月，大阪大学精神科武田教授の推薦により，姫路の高次脳機能センターに勤めていた谷向知が赴任し，精神科常勤医1名体制でスタートした。平成14年から，東北大学より常勤臨床心理士として三浦利奈が赴任した。また，神経内科と合同で認知症（当時は痴呆と称していた）専門外来である「もの忘れ外来」を開設した。当初，もの忘れ外来は週2回の外来で，精神科外来を共同利用していた。

　平成15年4月，谷向が筑波大学精神科に異動になった後を受けて，金沢医科大学老年病科に勤めていた服部英幸が，精神科医長として赴任した。平成15年時点での精神科外来は，独立した診察室を確保していたが，診察は週3回のみで，それ以外はもの忘れ外来として利用されていた。外来患者の多くは高齢者であったが，当初は1日10数名程度であったため，小児，思春期をのぞく若年層の患者も受け入れていた。1名体制ではあったが，平成10年から院内に新設された包括医療病棟（高齢者の包括的医療を行うための病棟として開設）を主に2～3名の入院患者も受け入れていた。患者は認知症BPSDの治療目的のほか，外来通院中の患者が肺炎などの身体疾患を併発したときも，主治医として入院させ，身体専門家にコンサルテーションをかけるようにしていた。国立療養所中部病院は，呼吸器を中心とする内科が大きなウエイトをもっている病院であったが，精神科が開設されたころには，外科，耳鼻科，眼科など総合病院としての体制が次第に整っていたころで，同時期に婦人科，皮膚科なども新たに開設された。

全国で6番目のナショナルセンターへ

平成16年に,中部病院は全国で6番目のナショナルセンターとなり,「国立長寿医療センター」と名称変更した。総長として,名古屋大学前泌尿器科教授,大島伸一が就任した。

精神科では平成16年4月より,武田教授の推薦により,ためなが温泉病院から吉山顕次が赴任し,精神科常勤医2名体制となった。同時に正式名称が「精神科」から「行動・心理療法科」に変更になった。それまで週3日のみであった外来診療日を週5日とし,入院患者を常時6,7名受けることができるようになった。赴任当時のことについて,吉山は「赴任したころ,医局がまだ暫定的な状態であったのか,南病棟の2階にあり,いろいろな科の人と同室であり,新鮮だった。当センターに赴任前のためなが温泉病院で看護師さんがそれなりの年の方が多かったことに比べ,当センターには若手のアクティブな看護師さんが多かった。各科同士の横のつながりが大学病院より取れていた。」と述懐している。

平成16年4月から平成17年3月までの外来のべ患者受診数2,567人,正味受診人数393人,平均年齢65±17.9歳であった。また,同年6月から,週1回,高齢者うつ病専門外来「こころの元気外来」を立ち上げた。高齢者では,認知症とともに頻度の高い疾患であるうつ病,うつ状態を専門的に診断,治療するための特殊外来である。特に,アルツハイマー型認知症,レビー小体型認知症などの認知症の前駆状態との鑑別に重点をおいた診療を行っている。現在は,外来患者が増加したことと,高齢者精神医療に特化するため,紹介状のない60歳未満の新患患者は,問い合わせの段階で他のクリニックや病院に受診することを薦めている。

平成17年より,包括医療病棟の一部を独立させてBPSDを伴なう認知症の身体合併症および精神症状治療を目的とする,ユニットが創設された。それまでは内科病棟などで遠慮しつつ入院させていた精神科の認知症BPSD患者の治療を行える場所ができた。最初はケアの方法なども手探りで,さまざまなトラブルもあったが,ここでの試みが平成23年に物忘れセンター病棟創設へと発展することになる。

常勤医師2名体制となった精神科は,外来患者数も順調に増加し,各科との連携についても「術後せん妄」の早期発見体制を外科と協同で作成するなど,一定の成果を上げ始めていた。ところが平成22年3月に吉山が大阪大学精神科教室に復帰することになり,再び常勤医1名体制に戻った。外来患者の診療体制を維持するため,名古屋大学に応援を依頼したところ,関谷亮子医師に来ていただくことができ,週2回の外来担当をお願いした。常勤は服部のみとなったが,入院患者も2~3名は受け入れていた。

認知症診療の拠点として

平成22年は当センターにとって,節目の年となった。3月,それまでしばらくの間,空席となっていた院長職に,前杏林大学老年科教授鳥羽研二が就任し,4月には独立行政法人に移行。「独立行政法人国立長寿医療研究センター」に改称となった(図1,2)。当院を「認知症診療,研究の一大センターにする」という院長の方針のもと,9月には,包括医療病棟の一部を改築して,もの忘れセンター外来部門が開設された。もの忘れセンターは認知症に関して,診断から治療まで総合的に対応できる体制を構築することを目的に設立された。センター専従の医師は老年科医師1名のみであるが,老年科,神経内科,精神科,脳外科から医師が分担して外来診療を行う。5診体制であり,平成23年度の新患数は1000名を超えた。その後,「認知症のみならず高齢者医療の総合的拠点を目指す」という,院長の方針のもとで,内科,整形外科による「骨粗鬆症外来」,循環器科による「動脈硬化外来」,

図1 国立長寿医療研究センターの全景
向かって左側が研究所。中央奥が、病院。手前の屋根がもの忘れセンター

図2 国立長寿医療研究センター病院玄関

図3 精神科スタッフ
外来入口にて、医師3名、臨床心理士2名、看護師2名、医療事務1名

図4 もの忘れセンター玄関
入って右側が外来部門(5診)、左側が病棟(30床)

リハビリ科医師による「リハビリ外来」ももの忘れセンター内に開設された。精神科ももの忘れセンター診療の一角を担う形で診療、治験、臨床研究に参画している。

平成23年4月には、当センターが認知症疾患医療センターに認定された。認知症疾患医療センターは厚生労働省が認知症医療の拠点施設と位置付けるもので、平成25年の段階で全国に200ヵ所以上の認定施設が存する。これにより、当センターは地域における認知症診療の拠点として、連携事業などに力を入れることになった。精神科は、当センターが立地する愛知県知多地域における精神科病院、クリニック等の医師の研修会を開催するほか、同地域での介護、看護のための認知症ケア研修会を定期的に行い、地域連携にも力を注いでいる。

同じく平成23年4月、もの忘れセンターの病棟部門が開設された。センター病棟は一般病棟(30床)であって、精神科が主となるMedical Psychiatry Unit (MPU)ではない。身体科が主となって治療を行う。4人床20床、個室10床よりなり、スタッフは看護師数:常勤22名(うち認知症看護認定看護師1名)、非常勤3名、看護助手2名である。認知症ケアに求められる、転倒予防などの対策およびBPSDのための専門的ケア、対応方法を研究、実践している。治療の対象は、入院治療が必要な身体疾患があるにもかかわらず、認知症BPSDにより一般病棟での管理が難しい症例および、認知症BPSDの治療を行ううえで、精神科病院では困難なレベ

ルの身体合併症の管理を必要とする症例である。院内の一般病棟で，せん妄やBPSDが生じた場合は，まず認知症サポートチーム（dementia support team, DST）が相談，アドバイスをし，センター病棟への転棟適応についても評価，決定するシステムを立ち上げている。センター病棟入院患者は，認知症に関して専門でない医師が主治医の場合，副主治医として認知症専門医が必ず担当し，治療・管理に当たる。認知症専門医は老年科，神経内科，精神科の医師であり，日本老年医学会，日本老年精神医学会，日本認知症学会等の専門医である。この病棟において精神科は主治医として主にBPSD治療を行うほか，病棟医長として病棟患者全般の認知症管理を行う立場にある。

さまざまな新しい仕事が増えていた精神科に，平成24年4月から福田耕嗣が常勤医として赴任，2名体制に戻ることができた。同時にレジデント医も1名勤務することになり，平成25年現在，3名体制で業務を行っている。

国立長寿医療研究センターの将来

最後に，国立長寿医療研究センター精神科の将来像について簡単に述べたい。当センターは超高齢化社会に突入した日本における高齢者医療の拠点としての役割を担っており，次第に評価が高まっている。その中で，まだ歴史の浅い精神科も一定の評価を受けてきたようだ。当センターにおける臨床面での研究対象は，骨粗鬆症，呼吸器疾患，口腔疾患，終末期医療，在宅医療など多岐にわたっているが，その中でも認知症の臨床研究は最重点項目となっている。認知症の臨床は，診断，治療，ケア，身体合併症などさまざまな側面をもち，有機的な連関をもって対応する必要がある。その中でも精神症状・行動異常（BPSD）およびせん妄の治療，ケアは精神科として貢献できる分野である。これまで，認知症身体合併症の治療に関して，一般病棟での対応について実践を積み重ねてきたが，今後は全国へ発信できる標準化モデルの作成を目標としていきたい。外来診療においてはこれまでどおり「こころの元気外来」など，特殊外来を継続しながら，磁気刺激などの新しい治療法の導入も予定している。当センターにおける精神科は高齢者精神医療に特化しているが，今後の日本の医療の形をつくるうえでささやかでも力になれるように努力をしていきたい。（敬称略）

20 大阪府立成人病センター

● 田中　克往，柏木　雄次郎

設立（昭和 34 年）から平成 18 年 5 月まで

　大阪府立成人病センターは昭和 34 年，循環器疾患やがんなどの成人病の早期発見，研究のための中核施設として設立された。大阪における中核医療施設の創設に応じて，大阪大学医学部がその人的支援を全面的に行うこととなり精神神経科医局もその一端を担うべく古川唯幸（昭和 26 年卒）を部長として派遣した。

　大阪府立成人病センターの機構編成にあたって，当時の成人病センターが対象とする臨床分野の一翼としては精神疾患を対象とする「精神科」部門は他施設に委ねて，成人の脳機能障害を対象とすべきである──当時は認知症が現在ほど問題にはなっていなかったが──との考えから，他に類を見ない「脳神経科」を標榜することが適切であると考えた。

　脳神経科では優秀な脳波検査技師（坂本實男，石川準一）を擁する脳波検査室を置き，脳波を駆使した電気生理学的脳機能研究と当時の金子仁郎教授の元で開発研究が進められていた超音波ドプラー法による脳血流検査が行われ，脳の機能低下と加齢による変化の研究が進められた。

　他方，精神科領域の対応は隣接する大阪府立公衆衛生研究所精神衛生部（現在のこころの健康センター）に依頼することが多く，従って同部の藤井久和部長（昭和 28 年卒）と古川とは緊密な往来があった。

　脳神経科は常勤医 1 人が長く続き，阪大精神科医局から白石純三（昭和 29 年卒），菱川泰夫（昭和 32 年卒），中嶋照夫（昭和 33 年卒）など錚々たる多くの先生方の外来非常勤支援を得ていた。

　昭和 49 年に至りようやく常勤医の増員が認められ，上島哲男（昭和 39 年卒）が常勤として着任し外来臨床，脳機能研究に従事した。昭和 52 年，上島の異動後，古川から筆者に再々の要請があり昭和 54 年には西村健教授が就任し，その最初の人事ということで筆者が大阪府立病院（現在の大阪府急性期医療センター）精神科から移籍することになる。

　その頃（昭和 52〜53 年）から大阪府立成人病センターは 500 床を有する新病院を併設し臨床部門の充実が計られる。それにともなって入院患者のせん妄，がん患者の不安抑うつなどの精神症状への対応が脳神経科に求められることが多くなってきていた。

　昭和 58 年古川部長の退任後，筆者が後を継ぐこととなり，脳神経科は脳の機能低下研究から精神医学的立場にスタンスを徐々に移してゆく。その分野の充実を図るべく阪大精神科医局の協力を得て多くの若手医師が昭和 59 年以降年替りで着任することになる。当時のスタッフの推移は以下の通りである。

　後藤守（昭和 58 年卒），坂元秀実（昭和 59 年卒）のあと，吉鹿（立花）直子（昭和 58 年卒）

2年間在任，富永（斎藤）真喜子（昭和61年卒），實崎（漆葉）陽子（昭和63年卒），深江（赤垣）伸子（平成1年卒）と女性の選任を続けた為，その後に就任する赤垣裕介（平成1年卒）が「男性でも良いのですか？」と尋ねた逸話がある。

それ以外にも多くの外来非常勤医の協力を得て，脳神経科は脳波を基盤とする脳機能研究部門と入院患者，外来患者の精神症状への対処としてリエゾン精神医学的臨床部門の両面で推進してゆくことになる。

昭和60年には脳神経科が主体となって，「ターミナルケアを考える委員会」を設立する。がん治療を主とする全国のがんセンターとしては，極めて早い時期にターミナルケアを臨床目標に設定したことになるが，がん治療の最先端をゆく成人病センターで，しかも当時未だ広く認知されていないターミナルケア（終末期医療）を推進することは当時の医療としては矛盾を孕んでおり多くの抵抗があった。しかしその方向性に理解のあるがん治療に携わる医師，看護師その他多くの職種スタッフの協力を得て，委員会は徐々に進展してゆく。

平成4年から再び常勤2人体制となり，赤垣が常勤医として従事し年替りの医師は浦田（速水）めぐみ（平成3年卒）2年間在任，片山尚典（平成4年卒），渥美正也（平成6年卒），小山明子（平成5年卒）と続く。

平成5年赤垣が転出し，代って角典哲（昭和61年卒）が着任する。脳波を中心に誘発電位，事象関連電位の研究を行なっていた角は脳波記録の数値化と解析により，わが国では前例のない脳波分析プログラムソフトを完成させた。それにより成人病センター脳神経科で30年余に亘って集積された膨大な数の脳波記録はすべて数値化されEEGシステムと名付けられた。EEGシステムは，さらにSEP，P300，CNV等の電気生理学的所見，CT所見と一体化され臨床応用されることになった。

一方，精神科領域ではがん患者の精神状態へのリエゾン精神医学的対応を進めターミナルケア委員会の発展と相俟って，がん患者の全人的医療が進められることとなる。その現況に対応すべく成人病センター開設以来の臨床科標榜を「脳神経科」から「腫瘍精神科」へ改称した。

腫瘍精神科が主宰するターミナルケア委員会は5ヵ年計画を策定し，長期の展望を視野に広範な活動を展開する。

昭和60年からの5年間は「ターミナルケア」をテーマに掲げ，ターミナルケアの啓発と普及に努めた時期であった。平成3年からのテーマは「告知に関して」，それまで多くは家族主体に進められていたがんの告知を患者主体とし，患者中心の医療を目指してゆく。平成8年からは「QOLと緩和医療」を考え，緩和医療はすべてのがん患者のQOLを維持すること，従って疾患の終末（ターミナル）期に限定したものではなく病初期からのがん治療と併行して行うこととして緩和医療の推進に努めた。平成13年からの5年間は「こころのケア」を主目標に設定している。

平成14年，角典哲が住友病院心療内科部長に招聘され転出したため，武田雅俊教授，高橋幸彦茨木病院院長に無理を言って赤垣裕介を再度任用し緩和医療を推進することとなる。そしてその姿勢を更に鮮明にすべく，同平成14年「ターミナルケア委員会」は「緩和ケア委員会」と改称した。

同じ年，厚生労働省は緩和ケア診療加算を認め，それに対応すべく平成15年には緩和ケア委員会を根幹に緩和ケア室を設置し，いち早く緩和ケアチームの編成を開始した。

腫瘍精神科の医師を主体とする精神症状を緩和する医師群，身体症状を緩和する医師群，緩和ケア認定看護師を主要構成員とし，理学療法士，薬剤師，栄養士，ケースワーカーの参画を得て全病院レベルの医療チームが創設され運営が開始された。

以後，緩和ケアチームが関与する患者数は

年々増加し腫瘍精神科，緩和ケアチームは緩和ケア委員会，緩和医療研究会を擁する機構として着実に進展してゆく。

平成18年，筆者が定年退官するため成人病センターの緩和医療を託し得る人材として柏木雄次郎（昭和60年卒）が最適任と考え武田教授の御尽力を得て彼が着任することとなる。

「がん対策基本法」施行（平成18年6月）以降

大阪府立成人病センターは昭和34年に開設後，平成21年には創立50周年を迎え，平成25年で創立54年となった。創立当初より「がん」と「循環器疾患」を主たる対象疾患として臨床・研究・教育を行ってきたが，大阪府立の5病院がそれぞれ機能分化するのに伴い，事実上の「大阪府立がんセンター」として，がんの高度先進医療機関として，全国有数の治療成績を誇るようになっている。

ちなみに，大阪府立成人病センターの現在の英語名称は Osaka Medical Center for Cancer and Cardiovascular Diseases であり，直訳すると「大阪がん・循環器病医療センター」となる。以前は，Osaka Medical Center for Adult Diseases と称した時期もあったようであるが，海外の研究者に「大阪性病医療センター」と誤解されるという出来事があり，その当時の大阪府立成人病センター総長の豊島久真男（日本癌学会会長，日本ウイルス学会会長，文化勲章受章者）により上記のように英語名称の変更がなされた。

各科によって幾分の差異はあるが，がん以外の治療をほとんど行わない科が増えて，患者の大半（95％以上）をがん患者が占めるようになってきた。他院でがんと診断されて，がん治療目的で大阪府立成人病センターに紹介受診される患者が大半を占めている。「成人病」という名称から，メタボリック症候群を中心とする「生活

図　新病院竣工時
右側のセンター研究所棟は第2期工事で健康科学センタービルに建て替わる

習慣病」の診断・治療を期待して来院される患者もいるが，受付の段階で「当センターでは生活習慣病の診療は行っておりません」と診療を断られた患者・家族から時に苦情が出ることもある。約50年前の創設当時の「成人病」は，現在の生活習慣病とは異なり，がん・循環器疾患を想定していたようである。

がん診療に重点化が進む状況の中で，平成18年6月に「がん対策基本法」が施行され，さらに平成19年6月に「がん対策推進基本計画」が策定されて，大阪府立成人病センターが大阪府全体のがん医療を統括する「都道府県がん診療連携拠点病院」に指定されて以降，がん診療に特化した医療機関へと本格的に変貌を遂げつつある。

現在，大阪府立成人病センターのほとんどの診療科は対象疾患を「がん」に限定しており，胃潰瘍疑いで消化器内科を受診しても，がん患者の精査で予約満杯のために，他院への紹介受診を勧められる。同様に耳鼻咽喉科では喉頭がん等の悪性腫瘍のみを対象としている為に，耳鳴りや眩暈などの良性疾患の検査・治療を行わないので，耳鼻科領域の良性疾患に関しては大阪府立成人病センター入院中の患者であってもやむを得ず他院を受診していただく場合があ

る。このように「がん」に特化した専門医療機関として，国立がん研究センターやがん研究会附属有明病院などに並ぶ病院となっている。「成人病」は患者にとっては生活習慣病と紛らわしい名称なので，平成28年に予定されている大阪府庁の隣接地（大手前地区）への新築移転の際には，診療実態を反映した「大阪府立がん・循環器病医療センター」等に名称変更することも検討されている。

平成18年には特定機能病院の承認を受けたが，大学病院やナショナルセンター（国立がん研究センターや国立精神・神経医療研究センターなど）を除いて承認されたのは公立病院・私立病院としては全国初であった。これを受けて，大阪府立成人病センター幹部は「大学病院と同格だ」とさらに矜恃を高めている。

上記のような特色を有する大阪府立成人病センターの中で，当科は「脳神経科」として発足し，古川唯幸先生，田中克往先生が部長を務められ，平成18年4月から私が3代目部長となり，その後，平成24年12月から和田信先生（前・埼玉県立がんセンター精神腫瘍科科長兼副部長）が4代目部長を務められている。私の赴任の2ヵ月後の平成18年6月に「がん対策基本法」が施行されて，当科もこの時期から大きな変化を迎えるようになった。

長年，「脳神経科」あるいは「脳神経科（腫瘍精神科）」の名称で総合病院の一般精神科として，神経症やてんかんを中心とした外来診療と院内リエゾンコンサルテーションを行ってきた当科が，大阪府立成人病センターががん専門医療機関になるのに伴い，平成21年から名称も「脳神経科（腫瘍精神科）」から「心療・緩和科（Department of Psychosomatic and Palliative Medicine）」に変更されることになり，がん患者と家族の心身の苦痛緩和を担当する診療科に再編された。この為に，院内の他科と同様に，がん患者に特化した診療科となり，一般精神科患者を新患として診療することはなくなった（従来から通院しておられた患者は継続して診療している）。新患のほとんどが院内他科をがん患者として受診した後，院内紹介により当科を初診されるということになった。現在，当科の医師定数は，「心療（がん患者の心のケア）」を担当する精神科医2名と，「緩和（がん患者の身体的苦痛緩和）」を担当する緩和ケア医2名からなっている。

大阪府立成人病センターが大阪府全体のがん医療を統括する「都道府県がん診療連携拠点病院」であるために，当科が大阪府全体の緩和ケアの推進を指導・統括する役割を果たしている。当科部長や副部長は「大阪府がん診療連携協議会・緩和ケア部会長」や「大阪府緩和ケア推進委員会・委員長」を大阪府からの委託で自動的に兼務し，指導的立場での活躍を期待されている。

将来的には，「心療」と「緩和」が分離独立して，これらの緩和ケアに関する指導的立場での公務は「緩和ケア科部長」にお任せして，精神科医は心のケアに専念できればと考えている。

当科の日常業務としては，外来診療・コンサルテーションリエゾンのほかに，緩和ケアチームの中心として多職種協働のチーム医療を進める役割がある。チーム内の多職種の調整や，緩和ケアチームと主治医・病棟看護師とのコミュニケーション調整などに困難を感じることが多々ある。

なお，平成25年開催された第26回日本サイコオンコロジー学会総会において当科の藤井志郎先生の発表がベストポスター賞第1位として表彰された。同研究はすでに英語論文[1]となっている。

1) Fujii S, Tanimukai H, Kashiwagi Y : Comparison and analysis of delirium induced by histamine h (2) receptor antagonists and proton pump inhibitors in cancer patients. Case Rep Oncol 5 (2) : 409-412, 2012

21 大阪労災病院
（独立行政法人労働者健康福祉機構）

● 行田　建

沿革と歴史

　大阪労災病院は，昭和34年，堺の旧金岡練兵場跡の国有地約1万5千坪に約3年の歳月をかけて当時としては初めての全館冷暖房を備えた地上6階地下1階建ての外科，整形外科，内科等診療10科，512床で昭和37年4月20日に開院した。その後堺臨海工業地帯の飛躍的な発展，新金岡団地などの大規模な住宅が周辺に建築され，患者が急増したため，昭和46年3月に新館（現西館）を増築し診療15科，病床数762床，外来患者1日平均800人，職員数500人の全国労災病院最大の病院となった。昭和63年には新東館が完成し，当時関西新空港の工事に関連して高気圧酸素治療棟が作られ，当時としては最高級のMRI装置が設置された。平成24年には開院50周年を迎え，現在では，678床，23診療科，外来患者数1,600人/日，入院稼働率80％，在院日数11.5日などの実績を示している。「地域の皆様はじめ全ての方々から選ばれる病院～安全で開かれた医療，やさしく質の高い医療，働く人々のための医療」を基本理念とし，地域の中核病院として，また政策病院としての労災医療，勤労者医療を行っている。

当科の歴史

　当科は当初から"神経科"と標榜し，開院当初から設置され，入院第一号は，当科カルテNO.1の患者であったそうである。精神疾患および神経病の両者を扱い，6階南病棟の6人床8室を入院床とし，精神病，神経病患者の混合病床だった。完全開放型の病棟であったため，無断離院，飛び降り自殺が防げなかったので，新館増築時に西6階病棟56床が割り当てられた。その後，神経科・精神科病床は，他の総合病院精神科病床同様その回転率（病床利用率）および収益率の低さから年々減少し，平成17年3月末にはついに無床となった。人事の面では，昭和37年の開院後初代神経科部長に大野恒之（昭和37年5月～平成元年3月）が就かれ，その後植田雅治（昭和37年8月～38年4月）が医員として赴任された。以降，大溝春雄（昭和38年3月～57年4月，52年8月からは第二神経科部長），乾正（昭和38年5月～40年7月），宮崎淨（昭和39年6月～41年3月），田中迪夫（昭和40年8月～41年2月），田伏薫（昭和41年3月～42年8月），辻尾武彦（昭和41年3月～平成11年8月，昭和57年5月第二部長，平成元年4月神経科部長），小松庸一（昭和42年12月～43年12月，44年3月～平成16年7月，平成11年9月神経科部長），阪本栄（昭和57年7月～昭和61年6月），行田　建（昭和61年7月～現在，平成16年8月神経科部長），総田純次（平成元年4月～平成8年3月），橋本京子（平成2年4月～6月），森岡千佳子（平成2

年7月～平成11年3月），三好　耕（平成8年4月～平成10年12月），渡邉健一（平成11年8月～平成16年3月），坂口敬人（平成11年10月～平成18年3月）のほか，多くの医師の方々によって，神経科は支えられてきた。

現状と将来

　スタッフは，常勤医師1名と非常勤医師1名，常勤の臨床心理士1名と看護士1名である。平成17年4月からは外来診療のみとなったため，小松前部長に非常勤で来ていただき，月曜から金曜日までの外来を何とか維持している。常勤の臨床心理士と看護士がいるが，医師の人手不足解消は急務の問題となっている。1日の外来患者数は，40名余りである。新患は十分に対応できないため紹介患者のみとしているが，月平均28名（内院内紹介は約4分の3）で，紹介元は近隣の開業医からの紹介がほとんどである。疾患の内訳は新患の約6割，再来患者の約7割がうつ病ないし神経症で，その他の症状は精神病（せん妄がほとんど）が多く，認知症，外来で対応可能な統合失調症，てんかん，一部の神経内科疾患（現在てんかんと神経内科疾患の新患は診ていない）等である。外来は予約制となっている。また，当院は堺地区のがん診療連携地域拠点病院に指定されているため，緩和ケア対象患者のメンタルサポートも行っており，週1回緩和ケアチームの一員として往診も行っている。また当院は臨床研修指定病院で，精神科は選択科となっているが，近隣の精神科病院（浅香山病院，阪南病院）に初期研修医の精神疾患の研修をお願いしている。最後に，当科は平成21年4月より，長年使われてきた"神経科"という標榜科から，"精神科"と標榜することとなった。標榜科名については初代の大野部長が懸念され，当時の開院20周年記念誌（昭和57年発行）に次のように書かれている…当科の標榜科名は，開院以来"神経科"である。近年あ

大阪労災病院の近影（平成21年）

ちこちの大学や総合病院で，神経内科が独立してきたので，神経科の守備範囲も徐々に不明確になりつつある。脳髄という同じ臓器の機能を2つに分けて，神経症状と精神症状に分割し切れるものではなく，両者が不可分に絡み合っているのが神経系というものであるから，永年両機能を総合的に扱ってきた私どもの世代には，従来通りの神経科のほうが有機的な働きができるわけである。私より一世代若い人までは，まだ"神経科"としてやって行けるであろうが，次の世代では難しくなるであろう。そのうえ心療内科までできたら，神経科は何をする科になるのか？　精神科を標榜すると，当然精神科に来るべき患者さえも近付きがたくなるのが，わが国の現状である。…それから27年たった今日，あえて"精神科"と標榜することにしたのは，患者の側から見れば，敷居が高くなったと感じられるかもしれませんが，そう標榜することで精神にかかわる疾患全般を診るという当科の理念に沿うものと思ったからである。総合病院の精神科は当院だけでなく，多くは無床化され，人員不足の危機にさらされている。しかしその働きは，急速な高齢化，地域連携の推進，高度医療化の時代にあってさらに重要かつ必須となってきている。このような時代に労災病院の精神科の灯が消えることなく，次の世代に引き継ぐことができることを切に願っている。

22 北大阪けいさつ病院（旧・大阪第二けいさつ病院）

● 工藤　喬

開設から経営悪化まで

　第二けいさつ病院は昭和18年12月1日，当時の大阪府警察消防職員ならびにその家族3万人の中で，激務による過労のためと大都市生活の環境の悪化に伴い呼吸器病に冒される者が多く，このため早期にこれを発見し，正しい療養知識と理想的療養を図るため，大阪警察病院の分院として，大阪府三島郡豊川村大字宿久庄（当時）に75床の病院として開設された。戦後の結核患者数の増大に伴い，病院は拡充され，昭和30年には病床数335床の病院となった。

　しかし，昭和40年ごろから結核に対する新薬の治療効果が上がるようになり，全国的に結核患者数が減少傾向に転じていた。これを受け，全国に点在していた国公立の結核療養所は結核病棟からの転換が図られ，精神疾患や脳血管障害などの特殊病棟が誕生していた。それにもかかわらず，茨木分院はなお結核病棟を維持していたため，後に経営上大変な苦境に立たされることとなる。警察病院にはもう一つ富田林分院（昭和27年開設）が存在していたが，これも経営困難をきたしており，昭和45年閉鎖が決定され，残っている従業員を本院に吸収するなどして，比較的円滑に閉院した。しかし，茨木分院のほうは赤字経営のまま，施設，内容共に老朽化の一途をたどり，次第に「お荷物」化していった。

図1　昭和20年代の茨木分院

　昭和45年末には，病院と従業員組合との間に，積年の膿がどっと溢れだし，組合との団交が頻繁に行われるようになったが，それに病院側の労務担当委員長として対応したのが，本院神経科部長工藤義雄であった。この交渉の中で，最も重要な問題は茨木分院を如何に処理するかであり，工藤義雄も早く茨木分院を閉鎖し，本院だけに戦線を縮小して財政の立て直しを図るべきであるという閉鎖論を主張していた。昭和46年末には大阪府衛生部の肝いりで大阪府結核予防会戸井田病院との合併話が持ち上がったが，双方の思惑が合わず水泡と化した。折しも，本院のほうの経営状態も思わしくなく，資金ショートが起こり病院の運営が非常に苦しい状態となり，さらに茨木分院問題を抱えて，院長はじめ幹部一同はきわめて暗いムードで昭和47年を迎える。

分院神経科の開設

　昭和47年1月のある日，工藤義雄は病院の諸問題を当時の本院小山院長と相談していた。当然，茨木分院の話題に集中していったが，突然，工藤義雄は「茨木をやってみましょうか」と自ら申し出たという。これに小山院長は大変喜ばれ，工藤義雄の分院長就任は即座に決まった。本人曰く，茨木分院の閉鎖を主張していたわけで，はなはだ矛盾しており，なぜそのようなことを言ったのか不思議であったという。工藤義雄は，精神科の入局を決めたときも，警察病院神経科への赴任を決めたときも，一瞬で決めており，人生こんなものだと語っていた。

　しかし，工藤義雄が赴任してみると，実態は予想以上に悪化しており，建物は昭和18年建設以来の木造で，まったく手を入れていないため老朽化が激しく，強い風や地震でもあればすぐにでも倒壊しそうな危険性すら感じられたという。また，建物だけではなく，そこに働く人々の心にも長い間の病院の運営の悪化は暗い影を落とし，管理者と従業員との間の不信感は強く，疑心暗鬼でお互いが孤立している様子であったという。

　工藤義雄は何らかの打開策を考えざるを得なかった。そこで，当時患者減少で閉鎖されていた3つの銀行（大和，福徳，三井）の健保組合委託病棟南館を，大阪府警本部より病院に出されていた補助金の中から1千万円を貰い受け，改造して，昭和47年11月，50床の神経科病棟としてオープンさせた。

大晦日の火事

　その後入院患者も徐々に増え，病院全体の運営もやや好転するかに見えたが，運命の落とし穴はどこにあるかわからない。昭和47年12月31日夜にそのオープンしたばかりの神経科病棟に火災が起きた。その火災は，総室に入院していた脳手術後の患者さんの失火によるものだった。大晦日のため，他の患者さんはすべて外泊しておりその患者さんだけが一人病室に残っていた。その患者さんは手術により認知症があり，自分での摂食や着衣が辛うじてできる程度だったが，どこからか持ち込んだ火の気によって自分のベッドが燃え出し，自分で消すことができず急に建物全体に火が廻ったのだった。職員による救出もかなわず，不幸にもその患者さんは焼死された。

　出火後，直ちに府警本部より本部長以下府警幹部全部と機動隊まで駆けつけたため，府警本部付の報道陣も一緒にやって来た。そして記者会見をするような大騒ぎとなり，テレビに臨時ニュースとしてテロップで全国に流されるやら，新聞に大きく報道されるやらで，まさに大晦日の大事件となった。しかし，人的被害は最小限に留まったことは不幸中の幸いであった。

分院再建から大阪第二警察病院の誕生まで

　工藤義雄は失火の責任を感じ，理事長に辞表を即座に提出したが，再建に努力してほしいということで慰留された。有難いことに，この不幸な事件に遭いながらも各方面から寄せられた厚意は誠に厚く，これらに応えるためにも，再度立ち上がらなくてはならないと，工藤義雄は考えた。そして，火事直後の1月6日に，工藤義雄は小山院長や事務局長と共に日本船舶振興会の笹川会長に面会するため，上京する。これは，火災の前，昭和47年10月に建設資金の一部として同会に1億円の補助金を申請していたので，事態の変化を説明して，善処をお願いする目的であった。笹川会長は，分院の窮状をよく理解してくださった。この笹川会長との出会いが，今後の病院の発展に繋がっていった。補助金の査定は厚生省が行うということであったので，その後も工藤義雄は船舶振興会と厚生省を再三訪れ，補助金交付をひたすら願い続けた。

その甲斐あって補助金交付の見通しが立った。そこで，医療金融公庫より資金の一部をさらに借り，火災のあった南館の跡地に50床の神経科病棟として1号棟が昭和48年8月に完成する。

このころ，工藤義雄は分院の再建構想として，疾病治療を急性期から慢性期まで一貫して行える施設で，より重点をリハビリテーションに置き，そのリハビリテーションも患者さんの全人的な機能回復，すなわちそれを心身両面より行えるようなユニークな施設にしたいと考えるようになった。そこで，運動機能訓練，理学療法，水治療を行える施設と整形外科病棟の建設が始まった。これには船舶振興会から8千万円の補助金交付を受け，笹川会長の示唆もあり，会長と旧制茨木中学で同級生だった川端康成にちなんで，「川端記念病棟」とされた。しかし，当時昭和48年は「石油ショック」の真っただ中であり，諸物価の高騰がいちじるしく，着工からわずか半年で建設費が1億円値上がりしてしまい，当初は3階建てを計画していたが，値上がりした分1階分を削り，涙をのんで計画を変更し，2階建ての病棟が昭和49年7月に完成した。この病棟では，2階を整形外科病棟とし，1階をリハビリ機能訓練場と内科，神経科，整形外科，歯科の外来診察室とされた。

病院としての体裁をさらに整えるため，工藤義雄は第二次計画を立案した。第二次計画とは，3号棟として，内科の一般病棟，薬局，事務室，手術室，サプライセンター，小児科の新設であった。資金は，警察庁を通じて，日本損害保険協会より2億3千万の交付を受け，さらに船舶振興会からの第二次補助金，および市中銀行からの借入金があてられた。なお，この市中銀行からの借入金については後に，大阪府の援助により元利償還を受けることになる。

図2 大阪第二けいさつ病院俯瞰図（昭和50年代）

さらに，工藤義雄は，レントゲン検査室，中央検査室，内科一般病棟，ICU，管理室，厨房棟など病院としての最低限の施設建設に取り掛かった。この建設には，大阪府の元利償還のもとに市中銀行から資金が調達された。これらの建物の完成により，外科と眼科も新設され，総合病院へ向けて大きく前進することとなり，平成51年に大阪第二けいさつ病院と改められた。

工藤の勇退と呼名変更

大阪第二けいさつ病院は，地域の中核的な総合病院として機能を発揮していったが，さまざまな経営方針等で府警本部と工藤義雄の間で意見の相違が目立つようになってきた。そこで，昭和61年工藤義雄は勇退を決意する。

平成18年4月に回復期リハビリテーション病棟の新設に合わせ，名称は北大阪けいさつ病院と変更になった。現在，神経科病床はなく，精神科常勤医はいない。以前は神経科は第二けいさつ病院の看板科であっただけに，寂しいかぎりである。

23 近畿精神神経学会の歴史
近畿精神神経科学教室集談会と合同卒後研修講座を含めて

● 武田　雅俊

　近畿地方会は昭和7年2月28日が第3回と記録されているので，昭和6（1931）年に始まったものと思われる[1]。医局日誌によると，昭和19年11月11日に京都帝大精神科講堂で第31回近畿精神神経学会が開催され，教室から「癲癇に関する研究（黒田重英）」，「Hürler氏病症例（千島チエ子）」，「間脳に於ける性中枢（三輪淳）」の3演題が発表された。戦争のために昭和20年の地方会は開催されず，昭和21年11月23日に第32回近畿精神神経学会が，堀見教授を会長として京都帝大精神科講堂において開催された。全部で19演題の発表があり，うち7演題が当教室からの発表であった。翌昭和22年11月30日に第33回近畿精神神経学会例会が京都帝大精神科において開催された。午前10時の開会，午後4時の閉会であった。教室より，長坂，別府，吉田，大澤，倭，金子，三輪，清野が発表した。和風会誌は昭和32年に第1号が発刊されているが，その記録をたどると，第59回近畿精神神経学会（昭和32年3月2日），第60回近畿精神神経学会（昭和32年5月25日），第61回近畿精神神経学会（昭和32年11月2日）とあり，当時は年に3回開催されていたことがわかる。昭和33年にも，第62回，第63回，第64回が開催されており，第65回は昭和34年2月21日に阪大において，第66回は昭和34年6月13日に大阪医大において，第67回は昭和34年11月に開催されている。和風会誌第5号からは，教室の業績は，刊行物だけの記載となり学会発表は記載されなくなっており，和風会誌からこれ以降の近畿神経学会の記録をたどることはできない。

　連綿と開催されてきた近畿地方会は第94回（京都会館，昭和44年2月22日）を最後に紛争のために中止を余儀なくされた。東大精神科の医局講座制に反対する学生運動は，瞬く間に全国に拡大し，昭和44年に開催予定であった第66回日本精神神経学会，いわゆる金沢大会の学術プログラムがすべて中止となってしまったことはご承知のとおりである。第67回総会は昭和45年に徳島市で，第68回総会は昭和46年に東京都で開催されたが，昭和47年に近畿精神神経学会の再開について近畿の主な評議員が集って相談したが，時期尚早ということで開催できない状態であった。そして，昭和47年の第69回日本精神神経学会は，大阪厚生年金会館において太田幸雄先生を会長，工藤義雄を副会長として開催された。

近畿精神神経科学教室集談会

　そのような中に，若手教育の場としての研究会の必要性から，大阪府の5大学（大阪大，大阪市大，大阪医大，関西医大，近畿大）の精神医学教室の教授を世話人として，昭和56（1981）年8月29日に日本生命中之島研修所において

表1 第1回5大学精神神経科教室集談会のプログラム

第1回　5大学精神神経科教室集談会
昭和56年8月29日（土曜），14～17時
日本生命中之島研修所（大阪市北区中之島4丁目，（電話 443-3131））

挨拶　当日世話人　岡本重一（関西医大）
座長　塚本宗之（関西医大）
1．アルツハイメル病の臨床
　　藤戸隆史，渡辺明子，山本幸良（関西医大）
2．クロイツフェルド・ヤコブ病の剖検例
　　東谷則寛（近畿大）

座長　志水彰（大阪大）
3．高等部 4-5c/s リズムについて
　　矢ケ崎明美（大阪大学）
4．ロランデック・ディスチャージの長期予後
　　大岩稔幸，西浦信博（大阪医大）

座長　人見一彦（近畿大）
5．ウィルソン病の一症例
　　上田格（近畿大）
6．粘液水腫における傾眠症状の発現機序
　　手島愛雄（大阪大）

座長　西浦信博（大阪医大）
7．全生活史健忘の二症例
　　大西博，大澤修司（大阪市大）
8．前縦隔洞腫瘍，精神症状を伴ったクラインフェルター症候群の一例
　　豊田勝弘，本村直靖，堤重年（大阪医大）

座長　山上榮（大阪市大）
9．うつ病病前性格の質問紙法による検討
　　吉野祥一，鈴木尊志，村上義明（大阪市大）
10．ハロペリドールによる分裂病治療時の脳波変化
　　喜多成介价，本多義治，水津信之（関西医大）

近畿5大学集談会が始められた。提案者は大阪医大の堺俊明教授であった。筆者も西村教授から，「堺俊明から相談を受けて，集談会を立ち上げたこと」を話しておられたと記憶している。第1回5大学精神神経科教室集談会のプログラムを示すが，参会者は69名であった（表1）。その後，近畿精神神経学教室集談会には，第3回から和歌山医大と奈良医大が加わり近畿7大学精神神経科学教室集談会となり，さらに第4回から神戸大と兵庫医大が加わり，近畿9大学精神神経科教室集談会となった。平成1年からは，年2回となり，各大学の持ち回りで7月と2月の研究発表会には各大学から2演題ずつ合計18演題が発表され，毎回100名前後の参加者があり，新人の最初の研究発表の場として活用されていた。

近畿精神神経学会の再開

筆者は，平成8年4月に西村健教授の後を承けて教授になったが，ちょうどこのころは近畿地区の精神科教授の入れ替わりが多い時期であった。同年の平成8年4月には奈良県立医大の岸本年史教授と兵庫医大の守田嘉男教授が就

任された。平成8年7月には京都府立医大の福居顯二教授，平成9年4月には関西医大の木下利彦教授，平成9年7月には大阪医大の米田博教授，平成10年には神戸大の前田潔教授，平成11年5月には大阪市大の切池信夫教授，平成12年には滋賀医大の大川匡子教授，平成13年には京都大の林拓二教授がそれぞれ就任された。そして平成14年には近畿大の人見和彦教授，平成15年には和歌山県立医大の篠崎和弘教授が就任された。

　このような事情から筆者が音頭取りとなり，近畿地方会の再開を検討することとなった。近畿地区の精神科教授のまとまりは良く，近畿12大学の集談会への参加を呼び掛けて，全大学がそろった時点で精神神経学会近畿地方会を再開するとの相談がまとまった。平成15年2月の集談会には，京都大，京都府立医大，滋賀医大が参加することとなり，近畿地区の12大学すべてが参加することになり，地方会再開の機運が盛り上がった。当時を振り返ってみると，筆者はすぐにでも集談会を発展的に解消して近畿地方会に移行することを提案したが，慎重な意見も多かった。年2回の集談会の1回を地方会として開催し，様子を見ながら集談会を発展的に解消するとの意見が強く，その後3年間をかけて，集談会は近畿地方会に移行することとなった。

　平成15（2003）年2月8日に大阪国際会議場12階の特別会議場において，大阪大を主幹校として第95回精神神経学会近畿地方会を開催した。24年の空白期間を埋めた近畿地方会の再開であり，評議員の選出にも大学中心とならないように，大学以外の施設からも推薦をいただいた。12大学から3演題ずつを出していただいたが，活発な討論があり，地方会の意義について再認識していただくことができた。平成15年の夏は集談会とし，平成16年は，2月21日に，京都大の当番でぱるるプラザ京都での第96回近畿地方会と夏の集談会，平成17年は，2月19日ピアザ淡海で滋賀医大の当番での第97回近畿地方会と夏の集談会を経過措置として，平成18年からは2月と7月に年2回の近畿地方会を開催するようになった。このような経過で平成17年7月9日の第42回を最後として，近畿精神神経科教室集談会から近畿地方会への移行が終了したのであるが，近畿精神科神経科教室集談会の歴史については故堺俊明大阪医大教授による報告がある[2]。

　平成15年に再開された近畿精神神経学会は，その後に規約が整備され，その事務局を大阪大学精神医学教室内に置くことになった。約150名の評議員が選出され，基本的な相談事は12大学教授による世話人会と評議員会で決められるようになり，大学以外の精神科医も少しずつではあるが参加するようになってきた。12大学が順番に当番校となり，毎年2月と7月とに開催することが定着しているが，数年前から，日本精神神経学会の専門医制度がスタートしたことから，近畿地方会も専門医のポイントを取得できるようになり，併せて日本精神神経学会が認定する生涯教育研究会も開催するようになった（表2）。

精神神経科学教室合同卒後研修講座

　合同卒後研修講座は，近畿精神神経科教室集談会から5年遅れて，昭和61（1986）年8月9～10日に大阪医大臨床講堂において大阪医大堺俊明教授のお世話でその第1回が開催された。第1日目には，人見一彦（近畿大），斉藤正巳（関西医大），堺俊明（大阪医大），山鳥重（姫路循環器病センター）が講演し，2日目には，花田雅憲（近畿大），西村健（大阪大），三好功峰（兵庫医大），川北幸男（大阪市大），中井久夫（神戸大），井川玄朗（奈良県立医大），東雄司（和歌山県立医大）が，それぞれの専門領域について講義を行った[2]。筆者は，第1回合同卒後研修講座で講演されたすべての先生方にご指導を

表2　再開された近畿精神神経学会の記録

近畿地方会	日程	幹事校	場所	大会長
第95回	平成15.2.8	大阪大	大阪国際会議場	武田雅俊
第96回	平成16.2.21	京都大	ぱるるプラザ京都	林 拓二
第97回	平成17.2.19	滋賀医大	ピアザ淡海	大川匡子
第98回	平成18.2.18	京都府立	ぱるるプラザ京都	福居顯二
第99回	平成18.7.29	近畿大	ドーンセンター	人見一彦
第100回	平成19.2.10	和歌山医大	和歌山県JAビル別館	篠崎和弘
第101回	平成19.7.21	神戸大	ラッセホール	前田 潔
第102回	平成20.2.9	兵庫医大	山西福祉記念会館三田分館「悦」	守田嘉男
第103回	平成20.7.19	大阪市大	大阪市立大学学舎第4講義室	切池信夫
第104回	平成21.2.14	大阪医大	大阪医科大学講堂	米田 博
第105回	平成21.7.18	関西医大	ドーンセンター	木下利彦
第106回	平成22.2.13	奈良医大	ならまちセンター	岸本年史
第107回	平成22.8.7	大阪大学	大阪大学銀杏会館	武田雅俊
第108回	平成23.2.19	京都大	京都大学時計台百周年記念館	村井俊哉
第109回	平成23.8.6	滋賀医大	コラボしが21	山田尚登
第110回	平成24.2.18	京都府立	京都府立医科大学基礎医学学舎	福居顯二
第111回	平成24.7.7	近畿大	ドーンセンター	白川 治
第112回	平成25.2.16	和歌山医大	和歌山県立医科大学	篠崎和弘
第113回	平成25.7.27	兵庫医大	ドーンセンター	松永寿人

いただいたことがあり，それぞれの御顔を今でも思い出すことができる．合同卒後研修講座はそれぞれ専門性が異なる近畿地区のすべての精神科教授の話を一度に聴ける大変貴重な機会となっていた．その日から30年近くが経過しており，この間に東雄司，斉藤正巳，井川玄朗，西村健，堺俊明教授がすでに鬼籍に入られた．

合同卒後研修会は，第1回と第2回は8月に，それ以降は引き続き年1回7月に開催され平成15年まで18回が開催された．土曜日と日曜日を使った1泊2日の研修会で，近畿地区の大学精神科に入局した新人の親睦の場でもあった．土曜日夕刻からの親睦会では，各医局からの出し物があり，他の大学の入局者と顔見知りになり，大学間の交流にも大いに役立った．宿泊設備のある場所ということで，大阪駅近くの山西福祉会館で開催されることが多かったが，第14回は奈良県の保養センター大和路で，第15回ウェルファイド名張研修所での開催であった．このころから各大学の教授も忙しくなり土日の2日間の出席が困難となり，また，新入局者も宿泊を希望する者が少なくなったために，第18回は時間を短縮して1日だけの研修会となった．

平成16年に新研修医制度が開始となり新入局者がなくなったために平成16年と17年の2年間は休会として，平成18年7月8日には第19回が再開され，現在まで継続して開催されている．研修医制度がスタートしてからは，主要な研修指定病院にポスターを掲示して，大学医局に入局した精神科新人だけでなく，大学医局

表3 近畿精神科合同卒後研修講座

	期日	場所	世話人校
第1回	昭和61.8.9-10	大阪医大	大阪医大・和歌山県立医大
第2回	昭和62.8.1-2	大阪共済会館	関西医大・大阪大
第3回	昭和63.7.30-31	大阪市大	近畿大・大阪市大
第4回	平成1.7.29-30	山西福祉記念会館	兵庫医大・奈良県立医大
第5回	平成2.7.28-29	山西福祉記念会館	大阪医大・神戸大
第6回	平成3.7.27-28	厚生年金会館	関西医大・和歌山県立医大
第7回	平成4.7.25-26	山西福祉記念会館	近畿大・大阪大
第8回	平成5.7.24-25	山西福祉記念会館	兵庫医大・大阪市大
第9回	平成6.7.16-17	山西福祉記念会館	大阪医大・奈良県立医大
第10回	平成7.7.29-30	山西福祉記念会館	関西医大・神戸大
第11回	平成8.7.6-7	山西福祉記念会館	近畿大・和歌山県立医大
第12回	平成9.7.26-27	山西福祉記念会館	兵庫医大・大阪大
第13回	平成10.7.25.-26	山西福祉記念会館	大阪医大・大阪市大
第14回	平成11.7.24-25	保養センター大和路	関西医大・奈良県立医大
第15回	平成12.7.15-16	ウェルファイド名張研修所	近畿大・神戸大
第16回	平成13.8.4-5	山西福祉記念会館	兵庫医大・和歌山県立医大
第17回	平成14.7.27-28	山西福祉記念会館	大阪医大・大阪大
第18回	平成15.7.27	山西福祉記念会館	関西医大・大阪市大
第19回	平成18.7.8	山西福祉記念会館	近畿大学・和歌山県立医大
第20回	平成19.7.14	山西福祉記念会館	神戸大・兵庫医大
第21回	平成20.7.12	山西福祉記念会館	大阪市大・大阪医大
第22回	平成21.7.11	山西福祉記念会館	関西医大・奈良県立医大
第23回	平成22.7.17	山西福祉記念会館	大阪大・京都大
第24回	平成23.7.16	山西福祉記念会館	滋賀医大・京都府立医大
第25回	平成24.7.21	山西福祉記念会館	近畿大・和歌山県立医大
第26回	平成25.7.13	山西福祉記念会館	兵庫医大・神戸大

に入局せずに精神科病院で精神科医となった人に対しても,卒後研修講座を開放しており,近畿12大学精神医学教室の教授の講演を聞くことのできる研修の機会として活用されている。ここ数年間は,受講者からの希望もあり,12名の教授による講演のスライド集を作成して配布するようになった(表3,図1,2)。

文献

1) 日本精神神経学会百年史編集委員会編:日本精神神経学会百年史. 医学書院出版サービス, 東京 2003
2) 堺　俊明:近畿九大学精神神経科学教室の集談会および合同卒後研修講座について. 精神神経学雑誌 108:877-879, 2006

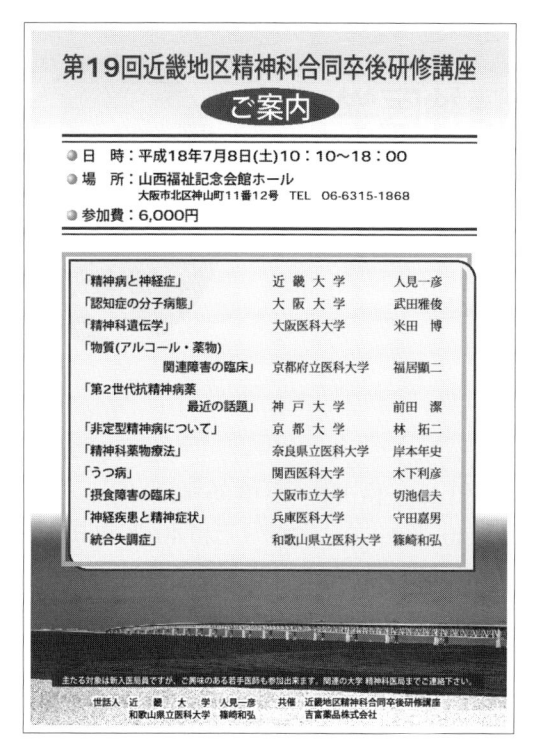

図1　第19回精神科合同卒後研修講座のポスター

図2　第25回精神科合同卒後研修講座のポスター

24 日本精神神経学会と阪大精神医学教室とのかかわり

● 武田 雅俊

筆者は平成8年に教授に昇任した翌年の平成9年に日本精神神経学会の評議員となり，平成12年から学会理事として精神神経学会の活動に参画することとなり，同年から精神神経学雑誌の編集委員長，平成20年からPsychiatry and Clinical NeurosciencesのEditor-in-Chiefを勤めた後に，平成24年から理事長に就任した。

日本精神神経学会は，昭和43年からの大学紛争のあと，しばらく混乱の時期を経験した。戦後に学会が社団法人となった後に，和風会員で学会の役員を務めた方は以下の通りである。

監事として和田豊種（昭和21-昭和30），工藤義雄（平成3-平成9）。

理事として，金子仁郎（昭和38-昭和42），辻悟（昭和44-昭和46，昭和57-昭和60，平成3-平成6），金澤彰（昭和46-昭和57），菱川泰夫（昭和46-昭和52），清水將之（昭和48-昭和52，昭和57-昭和60），長田正義（昭和48-昭和54），工藤義雄（昭和52-昭和57，昭和60-平成3），柿本泰男（平成3-平成6），関山守洋（平成6-平成9），河﨑建人（平成6-平成18），武田雅俊（平成12-平成25）。

学会評議員としては以下の和風会員の名前が記録されている。

和田豊種（昭和10-昭和33），堀見太郎（昭和17-昭和30），金子仁郎（昭和30-昭和44），佐野勇（昭和33-昭和45），杉原方（昭和33-昭和45），大澤安秀（昭和35-昭和45），高橋清彦（昭和35-昭和45），橋田賛（昭和35-昭和38），有岡巌（昭和40-昭和46），辻悟（昭和40-昭和51），山下実六（昭和40-昭和42），長坂五朗（昭和42-昭和45），金澤彰（昭和44-昭和51），菱川泰夫（昭和44-昭和57），工藤義雄（昭和45-平成15），長田正義（昭和45-平成3），藤本淳三（昭和45-昭和51），矢内純吉（昭和45-昭和46），清水将之（昭和45-昭和51），大海作夫（昭和46-昭和51），志水彰（昭和46-平成6），納谷敦夫（昭和51-昭和54），乾正（昭和54-昭和57），関山守洋（昭和54-平成18），高石昇（昭和54-昭和57），西村健（昭和57-平成9），藤井久和（昭和57-平成3），小池淳（昭和63-平成12），中島照夫（平成3-平成9），河﨑建人（平成6-平成18），澤温（平成6-平成9），武田雅俊（平成9-平成25），井上洋一（平成12-平成21），篠崎和弘（平成12-平成25），田中迪生（平成12-平成18），工藤喬（平成15-平成21，平成25-），田中稔久（平成15-平成18，平成25-），中尾和久（平成15-平成18），西川隆（平成15-平成18），水田一郎（平成15-平成18），渡辺洋一郎（平成18-平成25），堤俊仁（平成18-平成25），李利彦（平成21-平成24），池田学（平成21-平成25），中村祐（平成25-）。

精神神経学雑誌編集委員長として

筆者は平成12年から精神神経学雑誌の編集

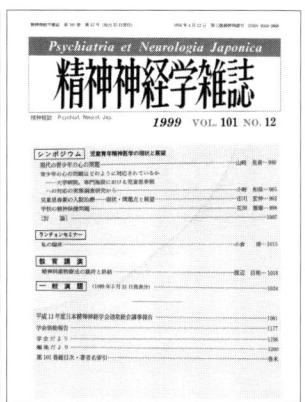

平成10（1998）年までの　　平成11（1999）年からの
精神経誌　　　　　　　　　精神経誌
図1

委員長を三好功峰先生から引き継いだ。三好先生の前は関西医大の斉藤正巳先生が編集委員長をなさっており，関西圏の理事が編集委員長を務めるような雰囲気があった。当時の精神神経学雑誌（精神経誌）は，原著論文の投稿数が少なく，紙面の半分以上を総会記事と委員会報告とが占めており，学術雑誌としてはお世辞にも上質とは言えなかった。学会予算の半分近くを費やしていたにもかかわらず，精神経誌を学術雑誌として心待ちにしている会員は少なかったのではないかと思う。そのような状況を把握するために，会員へのアンケートを実施して，どのような雑誌が望まれているかを知ることからスタートした。当時は，論文のプライオリティを主張するには英語論文であることが要求されるようになっていた。精神医学領域でも生物系論文の多くは英語で発表されることが多くなり，精神経誌への生物系の投稿論文数は少ない状況であったが，心理・社会系の日本語原著論文の投稿の場としての必要性はあった。精神経誌は，原著論文の発表の場なのか，教育的内容の充実なのかを知るためのアンケートを行った。

投稿数を増加させるために，症例報告のジャンルを設けたり，会員の声の充実も試みたが，あまりうまく進まなかった。教育的な内容に関してはいくつかの企画が順調に進んだ。総会シンポジウムを特集化し総説原稿として整理された原稿を掲載することにした。この議論についても，何人かの理事からは，総会に出席することができない会員もいるので，シンポジウムはすべて掲載してほしいとの要望も強かったが，学術総会の充実とともにシンポジウム数が増加していき，現実問題としてすべてのシンポジウムを掲載することは物理的にも不可能な状況となったので，この判断は正しかったと思っている。

編集委員会の責任でいくつかの企画を走らせた。「精神医学の潮流」「精神医学フロンティア」の企画はその時点でのトピックスについての総説であり，好評を博した。また新たに設けたジャンルとして，「精神神経学雑誌百年」がある。百年前の精神経誌に掲載された論文を紹介して，その現代的な意義について書かせていただいた。編集委員長を務めた5年間にわたり，合計60本を精神神経学雑誌百年に掲載していただいた。また，書評欄を始めた。刊行される精神科領域の書物について編集委員による書評を掲載したが，これはおおむね好評であり，多くの出版社から書物を送っていただくようになった。和風会会員，篠崎和弘，池田学，谷井久志の諸氏には編集委員としてお力添えをいただいた。

PCN誌の旧い表紙　平成20（2008）年からのPCN誌

図2

Psychiatry and Clinical Neurosciences 編集委員長として

　和文誌の編集委員長を引き受けた時点から，学会による英文誌の刊行を考えるようになった。日本人の原著論文の多くが英文で発表されるような状況に変化しつつあったからである。理事や精神経誌編集委員との懇談でも，我が国の精神医学振興のためには学会の英文機関誌を持つことが必要と意見が一致し，平成14年の理事会で学会英文誌の刊行を提案して承認していただいた。学会英文誌準備委員会を定期的に開催し，英文誌の内容，編集方針，査読体制などが煮詰まり，出版社はBlackwell社に，英文誌名は*Psychiatry International*に決められた。準備委員会では，もちろんフォリア刊行会が出版している*Psychiatry and Clinical Neurosciences*（PCN）との併存が現実的であるかどうかについても検討した。印刷出版を担当するBlackwell社のMark Robertson社長とも定期的に懇談し，他の競合雑誌との棲み分けについても検討したが，結論としては，我が国に総合精神医学の英文誌は1つで十分との意見であった。しかしながら，これまでのフォリア刊行会と学会との関係を考慮すると，フォリア刊行会の意向を十分に，忖度すべき状況であった。とても学会のほうからPCNを譲ってくれとは言い出せない状況であったので，学会は独自に英文誌を立ち上げて，その後自然の成り行きとして，両者が統合されるのならばそれはそれでいいとの判断であった。

　まさに創刊号に向けて動き出そうとしていた矢先に，フォリア刊行会の情況が伝わってきた。フォリア刊行会では，文科省からの補助金が望めない状況になり，PCN存続のために学会から手を差し伸べてほしいというような事情らしかった。そのような状況でフォリア刊行会の本多裕先生との相談が始まった。平成18年8月2日付の本多裕先生からのメールには，その当時のフォリア側と学会側の事情が記述されている。本多先生は，「小生は基本的にはFOLIAと学会の合併には賛成なのですが，FOLIA側の編集委員（ほとんどField editorです）から疑惑，反発，反対の声が上がっています。どうも学会の早いペースに巻き込まれているようだとの不安感があります。」と記されている。筆者と本多先生が双方の委員会に出席してお互いの状況を説明した後，急速にPCNを学会に移管するとの案が浮上してきた。本多先生との間で，学会誌名は当分変更しないこと，旧フォリアと

学会が対等の形でPCNを運営すること，PCN誌の質が下がらないように努力することなどを合意して，晴れてPCN誌が学会に移管されることになった。このような交渉の中で，旧フォリア側からの栗田廣先生と筆者とがEditor-in-chiefとして英文誌の編集体制に責任を持つことが決められた。

　日本精神神経学会の欧文機関誌 *Folia Psychiatrica et Neurologica Japonica* は，昭和8（1933）年に新潟大学上村忠雄を編集主幹としてわが国の精神科教授19名を編集同人として刊行された。阪大からは和田豊種が創刊号の表紙に名前を連ねていた。第二次世界大戦のために昭和12～21（1937～1946）年は休刊を余儀なくされたが，昭和22～27（1947～1952）年まで第2巻から第6巻までが刊行された。昭和28（1953）年の第7巻からに日本精神神経学会による刊行となりフォリア刊行会が組織されて東大精神科の先生方を中心として年間4冊の刊行が続けられた。そして，昭和43（1968）年に *Psychiatrica et Neurologica Japonica* は正式に日本精神神経学会の欧文機関誌と位置づけられ第22巻から第29巻まで発行された。ところが昭和50（1975）年精神神経学会理事会は，Folia誌を学会機関誌から外すことを決定し，これ以降Folia誌は島薗安雄を委員長とするフォリア刊行会の手により刊行されることになった。昭和61（1986）年大熊輝雄編集委員長の時に雑誌名を第40巻から *The Japanese Journal of Psychiatry and Neurology* に変更し，平成6（1994）年に編集委員長が本多裕先生に変わり出版社をBlackwell Sciences社に依頼することになった。そして，平成7（1995）年第49巻から雑誌名を *Psychiatry and Clinical Neurosciences* （PCN）に変更し，年6冊の刊行となった。

　平成20（2008）年2月に装丁デザインも新たにPCN第62巻1号が刊行された。その巻頭言で，PCNは日本精神神経学会の英文機関誌となったこと，Manuscript Centralを導入してオンライン投稿査読が始まったこと，投稿を全世界から受け付けること，編集委員が10名から23名に増加したこと，海外エディトリアルボードが新たに発足したことなどが記載されている。

　PCN誌はその後も順調に発展を遂げており，インパクトファクターも2.133（2012年）と上昇し続けている。本多裕先生は，その後病に倒れられ，PCNの成長を共に喜んでいただくことができなかったことが心残りである。

25 大阪精神科病院協会の歩み（1）
設立から平成10年まで

● 長尾喜八郎

大阪の精神科医療には400年の歴史がある

　大阪での精神科医療の歴史は古く，関ヶ原の合戦の前年，慶長4（1599）年には現在の七山病院となる爽心堂が創設されており，同病院は400年を超える歴史[1]を有する。

　明治に西洋医学が入ってくるまでの爽心堂は開放処遇であり，江戸時代の文献にも「村（現在の熊取町）の中を精神障害者が歩いていた」と伝えられている。明治に入り，それまでと同様に開放病棟を建設しようとしたところ「窓には格子をつけ，扉に鍵をつけるように」と岸和田藩（廃藩置県の前だったので）から指示されたことが記録として残っている。このように世界に誇る歴史をもつのが大阪の精神科医療である。明治19（1886）年には大阪癲狂院（現在の阪本病院），大正2（1913）年には大阪脳病院（現：山本病院）が開設された。

　精神科病院の団体としては大正6（1917）年に近畿精神病医会が発足され，爽神堂（現：七山病院），大阪癲狂院（現：阪本病院），大阪脳病院（現：山本病院），堺脳病院（大正11年創立，現：浅香山病院）の名前がみられるものの，この団体の多くは京都が中心であった。

大精協設立

　大阪精神科病院協会（以下，大精協と称する）の直接の前身といえるのは昭和24（1949）年に発足した大阪精神衛生協会であり，同時期に日本精神病院協会も結成されているが，この大阪精神衛生協会が現在の大阪精神科病院協会の基となっている。当時のメンバーには民間精神科病院だけでなく，阪大堀見太郎教授，橋田賛先生（中宮病院院長）も設立趣意書に名を連ねていた。

　会長は持ち回り方式で，初代会長には浅香山病院の髙橋清彦先生が1期務められ，その後昭和32（1957）年小阪病院の東武夫先生が長期間務められた（仔細については不詳）。

　大精協設立の背景には精神科における深刻な看護者不足があった。このため，設立当初の大精協も年に数回，「精神看士」養成講習会を開催，精神科病院で働く看護者に看護知識を教える講義を行っていたが校舎などはなく，大阪社会事業短期大学の校舎を夜間，間借りしていた。

　このように積極的に精神科看護者の養成を行ってきたが，有資格者による看護体制の強化を図り，安定的に精神科病院に看護師を送り込むために看護専門学校の設立が望まれるようになったが，これには大精協の法人化が必要であった。

法人を設立し看護学校を開設

　そこで昭和41（1966）年9月21日に社団法

人大阪精神病院協会が認可された。協会設立の基礎作りをされた本多治先生，阪本三郎先生，髙橋清太郎先生，東武夫先生らの偉業を継承し，法人組織化した澤潤一先生，髙橋清彦先生，河﨑茂先生の尽力はもとより会員48病院の協力もあってはじめて法人化設立が行われた[2]。法人化されたことで大精協附属看護専門学校（当初は大阪精神病院協会附属准看護学院）が設立され，民間精神科病院だけでなく，中宮病院からも多くの看護者が看護師資格を取るべく勉学に励んだ。その後，第二准看護学院を開設，さらに現在地に学校を統合し看護学科開設と看護師教育の充実を図ってきており，卒業生の中には看護部長として働く者も多く，大阪府下の精神科看護の柱となっている。

看護学校の設立者は大精協会長と決められている。在任期間は下記のとおりである

　初代会長　澤潤一（さわ病院，昭和41年9月1日～昭和44年3月31日）

　2代会長　髙橋清彦（浅香山病院，昭和44年4月1日～昭和45年6月30日）

　3代会長　河﨑茂（水間病院，昭和45年7月1日～昭和63年3月31日）

　4代会長　阪本健二（阪本病院，昭和63年4月1日～平成2年7月10日）

　5代会長　長尾喜八郎（ねや川サナトリウム，平成2年7月11日～平成10年3月31日）

　6代会長　関山守洋（榎坂病院，平成10年4月1日～平成18年3月31日）

　7代会長　河﨑建人（平成18年4月1日～現在）

歴代看護学校長

　初代学校長　澤潤一（昭和42年～昭和43年度）

　2代学校長　髙橋清彦（昭和44年～平成19年度）

　3代学校長　長尾喜八郎（平成20年～平成23年度）

　4代学校長　髙橋幸彦（平成24年～現在）

病院を出て社会へ，精神科訪問看護と駐禁

　入院中心の精神科医療から一般社会での生活へと流れが変わってきたものの，社会に出た精神障害者を支える制度的なバックアップの整備はなかなか進まなかった。大精協が取り組んだ事業の一つに精神科訪問看護がある。精神科訪問看護を実施するためには自動車の利用が欠かせないが，訪問看護から車に戻ってみると駐車禁止の呼び出し状が貼ってあることも珍しくなかった。そこで平成6年9月，大精協としては精神科訪問看護用の自動車の駐車禁止指定除外を要望。大阪府知事等に積極的に働きかけた結果，駐車禁止指定場所にも止められるようになった。

阪神淡路大震災と大和川病院事件[3]

　平成7（1995）年1月17日には直下型地震として未曽有の被害を出した阪神淡路大震災が発生した。震災は精神科医療面でもさまざまな問題を投げかけた。震災直後，大精協会員46病院が交代で医師，看護師，ケースワーカーを派遣した。伊丹保健所内に精神科救護所を設置し被災者の救護活動，心の相談室を設置した。その活動が大きく評価され，厚生省より感謝状を受けた。

　平成9（1997）年3月，大和川病院事件が発生した。大精協では大和川病院の理事長，院長などを呼び事情説明を聞く機会をもったものの，的確な回答がなく，結局問題の解決は行政に委ねられた。その結果，同年7月理事長は大阪地検に詐欺容疑で逮捕され，廃院と医療法人の抹消という行政処分を受けた。その事件は，医師，看護師の水増し，医師としての職業倫理，社会的責務を忘れた医療犯罪と言われている。同病

院の431名の入院患者のうち，大精協が各病院に手分けして297名を受け入れた。

平成3（1991）年12月大阪府からの委託により大阪府精神科救急体制が発足し会員28病院が参画して府下6床のベッドを確保していた。その中で大和川病院は一般精神科病院での対応に馴染めない覚せい剤中毒，パーソナリティ障害で問題行動を起こした患者を警察等からの通報で一極集中的に搬送されていたという。このような点が表面化したため救急医療システムを見直す必要があり，平成9（1997）年6月より救急体制の後送システムの再構築に向かった。

この事件は国民に対して精神科医療に対する疑惑を深めるものとなったため，大精協では「全会員がより良く，より開かれた精神科医療を実施」するための方策を検討。検討を重ねたピア・レビューにより相互チェックを行うことを決定し，さらに平成10（1998）年からは相互訪問をはじめることで他者の目によるチェックも開始した。

精神科救急への対応

国の精神科医療行政が大きく変化する中で，大精協も大きく変化してきた。現在でも改良が続けられている精神科救急体制もそのひとつである。

精神科救急事業については昭和59（1984）年に大阪府医師会に精神科救急委員会を設置し，一般科に比べて遅れている精神科救急への取り組みを一般科も巻き込んで実施[4]。昭和60（1985）年に，知事へ「大阪府精神科医療体制の整備について」を請願。平成2（1990）年には，精神保健審議会から知事へ答申があり，翌年より精神科救急医療（参加27病院）が始まった。

平成3（1991）年12月当初，精神科救急の特徴は府下を6ブロックに分け，各ブロック内の2病院ずつが輪番で救急に対応した[5,6]。この精神科救急体制には府下28病院が参加し，緊急病院として，さわ病院（北部），中宮病院（東部），久米田病院（南部）の3病院が決まった。平成10（1998）年には，大阪府下7ブロック制の見直しを行った（参加34病院）。平成17（2005）年には救急制度の大規模な見直しを行い，拠点病院化と情報センター機能を整備し，インターネット利用による空床情報提供を開始した。その後，発展し現在では救急システムへの参加は39病院となっている。まだまだ，問題も多く改善されるべき点も多々あり，順次見直しが進められている。

大精協は精神科医療の幅広い啓発と普及のため，法人化30周年記念冊子「できることからはじめよう」を発行した。精神医療改善の働き掛けを平成3（1991）年から平成9（1997）年まで大阪市，大阪府，厚生省に対して多数の要請，陳情を行った。学術研修も活発に行われ，特に大精診との合同学術講演会は平成3（1991）年より現在まで続いている。なお大阪府下の公的事業に会員病院より多数参加している。具体的には大阪府市の精神保健福祉審議会，各保健所の嘱託医，老人ホーム入所判定等その他広範囲にわたり活躍している。

私は平成10（1998）年3月で会長を辞し，関山守洋会長となり，副会長には河﨑建人先生となる。平成10（1998）年4月以後については平成18年4月1日より大精協会長になられた河﨑建人先生に執筆していただく。

参考文献

1) 爽神堂四百年．医療法人爽神堂 七山病院，2007
2) 20周年記念誌編集委員会編：法人設立20周年記念誌．社団法人大阪精神病院協会，1988
3) 社団法人大阪精神病院協会：法人設立30周年記念誌．社団法人大阪精神病院協会，1999
4) 長尾喜八郎：大阪府における精神科救急医療の現状と問題点．日精協雑誌7(4)：44〜49，1988
5) 納屋敦夫，長尾喜八郎，鯉田秀紀，他：大阪府精神科救急医療の実態と展望．日精協雑誌11(11)：69〜77，1992
6) 長尾喜八郎，鯉田秀紀，長尾喜一郎：大阪府精神科救急の現状と今後の課題．日精協雑誌13(5)：45〜54，1994

25 大阪精神科病院協会の歩み（2）
平成10年から現在まで

● 河﨑　建人

精神科救急体制の強化に着手

　大和川病院事件を受け，精神科救急体制の見直しに着手。平成10（1998）年には大阪府下をそれまでの4ブロックから7ブロックに細分化し地域医療も担保できるようにした体制に変更した。輪番病院はそれまでの6病院から7病院となり，この時点での参加病院数は34病院となった。

　当時問題となったのは，①現在に比べ，社会的入院が多く病床の空きが少なかった，②輪番病院に入院があって満床となり，システム外で搬送先病院を探さなければならないケースもあった，③「①と②」の結果，深夜警察に保護された精神障害者が警察の保護室に留置されるケースがみられ人権侵害であると指摘された，などである。

　平成14（2002）年には大阪府・大阪市と協議し，後に精神科救急情報センターとなる精神障害者24時間医療相談事業を開始。この事業は愛称を「こころの救急相談事業」として実施され，夜間や休日に孤立してしまう患者を電話相談などで救うことが目的で実施され，成果を収めた。

　また，当番病院として手を挙げる病院が減少してきたため，参画しやすくするためにインターネットを利用した当番表システムを構築，参画病院が直接当番日を入力したり当番日を確認することができるようになり，病床確保もスムーズになった。

　平成16（2004）年にはシステムの再構築を行うために「精神科救急プロジェクトチーム」を発足させ，翌17（2005）年には精神科救急医療体制の大幅な見直しを行った。ここでは情報センターを設置し，空床情報が的確に救急隊に届くように情報の流れを整備した。さらに確実に救急患者を受け入れるために「拠点病院」と「協力病院」設置による機能分担を実施。拠点病院は輪番制ながら，情報センターからの紹介患者に限って受け入れるようにした。また，特定の病院だけに負担がかからないように後送先となる協力病院も確保するシステムに変更。①救急隊→②情報センター→③拠点病院→④後送病院という流れを作った。この新しいシステムは大阪府・大阪市とも協議し，平成17（2006）年9月から実施。情報センター機能を整備するとともに，拠点病院16病院，後送病院27病院で開始された。

トリアージ機能を持つ情報センター設置

　新設された情報センターによるトリアージ機能により，平成16（2004）年には2,553床の確保病床に対して2,164名の入院があったものが，平成18（2006）年には3,170床の確保病床に対して1,395名の入院へと入院患者数が急

減。同年の情報センターでの相談対応件数は4,102件であり，そのうちセンターのみで対応したものが1,527件であった。

また当初，拠点病院に過剰な負担がかからないようにと設けられた後送病院だが，平成18（2006）年には後送件数は80件であり，5.72％であった。現在では後送制度はなくてもスムーズに機能している。この新しいシステムにより，空き病床がコントロールされるようになり，満床で搬送先がないといった事態は解消された。

新たな24時間緊急措置診察体制へ

一方緊急措置診察による入院件数は平成5（1993）年には58件だったものが平成18（2006）年には350件へと増加し，緊急措置体制の整備が急がれることとなった。このような状況を受け，大精協では精神科救急プロジェクトチームを拡大し，精神科緊急・救急医療委員会を特別編成，大阪府・大阪市と協議を重ねた。

そのなかでも重要な課題となったのは保護室の確保と精神保健指定医の当直確保であった。当時，医師不足や当直医の過重労働が社会問題となっており，慎重にならざるを得ない状況であったが，行政からは「毎月の参画病院はできれば固定化してほしい」との強い要望があった。

1年あまりの検討を経て，平成19（2007）年4月に24時間緊急措置診察体制が開始された。これには16病院が参画し，合併症患者受け入れのために，大精協傘下の総合病院を含む大阪府下11病院による体制が整えられた。

精神医療オンブズマン制度

大阪府では平成9（1997）年に発生した大和川病院事件を教訓に，精神科病院における患者の人権侵害を防ぐために精神医療オンブズマン制度が設けられた。同制度に基づき精神科医療オンブズマン（大阪府がNPO大阪精神医療人権センターに事業委託）が各精神科病院を訪問，閉鎖病棟などにも入り，直接患者や家族の方々からご意見をうかがうとともに病院側に対しても疑問点などを質問するなどして実態を調査。さらに予告なしでのぶらり訪問を受け入れた病院も多く，精神科病院の環境改善に役立ってきた。

訪問により得られた情報は大阪府精神障害者権利擁護連絡協議会（行政・医療・権利擁護団体で構成）で検討し，府や大阪市・堺市に連絡，それぞれの行政機関が審査や指導を行い精神科医療機関での処遇向上を図ってきた。大精協ではこの活動に対し積極的に対応し，会員病院の間ではすぐに改善が可能な事柄については即対応，施設改修や体制整備が必要な事柄については順次実施する方向で環境の整備が行われた。

この制度は大阪府独自の制度として全国からも注目され，当事者やその家族の方々からも高く評価されたのみならず，他府県でも実施してほしいといった要望があったと聞いている。ところが府知事が変わり，大阪府の財政立て直しのために平成20（2008）年に廃止することが決まった。しかし，同事業継続の要望が強く，府議会も全会一致で継続を要望，平成21（2009）年6月に大精協を含む9団体と行政機関，学識経験者からなる大阪府精神科医療機関療養環境検討協議会が新たに設置され，新しい体制の下

図 第1回日本精神科医学会学術大会

第1回の「日本精神科医学会学術大会」を開催

　平成24（2012）年10月9～10日には大阪国際会議場において，日本精神科病院協会主催の第1回日本精神科医学会学術大会が開催された。この大会はそれまでの日精協精神医学会を発展させたもので，「精神科医療の改革にあたり具体的に今なにができて何をすべきか」を確認するとともに，日精協・大精協などに加盟する民間精神科病院が考える将来ビジョンを具体的な形で発信するための大会であった（図）。

　運営にあたっては大精協が中心となり，実行委員長は山本病院の山本幸良理事長にお願いし，事務局も山本病院に置かせていただいた。大会のテーマは「精神科医療の改革とビジョン～いま私たちができること，すべきこと～」で，入院医療から地域生活中心へと移行するなかで精神医療改革，精神科における戦略的な将来ビジョンを提示し，多くの方々にご理解いただけたことは大きな成果であったと考えている。

　また，前年に発生した東日本大震災などの経験から災害時における精神科医療の在り方や，災害時のリスク回避（リスク低減）などに関する議論も活発に行われた。一方で電子カルテやその周辺事務処理に関するシステムが複数紹介されたり，精神科におけるリハビリテーションに理学療法や言語聴覚療法を取り入れた試みが紹介されるなど，新しい時代の始まりも感じられた。

大阪精神科病院協会のこれから

　公益法人化に伴い社団法人大阪精神科病院協会は平成24（2012）年4月1日に一般社団法人大阪精神科病院協会へと移行した。平成25（2013）年4月1日現在会員数は49病院，総精神科病床数1万8,493床と大阪府下の精神科病床の97.2％を占めている。また，精神科救急医療体制や，緊急措置診療の24時間体制の構築，さらにはオンブズマン制度の受け入れ等，先駆的な事業を実施しており全国からも注目される精神科医療を実践してきた。

　現在大阪精神科病院協会には医師，薬剤師，事務長，看護師，栄養士等各コメディカルを中心とした部会が活発に活動しており，それぞれの部会が研修会を実施し質の向上に向けた努力がなされている。また大精協としての学術講演会も年間を通して複数回開催している。さらには大阪精神科診療所協会とは年2回の合同役員会のほか，両協会共催の学術講演会を行っている。

　今後とも，大阪府の精神保健医療福祉の向上に貢献すべく，会員が一致協力しそれぞれの地域特性や病院特性を生かした，地域精神医療の充実を目指したい。

26 日本精神科病院協会の歩み

● 河﨑 建人

日本精神病院協会の設立

昭和20（1945）年，終戦当時の日本では物資の欠乏，社会秩序の混乱など目を覆う状況の中で，人々は未来への希望を失い，その日その日を過ごすのがやっとであった。ましてや自ら生きる力を持つことができず，社会的にも蔑視の対象でしかなかった精神障害者の医療や処遇の問題は放置されているに等しい状況であった。

このような中，近代精神科医療のあるべき姿を明確にし，日本国民の精神保健の向上と精神疾患を持つ人への適切な医療・福祉の提供，精神障害者の人権の擁護と社会復帰の促進を図ることを目的として，昭和24年，私立の精神科病院を中心として日本精神病院協会（以下，日精協）が設立された。

設立総会は，昭和24（1949）年6月に上野精養軒で開催され，初代理事長として植松七九郎が選出された。当初の加入病院は82病院であり，当時協会加入の条件にかなった130病院の63％が入会した。大阪からは七山病院，大阪脳病院（現，山本病院），堺脳病院（現，浅香山病院），小阪病院の4病院が入会し，山本友香（大阪脳病院）が理事に就任している。昭和25（1950）年に精神病者監護法と精神病院法を廃し，精神衛生法が制定されたが，この新しい法律の法案内容を検討するために日精協内に法令研究委員会が設置され，そこで検討された金子準二による精神衛生法金子私案の大部分が，制定された法文の中に活かされていることはあまり知られてはいない。昭和28（1953）年7月，金子準二が理事長に就任後，昭和29（1954）年8月に協会の社団法人登記が完了し「社団法人日本精神病院協会」となった。以下に長くはなるが「社団法人日本精神病院協会設立趣意書」を掲載する。当時の時代背景や精神障害に対する考え，私立精神病院の状況等が垣間見え興味深い。

『社団法人日本精神病院協会設立趣意書

　『新憲法で国が社会福祉，社会保障及び公衆衛生の向上及び増進を努めなければならなくなって以来，公衆衛生関係の施策に画期的の進展を見たものである。実際結核などでは，相当施設の増加も整備も実現されたが，精神障害に対する公衆衛生的施策は，甚だ貧困である。

　終戦当時殺人，傷害，放火などの兇悪犯罪が頻出した主因の一つに，精神障害者に対する公衆衛生的施設が不備不完であることが指摘されたが，その後八年間を経過し，やや世相も安定した現在でも，なお精神病者，精神病質者，精神薄弱者などの精神障害者による殺人，傷害，放火などの危険犯罪とか，精神障害者に対する血族者の殺人，殺人未遂などの重大犯罪とかが連日の新聞記事となり，不安感をただよわせ，民生安定を妨げておることは，精神障害者に対する公衆衛生的施設に欠陥が多い証拠である。

　精神障害者に対する施設に欠陥が多いために，新憲法は健康で文化的な最低限度の生活を営む権利を国民に保証しておるに拘わらず，精神障害者は国民であり，病者であるのに，主症状が精神的であるばかりに新憲法の国民の権利を享有することが出来ぬ。また精神障害者の家族近隣は勿論のこと，誰でもと云える程，社会人一般の生命，財産，名誉が精神障害者の病的行為の危険にさらされ，文化的の最低

限度の生活も到底安穏に営めず，苦悩しなくてはならぬ．
　「一国の精神障害者に対する施設の程度は，その国の文化の程度をあらはす精確のバロメーターである」と発表した学者があるのに，日本の戦前の精神障害者に対する施設は，あまりに海外文化国と比較して劣っておるので，日本の文化には危険性があると精神衛生学的に考察された．ところが，この貧弱の日本の精神障害者に対する施設には，戦災によって喪失したものが多かった．それで終戦当時から同志相諮って「世相の安定は精神病院の復興から」「社会の平和は精神病院から」「日本の再興は精神病院から」との決意をもって，精神病院の復興に従事し，昭和二十四年十月経営形態を同じくする全日本の私立精神病院が結束して，日本精神病院協会を設立し，戦後日本の精神障害者に対する公衆衛生的施設の欠陥の改善，整備，補強に最善の尽力をすることになった．
　実際戦前から日本の精神病院の病床数は，その三分の二が，略私立であった．終戦後も略同比率である．しかも国，都道府県などの財政状態では，精神病院の急速の設置，拡張などは力が不充分である．ところが戦後の世相には，精神障害者数を増加する幾多の要因がある．それに加えて，住宅難のための同居家庭の激増などは，精神障害者を収容して医療保護をする精神病院の病床の確保を一層必要とするにいたった．
　この時局に際しては，日本の精神障害者に対する収容医療保護施設の三分の二を担任する私立精神病院の職責がいよいよ重大であるを痛感し，創立以来日本精神病院協会は精神病院と精神障害者とに関する法律制度の調査研究をするとともに，全日本の私立精神病院が緊密の連絡と互助の精神をもって結束し，施設の拡充，設備の改善，従業員の素質の向上に努力して，精神障害者に対する適正の医療保護と社会福祉の増進とに尽し，過去五年間相当の業績を収めたが国際的に転落した日本が，平和的の文化国として国際的に再興するには，常に平和と文化との妨害者である精神障害者に対する文化的施設の一環である精神病院ことに日本では現在その三分の二を占める経営形態が同一の全日本の私立精神病院が一層結束を強固にした社団法人日本精神病院協会に改組され，従来の日本精神病院協会の全事業を継承し，更に事業を拡張し，日本の精神病院と精神衛生関係事業の整備拡充に寄与し，精神衛生思想の普及に努力しかつ私立精神病院の公共的重大使命を完遂するが緊急事であるのが社団法人日本精神病院協会の設立をする趣旨である．』

昭和37年から現在までの歴史的事項

　昭和37（1962）年10月に行われた臨時総会で金子準二理事長が辞任し，新定款実施に伴い会長に石橋猛雄が就任した．これにより協会は理事長制を廃止し，正副会長を設け常務理事会による合議制的な運営に切替えを行った．石橋新体制での常務理事として澤潤一（大阪）が就任している．この当時，精神科医療費の低さが問題視され，特に精神病院の経営危機に対する会員の声を反映した精神科医療費引上げの陳情が厚生大臣になされている．その中では従業員給料の公私間格差，固定資産税の増大，人件費の増大等が民間精神病院の経営を圧迫している状況が訴えられており，今日，未だ解決しない課題が当時既に認められていたことがうかがわれる．

　昭和38（1963）年には厚生省による精神衛生実態調査が実施され，精神障害者124万人，そのうち入院を必要とする者28万人，精神病院以外の施設に収容を要する者が7万人，在宅のままで精神神経科医の外来治療または指導を必要とする者48万人，在宅のままその他の指導を要する者が41万人と推計された．そのころのわが国の総精神病床数は12万9千床程度であり，厚生白書（昭和39年度版）にも「推計124万人の精神障害者のうち，施設に収容する必要のあるものが35万を数えている現状であるため，今後とも質の高い病床を数多く設ける必要がある」と記されている．

　昭和39（1964）年9月に日精協創立満15年記念式典が東京ヒルトンホテルにおいて，盛大に開催されたが，この年の3月14日にライシャワー駐日アメリカ大使刺傷事件が発生した．これは精神疾患の入院歴がある少年が，アメリカ大使館に忍び込み，大使を刺傷させたもので，時の治安担当大臣の引責辞職等，政府の責任問題にまで発展した．この事件を契機として，いわゆる「精神異常者の野放し問題」が朝日新聞の天声人語をはじめマスコミ等で大きく取り上げられ，急遽，精神衛生法の改正問題が起こった．日精協としては，法改正が警察当局による治安ベースで推し進められることは，精神障害者の人権や本来あるべき精神衛生行政に逆行するものであるとの基本態度を確認し，精神衛生審議会の場でこの方針を貫くことに精力を傾注

した.

　昭和40（1965）年3月に渡辺栄市が第二代会長となり髙橋清彦（大阪）が副会長に就任した．同年春の国会で精神衛生法の改正が成立している．協会内ではこのころより社会復帰施設の創設についての検討を積極的に行っており，また生活療法の観点から無資格看護要員の資質の向上を図ろうと生活療法指導員（OTA）の通信教育を実施した．

　昭和42（1967）年12月には，日本政府の要請により昭和42（1967）年11月から翌年の2月まで日本の地域精神衛生を視察したWHOの精神衛生顧問であったクラーク博士が日精協を訪れ，英国精神衛生の実情についての講演を行った．クラーク博士は日本各地を訪問視察し意見交換を行い報告書（いわゆるクラーク勧告）をまとめ，WHOと厚生省に提出している．その中で「精神障害の早期発見と適切なリハビリテーションを促進するための地域精神衛生計画は，日本が当面する緊急の社会的，公衆衛生的課題の一つである」と述べ，何らかの対策をすぐに行わなければ，近い将来日本の精神病院での長期在院者の累積が深刻な問題になると鋭い指摘を行っている．しかしながら当時の厚生省はこの勧告を軽視し，以後も入院中心主義の政策を取り続け，結果としてクラーク博士の懸念が的中することになった．

　昭和44（1969）年9月には協会創立満20年記念式典が椿山荘で開催されたが，当時，日本の精神医学界は革新運動のうねりの渦中にあり，金沢学会が開かれたのはこの年の5月であった．翌昭和45（1970）年春頃から朝日新聞大熊記者によるキャンペーン「ルポ精神病棟」が始まり，協会内でも大きな反響があったが，姿勢を正して堂々と進むことで協会の基本姿勢を決定した．

　昭和49（1974）年4月，髙橋清彦が第三代会長に就任し，賠償保険制度の創設をはじめ，日本精神病院協会退職金共済会ならびにグループ保険も発足させる等，会員と患者の福利厚生の充実に大いに貢献した．また国際的視野より諸外国の精神医療の視察を頻回に行い，協会の基礎造成に全力を尽くされた．昭和54（1979）年11月には髙橋会長の下，日精協創立30周年記念式典が東京・帝国ホテルで盛大に開催され，武見日本医師会長の「日本の前途と医療の前途」と題する特別記念講演が行われた．

　昭和55（1980）年4月に第四代会長として斎藤茂太が就任．その年の9月に日本精神病院協会精神医学会が初めて，札幌において開催された．昭和57（1982）年にはそれまで日精協が発刊していた月報が雑誌化され「日本精神病院協会雑誌」として新しく創刊された．昭和58（1983）年2月に日精協主催，大阪精神病院協会共催による日精協精神医学会が，大阪ロイヤルホテルで開催され，「日本の精神医療の現状と将来」を学会テーマに活発な論議が行われた．

　ちょうどそのころ宇都宮病院の不祥事が明らかになる．これは栃木県宇都宮市の医療法人報徳会宇都宮病院で，入院中の患者が看護職員により金属パイプで乱打されて4時間後に死亡．さらにその後にも職員による殴打で急死する等のあってはならない精神病院の信用を失墜させる大事件であった．昭和59（1984）年3月14日付各新聞の全国版に三面トップ記事で報道がなされ，精神衛生法改正のきっかけとなった．日精協としては調査班を派遣し，その調査結果に基づいて声明を発表した．その中で日精協としては今回の問題に対して遺憾の意を表すと同時に，当該病院の精神医療は一般的精神医療水準とはいちじるしく隔絶するものであると断じ，協会として国民の期待に応えるため，協会の総力をあげて，なおいっそう，医の倫理の確立と精神医療の向上に努めることを表明した．昭和60（1985）年には国際法律家委員会（ICJ）および障害者インターナショナル（DPI）が相次いで日精協を訪問し，日本の精神障害者の人権についての意見交換が行われ，全国各地の精神病

院の視察や行政機関の訪問を通しての報告を国連人権小委員会等に行った。さらにジュネーブ国連欧州本部で開かれた第38回国連人権小委員会差別防止少数保護小委員会に，当時の小林秀資精神保健課長が出席し，日本の精神衛生の現状について説明を行う等，精神衛生法の抜本的な改正に向かって大きく動き出した時期であった。

昭和61（1986）年4月に第五代会長として栗田正文が就任し，日精協に精神衛生法改正検討委員会を発足させ厚生省と意見交換を図るとともに，精神衛生法改正に対する意見書を厚生省に提出した。昭和62（1987）年6月に開催された日精協技術者研修会では「精神衛生法改正に学ぶ」とのテーマのもと，特別講演，シンポジウム，パネルディスカッションが行われ，小林秀資精神保健課長と会員との間で激しい議論が闘わされた。精神保健法は昭和62（1987）年9月に公布され翌63（1988）年7月施行となったが，新しく創設された精神保健指定医の研修会実施指定機関として，全日本自治体病院協議会とともに日精協が厚生大臣により指定された。

昭和63（1988）年4月，河﨑茂が日精協第六代会長に就任。精神保健法の5年後の見直しに向けて精神保健法検討プロジェクトチームを立ち上げ，精神保健法の問題点や課題について積極的な検討を開始した。

昭和64（1989）年1月7日，昭和天皇が崩御され平成元（1989）年2月24日に大喪の礼が行われ，日精協からは河﨑茂会長，斎藤茂太名誉会長が招待を受け出席した。

平成元（1989）年11月24日，東京・帝国ホテルにおいて日精協創立40周年記念式典が盛大に挙行された。羽田春兎日医会長の記念講演をはじめ，多くの来賓の祝辞を受け，河﨑会長より「日精協の会員病院が今回の法改正に積極的な姿勢で取り組んできたことは，国内はもとより国際的にも高く評価されており，我が国の民間病院のきめ細かい精神医療は，米国においても範とされている。今後，国民，患者さんに，より一層の信頼をおかれる団体として日精協が羽ばたいていきたい」との挨拶があった。

平成に入ってから日精協は各種調査や研究事業を通して，日本の精神医療の課題や今後の方向性について活発な意見発表や提言を行い，平成5（1993）年には国際協力事業団（JICA）の委託を受け，アジア東部精神医療指導者研修を始める等，国際的視野に立った活動にも力を注いだ。さらには医療関係者だけではなく，幅広い視点での精神医療の方向性についての意見をうかがう目的で，精神保健懇話会を設置し，医事評論家の水野肇座長のもと，活発な議論が行われた。

精神保健法の施行後5年目に当たる平成5（1993）年6月に，精神保健法の改正法案が国会で可決成立し，平成6（1994）年4月から施行された。この法改正により精神障害者の定義が見直され，保護義務者の名称が保護者となり，精神障害者地域生活援助事業（グループホーム）が法定化され第二種社会福祉事業として位置付けられた。また平成5（1993）年12月には新たに障害者基本法が成立し，精神障害者が明確に障害者として位置付けられた。

平成7（1995）年1月には念願であった協会自己所有の日本精神病院協会会館が港区芝浦に落成した。落成記念式典が盛大に開催された5日後，1月17日早朝に阪神・淡路大震災が発生した。日精協は被災地への医療班の派遣協力を厚生省，日本医師会，兵庫県知事に申し入れるとともに災害対策本部を設置し，被災地への支援体制，義援金の実施を理事会で決議し，直ちに動き始めた。この未曾有の大災害の中でメンタルヘルスの問題が大きく国民に印象づけられたことは，この大震災という災いの中から芽生えたひとつの芽であったと思われる。

同年7月には精神保健法が改正され，精神保健及び精神障害者福祉に関する法律（精神保健福祉法）が成立した。この法改正により立ち遅

れていた精神障害者の福祉施策に光が当てられたと同時に，厚生省の行政組織改編により障害保健福祉部が新設され，その中に精神保健福祉課が設置された．当時は障害者の地域生活支援のあり方，権利擁護対策，保健福祉サービスのあり方等が国の審議会や委員会の主たる検討項目であったが，日精協においては精神科救急医療体制，公民間の機能分化，精神保健指定医の問題等について，現実に則したそのあり方が検討されていた．また，平成9（1997）年12月には協会としてその法案成立に精力的にかかわってきた精神保健福祉士法が衆参両院において成立した．

平成11（1999）年9月には，精神保健福祉法の一部改正が成立し，移送制度の創設，地域生活支援センターの法定化等がなされた．

平成11（1999）年10月18日に創立50周年記念式典が寛仁親王同妃，両殿下のご臨席を仰ぎ帝国ホテルにおいて開催された．寛仁親王殿下より「100パーセントの障害者も100パーセントの健常者も存在しない．精神障害者への偏見差別を廃止し，障害の内容，対応を医学的に説明し，理解した中での交流を真剣に考えることが必要」「日精協会員が障害者福祉の原点に戻って，いま一度わが国の精神障害者，心病む人々の正しい支援のあり方，精神病院の正しい運営管理のあり方に真摯に取り組むことを期待する」との内容のお言葉をいただいた．

平成12（2000）年3月末をもって，6期12年にわたる日精協会長職を河﨑茂は退任するが，この間，関山守洋常務理事，長尾喜八郎理事の両和風会の先生が執行部として日精協の発展に大いに貢献なされた．

平成12（2000）年4月，仙波恒雄が第七代会長に就任する．この年には介護保険法が施行され，成年後見制度も開始した．この年発生した「西鉄高速バス事件」に対して日精協として緊急声明を発表し，「思春期危機対策計画」の提言や，触法精神障害者対策への早急な取り組みを

要望した．平成13（2001）年には日本精神病院協会の名称を日本精神科病院協会と改称し，同年起こった池田小学校事件を受けて「重大な犯罪を犯した精神障害者に関する緊急声明」を行った．さらには日精協としての基本方針としての「これからの精神医療のあり方基本計画」をとりまとめ，協会自らの積極的な姿勢を示した．平成15（2003）年には心身喪失等の状態で重大な他害行為を行った者の医療及び観察に関する法律（心身喪失者等医療観察法）が成立し，平成16（2004）年4月から鮫島健が第八代会長に就任した．

平成14（2002）年から平成16（2004）年にかけて，精神保健福祉改革に向けての重要な提言が国の審議会等からなされた．平成14（2002）年には社会保障審議会障害者部会の精神障害分会から「今後の精神保健医療福祉施策について」という報告書が出され，いわゆる受入条件が整えば退院可能な約7万2,000人の問題が提議された．その後，厚労大臣を本部長とする精神保健福祉対策本部が設置され，平成15（2003）年に同本部から「精神保健福祉の改革に向かった今後の対策の方向」が中間報告として出され，平成16（2004）年9月の「精神保健福祉の改革ビジョン」へとつながっていく．この間，日精協としては審議会や検討会を通して，現状に則した精神保健医療福祉の改革を一貫して唱え，国の行うべき施策と日精協の行うべきことを明確に主張しながら，施策決定へのかかわりを行った．

平成21（2009）年11月6日，創立60周年記念式典が帝国ホテルにて挙行される．この年の夏の総選挙において政権交代が起こり，民主党政権が誕生したが，式典においては長妻昭厚生労働大臣の祝辞等多くの来賓の言葉をいただき，鮫島会長は「60周年を契機に，先輩が努力してこられた輝かしい足跡を受け継ぎ，会員の強固な団結のもとに新たな時代の精神科医療を再構築しなければならない」と決意を述べた．

平成22（2010）年4月からは山崎學が第九代会長に就任し現在に至る。山崎体制になってからは，WHO本部を訪問しての日本の精神科医療についての講演等，これまで以上に日精協の主張を対外的に積極的に行い，将来ビジョン戦略会議を立ち上げ「我々の描く精神医療の将来ビジョン」を公表した。また民主党政権下で推進された障害者制度改革の流れの中においても，日精協としての考えを各部会や検討会で発言し，現実に則した精神保健医療の実現に向けて努力している。平成23（2011）年3月の東日本大震災に際しては直ちに対策本部を設置し，甚大な被害を被った会員病院へ迅速な支援体制を構築した。さらには平成24（2012）年4月，公益社団法人日本精神科病院協会へと移行し，日本精神科医学会を発足させ，記念すべき第1回日本精神科医学会が大阪で開催された。

未来への課題

　保護者制度廃止に伴う入院制度の見直しを中心とした精神保健福祉法の改正，精神病床の人員体制の見直し，精神疾患を加えた5疾病5事業としての新しい医療計画，障害者総合支援法の施行，増加する認知症への精神医療のかかわりの重要性等々，山積する多くの課題に対しても日本の精神医療の中心的役割を担う協会として，これからも積極的な活動を遂行しなければならない。

文　献

1) 社団法人日本精神病院協会20年史．1971
2) 社団法人日本精神病院協会30年史．1980
3) 社団法人日本精神病院協会四十年史．1990
4) 社団法人日本精神病院協会五十年史．2000
5) 社団法人日本精神科病院協会六十年史．2010

27 大阪精神科診療所協会

● 堤　俊仁

　大阪大学精神医学教室が創立120周年を迎えるという。誠に素晴らしいことである。120周年記念誌に「精神科診療所と和風会のかかわり」について何か書けという依頼を頂戴した。昭和57年に大学を卒業し，当時はまだ中之島にあった旧阪大病院東9階の精神科病棟で1年間，研修医として勉強させていただいて以降，ついに一度も大学に戻らないまま，しがない場末の診療所医者に成り果てた身で，教室の輝かしい記念誌に原稿を書くというのはいささか気後れする面もあったが，昨年より大阪精神科診療所協会（大精診）の会長を拝命している手前お断りすることもできず，浅学菲才をわきまえずお引き受けすることにした。

　精神科診療所の歴史については，「日本精神神経科診療所協会25年史」と大精診元会長南諭が大精診設立40周年記念式典で行った講演を下敷きにさせていただいた。実際にはほとんどの内容が上記2点からの転載であることをお断りしておく。それではまず精神科診療所の歴史を振り返ってみることにする。

精神科診療所の歴史

　わが国における近代精神医療は，江戸時代以来のいわゆる「座敷牢」収容を届け出制にしたことに始まり，明治33年の精神病者監護法発布，大正8年の精神病院法の成立，戦後昭和30～40年代の精神病院建設ブームなど，一貫して患者の収容・入院医療を中心に組み立てられてきた。しかし日本精神神経科診療所協会の各地区の医会誌を紐解くと，明治，大正時代に，精神科診療所の開業の記載が散見される。大阪府立医学校の初代教授であった大西鍛は，明治40年に退官して，大阪市高麗橋で開業し，精神・神経疾患の診療を行った。これが我が国における近代的精神科診療所の嚆矢であろう。大西の後任教授であった和田豊種も昭和16年，大阪帝国大学を定年退官後，大阪市内南森町で診療所を開業した。終戦時にはそれ以外に亘神経科，宮軒神経科が大阪市内で診療を行っていた。また昭和14年に大阪帝国大学を卒業した江川昌一は，昭和18年に静岡脳病院副院長として赴任し，間もなく応召されたが，復員後の昭和21年に静岡県清水市内に神経科・内科を開業している。

　このようにわが国における精神科診療所医療のパイオニアというべき時代から，和風会出身者と診療所のかかわりが深いことがわかる。

　しかし治療手段が，インシュリンショックや電気ショック，持続睡眠療法等が中心の時代では，収容・入院中心の流れを変えるまでには至らなかった。状況が一変するきっかけは，昭和29年のクロルプロマジンの登場であった。抗精神病薬によって精神病の治療が可能となり，退院，社会復帰が実現するようになった。さらに

昭和30年代以降は，統合失調症治療薬に加えて，ジアゼパム等の抗不安薬，イミプラミン等の三環系抗うつ薬などが次々と上市され，神経症，うつ病などで受診者数が増え，大都市圏を中心に総合病院精神科の設置が相次いだ。精神科病院退院患者の継続治療のためナイトクリニック開設の動きが始まった。長坂五郎は，昭和30年に浅香山病院勤務のかたわら，大阪市西成区天下茶屋の自宅にナイトクリニックを開設した。長坂は，ナイトクリニックを統合失調症患者の治療，アフターケア，再発予防，社会参加などを支援する診療所と定義したが，それはその後の精神科診療所のモデルとなったのであった。

一方で脳波計を備えた診療所が複数の総合病院のてんかん患者等の脳波検査を請け負うことで収入を確保しつつ，精神科診療を行う形の診療所ができ始めたのも昭和30年代であった。昭和36年水野慶三，浅野晃が旧阪大病院近くに堂島クリニックを開設している。昭和40年代にはこのタイプの診療所が精神科診療所の主体であった。

昭和39年，ライシャワー駐日大使襲撃事件をきっかけとして，精神衛生法が改正され，精神通院公費制度が設けられ，精神科診療所開設の機運の追い風となった。もう一つの時代背景として，昭和40年代初頭から始まった青医連（青年医師連合）闘争とそれに引き続く大学紛争の影響により，全国ほとんどの医学部精神医学教室が大きな混乱に陥り，大都市圏の総合病院に相次いだ神経科開設の波が市民病院に及ぼうとする流れを止めてしまったことが挙げられる。

そんな逼塞した状況の中で，地域精神医療に新天地を求める動きが若手，中堅の精神科医に出てきた。そのような流れを健康保険の診療報酬上の手当てが後押しした。

昭和40年までは入院患者の対する精神療法も通院カウンセリングも等しく40点といちじるしく低いものであったが，通院カウンセリングはその後，昭和51年に110点になり，平成2年には240点まで引き上げられた。その後通院精神療法と名称が変更され平成9年には392点となり，精神科診療所の経営が安定することとなり，まさしく精神科診療所で食っていける時代が到来した。

しかし通院精神療法の点数は，医療費抑制の流れの中で精神科診療所の急増，通院患者数の増加を調整するかのように，平成14年以降次第に引き下げられ，現在は330点まで下げられている現状がある。

診療報酬上ではそれ以外に，昭和63年に小規模デイケアが点数化され，診療所で精神科デイケアが実施できるようになり，地域精神科リハビリテーションを行う診療所も次第に増加している。

以上精神科診療所の歴史を概説したが，次に和風会と最もかかわりの深い大阪精神科診療所協会（以後，大精診と略する）の歴史を振り返ってみたい。

大阪精神科診療所協会の歴史

大精診誕生のころの事情は，大精診誌創刊号に高階経昭によって寄稿された，「大阪精神科診療所医会誕生までの経緯について」(1977)に詳しい。

高階によると，当時大阪府立公衆衛生研究所の精神科部長であった岩井豊明の呼びかけで大学病院，総合病院，精神科病院，診療所を問わず大阪府下で精神科医療に携わっている精神科医の集いの場を作ろうという話がまとまり，昭和41年6月15日「大阪精神医会」が設立され，研究会，学術講演会などが活発に行われた。ところが折からの青医連闘争のあおりを受けて，昭和43年以降は「医会」の活動が休止してしまった。そうした状況下で，「大阪精神医会」に集まった診療所の医師だけでも集まって例会を持とうという話が持ち上がった。その話し合い

の中で，さらに発展させて「大阪神経科診療所医会」にしてはという意見が出され，発起人会が設けられ，会則，事業計画等の準備を経て，昭和45（1970）年3月29日「大阪神経科診療所医会」（当時）として会員40名で発足したのが現在の大精診の始まりとされている。その後，昭和52（1977）年「大阪精神神経科診療所医会」と名称変更。平成10（1998）年「大阪精神科診療所協会」と名称変更。平成11（1999）年4月20日社団法人となる。平成24（2012）年4月1日公益社団法人となり，現在に至っている。

初代会長に和田種久（和田豊種教授のご子息）（1970～1976），その後に長坂五朗（1976～1980），大原和男（1980～1986），小池淳（1986～1995），南諭（1995～1997），田中迪生（1997～2002），桧山寛市（2002～2004），渡辺洋一郎（2004～2012），堤俊仁（2012～）となっている。

現在まで9代の会長はすべて和風会の出身者で占められている。これは偶然ではなく大阪の精神科医療界における和風会の存在の大きさを示しているのではないだろうか。

大精診は，発足後の25年間，会員数は年平均，2.5名ほどでなだらかに増加し，平成7（1995）年に約100名に至っている。平成8年から平成24（2012）年までは年平均10名程度で急速に増加し，現在の大精診会員数は274名となっている。精神科診療所の増加の勢いは，大阪だけのものではなく日本全体の傾向であるが，都道府県の人口動態，地形，交通事情などの諸条件によってかなりの地域差がある。また地方によっては，精神科診療所協会としての組織が熟成しておらず組織率が低い地域もかなりある。大阪は，全国に際立って，組織率も会員の増加率も高い。

全国組織である「日本精神神経科診療所協会」（日精診）の現在の会員数は約1,600名である。厚労省の公表しているデータ（精神保健指定医数にもとづく）では，精神科診療所の精神科医師数は，3,238人となっているので，精神科を標榜する診療所は，全国におそらく約3,000ヵ所ほどあり，日精診の組織率はおよそ50％強と思われる。大阪府下の精神科診療所の実数はおそらく300ヵ所程度と思われるので，大精診の組織率は90％ほどではないかと推測される。

ちなみに日精診は，大精診設立の4年後の昭和49（1974）年11月10日に設立され，平成24年4月1日，大精診と同じ日に公益社団法人となっている。日精診の歴代会長の中に，長坂五郎（1979～1986），小池淳（1994～1997），そして現在は渡辺洋一郎（2012～）と3名の和風会会員が選出されており，大阪が日本全体の精神科診療所のリーダーとして活躍してきた実績がある。

大精診のさまざまな活動

50年近い大精診の活動の中で特筆すべきものとして「阪神・淡路大震災」関連の支援活動が挙げられる。地震は平成7年1月17日未明に発生。それ以降の大精診，日精診合同の支援作業は，多忙をきわめ，対策の会議に追われ，よく混乱し，ときには空虚感に襲われるものであった。日精診としては，神戸市中央区の明石診療所に救急支援診療所を開設，大精診をはじめとする日精診会員が当番制で診療することになった。当時大精診副会長であった南諭は，「その出務のために甲子園から神戸まで徒歩で行くというエライ仕事もしたが，後の兵精診総会の場に招かれ，『大阪はよく助けてくれた』と礼をいわれたが，兵庫の先生方との心的交流は感激的なものであった。」と述べている。

現在の大精診は以下のようなさまざまな公益活動を実施している。府下各地域での市民向け講演会（年10回程度），メンタルヘルスフォーラム，こころの健康なんでも相談（年2回）などの市民向け啓発活動。
精神科医の生涯研修のための学術講演会（年10回程度），症例検討会（年3回程度）診療所職員

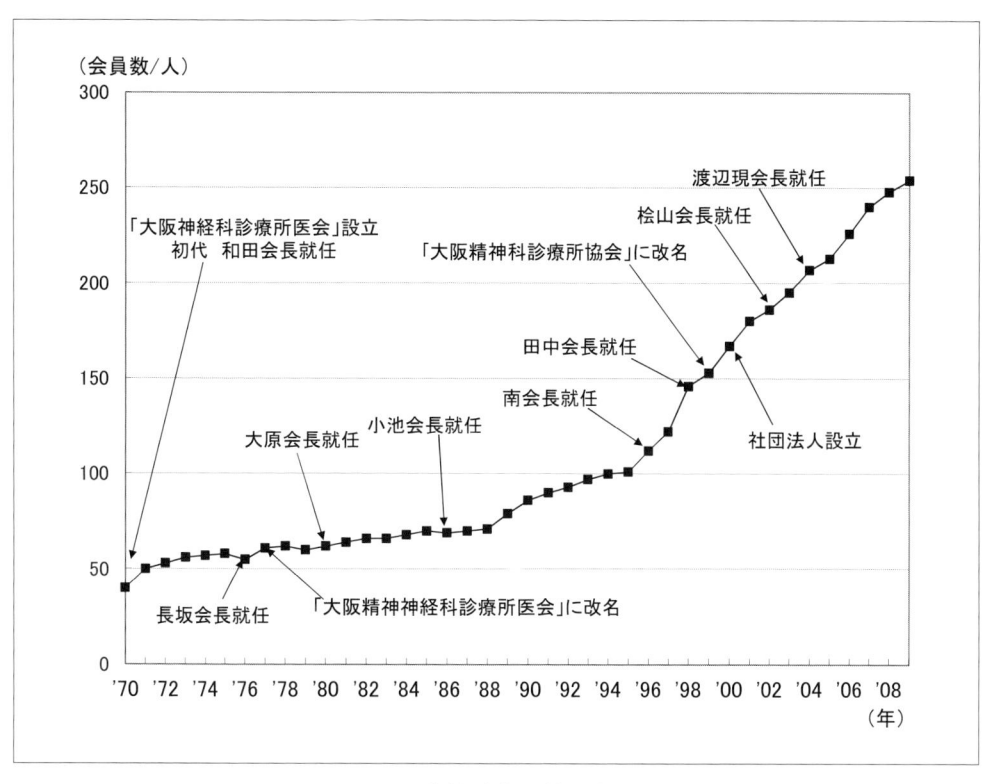

図1 大精診会員数の変遷

大精診誌　1997 大精診誌創刊号（長坂会長巻頭言），2005 大精診誌 29 号（外来精神医療はどこへ行くのか）
日精診総会（大阪）　1977 第 4 回，1983 第 10 回，1991 第 18 回，2006 第 33 回
大地震　1995.1　法人化　1995 日精診，1999 大精診

図2　心の健康なんでも相談

向けの研修会（年 2 回），精神科一次救急診療所の運営を中心とした精神科救急事業，精神医療審査会等への委員派遣，介護保険，自立支援区分認定への合議体委員の推薦，かかりつけ医向け認知症，うつ病等の対応力向上研修事業，その他さまざまな団体からの講師派遣への対応等，更に産業保健，学校保健，児童思春期，高齢者，精神科救急，アルコール・薬物嗜癖，会誌編集等のさまざまな委員会も活発に行われている。

地域医療計画や救急事業等の医療行政の策定決定・実行にも参画している。

精神科救急医療体制の充実を求めて

平成 25 年 4 月から精神疾患が，5 疾病（がん，脳卒中，糖尿病，急性心筋梗塞に付け加えられて）5 事業として，地域医療計画に組み込まれ

た。地域医療計画の中での精神疾患の位置づけは、自殺対策としてのメンタルストレス対策、統合失調症を中心とした医療・保健・福祉の総合的な地域生活支援対策、認知症医療への対応、アルコール問題、発達障碍者への対応等さまざまなものを包含しており、どれを優先課題と位置付けるのかは議論があるところである。大精診もこれらの諸問題の解決のために積極的に関与し、大阪府、大阪市、堺市等の行政サイド、病院協会、大阪府医師会、復帰協、家族会等の関係機関との連携、協議を重ねてきた。しかしすべての医療的課題に共通する問題の一つが、救急医療体制の構築であり、精神科においても救急医療体制充実がなお一層求められている。特に精神科診療所にとっての救急医療体制に関して言えば、「時間外の対応」をどのようにするかということが挙げられる。

「精神科救急医療体制の整備に関する指針」（平成24年3月30日付厚労省発）においても、精神科診療所におけるかかりつけ患者への対応強化として、継続して診療している自院の患者に関する精神科救急情報センター等からの問い合わせについては、夜間・休日においても対応できる体制（ミクロ救急体制）を確保することが明記された。今年度から施行される大阪府における地域医療計画の中に、精神科救急医療体制として、一次救急診療所の運営と並んで、「ミクロ救急体制の確保を行っている精神科医療機関の割合60％以上」という数値目標が盛り込まれた。大阪府下の精神科医療機関で60％を達成するためには、大精診会員診療所のミクロ救急体制の確保が100％でなければ達成できない。

一次救急診療所に出務することは、地理的、時間的条件、会員の年齢や健康上の問題等から全会員が参画できないことはやむを得ないが、自院通院中の患者に関する精神科救急情報センターや精神科救急当番病院の担当医からの問い合せに応じることは、すべての会員で可能である。

公益社団法人として大精診には大きな役割と責任が期待されている。

平成24年10月1日時点での精神科救急体制への確保への参画状況は、以下のようになっている。

大精診　総会員数	274名
① 措置診察協力医（公務員業務）	59名（22％）
② 夜間・休日の診療体制について　　一次救急診療所協力医　　一次救急オンコール協力医	135名（50％）　123名（45％）
③ 自院通院患者の対応強化について　　ミクロ救急協力医　　緊急措置診察　情報提供協力医	100名（37％）　59名（22％）

一次救急診療所に大精診会員だけでなく、阪大精神科をはじめとして在阪5大学の医局員の精神科医にも参画していただいている。この紙面をお借りして、あらためて感謝を申し上げたい。

おわりに

さらに今後は、大阪府下で精神科医療を実践するすべての精神科医が、地域精神科医療の充実に切磋琢磨する体制ができないものだろうか。そういった目的で、昭和41年に岩井の提案で発足した「大阪精神医会」をぜひ復活させたい。そのための中心的役割を和風会が担っていただきたいという提言をさせていただいてこの稿を締めくくりたい。

28 日本精神神経科診療所協会

● 渡辺洋一郎

日本精神神経科診療所医会の誕生まで
～「日精診」の前身～

1．入院収容から地域医療を目指して

　わが国における近代精神医療が「座敷牢」の否定から始まったことは周知の通りである。江戸時代のいわゆる「座敷牢」収容は届出制となり，明治33年に精神病者監護法，大正8年に精神病院法，そして昭和30～40年代の病院建設ブームなど，一貫して入院医療を中心に，わが国の近代精神医療は組み立てられてきた。

　しかし，入院医療が主流であった中でも，明治，大正の時代から精神科医が独立し診療所を開業する例は少ないながらもみられた。昭和に入ると，欧州への留学で最新の精神科診療を視察した長山泰政が，早くも「外来診療所を中心とする院外保護が精神障害の早期発見，早期退院，再発防止，社会経済，精神衛生知識普及のために必要である」と指摘するなど，外来での精神科診療を志す医師による，精神科診療所の開設の動きが各地で興り始めた。朝山種光（昭和13年に精神・神経科朝山診療所〔静岡〕開業），田村忠雄（昭和10年ごろ神戸市で精神科診療所を開業），内藤稲三郎（昭和3年に内藤医院〔名古屋市〕を開業，戦災による中断後，昭和28年に神経科内藤医院として再出発）らはその例である。昭和10～20年代は，彼らのような，わが国における精神科診療所医療のパイオニアがその道筋を切り開いた時代といえる。

　戦後，工業化社会の到来により，人々の労働形態や社会環境にも大きな変化が生まれた。環境の変化や管理社会のストレスを原因とする精神疾患が多数発生するようになり，国も精神障害者対策を積極的に進めた。また昭和29年，向精神薬のクロルプロマジンの登場により，それまでの入院・管理中心にならざるをえなかった精神病治療に，薬による治療・患者の退院・社会復帰が実現するようになった。さらに昭和30年代後半には，留学によって欧米の先進的な精神科医療を学んだ日本人医師が増加した。地域精神医療の体系のもとで，精神科疾患患者が入院することなく，患者の居住地域で治療を行う取組みが紹介され，精神科診療所の数もわずかずつではありながら増加傾向を見せ始めた。

　一方で，精神科専門病院が退院患者をアフターケアする必要から，精神科病院によるサテライトクリニック，ナイトクリニック開設の動きもみられた。昭和30年に長坂五朗（大阪）が精神病院勤務のかたわら，退院後の統合失調症患者の薬剤服用の中断を防ぎ，診療継続のために開設した夜間診療所（ナイトクリニック）はその先駆けである。

　昭和40年代に入ると，全国各都市で精神科診療所の開設が相次ぐようになった。昭和40年の精神衛生法改正により，精神神経科への通院診療に公的補助がつけられ，精神科の外来診

療の道が開かれたことが大きなきっかけになった。昭和45～47年には全国で約700に達している。

2．地域精神科診療所医会の結成

「収容主義的なものでなく，精神療法地域医療を展開したい」と開業したものの，各地の精神科診療所の経営は厳しいものであった。診察すればするほど赤字になり，多くの精神科診療所が内科などほかの科目と併設し，収入のほとんどを他科の診療報酬で得て，かろうじて精神科診療を維持しているのが実情であった。

当時，外来での精神科診療に関して，健康保険に点数項目がほとんどなかった。また精神病に対する偏見が社会的に色濃く残っていたため，精神科を訪れる患者は少なかった。多くの医師が「精神科診療所なんて作ってもやっていけないだろう」と，経営に懐疑的な見方をしていた。

このような厳しい状況に置かれ，精神科診療所を開設した医師たちの間に共通の問題意識が生じ，共同で問題の解決に向かう気運が盛り上がり始めていた。彼らの危機意識は「精神医療に専念したい，そして何とか食べていけるようになりたい」という希望に集約できる。まさにこの思いで，精神科診療所を開業した医師たちが，現状を打破するために団結を目指した。大都市では神奈川（昭和40年），大阪（昭和45年），神戸（昭和47年），と相次いで精神科診療所医会が誕生し，年に数回，それぞれに集会を行っていた。健康保険法その他，さまざまな情報交換や，精神科診療所の苦労話が語られた。

全国各地の医師会に入会している精神科医師が自発的に集まり，ほぼ同じ時期に医会としての形を作り始めていた。しかし，まだ各地の組織が相互に連絡するまでには至っていなかった。

3．日本精神神経科診療所医会の誕生へ

一部の都市で開業精神科医が自発的に集まり，情報交換や相互研修が行われる中で，「全国的に精神科診療所の精神科医が連携する必要」が論じられ始めた。大阪精神神経科診療所医会の高階経昭と松田孝治が昭和47年6月，たまたま来阪中だった東京大学医学部分院の平井富雄助教授に，東京の開業精神科医の世話役の紹介を依頼したところから，全国組織結成の構想は実現に向けて動き始めた。1ヵ月後，東京で精神科診療所医会の組織を準備しつつあった荻野利之と松田の対面が実現。東京の精神科診療所医会を正式に立ち上げたうえで，全国組織を発足させることで両者の意見が一致，同年11月に東京精神神経科診療所医会が結成された。

その後も精神神経学会で北九州の平井宏之や神戸の松川善弥，各地の医会会員が荻野，松田らと懇談を重ね，「早急に全国連合を作って，厚生省，日本医師会，日精協などと話し合いが持てるようにしたい」ということで意見が一致し，急速に全国組織結成への機運が盛り上がっていった。東京，神奈川，大阪，兵庫の各医会の代表者は連絡を取り合い，昭和49年11月10日に東京で，日本精神神経科診療所医会全国協議会準備世話人会が開催された。全国組織の正式名称は「日本精神神経科診療所医会」（以下，日精診）と決定した。

そして同年12月15日，結成大会（第1回総会）が東京で開催された。すでに医会が結成されていた東京，神奈川，大阪，兵庫の会員はもちろん，未結成の九州や北海道からも精神科診療所を開業した医師たちが続々と集まってきた。参加者数は61名。これは当初の予想をはるかに上回る参加者数であった。会のありかた，運営方針を討議したときは，参加者全員が発言を求めて収集がつかなくなるほど，熱気のある討議となった。近くに相談する相手もなく，孤独に診療してきた診療所医師たちにとって「同学の士」に出会えたという一種の興奮状態を作り出したのであろう。

こうして開業精神科医の全国組織である「日精診」は誕生した。事務局は東精診の荻野会長の五和貫クリニックに置かれた。

第1回 日本精神神経科診療所医会（1974年）
（日本精神神経科診療所協会二十五年誌．2002より以下同）

　結成に向けて日本医師会の了解を得るために，当時日医の委員も務めていた亀井康一郎が説明に尽力した．結成準備に困難がなかったわけではないが，日精診は発足前後から厚生省，日精協などの関心を集め，接触も持たれた．わずかな会員数しか持たず，結成されてまだ日の浅い集まりとしては異例なことであった．

初代会長　塩入円祐

初期活動　～診療報酬の適性化を目指す活動の始まり～

1．医療界での存在感づくり

　初代会長には塩入円祐が就任した．第2回総会では「精神神経科診療報酬を診療活動に適したものに改める運動を進めること」などが運動方針として採択された．当時，一般的に精神医療は医師会では仲間に入れてもらえず蚊帳の外で，診療報酬点数表も身体医療が中心であった．日精診としては，日医に対して心身相関，インディジュアリティなどの解説を行い，日医のコンプリヘンシブ・メディシンに基づく医療制度の中で，ローカル・コミュニティでの精神医療と地域医療の関係などの理論づくりを通して，医師会，医療界への仲間入りを図った．各会員も，各地区で医師会の要職に就くなど，地域医療への仲間入りの素地を作っていった．

　またこのころから東京の関谷透は，新聞やテレビ，講演会などでメンタルヘルス一般について，幅広くわかりやすい説明を頻繁に行っていった．各地方でも多くの会員が同様の活動を盛んに行った．こうした活動を通じて厚生省の担当課，日医，健保連など関係各方面の精神科点数の改善などに対する理解が少しずつ得られるようになってきた．

2．精神科診療所の川上・川下論

　初期の日精診理事会や総会の中では，精神科

診療所の役割が議論された。精神科診療所の多くが，精神病院の勤務医が退院した精神病患者の在宅治療や社会復帰を支援するのを目的として開設されたという経緯もあり，その役割をアフターケアに限定しようとする動きがあった。これに対して，統合的治療を志す松田らは，精神科診療所の川上・川下論を唱え始めた。

川下論とは，精神科病院を大きな池や湖にたとえ，その精神科病院を退院してきた患者を川下にある精神科診療所で診療するというもので，当時，精神科病院から遠くない場所に川下型の精神科診療所が増えつつあった。

これに対して川上論とは，川の上流いわば源流にあたる，近隣の人々を他科の開業医とともに，初期診療からすべてを全うする診療所を目指し，ローカル・コミュニティに医療ネットワークを形作ろうとするものであった。治療が困難な場合は川下の精神科病院に入院し，退院後は再び地域の精神科診療所で診ていこうとする立場である。川上型のニーズに対応するためには，精神科医だけでなく，看護師，臨床心理士，ソーシャルワーカーなど多彩な機能を持ったチームとデイホスピタルなどの施設が必要になる。精神科診療所を開業した多くの医師が目指していたのは川上型の診療所だった。「川上型を目指すべき」，「法改正と新しい診療報酬点数を必要とする川上型は実現困難だから現行点数の増加に力を入れるべき」，と日精診内でも意見の割れることとなった。

経営が苦しくとも患者のニーズに応えたいと，赤字覚悟で川上型の精神科診療所を実践する診療所が全国各地に生まれていった（精神障害者の社会復帰を支援するためのデイ・ケアが注目されるようになり，精神科診療所での小規模デイ・ケアに診療報酬点数が認められるようになるのは昭和56年になってのことであった）。

3．地方総会を行い会員拡大

昭和51年には，会員数は200人を超えた。しかし，結成大会で斉藤茂太氏が「数こそ力」と述べた通り，組織の拡大が重要課題であった。そのために点数改正への活動を強化するとともに，総会を魅力あるものにすること，そして診療所精神医療の学術的な基盤を作ることが重要であった。

そのために総会における学術集会をワークショップと名付け，会員同士が同じ地位，立場に立って，自由な発言と討論が行える場とした。昭和52年6月18, 19日，大阪で開催の第4回日精診総会は初めての泊まり込み総会であり，講師を招いた講演会とワークショップが開催された。これ以降の総会も，大阪総会の形式が踏襲された。さらに地元の会員が中心となり，企画運営し，司会，座長の半数を地元会員が担う方式とした。

昭和55年，第2代目会長に長坂五朗が就任して以降は，総会の開催地は可能な限り地方で行うことにし，総会の準備活動をきっかけに各地方での会員の拡大，募集活動が強化された。その効果もあってか，会員の数は次第に増加していった。

4．診療報酬の適性化を目指して

精神科診療所の経営を健全化するには，健康保険の点数の改訂が急務であった。日精診が設立されて間もないころ，精神科の健康保険点数がつく診療項目は7項目程度しかなく，他科が数十項目もあったのに対していちじるしい不均衡があった。精神科診療に最も重要な精神療法（現在の通院精神療法）の診療報酬が1回400円という低額であったため，この改定が強く望まれていた。

日精診では厚生省の助成金によって精神科診療所の実態調査を行い，精神科のみでは大きな赤字が出ている現状を示すなど，各方面の尽力によって，昭和52年には，大幅な精神科診療項目の拡大と，点数の引き上げが実現した。これは精神科診療所経営が軌道に乗る要因の一つとなった。精神療法の点数は，400円から一気に

2,000円になり，その後3,000円に引き上げられた。

昭和59年には，精神医療行政で精神衛生法改正の具体的作業が始まった。松田が厚生省公衆衛生審議会精神衛生部会委員に推薦され，法改正への準備作業として各施策の検討と改組，新設などが始まった。精神科診療所から委員を出せることは，大変歓迎すべきことであり，法人化も視野に入ってきたといえた。

平成3年の精神保健法の改正で，精神科診療所の多様なあり方がある程度可能になった。昭和63年に就任した第3代・荻野利之会長は多様化の時代にふさわしい運営を行い，創立時のチャーターメンバーから第2世代のリーダーへのスムーズな移行に努めた。各地方で新しい形態の診療所（アルコール専門外来，老人精神疾患，思春期外来などの専門診療所）も増え始めた。

第二代会長　長坂五朗

法人化への動き
～さらに意見を伝えるために～

1. 20年越しの悲願

昭和55年，2代目の長坂会長就任時に所信として，法人化を目指すことが表明されていた。厚生省に認可された公益法人になれば，厚生省の各種審議会に正式に委員が出せ，堂々と政策提言することができる。また，地方自治体に対しても，任意団体では「聞きおく」程度の反応しか得られないが，公益法人なら行政機構の中に一定の位置づけを獲得でき，影響力を行使できるようになる。そして，厚生省の精神保健審議会に委員を送り，ある程度，健康保険点数の改定に関与することも可能になる。単なる任意団体でしかない日精診を法人化することが，次のステップの大きな目標であった。

2年近くかけて法人化に必要な資金を，会員全員から会費とは別に特別会費として徴収し，平成7年3月15日，日精診は「日本精神神経科診療所協会」（旧名・日本精神神経科診療所医会）に名称を変更し，公益法人として認可された。その3年後の平成10年には協会会員が1,000名を超えた。61名の開業精神科医たちの集まりから始まった日精診は，1,000名の会員を擁する公益法人へと成長を遂げた。

法人組織となり，対外的にも活動する場面が増え，会としての活動内容にも少しずつ変化がみられた。厚生省，七者懇，日医，精神神経学会などとの関連もますます重要な位置を占めるものとなった。各地区での公益事業（市民を対象とする電話相談，講演，啓蒙展示と対面相談会など）が開かれ，日精診の事業としての展開が進められた。しかし一方では，精神科の認定制度・専門医制度がまだ確立されていない状況において，精神保健指定医の資格が診療報酬に関連づけられる動きがあり，これらを巡って会員，理事の間でもさまざまな意見が出された。現在も精神科一次救急との関連で検討事案となっていることは周知の通りである。

2. 阪神淡路大震災と日精診

日精診の歴史を振り返るうえで，法人認可を受ける直前，平成7年1月に起きた阪神淡路大震災とその後の被災地診療活動について触れておきたい。多くの会員が被災し，診療所の被災は全壊11ヵ所，半壊7ヵ所であった。その中で被害の少なかった明石市の生村吾郎が，兵精診の朝井榮会長を補佐して，ただちに震災対策活動を開始した。まず大阪の会員から手持ちの薬

剤が届けられ，続いて日精診事務局の呼びかけに応じて，全国からも薬剤が届いた．その後は休診中だった神戸市中央区の明石診療所に対策本部を開設し，2月20日から救援体制を敷いた．医師，看護師，PSW，CPら延べ106名（医師51名）が本部での診療，カウンセリングに当たった．また，避難所や仮設住宅への往診訪問，各診療所の情報提供や支援活動のニュースの発行などの活動を精力的に展開した．

日精診が社団法人の認可を受ける直前に起きた大災害だったが，大震災の救援活動はまさに社団法人としての公益活動の試金石になったといえよう．阪神淡路大震災での経験が，その16年後に起きた東日本大震災での救援活動に生かされた．

3．東日本大震災と日精診
①大震災直後の日精診としての対応
平成23年3月11日に発生した東日本大震災を受け，日精診では直ちに対策を開始した．3月13日には東京に三役が集まり，会長を本部長とする地震支援対策本部を立ち上げ，当面の方針を決定．先遣隊を現地に派遣し，日精診としての活動方針を決定すべく情報収集する．3月17日には日精診三理事を先遣隊として仙台市に派遣し，①当面必要と思われる向精神薬約30種類，約20,000錠を現地クリニックへ届ける．②現地の精神科診療所の安否確認を含め視察し，現地診療所医師らと現況の情報交換，今後の支援の在り方の検討を行う．③若林地区にある避難所の視察，避難者との面談を行い，避難者の現状，精神的状況などの把握をする．④仙台市精神保健福祉総合センター所長と面会し，今後の心のケア支援に関して話し合う，等の活動を行った．そして，3月20日，東京にて日精診理事会を開催し，先遣隊の報告をもとに，日精診としての支援方針を決定した．その結果，①被災地診療所協会の活動支援のための義援金の募集：被災地県協会に寄贈し，会員への支援，必要な薬品・物資支援，現地での被災者への支援活動にあてていただくための義援金を当面2,000万円を目標に集めるべく募集を3月23日より開始．②東北地方当協会所属診療所の情報確認：東北地方の会員の安否確認と，診療所の診療情報を収集し，HPなどを通して医療機関や市民に情報提供するための調査を行い情報収集した．③被災地の「心のケア」への協力：被災地で組織される心のケアチームへの全面的支援を決定する．まず，協力依頼のあった，仙台市精神保健福祉総合センターが組織するこころのケアチームへのスタッフ派遣を決定する．

仙台市においては，仙台市精神保健福祉総合センターが組織するこころのケアチームへ精神科医，コメディカルスタッフ派遣など支援活動のため日精診としての体制を作り，活動を開始．①心のケア支援活動の担当として斎藤理事が就任し，横浜市斎藤クリニック内に震災対策事務局と担当者をおく．②現地の拠点として，3月24日より仙台市にアパートの一室を確保し，現地で調整役となるスタッフ（臨床心理士）が常駐．専用車両も1台確保した．③日精診会員に，支援活動に参加する精神科医とコメディカルスタッフ募集を呼び掛け，震災対策事務局で日程調整する．被災地での心のケアには組織的で継続的な支援が欠かせないので，途切れないように人員を確保．

②現在の支援体制
①平成23年10月19日，石巻市が取り組む「心のサポート拠点事業」の一環として，震災被災者の精神面をサポートする活動拠点「からころステーション」が，宮城県石巻市のJR石巻駅前に開設された．からころステーションは，日精診の会員である仙台市の原，石巻市の宮城らが中心となって設立した一般社団法人「震災こころのケア・ネットワークみやぎ」が設立したものであり，①アウトリーチ型支援，②ニーズに即した包括的支援，③柔軟かつ迅速な支援，④震災経験を次世代に活かすための取り組みを基本指針として活動している．日精診としてこ

の活動を支援すべく，精神科医，あるいはコメディカルスタッフの派遣を行い，ほぼ毎日，全国どこかの診療所から精神科医が支援に訪れている。

②被災地，被災者の支援にあたっている支援者を支援し，被災者支援の輪を広げて人々のメンタルヘルスの向上にかかわり，支援者が燃え尽きないために「支援者ホットライン」を開設し，無料で支援者のこころの健康相談にあたっている。

③東日本大震災で壊滅的な被害を受けた福島県相馬地方の精神科医療の改善を目指し，公立相馬総合病院に精神科外来が臨時に開設された。日精診の会員がここでの診療活動の支援にあたった。さらに，平成24年1月10日，相馬市に「相馬広域こころのケアセンターなごみ」が開設された。日精診では兵庫県の会員が中心となって，その診療を支援している。

新制度における公益社団法人として ～現在とこれから～

当協会は，現在，全国およそ1,570名の会員を有している。

最近では，不登校などの学校精神保健，自殺対策とメンタルヘルス，高齢者問題，介護保険における専門的対応などに関して大きな役割を担う団体となっている。このような社会的な要請や全国的なネットワークの確立により，活動の場はさらに拡がり，各地の社会復帰作業所への関与，デイ・ケアの開設など，必要とされる施策への対応などに努力している。

この公益活動が認められ平成24年4月には新制度における「公益社団法人」として認定を受け，ますます地域精神保健医療福祉の向上に貢献するよう努力している。

— Memory —

精神薬療財団による精神医学研究助成の歴史は長い。精神科薬物療法の始まりとともに精神医学領域の研究助成が連綿として続けられている。1998年の精神薬療財団理事会は北海道で行われた。左から武田雅俊，風祭元，笠原嘉理事長，大熊輝雄，融道男，小山司の諸先生。1998年6月28日

2013年12月6日に第45回の研究発表会が千里ライフサイエンスセンターにて開催された。
左から佐藤光源，樋口輝彦，融道男，同令室，佐野輝，武田雅俊

公益財団法人先進医薬財団精神薬療研究助成

第 2 部

精神医学の潮流

1 精神神経学雑誌に掲載された教室関係者の論文

● 武田 雅俊

　教室120周年記念誌を編纂するにあたり，精神神経学雑誌に掲載された教室関係者の論文リストを作成した．ご承知のように，日本精神神経学会の機関誌は，創刊当時は「神経学雑誌」という雑誌名で，学会設立に合わせて1902（明治35）年4月に創刊された．その当時，この領域は精神病学と神経病学を内包していたが，どちらかというと神経病学のほうが優勢であったという事情からであった．その後，次第に精神病学関係の論文が増加し，両領域の論文数が拮抗するようになったことから，1935年（昭和10年）第39巻から，機関誌名は現在の「精神神経学雑誌」に変更された．そして1963年（昭和38年）に日本神経学会が設立され，その機関誌「臨床神経学」が刊行されたことにより，その後の精神神経学雑誌では精神医学領域の論文が大部分となった．

　教室からの論文は合計302編が掲載されているが，このような経緯を踏まえて，「神経学雑誌」時代33年間（1902～1934年），精神神経学雑誌となってから神経内科が分離独立するまでの28年間（1935～1962年），神経内科の独立から西村教授時代の終わりまでの33年間（1963～1995年），筆者が教授になってからの16年間（1996～2012年）の4つの時期に分けて，それぞれの時期の教室関係者が執筆した論文の主要なものについて振り返ってみたい．

「神経学雑誌」時代 創刊号から第38巻（1902～1934年）

　この時期には教室を中心とした大阪医学校からの論文23編が掲載されている．第1巻に楠本長三郎による「進行性筋性筋栄養障碍」，第3巻に今村新吉による「視能ノ皮質的障碍及ビ胼胝体ノ意義ニ就テ」，そして第7巻に和田豊種の「癲癇ノ病理解剖的変化附中枢神経系統ニ於ケル澱粉様小体ノ発生ニ就キテ」と菅井竹吉による「脳脊髄毒ニ就テノ研究」が掲載されている．

　楠本長三郎（1871年1月20日～1946年12月6日）は，大阪大学医学部の初代医学部長，第二代総長であり，我が国を代表する内科学者である．長崎県西彼杵郡七釜村出身．大村藩・藩医の家に生まれ，第一高等学校，東京帝国大学医科大学卒業．大阪府立高等医学校教諭，府立大阪医科大学教授を経て，大学長・同病院長となった．府立大阪医科大学を昇格させ大阪帝国大学を創設した．大阪帝国大学の初代総長は理化学研究所からの長岡半太郎を迎えたが，楠本長三郎が大阪帝国大学第二代総長となり，微生物病研究所，産業科学研究所等を設置し，大阪帝国大学の発展に大きな貢献があった．ご承知のように，大阪大学では現在も毎年，楠本奨学会から各学部・学科の主席卒業生に「楠本賞」が贈られている．

　今村新吉は，京都大学精神科教授であり，大

楠本長三郎の像
初代医学部長，二代目総長

三田谷啓（大正元年）

西鍛がウィーンに留学した後の5年間を教室の第2代教授として併任した人である。「視能ノ皮質的障碍及ビ肼胝体ノ意義ニ就テ」(第3巻)，「精神分離症ノ心理学的説明原理トシテノ社会的本能欠陥」(第28巻特別講演)の論文がある。

和田豊種は，当教室の第3代教授で明治の終わりから昭和まで当教室の中心的な人物であった。今村，和田の両名については，別項に詳しく記載されている。和田豊種は，この時期に「癲癇ノ病理解剖的変化附中枢神経系統ニ於ケル澱粉様小体ノ発生ニ就キテ」(第7巻)の他にも11編の論文を発表している。

第7巻原著に菅井竹吉による「脳脊髄毒ニ就テノ研究」という大論文が4号に分けて掲載されている。菅井竹吉（1871～1944年）はハンセン病療養所外島保養所の初代医長を務めた人である。京都府に生まれて1890年，薬剤師試験に合格。1892年，済生学舎にて勉強後，医師開業試験に合格。富山市立病院，大阪の桃山病院に勤務した後に1897年，東京大学病理教室に入局した。卒業後に1903年大阪高等医学校教諭となり，病理学，法医学，精神神経病学を教えた。そして，1909年から，外島保養院初代医長としてハンセン氏病患者の診療に力を尽くした。1923年7月に外島保養院を辞任した後，体調を壊し，1939年に大阪大学附属病院に入院

し，1944年2月，永眠した。

17～21巻には，三田谷 啓 による「児童ノ賢愚ト身体トノ関係 17巻」，「児頭ノ頭顱測定成績 18巻(265頁)」，「変質徴候ノ一例 18巻(431頁)」，「児童保護事業ノ精神的方面 21巻(160頁)」など児童精神医学の論文が4本掲載されている。

三田谷啓は，治療教育学の実践，児童保護，母子保護の啓発と実践活動に功績があった。1881年9月1日，兵庫県有馬郡名塩（現西宮市名塩）に農家の長男として生まれた。1905年，大阪府立高等医学校を卒業後，上京して呉秀三から精神病理学，富士川遊から治療教育学を学び，医者として児童教育に終生捧げる基礎を固めた。1911年，ドイツに留学し，ゲッチンゲン大学で治療教育学，心理学を学び，ドクトルの称号を与えられ，またミュンヘン大学でクレペリン博士の指導を受け，知的障害児のメンタルテストをハール精神病院で行った。1914年，帰国後，「智力検査法」を発表。1918年，大阪市社会部に児童課が設置されると，その課長に就任し，児童相談所，少年職業相談所，産院，乳児院を創設した。この児童相談所内で扱った知的障害児を収容保護する施設として，1921年，芦屋に阪神児童相談所を設立した。1924年に中山児童教養研究所長になり，児童研究，母性向上運動を行う一方，知的障害児の収容保護，教育院の設立を国立で各府県3ないし5ヵ所設置す

べきと主張した。1927年,「三田谷治療教育院」を現在地（兵庫県芦屋市）に設立したが,現在でもJR神戸線沿いにその建物は残っている。和風会の特別会員に推薦され児童精神医学の発展に貢献したが,1962年5月12日,80歳の生涯を閉じた。

宮軒安太郎による,精神病患者ノ網状織内皮細胞系統機能ノ研究（第1回報告）1927年27巻4号（187頁）,脳脊髄液ニ於ケル一新ころいど反応ニ就テ1932年35巻7号（571頁）の2本の論文がある。宮軒安太郎は奈良県五條市の出身で,薬剤師免許を取得した後,千葉医専を卒業して精神科医師となった。そして新潟市の病院で勤務した後,三重県宮川脳病院院長を勤めた。その後大阪市旭区にて開業。ご子息の宮軒富夫も和風会会員であり,1961年から佐野サナトリウム院長を勤めた後,1976年に医療法人実風会理事長となり,2004年に神戸市西区に新生病院を開設した。この病院の開院式には筆者も出席させていただいたが,現在はその御子息の宮軒将が引き継いでおられる。

「精神神経学雑誌」第39巻から第64巻 (1935～1962年)

1935年（第39巻）から雑誌名が神経学雑誌から精神神経学雑誌に変更された。この時期,1962年までの27年間に教室からの論文は56編が掲載されている。教室では和田豊種が1941年に定年退官し,1941年から第4代教授堀見太郎の時代が始まった。1942年には,堀見太郎による原著,症候性精神病（46巻）と第40回大会宿題報告 症候性精神病（46巻）が掲載されているが,その後,症状精神病あるいは身体因を有する精神症状は教室の大きな研究テーマとなり,阪大精神科の研究方針の舵が大きく切られた時期であった。堀見教授の時代は,太平洋戦争という国難と戦時医学の要請があり,研究面では非常に制約の多い時代であったが,堀見の研究にかける情熱は最期まで途絶えることはなかった。三輪淳による間脳に関する神経解剖学的研究が戦後いち早く昭和21年から,間脳と低圧耐性,間脳に於ける性中枢の組織学的研究,間脳に於ける性中枢の組織学的研究,去勢による海馬間脳線の変化,が発表された。そして,堀見の薫陶を受けた若い教室員の学位論文が多数掲載されるようになった。なかでも心理検査に関する研究報告は,ロールシャッハテストに関する研究 その一（長坂五朗）,TATに関する研究（和田種久）,ゲシュタルト心理学により見た強迫神経症の精神病理 1（清野宗佐）,ゲシュタルト心理学より見た強迫神経症の精神病理 2,要求水準；フラストレーションと心的飽和（清野宗佐）,集団ロールシャッハ検査（高橋清彦）,覚醒アミン中毒者のロールシャッハ・テストに関する研究（栗林正男）,覚醒アミン中毒者のベンダー・ゲシュタルト・テストに関する研究（岩井勤作）などがある。

そして,昭和30年代になるとクロルプロマジンが導入され,精神科薬物療法が始まったのであるが,このころから谷向弘や佐野勇たちが活躍するようになった。精神分裂病群における有核アミノ酸代謝に関する研究（佐野勇ほか,1952年）,クロルプロマジン,レゼルピンの作用機序に関する組織化学的研究（有岡巌,谷向弘,1957年）,精神医学におけるIndol誘導体の意義に関する研究（佐野勇ほか,1959年）がある。

1955年に堀見は急逝したので,教授在任は15年間と短い期間であったが,堀見の研究に対する情熱は数多くの論文として残された。そして,1956年から,金子仁郎が教室の第5代教授に就任した。

「精神神経学雑誌」第65巻から97巻 (1963～1995年)

神経内科が分離独立した1963年は,金子教授が奈良県立医大から教室に戻ってこられて7

年目であった．第65巻（1963年）には西村健の学位論文「抗てんかん剤としての炭酸脱水酵素阻害剤に関する研究」と，西沼啓次の学位論文「抗うつ剤としてのモノアミン酸化酵素阻害剤」とが掲載されている．この時期から西村教授時代の終わりまでの33年間には86編の教室からの論文が掲載されている．

このころからシンポジウム関連の記事が多くなっているが，単名の原著論文の多くは学位論文であった．時代順に当教室からの学位論文のテーマと著者を掲げる．急性致死性緊張病（工藤義雄），離人症の疾病学的研究（清水將之），顔の表情の筋電図学的研究（角辻豊），光原性てんかんの電気生理学的研究—視覚誘発電位と反復閃光刺激によって誘発されるてんかん性発作波の関係を中心として—（山本順治），炭酸脱水酵素阻害剤の抗てんかん作用に関する研究（乾正），精神分裂病家族のコミュニケーション（林正延），神経筋肉系心身症の研究—心因性手指振戦症を中心として—（高橋京子），思春期危機の継時的研究（北村陽英），アルコール離脱症状におけるヒト髄液モノアミン代謝物質と環状ヌクレオチド（藤木明），後頭部律動性徐波について（矢ヶ崎明美），過剰睡眠を伴ううつ病患者の睡眠-24時間ポリグラフィ的研究-（檜山寛市），ニトラゼパムによるK-complexと徐波睡眠の変化—K-complexの機能的な意義—（黒田健治），笑い表情の精神生理学的研究—笑い誘発刺激およびインタビューに対する精神分裂病者の反応—（河﨑建人），バウムテストにみる加齢の研究—生理的加齢とアルツハイマー型痴呆にみられる樹木画の変化の検討—（小林敏子）などがある．このころの阪大精神科の研究は，西村教授に率いられた老年精神医学・生化学グループ，菱川泰夫に率いられた脳波睡眠グループ，志水彰の脳波・筋電図グループ，清水將之に率いられた精神病理グループ，白石純三の超音波グループ，頼藤和寛の行動療法グループ，乾正の精神薬理グループが活動していた．

「精神神経学雑誌」第98巻から114巻（1996〜2014年）

筆者は1996年から教授に昇任したが，教室の研究グループが多く分かれて歴史的しがらみと人脈の中にあり，総合力を必要とする研究体制が取れていないことが不満であった．伝統的にそれぞれの研究手法により分かれてきた研究グループではあるが，この当時の研究の進め方は大きく変化しつつあったからである．大きく，生化学系，生理系，心理系との3部門に統廃合することを提案して，少しずつ総合的な研究成果が出るような体制を目指して動き出した．

また，このころから研究論文は英語で発表することが求められるようになり，学位論文も英文論文が必要とされるようになった．このような事情もあり，教室から精神神経学雑誌（精神経誌）に投稿される原著論文は少なくなった．それでも，精神経誌がシンポジウム関連の記事を総説として掲載するようになり，教室からの多くの総説が掲載されている．また，筆者は精神経誌の編集委員長を2000年から2012年までの13年間にわたり務めたが，この間に精神経誌は教育的な内容を重視する編集方針に変わっていった．筆者自身も，2008年第110巻4月号から2013年第115巻4月号まで，「精神神経学雑誌百年」の連載企画を担当し，百年前の論文の解説と現代的意義についての考察を試みるという機会に恵まれた．

付表 精神神経学雑誌（1巻から114巻）に掲載されている教室からの論文

神経学雑誌（1902〜1934年）
創刊号から第38巻（1935〜1962年）

1) 楠本 長三郎：進行性筋性筋栄養障碍. 1902年1巻（267頁）原著

2）今村　新吉：視能ノ皮質的障碍及ビ肼胝体ノ意義ニ就テ．1904 年 3 巻（341 頁）原著及実験
3）和田　豊種：癲癇ノ病理解剖的変化附中枢神経系統ニ於ケル澱粉様小体ノ発生ニ就キテ．1908 年 7 巻（93 頁）原著匯纂及伝記
4）菅井　竹吉：脳脊髄毒ニ就テノ研究．1908 年 7 巻（281, 339, 575, 641 頁）原著匯纂及伝記
5）レードリッヒ，和田　豊種：神経質者及精神病者ノ結婚ニ就キテ．1908 年 7 巻（300, 356 頁）原著匯纂及伝記
6）和田　豊種：脊髄組織ノ一異常ニ就キテ．1909 年 8 巻（16 頁）原著匯纂及伝記
7）ヤールメルケル，ブロイレル，和田　豊種：早発性痴呆ノ末期状態．1909 年 8 巻（162 頁）原著匯纂及伝記
8）和田　豊種：大脳皮質ニ於ケル粟粒硬変ニ就キテ．1911 年 10 巻（113 頁）原著，臨牀講義，實験，匯纂及傳記
9）和田　豊種：神経系統ノ黴毒性疾患ニさるばるさんヲ応用シタル臨床の実験．1912 年 11 巻（255 頁）原著，臨牀講義，實験，匯纂及傳記
10）楠本　長三郎：脊髄癆（宿題報告）．1913 年 12 巻（1, 77 頁）原著，臨牀講義，實験，匯纂及傳記
11）和田　豊種：春情夙発症ノ一例．1917 年 16 巻（319 頁）講演・匯纂・診断及療法・鑑定
12）和田　豊種：麻痺性痴呆及脊髄癆ノ治療成績．1918 年 17 巻（417 頁）原著
13）三田谷　啓：児童ノ賢愚ト身体トノ関係．1918 年 17 巻（573 頁）原著
14）三田谷　啓：児頭ノ頭顱測定成績．1919 年 18 巻（265 頁）原著
15）三田谷　啓：変質徴候ノ一例．1919 年 18 巻（431 頁）匯纂
16）和田　豊種：嗜眠性脳炎四十一例ノ臨床的観察．1920 年 19 巻（205 頁）原著
17）和田　豊種：コルサコーフ氏精神障礙ノ原因補遺．1920 年 19 巻（557 頁）原著
18）三田谷　啓：児童保護事業ノ精神的方面．1921 年 21 巻（160 頁）匯纂
19）宮軒　安太郎，山内　正木：精神病患者ノ網状織内皮細胞系統機能ノ研究（第一回報告）．1927 年 27 巻 4 号（187 頁）原著
20）今村　新吉：精神分離症ノ心理学的説明原理トシテノ社会的本能欠陥．1927 年 28 巻 1 号（63 頁）特別講演
21）堀見　太郎：麻痺性痴呆ノまらりや療法及ビ再帰熱療法ニ於ケル二三血液学的検査．1928 年 29 巻 9 号（805 頁）原著
22）和田　豊種：麻痺性痴呆ノまらりあ療法（特別講演）．1930 年 31 巻 9 号（636 頁）第二十九回日本神経学総会（第八回日本医学会総会第十六分科会）演説要旨
23）宮軒　安太郎：脳脊髄液ニ於ケル一新ころいど反応ニ就テ．1932 年 35 巻 7 号（571 頁）原著

「精神神経学雑誌」第 39 巻から第 64 巻（1935～1962 年）

24）三田谷　啓：我国ニ何故治療教育事業興ラザルカ．1937 年 41 巻（539 頁）原著
25）堀見　太郎：症候性精神病（臨床的方面）（第 40 回日本精神神経学会総会宿題報告要旨）．1942 年 46 巻（1 頁）原著
26）堀見　太郎：症候性精神病（臨床的方面）．1942 年 46 巻（7 頁）学会第 40 回総会（昭和 16 年 3 月 30 日）宿題報告
27）佐藤　壽昌，千島　チエ子：鞍下脳下垂体道腫瘍の 1 例．1942 年 46 巻（552 頁）原著
28）山下　実六：比島の精神病に関する一報告．1943 年 47 巻（336 頁）紹介
29）千島　チエ子：進行性神経性筋萎縮症の家系に就いて．1943 年 47 巻（412 頁）原著
30）三輪　淳：超音波の脊髄液蛋白に及ぼす膠質学的影響．1944 年 48 巻 5 号（285 頁）原著
31）奥西　孫市，千島　チエ子，東　純行：Kayser-Fleischer 角膜輪を有する Wilson 仮性硬化症 1 家系の臨床的観察．1944 年 48 巻 6 号（311 頁）原著
32）三輪　淳：中枢神経刺戟剤ペルビチン作用部位に関する研究．1946 年 49 巻 1 号（14 頁）原著
33）三輪　淳，本多　弘：間脳と低圧耐性．1947 年 49 巻 3 号（39 頁）原著
34）三輪　淳：間脳に於ける性中枢の組織学的研究．1947 年 49 巻 4 号（62 頁）原著
35）三輪　淳：間脳腺と副腎及び甲状腺との関係．1948 年 50 巻 2 号（20 頁）原著
36）布施　敏信，本多　弘，倭　馬左也：末梢性顔面神経麻痺に関する研究．1949 年 50 巻 5 号（18 頁）原著
37）三輪　淳，大澤　安秀：去勢による海昊間脳線の変化．1949 年 50 巻 5 号（31 頁）原著
38）倭　馬左也：脳脊髄液の「アムブルス」氏反応．1949 年 51 巻 1 号（7 頁）原著
39）森　滋郎：再飯性発作性精神異常予防法としての電気衝撃療法．1950 年 52 巻 4 号（157 頁）原著
40）竹林　弘：機能的脳外科（宿題報告）．1951 年 52 巻 6 号（233 頁）原著
41）西川　光夫：骨盤神経の組織学的研究，殊に交感神経と副交感神経の神経線維の比較研究．1951 年 52 巻 6 号（258 頁）原著
42）河村　洋二郎：実験的神経症に関する研究　第Ⅰ編　行動変化の経過について　第Ⅴ編　脳波的研究．1951 年 53 巻 3 号（124 頁）原著
43）長坂　五朗：ロールシャッハテストに関する研究（その一）．1952 年 54 巻 4 号（219 頁）原著
44）和田　種久：TAT に関する研究．1952 年 54 巻 4 号（254 頁）原著
45）清野　宗佐：ゲシュタルト心理学により見た強迫神経症の精神病理（1）．1952 年 54 巻 4 号（268 頁）原著
46）原田　一彦：精神神経症の情緒反応に就て．1952 年 54 巻 4 号（281 頁）原著
47）別府　彰：視覚残像に関する精神医学的研究．1952 年 54 巻 4 号（292 頁）原著
48）岩谷　信彦：触覚残像に関する精神医学的研究．1952 年 54 巻 4 号（300 頁）原著
49）杉原　方：精神分裂病における実験心理学的研究．1952 年 54 巻 4 号（309 頁）原著
50）金子　仁郎：前頭葉切離術による精神神経学的研究．1952 年 54 巻 4 号（318 頁）原著

51）奥西　孫市：精神分裂病に関する臨床的研究．1952年54巻4号（327頁）原著
52）佐野　勇，岡本　輝雄，工藤　義雄，宮軒　富雄，中島　久：精神分裂病群における有核アミノ酸代謝に関する研究．1952年54巻4号（338頁）原著
53）本多　弘：諸種精神疾患における血清蛋白質の臨床的研究．1952年54巻4号（347頁）原著
54）大澤　安秀：視床下部の病理組織学的補遺．1952年54巻4号（362頁）原著
55）堀見　太郎，杉原　方，岩谷　信彦，別府　彰，長坂　五朗，原田　一彦：集団精神療法について（第2報）．1952年54巻4号（372頁）原著
56）清野　宗佐：ゲシュタルト心理学より見た強迫神経症の精神病理（2）（要求水準；フラストレーションと心的飽和）．1953年55巻2号（386頁）原著
57）工藤　義雄，吉田　優，森村　茂樹，今西　史郎，水野　慶三：ペラグラ精神病の体液病理学的研究．1954年55巻9号（866頁）原著
58）高橋　清彦：集団Rorschachテストに関する研究．1954年55巻9号（872頁）原著
59）浅尾　博一：てんかん患者の精神医学的研究（補遺）．1954年56巻6号（325頁）原著
60）栗林　正男：覚醒アミン中毒者のロールシャッハ・テストに関する研究．1955年57巻7号（307頁）原著
61）浜中　董喜：心因性チックの発症機序に関する研究．1956年58巻9号（531頁）原著
62）岩井　勤作：覚醒アミン中毒者のベンダー・ゲシュタルト・テストに関する研究．1956年58巻9号（565頁）原著
63）有岡　巌，谷向　弘：クロールプロマジン，レゼルピンの作用機序に関する組織化学的研究．1957年59巻1号（32頁）原著
64）藤戸　せつ：TATに関する研究．1957年59巻9号（748頁）原著
65）佐野　勇，宮軒　富雄，柿本　泰男，中島　久，工藤　義雄，岡本　輝夫，武貞　昌志：精神医学におけるIndol誘導体の意義に関する研究．1957年59巻9号（770頁）原著
66）佐野　勇：精神疾患の薬物療法——自律神経遮断剤を中心として——．1958年60巻1号（1頁）原著
67）谷向　弘：血液-脳関門の本態に関する研究．1958年60巻12号（1317頁）原著
68）水野　慶三：老年期精神障害の精神医学的研究．1959年61巻1号（11頁）原著
69）北嶋　省吾：脳下垂体後葉の神経分泌物に関する生化学的研究．1959年61巻7号（971頁）原著
70）山内　典男：肝レンズ核変性症の遺伝学的研究．1959年61巻7号（995頁）原著
71）佐野　勇，有岡　巌，倭　馬左也，浅井　敬一，山内　典男，宮軒　富夫，北嶋　省吾，谷向　弘：肝レンズ核変性症の研究．1959年61巻8号（1053頁）原著
72）竹村　堅次：非定型分裂病の臨床的研究．1959年61巻8号（1087頁）原著
73）中村　五暁：実験痙攣における発作放電の脳内波及について—実験てんかんの研究　その3—．1960年62巻10号（1559頁）原著

74）安河内　五郎：猫の視床下部刺戟を動因とする学習行動とその条件づけについて．1961年63巻5号（453頁）原著
75）竹村　堅次：精密なる血族系図による精神分裂病の遺伝様式に関する研究．1961年63巻7号（687頁）原著
76）竹村　堅次：「非定型精神病の概念と臨床」に対する付議．1962年64巻1号（26頁）第58回日本精神神経学会総会特集〔シンポジアム"非定型精神病"〕
77）木谷　威男，大北　速男，築山　一夫，岩崎　礼三，吉田　秀雄，垂井　清一郎，水野　義晴，近藤　七郎，大村　一郎，小林　義昭，関原　豊喜：著明な高アンモニア血の持続せる肝脳疾患の1剖検例．1962年64巻7号（655頁）原著
78）金子　仁郎：「めまい」の心身医学的研究．1962年64巻9号（831頁）第59回日本精神神経学会総会特集〔シンポジウム"めまい"〕

「精神神経学雑誌」第65巻から97巻（1963～1995年）

79）西村　健：抗てんかん剤としての炭酸脱水酵素阻害剤に関する研究．1963年65巻5号（423頁）原著
80）西沼　啓次：抗うつ剤としてのモノアミン酸化酵素阻害剤．1963年65巻7号（614頁）原著
81）工藤　義雄：急性致死性緊張病．1963年65巻12号（1029頁）原著
82）堀　浩：シンポジウム"頭部外傷後遺症"5．頭部外傷後遺症の脳波・筋電図検査．1964年66巻4号（224頁）第61回日本精神神経学会総会特集
83）浜　清：特別講演—「中枢神経系の微細構造」中枢神経系の微細構造，特に中枢におけるシナプスの諸相について．1965年67巻3号（212頁）第62回日本精神神経学会総会抄録
84）亀田　英規，小牟田　清博，市丸　精一，井上　文男，福井　照平，小林　良成，井上　修：Habituationの研究—反復閃光刺激に対するα波の反応性について．1965年67巻10号（1024頁）原著
85）清水　將之：離人症の疾病学的研究．1965年67巻11号（1125頁）原著
86）佐野　勇：全体集会　3．精神薄弱　（3）先天代謝異常と精神薄弱．1966年68巻2号（125頁）第63回日本精神神経学会総会抄録
87）安河内　五郎，安岡　文恵：急性CO中毒後にみられる性格変化について．1967年69巻3号（249頁）原著
88）佐野　勇，有馬　正高：日本におけるWilson病の遺伝的疫学的背景．1967年69巻6号（555頁）原著
89）柿本　泰男：特別講演・シンポジウム特集シンポジウム　B．内因性精神病の病態生理　1）精神分裂病の生化学．1966年69巻9号（924頁）第64回日本精神神経学会総会
90）長坂　五朗：特別講演・シンポジウム特集シンポジウム　C．精神科特殊療法の諸問題—精神分裂病に対する治療法の適応と限界—　6）外来療法．1967年69巻9号（982頁）第64回日本精神神経学会総会
91）金子　仁郎：特別講演・シンポジウム特集シンポジウム　C．

91) 精神科特殊療法の諸問題―精神分裂病に対する治療法の適応と限界―指定討論―精神科特殊療法の諸問題．1968年69巻9号（987頁）第64回日本精神神経学会総会

92) 安河内 五郎：特別講演・シンポジウム特集シンポジウム D．中毒性精神神経疾患 2）一酸化炭素中毒と中枢神経系 c）急性一酸化炭素中毒の回復期症状と後遺症について．1967年69巻9号（1008頁）第64回日本精神神経学会総会

93) 辻 悟：特別講演・シンポジウム特集シンポジウム E．精神医学における家族研究 1）精神分裂病の家族研究 d）比較家族研究からみた家族力動と精神医学的病態 指定討論．1967年69巻9号（1045頁）第64回日本精神神経学会総会

94) 金子 仁郎：特別講演・シンポジウム特集シンポジウム F．老年の精神医学 2）初老期および老年期痴呆の脳波．1967年69巻9号（1071頁）第64回日本精神神経学会総会

95) 角辻 豊：顔の表情の筋電図学的研究．1967年69巻10号（1101頁）原著

96) 安河内 五郎：ネズミの学習事態における時間的近接と空間的近接に関する実験．1968年70巻3号（193頁）原著

97) 金沢 彰：特別講演・シンポジウム特集シンポジウム I．精神医学教育と専門医制度をめぐって 精神科医療の正しい発展のために．1969年70巻7号（630頁）第65回日本精神神経学会総会

98) 山本 順治：光原性てんかんの電気生理学的研究―視覚誘発電位と反復閃光刺激によって誘発されるてんかん性発作波の関係を中心として―．1968年70巻8号（669頁）原著

99) 乾 正：炭酸脱水酵素阻害剤の抗てんかん作用に関する研究．1969年71巻2号（114頁）原著

100) 佐野 勇：会長講演・シンポジウム特集シンポジウムII 精神医学の人類遺伝学的側面 司会のことば．1970年71巻12号（1262頁）第66回日本精神神経学会

101) 林 正延：精神分裂病家族のコミュニケーション．1970年72巻6号（618頁）原著

102) 佐野 勇：アミンプレカーサー療法について―第1報：L-5-HTP（L-5-ヒドロキシトリプトファン）によるうつ病の治療―．1971年73巻10号（809頁）原著

103) 佐野 勇，谷口 和覧：アミンプレカーサー療法について―第2報：L-5-HTP（L-5-ヒドロキシトリプトファン）によるパーキンソン病の治療．1971年73巻11, 12号（835頁）原著

104) 高橋 京子：神経筋肉系心身症の研究―心因性手指振戦症を中心として―．1973年75巻4号（219頁）研究論文および症例報告

105) 谷向 弘：総会特集（I）シンポジウム（B）躁うつ病をめぐって―最近の問題点― 薬物療法はどこまで有効か？．1973年75巻5号（312頁）第69回日本精神神経学会

106) 辻 悟：特集（II）応募演題：（主題）「社会の変化と精神障害」 社会の変化と精神障害．1975年77巻6号（392頁）第71回日本精神神経学会総会

107) 古屋 穎児：周期性呼吸を伴う傾眠症―臨床症状の特徴と病態生理学的機序について．1975年77巻12号（891頁）研究論文および症例報告

108) 清水 將之：精神分裂病特集号の編集にあたって．1976年78巻1号（116頁）精神分裂病編集後記

109) 乾 正：精神遅滞者の躁うつ病に関する考察．1976年78巻7号（489頁）研究論文および症例報告

110) 藤本 淳三，清水 將之，北村 陽英：男子における思春期やせ症の2例．1976年78巻9号（629頁）研究論文および症例報告

111) 辻 悟：総会特集（II）シンポジウム：「精神分裂病」とは何か―治療的視点から―シンポジウム(2)治療精神医学と精神分裂病．1978年80巻6号（277頁）第73回日本精神神経学会

112) 小西 博行，河﨑 建人，村上 光道，松岡 征夫，志水 彰：間歇型一酸化炭素中毒に対する高圧酸素療法．1978年80巻10号（573頁）研究論文および症例報告

113) 北村 陽英：思春期危機の継時的研究．1979年81巻1号（1頁）研究論文および症例報告

114) 志水 彰，檜山 寛市，高橋 尚武：プトレアニンの中枢神経系に及ぼす作用．1979年81巻2号（141頁）速報

115) 三宅 弘子，飯島 壽佐美，菱川 泰夫：総会特集（II）シンポジウムIV：関連討論 アルコール症における徐波睡眠と大脳萎縮について．1979年81巻3号（214頁）第74回日本精神神経学会

116) 田中 克往，亀田 英明，杉田 義郎，菱川 泰夫：禁断時にせん妄状態を呈したPentazocine依存の1例．1979年81巻4号（289頁）研究論文および症例報告

117) 高橋 尚武，志水 彰，檜山 寛市，井上 健，湯浅 亮一：後頭部に持続性律動性棘波を示した症状のてんかんの一症例――極めて発育の遅い脳腫瘍による――．1979年81巻10号（679頁）臨床知見

118) 藤戸 せつ，杉本 雅史，梶原 和歌，梶本 市子，山光 康雄，西原 正倫：総会特集（I）シンポジウムI：一般演題 就業者に対する精神科夜間診療――7年間の経験から――．1979年81巻11号（739頁）第75回日本精神神経学会

119) 北村 陽英，清水 將之，和田 慶治，北村 栄一，井上 洋一，山本 晃：青年期自殺の未遂例と既遂例との比較．1980年82巻2号（121頁）資料

120) 頼藤 和寛，南 克昌，山田 悦秀，斎藤 芳子，矢ケ崎 明美，渡辺 明子，若林 隆子，高橋 清彦：CTによる脳萎縮の測定法――精神分裂病とCT（1）――．1980年82巻3号（159頁）研究論文および症例報告

121) 頼藤 和寛，南 克昌，山田 悦秀，斎藤 芳子，矢ケ崎 明美，渡辺 明子，若林 隆子，高橋 清彦：精神分裂病のCT脳萎縮所見――精神分裂病とCT（2）――．1980年82巻3号（169頁）研究論文および症例報告

122) 藤本 明：アルコール離脱症状におけるヒト髄液モノアミン代謝物質と環状ヌクレオチド．1980年82巻5号（275頁）研究論文及び症例報告

123) 坂本 昭三：総会特集（III）シンポジウムIII：精神鑑定 民事上の精神鑑定 禁治産・準禁治産宣告の場合について．1980年82巻11号（718頁）第76回日本精神神経学会

124) 北村 陽英，和田 慶治，北村 栄一，井上 洋一，山本 晃：青少年自殺企図の縦断的研究．1981年83巻6号（372頁）研究論文および症例報告

125) 菱川 泰夫：総会特集（III）シンポジウムV 「生体リズム」睡眠過剰症にみられる睡眠リズムの障害．1981年83巻12号（844頁）第77回日本精神神経学会

126) 和田 慶治：総会特集（III）シンポジウムVI 「思春期」 思

春期精神障害の入院治療．1981年83巻12号（917頁）第77回日本精神神経学会

127）清水　將之：総会特集（Ⅲ）シンポジウムⅥ「思春期」〔指定討論〕青年期精神医学における治療システム．1981年83巻12号（941頁）第77回日本精神神経学会

128）河﨑　建人，小西　博行，上間　武，志水　彰，西村　健：高圧酸素療法により失外套症候群から完全治癒した間歇型一酸化炭素中毒の1症例——臨床経過および脳波推移——．1982年84巻2号（77頁）研究論文および症例報告

129）田邉　敬貴，西川　隆，奥田　純一郎，西村　健，白石　純三，三好　敏之：Auditory extinction の発現に関する神経心理学的検討——右側頭-頭頂葉病変を有する1症例について——．1982年84巻6号（424頁）研究論文および症例報告

130）手島　愛雄，杉田　義郎，飯島　壽佐美，若松　晴彦，清水　徹男，菱川　泰夫：粘液水腫の症例にみられた著しい睡眠障害の発現機序——とくに傾眠症状について——．1982年84巻8号（559頁）研究論文および症例報告

131）長田　正義：総会特集（Ⅰ）シンポジウムⅢ「保安処分」自治体病院の立場からみた保安処分．1982年84巻11号（861頁）第78回日本精神神経学会

132）矢ケ崎　明美：後頭部律動性徐波について．1982年84巻12号（897頁）研究論文および症例報告

133）檜山　寛市：過剰睡眠を伴ううつ病患者の睡眠——24時間ポリグラフィの研究——．1982年84巻12号（908頁）研究論文および症例報告

134）北村　陽夫：青少年自殺企図の日独比較研究．1983年85巻1号（54頁）資料

135）工藤　義雄：総会特集（Ⅱ）シンポジウムⅢ—小シンポジウム（Ⅰ）「神経ペプタイド」慢性精神分裂病に対する Caeruletide（883-S）の臨床評価．1983年85巻11号（797頁）第79回日本精神神経学会

136）辻　悟：総会特集（Ⅳ）トピックス　4．青年期心性の特徴と問題点．1984年86巻4号（253頁）第79回日本精神神経学会

137）柏木　哲夫：総会特集（Ⅰ）トピックス　4．臨死患者の心理的の援助．1984年86巻12号（976頁）第80回日本精神神経学会

138）辻　悟：総会特集（Ⅲ）シンポジウムⅣ「精神医療と精神療法」精神療法と疾患モデル．1985年87巻2号（54頁）第80回日本精神神経学会

139）浅尾　博一：総会特集（Ⅳ）シンポジウムⅢ「精神医学教育」卒後教育——卒後研修について——．1985年87巻3号（140頁）第80回日本精神神経学会

140）篠崎　和弘，井上　健，志水　彰：周期性片側性てんかん様放電の一症例．1985年87巻3号（186頁）研究論文及び症例報告

141）辻　悟：総会特集（Ⅱ）シンポジウムⅡ「医の倫理」医の権力化と倫理．1986年88巻11号（881頁）第82回日本精神神経学会

142）中川　米造：総会特集（Ⅲ）前夜講演　2．医療と人権．1986年88巻12号（998頁）第82回日本精神神経学会

143）播口　之朗：総会特集（Ⅰ）シンポジウムⅣ「老年精神医学」アルツハイマー病脳の神経化学．1987年89巻9号（669頁）第83回日本精神神経学会

144）長坂　五朗：総会特集（Ⅱ）シンポジウムⅢ「精神医学の卒後研修と生涯教育」精神医学の卒後研修と生涯教育——精神神経科診療所から望むもの——．1987年89巻10号（869頁）第83回日本精神神経学会

145）清水　將之：総会特集（Ⅰ）シンポジウムⅠ「青年期の精神医学」青年精神医学の今日的課題．1988年90巻10号（788頁）第84回日本精神神経学会

146）中川　米造：総会特集（Ⅱ）シンポジウムⅣ「精神医学の卒後研修と生涯教育」転機に立つ医学教育．1988年90巻11号（1061頁）第84回日本精神神経学会

147）黒田　健治：ニトラゼパムによる K-complex と徐波睡眠の変化——K-complex の機能的な意義——．1989年91巻1号（16頁）研究論文および症例報告

148）河﨑　建人：笑い表情の精神生理学的研究——笑い誘発刺激およびインタビューに対する精神分裂病者の反応——．1989年91巻3号（152頁）研究論文および症例報告

149）小林　敏子：バウムテストにみる加齢の研究——生理的加齢とアルツハイマー型痴呆にみられる樹木画の変化の検討——．1990年92巻1号（22頁）研究論文および症例報告

150）立花　光雄：カプグラ現象に関する一考察．1991年93巻8号（674頁）研究論文および症例報告

151）澤　温：総会特集（Ⅲ）シンポジウムⅤ「精神障害者のリハビリテーションと福祉」社会復帰メニューの利用が在院期間におよぼす効果についての統計学的検討．1991年93巻11号（1042頁）第87回日本精神神経学会

152）松永　秀典，更井　正和，谷口　典男，籠本　孝雄，乾　正，亀田　英樹：月経周期と関連した若年女子感情病における性腺系機能——Polycystic ovary 症候群との関連——．1992年94巻8号（738頁）原著

153）納谷　敦夫：総会特集（Ⅲ）シンポジウムⅤ「精神保健・福祉・医療のシステム化をめざして」精神保健・福祉・医療のシステム化をめざして——行政の立場から——．1992年94巻11号（1125頁）第88回日本精神神経学会

154）髙橋　尚武：総会特集（Ⅲ）シンポジウムⅤ「精神保健・福祉・医療のシステム化をめざして」精神保健・福祉・医療のシステム化をめざして——精神病院の立場から——．1992年94巻11号（1138頁）第88回日本精神神経学会

155）澤　温：総会特集（Ⅲ）シンポジウムⅤ「精神保健・福祉・医療のシステム化をめざして」精神保健・福祉・医療のシステム化をめざして——精神病院の立場から（社会復帰と住居問題をグループホームの展開から考える）——．1992年94巻11号（1145頁）第88回日本精神神経学会

156）辻　悟：総会特集（Ⅳ）シンポジウムⅢ「精神科治療の基本としての精神療法」精神科治療における，基本としての精神療法と Informed Consent とについて．1992年94巻12号（1250頁）第88回日本精神神経学会

157）柿本　泰男：総会特集（Ⅰ）会長講演　研究の倫理．1994年96巻9号（649頁）第90回日本精神神経学会

158）清水　將之：総会特集（Ⅰ）教育講演3　治療から見た青年精神医学．1994年96巻9号（684頁）第90回日本精神神経学会

159）金澤　彰：総会特集（Ⅰ）教育講演6　障害年金受給から見た精神障害の概念．1994年96巻9号（715頁）第90回日本精神神経学会

160) 柏木 哲夫：総会特集（Ⅱ）特別講演 2 死の精神医学. 1994 年 96 巻 10 号（789 頁）第 90 回日本精神神経学会
161) 辻 悟：総会特集（Ⅲ）シンポジウム Ⅴ 「精神科におけるインフォームド・コンセント」 精神医療におけるインフォームド・コンセントの基底となるもの――対象の自覚的な営み（オートノミィ）の確立にむけて――. 1994 年 96 巻 11 号（1006 頁）第 90 回日本精神神経学会
162) 池田 学, 田邉 敬貴, 堀野 敬, 小森 憲治郎, 平尾 一幸, 山田 典史, 橋本 衛, 数井 裕光, 森 隆志 Pick 病のケア――保たれている手続記憶を用いて――. 1995 年 97 巻 3 号（179 頁）臨床報告
163) 武田 雅俊：総会特集（Ⅱ）教育講演 3 アルツハイマー病の鑑別と診断マーカー. 1995 年 97 巻 8 号（557 頁）第 91 回日本精神神経学会
164) 清水 將之：総会特集（Ⅵ）公開特別シンポジウム 「阪神・淡路大震災に学ぶ――実情報告と今後の精神医療の構築に向けて――」 災害と児童精神医学. 1995 年 97 巻 12 号（1119 頁）第 91 回日本精神神経学会

「精神神経学雑誌」第 98 巻から 114 巻（1996～2014 年）

165) 清水 將之：総会特集（Ⅲ）シンポジウム 4 「災害精神医学」 子どもの災害精神医学――これからどう展開するか――. 1996 年 98 巻 10 号（765 頁）第 92 回日本精神神経学会
166) 池田 学, 今村 徹, 池尻 義隆, 下村 辰雄, 博野 信次, 中川 賀嗣, 森 悦朗：Pick 病患者の短期入院による在宅介護の支援. 1996 年 98 巻 10 号（822 頁）臨床報告
167) 片田 珠美：分裂病者における攻撃性. 1997 年 99 巻 7 号（486 頁）原著
168) 清水 將之：総会特集（Ⅱ）関連学会トピックス 児童青年精神医学と一般精神医学. 1997 年 99 巻 10 号（771 頁）第 93 回日本精神神経学会
169) 澤 温：総会特集（Ⅲ）シンポジウム 1 「精神科急性期医療」〔指定討論〕 精神科急性期医療についての発表を聞いて. 1997 年 99 巻 11 号（893 頁）第 93 回日本精神神経学会
170) 中嶋 照夫：総会特集（Ⅴ）シンポジウム 3 「神経症を見直す〈成因論と治療をめぐって〉」 不安・抑うつと強迫の神経生物学. 1998 年 100 巻 3 号（146 頁）第 93 回日本精神神経学会
171) 井上 洋一, 水田 一郎：一単純型分裂病症例の描画にみる分裂病性自閉の精神病理学的研究. 1998 年 100 巻 6 号（398 頁）臨床報告
172) 武田 雅俊：総会シンポジウム 「高齢社会と精神医学―高齢社会に精神医学はどのように貢献するか―老年期痴呆の理解と精神医学への期待. 1998 年 100 巻 9 号（704 頁）第 94 回日本精神神経学会
173) 澤 温：総会シンポジウム 「精神科救急と危機介入」 大阪府とさわ病院の精神科救急医療システムの現状と問題点――特に精神科救急医療へのアクセスに関するシステムについて――. 1998 年 100 巻 11 号（947 頁）第 94 回日本精神神経学会
174) 池田 学, 田邉 敬貴：前方型痴呆の神経心理学. 2000 年 102 巻 2 号（113 頁）総説
175) 松永 秀典, 更井 正和：躁病および大うつ病エピソードにおける低用量（0.5 mg）dexamethasone 抑制試験――重症度別にみた検査結果の検討――. 2000 年 102 巻 4 号（367 頁）原著
176) 武田 雅俊：アルツハイマー病研究の現状と将来. 2001 年 103 巻 6 号（463 頁）第 96 回日本精神神経学会総会特集会長講演
177) 武田 雅俊：総会特集シンポジウム 未来医療における精神医学への期待 未来医療における精神医学への期待. 2001 年 103 巻 10 号（749 頁）第 96 回日本精神神経学会
178) 志水 彰：総会特集一般公開特別講演会 笑いと脳と精神疾患. 2001 年 103 巻 11 号（895 頁）第 96 回日本精神神経学会
179) 竹友 安彦：シンポジウム 海外から見た日本の精神医療. 2002 年 104 巻 4 号（265 頁）第 96 回日本精神神経学会
180) 武田 雅俊, 大河内 正康, Kiminobu Sugaya, Chuang De-Maw, Ryota Hashimoto, 黒田 真也, 篠崎 和弘, 工藤 喬, 田中 稔久, Ramon Cacabelos：シンポジウム神経可塑性と神経変性におけるポストゲノム研究戦略. 2003 年第 105 巻 1 号（43 頁）第 12 回世界精神医学横浜大会
181) Ramon Cacabelos, Lucia Fernandez Novoa, Valter Lombardi, Masatoshi Takeda：Genetic Variation and Pharmacogenomics in Alzheimer Disease 2003 年第 105 巻 1 号（47 頁）第 12 回世界精神医学横浜大会
182) 橋本 亮太, Chuang De-Maw, 藤巻 康一郎, 鄭 美羅, Vladimir Senatorov, Lori Christ, Peter Leeds, 荘徳 茂, 武田 雅俊：リチウムの神経保護作用. 2003 年第 105 巻 1 号（81 頁）第 12 回世界精神医学横浜大会
183) 大河内 正康, 武田 雅俊：アルツハイマー病・アミロイド β 蛋白を生成するメカニズムはいくつかの他のペプチドを生成している-新規 Notch β ペプチドの発見およびそのアルツハイマー病診断マーカーとしての応用の可能性について. 2003 年第 105 巻 1 号（87 頁）第 12 回世界精神医学横浜大会
184) 武田 雅俊：シンポジウム 老年期精神障碍の早期診断と治療戦略 老年期精神障碍の早期診断と治療戦略. 2003 年第 105 巻第 4 号（367 頁）第 12 回世界精神医学横浜大会
185) 田中 稔久, 和田 健二, 山森 英長, 工藤 喬, 田中 修二, 武田 雅俊：シンポジウム 老年期精神障碍の早期診断と治療戦略 アルツハイマー病診断に対する生物学的マーカー. 2003 年第 105 巻第 4 号（37 頁）第 12 回世界精神医学横浜大会
186) 楯林 義孝：シンポジウム 老年期精神障碍の早期診断と治療戦略 アルツハイマー型痴呆と老年期うつ病-成人期海馬歯状回の神経新生減少を接点として. 2003 年第 105 巻第 4 号（398 頁）第 12 回世界精神医学横浜大会
187) 澤 温：シンポジウム 2 日本における患者の人権と精神医療 統合失調症患者への精神科治療とリハビリテーションの統合. 2003 年第 105 巻第 7 号（876 頁）第 12 回世界精神医学横浜大会
188) 車谷 隆宏, 山下 満帆子：症例報告 広汎性発達障害による非行：家族機能の障害とその相互作用に起因した事例.

2003 年第 105 巻第 8 号（1063 頁）

189) 谷向　知：シンポジウム　高齢者の医療・介護における精神科医の役割　痴呆の早期発見における精神科の役割．2004 年第 106 巻 1 号（56 頁）

190) 工藤　喬：シンポジウム　高齢者の医療・介護における精神科医の役割　高齢者の痴呆の対応―アルツハイマー病患者への薬物療法を中心に―．2004 年第 106 巻 1 号（68 頁）

191) 木村　修代，稲山　靖弘，繁信　和江，垣内　泰久，田伏　薫：症例報告　MRI にて前頭葉萎縮が認められた統合失調症の一例．2004 年第 106 巻 2 号（152 頁）

192) 中広　全延：討論　自己愛性人格障害の診断基準の有効性について―指揮者フォン・カラヤンをめぐって．2004 年第 106 巻 3 号（304 頁）

193) 橋本　亮太：精神神経学会精神医学奨励賞受賞講演　リチウムの神経保護作用．2004 年第 106 巻 4 号（526 頁）

194) 安野　史彦：精神神経学会精神医学奨励賞受賞講演　海馬セロトニン1A受容体と記憶機能．2004 年第 106 巻 10 号（1314 頁）

195) 武田　雅俊，田中　稔久，工藤　喬，大河内　正康，紙野　晃人，田上　真次：教育講演　アルツハイマー病の生物学的診断マーカー．2004 年第 106 巻 12 号（1610 頁）

196) 河﨑　建人：巻頭言　精神保健福祉施策への学会としての関わりを．2005 年第 107 巻号（783 頁）

197) 武田　雅俊：巻頭言　精神経誌の発展を．2005 年第 107 巻 10 号（1013 頁）

198) 武田　雅俊：教育講演　アルツハイマー病研究から精神疾患の認知障害研究へ．2005 年第 107 巻 12 号（1353 頁）

199) 澤　温：シンポジウム　精神科医療における情報公開のあり方について　大阪府における精神科病院の情報公開のあり方と問題点．2006 年第 108 巻 2 号（393 頁）

200) 総田　純次：原著　「理解」概念を手引きとした精神病理学の学問論的位置を巡る考察．2006 年第 108 巻 6 号（571 頁）

201) 石川　博康，下村　辰雄，清水　徹男：症例報告　常同行動と疼痛の強迫的な訴えに fluvoxamine が著効した前頭側頭型認知症の 2 症例．2006 年第 108 巻 10 号（1029 頁）

202) 深尾　晃三，檜　晋輔，井上　智美，澤　温：シンポジウム　精神科救急医療の課題と展望　包括的精神科ケアにおけるスーパー救急病棟の機能．2006 年第 108 巻 10 号（1074 頁）

203) 清水　徹男：シンポジウム　睡眠精神医学のめざすもの　睡眠障害地とうつ病．2006 年第 108 巻 11 号（1203 頁）

204) 渡辺　洋一郎：シンポジウム　労働者メンタルヘルスの現状と仮題　労働者のメンタルヘルスに関して―精神科医療機関からの支援―．2007 年第 109 巻 3 号（236 頁）第 102 回精神神経学会総会

205) 澤　温：シンポジウム　電気けいれん療法の再評価―精神科治療の全体の迅速化，均質性，社会復帰促進の中で―．2007 年第 109 巻 4 号（265 頁）第 102 回精神神経学会総会

206) 工藤　喬：シンポジウム　認知症を巡る今日的話題 BPSD に対する抗精神病薬物療法．2007 年第 109 巻

207) 渡辺　洋一郎：シンポジウム　労働者メンタルヘルスの現状と課題　労働者のメンタルヘルスに関して―精神科医療機関からの支援―．2007 年第 109 巻 7 号（657 頁）第 102 回精神神経学会総会

208) 武田　雅俊：巻頭言　精神医学のグローバル化と英文学術雑誌．2007 年第 109 巻 8 号（723 頁）

209) 篠崎　和弘：教育講演　経頭蓋磁気刺激のうつ病への応用．2008 年第 110 巻第 2 号（115 頁）

210) 武田　雅俊：巻頭言　質の高い Psychiatry and Clinical Neurosciences(PCN)をめざして．2008 年第 110 巻第 3 号（159 頁）

211) 夏目　誠：シンポジウム　出来事のストレス評価．2008 年第 110 巻第 3 号（182 頁）

212) 武田　雅俊：精神神経学雑誌百年「精神神経学雑誌百年」の掲載にあたって．神経学雑誌第 7 巻第 1 号・明治 41 年 4 月 5 日発行．2008 年第 110 巻第 4 号（344 頁）

213) 高橋　秀俊，岩瀬　真生，武田　雅俊：精神医学のフロンティア　統合失調症の視空間作業記憶と精神症状および社会機能との関連．2008 年第 110 巻第 5 号（355 頁）

214) 武田　雅俊：精神神経学雑誌百年　神経学雑誌第七巻第二号・明治 41 年 5 月 5 日発行．2008 年第 110 巻第 6 号（454 頁）

215) 中村　祐：専門医のための特別講座　アルツハイマー型認知症の診断と治療．2008 年第 110 巻第 7 号（577 頁）

216) 武田　雅俊：精神神経学雑誌百年　神経学雑誌第七巻第四号・明治 41 年 7 月 5 日発行．2008 年第 110 巻第 7 号（591 頁）

217) 武田　雅俊：精神神経学雑誌百年　第七巻第五号明治 41 年 8 月 5 日発行．2008 年第 110 巻第 8 号（718 頁）

218) 武田　雅俊：巻頭言　精神医学の臨床研究について考える．2008 年第 110 巻第 9 号（729 頁）

219) 武田　雅俊：精神神経学雑誌百年　第七巻第六号明治 41 年 9 月 5 日発行．2008 年第 110 巻第 9 号（855 頁）

220) 武田　雅俊：精神神経学雑誌百年　第七巻第七号明治 41 年 10 月 5 日発行．2008 年第 110 巻第 10 号（994 頁）

221) 橋本　誠，坂本　卓子，智田　文徳，清水　徹男：シンポジウム　危機に瀕する北東北の総合病院精神医療．2008 年第 110 巻第 11 号（1066 頁）

222) 武田　雅俊：精神神経学雑誌百年　第七巻呉秀三先生ジュアン・ネティアンヌ・ドミニク・エスキロル氏傳．2008 年第 110 巻第 11 号（1130 頁）

223) 武田　雅俊：精神神経学雑誌百年　第七巻呉秀三先生ジュアン・ネティアンヌ・ドミニク・エスキロル氏傳その2．2008 年第 110 巻第 12 号（1243 頁）

224) 中村　祐：シンポジウム　アルツハイマー病治療薬はいつまで投与すべきか？．2009 年第 111 巻第 1 号（43 頁）

225) 武田　雅俊：精神神経学雑誌百年　第七巻 549-553（明治 42 年）呉秀三精神病の名義に就いて．2009 年第 111 巻第 1 号（114 頁）

226) 武田　雅俊：精神神経学雑誌百年　第七巻 553-574，627-641，677-714（明治 42 年）癲癇性痴呆の知見補遺　石川貞吉．2009 年第 111 巻第 2 号（227 頁）

227) 西田　淳志，石倉　習子，谷中　久志，岡崎　祐士：シンポジウム　早期の相談・支援・治療につなげるための啓発活動―諸外国の現状と戦略―．2009 年第 111 巻第 3 号（278 頁）

228) 武田　雅俊：精神神経学雑誌百年　第七巻 613-626，704-714（明治 42 年）佐々章三郎慢性脊髄前角炎の一例．2009 年第 111 巻第 3 号（352 頁）

229) 伏見　雅人，清水　徹男：精神医学のフロンティア　秋田県における自殺の実態に関する調査結果の検討．2009 年第 111 巻第 4 号（367 頁）

230) 武田　雅俊：精神神経学雑誌百年　第八巻1-6（明治42年）呉秀三脚気と精神病との関係．2009年第111巻第4号（466頁）
231) 武田　雅俊：精神神経学雑誌百年　第八巻7-16，64-74（明治42年）三宅鑛一小児の麻痺性痴呆例証補追．2009年第111巻第5号（602頁）
232) 武田　雅俊：精神神経学雑誌百年　第八巻53-63，107-115（明治42年）稲垣長次郎，林清月，王震謙阿片者研究報告．2009年第111巻第6号（719頁）
233) 井上　顕，福永　龍繁，阿部　俊太郎，那谷　雅之，谷井　久志，小野　雄一郎，岡崎　祐士：精神医学のフロンティア　精神医学・法医学・公衆衛生学等関連各分野の連携による自殺対策―三重県における調査結果と活動報告―．2009年第111巻第7号（733頁）
234) 武田　雅俊：精神神経学雑誌百年　第八巻101-106，155-161（明治42年）出血性硬脳膜内層炎の著しきものを有せる老人の麻痺性痴呆の一例　池田隆徳．2009年第111巻第7号（886頁）
235) 中村　祐：教育講演　認知症の薬物療法．2009年第111巻第8号（97頁）
236) 武田　雅俊：精神神経学雑誌百年　第八巻141-154，196-212（明治42年）菅井竹吉神経系統内に発生するいわゆる澱粉様小体の本態について．2009年第111巻第8号（1002頁）
237) 本多　義治，鈴木　英鷹，本多　秀治，入澤　聡：資料　地方都市精神病院における作業療法の草分け（大正初期における七山病院の取り組み）．2009年第111巻第9号（1047頁）
238) コーディネーター　豊永　公司，佐藤　茂樹：シンポジウム　総合病院における精神科救急の実践と課題．2009年第111巻第9号（1126頁）
239) 武田　雅俊：精神神経学雑誌百年　第八巻287-304（明治42年）森田正馬モルヒネ中毒より妄想を発せる二例．2009年第111巻第9号（1171頁）
240) 小笠原　將之，田上　真次，井上　洋一，武田　雅俊：症例報告　超越的次元への立脚により治癒した鬱病の一例．2009年第111巻第10号（1203頁）
241) 武田　雅俊：精神神経学雑誌百年　第八巻252-255，315-319，342-350（明治42年）Henry Maudsley 著呉秀三抄訳 John Conolly 伝．2009年第111巻第10号（1310頁）
242) 籠本　孝雄：シンポジウム　児童青年精神科の現状と展望．2009年第111巻第11号（1370頁）
243) 武田　雅俊：精神神経学雑誌百年　第八巻162-166（明治42年）ヤールメルケルおよびブロイレル原著和田豊種抄訳早発性痴呆症の末期状態．2009年第111巻第11号（1450頁）
244) 武田　雅俊：教育講演　AD-FTLDスペクトラム――リスク遺伝子から見た神経変性疾患の新しい理解――．2009年第111巻第12号（1552頁）
245) 武田　雅俊：精神神経学雑誌百年　第八巻214-218，256-259（明治42年）ステンゲル演述，杉江童抄訳精神病犯罪者の監置法について．2009年第111巻第12号（1571頁）
246) 武田　雅俊：精神神経学雑誌百年　第七巻609-610，737-738　第九巻45-48，90-93，132-134（明治43年）　松原三郎の通信．2010年第112巻第1号（84頁）
247) 武田　雅俊：精神神経学雑誌百年　第八巻239-243，305-315（明治42年）齋藤玉男麻痺性痴呆の経過の異常について．2010年第112巻第2号（185頁）
248) 夏目　誠：特集　うつ病の時代背景とライフイベント．2010年第112巻第3号（211頁）
249) 武田　雅俊：精神神経学雑誌百年　第八巻4-19, 335-341（明治42年）森安連吉老耄性痴呆の病理解剖の補追．2010年第112巻第3号（284頁）
250) 武田　雅俊：精神神経学雑誌百年　第九巻90-94, 143-148（明治43年）百年前の学会誌の内容・雑録記事から．2010年第112巻第4号（426頁）
251) 武田　雅俊：巻頭言　リサーチマインドをもった精神科医の臨床研修を．2010年第112巻第5号（437頁）
252) 武田　雅俊：精神神経学雑誌百年　第九巻40-44, 85-88, 138-140, 143-148（明治43年）百年前の学会の内容―総会報告記事から―．2010年第112巻第5号（530頁）
253) 武田　雅俊：精神神経学雑誌百年　第九巻20-22, 117, 204-207, 251, 294-295（明治43年）呉秀三　智力検査の方法．2010年第112巻第6号（625頁）
254) 武田　雅俊：精神神経学雑誌百年　第九巻64-69, 121-128, 176-184, 210-217（明治43年）土佐の脚気　都築甚之助．2010年第112巻第7号（692頁）
255) 武田　雅俊：精神神経学雑誌百年　第九巻29-31, 70-75（明治43年）独逸形法改正草案に対する精神病学的評論　アシャッフェンブルグ述，杉江薫訳．2010年第112巻第8号（828頁）
256) 武田　雅俊，山口　成良，鈴木　二郎，佐藤　光源，山内　俊雄，小島　卓也，鹿島　晴雄：座談会「これからの精神神経学会のあり方を語る」・前篇．2010年第112巻第9号（841頁）
257) 清水　徹男：特集　精神疾患に併存する睡眠障害の診断と治療．2010年第112巻第9号（897頁）
258) 武田　雅俊：精神神経学雑誌百年　第九巻97-107（明治43年）膝蓋反射曲線の研究　荒木蒼太郎．2010年第112巻第9号（949頁）
259) 武田　雅俊，山口　成良，鈴木　二郎，佐藤　光源，山内　俊雄，小島　卓也，鹿島　晴雄：座談会「これからの精神神経学会のあり方を語る」・後篇．2010年第112巻第10号（961頁）
260) 小川　朝生：特集　精神科医への期待いま進められている事業から．2010年第112巻第10号（1010頁）
261) 武田　雅俊：精神神経学雑誌百年　第九巻149-158（明治43年）異常高熱の臨床的実験　吉本清太郎，大内兆．2010年第112巻第10号（1060頁）
262) 武田　雅俊：精神神経学雑誌百年　第九巻197-203, 240-250（明治43年）精神医学に応用せるワッセルマン氏反応の診断的価値　水津信治．2010年第112巻第11号（1164頁）
263) 武田　雅俊：精神神経学雑誌百年　第九巻240-250, 277-293（明治43年）精神病院における結核問題　三宅　鑛一述．2010年第112巻第12号（1269頁）
264) 武田　雅俊：精神神経学雑誌百年　第九巻354雑，423-434，495-496雑，497-507（明治43年）余の台湾旅行　呉秀三．2011年第113巻第1号（121頁）
265) 武田　雅俊：精神神経学雑誌百年　台湾における精神医学の流れと現状―第九巻（明治43年）余の台湾旅行呉秀三より着想を得て―．2011年第113巻第2号（230頁）
266) 澤　温：特集　日本の精神科医療を展望する―精神科救急の

立場から―. 2011 年第 113 巻第 2 号（157 頁）
267) 武田　雅俊：巻頭言　精神科医と臨床研究. 2011 年第 113 巻第 3 号（239 頁）
268) 武田　雅俊：精神神経学雑誌百年　第九巻 435-440, 507-513, 第十巻 13-18（明治 43 年）ベルンハルドフォングッデン先生伝 H. Grashey 著, 大成潔訳. 2011 年第 113 巻第 3 号（335 頁）
269) 武田　雅俊：精神神経学雑誌百年　第十巻 399-505（明治 43 年）明治 43（1910）年度神経学会年報. 2011 年第 113 巻第 4 号（426 頁）
270) 武田　雅俊：精神神経学雑誌百年　第十巻 1-13, 71-83（明治 44 年）仮性麻痺性筋力萎縮症の一例に就て　上田正次. 2011 年第 113 巻第 5 号（524 頁）
271) 武田　雅俊：精神神経学雑誌百年　第十巻 41-71（明治 44 年）六〇六号剤（サルヴァルサン）を初期の麻痺性痴呆患者に応用したる実験　呉秀三, 三宅鑛一述. 2011 年第 113 巻第 6 号（636 頁）
272) 武田　雅俊：精神神経学雑誌百年　第十巻 83-94（明治 44 年）詐病に疑わしき既往歴を有する昏迷状態の一例　石川貞吉述. 2011 年第 113 巻第 7 号（729 頁）
273) 武田　雅俊：巻頭言　東日本大震災と生物学的精神医学会. 2011 年第 113 巻第 8 号（747 頁）
274) 武田　雅俊, ラモン・カカベロス, 工藤　喬, 田中　稔久, 田上　真次, 大河内　正康, 森原　剛史, 橋本　亮太：総説　アポリポ蛋白 E と精神神経疾患. 2011 年第 113 巻第 8 号（773 頁）
275) 武田　雅俊：精神神経学雑誌百年　第十巻 120-123（明治 44 年）神経衰弱症の循環器系統に及ぼす影響　福田美明述. 2011 年 113 巻 8 号（811 頁）
276) 武田　雅俊：精神神経学雑誌百年　第十巻 124-127（明治 44 年）小脳橋角腫瘍　三浦謹之助述, 及能謙一筆記. 2011 年第 113 巻第 9 号（930 頁）
277) 武田　雅俊：精神神経学雑誌百年　第十巻 127-134（明治 44 年）精神病院外における酒精中毒患者の処置　リリエンスタイン述, 橋健гла抄. 2011 年第 113 巻第 10 号（1055 頁）
278) 武田　雅俊：精神神経学雑誌百年　第十巻 153-162, 196-216, 255-265, 311-328 と図 6 枚（明治 44 年）　大脳皮質における神経原線維特に麻痺性痴呆における所見　木村男也述. 2011 年第 113 巻第 11 号（1154 頁）
279) 武田　雅俊：精神神経学雑誌百年　第十巻 191-196（明治 44 年）三叉神経の単独麻痺に就いて　武谷廣吉述. 2011 年第 113 巻第 12 号（1252 頁）
280) 武田　雅俊：精神神経学雑誌百年　第十巻 170-172, 276-281（明治 44 年）変質者の法医的関係　ビルンバウム述, 杉江薫抄. 2012 年第 114 巻第 1 号（67 頁）
281) 工藤　喬：総説　小胞体ストレスと精神神経疾患. 2012 年第 114 巻第 2 号（115 頁）
282) 武田　雅俊：精神神経学雑誌百年　第十巻 373-381（明治 44 年）東京府下及び埼玉県下における異常児童収容所視察報告　池田隆徳述. 2012 年第 114 巻第 2 号（184 頁）
283) 中村　祐：特集　新たなアルツハイマー型認知症治療薬と今後への展開と問題点. 2012 年第 114 巻第 3 号（255 頁）
284) 藤瀬　昇, 池田　学：特集　うつ病と認知症との関連について. 2012 年第 114 巻第 3 号（276 頁）
285) 武田　雅俊：精神神経学雑誌百年　第十巻 359-362（明治 44 年）雑録三田谷啓氏の書信. 2012 年第 114 巻第 3 号（310 頁）
286) 武田　雅俊：精神神経学雑誌百年　第十一巻 13-17, 71-74（明治 45 年）エドワルド・ヒッチヒの伝　呉秀三. 2012 年第 114 巻第 4 号（472 頁）
287) 菱川　泰夫：書評あなたの難しい人―統合失調症を理解したい人のために―　さすらいの統合失調症　対応・支援. 2012 年第 114 巻第 4 号（481 頁）
288) 武田　雅俊：精神神経学雑誌百年　第十一巻 57-70（明治 45 年）右側半盲症を併発せる失読症の一例　加藤義夫述. 2012 年第 114 巻第 5 号（612 頁）
289) 石井良平, 高橋秀俊, 栗本龍, 青木保典, 池田俊一郎, 畑真弘, 池澤浩二, カヌエト　レオニデス, 中鉢貴行, 岩瀬真生, 武田雅俊：総説　統合失調症のエンドフェノタイプについて――神経生理指標を中心に――. 2012 年第 114 巻第 6 号（629 頁）
290) 武田　雅俊：精神神経学雑誌百年　第十一巻 130-135, 177-186（明治 45 年）医家と救済事業の関係に就て　小河滋次郎述. 2012 年第 114 巻第 6 号（732 頁）
291) 武田　雅俊：精神神経学雑誌百年　第十一巻 165-169（明治 45 年）手書計に就いて　桑田芳蔵. 2012 年第 114 巻第 7 号（861 頁）
292) 武田　雅俊：巻頭言　今期執行部の課題と理事長としての抱負. 2012 年第 114 巻第 8 号（879 頁）
293) 武田　雅俊：精神神経学雑誌百年　第十一巻 205-206（大正元年）木村學士の近信. 2012 年第 114 巻第 8 号（998 頁）
294) 武田　雅俊：精神神経学雑誌百年　第十一巻 170-174（大正元年）臨床講義「夫婦の精神病」呉秀三講義, 氏家信筆記. 2012 年第 114 巻第 9 号（1112 頁）
295) 武田　雅俊：精神神経学雑誌百年　第十一巻 209-212（大正元年）変質徴候としての遺尿症について（いわゆるミエロジスプラジー説）川島慶治述. 2012 年第 114 巻第 10 号（1220 頁）
296) 武田　雅俊：精神神経学雑誌百年　第十一巻 274-278（大正元年）パントポン「ロッシュ」に就て　エベリング述. 2012 年第 114 巻第 11 号（1337 頁）
297) 夏目　誠：特集　ストレス評価に関する調査研究――平成 22 年度における厚生労働省から産業精神保健学会への委託研究成果を中心に――. 2012 年第 114 巻第 12 号（1385 頁）
298) 武田　雅俊：精神神経学雑誌百年　第十一巻 473-480（大正元年）邦人における失語症に就いて　浅山忠愛. 2012 年第 114 巻第 12 号（1456 頁）

2 我が国の精神分析学の歴史と現在 —教室関係者の仕事を中心に

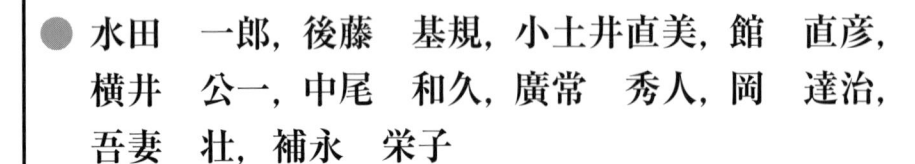

● 水田　一郎, 後藤　基規, 小土井直美, 館　直彦,
　横井　公一, 中尾　和久, 廣常　秀人, 岡　達治,
　吾妻　壯, 補永　栄子

　本稿の目的は, 我が国の精神分析学の歴史と課題を, 教室関係者の仕事を中心に展望することである。教室と精神分析学のかかわりは, 精神分析学の知見を精神医学に取り入れることを目指した取り組みとして, 第4代教授, 堀見太郎の時代に始まった。堀見は, マラリア療法における赤血球沈降速度, 堀見反応と名付けられた梅毒沈降反応の研究などの後, 1937年からBonhoefferのもとに留学し, 外因性反応型の研究に携わり, 症候性精神病や, ストレスと視床下部の関連などの研究に多くの業績をあげ, 我が国における心身相関・心身医学の基礎を築いた。堀見の精神分析学への関心は, この一連の研究, 特に後者の心身相関研究の中から生まれてきたものと思われるが, それは, その後, 大きく, 2つの研究の流れとして発展することとなった。

　1つは, ロールシャッハ・テスト, 文章完成法, TATを初めとする, さまざまな心理検査の研究である（その成果の一端は, たとえば, ロールシャッハ・テストの「阪大スケール」としてまとめられている[3]）。これら一連の研究は, 精神力動的見地から患者を評価する際の客観的指標開発に向けての研究として位置づけられる。

　もう1つは, より直接的な精神分析学研究である。堀見は, 1950年にガリオア資金留学生として渡米した竹友安彦に, 米国における精神分析学の現状を視察することを託した。そして, 石橋分院に脳研究所を作り, その2講座のうち1つの研究題目を精神分析学と定め, 竹友を助教授として呼び戻すことを計画した。この計画は, 堀見の急逝によって, 残念ながら頓挫したが[29], 竹友は, その後も長く米国に残って精神分析学の研究と実践を続け, 後に, 阪大の招聘教授（1984〜1991年）として, さらには, 米国Albert Einstein College of Medicineにtranscultural psychiatry fellowshipを設立し, そのディレクターとして, 教室の後進に, 精神分析学の指導を行った。竹友の指導を受けた主要メンバーの一部は, 大阪精神分析研究会を設立し, 現在も活発に活動を続けている（1991年〜現在）。

　本稿では, まず, ①我が国の精神分析学の歴史を概観した後, 教室関係者の仕事として, ②堀見の後を受けて心理検査研究を主導すると同時に, 精神分析学を踏まえながらも, それとは一線を画した独自の精神療法を発展させた辻悟の功績, ③米国において長期にわたり, 精神分析学の研究と実践を積み重ね, その成果を教室の後進に伝えた竹友の功績, ④大阪精神分析研究会の現在の活動の順にみていくこととする。

我が国の精神分析学の歴史

我が国の精神分析学の歴史については，既にいくつかの詳説が著されている[4,9,26]。本稿では，これらを参考に，我が国の精神分析学の歴史を簡単に振り返る。

精神分析学の成立を Sigmund Freud の『ヒステリー研究（1895）』に起源を置くとすると，精神分析学の歴史はおおよそ本教室の歴史と重なり 120 年になる。そして日本における Freud の精神分析学の受容はおよそ 100 年になり，その歴史は 3 期に分けることができるだろう。

第 1 期は 1903 年の佐々木政直による Freud の紹介（『ステーリング氏の心理学に関する精神病理学』[哲学雑誌]）にはじまる学説の導入期である。その後，蠣瀬彦蔵，大槻快尊，木村久一，久保良英，諸岡存らの哲学者，心理学者，医学者たちによって Freud の学説が紹介され，1926 年には安田徳太郎によってアルス社から Freud の著書『精神分析入門』が翻訳されている。竹友によると，この流れは大正デモクラシーの潮流に位置づけられるという。しかし，精神分析が治療技法として導入されるのは 1930 年代に入ってからであり，この時期が第 2 期といえよう。1930 年に心理学者である矢部八重吉は鉄道省の国費留学生として英国で Edward Glover から教育分析を，Ernest Jones から講義を受け，国際精神分析協会（IPA）の精神分析家の資格を取得して帰国した。矢部は帰国後東京に IPA 支部を設立し，精神分析治療を実践するとともに，大槻憲二らの後進を育てた。一方それとは別に，東北帝国大学医学部精神医学講座の教授であった丸井清泰は 1933 年に Freud の教育分析を受けて帰国し，精神医学の分野に精神分析を導入した。丸井は大学アカデミズムの矜持から，矢部らと一線を画して，仙台に IPA 支部を設立し，門下生として古澤平作，懸田克躬，山村道雄らを育てた。丸井は日本精神神経学会を舞台に，慈恵医大の森田正馬と烈しい論争を展開した。

現在の「日本精神分析学会」を中心とする精神分析の第 3 期は，第 2 次世界大戦後に始まる。丸井門下の助教授であった古澤平作は，すでに 1932 年に文部省留学生としてウィーンに渡り Richard F. Sterba により教育分析を，Paul Federn からスーパーヴィジョンを受けていたが，帰国後在野に下り，東京に精神分析診療所を設立して精神分析の実践に当たっていた。1955 年に古澤は「日本精神分析学会」を設立し，1958 年には IPA 仙台支部を日本支部として東京に事務局をおいた。当時の米国の趨勢を模範に，古澤は精神分析を精神医学の一分野として確立すべく，山村道雄（弘前大学），懸田克躬（順天堂大学），井村恒郎（日本大学），三浦岱栄（慶應義塾大学）桜井図南男（九州大学）らの大学医学部アカデミズムの俊英を学会の中枢においた。以後，「日本精神分析学会」は現在まで約 60 年の歴史を刻むことになる。

古澤の主導で設立した「日本精神分析学会」は，1958 年に古澤が脳軟化症で病床に臥した後，その後の世代へと受け継がれ，精神分析の実践を日本に広めるとともに，日本独自の精神分析学的概念を生み出してきた。第 1 世代の古澤らの後に，土居健郎，武田専，前田重治，西園昌久，小此木啓吾らの第 2 世代が続いた。米国での研鑽を積んだ土居を除いて，彼らは古澤の指導を受けた古澤学派であった。「日本精神分析学会」は特定の学派に偏らない日本独自の力動精神医学の学会として発展を続け，Karen Horney 学派の近藤章久，対人関係学派に学んだ阪本健二，現存在分析学派の三好郁男らも所属した。1960 年代から 70 年代になるとさらに英国や米国に留学経験を持つ小倉清，岩崎徹也，神田橋條治，牛島定信らの第 3 世代が，Otto F. Kernberg らの米国の現代自我心理学や Melanie Klein や Donald W. Winnicott などの英国対象関係論を日本に紹介した。1970 年代から 1980 年代にかけては，米国に学んだ皆川邦直や

狩野力八郎，英国に学んだ北山修や松木邦裕らが，第4世代としてさらに米国の潮流や英国のビオンらの理論を日本に紹介し，「日本精神分析学会」は米国や英国の幅広い学派や考えを包摂した精神分析の理論と実践を啓蒙する学会としてさらなる発展を遂げている。また一方で，土居の「甘え理論」や古澤-小此木の「阿闍世コンプレックス」，北山の「見るなの禁止」など日本独自の精神分析概念を生み出してきた。

その間，大阪大学医学部精神医学教室は「日本精神分析学会」とかかわりを持ち続けてきた。1964～1965年にかけては金子仁郎教授が会長を務め，また，長く運営委員を務めた辻悟の属した精神病理グループは現在も「日本精神分析学会」と連携を持ち続けている。

辻悟の功績

辻の詳細な「道程」に関しては別項に譲るとして，その功績は，ロールシャッハ・テスト阪大法を中心とする投映法の研究，思春期青年期精神医学，精神分析学，辻が「治療精神医学」として結実させた統合失調症に対する力動的精神療法など多岐にわたる。ここでは，精神分析学への辻の「Stance and distance（構えと距離）（後述）」について述べることとする。

日本精神分析学会は，1950～1960年代において精神療法を専門とするほぼ唯一の学会であったが，辻はその学会創立初期より参加し，1966年には精神分析学会評議員となった。学会紛争只中の1970年には，日本精神分析学会第16回総会において議長の1人として尽力した。1973～1993年までは日本精神分析学会運営委員を務め，長らく医療問題委員長として，精神分析と社会の関係，精神分析と法と倫理など，精神分析の位置づけを巡る活動を中心に行った[21]。1992年には日本精神分析学会第38回大会実行委員長を務めた。2004年には，日本精神分析学会名誉会員に推挙されている。

館は，辻の日本精神分析学会への最大の貢献として，学会紛争の際の辻の手腕を挙げている[21]。また皆川邦直も，小此木啓吾の言葉として，公平無私な立場からの辻の尽力がなければ精神分析学会は果たして生き残れたかどうか疑わしいと述懐している[6]。1969年の日本精神分析学会第15回総会にて「学会のあり方を考える討論集会」が行われ，若手会員より，当時の医療状況の中での精神分析療法の位置づけや精神分析トレーニングのあり方等についての問題提起がなされた。同年，この問題を引き続き討論するために改革準備委員会が設置されたが，辻はその改革準備委員として，また総会の議長団の一員として，学会全体の意見を集約して方向性を明らかにするのに尽力した[7]。

当時のこれらの活動を振り返り，辻は1971年の総会で「個人的総括」として以下のように述べている。長くなるが，原文のまま一部を引用する。「精神分析の実践と，それがもたらしてきた洞察は，人間の自由性が，人間の内的な諸要因によって拘束されることを明らかにした。（中略）それと共に，精神分析は，治療的関係の中に，人間的連続性の上に立った治療関係を導入することにも功績があったと考えられる。しかし，このような分析的コミュニケーションないし人間的関係がよって立つ，またそれにかかわりをもつことによって成り立ちえている政治的，社会的，経済的な，人間的営みの産物であるこれらの力の構造が，人間の自由性を抑圧していること，しかもこのような外的諸条件は，内的な拘束からの解放の努力をこえて，根底的に各人の自由性を予定する力としてわれわれにふりかかっているという事実を，この討議は明らかにした。このような外的な力の拘束により，自由性の拘束を受けている人たちに対して，広い意味の精神医療にかかわる人たちは，敏感な対応性をもっていなければならない。精神分析が，現在まで，自由性を拘束する外的な力に対して，充分に有効となりえなかったことも討

で明らかになった。」[8] その後500超という回数を重ねることになる「治療精神医学の集い」が開催されたのが、この4年後の1975年であり、「治療精神医学オープンセミナー」（以後200回以上開催）が開催されるのが7年後の1978年のことである。なお、「治療精神医学」という言葉について辻は、同義重複と断ったうえで、「常に治療実践を、治療実践から考え、治療実践によって検証すること」として用いている。

辻が治療精神医学を提唱するまでには、ロールシャッハ・テストの解析理論の展開を待たなければならない。辻にとって、「解釈理論を明らかにするロールシャッハ・ワークとは、被験者がはっきりしない図形に意味づけをする、その相手土俵に添って、経験的にしか知られていないとされてきたそこに、理論化可能な構造的法則性を見出していく作業」であり、それは同時に「自分の寄りかかる枠を外して、触発される自分の内面を繰り返し見つめなおす訓練」であったと述べている[10]。了解不能とされてきた統合失調症者の論理の枠組みが、我々が頼りにしている成熟型の論理枠では了解できないだけのことであって、投映法を通じ、辻の中に統合失調者の示す未成熟型の論理の性質やそれが人間に生じる事情への理解が得られたとき、治療精神医学の誕生が準備されたと言ってよい。精神病理像のほとんどは、誰しもが通過してきた未成熟な原初的体験と、個の自覚の過程との複合の度合いを反映するものとして具体化しており、前者が支配して後者が支配していないほど、精神病とされてきた状態を生きているということになる[33]。これは、人のこころに生じることの起源を人間が育ってきた道筋に求めるというFreudの理解の仕方を踏襲している。辻がFreudの発達理論を引用することはなかったが、辻には子どものロールシャッハ解析を基盤とする発達モデルがあった。しかし同時に、精神病を含めた精神的臨床事態を正常との連続性の下に捉える巨視的視点に立ち、従来の差異に目を向けるだけであった微視的視点を包み返すというこのアプローチの方法[13]は、精神病者への精神分析治療を断念したFreudへの最初の疑問提起でもあった。

辻は、精神病を含めて「病む」ということを、人間主体が圧倒された時に起こり得る、人間がかかわる内・外の状況の存在構造の変化（圧倒体験モデル、1980）として捉えた[33]。今でこそ異常事態への反応としてのPTSD（心的外傷後ストレス障害）の概念は周知となっているが、局面は違えども、それぞれに手に余る事態に追い詰められた時に見られる人間に共通した反応として、いち早く「外傷理論」を展開させた。

次に、人間の最も原初的な体験である胎内体験を、辻は「原体験」と呼んだ。原体験を主導する法則性として、気がつく前にすでに存在している受け身の世界で、そこには現実の対象は存在せず、状況性が主導しており、原始的万能感空間や他者と融合合一的に体験すること等を挙げた。辻にとって個体化の過程とは、「融合・合一的な原体験に縛られながら、それを超越的に体験する自由性によって区別・独立を知り、葛藤というネガティブな体験を排除するという法則に縛られながら、超越的に体験することで葛藤を内包するようになる」[33]ことである。乳幼児期の内的世界についてはさまざまな精神分析家が論じているが、辻のユニークさは、未分化な内的世界から個を担う独立した構造体が分化し、それが未成熟・成熟を両極とする直線上のどこかに位置づけられるのではなく、この未分化で融合・合一的な原体験心性は通奏低音として終生活動し続けるとしたことにある。辻は原体験と現実との抗争の様相を「こころのドラマ」と呼んだが、患者は幻想性故に病むのではなく、「こころのドラマ」故に病むことになるのである。ここにも辻が投映法にかかわる中で学んだという、「絶対的なものがないということと生きるということとの本質的なかかわりと、いろんな側面が同時にかかわって1つの意味

をつくっていることを知る」[10]ことを追及する視点が見て取れる。

また治療関係への言及は後期以降に多くなっていったが，辻は「関係の中で治療的に生きること」の重要性を繰り返している。人との関係の中にあってこそ「こころのドラマ」が読み取れるのであり，人との関係に入るということは，その相手の幻想性の領域に入り込むということである。患者のこころのドラマを読み説くには，患者が表現するもの，治療者の準備性，治療者が関係の中で直接体験することが手掛かりになる。後年の治療精神医学の症例検討会では，「治療者は常に，2人の間で何が起こっているのかを把握し，適時，対象者に見せていくことが必要だ」と繰り返し述べていたが，その際に患者の「構えと距離（Stance and distance）」に気を配ることの必要性を論じていた[33]。「構え」とは，伝達に対してどのようなこころの姿勢で対応しているか，「距離」とは，どの程度，遠ざかろう/近づこうとしているか，である。

辻は精神分析学とは一線を画した独自の精神療法を発展させてきたようであるが，このように概観すると，一者心理学から二者心理学へ，神経症からより重度な病理を有する患者の治療へと展開してきた精神分析学・精神力動学の歴史とまさに軌を一にしているとも言える。

先の「個人的総括」はさらに続く。「①力の構造のもとで，自由性がより拘束されることに対する対応性がより鈍化したこと，②また特定の有効性をもつものに限定された対応をしてきたこと，③力の構造に無批判に依存し，或いは埋没してきたこと，④限定された範囲内で自己愛的な歪みとなる危険性を包含してきたこと，⑤操作主義的な対応をするという危険と矛盾を内包するようになったことは，そのまま全員おのおのの姿勢にかかわる問題であると共に，精神分析の実践，精神分析学会そのものが今のべたような危機に追い込まれつつあることが明らかにされたと思う。これらの諸問題は，現在精神医療に携わるものすべてが負わなければならない。」[8]治療精神医学がこの個人的包括の上に立ち，その答えを追求し続けるものであったことは言うまでもない。あれから42年が経った。「君はどう思うの？」―年月を経てより先鋭化されたこの諸問題を，我々は背負えているのかが問われている。

竹友安彦の功績

竹友は大阪大学医学部を卒業（1945年），生化学教室で学位を取得（1949年）後，精神医学教室（堀見教授）に移り，ガリオア資金留学生として渡米した（1950年）。留学の当初の目的は，精神医学教室において生化学研究のプロジェクトを発足するための準備を進めることであったが，当時の米国精神医学界では，精神分析が全盛であり，これに比して，生化学的な研究を行っているところは限られていた。この情勢，また，米国における精神分析学の現状を視察することを堀見から託されていたこと，さらには，自身のキャリアアイデンティティの問題[24]などの影響を受け，竹友は，生化学的研究と並行して，Columbia Universityの精神分析研究所で精神分析学を学び始めることとなった。その後，米国精神医学界では，生化学を始めとする神経科学的研究が盛んになる一方で，精神分析学は絶頂期の勢いを失い始めたが，その趨勢を横目に，竹友は，精神分析学への傾斜を強め，その研究と実践を積み重ねていった。

Columbia Universityでの精神分析の訓練を終えた後も竹友はニューヨークに留まることになったが，その選択の結果，竹友はキャリアを通して最先端の精神分析に触れ続けることになった。ニューヨークは昔も今も精神分析の一大先進地であり，著名な精神分析家が集い，活発な議論を交わす場所である。ニューヨークにはColumbia University精神分析センターを含め，国際精神分析学会系統の精神分析研究所が

図1 竹友教授と会食
左から2人目が竹友教授，1996〜1997年ごろ

5つあり，それ以外の系統の研究所も含めると，両手に収まらないほど多くの精神分析研究所がある。竹友が卒業したColumbia University精神分析センターは，元国際精神分析学会会長のOtto F. Kernberg，またRoy Schaferなど，錚々たる面々が名を連ねる研究所である。一時期，自我心理学一辺倒だった米国精神分析界にあって，Columbia University精神分析センターでは比較的自由な思索・実践が展開されていた。その理由としていくつか考えられる。一つには，精神分析研究所としては珍しく，同センターが大学の内部に設立されていたために精神分析研究所に伴いがちな閉鎖性を逃れることができたことがあるだろう。また，同センターが，硬直したリビドー中心主義に反対し，適応論的観点を主張してニューヨーク精神分析研究所を去ったSandor Radoらによって創立されたことも，そのリベラルな雰囲気に繋がっていたと思われる。そのような恵まれた環境のもとで仕事を続けた竹友は，国際的に活躍する精神分析家たちと直接交流し，精神分析の最先端に幅広く接することのできる恵まれた立場にあった。

一方，ニューヨークに留まり続けることによって，竹友が我が国の精神分析に直接貢献する道のりは，より複雑になった可能性は否めないだろう。今日では，移動手段の効率化に加え，各種情報メディアの発達によって，ニューヨークと日本の物的・心的距離は随分狭まった感がある。しかし，インターネットもなかった時代に，ニューヨークの最先端の精神分析を日本に紹介し続けることは，並大抵の作業ではなかった。竹友の受けた教育・訓練，人脈，またそれらすべてから来る精神分析への造詣の深さを考えれば，竹友は，日本の精神分析界において，本来，もっと中心的な役割を担ってしかるべき人物であった。しかし実際には，時代的背景・地理的隔たりの克服は，容易ではなかった。

これらの困難にもかかわらず，竹友は，1980年代になって，我が国の精神分析への直接的貢献を強めるようになった。その端緒となったのが，Albert Einstein College of Medicineのfellowとして，高石昇が，竹友の下で精神分析を学んだことである。これを機に，竹友は，大阪大学の招聘教授として，西村健教授の招きにより，1984〜1991年の間，毎年1ヵ月程度を日本に滞在し，精神医学教室や他大学の後進に，精神分析学の指導と訓練を行うようになった。当時，竹友の下で研修を行った教室関連のメンバーは，館直彦，後藤基規，横井公一，水田一郎，中尾和久，小土井直美，岡達治，廣常秀人，京島徹などであった。

さらに竹友は，この間，1988年に，Albert

Einstein College of Medicine に transcultural psychiatry fellowship を設立し，そのディレクターとして，より本格的な精神分析学の指導を開始した．この fellowship program は，竹友による教育分析・スーパーヴィジョンと，Albert Einstein College of Medicine における精神分析学関連の講義・セミナー・カンファレンス等への参加の2本の柱から成るもので，特に，精神分析学の本格的訓練において必須とされているにもかかわらず，我が国では実施困難な頻回・長期間の教育分析を受けられることが最大の特徴である（たとえば，このプログラムの最初のフェローである水田は，1回50分の分析を週4回，1年9ヵ月，合計304回，日本で受けたものを加えると合計335回受けた）．このプログラムのフェローは，教室関連では水田，横井，大阪大学以外では，京都府立医科大学，山口大学などから数名である．

Albert Einstein College of Medicine 精神医学教室には，この transcultural psychiatry fellowship とは別に psychiatric residency program があるが，吾妻壮は，竹友の紹介により，このプログラムで訓練を受け，修了している．Einstein のプログラムは，古くから精神分析的精神療法に強いことで知られており，合計4年にわたる訓練の3年目と4年目には，構造化された精神分析的精神療法の症例をスーパーヴィジョンのもとに複数持つことが義務化されている．吾妻はこのプログラム中に竹友のスーパーヴィジョンを2年間にわたり，約100回受けた．また，この間，同時に Columbia University 精神分析センターにも籍をおき，センター所属の教育分析家による教育分析を受け，授業を受講した．その後関係精神分析に関心を移した吾妻は，同じくニューヨークの William Alanson White 研究所で訓練を受け，同研究所を卒業している．White 研究所は，Columbia センター創立者の Sandor Rado がニューヨーク精神分析研究所を去ったころ，同じく同研究所を去った Clara Thompson らによって創立された研究所である．White 研究所もまた，そのリベラルな環境で広く知られる研究所であり，近年では Columbia センターとの間で精神分析の交換授業も行うなどしている．White 研究所には，先述の transcultural psychiatry fellowship に留学した横井も学んでいる．

以上に述べたように，我が国の精神分析学への竹友の貢献は，主として，後進の指導・訓練に注力することを通じて，精神分析学を，我が国の精神医学の中心地の一つである大阪大学精神医学教室に根付かせようとしたことにある．ただし，彼の貢献は，それだけに留まるものではない．我が国の精神分析学界の主要なメンバーとの長年にわたる交流や，数多くの論文・著書・訳書を通じて，竹友は，表舞台に立つことこそ少なかったものの，我が国の精神分析学の発展に，大きな影響を与えた．たとえば，Ernest Jones の『フロイトの生涯』[22]の名訳や，土居健郎との有名な『甘え』論争[1,23,25]だけを取り上げても，そこから多くの刺激や示唆を受けた読者は，我が国には決して少なくないはずである．また，彼の監訳による Lester Luborsky の『精神分析的精神療法の原則—支持-表出法マニュアル』[27]は，精神分析を科学的手法に位置づける労作として，精神分析学と精神医学のコミュニケーション促進に向けての一つの潮流を作った．

竹友の関心領域は多方面に及ぶが，それらに共通するのは，精神分析学と他の学問領域（神経科学，死生学，哲学等）のインターフェース，すなわち，学際領域への並々ならぬ関心の深さである．精神分析学が閉じた体系に留まるのではなく，他の学問領域との交流を深めることによって，精神分析学と他の学問領域の双方が，お互いに大きな利益を受ける可能性があるということを，竹友は直感していたように思われる．

たとえば，哲学との学際領域に関して言えば，竹友は吾妻らとともに，米国の哲学者にして精

神分析家である Jonathan Lear の業績（『開かれた心：精神の論理を探求する』）を紹介した[30]。米国の精神分析家 Hans Loewald は，かつて哲学を志していたころに Martin Heidegger に教えを受け，後に精神分析家となったが，Lear はその Loewald に薫陶を受けている。同書は，プラトン，アリストテレス，ウィトゲンシュタイン，そして Freud を縦横に論じ，対象関係論的思考など精神分析的洞察の源流をプラトン哲学にまでたどる野心的なものである。そのような Lear の仕事の日本への紹介は，竹友の深い洞察・該博によってこそ可能になったことである。

また，神経科学との学際領域の研究については，その成果の一端は，竹友の主導により，千里ライフサイエンスセンターで開催された『Psyche '94：International Symposium on Mind-Body Problem―神経科学と精神分析・精神病理学の接点を求めて（1994 年）』や，竹友の監修により訳出された Fred M. Levin の『心の地図―精神分析学と神経科学の交差点』[28]として結実した。彼がそこで一貫して主張し続けたことは，精神医学における"意味の追及"の重要性ということであった。精神医学の研究や臨床実践において，脳（身体）のメカニズムの解明が重要であることは論を待たないが，それだけでは決して十分でない。個人の体験が，その人自身にとってどのような個人的意味を持っているのか，そして，その意味がその人の生き様にどのような影響を与えているのか。この"意味の追及"が"脳のメカニズムの追及"との密接な交流の内に同時に進められていくことこそが，精神医学の研究や臨床実践において，本質的に重要である。脳研究に偏りがちな我が国の精神医学の現状に鑑み，竹友はこのように，"意味"の意義を強調し，"意味"の研究と臨床実践のための有力な学問体系として，精神分析学を提示したのである。

大阪精神分析研究会の活動

現在大阪精神分析研究会（以下研究会）は 14 人のメンバーから成り，そのうち和風会の会員は館直彦，横井公一，岡達治，小土井直美，吾妻壮，後藤素規の 6 人であって，全員が日本精神分析学会（以下学会）の会員であり，館，岡は学会認定スーパーヴァイザー兼認定精神療法医，横井，小土井，吾妻，後藤は認定精神療法医の資格を持つ。また館は現在学会の運営委員を務めている。研究会の発足は 1991 年で，1994 年以来事務所を大阪市内に据えている。

本研究会は竹友グループに所属していた岡，横井，小土井，廣常秀人，京嶋徹らと，1986 年以来，館を中心として大阪府立公衆衛生研究所に集まった中尾和久，大久保真喜子，後藤らのグループが合流することで始まった。当時のグループの活動は主としてメンバーが抱える患者の精神分析的治療に対してスーパーヴィジョンを受けることで，竹友安彦，狩野力八郎，皆川邦直，神田橋條治といった精神分析家に指導を受けている。その後 1992 年 1 月から 1993 年 3 月まで来日していた Templeton を小此木啓吾の紹介により月 2 回，1994 年 4 月から 1997 年 3 月までの 3 年間は神田橋の紹介により中村留貴子に月 1 回のグループスーパーヴィジョンを受けてきた。それ以後も，小倉清，中村留貴子，神田橋條治，狩野力八郎，皆川邦直，衣笠隆幸，松木邦裕らのスーパーヴィジョンを受けてきたが，館，岡が学会認定スーパーヴァイザーを，横井，小土井，後藤，後に吾妻壮が認定精神療法医の資格を取得して以降の 2005 年からは，外部からスーパーヴァイザーを迎えることなく，毎回メンバーの一人がスーパーヴァイザーを引き受けることで，年 10 回，1 回 3 時間の症例検討会を続けて現在に至っている。

本研究会の目的は，初期からのメンバー各自が精神療法家としての訓練を続けることであるが，加えて後進の育成も重要な目的であった。

表1 大阪精神分析研究会における基礎研修プログラム

第1回	感情転移の力動性について
第2回	分析医に対する分析治療上の注意
第3回	分析治療の開始について
第4回	想起,反復,徹底操作
第5回	感情転移性恋愛について
第6回	序論と歴史的概観,契約
第7回	退行
第8回	転移と逆転移
第9回	抵抗
第10回	解釈とその他の働きかけ,契約の終結

したがって2001年9月より,精神分析基礎研修グループを募集し,前半5回はフロイトの著作を,後半5回はカール・メニンガーによる精神分析技法論を参考文献として表1のようなプログラムを組み,年10回の第1期研修会を岡,横井,小土井,後藤を講師として開始した。

第二期は,ほぼ同じ受講者を対象に,前期5回を『フロイトの疾病論』,後期5回を『精神分析的発達論:フロイトから自我心理学へ』と題して行った。時間割は1回3時間のうち,講義1時間,症例検討2時間である。研修終了後,受講者のうち3人が後藤に個人スーパーヴィジョンを受け始め,現在も2人が館,吾妻にそれぞれ個人スーパーヴィジョンを受けている。また受講者のうち数名がグループを結成し,横井,岡,広田,後藤(後に吾妻も参加)にグループスーパーヴィジョンを依頼してきたことで新たな症例検討会が始まり,2013年1月からは新たなメンバー6人も正式に大阪精神分析研究会の会員となった。現在は初期のメンバー8人に加え,計14人(全員日本精神分析学会会員)のメンバーにより,研究会が運営されている。

また2011年4月より新たな研修会が発足した。企画は後藤が行い,講師に横井や新メンバー4人を加え,会期は3年間,年10回,講義3時間半,症例検討1時間半という時間割で,講義の内容は前半をフロイトの著作,後半はアンナ・フロイトに始まる自我心理学が中心となっている。またこのほかにも,館が独自に対象関係論のセミナーを企画し,岡,横井,吾妻,後藤らも他の研究グループの講師やスーパーヴァイザーを務めている。

その他,研究会の活動としては,館を中心に,精神分析関連著作の翻訳を数多く手がけてきた[2,5,11,14~19,31,34~36]。その他,館,横井,吾妻には精神分析学関連の著作もある[12,20]。

以上,大阪精神分析研究会が現在まで行ってきた主な活動である。最後に本研究会と日本精神分析学会との関係を簡単に述べておきたい。

2000年に入り学会は,精神療法医,心理療法士,精神療法医スーパーヴァイザー,心理療法士スーパーヴァイザーの認定制度を立ち上げた。これらの認定を得るためには,先ず学会が認定する研修グループに所属していることが条件となったため,本研究会もこの認定を受けている。グループが認定を得るには,およそ以下のような条件が必要となる。それは,①精神分析的臨床実践および研究に関する教育研修を目的として,学会認定のスーパーヴァイザーによって運営指導されており,②症例検討会,系統講義,および個人スーパーヴァイザーのマネージメントの3つの機能のうち1つ以上を有するもの(当研究会は3つの機能全てに関して認定を得ている)であって,症例検討会,系統講義に関しては別に条件が定められている。

以上が大阪精神分析研究会の現在までの活動の流れである。

文 献

1) 土居健郎:「甘え」理論再考—竹友安彦氏の批判に答える.思想771:99-118,1988
2) 後藤素規,弘田洋二(監訳),赤山正幸,岡 達治,京嶋徹,小土井直美,館 直彦,村井雅美,横井公一(訳).フロイト:視野の暗点.里文出版,東京,2007(L. Breger;FREUD;Darkness in the Midst of Vision;John Wiley and Sons, N. Y, 2000)
3) 堀見太郎,辻 悟,長坂五朗,浜中薫香:阪大スケール.心理診断法双書I「ロールシャッハ・テスト」.中山書店,東京,pp 144-196,1958

4) The Japan Psychoanalytic Society (ed): Japanese Contributions to Psychoanalysis 2004. The Japan Psychoanalytic Society, 2004

5) 神田橋條治（監訳）, 舘 直彦, 後藤素規（訳者代表）, 中尾和久, 大久保真喜子, 弘田洋二, 後藤雅子（訳）：治療の行き詰まりと解釈：精神分析療法における治療的, 反治療的要因. 誠信書房, 東京, 2001（H. Rosenfeld: Therapeutic and Anti-therapeutic Factors in the Psychoanalytic Treatment of Psychotic, Borderline, and Neurotic Patients. The Institute of Psycho-Analysis, London, 1987）

6) 皆川邦直：辻先生を偲ぶ. 思春期青年期精神医学 22(1): 6, 2012

7) 日本精神分析学会：日本精神分析学会第16回総会議事録. 精神分析研究 16（4・5）, 1971.

8) 日本精神分析学会：日本精神分析学会第17回総会議事録. 精神分析研究 17（2）, 1972.

9) 日本精神分析学会（編）：精神分析研究50周年記念特集号. 精神分析研究 48（増）, 2004.

10) 日本心理臨床学会：日本心理臨床学会第24回大会シンポジウム議事録―日本における心理臨床の黎明期. 心理臨床学研究 24（特別号）：59-81, 2006.

11) 岡 達治（訳）：無意識の思考. 新曜社, 東京, 2004（I. Matte-Blanco: Thinking, Feeling, and Being; Clinical Reflections on the Fundamental Antinomy of Human Being and World. The Institute of Psychoanalysis, London, 1988）

12) 岡野憲一郎, 吾妻 壮, 富樫公一, 横井公一：関係精神分析入門：治療体験のリアリティーを求めて. 岩崎学術出版社, 東京, 2011

13) 大阪大学医学部精神医学教室精神病理研究室（編）：辻悟先生の道程. 辻先生を囲む会（非売品）, 1979

14) 舘 直彦, 横井公一（監訳）, 赤山正幸, 岡 達治, 倉ひろ子, 小土井直美, 後藤素規, 弘田洋二, 村井雅美（訳）：精神分析という経験：物事のミステリー. 岩崎学術出版社, 東京, 2004（C. Bollas: The Mistery of Things. Routledge, London, 1999.）

15) 舘 直彦（監訳）, 北村隆人, 北村婦美, 近藤 悟, 坂本昌士, 永田俊代（訳）：ウイニコット用語辞典. 誠信書房, 東京, 2006（J. Abram: The Language of Winnicott; A Dictionary of Winnicott's Use of Words. H. Karnac Books Ltd, London, 1996）

16) 舘 直彦（監訳）, 藤本浩之, 関真粧美（訳）：精神療法家として生き残ること：精神分析的精神療法の実践. 岩崎学術出版社, 東京, 2007（N. Coltart: How to Survive as a Psychotherapist. Sheldon Press, London, 1993）

17) 舘 直彦（監訳）, 岡 達治, 後藤素規, 斉藤紀子, 宿谷仁美, 藤本浩之, 補永栄子, 増尾徳行, 村井雅美, 茂木 洋, 横井公一（訳）：対象の影：対象関係論の最前線. 岩崎学術出版社, 東京, 2009（C. Bollas: The shadow of the object. Columbia University Press, 1987）

18) 舘 直彦（監訳）, 増尾徳行（訳）：精神分析入門：今日の理論と実践. 岩崎学術出版社, 東京, 2010（A. Bateman and J. Holmes: Introduction to Psychoanalysis; Contemporary Theory and Practice. Routledge, London, 1995）

19) 舘 直彦（訳）：終わりのない質問：臨床における無意識の作業. 岩崎学術出版社, 東京, 2011（C. Bollas: The Infinite Question. Routledge, London, 2009）

20) 舘 直彦：現代対象関係論の展開：ウイニコットからボラスへ. 岩崎学術出版社, 東京, 2012

21) 舘 直彦：辻悟先生を追悼する. 精神分析研究 56（1）：3-6, 2012

22) 竹友安彦, 藤井治彦（訳）：フロイトの生涯. 紀伊国屋書店, 1969（E. Jones: The life and work of Sigmund Freud. Basic Books, New York, 1961）

23) 竹友安彦：メタ言語としての甘え. 思想 768：122-125, 1988

24) 竹友安彦：特別講演「教育分析の意義と体験」. 大阪大学医学部精神医学教室・榎坂病院付属治療精神医学研究所（主催）医療法人松柏会榎坂病院（後援）. Nov. 2, 1988

25) 竹友安彦：「甘え」をめぐる一つの対決とそのメタ言語的考察―土居健郎氏に答える. 思想 779：100-124, 1989

26) Taketomo Y: Cultural adaptation to psychoanalysis in Japan: 1912-1952. Social Research 57（4）：951-991, 1990

27) 竹友安彦（監訳）, 頼藤和寛, 高石 昇, 横井公一, 水田一郎, 平野美紀, 舘 直彦, 中尾和久, 南川節子（訳）：精神分析的精神療法の原則：支持-表出法マニュアル. 岩崎学術出版社, 東京, 1991（L. Luborsky: Principles of psychoanalytic psychotherapy—A manual for supportive-expressive treatment. Basic Books, New York, 1984）

28) 竹友安彦（監修）, 西川 隆, 水田一郎（監訳）, 岡 達治, 木村 智, 京島 徹, 小土井直美, 後藤素規, 舘 直彦, 波多腰正隆, 廣常秀人, 堀 史朗, 山下達久, 横井公一（訳）：心の地図―精神分析学と神経科学の交差点. ミネルヴァ書房, 東京, 2000（F. M. Levin: Mapping the mind—The intersection of psychoanalysis and neuroscience. The Analytic Press, Hillsdale: NJ, 1991）

29) 竹友安彦（横井公一宛の私信）. Dec. 10, 2002

30) 竹友安彦（監訳）, 勝田有子, 吾妻 壮（訳）：開かれた心―精神の論理を探求する. 里文出版, 東京, 2005（J. Lear: Open Minded: Working Out the Logic of the Soul. Harvard University Press, Cambridge: MA, 1999）

31) 鑪幹八郎（監訳）, 横井公一（訳）：精神分析と関係概念. ミネルヴァ書房, 東京, 1998（S. A. Mitchell: Relational Concepts in Psychoanalysis. President and Fellows of Harvard College, 1988.）

32) 辻 悟：個と世界. 臨床精神病理 27：163-174, 2006.

33) 辻 悟：実践治療精神医学の実践―こころのホームとアウェイ. 創元社, 大阪, 2008

34) 牛島定信（監訳）, 舘 直彦（訳）：人間の本性. 誠信書房, 東京, 2004（D. W. Winnicott: Human Nature. Free Association Books, London, 1988）

35) 横井公一（監訳），赤山正幸，岡　達治，京嶋　徹，倉ひろ子，小土井直美，後藤素規，坂本昌士，津田真知子，濱田亜樹子，松本陽子，弘田洋二（訳）：．精神分析理論の展開：＜欲動＞から＜関係＞へ．ミネルヴァ書房，2001．（J. R. Greenberg and S. A. Mitchell：Object Relations in PsychoanalyticTheory；Harvard University Press, Cambridge：MA, 1983）

36) 横井公一，辻河昌登（監訳），小嶋由香，酒井　亮，野路知子，村上　潔，山崎理央（訳）：関係精神分析の視座：分析過程における希望と怖れ．ミネルヴァ書房，東京，2008（S. A. Mitchel：Hope and Dread in Psychoanalysis. Basic Books, New York, 1993）

Memory

昭和 19 年元旦の医局員

戦時中であり多くの医局員が応召し，医局は数少ない人員であったが，元旦には，盛装した堀見太郎教授以下全員の集合写真が撮影された．前列左から 2 人目，堀見太郎教授，前列左から 3 人目のコート姿，和田豊種名誉教授．この日，昭和十九年一月元旦の神経科醫局日誌には，「謹みて聖寿の萬歳を奉唱し皇軍招聘の武運長久を祈り護国の英霊の冥福を祈る．教室より出陣せる医員の各々にも新年の挨拶を送る．初頭九時医局に集合して本年第一回目の醫局會を開く．医長より方針を示さる．十時学部合同の拝賀式にのぞみ，十一時名刺交換會にゆく．正午すぎよりすきやきの席に集ひ彩やかな正月気分にひたる．」と記載されている．

3 産業精神医学の歴史

● 藤井　久和

学会・研究会・委員会面に関与した藤井・夏目・丸山の経歴を基礎に

1. 日本精神神経学会

日本精神神経学会で，昭和41（1966）年に「一事業所における精神健康管理の試み」について藤井（昭和28年・阪大医卒）・白石純三（昭和29年・阪大医卒）・西岡志郎（昭和38年・阪大医卒）が発表し，さらに昭和42（1967）年に「職場における精神障害者の早期発見」について，上記3名が報告する。

近年，中村純（産業医大教授）が委員長の「精神保健に関する委員会」で，夏目誠（昭和46年・奈良医大卒）が平成24（2012）年3月まで，以後，丸山総一郎（昭和62年・阪大医卒）が委員として，自殺防止，労災認定，職場のメンタルヘルス活動の策定に参画する。

なお，2012年より，本学会の理事長に武田雅俊阪大教授（昭和54年・阪大医卒）が就任している。

2. 精神衛生管理研究会

精神衛生管理研究会は，金子仁郎阪大医教授が会長をされ，昭和41〜昭和48（1966〜1973）年の間に，13回開催される。その幹事として藤井と上記の白石純三が参画する。

3. 日本産業衛生学会

日本産業衛生学会では，昭和59（1984）年の特別研修会で「精神不健康者の実態と対応」について藤井が講演する。近年では，丸山が学会誌 Journal of Occupational Health（JOH）と，産業衛生学会誌の編集委員を2期務めている。

産業精神衛生研究会は上記学会の下部組織として，昭和44（1969）年大道明が設立した職場不適応研究会に，昭和46（1971）年から藤井が参加する。昭和57（1962）年から上記のように会名変更される。以後，御厨潔人・西原哲三や，福渡靖，永田頌史，廣尚典が代表世話人となり年に1回開催される。

藤井は昭和52（1977）年から定年退職した平成5（1993）年までに6回，大阪で開催された研究会の運営を，浅尾博一（昭和20年・阪大医卒），阿部源三郎（昭和18年・阪大医卒）や夏目誠（昭和46年・奈良医大卒）・宮崎浄（昭和34年・阪大医卒）らに関与していただき開催する。その後，平成9（1997）年に宮崎浄，平成13（2001）年に夏目誠が，平成18（2006）年に丸山総一郎，平成24（2012）年には夏目と懇意な廣部一彦（昭和47年・阪大医卒）の主催で開催している。

また研究会では，昭和53（1996）年に仮称「職場うつ病」について，夏目誠，藤井久和，浅尾博一が，また「適性配置と適性検査の意義と限界」について藤井が発表する。

夏目が平成8（1996）年のシンポジウム「職場ストレス・マネージメント」の座長と演者を兼ねる。近年では，平成18（2006）年に夏目誠が特別講演「過労自殺の労災認定―うつ病や長時

間労働対策」をし，丸山が座長のシンポジウム「働きがいのある職場づくり」で，藤本修（昭和52年・阪大医卒）が述べている．平成24（2012）年の研究会では，パネルディスカッション「職域メンタルヘルスにおける産業看護職の役割」の座長と講演を夏目が行う．

なお，夏目と丸山が近畿地方会で年に2回，産業精神研究会を開催している．

4．日本産業ストレス学会

日本産業ストレス学会では，第5回大会で夏目誠が，平成9（1977）年に森本阪大教授とともに会長を務める．第18回大会は神戸国際会議場で2010年に開催され，丸山総一郎（昭和62年・阪大医卒）が，「産業保健におけるメンタルヘルスリテラシーの現状と課題」について会長講演をし，特別講演者の東大精神保健学・川上憲人教授の座長を武田雅俊阪大教授（昭和54年・阪大医卒）がされ，夏目誠が教育講演「精神障害の労災事案から学ぶリスクマネージメント」について述べる．

この学会に，樋口輝彦（国立精神・神経医療研究センター総長）を含め，産業ストレスについて著名な大学長・教授・病院長ら16名が参画し，阪大関係では松澤佑次住友病院長（昭和41年・阪大医卒）と梅村聡参議院議員（平成13年・阪大医卒）が参画し，全参会者は，研修会を含めて1,020名と多く盛会であった．

なお，2009年から本学会の理事長に夏目誠が，丸山が常任理事と編集委員長として参画している．

5．産業医学振興財団（労働省）

産業医学振興財団（労働省）ではメンタルヘルスケア企画運営委員会委員と同研究委員会の委員として，昭和60～平成2（1985～1990）年の間，労働省の福渡靖労働衛生課長（昭和34年・阪大医卒）から，藤井が委嘱される．その後，各地で講演される産業保健実践講習会や，産業医学関連図書の出版に，藤井，夏目，丸山が協力している．

6．中央労働災害防止協会（労働省）

中央労働災害防止協会（労働省）から，健康確保検討委員会（高田勗委員長）と，心理相談専門委員会（梅沢勉委員長）から，昭和63～平成6（1984～1994）年の間，藤井が委員を委嘱される．昭和63（1988）年に労働安全衛生法が改正され，「心とからだの健康づくり運動（THP）」が，労働省と中央労働災害防止協会が中心になって展開されたころである．藤井が最初に心理相談員用のテキストを作成し，以後，テキストの改訂や研修会の講演に，藤井，夏目，丸山が参画する．

7．心理相談委員会

平成2（1990）年から梅沢勉会長の指示で心理相談委員会の学術相談役に藤井が就任，関西支部長（平成2年～平成6年6月）も務め，NPO法人に変革されても，関西の学術相談役を平成7（1995）年から現在も担っている．

8．大阪大学精神科産業医懇談会

大阪大学精神科産業医懇談会は金子仁郎阪大名誉教授が会長をされ，平成10（1998）年から阪大武田雅俊教授が会長に就任される．平成元（1989）年3月から平成12（2000）年までに8回開催され，藤井と夏目，花谷隆志（平成1年・滋賀医卒）が，事務局を担当し会則作りなどもする．

なお現在，多くの和風会員が多種多様な企業のメンタルヘルス専門医，あるいは精神科産業医・健康管理医として，職場のメンタルヘルスにかかわっている．

9．日本精神衛生学会

日本精神衛生学会では第8回の平成4（1992）年に，「職場のメンタルヘルスの現状と展望」について，藤井が大会長講演をする．学会運営に関与された公衛研・精神衛生部の藤本修課長（昭和52年・阪大医卒）とその課員らに感謝する．平成14（2002）年から藤井は顧問に就任する．

なお，東日本大震災の心のケア電話相談支援に，理事として夏目誠と丸山総一郎が参画する．

10. 日本ストレス学会

日本ストレス学会では，第24回大阪大会の平成20（2008）年に，シンポジウム「産業医学におけるストレス医学の展望」を丸山が企画し，座長と講演をする。理事として夏目誠が参画している。

11. 人事院職員福祉局

人事院職員福祉局の心の健康づくり指導委員会の委員として，加藤正明委員長の示唆で藤井が，平成7（1995）年から平成20（2009）年度末まで就任し，その間，藤井が行っている「リハビリ治療」，職員採用時のメンタル面の適性検査としてのSCTやKT（内田クレペリン検査）の紹介，国の公務員も地方公務員と同様，満60歳で法的に退職する提言などもする。

一方，平成18（2006）年度の国家公務員のメンタル面での長期休務者は，全職員の1.28％と多く（全休務者の62.7％を占める），5年前の2.8倍，10年前の約5.8倍も増加し，「昔は結核」「現在はメンタル」と痛感する。

なお藤井は，満80歳時に退任し，後任に夏目誠が就任する。

12. 大阪労働局・精神障害部会

大阪労働局・精神障害部会では，小松庸一（昭和41年・阪大医卒），夏目，藤本，丸山，中尾和久（昭和58年・阪大医卒）らが，部会員として労災認定にかかわっている。

13. 労働者健康福祉機構，兵庫産業保健推進センター

労働者健康福祉機構，兵庫産業保健推進センターのメンタルヘルス対策支援センターでは，丸山，藤本，中尾，梅田幹人（昭和58年・阪大医卒）が基幹相談員（メンタルヘルス担当），藤井は平成6（1994）年の開設時からメンタル面の相談員として関与し，現在は特別相談員として相談対応をしている。

なお，藤井は平成12（2000）年に「労働者の精神障害（広義）による自殺事例の検討」と，2005年に「これからの職場のメンタルヘルス」を記し，調査研究報告書に掲載される。また，柏木雄次郎（昭和63年・佐賀医卒）と藤井，夏目が，平成14（2002）年に「メンタル面の事業外資源のあり方」について，丸山は平成22（2010）年度に「産業ストレス対策におけるメンタル・リテラシーのあり方」について記し，上記報告書に掲載される。

14. 労働者健康福祉機構，大阪産業保健推進センター

労働者健康福祉機構，大阪産業保健推進センターのメンタルヘルス相談員として，藤井は開設時の平成6（1994）年から関与する。現在は特別相談員として月に2回，相談対応をしている。

なおメンタル面では，現在，夏目が地域メンタル対策特別相談員，正岡哲（特別相談員），廣部一彦（昭和47年・阪大医卒）が相談員に就任している。

なお，藤井が主役となり，平成9（1997）年3月に発刊され，118頁からなる「長期間における職場のメンタルヘルス活動の成果についての調査研究報告書」には，昭和33（1958）年から国の機関（職員数1万名弱）の精神科・健康管理医として37年間に対応した者の年度別・診断別の推移の考察と，昭和46（1971）年から平成7（1995）年までに，地方自治体（職員数2万名弱）の精神科産業医として対応した500名についての考察をする。その基礎になる地方自治体の職場では，全事例の略記と考察を1例ごとにする。このような特定の職場で，多数を対象に考察をした精神科産業医は少ないと思考する。なお，共著者として，夏目誠，岩田嘉幸，上田美代子，千葉征慶を記している。

15. グリーフサポートプロジェクト（JDGS）

グリーフサポートプロジェクト（JDGS）は，国立精神・神経医療研究センターのもと，平成23（2011）年の東日本大震災後，仕事や生活支援のため，立ち上げられる。丸山が柏木哲夫（昭和40年・阪大医卒）らとともに，プロジェクト・アドバイザーを務めている。

16. 日本産業精神保健学会

　日本産業精神保健学会は，平成6（1994）年，加藤正明が理事長に就任され，発会する。現在，藤井と夏目が常任理事，藤本と丸山が理事として参画している。

　現在の会長は，前述の労働省・中災防の健康確保対策検討委員会の高田勗会長，副会長は，順天堂大研究所長の井上令一名誉教授と，黒木宣夫東邦大教授である。

　その学会のシンポジストとして，藤井が平成10（1998）年に「産業精神保健の将来を展望する」を述べる。平成15（2003）年の第10回大会は夏目が大阪で開催し盛況であった。平成22（2010）年のシンポジウムで「更なる精神科医と産業保健チームとの連携」について，夏目らが座長をする。

　上記学会誌には，平成9（1997）年に「復職判定時のリハビリ出勤＜治療＞の意義と成果」，平成10（1998）年に「職場復帰—企業における職場復帰の現状—」，平成13（2001）年に「私の産業精神保健考」についての藤井の論考が掲載される。

　平成24（2012）年7月に上記の第19回学会が大阪で開催（会長：渡辺洋一郎，日本精神科診療所協会長，和風会に昭和61年入会）され，1,000名も参会する。その学会で，藤井が「温故知新—産業精神保健の姿」について「教育講演」をする。その概要に少し追加して下記に述べる。

①職場の精神科産業医の成果は，50年後に数値として出る

　平成24（2012）年3月の大阪国税局・厚生専門官の調査によると，メンタル面での休務者や短縮勤務者は，大阪国税局職員では他の国税局職員の43%に過ぎず，藤井が54年間勤務した成果とも思えた。もちろん，数年前から診療をして頂いている前久保邦明，中尾和久（昭和58年・阪大医卒）を含む4名の精神科医や，歴代のメンタル・マインドを持つ看護師と厚生専門官のお陰と感謝する。

②メンタル面の初診者の診療に，臨床心理検査が効果的な事例がある

　本人自身の心の悩みが深いか，職場や家族に対する悩みが複雑な場合，自宅でSCT（自筆で60分間くらいで）を記載させ，社会人としての一応の成熟度を把握し，さらに，「職務歴や病歴」（パソコンで記して可として）を詳しく記載させ，その悩みを整理させる一方で，主治医から服薬中の安定剤の処方を見て，診断病名を推定している。

　その多くは，「気持ちの整理に繋がった」と感謝されるのが通例で，そして診療中に，内田クレペリン検査（KT）を練習1行，検査1分間実施し，その作業量が60が望ましく，40以下の事例では，職務や社会生活面でやや劣ると思考する。なお，作業量が80あっても，上記のSCT所見が異様な2例の統合失調症者を経験している。これらの多様な心理検査を1,000名以上に行っているが，慣れると要点のみ把握し，10～15分間もあれば十分である。なお，近年，精神科医の臨床心理検査離れを残念に思う。

③メンタル面の長期休務者の復職判定に，「リハビリ治療」が効果的である

　藤井が行っている「リハビリ治療」は，心の病で90日（事例により60日）以上，休務した者の復職を容易にするため，主治医からリハビリ治療可能ないし復職可能という診断書が提出された後，健康管理医（産業医）として，上記のSCTと「職務歴や病歴」を持参させ，診療中にKTを練習1行，実施1分間行い，これらが適切であれば，以下に記したリハビリ治療（本人の配偶者か親を同伴させ）を助言している。

　この「リハビリ治療」は，生活リズムを規則的にし，職務や職場の人間関係に慣れ，復職が円滑容易にできるように，「治療の一貫」として行っている。

　したがって，本人が職場の管理者に「リハビリ治療」（身分は休務ないし休職のままで，多様な復職支援機関で行っている方策と同様，交通

費は自己負担，通勤時や職場内の事故でも，原則・本人の責任になることを了解した上で）を申し出て，その管理者が了解して成り立つもので，強制はまったくしていない．しかし，ほとんどの者が希望している．

具体的には，最初の1週間は朝の定時から昼休みまで，本人が勤務した場所で，人間関係になじむため，軽易な仕事から始める．その後は（本人が希望すれば，定時から午後3時まで1週間させ）定時から定時まで，新しい機器の操作や変更された職務等を習得するまで指導してもらい，次第に現職に近い仕事（印鑑は押せない）をして，本人が同僚の7割以上の職務を続けてできるという自信がつき，職場の管理者もそれに同意した場合に，健康管理医（産業医）は復職を認めるという方策である．

なお，定時〜定時のリハビリ期間は，休務期間により異なる．具体的には，休務6ヵ月未満の者は2週間，6ヵ月〜1年は3週間，1年以上の休務者は4週間，2年間以上は6週間としている．

もちろん，年次休暇程度以上休むと次の段階に入れない．また，国税局の確定申告期等，担当部門が繁忙期には行っていない．

藤井は大阪府産業医（当時の職員数2万名弱）として，メンタル面での不調者の復職判定の方策として，昭和52（1977）年から平成10（1958）年に，この「リハビリ治療」を200例に行い，効果的と実感する．大阪国税局（職員数1万名弱）のメンタル面の復職判定策としても，人事院・メンタル委員会で暗黙の了解を得て，平成10（1998）年ごろから藤井が100例以上に行っている．さらに4年前，藤井が満81歳時（2008年）に，大阪労働局（職員数約1,500名）の人事係長から，藤井のメンタル面の復職判定策はまったく適切と評価され，健康管理医として月に2回勤務し，「リハビリ治療」により，超・長期間の休務者の多くを復職させ，本人や家族はもちろん，人事担当者からも感謝されている現状にある．

さらに，藤井が高齢のため，後任に藤井と20年間以上親しく，上記の局の近くで開業している上記の藤本修を，後任として指名し両者の了解を得ている．

なお，藤井は主治医から短縮勤務を要請する診断書が提出されても，女性の妊娠・出産後のみ認めているが，「短縮勤務では非常勤雇用ができない」「同じ係員の職務が厳しくなる」等の事由で，原則，短縮勤務を認めていない．

経済不況の現在，定時〜定時の勤務をさせる「リハビリ治療」の効果を再確認する．

他にも多様な復職判定方策があるが，藤井自身は「リハビリ治療」が最も的確な方策であると確信している．

④多様な心の病についての私見

a．自殺

大阪府職員（当時の職員数，2万名弱）で，藤井が産業医をした平成10（1998）年までの28年間（1971〜1999年）に，自殺者が74名ありその中で受診していた27名と，未受信者のうち26名については，藤井の見解に賛同された公衛研・庶務課長と夏目が同伴し，自殺者がいた職場の庶務課長から聞き，計53名について調査を行った．

上記の53名の病名別では，統合失調症者で家族の保護機能に問題を持つ者が19名と最も多く，広義のうつ状態は15名で，アルコール症3名，不倫・失恋に起因した者が4名，サラ金・借金が3名，不正の発覚と関連した者2名で，病歴や要因不明者は7名であった．

なお，昭和33（1958）年から藤井が大阪国税局に勤務し，産業精神医学の先駆者の一人になったのは，昭和32（1957）年に5名の自殺者があったためと思う．

b．統合失調症

上記の大阪府職員で110名把握し，その25％の者が通院服薬を続ければ，定年まで勤務可能と推測され，6名が係長級以上に昇任していた．

もちろん，他者に危害を加えた者は1名もなかった。この事実は，地方自治研修誌（2003年刊）に記している。

なお，いわゆる非定型精神病は，何度か服薬を中断し幻覚・妄想状態を再燃するが，情意の鈍麻がなく，統合失調症と区別して対応する必要性を近年知る。通院・服薬を続ければ，昇任し，定年まで勤務可能な事例が多いかと思うようになる。

　c．うつ病・うつ状態

平成10年以前には，いわゆる「現代型うつ」を1例も診られなかった。しかし，平成21（2009）年1月から，藤井が大阪労働局の精神科・健康管理医として，復職判定をした者の多くは，「超・長期間休務した現代型うつ病者」であった。この「現代型うつ」にも，藤井が開発したリハビリ治療は効果的と思考する。

　d．躁状態

産業医ないし健康管理医として，最も対応が困難な心の病と考える。単身の大阪国税局職員で，躁状態となり，親の保護機能が不十分なため，管理者2名が付き添い，入院体験のある広島の病院まで，送り届けた事例があった。

　e．不眠症

不眠のみを訴える中高年男性の管理職者に多く，乱用はしないと即断して，藤井が記した「多様な入眠薬の作用特徴，安全性，不眠は体質と割り切る」等を記した，2枚の「不眠のみに悩む方のために」を，1,000名以上に手渡している。配偶者にも見せ，安心して服薬できるようになったと，喜ばれ感謝されている。

なお，近年は精神科産業医と精神科診療医は両立できないとする精神科医が多いのに驚いている。

　f．ナルコレプシー

文献は多いが，藤井の臨床経験では，1例しかないので敢えて記載した。

⑤近年看護「士」が「師」と改訂されたのと同様，臨床心理士も「師」に変更を望む。そして定数化し，多様な企業での配属を望んでいる
⑥採用時適性検査として，SCTとKTの実施は効果的と思う

大阪府での職員採用時に，藤井が上記の実施を昭和41（1941）年に大阪府人事委員会に提言し受理され，その翌年から3年間，藤井が判定責任者として対応し，現在でも後継の木下清→荒井貴史臨床心理士が判定している。その成果は，後述する。

なお一般に，職員採用時の面接は意外と簡便で，その記録も残していない職場が少なくないと思う。職場として100万円の備品を購入する場合，十分吟味をするのであるから，生涯賃金が数億円も要する人材の採用面接に，より慎重な方策をと望まれてならない。結果的には，採用された本人や，採用する公的機関や多様な企業にとっても，莫大な損失になると思考する。

メンタル面の産業医・健康管理医としての藤井の職歴から

1．産業精神医学

産業精神医学に藤井が関与したのは，本誌の第1部，関連組織の歴史2．に記したように金子仁郎教授の指示で，昭和33（1958）年から大阪国税局診療所の精神科健康管理医として，毎週1回午後勤める。勤務した初期には，同局診療所内科医の加納穣（昭和21年・阪大医卒）先輩から，まったく適切な助言を頂き，現在まで54年間も勤務し，産業精神医学の先駆の一人になる。なお，加納は後に，大阪府医師会理事に就任される。

その当時の大阪国税局では，全休職者のうち，結核関連者が約5割を占め，精神疾患による者は6％に過ぎなかった。しかし，前年の昭和32（1957）年に自殺者が5名あったと数年前に知る。

昭和56（1981）年に人事院事務総局主催の成人病管理研究会で，人事院・顧問の加藤正明の司会で千葉県にて，「大阪国税局診療所精神科での診療成果」を発表する。

その後，藤井の超多忙時の10年間は，公衛研・精神衛生部で13年間も同勤した夏目誠に大阪国税局の副担として，診療をしていただく。

後に藤井の診療時には，谷口智子内科医が13年間も自ら書記役をされ，阪大精神科・和風会に入会され，職場のメンタル面で夏目と同様，産業精神保健を習得されたが，数年前に富士通・関西健康管理センター長に就任される。

藤井が平成19（2007）年に大腿骨を骨折した後は，前久保邦明・中尾和久（昭和58年・阪大医卒）を含む4名の精神科医に診療していただき，藤井の診療は月に1回となった。

産業精神医学の実質的な進展は，公的機関では診療所長，民間企業では人事担当役員が"メンタルマインド"を持つことにより，成立すると近年痛感する。

2．大阪府立公衛研・精神衛生部

藤井は金子仁郎教授の指示で，昭和40（1965）年に大阪府立公衛研・精神衛生部に転任する。その翌年の昭和41（1966）年に，大阪府人事委員会に，職員採用時に精神面の適性検査として，文章完成テスト（SCT）と内田クレペリン検査（KT）の実施を提言し，昭和42（1967）年度採用者から実施され現在も続けられている。

その契機の一つは，国の職員の内，公務員として不適格な者の対応に，困惑した体験を持ったからである。

なお，大阪府職員として昭和42（1966）年に採用した初級職120名は，まったく多様な部署に転任することから，大阪国税局の人事担当者にも依頼し，昭和44（1969）年税務大学校大阪研修所（普通科）卒で，大阪国税局に配属予定者60名にも同じ適性検査を実施していただき，これらの者の25年後の職階と，採用時のSCT所見と比較してみると，χ^2検査で，ともに5%レベルの有意差があり，その有効性に藤井自身も驚く。

数年後には，公的機関や企業での職員採用時の重要な課題になると予測する。

3．大阪府産業医（精神科）

藤井はさらに昭和46（1971）年から，大阪府産業医（精神科）（職員数2万名弱）としての兼務を要請され，後に夏目・飯田（昭和51年・阪大医卒）に診療の関与をしていただく。平成5（1993）年に藤井が定年退職した後は，顧問産業医として，平成10（1998）年までの28年間に，大阪府職員診療所で大阪府職員のうち，611名について，メンタル面の診療と復職判定に関与する。その1名ずつの知見は121頁からなる冊子にまとめている。

4．メンタル面の産業医・相談医として

藤井が大阪府を満65歳で定年退職後は，公的機関や多様な企業のメンタル面の産業医・相談医として，約10年間に，多い年には12ヵ所に関与する。その間，大阪ガスの永広様，（株）クボタの保田様，サントリーの冨岡・三原様の「メンタルマインド」に感謝する。

5．大阪労働局

平成21年1月（2009年，藤井が満81歳時）に，藤井は大阪労働局（職員数：1,500名）からメンタル面の健康管理医として，月2回の勤務を要請される。その前任医が内科医で，精神科主治医の診断書に従って対応され，あまりにも長期間休務する職員が多く，人事担当者から「リハビリ治療を含む復職判定」をして欲しいとの要望による。なお，診療の書記役は人事課係員にしていただき，人事係長が常に同席される。平成25（2013）年3月までに受診した49名の全経過（超長期休務者の約80％が復職）を冊子としてまとめている。

藤井が開発した「職員採用時の適性検査」や，「リハビリ治療を含む復職判定策」は，職場のメンタルヘルスを推進する企業にとっても良い方策になると思う。

なお，藤井は平成24（2012）年10月に満85歳になったが，上記の大阪国税局と労働局のほか，平成10年（1998）から人事院近畿事務局メンタルヘルス相談室の相談医として月に1回相談対応をする。

また，平成6（1994）年から大阪と兵庫の産業保健推進センターのメンタルヘルス対策支援センター相談員（書記役は大阪は戸田玲子臨床心理士，兵庫は中島美繪子看護学部教授）として，大阪で月2回，兵庫で月1回，「後輩育て」の意味を含め楽しく勤めている。

主な著作として

1) 藤井久和：働く人の心理相談いろはがるた．働く人の健康づくり協会（中災防の下部機関），pp 1~163，1992
2) 粟野菊雄：職場のメンタルヘルス・ノート．医歯薬出版，東京，pp 1~298，1995
3) 藤井久和：働く人のストレス相談室・上記1)改訂版．pp 1~173，2001
4) 藤本 修，藤井久和編：新版メンタルヘルス入門．創元社，大阪，pp 1~332，2002
5) 夏目 誠：流行歌（うた）シンドローム―メンタルヘルスへの誘い―．中災防新書，東京，pp 1~214，2002
6) 藤井久和：これからの職場のメンタルヘルス．創元社，大阪，pp 1~254，2005
7) 日本産業衛生学会・産業精神衛生研究会編（夏目，丸山らが執筆）：職場のメンタルヘルス―実践的アプローチ．中災防協会，東京，pp 1~290，2005
8) 日本産業精神保健学会編（夏目，丸山らが執筆）：産業精神保健マニュアル．中山書店，東京，pp 1~618，2005
9) 夏目 誠，丸山総一郎，他：メンタルヘルスケア実践ガイド 第2版．産業医学振興財団，pp 1~574，2005
10) 夏目 誠：感情デトックス．山海堂，東京，pp 1~135，2007
11) 夏目 誠：勤続疲労に克つ～働き盛りに忍び寄る見えない恐怖．ソフトバンククリエイティブ，東京，pp 1~278，2008
12) 日本ストレス学会編，夏目 誠，丸山総一郎，他訳：ストレス百科事典．丸善，東京，全5巻3,500頁 2009
13) 矢野栄二編，丸山総一郎，他著：非正規雇用と労働者の健康．労働科学研究所，神奈川，pp 1~335，2011
14) 日本産業ストレス学会編，夏目，丸山，他著：産業ストレスとメンタルヘルス―最先端の研究から対策の実践まで―．中災防協会，東京，pp 1~340，2012

なお，藤井は満65歳で大阪府を定年退職する前に，「職場のメンタルヘルス」に関して，55編，定年退職後には，74編以上著作し，自殺について，数編記している。

その内，昭和56（1981）年の週刊・東洋経済誌に，「職場不適応症と採用時面接」の表題で，採用時面接の重要性を記し，さらに，日本産業衛生誌の30巻1号（1998）に，論説「産業精神衛生の調査研究面の動向と展望」の表題で，「従来の精神医学は，受診した者だけ対象にして構築され，受動的でネガティブな面のみが強調されている。職場での精神面の健康管理を長期間続けると，本人が退職するまでの長期間，ポジティブ面を含む実態，ないし予後の研究が可能になる」と記している。この記載は，現在も生きていると思う。

また，職場のメンタルヘルス面の藤井の講演は，加藤正明の示唆もあり，大蔵省本省で3回（昭和57~58年）（1982~1983年），人事院公務員研修所で2回（昭和61年）（1986年），日本医師会での産業医講習会で9回（日本医師会・日本産業衛生学会・労働省共催）（平成2~10年）（1990~1998年）を含め，定年退職前後に，公的機関で400回以上，地区医師会で20回以上，民間企業で100回以上行ってきた。

近年は，夏目誠の講演内容は抜群で，講演回数も多く，藤井もいわゆる「現代型うつ」を含め，6回くらい聴き，感謝している。

本文は，夏目誠教授，特に丸山総一郎教授に丁重に査読していただき，ことに近年の動向等を詳細に記していただき，成り立ったものである。両教授に心から感謝する。

4 催眠研究の歴史と現状

● 高石　昇

海外における歴史的変遷

阪大精神医学教室における催眠研究の業績を述べるにあたり，背景因子としての世界的な催眠の歴史を概観することが必要だと思われる。統合医療 integrative medicine 並びに包括的・系統的疾病観が米国をはじめ各国で強調されるようになった。現在，心理的のみならず生理的にも影響を与えるユニークな精神療法としてこの面でも催眠は重要な位置を占める（高石）[56〜58]。

しかし，残念なことに未だに医師や臨床心理学者の間には臨床催眠の治療効果を期待しながらも実践にはなんらかの躊躇をみせる臨床家が多く存在するように思われる。その一因として，これまでの催眠には暗いオーラが漂いそれは古典的催眠に由来すると推測される。ところが現代の臨床催眠は瞠目すべき変化を遂げている。筆者は催眠を現代催眠と古典的催眠に二大別し，"新酒は古袋に容れるべからず"の警句のごとく両者を峻別する立場をとっている。

1．古典的催眠

古典的催眠は1775年のメスメル（Franz Anton Mesmer）の動物磁気の提唱から1894年にフロイト（Sigmund Freud）の催眠を放棄するに至る期間のものと考える。

メスメルは1766年，重力その他の宇宙環境が人体機能に影響を及ぼすと結論付けた「天体の影響」と題する論文で学位を取得し，僧侶ヘル（Maxmilian Hell）から磁気について教わり，間もなく神父ガスナー（Gassner）が手の接触，すなわちパスによる治療を行っているのを目撃して，磁気金属をかざさなくても，手を患者に近づければ同じ効果が得られることを体験した。そして，これは恐らく治療力が金属だけに限らず，体の組織にもあると考え，動物磁気（animal magnetism）と命名し，診療所を設立して治療を始めた。しかし，すでにウィーンで彼を悩ませていた同僚たちからの批判がパリでも続き，1784年，この論争を解決すべくルイ16世はフランス科学アカデミー選出の研究者による調査団を派遣した。調査団は直ちにメスメルの主張する動物磁気は存在せず，患者の治癒は単に空想の結果であると結論づけた。メスメルのパス法は体全身を何度も何度も繰り返し触るという執拗なものであり，また射るような凝視，奇異な身振り（Binet ら）[5]などが当時の術者に共通して見られるようになり，これが今日の催眠に漂う暗いオーラの一因ともなったと考えられる。

英国では有能で活発な医師エリオトソン（John Elliotson）が，磁気説を証明すべく実験を行い，催眠のための機関誌まで発行したが，ただちに医学会からの怒りと嘲笑を招き，その後は医学雑誌への投稿を拒絶され，ロンドン大学内科教授や王室内科外科学会会長の重責も剝

奪された。

1845年，インドのカルカッタで優れた外科医エスデイル（James Esdail）が催眠麻酔によって7年間に2,000例の手術を行った。そのうち300例は大手術であり，手術死の発生率もきわめて少ないことが報告された（Esdail）[10]。しかし，彼が1852年スコットランドに帰国してからはインドでの体験を再現させることはできず，やはり激しい拒否にあったと言われている。

1841年，スコットランドの眼科医ブレイド（James Braid）はどうしてもメスメルの磁気論を受け容れられず，これは心理学的現象で，暗示によるものだと主張した。彼はまた神経学の素養もあったので，ヒプノティズム（hypnotism）と呼称した。その技法は光る物体を凝視して，目の疲労感を起こし，同時に眠ることだけを考えさせるというものであった（Braid）[7]。彼は先駆者のようには名声を求めず，さほどの反発を受けることもなかったが，弟子の指導や学派設立にも熱意がなかったために（Harte）[18]，この偉大な発見にもかかわらず，hypnotismという言葉はこの現象の単なる学説を意味するものとなり，催眠は科学的研究へと進む絶好の機会を失い，再び素人催眠術師にその座を譲り，人々の心に暗い印象を与えることとなった。

シャルコー（Jean Martin Charcot）はサルペトリエール学派を率いる神経学および解剖学の権威としてその名を馳せていた（Charcot）[9]。催眠にはまったく接点がなかったが，やがてブレイドの神経催眠学説を取り上げ，これを"大量刺激法"に変化させた。それは過度の刺激を患者に与え，そのショックで催眠を誘導しようとするものである。例えば中国のドラやアフリカのトムトム太鼓を打ち鳴らしたり，大きな音叉を耳元で響かせたり，太陽燈を目に当てたり，身体のいろいろな部分の圧迫などを行って，その刺激でヒステリー女性に全身けいれんを起こさせるものであった（Binet）[5]。

これと時を同じくして田舎医リエボー（Ambroise August Liebeault）もナンシーで催眠療法を手掛けていた。彼は動物磁気説をまったく否定し，この現象は心理学的なものであるとしていた。その後20年の歳月を経てその業績がたまたまナンシー大学の有名な神経学教授ベルネイム（Hippolyte Berheim）の知るところとなり交流が始められた。2人はナンシー学派として暗示の概念と催眠が心理学的現象であることを主張した。やがてシャルコーが，ナンシー学派に反対意見を唱え，催眠は病的なものであって，ヒステリー患者に限られると主張し，リエボーとベルネイムはこの論争に巻き込まれた。しかし，数多くの実験の結果，ナンシー学派の正当性が認められ，1893年，シャルコー死亡ののちは，ナンシー学派が20世紀の最も成熟した催眠療法のモデルと見做された。しかしその治療も人間関係の配慮に乏しく，暗示は権威的な声で"眠れ"という言葉の繰り返しであった。

ベルネイムにもシャルコーにも師事したジャネ（Pierre Janet）は，非常に活動的な催眠療法家となり，催眠を解離現象と捉え，ヒステリーとの類似性を指摘した（Janet）[23]。ジャネはすでに無意識過程に気づき，それを発表していたけれど，フロイトが無意識についてより広範な記述を発表したので，その初の提唱者とは認められなかった。

フロイトは催眠を舞台催眠，シャルコー，ベルネイムとリエボーのもとで学習をし，催眠を通じて無意識過程を発見し，精神医学の概念に大変革をもたらした（Breuer）[8]。しかし，フロイトの学習した催眠誘導が権威的で単調なものであったことと彼のせっかちな人格のためか1894年，ついに催眠を放棄することとなった。しかし，彼自身は催眠の価値に気づいており，"将来，精神分析の実践には，分析の純金に対して直接暗示の銅を合金する時がくるであろう"と述べている（Freud）[11]。その後の精神分析の発展につれて催眠に対する批判的な傾向が次第

に強まり，催眠が弊害の側面からのみ注目されたことは不幸といえる。

2．現代催眠

古典期の紆余曲折を経て衰退に陥った催眠は，やがて正当な学者の手に委ねられることになった。

舞台はアメリカに移る。その後の目覚しい発展を実証的催眠研究と臨床催眠の成熟といった2つの側面から眺めてみよう。

①実証的催眠研究

1933年，実験心理学の権威であったハル（Clark Hull）が催眠現象の統制研究をまとめ，"催眠と暗示"と題する著書を出版した（Hull）[21]。これは催眠史上はじめての実験科学的研究である。ハルも当初は保守的な医学会から批判を受けたが，アメリカ心理学会会長を務めた学習心理学における彼の権威により，催眠への偏見は大いに打破され，これが引き金となって，催眠研究が触発された。しかし，その関心は古典的催眠とは対照的に催眠者よりは被催眠者にもっぱら向けられることになり，催眠者は重要ではなく被催眠者に反応性があるかどうかが問題である，という考え方に傾いた（Gilligan）[12]。まずは身体的特徴や性格や国民性などと被催眠性の相関を論ずる研究が数多く発表された（Rosenfeld）[32]。次いで，さまざまな投影法や人格インベントリーへと研究が進められたが，これらには被催眠性との相関性はまったく認められなかった。

やがてワイツェンホッファー（Arnold Weitzenhoffer）とヒルガード（Earnest Hillgard）によるスタンフォード催眠感受性尺度（Stanford Hypnotic Susceptibility Scale）（Weitzenhoffer & Hilgard）[66]をはじめとするいくつかの尺度が案出され，これは必須の技法として推奨されるに至った。しかし，ここにみられる催眠誘導法は標準化のためにやむを得ないとは言え，かつての権威的暗示を彷彿とさせるものであった。このような催眠誘導の標準化は実験的研究としては確かに進歩であるが，催眠トランスというきわめて複雑な心身現象の十分な理解はなお困難を伴う。催眠感受性が催眠者との対人関係や動機づけによって変化することは日常体験されることである。

②臨床催眠の成熟―統合的アプローチ，方略的アプローチ

臨床催眠はここでいよいよ円熟期を迎えることとなる。

第2次大戦における戦争神経症の対応に業績を上げ，その後研究者たちがさまざまな努力を重ねた結果，現代催眠は医学，心理学の科学者の認めるところとなり，1955年にイギリス医学会，1958年には米国医学会から科学として承認された。

しかし標準化された治療者行動による直接暗示では神経症レベルでの障害への対応が困難であったことはフロイトのたどった道が示す通りである。その解決法として催眠を母体として発展してきた心理療法に催眠を付け加える折衷ないし統合療法が開発され，例えば催眠分析療法，催眠行動療法などがある。

さらなる発展はミルトン H エリクソン（Milton H Erickson）によって創設された方略的アプローチである。エリクソンは1930年ごろから斬新なパラダイムと技法を催眠に取り入れ，現代催眠を心理療法のメインストリームに合流させることができたと言われている。これを要約すると，古典的および標準的アプローチと異なって，催眠者にも被催眠者にも偏った重点を置かず，相互に関与しあう両者の関係が強調される。実験的催眠では被催眠者の持つ特徴は余計な因子と考えられたが，それこそが誘導と治療の出発点であるとして受容する。これにより誘導や治療成績を飛躍的に向上させることができ，ここに臨床催眠は革新的な変化を遂げるだけでなく，他の心理療法全般に大きく影響を与えた（例えば Haley[16,17]，Rossi[33]，Zeik[69]）。

③催眠効果の検証

効果の検証はいまや医学臨床心理学の領域においてすっかり定着しさまざまな治療法の臨床効果が検証されるようになった。しかし，催眠療法については残念ながらエビデンス検討の必要性は認識されてはいるものの（Amundsonら[1]，Nash[29]，Oster[36]），その具体的な効果については実証されていない。その最大の理由が，催眠療法という用語の意味がきわめてあいまいであり催眠を主体とする療法か，催眠促進による療法かが混同されているという事実であることを筆者は力説している（高石）[60,61]。

経験的に支持された臨床技法（empirically supported trials : EST）として体系化された検討法とメタ分析がある。メタ分析では，催眠には妥当な治療効果があるように結論づけられている。

④状態論・非状態論争と神経生理学的研究

状態論・非状態論争は，催眠現象やその効果は催眠トランスという意識変性によるとする状態論に対し，催眠にはそのような特異な意識変性はなく，すべて通常の社会心理的因子で説明ができるという非状態論との論争である。この論争の契機となったのは，Orneの"催眠トランス状態こそが催眠のエッセンスである"という発言（Orne）[30]であるが，ほとんど同時期にSarbinが新行動主義の立場から（Sarbin）[34]，Barberが社会心理的な立場から（Barber）[2]，そのような仮説概念がなくとも催眠は通常の心理，例えば，期待，態度，能力などで説明しうると反論した。

ところが，今世紀の初頭，催眠の神経生理学的な指標が次々と報告され始めた。PETや機能的MRIなどの画像診断，脳波事象関連電位などの手法を用いて，催眠の神経生理学的研究が出現した。これらの研究成果により，状態論派は凱歌を挙げ，「これで言葉が神経生理を動かす確証を得た（Bloom）[6]」「もう催眠が状態であることを疑う余地はない。状態・非状態論に無駄にエネルギーを費やす必要はなくなった（Gruzelier）[13]」「催眠状態の神経活動はこれで確証された（Maquet）[27]」「脳画像診断は状態論議に新鮮な空気を吹き込んだ（Woodyら）[68]」「今や催眠状態にある人の脳の機能が覚醒状態にある人と重要な点で異なっていることが明らかになった（Killeenら）[26]」などと主張した。しかし，このような神経生理学的な発見に対し，社会心理学派からは鋭い批判が向けられている。基本的な批判を眺めてみると，脳の神経生理的変化はいかなる脳活動にも出るものであり，それぞれの自覚変化はいずれも生理的変化を伴っている。したがって，催眠中に出現する生理的変化は個々の暗示に対応するものであり，これから催眠状態とか被催眠性ということを反映する生理的指標を求めることは困難であろう。また，実験統制のとり方にも疑問があり，すべての実験がいずれも実験対象として，特に催眠感受性の強いものの催眠状態と特に低いもの，または覚醒状態にあるものを選んで比較検討している。これでは，まるで天才児と知的障害者，統合失調症と最も成熟した人，との比較をしているのに似ている。また，その間に直線関係を想定しているが，これは証明されてはおらず，存在しないかもしれず，中間の被催眠者を対象とすることが必要であろう。臨床で対象の大部分を占める中間層を含めることの重要性を筆者も痛感する。また，このような極端なグループ間の比較は，その結果がどちらのグループの特徴を反映しているのか疑問になることもあるであろう。例えば，低感受性グループで得られた特徴は，意外にもその人たちが自分の感受性が低いことにフラストレーションを感じ，それを反映しているのかもしれない。

現状についての最も的確な指摘は，①精神生理的所見の違いが精神の働きにどのように対応するかがまだ十分わかっていない。②測定されたものは脳全体の働きの一部にしかすぎない。これが催眠とどんな関係があるか不明の点が多

いという指摘である（Hasegawa ら）[19]。

3．まとめ—歴史から学ぶ

催眠の歴史を振り返るにあたって，メスメルの動物磁気発見からフロイトの催眠放棄にわたる古典的催眠と，その後数十年の雌伏を経て，正統な科学の対象とされ，さらに心理療法として成熟を遂げつつある現代催眠に一応区別して記述した。前者は一連の偉大な発見ではあるが同時に今日の催眠に暗いオーラを残す背景因子ともなっている。このような催眠を科学の対象として取り上げ，地道な研究を重ね，医学や心理学界における立場を確立し，さらに理論背景と技法の洗練を通じて成熟した心理療法として発展を遂げさせた現代催眠の先駆者の功績は大きい。催眠の歴史は時として目をみはる劇的効果のため催眠者の自己高揚感，万能感を生み，やがて同僚からの拒絶や治療効果への幻滅による挫折，放棄というエピソードが繰り返して見られる。催眠はまた他者コントロール感のためか経済的，本能的欲望の誘発，超常現象への飛躍などのリスク要因を抱えている。催眠の盛衰には時代の病態変化と治療法の進歩に左右されたことも一因である。しかし日進月歩を遂げる医学にも常に対処困難な領域が存在しており，また心理面では催眠療法の需要は果てしなく大きい。以上，本来催眠が具有するリスクから自己をコントロールしつつ，時代の要請に応えて催眠適用に際し心掛けるべきことを催眠の歴史から学びたい。

当科における催眠研究の歴史と現況

当科で，時に催眠誘導を試みられたのは掘見教授であると仄聞している。筆者が催眠に注意を惹かれたのは「皮膚疾患の精神身体医学」と題する学位論文をまとめ，精神分析学会などに報告していたが，当時の心身医学がショーウィンドウ医学と揶揄されていたようにあまりにも心理的アプローチを欠くことに疑問を感じ，金子教授に催眠療法を提案したところ，大いに賛同されたことが直接の契機である。当時，すでに東京教育大学の成瀬悟策が研究会を立ち上げて3年目であり，ちょうど海外での催眠が学術的研究と臨床での成熟のみられる好機であったので長尾喜八郎，宮崎浄を伴って参加した。そのころ，大阪在住の福住学範という催眠術師を谷向弘と冷やかしに行ったのも懐かしい思い出である。上記の研究会はその第5回大会が1961年金子教授のもと阪大で開催され，このときに日本催眠医学心理学会へと改称発展した。阪大からは"TAT12M カードと催眠感受性の関係"（高石ほか）[39]が発表された。その後，催眠を慢性蕁麻疹に適用し有意な効果が得られたのでこれを英文で発表した（Kaneko ら）[25]。この報告はアメリカ臨床催眠学会誌においてホール（Hall）により詳細に論及されている（Hall）[15]。

筆者はその後1964年より米国オレゴン大学にて行動療法の研究に従事し，その間に催眠療法についてそのパラダイムと技法に革新的変化を起こし名声を高めていたミルトン．H．エリクソン博士をアリゾナに訪ね直接指導を受けた。帰朝後は行動療法に自律訓練および催眠の併用を実施し（高石ほか）[40]，エリクソンの業績についての翻訳（高石ほか）[43]および監訳（高石ほか）[17,44]，詳細な紹介および解説をたびたび行った（高石）[42,45,46,47,49,55,58,62]。

1966年，池見酉次郎教授を会長，金子教授を副会長として第4回国際催眠心身医学会が京都にて開催され，阪大グループはその運営に大いに貢献した。

1970年，我が国で初めての催眠学講座が企画され，金子教授とともに筆者も当時の権威者，成瀬悟策，内山喜久雄，竹山恒寿，大野清志らとともに編集および執筆に携わった（金子，高石）[24,41]。

ところが，我が国の催眠研究は海外での発展をよそに当時の盛況を最後として次第に衰微し始めた。学会発表や学会誌への論文寄稿が減少

故掘見教授（昭和30年）

第5回分析学会に出席した阪大心理グループ

日本精神分析学会大阪大学神経科が初参加
前列右から1人目が土居健郎，同じく4人目が金子教授，7番目が三浦教授

するばかりでなく，まるで鎖国のように海外での活発な研究活動をほとんど反映しない状態が続いた。1998年，第43回大会を筆者が主催することになり，そこでは「催眠療法の新しい動向」と題する特別講演により海外での情勢を伝えた（高石）[50]。また我が国でも話題となりはじめた解離性自我同一性障害（多重人格）のパネルディスカッションも行い，解離性障害に関する症例報告（高石）[48,51]や催眠を通じての病理的考察も行った（高石）[54]。

さて，催眠併用療法が欧米で汎用されるにつれて催眠療法のアイデンティティに関する議論が行われるようになった。欧米では，催眠それ自体は治療となり得ず，これに何らかの効果の

立証された治療（例えば認知行動療法，精神分析療法など）を付加した場合にのみ催眠療法と定義されるようになった。

しかし，筆者はそれでは催眠をあまりにも軽視し，催眠そのものの研究の不振を招くのみならず，催眠併用療法ではその治療効果が催眠によるものか，付加された精神療法によるものかが不明となり，催眠の効果検証に不利であると主張し，催眠療法を区分し，以下のごとく催眠を主体とする治療と催眠促進による治療に二大別した（高石）[56,61,64]（表1）。

また，併用療法における催眠の効果を実証するため，催眠療法に内潜増感法（イメージ嫌悪療法）という行動療法を単一症例デザインで行い，催眠付加あるなしの条件で比較検討し，催眠そのものの効果を実証することができた（Takaishi）[53]。

1999年，我が国の催眠不振の現況の解決を図り，日本臨床催眠学会を新たに起こし，これを世界最大の規模を誇るアメリカ臨床催眠学会（会員約5,000名）の姉妹学会として，両学会の研修単位の互換性が認められることになった。

1999年，学会創設大会では「臨床催眠の今日的意義と本学会の基本的姿勢」について講演した（高石）[52]。

2007年には，「心理療法統合と催眠」についての特別講演を行った（高石）[60]。2008年には，「臨床催眠の本質と多様性を考える」と題して近年の目覚ましい神経生理学の知見に触れ多様性を講演した（高石）[61]。

この講演では，半世紀にわたる状態・非状態論を振り返り近年の目覚ましい神経生理学の知見にも触れた後，催眠の本質と多様性について私見を述べた。

催眠は何かという本質論に関する説は複雑で，世界の各地で繰り返し討論されてきたが，その決着をみたとは言い難い。このように自己概念の不明確さに悩む心理療法は他に類をみないものであり，これが催眠発展の足かせになっていることは論を待たない。催眠の定義もかなりの難物であり，著名な学者のそのほとんどがこのテーマに触れていない。いくつかの定義も見られるがそれらの多くは依拠する理論によって中立性を欠いたもの〔例えば，深い弛緩状態（Benson）[3]，極度の単純化〔例えば回帰（Meares）[28]，役割再現（Sarbinら）[35]，目標達成行動（White）[67]〕，暗示（Gruzelier）[14]や注意の移動（Spiegel）[37]もしくは変性意識（Hilgard, Orne）[20,30]，その他の心理現象との弁別には不十分なもの〔例えば強い精神集中（Spiegelら）[37]，威光暗示に対して被暗示性の高まった習性（Hull）[22]〕などが目立ち，いずれも催眠の定義としては不適切なものである。そこで筆者は浅学を省みず以下のように催眠の定義を試みた。

表1　催眠療法（hypnotherapy）

催眠を主体とする療法（hypnosis-based therapies）
(a) 症状除去法（symptom removal methods）
(b) 自我強化法（ego-strengthening methods）
(c) 催眠現象利用法（methods utilizing hypnotic phenomena）
(d) 催眠情動調整法（affect regulation methods）
(e) 方略的指示療法（strategic therapy）
催眠促進による療法（hypnosis-facilitated therapies：hypnosis as adjust）
(a) 催眠投影療法（hypno-projective therapy）
(b) 催眠精神分析療法（hypno-analytic therapy）
(c) 自我状態療法（ego-state therapy）
(d) 催眠認知行動療法（cognitive behavioral hypno-therapy）

高石の定義

『催眠は他律的、もしくは自律的に、暗示により独特でしかも多様な心理的、身体的変化の惹起された状態である。まずは五感の低減と単調刺激への注意集中により周囲の現実から遊離した状態すなわち現実意識の低下と没頭などの精神活動の内向化が生起する。暗示はさらに、運動、知覚、情動、思考への変化を不随意に体験させ、その不随意性のゆえに、やがて自我機能が分断され意識の解離に至る。誘導過程では催眠者と被催眠者の相互的対人関係が重要であり、被催眠者の動機付け、治療同盟、催眠者の共感、自信、誘導技法などの要因が関与する。催眠で得られるさまざまな心身現象はそれ自体でまたは促進因子として有効な心理療法となる』（高石）[63]（高石ら）[64]。

この定義では催眠トランスを日常トランスなどと区別してその範囲を定め、催眠トランスの非均質性、対人関係を含む誘導促進因子および心理療法としての有効性などについて述べた（高石）[63]。この定義では催眠トランスに自然発生的なトランスを含めることには賛同していない。さらにここで筆者が指摘したいのは催眠トランスの非均質性である。

催眠トランスは非均質的で催眠トランスにいくつかの相（phase）があり、不思議なことに、この問題は議論されてこなかった。とりあえずここでは大きく分けて三相を想定した。これらのバランスによって催眠の状態像が異なり、得られる相は催眠の方略やステージによっても異なる。これは実験研究においても臨床適応においても考慮する必要がある。

誘導の過程で、まず中立トランス状態を考える。社会心理学派の指摘する催眠要因は、主としてこの状態に到達する促進因子ではないかと筆者は考える、ただし、期待（expectation）、服従（compliance）などの要因はすべての心理療法に必要なものであり、これだけでは催眠トランスが生起されない。むしろ、期待（expectation）、服従（compliance）が過度にあることはかえって誘導の阻害因子になることもある。またリラクゼーション（relaxation）も必ずしも十分条件ではない。この相（phase）を実現する方略は、約言すれば、現実志向意識の低下にある。それには、リラックスによる筋固有感覚をはじめとする五感の逓減と何らかの単調な刺激への集中である。単調刺激では、すぐに順応が起こり注意を低下させることが期待でき、これによって周囲の現実から遊離して漂う心境、すなわち現実志向意識の低下が図られる。しかし現行の催眠誘導では、中立催眠生起の方法としては不十分であり、東洋的瞑想を併用することが必要となるかもしれない。次いで、さまざまな治療暗示を与える暗示相（suggestive phase）をこれに重ねる必要がある。暗示にはいくつかの種類が考えられる。まず、クライアントが本来持っているもの、すなわち自己帰属的な事柄への指摘（これは Erickson の pacing に相当する）、そして、次第に将来帰属されるような事柄に言及していく。暗示は、運動、知覚、情動、思考への変化を不随意に体験させ、その不随意性のゆえに、やがて自我機能が分断され意識の解離に至る。以上、催眠の本質と多様性を次頁のように図示する。

催眠の近未来

現在、アメリカでは補完代替治療（Complementary alternative medicine）という概念がさらに統合医療（integrative medicine）という概念にまで発展し、さまざまな治療方式を系統的に組み合わせる治療と、健康と疾患を理解する新しいパラダイムが提供されており、それは生物学的・心理学的・社会的・スピリチュアルなファクターの相乗的効果で疾患の発生・経過・悪化などを説明しようとするものである。アメリカ政府はこの動きを認め NIH はまず補完代

	neutral phase	suggestive phase	dissociative phase
everyday trance	expectation	suggestion	dissociation
daydream	compliance	ideomotor	perceptual distortion
Placebo　strong emotion		relaxation	ideosensory	cathexis manipuration
highway driving	reality disoriented	ideovisceral	posthypnotic amnesia
faking		imagination	strategy	trance logic
dissociative disorder	absorption meditation		

hypnotic susceptibility (predisposition, learning)

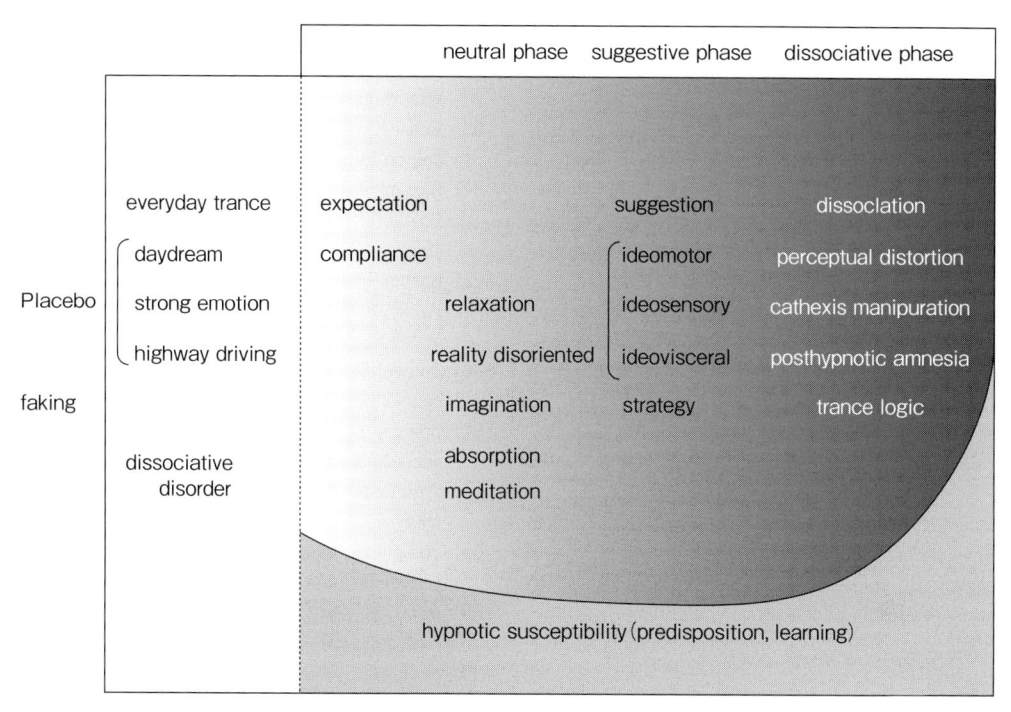

図1　Hypnotic phase, domain & depth[61]

替療法国立センター NCCAM を設け研究を奨励している。我が国でも 2005 年に統合医療学会が設立され筆者も参加し心理的および生理的両面での治療効果を有する催眠の強調に努めてきた（高石）[57,59,60,65]。また，現在の身体医学では病因も治療法も確立されていない疾患（例えば過敏性腸症候群：Irritable bowel syndrome，腺維筋痛症：Fibromyalgia，悪性腫瘍（spiegel）[36,38]など），特に心身医学領域で大きな役割を果たすことは確かである。

2012 年末，「現代催眠原論：臨床・理論・検証」と題するハンドブックを上梓したので，この小論を補うものとしてご参照されたい。（高石ら）[64]

文　献（a～z順）

1) Amundson JK, Alladin A, Gill E：Efficacy vs. Effectiveness Research in Psychotherapy：Implications for Clinical Hypnosis. American Journal of Clinical Hypnosis 46(1)：11-29, 2003
2) Barber TX：Hypnosis：A scientific approach.：Van Nostrand Reinhold, New York, 1969
3) Benson H：The relaxation response：Its subjective and objective historical procedures and physiology. Trends in Neuroscience 6：281-284, 1983
4) Bernheim H：Hypnosis and Suggestion in Psychotherapy. University Books, New York. 1964 (Original work published 1886 under the title Suggestive Therapeutics)
5) Binet A, Fere C：Animal Magnetism. Kegan Paul, Trench and Co, London, 1888 (Original, 1888)
6) Bloom P：Advances in neuroscience relevant to the clinical practice of hypnosis：a clinician's perspective. Keynote address to the 16th International Congress of Hypnosis and Hynotherapy. Singapore, 2004
7) Braid J：Braid on Hypnotism. Julian Press Inc, New York, 1960 (Original, 1843)
8) Breuer J, Freud S：Studies on Hysteria. Basic Books, New York, 1957
9) Charcot J：Lectures on Diseases of the Nervous System. New Sydenham Society, London, 1889
10) Esdail J：Hypnosis in Medicine and Surgery. Institute for Reseach in Hypnosis and Julian Press, New York, 1957 (Original copyright Mesmerism in India, 1850)
11) Freud S：Collected Papers (Vols. I-V). Hogarth and Institute of Psycho-Analysis, London, 1900/1953
12) Gilligan SG：Erickson approches to clinical hypnosis. in：Zeig (ed.). Brunner/Mazel, New York. 1982

13) Gruzelier JH：The state of hypnosis：evidence and applications. Quarterly Journal of Medicine **89**：313-317, 1996
14) Gruzelier JH：Redefining hypnosis：Theory, methods and integration. Contemporary Hypnosis **17**：51-70, 2000
15) Hall HR：Hypnosis and inmmune system：A review with applications for cancer and psychologic feeling. American Journal of Clinical Hypnosis **25**(2・3)：92-103, 1983
16) Haley J：Strategies of psychotherapy. Grune & Stratton, New York, 1963（高石　昇訳：心理療法の秘訣．黎明書房，名古屋，1973．高石　昇訳：戦略的心理療法，黎明書房，名古屋，2001）
17) Haley J：Uncommon therapy. WW Norton & Company, New York, 1973（高石　昇・宮田敬一訳：アンコモンセラピー．二瓶社，東京，2001）
18) Harte R：Hypnotism and the Doctors. 2 vols. Fowler and Co, London, 1902/1983
19) Hasegawa H, Jamieson GA：Conceptual issues in hypnosis research：explanations, definitions, and the state/non-state debate. Contemporary Hypnosis **19**：103-117, 2002
20) Hilgard ER：Hypnotic Susceptibility. Harcourt, Brace and World, New York, 1965
21) Hull C：Hypnosis and Suggestibility. Appleton, New York, 1933
22) Hull C：Hypnosis and Suggestibility：An Experimental Approach. Crown House Publishing, Bethel, CT, 1933/2002
23) Janet P：Psychological Healing：A historical and Clinical Study（E. Paul & C. Paul, Trans.）. Macmillan, New York, 1825（Original work published 1919）
24) 金子仁郎：医学における催眠．催眠学講座（5）医学：pp 9-19, 黎明書房，名古屋，1970
25) Kaneko Z, Takaishi N：Psychosomatic studies in chronic urticaria. Folia Psychiatria et Neurologica Japonica **171**：12-23, 1963
26) Killeen PR, Nash MR：The four causes of hypnosis. International Journal of Clinical and Experimental Hypnosis **51**, 195-231, 2003
27) Maquet P, Faymonville ME, Degueldre C, et al.：Functional neuroanatomy of hypnotic state. Biological Psychiatry **45**：327-333, 1999
28) Meares A：A system of Medical Hypnosis. wb Saunders, Philadephia, 1960
29) Nash MR：The status of hypnosis as an empirically validated clinical intervention：A preamble to the special issue. International Journal of Clinical and Experimental Hypnosis **48**：107-112, 2000
30) Orne MT：The nature of hypnosis：Artifact and essence. Journal of Abnormal Phychology **58**：277-299, 1959
31) Oster MI：Efficacy or effectiveness：Which comes first, the cure or the treatment？American Journal of Clinical Hypnosis **46**：3-19, 2003
32) Rosenfeld SM：A critical hystory of Hypnotism. The unauthorized story Xlibris Corporation, 2008
33) Rossi E (ed)：The collected papersof Milton H. Erickson on hypnosis Vol. **1** No 4. New York, Irvington, 1980
34) Sarbin TR：Contributions to role-taking theory：I. Hypnotic behavior. Psychological Review **57**：225-270, 1950
35) Sarbin TR, Coe WC：Hypnosis：A social Psychological Analysis of Influence communication. Holt, Rinehart & Winston, New York, 1972
36) Spiegel D：Imagery and hypnosis in the treatment of cancer patiants. Oncology **11**(8)：1179-1189, 1997
37) Spiegel D：Social psychological theories cannot fully account for hypnosis：The record was never crorked. American Journal of Clinical Hypnosis **41**：158-161, 1998
38) Spiegel H, Spiegel D：Trance and Treatment：Clinical Use of Hypnosis. Basic Books, New York, 1978
39) 高石　昇，保坂正昭，関山守洋：TAT12Mカードと催眠感受性の関係．催眠研究 **7**：52-59, 1962
40) 高石　昇，保坂正昭，南　論，他：自律訓練法を用いた系統的脱感作療法．催眠研究 **12**(1)：24-28, 1968
41) 高石　昇：催眠医学の将来．催眠学講座 11 章，黎明書房，名古屋，pp 281-287, 1970
42) 高石　昇：Milton H Erickson の研究業績と生活史的背景．催眠学研究 **25**(1)：5-12, 1980
43) Haley J, 高石　昇（訳）：戦略的心理療法．黎明書房，名古屋，1986
44) Haley J, 高石　昇・横田恵子（訳）：戦略的心理療法の展開―苦行療法の実際．星和書店，東京，1988
45) 高石　昇：Milton H Erickson から何をいかに学ぶか 催眠学研究 **34**(1)：28-31, 1990
46) 高石　昇：ストラテジー心理療法．医学の歩み **166**(13)：835, 1993
47) 高石　昇：心理療法短期化への動向と展望．ブリーフセラピー研究 **3**：1-18, 1994
48) 高石　昇：ユニークな解離性遁走障害への催眠アプローチ．催眠学研究 **40**(1-2)：8-15, 1995
49) 高石　昇：Milton H Erickson 学習について想う．催眠学研究 **41**(1-2)：60-63, 1996
50) 高石　昇：催眠療法の新しい動向．催眠学研究 **43**(2)：33-38, 1998
51) 高石　昇：解離性健忘の治療経験―催眠と記憶回復，特に司法催眠の議論をめぐって．催眠学研究 **44**(1)：27-35, 1999
52) 高石　昇：臨床催眠の今日的意義と本学会の基本的姿勢．臨床催眠学 **2**：10-13, 1999
53) Takaishi N：The effect of hypnosis through comparative study on covert sensitization with and without hypnosis. The Journal of Clinical Hypnosis **54**：124-132, 2000
54) 高石　昇：シンポジウム　解離性障害をめぐって．臨床

催眠学 5：51-54, 2004
55) 高石　昇：エリクソン催眠療法再考. 催眠と科学 20：1-9, 2005
56) 高石　昇：催眠はいかなる臨床場面でどのように適用されるか. 臨床催眠学 6：5-14, 2005
57) 高石　昇：催眠療法『統合医療』. 日本統合医療学会, 東京, pp 203-206, 2005
58) 高石　昇：エリクソン催眠療法再考. 臨床催眠学 7：4-13, 2006
59) 高石　昇：催眠療法. 統合医療 Part 2-臨床編. 日本統合医療学会, 東京, pp 176-181, 2007
60) 高石　昇：心理療法統合と催眠. 臨床催眠学 8：30-37, 2007
61) 高石　昇：催眠の多様性と本質を考える. 臨床催眠学 9：27-33, 2008
62) 高石　昇：エリクソン催眠療法再考. 臨床催眠学 10：43-52, 2009
63) 高石　昇：臨床催眠の科学性を求めて. 臨床催眠学 11：24-27, 2010
64) 高石　昇・大谷　彰：現代催眠原論　臨床・理論・検証. 金剛出版, 東京, pp157-158, 2012
65) 高石　昇：催眠療法. 統合医療 理論と実践. 日本統合医療学会, 東京, 2012
66) Weitzenhoffer A, Hilgard E：Stanford Hypnotic Susceptibility Scale：Form C. Palo Alto：Consulting Psychologists Press, CA, 1962
67) White RW：An analysis of mitovation in hypnosis. Journal of General Psychology 24：145-162, 1941
68) Woody EZ, McConkey KM：What we don't know about the brain and hypnosis, but need to：a view from the Buckhorn Inn. International Journal of Clinical and Experimental Hypnosis 51：309-338, 2003
69) Zeik JK（ed）：Ericksonian psychotherapy Vol. 1 No. 2. Bunner/Mazel, New York, 1985

Memory

医局旅行みかへりの塔
1942年秋

5 睡眠医学の歴史

● 菱川　泰夫

古代と中世の睡眠説と睡眠障害治療策

　古代より，多くのヒトを悩ませた睡眠障害は不眠だったと思われる。古代文明社会では，その対策がとられていた。古代エジプトではワイン，ケシやベラドンナなどの薬草，古代インドではレセルピン含有の薬草，古代中国では薬用人参や漢方薬が用いられていた。古代の文明社会やギリシャの学者は，血液中の元素，熱，生気などが心臓あるいは脳に集まると眠りが起こると考えていた。中世ヨーロッパでも類似した考えがあった。

近代の睡眠医学創成期での研究

　19世紀後半から20世紀中ごろまでに，さまざまな睡眠障害が識別・命名された。また，睡眠と覚醒を発現させる神経機序と体液機序の先駆的な研究が行なわれ，睡眠薬の合成が始まった。それらを代表する幾つかの研究を以下に紹介する。

1．ナルコレプシーとピックウィック症候群

　ナルコレプシーの記載・命名はフランスのGélinau（1880）による。その主症状は，耐え難い眠気と居眠り（睡眠発作）および情動体験で誘発される脱力発作であり，それと併せて入眠時幻覚と睡眠麻痺（金縛り）がナルコレプシーの4主徴と呼ばれた（DalyとYoss 1957）。

ピックウィック症候群（PWS）を命名したのはBurwellら（1956）であった。その特徴はいちじるしい肥満，頻回の居眠り，激しい鼾，周期性呼吸などである。

2．睡眠に関する体液説と脳中枢説の誕生

　名大医学部前身の医学校の石森（1909）とフランスのLégendreとPiéron（1913）は，長時間にわたって断眠させたイヌの脳脊髄液（CSF）を別のイヌのCSF腔に注入したところ，注入を受けたイヌが眠り込むことより，断眠させられたイヌのCSF中に睡眠発現物質（睡眠毒素）が貯留していると提唱した。これは睡眠の体液説の発端であった。当時は，睡眠発現物質の化学構造は不明であり，その解明は約100年後である。

　第一次世界大戦後にヨーロッパで流行した嗜眠性脳炎患者の死後脳を調べたオーストリアのEconomo（1930）は，嗜眠状態が続いた患者の死後脳に視床下部後部から中脳の中心灰白質におよぶ損傷がみられ，強度の不眠が続いた患者の死後脳に視床下部前部から前脳基底部が損傷されていたことより，前者の部位に覚醒中枢が，後者の部位に睡眠中枢が存在すると提唱した。これが睡眠と覚醒の発現に関する脳中枢説の発端である（図1）。

3．ヒトの脳波の発見

　ヒトの睡眠と覚醒の客観的判別法の誕生につながる重要な研究は，ドイツの精神医学者

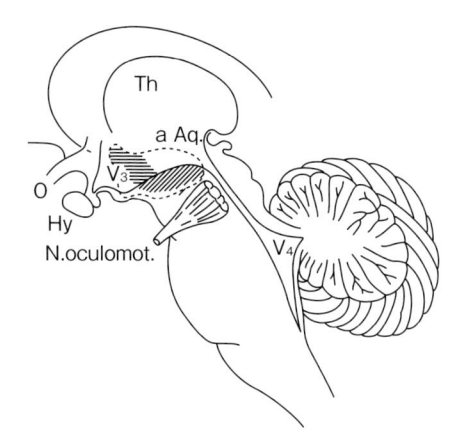

図1 Economoの嗜眠性脳炎での病変による睡眠中枢と覚醒中枢の説

斜線で示した視床下部後部より中枢の中心灰白質にかけての部分の障害により嗜眠状態が起こり，横線で示した視床下部前部を中心とする部分の障害で著しい不眠が起こることにより，前者の領域に覚醒中枢が，後者の領域に睡眠中枢があるとする説．
Hy：脳下垂体, 0：視神経, Th：視床, Aq：中脳水道, V₃：第3脳室, V₄：第4脳室
(Economo von C：J Nerv Ment Dis 71：249～259, 1930より引用).

Berger（1929）がヒトの頭皮上から脳波（EEG）が記録できることを見い出したことであった。睡眠・覚醒の判別と睡眠の深さの判定がEEGで客観的に行えることを示したのはLoomisら（1937）であった。

4．中枢神経刺激薬と睡眠薬の登場

1881年に合成されたアンフェタミンがナルコレプシー患者の治療に用いられ，その有効性が1930年に発表された。1919年に合成されたメトアンフェタミンは1938年にヒトに使用されたが，中毒性精神病の発生が問題となった。

この時期に約10種類の睡眠薬が合成・使用されたが，現在でも使われているのは1833年に合成された抱水クロラールと，1907年に合成されたブロムワレリル尿素（ブロバリン）だけである。その後，約10種類のバルビタール製剤が合成され睡眠薬として使用されたが，依存性，耐性，自殺目的で大量服用時の死亡例が多いなどのため，それらはほとんど使用されなくなっ

た。1900年代前半頃，メプロバメイト，グルテチミド，サリドマイドなど約10種類の非バルビタール系睡眠薬が合成・市販されたが，依存性，乱用，催奇性などの問題でほとんど使用されなくなった。現在でも睡眠薬として使用されているのは，抗ヒスタミン製剤ジフェンヒドラミンだけである。

現代での睡眠医学の急速な進歩・発展

1950年以降，睡眠医学が急速に進歩し，臨床睡眠医学が誕生し飛躍的に発展した。その結果，睡眠医学・睡眠医療は医学・医療の重要な一分野となった。その飛躍的進歩・発展に貢献したのは，次の幾つかのことである。(1) REM（レム）睡眠の発見，(2) エレクトロニクスの進歩により脳波（EEG）と多くの生体現象を長時間にわたって同時記録する睡眠ポリグラフ検査法（PSG）の誕生，(3) 血液中のホルモンなどの微量化学物質の計測法の発達，(4) 脳内神経伝達物質の染色技術の進歩などであった。

1．REM睡眠の発見とその神経機序の研究

REM睡眠は急速眼球運動（REM）の出現を伴う睡眠状態で，その他の眠りはNREM（ノンレム）睡眠と呼ばれ，NREM睡眠はEEGパターンの特徴より4段階の眠りの深さに区分されている。

REM睡眠は最初にヒトで発見された。アメリカのAserinskyとKleitman（1953）が子どもの寝顔を観ていて，眼瞼下で眼球が動くのに気づき，EEGと電気眼球図（EOG）の同時記録によりREM睡眠を発見した。これはPSGの誕生時でもある。DementとKleitman（1957）は健康成人の夜間睡眠を調べ，夜の入眠はNREM睡眠で始まり次第に深い眠りへ移行し，入眠から約100分後に最初のREM睡眠期が現れ，その後はNREM睡眠期と交代しながら約90分周期でREM睡眠期が反復して現れることを示した（図2）。REM睡眠期は全睡眠時間の20%

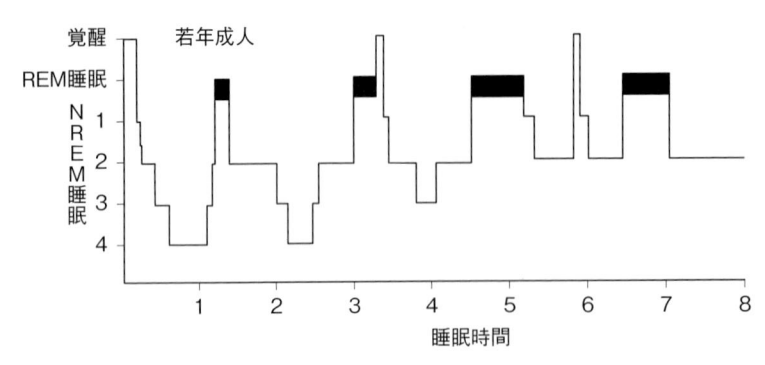

図2 健康成人の夜間睡眠の経過を示す模式図

夜間睡眠はNREM睡眠の浅い段階から始まり，NREM睡眠の深い段階へ順次に移行し，入眠時から90〜100分ほど経過してから最初のREM睡眠の時期が現れる。その後は，NREM睡眠の時期と交代しながらREM睡眠の時期が約90分の周期で反復して出現する。

に及び，そのときには鮮明な夢体験が頻繁に起こることが明らかにされた。

ヒトのREM睡眠発見より数年後，Dement (1958) とJouvetら (1959) がネコのREM睡眠を発見した。Jouvetら (1962) は，覚醒やNREM睡眠でのネコでは頸筋の筋電図 (EMG) に持続性放電が現れるのとは対照的に，REM睡眠でのネコは全身の骨格筋緊張がいちじるしく低下した姿勢をとり，頸筋EMGの持続性放電が消失することを見い出し，それがREM睡眠の指標になることを示した。

REM睡眠での骨格筋緊張のいちじるしい低下は，脳幹の橋被蓋から脳幹と脊髄の運動神経核へ送られる神経活動によって抑制されるためであることが明らかにされた (Sakai 1984)。REM睡眠では，ヒトでも呼吸，心拍，血圧などの自律神経機能の激しい変動が起こるので，"自律神経機能の嵐の状態"と呼ばれた (Snyderら1964)。

Jouvetら (1965, 1967) は，脳幹を種々のレベルで切断あるいは限局的破壊を加え，REM睡眠の中枢は橋被蓋にあることを示した (図3)。また，橋被蓋の背外側の青斑核とその周辺の両側性破壊により，REM睡眠での骨格筋活動のいちじるしい抑制が生じなくなり，ネコはREM睡眠になるたびに起きあがり，夢幻様の異常行動が起こることを示した。その状態はREM sleep without muscle atoniaと呼ばれた (SastreとJouvet 1979)。これはヒトのREM睡眠行動障害 (RBD) の動物モデルである。

2．ヒトでの睡眠ポリグラフ検査法の進歩

1965年ごろまでヒトでのPSG検査にはEEGとEOGだけが記録され，REM睡眠を判定していた。しかし，ヒトのREM睡眠でのEEGはNREM睡眠のStage 1のものに似た低振幅徐波パターンであり，REMは間歇的に出現するので，EEGとEOGだけではNREM睡眠のStage 1とREM睡眠との厳密な判別が困難であった。ネコのREM睡眠の有力な指標である頸筋EMGに対応する持続的な現象をヒトで見い出す課題があった。その理由は，ヒトが覚醒して安静にしていると，頸筋EMG活動は消失するからであった。

当時の阪大精神医学教室で，角辻豊医師が精神病患者の表情研究の目的で，ヒトの顔面表情筋EMGを記録していた。その成績で，覚醒し安静にしているときでも顔面表情筋，特にオトガイ筋・オトガイ下筋 (以下，オトガイ筋と略す) EMGに高振幅の持続性放電がみられた。当時の教室で，松本和雄医師は書痙患者の骨格筋緊張異常を調べる目的で下肢の脊髄反射 (H反射) を記録していた。両医師の協力を得て，健康成人の夜間睡眠中のオトガイ筋EMGとH反射を同時記録するPSG検査を行った。NREM睡眠では，オトガイ筋EMGの持続性放電とH反射は減弱するものの出現し続けた。REM睡眠では，それらの活動は強く抑制され消失した。この成績より，オトガイ筋EMGは

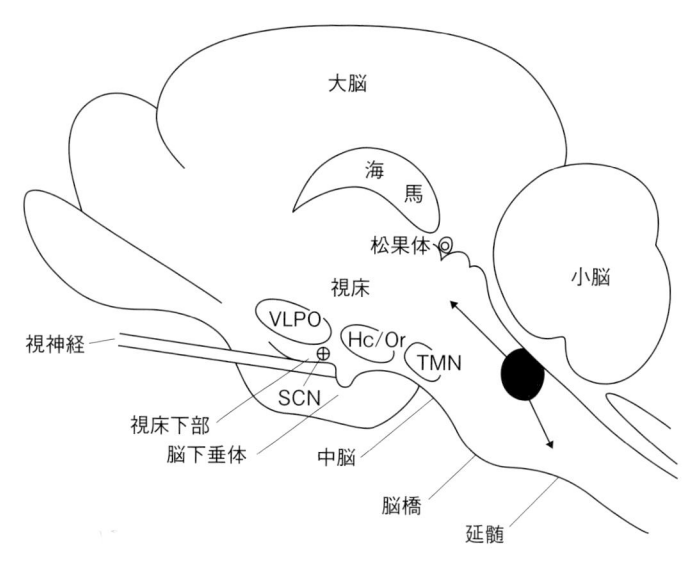

図3 睡眠と覚醒の発見に関する神経機構の存在部位を表す模式図

黒い部分がREM睡眠の発現に重大な役割を果す神経機構。
視床下部の小さな円に十字を記入した部位が視交叉上核SCN。
視床背部の小さい◎の部分が松果体の存在部位。Hc/Orはヒポクレチン（オレキシン）産生神経組織。

ヒトのREM睡眠のよい指標になることが判った（図4）(Hishikawaら1965)。オトガイ筋EMGはRechtschaffenとKales (1968)が提唱したヒトのPSG標準記録法と睡眠段階判定基準に採用され，現在でも利用されている。

3．睡眠・覚醒の概日リズムと生体時計

昼夜でのヒトの睡眠・覚醒リズムは外界の明暗や騒音の変化の単純な反映でなく，生体リズムの一つであることをAschoffら (1971) とWever (1975) が明らかにした。その研究では，外界の昼夜での変化の影響が及ばない地下洞窟や隔離室で時刻を知る手掛かりがまったくない条件下で生活させたヒトにも約25時間周期の睡眠・覚醒リズムがみられることを示した。その周期が1日の24時間に近いので概日リズム（サーカディアン・リズム）と呼ばれている（図5）。外界の明暗や時計の時刻を手掛かりにして生体時計の時刻を連日に少しずつ調節し，ヒトは自然環境や社会環境に適応した生活を送っている。

睡眠・覚醒の概日リズムはネコの視床下部の視交叉上核（SCN）の破壊後に消失することより，SCNが概日リズムの生体時計であることが示された（図3）(Ibukaら1977)。外界の明暗によるSCNの調節には2つの経路がある。1つは，外界の明暗刺激が網膜と視神経を介して，直接にSCNへ投射する神経路である。もう1つは，視床背側部にある松果体から分泌されるメラトニンによってSCNが調節されている。松果体でセロトニンからメラトニンが合成され，その合成酵素活性に概日リズムがあり，それは上頸部交感神経節を介する交感神経活動によって調節されている（SnyderとAxelrod 1965）。松果体から分泌されたメラトニンは血液中を循環しSCNに作用して，睡眠・覚醒リズムが形成・維持されている（Stephanら1981）。最近の遺伝子研究で，SCNで発現している時計遺伝子は他の多くの身体臓器の細胞でも発現していることが判り，SCNは生体時計のペースメーカー役を果すと考えられている（Yooら2004）。

4．覚醒と睡眠の神経機序の研究での進歩

MagounとMoruzzi (1949) は，ネコの中脳網様体の広範囲な破壊で嗜眠状態が続くことより，脳幹網様体を上行する神経活動が覚醒を起こし，その活動低下が睡眠をもたらすとの脳幹網様体賦活系説を唱えた。その上行性神経活動はEconomo (1930) が提唱した覚醒中枢を賦活

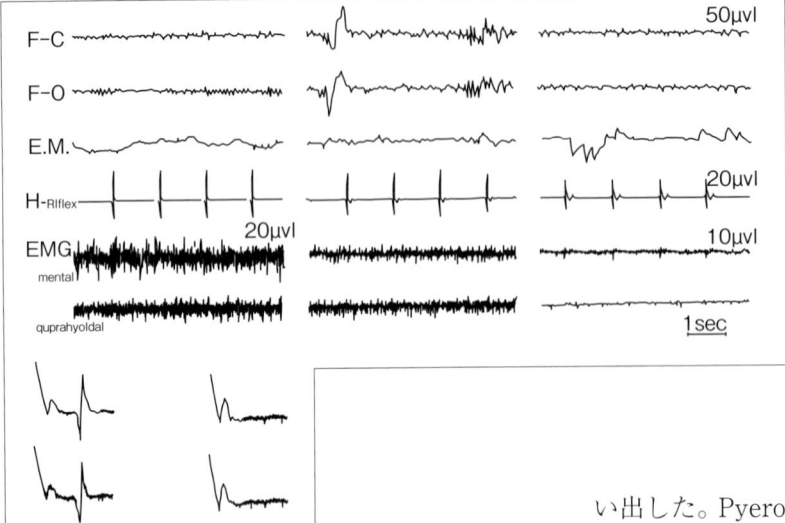

図4 健康成人のポリグラフ記録
上段の左側は覚醒，中央は NREM 睡眠，右側は REM 睡眠。
オトガイ筋とオトガイ下筋の持続性筋放電は REM 睡眠で消失した。
下段は下肢の H 反射のオシログラフ記録。
左は NREM 睡眠，右側は REM 睡眠での連続 5 回の記録。
REM 睡眠では最初の M 波は現れているが，H 反射は消失
(Hishikawa et al.：EEG Clin. Neurophysiology 18：487〜492, 1965 より引用)

して覚醒が起こると考えられる。

視床下部後部の結節乳頭体核（TMN）にあるヒスタミン系神経組織は大脳，視床，脳幹の広範囲へ投射し，ヒスタミン H_1 受容体を介して覚醒を発現・維持している（Wada と Watanabe 1988〜1991, Steininger ら 1999）。これは，ヒスタミン H_1 受容体拮抗作用薬に催眠作用があることと符合している（図3, 6）。

McGinty と Sterman（1965）は，ネコの視床下部前部から前脳基底部にかけての領域（VLPO）の両側性破壊でいちじるしい不眠が起こることを EEG 記録で明らかにした。これは Economo（1930）の睡眠中枢説を支持する成績である（図1, 3）。

Nishino ら（2000）は，ナルコレプシー患者の CSF 中の神経伝達物質ヒポクレチン（オレキシン）がいちじるしく減少・消失しているのを見い出した。Pyeron ら（2000）はナルコレプシー患者の死後脳を調べ，外側視床下部のオレキシン産生神経細胞がいちじるしく減少・消失しているのを見い出した。このオレキシン神経細胞群は視床下部後部の TMN にあるヒスタミン系覚醒中枢だけでなく，大脳，脳幹，脊髄など広範な領域へ投射し，それらを介して覚醒を発現させ，その活動低下が睡眠を起こすと考えられている（図3, 6）（Sakurai 2007）。

上述の覚醒と睡眠を発現させる神経機構の相互作用により，睡眠と覚醒が交代して現れる。それには SCN も重要な役割を果たしている。

5．睡眠の体液性機序をめぐる研究の進歩

体液性の睡眠発現物質の化学構造と産生・作用機序などを解明したのは，早石と裏出ら（1982〜2010）であった。体液性睡眠発現物質プロスタグランジン D_2（PGD_2）は主として脳脊髄を覆うクモ膜と CSF を産出する脳室内の脈絡叢で産生・放出され，CSF 中を循環し，視神経交叉から視床下部後部の限局したクモ膜に存在する受容体を刺激し，局所のアデノシン（A）濃度を上昇させ，これが視床下部前部から前脳基底部の A 受容体をもつ神経組織を刺激して睡眠中枢 VLPO を賦活し，同時に GABA やガラニンをもつ抑制性神経路を介して外側視床下部のオレキシン神経系と視床下部後部の TMN にあるヒスタミン神経系の活動を抑制して睡眠

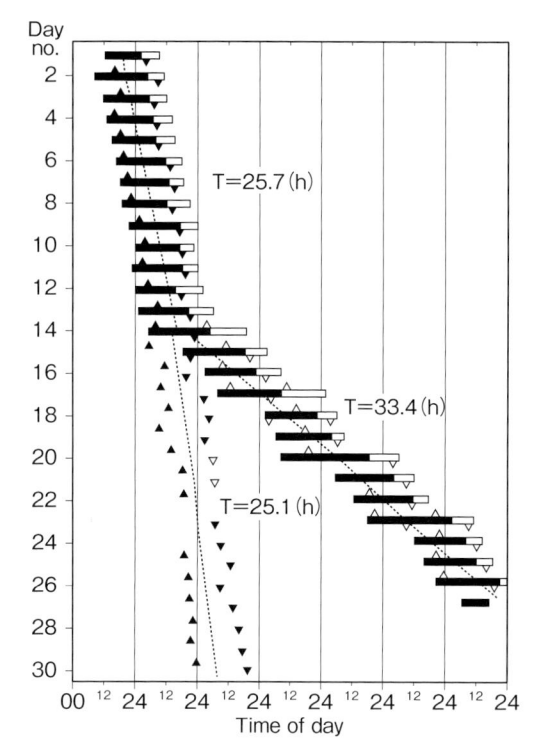

図5 隔離室で1人で生活した被験者の覚醒（黒）と睡眠（白）および直腸温（▲最大，▼最少）のサーカディアンリズム（Wever, 1979）
第1日～14日までは内部同調期，二つのリズムは同じ周期（25.7時間），15日目から非同調期，二つのリズムは異なった周期（直腸温25.1時間，睡眠覚醒33.4時間）を示す。△は時間的に調整した体温の位置。
(Wever R：The Circadian System of Man：Results of Experiments under Temporal Isolation. Springer-Verlag, Berlin, 1979 より引用)

を誘発することが示された（図3，6）。

6．睡眠障害治療薬の進歩

1950年ごろ以降，いくつもの非バルビタール系睡眠薬メプロバメイト，グルテチミド，サリドマイドなどが合成・使用されたが，依存性，催奇性などにより使用されなくなった。その後，2000年ごろまでに，脳内に広く分布する抑制性GABA神経受容体に働き催眠作用を発揮する多数のベンゾジアゼピン系と非ベンゾジアゼピン系睡眠薬が合成・市販されてきた。それらは，依存性が乏しく，自殺目的での大量服用時の死亡危険性が低いので，現在でも広く使用されている。しかし，アルコールとの併用時や多量服用時に，筋弛緩作用による転倒，前行性健忘，奇異反応などの副作用が生じる問題がある。このグループの睡眠薬は現時点で15種類（ニトラゼパム，フルラゼパム，ゾピクロン，ゾルピデムなど）もある。

最近に合成・市販された睡眠薬にメラトニン受容体作用薬ラメルテオンがある。メラトニン受容体はSCNだけでなく脳内に広く分布している。この睡眠薬には，催眠作用に加え，睡眠・覚醒リズム調節作用がある。

これまで，多数の中枢神経刺激剤が合成されナルコレプシー治療に用いられたが，現在でも使用されているのはリタリン，ペモリン，アンフェタミンである。これらの薬剤には，ドパミンを中心とするカテコールアミン系神経組織の賦活作用がある。最近に合成・市販された覚醒作用薬モダフィニルはヒスタミン神経系を賦活し，GABA系神経組織を抑制する作用がある。以上の薬剤はナルコの睡眠発作に有効だが，脱力発作には無効である。脱力発作には三環系抗うつ薬イミプラミンやクロミプラミンが有効である。最近では，SNRI系抗うつ薬が脱力発作に有効で，抗コリン性の副作用が少ないと報告されている。

その他の睡眠障害に対する薬物療法も進歩した。それについては本稿の末尾に示した文献4）を参照されたい。

7．臨床睡眠医学の誕生と急速な発展

上述の諸研究とほぼ同時期に，ヒトのさまざまな睡眠障害の病態生理，病因，治療法の研究が飛躍的に発展した。以下には，阪大精神医学教室で私と協同研究者が行った研究を中心に，その方面の発展の一端を紹介する。

①ナルコレプシーの研究

アメリカのRechtschaffenら（1960）は，ナルコレプシー患者の夜間睡眠を調べ，入眠時にREM睡眠が出現するのを見出した。これは

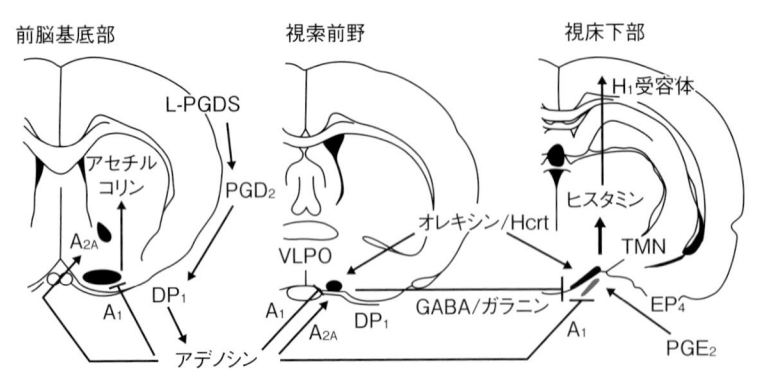

図6 睡眠覚醒の情報伝達経路の概略
(Urade Y, et al.：Future Neurol 5：363-376, 2010 より引用)

NREM睡眠から始まる健康成人の夜間睡眠とは明らかに違っている。そこで私は，昼間に患者をベッドに寝かせPSG検査を行った。昼間の入眠時にもREM睡眠がしばしば出現した。その状態から呼び起こし，直前での患者の体験を聴取したところ，入眠時幻覚や睡眠麻痺をしばしば体験していて，その時には患者自身は眠っていなかったとの主張が多かった。そのような体験の報告はNREM睡眠から呼び起こしたときには得られなかった。この成績より，ナルコレプシー患者の入眠時幻覚はREM睡眠での夢だと判断した（図7）（HishikawaとKaneko 1965）。入眠時のREM睡眠でもオトガイ筋EMGの持続性放電とH反射の消失を認め，REM睡眠での骨格筋活動のいちじるしい抑制が睡眠麻痺を起こすと判断した（Hishikawaら1965, Nannoら1970）。ナルコレプシー患者の脱力発作は，REM睡眠での骨格筋活動の抑制が乖離して現れることによる症状だと考えた（Hishikawaら1968, HishikawaとShimizu 1995）。以上の成績と判断は，REM睡眠抑制作用をもつ三環系抗うつ剤が脱力発作，入眠時幻覚，睡眠麻痺の3症状に有効との成績と符合している（Hishikawaら1966, 1968）。

私達の研究が国際的な注目を浴び，1967年イタリアで開かれた国際脳波学会に招待され，私はナルコレプシー・シンポジウムで特別講演を行った。その国際学会が臨床睡眠医学が誕生したときだとアメリカの著名な学者Dr. Guilleminaultが評価していた。

上記の国際学会に招かれたことが機縁で，私はドイツ・フンボルト財団奨学生としてフライブルク大学・臨床神経生理学教室に留学した。留学先の教室で，Dr. Kuhloがピックウィック（PW）症候群の研究をしていた。私は留学中にPW症候群の存在を初めて知り，留学から帰国後に後述するPW症候群を含む睡眠時無呼吸症候群（SAS）の研究に取り組んだ。

睡眠発作と脱力発作を示すナルコレプシー患者の全員でHLA DR2/DQB 1*0602が陽性であることをHondaら（1988）とMignoら（1999）が見出した。次いで，先に述べたように，ナルコレプシー患者のCSF中の神経伝達物質オレキシンがいちじるしく減少・消失していることが見い出され，それらがナルコレプシーの国際的診断基準に取り入れられた（文献5）。上述のHLAの成績に基づき，本態性ナルコレプシーでは自己免疫的機序により外側視床下部のオレキシン神経細胞群が破壊されて発病すると考えられている（図3, 6）（Smithら2004）。同じ脳部位が脳炎，脳循環障害などで破壊されると，症候性ナルコレプシーが発病する（NishinoとKanbayashi 2005）。

②ピックウィック症候群とSASをめぐる研究

ピックウィック症候群（PWS）は，先に紹介したように，いちじるしい肥満，頻回の居眠り，

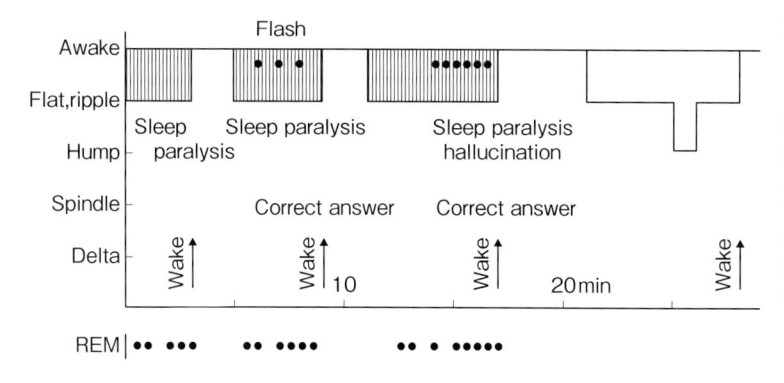

図7 ナルコレプシー患者での昼間の30分のポリグラフ記録の経過図
細い縦線をつけた部分で示した入眠時のREM睡眠で睡眠麻痺と入眠時幻覚が体験されていたことを呼び起こすことによって確かめられた。その時，REM睡眠で照射した閃光の数を記憶していた（Hishikawa Y, et al.：EEG Clin. Neurophysiol 18：249-259, 1965より引用）

激しい鼾，周期性呼吸などを特徴としており，極度の肥満に伴う呼吸・循環器系の特殊な病態で，頻回の居眠りは肺胞低換気に基づくCO_2ナルコージスによると考えられていた（Burwellら 1956）。私の留学先の教室で，JungとKuhlo（1965）はPWS患者で呼吸曲線を含むPSG検査と呼気ガス中のCO_2分圧の反復計測を同時に行い，頻回の居眠りはCO_2ナルコージスによるのではなく，周期性呼吸は居眠りに伴う短時間の無呼吸（SA）が反復して起こることを明らかにした。この成績は，睡眠時無呼吸症候群（SAS）研究の急速な発展への突破口となった。

留学から帰国後の2年間に，PWS患者5名と，肥満がなく，小下顎症，睡眠時無呼吸（SA），昼間の頻回の居眠りを示す患者1名のPSG検査と治療を行う機会に恵まれた。PSG検査では，呼吸曲線，胸部と腹部の呼吸運動曲線，呼吸筋（横隔膜と肋間筋）EMGを同時記録した。それら患者の睡眠時に20～50秒間の無呼吸（SA）が頻回に出現し，SA中でも呼吸筋EMG活動が続き，胸郭と腹壁に逆位相の呼吸性運動がみられた。その成績より，患者たちのSAは上気道閉塞によると判断した。いちじるしい肥満の患者では，体重10～15 kgの減量でSA頻度は激減し，昼間の居眠りは明らかに軽減した。肥満のない小下顎症患者では，気管瘻形成術（TO）の施行後にSAは消失し，昼間の居眠りもなくなった。これはSAS患者の治療にTOが有効であることを示した世界で最初の症例である。それらの成績をいくつかの論文として発表した（古屋ら 1970，若松ら 1970と 1972，Sugitaら 1970，Hishikawaら 1970）。その成績を1972年にイタリアで開催された第1回SAS国際会議で発表した（Hishikawaら 1972）。当時はSASの病名はまだ登場しておらず，PWSと肥満がなく頻回のSAを示す病態を総合して"周期性呼吸を伴う過眠症"と呼んでいた。その国際会議の後に，イタリアとアメリカで多くのSAS患者の治療にTOが施され，有効性が確められた。しかし，1980年以降，持続性陽圧呼吸法（CPAP）の有効性の確認と普及につれ，TOの施行例は減少した。SASの病名の登場・普及も1980年代以降である。

SASの有病率は一般人口の2～4%と高く，その病因はいちじるしい肥満，粘液水腫，咽・喉頭部の運動神経障害や腫瘍，扁桃腺肥大，小下顎症などと多様であり，高血圧，糖尿病，心障害の合併が多い。治療法にはCPAP，体重減量，甲状腺ホルモン製剤，扁桃腺切除術，口腔内装置，TO，下顎形成術などがあり，患者の病因と病状に応じて適切な治療法を選ぶことになる。そのためSASの研究と治療に，精神科，神経内科，呼吸器内科，循環器内科，小児科，耳鼻咽喉科，歯科・口腔外科などと多くの分野の医師が参加してきた。

③REM睡眠行動障害の研究

小児の夢遊症は深いNREM睡眠から起こる異常行動現象で，その時の動作は緩慢で，鮮明

な夢体験を伴わない特徴がある。それと対照的なREM睡眠から起こるREM睡眠行動障害（RBD）がある。それには鮮明な夢体験と激しい寝言や躯幹・四肢の敏捷で活発な運動を伴う特徴がある。RBD時のPSG記録にはオトガイ筋EMGの持続性放電や一過性の高振幅EMG活動が頻繁に出現するのでREM sleep without muscle atoniaと呼ばれる。

　私達は，Shy-Drager症候群やOPCAなどの脳変性疾患の患者で初めてRBDを見出した（Shimizuら1980，清水ら1981）。その後，心身に障害がない高齢者にもRBDが起こることが判明した（杉田ら1990）。RBDの最中に，大声で呼びかけ，体を揺するなどして患者をしっかりと目覚めさせると，異常言動は直ちに中断し，夢を見て夢の中での自己の言動を実際に表出したと患者が気付くことが多い。RBDを発症した高齢者の多くは，発症から数年後にパーキンソン病やレビー小体型認知症を発病する（Schenckら1996）。また，レビー小体型認知症にはRBDの合併が多く，その認知症の診断基準にRBDが加えられている。認知症患者はRBDから目覚めても夢と現実との区別がつかず，夢にもとづく幻覚・妄想に支配された異常言動を続けることが多い。

　④アルコール依存症に伴う睡眠障害と幻覚

　アルコール依存症からの離脱直後の患者の夜間睡眠をPSGで調べると，中途覚醒が多く，深いNREM睡眠とREM睡眠の出現が少なく，いちじるしい睡眠障害がみられた。それに加え，入眠直後や翌朝の覚醒前にNREM睡眠のStage 1と思われるEEGとオトガイ筋EMGの持続的放電がみられるときに，頻回のREMが出現する状態がしばしば現れた。その状態は，NREM睡眠のStage 1にREMが出現した状態なのか，RBD患者にみられたREM sleep without muscle atoniaなのかの判別が困難なので，その状態をStage 1-REM with tonic muscle activity（Stage 1-REM）と命名した（図8）（立花ら1973，Tachibanaら1975）。Stage 1-REMの状態から患者を呼び起こし内的体験を聴取すると，夢のような体験をしていて，その夢と現実との判別がつかないことが多かった。これは意識障害のために，夢が幻覚として体験されることを示していた。この成績より，アルコール依存症者の離脱早期に起こる一過性幻覚症はStage 1-REMでの夢だと判断した。離脱性せん妄での幻覚も同じ機序によると考えた（菱川ら1981）。

　アルコール依存症者の離脱時にみられたStage 1-REMと同様な状態は，睡眠薬（メプロバメイト），鎮痛剤（ペンタゾシン），覚醒剤（ヒロポン）の依存症者の離脱早期やせん妄状態での睡眠時にも現れた（Tachibanaら1975，田中ら1979，石原ら1988）。

日本睡眠学会と世界睡眠学会連合の誕生

　1960年以降に欧米先進諸国や日本で睡眠研究が急速に盛んとなり，1971年に国際睡眠学会（APSS）が結成された。1973年に日本の睡眠研究会が結成され，第1回研究会を大阪中之島地区にあった阪大病院会議室で開いた。最初の参加者は約20名と少なかったが，毎年の研究会ごとに会員数が急速に増加した。1977年に日本睡眠学会を設立した。1979年に第3回APSSを東京で開催した。その国際学会には，世界の第一線で活躍中の著名な研究者を含め諸外国からの参加者は約150名，日本の参加者は約350名と盛会であった。

　1980年ごろより，先進諸国だけでなく，発展途上国でも次々と睡眠学会が結成されたので，1991年に世界睡眠学会連合（WFSRS）が結成され，その第1回世界大会がフランスで開催され，初代の副会長に私が選出された（任期4年）。1994年にアジア睡眠学会が結成された。それらの国際睡眠学会の学術大会は3〜4年ごとに開催されてきた。

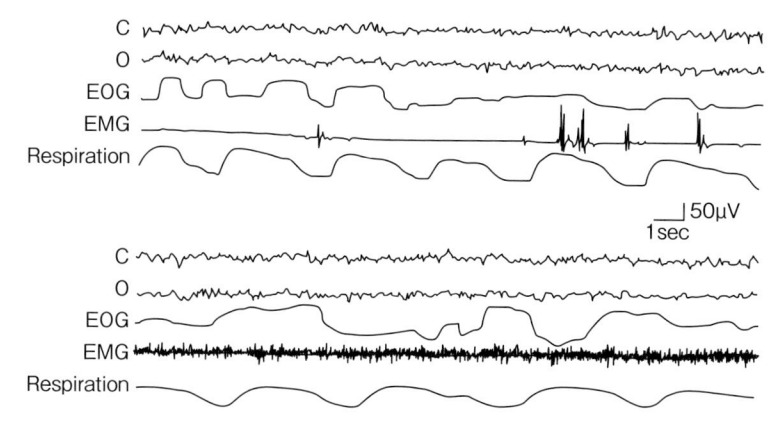

図8 アルコール依存症患者における睡眠ポリグラフ記録
上段は典型的な REM 睡眠。下段はオトガイ筋の持続性放電を伴う Stage 1-REM with tonic muscle activity の記録(Tachibana M, et al.：A Sleep Study of Acute Psychotic State due to Alcohol and Meprobamate Addiction. Advances in Sleep Research, Vol 2, Chapter 9. Spectrum Publication, New York, pp 177～205, 1975 より引用)

睡眠障害国際分類と学術図書の出版

　国際学会 APSS が結成されたのに伴い，専門学術誌"Sleep"が定期的に刊行されてきた。日本睡眠学会からも英文学術誌が刊行されるようになった。睡眠と睡眠医療をめぐる学術図書の出版も年々に増加した。そのうちから最近の主要な学術図書3冊に限って紹介する。

　2000年に国際的な総合学術書が世界の第一線研究者137名の分担執筆によって刊行された（文献3）。2005年に"睡眠障害国際分類"（第2版）が発行され，その日本語訳が2010年に出版された（文献5）。その国際分類では，82種類の睡眠障害が取り上げられ，個々の睡眠障害の基本的特徴，有病率，素因・誘因，病因，発症・経過・合併症，病理・病態生理，PSG 所見，診断基準・鑑別診断が記述されている。2009年に，日本睡眠学会の編集で国内の第一線研究者150名の分担執筆による総合学術書が出版された（文献4）。

日本睡眠学会の睡眠医療認定制度の誕生

　わが国だけでなく欧米先進諸国でも，一般人口の約20％が何らかの睡眠障害を患っているとの疫学調査報告がある。これは睡眠医療の需要がきわめて大きいこと，そのための医療体制整備が必要なことを示している。先進諸国では，1990年ごろより各国の睡眠学会が睡眠医療専門の医師，PSG 検査技士，睡眠医療センターを認定する制度を発足させ始めた。日本睡眠学会では，私が理事長であった2000年に，睡眠認定制度準備会を発足させ，私がその委員長となって準備に務め，2002年にその制度を発足させた。現在，日本睡眠学会認定の睡眠医療センターは89施設に達した。睡眠医療センターにはA型とB型があり，A型（76施設）は睡眠障害全般を診療対象とし，B型（13施設）は SAS のみを診療対象とする。国内の多くの大学病院や総合病院などに睡眠医療センターが設けられてきた。現時点で最大の問題点は，睡眠医療センターの数がまだ少なく，まったくない県もあることである。

大学での睡眠学の講座や診療科の誕生

　過去10年間にいくつかの大学や大学病院(滋賀医大，愛知医大，愛媛大学，筑波大学，京都大学，東京大学など)に睡眠学の講座と診療科あるいはその片方が設置されてきた。ただし，睡眠学講座は期限付きの寄附講座であることが多い。この方向への進展は，睡眠医学・医療の研究の発展だけでなく，医学教育にも貢献することなので，一層の推進が望まれる。

結び

　睡眠医学は1950年ごろより急速に進歩し，同時に臨床睡眠医学が誕生し大きく発展したものの，まだ不十分であり，今後一層の発展が望まれる。睡眠医学・医療は他の多くの医学・医療分野と密接な関係があるので，睡眠医学・医療の進歩は医学・医療全般の発展に役立つであろう。

　以下に阪大病院の睡眠医療センターの現状について若干の希望を述べておく。阪大病院の睡眠医療センターには専属の学会認定医と検査技士がおらず，日常業務が兼任教官と非常勤技士によって行われているようだ。私が思うに，和風会々員のうちには睡眠医療センター専任医師として複数の適任者がいる。現在，阪大病院の睡眠医療センター長を兼任しておられる武田雅俊教授は2～3年後に定年退官とのことなので，定年退官されるまでに同睡眠医療センター専任の睡眠医療認定を受けた医師教官とPSG検査技士を配置して頂くよう希望している。

文　献

1) Hishikawa Y：Neurophysiological Nature of Narcoleptic Symptoms. Gastaut H, Lugaresi E, Ceroni GB, and Coccagna G.（Eds）：The Abnormalities of Sleep in Man. Aulo Gaggi Editore, Bologna, pp 165-175, 1968
2) 菱川泰夫，杉田義郎，飯島壽佐美，他：異常な睡眠状態"Stage 1-REM"とそれに類似したREM睡眠の解離現象の病態生理—幻覚・異常行動・意識障害を特徴とするせん妄状態のメカニズム．神経研究の進歩 25（5）：1129-1147，1981
3) Kryger MH, Roth T, Dement WC（Eds）：Principles and Practice of Sleep Medicine,（3rd ed）. W. B. Saunders Co, Philadelphia. p1336, 2000
4) 日本睡眠学会 編：睡眠学．朝倉書店，東京，p 735, 2009
5) 米国睡眠医学会（日本睡眠学会・診断分類委員会訳）：睡眠障害国際分類（第2版）診断とコードの手引き．医学書院，東京，p 272, 2010

6 笑いの精神医学

● 志水　彰

はじめに

笑いは毎日何回も何十回も表出される表情であり，人と人とのコミュニケーションにきわめて重要な役割を果たしている。したがってコミュニケーションの障害でもある統合失調症や気分障害では変化が起こっているが，それを取り上げた研究は，阪大精神科以外には見当たらない。その中心となったのは，角辻豊（故人）と筆者志水彰であり，それについてここに述べることができるのは大きな喜びである。

なお，東司，河﨑建人，志水隆之，阪本栄，岩瀬真生もこの研究に貢献しており，それらの人々による業績も加えて述べる。

まず，笑い一般について従来の知見を系統的に述べ，続いて精神疾患による変化について記す。なおその記載は，志水の著書「笑い―その異常と正常」（勁草書房）に負うところが大きい。

正常者の笑い・人間と動物の笑い

1．動物の笑い―笑いの系統発生―

①霊長類までの動物の笑い

最も記載の多いのは犬についてである。19世紀の解剖学者のチャールス・ベルは，「表情の解剖」の中で「犬が愛好を表現するには，跳ね回りながら少し唇をそらせて歯をあらわし，鼻息を荒くして，まるで笑っているかのようである」と述べているし，チャールス・ダーウィンもまたスピッツとシープドックの観察結果，その名著『人および動物の表情について』の中で「犬が笑うときはちょうど怒るときのように上唇を引き上げて牙をあらわし，耳を後方に引く。しかしその体全体の様子は明らかに怒るときとは異なっている」と記している。

平岩米吉も，「犬の笑顔は鼻の上にしわを寄せ，上唇を引き上げて歯をあらわし，鼻声をたてる特殊な表情であり，顔だけをみると怒るときの表情によく似ているが，笑うときは体を柔和にくねらせ，軽く尾を振り，毛並みは逆立てず，やさしい眼をしていて怒るときとはまったく異なるので，全身を見るとすぐ区別ができる」と述べている。

このように犬や狼で「笑い」と記載されているものは，顔が主な表出の道具とは言えず，むしろ身体全体の身振りの1つとして位置づけられている。そしてその笑いはおおむね嬉しいときの快の感情の表出としての「快の笑い」（後に記載）である。

②霊長類の笑い

人間の笑いが顔の表情の1つであり，主な役割がコミュニケーションの手段であることには異論がない。それはいかに楽しい場面のものであっても，顔の写っていない映像では「笑っている」とは言えないこと，1人でいてコミュニケーションの相手のないときの笑いは例外的であることだけを取り上げても明らかである。

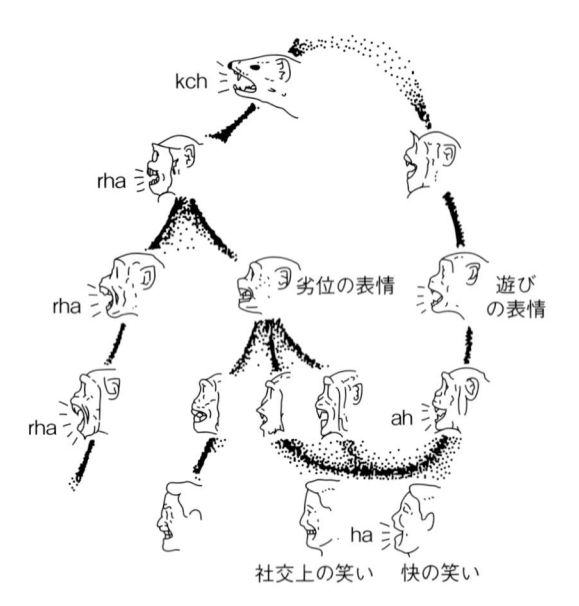

図1 ほほえみと笑いの進化 (van Hooff, 1972)
(志水彰・角辻豊・中村真：人はなぜ笑うのか—笑いの精神生理学．講談社ブルーバックス，東京，p 28，1994より引用)

人間以外の霊長類でもこのコミュニケーションの手段としての笑いが存在することは，サルやチンパンジーなどを用いた多くの研究から明らかとなっている．霊長類は情報のやり取りを主として視覚に頼り，そのために主な情報源を顔の表情に求めるようになった最初の動物である．それはこの段階で起こった3つの進化に基づいている．

第1は，視力の発達と顔の扁平化である．顔が扁平になり2つの眼が前に並ぶように進化し，網膜から脳へ情報を伝える視神経が左右脳へ平等に分布するようになった結果，完全な立体視が可能となり視覚により得られる情報の量が飛躍的に増大した．

第2は，顔面表情筋が発達したことである．しかしいかに視力がよくなり，表情筋が格段に発達しても，顔が毛に覆われていては相手の表情筋の動きを読み取ることはできない．

第3の重要な進化は，顔面の毛が失われたことであり，このため表情の動きがほかのサルからみられやすくなった．サルは群れをなして樹上生活をしていて，相手のサルとの距離はあまり離れていないので表情の動きをみることで十分に情報のやりとりが可能である．

つまり立体視能力の獲得，表情筋の発達，そして顔面の毛の喪失という3つの変化が近距離で群れをなして生活をするサルに起こったことによって，顔面の表情を中心とする視覚による大量の，しかも瞬時の情報のやりとりが可能となった．そして「笑い」がコミュニケーションの手段として，初めて登場することとなった．

図1はvon Hooffの図を一部改変して引用したものである．

2．人間の笑いの発達—笑いの個体発生—
①笑いの生得性

顔面の表情は生後まもないわずかな期間に急速に発達する．このことはそれが遺伝的に組み込まれているということを示唆する．アイブルーアイベスフェルトは，母親が妊娠中に服用した睡眠薬の副作用のために，生まれながらの盲目であり，聾唖でもあった6人の子どもについてその表情の発達を7年間にわたって観察した．この子どもたちは，その身体障害のために他人の表情をまったく真似ることができないにもかかわらず，7種類の顔の表情を示し，その中にはほほえみが含まれていた．

一方，生後の異なる時期に視覚などの感覚を失った子どもたちの表情を比較することにより，感覚を失う前までに身につけた表情は十分に表出できるが，それを失ったときから後に修得するであろう表情については，上手に表現できないことがわかっている．例えば幼少期に視覚を失った人は長じても皮肉な笑いを浮かべることができない．

これらの事実から，笑いを含む表情は生得的な表出行動ではあるが，感情や身体の状態を外面化するところまでは生まれながらに備わっていても，社会的に自分の意思や内面を知らせるコミュニケーションの役目を担う部分については，社会における学習が必要であることがわかる．

②乳児期の笑い

笑いが生後どのくらいで出現するかは主として母親の観察が資料となっている。このため多少の主観の入ることはやむを得ないが，大体3〜4週間でほほえみは出現し，それは主として授乳後の満足に際してである。つまり「快の笑い」である（笑いの分類参照）。

一方，この授乳後のほほえみとそれに対する母親の行動は，肌のふれあいとともに母子間の絆を強めるのに決定的な役割を果たすことが示されており，それは乳児の働きかけによるのではなく，母親がその乳児の笑顔に「可愛い」と反応して，乳児により強く働きかけるからであると考えられており，多くの母親は，生後3〜4ヵ月で自分が笑うと乳児が笑うことを認めている。

しかしこの時期には，まだ真の意味でのほほえみを通しての相互の感情の交流が行われたとは言えない。なぜなら相手の感情からその人が怒っているか喜んでいるかなどの感情を汲み取るためには，生後5〜7ヵ月を要すると考えられているからである。多くの場合，6ヵ月を過ぎると周囲の人々，ことに母親に対して笑顔を見せると相手が喜ぶことを学び，相手が笑い返すとこれに応じてまた笑うというように，笑いを介してのコミュニケーションが成立するようになる。これが「社交上の笑い」（笑いの分類参照）の始まりであると考えられる。

「緊張緩和の笑い」（笑いの分類参照）の始まりは，発達のどの時期であろうか？　明らかなのは「イナイ，イナイ，バー」に際しての笑いや，父親などに空中へ放り上げられ受け止められて笑う場合である。空中へ放り上げられると緊張し，受け止められるとそれが緩和しここで声を出して笑う。これがたび重なると放り上げられるときすでに安全に受け止められて緊張が緩和することを予期して笑うという形をとる。これらは生後5〜6ヵ月に出てくるので，「緊張緩和の笑い」の出現はこのころと考えられる。

要約すれば「快の笑い」は生後3〜4週間で，「社交上の笑い」は約6ヵ月で，「緊張緩和の笑い」は5〜6ヵ月で出現すると考えてよかろう。

③幼児期の笑い

幼児期は笑いが単なる食欲の満足や，単純な意味での緊張緩和の表われでなく，人間的な要因を含めて複雑に発達していく時期である。保育園で成長していく幼児を観察した友定啓子は，乳を飲んで笑い，くすぐられて笑った乳児が，やがてすべり台やブランコで遊ぶとき，さらに走り回るときなどに笑うようになることを観察して，これらを自らの身体に緊張感を与え，その解消を楽しむ動きと考えている。つまり「緊張緩和の笑い」である。

「価値無化の笑い」（笑いの分類参照）は，「やってはいけないことと自分で思っているが，しかしやりたい」ことをするときに笑いを浮かべる。友定は「笑いすなわち親和を前面に押し立てて，実際には行動してしまおうという非常に複雑な戦略をとっていることになる」と述べている。

以上を要約すれば，動物ではおそらくサルからコミュニケーションの手段として笑いの表情が出現し，人間ではまず満足の「快の笑い」がみられ，ついでコミュニケーションの意味での「社交上の笑い」が出現し，これに緊張が緩んだときの「緊張緩和の笑い」が加わる。

笑いの分類

笑いを分類する試みは数多く行われてきた。笑いの分類の中で最も普遍的なものは，「笑い」と「ほほえみ」の2つに分けるやり方である。この2つの主な差異は笑い声の有無である。

筆者は表1のように笑いを「快の笑い」「社交上の笑い」「緊張緩和の笑い」に三分し，さらにそれぞれ下位分類を行っている。まずそれについて説明する。

1．快の笑い

笑いの個体発生からみると，生後3週間の乳

表1　笑いの種類

快の笑い
　①本能充足の笑い…哺乳の後
　②期待充足の笑い…甲子園で優勝
　③優越の笑い…相手に対して優越を感じた時の笑い
　④不調和の笑い…成敗！と竹光
　⑤価値低下・逆転の笑い…有能な上司のぶざまな姿

社交上の笑い
　①協調の笑い…挨拶の微笑
　②防御の笑い…内心を知られたくなくて
　③攻撃の笑い…冷笑・嘲笑
　④価値無化の笑い…笑ってごまかす

緊張緩和の笑い
　①強い緊張が緩んだときの笑い…危険な崖道
　②弱い緊張が緩んだときの笑い…駄洒落

児が哺乳の後、満足してにっこりするのが人間の笑いの原形であると考えられるが、これは満足による快の感覚の表出と思われ、「快の笑い」の基本的な形である。その後、成長に伴う精神機能の変化により、「快の笑い」はさまざまな形をとるようになる。

①本能充足の笑い
乳児の哺乳後の笑いに代表されるが、成人にあってもこの笑いがしばしばみられる。

②期待充足の笑い
この笑いには精神的な要素が強い。入試に合格したとき、スポーツの試合に勝ったとき、懸賞小説に応募して当選の報せを受けたときなど、日常生活をさまざまに彩る笑いである。

③優越の笑い
真面目に働いてうだつの上がらぬ相手の話を、うまく立ち回ってボロ儲けをしている人が口許をほころばせながら聞くなどは、この笑いである。

④不調和の笑い
その場面の流れから当然期待されるのと異質な行動は笑いを誘う。例えば、「成敗するぞ！」とさっと振り下ろした刀が、折れた竹光だったなどである。

⑤価値低下・逆転の笑い
発想も独創的、計画も正確、流暢な英語を話す有能な上司をデパートで見かけた。その上司は太って横柄な妻に、荷物をたくさん持たされ、「正男！」と呼び捨てにされ、おどおどしていた。これが会社帰りの飲み屋で報告されると、皆が顔を輝かせて、大声で笑った。といったシーンはサラリーマンの飲み屋街でよくみられる。これはきわめて高かった上司の価値が、急に下落したことによる「価値低下の笑い」である。

2．社交上の笑い
顔の表情は、人間のコミュニケーションに際してきわめて重要であり、言葉を上回る情報量を持ち、人間関係において重要な役割を果たすが、その中でも笑顔の持つ意味が大きい。

①協調の笑い
「あいさつの笑い」をその代表とする。われわれは他の人と出会ったとき、特にその人と何らかの交流をもとうとしているときには、まず「おはようございます」「こんにちは」とほほえむ。これは必ずしも快の表現ではなく、とりあえず交流を始めるときに「これからあなたと仲良く話していきたい」というメッセージを伝えることが大部分であり、協調の意志の表現である。
この「協調の笑い」は、他の種類の笑いに比して圧倒的に多く、状況にもよるが我々の笑いの半分はこの笑いで占められる。

②防御の笑い
自分の内面を知られたくないときなどに浮かべる笑いで、相手が自分の中に入ってくるのを防御する役割をもつ。

③攻撃の笑い
冷笑、嘲笑に代表される笑いである。「攻撃の笑い」の威力は大きく、これが笑いの原形であるとする学者もある。

④価値無化の笑い
目の前に起こった具合の悪い状態を「価値無きもの」にしよう、なかったことにしようという作用をもつ笑いであり、「価値無化の笑い」で

ある。「笑ってごまかす」ことは日常生活で多い。

3．緊張緩和の笑い
①強い緊張が緩んだときの笑い
氷で滑る危険な崖道をうまく通り過ぎ，ほっと緊張が緩むと誰しもほほえむ。

②弱い緊張が緩んだときの笑い
緊張の緩和は，我々の日常生活での精神の健康を保つうえで大切である。またそれは同時に自律神経系が交感神経優位から，副交感神経優位へと移るリズムを伴い，身体的な健康にもきわめて重要であり，我々は無意識にそのリズムを求め，作り出している。

笑いの脳内中枢とその表出
1．てんかん性笑い発作

てんかん性笑い発作は，1975年に初めてフランスのてんかん学者トルーソーによって次のように報告された。

「私はベリーから私の意見を求めてパリへやってきた1人の少年を診察した。診察室にいる短い間に彼はめまい，ついで急に笑い出すという発作を示した。2～3秒経って意識が回復した少年に私がなぜ笑ったのかと尋ねると，彼は驚いた様子を示した。少年は自分が笑ったことに気がついていなかったのである。」

以来約40年間に現在の診断基準に合致する笑い発作をもつ患者の報告は100例を超える。そしてその70％の患者では原因となる病巣は視床下部にあるが，残りの30％の患者では，側頭葉に病巣があることが，脳波やCT，MRIなどの画像や，手術後の検討などによって証明されている。これらの検討から得られる笑いについてのデータは表2のようになる。

なお，これらのてんかん性笑いの場合，その原因となっている病巣を手術で除去できた場合にはおおむね笑い発作はなくなる。

ここまで挙げてきたデータから笑いの中枢を推論してみよう。

表2　てんかん性笑いに関係した要因の相互関係

てんかん性笑い発作	発作前	発作開始	発作中	発作終了
笑い表情	なし	なし	あり	なし
快の感情	なし	あり	意識消失のため不明	なし
意識	正常	ほぼ正常	消失	正常
脳波	正常	側頭葉に異常波	全体に広がった異常波	正常

→時間

（志水彰：笑い／その異常と正常．勁草書房，東京，p82，2000より引用）

図2に模式的に示したように感情の中枢としての辺縁系と，意志の中枢としての大脳新皮質，そして笑いの表出および自律神経反応の中枢としての視床下部の3つを笑いの中枢と考える。

さて笑いを引き起こす原因となる言葉，顔，写真，書類などの外界からの刺激は，目，耳などの感覚器を通って脳に入り，それぞれの経路を通ってこの3つの中枢に入り処理される。

まず「快の笑い」について考えてみよう。快をもたらす外からの刺激は，辺縁系に入って快感情を引き起こす。そして辺縁系は，視床下部と情報のやり取りを行い，「快の笑い」の表出の準備を整える。

しかし，我々の社会では，笑ってよい場とよくない場がある。例えば葬式中に笑うことは許されない。そこで辺縁系および視床下部は，意志や判断の中枢である大脳新皮質と情報を交換する。そして大脳新皮質から「笑ってよい」との許可を得ると，「快の笑い」として表出される。

この「快の笑い」は，比較的大きな笑いであり，顔の表情筋の動きに笑い声が加わったり，視床下部を介しての自律神経活動の結果，顔色の変化，眼の輝き，流涙などを伴うこともまた身振りが加わることもある。

「社交上の笑い」は，おおむね「意志の笑い」

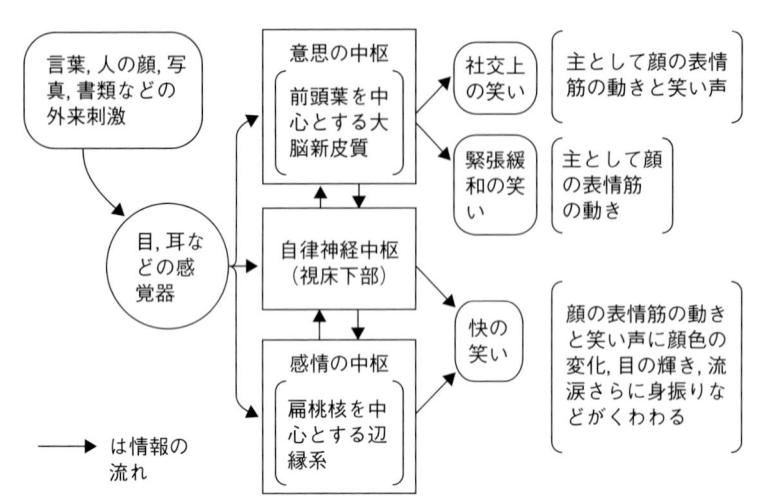

図2 笑いの中枢
(志水彰：笑いの生理学. imago 6 (3)：22-29, 1995より引用一部改変)

である。外からの刺激は主として大脳新皮質に至る。それからは例えば「攻撃の笑い」，つまり冷笑では大脳新皮質からの意志により，顔の表情筋が動かされ，時には適度の笑い声も伴う。この場合でもその表出に視床下部は関与するし，感情の中枢である辺縁系もかかわってくる。もちろんこの場合に起こる感情は快ではない。

他の「社交上の笑い」，例えば挨拶の笑いを代表とする「協調の笑い」も意志の要素が大きいが，他の2つの中枢もかかわってくる。

「緊張緩和の笑い」については，まだ中枢メカニズムを説明するにはデータが不足である。これには緊張が緩んだ結果として笑う場合と，緊張を緩和するために笑う場合があり，前者には大脳新皮質が関与しており，後者には脳幹の筋緊張を司る中枢が関与していることを指摘するに留めたい。

2．岩瀬，志水によるPETを用いた研究

岩瀬らはPETを用いて，笑いにより賦活された脳部位を同定し，作り笑いと比較して，快の体験を伴う笑いの表出部位を求めた。その結果，図3のように視覚刺激による「快の笑い」の知覚経路，快の体験，笑顔の表出についてのシェーマを提案した。ここでは快の体験は，主として扁桃体で認識された後，前頭眼窩野，内側前頭前野で得られ，その表出は，補足運動野，線状体，視床のループで形作られ，補足運動野→脳幹→表情筋となる。

笑いの判定

1．笑いと顔面表情筋
①表情筋の特長

笑い表情の主役は何と言っても顔の表情筋群である。

多くの表情筋がさまざまな組み合わせで，いろいろな程度に微妙に収縮することによってできる種々の顔面のしわ，眼裂の大きさや眼球の位置，口唇や鼻翼の形などの，微妙な変化によって笑い表情の主要部分が形作られる。

一般的にいって快刺激などの刺激に応じて自然に出てくる笑いの場合には，笑い表情は左右の顔面にほぼ対称に出現してくるし，笑いの程度が大きくなると，活動する筋肉の数も，1つ1つの筋肉の活動も大きくなり，その結果，笑いの大きさや長さはある程度意志に無関係に決まってくる。

しかし，冷笑など意志の要素が非常に強い場合には左右非対称なこともあり，たとえば「片頬だけで笑う」などの表情を作ることも可能である。

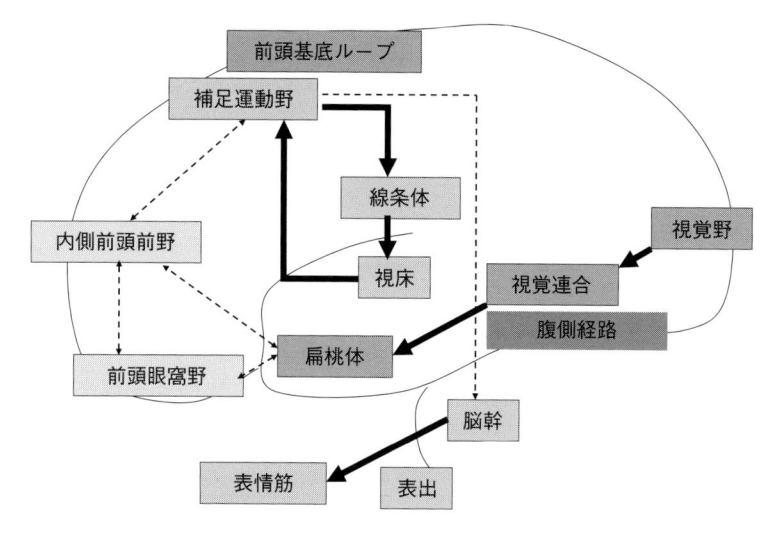

図3 視覚刺激による「快の笑い」の認知，体験，表出の模式図
(岩瀬，志水)

2．笑いと自律神経活動

あいさつの笑いなどの「社交上の笑い」や，おいしいものを食べた後のほほえみなど，快感情の程度の軽い「快の笑い」は顔の表情が笑いの中心である。

しかし「快の笑い」の程度が強くて，爆笑したり笑い転げたりするときには，顔の表情に加えて，大きな笑い声を出し，身体をゆすって全身で笑う。この際に顔が紅潮し，涙が出て，ひどいときには尿を漏らしたりするが，これらの変化には自律神経活動が大いに関係している。

3．笑いの判定—笑顔の判定—

笑顔の判定は脳で行われるが，その材料となるいろいろな知覚情報は主として眼と耳，ことに視覚によって得られている。

しかし，相対している相手の表情を判断する際に，相手の顔のどの部分をみて判断しているかについての研究は少ない。志水隆之は笑い表情につきアイマークレコーダーを用いてこの点の研究を行い，まず左右の笑顔の眼とその周辺を見比べ，ついで口唇とその周囲に注目していることを示した。これはすべての被験者でほぼ共通であり，このことから我々は，相手の眼と口を見て笑いを判断しているのであろうと推定される。

笑いの数量化

1．笑いの客観的記録
①表情筋筋電図による笑いの記録

角辻豊は多くの電極を顔面に装着し，笑いを中心としたいろいろな表情の際，これら多くの表情筋の筋電図を同時に双極誘導し，ペン書きのポリグラフ計で記録している。

誘導する電極は，顔面の皮膚表面に円板電極を糊を用いて装着する場合もあるが，角辻の考案した，直径70ミクロンのステンレス線電極を顔面の毛孔を介して表情筋に刺入していくと，プチッと毛根を破った直後から，表情筋の筋電図を鮮やかにかつ痛みなく記録することができる。

一般的にいうと，ごく弱い笑いでは，口唇の周囲の筋肉のみが弱く活動し，もう少し強くなると，眼の周囲と顔下半分の筋肉が活動し，大笑いの場合には上半分の筋活動も強く起こって，「顔をクシャクシャにして笑う」ようになる。

②自律神経活動の記録

笑い，特に「快の笑い」に際して自律神経活動が変化するので，この変化を記録する。

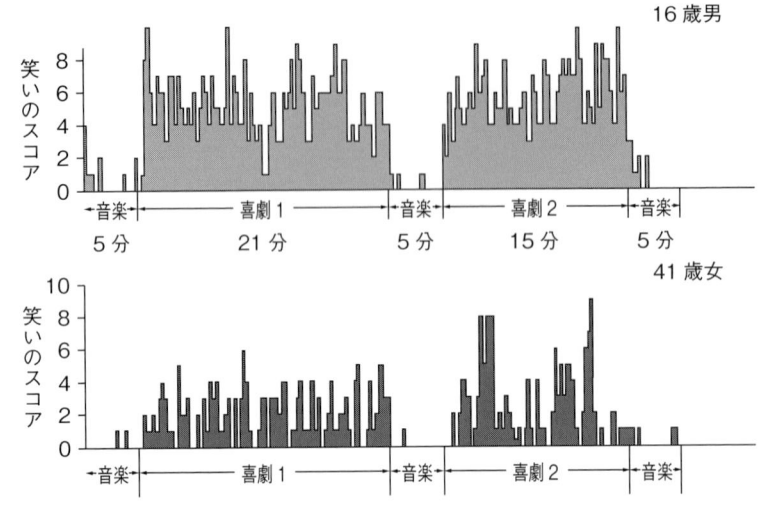

図4 喜劇ビデオ視聴中の16歳男性と41歳女性の笑いのスコア
(志水彰:笑い/その異常と正常.勁草書房,東京,p129,2000より引用して一部改変)

2．笑いの大きさの測定

①ポリグラフィーによる「笑いのスコア」の算出

河﨑建人は，笑いに際して表情筋の活動が高いほど大きな笑いであり，これに自律神経の変化が加わったり，身体を動かし笑い声を出したりする場合には，さらに大きな笑いであるとの推論に立って，これらの指標を同時にポリグラフィー記録して，笑いの大きさを表わす客観的指標としての「笑いのスコア」(Laughing Score)を考案した。

そのために，次の3つの生理学的変化を記録した。

  a．表情筋の中で，笑いの大きさと最も関連の深い大頬骨筋の筋電図の振幅と持続
  b．笑いの際の呼吸曲線の変化と，指尖容積脈波の変化，および電気皮膚反応の出現の有無など自律神経反応に関するもの
  c．笑いの際の声や体動

これらの生理学的変化を連続的にポリグラフ計で記録し，その各10秒間の記録について，①の筋電図の振幅に応じて0〜3点，②の変化の有無で0点または1点，③の変化の有無で0点または1点を与え，その合計を「笑いのスコア」とした。

②「快の笑い」の「笑いのスコア」

図4の上段は21分および15分間の放映時間をもつ2本のビデオを，16歳の男性が視聴した際の「笑いのスコア」を10秒ごとに時間経過に従って表わしたもので，この場合の最高得点は10点となる。

3．笑いの数の測定

ホルター心電計を改造して，東司は，数時間以上にわたって筋放電を記録しており，もっと長時間にわたって記録することも可能となっている。図5は30歳男性のある日の10時40分から11時までの記録であり，この20分間に14回笑っていることがわかる。

この方法を用いて，東がある病院の看護師15人につき，通常勤務中の笑いの数を半日（4時間）にわたって測定してみた。その数はもちろん人によって異なるが，4時間で17〜130回，1時間あたりで21±4.1回（平均±標準偏差）となった。つまり，おしなべて約3分に1回くらい笑っていることになる。そして60分間に笑いの占める時間は1.5±0.5分であった。

看護師の勤務は一般に笑いに満ちた仕事ではない。この笑いの内容を調べてみると，大部分は「社交上の笑い」の1つである「協調の笑い」であった。例えば病室に入って患者に向かい「今

ない点であろう。

精神病者の笑い

1．笑いの量の異常

笑いの回数や大きさ，つまり笑いの量は個人によってもまた民族や文化によっても異なる。私たちは，誰でも状況によって，また気分によって，笑ったり，笑わなかったりする。入試に落第した学生や失恋した女性は当分笑わないし，初孫の生まれたおばあさんは，何ヵ月にもわたって孫の可愛さを人々にしゃべっては笑う。

しかし，これらの笑いの量の変動は，正常の範囲内のものであり，異常な変化は主として精神疾患で観察される。ここでは精神疾患に関連した笑いの量の変化を大阪大学精神科での研究を中心に述べてみたい。

①感情障害（うつ病と躁病）の笑い

一言で言えば，うつ病では笑いの量は減少し，躁病では増加する。そしてその量の変動は，うつ病や躁病の症状の強さにほぼ比例する。

a．うつ病の場合

ⅰ）笑いの量の変化

・快の笑い

「快の笑い」の量の減少は，うつ症状が改善して正常に近づくと少なくなり，精神症状が正常に戻ると，笑いの数も正常に復した。

・社交上の笑い

「社交上の笑い」は抑うつ症状の比較的強いときにもわずかしか減少せず，その差は統計的に優位ではなかった。

すなわちうつ病患者は，気分が落ち込み「快の笑い」はいちじるしく減少している状態でも，インタビューの相手には気を遣い，答えの際にはほほえみを浮かべて答えることが多い，という結果が得られ，臨床経験からの印象を裏付けた。

この事実は医師にとって１つの警告となる。なぜなら医師は，うつ病の人が他人に気を遣うと知っていても，インタビューの際，例えば「い

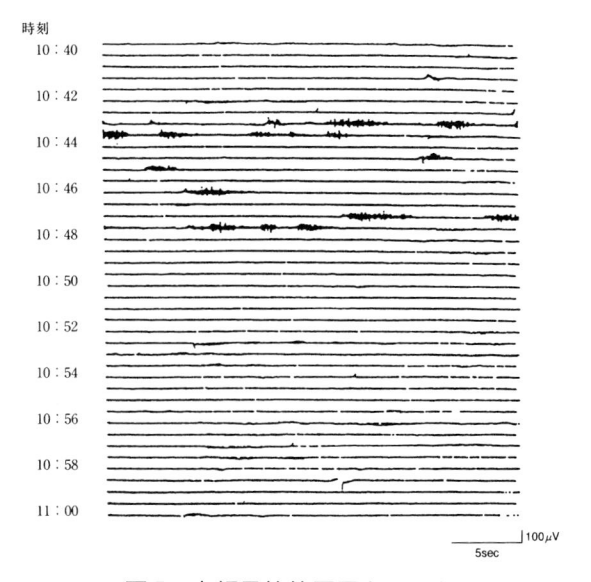

図5　大頬骨筋筋電図を用いた
笑いの長時間記録（東）

（東　司：空笑の精神生理学的研究―大頬骨筋筋放電の長時間記録による．大阪大学医学雑誌47（1）：1-9, 1995より引用）

朝の食事は全部食べましたか？」と聞きながらほほえみ，「今日は天気だから元気がでるよ」とにっこりするなどである。また同僚の看護師や医師との協力をスムーズにするための「協調の笑い」もあったが，「快の笑い」は5％以下であった。

以上ここでは，笑いを客観的に記録し数量化する方法について述べてきた。はじめに記したように，客観的記録は自然科学的に笑いを扱う第一歩であり，きわめて大切である。

しかし，ベトナム戦争の極期にニューズウィークの表紙をかざった爆撃により両親を失って号泣しているベトナムの子どもの顔は，筆者には，まさに大笑いしている顔に見えた。

大泣きと大笑いとに関与する筋肉とその動きは同じであり，筋電図パターンも同じである。つまり写真や筋電図という客観的記録はあくまでもその場の情報の流れの中で捉えられてはじめて有用なものとなる。このことは表情を客観化してみていくうえでいつも心しなければなら

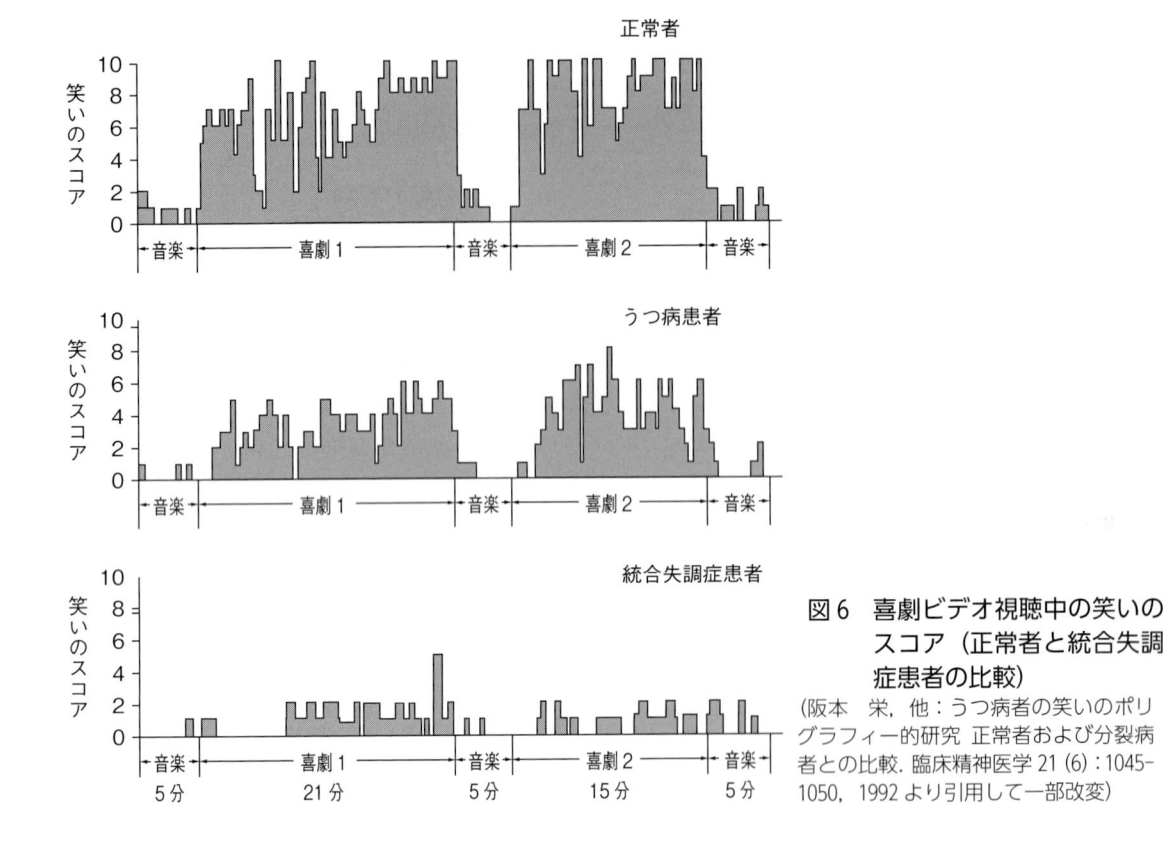

図6 喜劇ビデオ視聴中の笑いのスコア（正常者と統合失調症患者の比較）
（阪本 栄，他：うつ病者の笑いのポリグラフィー的研究 正常者および分裂病者との比較．臨床精神医学 21 (6)：1045-1050，1992 より引用して一部改変）

かがですか？」と聞いて，「えー，まあまあです」とほほえんで答えられると，ついその抑うつ症状の強さを見逃すことがあるからである．

　b．躁病の場合
　角辻は持ち運び可能な「笑いの度数計」を考案した．長時間にわたりそれを患者に携行してもらい，躁状態およびうつ状態の笑いの数が臨床症状とよく並行することを示した．
　このように「笑いのスコア」からも「笑いの度数計」からも感情障害では，臨床症状に対応した笑いの量および質の変化が客観的に検出された．特に笑いの数は感情の変化に応じて変化するが，うつ症状の場合には患者が対人関係を損なわないため，無理をして笑顔を浮かべないことがはっきりした．臨床医としてはこのことに気をつけながら，笑顔の出方に観察を続けなければならない．

②統合失調症の笑い
　a．笑いの量の変化
　ⅰ）快の笑い
　河﨑は統合失調症患者に喜劇を観賞してもらい，その笑いのスコアを正常者およびうつ病患者と比較した．
　図6の上段の正常者に比べて，下段の統合失調症患者では，最初の喜劇の21分間でも5分の休憩をはさんだ第2の喜劇の15分間にも「笑いのスコア」がいちじるしく低いことが明らかである．なお中段には，うつ病患者の記録を参考のため示した．
　つまり主観的にも統合失調症患者は，快刺激の受け取り方が少なく，客観的に記録した笑いも乏しかった．

　2．笑いの質の異常
　正常にはみられない異質な笑いは，主として精神疾患および脳の疾患に際してみられる．

①統合失調症の場合

　日常，臨床でよく語られるのは統合失調症患者の表情が「硬い」ということである。この点に関する研究では，一般に顔の表情筋の活動レベルが正常人に比べて高く，しかも，喜怒哀楽といった情動で変化が少ないことが示されている。

　具体的には，表情筋の安静時の背景活動としての筋放電図の面積積分値は，統合失調症患者のほうが大きいが，情動に際してのその面積の変化は，正常者に比べて小さい。

　この結果，統合失調症では表情の動きが少なく，「硬い」とみる者に感じられるようである。また正常では，表情筋はお互いに一定の関係をもって動き，ある表情筋が強く活動するときには，それに協力して強く働く表情筋もあるが，むしろ活動が弱まる筋肉もある。つまり1つの表情の表出のためには，1部の表情筋だけが活発に活動し，他の筋肉は動きを控えるようになっており，このためにその表情が明確に表出される。この表情筋間の相互関係が，統合失調症患者では十分に働いていないようで，その結果情動の表出が曖昧となり正常と異なった感じを与える。

　笑いについてみると，正常では，大頬骨筋や眼輪筋といった笑いのときに主として働く筋肉が活動すると，皺眉筋などの活動がそれと連動して低くなるが，統合失調症患者ではその低下がほとんどみられず，質的には異なった笑いの表情となる。

　統合失調症には「空笑」と呼ばれる笑いがある。空笑は，統合失調症患者に独特な笑いであり，正常の人の笑いと質的に異なる笑いである。

　この笑いは1人でいて，特に笑いを誘う刺激はないと思われるときによくみられる。他人と一緒にいるときにも浮かぶが，それはコミュニケーションのためのものではないし，かといって楽しい刺激があるとも思えないときに浮かんでくる。つまり，他の人には目的も原因も理解できない笑いと感じられ，これが「空虚な」ある

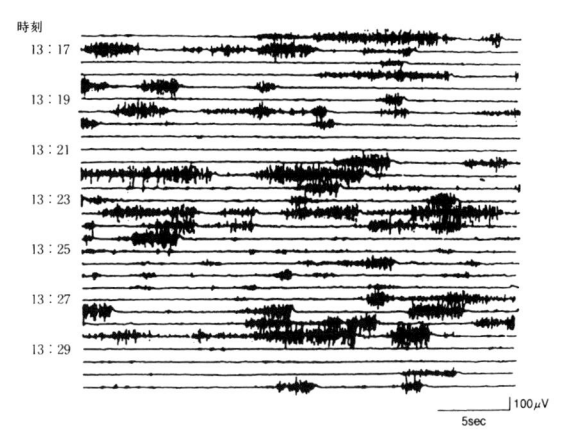

図7　空笑の大頬骨筋筋電図による記録
（東　司：空笑の精神生理学的研究―大頬骨筋筋放電の長時間記録による．大阪大学医学雑誌 47（1）：1-9, 1995 より引用）

いは不気味な感じを与えるため空笑と呼ばれる。

　図7は統合失調症患者が1人で部屋の中に座っているときにみられた空笑を，大頬骨筋の筋電図で捉えた記録である。これはテレビやラジオなど，特に外からの刺激のない部屋に，1人でいるにもかかわらず，図にみられるように，紡錘状の笑い，「空笑」を示す筋放電が多数出現しており，13時17分から13時31分までのこの記録では，14分間に34回，つまり1分間に平均2.4回の空笑がみられる。

　以上を要約すると，統合失調症の場合には，一般に表情筋の動きが少なく，しかも複数の表情筋が正常と異なるお互いの関係をもって動くため，正常者とは異なった印象を他人に与えると考えられる。

　また空笑が快感情を呼び起こす刺激がないのに起こったり，コミュニケーションの目的を持たずに出現するため，第三者から見て異様に感じられる。

まとめ

・「笑い」が人と人とのコミュニケーションの重要な手段であることを系統発生，個体発生

の面から考察した。
・「笑い」を主観的に解釈するのではなく，客観的に記録し，定量的な解釈をする方法を示した。
・気分障害では，顔面表情筋の動きそのものは正常者と同質であるが，出現頻度，他者への反応が躁状態，うつ状態，それぞれに特徴があり，その変化は臨床症状と関連していることを示した。
・統合失調症では，表情筋筋電図を用いて，正常者と異なる顔面表情筋の動きがあることを示し，それが統合失調症に特異な表情を作っていることを明らかにした。また，笑いの数を客観的に記録し，それが正常者と異なり，症状に応じて変化することを示した。また独特の空笑を記録した。

Memory

北野神社にて
1943年4月3日

7 精神医学への生化学的研究の導入と神経化学の推進―佐野勇グループの活動―

● 柿本　泰男

　統合失調症などの精神疾患の原因解明に向けて，広く世界的に研究が始まろうとした時期に，世界の主要な研究グループの一つになったのが佐野勇グループであった。

　佐野勇先生は昭和 24 年に大阪大学医学部を卒業後，精神神経科に入局し，昭和 27 年にはドイツに留学（フライブルグ大学）し，新しい精神医学に接し，生化学的研究に従事し，同時に当時開始された統合失調症の薬物療法，クロルプロマジン治療を学んだ。昭和 30 年，若くして精神神経科の助教授に任ぜられた。帰国後クロルプロマジン療法（当時冬眠療法 Winterschlaf と称され病棟を黒い膜で覆い暗室で行われた）を開始した。

　佐野先生は生化学的研究に強い情熱をもち，精神疾患の患者の尿の分析を試みようとしていた。当時，大阪大学の医学部では古武教授，市原教授らがアミノ酸，特にトリプトファンの研究を推進していた影響もあって，統合失調症の患者のインドール化合物の分析に着手した。尿のインドール化合物を濾紙クロマトグラフィーで分析した。

　また高圧濾紙電気泳動技術も導入し，佐野式電気泳動機器も作成させた。佐野研究グループには工藤，岡本，宮軒の御三家（飲み友達でもあった）に中島久，北嶋，大原，蒲生，梶田と若い医師が参加し，ミロン反応やクロマトグラフィーの研究を進めた。しかし疾患特異的な物質は認められなかった。柿本も昭和 29 年にグループに入れてもらった。

　このころわが国でも精神疾患の生化学的研究は東大の台グループが糖代謝，慶應の塚田グループが脳のアミノ酸の代謝の研究を始めていた。佐野教授はこれらの教授と研究の交流会をつくることにも情熱を燃やし，神経化学懇話会を発足させた。そこに 10 余りの大学の研究者が集まり，常に遠慮のまったくない激論を戦わせた。佐野先生の弁舌のさわやかさと対人関係がすぐれた点も効を奏し，互いに研究の悩みを語りまた勇気づけ合った。この会が日本中に参加者を呼び，後に日本神経化学会として発展した。世界各国とも連携して世界神経化学会 World Society of Neurochemistry として発展している。

　柿本は Page によってセロトニンの発見に大きく興味を引かれた。世界的な文献を探し，総説を三篇書いたが，その時の佐野先生の指導は素晴らしかった。構成，意義，研究のディテール，論文の書き方について徹底的に指導してくださった。その後何百という論文を書いたが，その時の教えが基礎となった。当時統合失調治療薬に登場したレセルピンは脳を含め体内のセロトニンを組織から放出する役割のあることがわかっていた。柿本は血中で何故セロトニンは血小板に集まっているのかに興味を持ち，その機序について大学院時代に研究した。そして血

図1　佐野勇グループ
前列左から2人名が佐野勇助教授

小板内にはセロトニンと結合する物質はないこと，血小板は膜を通してセロトニンを吸収し，またその機構はエネルギー依存であること，その機構はレセルピンで抑制されることを知った。新たに導入された大学院機構の第1回の論文審査で，同僚の谷向君と並んで発表した。私の論文審査に当たってくださったのが須田教授で「割に面白いね」と言ってくださり，これが後に須田教授が愛媛大学医学部長としてその創設に当たり，私に「一緒に来ないか」といわれる縁となった。

このころには精神神経科に新入局医師が多くなり，佐野助教授の生化学グループにも谷口，武貞，金澤，西村，西沼，中嶋，清水，宮本，辻尾，公文，松岡，矢内，今岡，小西，井上，三宅らの優秀な人材が集まった。これらの方々との研究は後に書いてゆく。これらの方々はその後研究室でも，そしてその後も多方面で活躍しておられる。筆者が佐野助教授から指示された研究はヒト脳カテコールアミンの分布である。

当時，佐野先生の弟佐野馨氏（阪大，薬理）が尿中カテコールアミンの定量法を新たに考案したので，それを脳に応用してみてはどうかということであった。馨氏は同級生であり方法を教えてもらった。ヒト脳は法医学教室から分与してもらった。脳に適用できる方法を考え，また苦手な脳の解剖学を学び直して，谷口，武貞，蒲生，西沼氏達と分布を調べた。すると意外なことに，ドーパー→ドーパミン→ノルアドレナリン→アドレナリンの代謝経路の中でノルアドレナリンや脳以外でのアドレナリンが作用物質というのが当時の常識であったが，ドーパミンはノルアドレナリンとまったく異なる分布をしていた。尾状核，被殻，などの錐体外路系にドーパミンが高濃度に存在していた。ドーパミンは

ノルアドレナリンのプレカーサーのみではなく独自の働きをしていることが示された。神経病学者なら当然パーキンソン病でドーパミンが減少していると考えるがこの研究で見いだした事実である。佐野先生はパーキンソン病の患者さんに0.5gのDL-ドーパーを注射した。当時研究室で持っていたのは1gのDL-ドーパーだけで，少量すぎたのか効果はみられなかった。その後，谷口らはパーキンソン病の患者の剖検脳でドーパミンの減少を実証した。

佐野先生は私をアームストロング先生の研究所へ留学させてくださった。アームストロング博士の有名な仕事はヒト尿中からホモバニリン酸および3-メトキシ, 4-ヒドロキシマンデル酸を見出したことであった。この研究がスタートとなり，カテコールアミン代謝が明らかとなり，さらにクロルプロマジンなどの作用機序が明らかとなった。アームストロング博士は非常に厳格な研究者であった。彼は朝8時から夜10時まで働き，日曜日も正月，クリスマスも必ず研究室に来た。当然私も休みなく研究をした。

彼は私に有機合成を教えてくれた。自分がまず合成し，私を1日中側に立たせ，翌日は私が行い，彼はずっと側に立ち，間違ったとき「NO」と言って私に考えさせ実行できるまで待ってくれた。私は結婚後3ヵ月で彼のところへ行ったが，妻を同行すると英語が上達しないと，半年間たってようやく妻の渡米を認めた。

いくつかの研究をした後に，彼と行った研究はβ-アミノイソ酪酸（BA1B）の研究であった。BA1Bの尿中濃度は遺伝的に規定され，白人では人口の1％，東洋人では20％，ミクロネシア人では90％が高排泄者である。BA1BにはL体とD体があるが，それがわかっていなかった。幸い私の妻が高排泄者であったので1ヵ月位の尿をため，そこからBA1Bの分離精製にかかった。約2gのBA1Bの結晶を得た。合成したDL-BA1Bを分割しD体，L体を作り，尿から得たBA1BはD体であることがわかった。

このBA1Bは体内ではDNAのチミンから作られる。

2年半後帰国し，そしてヒト尿のBA1BはD型であったので，このD-BA1Bの遺伝様式について矢内，辻尾君らと約100家系の分析から研究し，一方D-BA1Bの代謝に関与する酵素の研究を金沢，谷口君らと行い，分解酵素を見いだし，BA1B高排泄者がこの酵素の欠損者であることを見いだした。この酵素は従来BA1B：α-ケトグルタール酸アミノ基転移酵素と報告されていたが誤りで，実はBA1B：ピルビン酸アミノ基転移酵素であることを知った。このBA1Bを巡る一連の研究はNIH（National Institute of Health）のグラントを申請し，それを得て行った。その際，アミノ酸分析装置も購入し，この研究の推進に役立てた。当時アミノ酸分析装置は大阪大学には一台もなかった。人件費もグラントから出た。そして私達は，BA1Bの高排泄者では先の酵素が欠損していることを明らかにした。

この研究に平行して，佐野先生は私達に脳から「物質をきっちり結晶に取り出して構造を決める研究をせよ」と告げた。先生は理論的に仮説を立てて行う研究を嫌った。もっと古典的な研究に帰れということである。それ以来，脳からの物取りの研究が始まり，幾つかの物質を取り出した。それを私が「新物質」というと佐野先生には「それは昔からあるもので，人間が初めて知ったということだ」と言われた。研究は仮説から始まるのではなく，現実に物質を取り出しそこからスタートせよという考えである。その通りだと私も思った。一方，佐野先生はよくアルコールを嗜んだ。皆が働いているのに実験室にやってくるので，「ここへは入らないでください」と抗議をしたことを想い出す。こうした師弟間の緊張関係は堀見教授と佐野助教授間でも見られたものであるし，研究者の師弟間では代々受け継がれた，と考えている。ちょうど父と子どもとの間の精神力動のように。

脳からの物取りの研究は，多くの方々の協力で続けられた。研究生活は1日12～14時間，研究者には参考論文（図書館から借りる文献）を読むのも，論文を書くのも研究室では禁止し，全部自宅に帰ってからすることとした。当初の研究の協同研究者は中嶋，金澤，谷口，公文，松岡，今岡，赤沢氏らである。

研究の第1期は牛脳200個（80 kg）から抽出した酸性アミノ酸，ペプチド分画から，イオン交換樹脂の大型（径8 cm×120 cm）のクロマトグラフィーで，100 ccずつ200本位に分画を集め，1本ずつ高圧濾紙電気泳動で含まれる物質をチェックする方法で分画を集め，さらに2～3回異ったイオン交換クロマトグラフィーを行って精製を行い，そこから物質を結晶で得る。その物質を元素分析や化学反応や加水分解などを行い構造を推定する。さらに推定物質を合成し，種々のクロマトグラフィーで同定するという方法である。これらの研究で取り出した物質のいくつかは2010年になってアメリカ・ドイツ・ベルギーの研究者が神経伝達物質として取り上げ，合成分解酵素も証明し，その欠除した脳神経系の病気の研究が盛んに行われている。統合失調症の発病機序にも関与しているとの報告もある。

面白かったのは塩基性アミノ酸分画である。その中で哺乳動物の脳にだけ存在する物質を見いだし，その構造をN-(4アミノブチリル)-3アミノプロピオン酸と決定した（この研究は大阪大学理学部芝教授らとの協同研究）。これは脳にのみ存在するアミノ酸でGABAの類縁物質であるがその機能的意義はわかっていない。その他ε-N-メチルリシンやσ-N-メチルオルニチン，N-α(β-アブニル)リシンやδ-N-メチルオルニチン，β-アラニルリジン，γ-アミノブチリルリシンを見いだした。これらの脳における機能的な意義は，残念ながらまだわかっていない。

図2はヒト尿をあらかじめ酸性，中性，塩基

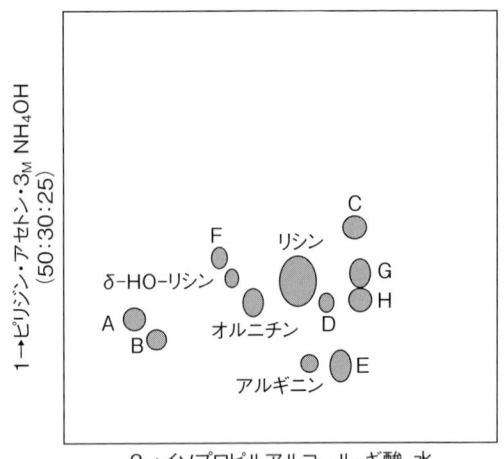

図2 ヒトの尿の塩基性脂肪族アミノ酸分画の二次元ろ紙クロマトグラフィー
（柿本泰男教授退官記念集編集委員編：柿本泰男教授退官記念集，愛媛大学医学部神経精神医学教室 1995より引用）

表1 尿から分離した物質

A	160 mg	$C_{18}H_{34}N_2O_{13} \cdot HCl \cdot 4H_2O$
B	340 mg	$C_{12}H_{24}N_2O_8 \cdot 2C_{12}H_{10}N_2O_4S \cdot 2H_2O$
C	370 mg	$C_8H_{18}N_2O_2 \cdot HCl$
D	82 mg	$C_7H_{16}N_2O_2 \cdot HCl$
E	1640 mg	$C_9H_{20}N_2O_2 \cdot 2C_{12}H_{10}N_2O_4S$
F	22 mg	$C_{10}H_{23}N_3O_3 \cdot 2HCl$
G	536 mg	$C_8H_{18}N_4O_2 \cdot 2C_{10}H_6N_2O_8S \cdot H_2O$
H	130 mg	$C_8H_{18}N_4O_2 \cdot HCl \cdot 1/2H_2O$

（柿本泰男教授退官記念集編集委員編：柿本泰男教授退官記念集，愛媛大学医学部神経精神医学教室 1995より引用）

性アミノ酸の分画に分け，塩基性アミノ酸分画からヒスチジンなどの分画を除いた塩基性のアミノ酸の濾紙クロマトグラムである。リジン，ヒドロキシリン，オルニチン，アルギニン以外のA～Hとマークした物質は未知のアミノ酸である。これらのアミノ酸が何か，どんな構造をしているかを知るためには結晶として分離する必要がある。ヒト尿約200Lを連日連夜処理する。分離する方法は径10 cm×高さ1.5 mくらいの大型のクロマトグラフィーである。いく

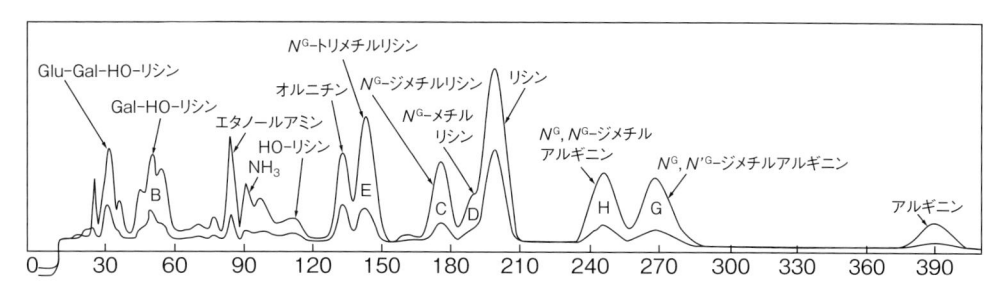

図3 ヒトの尿の塩基性脂肪族アミノ酸分画のアミノ酸自動分析パターン
(柿本泰男教授退官記念集編集委員編：柿本泰男教授退官記念集，愛媛大学医学部神経精神医学教室 1995 より引用)

つかの分画に分け，さらに異なるイオン交換クロマトグラフィーを行い，それぞれ単一の分画にまで精製する．連日，連夜約半年かけてA〜Hの物質を結晶として取り出した．元素分析をして，種々の化学反応や核磁気共鳴などから構造を推定し，次に有機化学の方法で推定構造物質を合成し構造を確定した．有機合成の方法も有機化学の文献などを参考にして考え合成した．その結果化合物A〜Hの構造を決定した．（表1）またこれらの物質はアミノ酸分析学でも定量できる（図3）．これらの物質はどの人の尿にも排出される．

これらの起源を考えるとリシンやアルギニンから生じていることが考えられるが，ヒトにこれらのアミノ酸を大量投与しても変化しない．そこで考えたことは蛋白質が修飾されて作られたことである．協同研究者の中嶋，松岡，三宅，宮本らと今度は牛脳の蛋白質の分析にかかった．牛脳から蛋白質分画を2 kgとり，それを酸加水分解してその中から化合物C〜Hを分離した．アミノ酸→蛋白質→メチル化蛋白質→メチルアミノ酸→尿中メチルアミノ酸の経路を考えた．脳内ではミエリン塩基性蛋白質が主要な蛋白質であった．この蛋白質の自己抗体が多発硬化症の原因とされている．

三宅（現在神戸学院大学教授）との協同研究でラットで発育に沿った脳蛋白質中のN^G-モノおよびN^G, N'^G-ジメチルアルギニン体は成長の20〜30日目に急に上昇することを見いだした（図4）．これは成長に伴うミエリン化で形成されるミエリン塩基性蛋白質によるものであろう．もう1つのN^G, N'^G-ジメチルアルギニンはその後の研究で核蛋白 Scleroderma Antigen 34 kD，核小体蛋白 C23 の成分であることがわかった．

蛋白質のリシン，アルギニン残基メチル化が尿中メチルアミノ酸量に結びつく可能性を示しており，尿の分析から脳のある種の病変がわかるのではないかと考えている．

これまで述べた研究は佐野勇先生が精神神経科に助教授としておられたころから開始・継続したものであるが，佐野先生は昭和42年高次神経研究施設，薬理の教授になった．しかし協同研究者は同じで，研究室も精神神経科の研究室を使っておられたので，どの研究がいずれの科で行われたかはほとんど区別できない．筆者柿本は佐野先生が教授として高次研に異動したときに同伴し助教授として研究に従事した．筆者が愛媛大学へ異動してからは中嶋氏が高次研の助教授として活躍した．その間，研究では文中に記した多くの方々に支えられた．

私はここまで研究の成果について書き記したが，ここに書いていない佐野教授の助教授時代の大きな仕事がある．これはうつ病に対する5-ヒドロキシトリプトファン療法である．これはパーキンソン病の治療法としてL-DOPA療法を最初に考えながら，研究費の不足のためもありL-DOPAを入手できず外国の研究者に先

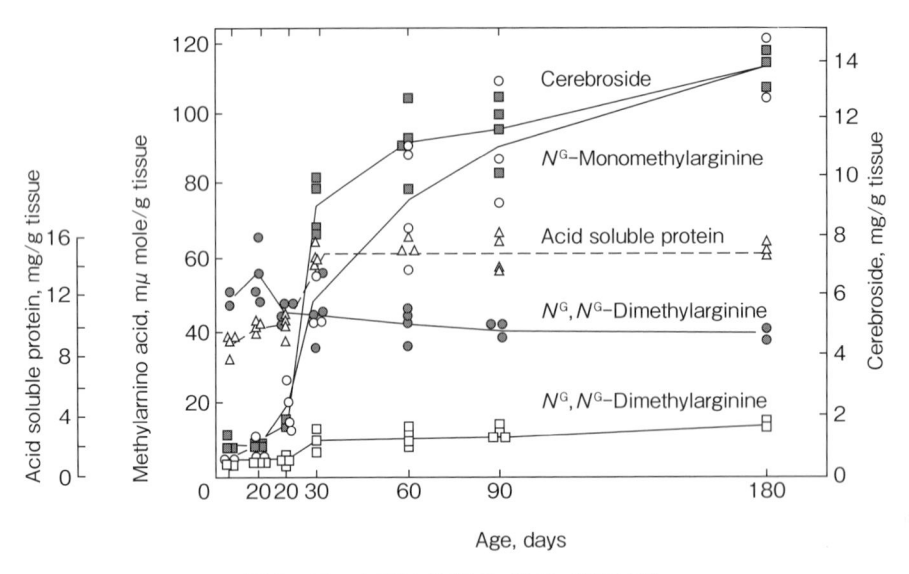

図4 ラット脳内物質の成長に伴う変化
(柿本泰男教授退官記念集編集委員編：柿本泰男教授退官記念集，愛媛大学医学部神経精神医学教室 1995 より引用)

日米神経科学会議（1965）佐野先生・柿本・谷口・中嶋（大磯）

を越された無念さも関係している。うつ病は脳のセロトニンの低下によるものかもしれないと考えて，L-5-ヒドロキシトリプトファン（L-5-HTP）療法を考えて実施した。新聞にも報じられたためもあり，毎日数十人のうつ病の患者さんが佐野助教授のところに押し寄せた。L-5-HTP は投与後すぐに効果を発揮した。このことについては中嶋がよく知っており，この120周年記念誌に執筆されるであろう。

8 神経化学と精神薬理学研究の流れ

● 宮本　英七

入局の経緯

　インターン終了後，精神科に入局したのは1964（昭和39）年4月だった。その年東京オリンピックが開催され，金子教授が開会式に出席されてブルーインパルスの描く五輪マークを青空に見て来られた話を楽しく伺った。

　入局するまでは，漠然と精神病理学の勉強をしたいと考えていた。佐野勇先生，柿本泰男先生の神経化学グループからお誘いを受けた。当時大学院には，教室に2名の入学が認められ，1人ずつ，神経化学グループと生理グループに入っていた。私が大学院2年の時の神経化学グループの顔ぶれは，清水宏俊（4年），金沢彰（3年），宮本（2年），公文明（1年）であった。その後，大学院ボイコットが起こり，神経化学グループへの新人大学院生も途絶えることになった。グループには谷口和覧，中嶋照夫先生が助手をしておられ，矢内純吉，赤沢重則，辻尾武彦先生らが研究生として教室に来られていた。

神経化学グループの日常と研究テーマ

　グループの日常はすさまじいものであった。まず，外来，入院患者を診る臨床の仕事があった。実験を毎日行い，輪読会，抄読会，佐野先生の神経学の勉強会などが毎週行われた。回数も半端なものではなかった。実験が終わって帰宅するのは，夜10時を過ぎており，夕食をとって輪読会，抄読会の準備をすると，夜中の1〜2時になるのが日常であった。翌日朝早く出かけるので，寝る時間をけずってついていく毎日だった。よく体力が持ったものだと思う。

　私に与えられた最初のテーマは，統合失調症患者の尿中のフェノリックアミンとインドールアミンを非疾患群と比較することであった。佐野先生は数々のご自身の研究から，統合失調症を生物学的に研究することは新しい方法論が開発されない限り困難とおっしゃっていた。この研究は武貞先生を筆頭著者にしてNatureに発表されたが，疾患群に特異性はないと結論するものであった。柿本先生はウシ脳からペプチドを抽出することをテーマとされ，数多くのペプチドを分離されていた。私に，一つのテーマを与えられ，N-acetyl-α-Asp-Gluを分離，精製した。この化合物はその後，製薬会社が取り上げたり，合成酵素を同定するなど今も文献が散見すると，2012（平成24）年柿本先生から教えられ，学問の連綿たる継続性を感じた。

アメリカへの留学とcAMP研究

　大学院修了が近づくと，アメリカへ留学するよう柿本先生から勧められた。柿本先生のアメリカでの先生であったM. D. Armstrong先生からP. Greengard教授を紹介された。柿本先

生に手紙を書いていただくと、Greengard 教授から直ちに Yale 大学に来るようにとの手紙を受け取った。ビザ取得などの手続きを済ませて、1968（昭和43）年、あわただしくアメリカへ出発した。Greengard 教授が一体何をしようとしているのか、私が何をしたらいいのか、わからない状態で渡米した。

　当時アメリカの研究の中で1つの大きなトピックになっていたのは、cAMP（adenosine 3', 5'-cycle monophosphate）であった。E. W. Sutherland、T. Rall は 1958（昭和33）年ごろ、肝臓に対してアドレナリン、グルカゴンなどのホルモンがグリコーゲン分解酵素であるホスホリラーゼの活性化を起こしていることを見出した。酵素の活性化反応に、未知の核酸物質が関与していることがわかり、cAMPと同定した。cAMPは肝臓でのグリコーゲン分解を促進するだけでなく、骨（Ca再吸収）、脂肪組織（脂肪分解）、甲状腺（チロキシン分泌）、副腎皮質（ステロイドホルモン分泌）など数多くの組織、臓器の生体機能に広く関与していることが示唆された。

　cAMPはATPからアデニル酸シクラーゼによって産生される。酵素の局在部位は、細胞膜であることがわかった。この結果は、ホルモンが細胞膜に到達して、その受容体を刺激すると、受容体と共役したアデニル酸シクラーゼが活性化されて、細胞内にcAMPを産生する。cAMPは細胞内で作用して、その臓器の生体内作用を惹起させる。この概念は生体内の多くの組織、臓器に当てはまると考えられたことから、E. W. Sutherland はセカンドメッセンジャー仮説を提唱した（図1）。ホルモンが第1のメッセンジャーとなり、細胞内に産生された cAMP がセカンドメッセンジャーとして作用するものである。この機構は、情報の面から考えると、シグナル変換と考えることができる。シグナル変換は現在ではシグナル伝達あるいは情報伝達と呼ばれている。情報伝達機構は、普遍的な意義

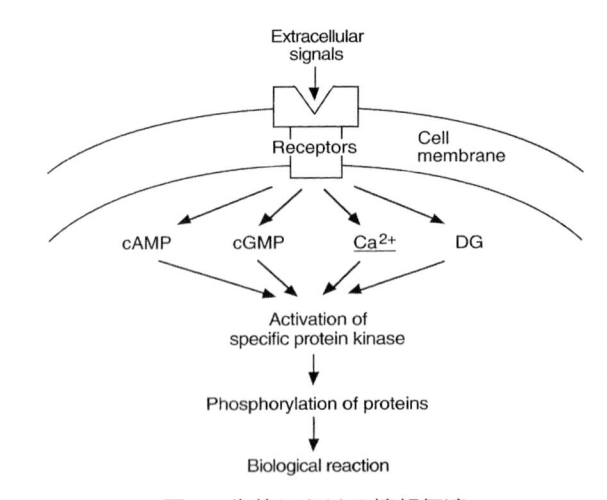

図1　生体における情報伝達

を持っており、ホルモンのみならず、神経伝達物質、サイトカイン、種々の細胞増殖因子等々のリガンドが受容体を刺激するときの作用機構を包含した学説と考えることができる。私が、1968（昭和43）年にアメリカに行ったころは、cAMPの発見につぐ、生体内での広範囲にわたる生理機能に関与する系が次々と明らかにされた時期であった。cAMP 研究の熱気にわきたっていた。Sutherland は cAMP の発見とセカンドメッセンジャー説の提唱により、1970（昭和45）年アメリカのラスカー賞（受賞者の半数近くはノーベル賞を受賞している）を受賞し、1971（昭和46）年にノーベル賞を受賞した。1970（昭和45）年には、Gordon Research Conferences の1つに取り上げられ、夏の1週間、ニューハンプシャーの山の中で自由な討論が繰り広げられる。現在も毎年開催されている。第1回の主催者はE. W. Sutherland と G. A. Robison であった。夏の合宿気分なので、誰もが気軽な服装であるが、Sutherland が派手なアロハシャツを着て一際目立っていた。筆者はアメリカ滞在中3年間にわたって cAMP Conference に参加して、多くの未発表を含むデータを知り得た。

　E. W. Sutherland の発見した cAMP による

図2　左側より E. G. Krebs，真中 P. Greengard

図3　P. Greengard 研究室で研究した日本人たち
右から3人目 P. Greengard，4人目筆者

ホスホリラーゼの活性化反応は奥深いもので，さらに自然の巧妙な機構がわかってきた。ホスホリラーゼはホスホリラーゼキナーゼという上位の酵素によってリン酸化され，活性化される。さらにcAMPの標的酵素は，ホスホリラーゼキナーゼをリン酸化して活性化するホスホリラーゼキナーゼキナーゼ（酵素という蛋白質をリン酸化するので，cAMP依存性蛋白リン酸酵素と呼ばれる）であることがわかった。ホスホリラーゼキナーゼを発見した E. H. Fischer と cAMP 依存性蛋白リン酸化酵素（cAMP-PK）を発見した E. G. Krebs は 1992（平成4）年ノーベル生理学・医学賞を受賞した（図2）。彼らは，骨格筋を用いてグリコーゲン分解によるエネルギー代謝機構を明らかにしたのである。E. G. Krebs による cAMP-PK の論文は J. Biol. Chem に短報として1968（昭和43）年7月号に発表された。

1968（昭和43）年10月16日 Greengard 研究室に着いた。Greengard は E. G. Krebs がその年の7月に発表した3ページの cAMP-PK の論文を示し，この研究を発展させる，特に脳での研究を進めると話した。Greengard 自身も大学に移ってきたばかりであり，研究室には教授，J. F. Kuo（Assistant Professor）（中国人），私（Research Associate）とテクニシャン1名の4人のみであり，研究室はまったく整備されていなかった。日本人研究者では私が最初であり，私の後，多数の日本人が研究室に参加した（図3）。1ヵ月もたたないうちに，Greengard は脳から同様の酵素をとるように私に言った。測定法や用いる基質を開発して，脳から cAMP-PK を同定した。この研究は，私が筆頭著者となり Science に投稿され，修正なく受理された。Greengard 研究室からの第1号の論文となった。研究室では全身の組織，臓器から cAMP-PK を同定する実験がなされ，調べたいずれの部位にも存在することがわかった。Greengard は cAMP の作用は cAMP-PK 活性化反応を介して，各組織で発揮されているとする仮説を発表した。E. G. Krebs のグリコーゲン代謝での役割を発展させた考えであった。Greengard の興味の対象は，脳神経系であり，基質の発見や細胞内の反応機構の解明に努めた。これらの研究は，神経伝達物質が放出されて，後シナプス細胞内に生起する反応を示し，神経伝達機構を分子レベルで明らかにするものであった。2000（平成12）年「脳における情報伝達」のタイトルのもとで，Greengard 教授は A. Carlsson（ドーパミンの神経伝達物質としての発見者），E. Kandel（アメフラシを使った記憶の分子機構の解明）とともに，ノーベル生理学・医学賞を受賞した（図4）。

筆者は4年近く Greengard 研究室で過ごし，

図4 2000年度ノーベル医学生理学賞 脳における情報伝達
左より A. Carlsson, P. Greengard, E. R. Kandel

1972年帰国して，大阪府立中宮病院（現・大阪府立精神医療センター）に所属することになった。垣内史朗先生が立派な研究室を作っておられ，臨床のかたわら，研究を続けさせていただくことになった。垣内先生は帰国後，cAMP分解酵素であるホスホジエステラーゼの研究を始められ，Ca^{2+}による活性化反応にカルモジュリンが関与することを明らかにされた。細胞内の低濃度のCa^{2+}が細胞機能に重要な役割を演じていることはすでに骨格筋での研究があり，カルモジュリンの発見はCa^{2+}が普遍的に細胞機能に関与することを示すと考えられた。骨格筋の収縮機構を明らかにされた江橋節郎先生（東京大教授）が垣内先生の発見を高く評価され，垣内先生は，朝日賞を受賞された。1973（昭和48）年第4回国際神経化学会が塚田裕三教授（慶応大）を会長として東京で開催された。垣内先生と筆者はcAMPをテーマとするシンポジウムを主催した。T. Rall, P. GreengardなどcAMPのトップクラスの研究者が集った。

■ 薬理学研究

筆者は約3年半大阪府立中宮病院でお世話になった後，1976（昭和51）年熊本大学医学部第1生化学内田槙男教授の教室に講師として入れていただいた。今になって考えてみると，この転進は誠に若気の至りで，身の程知らずとしか言いようがない。アメリカでGreengard教授の指導で研究をした情報伝達の仕事を何とかもう少し発展させたいと一途に考えていた。4ヵ月余りで助教授にしていただき，3年後に薬理学教授のポストが空いた時に，医学部長から薬理学教室を担当するようにと言われた。cAMPの研究をしてきたE. W. Sutherland, T. Rall, E. G. Krebs, P. Greengardのいずれもが薬理学教室に所属していたことから，薬理学を研究するほうが自分に合っていると思った。

熊本に行った1976（昭和51）年ごろから，新しい分野を大きな観点から切り開きたいと考えた。細胞内の低濃度のCa^{2+}は極めて精密に制御されている（図5）。Ca^{2+}の標的は何か，その中に特異的に反応するプロテインキナーゼが存在するに違いないと確信した。その検索から始めた。その酵素はカルモジュリン依存性であり，脳に圧倒的に特異性が高かった。同時期に，世界で，私達のグループを含めて3つのグループが別々に追及していた未知の酵素が，同じ酵素であることがわかった。後にCaMキナーゼIIと命名された。また，Ca^{2+}-カルモジュリンに

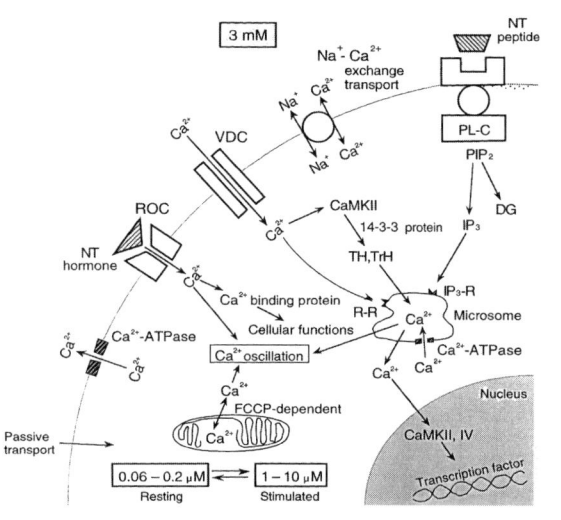

図5 細胞内 Ca^{2+} ホメオスタシスと細胞機能
(御子柴克彦, 宮本英七：細胞工学 16：10-14, 1997 より引用)

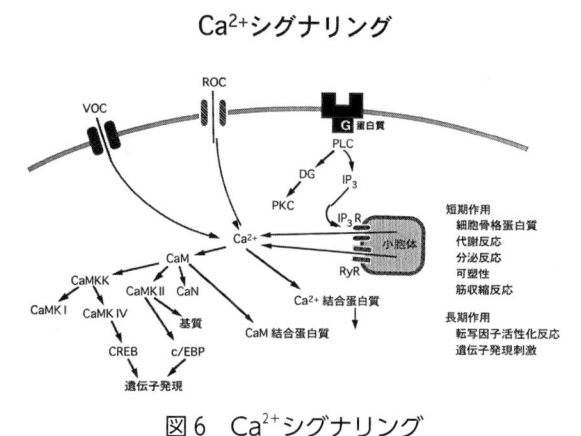

図6 Ca^{2+} シグナリング
(K. Fukunaga and E. Miyamoto : Neurosci. Res. 38 : 3-17, 2000 より修正して引用)

反応する酵素はⅡの他に，Ⅰ，Ⅲ，Ⅳ，KK などがあり，生体反応に関与することがわかった（図6）。私たちは，CaM キナーゼⅡ，Ⅳを中心に研究を進めたが，常に細胞機能にどのように関与するかを研究することにあった。また，培養細胞や切片を用いて，種々の刺激に反応して生きた細胞内で動的な活性化反応を調べ，細胞機能への関与を研究することに努めた。

海馬錐体細胞を電気刺激して発現する長期増強は，人の記憶モデルとして多くの研究者によって研究が進められている。海馬錐体細胞での長期増強は，次のような反応で発現されると考えられている。神経伝達細胞であるグルタミン酸が放出されて，後シナプス膜に存在するNMDA 受容体を刺激し，Ca^{2+} が細胞内に入る。上昇した Ca^{2+} は CaM キナーゼⅡを刺激し，AMPA 受容体を活性化して長期増強は維持される。免疫学でノーベル賞を受賞した利根川進氏は，神経科学に転進した。CaM キナーゼⅡをノックアウトしたマウスでは，学習能力が低下することを Science に発表して研究者たちを驚かせた。私達は電気生理学的に長期増強を発現させた脳の切片を用いて，CaM キナーゼⅡ活性化反応を調べた。この研究はスイスジュネー

ブ大学医学部 D. Muller 教授との共同研究で行った。また，国際共同研究は，D. Muller（スイス）のほかに，M. Malenka（アメリカ），T. R. Soderling（アメリカ）に発展し，Human Frontier Science Program の研究費を得ることができた。

現在，生物学，医学の分野で一際脚光を浴びているのは iPS 細胞，STAP 細胞の研究であろう。少し前まではヒトゲノムの研究が騒がしかった。遺伝子解析の手法が開発されて，受容体や酵素など多くの機能蛋白質が遺伝子レベルで解析された。同じような意味で cAMP の発見とそれに続く情報伝達の研究は一つのエポックを形成した。生体のほとんどの細胞機能は受容体を介して達成されていると言って過言ではない。情報伝達の研究は作用機構解明への理論的バックボーンを形成した。活性化因子としての cAMP の発見は cGMP や Ca^{2+} の研究へと連なっている。

筆者が薬理学教室で行ってきた研究は，一貫して情報伝達機構に関したものであり，個々の細胞，組織で機能にどのように関与するかを明らかにすることであった。情報伝達機構は，ホルモン系，神経系，免疫系，細胞増殖因子系など受容体を介する普遍的な反応機構である。私たちは，臨床的な視点から，いつも機能的な働

きに注目した。全身の臓器のいずれにおいても生起している現象であり，興味を持つ研究者は各科から教室に集まった。精神科，脳神経外科，神経内科，代謝内科，産婦人科，循環器内科などの大学院生が教室で研究した。大学院生には，その由来する教室の学問領域での情報伝達機構の研究をしてもらった。私たちとも共通の興味を持つことができ，神経科学領域だけでなく，他の臓器での研究をした。教室で約45人が医学博士の学位を取得し，ほとんど大学院生であった。

学会活動

学会活動にも積極的に参加した。日本神経化学会は，佐野先生，柿本先生以来の最もよく参加した学会である。平成7年～9年理事長を務めた。日本神経化学会は1985（昭和60）年熊本で開催した。国際神経化学会（ISN）理事は平成9年～13年まで務めた。1995（平成7）年第15回国際神経化学会が栗山欣弥教授（京府医大）の会長のもと，京都で開催された際には，日本側プログラム委員長を務めた。日本薬理学会では，理事を務め，平成10年～12年，理事長を務めた。共同研究や学会での人とのつながりは今も続いており，私自身の大きな宝物となっている。

何故精神科を選んだか

大学を定年退職後，研究の第一線から退いた。現在は精神医学に興味を持っている。大学院の面接試験のとき，金子教授は"何故精神科を選んだのか"と質問された。精神現象や脳の果たしている役割は解明されていないで謎のままである，脳のことや脳の病気が生物学的な視点からより解明するような勉強をしたいと答えたことを覚えている。現在の神経科学研究は確かに長足の進歩を示したが，この疑問にどれほど答えることができたのかと思うことがある。臨床の教室に入りながら，途中から脳に関する基礎的研究をしたいと思ったのは，脳への臨床的理解が分子レベルと懸隔が大きすぎて，少しは礎石になるようなことを見つけたいと思ったからであった。

私が少しでも研究の分野に入れたのは，教室の伝統と最初に佐野先生，柿本先生，中嶋先生，少し遅れて垣内先生方の厳しいご指導を受けたお陰と思っている。また，アメリカではP. Greengard教授のもとで，刺激に満ちた研究テーマで多くの若者のいる研究室で研究できたことも研究継続を義務のように感じさせた。先生方には，言うべき感謝の言葉が見つからない。研究室を作ってから，共に学び，研究した共同研究者にも感謝したい。

9 精神神経科における薬物療法の幕開け

● 中嶋　照夫

　わが国の精神神経科医療の分野の中に薬物療法が重要な方法論として導入されてきた経緯について述べ，その中で大阪大学精神神経科がどのように関与してきたか言及したい．

Chlorpromazine と reserpine

　Laborit が開発してきた人工冬眠麻酔法に用いられた chlorpromazine が精神医療に登場したのは 1952（昭和 27）年である．躁病患者と統合失調症の興奮患者に投与され，心的興奮に有効であることが明らかにされた．パリのサンタンヌ病院で chlorpromazine を使用した Delay と Deniker が 5 月 26 日に開催されたフランスの医学心理学会で有効性を発表し，この報告はヨーロッパの精神科医の関心を集めることになった．Delay は chlorpromazine の作用を精神運動の緩徐化，感情中立化と情動無関心の 3 つの症状にまとめ，syndrome neuroleptique と称した．1952 年 11 月ローヌ・プーラン社（フランス）は Largactil という商品名で発売するに至った．

　一方，古くからインド，アフリカ，南米で薬として用いられていた印度蛇木（Rauwolfia serpentina）の根は，狂気に有効であるとしてヒンズー教徒達が使用していたが，1930 年代にはインドで高血圧の治療にも用いられていた．1952 年 7 月チバガイギー社は血圧降下および鎮静作用を有する成分として印度蛇木の根のアルカロイド，reserpine を抽出した．そして，1953 年アメリカで統合失調症患者を対象に reserpine の投与が試みられた．その結果，chlorpromazine 類似の鎮静効果と振戦などの錐体外路症状が生じること，さらに長期間の投与により内因性うつ病と区別のつかない抑うつ状態が出現することが報告された．

　昭和 27（1952）年にフンボルト交換留学制度が再開されたが，その第一期生として教室の佐野勇が選ばれ，ローマ，フライブルグ，ミュンヘンの大学でヨーロッパの医学，医療の新しい知識に触れることになった．ミュンヘンで開催された学会で，ドイツで行われた最初の chlorpromazine の治験の報告，すなわち"冬眠療法"を聞き，その内容を日本医事新報 1555 号に紹介している．"冬眠療法"の印象が大変強かったようで，"1953 年 4 月からドイツのほとんどの精神医学教室で chlorpromazine の治験が行われています．ローヌ・プーラン社はフランス以外には Largactil を輸出しないため，ドイツではバイエル社が chlorpromazine（Megaphen）を合成するのを待って治験が開始されました．フランス，ドイツともに chlorpromazine の輸出を禁止しているので，日本では独自に合成して検討しなければならない"と教室に連絡を入れている．1954（昭和 29）年 1 月に帰国し，chlorpromazine を合成してくれる製薬会社を探すことから行動を開始し，結局 1955（昭和 30）

年3月に塩野義製薬がウインタミンという名前で，4月には吉富製薬がコントミンという商品名で発売するに至っている。ちなみに，この年アメリカでも Thorazine という名前で発売された。

日本における治験は薬剤の入手経路は不明であるが1954（昭和29）年6月から大阪大学と北海道大学で，12月から他の施設でも開始されている。そして，1955年4月京都で開催された第52回精神神経学会で大阪大学堀見教授と北海道大学諏訪教授が chlorpromazine と reserpine の使用経験の中間報告を，1957（昭和32）年7月札幌で開催された第54回精神神経学会で大阪大学佐野勇助教授と北海道大学諏訪望教授が1954年から開始された治験の総括を宿題報告として「精神疾患の薬物療法―自律神経遮断剤を中心として―」という演題で報告した。これがわが国の精神神経科医療における薬物療法の嚆矢となった。

精神疾患の治療薬として chlorpromazine と reserpine が登場したことは，薬剤の薬理作用のメカニズムの解明と疾患の病態病理の神経化学的メカニズムの解明に関心を集めるとともに，治療薬剤の開発をもたらすことになった。すなわち，抗うつ薬（三環系および四環系抗うつ薬，SSRI，SNRI，NaSSA），抗不安薬（ベンゾジアゼピン系抗不安薬，5-HT$_{1A}$パーシャルアゴニスト），ブチロフェノン系抗精神病薬，非定型抗精神病薬などである。一方，芳香族モノアミン（カテコールアミン，インドールアミンなど）を中心とした神経伝達物質と刺激伝達に関するシナプス伝達機構などが明らかにされ，精神神経疾患の病因，病態因に関して種々の神経化学的仮説，学説が提唱されるようになった。そして，日本神経化学会の前身である神経化学懇話会が精神科医を中心に，解剖学，生理学，薬理学，生化学の分野で脳科学に関心を持つ研究者を集めて1958（昭和33）年に設立されて活動を開始した。大阪大学精神神経科はその中心的役割の一端を担ってきた。

パーキンソン病のドーパ療法

わが国では神経内科が大学医学部に設置されるまでは神経疾患，とくに中枢神経系の疾患は精神神経科が担当していた。錐体外路疾患であるパーキンソン病は，1817年 James Parkinson が振戦麻痺，すなわち静止振戦，筋強剛，運動減少を特徴的主症状とする疾患として報告し，1841年 Marshall Hall が，振戦麻痺を疾患名として採用した病態である。70年後に Jean Martin Charcot がこの病態を報告者の名誉を称えてパーキンソン病と呼ぶことを提唱した。現在ではパーキンソン病の特徴的症状が他の基礎疾患で現れる場合，症候群としてパーキンソニスムと称している。パーキンソン病の治療薬としてベラドンナアルカロイドの有効性が報告（1867年）されていたが，1920年前後に猛威を振ったエコノモ脳炎の後遺症であるパーキンソニスムに対してベラドンナアルカロイドであるアトロピンの使用が試みられた。1930年代に入り Anna Kleeman によりアトロピンの大量投与の優れた有効性が報告され，その翌年（昭和7年）大阪大学でも使用されたと聞いている。ベラドンナアルカロイドを大量投与した場合，末梢性抗コリン作用による好ましくない作用のため，副作用の少ない抗コリン剤の出現が待たれていた。このような意図のもとに合成された薬剤が trihexyphenidyl（アーテン）であり，戦後にわが国に登場してきた。

1946年 von Euler による哺乳動物脳でのノルアドレナリンの発見，1954年 Amin らによる脳組織でのセロトニンの存在の証明は芳香族アミンの中枢神経系における生理的意義の解明に研究者の関心を集めることになった。1958年 Carlsson らは猫の脳内カテコールアミンの分布を検討し，それまでノルアドレナリンの前駆体としてその生理的意義が考えられていたドー

パミンがノルアドレナリンの分布様式とは異なり，錐体外路系諸核に選択的高濃度に分布していることを明らかにした．このことは翌年大阪大学精神神経科の生化学グループにより人脳を用いて確認され，佐野勇はドーパミンと錐体外路系の機能との関連を考えた．以下この研究から発展したドーパ療法の経緯を紹介する．

1959年4月5日東京で開催された第15回日本医学会総会で佐野勇は「脳の芳香族モノアミン」と題して特別講演を行い，教室で進めてきた研究成績を示しながらドーパミンがパーキンソン病の病因に関係しているのではないかという考え，すなわちドーパミンの脳での生合成が低下しているのではないかといった仮説を述べている．そして，ドーパミンが錐体外路系に属する皮質下核に選択的に高濃度分布すること，カテコールアミンやセロトニンの枯渇剤であるreserpineの投与により無動症が出現するという観察に基づいて論旨を展開し，脳内のドーパミン濃度を上昇させることにより病態の改善がもたらされるのではないかという考えと，脳内ドーパミン濃度を上げるには前駆アミノ酸であるドーパの投与が最適であると述べている．

仮説は1959年夏，パーキンソン病患者の死亡例で確かめられた．その年の初め，和歌山県の山村から未治療のパーキンソン病患者が入院し，5ヵ月後の8月に死亡したが，この症例の脳が提供された．予測通り，尾状核，被殻，淡蒼球，黒質でドーパミン含量の減少が観察された．この知見は1960年2月6日第1回神経病理懇話会（東京神田，学士会館）で発表された．そして，"パーキンソン病はドーパミンのプレカーサーであるドーパ投与により救うことができる"と考えて，5例のパーキンソン患者に試行されたドーパの投与の結果を併せて報告した．ドーパ（200 mg）の水溶液を単独か，あるいはMAO阻害剤であるフェニプラジンを前処置したのちに点滴静脈注射した．第1例は65歳の男性で，注射15〜30分後に筋強剛が消失（筋電図でも確められた）し，本人も急に楽になったと述懐しているが，その効果は長く続かず，一過性であった．当時わが国で入手可能なドーパはDL型であり，しかも非常に高価であったため"治験成績は学問的にはきわめて興味があるが，安価な抗パーキンソン剤が数多く市販されている以上，実用的というわけにはゆかず，なお検討を要す"と発表するに止めている．

1960年暮にEhringerとHornykiewiczがパーキンソン病および脳炎後パーキンソニスム患者の尾状核，被殻および淡蒼球のドーパミン含量の減少を発表し，1961年11月にはBirkmayerとHornykiewiczは「パーキンソン―無動症に対するL-3, 4-オキシフェニールアラニン（＝DOPA）の効果」という論文を発表し，教室の成績と同様の報告を行った．その後数年間はL-ドーパあるいはDL-ドーパを用いてその有効性が検討され，その多くはドーパの有効性を支持したが，否定的なものもかなり報告された．しかし，1967年CotziasらがL-ドーパの経口大量投与の有効性を発表し，これを直ちにYahrらが確認して，今日みられるL-ドーパ療法が確立された．彼らが使用したL-ドーパはすべて日本から輸出されていたことを付記しておく．

パーキンソン病に対するドーパ療法開発の経験を基に教室では精神疾患や神経疾患の病因，病態因と芳香族アミンとの関連を探求する研究が進められた．そして，うつ病に対するL-5-HTPの投与，パーキンソン病とパーキンソニスムに対するL-5-HTPの使用やL-threo-DOPS（l-ノルアドレナリンの前駆アミノ酸）の投与などが試みられ，いわゆるアミンプレカーサー療法の基礎と臨床が展開された．神経化学的手法を用いた疾患の病態の分析とそれに基づいた治療薬剤の開発は教室の研究の特徴の1つとなると共に，日本神経化学会において1つの研究の流れを作ることになった．

10 神経学と精神医学

● 湯浅　亮一

Neurology（神経学）と Psychiatry（精神医学）

　わが国での神経系疾患に関する臨床的研究・発表の組織的活動は明治35（1902）年に，呉秀三（東京帝国大学精神病学講座教授）と三浦謹之助（東京帝国大学内科学第一講座教授）の両人が発起人となって設立された「日本神經學會」から始まっている。呉秀三は同大学を卒業後ドイツやフランスに留学し，Kraepelin，Marie，Dejerine らに精神医学，神経学を学び，Kraepelin の臨床精神病学を日本に導入した。三浦謹之助は同大学を卒業後ドイツとフランスに留学し，Oppenheim，Erb，Charcot などに神経学を学んだ。

　「日本神經學會」は呉秀三が主体となって設立し，三浦謹之助は呉の勧誘にやや消極的に賛同して発起人になったと伝えられている。第1回総会とともに「神經學雑誌」が創刊され，精神医学と神経学は共に提携してその研究業績を発表していった。発会時の会員数は492名であった。次第に会員が増加するにつれ精神医学関係の会員が増加し，神経学関係の会員数は少なく，学会に発表される神経学的研究はごく一部に限られるようになった。これは精神医学講座が日本の各大学医学部や医科大学に設置されたのに対して，神経学講座が設置されなかったことが大きな原因とされている。

　「日本神經學會」の会長，幹事，会員などはすべて精神医学関係者が主流となり，昭和10（1935）年に「日本精神神經學會」と改称された。

　この件について内村祐之（東京大学精神医学教授）の自伝[5]には以下の記述がみられる。「私が今もふしぎに思うのは，明治三十五年，この学会が三浦謹之助，呉秀三の両先生によって創設されたとき，なぜ「日本神経学会」とのみ命名して，そこに精神病学の名を入れなかったかということである。（中略）精神病学を意味する文字が学会名にないのは，グリージンガーの「精神疾患は脳疾患である」という思想の影響を受け，神経，精神二つの領野を含む文字として，「神経学」という名が採用されたのであるかも知れない。今にして思えば，この学会はすでにそのスタートから問題を孕んでいたわけである。」

　第2次世界大戦後のアメリカ医学の導入とともに，内科領域のなかで神経病学に携わるものが増え，独立した神経学主体の学会設立の機運が高まっていった。そして本会の第50回総会（昭和28・1953年）の評議員会で沖中重雄（東京大学内科学教授）から，神経科の分離独立が提唱された。この問題に対処するために「学会組織及び運営に関する委員会」が設置され，委員として勝沼精蔵，沖中重雄，内村祐之，村松常雄，堀見太郎，陣内傳之助（途中から小澤凱夫に交代）の6教授が選出された。この委員会

でまとめられた案を元に,「評議員会が両部門から10名ずつの理事を互選する。理事会は必要あるときは両部門に分かれて学会の運営企画にあたることができる。神経学方面の発表を促進するために,総会における学術講演会の運営を精神医学部門と神経学部門に分ける。評議員会で会長と副会長を1名ずつ,なるべく精神医学部門と神経学部門より1名ずつとなるように選ぶ。」の内容が承認され,定款,評議員選挙規則案が52回総会（昭和30・1955年）で可決された。

このような動きのなかで,昭和29（1954）年から「臨床神経懇話会」が日本精神神經學會総会の際に開催され,昭和32（1957）年まで計4回続けられた。さらに昭和31（1956）年から「内科神経同好会」が発足し,毎年日本内科学会総会の際に開催された。本会は昭和34（1959）年11月に第5回が行われたが,次年度から「日本臨床神経学会」として開催することが決定された。いずれも会の設立,運営には沖中重雄が大きく関与した。

沖中重雄は自身の回想録[6]に次のように述べている。「昭和21年,教授になりたてのころから,私はわが国の神経医学発展のためには,なんとしても純粋な神経学会を設立しなければならないと思い,努力してきた。（中略）教授になった翌年ごろ,この学会の評議員会で「学会は精神科と神経科に二分すべし」と,爆弾動議を出した。これにはずいぶん反撃も受けたし,うらまれもした。孤軍奮闘でがんばったが,なかなか同意を得られない。こうなったら,たもとをわかって独立する以外にはないと考え,31年に内科神経同好会というグループの旗あげを行った。年々会合を開くうちに全国から会員が集まってきたので,ついに35年4月,福岡で「第1回日本臨床神経学会」（会頭勝木司馬之助九大教授）の発足にこぎつけたのである。」

神経学部門の分離に最も強硬に反対したのは内村祐之であったが,彼の自伝[5]からその信念を引用する。「脳疾患には,その臨床像の中に精神医学的要素のまじる可能性が非常に多いから,独立した神経学専攻者であっても,よほどの精神医学的知識がなければ,正しい診断と治療とを行うことはできない。その一方,精神医学の専攻者としては,このような神経学的疾患の精神症状の観察に秀でることが必須の資格であって,これなくしては専門家とは言われない。脳疾患の精神病理学なくして,調和のとれた精神医学と神経学の発展はないのである。（中略）内科学的神経学—近ごろは神経内科と称しているようだが—があるように,精神医学的神経学が存在するのは当然であり,これあってこそ,精神医学も神経学も,共に健全な発達を遂げることができるというのが,私の堅い信念である。」

昭和35（1960）年4月15,16日に第1回日本臨床神経学会が福岡市で開催されたが,同年4月18〜20日に久留米市で第57回日本精神神経学会が開催され,その評議員会に神経学部門の分離の提案があり,その検討のため「神経学分離に関する委員会」が設置された。委員会の答申結論の内容は「日本精神神経学会の部門別区分を解消する。暫定的に名称はそのままとするが,精神医学的側面に重点をおき,神経病学的側面については,日本臨床神経学会に可及的協力する」であり,第59回日本精神神経学会総会（昭和37・1962年5月）の理事会,評議員会で可決された。これにより日本精神神経学会は名称をそのままで精神医学を主体とした学会として,日本臨床神経学会は神経学を主体とした学会として歩むことになった。この問題を巡って沖中重雄と内村祐之との間にきわめて激しい対立があったと伝えられている。内村祐之の自伝[5]から再び引用する。「（略）神経学会独立の声はその後いよいよ高くなり,昭和三十五年の久留米の総会では,本学会を精神医学会と神経学会とに二分しようという提案までが打ち出された。この年は,私の理事長としての最後の年

であったが，私はこの二分案に反対して孤軍奮闘の形となった。私の意見は，新しく別の神経学会が創立されるのは，いっこう差支えないが，長い歴史と実績とをもつ日本精神神経学会が，自らの発意で，名称から財産に至るまでを二分して，新しい学会をつくらねばならぬ必要がどこにあるかということであった。おそらく多くの若い人々からは，時勢を解しない古い考え方と思われたことであろうが，私は譲らなかった。その気持ちの中には，精神医学的神経学は，精神医学にとっても，神経学にとっても，必要欠くべからざるものだとの確信があったからである。」

以上の経緯で10年に及ぶ神経学部門の分離独立の問題は決着したが，「日本精神神経学会」の名称に「神経」という名称が残り，標榜診療科として精神科が「神経科」の名称のまま続けられる余地を残したことが，診療上の「精神科」と「神経科」の違いをあいまいにし，社会的に診療科名の混乱を招く原因となった。

日本臨床神経学会（機関誌として「臨床神経学」を刊行。1963年に学会名を日本神経学会に改称）設立当時は，「神経内科」という診療科名はなく，神経疾患の診療は「内科」「神経科」「精神神経科」などの診療科で行われており，医療側にとっても患者側にとっても不便で混乱していた。このため日本神経学会は診療科名に「神経内科」を加えるよう要請し，昭和50（1975）年に医療法の一部を改正する法令が公布され，医業に関し広告できる診療科目の「神経科」を「神経科（又は神経内科）」と改正された。わが国では以前から一般病院や診療所で精神科を診療する場合に，標榜科としては「精神科」を避けて「神経科」あるいは「精神神経科」が用いられるのが慣習となっているが，このような施設で新たな診療科として「神経内科」を標榜するためには，「神経科」「精神神経科」の標榜を廃止して「精神科」と「神経内科」の標榜に変更しなければならないという問題が新たに生じた。平成20（2008）年の医療法施行例の一部を改正する政令・省令によって，平成20年以降は「医療施設が新たに標榜する科名として神経科は使用しない」ことになったが，それまでに神経科，精神神経科を標榜していた医療機関はその標榜が認められている。このため現状の「神経科」「精神神経科」「神経内科」の標榜科に対する一般社会的な，受診者の理解の混乱は解消されていない。

　以上の文は以下の資料，論文を参考にした。そして文中に直接引用または文言の一部を改変して引用した。

1) 日本神経学会50年のあゆみ．一般社会法人日本神経学会，2010
2) 高橋　昭：日本神経学会―誕生と発展―．臨床神経学 49：724-730，2009
3) 椿　忠雄：日本神経学会20年の歩み．臨床神経学 19：804-808，1979
4) 沖中重雄：日本における神経学発展の回顧．臨床神経学 14：881-885，1974
5) 内村祐之：わが歩みし精神医学の道．みすず書房，p.326，328，332，1968
6) 沖中重雄：私の履歴書．日本経済新聞社，東京，1971

神経学部門における教室の研究・業績

和田豊種教授（1910-1941年），堀見太郎教授（1941-1955年）の時代は，前章で記したように精神医学講座が精神医学と神経学を担当して講義・研究し，そして両疾患の患者の診療をしていた。和田教授の教室員指導の根底を窺わせる話を，金子仁郎教授が「運命と研究」と題された大阪大学での最終講義（昭和53年2月2日）で述べておられる。「私が和田先生のところに行って，「教室に入らせていただきます」といいましたら，「それは結構なことだ。しかし最初に基本的な本を読みなさい」といって，名刺の裏に本の名前を書いてくださったんです。それはいまも持っております。（中略）少し大型な名刺で，裏に鉛筆で書いてあります。第1番が，Bingの「Kompendium der topischen Gehirn und Rückenmarksdiagnostik」。これは Neurologie をやる人の基本的な本で，図が明快に書いてありますので，わかりやすい本です．2番目が先ほどいいました東大の呉秀三の「精神病学集要」というもの．3番目が Spielmeyer の「Untersuchungsmethode」．何の Untersuchung かといえば，Histopathologie（病理組織）です．脳をどのように固定して，どのように切って，どのように染めるかということで，昔は組織病理の研究が主でありましたから，私らはこれを見て，脳を切ったり，染めたりさせられたわけです．」

和田教授，堀見助教授の時代の研究は器質的脳疾患に重点がおかれており，中枢神経梅毒や日本脳炎に関して多くの業績が報告されている．すなわち麻痺性癡呆（進行麻痺）の診断・治療に関するものとしては，「だし雑魚アルコールエキスをアンチゲーンとせる梅毒沈降反応に就て（堀見太郎，1928）」，「麻痺性癡呆のまらりや療法に就て（和田豊種，橋田賛，堀見太郎，1928）」，「麻痺性癡呆の再帰熱療法に就て（和田豊種，橋田賛，堀見太郎，1928）」，「麻痺性癡呆のまらりや療法及び再帰熱療法に於ける二，三血液学的検査（堀見太郎，1928）」，「マラリヤ療法と赤血球沈降速度（堀見太郎，1929 & 1930）」，「麻痺性癡呆マラリヤ療法の予後に関する研究（堀見太郎，1930）」，「麻痺性癡呆マラリヤ療法其後の成績（1）（堀見太郎，森勝雄ほか，1932）」など多数にのぼる．

一方，日本脳炎の研究に関するものとしては，まず昭和9年に「大阪地方に於ける流行性脳炎の近況（堀見太郎，内藤正章，1934）」が報告されている．当時は「夏季脳炎」と呼ばれた日本脳炎ウイルス研究の黎明期で，昭和10年夏には全国的な大流行となり，起因ウイルス分離研究が全国的に競われた．大阪帝国大学細菌学教室谷口腆二教授は，和田教授，堀見助教授，橋田講師と綿密な打ち合わせのもと，患者の剖検材料をニホンザルとマウスその他の動物の脳内に接種し，ウイルス分離に見事に成功した．発病して特殊な症状を現すマウスとニホンザルの実態を，堀見，橋田両氏が精神科教室所有の8ミリ撮影機で撮影して学会発表の準備をした．翌年の聯合微生物学会でのこの活動写真は会場を驚かせたという．そして動物脳の病理解剖学的記述は総て堀見助教授によって作成されたと記されている[1]．このウイルスについての報告は1935年と1936年に，谷口ほか，和田，堀見，橋田の共著で英文報告されている．そして堀見らによる日本脳炎についての研究報告は1946，1948，1950，1951にもなされており，本疾患の診療に力を尽くしていた当時の状況を窺い知ることができる．

その他，「脊髄痨の経過に関する統計（橋田賛，堀見太郎ほか，1932）」，「所謂視神経脊髄炎に就て（堀見太郎，梁忠雄ほか，1934）」，「散在性脳脊髄炎（視神経脊髄炎）について（堀見太郎，江川昌一ほか，1940）」，「脱髄性疾患について（堀見太郎，有岡巌ほか，1954）」，「中枢神経疾患鑑別上に於ける脳脊髄液所見に就て（堀見太郎，1935）」，「純粋運動性失語症の一例（堀見太郎，三輪淳ほか，1941）」，「遺伝性脊髄小脳運動失調症に就て（堀見太郎，沢潤一，1942）」など多岐にわたる神経病疾患の研究・報告がなされている．

堀見太郎教授の研究の中心は視床下部の細胞学的研究であり，家兎，猫，マウスなどを対象に教室をあげて取り組まれた．精神身体医学の神経学的根拠として重要な部位である視床下部を解剖学的，組織学的に研究されている．

金子仁郎教授は昭和31（1956）年8月に奈良医科大学から本学にお戻りになり精神医学講座を担当されたが，第1章で記したように，日本精神神経学会が神経学部門の分離独立の問題で激論し紛糾していた時期にあたる．そして昭和35年に第1回日本臨床神経学会総会が開催され，別の新しい学会が誕生した訳であるが，金子教授はこの学会の創設に対しても積極的に参画され発足時から理事として務められた．私は

昭和35年1月に入局したが，毎週行われていた医局会の席上で，神経学会が発足し第1回総会が福岡市で開催されること，そしてこの学会に対して注目しておくよう，関心のある者はこの学会に参加するようにといった内容の発言をされたことを憶えている。金子教授は昭和48（1973）年の第14回日本神経学会会長を務められたが，その総会での会長講演の演題は「脳血管障害の超音波血流検査法による診断」である。

金子教授は神経学に関してもきわめて造詣が深かったが，精神医学とともに神経学も重要視されていたことは，西村健教授が「金子仁郎先生追悼記念集」（大阪大学医学部精神医学教室発行，1998）の中に次のように書かれていることからも容易に頷かれる。「幅広くいろんな事を勉強することが精神科医として大事だという先生の教えを，私はこれまでずっといつも反省しながら守るようにして参りました。特に先生がおっしゃったのは神経学の勉強をしなければいけないということでした。」また新入局生の教育においても示されている事例がある。すなわち大学院生は入院患者の受け持ちとして最低2名を受け持つこと，そのうち1名は精神疾患患者，1名は神経疾患患者とする，とされて臨床教育をされた。なおこの指導方針は，西村健教授も受け継がれ，精神科医師に臨床神経学の知識，経験の重要性を教え続けてきた。

大阪大学医学部付属病院診療科として「神経内科」が設置されたのは平成元（1989）年であり，神経内科学講座は平成3（1991）年に開講された。それまでは診療科としては「精神科」「神経科」の標榜で精神医学教室が担当しており，神経疾患患者の多くは当科を受診している。そこで経験された疾患を元にして神経疾患の研究・発表が金子教授の時代から西村教授の初期の時代にかけて多数なされており，神経学の発展に寄与している。それらのうち他章で記述されるであろう研究業績以外のものを一部であるが以下に記す。

「Triorthocresylphosphate 中毒による多発性神経炎（金子仁郎，1956）」，「Triorthocresylphosphate 中毒後遺症の臨床，病理知見（湯浅亮一，菊井正紀ほか，1970）」，「Wilson 氏病の肝に関する組織化学的研究（有岡巖，谷向弘ほか，1957）」，「肝レンズ核変性症の遺伝学的研究（山内典生，1959）」，「肝レンズ核変性症の臓器金属について（植田雅治，1959）」，「肝レンズ核変性症の臨床（金子仁郎，谷向弘，1960）」，「結節性硬化症の一剖検例について（谷向弘，宮地徹ほか，1958）」，「有機水銀中毒の一例（有岡巖，市丸精一ほか，1963）」，「痴呆を伴う筋萎縮性側索硬化症について（湯浅亮一，1964）」，「痴呆を伴う筋萎縮性側索硬化症（湯浅亮一，1970）」，「軸椎歯突起の先天性欠損の2症例（志水彰，湯浅亮一ほか，1965）」，「家族性周期性四肢麻痺の三家系（志水彰，金子仁郎ほか，1966）」，「脳表ヘモシデリン沈着症について（湯浅亮一，1967）」，「先天性両側顔面筋麻痺の筋電図的研究（湯浅亮一，角辻豊ほか，1968）」，「睡眠中の Babinski 反射（藤木明，1976）」，「Creutzfeldt-Jakob 病の1症例（湯浅亮一，金子仁郎，1969）」，「Creutzfeldt-Jakob 病脳の電子顕微鏡所見（多田國利，北嶋省吾ほか，1978）」，「Creutzfeldt-Jakob 病における脳水溶性蛋白の変化（西村健，播口之朗ほか，1978）」，「Creutzfeldt-Jakob 病におけるグリア線維構成蛋白について（西村健，播口之朗ほか，1979）」，「Creutzfeldt-Jakob 病及び近縁疾患の脳蛋白に関する研究（西村健，多田國利ほか，1982）」，「純粋語唖を呈した右利き交叉性失語の一例（田辺敬貴，奥田純一郎ほか，1980）」などを列記することができる。

資 料

1) 藤野恒三郎：堀見太郎博士を偲ぶ．堀見太郎教授記念集．大阪大学医学部精神医学教室，p 55, 1987

11 フランス精神医学の潮流―歴史と今後の動向

● 小池　淳

ピネルの活躍

　1795年，ほぼフランス大革命が終わりに近づくころ，狂人のための施設ビセートルにいたフィリップ・ピネルが初めて狂人の鎖を解放したことが，近代精神医学の始まりと言われている。当時彼は道徳療法と称して，狂人に精神療法を行っている。道徳治療といっても施設内で規則を守らせることぐらいのことであった。

1938年6月30日の法律

　ピネルの跡を継いだエスキロルは入念な臨床記録から「痴呆」，「白痴」，「マニー」，それにいくつかの「モノマニー」を分類し，道徳治療を行える保護院（agile）を全国各地に建設しようと考えた。1838年になってようやく入退院に関する法律，1838年6月30日の法律が制定された。この重要な法律の制定が遅れたのは革命後の王政復古等の政情不安（第一共和制から再び王制，また王政から共和制など）によるものであり，この1838年はルイ・フィリップによる王制の時代である。現在と同様，近親者の同意による「同意入院」，県知事の決定による「措置入院」の2つの入院形式が作られ，最近1990年までこの法律が各地で適用されており，入院治療が積極的に行われた。法の精神の1つは患者の治療と保護のためであったが，一方社会防衛の意味でもあった。

フランス精神医学の古典主義時代

　1850年，ナポレオン3世による第2帝政の時代になり，政情が少し落ち着くと，さまざまな精神医学に関する発表がなされるようになってきた。まず進行麻痺の症例で，脳内に唯一の病因としての器質変化が認められた（ベイルの報告）。しかし他の精神病症例で原因として解剖―臨床精神医学の結びつきを求めたが，すべて徒労に終わった。

　エスキロルのモノマニー学説はファルレとモレルにより確認され，マニャンにより再評価された。変質理論である。またファルレは周期性に変わる循環精神病，バイヤルジェはマニーとメランコリーが交替する二重精神病を記載した。モレルは伝導的病因が時代を超えて遺伝する変質の概念，ラセーグは被害妄想病，マニャンは被害また誇大などの妄想期があり，「痴呆」に発展する慢性妄想病の存在を主張した。

クレペリンの登場

　19世紀後半，1880年普仏戦争が始まる。数ヵ月でフランス軍は敗退し，ナポレオン3世による第2帝政は終わり，フランスは再び共和国となった。王のいない国，首都パリーは万博の成

功もあって，世界の知性と繁栄の中心となった。ベルエポックのパリーである。戦勝国ドイツからドイツの精神医学が華やかに登場してきた。ミュンヘン大学のクレペリンである。クレペリンは膨大な患者の記録を調べ上げ，新しい分類を行った。彼は器質的診断ができない以上，疾患の自然経過こそ，診断基準になるべきであると考え，膨大な患者の資料を集積し，新しい分類を行った。1858 年フランスのモレルが早発性痴呆と命名した精神状態，カールバウムの緊張病，ベッカーの破瓜病，さらにパラノイア性早発性痴呆を加えてクレペリンは「早発性痴呆」の名称のもとに単一の疾患にまとめあげた。

さらに 1913 年には躁病型の興奮状態とメランコリー型の抑うつ状態が交互に出現する躁うつ病を体系化した。フランスの慢性妄想病（慢性幻覚妄想病，パラノイア，パラフレニー）と急性錯乱だけはクレペリンの体系に入れることができなかった。クレペリンは精神医学教科書を 1883 年以降，9 度改訂して発表した（最終版は 1927 年）。

チューリッヒ（スイス）のブロイラーは（1898年）精神病理学的方法論をクレペリンの臨床的基準に置き換え，一次症状と二次症状を対比させることに成功した。また「痴呆」なる言葉を止め，多様な精神機能の分裂が重要と考え，「精神分裂病」の用語に変えることを提案した。

ハイデルベルク大学（ドイツ）のヤスベルスは現象学的精神病理学（1919 年）を発表した。一次大戦にて，ドイツは敗北したが，ミュンヘンの研究所ではクレペリンの死後（1926 年），クルト・シュナイダーが後継者となり，なお精神医療の指導的立場で活躍していた。

シャルコーからフロイドへ

1870 年ごろサルペトリエール病院の神経科の教授であったシャルコーがヒステリーの患者に催眠下に暗示によって，体の部分に麻痺が起こり，また暗示で麻痺が消失するのを観察した。またヒステリーの患者に，てんかんけいれんと同様のけいれんが心理的原因で起こるのを観察した。1875 年フロイドはシャルコーの講演を聞き，ヒステリー患者に暗示によって起こる麻痺の実験を見学し，強い感動を覚える。フロイドはウイーンに帰国後，催眠術の代わりに自由連想法や夢解釈を用いて無意識の世界を分析することを始めた。多くの人間に精神分析することで，抑圧された葛藤や特に幼児期に作られる「エディプス・コンプレックス」などの障害から人間を解放しようと試みた。この障害を乗り越えられないものが神経症になるとフロイドは考えた。この無意識の世界を分析する精神分析はヨーロッパおよびアメリカで盛んに行われ，研究および治療に用いられたことは周知のとおりである。

「留置場学派」の出現（クレランボーの留置場での活躍）1905 年から 1934 年

一方パリーではクレランボーが警視庁地下の特別病棟での症例を講義（症例報告）の形で発表し人気を集めた。天才的直観力，正確な分析によって嫉妬妄想，エロトマニーを含む熱情妄想，とりわけ精神自動症など新しい診断的枠組を築いた。彼は新造語を散りばめた独創的な用語を駆使し，若いフランス精神科医師を魅了した。留置場学派なる言葉の誕生である。

二次大戦の戦中・戦後の精神病院の荒廃

一次大戦は 1918 年に終わったが 1930 年ごろからナチズムが跋扈し，ドイツ精神医学が衰退し，1940 年に二次大戦が始まって，独仏とも精神病院は大変な被害を受けることになった。国内で戦闘のなかったフランスにおいても，精神病院の被害は大きく 1940 年 10 万 5,000 人の患者が 1945 年には 6 万 5,000 人に減少していた。

1940年には赤痢, 1941, 42年は飢餓, 1942年からは結核などが主な死亡の原因である。病院では患者だけでなくゲシュタポに追われたユダヤ人, 抗独レジスタンス運動家たちも受け入れていた。戦後しばらくすると入院を要しない, 数回の治療で済む症例には急性期診療所や社会復帰センターなどの施設が出現し, 現在行われているフランス独特のセクター制度の先駆けになったと考えられる。

アンリー・エーの登場[1]

アンリ・エーはカタローニャ地方で生まれ(1900年)ツゥルーズ大学で医学を修め, パリー大学アンリ・クロード教授の下で精神医学を始める。同期にラカン (J Lacan) が居る。33歳でボンヌバル精神病院の女子病棟の医長となり, その後40年間院長にも教授にもならず, 病院内に住み, 精神医学に関する膨大な量の本を書いた。戦後間もなく, アンリ・エーによる「器質-力動論」が発表された。ジャクソンの神経病の病理構造からヒントを得て, 精神病においても, 上位の構造が器質因によって障害されると陰性症状となり, 下部の構造が表面に現れる (陽性症状) との説である。すなわち「器質力動論」(Organo-dynamisme) であり, ジャクソンのモデルを利用しているため「ネオ-ジャクソニスム」とも言われる。「器質因は現在不明だが, 確かに存在する」とエーは晩年になっても, 統合失調の脳波から何か証拠が得られるのではないかと興味をもっていた。この器質-力動論については「臨床研究第Ⅰ巻, 1948」に詳しく書かれている。第2巻では「精神病の心因性, 内因性といった言葉には意味がなく急性と慢性の2つに分けるべきである」と述べている。すなわち急性精神病は意識の病理であり, 躁うつ発作, 夢幻状態, また錯乱-夢幻精神病である。一方, 慢性の精神病は人格の病理であり, 神経症, 妄想病, 統合失調症および痴呆であると述べる。

図1 アンリー・エー (1900-1977)
(松下正明:精神医学を築いた人びと(下巻). ワールドプランニング, pp201-212, 1991より引用)

急性精神病 (意識の病理) については「Etude, 1954」に詳しく書かれているがこの第3巻を仕上げるについて, 意識を見直す必要を感じて書かれたのが「意識, 1963」である。晩年には大著「幻覚, 1970」が出版され, 最後の書「精神医学の歴史」は未完に終わっている (1977年)。

現象学的精神病理学の出現

アンリー・エーの盟友ミンコフスキーはロシアの首都ペテルスブルグで生まれた。ミュンヘンで医学を修め, 1914年チューリッヒのE. ブロイラーの助手になった矢先, ヒトラーがポーランドに進攻したと聞き, 彼はすぐブロイラーの教室を辞し, フランス陸軍に志願し, 1兵卒としてドイツ軍と戦った。戦後フランスに留まり, フランス各地の精神病院に居を移し, 数々の現象学的精神病理学の論文2百数十篇と成書数冊「精神分裂病, 1929」,「生きられる時間, 1933」,「1つの世界論に向って, 1936」,「精神病理学概要, 1968」を公けにした。戦後「精神病理の進歩」なる雑誌をアンリー・エーと2人で編集し,

年2回出版した。彼の「精神分裂病」の本の中で，この病気の唯一の特徴は人間関係におけるContact vital（生ける接触）の喪失であると書いたところ，生ける接触（人間関係）の現象学的意味が理解されず，精神分裂病の範囲が急に拡大された（特にアングロサクソン圏）と言われている。

なお，ドイツ語圏においては現存在分析のビンスワンガーやK.ヤスパースの現象学的精神病理学などが世界の若き精神医学者たちを魅了した。

向精神薬の発見

戦後荒廃した精神医療の世界から素晴らしい発見がなされた。

1952年クロルプロマジンが興奮や妄想に有効であることがパリー大学のジャン・ドレー教授とピエール・ドニケルによって発見されたのである。現在の薬物療法および精神薬理学の誕生である。しばらくして向精神薬のレセルピン，抗うつ作用のあるイミプラミン，躁病の予防にリチウムなどが出現してきた。

新しい地域精神医療の始まり（セクトリザシオン）

1960年ごろから医師，看護師，社会福祉士，臨床心理士たちがグループをつくり，ある地区において，患者の早期発見，治療，社会復帰まで一貫して治療を行うセクター制度が行われるようになってきた。パリー20区を30区に分け（人口の多い地区は2区になる），各地区で独立してチーム医療を行う。患者は発症した地区で早期発見，早期入退院（精神病院にベットが無いときは，一般病院のベットを借りる），アフターケアー，職場復帰訓練，家庭復帰訓練の後，社会復帰がなされる。患者は発症した地域で治療が行われるので，社会復帰が容易であると言われる。エスキロルによって作られた1838年6月30日の法律は百年以上使われてきたが，この法律は入院を強制し，患者の治療と保護よりも，社会防衛的であるため1990年に廃止され，新しいこのセクター制度を推進する法律が，1990年6月27日に成立した。まだこのセクター制度は完成していないが，完成すれば，都市型の地域精神医療の理想の姿であると言えるだろう。

文 献

1) 小池 淳：Henri Ey その生涯と業績．松下正明：精神医学を築いた人びと下巻．pp.201-212．ワールドプランニング，東京，1991

12 児童精神医学，127年の歩み

● 清水 將之

　対象年齢を理由として，小児科学が内科学から分離独立してきたと同様，児童精神医学・医療も日本では，老年期に次いで一般精神医学から分離独立してきた。

　ところが，世界の子ども医学史を見ると，そうではなかったようだ。世界最初の児童精神医学教科書とされる H. Emminghaus（図1）の本は小児科学全書（Handbuch der Kinderheilkunde）の中の一冊として執筆されており，Emminghaus は精神科医である（Freiburg 大学精神医学教室主任教授）。Kraepelin の教科書第2版（Psychiatire, 2te Aufl.）と同年に出版された（Kompendium der Psychiatrie, A. Abel, 1883」は同書に文献として引用されている）ことからも推量される通り，読んでみると，現今のどの病名に相当する病気を記述しているのか判然としないところが多くて退屈する。

　しかし治療的配慮に関する叙述は見事であり，感服させられることが多い。たとえば，この病気は薬物治療よりも子どもの居心地の良さを提供することが第一であるとして配慮点を列挙し，最後に，薬物を用いるとすれば，これである，と1行で締めるといった具合である。

　昨今の，操作診断手続きでラベリングし，薬物療法アルゴリズムで処方を入力する時流におぼれている若手児童精神科医とは，別世界である。

　あくる1888年に隣国フランスで，P. Moreau が Maladie des enfants を刊行した。次の年には

図1　H. エミングハウス（H. Emminghaus）
(Emminghaus H : Geistesstörungen im Kindesalter. Laupp Verlag, p 293, 1887 より引用)（図2）

直ちに独訳が出版されており，まるで先陣争いの感がある。Anorexia nervosa 第一記述者の位置を巡って Gull と Lasègue が先陣争いをしたのは，この20年ほど前のことである。

　1920年代になると，1923年に W. Strohmeyer が Psychopathologie des Kindesalters（Bergmann, p 359）（図3）や，3年後の1926年には A. Homburger が Vorlesungen der Geistesstörungen im Kindesalter（J. Springer, p 852）（図4）という大部の講義録，1927年には W. Chimbal の Neurosen im Kindesalter（Urban & Schwarzenberg, p 509）（図5）が相次いで世に問われているので，医療現場の記録は入手できていないものの，このころは児童精神医学がド

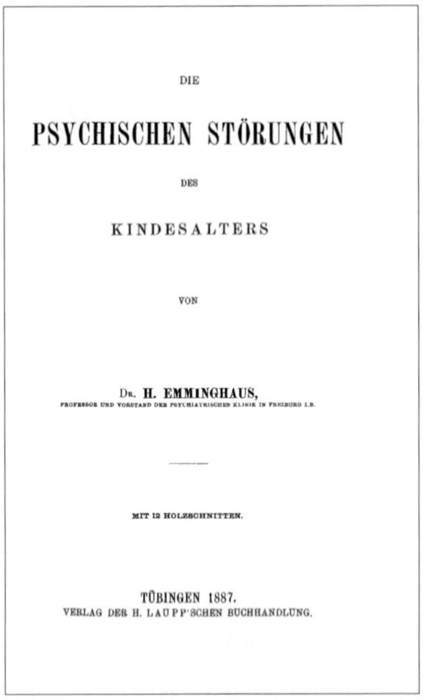
DIE
PSYCHISCHEN STÖRUNGEN
DES
KINDESALTERS
VON
Dr. H. EMMINGHAUS,
PROFESSOR UND VORSTAND DER PSYCHIATRISCHEN KLINIK IN FREIBURG I.B.
MIT 12 HOLZSCHNITTEN.
TÜBINGEN 1887.
VERLAG DER H. LAUPP'SCHEN BUCHHANDLUNG.

図 2

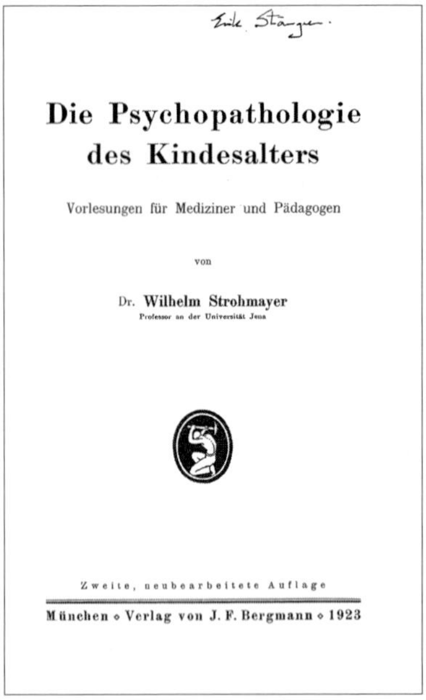
Die Psychopathologie des Kindesalters
Vorlesungen für Mediziner und Pädagogen
von
Dr. Wilhelm Strohmayer
Professor an der Universität Jena
Zweite, neubearbeitete Auflage
München ◇ Verlag von J. F. Bergmann ◇ 1923

図 3

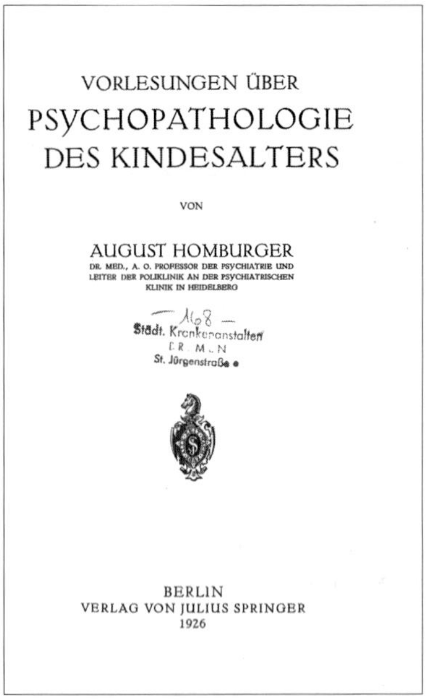
VORLESUNGEN ÜBER
PSYCHOPATHOLOGIE
DES KINDESALTERS
VON
AUGUST HOMBURGER
DR. MED., A. O. PROFESSOR DER PSYCHIATRIE UND
LEITER DER POLIKLINIK AN DER PSYCHIATRISCHEN
KLINIK IN HEIDELBERG
Städt. Krankenanstalten
St. Jürgenstraße
BERLIN
VERLAG VON JULIUS SPRINGER
1926

図 4

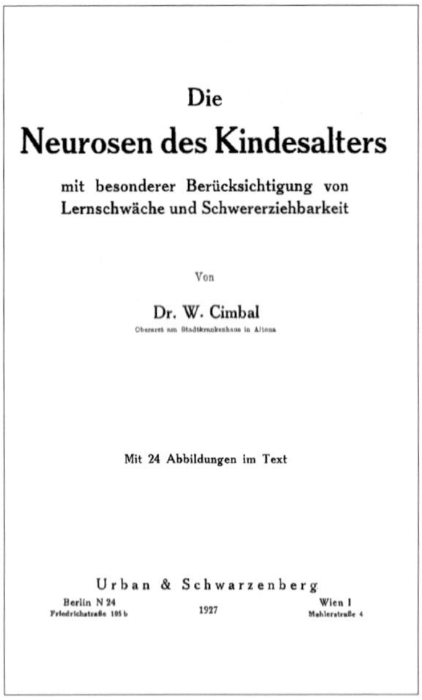
Die
Neurosen des Kindesalters
mit besonderer Berücksichtigung von
Lernschwäche und Schwererziehbarkeit
Von
Dr. W. Cimbal
Oberarzt am Stadtkrankenhaus in Altona
Mit 24 Abbildungen im Text
Urban & Schwarzenberg
Berlin N 24
Friedrichstraße 105 b
1927
Wien I
Mahlerstraße 4

図 5

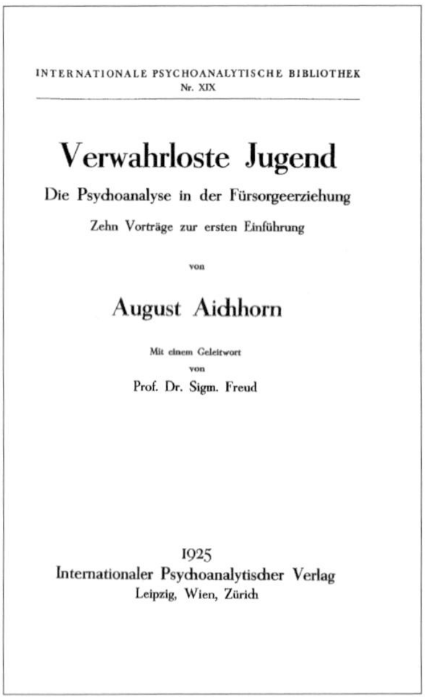
INTERNATIONALE PSYCHOANALYTISCHE BIBLIOTHEK
Nr. XIX
Verwahrloste Jugend
Die Psychoanalyse in der Fürsorgeerziehung
Zehn Vorträge zur ersten Einführung
von
August Aichhorn
Mit einem Geleitwort
von
Prof. Dr. Sigm. Freud
1925
Internationaler Psychoanalytischer Verlag
Leipzig, Wien, Zürich

図 6

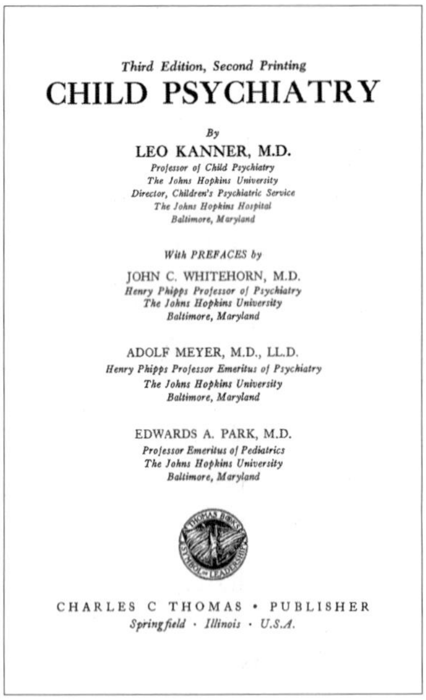
Third Edition, Second Printing
CHILD PSYCHIATRY
By
LEO KANNER, M.D.
Professor of Child Psychiatry
The Johns Hopkins University
Director, Children's Psychiatric Service
The Johns Hopkins Hospital
Baltimore, Maryland
With PREFACES by
JOHN C. WHITEHORN, M.D.
Henry Phipps Professor of Psychiatry
The Johns Hopkins University
Baltimore, Maryland
ADOLF MEYER, M.D., LL.D.
Henry Phipps Professor Emeritus of Psychiatry
The Johns Hopkins University
Baltimore, Maryland
EDWARDS A. PARK, M.D.
Professor Emeritus of Pediatrics
The Johns Hopkins University
Baltimore, Maryland
CHARLES C THOMAS • PUBLISHER
Springfield · Illinois · U.S.A.

図 7

イツ語圏に定着してきた時代と解して差し支えないと考える。筆者が Bern 大学児童青年精神医学教室開講 50 周年記念シンポジウム[3]に招かれたのは 1987 年 10 月であった。同教室が開設されたのは 1937 年ということになる。

ちなみに，非行問題へ初めて精神医学的視点をあてた書物も，この時代に刊行されている（A. Aichhorn；Vewahrloste Jugend. Int. Psychoanal. Verlag, 1925, 図 6）。本書の序文は S. Freud が書いている。

英語圏でも，米国初の児童精神医学教科書（C. C. Thomas, 1935）（図 7）を書いた L. Kanner は，ベルリン大学内科で心疾患の研究に従事した後に渡米し，州立病院内科から A. Mayer の勧めで精神科へ転向，Johns Hopkins 大学医学部に小児科教室を創設する作業に参画して初代の助教授に就任し，後に児童精神医学講座を創っている。

この領域に関する雑誌は，1934 年創刊の M. Tramer の編集による Zschr. Kinderpsychiatrie（Schwabe Verlag）を嚆矢とする。学会活動としては，1937 年に Euyer が会長となってパリで第 1 回国際児童精神医学会が開催された。これには，慶応大学から留学していた三浦岱栄が出席している。この国際学会は第二次世界大戦と戦後の混乱期に中断したものの，4 年ごとの開催で現在に続いており，1990 年 7 月には第 12 回大会の開催をアジアで初めてのこととして日本が引き受けている（京都国際会館）。

日本における児童精神医学・医療に目を転じよう

明治，大正のころに，呉秀三や森田正馬などが子どもや学校教育に関する講演を行い，記録が残されている。それらは一般精神医学の立場から子ども関連問題に言及したという，本邦精神医学の草創期における営為に留まっている。

子どもを対象として精神医学的治療を開始したのは，1937 年 4 月 20 日に名古屋帝国大学医学部付属病院精神科（杉田直樹教授）外来で，堀要が「児童治療教育相談室」を開設したのが最初である。翌月，東京帝国大学脳研究所の吉益脩夫と村松常雄が同様の試みを始めている。堀は Leibzig 大学 Paul Schröder 教授の元に約 2 年間（1938〜39）留学し，各地の児童精神科診療を見学している。生涯にわたってやさしく暖かな茶目っ気を維持していた堀は，ある酒席で「ボクのほうが東大より 1 月早く始めたんだよ」と悪戯っぽく笑って語っておられた。

脳研究所における初期の試みは，陸軍病院を改組して再出発した国立国府台病院長に村松常雄が就任したとき，児童部を開設して高木四郎を部長に指名して診療に当たらせるという形で継続された。

弟子・孫弟子として，多くの有能な児童精神科臨床医を育成したという意味において，堀要が本邦児童精神医学の鼻祖であると筆者は考えている。

15 年戦争に敗れて後，黒丸正四郎（京都大学，大阪市大，神戸大学），牧田清志（慶応義塾大学，東海大学），高木隆郎（京都大学），若林慎一郎（名古屋大学，岐阜大学）など，第二世代が次々と登場してきた。

1957 年 10 月 6 日，比叡山延暦寺の宿坊で秋季精神病理懇話会（約 100 名参加）が開かれ，L. Kanner のいう早期幼児自閉症と推定される 2 名の子どもを連れて，黒丸正四郎，小西輝夫，高木隆郎が参加，症例提示と見解表明を行い，大きな論議が展開された。この懇話会には，西丸四方，井村恒郎，島崎俊樹，村上仁，堀要など錚々たる顔触れが揃っていた。この席に臨場していた現存の医師は，高木隆郎，平田一成など，数名となった。この集いの 5 年前，1950 年の日本精神神経学会で，鷲見（現，中沢）たえ子が「カナー氏のいわゆる早期幼児自閉症について」という一例報告を行ったのが，本邦における自閉症研究の嚆矢である。

このような土壌があり，子どもを中心に外来診療を京都大学病院で始めていた高木隆郎の上司であった村上仁教授らが，そろそろ専門雑誌を作ってはどうかと提案した。知的障害児を子どもに持つ篤志家の寄付などがあって，「児童精神医学とその近接領域」という雑誌が 1960 年 3 月 1 日に創刊された。ほぼ同時進行で，雑誌の定期購読者を確保するために学会も作ろうということになったようだ（黒丸正四郎よりの直聞）。雨後の竹の子のように学会が乱造され，

後で格付けのために，無理して雑誌を刊行し始める昨今の風潮とは真逆の順序を歩んだのである。

1960年11月17～18日，東京大学理学部2号館で日本児童精神医学会の設立総会（高木四郎会長）が開催されてより，半世紀を超えた．5年後，1965年11月に東京で開催された第6回総会には，近年にわかに有名になったウイーン大学小児科 H. Asperger 教授が招待講演を行っている．同年，東京で開催された世界小児科学会に出席する機会を捉え，この年の学会長平井信義教授が仕組んだ企画であった．

このような経緯があったので，児童精神医学会は当然のことながら当初は自閉症論議が花形主題で，ほかに知的障害，治療論，施設問題などが取り上げられた．

その後，不登校，摂食障害，境界パーソナリティ障害が話題の中心に出てくることもあった．このような症例が増えたからではなく，海外の同種学会の名称に揃えるため，国内の学会も1983年には日本児童青年精神医学会と改称した．しかし，自閉症ないし発達障害は，反復して話題の中心に戻ってくる．

そして，2000年に愛知県豊川市で起こった高校生による殺人事件の加害者が名古屋大学医学部でアスペルガー症候群と鑑定され，類似事件が続いたため，発達障害論がにわかに異様なほど世間と精神科医の関心を集めるようになった．

このように史的流れを振り返ってみると，児童精神医学の基本は「発達」という視軸の上に立つ領域であることが見えてくる．

そのために，自閉症ブームの時期が繰り返しやってくるのである．不登校や強迫性障害や摂食障害についても，症状，疾病としての個人の病理，家族関係などと同時に，その子の発達水準や発達プロフィールをしっかり査定しておかねば，適切かつ有効な治療の手立てを設定できない，そのような視点が定着し始めている．

児童精神科臨床の鍵概念である「発達」という視点は，子ども臨床に限ったものでないことが，少しずつ明らかになりはじめている．成人精神科医療において，名状し難い病態像を示したり，操作診断に頼るといくつもの病名が貼り付けられかねない症例，あるいは計画された治療の効果がなかなか現れてこない例がある．そのような患者の成育史を丹念に点検し直してゆくと，もともと自閉症スペクトラム障害を持っていた人であり，その故にいじめ体験その他のトラウマ事象を内包していたことが明らかになってくることがある．これは，さまざまな診断が付されて精神科病院への入退院を反復していた女性が，心傷研究家である van der Kolk の診察によって，数十年前に体験したナイトクラブ「ココナッツグローヴ」大火災に遭遇したことに由来する PTSD であると確定診断された事績を思い出させる．

生涯発達心理学という視点ができたとは申せ，30歳を超えた患者の発達水準を点検することはあまりない．しかし幼時から発達の障害を持っていた人であるか否かという視点は，操作診断の手技を超えて，今後ますます重要になってゆくと考えられる．それは，精神科臨床の研修に児童精神医学を組み込むことが必須の要件になってきているということでもあろう．

児童精神科医療の望ましい要件についても言及しておこう

発達障害ブームや小児科医がこの領域へ関心を強めてきたことなどにより，日本児童青年精神医学会の会員はずいぶん増えてきている．もっとも，関連職種との協業が強く求められる領域なので，会員の中に医師が占める割合は半数程度である．

筆者が働き盛りであったころ，専門性を明確にしようとの意図で同僚（白橋宏一郎国立仙台病院院長，花田雅憲近畿大学精神科教授）とともに，この学会に認定医制度を作った（1991

年）。爾来20年余を経過して，認定医はいまだに250人に届いていない。児童青年精神科入院医療施設を持つ病院が相互研修し，行政に向けて物申す組織として，略称「全児協」という団体（全国児童青年精神科医療施設協議会）がある。この組織に加入している病院はいまだに26施設に留まり，なかなか増加しない。2012年4月の医療費改定で，児童精神科入院医療費が大幅に前進した。収支バランスを赤字にしない可能性がほの見えてきた。これが起爆材となって児童精神科病棟の増加することを願って止まない。もっとも，診療報酬が高額になることは，病院経営には益するけれど，子育て中の親が支払う一部負担金が大幅に上昇することにも繋がることを見逃してはならない。高額医療費の公的負担制度はあるけれど，現実に返納されてくるまでの3ヵ月を待ちきれない親が少なくないことは現実である。

　児童精神科単科病院の管理者を経験した立場からも，一言述べておきたい。この領域の単科病院は三重県に一ヵ所のみとなってしまった（札幌市立病院の児童精神科病棟は機能不全に陥っている）。敢えて独立させる必要もないけれど。

　三重県立あすなろ学園へ赴任して先ず感じたのは，背後に入院病棟を持つことがどれほど大きな意味を持っているかと実感したことである。それまで行ってきた筆者の臨床では，どのような水準の病態であれ外来診療で対処せざるを得ない苦しさがあった。

　中部地区には児童精神科入院病棟がなかった。

　あすなろ学園は当時，病院のあり方を再検討すべき時期を迎えており，職員と討論を重ね，関連する立場の人を招いて院内研修会を行った。行き着いた結論は単純であった。子ども精神科医療は，一般病院のように医師が中心になり看護師や各種技師によって運営されるものではないということである。

　要約すれば，医療・保健・福祉・教育という四層（あるいは，それ以上）構造の重なり合いの上にはじめて成立するような医療形態であるということである。四領域のいわゆる連係とかチーム医療ではなく，融合とも見える協業が求められている。このような訳で，他の病院で数年間臨床を経験した後にあすなろ学園へ赴任してきた医師は当初，職業同一性が揺らいで苦労するようだ。もちろん，1年もすればこのようなあり方の必然性に馴染んでゆくのであるけれど。

　医療機関として苦労するのは，平均在院日数が如何様に努力しても90日には近づくことができないという現実である。かつては，発達障害児の長期入院が多かったけれど，これは解消できた。

　20世紀の終わりごろから被虐待児のトラウマ治療を引き受けることが多くなり，ふたたび平均在院日数が400日を超えた。失われた基本的信頼（attachment disorders）を回復させることにどうしても長い年月を必要とする。加えて，児童精神科病棟を退院した後の受け皿が本邦ではほとんど未整備のままに過ぎているという現実がある。

　児童精神科病棟の周辺を固めてくれている施設を見ておこう。児童養護施設は，1948年から運用されているけれど，戦災孤児の収容施設として作られた当初の施設基準のままに過ぎており，居室面積も職員数も，心傷の深い被虐待児を引き受ける水準ではまったくない。情緒障害児短期治療施設（略称，情短）は，職員数が若干手厚く，心理治療者と看護師の配置を法で定めている。施設長として，児童福祉法は第一に児童精神科医の配置を挙げているけれど，全国40ヵ所弱の情短施設で常勤児童精神科医を配置しているところは数ヵ所しかない。

　児童精神医学はブームとして賑わっているけれど，児童精神科医療の成熟までこの国は前途遼遠である。

和風会の歴史に掲載される原稿なので，和風会員が日本児童青年精神医学会長を務めた年を最後に挙げておこう。

第5回（1968）金子仁郎（大阪厚生年金会館）
第28回（1987）藤本淳三（大阪国際交流センター）
第41回（2000）清水將之（三重県総合文化センター）

文　献

1) 児童精神医学とその近接領域 20（20周年特集号），1979
2) 高木隆郎編：児童青年精神医学とその近接領域 50（50周年記念特集号），2009
3) Klosinski G.（hrsg.）：Psychotherapeutische Zugänge zum Kind und zum Jugendlichen. H. Huber, Bern, 1988
4) 清水將之：子どもの精神医学ハンドブック第2版．日本評論社，東京　2010

― Memory ―

戦後再開された最初の日本精神神経学会（東大医学部）に参加した医局員
写真左：後列左から　高橋，澤，森（勝），小関，医長，前列左から　別府，倭，原田
1946年6月

13 老年精神医学の潮流

● 武田　雅俊

　三浦百重京都大学名誉教授による編集，金子仁郎奈良医科大学教授，新福尚武鳥取大学教授，猪瀬正横浜市立大学教授の共著による「老人の精神障碍（医学書院，1956年）」が刊行された時をもって，我が国における老年精神医学の始まりとされることが多い。老年精神医学領域における最初の成書となった「老人の精神障碍」の前書きには，以下のように記載されている。

　『近年人間の寿命が延び，人口構成上老人の占める比率が増大するにつけ，老人の精神障碍も次第に増加してきた。日本精神神経学会でも昭和29年第51回の総会で初めてシンポジウムとしてこの問題が取り上げられた。このシンポジウムの主報告者が当時の演説原稿にさらに思弁を加え，稿を新たにしたものを集めて茲に公にする』

　高齢者の増加とともに老年期の精神医学的問題が重要になりつつあった当時の様子が伝わってくる前書きであるが，金子仁郎が「老人の心理」，新福尚武先生が「老人の精神病理」，猪瀬正先生が「初老及び老年期精神病の組織病理学」を執筆した。このようにして始まった老年精神医学の潮流は，金子仁郎が大阪大学に移動した後，大阪大学では西村健教授に，そして筆者らへと引き継がれ，慈恵医大の新福尚武先生からは聖マリアンナ大学の長谷川和夫先生から本間明先生へと，横浜市大の猪瀬正先生の流れは，松下正明先生から小阪憲司先生へと引き継がれた。

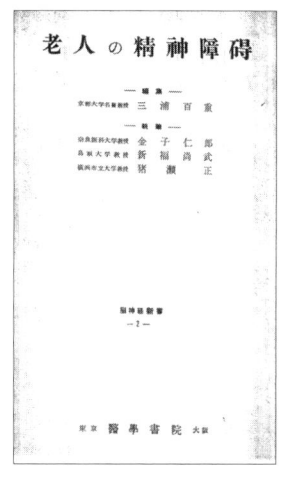

図1　老人の精神障碍

金子教授時代の老年精神医学

　このような経緯から，老年精神医学は金子教授の時代から阪大精神医学教室の主要な研究テーマであり続けた。金子教授時代の研究は，主として，疫学，症候学，病態学であり，研究手法としては神経病理学が主流であった。教室でも有岡巖，湯浅亮一などにより認知症患者脳の神経病理学的研究がなされていた。金子教授は優れた臨床家であり，これからの老人問題の重要性を予見し老年精神医学を教室の主要な研究テーマとして，精神病理学，神経病理学，神経生理学，神経生化学などの研究グループもこの領域で活動するようになった。金子教授の代

表的な業績として，ドップラー法による老年認知症と血管性認知症の鑑別診断法の開発，認知症患者の症状評価のための OISA（Osaka Intelligence Scale for Adults）の開発などが有名であるが，金子の老年精神医学関係の論文には以下のようなものがある（1978年まで）。

金子仁郎：老年者の精神医学．日本臨牀 10：411-416，1952

金子仁郎：老人の医学心理学的特性．日本医事新報 1751：4-10，1957

金子仁郎，石井康雄：頭部レオグラフィーによる脳循環障害の診断．日本医事新報 1815：26-38，1959

金子仁郎，伊藤正昭，杉村史郎：一般家庭老人の精神障害者について．老年病 3：131-138，1959

金子仁郎：老年期の精神危機 5．第 15 回日本医学会総会学術集会記録．pp 549-555，1959

金子仁郎，北嶋省吾，蒲生達三，小牟田清博，白石純三，井上文男，長尾喜八郎，蕨山　豊：老人犯罪者の精神医学的研究．老年病 3：829-837，1959

金子仁郎：脳動脈硬化症と神経症の鑑別診断．最新医学 14：3455-3465，1959

金子仁郎・小谷八郎，長尾喜八郎，三宅弘子，正田研一：老年期における事故—交通事故の年齢差について—．老年病 4：437-447，1960

金子仁郎，小牟田清博，小谷八郎，里村茂夫：超音波血流検査法の研究．脳と神経 12：921-935，1960

金子仁郎：老年期痴呆患者の実態とその環境．日本老年医学雑誌 1：103-105，1964

金子仁郎，白石純三，大溝春雄，稲岡長，上島哲男：ソナグラフ表示による超音波血流検査法の臨床的応用．脳と神経 17：1237-1245，1965

志水　彰，金子仁郎：高年痴呆者の催眠脳波．脳と神経 18：1013-1019，1966

金子仁郎：初老期および老年期痴呆の脳波．精神経誌 69：1071-1076，1967

金子仁郎：老年精神障害者のリハビリテーション．日本老年医学会雑誌 5：128-131，1968

播口之朗，金子仁郎：老年精神医学の現況と将来．日本老年医学会雑誌 7：141-146，1970

播口之朗，金子仁郎：初老期，老年期痴呆の脳蛋白代謝．神経研究の進歩 17：702-709，1973

金子仁郎：老年期精神医療の現状と問題点．臨床精神医学 2：401-408，1973

金子仁郎：脳血管障害の超音波血流検査法による診断．臨床神経学 14：215-225，1974

金子仁郎：死にゆく患者の心身医学．治療 60：601-605，1978

図 2　Gjessing 夫妻
西村健が留学していたオスロ大学の Gjessing 夫妻が来日した折の写真．左から西村健，Gjessing 夫人，Gjessing 博士

西村教授時代の老年精神医学

　西村健は，阪大の伝統である生化学の研究者としてオスロ中央研究所の Gjessing 父子の研究室に留学し，周期性精神病の窒素代謝や統合失調症患者尿に存在するピンクスポットの研究などに従事した。

　西村健はノルウェーから帰国後，金子仁郎の教室の講師として老年精神医学の研究を開始した。西村の研究は，それまで主流であった神経病理学的手法に新たな生化学的手法を組み合わせるという手法により，それまでの形態学的な知見を蛋白化学により理解しようとするものであった。そして，脳の老化により水溶性蛋白が不溶化していることを見い出し，アルツハイマー病の生化学的研究に先鞭をつけた。1978 年 8 月に阪大精神科第 6 代教授に就任してからは，播口之朗，多田國利らとともに老年精神医学分野の研究が推進され，西村研究室には筆者も含めて多くの若い人が集うようになった。アルツハイマー病脳における細胞骨格蛋白の異常，西村式（N 式）高齢者精神機能検査，数多くの抗知性薬（nootropics）の開発などの基礎研究と臨床研究において阪大精神科は老年精神医学のメッカと呼ばれるほどにたくさんの業績が生み出されるようになった。

図3　生化学研究室での西村健　昭和50年頃

　このころの阪大精神科老人グループの仕事は，老年期認知症の脳内に生じる老人斑，神経原線維変化の蛋白化学であった。蛋白電気泳動法により認知症の脳内蛋白を解析すると当時B-2，B-4と名付けられたバンドが極端に減少していることを見いだし，さらに子供から老人までの剖検脳でも加齢とともにこのB-2およびB-4バンドが減少していることが明らかになった。西村らは，脳の老化により脳水溶性蛋白の解離・会合系が変化し，脳内蛋白の一部が不溶性になっているとの仮説を提唱し，認知症脳では，このような水溶性蛋白の不溶化が極端に進行していることを示した。当時，アルミニウムや鉛などの有機金属をウサギ脳内に投与すると実験的神経原線維変化が生じることが知られていたが，このようなモデル動物においても水溶性蛋白の不溶化が起こっていることを明らかにした。さらにコルヒチンやビンブラスチンなどのマイクロチュブル阻害剤の投与でも実験的神経原線維が惹起されることを報告し，脳内に異常沈着する蛋白の解析が精力的になされた。そして，認知症脳内で不溶化している水溶性蛋白がマイクロチュブルやニューロフィラメントを構成する蛋白であることを報告した。

　当時，我が国では，数多くの脳代謝改善剤・脳循環改善剤が臨床に使用されていた。塩酸メクロフェノキサート（ルシドリール®），γアミノ酪酸（ガンマロン®），シチコリン（ニコリン®），ソルコセリル®，チトクロムC（チトクロン®），アデノシン三リン酸二ナトリウム（アデホス®），ジヒドロエルゴトキシン（ヒデルギン®），ペントキシフィリン（トレンタール®），酒石酸イフェンプロジル（セロクラール®），フマル酸ペンシクラン（ハリドール®），ホパンテン酸カルシウム（ホパテ®），トラビジル（ロコルナール®），マレイン酸シネパジド（ブレンディール®），塩酸ジラゼブ（コメリアン®），塩酸ニカルジピン（ペルジピン®），ピンボセチン（カラン®），塩酸フルナリジン（フルナール®），フマル酸プロビンカミン（サブロミン®），塩酸モキシシリト（モキシール®）などの脳代謝賦活剤が老年期認知症患者に広く用いられていた。また，シンナリジン（アプラクタン®），カリジオゲナーゼ（カリクレイン®），シクランデレート（カピラン®），クエン酸ニカメート（ユークリダン®），ニコチン酸トコフェロール（ユベラニコチネート®）などの脳血管拡張剤が血管性認知症患者に一般的に使用されていた。なかでも田辺製薬が開発したホパンテン酸カルシウム（ホパテ®）は，代表的な脳代謝改善剤であり，多くの脳代謝改善剤がホパテ®を基準薬として開発され承認されていた。教室ではホパテ®などの多くの薬剤の臨

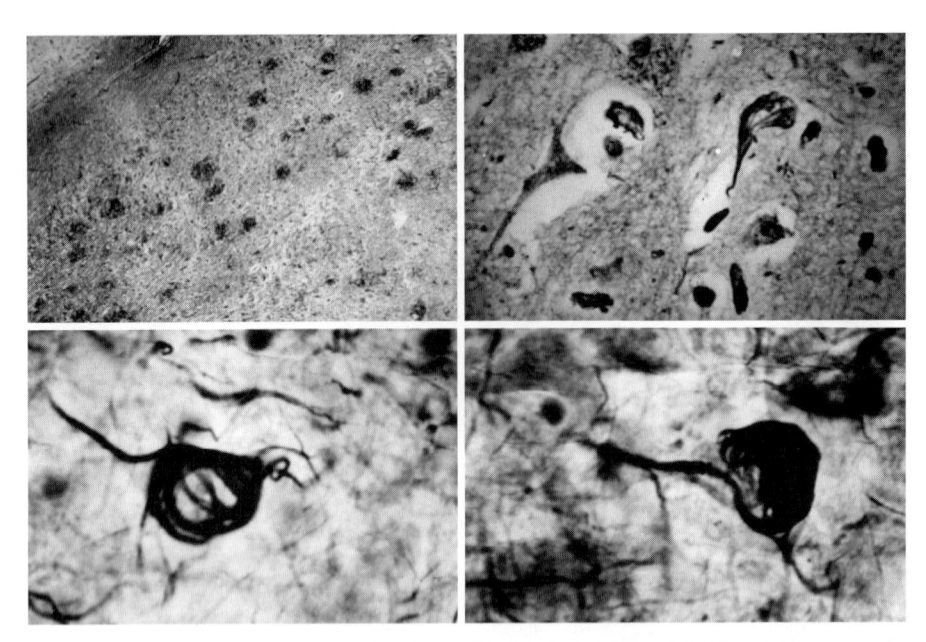

図4　当時の西村研究室で撮影された組織化学写真

床治験にもかかわっていたことから，新しい薬剤が出るたびに学術講演会などの講演依頼が多く，当時，教室講師であった播口之朗は全国の学術講演会で引っ張りだこであった。当時開発されていた薬剤はnootropicsと呼ばれ，西村はこれに「向知性薬」との訳語を当て，多くの薬剤の臨床開発に携わり，基礎および臨床における研究が精力的に行われていた。1996年のホパテ®の再審査において臨床上の有用性を示しえなかったことからこの年以降は多くの脳代謝改善剤と脳血流改善剤が使用されなくなってしまった。

認知症学会と老年精神医学会

西村教授時代には，世界的にも認知症やアルツハイマー病の研究が盛んになり始めたころであった。MEDLINE検索によりdementiaあるいはAlzheimerでヒットする論文数は1980年代から急激に増加した。このころわが国においても認知症研究に関心を持つ人たちにより，日本痴呆学会と日本老年精神医学会が立ち上げら

図5　ホパテ学術講演会
ホパテ学術講演会にて左から西沼啓次，故播口之朗，2人おいて西村健

れた。

1．日本認知症学会

1982年10月30日に，第1回老年期脳障害研究会が大阪において西村教授を大会長として開催された。この研究会を母体として1988年に東京都精神医学研究所の石井毅先生が中心となり，日本痴呆学会が立ち上げられた。わが国においても認知症に関する研究が盛んになり始めたころであり，後述する日本老年精神医学会が主として臨床研究に中心を置いたのに対して，

日本痴呆学会は，主として基礎研究に重きを置いた学会として，その後も順調に発展し続けた。教室からも西村教授をはじめとして多くの教室員がその研究発表の場として活動に参加した。1998年から学会誌「Dementia Japan」の刊行を始め，2005年には認知症への呼称変更に対応して日本認知症学会と改称し，2008年から認知症専門医制度を始めて，認知症にかかわる精神科医・神経内科医・基礎研究者の活動の場となっている。

教室では2002年10月3～4日に大阪大学コンベンションセンターにおいて第21回日本痴呆学会を担当した。またこの学会に引き続いて10月5～6日にオオサカサンパレスにおいて「アルツハイマー病及び関連疾患の分子生物学」の国際シンポジウムを開催した。この国際シンポジウムには，海外からの参加者として，Peter St-George Hyslop（トロント大），Greg M. Cole（カリフォルニア大），Inge Grundke-Iqbal（ニューヨーク市立発達障害研），Khalid Iqbal（ニューヨーク市立発達障害研），Konrad Beyreuther（ハイデルベルグ大），Roger M. Nitsch（チューリッヒ大），Harald Hampel（ミュンヘン大），Ramón Cacabelos（ユーロエスペス研）を招聘した。この国際シンポジウムの成果は「Molecular Neurobiology of Alzheimer Disease and Related Disorders（M. Takeda, T. Tanaka, R. Cacabelos）」として2003年にKarger社から出版された。

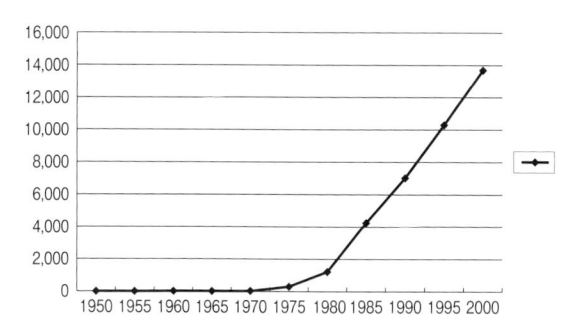

図6　アルツハイマー病で検索したMEDLINE論文数の推移

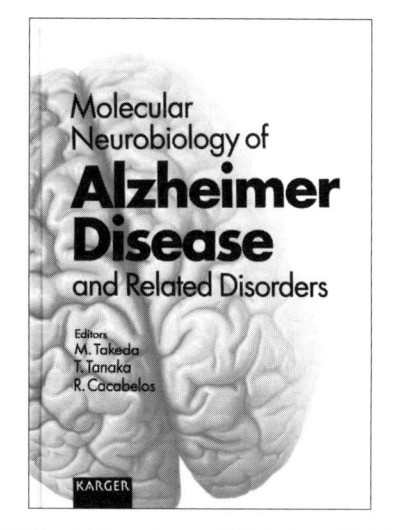

図7　大阪でのシンポジウムの成果をまとめたモノグラフ

図8　国際シンポジウム参加者の集合写真

2. 日本老年精神医学会

1986年に日本老年精神医学研究会が設立された。当時はまだ老年精神医学を専門とする人は少なく，第1回研究会は大阪大学の病院講堂において西村健教授を会長として開催された。西村教授から聞いたところでは，長谷川和夫先生が3年後に日本に国際老年精神医学会（International Psychogeriatric Association：IPA）を誘致することを引き受けられ，その受け皿として日本の学会組織が必要となり日本老年精神医学会を立ち上げることになったという。第1回と第2回は研究会であったが，第3回から長谷川和夫先生を理事長とする日本老年精神医学会となった。そして1989年には第4回国際老年精神医学会（International Psychogeriatric Association）が長谷川和夫先生を大会長として東京で開催され30ヵ国から750名が参集した。もちろん教室からは西村教授をはじめとして多数が参加した。東京での学会の後に当時IPAの理事長を務めていたManfred BergenerとSanford Finkel夫妻を招聘して大阪でサテライトシンポジウムが開催された。M. Bergenerは遺跡や歴史に興味を持つ人懐っこいドイツ人で一緒に奈良公園の観光に出かけた折にドイツ人考古学者シュリーマンの話をしたことを憶えている。M. Bergenerは奈良公園そばの骨董品店で売られていた古代埴輪とおぼしき物を大変気に入り，本物か偽物かわからなかったけれども彼は自分の鑑識には自信があると言い，かなりの値段の埴輪を購入した。

日本老年精神医学会は，設立時105名の会員でスタートしたが，その後順調に発展していき，1996年に西村健が長谷川和夫先生の後の理事長に就任した。2000年には精神科領域では最初となる学会専門医制度を開始したが，そのおかげもありそれまで1,000名程度であった会員数は一挙に倍増し2000年には2,300名の会員数となった。そして，2000年から松下正明先生が理事長を引き継がれた。2000年に日本老年精神医学会は，専門医制度を開始した。

教室の老年精神医学会への貢献は大きく，多くの教室員が会員として活動してきたが，教室では2001年6月13〜15日に大阪国際会議場において第16回日本老年精神医学会を担当した。この第16回大阪大会から，日本老年精神医学会は，日本老年学会に参加することとなった。日本老年学会は，老年の医学医療に関係する学会が合同で活動しようというものであり，老年医学会，老年社会学会，老年歯科学会，基礎老化学会に加えて老年精神医学会が加わり5つの学会が2年ごとに合同学会を開こうということで一緒に活動することになった。

筆者は西村健教授が理事長を退任された後から学会理事を務めるようになったが，2001年には学会機関誌「*PSYCHOGERIATRICS*」を立ち上げる役目を引き受けた。当時は英文誌を機関誌として持っている学会は少なく大変苦労した。英文誌の立ち上げを任された当初はどうせ原稿が集まらないだろうから，老年精神医学会だけでは定期刊行は無理ではないかとさえ思っていた。最初の2年間はメディカルトリビューン社に出版を依頼したが，投稿論文数が少ないこともあり定期刊行が困難な時期もあった。2003年からオンライン投稿と海外への情報発信が必要と考え，出版社をBlackwell社に変更することとなった。この際には当時Blackwell社の社長をしていたMark Robertsonに大変お世話になった。その後Blackwell社はWiley社と合併したが，Mark Robertson氏はWiley社の副社長となり現在も交流が続いている。「*PSYCHOGERIATRICS*」は順調に定期刊行を続け最短時間でMEDLINEへの登録を果たした。一時ISIのリストから外れた時期があったが2013年度のインパクトファクターは，1.262で順調に刊行され続けている。

図9 PSYCHOGERIATRICS 創刊号表紙（2001年）とブラックウェル社に出版が変更となった後の表紙（2003年）

BPSD（認知症の行動と心理症状）

BPSD（behavioral and psychological symptoms of dementia）の用語が最初に使用されたのは2000年のSandy Finkelの論文を嚆矢とする［Finkel S：Introduction to behavioural and psychological symptoms of dementia（BPSD）. Int J Geriatr Psychiatry 15 Suppl 1：S2-4, 2000］。

実際の認知症患者の対応においては，認知機能障害そのものよりも，認知機能障害に伴う行動・心理の問題がより重要であり，臨床家にはその対応が求められる。Sanford Finkelは国際老年精神医学会（International Psychogeriatric Association：IPA）の理事長を務めた人であり，彼のイニシアチブによりIPAは2003年に7つのモジュールからなる「BPSD Educational Pack」を刊行した。そして，この日本語版が2004年に日本老年精神医学会の監訳で刊行された。

IPAが開催した第13回国際老年精神医学会の大阪大会においても，BPSDは大会中のキーワードであり，認知症患者の精神医学的対応を考えるときにはBPSDの概念が非常に有用であることをることを経験した。その後筆者はIPA理事長を2009年から2011年まで務めたが，この期間中にBPSD Educational Pack改訂版を刊行した。BPSDの改訂版はBrian Draper（オーストラリア）が中心となり作成されたが，IPAでは紙媒体の発刊は見合わせて，ウェッブ上での閲覧のみとなった。

日本老年精神医学会は，IPA加盟の学術団体の中でも最多の会員を擁する学会であることから，今回刊行された「Complete Guide to BPSD」の日本語版を用意することは，我が国の老年精神医学の発展のために有用と考え，教室が主体となり2013年にその改訂版を出版した。

老年精神医学のこれからと教室への期待

世界の65歳以上高齢者はこの50年間で3倍以上に増加し，現在，4億2,000万人を数える。今後も年間1千万人ずつ増加していくと思われる。高齢者数のじつに4分の3は開発途上国での増加であり，社会の高齢化は世界的規模で進行していき，今後は開発途上国で大きな問題と

Int Psychogeriatrics (1996)

BPSD 教科書初版
(日本老年精神医学会監訳：
BPSD 痴呆の行動と心理症状. アルタ出版, 東京, 2005 より引用)

BPSD 改訂版
(日本老年精神医学会監訳：
認知症の行動と心理症状 BPSD 第 2 版. アルタ出版, 東京, 2013 より引用)

図 10

なる．我が国は，社会の高齢化という意味ではあらゆる面でそのトップを走っている．世界でも最長の平均寿命，最多の高齢者比率，最多の後期高齢者比率に加えて，世界最速のスピードで「超高齢社会」へと移行した国である．我が国における老年精神医学の経験と知見は，これから高齢化問題を迎える多くの国々にとって役立つ情報となりうると思われるし，また是非そうすべきである．これからの老年精神医学の活動は，広い国際的視野を持った活動が期待されている．

考えてみると，高齢化とグローバル化には共通点が多いことに気づく．高齢社会の課題は，多種多様な人が安心した満足した生活を送れるシステムを構築することにある．人間は生まれてからきわめて個人的な生活背景を有しながらそれぞれの人生経験を積み重ねた生活履歴を作り上げていくが，高齢者ではもっともその個人差が大きい．個人個人の生活体験に起因する差異を乗り越えて，すべての人間が協調した生活を営める社会を構築することが，「高齢社会」にも求められる．

異なる社会文化背景を有する人が協調して生活できる社会を構築することは，国際社会を構成する国々が異なる文化的背景を乗り越えて相互理解を目指していくことと相通じる部分がある．

高齢になるほど，疾病による障害を併せ持つ場合が多く，生活上の障害を受け入れてすべての世代が協調した社会生活を営むことが高齢社会の目標であるとすれば，国の歴史，経済事情，自然環境などさまざまな障害を抱える国々とそれぞれの事情を理解し合って共存しようというグローバルな国際社会の建設の考えと相通じるものが多いと思われる．

教室の老年精神医学領域における活動は今後も活発に続けられることと思うが，このような高い志をもち，幅広い視野を持った活動が続けられていくことを期待したい．

第3部

大阪府および各地の精神医療

1 大阪府下の精神科病院
2 各地の精神科医療

1 公益財団法人 浅香山病院

● 髙橋　明

はじめに

　大正11(1922)年に浅香山病院の前身である堺脳病院が精神障害者の救済を目的とし開院された（図1）。当時は堺市郊外の緑濃い丘陵地で"安息ぎの丘"と称していた。丘陵に近い浜は古くに香木が流れつく浜との言い伝えがあり、「浅香（浅からぬ香り）の浜」と呼ばれていた。「浅香山」という地名の由来とされている。地域とともに発展した病院として、由緒ある地名を病院名に使わせていただいている。現在では堺市市街となり、交通や商業施設その他の利便性の良い地域となっている。一般住宅、マンション、町工場、商店などが混然と並ぶ生活感のあふれる地域である。堺市行政も精神保健に熱心で、病院周辺に200名以上の退院患者さんが住民に見守られながら暮らしている、浅香山病院にとってかけがえのない町である。

　開院以来90年あまり、浅香山病院では、地域精神保健に貢献するべく、診療機能の向上に取り組んできた。和風会とのつながりの原点は、創設者である髙橋清太郎（図2）が明治33(1900)年から明治36(1903)年に府立高等医学校（現大阪大学医学部）に学び、医局員として働いたことである。開院後も一貫して和風会の御支援をいただいている。多くの諸先輩のご功績があるなか、お一人のみをあげるとすれば、昭和27(1952)年に着任された長坂五朗博士かと思わ

図1　創立時の堺脳病院正門
5,141 m^{2}の敷地に、木造平屋の本館・病棟（5棟120床）など。躁狂病室（現在の保護室にあたる）のみ鉄筋コンクリート造りと記録されている。

図2 堺脳病院創設者 髙橋清太郎
明治9年（1876年）和歌山県根来村にて出生。妻もゑとともに堺脳病院を切り盛りしながらも，晩酌と書画骨董を楽しむ粋人であった。

図3 講演会での長坂五朗博士
（財団法人浅香山病院：あさか山病院のナナハン．財団法人浅香山病院75年誌，1999より）

れる（図3）．長坂博士は，心理学を深く修めるとともに，米国精神医療に精通されていた．浅香山病院に心理療法や精神科ソーシャルワーカーを導入し，続けて精神科デイケアの立ち上げ，長期入院患者の退院支援と，精神医療の近代化に多くの成果をあげた．精神科デイケアが診療報酬で評価されたのが昭和49（1974）年のことであり，20年も早く先を行く試みであった．昭和41（1966）年には，全国に先駆けて中間施設「あけぼの寮」を立ち上げた．援護寮やグループホームが制度化されるよりも数十年早い取り組みである．現在，救急から社会復帰へと幅広い精神医療を実現できている浅香山病院の大きな礎の一つである．

図4 現在の浅香山病院精神科
右が精神科A館（病棟・リハビリ）．左が精神科B館（外来・病棟）．手前の白塔は，昭和12（1937）年に建てられた旧病棟．国，堺市の有形文化財に登録され，浅香山病院のシンボルとして大切に保存されている．

浅香山病院の保健医療福祉活動

浅香山病院は開院以来精神科（17病棟，948床）を中核としている（図4）．統合失調症・気分障害を中心に年間1,200名以上の新入院患者を受け入れている．そのうち，50名前後が措置・緊急措置入院，30名前後が応急入院であり，堺市北部および周辺地域の精神科基幹病院の役割を果たしている．戦後，一般診療科の整備を始め，内科・外科・整形外科・泌尿器科など11の診療科とHCU・救急センター・透析センター・内視鏡センターからなる一般総合診療科（5病棟，223床）を併せ持っている．地域ニーズに答えるべく，DPC対応の急性期治療を実施し，年間1,500名近い救急患者を受け入れている．加えて，PT・OT・STを合わせて34名配置して

表1 浅香山病院の保健・医療・福祉体制

精神科病床（948床）	
スーパー救急棟（2棟）	救急受け入れ，重症急性期治療
急性期治療棟（1棟）	気分障害圏，地域生活危機対応
亜急性期治療棟（2棟）	救急・急性期のバックアップ
長期重症治療棟（4棟）	難治性重症治療
長期療養棟（4棟）	生活機能障害治療
認知症治療棟（2棟）	BPSD治療・合併症治療
特殊疾患治療棟（1棟）	重度身体機能障害・終末期治療
身体合併症治療棟（1棟）	急性期身体合併症治療・ADLリハビリテーション
社会復帰支援施設	
デイケア（2施設）	日常生活支援・SST・準生産性活動
自立支援施設（3施設）	宿泊型・就労ステーション・地域活動支援
訪問看護ステーション（1施設）	訪問看護（24時間対応体制）
難波クリニック	サテライト診療所
認知症疾患医療センター・地域包括支援センター	
一般総合診療科病床（223床）	
急性期棟（3棟）	DPC対応急性期治療，リエゾン治療（心療・合併症）
回復期リハビリテーション棟（1棟）	理学療法・作業療法・言語聴覚療法
介護療養棟（1棟）	平成26年末　亜急性期治療棟へ変更予定
緩和ケア棟（1棟）	平成26年末　開設予定
高齢者介護施設（200床）	
介護老人保健施設（1施設）	在宅復帰支援（医療管理・介護・リハビリテーション）
介護老人福祉施設（2施設）	重介護対応（医療管理・介護・看取り）
看護専門学校（1校）	レギュラーコース（3年）99名

の総合リハビリテーション施設の認可を受けている。近年では，地域の高齢化に従い，介護老人保健施設（1施設），介護老人福祉施設（2施設）といった介護保険施設も加えている。ことに，精神科との連携による認知症の診断・治療・介護は地域の支持を得ている。戦前より続けている看護専門学校での看護師育成は，精神科看護の質的・量的水準の向上に寄与している。

浅香山病院精神科の特色の第一は，機能分化が進められた多機能で有機的な診療体制である（表1）。スーパー救急棟・急性期治療棟は3ヵ月以内の在宅復帰率60％を達成している。早期退院がかなわなかったときには，亜急性期治療棟にて6ヵ月から1年のスパンでの退院を目指す。1年後の残留率は5％程度としている。一方，難治性重症治療棟および長期療養棟は，退院の難しい患者への対応となる。ここでも退院調整に一定の成果を得ている。過去3年間で，5年以上の入院患者を70名程度減らしている。認知症治療棟は，在宅や施設での認知症患者のBPSDを伴う危機への介入に力を発揮している。特殊疾患治療棟，身体合併症治療棟は，身体機能障害や身体合併の治療体制を整えている。一般総合診療科を含めて院内の医師総出の浅香山病院ならではの診療機能となる。各々の病棟では，主治医を筆頭に多職種の円滑な連携を進めるべく，治療・看護・リハビリテーションで病棟機能に固有の目的・プロセスに焦点をあてて診療体制が構築されている。機能に応じての専門看護師の配置もある。機能分化は固定

されたものではなく，患者動向や医療政策に合わせ変えている。病棟を一定に統一された基準（ユニバーサルデザイン）の構造にしていることが流動的機能分化を可能にしている。

社会復帰支援の充実は，長坂五朗博士の取り組み以来の浅香山病院の特色である。デイケアは日常生活支援プログラムやSSTを中心とするものと，食堂運営による準生産性活動からなるもの2種を整備している。時間的な負荷の少ない通院リハとして外来OTが利用できる。それぞれ患者のニーズに合わせ活用されている。自立支援事業も宿泊型・就労ステーション・地域活動支援などプログラムの多様性を高めている。なかでも就労移行・継続事業で取り組んでいる100円ショップは職員だけでなく近所の住民にも利用され，地域の名物となっている。訪問看護ステーションには看護師を13名配置し，アウトリーチを担う活動を展開している。一般総合診療科では，現在の救急・急性期治療や亜急性期治療，回復期リハビリテーションに加え，平成26年末には緩和ケア棟（19床）の開設を予定している。ここでも精神科診療体制の充実を強みとすることが期待される。

おわりに

浅香山病院は90年あまりにわたって和風会をはじめ多くの大学医局や行政の皆様に支えていただきながら，精神科医療体制の構築に取り組んできた。現在では，精神科医師25名，一般総合診療科医師37名をはじめ，1,100名を超える職員が従事する総合保健医療福祉機関となっている。今後の浅香山病院にとって重要な役割を2点あげることができる。まず，多彩な精神科診療機能を持った他に例のない基幹型臨床研修指定病院である。後期研修医プログラムも実施している。精神科医療に親和性の高い医師の育成を通して，オンリーワンたる役割を果たすことを目標としている。さらに，人材育成を法人理念とし，多くの職種の育成を担うことを目指している。いま一つは，平成24（2012）年4月に公益財団法人に移行した。従前は，生活困窮者への医療提供という狭い範囲の公益性での財団法人であった。今般の公益法人制度改革では，公益法人の事業運営には厳しい規制が与えられたなか，浅香山病院での救急から社会復帰支援までの医療提供と関連する保健・福祉活動の全体が公益事業として認定された。5疾病5事業に精神疾患が加えられ，精神医療が社会保障における重点施策となっている。提供する医療の公益性を高めることでの幅広い地域貢献という法人の目的を職員のモチベーションの糧とし，医療の質向上につなげることを目指している。今後も和風会の諸先生方には手厚い御支援をお願いし，より良い地域医療・福祉の実現に職員一丸となって努力していきたい。

2 和泉丘病院

● 尾崎 哲

　私が，阪大精神医学教室に入局したのは，昭和53年4月のことでした。大学院の面接の時，金子仁郎教授がおられ，「へえ，君，大学院へ行くの」とニコニコ笑っておられたことを覚えています。ちょうど，金子教授が退官で，入れ違いの入局となりました。

　その後，西村健教授が就任されました。大学院生は久しぶりとのことで，カリキュラムも試行錯誤でした。武田雅俊教授とは，大学院でご一緒させていただきました。

　大学院時代の話です。西村教授がスイスのサンモリッツで認知症研究会に出席するとのことでしたので，現地で合流するため，武田先生と数週間ヨーロッパを回ったことがありました。武田先生は当時からリーダーシップがあり，英語も堪能でしたから。日本語が通じない外国の宿泊施設の交渉等おんぶに抱っこ状態で，快適に過ごしました。「面倒見が良く，頼りになるなあ」と感じていました。初めての外国は，何もかも新鮮で感動的でした。でも，日本に帰った後，西村教授から「君，いったい，何が目的だったの」と，酒の席で何度か冷やかされてしまいました。

　大学院では，私は新しいテーマに挑戦するということで，西村教授，播口之朗助教授，多田国利助手の指導のもと，平井基朗奈良医大精神科助教授からグリオーマとニューロブラストーマの継代培養を教えていただきました。ピペット類を滅菌し，また，2～3日ごとに培養液を交換せねばならず，カビが生えないように気を遣いました。また trans-differentiation の問題もあり難儀しました。細胞培養が安定した後，小西博行奈良医大精神科助教授からヒスタミンのテーマをいただき，細胞分裂への影響を検討し，何とか学位論文を提出することができました。

　大学院卒業後，昭和58年4月1日に公立学校共済組合近畿中央病院に勤務することになりました。近畿中央病院では，奥田純一郎松籟荘病院長と井上洋一阪大保健センター教授から臨床の手ほどきを受けました。阪大精神医学教室では生化研に属していましたが，それも名ばかりで，忘年会要員となっていました。その後，平成12年6月1日より国立大阪南病院心療内科に就職し，今岡信夫医長にいろいろご指導を受けることとなりました。平成17年4月1日より縁をいただき，和泉丘病院院長にならせていただき，今日に至っています。これも阪大精神医学教室に属していたからこそと思います。和泉丘病院は和泉市にあり，まるでトーマスマンの小説に出てきそうな，環境の良いロケーションです。平成25年11月26日に50周年を迎えました。平成23年9月1日新管理棟竣工となり装いも新たになりました。これからも，地域医療に貢献したく，日々取り組んでいきたく存じます。

　年々歳々精神医学も進歩し，DSM や ICD が

図1　和泉丘病院正面

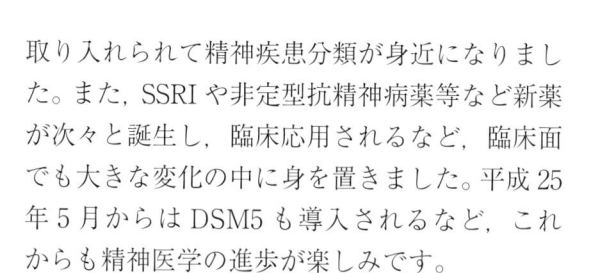

図2　和泉丘病院診察室

取り入れられて精神疾患分類が身近になりました。また，SSRIや非定型抗精神病薬等など新薬が次々と誕生し，臨床応用されるなど，臨床面でも大きな変化の中に身を置きました。平成25年5月からはDSM5も導入されるなど，これからも精神医学の進歩が楽しみです。

　私個人は，平成元年ごろから研究対象に漢方方剤も加わりました。50回を超える学会発表と，30近い学術論文を作成させていただきました。しかしながら，研究の基本精神は大学院時代にご指導いただいた西村教授の薫陶が大です。武田教授は，ずっと親切に面倒を見てくださり，今日も生化研グループの末席に加えていただいています。懐深く受け止めてくれる阪大精神医学教室に所属することができ，いろいろ学ぶことができたことは，私にとって非常にラッキーだったと思います。

　この度，阪大精神医学教室が120周年の大きな節目を迎えたことで，これからさらに私たちの教室がたくさんの人材に恵まれ，研究の面でも人材教育の面でも大発展していくことを期待してやみません。

3 医療法人清風会 茨木病院

● 髙橋　幸彦

　当院は阪急京都線総持寺駅より徒歩7分、茨木市北部の丘陵地にあり、昭和27年11月開設の350床の単科精神科病院である。病院の東側には西国33観音霊場の第22番に当たる総持寺が隣接し、北側から西側にかけてJR東海道本線が走っている。

　病院の歴史を遡ってみると、昭和30年代は、病院あげて作業療法・生活療法に積極的に取り組み、「作業療法の茨木病院」と評価されたこともあった。40年代になって、学園紛争の嵐とともに、それまでの精神科医療は変革を迫られ、病院の看板ともなっていた作業療法と生活療法の依拠してきた理念が根底から覆り、病院全体が困惑の時期を迎えた。その後は周知のように、病棟の開放化運動が全国的に広がっていった。

　病棟開放化を推進するために、昭和62年に格子なき開放病棟を新築すると同時に、病棟の開放化運動について先駆的な取り組みを実施していた病院を教材にして、松浦玲子医師（現、大阪府心の健康センター所長）を中心に勉強会を開いて、病棟の開放化に踏み切った。

　昭和62年に精神衛生法が精神保健法に改正され、厚生行政は精神障がい者の社会復帰を図る施策を次々に打ち出した。しかしそれらの施策を咀嚼して病院としての方向を打ち出すまでしばらくの時を要し、作業療法センター、デイケア・ナイトケア、訪問看護、グループホームなど、遅ればせながら実施にこぎつけたのは平成5年以降のことになる。

　当院開設以来、入院患者の7割弱が統合失調

現在の医療法人清風会　茨木病院

茨木病院（昭和41年11月の風景）
（中本芳勝、水彩）

症の方々で推移してきたが，平成10年以降になって入院患者の疾病構成は徐々に変化して，統合失調症の割合が減少し，パーソナリティ障害，解離性障害，摂食障害，薬物依存，家庭内暴力，新型うつ病など時代を反映するような疾病がみられるようになってきた。そのため従来の統合失調症と感情障害に対する疾病観，治療観，看護観では適切な対応が難しくなり，若年層に対応できる幅の広い医療・看護の援助姿勢が問われることになってきた。

　現代の精神科医療はますます多様化して，対応すべき疾病範囲や方法も複雑となり，何が重要なのか，何を優先すべきなのか，焦点を絞ることが難しくなり，さらに患者たちのニーズも多様化してきた。この多様化したニーズに応えるためには，患者の問題点に視点を注ぎがちであった従来の問題志向型看護計画ではなく，患者の希望を聞きながら，不足している部分を支援し，患者の健全な部分に着目して，伸ばしていくセルフケアを重視した看護計画の実践が今後の課題となってきた。

　そのためにはスタッフ一同がそれぞれの専門性を生かしながら患者を中心とした密な協働（チーム医療）が必要不可欠である。医師を始めとして，病棟看護師，PSW，OTR，薬剤師などのコメディカル・スタッフ，さらに地域活動支援センターのPSWが協働するチーム医療の成果として，平成18年より病院あげて取り組んでいる地域移行促進支援という目標に取り組み，平均在院日数を360余日から200日前後まで短縮することができた。院内各部署のスタッフが参加する地域移行促進委員会には，地域の保健所からも精神保健福祉関係者が参加して，院外からの助言を仰いでいる。

　しかし一方，二大学社会福祉学科との共同研究である退院阻害要因分析研究では，患者たちは私たち病院スタッフとの対話を求め，私たちは患者の思いを十分に汲み取れていなかったこと，患者さんと私たちの退院に対する認識のす

地域生活支援センター菜の花

り合わせが不十分であったことなどの問題点が浮き彫りにされた。

　これらの問題点を検証すると，チーム医療は治療過程の明確化や効率化のほかに，チーム医療スタッフが同じ目標を持って，情報を共有しながら援助を進めるが，一方で患者個々のニーズや希望に対して十分に対応できていなかったことを反省させられた。医療者側からの視点に立った評価でなく，患者が医療者側と相談しながら評価して主体的に治療を進める点が欠けていたことが明らかになった。そのことからも，セルフケア重視看護計画を推進しなければと思っている。

　今までのデイケア活動は，地域で生活している障がい者の方々の行き場所，居り場所，あるいは対人関係のあり方を学ぶ目標が主体で，社会参加や就労支援活動が二次的なものとなっていた。障がい者の方々が安定した地域生活を維持するためには，どのようなプログラムが効果的か，真の社会参加が実現可能な支援とは何か，デイケア・スタッフが新たな視点から取り組み始めたところである。

　また，医療法人の福祉事業として，平成18年より茨木市から委託されて，障がい者相談支援事業を開設して障がい者が地域で安心して生活できるように相談支援を行い，翌19年からは就労支援センターを開設して，障がい者の就労

支援に取り組んでいる。精神障がい者の就労支援は，いろいろな要因が絡み合って決して円滑に支援は進まないが，失敗例から予想だにしなかった多くの反省点を学び，平成21年よりその成果が徐々に現われて，平成24年には11人の就職を実現した。しかし，昨今の経済状況が今後も続くとすれば，弱者である障がい者の就労はますます至難になることが予想される。

今後，チーム医療としての活動を，決して院内だけにとどまらず，地域で暮らす障がい者の方々が安心して生活できるように，地域社会の人的資源との協働によって地域ニーズに応える医療・福祉サービスをさらに拡充しなければならないと思っている。

Memory

昭和23年元旦

4 医療法人松柏会 榎坂病院

● 関山　守洋

設立までの経緯

　昭和38（1963）年春，突然教授室に呼ばれ，恩師金子教授から「石橋分院があと5年で閉鎖になる。そうなると教室と緊密な関係の病院がなくなってしまう。君はお父さんがその辺にたくさん土地をお持ちだし特にお金儲けをしなくて良いだろう。そこで石橋分院を移すという格好で病院を作ってくれないか」と言われた。何しろ若年で，びっくりしたのだが，そのことを言うと「心配するな，教室から人をおくってやる」と言われて急遽，病院作りに着手した。幸い和風会きっての臨床の名手，越智和彦先生が「よし一緒にやろう」と言ってくれ，計画がスタートした。

　2人が目指したのは「自分の家族が精神病になっても安心して入院できる病院を作ろう」だった。何しろ医者になってまだ3年にかかる若さで，右も左もわからないままに先輩諸先生のきわめて暖かいご指導を頼りに突っ走った。

　佐野勇助教授（当時）はわざわざ東京の医療金融金庫まで同伴してくれ，金子教授は医療金融金庫に手紙を書いてくれ，ほとんど和風会立病院の趣きであった。

　昭和39（1964）年秋から建設に着手し昭和40（1965）年10月に建物は完成した。病棟の廊下を白にして患者さんが廊下にへたり込むのを防ごうとしたり，（これは明らかに成功した）保護室は円形で各室を石橋分院の精神病理グループで検討した，それぞれ異なった色で壁の色を塗り分けた。（これはどの色が最も鎮静効果があるかを探ろうとしたのである。意外なことにピンクがよかったのを覚えている）

　看護部は精神科病院に長くいた人を避け，全員女性で行こうとした。昭和40（1965）年4月に6名の管理職になる看護師を採用し，石橋分院，呉の国立病院（岡本輝夫先生が全開放で運営されていた）にそれぞれ留学してもらっていた。

　開院式の前夜，留学から帰ってきた看護部，薬剤師，もちろん越智先生たちと夕食会を開いたが，1人の婦長候補が「明日から自分たちの患者さんを見られる」と言って泣き出したのを見てこちらも感激し「10年間は一生懸命に頑張ろう，10年経てば今日のこの会をハワイでやろう」と言ってしまい，榎阪病院では未だに10年勤続でハワイ旅行を催している。

開院当初から現在まで

　昭和40（1965）年11月9日榎坂病院は開院した。全館に冷房が付いた病院であった。服部緑地に隣接した広大な土地に3階建109床の病院がスタートした。院長は越智和彦先生であった。

　開設以来臨床心理士を採用，大いに助けられた。医師が足りないということで1年上の先生

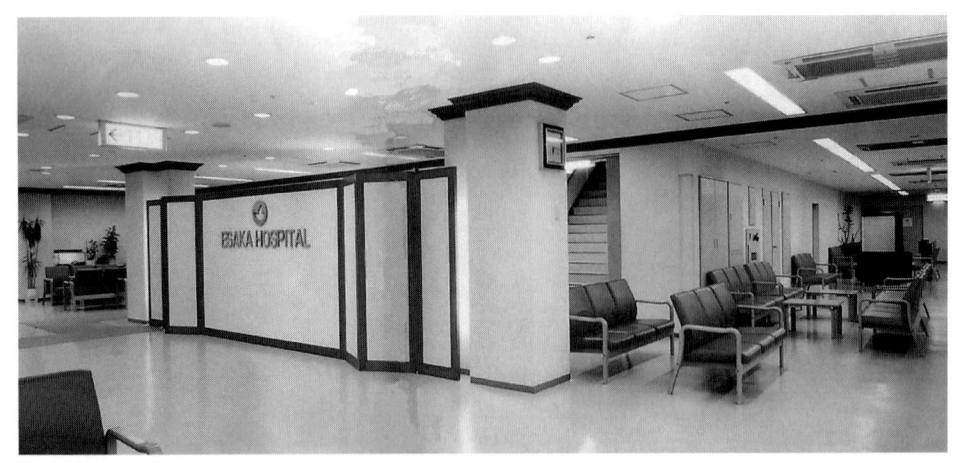

図1　玄関

図2　病棟内ロビー

方が交代で助けてくれたり，府立病院の浅井先生に泣きついたら亀田先生が手伝ってくださったり，まさに和風会が手取り足取りで育ててくださったことは忘れられない．3年後に越智先生からのお申し出で院長を交代した．昭和54(1979)年，辻悟先生を招くことができ，榎坂病院付属治療精神医学研究所を開設し心理をはじめとするコメディカルスタッフの養成に着手した．

越智先生とは亡くなられるまでお付き合いをさせていただいたが，現在御子息の越智直哉先生が医局長を務めてくれていて，親子二代にわたってお世話になっている．なお，医局員は開設以来全員が和風会員である．

やがて，患者さんが全員集まれる部屋，職員が全員集まれる部屋が欲しくなり増築増床を繰り返し，現在360床になってしまいました．これは個人的色彩の濃い病院としては少し多いかなと思っている．

残念ながら入院患者さんの高齢化が進み，車椅子が増えてきた．災害時にどうしようかなどと心配の種はつきない．

以下に榎坂病院の概況を記す．

榎坂病院の概要

1. 名　　称：医療法人松柏会　榎坂病院
2. 開 設 者：関山守洋（理事長・院長）
3. 設　　立：昭和40年11月9日
4. 診療科目：精神科・神経科・内科
5. 病 床 数：360床

（精神保健福祉法指定病床：10床）
精神療養病棟：120床
精神科一般病棟（男）120床，（女）120床
6. 看護体制：15：1（実質配置）
　　　　　看護補助加算1
7. 職員数：
医師（常勤9名，非常勤10名〔うち内科3名〕），看護職員（正・准・補）154名
管理栄養士3名，栄養士1名
薬剤師7名，事務員13名，営繕1名
精神保健福祉士8名（内4名：臨床心理士兼務），作業療法士3名，その他15名
8. 承認施設等：
薬剤管理指導承認施設
特別管理給食加算施設
9. 施設概要・関連施設：
＜昭和54年8月＞
榎坂病院附属治療精神医学研究所開設

＜平成4年5月＞
デイ・ケアセンター開設（8年8月改装）
＜平成7年3月＞
社会福祉法人松柏会特別養護老人ホーム「エバーグリーン」
＜平成11年3月＞　全館鉄格子撤去
＜平成12年4月＞　新病棟増築
10. 特　徴：
統合失調症を中心とする精神病の治療を主として行い，アルコールおよび薬物依存症，認知症等は入院の対象とはしていない。
11. デイケア，ショートケア（大規模）
スタッフ：医師1名，看護師1名，作業療法士1名，精神保健福祉士1名
実施日：月〜金（9：00〜16：00）

5 医療法人六三会 大阪さやま病院

● 阪本　栄

はじめに

　当院は昭和41年南河内郡狭山町に「さやま病院」として開設した。その後，昭和62年の市制施行により狭山町が大阪狭山市となり，当院の名称も現在の「大阪さやま病院」に変更した。大阪狭山市では最も歴史のある病院となっている。大阪狭山市は大阪府の南東部に位置する丘陵地で，東は富田林市，西は堺市中区，南区，南は河内長野市，北は堺市東区，美原区に接し，人口5万8千人余りの府内では3番目に小さな市である。大阪市内中心部まで約30分の位置にある住宅地で，条例により市内にはパチンコ店はない。

　病院は市のシンボルである日本最古のダム式ため池と言われる狭山池を眼下に，遠方には金剛・葛城連山を望み，毎年8月1日には全国的に有名なPL花火を病棟から眺めることができる。病床数は279床であり，中小規模の単科精神科病院である。「患者さん，ご家族に優しくわかりやすい医療の提供」を理念として，病院の規模を活かしたすべての患者さんに目の行き届いたチーム医療を心掛けている。

沿革

昭和41年：大阪府南河内郡狭山町に「さやま病院」開設
61年：本館新築移転（288床）
62年：「大阪さやま病院」に名称変更
平成 8年：阪本栄院長就任
　　　　　介護老人保健施設「さやまの里」開設
13年：大阪府から「老人性痴呆疾患センター」指定
　　　認知症対応グループホーム「さやまの里」開設
　　　デイケア開設（大規模）
14年：面格子全面撤去
20年：阪本栄理事長就任（院長兼任）
　　　大阪府から「認知症疾患医療センター」指定
　　　東館病棟新築（ストレスケア病棟48床，認知症病棟49床）
　　　本館を大規模改修し，総病床数を288床から279床
　　　精神科作業療法開始
23年：X線のCR化，オープン型MRIの導入

病院概要

病床数：279床。
標榜科目：精神科，心療内科，内科，歯科（入院患者のみ）。
設備：単純X線，全身CT・MRI，脳波，心電

図1　大阪さやま病院外観

図2　ストレスケア病棟デイルーム

図3　認知症病棟中庭

図，腹部・心エコー，末梢血液検査等。
　併設施設等：大規模精神科デイケア，作業療法室，介護老人保健施設「さやまの里」，認知症対応グループホーム「さやまの里」，在宅介護支援センター，認知症疾患医療センター。
　平成20年1月に療養環境の改善，および，専門特化を目的に認知症専門病棟，ストレスケア病棟の新築，および，保護室を中心に既存病棟を大規模改修。6人部屋をすべて4人部屋に転換し，個室数を増やした。その結果，病棟面積は約1.5倍に拡張したが，総病床数はあえて288床から279床に減らした。

特徴

1．診療内容

　地域に根ざした精神科一般の診療を心掛けている。特に認知症，うつ病の診療に力を入れ，平成20年に竣工した認知症病棟，ストレスケア病棟で専門特化した診療を行っている。認知症診療については，併設の介護老人保健施設，認知症対応グループホームと連携し，さらに大阪府から認知症疾患医療センターの指定を受け，南河内医療圏の認知症診療の中心的な役割を担っている。ストレスケア病棟については，ホテル感覚の療養環境をイメージし，大学病院，総合病院の精神科における入院施設の閉鎖・縮小，在院日数の制限などに伴い，これら医療機関や，精神科クリニックから多くのうつ病患者さんの紹介を受け，精神科に抵抗なく入院していただける環境づくりを心掛け，比較的短期の休息の場として利用いただいている。

2．地域連携

　地域とのかかわりを重視し，大阪府医師会理事，大阪狭山市医師会理事，大阪精神科病院協会理事，大阪私立病院協会理事，大阪狭山市教育委員会委員，富田林保健所嘱託医など，医師会，病院団体，行政の活動に積極的に参画している。身体合併症対応や認知症鑑別診断のためのSPECT，PET検査については，医師会会員病院や近畿大学医学部メンタルヘルス科・放射線科，ベルランド総合病院との良好な連携により対応している。

表1 平成24年 講演等

平成24年	場 所 等	会 議 名 等	内 容
2月25日	SAYAKAホール	ハートケアフェスタ	認知症医療相談
2月27日	富田林市民会館	富田林市介護保険事業者連絡協議会	講演 「認知症の薬物療法と非薬物療法」
3月3日	毎日放送ラジオ	「豊島・ゴエのあさはゃ！？」 ～ドクターM～	ラジオ番組出演 「新型うつ病」
3月12日	河南町役場	認知症講演会（キャラバンメイト等）	講演 「認知症の薬物療法」
3月15日	毎日新聞朝刊	コラム「ご近所のお医者さん」	執筆 「認知症患者とのかかわり」 ～孤立させないことが大切～
3月16日	eo光チャンネル	「なっトク☆医学」	ケーブルTV出演 「認知症」
5月2日	NHKラジオ	「関西ラジオワイド・季節の健康」	ラジオ番組出演 「双極性障害」
5月10日	河内長野市役所	河内長野市認知症コーデイネーター養成講座	講演 認知症の理解 「BPSDの理解と薬物療法」
5月19日	すばるホール	富田林認知症医療連携Meeting	講演 「大阪さやま病院での認知症診療の現状と役割・治療について」
8月23日	梅田研修センター	大阪市職員研修	講演 「認知症の理解と支援について」
8月30日	羽曳野市役所別館	キャラバンメイト・スキルアップ研修会	講演 「認知症を正しく理解し，対応方法を学ぶ」
9月6日	梅田研修センター	大阪市職員研修	講演 「うつ病の理解と支援について」
9月15日	ATCエイジレスセンター	エイジレス健康講座	講演 「睡眠の正しい理解」
10月20日	藤井寺市 市民総合会館	藤井寺市認知症治療フォーラム	講演 「認知症疾患医療センターの機能と連携の在り方について」
11月8日	リーガロイヤル ホテル堺	南大阪の認知症診断・治療・連携を考える会	当院の紹介 認知症疾患医療センターを中心に
11月11日	大阪府鍼灸師会館	大阪府鍼灸師会学術研修会	講演 「認知症について（パーキンソン病を含む）」
11月19日	河南町役場	河南町地域ケア担当者会議	①当院から医療連携についての情報提供 ②介護支援専門員と当院の地域医療連携室との情報交換
11月29日	河南町役場	河南町自殺対策事業	講演 「精神疾患と自殺～うつ病を中心に～」
12月22日	富田林市消防署	富田林市地域包括センター研修会	講演 「様々な認知症の特徴・鑑別のポイント」～認知症の薬物療法・非薬物療法～

表2 「認知症疾患医療センター（旧老人性痴呆疾患センター）」事業研修会

年	演題名	講師
平成13年	「痴呆のABC」	大阪体育大学保健福祉学科 教授　鈴木英鷹
	「痴呆の臨床」	大阪さやま病院 副院長　植田洋行
平成14年	「痴呆性高齢者の心理的ケア」	同志社大学現代社会学部 講師　日下菜穂子
	「笑いと健康」	関西福祉科学大学 学長　志水彰
	「痴呆症等で寝たきり老人等の嚥下障害について」	村田歯科医院 院長　村田俊弘
	「嚥下障害の基礎知識」	つちやま内科クリニック 院長　土山雅人
平成15年	「痴呆介護は優しく，そして科学的に」	大阪体育大学健康福祉学科 教授　橋本篤孝
	「音楽療法について」	音楽療法士　一森昌子
平成16年	「精神科診療所と地域高齢者精神疾患」	しばもとクリニック 院長　芝元啓治
	「物忘れ外来について」	近大学精神科 講師　花田一志
平成17年	「高齢者の眠りと睡眠障害」	南大阪睡眠医療センター 渥美正彦
平成18年	「成年後見人制度について」	坂和総合法律事務所 弁護士　坂和章平
平成19年	「認知症高齢者の理解のために」	り内科診療所 院長　李俊彦
平成20年	「認知症の方とのかかわり」	老健「柏原ひだまりの郷」 施設長　松井幸子
平成21年	「さまざまな認知症の特徴・鑑別のポイント」	大阪さやま病院 院長　阪本栄
平成22年	ワークショップ 「BPSDについて」	大阪さやま病院 院長　阪本栄
平成23年	「よくわかる認知症の画像診断」	近大放射線医学教室 准教授　石井一成
平成24年	「認知症診療の為の地域連携」	阪大精神医学教室 講師　数井裕光

3．研修・実習

　新医師臨床研修制度による精神科研修に協力し，NTT西日本大阪病院，JR大阪鉄道病院，済生会富田林病院，ベルランド総合病院から毎年10数名の研修医を受け入れている。さらに近畿大学医学部6年生のクリニカルクラークシップ，近畿大学医学部附属看護学校，大阪府立大学など多くの教育機関からの実習を受け入れている。

4．在院日数・疾病分類

　平均在院日数は約180日。入院患者数は約230人であるが，毎月30数人が入院，ほぼ同数が退院している。入院患者の疾病分類では統合失調症圏が最も多いものの，徐々に比率として減少しており，平成20年の認知症病棟，ストレスケア病棟開設以降，確実に気分障害圏，認知症圏の比率が高くなっている。外来でも同様の傾向が顕著であり，特に認知症疾患医療センター事業に伴うもの忘れの鑑別診断依頼が増えている。

5．認知症疾患医療センター

　平成13年から南河内医療圏の「老人性痴呆疾患センター」として大阪府から指定を受け，地域の認知症専門医療機関として中心的な役割を担っている。平成20年からは「認知症疾患医療センター」として事業を継続し，地域において講演活動などを積極的に行っている（表1, 2）。

6．指定医・専門医

　大阪府の指定病院，日本精神神経学会研修指定病院であり，指定医，専門医取得も可能である。資格取得のため，医局員，PSWなどが積極的に協力している。

今後

　現在，精神科病院は大きな変革期に来ている。向精神薬などの治療の進歩，精神科クリニックの増加，診療報酬での誘導などによる在院日数の短縮が進んでいる。また，これまでの統合失調症中心の医療からうつ病，認知症などの増加に対する精神科病院の役割の明確化が求められている。当院は大病院ではないので，地域に必要とされる専門特化した良質な診療を心掛けている。今後も地域完結型医療を目指して医師会，行政の行う医療・福祉活動に積極的に参画し，良好な地域連携を促進していく必要があると考えている。このような理念にご賛同いただける和風会会員先生の就職を心からお待ちしている。今後ともよろしくご指導，ご鞭撻のほどお願い申し上げます。

6 医療法人豊済会 小曽根病院

● 小池　淳

概要

開設　昭和31年10月(現在の許可病床数557床)
理事長　小池　淳,院長　西元　善幸
所在地　〒561-0814
　　　　大阪府豊中市豊南町東2丁目6番4号
　　　　TEL　06-6332-0135（代表）
　　　　FAX　06-6332-1644
交通　阪急宝塚線庄内駅東出口下車　または
　　　地下鉄一号線江坂駅西出口下車
　　　　いずれも送迎バスあり
診療科目　精神科,内科,歯科

小曽根病院の創立とその発展

昭和30年　豊中市の現在の土地に病院を建て,昭和31年10月に病院開設許可を得,許可病床数　64床,職員11名にて診療が始まった。
昭和39年11月　医療法人豊済会小曽根病院に改組する,許可病床数389床
昭和48年12月　歯科併設
昭和60年　内科27床増床
昭和61年7月　本館病棟完成,病床数合計596床,職員237人
平成8年7月　介護老人保健施設「やすらぎ」開設　入所定員84名,デイケア20名
平成8年12月　生活支援センター「るーぷ」開設
平成15年4月　社会復帰施設　福祉ホームB型「さつき」開設
平成17年　病院北側の土地600坪を取得し,350床を有する7階建ての病棟が新築され,病院敷地内の古い病舎は解体破棄された。平成18年7月に新館落成式が挙行された。
平成25年4月　生活支援センター「るーぷ」が,障害者の日常生活および社会生活を総合的に支援するため「サポートセンターるーぷ」として障害者福祉サービス事業を行う事業所に変更され,現在に至っている。

図1　小曽根病院　新館　平成18年7月

医師の活躍

小曽根病院は昭和30（1955）年10月に開院されたが,初代理事長石井敏秋から現理事長小池淳まで三代に過ぎないが,院長職経験者はか

図2　小曽根病院屋上病棟部

なり多い。初代院長小池修（現理事長小池淳の実兄）は体が弱く，昭和33年5月に他界（胃潰瘍の出血）し，京都府立医大精神科の後輩，田宮三代三が後を継ぎ，小池淳，赤澤重則（和風会），臼井節哉（大阪医大），現院長西元善幸（大阪医大）と続いている。院長以外では，和風会の先生方また阪大の若い先生方に，非常勤また当直医として随分，病院の診療を助けていただいた。特に昭和29年入局の垣内史朗は，病院創立当時，小池修院長と和歌山中学の先輩後輩の関係からか，万年当直をしながら院長の足らぬところを随分補ってくれたと思っている。院長の死後アメリカに留学され，帰国後，中宮病院，阪大高次研にて，カルモジュリンを発見して有名になられたが，教授になられて，これからというときに惜しくも亡くなられた。まことに残念至極というべきである。垣内以外にも，和風会からまた阪大から若い先生方が，小曽根病院の精神科診療の手伝いに来られ，ずいぶん小曽根病院が助けられたと思う。小曽根病院への協力の後，大学に帰られ教授として活躍された先生が数人おられる。解剖学の遠山正弥，整形外科の越智隆弘，山口大学に行かれた篠田晃，高次研教授であった祖父江憲治，いろんな意味でいろいろお世話になった工藤喬もこのたび阪大教授になられた。誌面を借りて心から御礼申し上げるとともに，ますますのご健闘をお祈りする。それから忘れてならないのは，長らく勤めておられた府庁の行政職を辞められ，赤澤院長時代から臼井院長時代にかけて，小曽根病院の副院長を黙々と勤められた井田英乃夫に多大の感謝の念を捧げたい。現在，ほとんど大阪医大出身者で占められた小曽根病院医局の中で，数少ない和風会会員の一人である稲葉正晃は小曽根病院の副院長として活躍しておられる。

7 国分病院

● 木下　秀夫

創立当初

　当院は，昭和36年，鶴崎敏胤が開設した。それまでは，医療行政官として，大阪府庁，茨城県庁，宮崎県庁（後2県では，衛生部長として職責を果たした）で精励した。また，茨城県衛生部長時代には，県立友部病院の創設にかかわらせていただいたこと，後々まで「飛行場全部，精神科病院にした」と自慢していた。出身地は佐賀県で，兄弟姉妹が多く，母親が，「自分の名前も覚えてくれなかった」と嘆いていた。昔の大家族が今は嘘のようである。当時は，東京大学や京都大学と同じ帝国大学で，京城帝国大学を卒業した。医療行政官時代，いろいろな病院の見分をして，行政官退職後に，恵まれない患者のための病院を開設しようと考えていた。ハンセン病の患者のための病院か，精神病の患者のための病院か，どちらか，より恵まれていない患者を救おうと，調べた結果，精神病ないしは精神障碍者の方々の処遇のほうが，当時は，より劣悪であったとのことで，国分病院は，精神科病院として発足したわけである。たまたま，この柏原の地で，それまで，結核サナトリウムとして運営されていた病院が閉院するということで，その病院を買い受けたとのことである。同敷地は，現在の敷地から見て，西名阪高速道路を挟んで北側，日当たりの良い南向き斜面の赤松林の中にあった。その当時の精神科医療や精神科病院の運営に関して，全開放病院として，運営するという考え自体が，途方もない企てであったが，全国に先駆け，創設者はそれに挑戦した。当時は，開院間もないため，どこの病院でも治らなかったアルコール依存症の方々や，覚醒剤依存の方々等が大方で，全開放などうまくいくはずもなく，やがて，事故防止も含め，閉鎖病棟化をせざるを得なくなり，創設者の希望は，その点では夢破れるという結果になった。ただ，その創設者の想い・理念は今も引き継がれている。その後，西名阪高速道路の工事の瑕疵により，当院は地滑りに巻き込まれ崩壊した。新病棟を立ち上げたその年であった。この点では，そのまま閉院の憂き目に遭っていれば何と悲運な病院ということになっていたが，逆に運が良かったのか，道路公団の補償を得て現在の土地，国定公園内に移転・再建することができた。

運のよい病院

　昭和44年，現在の院長である筆者は大学卒業と同時に，非常勤医師として当院に就職した。病院に参って最初に驚いたのは，病院の玄関を入ると，そこが雀荘（麻雀屋）に来たかのように錯覚したことである。玄関を入ってすぐの部屋で，2卓か3卓か麻雀卓があり，患者が，その卓を囲んで，麻雀に打ち興じていた。後に，創設者の院長に聞いてみると，「麻雀が非常に良

いリハビリテーションになる」とのことであった。その後の精神医療にかかわらせていただき、それが合点できた。筆者は、非常勤にせよ着任したときは、こののどかな松林で、これから精神科医として働かせてもらおうと意気込んでいた矢先、突然の地滑りが起こり大童となった。昭和46年、現在の地に引っ越してきたわけである。そのときには、定床は267床で、現在は251床に減床している。その後、筆者が昭和50年に副院長に就任、昭和53年に理事長に就任し、創設者の院長と、その娘（筆者の妻）と、筆者並びに力を貸して下さった諸先生方と力を合わせ、徐々に内容を充実させ今日に至っている。昭和59年、創設者の院長が肺癌で逝去した。ともかくヘビースモーカーであった。院長室と副院長（小生）室が同じで、わずか1坪ほどの部屋で、しかも、副院長室は廊下であった。当然のことながら、筆者は受動喫煙の被害者であった。普通そのほうが被害が大といわれるが、幸運なことに筆者は未だ肺癌に至っていない。創設者院長の死去まで、当院はまったくの「鎖国状態」であった。保健所から、医師を派遣してくださいと言われても断り、大阪精神科病院協会から参加されませんかとお声が掛かってもお断りし、医師会に出ていらっしゃいませんかと誘われてもお断りし、といった具合である。それが、昭和59年、前院長の逝去後は、江戸時代の黒船来航後の如く、開港となったのである。今は亡き、元日本精神科病院協会会長大先生河﨑茂先生に、葬儀委員長をお受けいただき、当院にしては盛大な葬儀を行った。その後は、疾風怒濤の如く、外からのご依頼はほとんどお受けし、また、病院からも積極的に打って出た。筆者も、大阪精神科病院協会にあるいは、日精協に参加させていただき、その後の病院の成長の糧をたくさんいただいた。昭和59年までは、まさに、井の中の蛙大海を知らずという有様であった。その後、開国させていただき、筆者も外に出る時間が多くなり、病院職員の皆様方に

ご迷惑をお掛けしたと反省はしている。その代わり、多くの情報や知識を得ることができ、また、多くの素晴らしい人々と邂逅し、今も親しくお付き合いいただいている。少なくとも当院の羅針盤は正常に機能した。

もちろん、それまでにいろいろな試練があったが、冒頭で述べたように当院は結構、運の良い病院であったと振り返ることができる。医師がどなたかお辞めになると、次また同じような良い先生が来てくださるとか、看護者が人数割れになると、途端に良い看護職員が来てくださるとか、極めつけは、それまでは国分駅から徒歩25分の辺鄙な場所にある当院の目と鼻の先に大阪教育大前駅が後からできたということである。これまた奇蹟のような出来事であった。

創設者の想いを継承して

さらに、精神科病院は大きく、救急・急性期か、慢性期・老人を中心とする病院か、機能分化が起こってきたが、当院は前者を選択した。この中で、救急入院料病棟（スーパー救急病棟）をいち早く立ち上げ、認可されたことも幸運であった。当院の付帯事業としては、デイケアを運営している。もちろん、この事業だけではなく、我が病院の親医療法人養心会では、認知症疾患の在宅支援の老人保健施設や、精神障碍者

および認知症疾患老人のためのグループホーム，地域生活支援センター，訪問看護ステーション等も併設して，社会復帰の促進，再発予防援助に大いに貢献してきた．おかげで，社会復帰促進や，再発防止のシステム等により，再発・再入院は激減した．精神障碍者の社会復帰の最高峰は，就労である．それを目指して，当法人では就労継続型として，お弁当工場「ホッペコッタ」とトライグループとKRサービス「国分リハビリテーションサービス」の3就労システムを立ち上げた．「ホッペコッタ」はお弁当工場である．本業で，弁当業に携わっていた職員3人が手伝ってくださり，すでに7名の精神障碍者の方々を時給720円で雇用し，5年後には，30名の障碍者の方々に勤めていただく予定をしていたが，5年間の実績を積んでいる最中，3年目が終了した時点で，5年後には支援の補助金が出ないということになり，弁当工場は倒産した．「トライグループ」は，1年間のジョブコーチの指導を受けて後，患者だけの会社として，当院の売店の運営を任された．残念ながら，お店がたびたび閉店してしまい，結果，3年でテナント貸借は終結した．今でも，細々とジュースの販売で生き延びているが，当初の予定は，思惑はずれとなった．「KRサービス」は実に素晴らしい会社で，8年前に立ち上がり，種々の業種（コインランドリーの管理，レンタルテレビ，弁当やコーヒーやジュースの販売など），洗車，洗濯仲介，家具等のリサイクルなどを生業として，12人ぐらいの精神障碍者の方々が，720円の時給を受け取り，生き生きと働いていたが，これまた，患者の中から社長を引き受けてくださる方が出ず，責任の所在が問われる事態が起こった際の責任を取れる社長を擁立できず，凍結状態となっている．しかしながら，これらの取り組みは，はじめに申し上げた通り，創設者の想い，理念が引き継がれた証と自負している．

利用者の方々とともに

さて，現在，救急事業に参画できていなかったら，入院患者の数は，もっと，減っていたと思われる．今後，治療が進み，多くの精神科疾患が治るようになり，再発が予防でき，一般科ないしは，精神科診療所で多くの患者が治るようになれば，よほど重症か，何らかの理由で入院を余儀なくされる方々がいなくなれば，精神科病院も一時代を担う存在となるかもしれない．今後の精神科病院の運営は，利用者の方々が必要とするシステムでないと精神科病院の存在価値は低下するかもしれない．大学病院と連携して，今以上の医療技術等のレベルアップを行い，頼られ必要とされる精神科病院として，存在の価値を見出していかなければならないと覚悟している．

筆者の卒業大学には，大阪大学から今は亡き，有岡教授，大海助教授が赴任して来られ，小生は，お2人のお教えを受けた．その後，大学紛争が起こり，医局員が総入れ替えといってもよい事態があったがその紛争も昔の話となった．今は再びの繁栄を得ている．現在の当法人の理事長木下秀一郎は，大阪大学精神医学教室の西村教授の寛大なるご配慮を賜わり，千里救急センターで研修をさせていただいた．おかげで，いろいろな身体疾患に対しても対処できる精神科医として成長させていただき，また，学位も取得させていただいた．

なお，現在の精神医学教室の武田教授のご理解を得て，木下秀一郎が結婚の際，仲人をお引受けいただき，名誉なことで感謝致しております．これらはすべて，大阪大学に所属でき，和風会に入会させていただきましたお蔭様です．

8 小阪病院

● 東　司

はじめに

　小阪病院は，東大阪市永和に位置し，近鉄奈良線河内永和駅の南200mで，都心の難波より10数分と交通至便な場所にある。当院は昭和2年9月に40床の精神科病院として東大阪市永和に設立され，平成25年で86年を迎える。昭和27年に，小阪病院を母体に社会福祉法人天心会が設立され，それ以後，天心会が運営するようになった。

　現在，天心会は，小阪病院（定床537床）をはじめ，救護施設フローラ（定員90名），小阪病院看護専門学校（全日制3年課程　定員1学年50名），訪問看護ステーション「クローバー」，精神障害者地域生活支援センター「ふう」，精神障害者グループホーム「フォレスト」など4ヵ所（総定員28名），特別養護老人ホーム「ヴェルディ八戸ノ里」（定員100名）を運営している。

　小阪病院は「人間が人間らしい生活をすごせることに貢献する」という理念をかかげ，精神の病を患った人々が，快適な環境のもとで家庭的な雰囲気で，安心して医療を受けられることを目指している。医師，看護師，臨床心理士，精神保健福祉士，作業療法士，管理栄養士などを豊富に配置して，急性期医療から，リハビリテーション，社会復帰活動，さらに社会で生活していくためのサポートに至るまで，総合的な医療・福祉サービスを提供している。

沿革

　小阪病院は，大正15年に私立精神病院設立願が出されたことに始まり，昭和2年に建物使用許可を得て，40床の病院として診療を開始した。その後，太平洋戦争に突入し，敗戦が色濃くなってくると，精神科病院の疎開，廃院が相次いで行われるようになった。当院も昭和20年8月15日に大阪府より疎開命令が出されることになっていたが，その日に敗戦となったため，疎開する必要がなくなり，現在地で診療を継続できることになった。戦後大阪市内に浮浪者や戦災孤児があふれ，収容施設そのものの数もまったく足らず，目をつけられたのが小阪病院であった。当時，小阪病院は123床に対し，入院患者は45名ほどであった。多くの浮浪者が進駐軍のジープ，トラックなどにより運ばれてきた。しかし，次第に世の中が落ち着きを取り戻すとともに，収容されていた浮浪者は社会に戻っていったが，身体，聴覚，視覚など障害者は，取り残された。本来，小阪病院は精神科病院であり，これらの障害者の受け入れ先として，昭和23年浮浪者救済医療施設「あずま寮」を創設した。そして昭和27年に社会福祉法人天心会を設立して，小阪病院と「あずま寮」より名称を変更した「布施救護院」を運営するようになった。そのころ，病棟は木造平屋建てであり，鉄筋化して少しでも患者を火災から守る

図1 小阪病院外観

図2 小阪病院受付

ことが最大の懸案事項であった。昭和32年〜昭和36年にかけて3階建てと4階建ての2棟の病棟を建設した。大阪府下の精神科病院の中で、最も早く病棟の鉄筋化を図った。昭和53年には、6階建ての管理部門と病棟、ホールなどを有する本館棟を建設した。昭和63年にはデイケアセンターを開設するとともに、作業療法士による活動（作業）療法を開始した。平成4年には、看護の質の向上および若年看護師の獲得をめざし、全日制3年課程の小阪病院看護専門学校を敷地内に開校させた。平成7年にはデイ・ナイト・ケアを開始した。平成8年には、地域での社会生活が持続できるようにサポートするため訪問看護ステーション「クローバー」を創設した。平成7〜12年にかけてはグループホーム5ヵ所を次々に開設し、在宅ケアに関連する施設などを充実させていった。平成14年にオーダーリングシステムを導入した。昭和30年代に建設した病棟の老朽化がいちじるしくなったことなどにより、平成13年より病棟の全面的な建て替え工事を始め、平成15年2月には、13階建ての現在の新病棟が完成した。同じ年に、精神障害者が地域で生活していくことをサポートするとともに、精神障害者が適切な医療や福祉を受けることができるようにマネージメントしていくための中枢的な役割を担う施設を目指して、精神障害者地域生活支援センター「ふう」の事業を開始した。また同年、日本医療機能評価機構の認定病院にもなった。平成16年4月には特別養護老人ホーム「ヴェルディ八戸ノ里」を開設し、同年10月には「布施救護院」を「救護施設フローラ」と名称を変えて、新築移転させた。情報の共有化を図る目的で、平成19年にオーダーリングシステムを基に電子カルテを導入した。平成21年には敷地内を全面禁煙にした。

現況

1．特徴

小阪病院の最大の特徴は、社会福祉法人が運営する病院であり、以前より社会福祉医療事業に力を入れてきたということである。多数の精神保健福祉士を配置し、診療費の減額免除などの制度も整備しており、生活困窮者も安心して受診できるよう無料定額施設としての役割を果たせるように努めてきた。

現在、小阪病院では、①急性期医療、②長期入院患者の地域移行、③認知症医療に力点をおいて診療を行っている。

急性期医療では、精神科急性期治療病棟（60床）を中心に、早期退院を目標として、入院直後より退院を見据えた治療計画を作成して、入院直後、2週目、4週目などに定期的に治療方針の確認を行い、再入院の予防を念頭においた急性期の医療を行っている。また、大阪府の救急

システムにも参画している。

長期入院患者の地域移行では，退院促進室を設置し専従の職員を配置して，少しでも多くの患者が社会復帰できるように努めている。病院あるいは法人内のデイケア，ナイトケア，地域生活支援センター，訪問看護ステーションなどと連携し，長期入院患者が地域で安定した生活を過ごせることを目標にしている。外泊訓練施設「リーブ」，グループホーム「フォレスト」なども設けている。また，週に2回，夜間の外来診療を行い，就労，就学中の患者の便宜に供している。

認知症医療では，認知症治療病棟を2病棟（合計117床）設置し，尊厳ある人間らしい生活が送れ，一日も早く本来の生活の場に戻れることを目標に掲げて，日本精神科看護技術協会精神科認定看護師（老年期精神障害看護領域），作業療法士，精神保健福祉士なども配置して，治療，看護，リハビリテーションにあたっている。早期退院を目指し，行動障害と精神症状の治療とともに，生活機能回復訓練を中心とした機能低下の防止，回復に努め，回想法などを取り入れている。また，毎週土曜日には認知症外来を行い，認知症家族教室も定期的に行っている。

2．医療スタッフ

診療の質の向上には，よい結果をもたらすためのシステムづくりと人材の育成が欠かせないと考え，これらに最も力点を置いてきた。

医師は，多数の和風会（大阪大学大学院医学研究会科精神医学教室同窓会）会員が診療に従事している。常勤医師は現在17名在籍しており，そのうち14名が精神保健指定医である。最近では毎年1名ずつ後期臨床研修医を採用して，臨床能力が高い精神科専門医を育成するとともに，日本精神神経学会専門医や精神保健指定医を取得できるように指導，援助を行っている。また，大阪大学医学部学生の精神科クリニカルクラークシップを当院でも行っており，独立行政法人国立病院機構大阪医療センター，大阪警察病院，東大阪市立総合病院などの前期研修医の協力型病院として受け入れている。

看護面では，同一敷地内に附属の看護学校があるというメリットを生かし，看護の質の向上を図り，活性化させるとともに，若年化を実現させてきた。個々の看護師に対し，職能レベルを評価して，レベルアップを目指せる教育プログラムを確立して，絶えず看護師の質の向上に意を払っている。大阪府立大学看護学部など多数の看護師養成機関の臨地実習を引き受けている。

臨床心理士は，ロールシャッハ・テストをはじめとして大阪大学関係の研究会で指導を受けている者が勤務し，心理検査，心理療法はもより，認知症病棟での回想法，デイケアでのSST，職員のメンタルヘルスなどを幅広く実践している。

精神保健福祉士，作業療法士をはじめ，他のコ・メディカルスタッフの充実にも力を入れてきた。

3．診療状況

現在，ベッド数は537床で稼働率は約97%となっている。入院患者数は年間約1,150名で退院患者数もほぼ同数であり，平均在院日数は160日程度で，入退院の患者数は，年々増加している。一方，入院期間は短縮している。入院患者の男女比は，男性が約40%で女性が約60%であり，従前より女性の入院患者が多いことが特色である。疾患別分類では，統合失調症圏が約55%，認知症を含めた脳器質性疾患が約25%，感情障害が約15%である。外来患者数は1日約155名で，デイケアなどの利用者数は約130名である。

4．病棟

先に述べたように平成15年2月に新病棟が完成した。この建物は，①機能別病棟，②ユニットケア，③院内の街づくり「ホスピタル・モール」を基本的なコンセプトにして設計された。機能別病棟は，急性期治療病棟，療養病棟，認知症治療病棟などの病棟を編成し，それぞれの

図3 ホスピタル・モール

病棟の機能にふさわしい設備を備えるようにした。ユニットケアの導入は，各病棟を3～4のユニットに分け，それぞれのユニットにデイルーム，シャワー室などの生活機能を持たせ，固定した看護職員を配置して，家庭的な雰囲気のもとで一貫したきめの細かいケアを行うことを目指している。病室は個室を多く設置し，4人室においても，患者ごとに洗面台，トイレを設置し，できるだけプライバシーを尊重した造りになっている。院内の街づくりは，同一敷地内にある救護施設，看護学校を機能的，空間的に結びつけるホスピタル・モールを設置し，そこにカフェ，コンビニ，理美容院などを配置して街並みを造り出し，利便性を向上させるとともに，楽しさや賑わいを演出できるような空間となっている。

おわりに

小阪病院が位置する東大阪市は，人口50万7,312人の中核市である。市内には，精神科病院は当院を含め2ヵ所，総合病院精神科外来1ヵ所，精神科診療所は14ヵ所ある。また，地域生活支援センターは当法人支援センター含め2ヵ所，作業所は14ヵ所あり，社会資源が比較的充実した地域であると考えられる。保健所が1ヵ所あり，その下に保健センターが3ヵ所あり，精神保健福祉相談員はすべて地域の事情に精通した東大阪市の職員であり，行政と密に連携がとれている。

このような環境の中で小阪病院は，急性期，認知症の医療とともに精神障害者の地域生活を支え，豊かな生活を送れるよう，治療，リハビリテーション，社会参加の場として，今後も地域に根ざした精神科医療を提供し続けたいと考えている。

9 澤潤一とさわ病院

● 澤　温

　さわ病院は1953年，現在の地，豊中市城山町で始まった。その地は当時豊中市長興寺と呼ばれ，田んぼと用水池に囲まれて，廃院となっていた病院を父，潤一が手に入れて始まった。元の名前は稲葉病院で1915年に作られた精神科病院で，詳細は知らないが，戦後廃院になったものである。私が6歳の時，見に行ったような気がしているが，これはそう思っているだけかもしれない。64床から始め徐々に増やして1983年に603床になった。1987年に私が引き継ぐまでは国の政策に従ったもので，収容的な医療であったことは否めない。

　さわ病院は1953年当時は澤神経科服部病院と称した。なぜそう称したかは知らないが，気に入っていないようであった。創立20年を期してさわ神経科病院と改名した。父は「澤さんと服部さんはどういう関係ですかと聞かれるのがケッタクソ悪い」と言っていたのを覚えている。創立30年を期してまた改名を考えたようで，「どうしようか」と尋ねられた覚えがある。「澤の名前はないほうがいいのではないか。北大阪精神医療センターはどうか」と言ったのを覚えている。まだパートでしかさわ病院にかかわっていなかったときで，1週間後行ってみると「さわ病院」だった。「なぜか？」と聞いたところ，「行政の指導では開設者の名前を入れろというからだ」と言っていたが，全国的には地名を入れたところもあるし真偽のほどはわからない。

　さわ病院と大阪大学医学部神経科・精神科との関係は，父が大阪大学，いや父は必ず大阪帝国大學と言っていたが，その大阪帝大を1941年に卒業したことに遡る。後は点と点あるいは棒点と棒点のつながりしか知らない。今だから言えるが，聞くところではあまり金子教授とは合わなかったようで，人的交流もなかった。西村教授，現武田教授になってから人的支援もお願いするようになり，途中から私が引き継いでお願いに伺うようになった。

　むしろ，大学本体の同窓会ではそれなりの活動をしていたようだ。さわ病院には教室経由でなく，先輩の曽谷邦男先生，同級の岩谷信彦先生，後輩で奈良県立医大の有岡巌教授が勤めておられ，私も一緒に仕事をさせてもらった。覚えているのは，当時の精神科医，いや神経科医は neurological examination をきちんとされ，CTがまだ普及していなかったときに，「親父がぼけてしまった」と言って連れてこられた近所の人を診て，ハンマーひとつで頭蓋内の変化を察知された。改めて市立豊中病院にあったCTで慢性硬膜下血腫が確認されて，手術を受けて治った人がいたなどのエピソードもあった。有岡先生はいつも，土建業者の履くズボンの大腿部の外側のポケットの片方にはラジオを，もう片方にはハンマーを入れて病棟を回っておられた。まさに「土建屋」のようだが，もちろんハ

図1 澤神経科難波診療所
(The Lotus Land 創設者, 澤 潤一とさわ病院の40年, 1997年)

図2 新築のA棟（1956年）
(The Lotus Land 創設者, 澤 潤一とさわ病院の40年, 1997年)

ンマーはトンカチでなく打鍵器である。先生はラジオを夜になっても病棟へ持って回られた。それは大好きな阪神タイガースの試合をチェックするため（現在ならもちろん禁止であるが）であった。入院患者の間では，タイガースが負けているときには面接を受けないほうがよいという噂があったほどだ。ハンマーの特徴は，私は工藤式（慶大脳外科）で慣れてきたが，ゴムのリングが巻かれた小さなタイヤのようなヘッドに鼈甲の弦のついたものが使われていた。鼈甲のバネ力が良いのだと聞いているが，私は使い慣れない。

　話を戻すと，父は大学を出た後，大阪大学，国立大阪病院，国立大阪病院長野分院に勤めた。1953年にさわ病院を始めたが，ここで自慢できるのはいわゆる精神科病院ラッシュに乗ったのではなく，その前に始めていたことか。その後は先に述べたように，国の政策もありベッド数を増やしていった。全国のどの病院にもいえることだが，日本の診療報酬を考えると，病床数を増やすと，医療直接部門以外の部門にかかる人件費率は下がり，またその後の新築・改築など，建築などの準備金も用意しやすいともいうので日本のシステムの運命だったのだろう。公的病院などにはわからない苦労がある。

　しかし，父潤一のすごいところ，尊敬すると

図3 開院後はじめての元旦（1954年）
(The Lotus Land 創設者, 澤 潤一とさわ病院の40年, 1997年)

ころは精神科病院ラッシュの前に病院を開設し，増床したことではない。私の記憶だから不確かなところもあるが，資料に残っている「澤神経科難波診療所」とほぼ同年に，進駐軍に接収され返還されたばかりの伊丹の家を少し改装し，トイレ，調理場を作って「有床診療所」にしてしまったことだ。応接間にも，2つの座敷にも，2階の私が生まれた部屋も含め3部屋にもベッドを持ち込み，さらに特室のような新築の別棟の1部屋も作り，おそらく12床くらいの有床診療所を始めたのだ。

　病院勤めに飽き足らず1952年に難波に診療所を作り，その入院先に困ると同年に自分の家

を使い，それで足りないと，翌年には現在の地で病院を手に入れ始めた。この思考過程と自宅が返還されると自宅にするより先に有床診療所にしたという実行力はすごいと思う。

　大阪大学，大阪市立大学，奈良県立医大，一時は大阪医大から人的支援をいただいていたが，今は新臨床研修制度ができ，また最近の医師の就職ツールのインターネットからの応募が主力になって，大阪大学の医局からの派遣はほとんどない。むしろ初期研修を外で終えて後期研修でさわ病院に勤め，その後精神保健指定医の資格を取った後，あるいは症例を取った後大学院で勉強したいと言って大学院に行くなどの傾向が強まっている。これも時代の流れかもしれない。

　武田教授には西村教授時代に，江坂にあった「さわ・江坂神経クリニック」のお手伝いをいただいたときが少しあったが，武田教授も各病院の要請，各医局員の思いなど変化を見ながら教室を運営されるのは，精神神経学会の理事長をされるのと同じくらい大変だろうなと思っている。

Memory

第13回脳神経外科学会での佐野勇，工藤義雄，昭和29年

佐野勇を囲んでの夕食会昭和30年

10 医療法人爽神堂 七山病院の歴史

● 本多 義治

はじめに

　当院は大阪府の南部，関西空港の近くに位置する泉南郡熊取町という町にある。熊取町は京大の研究用原子炉がある町としても知られ，平安時代から熊野詣の中継地として，また荘園として発展してきた古い町である。

七山病院の前身

　当院の前身である浄見寺は浄土真宗の寺で，開創は戦国時代に遡る。本多義圓（十助）（徳川家康の家臣であった本多正信の弟）が1573（天正元）年に，教如上人（浄土真宗が東西に分裂し，東本願寺を開いた）の命を受けて現在の泉南郡熊取町に浄仙坊を開創した（坊とは道場のことで浄土真宗では当時はまだ寺号を持つものはごく一部であった）。その後，織田信長が大坂本願寺を攻めた石山合戦の際の雑賀攻略で，1577（天正5）年に焼亡したが1585（天正13）年に再興し，1599（慶長4）年義圓の長男本多左内が浄見寺内に爽神堂を創設し，漢方薬と鍼灸，仏教を通じた精神療法を用いて医業を始めた。これが七山病院の始まりである。

江戸時代

　江戸時代になり1684（貞亭元）年第5代本多詮了のときに東本願寺より浄見寺の寺号を許され，1748（寛延元）年に第8代本多祐見が本堂

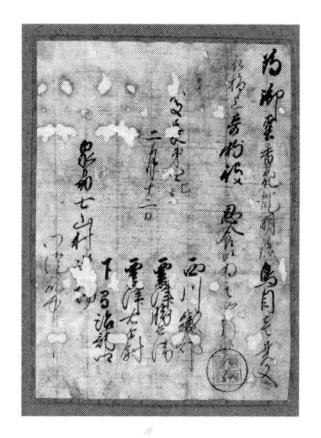

図1　1599（慶長4）年の古文書

の改築と庫裏の改修を行い，その後1816（文化13）年と1841（天保12）年の2度に渡り第11代の本多義勧が建物の大改築を行い，本格的な宿泊施設すなわち入院施設を整えたものと思われる（当時はまだ病院という概念がなかった）。このころには遠方から漢方薬をもらいに大勢の人が来たことが記録に残っている。爽神堂で用いられてきた漢方薬は「健児丸」「精気丸」「小児丸」「治虫水」という4種類である。現在でも生薬の内容は残っており，「精気丸」には辰砂，合歓皮，茯苓，遠志，酸棗仁，龍脳などの生薬が使われており，抗不安作用や鎮静作用があったものと推測される。また，当時どのような患者さんを預かっていたか興味のあるところであるが，残念ながらほとんど記録は残っていない。唯一，岸和田藩に仕官した武士を預かり，治療

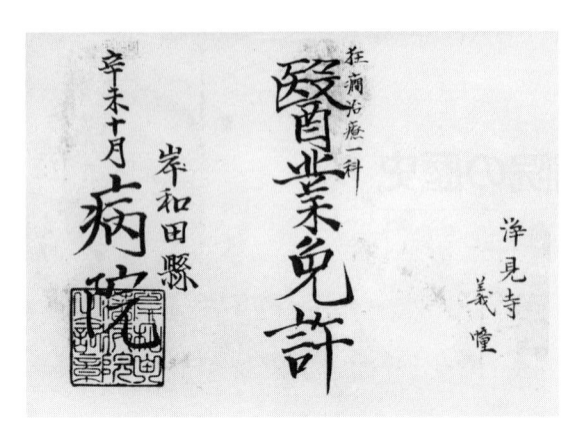

図2 明治4年の精神科医業免許

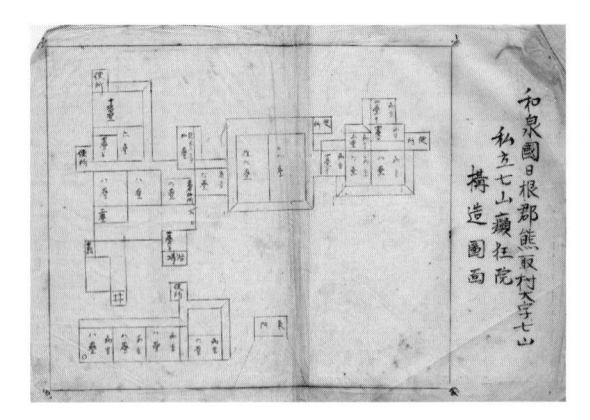

図3 明治時代の病棟図面

図4 大正時代の作業療法

図5 大正時代のレクリエーション療法

によって良くなり，他の藩に仕官したという手紙が何通か残っている。

明治，大正時代

明治になり西欧の医療に関する情報を知り，第12代本多義憧は医業免許を申請し，1871（明治4）年当時の岸和田県病院より「狂癇治療一科」の医業免許を受けた。これは我が国初の精神科病院の医業免許である。1874（明治7）年に第13代の本多栄は堺県医学校の第一期生として入学，本格的に西洋医学を修業するかたわら，堺に漢方治療の出張所を設けて神経病治療にあたった。1879（明治12）年ごろには漢方薬の製造販売に踏み切り，そして1882（明治15）年11月に西洋法医術による本多病院を開設した。当時の規模は，診察室1室，薬局室1室，病室10室，定員10人であった。その後，病棟を増築し1889（明治22）年8月には地名を取って，七山病院と改称し組織を改め新体制となった。当時の規模は，木造平屋建て病室3棟60坪，診察室1室，薬局室1室，病室19室（うち，隔離室2室），定員20名（男性14名，女性6名），医師は院長のほかに医員2名，調剤員2名，看護人3名となっている。そしてさらに，1899（明治32）年には監置病室を新築している。1907（明治40）年ごろからは，新しい治療法を試みるようになり，従来の監置主義に改善を加えて，室外散歩を行ったり，軽症者には屋外での田畑作業や養鶏を試みるなどして治療効果を上げている。このような作業療法やレクリエーション療

図6 養生園 1913（大正2）年5月8日竣工

法を民間病院としては日本で最も早く取り入れたことがわかっている。

第14代の本多治は1911（明治44）年に大阪府立高等医学校（現在の大阪大学医学部）を卒業し、翌年に同校の助手兼病院医員として勤めている。1913（大正2）年には、浄見寺から200メートルほど離れた場所（現在の七山病院の所在地）に「養生園」と名づけた開放病棟を建て、定員は一挙に110名となっている。当時はまだ、開放病棟は精神病棟としては認められていなかったため、許可を受けるにあたって簡単な鉄格子を窓に打ち付けて許可を受けている。この病棟は軽症者を対象とした今でいうストレスケア病棟であり、この当時としては非常に先進的なものであった。同じ年に治は七山病院の院長に就任し、病棟の増築を進めていった。

昭和時代

1930（昭和5）年には浄見寺内の病室を養生園の場所へ移し1ヵ所にまとめ新たに病館5棟を増築し病床数を110床とし、2年後の1932（昭和7）年にはさらに病棟を増設し227床とし、1933（昭和8）年には大阪府代用病院および和歌山県代用病院になっている。

1937（昭和12）年に第15代本多浄が日本医科大学を卒業し、同年4月に大阪帝国大学医学部精神病学教室に入局している。しかし、同年7月に徴兵され、陸軍軍医として以後4年間ビルマ、タイ方面へ従軍した。終戦後1952（昭和27）年に浄が病院長に就任し、順次病棟を鉄筋コンクリートに建て替え、同時に増築、増床を行い、1966（昭和41）年には病床は707床となった。浄の弟の弘は大阪帝国大学を卒業後、精神科教室に入局、一番下の弟の進も帝京大学を卒病後大阪大学精神科に入局した。その後、弘は1953（昭和28）年堺市上野芝に上野芝病院を開院したが、1978（昭和53）年に他の医療法人に譲渡している。進は七山病院に戻り、副院長として浄を支え、後に院長となった。

1971（昭和46）年には大きな組織変更を行い、個人病院から医療法人とし、名称を創業時の名前を取り「医療法人爽神堂」とした。その後病床は最大で712床まで増床した。

1981（昭和56）年私、本多義治が関西医科大学を卒業後、同大学精神神経科教室での研修を終え、病院に戻り看護基準を順次上げデイケアや作業療法の基準を取り、1995（平成7）年に理事長に就任後はさらに種々の改革を行った。また、私の弟の秀治は1986（昭和61）年に信州大学医学部を卒業後、大阪大学精神科に入局し2002（平成11）年より七山病院で副院長として勤務している。

平成時代

2001（平成13）年1月、創業400年記念事業として病院の本館と一部の病棟の建て替えを行った。新しい本館は外来、検査、給食、薬局、事務管理関係、病棟等を含んだものとし、今まで複数の建物に分かれていたものを統合した。

また、同じ年の5月に介護老人保健施設「アルカディア」を病院と隣接して併設している。「アルカディア」は定員が60名、通所リハビリテーション30名で、その後、ケアプランセンターも併設した。

この時の定床は658床で、看護単位は11単位となっている。病棟の機能は、精神療養病棟

が4病棟（240床），認知症疾患治療病棟1，2病棟（120床），急性期病棟が2病棟（120床），慢性期病棟が1病棟（59床），社会復帰病棟が1病棟（60床），合併症病棟が1病棟（59床）となっている。看護基準は入院基本料15対1，看護配置加算（70％），看護補助加算3（15：1）を算定している。また，2004年（平成16年）12月には日本医療機能評価機構Ver.4の認定を受けている。また，社会復帰施設として，グループホーム「色えんぴつ」（定員16名），2006年8月にオープンしたグループホーム・ケアホーム一体型「ハンモック」（定員20名）がある。

この時，同時に創業の精神を大切にするため，

図7　現在の七山病院

年譜

1573年（天正元年）	本多義圓（十助），浄仙坊を七山に開創。	1952年（昭和27年）	病棟，およびその他の施設を鉄筋コンクリートに建て替え，整備を行う。
1599年（慶長4年）	本多左内，浄仙坊に「爽神堂」を創設し医業を始める。	1961年（昭和36年）	本館の建て替えを行い，病床数は638床となる。
1684年（貞享元年）	5代・詮了，東本願寺より浄見寺の寺号を下付される。	1972年（昭和47年）	個人経営を改め医療法人化し，医療法人爽神堂となる。
1816年（文化13年）	11代義勧，本堂を改修し入院施設として整える。	1981年（昭和56年）	全病床数712床。
1871年（明治4年）	12代義憕，岸和田県病院から狂癲治療一科の医業免許を受ける。（我が国最初の精神科専門の病院免許）。	1981年（昭和56年）	本多義治，七山病院に戻る。
1882年（明治15年）	正式に病院として開設，名称を本多病院とする。	1995年（平成7年）	本多義治，理事長に就任する。
1889年（明治22年）	本多病院を七山病院と改称。	1997年（平成9年）	本多義治，院長を兼務する。
1899年（明治32年）	浄見寺境内に監置病舎1棟を新築。	2001年（平成13年）	1月，本館を建て替え，全病床数は658床となる。5月，介護老健施設「アルカディア」を開設11月，本多義治，浄見寺住職継職・本堂落慶法要を営む。
1913年（大正2年）	浄見寺の裏山（現在の七山病院の所在地）に軽症者の開放病棟として養生園を新築。		
1930年（昭和5年）	養生園に病棟5棟を増築し，浄見寺内の病棟も移転する。	2004年（平成16年）	グループホーム「色えんぴつ」を開所する。
1933年（昭和8年）	大阪府代用病院，和歌山県代用病院に指定される。	2005年（平成17年）	福祉ホームB型「ハンモック」を開所する。
1937年（昭和12年）	病棟を増築して病床数は299床となる。	2010年（平成22年）	グループホーム「クレヨン」を開所する。
1939年（昭和14年）	病棟を増築して病床数は358床となる。	2011年（平成23年）	残りの病棟を建て替え「北館」とし，全病床数は640床となる。

法人の理念も新たに策定し直した。「"自利利他"の精神で医療福祉に貢献します」というものである。"自利利他"とは大乗仏教の言葉で「他を救う者が自らも救われる」という意味で、わかりやすく言うと、他の人に喜んでもらうことにより自分にもそれが帰ってくる、自分の喜びにもなるような行為のことである。また、法人の始まりである浄見寺も同じ2001年の11月に本堂を建て替え、落慶法要と住職の継職法要を行い、私が住職を兼務することとなった。

2011（平成23）年1月には、残っていた2つの建物（病棟）と作業療法、デイ・デイ・ナイトの建て替えを行い「北館」として一つにまとめた。1階が作業療法、デイケア、デイナイトケア、2階には開放病棟（精神療養病棟）60床（このうち5床をストレスケア病棟として別ユニットとした）、3階は合併症病棟60床、4階は救急入院料病棟1（いわゆるスーパー救急）48床、5階6階は精神療養病棟でそれぞれ60床の合計288床とし、本館と合わせて全体の病床は640床となった。北館の最上階7階には300人が入れる大会議室とカフェテラスを設けた。カフェテラスには患者と家族の方も利用できるようにした。大会議室では講演会や勉強会などを催している。

── Memory ──

和風会集合写真（堀見教授時代）

11 医療法人和気会 新生会病院

● 和気 隆三

はじめに

　大阪大学精神医学教室が創立120周年を迎えられたことを心よりお祝い申し上げたい。120年の歴史には到底及ぶものではないが，まず始めに大阪アルコール医療の黎明期，大阪アルコール医療の歴史を紐解いてみたい。

大阪のアルコール医療の始まりとその変遷

　アルコール依存症が「アル中」と言われた時代は長く，当時この病気は性格異常によるもので決して治ることのない病とみなされていた。精神科病院ではたびたび事件を起こすために，アルコール依存患者は閉鎖病棟に分散収容することが鉄則とされていた時代である。そのような中で，昭和38年に全国に先駆け神奈川県，国立療養所久里浜病院（現，久里浜医療センター）でアルコール依存症専門病棟が開設された。初代病棟医であった堀内秀（作家なだいなだ）は入院期間を3ヵ月とし，アルコール依存患者を1つの病棟に集め，しかも開放病棟で治療を始めた。当時の常識では考えられない無謀な試みと思われたが，後に「久里浜方式」として全国に広がった。大阪でのアルコール医療の始まりは，小杉好弘，今道裕之，そして私の3人が第一世代の草分けと言われている。小杉が大阪市立大学精神科に入局したのは，昭和38（1963）年だと記憶している。そのころ浜寺病院に派遣されていた小杉は，一人のアルコール依存患者から「私も酒をやめたいのですが，どうしたらいいのでしょう」と訴えられた。当時の精神科病院では厄介者，嫌われ者であったアルコール依存の声を真剣に受け止めた小杉は，大阪大学精神医学教室の矢内純吉に相談し「小杉君，断酒会，A.A.があるようだよ」と自助グループの存在を教えられた。その一言から，浜寺病院の中で院内例会を始められ，それが種となり昭和41（1966）年大阪府断酒会の発足につながった。昭和40（1965）年の前半には小杉と今道の出会いがあり，その後お2人は精神科医としての生涯を断酒会と共に歩むこととなった。私がアルコール医療に足を踏み入れるきっかけとなったのは，大阪医科大学神経精神医学教室の先輩である今道からの誘いであった。ある日今道から「和気君，今度の日曜日茨木商工会議所の3階で断酒会があるけども，行ってみないか」と声をかけてもらい，当日私は気軽な気持ちで赴いたことを覚えている。しかし，そこで見た光景が私の精神科医としてのその後を決めることになった。我々精神科医の間では，どうしようもない「アル中」と言われていた人たちが，精神科病院の鉄柵の外で断酒例会を自ら開き，司会進行の中で真剣に自分を語るその姿に驚き感動し，また同時に「私は精神科医として何をしてきたのか」と強い反省を迫られたのである。

それから，自分自身が地域の断酒例会に何度も参加する中で，久里浜病院の専門病棟の存在を知り「俺もやってみたい」との思いが募り，当時パート勤務していた藍野病院経営者の小山と今道に相談し，昭和45（1970）年に藍野病院の開放病棟をアルコール専門病棟にすることができた。それから1年が経過し，大阪医科大学満田教授に「大学病院を辞めてアルコール専門病棟で常勤医としてやってみたい」と申し出たところ，「和気君，大阪の南にもアル中がいるぞ」と泉州病院を紹介された。その当時，大阪市内のアルコール依存患者は泉州地域の精神科病院に流れてきていて，泉州病院にも西成地域から多くの単身アルコール依存患者が入院していた。赴任から1年がかりでアルコール専門病棟を作ることができたが，ここでは住所不定単身者の治療に苦労することとなった。大阪では昭和40年前後に西成暴動があり，ちょうど大阪万博を控えていたこともあり，大阪市も西成区の単身アルコール依存患者の対策に頭を悩ませていたことから，大阪市民生局は厚生省と折衝を重ね，弘済院救護第2ホームをアルコール依存症専門の中間施設とした。住所不定で単身のアルコール依存患者の治療，更生を考えるとき，医者と看護師だけで手に負える問題でないことは明白で，全国に先駆けたアルコール依存症専門の中間施設の誕生であった。また昭和45（1971）年ごろから新阿武山病院，藍野病院，森病院等が断酒会協力病院としてアルコール医療を行うようになった。アルコール専門医療の発展とともに，断酒会も支部を増やし昭和48（1973）年からは大阪府の助成を受け毎年酒害相談講習会が開催され，これを契機に各地で保健所と断酒会の連携が活発となり，昭和50年代には府下全域の保健所で酒害対策懇談会や酒害教室が盛んに行われるようになった。こうして大阪では昭和40年から50年代にかけて医療，行政，断酒会が連携し，三位一体と称される地域ネットワークが構築されていくこととなった。昭和52（1977）年に藍野病院の専門病棟が独立し全国で2つ目の専門病院，藍陵園病院が誕生した。その4年後の昭和56（1981）年に当院，新生会病院が開院したが，同年には小杉が全国で初となるアルコール依存症専門クリニックを天王寺に開院し，三位一体の地域ネットワークとともに，大阪のアルコール医療が全国的にも大きな注目を集めた時代であった。

新生会病院の沿革

昭和56年	アルコール依存症専門病院，新生会病院設立
昭和61年	社団法人大阪府断酒会より感謝状
平成元年	医療法人和気会設立
平成7年	精神科小規模デイケア開設（定員22名）
平成8年	理事長　和気隆三　厚生大臣表彰
平成9年	理事長　和気隆三　和歌山市断酒連合会より感謝状
平成11年	理事長　和気隆三　藍綬褒章授章
平成13年	精神科大規模デイケアに変更（定員38名）
平成14年	精神科訪問看護の実施開始
平成17年	精神科大規模デイケア増設（定員50名）
平成21年	グループホーム「ソーバーホーム」開設（定員6名）
平成23年	訪問看護ステーション「ポプラ」開設

病院概要

新生会病院は148床のアルコール依存症専門の病院である。開院来，男性のみを対象にしており，女性のアルコール依存症の方の診療は行っていない。大阪南部の和泉市に位置し，利便性の良い場所ではないが，阪和自動車道の和泉岸和田ICに近く車でのアクセスには比較的恵まれ，泉北高速線の和泉中央駅，JR阪和線の

表　新生会病院　治療プログラム

	午前	午後
月	回診	学習会
火	家族教室	院内例会
水		回診/小グループミーティング
木	外来教室	退院者ミーティング/基礎講座
金	家族例会	院内例会
土		
日	合同家族例会（第3日曜のみ）	合同例会（第3日曜のみ）

図1　新生会病院概観

図2　新生会病院記念式典

和泉府中駅，南海高野線の河内長野駅，南海本線の泉大津駅に送迎バスを出すことで立地条件の問題を補っている．診療スタッフは看護基準15：1，常勤精神科医3名，非常勤精神科医2名，非常勤内科医5名，精神保健福祉士7名，薬剤師4名，臨床心理士1名，レントゲン技師1名，管理栄養士3名など，それぞれが専門性を発揮し，治療プログラム（表）を運営しチーム医療を行っている．近年の傾向として，外来通院者の増加，患者の高齢化，身体合併症の重症化，重複障害の増加などが挙げられる．診療圏は広く近畿一円から診療依頼があり，入院患者数は年間600名を超える．

アルコール依存症専門病院としてのこれからの役割

国内でのアルコール依存症者は80万人以上，予備軍を含むと440万人と推計され，アルコール依存症を核としたアルコール関連問題は，社会全体に多大な損失を与えている．しかし今なお多くのアルコール依存症者は診断すら受けておらず，精神科で治療を受けている患者は全体の1割にも満たない．また，専門医療機関での治療予後も決して満足できるものではない．早期発見のための内科との連携や，幅広い領域での啓発活動，また治療予後を改善するための治療オプションの開発など課題は多い．しかし時代は確かに変わりつつある．アルコール医療の

現場では，認知行動療法のアルコール依存症への適応，飲酒渇望抑制剤アカンプロセートの国内承認，多量飲酒者への節酒指導（ブリーフインターベンション）などがトピックスとして挙げられる。社会の変化としては，この数年の間に飲酒運転の違反者に対し罰則強化だけでなく，精神科受診の義務化が議論され，自殺問題の背景にアルコール問題の存在が指摘されるなど，アルコール関連問題に対する世の中の関心はこれまでになく高まっている。それは世界的な潮流でもあり，平成22（2010）年にはWHO総会で「アルコールの有害使用低減に向けての世界戦略」が採択されている。これは，アルコール問題に対する社会の否認を取り除き，今後のアルコール医療の流れを大きく変える可能性を持つ歴史的出来事である。加盟国は「世界戦略」に沿った包括的な取り組みの進捗状況について，WHO総会で報告する必要があるため，国内では「アルコール健康障害対策基本法」制定に向けた動きが活発化している。平成15（2003）年にWHO総会で採択された「たばこの規制に関する世界保健機関枠組条約」が世界的な効果を挙げたことや，国内の近年の例では平成18（2006）年に「自殺対策基本法」が施行された後に，社会の関心が高まり，地域での啓発活動などの取り組みが一気に加速されたように，「アルコール健康障害対策基本法」が成立することになれば，アルコール医療の流れが大きく変わり，我々が待ち望んでいた「問題の重大さ」に相応した社会の関心が，国の対策が，自治体の取り組みが，あらゆる場面で現実のものとなるかもしれない。その時には，アルコール医療に求められる責任と役割は，より一層広く，大きくなると思われる。

12　清順堂 ためなが温泉病院

● 爲永　清吾

　私は昭和30年に東京慈恵会医科大学を，卒業した。大阪府箕面市今宮の地に女子専門の，精神病院を開設するために，大阪に来た。昭和39年に教室に入会させていただいた。金子仁郎教授にいろいろと，教えていただいたことが，昨日のように思い出される。その後西村健教授，武田雅俊教授へと，研究が受け継がれ多大な功績を納められて，我々が現場で行う精神科医療全体において，日々助けられていることを感じる。

　私事になるが，昭和40年6月7日に可愛らしい女子専門「53床」清順堂爲永病院を開設した。

　院長のメッセージとして，

　　『私達が，今ここに，あるのは自分のためでない。

　　　他の人々の人生を，より幸せにするためにある。

　　　医業とは，アートである。使命感を持った天職である。

　　　頭と心を，等しく働かせねばならない天職である。

　　　　　　　　　　—ウイリアム・オスラー

　　　病気を，診ずして病人を，見よ。
　　　　　　　　　　　　—高木　兼寛』

これらを院内に掲示し，院長を含め，全職員の理念として，運営を始めた。

　その後，時代の要請もあり，昭和43年に，自閉症専門小児病棟「あおば学園」を60床で増設し，治療にあたってきたが，大阪府立中宮病院（現，大阪府立精神医療センター）思春期治療病棟開設に伴い，子供達を転院させ閉鎖した。

　万国博覧会会場にも，当院は近い関係もあって男子病棟も必要となり，増設した。

　昭和55年に精神科病棟270床，内科病棟50床の病院となった。

　平成3年に，病院敷地内に，「地下2,000メートル」の温泉を掘った。

　名称　清順堂ためなが温泉病院になった。

　平成18年7月に，医療法人格を取得し，理事長に就任した。

　当院は，教室から比較的近いこともあり，開設以来教室の，先生方が非常勤医師として，勤務していただき，当院の運営に大きく貢献していただいた。今後も末永く教室と，お付き合いさせていただきたいと思っている。

　当院も平成27年6月で，開設50周年を，迎える。その間，精神医療を，取り巻く状況は，非常に厳しく，また変化に富んだように思われる。

　第1　法の整備　精神衛生法から，精神保健福祉法に至るまでの変化　障害者自立支援法の整備

　第2　抗精神病薬の進歩

図1　ためなが温泉病院本館正面

図2　ためなが温泉病院リハビリセンター

　第3　患者の，高齢化「認知症患者の増加」
　この3点を，日々の診療や運営の中で対面しているところである。
　これからの精神科医療の進歩と発展については，教室の研究が大きく関与されるため　研究活動にも，当院としてできることは，ご協力して参りたいと考えている。
　今後とも，よろしくお願い申し上げます。
　最後に150年200年と，ますます教室のご繁栄と，ご健勝を，ご祈念申し上げます。

13 医療法人長尾会 ねや川サナトリウム〜数々の出来事

● 長尾喜八郎

精神科医となりたい

　私には脳炎の後遺症で知的障害を持った8歳年上の姉がいた。母は姉の世話をし，小学生の私もその手伝いをした。障害を持つ者の世話介護がどれほど大変だったか身に染みついている。精神科医になろうという動機の一つであったのではないかと思う。
　私は奈良医大医学部3年生時に精神科の医者になろうと決めた。精神科の金子仁郎教授室をノックし，精神科医になることを申し上げた。何故そんなお話をしたのかわからない。

思いを…

　昭和32（1957）年阪大堀見太郎教授ご逝去のため，金子教授は阪大に転勤された。昭和33（1958）年4月私は医師免許取得後，阪大精神科学教室に行くことを決めた。理由は恩師である金子教授を慕ってのことで，阪大精神神経科学教室に入局を許可していただいた。学生時に精神科医になりたいと言ったことをよく覚えておられた。ここで私はできるだけ早い時期に病院を開設したいと申し上げた。熱っぽい話を快く理解していただき，精神科医としての臨床経験を身に付けることが大切だと仰って下さった。入局早々毎週月曜日の金子教授の外来診察時に席をいただき，診察のあり方を指導していただいた。開院前の昭和40（1965）年9月までの7年余お世話になった。ただ感謝。

資金の段取り

　次に出会ったのは当時精神科の助教授だった佐野勇先生だ。後に阪大高次神経研究所の教授になられた。佐野先生にご挨拶した際，ここでも将来病院を開設したいと申し上げた。先生は「今まで入局した者でそんなことを言った者はいない。面白いことを言うね」と認めてもらい，以来親しくよく声をかけていただき，北新地で飲み，食事に誘われることもしばしばであった。また「君は十津川村出身だね」と私の故郷，十津川村に行きたいと言われ，北島省悟先生とお2人でお出でくださった。十津川の自宅でお酒を飲み，お泊りいただいたことを忘れることはない。
　佐野先生に入局時にご挨拶したとき，病院を開設したいと申し上げたが，その後病院開設の話をすることはなかったが，6年を経過した昭和39年ごろ「病院を作ると言っていたが資金はあるのか」と尋ねてくださった。お金を融資してもらう方法として医療金融公庫（現福祉医療機構）を利用することだと当時の公庫，石橋専務理事（元大阪副知事）を紹介していただいた。東京に佐野サナトリウム（現新生会病院）院長，故宮軒富夫先生が同伴してくださった。

図1　開院当初の玄関
寝屋川公園建設のため移転

報恩の心をいつまでも持ち続けている。

開院～ホスピタルテーマ『いっしょにがんばろうよ』

ねや川サナトリウムは，昭和40（1965）年11月25日，鉄筋コンクリート2階建てで，病棟数115床で開院した（院長・長尾喜八郎）。

位置は寝屋川市の東部丘陵地帯で，田園と緑豊かな環境に所在し，近隣の施設には，支援学校，障害者福祉作業所，結核予防会大阪病院等の医療福祉施設があり，府立寝屋川公園に隣接し，競技場，野球場，テニス場，芝生広場等の環境の中にある。

開院式典には各方面から来賓があり，丁重な祝辞をいただいた。中でも当時の澤潤一大精協会長（さわ病院）のお言葉の中に「これから大阪の精神医療を共にやっていこう」というメッセージを忘れることはない。患者受け入れは11月27日で，恩師である阪大佐野勇教授の紹介により女性が入院した。縁起のいい名前の女性であった。そのカルテは大切に保管している。翌年早々には55名というように入院数も急速に増え，6ヵ月後には満床となる。

思いもせぬ出来事

昭和47（1972）年ごろに，入院患者も外来患者も増え，予定の3階（60床）を増築，外来棟を新築しようと申請したところ不許可になった。理由を質したところ，「病院敷地は府立寝屋川公園に決定しているから」ということで，初めて公園計画が明らかになった。どうすることもできない状態に困惑した。

昭和48（1973）年9月大阪府公園事業担当者と正式な接触があり，具体的な交渉（10数回）が始まり，やっと土地は等価等積で取得することができた。建物，設備に対する保障は当時石油ショックで予算をつけることはできないと一方的であった。強制移転させられたことは誠に悔しく，無念さは筆舌に尽くすことはできない。争っても日時を掛けるだけときっぱり諦め，新病院の新築にかかる。

移転，新病院の再出発

昭和57年建築工事にかかると，現場に足を運び，出来上がりを見守った。昭和58（1983）年11月，病床数は278床（1～3階が病床，4階は職員住居8室），明るく広い外来ホールを持つ新しい病院が新築された。

昭和58（1983）年12月1日，移転式典は盛大に行われ，地元市長初め各代表の方々よりお祝いの言葉をいただいた。特に地元の村尾達夫医師会長の「若竹のように折れることなくやりぬいていただきたい」という言葉は大きな励みとなった。

開院早々，朝7時に玄関前には多数の受診待ちとなっていた。そこで予約制に切り替えた。なお，現在の診察室案内ベルになったのは平成10（1998）年夏ごろ，羽田空港内の食堂に立ち寄った際，順番待ちにポケットベルを持たされた。これは患者の案内に利用できると思い，早速と店主に購入先を教えてもらい，当院での導

図2　現在のねや川サナトリウム

入となった。

施設の充実

　開院以来数多くの施設基準を届け出た。誌面制限のため主なものだけを紹介したい。主な医療検査機器については昭和62（1987）年6月頭部CT。平成2（1990）年6月には全身CT。平成11（1999）年6月オープン型MR装置導入。平成20（2008）年9月マルチスライスCT，超音波画像診断装置を導入した。平成17（2005）年11月より電子カルテ化。医師をはじめとしたスタッフ全員への講習が必要で，キーボードに慣れない者も多かったが，短期間で習得した。

病院概要

　精神科急性期治療病棟60床/精神一般病棟44床/精神療養病棟（開放）44床/精神療養病棟60床/認知症治療病棟59床/許可病床数267床。

　大阪府全館禁煙宣誓医療機関（平成17年度より）

　病院敷地内禁煙実施（平成21年10月より）

　大阪府精神科救急システム拠点病院・協力病院

　医療観察法　鑑定入院医療機関・指定通院医療機関

　日本医療機能評価機構　平成12年12月認定（平成22年10月 Ver.6更新）

　関連施設：ながお心療内科，長尾会クリニック，精神障害者宿泊型自立訓練施設，訪問看護ステーション，グループホーム3施設，守口長尾会クリニック

地域精神保健活動

　藍野大学作業療法士学科他10校実習病院/大阪府立消防学校講師/大阪府立寝屋川支援学校校医/大阪府寝屋川保健所，大阪府四條畷保健所，介護老人福祉施設「るうてるホーム」等各施設の嘱託医/交野市介護保険認定審査員/地域交流会「こころと体の勉強会」開催（月1回）/大阪府高校生1日看護体験受入れ/寝屋川支援学校職場体験実習受入れ（年1回）

世代交代

　組織としては昭和63（1988）年4月1日副理事長に長尾喜一郎が就任し，平成2（1990）年12月1日，医療法人長尾会ねや川サナトリウムの設立が認可された。法人化が遅れたのは昭和48（1973）年に公園事業のため当院の移転が決定されたためである。平成3（1991）年1月11日には医療法人長尾会が経営する病院に組織変更した。平成16（2004）年4月1日，院長に長尾喜一郎，副院長の柳生隆視医師，植田隆司医師が就任し，新体制となる。平成19（2007）年1月には長尾喜一郎が理事長に就任した。長尾喜八郎は創業者，名誉院長となる。

　開院以来の副院長には和風会所属の先生方，古屋頴児先生（昭和49年2月～昭和50年4月），小倉似諾先生（昭和50年8月～昭和59年9月），吉川侑男先生（昭和58年11月～昭和60年9月），鯉田秀紀先生（昭和59年10月～）に就任いただいた。現在鯉田先生は名誉副院長として非常勤医で勤務していただいている。これまでの各副院長先生に，この場をお借りしてお礼を申し上げたい。

海外交流

平成8(1996)年10月,ロサンゼルス郡精神保健協会からスタッフ2名とメンバー6名が24日に来阪し,歓迎交流会を実施,意見交換を行う。

平成9(1997)年1月,国際協力事業団の招きで来日していた中国,インドネシア,大韓民国,マレーシア,フィリピン,タイの精神科医療指導者が研修のため来院した。おもに,デイケアの現状と宿泊型自立訓練所を視察。当院担当者との間で真剣な質疑応答がなされた。

平成22(2010)年10月,中国上海から日本の精神科医療の現場を見学に医療関係者が当院を訪れた。時期的に尖閣諸島中国漁船衝突事件の直後ではあったが,友好的なムードの中での見学会であった。

外来,入院患者の推移

統計資料は当初の資料は見当たらず,開院初期の大雑把な記憶であるがほとんどが統合失調症群の範疇に入る診断がされていた。平成17(2005)年11月電子カルテ導入後は資料があり,外来入院の推移がわかる。その中で22年度のデータ(図3)をみると,統合失調症以外の疾病が多くなっている。また入院期間においても過去在院期間280余日であったが,近年の資料によると短縮している。特に急性期入院については平成22年度で入院期間は3ヵ月以内33.7%,30日以内30%となっている。新規入院件数39名/月,退院もほぼ同数。入院形態についても任意入院が52.1%,医療保護入院が47.1%となっており,任意入院は過半数となっている。1日平均外来患者数は23年度でねや川サナトリウム68名,ながお心療内科33名,長尾会クリニック28名となっている。

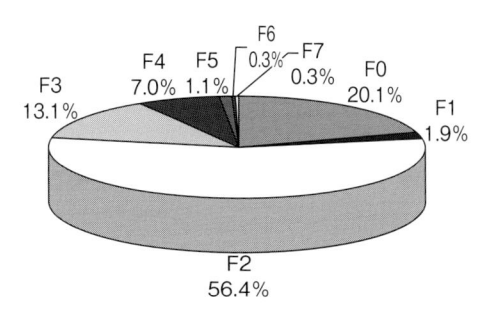

図3 平成22年度ねや川サナトリウム入院患者疾病別割合
(分類はICD10による)

F0 20.1%
F1 1.9%
F2 56.4%
F3 13.1%
F4 7.0%
F5 1.1%
F6 0.3%
F7 0.3%

最後に

開院以来和風会の多くの先生諸氏のお世話になり,暖かい出会いに喜びと感謝の念を持ち続けている。

14 医療法人河﨑会 水間病院

● 河﨑 建人

理念と概要

　昭和34（1964）年9月創設以来，「より良い環境の中で人間愛の医療」をモットーに，地域社会に溶け込んだ「明るく開かれた精神科病院」作りを目指し，大阪府南部の地域精神科医療の中心的役割を担ってきた。開院以来，精神障がい者に対する適切な医療の提供と社会復帰の促進に努めるとともに，精神障がい者の人権擁護に十分留意した精神科医療を提供すべく努力している。

　医療機関として，「医療・福祉」に力を注ぐのは当然のことながら，設立当初から「地域」「教育」「リハビリ」に着眼し，精神科医療にとって，どれを採ってみても欠くことのできないキーワードとして認識してきた。河﨑会グループの中核をなす水間病院は，まさにその実践の場であり，当院の理念に則って，急性期から慢性期，子供から高齢者まであらゆる精神疾患の治療に積極的に取り組んでいる。

　当院の理念は，「人間性の尊重　人間愛の医療　地域社会に開く医療」である。この理念を職員一人一人が一語一語を噛み締め，理解し実践しながら精神障がい者の方々とそのご家族のために，何をなすべきかを常に考えることが重要であり，医師や看護師，臨床心理士，作業療法士，理学療法士，精神科ソーシャルワーカーなどさまざまなスタッフが職域を越え，力を一

図1　水間病院概観

つにして日々努力を重ねている。

　水間病院は，精神科病床を541床有し，9病棟で構成されている（図1）。内訳は，3病棟が精神科一般（精神科入院基本料15：1）であり，救急対応や合併症対応に位置づけ，急性期を中心とした病棟群となっている。4病棟は精神療養病棟であり慢性期に対応し，2病棟は認知症治療病棟（Ⅰ）であり，認知症疾患を有する高齢者に対応している。「地域社会に開く医療」を実践すべく，精神科医療に対して幅広く対応できるように病棟配置をしている。病棟のほか，「医療・看護」と同様に「リハビリ」に力を注いでおり，リハビリテーションセンター（図2）を

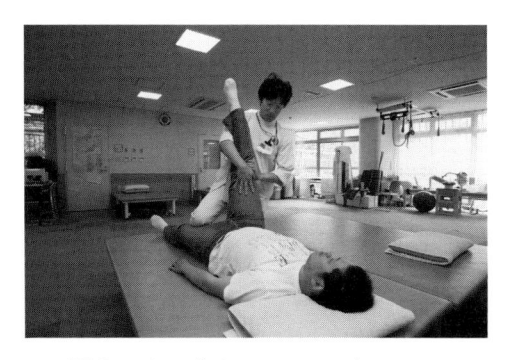

図2 リハビリテーションセンター

中心に現在,作業療法士(OT):18名,理学療法士(PT):10名,臨床心理士(CP):5名,言語聴覚士(ST):2名が在籍している。

さらに地域生活を支援するデイケアや精神科訪問看護,そして社会復帰施設等,各職種がそれぞれの専門領域からのアプローチを通じて,一日も早い社会復帰を目指して取り組んでいる。他にも敷地内には「教育」の実践の場として「河﨑会看護専門学校」や日本の高齢化問題に取り組んできた礎の地として,認知症疾患を有する高齢者のための介護老人保健施設「希望ヶ丘」など,精神科医療の枠だけにとらわれず,幅広い視点に立って対応している。

各診療部門と法人施設の特色

急性期医療としては,大阪府精神科救急医療体制に参画し,大阪府南部の精神科救急医療を担っている。急性期は,いかにより早く,より濃厚な治療を提供できるかが鍵となってくる。的確な医師の治療,看護の多くの「看る目」と「護る手」が間断なく行われ,その対応や情報がさらに医師の的確な判断と治療につながる。「全員野球」ならぬ「全員医療」をモットーにしている。

リハビリテーション期と慢性期の医療にも力を注いでいる。急性期を脱し,慢性期病棟で継続して治療を受けられる場合,「入院生活」をいかに「社会生活」につなげることができるかが重要である。「社会で生活するのと同じように」と文字にすれば,簡単なことであるが,急性期とは異なるお互いの距離感やバランスが微妙であり,このかかわりが治療への情報となり,リハビリの訓練となりうる。

また,療養環境も一つの重要な治療的要素である。当院では基本的に中庭には自由に出入りでき,医療機関には珍しく自然の木々が生い茂り,野鳥がさえずる。図書室では読書にふけり,新聞を読んでは世を感じ,院内売店での何気ない店員との会話のあれこれが治療の一環であり,医療スタッフがこの「何気ないやりとり」をどこまで感じ取り,次のステップに向けて有効に活用することができるかが大切と考えている。慢性期病棟だからこそ「環境」を味方に「リハビリ」「社会復帰」へつなげていく配慮が必要となる。さらに平成25(2013)年4月からは,患者や職員が自由に利用できる「さくら食堂」と「そらまめCafe」(図3)を新築し,癒しの空間として好評を博している。

認知症対策もこれからの精神科医療での重要課題と考え,これまでも重点的にかかわってきた。認知症の方々は皆さん暗い表情で,ご家族の方は疲れきって来院されることが多い。医療スタッフは,まず,昔そうであったように,当たり前の生活を取り戻せるように最前を尽くして取り組むことを最も大切な支援と認識している。

認知症疾患医療センター事業も平成4(1992)年より実施している。認知症かどうかわからない,介護に困っているのでどうすればよいかなどの相談を医療ソーシャルワーカーが対応している。必要な介護や医療サービスのアドバイスをし,保健医療・福祉の関係機関等の関連機関とも連携をとっている。また,合併症・周辺症状の初期診断や急性期入院医療を要する場合には,連携病院への紹介や鑑別診断,治療方針の選定が必要な方には,精神科の専門医師による診察も行っている。

図3 さくら食堂とそらまめCafe

図4 イネーブルガーデン

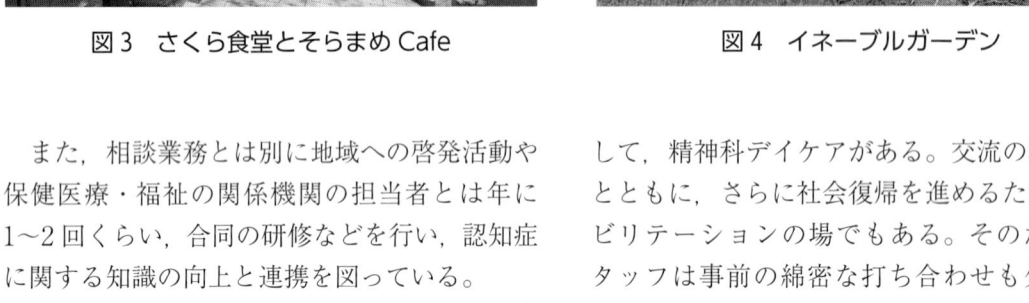

　また，相談業務とは別に地域への啓発活動や保健医療・福祉の関係機関の担当者とは年に1〜2回くらい，合同の研修などを行い，認知症に関する知識の向上と連携を図っている。

　精神科リハビリテーションの重要性は，今後ますます増大すると考えられる。一般的に精神科病院では，OTによるリハビリテーションを中心に行われており，PTやSTによるリハビリテーションを行っている施設は少ないのが現状である。当院ではOTだけでなく，多くのPT，STを配置し，リハビリの専門職はもとより，臨床心理士もチームの一員となってリハビリテーションに取り組んでいる。

　またリハビリの一つの場として，広大な敷地を利用して「イネーブルガーデン」（図4）を設置している。その名の意味は「可能性を広げる庭」で，水間病院のリハビリに対する思いが詰まっている。作業療法の一環としての「園芸療法」は，認知症の治療や予防にも効果が得られており，大阪河﨑リハビリテーション大学などグループ施設とも連携し，大自然の中で活動を行っている。植物を通して，その方々の希望が叶えられるような意識を持ってもらったり，気付いてもらう庭となっており，バリアフリーで，五感を刺激する植栽内容となっている。

　退院後の居場所やリハビリテーションの場として，精神科デイケアがある。交流の場であるとともに，さらに社会復帰を進めるためのリハビリテーションの場でもある。そのためにスタッフは事前の綿密な打ち合わせも欠かさない。また，退院はしたものの，自立した生活を送るうえで，服薬管理や精神面，身体的管理に自信がないなど，在宅支援のために精神科訪問看護も実施している。

　大阪市東住吉区にある河﨑会クリニックは，水間病院のサテライトで，当院医師により診療が行われている。近年，入院の受け入れ範囲は広がっており，そういった方々の退院後の負担軽減のため，当院まで通院することなく，水間病院と同様に治療を継続することができる。

　さらに高齢者対策と同時に小児対策も重要な課題である。平成18（2006）年秋に，大阪河﨑リハビリテーション大学で始まった「子育て支援ミーティング」の取り組みを経て，平成19（2007）年，地域の希望に応え「河﨑会こころのクリニック」を開院した。大阪河﨑リハビリテーション大学と連携して，発達障がいや言葉の遅れのある子どもたちの心の成長を助け，見守る医療を提供している。

　希望ヶ丘は認知症に対応する介護老人保健施設で，入所者の認知症の程度ならびにADLのレベルに応じた介護を実施するため，程度に応

じて区分に分けて対応している。さらにこの施設の利点は，敷地内に水間病院があることであり，24時間，365日，医療が必要になれば，いつでも対応することができる。

医療法人河﨑会は看護教育にも早くから力を注いできた。昭和51（1976）年4月に医療法人河﨑会付属准看護学院を開設以降，地域の要請を受け定員を増やし，現在，河﨑会看護専門学校として，准看護学科80名，看護第1学科120名，看護第2学科135名，総定員335名となっている。本校で学んだ看護の知識・技術・心を社会において実践するために，ノーマライゼーションの考え方を基に，倫理的判断力を持ち「個」の意志を尊重した「こころに寄り添う」ことのできる「知・情・意」のバランスの取れた看護の専門職を育てるためのカリキュラムが体系化されている。すでに平成25年3月において，准看護学科36期生まで1,499名，看護第2学科27期生まで1,085名，看護第1学科17期生まで560名の卒業生が広く地域の医療機関で地域医療に貢献している。

社会復帰関連についても幅広く対応している。法人の基本方針のひとつである「精神障がい者が"人"として活き活きと生活できる，より良い支援体制を提供すること」を実現するために，平成3（1991）年11月，精神保健福祉法による精神障がい者社会復帰施設の生活訓練施設「水間ニューライフ寮」を，平成4（1992）年5月には，精神障がい者社会復帰施設の福祉ホーム「はばたき寮」を設立させ，回復途上にある精神障がい者が地域で生活できるよう，必要な生活技術，対人関係，通院，余暇活動，就労等々において助言および援助を行い，多数の精神障がい者の社会参加と社会的自立を促進してきた。

平成7（1995）年11月，精神障がい者援助事業として「グループホーム水間」を，続いて平成11年4月には「グループホーム第二水間」を開設させ，また同時に，精神障がい者地域生活支援事業として「精神障がい者地域生活支援センターみずま」も開設させ，地域で暮らす精神障がい者に憩いの場を提供して，誰でもいつでも安心して相談したり支援を受けられる体制を作った。

平成18（2006）年10月，障害者自立支援法の施行に伴い，グループホーム水間およびグループホーム第二水間を，障がい福祉サービス（共同生活援助・共同生活介護の一体型）に移行，事業所名を「グループホーム水間」とした。また，精神障がい者地域生活支援センターも，障がい福祉サービス（相談支援事業）に移行させた。

平成19（2007）年4月には，全国的にもいち早く精神障がい者社会復帰施設，「水間ニューライフ寮」および「はばたき寮」を，障がい者自立支援法による障がい福祉サービス（共同生活援助・共同生活介護事業）に移行し，先の「グループホーム水間」に付加することによって，居住サービスの拡充を図った。また，日中サービスにも力点を置き，自立訓練（生活訓練）事業および就労継続支援B型事業を新設。事業所名を「はばたき」として，障がい者が地域でいきいきと生活できるよう，指導や訓練だけでなく，地域生活のなかで次々と起こる困難や悩み等の相談支援にも注力し，障がい者の地域生活を支えている。

障がい者を地域で支えるという流れが加速されるなかで，精神障がい者社会復帰施設に附置されていた精神障がい者地域生活支援センターを，地理的かつ利用者の統計的分布から見ても貝塚市の中心に位置する地へ，平成19（2007）年7月に新築移転させた。（同時に事業所名も「障がい者地域生活支援センターみずま」に変更）これによって，設備的に充実されたことは言うまでもないが，地域で生活されている障がい者にとって，より身近になったことで，いつでも気軽に通うことができ，行事やプログラムの拡充とも相まって，憩いや相談を求める方たちの"地域の燈台"としての役割を果たしている。

医療法人河﨑会関連施設

　社会福祉法人建仁会特別養護老人ホーム「水間ヶ丘」は，平成5（1993）年8月に設置された．以来，地域に密着した施設として，また利用者とその家族の方々に安心して利用していただける施設として，介護を必要とする高齢者の方々の介護サービスに努めている．当施設が実施するサービスは，利用者の意向を十分に尊重しながら，保健医療サービス，その他関連のサービスと連携を図るとともに，これらサービスを一体的に提供するべく事業の実施に努めている．当初，定員80名で運営を行ってきたが，行政及び高齢者の要望に対応するため，平成16（2004）年10月にユニット棟（定員35名・全室個室）を開設した．

　さらなるステップとして，貝塚市の承認を受け，サテライト型施設（定員29名）の建築，認知症通所介護事業の開設，およびサービス付高齢者介護住宅の建築整備を平成26（2014）年6月の開設を目途に，現在，施設整備を進めている．本体施設とサテライト施設の密接な連携を確保しつつ，利用者に対する尊敬の気持ちを大切に「地域密着型特養」が，家庭的な生活の場として，重度化していく高齢者の方々でも，ごく普通の暮らし・それぞれに望んでいる暮らしが地域の中で住み慣れた生活をしていただくために，生活支援・健康管理等，本体施設との連携を密接にして利用者支援に努めていきたいと考えている．

　学校法人河﨑学園大阪河﨑リハビリテーション大学は，これからの高齢化社会を担うセラピストを養成する大学で，この春に4期生を送り出した比較的新しい大学である．その前身である河﨑医療技術専門学校は平成9（1997）年4月に認可を受け，地域に根差した医療職養成機関として大きな役割を果たし，専門学校を巣立った多くの卒業生は「仁」と「愛」の精神を身に付け，それぞれの個性，専門性を発揮して広く社会で活躍している．

　本学の建学の精神は，前身である河﨑医療技術専門学校から培ってきた「仁」と「愛」の精神を継承した「夢」と「大慈大悲」である．これは，常に夢と希望を持った，仁の心（思いやりの心，いたわりの心）を備え，自分だけの立場で考えるのではなく，相手の立場に立って物事を考える医療人になって欲しいとの願いが込められている．また，リハビリテーションにおいては，特にチーム医療が重要不可欠であり，理学療法士，作業療法士，言語聴覚士を養成する3専攻を揃えることによって，活発な学生交流により，相互理解と意思疎通を図り臨床実践能力の醸成に努めている．

　さらに，本学の特色である広大なイネーブルガーデンを活用した園芸療法（士）は，認知症の方々の症状安定に効果が現れることや，予防医学的リハビリテーションの考え方を導入したカリキュラムは大いに評価されているところである．これまでに，専門学校616名，大学430名，計1,046名のセラピストを世に送り出し，医療の現場において目覚ましい活躍をしているところであり，今後とも，地域医療の知（地）の拠点としての役割を果たしていきたい．

　最後に，河﨑会グループは，地域とともにこれからも成長していく．これまでも長い道のりの中で総合力を培ってきた．一点だけに目を向けるのでなくすべてを見渡し，「医療・福祉」「地域」「教育」「リハビリ」それぞれについて，時代に追随するのではなく，時代を提案していく．今までいくつもの精神的支柱を打ち立ててきた．これらが束ねられたとき，どのような時代が訪れたとしても，ぶれることなく組織としての方向性をしっかりと示すことができる．「選択と集中」と言われる時代の中で，あえて「総合力」でこの時代に挑戦していきたいと考えている．

15 箕面神経サナトリウム

● 角　典哲

はじめに

　箕面神経サナトリウムは，石川県小松市にある粟津神経サナトリウム（昭和28年12月開院）の分院として，昭和35年2月19日に理事長，秋山澄が開院した。大阪大学精神医学教室の120年の歴史には遠く及ばないが，当院も開院して53年が経ちました。「神経サナトリウム」という名称は，粟津本院の開院の折りに，当時の金沢大学医学部精神科の秋元波留夫教授に命名していただき，箕面分院の名称に受け継がれている。現在では，箕面市の人口は13万人で大阪の衛星都市として都市化が進んでいるが，昭和35年開院当時には国道も整備されておらず，丘の上の療養所という趣きのロケーションであった。

　開院以来，平成22年に退任するまでの50余年間を院長として務められた中村五暁前院長は，開院当時から病院敷地内の住宅でほとんど連日が日当直といった日常を送っておられたが，その当時から，阪大精神医学教室の先生方に日直や当直業務でのご協力をいただいた。その中には後に府立中宮病院（現大阪府立精神医療センター）の院長を務められた立花光雄先生（昭和40年入局，秋田大学前教授の菱川泰夫先生（昭和33年入局）や元大阪府立成人病センター腫瘍精神科部長，現箕面神経サナトリウム田中克往先生（昭和41年入局）らとともに

箕面神経サナトリウム開院当事（昭和35年）

「stage I-REM」を発見した。その当時から平成24年12月までの44年間，勤務を続けていただいた大野周子先生（昭和32年入局）がおられた。また，昭和の終わりごろには，別府彰先生（昭和18年入局），宮崎淨先生（昭和35年入局）や三谷昭雄先生（昭和29年入局）といった教室出身の先生方にご勤務いただいた。当院の現院長，南野壽重先生（昭和39年入局）は，平成12年まで大阪大学精神医学教室講師を務められており，昭和61年に研修医だった私も当時阪大精神科病棟の病棟医長であった南野先生に出会い，誘発電位・事象関連電位研究のご指導いただいた縁で今日も一緒に仕事をさせていただいている。また，南野先生の同級生の西岡志郎先生（昭和39年入局）は，大阪府立中宮病院（現大阪府立精神医療センター）を退官されたのち，当院に勤務されておられる。他にも多くの大阪大学精神医学教室の先生方に，常勤，非常勤にてご勤務をいただき当院を支えていた

箕面神経サナトリウム・病院正面

だいている。

　さて，当院の周辺は，昭和45年の大阪万博を機に新御堂筋，大阪モノレール，国道などが整備されると宅地化が進み，現在では立派な地方都市の様相となっている。それでも箕面の滝，清流，紅葉と自然が多く残るこの地で，秋山理事長は開院以来，「分け隔てなく開かれた，思いやりのある穏やかな医療」をモットーとして，地域に密着した，地域の人々のニーズに応じたこころの医療を目指している。

病院の概要と取り組み

　現在の病床数は，341床（精神科治療病床　3病棟，161床，精神科療養病床　3病棟　180床　全病棟個別開放）で，入院患者の居住地の内訳は，箕面市が23.9%，豊中市が10.9%をはじめとする豊能圏域で48.5%を占めているが，兵庫県が23.3%，大阪市が20.6%と大阪府北部，兵庫県東部にわたっている。入院患者の疾患別の概要では，統合失調症圏が79.4%，気分障害圏が6.7%，認知症圏が9.7%であり，特に長期入院患者のほとんどは統合失調症圏であるが，最近では，一般病院や老人福祉施設から，せん妄や精神症状のみられる高齢者の入院・転院相談や，認知症に伴うBPSDでの入院相談が増えており，一般科での専門的治療を要しない合併症患者の転院依頼にも対応する努力をしている。また，大阪府下における精神科診療所の増加に伴って，外来患者数は減少している傾向にあるが，多くの診療所と病診連携を行うことによって，症状が急性増悪した患者や休息が必要な患者を入院で治療し，退院後はかかりつけ医のもとでの通院治療を再開していただくことを基本としている。

　入院患者の年齢層では，40歳未満が4.8%にすぎず，40歳〜65歳未満が52.1%，65歳〜75歳未満が24.5%，75歳以上が18.5%と，高齢化が進んでいる。入院患者の高齢化に伴い，いかに入院中のADL低下を引き起こさないように患者に健康を取り戻していただけるかが大きな問題で，そのために，作業療法ではADLの低下しておられる高齢者の方に対して，身体機能の向上を図るような取り組みも行っている。

　また，長期入院患者の退院支援に関しては，デイケアやグループホーム（定数18名）といった当院独自の資源，当院以外の援護寮，グループホームなどの福祉施設といった社会資源を利用し，医師，看護師，PSWが個々の患者のニーズに合った退院先を模索する取り組みを行っている。

精神科リハビリテーション

　当院で主に実施している精神科リハビリテーションは，入院作業療法とデイケアである。入院作業療法は，1日あたり平均約80名，デイケアは，平均約25名の患者様が利用されている。特に作業療法は，メニューが豊富で，音楽鑑賞やビデオ視聴といった受け身的に参加できるものから，カラオケ，書道，絵画，プラモデル製作，学習ドリル，パソコン，手芸，お菓子作り，園芸，認知症向けの回想法を用いた音楽療法など個々の疾患や趣味に合わせて幅広くプログラムを選択できる。また，月に一度，作業療法室主催によるイベント（初詣，節分，ひな祭り，

お花見，バレーボール大会，文化祭，麻雀大会，盆踊り，運動会，バスツアー，音楽祭，クリスマス会，忘年会）を行っている。8月には病院内のプールを作業療法として毎日利用できるなど，スタッフが意欲的に取り組んでいる。

当院のデイケアは，料理，スポーツなどの通常のプログラムのほかに，当院外来待合いの喫茶室の運営やボーリング，カラオケなどの院外プログラム，紅葉狩り，バーベキューなどの野外活動なども多く取り入れている。

また，共同生活援助としてファミリーホーム箕面を併設しており，地域社会における自立を推進するために生活の場を提供し，スタッフが個々のニーズに合わせた日常生活援助を積極的に行っている。また，デイケアへの通所や社会資源の利用を通じて地域社会への復帰を支援しています。3階建てのマンション形式の住居であるがアットホームな雰囲気で利用者の方同士がそれぞれ協力し生活している。

箕面神経サナトリウム・病院全景

患者様とのかかわり

現代医療システムの発展に伴って，EBMが重視されるようになった。もちろん最新の知見に基づいた診断と治療を行っていくことは，医療機関として当然のことであるが，ともすれば，マニュアル中心主義に陥り，「人間性」という最も重要な部分が見失われがちになっているように危惧される。特に精神科医療では，個々の患者様の性格，身体的特質，家庭環境，職場環境，経済状況などその人を取り巻く多くの要因が，症状と関連している。こうした点をふまえ，当院では，EBMを重視する一方で，医師・看護師・OTR・PSWといった多職種がチームとなって，「人と人とのつながりを大切に」患者個々に合った，ハンドメイドの医療を心がけている。

今後も大阪大学精神医学教室の発展とともに歩んでいきたいと考えている。今後ともよろしくお願いいたします。

16 美原病院

● 柳　雄二

病院概要

　医療法人好寿会美原病院は，昭和37年12月に法人を設立し，昭和38年1月に大阪府南河内郡美原町に開院した。その後，堺市に併合されたため現在堺市の北東部に位置し，平成25年には開設50年を迎える。開院当時周囲に人家は少なく道路は未整備で，敷地のブッシュにはたくさんのマムシやハチが生息していたと聞く。開設者の故片岡菊雄は，シベリア抑留より帰国後東大阪市役所に奉職中に，阪本病院設立者の故阪本三郎氏に請われて同病院の事務長として長らく勤め，その後自ら病院を開設した。このとき水間病院開設者の故河﨑茂氏には全面的な応援をいただいたと聞いている。片岡菊雄は日本精神科病院協会理事，大阪精神科病院協会副会長や富田林管内の納税協会会長などを務めながら，昭和57年12月には美原看護専門学校開校，昭和63年4月には社会福祉法人救護施設美原の里を併設，平成8年6月には介護老人保健施設「かたおか」を開設し，2代目理事長片岡尚は平成16年10月にはグループホーム「和：なごみ」，平成21年7月にはグループホーム「希：のぞみ」，平成21年7月には訪問看護ステーション「ぽかぽか」を開設し，平成23年2月には病棟の新改築工事を終え現在に至っている。現在精神科病床は562名，老人保健施設定員は90名（認知症者38名），看護学校生120名（3学年，各学年40名），社会福祉法人定員60名（男女各30名），グループホーム「和」5名，「希」4名，デイケア大規模50名1単位，デイナイトケア大規模50名1単位，ショート

図1　美原病院・空撮

図2　美原病院全景

図3　美原病院正面

ケア大規模50名1単位となっている。スタッフは平成24年12月現在で常勤医師7名，非常勤医師31名，歯科医師5名，看護師118名，准看護師55名，薬剤師6名，臨床検査技師3名，臨床放射線技師2名，臨床心理技術者1名，作業療法士4名，精神保健福祉士9名，管理栄養士3名，栄養士3名，歯科衛生士1名などで病院診療にあたっている。なお，平成23年4月には院長が柳雄二から本西正道へ，学校長は柳雄二から鳥井元純子へ，老人保健施設長は柳雄二から上原明美に変更となった。設立当初から在阪の諸大学には大変お世話になっているが，特に大阪大学精神科の皆様には初代院長高階經昭氏はじめとして一方ならずご指導とサポートをいただき衷心より感謝申し上げたい。

出会い

ある日大阪大学精神科の故西村健教授が，若き日の武田雅俊先生を伴って来院された。その後長きにわたって武田雅俊先生にお近づきをいただきご指導ご鞭撻をいただくことになった。当初武田雅俊先生は当院の寮に荷物を置いておられ，非常勤医師として当院で診療していただいたが，その合間には無理をお願いして，設立当初の看護学校の英語講師もお願いしていた。長い留学経験をお持ちで英語に堪能な武田先生は看護学生向けの立派な医学用語集を作られて授業に当たっていただいた。ややゆっくりした語調で話されるがいつも堂々として物怖じせず若くして既に風格を示されていたことが思い出される。当時の池村義明副院長の担当で武田先生や筆者はドイツ語の抄読会を行っていたが，単語の意味に追われて全体の意味が把握できない筆者に対して，武田先生は文旨を理解されて議論をされていたことに感心した。このころ，スペインからの留学生であったラモン・カカベロス氏も大阪大学精神医学教室で研究の傍ら当院で脳波判読をされていましたが，ラモン・カカベロス氏からは武田先生とともにスペイン語を学んだ。私がよく休むこともあって，この勉強会は長続きしなかったが，その後随分後になって当時武田先生が使用されたスペイン語のテキストが出てきて，お届けした記憶がある。その後武田先生がスペイン語を続けられたかはわからない。フランス語については高内茂医師が長らく抄読会を担当してくれていた。このころ武田先生，ラモン・カカベロス氏，池村医師や筆者がチームを組んで，当院の看護学校の学生たちとバスケットボールの試合をして走りまわったことも楽しい思い出である。ラモン・カカベロス氏の奥さんカルメンさんは長身で飛び切りの美人だった。長女ナタリアは人形のようなお嬢さんで，ラモン一家と太閤園でホ

図4　左からラモン・カカベロス氏，著者，武田雅俊先生

図4 左から現院長・本西正道医師，
カヌエト・レオニデス氏，著者

タル狩りをした際には，可愛いナタリアを我が娘のよう連れ歩いて，太閤園スタッフが集まってきて，鼻を高くしたことを思い出す。もっとも故西村健教授はラモンが研究費を沢山使ってしまうと苦笑されておられましたが，それだけ彼の研究は迫力があったのだろう。武田先生には非常勤スタッフとして長く勤務していただいたが，当時後に兵庫医科大学精神科教授次いで京都大学精神科教授になられた筆者の恩師三好功峰先生や後に大阪市大精神科教授になられた山上栄先生にも助けていただいた。お三人はいろいろと医学の話をされておられ，何もわからない筆者もその雰囲気を楽しんだ。特に武田先生と三好先生は専門分野が共通しておられ会話が弾んでおられたように記憶している。そのほかにも田中稔久先生はじめ多くの大阪大学の先生方にお世話になっており，心から御礼申し上げる。また異色の留学生カヌエト・レオニデス氏とは楽しく過ごさせていただいた。ラモン・カカベロス氏同様に大学での研究の傍ら当院では脳波判読をお願いしたが，大きな身体でいかにもラテン系のキューバ人らしく，明朗闊達で旋風を巻き起こしておられた。当院の忘年会の2次会で，サルサを踊っていて壇上から落下したとかで，足を骨折されその後しばらく不自由

をかこっておられたが，ほぼ全治され，今はスペインでラモン・カカベロス氏の元で仕事をされているそうで近い将来スペインの彼を訪ねようと楽しみにしている。また，当院の寮に住まわれながら大阪大学薬学部で学位を取得された陳麟慶氏は，現在台湾の高雄医学院で薬剤学教授として活躍されていることも嬉しいことである。このように多くの先生方に交流いただいたことが病院にとっても筆者にとっても大きな財産であったと感謝している。

これから

当院は，5棟の病棟と介護老人保健施設，看護学校，救護施設などを併設し総合的な環境整備に努め，病院理念として，人々の健康を守ることを使命と考え，病める人々を家族として受け入れ，優しさを大切にした医療の提供を通じて，社会に奉仕することを目指している。2011年2月には病棟の新築改築工事を終え，ゆったりした空間，屋上庭園や屋上グランドを提供している。社会復帰のメニューとしては，作業療法・SST・各種相談援助をはじめ，アパート生活体験などのプログラムに取り組み，在宅の方にはデイケア・ナイトケアをはじめ訪問看護・グループホームなどに取り組んでいる。今後も患者様の人権を尊重した開放処遇につとめ，社会復帰に力をそそぎ，地域の皆様にも気軽にご利用いただけるように務めていきたいと念じている。平成25年には開院50周年を迎えるが，これを機に今後さらにスタッフを充実させて，新院長本西正道を中心により良い医療を目指して診療を行っていきたい考えている。何卒大阪大学精神医学教室各位には今後ますますのご指導ご鞭撻をお願い申し上げますと共に貴教室のますますのご発展と，各位のますますのご健勝ご多幸ご繁栄をお祈り申し上げます。

17 吉村病院

● 和田　慶治

はじめに

　百二十年誌という性格上，吉村病院の歴史についてできるだけ多くの誌面を割き，次に吉村病院の現状と今後の展望について簡単に触れ，現在精神科病院が大きな転換を求められ，厳しい状況にあることを伝えたい。

吉村病院の歴史

　吉村病院の歴史は浅いが，それでもいろいろな出来事があり，平穏な道ではなかった。3期に分けて述べたい。

1．活気に満ちた創成期

　吉村病院は昭和 51（1976）年 10 月，松原市内に府下 50 番目の精神科病院として開設された。昭和 30 年代に精神科病院の新設が続いたが，吉村病院は府下の精神科病院としては後発組に属し，平成 25（2013）年創立 37 年になる。

　平成 24（2012）年 12 月，残念なことに開設者の吉村敬会長が亡くなり，開院時の詳しい経緯を確かめることはできなかったが，当時，大阪市近郊には精神科病院が少なく，また周辺は田畑ばかりで一般住宅はなく，立地条件が良かったのではと推測される。現在はすぐ近くを阪神高速が通り，病院周囲にはまだ農地が残っているが，周辺には府立高校や住宅が立ち並び，まさに町の中の病院になっている。

　開設時は浅香山病院から医師・看護師など人的な面のみならず，非常に多くの支援を受けている。初代院長として当時浅香山病院に在籍していた藤木を迎えた。藤木は阪大病院精神科の菱川の率いる睡眠・脳波研究グループに関係していたこともあり，吉村病院は睡眠・脳波グループや和風会とのかかわりが深く，手島が 6 年間常勤医師として勤務するなど多くの支援を受けている。当時，吉村病院では終夜脳波研究が行われていて，それにかかわった看護職員はいろいろと苦労もあったが，同時に楽しいこともたくさんあったと，懐かしそうに語っており，当時から皆が生き生きと仕事をしていた様子が垣間見える。

　病院体制は徐々に整えられていった。開院時 148 床であったが，昭和 56（1981）年には 74 床増設し，現在の 222 床になった。各種委員会も

開設者　吉村敬会長　平成 5（1993）年

創立時の吉村病院
周囲には田畑ばかりで建物もみあたらない

整備されていき，活気ある病院になりつつあったが，藤木院長が体調を崩されるという思わぬ事態が発生した．藤木院長療養中は当時若手医師であった松島や杉山などを中心に病院が一丸となって，病棟の開放化や患者の自由外出などに積極的に取り組み，昭和61（1986）年には患者が直接運営にかかわる喫茶室ポポロンが開店した．昭和62（1987）年には病院・地域精神医学大阪大会でそれらの成果を発表し注目されている．昭和63（1988）年には準備を重ねてきた精神科作業療法も開始した．筆者は当時枚方市にある大阪府立中宮病院に勤務していて，大阪府南部の精神医療事情については浅香山病院のアパート退院などわずかな知識しかなかったが，その中で吉村病院が精神医療に先進的に取り組んでいるという話を耳にしたのを憶えている．今回，執筆にあたって辻助教授や中宮病院の立花が講演や講義に来ていたことを知り，びっくりもしたが納得もさせられた．

2．混乱と不運の時代

一年余りの療養の後，藤木院長が職場に復帰したが，体調は万全でなかったようである．そのような状況の中で，病院運営に積極的にかかわってきた若手医師たちと吉村会長の考え方に齟齬が生じ，結局は医師たちが次々と退職してしまうという事態を招いてしまった．一時は常勤医師が藤木院長と現副院長の長澤の2名というときもあり，和風会の助けや大阪市立病院精神科から吉中や藤崎を常勤医師として迎えて，この危機をなんとか切り抜けている．そして平成6（1994）年には精神科デイケアを開始し，平成9（1997）年には吉村診療所を開設した．

病院としても徐々に体制を整え，活気を取り戻してきていた矢先，平成10（1998）年6月吉村病院の将来の後継者とされていた吉村会長のご子息が急逝し，さらにその翌年4月には藤木院長が亡くなり，吉村病院は最も困難なつらい時期に陥ってしまう．

そして平成11（1999）年9月に大阪労災病院精神科部長であった辻尾を2代目院長として迎えた．医師はじめ個々の職員は頑張ってはいたが，当時，病院はまだ法人化されておらず，組織としては未整備であり，病院としての方向性が不明確で，職員のまとまりに欠けていたようである．

3．組織の整備へ

筆者は30数年勤務した中宮病院を辞して平成14（2002）年4月吉村病院に就職したが，その直前に伊藤が就職していた．当時の印象としては，その前年の平成13（2001）年に病院の入り口近くにグループホーム"いいともハウス"が設立されていたが，本館建物は開設当初のままであり，また畳の和室病室も多く残っていて，施設の老朽化が目についた．病院全体としては沈滞気味であったとはいえ，公立病院にない民間病院の温かさを感じたのをなぜか覚えている．

筆者は平成14年10月院長を引き受けることになったが，就職して間もなかったため，十分に務めを果たせるか不安もあった．平成15年には永年の課題であった個人病院から医療法人となり，運営の基盤を整えた．当時府下では精神科病院の改築ラッシュが続いていたが，吉村病院は敷地的に新築するだけの余裕がなかったため，本館の増改築工事にとどめることとし，

平成18（2006）年時の吉村病院
ビルが建ち並ぶ環境

遅ればせながら平成16（2004）年4月着工した。6床の病室を4床に改造，急性期の病態への対応力を付けるために保護室の増改築と個室の増設，手狭になった事務所，外来，医局，研修室の改築などを行い，平成17（2005）年3月に終了し，現在の姿に至っている。外観は設立当初とほとんど変っていないが，内部は機能的になり，特に医局は非常に広くなり，使い易くなった。その年に和風会所属の飯田（平成24年に大阪市総合医療センターへ異動）が就職し，一時若い患者が目立っていた。平成23（2011）年には高橋を常勤医師として迎えている。

精神医療は"入院中心から地域医療中心へ"というスローガンが叫ばれても遅々として進展しない状態が続いていたが，筆者が吉村病院に就職したころは，急性期治療の重視は診療報酬にもはっきりと反映されるようになり，精神科病院はその対応に追われることになった。吉村病院の対応は迅速ではなかったが，平成21（2009）年に病棟の改造と患者の大移動を行い，平成22（2010）年2月に急性期治療病棟をやっと開設し，現在は病院の中核病棟になっている。

吉村病院の現況と特徴

都市近郊の比較的歴史の浅い中規模の病院としての現状の要点を報告しておきたい。

1．病床数
吉村病院は222床の小型の中規模病院に属している。精神科病院は300床以上の大規模病院も多いが，地域医療重視の中ではより小規模のほうが機能しやすいかもしれない。意思の疎通は図りやすいのは確かだが，吉村病院の歴史が示すようにきちんとした組織とリーダーシップが大切なことはいうまでもない。

2．病棟構成
病棟は急性期治療病棟（59床），精神科療養病棟が2棟（111床），精神科一般病棟（52床）の4病棟からなっている。最近の診療報酬では病棟の機能分化が重視されているが，小規模病院では病棟単位の機能分化はしにくいのが現実である。急性期治療病棟は開設して丸3年になる。急性期治療は精神科病院の最も大きな役割だけに，いかに幅広い病態に対応できるかが鍵になる。精神科療養病棟は当面存続することになったが，衆知の通りいろいろな問題を抱えている。地域の受け入れ態勢が整えば退院可能かというと決してそうではない。高齢化や生活の支障になるような症状を持っている患者も多く，事は簡単ではない。

3．臨床関係の職員
臨床関係の職員は，常勤医師5名，非常勤医師4名（内3名は内科医師），看護関係約100名，精神保健福祉士5名，作業療法士4名，臨床心理士1名などから構成されている。医師はじめ各職種の確保には苦労しているのが現状である。精神科医療はチーム医療であり，個々の能力はいうまでもないが，共感能力はきわめて重要であり，いかに良いチームワークを作れるかが課題になる。

4．最近の診療実績
1ヵ月の入退院数は40名前後のことが多い。50名を越えることもある。数年前に比べれば約2倍になっている。問題は再入院が相変わらず多いことである。

入院期間は年々短くなっている。急性期病棟ではほとんどの患者が3ヵ月以内に退院している。入院患者の年齢構成はますます二極化してきている。

入院患者の高齢化と身体合併症の増加が問題になっている。全国平均では入院患者の50%が65歳以上と言われているが、吉村病院では約25%である。病院の歴史が比較的浅いことや老人専門病棟をもっていないことが影響していると思われる。

平均在院患者数は年々減っている。以前は精神科病院はどこも満床に近かったが、最近は全国平均90%前後であり、民間病院の健全な運営にも影響してきている。

外来受診者数は診療所と合わせて1日約100名である。10年前に比べれば約2倍になっているが、平成22年以降は横ばいである。

吉村病院の今後

精神科病院はまさに競争・選別の時代に入っている。この厳しい状況を乗り越えるためには地域から信頼され選択される病院にならねばならない。現在、精神科病院に求められている最も大きな役割は急性期入院治療と認知症を含めた高齢者の入院治療である。それらにいかに幅広く対応できるかが鍵である。吉村病院は高齢者の精神疾患への対応力をもっと付けて、バランスのとれた病院を作りたいと思っている。

終わりに

以上吉村病院の歴史・現状・将来について述べてきたが、少しでも吉村病院に興味や関心をもっていただけたら幸いである。今回の歴史部分に関する記述にあたっては、かかわってきた方々に話を訊いたが、時間も経過しており、記憶ちがいや間違っている部分もあるかもしれない。内容に関しては筆者に責任があるのは言うまでもないが、その点ご理解願えたらと思う。最後に開院初期の資料を提供していただいた井上冨貴子氏に感謝したい。

1 和歌山医大精神科の創立と当時の和歌山県精神科医療

● 篠崎　和弘

はじめに

　半世紀以上も前の大阪大学の先輩たちの和歌山での活躍を，主に二次資料をもとにまとめてみた。そのため，本稿は和歌山の精神医学の歴史としてはバランスを欠いたものになっていることをお許しいただきたい。故人となられた方も多く，先輩たちに関する記憶がこの機会に改めて引き継がれることを信じたい。

　和歌山県立医科大学は医学専門学校として昭和20（1945）年2月，終戦の直前に創立された。平成25（2013）年で大学は68年周年を迎えた。初代学長の古武彌四郎が15年間にわたり大学の発展を牽引した。医大卒業生の中から学長が誕生する平成5（1993）年まで歴代の学長には阪大関係者が続いた。

　神経精神医学教室の初代教授の木村潔（京大大正13年卒）が着任したのは昭和23年なので，平成25年で開講65年を迎えた。木村を支えたのは大澤安秀，浅尾博一ら多数の大阪大関係者であった。大澤は奈良県立医科大学教授にいったん転任するが，昭和40（1965）年に第2代教授として再度着任した。その後の大学紛争の中で大澤は任期途中で大学を去った。このころより医大の卒業生が大学を担い，精神科に限らず阪大との関係は薄れていった。

　和歌山県においても精神病院は昭和30年代に相次いで整備されたが，紀南病院の精神科である新庄別館（現在の紀南こころの医療センター）の創立と運営を担った3代の館長，宮軒富夫，山口典男，山本和雄は阪大卒であった。以下に大学，精神医学教室，県下の精神医療に分けて詳しい状況を記載する。

初代学長・古武彌四郎先生

　和歌山県立医科大学は軍医養成のため県立医学専門学校（4年制）として，昭和20（1945）年に創立された。昭和23年2月20日には旧制4年制大学となり，新制6年制大学となったのは昭和30年4月である。

　大阪大学は県立医学専門学校の創立に大きく貢献した。昭和19（1944）年ごろには創立準備に大阪（帝国）大学関係者が私的にかかわったようである。和歌山県からの依頼を受けて大阪帝国大学医学部教授会は古武彌四郎（明治12（1879）年〜昭和43（1968）年）を校長に推挙した。当時，古武は昭和15年春に定年で大阪大学を退官し名誉教授であった。

　古武は岡山に生まれ，明治35（1902）年大阪医学校（大阪大学前身）を卒業した後，明治42（1909）年にドイツ・ケーニヒスベルク大学で生化学を研究し，昭和7（1932）年キヌレニンの発見を中心としたトリプトファン代謝に関する研究業績により，ドイツ自然科学学士院会員となり，翌年には日本学士院賞を受賞した。医大

長を退職後の昭和36（1961）年に文化功労章を受賞した。

　古武が学長職にあったのは昭和20（1945）年3月から昭和35（1960）年までの16年間の長期であった。年齢は66歳から81歳になり、学長職の激務を考えると心身ともに壮健さは驚異的な方であったと推測される。医専発足直後の7月には和歌山空襲で学校建物が全焼し、出発から困難に直面したが古武は大学の発展に大きな手腕を発揮した。新制6年制大学となった昭和30年春は、古武学長の喜寿の祝賀会と重なって、大学は華やいだ雰囲気に包まれていたようである。祝賀会ではノーベル化学賞を受賞したアドルフ・ブーテナント A. Butenandt 教授（チュービンゲン大学生化学、当時36歳）が、「古武彌四郎が発見したキヌレニンの研究論文を読まなかったら、私はノーベル賞を受けるほどの研究ができたかどうかわからない」と記念講演で祝辞を述べた（和歌山医学、第6巻、2号、1955）。そのほかの出席者は大阪大学総長・正田建二郎、奈良県立医科大学学長・吉松信宝、大阪大学医学部教授・市原硬（のち和歌山医大第3代学長）、慶応義塾大学教授・林髞など錚々たる方々であった。世界的な生化学者・古武を学長にいただき、輝かしい順風満帆な医大の出発であった。古武は語録と言われる多くの名言を残した。医大でもたびたび引用されるのが次の名言である。「本も読まなくてはならぬ。考えてもみねばならぬ。しかし、凡人は働かなくてはならぬ。働くとは、天然に親しむことである。天然を見つめることである。かくして、天然が見えるようになる」。

　話題が脇道に入るが、早石修（阪大・昭和17年卒）が古武との阪大微研での運命的な出会いを紹介している。早石は「古武が一生かけて天然物から分離・精製したトリプトファン」を古武から直接に貰い受けた。これを契機に教科書を書き換える酸素添加酵素の発見につなげ、現在のプロスタグランディンの睡眠研究につな

がっていく。（「運・鈍・根　酸素添加酵素と睡眠」http://www.brh.co.jp/s_library/j_site/scientistweb/no28/index.html）。2人のこの出会いの時期は、古武が医専校長に就任して間もないころであろう。81歳まで学長職を務めた古武が、この時点でこの行動をとった思いは何処にあったのか想像が膨らむ。

　古武の後も大阪大学出身者の学長が続いた。現在の板倉徹で第12代であるが、7名の学長が阪大卒である。和歌山医大卒業生が初めて学長となったのは平成5年の第9代駒井則彦である。歴代学長を紹介する。岩鶴龍三（2代、阪大、大正10年卒、内科）、市原硬（3代、阪大、大正12年卒、生化）、村野匡（4代）、宮野義美（5代、阪大、昭和14年卒、内科）、松村勇一（6代、阪大、昭和22年、生化）、松下宏（7代、阪大、昭和21年卒、生理）、田端敏秀（8代）、駒井則彦（9代）、山本博之（10代）、南條輝志男（11代）、板倉徹（12代）である。

精神医学教室の創立

1. 初代・木村潔教授と教室を支えた阪大精神科

　初代教授は木村潔で在職は昭和26（1951）年4月1日から昭和40（1965）年3月31日の14年間であった。

　昭和22年に1年間、専門学校の講義と臨床を担当したのは大阪大教授・和田豊種門下の三輪淳（阪大講師、阪大、昭和15年卒）であった。昭和23年4月、医科大学への移行に伴い、木村潔が講師として着任した。木村は京大・大正13年卒で元北野病院神経科部長を務め、関西医科大学精神科の創立にも参加していた。6月には本多弘（阪大・昭和18年卒、昭和28年堺市上野芝病院長）が大阪大学より助手として着任し、附属病院「神経科」は講師と助手の二人で正式に開設された。

　昭和24年4月に山本和雄（阪大医専、昭

図1 初代木村潔とのちの第2代大澤安秀，第3代東雄司の精神科教授が写った集合写真

撮影時期は昭和28年に本多が上野芝病院開設のために退職した送別会の可能性もある。前列左から右に順に，二人目が木村潔（教授），本多弘（助教授），大澤安秀，東雄司。最後列左から右に，植田雅治，山本和雄，八瀬善郎，岩崎正夫，川口宏。

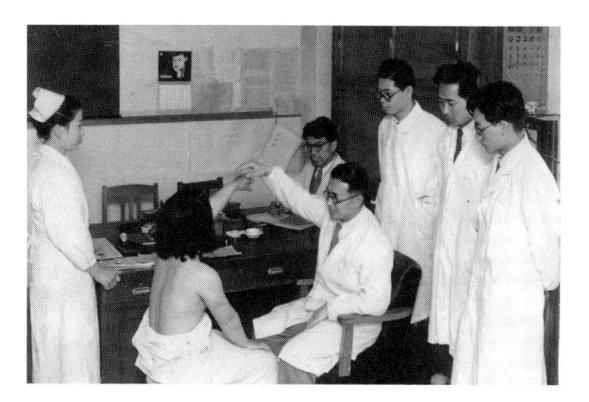

図2 ポリクリ風景。診察者は大澤安秀（助教授），書記は山本和雄。

診察者は大澤安秀（助教授），書記は山本和雄。

23年卒，昭和36年より紀南綜合病院新庄別第3代別館長），川口宏（阪大医専，昭和23年卒，のち七山病院）が，本院でのインターンを終了し入局した。同年8月には，大澤安秀（阪大，昭和20年卒，のち奈良県立医科大教授，和歌山県立医科大教授）が助手として着任し神経科教室は一応の陣容が整い始めた。

昭和26年4月，木村潔が教授に就任した。当時のメンバーは木村教授，本多助教授，大澤助手，山本助手，川口医員であった。教授以外のスタッフの全員が大阪大学出身者であった。大澤は後に当時を振り返って「まことに微々たる陣容であり，病床も一般病棟（木造）の6床が割り当てられていたにすぎなかった。」と後に述べている（木村潔教授退官記念業績集，1965）。初代教授が他の講座のように大阪大学出身でなかったのは，何か事情があったのかと不思議でもある。

昭和28年4月には後に古座川周辺のALS研究を推進した八瀬善郎（京都府立医大卒，和歌山医大名誉教授，関西医療大学名誉学長）や第三代教授となる東雄司（和歌山医大昭和27年卒）らを迎え教室は賑やかになり活気を帯びた。

金子仁郎が奈良医大教授から大阪大学教授に転任したことを受けて，大澤が昭和31（1956）年に奈良県立医科大学の教授に就任した。大澤の異動を受けて，浅尾博一（阪大，昭和20年卒）が国立大阪病院より助教授として昭和32年4月に着任した。昭和34年4月には杉浦実（阪大，28年卒）が入局した。

施設の充実も次第に進み，昭和32年12月には40床の閉鎖病棟が完成し，昭和35年5月には外来診療棟が落成し外来も拡充された。このころを「診療の充実と人材の育成」の時代とみることもできる。大学の外でも昭和30年代は精神病院の開設が相次いだが，その様子は後述する。

2．木村教授時代のALS研究など

木村の業績で最大ものは昭和35年ごろから開始された，牟婁郡古座川地方を中心とする紀伊半島の「筋萎縮性側索硬化症」の疫学的および遺伝学的研究であった。最初の論文は，①Kimura, et al：Epidemiology and geomedical on ALS and allied diseases in Kii peninsula (Japan). Proceedings of the Japan Academy, 1961で，ほかにも，②Folia Psychiatry et Neurological Japonica, 1961，③精神神経学雑誌，1963，④Disease of the Nervous System誌，1963などに発表されている。木村のALS金属代謝説は

図3　古武彌四郎学長のトリプトファン代謝講義風景

その後，八瀬，吉益文夫らによって中枢疾患における金属の研究に引き継がれた。昭和40 (1965) 年3月末，木村は定年退官となったが，国際的に評価が高く昭和40年1月にはNIHのグラントを獲得し，神経病研究所が設置された。木村は退職後もチーフ・コンサルタントとして研究の指導に当たり，昭和49年勲三等瑞宝章受賞を受賞した。

木村時代の教室の研究を業績集から拾ってみる。精神神経学雑誌に始めて掲載された論文は昭和27年で本多弘「諸種精神疾患に於ける血清蛋白質の臨床的研究」と大澤安秀「視床下部の病理組織的補遺」の2つである。両者はこれで大阪大から学位を取得した。

昭和30 (1955) 年前後にクロルプロマジン，レセルピンが我が国の臨床に導入された。薬物療法の歴史的報告と評価の高い佐野勇・大阪大学助教授と諏訪望・北海道大学教授による発表がされたのは昭和32 (1957) 年の第54回日本精神神経学会（札幌）であった。薬物療法の登場はPinelの鎖からの解放に次ぐ，2回目の革命と期待する向きもあったが，過大な期待に流されることなく，合理的で冷静な評価をしており，今でも臨床的生命を保ち続ける内容で，その卓越した慧眼には驚くばかりである。いずれも日本精神医学史の古典ともいえる基本文献である（精神疾患の薬物療法―自律神経遮断剤を中心として．精神神経学雑誌 59：1173-1207, 1957, 60：1-36, 1958)。

この佐野の全国調査には，和歌山からは県立医大と昭和30年12月に開設したばかりの宮本病院が参加した。佐野の報告に先立つ昭和31年にはクロルプロマジンの使用経験が大澤安秀，山本和雄，本多浄（七山病院）らによって論文となっている（精神疾患に対する『クロルプロマジン』の使用経験．和歌山医学, 1956)。

国産脳波計が商品化されたのは昭和26 (1951) 年である（三星電機・後の三栄測器の"木製号"）。その後，昭和26～29年にかけて国産脳波計が改良され発売され，和歌山医大に国産二素子脳波計が導入されたのは昭和29年であった。当時は心電図計がまだ導入されておらず，内科の心機能検査に利用されるなどME第1号であった。翌年30年には脳波の初めての論文が山本和雄と東雄司によって発表されている（一脳腫瘍例に於ける手術前後の脳電図所見について．和歌山医学, 1955)。

3．第2代・大澤安秀教授

昭和40 (1965) 年7月，大澤安秀が奈良県立医科大学教授より再び和歌山医大に第2代の教授として着任した。永く教室を支えた助教授・浅尾は大阪府立中宮病院医長に転出した。浅尾

は神経学の講義と脱髄疾患の脳組織化学的研究や肝脳疾患特殊型などの研究を指導してきた。昭和41年4月時点の教室員は大澤教授以下，准教授1，講師2，非常勤講師1，助手3，大学院4，研究生1，研究員3という構成であった。大阪大学出身者は大澤以外にいなかった。

昭和42年ごろからインターン制度の廃止に端を発した医学生の運動を契機に，大学紛争が全国に広がった。昭和43～44年には東大入試の中止，昭和44（1969）年には日本精神神経学会の金沢学会が中止された。和医大でも若い精神科医による運動が開始され，医局講座制打破と学会解体などのスローガンが掲げられ，医局内では教授と若手の医師たちが激しく対立，緊張した重苦しい日々が続いた。大澤は2年間の附属病院長の重責を果たしながら，ライフワークである視床下部神経核の組織化学的研究を続けていたが，昭和47（1972）年3月に教授職任期半ばで退職した。52歳であった。この時期に入局した医師たちがのちの和歌山の精神医療を担うことになる。

紛争は病院患者統計にも表れている。昭和40（1965）年の外来患者は年間2万542名であるが，次第に減少し，昭和44年が最も少なく1万4,210名であった。そののち，東教授が就任した昭和48年からは患者は増加を続け，昭和51（1976）年には2万名，57年には3万名を超えた。

4．第3代東雄司教授，第4代吉益文夫教授，第5代篠崎和弘

大澤のあと第3代東雄司（和医大，昭和27年卒，在任・昭和48年10月24日から平成6年3月31日）は共同作業所など社会復帰活動を推進し，秋元波留夫・元東大教授らと親交があった。第4代吉益文夫（和医大昭和38年卒，在任・平成6年4月1日から平成15年3月31日）は八瀬らと脳神経病理とくに脳神経疾患と金属との関連を追究した。第5代篠崎和弘（阪大，昭和53年卒）が平成15年6月に就任し，鵜飼聡が大阪大学から平成18年に着任し現在に至っている。

県下の精神医療の状況

1．紀南こころの医療センター（旧・紀南病院新庄別館）

昭和15（1940）年には全国で約2万5千床であった精神病床は，終戦時には約4千床に減少していた。政府は座敷牢などの私宅監置の廃止などを目指して精神衛生法を昭和25（1950）年に制定し，公的病院の設置を地方自治体に指導した。

和歌山県は昭和27（1952）年5月に紀北・有田郡に県立五稜病院（現・県立こころの医療センター，有田郡）を214床で開設した。遅れて昭和31年に紀南・田辺市に社会保険紀南病院の精神科とし新庄別館（現・紀南こころの医療センター）を100床で開院した。新庄別館の準備段階から開設を担ったのが初代別館長・宮軒富夫（阪大，昭和25卒）であった。開設当時の様子を宮軒は「紀南こころの医療センター50周年誌，五十年も前の新庄別館」に次のように記している。「紀南には専門病院がなく和歌山市の病院か，大方は県立五稜病院に依頼しておりました。（中略）当時はまだ座敷牢なるものが存在し，私自身その座敷牢の中で精神鑑定を行った経験があります」。

昭和35（1960）年4月には第2代別館長・山内典男が就任した。山内は就任と同じ月に，第57回日本精神神経学会で学会賞・森村賞を受賞した。受賞論文は「肝レンズ核変性症の遺伝学的研究（精神神経学雑誌61：7, 995-1017, 1959)」であった。当時，ウイルソン病は単純劣性遺伝とされていたが，臨床像の多様性に対する疑問から3遺伝因子を，4～6世代におよぶ15家系図から推論した研究である。家系図の中で最大の構成員は100名に達する徹底的なものである。この研究は大阪大学で堀見教授，佐野助教

授および遺伝学教室吉川教授ら指導のもとに行われたものであった。

この昭和35年は日本精神神経学会で神経学部門が臨床神経学会として実質的に独立が議論された重要な年である。この時の理事長・内村祐之東大教授は、「分離で得るものはなにもない、精神医学的神経学は精神医学、神経学の両者に必要欠くべからざるものである」と強く抵抗したが流れを止めることはできなかった（内村祐之：回顧と経験　わが歩みし精神医学の道（第19回）日本精神神経学会の盛衰を中心として．精神医学 10：71-78, 1968）。内村は精神医学の専門性の基盤を生物学におかなければならないという強い思いがあり、神経学は良き伴侶とみなしていた。「離婚」という危機で露呈されようとしたのは精神医学の科学的基盤の弱さではなかったのか。昭和40年代に学生運動がとりわけ精神医学教室で激しかったのは精神医学のこの事情を反映していたのであろう。

山内の受賞の喜びも覚めやらぬ昭和35年5月24日未明、太平洋沿岸一帯を襲ったチリ地震の津波が文里湾にへばり付くように建っていた別館を襲った。幸い当時の職員の必死の活動で200名を超す患者の全員が無事に裏山に避難できた。別館長である山内は役所への報告や家族への対応に忙殺され、相当の心労を経験されたとのことである。宮軒富夫は津波の知らせを受けて神戸から駆けつけ寝ずの番をした。山内は年度末で別館を去ることになり、運命の昭和35年であった。

翌年には別館長は第3代の山本和雄に代わった。山本の在任は30年の長期であった。別館は昭和59（1984）年には田辺市の高台に移転し、社会復帰に向けて、地域家族会、作業所の充実に力を入れたこととなった。平成17年には名称を紀南こころの医療センターと変えた。

歴代別館長は初代は宮軒富夫（阪大、昭和25、昭和31年5月19日～昭和35年3月31日）、第2代は山内典男（阪大、昭和28、昭和35年4月1日～昭和36年2月28日）、第3代は山本和雄（阪大医専、昭和23、昭和36年3月1日～平成2年3月31日）でここまでが大阪大学卒であった。その後、和歌山医大の卒業生である、第4代浪川清、第5代川崎元、第6代小野紀夫らに引き継がれている。

2．和歌山の私立病院の歴史

明治33（1900）年の精神病患者監護法によって私宅監置が制度化されたが、その惨憺たる実態を呉秀三が報告したのを受けて、大正8（1919）年に精神病院法が成立し府県に公立精神病院の設置を命じることができるようになった。これによって私宅監置は激減すると期待されたが、予算の裏付けがなかったために公立病院の設置は進まなかった。代わって公立病院の「代用」として私立精神病院の設立が徐々に促されることになった。

私立和歌浦病院（大正9（1920）年）が創立されたのはちょうどこのころであった。開設者の阪井亀定（京都府立医科大学卒）は和歌山で初めての耳鼻科医として大きな成功を収めていた。最初は結核療養所を計画したが住民の反対にあり、県の要望もあり精神病院として開設したとも、あるいは併存であったとも伝わる。同病院は昭和15（1940）年には県代用精神病院に指定され、昭和20年空襲で焼失するまで25年間続いた。いわば県立病院の役割を果たしており、"七山"とともに"和歌浦"は紀北地方で精神病院の代名詞となっていた。大正15（1925）年には南方熊楠の長男・熊弥が入院した。戦後に新しい和歌浦病院を開設する篠田坦が昭和9年から院長職にあった。

私立精神病院が再建されるのは昭和30（1955）年12月の宮本病院（65床）であった。院長の宮本晴夫は大阪堺脳病院（現・浅香山病院）で勤務歴を持つ。このとき県下には、閉鎖病棟は五稜病院があるのみで、紀南病院新庄別館の開設は昭和31年、医大に精神科病棟ができるのは昭和32年12月である。

平成25（2013）年時点で県下に民間病院は8つあるが，6つまでが木村教授の退官の昭和40（1965）年までに相次いで開設した。和歌浦病院（昭和32年，和歌山市，篠田坦，京都府立大卒），岩崎病院（昭和35年，新宮市，岩﨑正夫，和歌山医大卒），田村病院（昭和36年，和歌山市，木下迪夫，日大卒），浜之宮病院（昭和37年，和歌山市，神保勝雄（まさお），大阪大昭和3年卒），潮岬病院（昭和40年，串本町，東芳甫（よしとも），日大卒）である。なかでも杉浦実は医大勤務の後，浜之宮病院に移り県医師会長としても大きな足跡を残した。

　公的病院は4つあるがすべて昭和40年末までに開設された。五稜病院（昭和27年），紀南綜合病院新庄別館（昭和31年）のあとは，国保野上厚生総合病院神経精神科（昭和38年），国保日高総合病院精神神経科（昭和40年）である。これらの精神病院の開設の年代は木村教授の在任期間と重なっている。

まとめ

　和歌山医大の創立と県下の精神医療の黎明期における大阪大学の先輩たちの活躍を辿った。先輩たちの情熱を直接に支えたのは新しい医学医療の技術的な進歩であった。しかし間接に大きく影響したのは精神病床を拡大した政府の政策であったことも見過ごすべきではない。加えて，学生運動，さらには津波も関係者の運命を左右した。

　精神病院の設置を義務付けた昭和25（1950）年の精神衛生法と，昭和30（1955）年ごろの薬物療法の導入が，戦後の精神医療に新風を吹き込み優秀な人材をこの領域に呼び込んだ。これを第一次の精神科バブルと呼ぶことができる。1990年代後半に始まるSSRIや非定型抗精神病薬の導入，グローバル化した精神医学の導入，外来クリニックの開設を誘導する政策などは第二次バブルを惹起した。

　第一次バブルの後には，昭和40年代の反精神医学や学生運動が起こってきた。その背景を考えてみると精神医学の専門性・科学性が脆弱なままバブルを迎え，その中で精神医学の社会的な信頼性が内部から問題にされたのであろう。

　第二次バブルの後，精神医学と医療は成熟期を迎えている一方で，精神医学の臨床家と研究家の距離の拡大，若手精神科医の研究離れなど問題を孕んでいる。精神医学の科学性と専門性と社会性の確立は，精神医学の歴史を貫く課題である。

2 奈良県立医科大学精神科と当時の奈良県の精神科医療

● 小西　博行

　著者は縁があって昭和56（1981）年4月より昭和60（1985）年3月まで，奈良県立医科大学（以下奈良医大）精神科に赴任した。当時の奈良医大は大学紛争の嵐が治まった直後の医局員が極端に少ない状態であった。井川教授，杉原講師，平井講師，山岡助手そして著者の5人で診療と教育を行った。研究などできる状態でなく多忙であった。例えば当直は平日に1回土日連続となって週に6回であった。井川教授は「医局員が2人になったときは，本俸より当直料の方が多くなってました」とさりげなく話していた。昭和56（1981）年の春に2人の入局者，秋に2人が入局して，合計4人の入局者があった。当時は国家試験が春と秋の2回あったからである。

　さて本稿は奈良医大の創立から現在まで，金子仁郎教授，大澤安秀教授，有岡巌教授，井川玄朗教授，岸本年史教授それぞれの時代と精神科紛争について述べる。

金子仁郎教授時代[5]

講師	昭和23年1月—昭和24年3月
助教授	昭和24年3月—昭和28年11月
教授	昭和28年12月—昭和31年7月

　昭和20（1945）年奈良医学専門学校が開校した。医専時代にも精神科の講義が必要なため，中国大陸8年間の戦塵のなかから帰還していた金子仁郎講師に辞令が出され，精神医学の講義が昭和23（1948）年1月に開始した。当時は基礎の教室が橿原公苑の八紘寮にあって，病院は昭和14（1939）年に建った八木町の協同病院を利用していた。

　昭和24（1949）年3月付で助教授に昇格を持って教室の開講日とした。当事の標傍科は神経精神医学教室となっていた。外来診療と病床が10ベッドに軽い神経症レベルの患者を入院させ，重症の患者は信貴山病院に入院させていた。一人では診療も教育もできないため，吉田優講師，西川精邦助手の2人を招き教室運営を開始したが，金子助教授は定期的に大阪大学での教育，研究もあった。吉田講師は遠くの兵庫県明石から通勤するという過酷な条件下での教室創立であった。

　昭和25（1950）年に精神衛生法が制定されたために，全国に精神病院設立が求められることになった。昭和28（1953）年奈良医大の南側に，県立橿原精神病院（50床）が設立され，金子助教授が院長を兼任した。昭和28年12月に金子助教授が教授に昇格した。敗戦後の日本の大きな変化は精神科医療も同様であった。金子教授は精神衛生鑑定医奈良県第1号となり，私宅監置が認められなくなったため，入院が必要かどうかの鑑定のために当時吉野の山奥まで行っておられた。児童相談所の嘱託医，社会保険審査医，そして司法精神鑑定は在職中に100件を越

え，司法精神鑑定は現在も教室員の仕事として引継がれている。

研究については，昭和26（1951）年母校の堀見太郎教授から，日本臨床雑誌に「老人の精神病」について執筆依頼があったときに，老人の精神障害があまりわかっていないことに気付き，老人の研究をしようと思いたった。医局員も増えていて，伊藤正明，斉藤芳子，水野慶三，杉村史郎医員によって，八木町の60歳以上の全員，そして数ヵ所の老人ホームを訪ねて調査がなされた。調査の結果を昭和29（1954）年日本精神神経学会総会において，「老人の精神医学」のシンポジウムで発表した。このシンポジウムが基となって，三浦百重編，金子仁郎『老人の心理』，新福尚武『老人の精神病理』，猪瀬正『老人脳の病理』共著の『老人の精神医学』（医学書院，昭和31年）が出版された。『老人の精神医学』は日本の老年精神医学の黎明期の出版本となり，現在の老年精神医学会へと発展している。昭和30（1955）年8月に母校の堀見太郎教授が急逝されたため，後任として昭和31（1956）年8月に大阪大学教授に転任した。

大澤安秀教授時代[5]

教授　昭和31年12月―昭和40年6月

大澤教授は昭和20（1945）年大阪大学を卒業して，11年目の異例の早さで教授として和歌山県立医科大学助教授から着任した。大澤教授時代に奈良医大の形態が整ってきた時期であった。

昭和32（1957）年4月に県立橿原精神病院と結核病院が奈良医大に移管されて，奈良医大の附属病棟となった。昭和34（1959）年旧結核病棟が改築されて精神病棟となって精神病床は80床になった。

奈良医大全体としては，昭和32（1957）年に基礎学舎，附属病院の南病棟が昭和33（1958）年，北病棟が昭和34（1959）年に，昭和37（1962）年に病棟本館，図書館，昭和38（1963）年に研究棟が完成して大学の形態が整った。大学院設置が昭和34（1959）年に認められ，初めての大学院生として西村公宏が入局した。

当時は近鉄八木西口駅から奈良医大まで田んぼだけで家はなかった。学生は1学年40人クラスで，医局員は年に1人か2人，入局のない年もあった。10人足らずの医局員で熱心に勉強と診療をしていた。大澤教授が昭和38（1963）年1月から1年間，アメリカシカゴ医科大学に留学して，1年間教授が教室を留守にした。今では考えられないゆったりした時代であった。県の仕事として奈良県精神病院協会会長を務め，奈良県立中央児童相談所，精神薄弱者施設（登美学園），奈良家庭裁判所，奈良少年刑務所，奈良少年院に教室員が出張して，相談，指導の業務を行っていた。

昭和30年代の精神科治療は，今までの電気ショック療法，インシュリン衝撃療法に代わって，昭和29（1954）年にセルパシル（レセルピン），昭和30（1955）年にクロルプロマジンの向精神薬が使用されるようになってから，従来の療法では改善しなかった患者が，たいへん良くなり寛解することが多くなった。昭和31（1956）年にハロペリドールが使用されるようになり，昏迷状態の患者に少量のハロペリドールを使用することで昏迷が消えることがあった。昭和34（1959）年に三環系抗うつ剤イミプラミン，昭和38（1963）年にクロルジアゼポキシドの薬物療法によって患者の状態がよくなっていった。

研究面では向精神薬の臨床と薬理学的研究を合わせて，視床下部下垂体系の神経分泌を電子顕微鏡的に研究した。教室は神経精神科と言われていたため神経疾患も診ていた。日本脳炎患者の治療，ランドリー麻痺が下から上にあがって呼吸麻痺を起こした患者を目の前にして，何の手当もできなかった悲しい出来事もあった。

森永砒素ミルク事件，スモン病もあった，スモン病はウイルスとして学会で論議されたがキノホルムの薬害であった。

昭和36（1961）年日本精神神経学会において「非定型精神病」のシンポジウムがあった。京都系の研究者は変質性精神病（Degenerations-Psychose）と称していたが，変質性精神病の「変質」と呼ぶのはやめたほうがよいと，大阪市立大学の中脩三教授が発言していた。

昭和37（1962）年に皇太子が御成婚され，美智子様とご一緒に橿原神宮に御成婚の報告に来られることになった。橿原神宮は奈良医大のすぐ近くにあるため，精神科の入院患者がお2人をお迎えしたいという希望があったため，沿道に入れて貰おうとしたとき，奈良医大隣りの橿原警察から文句が出た。その当時は精神病者は外泊，外出禁止の命令が警察から出る時代であったが，根気強く交渉して沿道から2列以後なら宜しいと許され，入院患者30人ほどが，病院の沿道で皇太子，美智子様のお美しい顔を拝見することができた。

大澤教授は昭和40（1965）年6月に和歌山県立医科大学，木村潔教授の後任として同大学に転出した。

有岡　巖教授時代[5]

教授　昭和40年7月―昭和54年1月

有岡教授は大阪大学昭和21年卒業，大阪大学講師より大澤教授の後任として昭和40年7月に，奈良医大教授に着任した。1ヵ月後に大海作夫講師が着任し翌年4月に助教授に昇格した。大海助教授の記載によると，大澤教授時代からの精神病棟（5病棟と称した）は古ぼけた木造2階建てのひと棟（旧県立橿原精神病院），木造平屋のひと棟（旧結核病院）の床はガタガタ，2階に走って昇れば床が抜けそうな老朽の度を越した病棟のため，昭和41（1966）年に鉄筋コンクリート4階建てに改築された。精神病床80床，南病棟の3階に神経病患者12床を合わせて100床近くになった。

有岡教授と大海助教授は研究予算が年間50万くらいしかないためお金のかからない研究，教育を充実させ，教室員を増やすように励んだ。精神医学の講義は5年生の前期から総論・各論が始まる。魅力のある講義にするため必ず講義のレジメを作成して学生に配布した。有岡教授は教育委員であったことよりIntegrate Lectureを開催して各科にわたる心身症の講義を行った。大海助教授は催眠法，催眠誘導法を行い講座を越えた公開講座を開催した。そして催眠研究会を主催し年に1回か2回の研究会を行った。研究成果は，有岡巖，勝山信房共著「学校恐怖症」（金原出版，昭和49年）が出版，大海作夫助教授の心身医学の研究は現代精神医学大系7A（中山書店，昭和54年）にまとめられた。有岡巖，浅尾元彦らの「精神分裂病における血清クレアチニンキナーゼ」（精神医学18巻，昭和51年）は我が国の生物学的精神医学臨床研究の最初の報告であった。

教室の同門会三山会（サンザン会）の名簿が作成できるようになった。充実した治療と研究の昭和50（1975）年2月の教室医員名簿は以下の通りであった。

　教授　有岡巖
　助教授　大海作夫
　講師　浅尾之彦
　講師（非常勤）上田幸一郎
　助手　勝山信房　中野志隆　夏目誠　和多田裕　佐多直彦　田中敬三　稲田義紀
　研究医　杉山弘朗　中野光造　水原哲生
　研究生　足立紘一
　専修生　稲森次郎　中川治　田中義　木下秀夫・清子　山下昇三　円山一俊　山田修平

教室員が増え活気付いてきていたがこの後嵐の時代に突入するのであった。

嵐の時代[2,5]

昭和40年代の前半から全国の大学の学園紛

争が相次いでいた。奈良医大では昭和45（1970）年に精神科紛争の発端があった。北海道大学昭和43年卒業の石井医師が赴任している五条山病院において，同大学昭和44年卒業の野田正彰医師が着任して3ヵ月後に，2人の医師の新しい考え方と病院側のこれまでの古いやり方とが相容れなくなって，北林病院長が2人を解雇した。昭和45年8月4日の朝日新聞は「不当解雇と仮処分の申請。奈良の精神病院。治療方法批判した2医師」と報道した。そして野田医師を応援する集団が名乗りをあげて，昭和46（1971）年2月精神科医共闘（精医共）を中心とした五条山・共闘会議になった。

矛先は奈良医大精神科に向いた，五条山病院は奈良県の病院であって，奈良医大として問題となっていた五条山病院を放置してよいのかと，奈良医大の学生が，五条山闘争委員会を作ってビラ闘争，学生が外部勢力を導入して紛争がエスカレートした。昭和46年11月奈良医大の学生が中心となった精神医療研究会（精医研）が「問題の病院に対する具体的行動がない」のを理由に学内集会を行った。集会での結論が出なかったことを不服として，精医研学生らが精神科医局に乗り込んで，昭和47年に医局封鎖をしたため，精神科医局は病棟へ移動したが，大学と精神科が具体的な行動を取ることを約束して一応の終息をみた。その後奈良医大に数年間の小康状態があったが，再び紛争が再発するのであった。昭和48年に精医研で活躍した学生たちが次々に入局して，医局員が旧体制と新体制に分かれてしまい，新旧の勢力が逆転してしまった。そして新体制の勢力が野田医師を指導者として受け入れる動きが起こり，有岡教授が新体制に取り込まれてしまったため，昭和51年12月に野田医師が助手として採用され，講師に昇格した時点で　中堅の多くの医師が医局を去った。大海作夫助教授は昭和51年4月退職した。

昭和52（1977）年8月9日学内の代表者会議の席上において，精神科医師による他科の医師への集団暴行事件が発生した。被害者は告訴し8月30日に野田医師ら精神科医4人が橿原警察に逮捕された。昭和53年10月に野田医師への懲罰免職が決定したが野田医師は自ら申し出て退職した。あとに残ったのは戦闘的精神科医集団であった。そして昭和53年12月浅尾之彦助教授退職，昭和54年1月に有岡巖教授が退職したため，精神科は講師，助教授，教授の3役不在となってしまった。学生の卒業試験ができない異常な状態となり，教室は崩壊の一歩手前であった。

梅垣健三学長は大阪大学西村健教授，金子仁郎初代教授にいろいろ相談したが火中の栗を拾う人がなかったため，梅垣学長の母校東京慈恵会医科大学新福尚武教授にお願いして井川玄朗助教授が来てくれることになった。

井川玄朗教授時代[1〜5]

助教授　昭和54年2月—昭和54年11月
教授　　昭和54年12月—平成8年3月

昭和54（1979）年2月19日井川玄朗助教授，山根隆講師，杉原克比古助手が，朱塗りの立看が混じる騒然した学内で，梅垣学長より辞令を受け取った。2月27日の精神科卒業試験は妨害を受けながら実施した。その年の国家試験の合格率は空然絶後の悪い成績59.6％であったが，当時は1年に2回試験があったため秋には半年遅れて皆医師となった。3月に新貝憲利助手，山岡一衛助手が着任した。

以下井川教授の記載を引用する[5]。

「昭和54年2月精神病棟（5病棟）は混乱していた。新入局員に対して入棟拒否，診察拒否，当直拒否，入院拒否と次々と妨害が起こった。入院患者数は次第に減じ30を割り込んだ。そんな状態が1年ほど続き，病棟の雰囲気は冷たく笹くれだってしまった。処分が決定し急進改革派の医師，看護職員は去っていった（昭和55

図1　A. Boyle 氏の英会話症例検討会（昭和 56 年）

年3月，妨害，暴力行為を行っていた4人の助手に対して分限免職処分が決定）。当然病棟スタッフは急減した。そのため多くの治療プログラムをそぎ落とした。ここで可能なこと？ "1つの出会いに1つの笑い"をモットーに回診をはじめた」着任後1年間は緊張と苦悩の日々であった。

　昭和54（1979）年の終わりまでに2年余りの精神科紛争は終結を迎えた。

　昭和55（1980）年1月山根隆講師が，その後に新貝憲利講師，山岡一衛助手が約束の期間を働きぬいて大学を去ったため，井川教授と杉原克比古助手の2人だけとなったが，4月に大阪大学より平井基陽助手が着任して80床の病棟を3人で受け持った。医局は煩わしい紛争から解放されて和やかな雰囲気があった。その後山岡一衛助手が留学から帰国して10月から体制が強化された。

　昭和56（1981）年は精神神経科教室のスタートとなった記念の年である。神経内科の新設に伴い科名を精神科（講座名：精神医学教室）とした。昭和24（1949）年の発足当時は神経精神科，昭和53（1978）年精神神経科となっていたものを，井川教授はいささか考えて精神科と標榜した。

　4月に著者が着任して医局員がそろったこと

表1　医局週間行事

火	英語輪読会	（小西）	16：00〜17：00
水	抄読会	（小西）	8：00〜 9：00
	患者ミーティング	（杉原）	9：45〜10：30
	教授回診	（井川）	10：30〜12：00
	医局会	（平井）	12：00〜13：00
	病棟スタッフミーティング	（杉原）	13：00〜14：00
	症例検討会	（小西）	14：00〜15：00
	英会話　※	（山岡）	15：00〜17：00
	予備（症例検討会）		8：00〜 9：00
	※Meetings for the presentation of case materials and summaries of medical literatures in English. On Wednesday, 3PM-5PM Instructor : A. Boyle (Bachelor of science)		
木	脳波研究会	（山岡）	15：00〜17：00
金	独語輪読会	（井川）	8：00〜 9：00

より教室造りが始まった。5月に入局者が4人もあって一気に教室が活気付いてきた（図1，表1）。

　昭和56年　教室員と役割
　教授　井川玄朗
　講師　杉原克比古（病棟医良）
　　　　平井基陽（医局長）
　　　　小西博行（外来医長）

図2　奈良県立医科大学精神科教室　三山会
　　　（昭和57年11月27日　於　やまと）

図3　井川玄朗教授退官祝賀会（平成8年）

　　助手　山岡一衛（脳波神経生理）
　　　　　川端洋子（臨床心理）
　研修医　飯田順三　木村純代
　　　　　岸本年史　松岡　出
　教室秘書　梅田恵子

　井川教授は紛争中に絶たれていた奈良県下さらに県外の病院との関係を修復して，長い間途絶えていた事業を開催した。

　奈良県医師会・精神神経科部会
　医局講演会
　教室年報　創刊
　精神薄弱者更生相談所所長を井川教授併任

　教室年報を出すことになった時に「すべて手作りで」と教授から厳しい注文があったため，平井医局長を中心として教室員が一丸となって作成した。教室秘書が原稿を和文タイプで打ち，焼き増しした写真の現物を貼り，橿原神宮で拾い集めた紅葉と銀杏の葉を誌面に入れ，表紙カバーは外来カルテカバーの不要になったプラスティックを1枚1枚B5サイズよりやや大きめに切った。同じ物が2つとない年報70部が完成した[1]。井川教授の満足そうな顔が今も記憶に残っていると平井医局長が教室年報に記載している。

　昭和57年同門会「三山会」サンザン会をミヤマ会と読み変えて再開した。信貴山病院の竹林

由利彦理事長の全面的な支援をもとに，井川教授が会長，金子，大澤前教授が名誉会長に就任した第1回総会を11月に開催した（図2）。

　昭和58年3月研究棟でほこりを被っていた高速液体クロマトグラフィーを用いた臨床的研究を，第5回日本生物学的精神医学会で最初の学会発表をした。9大学精神神経科学教室集談会に初参加，県内精神科病院，他大学との親睦を兼ねて野球試合，大和路と野仏の会，信貴山シンポジウム，精神科集談会，などのさまざまな人との交流を深めていった。

　特筆しておかなければならない仕事は，金子仁郎教授時代から続いていた司法精神鑑定であった。

　他学で断わられた司法精神鑑定を井川教授は気楽に引き受けては忙しくされていた。

　「奈良医大の救世主」である井川教授が平成8（1996）年3月に定年退官となった。図3の写真は6月に退官記念祝賀会の席上で恩師の新福尚武慈恵会医科大学名誉教授が挨拶の中で，「定年後は奥様の言うことに従いなさい」のお言葉にお2人が破顔された一瞬である[4]。

岸本年史教授時代[3,5〜8]

　助教授　平成8年1月―平成8年6月

教授　　平成8年7月—現在

　岸本教授は弱冠40歳にして第5代精神科教授に就任した。金子仁郎教授が開講して以来ようやく同門会より教授が誕生した慶びと期待があった。岸本教授は昭和50（1975）年に入学して昭和56（1981）年に卒業と同時に井川教授の精神科に入局しているため，奈良医大紛争を身を持って体験していた。

　岸本教授就任記念祝賀会で岡島英五郎奈良医大病院院長が「混乱の中にあった体育部，あるいはノンポリの学生をまとめて体育会をつくって，体育会の会長として，私たちを助けていただきました」，「ちょっと待てよ，君，精神科だけのことじゃなくて，君，この20年先の奈良医大のことも考えて，君が中心になって一番若い人だから頑張ってくれ」と祝辞の中で激励された[3]。因みに岸本教授は相撲部で文武両道に優れている。

　着任後開始したことは，従来の閉鎖病棟，開放病棟に加えて，身体合併病床，児童思春期病床，老年期病床とデイケアを開設した。

　平成12（2000）年には県下にある精神科8病院が1次，2次救急を輪番で受け持ち，妊娠や透析の合併症患者を奈良医大が対応する精神科救急システムが始動した。100名近い入局者があって精神科教室が安泰となったころから，新しい精神科救急医療を行政に強く働きかけて，平成18（2006）年11月に「精神医療センター」をオープンさせた（110床）。緊急対応が必要な合併症患者の受け入れ，精神科救急病棟いわゆる「スーパー救急」[8]で措置入院，緊急措置入院，応急入院の24時間365日休み無しの体制となった。

　スーパー救急は大学では全国初となり，新しい体制のため増員が行われ，教授を含めて教室員11名，大学院生，研究生，後期研修医を合わせて12名，臨床心理士7名，精神保健福祉士4名のスタッフとなった（平成23年現在）。

　教育の充実と研究は適宜教室員を海外留学させて成果を挙げている。

　今後の奈良県精神科医療の拠点教室となり，「精神医療センター」が全国の大学の精神科の模範となって発展することを期待している。

文　献

1) 奈良県立医科大学精神医学教室：教室年報1. 1981
2) 奈良県立医科大学精神医学教室：教室年報10　井川玄朗教授開講10周年記念特集号. 1990
3) 奈良県立医科大学精神医学教室：教室年報16・17合併号. 1996
4) 奈良県立医科大学精神医学教室・同門会三山会：井川玄朗教授退官記念誌. 1997
5) 奈良県立医科大学精神医学教室：教室年報19　精神医学講座開講50周年記念特集号. 1999
6) 奈良県立医科大学精神医学教室：教室年報27　岸本年史教授開講10周年式典・記念講演. 2006
7) 奈良県立医科大学精神医学教室：教室年報29　精神医学講座開講60周年記念特集号. 2008
8) 奈良県立医科大学精神医学教室：教室年報32. 2011

3 加古川脳病院の設立と当時の兵庫県精神科医療

● 森　滋郎

　当院は昭和12年6月9日加古川脳病院として創立された。その後の変革を少し述べさせていただくと，昭和13年4月1日兵庫県指定病院，昭和26年4月1日加古川精神病院と改名，昭和31年4月1日結核予防法による指定病院，昭和32年3月31日結核合併病病棟新築，昭和41年1月1日医療法人達磨会東加古川病院設立となる。

　その後は病棟を新築したり，設備を整えたり，院内保育園を開設，平成4年には昭和12年以来使い続けていた本館を新しく建て直して地下1階地上5階の建物とし，平成8年には老人保健施設緑寿苑を設立，平成16年にはISO9001を取得。応急指定入院，精神科指定，デイケア・ナイトケア，4つのグループホームを経営等々と一応の発展を遂げてきている。

　平成20年7月に精神科急性期治療病棟を設置し，平成23年には老朽化した病棟を解体し，新病棟を設立。立体運動場，二階建ての生活訓練センターを設立して急速な変化を強いられている現代の精神科医療に立ち遅れのないように対応すべく日々精励しているところである。

　さて，まず当院開設の経緯としては，昭和10年阪神間在住の懇意な医師たちが毎月食事を共にする会を続けており，毎回会の当番がぐるぐる回りますのでダルマがぐるぐるまわる連想で，「達磨会」と誰いうともなく名付けられた。当時のメンバーは森喜作（大石，私の父），坂口磊石（深江），岡田日人（魚崎），中川観（西宮），辰井正平（魚崎），山本玄一（神戸），清水義寿

図1　開設当時の病院全景（昭和12年）
（医療法人達磨会東加古川病院創立55周年記念誌．平成4年より）

図2　患者のラジオ体操
(医療法人達磨会東加古川病院創立30周年記念誌．昭和42年より)

図3　患者の運動会風景
(医療法人達磨会東加古川病院創立30周年記念誌．昭和42年より)

図4　給食場の作業
(医療法人達磨会東加古川病院創立30周年記念誌．昭和42年より)

図5　新病棟患者療養風景
(医療法人達磨会東加古川病院創立30周年記念誌．昭和42年より)

(神戸)の面々であった。

　たまたまのことでしたが，県医師会の主催の懇親会で加古川出身の県会議員である水野常松氏と私の父が意気投合して精神病院設立の話が持ち上がった。水野氏が精神病院設立の準備をすすめておられ，許可も得ていたのであるが，資金面と敷地の関係で足踏み状態にあったところで，達磨会の資金援助で話が進むことになったわけである。

　まず土地探しからはじまったのであるが，平岡村在住の中田定治氏の仲介で西国33箇所観音霊場29番札所である横蔵寺の山林地に2階建本館1棟と2階建および平屋建の病棟2棟を建てることができた。当時としては瞠目する様な木造モルタル仕上げ望楼付きの最新式のスマートな堂々たるものであった（図1）。

　余談であるが，この当時の祝いとして贈られた直径1メートルになんなんとする大時計は今も当院の事務所の壁で時を刻んでいる。

　出資金は当時の金額で49,000円。1人宛7,000円程であったそうである。経営主体は水野常松氏の個人病院の形をとったが，開設時には商法上の匿名組合として共有財産の形をとっていた。100床の病床と22名の職員で開院された。

　すでに日中戦争が始まっており，苛烈な戦線が拡大し，非常の事態にあり，「物資不足の時に衣類を破ったり，器物を破壊する者など安死術をしてやるほうが御国の為になるのだ」という論説がまかり通っており，精神障がい者などは

図6 昭和42年病院全景
(医療法人達磨会東加古川病院創立30周年記念誌. 昭和42年より)

早く死ぬほうが良いのだという冷たいものであった。またこんな風潮が主たるものであったので，精神病院の経営は困難をきわめ，広田山病院，須磨病院の2病院が廃止され，湊川病院，武庫川病院，明石病院，香良病院，光風寮，そして当院が入院の必要な精神病者の主な収容施設であった。何れも給食・衣類・疎開等に問題が山積していた。入院料などは1円50銭だったと聞く。

昭和13年県指定病院になったころには国家総動員法が発せられ，昭和16年には太平洋戦争に突入という未曾有の大変な時代。何とか乗り切って終戦を迎えたというのは少し大げさかもしれないが，まさに奇蹟のような感じがしている。

前掲の中田定治氏は土地仲介後，開院より事務長として勤務し，事務・人事・会計を一手に引き受けて，この困難な時代を乗り切られたが，創立以来終戦まで激励の時代の歴史については余り多くのことを語らず，そのほとんどを胸中に秘められたまま御他界された。私は私でこの時代は軍医として中国大陸に派遣されており，詳細を知ることのできる立場にはなかった。

この時代の看護業務としては戦時中の窮乏の悪条件の中で，主たる業務としては，毎日毎日患者に食事をちゃんと与え，栄養失調に陥らないように。何とか清潔を保ち，シラミ，ノミなどに患者が悩まされないように。運動不足により体力の低下をきたさないように。いろいろな思いがあったが，思うようにはいかず，進行性麻痺の患者，放置され手のつけようがないほどの重症患者，失禁を繰り返す者には職員の古着を持ち寄らねば間に合わず，治療看護以外のところでの世話も大きなウエイトを占めていた。インシュリン療法が1日2～3名，電気ショック療法は隔日で週3回。電気ショックをかけられる先生は失礼ながら「電気屋さん」などと呼ばれていたようである。私もバイクに電気ショックの器械を積んで患者宅を往診し，いやがって逃げる患者をおさえこんでショックを与えたりしていた。多分「電気屋さん」などというかわいい名で呼ばれてはいなかっただろうと思う。

給食は設立当時は病院給食ではなく，加古川町の魚屋が請負の方法で給食をしていた。だんだん患者数が増えるにしたがって調理場をこしらえて，病院給食に移行した。戦勝気分のあるうちはまだよかったのだが，戦いが進んでくると食糧不足が深刻になり，小麦，豆，パン類，麺類などの米食以外の代用食が主になってきた。このころの精神病院では収容中の患者があきらかに栄養失調が原因で死亡してゆくのをな

沿革

昭和 12 年 06 月 09 日	加古川脳病院として創立（120 床）
13 年 04 月 01 日	兵庫県指定病院となる
18 年 10 月 01 日	5，6 病棟新築（200 床）
26 年 04 月 01 日	加古川精神病院と改名
28 年 12 月 01 日	7，8 病棟新築（280 床）
40 年 10 月 26 日	医療法人達磨会　東加古川病院として法人設立（280 床）
41 年 01 月 01 日	医療法人達磨会　東加古川病院開設（兵庫県指令医第 179 号）
41 年 12 月 20 日	南病棟（3 階建）新築（338 床）
48 年 10 月 10 日	北病棟（4 階建）新築（350 床）
54 年 06 月 30 日	東病棟（2 階建）新築（425 床）
平成 03 年 02 月 01 日	基準看護（精神基本 1 類）425 床に変更承認
04 年 11 月 09 日	本館（地下 1 階，地上 5 階建）新築
07 年 04 月 01 日	グループホーム　くすのき苑開設
08 年 09 月 02 日	老人保健施設緑寿苑（50 床）を設立
09 年 04 月 01 日	グループホーム　みどり荘開設
09 年 11 月 01 日	精神療養病棟（Ⅰ）
12 年 05 月 01 日	居宅介護支援事業所指定
14 年 04 月 01 日	応急入院指定病院
14 年 10 月 01 日	グループホーム　せいりゅう荘開設
16 年 02 月 01 日	老人保健施設緑寿苑を 100 床に増床
	グループホーム　つくしの家開設
16 年 11 月 01 日	ISO9001 取得
19 年 11 月 01 日	精神病棟入院基本料（15：1）
20 年 07 月 01 日	精神科急性期治療病棟（Ⅰ）
23 年 01 月 01 日	グループホーム　そよかぜ荘開設
23 年 03 月 21 日	東病棟・西病棟（5 階建）Ⅱ号館新築（425 床）

施設基準

精神病棟入院基本料（15：1）	精神科身体合併症管理加算
精神療養病棟入院料	精神科作業療法
精神科急性期治療病棟入院料（Ⅰ）	精神科ショート・ケア（大）
臨床研修病院入院診療加算	精神科デイ・ケア（大）
診療録管理体制加算	精神科ナイト・ケア
看護補助加算（2）	精神科デイ・ナイト・ケア
精神科応急入院施設管理加算	医療保護入院等診療料
精神科地域移行実施加算	CT 撮影（マルチスライス CT）
入院時食事療養（Ⅰ）	救急医療管理加算・乳幼児救急医療管理加算
療養環境加算	後発医薬品使用体制加算 2
重度アルコール依存症入院医療管理加算	
患者サポート体制充実加算	
精神科救急搬送患者地域連携紹介加算	
薬剤管理指導料	

施設概要

床数	425 床

す術もなく只手をこまねいて見守るほかないという悲惨で残念な、今から思えば想像もできない状況が展開していた。

　幸い当院は農村地帯のため患家に農家が多く、配給米以外に持ち込み米もあったので、各自の名を書いた米袋に保管しておき、そこから一合ずつ取り出して、裏の山林の落ち葉や枯れ枝を集めて、ままごとのようにして飯を焚き、「おやつ」と称して、配給米の不足を補ったりした。このような苦肉の策に効があったのか当院の入院患者の餓死による死亡はそう多くはなかったようである。ただ、「あの病院は患家から主食を闇買いしている」と投書されて困ったこともあったそうである。

　終戦後は進駐軍のサムス准将の勧告もあり、患者の加配米やインシュリン用砂糖の特別配給もあり、給食の内容は次第によくなった。

　昭和27年11月基準給食の許可を得てからは所定の栄養価を維持することはもちろんのこと関係職員の調理技術、研究改善などの努力が結実して病院給食はますます充実し、患者が太りすぎて困るという事態がこようとはまさに夢にも思えなかったことであった。

　寝具設備に関しては、創立当時病棟はすべて鉄製のベッドに藁布団を敷き、その上に布団をのべていた。布団は患家の持ち込みで入院時には大きな布団袋に入れて運んで来ていた。病院内は多種多様で色とりどりの布団が並んでおり、敷布や枕カバーもあったりなかったり、脂まみれの不潔なものも多くて悩ましいことであった。洗濯するにしても代わりの寝具がなくて、とても十分なことをすることが出来ない状態であった。失禁患者も結構いて、ナイロンなどなかったので油紙を敷いたりしていたのであるが、すぐにしみ通ってしまって藁布団が次々と腐ってしまったものだったのである。これではならじと職員一同工夫を重ねて寝具制度を改め、昭和38年3月漸く基準寝具の許可を得ることができた。この制度に切り替えることが出来たとき、病室は本当に一変した。清潔で気持ちの良い純白の寝具に統一され、見るからにきれいな病室になった。寝具以外の衣類などは患者各自の所有品を使用していたが、これも寝具のように統一できたらより清潔感が実現するのになあと思ったものである。

　創立当時の治療をふり返ると、社会では非常時日本が叫ばれ、軍国主義が華やかな情勢で一般国民の精神衛生が云々されるどころか、根性主義、御国のためにひたすら御奉公といった状態で精神障がい者にいたっては病人とみなされる前に異端者として邪魔者扱いで、社会より隔離せよ、断種して精神障害者の子孫を根絶やしにせよなどと叫ばれていた。戦時中から戦後にかけての精神科病院での治療の主体はショック療法であった。ES（電気ショック）、IS（インシュリンショック）、スルフォナールによる持続睡眠療法、マラリア接種あるいはワクチン静注による発熱療法等が主な治療法であったが、今の薬物療法と比するといささか無力であった観が否めない。

　昭和28年ごろ故佐野勇阪大助教授により欧州で統合失調症者に対する新しい特殊な薬物が紹介され、以後我国の臨床で広く用いられるようになった。長期連用による肥満化、遅発性ジスキネジア、薬物性パーキンソニズムなど厄介な副作用がみられるものの、長期入院中に緘黙状態にあった患者がぽつぽつと雪解けの如く会話するようになり、やがては病的体験について生々しく話してくれるようになるなどの体験はそれまでの療法からでは考えられない体験であった。

　薬物による疎通性の回復の可能性は長期入院患者の社会復帰の道を開いた。もちろん万能ではあり得ないが、それでも、それまでの治療法では及びもつかない成果をあげてきたのだから。

　また、薬物は医師対患者の一対一の治療法にとどまらず、集団精神療法を可能にし、作業療法への導入も可能にした。初期の作業療法では

病棟のデイルームに患者を集め、時間を決めて、ゴムにステップルを通す細かい根気のいる作業がなされており、これを患者ばかりか、看護師も「内職」などと呼んでいた。結構皆夢中でこの作業を続けていて、中には終了時間がきても終了しない人、また夜中に起きてコソコソとそれをする人すらもいた。

医師や看護師まで、精神病者が急変する可能性があることを疑わなかった。今、目の前の穏やかな患者が急にものすごい形相となって医師や看護師にむかってくる、事実そういう方もおられたのであるが、ほとんどの患者がそうではないのだということを知りながら、鍵のかかった閉鎖病棟に患者を収容していたのである。病棟から自由な出入りをさせないことがホスピタリズムを進行させ、自発性を失い、指示を待ち受ける人に患者をしてしまう。言われてみれば、そのようなことはとっくに私たちは知っていたような気がする。でも私たちは長いことできなかった。昭和30年後半から抬頭してきた開放病棟—鍵をかけない病棟に当院がたどりついたのは昭和57年春であった。おっかなびっくり鍵を開け、何が起こるか、何か起こるか、びくびくしながらの毎日が続いた。病院職員の反対・患者家族の反対を押し切って実行し、何ら事故らしい事故もおこらなかったことで、ようよう安堵し、そして目のあたりにみたのはエレベーターに1人で乗ることのできない浮世離れした患者たち。そして集団外出し、デパートのエレベーターで1人ひとりに1人でそれに乗って決めた階に行って、また下りてくるということがなされていた。今から考えると噴飯物の訓練であるが、そういうことが必要だったのである。患者に笑顔が戻った。私たちも目が開いた。

この稿を書くことで過去の経緯を振り返ることとなり、今思うことは今でいいのか？ これでいいのか？ という思い。今でいいのだ、これでいいのだと思ってやってきたことが、時代の流れによって次々とぬりかえられてきた経緯を思えば、現在、今でいいのだ、これでいいのだと思う反面、今でいいのか？ これでいいのか？ と自らに問う思いがこみあげてくる、私たちは精神科医療に携わる限り、この思いを抱き続けて生きてゆくのだと固く思い、この結びでの思いにたどりつく機会を与えていただいた、この度の記念誌事業に深く感謝して擱筆させていただきたいと思う。ありがとうございました。

4 国立呉病院神経科設立と当時の広島県の精神医療

● 岡本　輝夫

赴任当時の建物

　国立呉病院の建物は旧呉鎮守府の海軍病院で，太平洋戦争の末期激しい空襲を受け，呉の市中は80％焼失したといわれている。それでも軍の施設はかなり残っており，鎮守府司令部，海軍病院の建物は大正時代から昭和初期の建造物がそのまま残った。

　写真（図1）のように立派な石の階段を登った正面に，大正時代の厳めしい管理棟があり，右手の門柱の影に衛兵詰所があった。ここに着剣した衛兵が立っていたと思われる。

　石段の前は二車線の広い道路になっており，（現在舗装はされているが，）両側には松並木がある（図2）。この辺は一般人通行禁止だったとのことである。階段の両側は躑躅が左右に50 mほど植えられており，この階段と門柱は現在もそのまま残っている。

　遠景の写真の右手に写っている森（図3）には，病院などの専用の貯水池があって，直接広島市の上流の太田川から配水されており，戦時中は軍港だったため，一時にたくさんの軍艦が入港したときに，備えたものだとのことである。戦艦大和が出撃するときもここで給水したのだろう。国立病院になってから，ある夏，猛暑のため大渇水となり，呉市内全体が時間給水になったときも，病院だけは一度も断水しなかった。

　終戦後英豪軍が接収して病院としてそのまま使用していたようだが，撤退後一部は民間に払

図1　階段下より表門を望む

図2　呉病院へと続く松並木

図3　病院専用の貯水池もあった

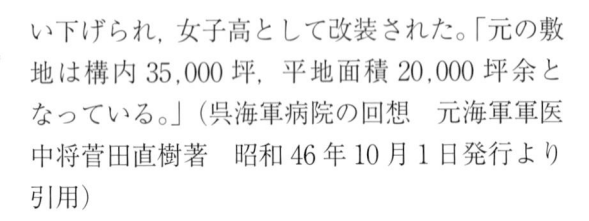

図4　表門より正面玄関（本館）

い下げられ，女子高として改装された。「元の敷地は構内 35,000 坪，平地面積 20,000 坪余となっている。」（呉海軍病院の回想　元海軍軍医中将菅田直樹著　昭和 46 年 10 月 1 日発行より引用）

設立当初

　昭和 31 年返還後，厚生省の管轄となり国立病院として開設された。宇品にあった旧陸軍病院の職員がそっくり移転してきたものである。
　当初から内科，外科，産婦人科，小児科，皮膚科，耳鼻科，眼科，歯科そして放射線科が開設されており，院長には阪大より，西岡時雄教授が就任された。そしてその翌年 4 月精神科が開設されることになった。当初の話では病院全ベットで 500 床。うち精神科 200 床という大規模な計画であった。精神科医長として阪大医局より岩井豊明が就任，その下に医員をもう 1 人か 2 人派遣するということであった。
　筆者はその 1 人として金子教授より推薦を受けた。
　岩井（医長）は家族も引越ししなければならないので，数週間遅れるとのことであった。
　そのようなことで単身呉に到着した。第一外科の実川佐太郎講師には広島駅まで出迎えていただき，その後も何かとお世話になった。

　当時は広島もまだ戦火のあとが残り，人影もまばらであった。呉市も 80 パーセントが焼失したとのことであったが，繁華街は見事に賑わいを取り戻していた。
　国立病院は戦前の兵舎もそのまま残っており，天井の高い古めかしい建物であった（図 4 の正門のすぐ中に見えている建物）。
　精神科外来はまだこの時点では完成しておらず，外来予定地はまったくの更地。病棟は壁も穴があいたままで，とても患者を収容することはできなかった。
　筆者の赴任当時には厚生省も精神科をどの程度の規模にするかといったマスタープランもなかったため，現地で成り行きで作成することになった。
　この段階では精神科の開設プランは医師 2 名の定員のみで，後に改造したコンクリート製の病棟（図 5）は，機能性が悪く，看護一単位の詰所しかおけない状態だった。結局厚生省との折衝の結果精神科病棟 67 床という，やや中途半端な構造となった。詰所は 2 階にあり，1 階は個室ばかり，入口は通常のドアという使い勝手の悪い病棟となった。
　一方当時は中央からの細かい規制はなく，（あったのかもしれないが，それらしき書類を見たことはなかった。）現場の実務者が，自分の裁量でかなり自由に仕事を進めていた。

図5　本館より手術室及三病棟及倉庫を望む

そこで現場の整備課長，請負業者と直接話をして，壁の色，窓をどうするか，などまで細かい注文をすることができた。現場と馴染みになったころには，筆者のかなり一方的な好みまで聞いてくれて，予算などはどこからとってくるのか，「まあ先生，任せておいてください」といった具合でかなりな無理もきいてくれた。

ただ一つ2階の窓の外に頑丈な鉄枠のようなものが，元の図面にあったそうで，これだけは用途がわからない。日よけだという人もいるし，屋上から患者が飛び降りたとき，ここに引っかかるだろうという人もあった。（実際に飛び降りたら救急隊員が困るだろうが）

後々研修にきた人から「これはどのような機能があるのか。」と真面目にきかれるので，答えに窮したことがあった。最近テレビで総理官邸の玄関の上に日よけの格子がついているのをみるが，あるいはそのような物であったかもしれない。

進駐軍が接収していた時代が長かったため，上下水道は完備していた。また給湯タンクも余裕があり，入院患者の入浴は毎日（日曜日を除く）行えたので，当時としては恵まれていた。もちろんトイレも水洗式で，新入院患者の生活指導の看護マニュアルに使用方法について記載されていた。そのころ精神病棟につきものとされた悪臭は，呉病院に関する限り最初から無縁

となった。

医局の構成

当時は医局も大きな部屋が1つあるだけ，そこで各科医局員が，一緒に昼食をとるのが習慣であった。個室は院長，副院長室しかないことになっていたが，もともと大規模な病院だったため，空き部屋はいたるところにあり，なんとか工夫してそれぞれに住み着いていたようだ。

診療科は内科，外科のほか，放射線科が医師3名，技師6名と充実していました。各科目の医長，医師はほとんど阪大の医局から派遣されて来た医師で，医局では大阪弁が標準語であった。

各科とも阪大から短期間手伝いのような形で派遣されてくる医師が多く，ひょっこり昔馴染みの阪大病院の先生が医局に座っているということは珍しくなかった。そんなわけで，新しくきた人の歓迎会はなく，そのかわり大阪に帰るときに医局で送別会をするというのが習慣になった。それも急に決まることが多く，昼食に突然お酒がでて，院長が「今日は誰それの送別会」と言われて，おや先生もう帰るのですかということもあった。

当時の広島県精神病院医療について

呉病院が開設された33年には，呉市の共済病院に精神科があり，外来患者の診療をしていた。この医師が国立に私が赴任すると同時に退職し，市内で精神病院を開設した。共済病院では入院ベットを持てなかったので，開業して入院治療の個人病院を作りたいと考えていたとのことであった。これから国立で処遇困難な措置該当のケースや，興奮の激しい患者の入院の処遇ができ，大変助けられた。

市内にはもう一つ戦前から開業していた精神病院があり，ここは200床ほどの古い木造であったが，国立精神科が開設されるころに改造

されて近代的な建物になっていた。

当時広島市内には医局の先輩の松田鎮雄博士が開業しておられた。国立の西岡院長が先輩だからと，私を連れて挨拶に行かれた。この方が後に広島県精神病院協会会長になり，県の精神科関係の各種の委員会にほとんどご一緒することになった。後に国立賀茂療養所が精神科に転換するときに協会との間に立って折衝された。また同じころ，広島市郊外に阪大17年卒の岡本悟医師が瀬野川病院を開設された。

このほか昭和33年当時は広島県には14の個人精神病院があった。いずれも100～200ベットが定床であったが，ほとんどが木造モルタル平屋建て，畳敷きであった。したがって古くとも耐火建築で，ベット式の病院は国立呉病院くらいであり，先のような状態でも，近代的だと胸を張っていることができた。

昭和40年ごろから，新しい病院が次々にでき始めた。今日病院協会に所属している34病院はほとんど昭和40年時代に開設されたものである。公立の病院では賀茂郡にあった結核療養所が精神療養所に転用されたのは，4, 5年あとのことになると思う。昭和40年代は各病院とも100パーセントを超える（中には150％）入院患者を抱えていた。

まとめ

国立呉病院の精神科は発足当時, 7病棟（4病棟は欠番）と呼ばれ，それがすべてだった。それは今日考えると,お話にならないほどの設備,決して教科書的な診療ではなかったと思うが,新しい精神医療への希望という熱気を持った,明るい時代であった。若い未熟な時代でもあったが，それだけ活気にあふれていた。そのころ阪大精神科から来られた方々も，皆若く生き生きとした生活を懐かしく思い出されている様子である。折に触れていただくお手紙にも，呉時代が輝かしい青春の時代だったと述懐されている。以上の時間を生み出した原点は，金子教授,佐野教授など大先輩の薫陶がつくりだした,精神医療に対する姿勢にあると思う。

以上が国立病院設立当時の精神医療の概況である。

広島にて

5 藤戸病院設立と当時の高知県精神科医療

● 藤戸　せつ

大阪大学精神医学教室時代

　私は昭和25年3月大阪女子高等医学専門学校を卒業し，国立大阪病院で1年間のインターンを終え，医師国家試験を受け医師となった。インターンの指導教官であった澤潤一先生の紹介をいただき，昭和26年～昭和34年大阪大学精神科医局に入局した。研究生・文部教官大学助手・厚生技官（大阪家庭裁判所）などを経験した。堀見太郎教授・金子仁郎教授の時代で，抗精神病薬が日本で製造され始めて臨床に試用するようになった。一方，投影法による心理検査が先進的に導入され研究会が盛んに行われた。新しい薬物療法と精神療法（森田療法・精神分析療法）の研究と臨床実践は，精神科医にとっても患者にとっても希望の持てる明るい時代であった。

　石橋分院での定期的な症例研究や，豊かな自然環境を利用した作業療法・レクリエーション療法のプログラムを手作りして思春期・青年期の患者と共に行動することも試みた。投影法による心理検査ではTATの研究を担当して，辻悟先生の指導を受けて主論文を完成した。

清生園時代

　昭和34年4月～昭和35年7月，高知県医務課より要請を受けて，高知市城山町の清生園に院長として就職した。創立3年という新しい病院であったが，院長が病気退職し精神科医が不在のまま1ヵ月以上経過して，内科医1名で守っていた。1階の木造建築，コの字型，すべて畳の病室で，保護室3床はコンクリートで囲まれ重い扉がある，100床の病院であった。ここでの私の仕事はまず，入院患者の病状の理解とカルテ記載から始まった。病室を廻診すると蚤がたかり痒くなる状態で，殺虫剤や大掃除をし蚤退治を行った。療養者の入浴・衣類の清潔を看護師長と話し合って改善したが，夏の終わりに赤痢患者が発生した。県医務課に届け出たけれど精神患者であるために隔離病舎の受け入れがなく，緊急対応として保護室に隔離して消毒に専念し内科医師に治療を受け持っていただいた。

　当時の高知県では未治療の在宅患者を治療路線に乗せる方針が出始めたころで，僻地への往診も要請を受けてたびたび出かけた。遠く四万十川の清流に沿って四国山脈に分け入り，座敷牢のような狭い部屋に膝を曲げたまま「ロダンの考える人」の像のような姿勢で動かず無表情な人を訪ねたときの衝撃は忘れることができない。帰路は日が暮れて，数知れない蛍が車のフロントガラスの向こうで交錯して飛び交い妖しく美しい光を放っていた。またある時は，電燈のない島が点在する野見湾を巡航船で外海まで出て，漁師の家に往診することもあった。潮の香がする中を，簀の子をめくって案内された奥

の部屋でひっそりと病んで布団に横臥していた素朴な青年とその家族の心温かい見守りの姿に出逢ったことは，美しい海と空と共に，今はもう見ることのできない幻のような静かな情景として深く心に残り忘れることができない．

　高知県には，男尊女卑の古い習俗が色濃く日常生活にも残っていた．院内の入浴も男性が終わって女性とされていたので理由を尋ねると，「女性は生理やお産があるから」と男性看護師の答えがあった．療養生活の簡単な規則作りも必要であった．私の勤務は多忙な毎日であり夏季賞与のころ「院長先生にボーナスを」と丁重に渡されたが，他の従業員にどのような割合で支給されたかを尋ねると「ボーナスはありません」と云われ，私は非常に驚き「それは良くないと思うので，このボーナスを少しずつでも皆さんに渡してあげて下さい」と返して理事長室を出た．理事長は穏やかな性格の方であったが実際の動線は市会議員をしている理事の影響が大きく，その人の護身役を務めているのが小指の末節を切断している文身のある無資格の看護者で男性病棟を管理していた．女性病棟は，看護師長の管理下にあった．看護師は院長の方針を受け入れて，少しずつ療養者への接し方を考え直してきた．一方で，「女のくせに，よく働くが可愛げのないアカ院長だ」という噂ができていて私にも伝わってきた．男性病棟では，故意に鍵を外して数名の患者を離院させてはそれを追いかける看護師のゲームのようなこともあった．当時の私は，そのような看護体制を改善し教育する能力をまったく持ち合わせていなかった．

　治療面では薬物療法と一部で電撃療法を行い簡易精神療法を心掛けたので，療養者は徐々に病院に落ち着き脱走・離院はなくなって，少数ながら外来受診者も診察を始めることができた．しかしながら，余りにも過重なこの病院での仕事を続けることは気が重く，出勤途上，蓮華畑に座り込んで考えた日もあった．「先生は私のお母さんです」と泣く療養者もいて非常に複雑な気持ちを持ちながら，空しい挫折感を味わいつつ決心して，1年3ヵ月で清生園を退職した．

藤戸神経科（クリニック）を開設

　昭和35年10月，高知市帯屋町の1つ南の通り，新京町の日本家屋1階を借り，無床の神経科クリニックを開設した．広さは12坪程で待合室はソファー1個，看護師1名・事務員1名でオープンした．高知県での無床クリニックの第1号であった．「あそこに行くと女性のお医者さんが話を聞いてくれる」という話が伝えられて日々受診者が多くなり，充実した気持ちで仕事に取り組むことができた．学会への出席も気兼ねなくできたし，高知新聞の「人生ガイド」欄を高野寺住職の島田信了氏と対談して引き受けたり，映画評論の座談会出席や裁判所から精神鑑定の依頼を受けるなど巾広い仕事を経験する過程で，私はようやく「石の上にも3年」と高知県に馴染むことができた．大阪大学精神医学教室で学んだ精神分析や力動精神医学の方向で家族歴・生活歴に触れながら診察を進め，必要な向精神薬を処方した．薬局はすぐ向かいにあり，必要な物をすぐ配達して貰えて買い置き必要もなかった．ベッドを持たない気安さがあり，休日は解放されて趣味を楽しむこともできた．看護学院の依頼で精神科の講義に出たり，養護教諭の勉強会の講師なども引き受けて充実していた．しかしながら，日々の受診者の中には外来診療のみでは支え切れない激しい症状で入院治療の必要な方もいた．私は紹介状を書き，閉鎖病棟の鍵の内側への送り人になっている自覚があった．昭和34年当時，高知県には次の病院があった．

精華園：昭和4年設立，100床程
土佐病院：昭和8年設立，100床程
谷病院：明治の終わりごろ設立，60床程
清生園：昭和31年設立，100床

高知県医師会史の記録には，精神衛生協会が昭和22年発足し高知市で精神衛生展が5日間開催され，それ以来精神衛生の必要性が徐々にPRされるようになったと記載されているが，実際に巡廻診療が精神科医により地域保健師の協力で行われたのは昭和35年の初めごろからで，未治療の人の診察や悩みごとの相談を受け私も4月から参加した。昭和35年10月，第1回高知県精神衛生大会が開催されている。当時は精神病に対する社会一般の偏見は厳しいものがあり，患者およびその家族の抱える呪縛は大変なものであった。

私は，もう少し自由な気持ちで療養できる場を作り，自分の考える精神科医療を行いたいと思った。そのためにはどうしても有床診療所を持つことが必要だと決心して，建築を考えた。

図2　藤戸神経科

藤戸神経科（有床診療所）（図2）

昭和39年2月，高知市北奉公人町（後に町名改められ上町となる）1丁目に開設した。当時，民間病院ではまだ非常に珍しい鉄筋コンクリート3階で青色のタイル張りの目立つ建築であり，2床の保護室用以外はすべて開放病室とした。4床室を男女別に2個，他は個室として，自宅よりも居住性の良いことを心掛けた。3階を多目的ホール，2階を病室，1階を外来・事務・検査室（脳波，心電計）・研究室（心理検査），奥に給食調理室を整備した。

職員募集は，高等学校の先生方や地域の方々に随分お世話になった。事務長は私の姉が，高等学校教師を若年退職して引き受けてくれた。栄養士は2年経験のある大学卒，看護師は高知女子大学衛生看護学科卒の採用が決まり，得月楼2階の大広間で開院披露宴を大勢の方々の出席をいただき開催することができた。大阪大学精神医学教室からは岩井豊明先生・辻悟先生が出席してくださり，教室からの贈り物のネーム入りの柱時計をいただいた。この時計は40年間正確に時を告げ，その後現在も会議室の壁で静かに見守ってくれている。

思春期・青年期の人たちとのかかわり

精神科医として私が思春期・青年期の人たちとかかわり始めたのは，昭和27年ごろからである。当時，大学病院の外来で神経症圏・統合失調症圏の高校生たちと出逢う機会に恵まれたことからである。それ以来，思春期の人たちに深い興味と親密なこだわりを持ち続けてきた。それはやはり，若いこの時期の素晴らしい生命力に魅力を感じ，また，人生における多くの選択肢を持つ分岐点にあり放置できない危なさを感じるからだと思っている。昭和35年無床クリニックを開設した当時は，民主教育がようやく浸透してきた一方で勤評体制が施行され，高知県においてもそれに対する勤評斗争があり教育現場は安定した状態ではなかった。学生運動・労働運動も活発であった。このころから，多くの学生・生徒が外来診察室に訪れて来た。昭和39年藤戸神経科が病床を持ってからは，

図3　藤戸病院　　　　　　　　　　　　　　図4　夏のキャンプ

多くの思春期の人たちが入院治療を経て巣立って行った。私たちが試行錯誤を重ねながら努力した10年間の取り組みの一端を「悩める学生群への接近」として，スタッフと共同執筆で昭和48年に出版した。今この頁をめくりつつ当時を回顧してみると，特徴的なことは，
1．医師・看護婦・PSW・臨床保健婦・OTAで治療チームを組んだこと。
2．治療スタッフはすべて，非常に若くエネルギーに溢れていたこと。
3．院外療法の1つの試みとして，学生合宿を行ったこと。

などが挙げられる。個人精神療法や集団精神療法のみで対応し切れない入院中の思春期の人々を対象にして，学生合宿を新しく試みた。目標は，
1．入院中の若者は既成の療養路線に乗り難く，容易にルール違反をやりさまざまな形の行動化を起こす。その彼等を病院の外で見直そう。
2．治療者と療養者が合宿という共同生活を通して新しい体験をし，より深い人間関係を作り，テーマを定めて大いに語り，遊び，存分に勉強もし，家庭や病院を離れてもう一度自分を見直そう。
3．時間的に計画を組み約束を少なくし，開放感を持って役割を自由に遂行できるように。

4．この体験からそれぞれの健康な部分や可能性を見出し彼等の中に生まれる新しいルールが見出せるなら，入院治療の新しいルールが確立できるのではないか。

といったものであった。入院の場合は統合失調症圏と神経症圏にグループを分け，不登校のグループも外来の学生と組み，大体4～5名のグループ編成で職員3～4名とともに自然の豊かな田舎の民家に合宿して生活リズムを作り，テーマを定めた「おしゃべり」「勉強の時間」「スポーツ」などを行った。

昭和40年，亜鳥ビルを併設し喫茶「亜鳥」を開始した。この喫茶は若い通院患者の社会復帰訓練の場として，調理士資格を持つ健康女性が中心になり指導に当たった。通院の人・その家族・近所の心安い人などによく利用され，病院の軽い応接室の役割も果たした。

昭和43年，藤戸病院と名称変更（図3）。ベッド45床となり，女性医師2名となる（慈恵医科大学大学院修了し，高知県出身の夫君と共に来高された東京出身の精神科医が就職）。

昭和45年，ベッド数80床に増築する。東京女子医専卒業，高知市内の精神科病院で6年間の経験ある医師を合わせ女性医師3名の常勤する活動的な病院となり，医療相談室・デイケアを自由に創始し退院者のOB会も始めた。野外療法として夏のキャンプ（図4）を始め，毎年

年代別	男	女	総数(1626人)	年代別	%	疾患別	%
就学前	15	10	25	70代	8.24	神経系	61.6
小学生	26	27	53	60代	10.0	精神疾患	14.7
中学生	19	21	40	50代	17.8	子供の神経疾患	2.5
高校, 大学生	40	32	72	40代	22.0	循環器系	14.0
学生外10代	29	34	63	30代	15.1	消化器系	0.9
20代	69	99	178	20代	10.9	呼吸器系	0.9
30代	83	164	247	学生外10代	3.87	内分泌, 栄養代謝	0.6
40代	135	224	359	高校, 大学生	4.42	その他	4.4
50代	100	191	291	中学生	2.46		
60代	65	99	164	小学生	3.25		
70代	51	83	134	就学前	1.53		

Ⅰ 神経系疾患グループ

疾患名	総数	疾患名	総数
神経症	1123	境界例	4
うつ状態	81	書痙	3
不安	14	頭部外傷後遺症	178
恐怖症	5	神経痛	183
強迫	12	神経麻痺	66
離人症	4	神経炎	64
心気症	3	腰痛症	21
神経性食思不振	2	頸腕症候群	20
Sexual	3	リウマチ	48
自律神経失調症	57	関節炎	9
更年期障害	45	パーキンソン病	7
偏頭痛	198	肩こり	1
メニエール病	75	むちうち症	1
心身症	15	本態性振戦	1
軽躁状態	7	小脳性失調	1
心因反応	6		

Ⅱ 精神疾患グループ

疾患名	総数
統合失調症	197
神経衰弱様状態	44
てんかん	152
ミオクローヌス	5
ナルコレプシー	4
うつ病	33
躁うつ病	16
アルコール中毒症	29
非定型精神病	9
老人性精神病	7
接枝性分裂病	2
認知症	1

Ⅲ 子供の神経疾患

疾患名	総数
小児神経症	23
チック	13
ボンド, シンナー中毒	13
登校拒否	9
夜尿症	8
異常行動	5
自閉症	3
夜驚症	3
小児麻痺	3
知的障害	3
蒙古症	2
吃音	1
言語障害	1

※子供のてんかんは精神疾患グループの中に含む

行った。

　昭和46年，藤戸病院家族会「めざめ」が発足した。

　昭和47年，昼間受診を続けることが困難な人のために「ナイトクリニック」を開始した。また，デイケアを開始した。

　昭和49年，藤戸病院機関誌「季流」創刊号を発行した。圧倒的に女性多数の職場であるため男性の編集委員から依頼されて，"女性と職業について"，私は歴史的にかなり長文を書いている。翌年の季流2号には，座談会記録がある。"医療チームワークを求めて"，各部署からそれぞれの任務に対する考え方と連携の努力が語られている。私たち医療の担当者は，患者に良い医療を行うことができなければその職業的生命を失うことになる。医療に携わる者は，医師も薬剤師も看護師もケースワーカーも心理担当者も検査技師も栄養科従事者も事務担当者も清掃美化係もすべて，それぞれの職務を遂行できる藤戸病院チームを目標にしようと述べている。

IV 循環器系疾患		V 内分泌,栄養及び代謝の疾患		VI 消化器系の疾患		VII 呼吸器系の疾患	
疾患名	総数	疾患名	総数	疾患名	総数	疾患名	総数
高血圧症	222	糖尿病	20	胃炎	18	感冒	30
高コレステロール	9	栄養失調	2	慢性肝炎	10	気管支喘息	3
心不全	48	甲状腺腫脹	1	大腸炎	3	肺気腫	1
動脈硬化症	136			大腸過敏症	1		
脳循環障害	24						
脳軟化症	7						
脳溢血後遺症	11						
脳血栓	9						
脳血栓の疑い	2						
脳溢血	2						
脳栓塞後遺症	1						
低血圧症	15						

VIII その他(筋骨格系,皮膚,感覚器 etc.)			
疾患名	総数	疾患名	総数
筋肉痛	54	皮膚炎	8
脊椎損傷	5	味覚異常	1
筋無力症	2	鼻炎	1
捻挫後遺症	1	口内炎	1
ヘルペス	2	難聴	1
結膜炎	1	急性疲労	1
閃輝性暗点	3	若年性白髪	1
半身麻痺	1	マラリヤ後遺症	1
顔面打撲	1	機能性出血	1
薬物中毒	1	熱性けいれん	1
不明	63	膀胱炎	2

昭和48年1月1日～昭和48年12月31日までの1年間の外来白書が,相談室の努力で記載されている。

以後,外来白書は毎年季流とともに継続している。この外来白書が示すように,当時の藤戸病院は外来診療において如何に広範囲に渡り受診者がいたかということに今更ながら驚いている。当時,日本の病院の標榜科目が少なかったことも関係があったと思われる。官公立病院は国立高知病院・県立中央病院・高知市民病院があったが何れも精神科はなく,高知医科大学も設立されていない時代であった。大阪大学精神医学教室からは岩井豊明先生・辻悟先生・清水將之先生・藤井久和先生など休暇を利用して外来診察をお願いしたことや,辻先生には有志のためにロールシャッハ研究会を続けていただいたこと,佐野勇先生がドイツの教授を案内して高知見物に来られたこと,金子教授もお立ち寄りくださったこと,また愛媛から柿本泰男教授の診察をいただいたことなど,思い返せば本当に有難い応援をいただいている。

昭和51年,高知医科大学附属病院が開院し,精神医学教室は岡山大学より池田久男教授が就任された。

昭和52年,安芸郡芸西村和食字高山の地に医療法人みずき会芸西病院を設立した。この村は大正時代から昭和22年まで私の父が診療所を開いており私が成人するまで育てられた故郷であり,医療の過疎地域であった。芸西病院は,地域の人々の健康に役立ち療養者が心安らぎ,働きやすいことを目標にした。街中と異なり広いゆとりのある小高い丘の上に建てられたこの病院からは南に太平洋が一望でき,北はなだらかな丘陵が続いている。空気も清浄で緑がいっぱいあり野鳥も来る豊かな自然が保たれている癒しの場所として,内科と精神科を標榜し219床を用意した。澤病院の澤潤一先生が来られたとき,「僕が病気になったらここに入院する」と言ってくださったことが嬉しく思い出される。

街中の藤戸病院と村の豊かな自然のある芸西病院が連携して，医療の向上を目標とした。

　平成3年，医療法人おくら会藤戸病院設立。

　平成13年，現在の場所に新築する。

　昭和26年精神科医師となった私は，今日までの60有余年を戦後日本の精神科医療と共に生きてきたと思っている。大阪大学精神医学教室で学んだ基礎を持って高知市に帰り，1年3ヵ月の院長職を経験しその挫折感から藤戸神経科（無床クリニック）を開設したこと，新しい向精神薬を用いたこと，投影法・心理検査・精神療法を行ったこと，チーム医療を大切に育てたこと，療養者のアフターケアを心掛けたことなど，当時まだ高知県の精神科医療に見られない新進の医療を1歩2歩早く実践することができたと自負している。

　現在の医療法人おくら会藤戸病院は，藤戸神経科（有床診療所）創立と同じ上町1丁目に街中の小規模病院として敷居を低く通院しやすく，80床で小廻りの効く明るい病院である。医療機能評価バージョン6.0の認定基準を達成している。私はこの病院と共に生き病院にかかわる実に多くの方々の協力をいただき，現在もなおフルタイムの多忙な仕事を続けることができていることを心深く厚く感謝している。

― Memory ―

和田豊種教授の祝賀会
宝塚ホテル昭和31年

6 大阪府の精神保健医療福祉行政について

● 納谷　敦夫

　わたしは府の行政に20年間かかわった。うち半分の期間、昭和61年から平成7年までは精神保健医療に、その後平成8年から平成18年までは一般医療、その後福祉行政にも携わった。しかしすでに担当から外れて16，7年が経過しており、手元に資料も残されていない。いわば、精神科医が行政に携わった経験の印象といった話になることをお許しいただきたい。

　なぜ府庁に行ったのか、なぜ行政をやろうと思ったのかと時々聞かれる。本当のところは本人にもわからないが、おおよその答えはこうである。わたしは精神科医になって、精神病を治そうと思った。若い医師としては当然のことと思われるかもしれない。しばらく総合病院の精神科にも勤務したが、患者の精神症状が顕在化すると、どうしても精神科病院に送ることになった。やはり精神病の治療には精神科病院に勤務することが必要だと思った。それも腰掛け、いわゆるアルバイトではなく常勤として。

　数年の間、わたしなりにがんばったつもりだが、受け持ち患者は100人を超え、病棟は満員以上で、患者同士がぶつかっては喧嘩になり、トイレはいつも汚れていた。簡単に言うと、自分が入院したいと思う環境ではなかった。そして、さらにひどい病院があるらしいということも見聞きするようになる。これでは治るものも治らないと思った。

　一方治療法はと言うと、次第に先進諸国の精神医学、医療について勉強するようになると、例えば日本で見聞きする向精神薬の使い方と、英文の教科書とでは大きな開きがあり、とにかく一度行って見たくなった。エディンバラ大学の臨床研修医として受け入れるという手紙をもらった後、英国に単身で出掛けた。

　英国ケンブリッジのフルボーン病院でデイビッド・クラーク医師のもとで何ヵ月か過ごしたのち、エディンバラ大学の臨床研修を受けるべく、スコットランドに向かった。ここでの体験についてはあちこちで話してきたので深くは述べないが、エディンバラ市を4つに分け、地域担当が病棟ごとにあり、医療はエディンバラ大学医学部、心理学部と一体になって行われていた。教育と研究と臨床と地域医療と行政とが一体になっている英国のシステムには、まだまだ日本の精神医療は及んでいない。わたしは英国から2年で帰ってきた。英国人の精神科医として、このままずっとおれたらどんなに幸せかと思わざるを得なかった。

　帰国後は、矢内先生や藤本先生のおかげで中宮病院に就職できた。確かに今までの病院より少しは良かった。医師が20人近くいて、いろいろ相談でき、教えられることも多かった。看護師にもやる気のある人が大勢いた。それでも、適切な環境とは言えなかった。また慢性の統合失調症の人のリハビリに取り組んで行く中で、システムとして、もっともっといろいろなもの

が整備されて行く必要を感じた。

　そんなときに，府の課長であった矢内先生から，府に来て自分の仕事を助けて欲しいと声をかけていただいた。精神医療を良くするために，何か自分なりにできることがあるかもしれない，そう考えて，慣れない背広ネクタイ姿で府庁に出勤を始めた。

　府庁の仕事でまず，毎日心配するのが，鑑定業務であった。多くは警察に保護された精神障がい者と思われる人が，自傷他害性があるのかどうか，入院が必要かどうかを，今でいう指定医に診てもらうのであるが，どちらの医師に診てもらうのか，措置該当になれば府の職員が府の車で搬送するのが，どこの病院に措置入院をお願いするのか，措置入院非該当になればどうするのか，そういうことをできるだけ患者の不利益にならないように実施するのは決して簡単ではなかった。鑑定には必ず，精神保健室の職員が立ち会わねばならない。当時は当然大阪市，堺市も対象であったので，多い年は年間500件を超えていた。それでも，休日夜間は実施できておらず，後に大きな課題となった。

　翌年昭和62年精神衛生法が精神保健法と改正された。20年ぶりの大改正だった。海外から，我が国の精神医療が批判をされ，国は法改正をすると明言せざるを得なかったと聞いている。わたしは幸い中宮病院時代から，自治体病院協議会の法改正検討委員会に入っていて予備知識があった。また当時日精協副会長の河﨑茂先生からは，国の検討事項を逐一教えていただいた。

　改正法を翌年から円滑に実施できるようにするからには，精神医療が良くなるようにすべきだと思った。最も大きな改正点は，精神医療審査会の設置である。特に入院患者からの退院請求には，可能な限り病院に赴いて患者に会い，職員に話を聞くべきであると考えた。3つの審査会の設置にも苦労したが，今から思えば随分忙しい先生方に快く協力いただいたと思う。武田教授にも，時には自家用車で南北に広がる精神科病院を訪問していただいた。実施訪問数では，府は東京と並んで常に群を抜いていたと思う。病院から意見聴取すれば良いではないかというような意見はまったく出なかった。

　精神医療行政には，病院指導というおこがましい名称の仕事があった。これは精神科病院において，精神保健法が遵守されているかどうかを調べ，改善すべきは指導するというものである。

　かつてフルボーン病院の院長，デイビッド・クラーク先生（1960年代にWHOから派遣され，日本の精神医療のあり方をクラーク勧告として総括するのであるが，彼の意見が取り入れられるにはまだまだ多くの年月と，不幸な歴史が必要であった）からこんな話を聞いていた。彼も，英国の精神科病院を回って病院運営のアドバイスをする仕事をしたことがあり，その時一番効果があったのは，各病院の良いところを不足している病院に紹介することであるとのことであった。わたしもこれだと思った。病棟の開放化，安全な保護室，きれいなトイレ，喫茶店，便利な売店，歯科医療などなど，よくできている病院の院長には他院に宣伝する許可を得て，例えばトイレを改修しようとする病院には，〇〇病院のトイレが良いですよと伝え，訪問してもらった。クラーク先生が，「精神科の病院は意外に，他の病院のことを知らないんですよと」言っていたが，これは我が国でも同じであった。それでも，毎年と言っていいくらい，病院の不祥事件が起こった。マスコミは当然センセーショナルに書くし，人権活動家には府の怠慢と責め立てられた。その通りだと思ったが，病院指導に大した権限はないし，行政は病院を良くするのが仕事で，それには時間がかかった。

　今でも感謝するのだが，病院の院長や看護師長さんには，わたしの意見に積極的に耳を傾けていただいた。法の趣旨，世界の動向，先進諸国の病院のようす，大阪府内の先進的病院の取り組みといったことをいろいろあげてお願いした。

　精神保健室には何名かのPSWがいた。彼ら

の最大の関心事は、府の作業所への補助金を増やすことであった。わたしも病院時代から、退院後の受け皿の一つとして作業所を増やしたかった。確か当時は10ヵ所くらいが府から補助金（各約100万円）を受けており、その他何ヵ所かは、ひっそりと市などから補助金を受けていた。予算要求は係で案を作り、課内で検討し、最後は部として取りまとめて、財政当局と折衝し予算案としてまとめあげられる。最初の予算要求は、部すら出なかった。当時府は作業所補助金に約1,000万円を充てていた。当時の総務課長に、総額どれくらいになるのかと聞かれ、東京は2億円だと言うと、あきれられすぐに没になった。以後東京を模範にするのはあまり得策でないことがわかった。東京は大阪の兄貴分ではなく、まったく規模の異なる外国なのである。その後はもっぱら神奈川県を参考にすることにした。

その時、我々が考えた論理は、知的障害の作業所と同様の制度を作るというものであった。金額は覚えていないが、知的障害は既に各市が補助すれば、府は半額を補助するという制度ができていた。これだと思った。障害者間で差別をしない、制度も金額も同様にするということで、はじめからの議論でなくなる。しかも驚いたのは、財政当局の意見だった。つまり、府は半分の予算で倍の施策ができることになるので歓迎するというのである。しかし、そのためには市の了解が当然必要になる。市長会という組織があり、その下に各市の福祉担当者の集まりがある。そこで合意を得ることになった。われわれの補助金システムの案を示して協力をお願いするのである。これには驚くほどの反響があった。「精神は府の仕事である」、「なんで市を巻き込むのか」、「府で勝手にやるべきだ」いろいろ説明したのだろうが、這々の体で退散し、これはだめだと半分、否ほとんどあきらめた。この時市長会の担当のM氏がこういった。「良かったですね、えらい反響でしたね」、「みんなわかってるんですよ、やらな仕方ないと思うから、きついこと言うてるんです」と。

府の好景気も幸いして、平成1年作業所の補助金制度ができ、しかも市町を精神障がい者の福祉に巻き込むというおまけがついた。

精神科救急医療体制を何とかしろという圧力が次第に強まっていた。一つは警察からであった。前記のように、警察官が保護した精神障害者の鑑定は、通常勤務時間内に限られていた。夜中に事故があると、警察の責任になる。病人を警察の保護房に一晩おくことは良いことではない。また、大阪の救急隊は、よく精神病患者の搬送に応じていた。同じ病気であるし、119番通報があると応じざるを得ないからである[1]。しかし、受け入れ先を探すのに一晩かかることもあると言う。積極的に応じる病院もあったが、そのなかにはしっかりした医療がなされていないところもあった。夜中は「明日朝○○時からお越し下さい」というテープが流れる病院も増えていた。今後、地域医療、リハビリテーションが進むためにも、精神科救急の整備が必要であると思った。先進諸国も大都市では、その実情に合わせて、いろいろな方策を考えていた。

まず夜間の鑑定を行っている神奈川、東京のやり方を勉強した。そして、定点で緊急措置という制度を使って休日夜間の鑑定を行うシステムを考えた。中宮病院と後2ヵ所、北の澤病院、南は久米田病院にお願いすることになった。中宮病院にも消極的な意見もあったが、公的資金を受けている以上、引き受けざるを得ないという意見が大勢を占めた。ここで、大阪精神病院協会からクレイムが入る。なんで3ヵ所か、救急は大精協全体でやる事業だというのである。3ヵ所方式に凝り固まっていたわたしは、これは困ったと思ったのだが、担当の係長が、「むしろ良いのではないか、大精協全体で救急輪番を担ってもらいましょう」と言う。こうして、緊急措置などを行う3ヵ所の病院と、府内の精神

科病院は輪番制で救急患者に対応するという，全国初の精神科救急システムが始動を始めた。その後国が同様のシステムに補助金を出すことになる。平成3年このシステムの発足当初は，緊急措置は夜0時までとしていた。深夜はなかったのである。このことは澤院長が猛烈に改善要求をされ，後に24時間態勢が実施されることになった。

平成3年には，国が触法患者の処遇を検討することになり，わたしは榎坂病院の関山先生を団長とする視察団に加えていただき，カリフォルニア州の拘置所，裁判所，高度な保安的精神病院を見て回った。ここでも，大きな問題になる前に，救急医療として精神障がい者を処遇することの重要性が語られていた。

平成5年こころの健康総合センターが完成し，次の年に開所した。精神保健センターがない府県の一つに数えられていた府に，かなり大きな規模のセンターが誕生した。初代の所長は，乾先生だった。担当者となんどもなんども地域の自治会長に説明に伺った。

平成7年1月17日阪神淡路大震災が起こる。医療救護，続いて保健所の救護班が現地に向かった。精神はどうなるのだろうか。2年前平成5年の北海道の地震では，我が国で初めてPTSDが問題になったし，アルメニアの地震後のPTSDの研究は，英国の精神医学雑誌にも論文が出ていた。兵庫はどうなのだろう。あちこちの精神病院に電話をしてみたが，別に困ってませんという返事もあった。

そんな週の終わり，部屋の電話が鳴った。厚生省（現在の厚生労働省）から，精神の救護隊を現地に送って欲しいというものであった。われわれはすぐに，兵庫県の麻生医師と連携して，医師，看護師，PSWのチームを編成し，灘保健所に派遣した[2]。当然府県としては最初の派遣になり，その後各府県が「こころの支援」を現地に派遣した。府の派遣は3月末まで行われたが，次第に回復した県の診療所からは，不要で

あるという意見も出され，中宮病院の立花先生からも，もはや兵庫県の救急医療の不十分を補完しているに過ぎないという意見が出て終息した。この間，各救護班の情報をA4紙1枚にまとめた救護所情報[3]は，国だけでなく各県からも状況がよくわかるので送って欲しいと言われた。兵庫県のこころのケアセンターの指導をされた中井教授からも高い評価をいただいた。

平成8年に，わたしは精神保健室を去り，後を籠本精神保健課長にバトンタッチし，医療対策課長になった。わたしのここでの仕事には，大和川病院との対決があると考えていた。府内の精神科病院は，先進的なところもあれば，少し遅れているところもあった。それでも，府の指摘には何とかしようと努力していただいた。まったくそういう努力の見えない病院が大和川病院であった[4]。精神医療人権センターからは，府の，行政の怠慢とずっと批判されていた。マスコミの記者の方々には，随分叩かれたが，こうした各方面からの揺さぶりがなければ，大和川病院は大きく問題化しなかったであろう。

われわれはまず，3つの病院に医療監視に入り，3病院の看護師の重なりを，コンピューターを使って削り落とした。今まで100％に近かった看護師充足率が80％に低下した。しかし80％では，指導にもならない。さすがに社会保険課の職員の目は確かであった。おかしい，80％もいるはずがない，こうなれば看護師に個別面談するしかないと。当時の厚生省に，看護師個別に聞き取りをして良いかと問い合わせた。良いという返事に2, 3日を要したと思う。病院がコピー機の使用を拒否したため，大きなコピー機を持ち込んだり，手書きで看護師の住所や電話番号を写し，課の職員総動員で，看護師に聞き取りを開始した。その結果は，「娘は沖縄の病院に行ってますよ」，「妻は3年前に亡くなりました」というものであった。驚くべきことに，これらの看護師の所得税はきちんと支払われていた。病院からの報告では，看護師345名となっ

ていたが，そのうち架空と思われたものは157名に登った。われわれは，国と連絡を取りつつ，病院開設許可の取り消し処分を行う準備を始めた。

平成9年安田医師が詐欺容疑で逮捕されると同時に，われわれと大阪市の保健所は，3病院に医療監視に入り，安田院長がいない現状では，今までの病院運営ですら行えないと判断。総入院患者約500名の転退院を開始し，約1週間で完了した。約2ヵ月後，聴聞などの手続きを経て，我が国医療史上始めての病院開設許可の取り消し処分が行われた。

この間，大きな施策は，知事の諮問機関である精神保健審議会でご議論いただいた。その会の会長として常に丁寧に舵取りをしていただいた故西村教授に感謝する次第である。

最近とりわけ事務方，官僚への風当たりが強い。医者のわたしは，自分をあまり官僚とは思っていなかったし，事務官はわたしのことを官僚というより医者と思っていたと思う。しかし，府庁の中で思いを遂げて行くためには，事務官を味方に付けなければ何もできない。行政を動かしているのは事務官で，その中にさまざまな技術屋が混ざっているのである。わたしは技術屋として，精神科医として，事務屋さんに多少遠慮をしていたのだろうか，しばしば事務官に言われた。「あなたは何をしようとするのか，何がしたいのか，もっと夢を語るべきだ」と。精神科救急システムを作る際にも，これは本当にやる気か，それとも何かしたという実績作りなのかと聞かれた。2,3年で担当を変わって行く事務官には，なかなか問題の重みとか全体の中の位置づけが難しいのである。わたしは努めて，これは本気でやろう，これができれば精神障が

い者がどんなに助かるかと熱心に説いた，つもりである。20名くらいの室員が一丸となって問題に取り組んでいただいたと確信している。

府庁にいた間に，わたしがやりたかったことのいくつかはできたと思っている。一緒に何度も日が変わるまで苦労してくれた室員だけでなく，他の課や部にも本当にお世話になったと思う。

また，約20年近くの間，常にわたしの上司であった高杉先生のことに触れずに，この文を終えることはできない。どんなことであろうと，府民のためになることであるとわかると，どんどんやれと応援をしていただいた。予算要求でも，議会でも，危機的事案においても常になんとかなると思えたのは，課長として，部長として，そしてその後は副知事としていつもわたしの上で，指導していただいたおかげである。

わたしは平成14年から18年まで健康福祉部長として，精神保健医療福祉行政の一端に関わった。府庁を卒業してからは，大阪府障害者福祉事業団の理事長として，主として重症心身障害者施設の開設に携わり，平成20年からは，一開業医として，脳損傷者の精神医療とリハビリテーションに多忙な毎日を送っている。

文　献

1) 納谷敦夫：精神保健法改正と精神科救急．大阪消防，p 62，1996
2) 納谷敦夫：大阪府による精神科救護所支援活動．公衆衛生 **59**（7）：492-501，1995
3) 大阪府こころの健康総合センター編：阪神・淡路大震災大阪府の精神科救護所活動と事例集．大阪府こころの健康センター，2012
4) 大阪府：安田系病院問題に対する大阪府の取り組み．1998

7 秋田大学精神科学教室設立と当時の秋田県の精神医療

● 清水　徹男

教室の名称

　精神科学講座との名称を持つ教室は全国でも比較的に少数派である。教室立ち上げ当時に多大の努力をふるわれた教室初代助教授の近藤重昭はこの名称が当事者の知らないままに決定されたことを慨嘆して以下のようなことを述べている。「精神科学は，云うまでもなく精神の科学のことであり，自然科学に属する精神医学や精神科とは学問を異にする。したがって，国内の大学のほとんどは，精神医学講座，精神科講座，神経精神科講座のいずれかであり（中略）」（精神科学教室開講20周年菱川泰夫教授就任10周年記念誌，平成5年）。おそらく診療科の名称「精神科」に「学」の一文字を付け加えた講座名として無造作に命名されたのが「精神科学講座」の由来であろう。

　しかし，教室が誕生して40年の歴史を刻もうとする現在，精神科学講座という名称に愛着を覚えているのは私だけではないだろう。一地方大学の医学部の精神科医にとり「精神の科学」という講座名はいささか大風呂敷に過ぎるのではあるが，その風呂敷には精神医学のみではなく，精神にかかわるすべての学問領域が包み込めるからである。風呂敷が大きい割に，中身が貧弱であるというご批判は当然のものであるとは思うが，この看板に違和感を覚えることなく教室員となった（なろうとする）若手諸君は少々のやんちゃは許される大きな風呂敷に包まれていることを自覚してほしい。

秋田大学医学部の誕生

　国立学校設置法の発足（昭和24年）後，国は医育機関の新設は認めないという方針を頑なに堅持していた。昭和41年の厚生省の発表によれば，当時の人口10万人あたりの医師数の全国平均は118.8人であったが，秋田県はわずかに78.8人と，全国最下位に近い状態にあった。したがって，医師確保は秋田県民の悲願であったが，それは困難をきわめた。そこで昭和41年8月，当時の秋田県知事小畑勇二郎と県会議長小松武文は内閣総理大臣，大蔵大臣，文部大臣，厚生大臣，両院議長に対し，以下のような陳情書を提出したのである。

陳情書

　「県民の健康を増進し，豊かな社会環境を作るためには，医療が適正に行われることが究めて緊要と存じます。

　しかしながら医科大学をもたないわが秋田県医療の現状は究めて貧弱であります。

　即ち，本県医師の充足率は多年にわたり全国の最低にあり，県民の医師確保，なかんづく僻地住民の医療には常に不安と多大の苦心を要しているところであります。

図1 昭和47年当時の医学部（右端の建物）と職員宿舎（左）

　秋田県は遠く明治の初めに，医学校を有した歴史を持ち，近くには終戦の直前に県立女子医学専門学校を設置したのでありますが，不幸にも昭和21年火災によってこれを焼失し，諸般の事情により再興できず，爾来医育機関をもたない県として現在に及んでおります。「国立秋田大学に医学部設置を」とは，130万県民多年の念願であり，幸いにしても政府当局ならびに国会関係各位のご理解により，この念願が実現するとすれば，県としても施設整備の面につきまして出来る限りのご協力を惜しまない所存であります。
　何とぞ速やかに国立秋田大学に医学部を設置されますよう，ここに県民を代表して陳情申し上げます。」

　この陳情書の提出をはじめとして，秋田県は政界・官界そして日本医師会などの関係機関と要人に対して，熾烈なほどの陳情を継続した。また，その声を受けて当時の秋田大学本部も昭和43年，44年には2年連続して秋田大学歳出予算要求書提出時に医学部設置を織り込んだ概算要求を行った。このような県民の熱意と各方面からの圧力に屈した形で文部省は規定の方針を変更して昭和45年4月に秋田大学に医学部を設置したのである。4月に医学部設置がずれ込んだため，第1期生の入学試験は5月3日と，いちじるしく変則的な時期に行われた。全国の落武者が集結した結果，入学者定員80名に対して2,403名が出願し，競争率は30倍にも及んだ。合格者のうちには後の芥川賞作家である南木佳士がいた。秋田大学医学部設立時の学生生活の様子は同氏の小説「医学生」に詳しい。なお，県民の悲願で開設された秋田大学医学部であったが，秋田県出身の合格者はわずか6名にとどまったことは県民に衝撃を与えた。

　昭和45年以降に設立された医学部・医科大学は新設医大と称されるが，その中でも秋田大学医学部はこのように特異な位置づけにあった。すなわち，昭和45年に新たに設置された医学部・医科大学は国立としては秋田大学医学部一校のみで，次に愛媛大学医学部などが設立されたのはその2年後の昭和47年であった。県民の熱意と政治的圧力に後押しされて特例的に新設医大の長男として誕生した秋田大学医学部であるが，その代償は病床数600床，職員定数480名と，その後にできた愛媛大学医学部と比べると規模を抑制されたことはあきらかであった。
　なお，医学部附属病院が現在地に移転したのは昭和51年のことであり，それまでは旧秋田県立中央病院を秋田大学医学部附属病院に移管して診療・教育・研究が行われていた。

教室の沿革

1．初代・堀浩教授時代

秋田大学医学部附属病院精神科神経科は，秋田県立中央病院の精神科を引き継ぐ形で，昭和46年10月に近藤重昭，堀浩，高野英男，加藤征夫の4人のメンバーでその歴史をスタートした。精神科学教室の開講は昭和48年4月である。草創期の教室を支えたのは上記のメンバーに加え，湊浩一郎，矢幅義男，杉山和，久場政博であった。昭和51年6月には待望の本学第一期生である水俣健一，稲村茂，長山栄子が入局し，教室に新風を吹き込んだ。昭和51年6月には全国に先駆けて精神科病棟を全開放病棟とした。同年8月に現在地に附属病院が完成し，精神科はその別棟である北1階病棟（全開放36床）に転居した。昭和53年には秋田大学保健管理センターに精神科医のポストが得られ，久場先生が講師に就任した。以来，保健管理センターには当教室からスタッフを派遣し続けている。

堀教授は昭和57年3月に自ら辞任され，精神医療の現場に身を投じられた。勝平中央病院名誉院長，共和病院初代院長，サンクリニック院長を歴任後，平成7年に仙台近郊のこだまホスピタルに赴任なさった。平成8年にご逝去され，没後に勲三等瑞宝章を受勲なさった。在任期間中に15名の精神科医が当教室で臨床研修を受け，県内外の医療の現場で活躍している。

2．第二代・菱川泰夫教授時代

昭和58年2月に当時大阪大学医学部講師であった菱川泰夫（現秋田回生会病院名誉院長，秋田大学名誉教授）が教室第二代教授として着任した。矢幅義男講師（当時），稲村茂，小畑信彦，肥田野文夫，橋本誠が当時のスタッフである。それに加えて大川匡子（現滋賀医科大学睡眠学講座教授），清水，飯島壽佐美（現秋田回生会病院長）がその後に着任して第2期の教室作りに邁進した。以来，菱川教授の元で63人の精神科医が育てられた。県内の精神科医の数は，当教室開設当時の20名前後，菱川教授着任時の約60人に比べ菱川教授退任の平成10年には120名まで増加した。その大部分は当教室出身者である。その間，平成元年に大川匡子，三島和夫，穂積慧，菱川泰夫の「痴呆老年者における睡眠・覚醒リズム障害についての時間生物学的研究—睡眠障害および異常行動の治療の試み—」はベルツ賞を受賞した（図2）。

3．第三代・清水徹男教授就任以降現在まで

平成10年3月に菱川教授が定年退官し，同年10月に清水が教室第三代教授に就任した。当時の教室スタッフは三島和夫講師（現国立精神・神経センター精神保健研究所精神生理部長），増田豊（現附属病院心療センター長），菅原純哉（現稲庭クリニック院長），鎌田光宏（現山形大学保健管理センター准教授），伏見雅人（現秋田県精神保健福祉センター長），神林崇（現教室准教授），齊藤靖（現秋田緑ヶ丘病院），関根篤（現ケイメンタルクリニック院長），鈴木稔（現秋田緑ヶ丘病院）であった。平成12年10月に三島が助教授に昇任し，同年より平成13年にかけ文部科学省長期在外派遣研究員として米国バージニア大学時間生物学センター，次いでスタンフォード大学医学部睡眠研究センターに留学した。三島は平成18年より独立行政法人国立精神・神経医療研究センター（NCNP）精神保健研究所精神生理部部長の要職にある。平成15年に医学部の組織改編に伴い，精神科学講座は神経運動器学講座精神科学分野になった。さらに，平成20年の大学院部局化に伴い，教室の名称は秋田大学大学院医学系研究科医学専攻病態制御医学系精神科学講座となって現在に至っている。

平成16年に初期臨床研修制度が必修化されるまでは，毎年3〜10名の入局者を迎えてきた当教室も，その後は県内で後期臨床研修を行う医師数の減少に伴って入局者数は減少し，毎年1〜4名となっている。また，同制度施行後，医師の全国的な流動性が高まり，精神科において

図2　菱川泰夫教授就任10周年（1993年）当時の医局員
前列左から2人目田代哲男会員，3人目飯島壽佐美会員，4人目菱川泰夫会員，5人目清水徹男

図3　現在（2012年）の秋田大学医学部及び医学部附属病院の全景

もベテランを含む精神科医の県外流出が目立っている。それでも平成25年現在の県内の精神科医の数は156人を数えるに至っている。ただし，総合病院精神科の科長職を担う人材の確保が困難になり，科長が県外転出後には長年にわたり当教室が支えてきた厚生連由利組合総合病院精神科病棟を閉鎖せざるを得なくなったことは誠に残念である。平成23年1月，現在の教室スタッフは，神林崇准教授，増田豊講師（兼務：心療センター長），越前屋勝講師（医局長），草薙宏明助教（病棟医長），菊池結花助教，筒井幸助教（外来医長），佐川洋平助教，他医員4名，大学院生4名である。近年，女性医師の活躍がめざましいことは特筆に値する（図3）。

秋田県の精神医療の現況

秋田県は総面積1万1,636平方キロメートル（第6位）と大阪府の6倍以上の大きな県であるが人口は106万と，大阪府の8分の1に過ぎない。したがって，人口密度は全国45位の過疎の県である。県北部の鹿角地域は旧南部藩であ

り，秋田藩が奥羽越列藩同盟から離脱し官軍側に寝返ったことから明治時代に秋田県に組み入れられた地域である。

　秋田県の医療の特徴は県立病院が秋田大学医学部に移譲された後はなくなり，公的病院の役割を厚生連が担ってきたことである。その他，中小の自治体が複数で協働して運営する公立病院も重要な役割を果たしてきた。秋田大学に医学部が誕生する以前は，県北部が弘前大学，鹿角地域は岩手医大，秋田市周辺と本荘由利地域および県南（横手，湯沢）は東北大学と新潟大学から，それぞれ医師の供給を受けていた。主な厚生連の総合病院と公的病院には精神科の病床が分院として存在した。病床数はいずれも数十から100床前後であった。北から鹿角組合総合病院，大館私立病院，山本組合総合病院（能代），公立米内沢病院，市立秋田総合病院，由利組合総合病院（本荘）がそのような分院をもつ病院であった。精神医療の近代化とそれぞれの病院の再開発に伴って分院は順次廃止され，本院の1診療科として精神病床を維持して現在に至っている。鹿角組合総合病院と山本組合総合病院は岩手医大精神科から，公立米内沢病院は弘前大学精神科から永らく科長が派遣されてきた。初期臨床研修制度の導入後には地方大学の医師供給能力はいちじるしく低下したが，それは東北地方ではより顕著であった。その結果，岩手医大は，鹿角組合総合病院，山本組合総合病院，弘前大学は公立米内沢病院から撤退した。残念ながらマンパワー不足は秋田大学精神科もその例外とはなり得ず，山本組合総合病院を除いてそれらの病院の精神病床を引き継ぐことはできなかった。また，由利組合総合病院精神科の科長が県外に異動した後は後任を派遣することができず，同院の精神科病床は廃止されるに至った。それでもなお，現段階で秋田大学精神科は有床の総合病院精神科である山本組合総合病院（3人），市立秋田総合病院（5人），仙北市立角館病院（3人）に精神科医を派遣している。なお，（　）内は秋田大学精神科からの医師派遣人数である。

　公的な精神病院としては秋田県立リハビリテーション・精神医療センター（8人），大仙市立大曲病院（3人）がある。

　民間の精神病院は県内に16病院がある。最も歴史の古い秋田回生会病院は昭和6年に開院という80年以上の歴史を誇り，病床数も県内最多の402床を数える。現院長は和風会会員の飯島壽佐美先生で，前院長は同じく菱川泰夫先生（秋田大学名誉教授）である。秋田大学精神科は8病院に常勤医を派遣している。

　県内の精神科クリニックは16あり，8クリニックは秋田大学精神科出身者によるものである。和風会会員の田代哲男先生は秋田市内に田代クリニックを開設し，目下，うつ病患者のリワークに取り組んでめざましい成果を上げている。

おわりに

　新医師臨床研修制度の誕生後，医師の都市部偏在が進んだことの影響を東北地方，とりわけ北東北はもろに受けた。したがって，秋田の精神医療の現状は決して明るいものではない。秋田県の和風会会員は私を含め4人に過ぎないが，秋田大学の精神科学教室を2代にわたって和風会会員が務めたこと，会員の臨床能力が県内の医師にも高く評価されていること等の理由により，その秋田県におけるプレゼンスはきわめて大きい。ところで，4月から竹島会員が秋田の精神医療に加わるというたいへん有り難い知らせが届いた。今後とも，秋田県の精神医療について和風会会員のご支援を賜ることを切に希望する。

8 愛媛大学医学部創設と精神神経科の成長

● 柿本　泰男

　大阪大学医学部を昭和29年に卒業後，大阪大学で精神科，高次研で堀見教授，金子教授，佐野教授の元で主に研究，一部臨床という生活を過ごしていた．その内容は本書の第1部・2部に記した．そういう日々の中で，ある日，当時，大阪大学医学部附属病院長が電話をして来られて会いたいとのことで曲直部院長の部屋に伺った．「柿本君は損なこときらいか」といわれたので「別に嫌いなことないですよ，何ですか？」と聞くと，「今度愛媛に医学部ができる，そこで精神神経科の教授をやらんか」と言われた．私は自分にも転換が必要な時が来ていると思っていたので「いいですよ」と答えた．「そんなら須田先生に伝えておく，須田先生が学部長で行かれる御予定だから」ということで事は決った．上司の佐野教授は外国出張中だったが，帰って来られて話したらOKだった．それから1ヵ月くらいして精神神経科の金子教授は私を呼んで「君が愛媛大学へ行くそうやな，俺は○○君を行かせたいんやけどな」といわれたが，「もう決まりました」と答えるとかなり御不満の様子だった．私は「私は臨床の経験が浅いので，精神科の外来と入院を担当させて下さい」とお願いして了承していただいた．当時，私は高次研の助教授だった．

愛媛大学医学部の創設

　この創設の主に当たられたのが，大阪大学の須田正己と京都大学の木村忠司であった．わが国では当時医師不足が深刻であり，政府は全国に各県に1つの医学部あるいは医科大学を創立することを決定し，まず愛媛，旭川，山形に決った．昭和48年10月に始まり，季節はずれでもあり，定員80名に30倍近い入学試験で，他学部に随分苦労をかけたらしい．新医学部の構想は須田・木村らの発案により，着任予定の教授らの会議によって決まって行った．

　一方，私は精神科の臨床の経験を深めようと，外来を週3日，入院の患者さんをいつも10人以上受け持たせていただき，諸先輩や同僚，後輩にも学ぶ日々を1年半くらい続けさせていただいた．金子教授，辻助教授には特に学ぶところが多かった．このとき知り合いになった患者さんには，私が愛媛大学に異動してからも愛媛まで受診にいらしてくださる方もいた．

　愛媛大学への異動に際しては，それまでに一緒に研究をしたこともあり，大阪府公衆衛生研究所に赴任しておられた金澤彰部長にお願いして助教授として赴任していただいた．同時に一緒に研究していた三宅正治氏と，臨床に情熱を燃やしている佐藤勝氏とに一緒に行っていただくことにした．また三宅氏の奥様は阪大精神科で看護師として活躍していたので，婦長予定者

として来ていただくこととした。三宅御夫妻は昭和50年ごろアメリカNIHに留学中であり少し着任は遅れた。

愛媛大学医学部への着任

　昭和50年4月私たちが着任したころは，医学部の土地が松山市の東側に隣接した東温市（当時重信町）に決まって医学部の建物が完成したころであった。臨床の講義や病院の完成まであと1年というところだった。まず実験室の整備を行いアミノ酸分析機などを購入して，その調整など研究をスタートできるように整備をしていた。臨床活動では，同時に着任された整形外科の野島教授が，筋ジストロフィーの検診をしたいので一緒にするよう誘って下さった。そこで県下の保健所全部を1～2週に1回診察に回ることになった。そこには神経難病の患者さんも多く勉強になった。二回りすると今度はパーキンソン病の順回診療となり，これらの順回診療でみた患者さんたちはその翌年から開いた病院に来ていただくこととなった。附属病院が始まったころに受診してくださったパーキンソン病の患者さんは100人を超えた。

恩師佐野勇教授の訃報

　このようなことをしている昭和50年9月，恩師の佐野勇教授の訃報が入って驚いた。葬儀に参列し，愛媛に戻って仕事を再開してまもなくして，大阪大学の岩間教授から電話があった。当時医学部長だったと思っている。大阪大学に戻ってくれとのことだった。お断りしたところ，わざわざ愛媛までおいでくださった。岩間教授は須田医学部長や私と話をしてくださったが，阪大復帰の話はあきらめてお帰りいただいた。金沢助教授には臨床面の計画を進めていただき，県内の精神科諸機関との連絡調整にも当たっていただいた。

　当時須田学部長が強調しておられ，また気にしておられたことは学閥問題であった。というのは愛媛大学医学部の教授陣は大阪大学と京都大学出身が主で一部九州大学と徳島大学の出身であった。種々の教授会の決定があらかじめ学閥内で話合われることで決ってしまうようなことはぜったい避ける必要があった。須田は何度も全教授にこのことを強調しておられた。そして常に愛媛大学医学部の教授たちには，「君達は全員脱藩の浪士だ」と強調しておられた。

臨床活動開始

　昭和51年待望の医学部附属病院が完成した。その祝賀会は学内や県や医師会など多くの方々が集まり，大いに盛り上がった。私はたいへん喜んで，アルコールを飲みすぎ途中からの記憶は失っていた。

　そのころまでには精神科にも小野医師が京大の精神科から来てくれてユング派の精神分析の流れを汲み，生活臨床を重視する佐藤との間で深夜まで激論を交していた。二人が中心となり山田，佐久間らも加わり，数は少ないが個性豊かな臨床スタッフが形成されていた。看護は三宅師長を中心にまとまっていた。病棟はデイルームが欲しかったので病院の最上階にあった。短い期間で50床の入院患者，主として統合失調症と神経症の患者でいっぱいになった。病院の敷地にデイケアのための農地をいただいた。患者の中には当時まだ神経難病の患者も何人かおられた。進行麻痺の方もおられ，発熱療法はうまくいかなかったが，あるとき発熱をされたところ記憶判断も2日くらい正常になり，皆驚いた。当時は愛媛県にもマラリア療法中の患者はいなかった。1人のてんかんの患者がよく記憶に残っている。入院していただいたが，てんかん発作が頻発した。それも朝食前に意識消失，全身けいれん発作を起こされた。1週間くらいして低血糖に気付き，すい臓の腫瘍を見

い出し，外科で摘出していただいたことを思い出す．外来には何人か大阪大学で診察した患者もわざわざ大阪から出向いて来られた．

研究活動の拡大

一方，三宅がアメリカから帰って来たので，生化学グループの仕事の責任者になってもらった．明るい有能な研究者であった．当時カルモジュリンの研究をして来たが，やはり物とりの仕事をお願いした．脳の酸性物質としてかなり前から N-アセチルアスパラギン酸の存在は知られていたが，この分画を酸加水分解するとアスパラギン酸とグルタミン酸が生ずるので調べて N-アセチルアスパラチルグルタミン酸を発見していた．だから脳の酸性分画を水解してグルタミン酸とアスパラギン酸を定量するとこのこれら 2 つの物質は定量できた．これらは脳にのみ存在するが生物学的意義はわかっていない．さらに面白いことを三宅は発見した．生まれる 1 週間前後には水解するとグルタミン酸を生ずる物質があることを見いだした．この構造を決定するのは大変な苦労があった．若幼動物でないととれないので生理の反町助教授（現在鹿児島大教授）に協力をお願いし，三宅は 300 匹の脳から 10 mg の結晶をとり出した．元素分析の結果や質量分析などの当時最新の技術をマスターして構造を β-シトリルグルタミン酸と決定した．この有機合成も難しいステップがあった．

「何故幼若期の脳だけに存在するのか，その役割は」という研究を三宅は神戸学院薬学部教授となってからも続けた．まず，この化合物は鉄と選択的に強くキーレートすることを見出した．一般に脳は成人や成熟動物では好気的呼吸でエネルギーを得ているが，幼若期は嫌気的解糖でエネルギーを獲得する．その変換はどのようにして行われるのか解っていなかった．そのメカニズムが β-シトリールグルタミン酸

あったのである．この物質はアコニターゼという TCA サイクルの初めの酵素に鉄と一緒に強く結びつくのである．そして好気的解糖を抑えたことを彼は証明した．この物質も 2010 年ごろから世界的に注目され合成分解酵素も，それら酵素の欠損症も明らかになりつつある．

第 1 期愛媛大学医学部の卒業生

昭和 54 年春には待望の第 1 回生の卒業であった（図 1）．学生たちは学生時代から自由に教室に出入りし話し合い，勉強，スポーツ，酒の交流もあった．昭和 54 年から，愛媛大卒の中川，溝渕，森，渡部，有家，堀口，秋田と入局し，4 人は大学院に入って来た．正に待望の新人である．55 年には 2 人 56 年 4 人と入り皆元気よく，臨床や研究を始めた．56 年には佐野勇先生の長男，佐野輝が神戸大を出てグループに加わってくれ，そのようにして 60 年は 10 人に加わっていただいた．そのころは愛媛大学 10 周年記念式を迎え（図 2），私が医学部長で 10 年誌を発刊したが，そのとき精神科の各氏の写真がある．図 3,6,5,8,9 はグループの研究班と図 4 はソフトボール大会の写真である．図 5 は神経化学グループである．この研究会は外国の研究の紹介や学会の準備をし，やがて用語は英語に制限した．また神経化学の発表は他大学の研究にそれぞれ少なくとも 3 回の質問を出し全員が討論者となった．また一般論文については英語で発表し討論を行っていた．このグループには三宅，佐野輝，少し遅れて上野修一が加わっており，研究活動も盛んになった．ラットへのドーパー投与実験（図 6），パーキンソン病における脳萎縮の研究と臨床症状など（堀口）の研究も始まった．このころパーキンソン病には Lewy 小体病も含まれていたと考える（担当堀口）が知能の低下や幻視の頻度が高かった．金澤氏は県下を対象に社会精神医学的研究，臨床では小児精神医学の開発，定着に努めるととも

図1 第一回医学研究科修了式（昭和54年）
右側 筆者

図3 電気生理グループ

図2 創立10年目の医学部（昭和58年）
左手奥に医学部で7階には精神科研究室があった。その手前左より解剖棟，講義棟が並ぶ。右手奥の建物が附属病院で10階の東側（向かって右）に精神科病棟があった。手前右側に手術部，一番前が体育館である。

図4 ソフトボール大会
写真後列右端 堀口，前列左より佐野輝，1人おいて三宅，筆者，前列右から2人目 金澤

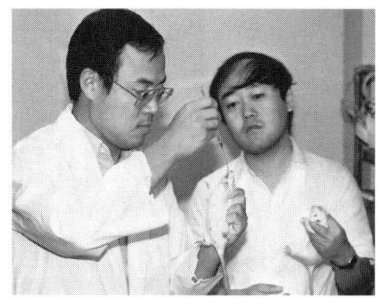

図6 ラットへのドーパー投与実験
写真 堀口，溝渕

図5　神経化学勉強会
写真右端に三宅，中央正面に佐野輝と左端　筆者

図7　社会・小児精神医学グループ
写真中央　金澤

図8　精神分析グループ
写真中央　小野

図9　デイ・ケアグループ
写真左端　堀口

に，現在まで司法精神医学の権威者として活躍している（図7）．小野（故人）らは精神分析療法に重点をおき，箱庭療法を始めた（図8）．脳波を用いては稲見らが変性疾患患者の睡眠研究を始めた（図3）．佐藤君（故人）がデイケアグループ（図9）を立ち上げて，精神科臨床に興味をもつ人達が活動を開始していた．病棟での生活や趣味や遊び，農園での作業（与えられた農地が広すぎて困った）を通じて患者，医師，パラメジカルスタッフの交流が盛んとなった．

当時は皆が若く，夜になると学生も交えて，松山市内の安いバーや教官宅でのアルコールパーティーも頻々と行われていたし，ソフトボールなどによる教室間や他病院との交流も盛んであった．教室員の数も10年くらいの中に50人を超えるようになった．

神経化学懇話会（後の日本神経化学会）

昭和60年ごろ，日本神経化学懇話会が松山で開催されることになった．当時は経済的にも貧しくまた人手も足りなかった．おまけにアメリカその他外国からNierenberg氏やUdenfriend氏なども来る．この準備には若い教室員の力も借り，三宅と随分苦労をした．会場費を払う金もなかった．そこで考え出したのが，奥後から山中へ15kmくらい入ったところに奥道後温泉と関連施設があり，その中に講演会場も3つくらいあった．その温泉群に学会員が全員宿泊してもらえれば講堂も無料になる．その方針について会長の塚田教授（慶応大学）に了承を得た．そして全会員700人くらいが泊る部屋もこちらで決定させてもらった．そこで山中の温泉宿での3日間の学会となった．昼間は普通に学会をして，夜は各部屋にウィスキーを配布した．そうすると若手の研究者たちが宿の何ヵ所かで一緒に飲み，神経化学の研究の方法論や学会のあり方について活発な論議を交した．それがその後の学会の方向を決める大きな力となった．はなはだ好評であり良かったと思っている．またこの学会を手伝ってくれた教室員にも良い刺激となった．

教育・診療も軌道に

教育も，医学概論，精神医学の講義も毎年工夫しながら進めて行った．若手の講師助手の人たちにも講義を担当してもらった．面白かったのは，講義を7～8人の学生に採点してもらったことである．「わかりにくさ」「退屈度」「声の大きさ」「字のわかり易さ」などについて項目別に採点してもらった．意外と若い教員に高得点が入り，嬉しかった．

診療のほうもスタッフが増えるに従って充実して行った．回診は，昔，大名行列のような教授回診での退屈さと時間の無駄を経験していたので形式を変えた．病室の1つを診察室にして，若い医師2名くらいと，ひまであれば受持医に付添ってもらった．受持医にはあらかじめ1週間の経過と考えとをサマリーでカルテに記入してもらって，私が診察をしたら私の意見を自分でカルテに記入するといった形式をとった．若い受持医が上手にカルテを記述できるトレーニングにもなった．医局会は順番に週1回行ったが，もしテーマの目的や内容の紹介が下手だと，「皆が聞いているのに，時間の無駄だ」と止めさせたことも何度かある．「準備の不足したまとまらぬ話」は参加者全体の時間のロスであると．

幸い若いスタッフはよく論文を書いてくれた．論文書きの難しさは若い間に知ってもらうことが大切である．当時は論文も手書きだった．何度も修正を指示して，筆を入れた．今，島根医科大学の精神科教授をしている堀口教授は，よく論文を書いたが，「1つの論文で私が7回修正して，7回書き直させられた．そして7回終ると初めの論文に帰っていた」と私に話した．論文書きは，私も若いころ，佐野勇教授から厳しく指導されたのを有難いと思い継承した．

入局者は現在までに150人を超えている。若い人たちが次々と入局してくれるのは嬉しい。一緒に働き，学び，遊ぶということは何物にも変え難い体験である。これらの人々を，大阪大学から一緒に異動した金澤助教授や三宅，佐藤らは本当によく指導し，育ててくれた。

医学部長体験

須田学部長が医学部全体の活性化，意識の変革，大学院開設に取り組んでおられたが病に倒れられ，福西学部長が後を継がれたが2年程で健康を損ねられ，昭和56年から学部長を仰せつかった。この仕事は，事件もあり，文部省への対応，司法関係者との接衝と苦労が続いた。学内では入試に推薦入学を全国医学部に先がけて行い，地元の隠れた逸材の発掘に取り組み，小論文や面接を全国に先がけて進めた。国大協の医学教育特別委員会（昭和63年～平成7年）にも参画したり，全国の医学部長会議を松山で開いたりしてかなり経験を積ませていただいた。また文部省から米国の医学教育改革の視察を依頼され，千葉大学医学部長の吉田亮先生とミシガン，クリーブランド，シカゴ，ワシントン大学を訪問した。各大学それぞれの特徴を表して独自の方針で教育を進めていることや学生達の教育（教授選まで）に関与していることなど学ぶところが多かった。2週間，毎日数部門をまわり，ホテルに帰って毎夜2時ごろまでレポート作りと忙しかったが，充実した日々であった。医学教育については関与を深め，大学設置審議会の医学部関係の委員長も務めた。一方，医学部では学生達と学祭や地方祭も一緒にもりあげ楽しい日々もあった。

神経化学会

愛媛大学精神科，精神神経科は三宅（現神戸学院薬学科教授），佐野輝（佐野勇教授の長男，現鹿児島大学医学部精神科教授および医学部長），上野（現愛媛大学医学部精神科教授）らによって神経化学分野での研究成果も挙がりつつあったので，多くの関係学会では1つの中核グループを形成していた。平成元年に慶応大学の塚田教授はこの学会の理事長で活躍しておられたが理事長を引退されて，私が理事長に指名された。塚田先生は Asian Pacific Society of Neurochemistry を創ることを私に要求された。当時オーストリアには神経化学をやっている研究者は何人かいたが，アジア地区では神経化学者は少なく情報も乏しかったため，この学会を創立することは相当な難題であった。学会を何とか立上げるためにインド，中国，オーストラリアその他数ヵ国の研究者にも連絡し，神経に関連した研究をしている人たちの名前を探し，仮の名簿を作り，会則案も作った。この準備には佐野輝，上野には大変世話になった。そして1991年シドニーで開かれた国際神経化学会に出席した。佐野や上野はそれぞれプロサポシン，メチルアルギニンの研究発表を行った。その際，国際神経化学会会長やオーストラリアの研究者，日本神経化学会の理事の方々で会合を開いて，アジア・大平洋神経化学会を発足させた。国際神経化学会から Nakajima 理事長の示唆や経済的支援も得た。それが今日かなり発展している由で嬉しい。

愛媛大学と大阪大学の精神科の関係

上に述べたように私は大阪大学医学部精神科で育ち，高次研でも研究させていただいて，やっと独り立ちして愛媛大学医学部精神科で上に述べたような経過で一応の責を果した。そして平成7年に定年退職した。その後も県内の精神科医師として平成24年春まで無事働き終えた。私が大学をやめた後，教授選考が行われ，大阪大学医学部精神科の田邉敬貴が選ばれた。田邉は立派に職責を果していたが，平成19年に病

のため亡くなられた。その後任には徳島大を卒業し，愛媛大学で教育，研究，診療で活躍していた上野修一が選ばれ今立派に活躍していただいている。田邉氏は生前お会いしたとき私に「先生は阪大出身でしょう，何故私を推してくれなかったのですか？」と聞いた。私は「愛媛大学の教授を選んだのです。それは愛媛大学が決めるのです。全国からすぐれた方々が推薦されますし愛媛大学の教授が調査，研究教育レベルの評価，人格を配慮して決めるので学閥は意識的に排除しています。大阪大学出身だから優先したり排除する理由はありません」といった趣旨のことを答えた。彼はよく理解できなかった様子であった。愛媛県では，病院勤務医開業医は京大，九大，岡山大，長崎大など出身の人が多く阪大はわずかであった。大阪は昔から豊かな土地であり，大阪人は余り外へ出ないらしい。それで他大学の考え方がよくわからないのだと思う。今は愛媛の医療のほとんどは愛媛大出身者で行われている。決して排他的な土地ではないのだが。教員人事は愛媛大学の教授会が判断して決めるのであって，学閥などの影響は排除して考えるのが当然のことである。私は大阪大学で育てられ，多くの先生方の指導を得て学び，その後愛媛で働けたことを大変嬉しく，阪大の方々には感謝している。しかし愛媛大学の人事は愛媛大学で決めるというのは，当然のことである。

和風会にはいつも欠席して申し訳ないが，皆様の御発展，御健勝を祈っている。

Memory

西村　健　学部長・高石　昇　客員教授・杉本　央　教授　就任祝賀会
平成11年6月25日

9 香川大学精神科と香川県の精神科医療

● 中村　祐

香川大学精神科の沿革

　香川大学医学部の歴史は浅く，その前身は香川医科大学である。香川医科大学は国立では最後に設立された医科大学である。昭和53年に設立され，昭和55年に初めての入学生を受け容れた。昭和55年は，私が大阪大学に入学した年であり，奇しくも私は香川医科大学の一期生と同学年となる。医学生の実習のために，遅れて昭和58年に医学部附属病院（図1）が稼働した。初代精神科教授は，細川清教授である。細川清教授は，岡山大学医学部精神科のご出身で，てんかんを専門とされており，現在（執筆時）でも健在で外来診療を岡山で続けられている。細川清教授が平成3年に附属病院長になられた

昭和53年 (1978年)	10月1日	香川医科大学開学
昭和55年 (1980年)	4月10日	第1回入学式
昭和58年 (1983年)	4月1日	医学部附属病院の設置
同年	10月20日	医学部附属病院の診療開始
平成15年 (2003年)	10月1日	旧香川医科大学と旧香川大学が統合し，香川大学医学部発足
平成16年 (2004年)	4月1日	国立大学法人香川大学医学部発足

ことから，教授を退任され，後任に当時香川医科大学の心理学教授であられた洲脇寛教授が就任された。洲脇寛教授は，アルコール依存症などの嗜癖精神疾患に関しての数少ないオーソリティとしてご活躍され，平成17年3月に定年退官されました。洲脇寛教授の後任として平成17年7月1日に私（3代目）が赴任いたしました。

細川　清　教授（初代）
　昭和58年4月：香川医科大学精神神経医学講座教授就任
　平成3年5月：香川医科大学附属病院病院長就任
　平成9年3月：香川医科大学退官

洲脇　寛　教授（2代目）
　昭和61年4月：香川医科大学心理学講座教授就任
　平成3年11月：香川医科大学精神神経医学講座教授就任
　平成17年3月：香川大学退官

　香川医科大学は，私が赴任する前（平成15年）に香川大学と合併し，香川大学医学部となった。合併に伴う混乱があったようだが，私の赴任時点ではほとんどが解決されていた。しかし，私が就任した年は新研修医制度元年にあたり，また，入局者が平成12年からまったくなかったことから，医局の運営が危機的な状況に瀕することとなった。奈良医大からの応援もあり，危

図1　香川大学医学部附属病院全景

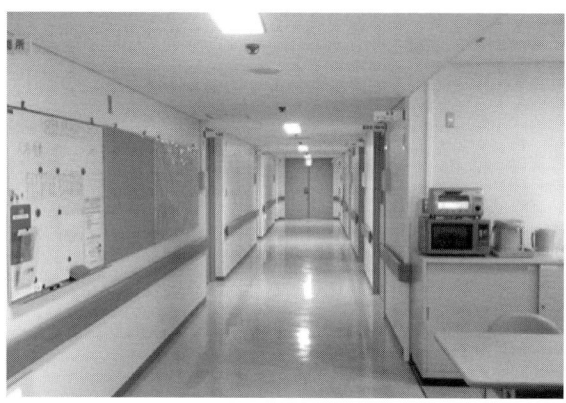

図2　香川大学医学部附属病院　精神科病棟（全景，平成18年に改修）

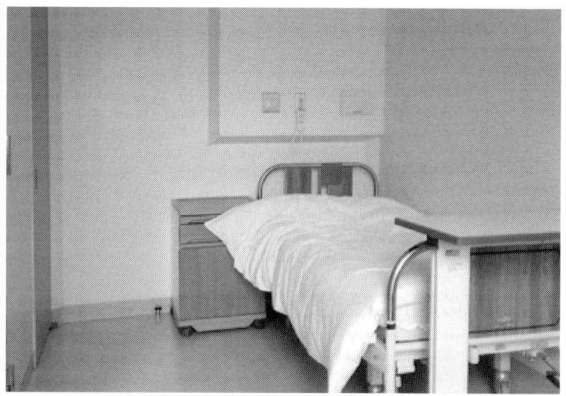

図3　香川大学医学部附属病院　精神科病棟（ソフト保護室，平成18年に改修）

機的な状況を脱し，現在（執筆時）に至っている。また，平成18年には，旧来の閉鎖病棟として運用した病棟26床を準開放病棟26床（保護室を含む）に改修（図2，3）し，便器がなかった保護室2室をソフト保護室（図4）とハード保護室に改修し，さまざまな患者に対応できるようになった。執筆時現在では，外来は6診体制で運用しており，リエゾンや緩和ケアなどの他科との連携診療も行っている。また，現在，新病棟の建築が進行中であり，旧病棟の改修が予定されています。精神科病棟は旧病棟を改修し，利用する予定となっている。

香川大学医学部精神科にて現在取り組んでいる研究分野は以下のようになる。

1．認知症の治験推進
実際に国際共同試験を含めた認知症の臨床治験を行っている。

2．抗認知症薬の開発
星美奈子（現：京都大学医学部医学研究科 医学専攻生体構造医学講座形態形成機構学 特定准教授）と平成21～23年度に渡り，NEDOが主幹する「基礎研究から臨床研究への橋渡し促進技術開発，橋渡し促進技術開発，アルツハイマー病の根本治療を目指した新規治療法の研究開発」に代表代行として参加し，アルツハイマー型認知症の病因の可能性があるアミロスフェロ

イド（ASPD）についての研究を行った。本研究は、一定の成果を収め、現在、製薬企業が薬剤開発に乗り出している。

3．睡眠の研究

これは、主に新野准教授（執筆時現在）が行っている研究であり、認知症における睡眠構造やそれに影響を与える薬剤に関する研究を行っている。

4．骨粗鬆症の精神疾患の研究

認知症を含む精神疾患患者においては、寡動、偏食、高齢化などの要因から骨粗鬆症が併存すると考えられ、骨密度計を購入し、基礎データ収集を行っている。

5．糖尿病における末梢神経障害の研究

香川大学工学部澤田秀之教授が開発した微小振動装置（無侵襲）を用いて、糖尿病における末梢神経障害についての研究を進めており、現在、小型化した装置が完成している。

香川県の精神科医療

1．香川県の特徴

香川県は、瀬戸内海に面し、四国の北東に位置する。令制国の讃岐国に当たる。県庁所在地は高松市。県名は、讃岐のほぼ中央に存在し、かつて高松が属していた古代以来の郡「香川郡」から採られている。面積は、1876.53 km^2 で、47都道府県の中で最も小さい県である（大阪は、46位で1898.47 km^2）。

平成24年10月1日現在の香川県の人口は98万9,159人である。年齢3区分別にみると、0～14歳（年少人口）が13万231人（全体の13.4％）、15～64歳（生産年齢人口）が58万372人（同59.6％）、65歳以上（老年人口）が26万3,080人（同27.0％）となっている。0～14歳（年少人口）とは15～64歳（生産年齢人口）は減少傾向となっているのに対し、65歳以上（老年人口）は増加の傾向を示し、少子高齢化が一層進んでいる。この現状から、将来的には統合失調症は減少、認知症は増加していくものと考えている。

2．香川県の精神医療の現状

①精神科診療機関（有床）

香川県には有床精神科診療機関としては、15精神科病院、精神科病床をもつ3総合病院と1有床小児病院がある（平成25年3月現在）。合計の病床数は、約3,000床であり、地域医療計画で適正とされている病床数を下回る病床数となっている。

香川県においては、きわめて精神科医師が逼迫しており、そのためにこの10年間（特に新研修医制度施行以降）に急速に病床数が減少した。多くは公立精神科病院、総合病院の精神科病床が閉鎖されたためであり、1,000床近くの病床が閉鎖された。また、同時にほとんどの総合病院に精神科を標榜する診療科はなくなっている。香川大学医学部附属病院と回生病院のみが、総合病院で有床診療を行っている現状となっている。現状（平成25年3月）では下記のような状態に陥っており、きわめて深刻な状況となっている。

a．精神科が新研修医制度以前から存在しない主要医療機関
  ・香川県立中央病院（岡山大学派遣先）：神経内科が代行（事実上、精神科診療なし）
  ・KKR高松病院、済生会病院、栗林病院などの主要総合病院

b．精神科が新研修医制度以前に存在し消滅した主要医療機関
  ・香川日赤病院：外来廃止
  ・国立病院機構善通寺病院：精神科病床・外来とも廃止
  ・香川労災病院：精神科病床・外来とも廃止
  ・三豊総合病院：外来廃止
  ・滝宮総合病院：外来廃止
  ・香川県精神保健センター：現在医師なしで運営

c．精神科が新研修医制度以前に存在に縮小し

た主要医療機関
・高松市民病院：病棟事実上閉鎖，外来限定（常勤医師1名）
・さぬき市民病院：精神科病床廃止，外来医師1名のみで診療
・香川県立丸亀病院：病棟縮小，常勤医師が大凡半減
・香川小児病院：常勤医師減少
・三船病院，馬場病院：病床削減

②**精神科診療機関（診療所）**
　香川県内には，精神科を標榜する診療所は約40ある。その内の19診療所は，高松市（人口42万793人，執筆時推定）内に集中しており，診療所は都市部に偏在している。

③**医療観察制度に関して**
　四国内には，医療観察制度に基づく指定入院医療機関はない。

Memory

大阪国際交流会館において日本精神神経薬理学会・生物学的精神医学会の合同大会を開催した。大阪大学武田雅俊教授と岡山大学小川紀雄教授が大会長であったが，多くの外国人研究者が来てくれて楽しい思い出にあふれる学会となった。平成20年9月11日

Florence Thibaut，武田雅俊，Hans-Jürgen-Möller

武田雅俊，永津俊治，Peter Lesh，鍋島俊隆，神庭重信

神経精神薬理学会と生物学的精神医学会の合同大会

10 熊本大学神経精神科と熊本県の精神医療

● 池田　学

教室の黎明期

　熊本大学神経精神科の歴史は古く，熊本県の精神医療は大学とともに発展してきたといえる。1896年（明治29年），現在の熊本大学医学部は「私立熊本医学校」として始まり，1900年（明治33年）には県立病院において神経精神科が独立科になった。1904年（明治37年）に「私立熊本医学専門学校」に精神科が創設された。同年4月，帝国大学医科大学から公立札幌病院副院長を経て病理学と精神神経系科学を兼任して初代の三角恂教授が就任した。1912年（明治45年）には，三角教授の指導を受けた仁木正巳医師が熊本市に9床で仁木医院を開院した（現：仁木ハーティーホスピタル）。1919年（大正8年）には「私立熊本医学専門学校」は「熊本医学専門学校」に改称され，1921年（大正10年）には県立移管され，翌年には県立熊本医科大学へ昇格した。そして，1929年（昭和4年）には熊本医科大学（官立）に移管された。その間，1925年（大正14年）には精神医学の専門講座主任として，東京帝国大学から2代目の黒澤良臣教授が就任した。同時代の静養病棟は60床で，うち熊本市からの委託患者が10人であった。1941年（昭和16年）には，黒澤教授が第40回日本精神神経学会の会長を務めた。1943年（昭和18年）には3代目として熊本医科大学出身の宮川九平太教授が就任した。1945年には熊本大空襲により大学病院は全焼し，病棟で2人の患者が犠牲となった。1949年に国立熊本大学医学部となり，病棟も現在の敷地に戻った。1945年には，国立熊本病院（現・国立病院機構熊本医療センター）精神科が開設され，1953年には，熊本県下の精神病院院長会（現・熊本県精神科病院協会）が発足した。翌年には，熊本県小川再生院（現・熊本県立こころの医療センター）が設立された。1955年，熊本大学大学院医学研究科が設置された。

教室の基礎

　宮川九平太教授の急逝に伴い，1961年に4代目教授として東京帝国大学から松沢病院を経て立津政順が就任した。この時代に現在の教室の基礎が築かれたことは衆目の一致するところである。統合失調症や中毒精神病の徹底した行動観察と神経病理学を中心とした臨床研究が精力的に展開された。また，多くの門下生を東京大学精神神経科や神経内科，東京都立松沢病院，国立武蔵療養所，国立療養所静岡東病院などに送り込み，広い視野を持つ優れた臨床家を排出した。これまでの熊本県における地域精神医療の中心的な役割を果たしてきたのは，このような立津精神医学の薫陶を受けた俊英たちであった。後継者の宮川太平も，松沢病院，さらには大阪大学医学部解剖学教室（浜清教授）で神経

系の微細構造に関する研究に従事した。

宮川九平太教授時代に発生した水俣病は，原田正純を中心に水俣病の臨床研究，患者救済活動として立津教室の大きな業績となった。また，昭和38年に発生した三井三池三川鉱での炭塵爆発事故によるCO中毒後遺症に関しても，水俣病同様に教授自ら現地に赴き，検診と追跡調査を行った。そして，現在も両地域での検診と患者支援は門下生の有志によって継続されている。

1963年には熊本県精神衛生相談所（現・熊本県精神保健福祉センター）が設立され，1965年には初の精神科・神経科医院として寺岡肇により寺岡医院（現・くろかみ心身クリニック）が開設された。1974年には，熊本精神病院協会誌（年4回）が発刊され，現在も熊本県における精神医療の重要な記録集となっている。本稿の多くも，本協会誌に掲載された論文に寄っている。同年（昭和49年）8月時点で熊本県には単科精神病院が私立39，県立1，国立2となり病床数は7,315床であった。県下で働いている専門医は105人，うち23人は熊本大学医学部附属病院精神科に所属していた。1977年には，結核療養所からの転換で老年性精神神経疾患・小児精神障害者のための国立療養所菊池病院（現・国立病院機構菊池病院）が開設され，国立武蔵療養所から室伏君子が初代院長として赴任した。

1981年には，宮川太平が5代目教授に就任した。教室の研究は，統合失調症とアルツハイマー病の電子顕微鏡による形態学的研究が中心になったが，上記のフィールド研究も脈々と継承され，教室の生物学的精神医学に基づく臨床研究の伝統が確立した。また，菊池病院に異動した弟子丸元紀（現・希望が丘病院）を中心とする児童青年期精神医学グループ，下地明友（現・熊本学園大学教授）の文化人類学・医療人類学の研究グループも誕生した。当時の教室関連病院は，上述の松沢病院のほか，飯塚病院，宮崎県富養園，国立療養所琉球病院，県立宮古病院など広範にわたっている。1981年には，公設民営で熊本県あかね荘［現在は自立（生活）訓練事業所（宿泊型・通所型）］が全国で初めて開設された。宮川太平は，教授在任中に医学部長を3期つとめ，教室だけでなく熊本大学医学部の発展に大きく寄与した。

2000年には6代目として北村俊則教授が就任したが，2004年には「こころの診療科」として分離され，2007年1月に池田が7代目教授として赴任するまで教授不在が続いた。その時点の，単科精神病院が私立42，県立1，国立3，病床数は8,996床，そして診療所が26であった。

現在の教室と熊本県の精神科医療

私が赴任したとき，後期研修2名を含む医局員は7名であった。4月からは，兄弟弟子でもある橋本衛がさわ病院から赴任してくれたおかげで，私の主たる研究領域である認知症と高次脳機能障害の症候学はすべて任せて，教室の再興と地域精神医療システムの構築に乗り出すことが可能になった。また，8名の新後期研修医と2名の後期研修医の入局があり，人数的には賑やかなスタートを切ることができた。

大学病院での1年間の後期研修後は，県内3箇所の公立病院（国立病院機構熊本医療センター精神科，国立病院機構菊池病院，熊本県立こころの医療センター）ならびに国立病院機構肥前精神医療センターのうち2ヵ所と私立精神科病院をローテーションで巡る研修システムを立ち上げ，これまでの37名の入局者はほぼこのシステムに従い，自己の研修と同時に地域精神科医療の充実に重要な役割を果たしている。2013年10月時点の県内の精神科医療機関としては，単科精神病院が私立42，県立1，国立3，病床数は8,922床，そして診療所が31である。

研究グループとしては，認知症・高次脳機能障害，老年期うつ病，児童・青年期精神医学の3つと，NIRSやMRI，SPECTを用いた神経画像グループが，研究グループ横断的に活動して

2013年4月の教室スタッフと看護師長

いる。2年前ころから、ようやく本格的に研究を実施する余裕が生まれ、各グループから国際誌に掲載される論文数も増えてきている。

現在のスタッフは、教授1名、講師3名、助教5名、医員2名、後期研修医5名、大学院11名（うち社会人大学院7名）である。また、教室には熊本県認知症疾患医療センター（基幹型）と熊本県高次脳機能障害支援センターが設置されたこともあり、精神保健福祉士3名、社会福祉士1名、臨床心理士3名、作業療法士2名、認知症看護認定看護師1名、言語聴覚士1名(いずれも有期雇用の常勤)が配置され、チーム医療の実践と教育、臨床研究の活性化に貢献している。大学の基幹型センターと9ヵ所の単科精神科に設置された地域拠点型センターが一体となって、各専門職の育成と認知症の専門医療を提供するシステムは認知症の熊本モデルと呼ばれるようになり、1ヵ月あたり200～250名の新患を含む3,500～4,000名の認知症外来患者の診療にあたっている。高次脳機能障害支援センターは、主に精神症状を伴う高次脳機能障害患者の診療と社会復帰、専門職の育成に携わっている。当センターの設置は、CO中毒後遺症の診療と調査において中心的な役割を果たした三村孝一（城ヶ崎病院院長）が設立した多職種の代表からなる熊本県高次脳機能障害検討委員会の活動が基になった。

2008年には、Sleep Symposium Kansai-Kumamoto（現・日本臨床睡眠医学会）を、2009年には第62回九州精神神経学会を、2010年には第25回日本老年精神医学会、2013年には第32回日本社会精神医学会を熊本で開催させていただいた。武田雅俊教授をはじめ大阪大学の先生方にはさまざまな形でご支援をいただいた。この場を借りて、感謝したい。

2014年には新外来棟がオープンし、2015年には新臨床研究棟も完成し、長きにわたった医学部再開発計画も終了することになる。立津教室以来の居室を離れる寂しさはあるが、新臨床研究棟では臨床4科が研究スペースを共有し、大学院生達も他科と居室を共にすることになるので、他科との共同研究や臨床と基礎研究の融合には良い条件が整うことになる。臨床面では、現在取り組んでいる発達障害を担う人材育成と、診療ネットワークの構築が急務である。2016年には県立こころの医療センターに児童・青年期の専門病棟が設置されることになったが、専門医の育成が喫緊の課題である。

おわりに

私は大学院修了後、師匠の田邉敬貴先生（前愛媛大学教授）にお願いして、神経病理学を松沢病院の敷地内にある都立精神医学総合研究所

で勉強させていただくことになった。そのとき，「自分が居たところだから」と留学先を紹介してくださったのが，立津政順先生を恩師と慕われている松下正明東京大学教授であった。また，熊本大学への赴任を強く後押ししてくださったのも松下正明先生であった。師である田邉敬貴先生から臨床症候学を徹底的に仕込まれ，前任地の愛媛大学で自分の研究グループを引いて認知症のフィールドワークを展開してきた私にとって，これまで述べてきたような伝統が色濃く残っている熊本大学の神経精神医学教室や熊本県の精神科医療には何の違和感もなく，当たり前のように働き始められたような気もしている。しかし，何の縁もゆかりもない私を温かく迎えて下さった熊本県の精神科医の先生方のご厚情には感謝の言葉もない。

西村健先生や武田雅俊先生のように世界の老年精神医学に貢献する力はないが，地理的にもより身近に感じるようになったアジアの老年精神医学に貢献したいというささやかな夢もみるようになった今日この頃である。

敬称は略させていただいた。所属は，主に当時のものを記載させていただいた。

文 献

1) 立津政順教授退官記念業績集．熊本大学医学部神経精神医学教室，1981年
2) 熊本大学医学部神経精神医学講座 開講百周年記念誌．熊本大学医学部神経精神医学講座，2002
3) 宮川太平：日本精神医学新風土記（4） 熊本県．臨床精神医学 36：335-338，2007
4) 熊本大学医学部神経精神科教室だより．熊本大学医学部神経精神医学教室，2008，2009，2010，2011，2012

Memory

1999年1月29日，竹友安彦先生ご帰国の折に，マリア像絵画を贈呈していただいた。この絵画は，1930年に小竹弥四郎先生から大谷象平先生の長男誕生の御祝いに贈呈され，さらに，1947年に大谷象平先生から竹友安彦先生のご長男誕生の御祝いとして贈呈された。

竹友安彦先生とマリア像
1999年1月29日

Memory

志水彰，杉原方 　　　　　藤本涼三，矢内純吉

金子仁郎，関山守洋，長尾喜八郎 　　　井田秀乃夫，吉田功 　　　工藤義雄，金子仁郎

平成 2 年度和風会
北新地ホテル青龍にて 1990 年 12 月 8 日

第4部

和風会の人脈

1 「和風会誌」から見た教室の歴史

● 武田　雅俊

　阪大精神科の同門会を和風会という。阪大精神科の設立は明治27年であるが、和風会ができたのは、金子仁郎教授の時代である。金子仁郎は、堀見太郎教授が急逝された後に、奈良県立医大精神科教授から母校の教授として急遽呼び戻されたのであるが、その折の教授選考を巡ってはいろいろな運動があり、怪文書さえも飛び交ったと伝え聞いている。そのような紛糾した選考の後に就任された金子仁郎が同門の一致団結の必要性を考えられて同門会を組織されたのではないかと思っている。そして、その名称は、漏れ伝わるところでは、堀見太郎の前に教授を務められていた和田豊種がご健在であったことから、和田の姓から一字をいただいて命名されたといわれている。和風会が誕生した時の会員数は156名であったが、その後も阪大精神科の同門会として機能し続けており、現在では600名を超える会員がいる。

　教室には製本された昭和32年の創刊号から平成26年の第57号までの和風会誌が保管されている。最初の合本は20号までが綴じられているが、それ以降は約6,7センチの厚さごとに、第21～29号、第30～39号、第42～45号、第46～48号の合本であり、和風会誌が厚みを増すとともに合本される年数が短くなっている。

　創刊号から第20号まではA5判のサイズで赤色の革張りの製本であり古き良き時代の書籍という風格がある（図1）。書籍の端々は摩耗により微妙に赤色が薄くなっているが、なるほど革張りの製本は手触りが良く、何度読み返しても心地よい感じである。第21号（昭和52年）からはサイズが大きくなり現在のB5判となり、合本の表紙装丁も厚紙となっている（図2）。和風会誌には、伝統的に末尾に会員名簿が付けられていたが、第41号（平成9年）から和風会誌と会員名簿が別々の冊子となった。これは、個人情報保護法との絡みで全国に配布する和風会誌には会員名簿は不要であるとの判断により、和風会誌とは別の冊子として名簿と会員からの便りとを掲載した和風会名簿が作成され、和風会会員だけに配布されることになった。

　創刊号は昭和32年11月の刊行であり、A5判32ページである。金子仁郎会長の「刊行の言葉」に続いて、和田豊種名誉会長による「精神神経科学教室の歴史」が掲載されている。続いて、会員の消息欄には、会員諸氏からの寄稿文が寄せられている。創刊号には、大貫弘平、村井正規、吉田泰、小川謙一、山崎俊夫、長谷川竜也、井上謙、青木亮貫、園田次郎、長谷川隆元、江川昌一、松田鎮雄、三輪淳、澤潤一、奥西孫市、宇野俊雄、浅尾博一、吉田優、大澤安秀、原田一彦、伊藤正昭、森滋郎、小河浩平、三好豊、川口宏、小牟田清博、正田研一、水津和夫、渡辺斌、森本誉愛、三田谷啓の短い近況報告の寄稿文が掲載されている。そして「教室の動き」には、教室での出来事や人事異動と業

図1　和風会誌創刊号からの20号までの合本

図2　和風会誌の歴史

績が掲載されている。

　後半は会員名簿であり，名誉会長和田豊種，会長金子仁郎，監事として橋田贊，梁忠雄の2名，幹事として浅尾博一，有岡巖，髙橋清彦の3名の名前が記載され，その後に156名の名簿が入局順に記載されている。

　和風会誌を創刊号から閲覧していて，ちょうど創刊号の名簿の最終ページに，昭和32年阪大卒業の西村健と西沼啓次が業室研究生として記載されているという偶然を発見した。西村健は金子仁郎の後に阪大精神科教授になられたのであるが，阪大精神科同門会誌の創刊号の末尾にその名前が掲載されるという奇遇な巡りあわせであった。

　西村健は，昭和32年の卒業であり，昭和53年に教授に就任された。小生は昭和54年の卒業であるので，金子仁郎の卒業試験を受けて卒業した。学生時代に堂島川北側の病院8階にあった精神科生化学研究室を訪問して入局の意向をお伝えした記憶がある。当時は既に業室研究生という制度はなくなっていたが，そのような制度が残っていたならば，西村健と同じように，西村健が教授に就任なさった年の和風会名簿の末席に名前を記載していただけたのかもしれない。精神医学教室の教授の代替わりの年に次の世代が入局するという巡りあわせであるが，小生の和風会名簿への掲載は，西村健が教授に就任された翌年の第23号（昭和54年12月）からとなっている。

　ここでは，和風会誌に掲載された和田豊種による「精神神経科学教室の歴史」「五十年前の東大精神病学教室を回顧して」を掲載して，阪大精神医学教室の創設当時の様子，また和田豊種が内地留学しておられた当時の東大精神病学教室の様子をお伝えしておきたい。そして，和風会が設立された時の金子仁郎による和風会誌創刊号（昭和32年）の挨拶，西村健が阪大精神科教授に就任された年の挨拶文（和風会誌第22号，昭和53年），続いて小生が教授に就任した年の和風会での挨拶文（和風会誌第40号，平成8年）を掲載して，それぞれの教授が就任当初に抱いていた思いと抱負をお伝えしたい。

和田豊種名誉教授による「精神神経科学教室の歴史」
（昭和32年11月発行和風会誌創刊号より再掲）

　過日金子教授から神経科の和風会の記録を残して置きたいから同科創設当時からの事項を記載して呉れとの御依頼があり，私もかねがね其

必要を痛感して居ったので早速賛成して筆を執ったのである。それで追想すると，故堀見教授の生前に一度原稿を手渡した様に記憶するが，確かなことは云へないので改めて茲に再び記述することにした。処が創設当時の旧い記録は残って居ないので主として私の記憶と「佐多愛彦先生伝」と学友会会員名簿とによって記述した。

抑々大阪大学医学部の前身は明治2年に遡り，初めオランダ式を採用し蘭人教師，エルメレンス（其の記念碑は今医学部前庭に建って居る），ボードウィン，マンスフェルト等が日本人医師とともに診療教育に当たって居ったが，明治14年に至り海軍軍医で英国に留学した吉田顕三氏が府立大阪医学校の校長兼病院長に就任するや，従来の和蘭式を改めて範を英国式に採り，明治15年には甲種医学校として認可され，其の卒業生は試験を要せずして医師開業免許を得ることとなった。

吉田氏は明治22年辞職し高麗橋西詰に吉田病院を開き，後任として来任したるは清野勇氏であった。氏は東京帝国大学第一回卒業の医学士であるが，前任校長の英式を独逸式に改め，病院の菱木を改正し，初めて内科，外科，産婦人科，眼科の四科を置き，次いで明治27年に精神科を創設し教諭医学士大西鍛が其の医長に就職された。其の年に学校及び病院が改築せられ，現在の医学部の所に病院が新築せられ，南側に北向の玄関があり，学校は今の理学部の一画に建てられた。

創設当時精神科の病室は病院の南北に通ずる廊下の北端に近い所から東方に入込める一棟で大部分は鍵の掛かる個室で一部雑居室もあった。人手の少なかった時代に興奮患者が入院すると逃亡するのを恐れて隔離室に収容し警察に届けて巡査の不寝番を頼んだ事さへありと聞いて居る。

其頃の精神科医局に専属の医員が居ったか否かは記録がないから明らかでないが，外来も非常に少なかったし専属の医員は居らずに他科の医員が交代で応援に来て居ったのではないかと思う。

(註)明治26年頃大阪には北区北野茶屋町に阪本三郎博士の父親阪本元良氏経営の阪本癲狂院，岡町に石丸癲狂院，泉南郡熊取町に七山癲狂院があったのみ。

私は明治27年9月府立大阪医学校予科2年に入学し，明治31年大西鍛先生から精神病学を教わりました。又，同先生は其の前病理学も薬物学，生理学等も教授されましたが，精神病学はGriesinger精神病学から主として伝へられたと思います。今日から比較すれば至極簡単なもので各論では，Manie, Melancholie, progressive Paralyse der Irren, Paranoia simplex acuta et chronica, paranoia hallucinatoria acuta et chronica, Hysteria, Neurasthenia, Hypochondria, senile Demenz, Alkoholismus, Morphinismus, Cocainismus, Idiotie, Imbecillitaet, Epilepsie等が主であり，SchizophrenieはもとよりDementia praecoxさへも未だ命名されず，パラリーゼが梅毒に原因することも一般に認識せられなかったのです。時々臨床講義を聞きました。

私は，明治32年10月に府立大阪医学校を卒業して一年志願兵を終了し，明治34年3月から母校の無給助手となり，明治35年病理科兼精神神経科助手となり，佐多先生の許で研究中，明治36年3月に助教諭に任ぜられましたが，翌明治37年3月日露戦争に召集せられ満州に居る事二年，明治39年3月召集解除となり助教諭に復職しました。同年9月校命により京都大学に内地留学，翌40年9月より東京大学留学に転じ41年12月まで研究を続けました。

私の知る限りでは明治29年卒業の橋爪信三郎氏が精神科の専任助手になられた最初ではないかと思います（同氏は堀見太郎教授の母上のお兄さんでその後小児科に転じました）。

明治31年以後になりますと，年々卒業生で

精神科に入局した方々を私は全部明確に知って居ります。即ち31年度に岡久吉氏（現存），池田玄洞氏（死），石原泰一郎氏（死，日本に於ける脊髄労の原因，日本に於ける麻痺狂の原因を東京医学会誌に発表），明治35年藤田八郎氏（死），明治36年髙橋清太郎氏（死，堺脳病院設立），高橋清蔵氏（死），明治38年本庄弥氏（病理より転入，脳脊髄チトトキシンの発表あり），佐田澹洋氏（死），明治41年物部一二氏（死），明治42年田原総尾氏，明治43年小関光尚氏（永く助手を勤め，助教授に進み，独墺に官費留学，大阪府立中宮病院創立に当り副病院長に転出し，其他多数の論文を発表），熊谷直行氏，小笠愛三郎氏（死），竹村信治氏（死）の各氏を医局に迎えました。

其の間私は明治42年3月に教諭に任ぜられ，官命に依り同年4月シベリア経由欧州に留学し伯林を経てウィーンに至り，神経学教室オーベルスタイナー教授，マールブルグ講師，神経内科フランクルホワルト教授，精神病学ワグナー教授，生理学クライボイドル教授等に就き，更に翌43年夏学期からミュンヘンに転学し，クレペリン教授の教室に於いて教育を受け研究して，ストラスブルグ，巴里，ロンドンを見学し，明治43年12月帰朝し，翌年1月に母校の教諭兼病院精神神経科医長に任命せられました。

話は少し前後しますが，これより先，大西鍛先生は，明治31年11月新設の神経科医長を兼ねられましたが，明治38年4月辞職せられました。精神神経科初代教諭としての在職は9年であります。大西先生の後任は暫く欠員で東京養育院の医員であった菅井升吉氏（死）が講師として来任し医長代理をして居られたが（同氏は後に大阪府立外島病院癲療養所長に転出，癲に関する研究で有名になりました），当時未だ日本には精神科専門の学者は少なく，後任者の招聘困難であったので，明治38年新任の京大教授今村新吉氏に教授を嘱託し，毎週三日来阪して精神神経科の教授と診療を依頼して居った。

私が明治43年末留学より帰朝したので今村氏は嘱託を解かれ，私が44年1月から教諭兼精神神経科医長に新任せられ，昭和16年5月定年退官にいたるまで31年の永きに亘りて大阪医科大学教授，大阪帝国大学教授として其職を汚して居ったのである。

此前后には我が精神病学は最も急速な発展を遂げパラリーゼの原因及びマラリア療法の発見，精神分裂病の疾病学の進歩，インシュリン，カルヂアツォール電気ショック療法，躁鬱病の持続睡眠療法も次第に研究せられ，現今の状態に及びたる経緯を回顧すると実に感慨に堪えざるものがあります。

終りに，私の在任中，医局に入局された卒業生は明治43年までは前項既に記載しましたが，明治44年以降の諸君は次の如くであります（和風会誌から拾った教室員名簿に掲載することにして，ここでは名簿は割愛する）。

以上の諸君が，私の退職までに入局された方々であります。其の間精神神経病学の研究と職務上の熱心によりまして大学，教室の発展にご尽力下され私個人に対しても公私共に絶大の御後援を与へられました御厚情に対して感激と感謝の念に堪へざる所で終生忘るる能はざる次第であります。私退職後は故堀見教授により更に精神神経科教室が大なる飛躍的発展を遂げましたことは各位ご承知の通りであり，私の喜び大なるものがありましたが，不幸若くして急逝され哀悼に堪へませぬ。

茲に新たに新進気鋭の英才金子教授を後任に迎へ，今や着々教室新発展の途に就きつつあり，将来の期待更に大なる次第であります。猶母校出身者以外に前防玄達氏，長谷川隆元氏，青木亮貫氏（滋賀県水口病院長）等が我教室に於て研究されたことは私の最も喜びに堪へざる所であります。

尚，筆を擱くに当たり特に一言謝意を表したいことがあります。昨年私は当77歳に達しま

したので，和風会の方々から喜寿の祝賀会をご開催下されまして私共夫妻を心から御祝福下され，記念の映画，写真帳を御贈与に預かり和気藹々たる中に半日の清遊を楽しませて下さったことは我々幸福の極として終生忘れ得ぬ次第であり感激に堪えませぬ。厚く御礼を申上げ，各位の御成功と御健康を祈ります。

如之本年は我々夫妻結婚50年目に当りますので，所謂金婚の祝辞其他を戴いた方々があります。此機会を利用して再び御礼を申し上げ感謝感激の意を表します。

和田豊種先生による「50年前の東大精神病学教室を回顧して」
（昭和33年11月発行和風会誌第2号より再掲）

私が東大精神病学（主任呉先生）へ大阪医学校（校長佐多愛彦博士）から内地留学を命下せられたのは昭和4年（1907年）9月である。その一年前から私は京都大学精神病学教室へ内地留学して居たのだが，其頃同教授今村教授が留学から帰られて間もなくまだ教室も完成して居らなかったので，転じて東大への留学を命じられたのである。当時，東京大学でも独立の精神病学教室はなく，昭和20年から教室は東京府癲狂院即ち後の東京府立巣鴨病院内に同居して居ったのである。それで巣鴨病院の門には，巣鴨病院と東京医科大学精神病学教室，二つの門標が掲げられて居った。門を入り進みて玄関を昇りますと，左手に薬局があり右手に教室があり，此処を左手に廊下を曲がって進むと広い医局があり，隣は教室兼院長室となって，其処を曲がりますと，外国雑誌を収めた本棚が廊下の一列に高く立って居った。主として独仏の精神病学雑誌であるが，英米仏のも二三ありました。此の廊下の奥に二室の隔壁を取り除いた細長い部屋があり，これが研究室で右側は庭に面し，左側は壁になり，内には研究台と椅子，テーブルを備え，左側に試薬，色素瓶，肉眼及び顕微鏡，標本収蔵の戸棚となり，更に廊下を通して進めば隣は講堂になって居り，此処へは門から応接に入るようになって居りました。此建物と反対の側には新しく建てられた別の検査室があり簡単な化学的検査が出来るようになって居った。さて次に巣鴨病院の病室は以上の建物の奥に略ぼ四角形に建てられ理一区乃至四区と称され，一つの女子病棟は勿論二つの男子病棟も看護婦により看護せられ只男子不穏病棟のみが男子看護人により看護せられ此処には若干の隔離室がありましたが一般に不拘束主義が採用せられ又作業療法も少しずつ行われて居り，安静患者は時には看護人引率の下に院外散歩も許されておりました。入院患者の大部分は給費施療で臨床講義に供覧されており別に赤煉瓦造りの有料男子病室があり以上全部一階建である。呉先生は毎日此病院の教室に出勤せられ医学部学生，文学部心理学生に講義され臨床講義の外精神病懇話会其他の会合に主として本郷の大学法医学教室で話をされ研究室にも現われて我々の顕微鏡標本を見て下さいました。先生はハイデルベルグ大学にもニッスル教授から直接其染色法を又アルツハイマーから精神病理学を習い日本に伝えられたので研究室に来られた時自分から染色して吾々を教えて下さいましたが，私が染色したニッスル標本の御覧を願うとき標本に埃が附いて居ると御機嫌が悪く何にも言わずに行ってしまわれて恐縮したことがあります。呉先生は，週に二三回多くは午前出勤せられ直ぐ病室を回診されました。受持医員は勿論助手から我々研究生までぞろぞろと陪診するのは今も昔も変わりませぬが，病室（総室）の患者は看護人により上に並んで正座せしめられ先生は自ら一人一人の患者の前に行儀よく膝を折りて正座し丁寧に瞳孔を検査したり質問したり，反響症状を検査し，監識，記憶力，計算力を質問するなどして決して患者に軽蔑感を与える様な言動を執られず，人権を尊重せらるる様子が明らかに傍観者にも感ぜられました。それでも其頃

の病床日誌は日本紙に検査要項を印刷してある冊子に筆墨にて記入するものが用いられて居ったのですが，記入を怠って居る場合など受持に向い物静かではあるが相当皮肉に注意を与えて居られました。しかし診察に関しては受持の意見を尊重せられる風でした。当時病室にようやく電燈が点ぜられて間もないころで以前使用された燈用油煙が室の片隅を真黒に染めて居る痕が残って居りました。呉先生以前のスタッフとしては三宅鉱一氏が我々を指導して呉れました。三宅先生は明治34年東大を卒業後，巣鴨の精神科に入局せられ明治38年渡欧してウィーンの Obersteiner, 次いでミュンヘン Kraepelin の教室にて研究，明治40年5月帰郷，8月東大講師，12月巣鴨病院副院長を兼任し，私が東大へ留学した当時には主として若い助手医員の研究指導を担当して居られました。そのころ三宅氏は最も脂の乗った時で自らも大馬力で勉強し毎日研究室に顔を出し吾々の組織標本を鏡見し，又自分がウィーンで教えられた様に中枢神経系統解剖のクルズスを講義し，又率先して東大文科の若手助手桑田芳蔵氏（後の東大，阪大名誉教授）の心理学教室に医局の連中を引率して心理学殊に実験心理学の聴講を受け大いに啓発する処がありました。

　そのころ呉先生時代の松原三郎（後の金沢医専），森田正馬（慈恵医専），石田昇（長崎医専），松本高三郎（千葉医専），石川貞吉（私立巣鴨病院長），吉川省吾，景山勇等の諸氏は既に巣鴨を去り，田辺秀四郎，小林貞道（愛知医専），中村譲（後の台湾医専），斎藤玉男（日大）は，医局にあり，私の研究に助言を与えて下さった。精神科教室には，谷宝抱（愛知医学法医），足利義律（広島），池田千年（後の滝野川病院長）の諸氏が研究生として入局された。其他黒沢良亜（熊本医大教授，国立国府台病院長），氏家信（小金井養生院長），池田隆徳（保養院長），松本孟の諸氏が明治41年に卒業して医局に入られ私等と共に研究に従事されたのです。

　私は東京では巣鴨病院の豊富な患者材料により臨床上の所見を拡める様に留意し又主として三宅講師の指導により病理学的研究に努力しました。然し生来の意力と新鮮な人屍材料に乏しく，又保存せられて居る材料は古くて脳脊髄の微細構造を見る染色に適せず思う様には行きませぬでした。当時例えば進行性麻痺の原因が梅毒であろうとは思察されており，又梅毒スピロヘータは既に発見以前に著見されて居ったが，進行性麻痺の脳脊髄には発見されて居らなかったのであります。それで私はひそかにフォルマリン保存の材料に就きスピロヘータの染色鏡見に努力しましたが，之を発見することが出来ず後に1913年野口英世博士により初めて発見されたのであります。巣鴨に於ては野口氏の方法により黒沢氏が研究せられて居ります。又グリア繊維のワイゲルト氏染色も私が巣鴨で研究して不完全ながら成功し，ビルショウスキー原線維染色も当時報告されたのですが，これは簡単に出来るようになり，黒沢氏等も熱心に是等の染色法を用い巣鴨の教室では全国に先んじて病理組織学的研究が発表せられる様になりました。私は当時多年癲癇に罹患した一女子の脳脊髄を検査し同時に中枢神経系の到る処に無数の澱粉様小体が沈着せる稀有の一例を発見しました。其他又他の一例に於いて脊髄組織構造の異常を見，これ等を神経学雑誌に報告しました。私は三宅先生の許可を得て巣鴨入院患者に就き松本孟君と共同で未だ日本であまり研究されていない精神病の髄液を採取し，これを血清学，血液学，化学及び組織学の方向から調査研究して東京医学会に報告，寄稿し，次いで Jahrbücher für Psych, u, Neurol, 1909 に報告しました。私は其の頃学校から独墺へ留学を命ぜられる事となりましたので，明治41年12月を以て東京留学を打切り大阪に帰り準備を整えた後，翌42年5月，古武，世良両君と共に渡欧いたしました。

　以上甚だ簡単ながら今から五十年前の東大精

神科の様子が大略お判りになったことと思い筆を擱きます。

和田豊種教授による名誉会長挨拶
(昭和35年11月発行和風会誌第4号より再掲)

　秋涼，紅葉の好季節を会員各位には御研究に御診療に又御保養に愉快にお過ごしのことと拝察いたし御喜び申し上げます。

　私昨年今頃は数年来の痼疾なる前立腺肥大症の切除手術を受けました後で皆様にも御見舞いを頂き御厚志を感謝しながら病床に臥し又室内歩行の練習をしておりました。御蔭をもちまして其後徐々ながら健康を恢復いたし此頃では益々元気になりました。

　昨年の和風会には出席致し度く再度も金子会長の御厚志により会期を変更して貰ったのに歩行不自由で遂に出席出来ずテープレコーダーで私の声だけ送って頂いたのでした。本年は久々で会員各位にお目に懸るのを楽しみに開会の日を待って居ります。

　今私が残念に思うて居る事は教室の助手から助教授を経て府立中宮病院創立の初から院長を永年勤められた小関光尚博士が永く病床に臥せる事と私の後継者であって教室の人々を率いて熱心に研究に従事して居った堀見教授が卒然として此世を去った事と，其他多数の旧教室員が黄泉の客となって居られる事であります。茲に謹みて弔意を表し御冥福を祈ります。

　堀見教授死亡後は教授会満場一致の推薦により新進の英才現金子教授を迎え研究に診療に日も亦足らざる御精勤で，佐野助教授始め教室員と共に多数の業績相次いで発表せられ，又米欧に留学する者数名を数え海内のみならず海外に迄教室の名声が挙がりつつあることは私の最も喜びと感謝いたす次第であります。

　さて総会を期して一昨年来会誌に掲載の会員名簿に就きまして明治27年大西鍛氏が精神科教諭として就任されまして以来，私が昭和16年5月定年退官いたしますまでの間の精神神経科医局員中生存者は会誌第二号及び第三号により段々明瞭にされて居りますが，物故者の方は不明，脱落の人が大部分でありまして，これを明らかにせざれば遂に名簿から消え失せる恐れがありますので，左に私が最近まで調べました処を掲げてみました。尤もこれとても間違いはあるかとも思いますが，他は補追する事として一応御承知願いたいのであります。因みに初代大西鍛教授は明治27年から明治38年まで勤務せられ，其後任には京都大学教授今村新吉氏が教授嘱託として兼任し，明治44年1月から私が今村氏からバトンを受継いで昭和16年定年退官まで勤続し堀見太郎氏に代わったのであります（和田豊種教授により記載された入局者名簿は，和風会誌から拾った教室員名簿に掲載した）。

金子仁郎教授による和風会誌創刊号挨拶文
(昭和32年11月発行和風会誌創刊号より再掲)

　昨年の和風会の席上で，教室の同窓会誌を発刊することをお約束してから最早や一年は過ぎ去ってしまいました。その間多忙にまぎれて，今年の和風会間際になって諸先生方に原稿をお頼みするような不手際で誠に申し訳なく思っています。この同窓会誌は会員諸先生方の消息をのせましてお互いに現況を知りあうことを，一つの目的としています。和風会は年に一度は開催されますが，色々の都合で出席できなかった方もありましょうし，出席されてもお互いに十分なお話も出来なかった方もありましょうから，この消息欄はそれを補う重要なものになります。しかし，もう一つの大きな目的は，教室の重要な歴史的と言えば少し大げさですが，過去の記録となる事であります。教室には医局日誌というものがありますが，これの保管も十分ではなく，散逸してしまう恐れもあり，教室の歴史というものを記録にとどめて置く必要を感

じましたからです。

　幸いにこの発刊号には和田名誉会長が教室の創設当時からの歴史を詳細に書いていただきましたので，我々としても大いに得るところがあると共に，本誌の重要な目的の一つを達成したことにもなります。これから教室の出来事は逐次毎号掲載されますが，また我々が知らない昔の時代のことで，是非記録に残しておきたいことが，多々あると存じますので，諸先生方にも是非ご執筆をお願いしたいものです。

　教室も堀見教授が逝去されてから二年余り，私が着任してからも，最早や一年余りは過ぎました。その間私としては特別の事も出来ませんでしたが，最初は動揺していた教室も落着き，教室員がお互いに和合し，しかも各自研究の所を得て立派な研究業績をあげ得る体制に持っていくことは，ある程度達成されたと思っています。研究方面も堀見教授時代からのテストを中心とする力動精神医学及び精神身体医学，佐野助教授らを中心とする生化学的研究以外に，最近には有岡講師らが新たに手を付け始めた組織化学の研究や，脳波を主とする神経生理学の研究も漸次軌道にのっていくように思っています。和田教授以来の神経病学的研究や老年精神医学の研究も引き続いてやっています。殊に現在の教室員は全部終戦後に卒業しました若手ばかりですから，皆張り切って研究をしていますので，これからもどしどし立派な業績が出るものと期待しています。

　我々研究を本分とする者は，立派な研究業績をあげることが，もっとも望ましいのでありますが，それには天分と機会或いは運命というものがいります。しかし，それにもまして日々の努力というものが大切だと思っています。するだけのことをして，出来ればそれでよし，出来なくても，また止むを得ないものと思っています。このように我々は研究を第一目標としていますが，また一方それだけで人生を終わるのではなく，立派な人格を作る事，円満な人間関係

にあることも重要なことと考えています。和風会の名のごとく，教室員一同和合し，なごやかな風が流れ，気持ちよく研究でき，生活できるよう努力しています。これは現在の教室内だけでなく，諸先輩とも和して，同窓会を一層なごやかな，親しみ深いものにしたいと存じます。幸いなことに和田名誉会長には昨年喜寿を迎えられたにも拘らず，至極ご健康で私等弟子や孫弟子の為に色々御鞭撻御援助を仰ぐことが出来ますことは，我々一同喜びとするところであり，先生を中心として同窓会がますます発展することを期待するものであります。

西村健教授による和風会誌第22号挨拶文
（昭和53年11月発行和風会誌第22号より再掲）

　金子仁郎前会長の後を承けて会長に就任いたしました。誠に光栄に思いますと共に責任の重さをひしと感じております。従来はただ先輩のお世話になるばかりでしたので，現在はまだ戸惑っておりますが，和風会の発展の為に会員の皆様と共に精一杯努力いたす所存でございます。どうか率直な御助言と御鞭撻をくださいますようお願いいたします。

　和風会にとって今年最大の出来事は勿論金子先生の阪大御退官記念事業に関連した行事でありました。まず，2月20日最終講義が阪大病院A講堂で行われ金子先生は「運命と研究」と題して2時間に亘り講義され講堂を埋めた参会者に深い感銘を与えられました。講義の後，恵済団食堂で学生を交えて賑やかに立食パーティが催されましたが，その後も医局で多数の学生が金子先生を囲んで夜更けまでグラスを傾けました。

　金子教授御退官記念パーティは，4月8日午後4時からロイヤルホテルで300名を超す参会者を集めて盛大に開催されました。

　パーティ第一部は楓の間で浅尾博一先生の司会により行われ，若槻哲雄阪大総長，山野俊雄阪大医学部長，大村得三学友会会長，山口正民

大阪府医師会長のご挨拶，辻悟助教授による業績紹介があったのち，髙橋清彦先生により記念品が贈呈され，続いて美しい振袖姿の山田玲子さんから金子先生ご夫妻に花束が贈られました。

第二部は会場を山楽の間に移し，厳粛な趣の第一部とは違って寛いだ雰囲気の中で関山守洋君の軽快な司会で進められました。まず中谷肇大阪府副知事，黒丸正四郎神戸大学教授，河﨑茂大精協会長の御祝辞をいただき，恩地裕阪大病院長の音頭で乾杯したのち，"歌で綴る人間金子仁郎"と銘打って「麦と兵隊」をはじめ，金子先生の愛唱歌の数々が和風会員により楽団演奏に合わせて歌われました。宴会場に用意されたたくさんの料理がきれいに食べつくされた7時前，和気藹々の中に「蛍の光」の演奏が流れ全員の拍手に送られて金子先生ご夫妻が退場されました。22年という長いご在任の追尾を飾るに相応しい立派な記念パーティになりましたことは本当に嬉しい事でした。22年間の阪大教授としてのお仕事と和風会会長としての御尽力に心から敬意を表しますと共に，感謝申し上げます。

当日参会者に手渡されました金子教授退官記念業績集も立派な出来映えでしたが，これは乾正君の非常な御苦労の結果出来上がったものでした。その他金子先生御在任中の教室論文集が，志水彰君，髙橋尚武君，飯島壽佐美君らの手により完成しました。退官記念事業に寄せられました醵金の残りは一部を和風会で管理し，一部を金子仁郎名誉教授記念文庫購入資金として精神科教室で運用することになりました。記念文庫として購入された本の目録は毎年和風会誌上でお知らせすることに致します。

金子先生は阪大御退官後，関西労災病院院長として阪大時代にも増してご多忙の日々をお過ごしのようですが，益々お元気な姿に接して大変心強く思う次第です。今後も名誉会長として和風会の発展の為に御尽力下さることになりました。

会長の交代を機に同窓会としての和風会の活動を一層活発にするため役員を増やしてお願いすることになりました。監事を澤潤一先生と工藤義雄先生に，幹事を浅尾博一，髙橋清彦，白石純三，菱川泰夫，南野壽重の諸先生にお願い致しました。交代していただきました梁忠雄先生，有岡巌先生には長年のお骨折りに厚く御礼申し上げます。

今後は役員会を2か月に一度位の割で開いて，情報交換，企画，運営などの面で充実を図っていただきたいと考えております。また年に2-3回，会員の勉強と親睦を兼ねて学術講演会を催したいとも思っており，企画をお願いしております。なおこの機会に和風会規約の一部が改訂されました。11月19日中の島新朝日ビルのアラスカで開催された53年度総会には130名の会員が出席され総会後のパーティも活気に満ちたものでした。大村得三先生や森勝雄先生がお元気な御姿を見せて下さったのは大変嬉しい事でした。アトラクションに特別出演してくださった嶋越美御夫妻の奇術は玄人芸で満場の喝采を浴びました。

本年の新入会員は11名で和風会は会員数計310名の大世帯です。今後も毎年10名近い新入会員が続くと予想されます。和風会の隆盛のため御同慶の至りですが，他方後輩の卒後研修体制をしっかりと固めることが急務であると思われます。大学病院での研修を一年で終え修職する研修生が多いので就職後も引き続き計画的な研修が可能なように一貫した指導体制を組むためには，横の連絡を密にしなければならないと考えております。

今年も会員の方々は多方面で活躍されました。浅尾博一先生が府立中宮病院副院長に就任され早速意欲的に病院内外の問題に取り組んでおられ，浅尾先生の後任として藤井久和先生が府立公衆衛生研究所精神衛生部長に昇任されました。

学会関係でも金子先生，稲岡長君，関山正彦

図3 平成8年度和風会総会（11月30日）
左：花束贈呈で感謝を受けた西村健教授。　中：金子教授，西村教授，武田教授。　右：挨拶する武田教授。

君，田邉敬貴君らが第三回欧州超音波会議（ボロニア）と第九回国際ザルツブルグカンファレンスに，ヨーロッパ脳波学会（ルーマニア）に菱川泰夫講師，田中克往君らが，工藤義雄先生，小西博行君が第十一回国際神経精神薬理学会（ウィーン）に参加，金子先生，播口之朗君，多田国利君，西村らが第十一回国際老年会議（東京）に出席など活発な活動が見られました。11月にはメイヨークリニックから帰国された岡崎春雄先生を迎えて京都で神経病理学入門講座が開かれ大変好評でした。来年も帰国され今度は初級程度の講義をして下さるということで大いに期待しております。そのほか電気生理研究グループの人たちの総力を結集した「精神生理学」（金子，菱川，志水編）が出版されたことも特筆すべきことでありました。

挨拶は短いほど良いといいますが，今年は和風会にとって大きな出来事が重なりましたのでつい饒舌になってしまいました。ところで体裁を一新した和風会誌の印象はいかがでしょうか。役員会で出された案をもとに南野幹事が骨折って下さった労作です。さらによい会誌にするために皆様方の御意見をお寄せ下さるようお願いいたします。最後に今年逝去されました松尾英雄，福田仁右衛門，浅野晃の御三方の御冥福を心よりお祈り致します。

武田雅俊教授による和風会誌第40号挨拶文
（平成9年3月発行和風会誌第40号より再掲）

平成8年4月1日付で大阪大学精神医学教室教授に就任し，7月の幹事会および11月の総会にて和風会会長としてご承認いただきました。金子仁郎初代会長と西村健第二代会長は，引き続き名誉会長として和風会の為にお力添えをいただくことになりました。

精神医学教室は明治22年（1998年）9月5日に大西鍛教授が大阪医学校に着任され精神科学の講義を始められ，明治27年（1894年）に診療科および教室が独立したことに始まります。明治36年（1905年）大西鍛教授が退官された後，京都大学の今村新吉教授併任の時期（1905-1910）を経て，和田豊種教授（明治41年-昭和16年），堀見太郎教授（昭和16年-昭和30年），金子仁郎教授（昭和31年-昭和53年），西村健教授（昭和53年-平成7年）と続く輝かしい歴史を有しております。このような伝統のある教室と同門会をお預かりすることになり，その責任の重さを噛みしめながら，歴代教授が育ててこられた教室を一層飛躍させ，日本一の教室に発展させるべく努力を重ねる所存であります。

教室運営の方針として，これまで培われてきた各研究グループの力を統合して，総合的な研

図4 平成8年11月の教室員
前列左から，福永，西川，井上（健），篠崎，武田，谷口，南野，水田，井上（洋）。後列左から，中村，工藤，中尾，山下

図5 平成8年度の新入局者
前列左から吉山，畑沢師長，武田教授，臼井。後列左から田上，森，小池，宇田，瀧本

究体制を作り上げることを第一に考えております。歴史のある教室でありますから，精神医学の各領域においてそれぞれの研究が行われています。金子先生，西村先生の薫陶を受けて，生理学，生化学，心理学のそれぞれの領域で研究活動がなされているわけですが，このような歴史の重みは，各研究グループの歴史となり，それぞれが独立した活動を営むようになりました。そして，それらのグループから分かれて新たなグループが形成され，研究グループの数はどんどん増加していきました。生化学系には神経化学と精神薬理とが，心理学系には精神病理，行動療法，神経心理が，生理系には，脳波分析，精神生理，誘発電位，睡眠脳波，超音波と細分化されています。現代の精神医学研究は，研究手法でそれぞれが独立した活動をするというよりも，一つの疾患・病態に対して心理・生理・生化学などあらゆる研究手法を駆使して研究を進め，それらの多角的な研究結果を総合してはじめて新しい発見がなされるものと理解しております。私は生化学系の研究領域の事が最も掌握できておりますので，この領域の研究の進め方について申しますが，神経科学，細胞生物学という領域が現在最も脳の理解に貢献しております。これは，以前の神経解剖学，神経病理学，生化学，電気生理学，遺伝学，薬理学という学

問を総合したものです。生理系，心理系についても同様なことが要求されてくると思います。西村先生が主催された心身相関に関する国際シンポジウムで得られた成果は，アメリカの精神分析を中心とする領域で活躍している研究者が，生物学的精神医学をちゃんと理解しているという驚くべき事実でありました。阪大でも稼働し始めたPETやMEGの装置は，心理・生理・生化学のいずれの領域の人も活用していくべきものであります。このような状況を考えますと，教室の発展の道は，古い伝統的な枠組みにとらわれずに，これまで積み重ねられてきた各研究グループの活動を再編成して総合的な力を引き出すことにあると考えております。

この一年間の主な人事異動についてご報告いたします。平成8年1月16日に健康体育部助教授田邉敬貴先生が，愛媛大学精神科教授にご就任されました。その健康体育部には11月16日に教室から杉田義郎先生が健康体育部第三部門教授に就任されました。3月31日付で坂本栄先生が教室の助手から狭山病院長としてお戻りになりました。4月1日には，京都府立大学精神科教授中嶋照夫先生が定年退官されて京都府精神保健センター所長に，西沼啓次松籟荘荘長が定年退官され，後任に星ヶ丘厚生年金病院副院長から田伏薫先生が松籟荘荘長に就任されま

図6 医局旅行，瀬田水郷（平成8年6月29日）

した。また，中宮病院執行経世院長が退官され，藤本淳三先生が院長に就任されました。8月1日，林幹夫先生が退職された後に教室から手島愛雄先生が大阪厚生年金病院精神科部長として着任され，9月1日，ベルランド病院田中重実副院長が併設の老健施設長となられたのに伴い狭山病院から新川久義先生がベルランド病院神経科部長に着任されました。また，教室の方では，新たに10月16日付で中村祐君，山下仰君の両名を助手として採用いたしました。

この間にお亡くなりになられた会員は4名の先生方です。医院を開業されていた小林進先生（平成7年3月29日），大阪労災病院神経科部長・大阪狭山病院院長として活躍されておりました大野恒之先生（平成8年3月11日），静岡県清水市で開業されていた江川昌一先生（平成8年7月11日），小坂病院院長・大阪府嘱託医としてご活躍されていた杉原能子先生（平成8年10月15日）です。先生方の御冥福をお祈りいたします。

大学では保健学科が4年制としてスタートし建物も薬学部と本部の間に完成しました。また，医学部は来年度から3年間かけて大学院大学へと変化します。それに伴い，カリキュラムの変更，MD-PhDコースの新設，臨床教授制度などが検討されています。このような中で精神科医療・卒後研修も大きく変化してまいります。現在教室の研修医の受け入れ枠は8名ですが，今まで以上に関連病院での研修をお願いする必要が出てまいります。関連病院と大学での研修とが有機的に組み合わされて，はじめて実のある研修ができるものと考えておりますので，よろしくお願いいたします。

最後になりましたが，ご覧のように和風会誌第40号は大きく変わりました。教室と会員との活動を伝達し合いたいとの意図のもとに，一年間の活動記録を正確にするために，年末の原稿締切で3月の発行としました。研究内容・診療業務・人事異動など教室の活動内容が伝わるものであり，かつ会員との情報交換に役立つものにしたいと思っております。また，研修教育の一つとして研修期間中に経験した症例をケースレポートとしてまとめてもらい，和風会誌に掲載することにしました。今後ともいろいろな御意見を頂戴しながらよりよい和風会誌を作り上げていきたいと思っております。和風会会長としての重責に身が引き締まる思いをしております。本年から西村会長（現名誉会長）の17年間の後を引き継ぐわけでありますが，一生懸命努めさせていただきますので，どうぞよろしくお願いいたします。

2 谷向 弘

● 乾　正

　谷向弘先生が逝かれて早半世紀近い時が流れました。

　個人的な感慨を申し上げることをお許しいただければ，先生は精神医学のイロハを教えてくださった師匠であり，また男兄弟のいない私にとってのやさしい兄でした。私も馬齢を重ね，いつの間にか後期高齢者の仲間入りをし，往時はすでに茫にとなっております。

　点々と残る記憶の島を辿り，先生の思い出を記して追悼文とさせていただきます。

　先生は昭和29年大阪大学医学部を卒業され，堀見教授が主宰されていた精神医学教室に入局されました。和風会誌によればこの年，柿本泰男，高階経昭，高見文夫，藤井久和，三谷昭雄の諸先生が入局し，和風会に入会されておられます。

　インターンを終え，昭和30年，大学院に進まれた先生は佐野勇先生や有岡巖先生のもと，精神科診療の傍ら，西村健先生，西沼啓次先生とともに，当時，躁うつ病の治療薬として登場したモノアミン酸化酵素阻害剤の作用機序等精神薬理学領域の研究を続けられ，「血液脳関門の本態に関する研究」で学位を取得されました（図1，2）。

　昭和34年大学院を卒業された先生は金子仁郎教授のもとで診療研究の日々を送られ，昭和40年講師となられ，同年から2年間アメリカのゲールスバーグ州立研究所精神薬理学研究室に留学され，精神薬理学の研究を進められました。ちなみにこの研究室には先生の後，田伏薫先生が留学されておられます。

　先生は精神病理学にも関心をもっておられた幅の広い精神科医でした。辻先生とよく議論しておられた先生の姿が思い出されます。

　著書の「向精神薬の使い方」の冒頭「疾病を癒すのは自然治ゆが起こりやすいように力を貸すだけのことしかできないのである。われわれは常にこのことを忘れず，謙虚に治療を行うべきであろう」と記され，未完に終わった「医師よ，驕るなかれ」という書を執筆されていたように，病者に寄り添い支えることを旨としておられた勝れた臨床家でした。

　先生に急性骨髄性白血病が発症したのは昭和47年10月のことでした。顔色が悪い，と言われて受けられた血液検査で，高度の貧血と白血病増多（赤血球100万以下，白血球は3万を越えていたと記憶しております）が認められました。このとき病理学教室におられた先生と同期の松本圭史先生がこの検査所見をたまたま眼にされ，白血病細胞が認められていた事実を先生には伏せられました。当時は白血病という診断は死の宣告に等しいものであり，柿本先生を中心に悩みに悩んだ末，先生に告知しないで治療を進めることになりました。この後起こってくるであろうさまざまな症状が説明でき，かつ治療効果の期待できる再生不良性貧血という病名

図1　谷向先生の診察風景

図2　谷向先生の研究風景

図3　ご家族とともに

で，肺炎を併発しているため白血球が増えているという苦しい説明がなされ，第2内科の木谷照夫先生を中心に治療が進められました。またQOLを重視したハト派的治療が選択されました。奥様にも病名は伏せられました。病名告知をしないでよかったのか，真実をお話しすべきであったのか，インフォームド・コンセントが当たりまえとされる今日でも，答えは出ません。

　病の進行に伴い，大量の新鮮血の輸血が必要となり，いくつかの大学の学生さんや医局員，親族その他多くの方々に輸血をお願いし助けていただきました。先生は次から次へ襲ってくる危機に冷静に向き合われ，最後まで闘われた末，昭和48年12月12日43歳という短かい人生を終えられました。

　このとき何故か pass away という言葉が私の脳裏に浮かびました。こんなにも性急に現世を通り過ぎないでもう少し長くこの世に留まっておられたら，先生は研究者として成果を挙げられ，幅の広い先生独自の精神医学をうち立てられたのではないかと，先生の早逝が今でも惜しまれてなりません。

　先生は良き家庭人でした。人一倍愛妻家で子煩悩な方でした（図3）。先生の亡き後奥様は3人のお子様を立派に育て上げられました。長男知（平成元年入会），次男仁（平成7年入会）の両氏は先生の御遺志を継いで精神科医となられ，それぞれ愛媛大学，大阪大学の教員となっておられ，長女の弘美さんも音楽療法士として精神医療に携っておられますことを最後に付記します。

3 恩師 佐野 勇先生

● 中嶋　照夫

　佐野勇先生は昭和50年9月4日国際神経化学会に出席の途上，スイス・ジュネーブで急逝された。50歳の若さであった。佐野門下の先生方は「佐野勇教授追悼記念集」の中にそれぞれの思いを述べられているが，本稿では佐野先生を中心とした研究の流れ，足跡をたどりながら，先生の下で17年間教えられてきた精神医学に対する考えの一端を概説してみたい。

　佐野先生は学生時代に生化学教室で業室研究生として古武，市原先生と引き継がれてきた芳香族化合物の研究を学ばれている。精神神経医学の新しい研究分野を志向されていたことが窺われる。昭和24年4月精神神経科（堀見先生主宰）に入局され，竹友先生と生化学グループを作られたと聞いている。佐野先生の最初の研究は，当時毎年大流行していた日本脳炎の診断のための化学的検査法であった。患者の脳脊髄液中に出現してくるケトン体を水酸化カリウムとサルチル酸アルデヒドを加えて加熱して呈色検出する方法で，信頼できる初期検査法として認められた。

　ついで研究の主題が統合失調症の生化学的研究に向けられた。統合失調症の器質的，身体的病因論は当時精神科医にとって関心を持たれていた研究課題であった。メスカリンやLSDなどの幻覚物質で出現する幻覚妄想状態が統合失調症の病態と対比されて検討される一方，代謝異常，特に芳香族化合物の代謝の観点から，患者の体液中の異常物質の発見に研究が進められた。佐野先生の着眼は肝機能検査に用いられているミロン氏液を患者の尿に加えると加熱しなくても呈色する（常温ミロン反応）ことから，この原因物質を分離同定しようと考えた。最終的にはドイツに留学中にこの物質を結晶として単離し，インドキシール硫酸であると同定した。腸内でトリプトファンが細菌により分解されてインドキシールになり，これが体内に吸収され，硫酸抱合を受けて尿に排泄される。結局，患者の無為，無動と便秘の産物であったと解釈され，いわゆるホスピタリズムの結果であったと結論された。たいへんな落胆であったようだったが，科学的技法を駆使し，徹底的に，かつ正確に結論を出すといった生化学グループの研究姿勢が作られたと思われる。

　佐野先生は昭和27年，戦後開始された交換留学制度の第一期生として欧州に留学された。持ち前の活発な社会性とエネルギーを発揮されて展開されている医学，医療の知識，技術を吸収された。特に当時ドイツで使用されていた生化学研究の技術，すなわち濾紙クロマトグラフィー，高圧電気泳動法，カウンターカレント分配法などを持ち帰ってこられた。さらにフランスで開始され，たちまちヨーロッパに拡がっていったクロルプロマジンを用いた精神医療における薬物療法の情報を持って帰り，わが国の精神科薬物療法の発足をもたらしたことは本書

佐野勇先生

の別稿に概説した。

帰国後，濾紙クロマトグラフィーを用いて統合失調症患者の尿中の芳香族化合物の分析，ヒロポン常用者の尿を用いた覚醒剤の検出法，統合失調症の病態因と代謝異常，特にメチル化の亢進の有無などを研究，模索された。当時アメリカでLSDがセロトニンの腸管収縮作用に拮抗すること，セロトニンが脳に存在し重要な役割を演じているのではと考えられたことから統合失調症のセロトニン仮説に研究者の関心が向けられていた。このような状況の中で柿本泰男先生が大学院生として入局し，患者の尿中の5-ヒドロキシインドール酢酸（セロトニンの代謝産物）の定量を行い著明な減少を観察したが，このような患者はすべてクロルプロマジンの投与を受けており，未使用の患者尿では健常者尿との間に有意差はなく，否定的結論になった。佐野先生はこの結果と尿中芳香族化合物の濾紙クロマトグラフィーの写真を持ってアメリカで開催された国際会議に出席されたが，これがフェニールケトン尿症の出生児診断とフェニールアラニン抜きのミルクの投与といった治療法を確立したM．アームストロング博士の目に止まり，留学の切っ掛けとなったと聞いている。当時，統合失調症の治療薬としてクロルプロマジンとレセルピンが使用され，芳香族モノアミンを巡ってこれらの薬剤の作用機序が研究され

ていた。柿本先生はセロトニンの細胞内への取り込みがエネルギー代謝と共役した能動輸送によること，レセルピンはこの機作を阻害することを証明し，大学院を卒業してアームストロング先生のところに留学することとなった。

私が精神神経科に入局した切っ掛けの1つは佐野先生のウイルソン氏病の講義を聴いたことである。病態因を銅の沈着による機能障害とし，病因を遺伝的な銅代謝（排泄）機構の障害であるとした明快な講義であった。当時，ウイルソン氏病の生化学的診断は佐野先生のところ以外ではできず，全国から患者が集まり，診断，治療が行われていた。そして，日本全国の症例の調査が進められるとともに，銅代謝に重要なセルロプラスミンの研究も進められつつあった。さらに，令弟の佐野豊先生（京都府立医大解剖学）が脳下垂体後葉をゴモリ染色して検討しておられたが，このゴモリ染色物質を分離同定しようと研究を進められていた。残念ながら構造決定には至らなかった。

大阪大学薬理学教室では今泉教授を中心にカテコールアミンの研究が盛んに行われていた。そこで佐野薫先生（佐野先生の未の令弟）が尿中カテコールアミンの信頼性の高い化学定量法を開発しておられた。この定量法を脳に応用し，人脳の50ヵ所のカテコール化合物の分別定量が行われた。その結果，ドーパミンは尾状核，淡蒼球や黒質など錐体外路系の諸核に高濃度に分布しており，ノルアドレナリンの分布とは異なることが明らかになった。そして，それまで単にノルアドレナリンの前駆物質として考えられていたドーパミンの役割に錐体外路機能との関連の意義を示唆した。佐野先生はこの知見から直ちに錐体外路系の疾患の代表としてパーキンソン氏病を取り上げ，脳のドーパミンの定量とドーパミンの前駆アミノ酸である3,4-ジオキシフェニールアラニン（ドーパ）の投与による治療を開始された。ドーパ療法の開発の詳細は本書の別稿に述べたが，この経験の中から芳香

族モノアミンの低下により出現する病態の是正に対し，前駆アミノ酸を使用するプレカーサー療法の発想が生まれてきた。

　私が入局したのはちょうどこの時期で，脳の芳香族アミンと精神神経疾患の病態との関連の生化学的研究と治療薬剤の開発が盛んに行われようとしたときであった。2年先輩であった谷口和覧先生はノルアドレナリンの細胞内能動輸送の研究を終え，大学院を卒業してアームストロング先生の教室に留学し，代わって柿本先生が帰国され研究が続けられた。精神科薬物療法として統合失調症の治療薬であるクロルプロマジンとレセルピンの研究の中からうつ病の治療薬としてモノアミン酸化酵素阻害剤や三環系抗うつ薬が，さらに抗不安薬としてベンゾジアゼピン系の薬剤が登場してきた。このような背景の中でフェニールエチラミンの脳での存在とその生理作用が研究された。このアミンが脳機能の刺激作用を有することから抗うつ薬としての開発が考えられたが，頭痛などの副作用が強く臨床応用はできなかった。このころから生化学グループの研究の流れは芳香族化合物に限らず，スペルミンやスペルミジンなどのポリアミンからアミノ酸やアミノ化合物にまで対象が拡がり，未同定物質の単離同定とその生理的意義の解明といった方向に向かっていった。私はフェニールエチラミンの研究で大学院を卒業し，UCLAの脳研究施設に行くことになった。

　3年後の昭和42年4月高次神経研究施設に神経医学部門が作られて佐野先生が主宰することになり，帰国命令を受けた。この部門のスタッフは佐野先生を中心に柿本，谷口両先輩と私の4名で，もともと基礎の薬理学部門を転用したもので，教室も研究室も精神神経科の教室の中に置かれており，留学前にいた状況とまったく変わっていなかった。非常に変わったのはちょうどそのころ大学紛争が始まり，医局講座制の反対，産学共同研究の反対など学問の自由，大学の自治を旗印に激しい運動が起こり，落ち着

佐野研究室にて（昭和30年）
（左から柿本先生・佐野先生・工藤先生）

いて研究できる雰囲気ではなくなっていた。精神神経学会でも改革が叫ばれ，このような状況の中で精神神経科は神経医学（神経病学）を分離し，研究グループの整理が謀られたものと思われる。佐野先生は担当する神経病学の勉強と急速に発展して行く生化学，神経化学の知識の獲得のために朝8時から1〜2時間，月曜日から土曜日まで勉強会を開いて指導された。大学院生は大阪大学のみならず全国の大学の卒業生が集まるようになり，脳と尿を用いて未同定物質の分離同定を行い，重要物質の発見を夢見て研究を進めた。脳からはγ-グルタミルペプチド，γ-アミノブチリルペプチド，プトレアニン，ハイプシンなどを，尿からはメチル化されたアルギニンやリシン，β-アスパラチルアミノ酸など多くの物質を分離同定したが，残念ながらこれらの物質の生理的意義の解明には成功しなかった。このころ佐野先生は興味にかまけて研究を進めていく私たちに「君たちは臨床を目指して医学部に来たのだ。臨床を忘れないように」と諭されたことが思い出される。

　佐野先生はアミンプレカーサー療法の一貫としてセロトニンの前駆アミノ酸であるL-5-ヒドロキシトリプトファンを用いてうつ病の病態の是正を考え，臨床応用した。初めてL-5-ヒドロキシトリプトファンを味の素研究所の櫻井先生から入手し，たいへん喜ばれた。臨床応用の

結果が新聞に報告されるやたちまち全国からうつ病患者が集まり，その対応に追われることになった。もう1つ考えたのはノルアドレナリンの直接の前駆アミノ酸と考えられる3,4-ジオキシフェニールセリン（DOPS）であった。DOPSにはL型とD型，threoとerythroの4つの異性体がある。l-ノルアドレナリン（生物活性のある天然型）の前駆物質はL-threo-DOPSであるが，このアミノ酸は芳香族L-アミノ酸脱炭酸酵素の基質としては非常に悪く，通常の状態で生体に投与してもl-ノルアドレナリンは生成されない。一方，L-erythro-DOPSは比較的良い基質であるが，できるノルアドレナリンは非活性のd-型である。がっかりしたが，先生はノルアドレナリン活性の亢進による病態，例えばある種の躁状態に投与し，l-型をd-型に置き換えることにより病態の是正が得られるのではと示唆された。しかし，臨床応用を試みることなく逝かれた。一方，L-threo-DOPSはl-ノルアドレナリンのきわめて減少している場合にはそれを補整できることがわかり，パーキンソニスムの治療薬としてリストアップされている。

佐野先生は臨床の観点から研究を指導し，多くの臨床家や研究者を育成された。私などは佐野先生の生化学グループに入った当初から台先生（東京大学）をはじめ多くの先生から「佐野さんのところの若者か」と目をかけていただき，佐野先生の豊かな交際の恩恵を受けてきた。医学部を巻き込んだ激しい大学紛争の中で，佐野先生は将来的に医科大学が新設されていくことを予想し，教官確保の必要性を考えられた。そして，教授会の中に教官待遇問題委員会を作り，委員長として全国医学部教官の待遇改善に日夜奔走し，人事院勧告にみられた給与の増額といった成果を挙げたことに先生の活動の広さの一面を窺うことができる。さらに，大学紛争により外国の研究者たちとの交流が経済的面も含めて非常に難しくなってきたことを憂い，何とかしなければ，としばしば口にされていた。佐野先生の没後，昭和51年，先生の学友である薬理学教室の吉田博先生たちのご尽力により谷口財団脳科学部門（早石修先生が運営委員長）が設立され，翌年から毎年外国の研究者を招待し，22年間国際シンポジウムが開催できたことは不肖の弟子にとって法外の喜びとなった。

4　神谷美恵子

● 髙橋　幸彦

「なぜ私たちでなくてあなたが？　あなたは代わってくださったのだ」

昭和18年，神谷美恵子が東京女子医学専門学校（現東京女子医科大学）を卒業する1年前に，瀬戸内海に浮ぶ国立ハンセン病療養所長島愛生園を訪れたときに記した詩の一節である。このとき，当時「救らいの父」と謳われた園長光田健輔の人間性に心を打たれ，卒業後はここで働きたいと約束した。しかし，父の猛反対，結婚，出産などの事情で，神谷の志が実現するには，昭和32年まで待たねばならなかった。以来15年間，死を迎える人々からは慈母のように慕われ，絶望の淵にさまよう人々からは「魂のカウンセラー」として，その生涯をハンセン病の人たちに捧げた。

神谷の妻，母，学者，医者，教育者としてのあり方と，どの面からみてもその優れた仕事は，遺産として『神谷美恵子著作集』（みすず書房）に収められている。神谷の精神医学的研究の業績は，ハンセン病に関する精神医学的研究，限界状況における人間の存在，精神医学の歴史，構造主義と精神医学，ヴァージニア・ウルフの病跡研究，人間学，主婦の精神医学など，その領域の広さと奥行きは，他の追随を許さない。

それにもまして神谷の真髄は，人生を生きる意味への求道的とも思える思索と行動，いつかなる時でも，主体的に生きようとする探究心，死と対面する自己への透徹したまなざしの，一語一語にみられる真実の人間性ではないだろうか。

『生きがいについて』『人間をみつめて』『心の旅』『遍歴』に温かさをもって語られる極力抑制された清冽な文章は，読む人の心を魅了してやまない。神谷の人間形成と，このような優れた業績は，どのような精神の軌跡をたどって生みだされたのであろうか，著作集をもとにして，神谷の生涯をたどってみる。

神谷美恵子は大正3年1月12日，岡山市に生まれ，9歳のとき，父の仕事で一家はジュネーブに移住。神谷はジャン＝ジャック・ルソー教育研究所付属小学校（校長が世界的心理学者ピアジェ）に学んだ。2年後にジュネーブ国際学校に進級し，12歳の時に帰国した。国際学級における人種，国籍を超えた人々との交流が心に深い刻印を押し，神谷をして「日本人らしくなく」させ，フランス語で物を考え，読むこと，書くことを一番楽にさせた。

帰国後の長い間，フランス語，英語，日本語の3つの言語で苦労しているうちに，言葉の背後にある実体を深刻に考え，決まり文句に対する疑念が一生ついてまわった。さまざまな遍歴のあとで精神医学を専攻するようになったのも，この疑念とまったく無縁ではないと語っている。18歳のとき，津田英学塾本科（現津田塾大学）に入学，卒業の前の年に，たまたま叔父に誘われて，東京都のハンセン病療養所全生園

を訪れたのが，"ハンセン病"との初めての出会いであった。この病のために病み崩れた人が，高らかに賛美歌を歌い，信仰の喜びを語っているのを目の当たりにして衝撃を受けた。さらに，のちにナイチンゲール賞を受けた三上千代の姿に目と心を奪われ，ここにこそ私の仕事があったのだ，と決意するに至った。

しかし，周囲からの強い反対を受け，医学への道を進むことを断念して，津田英学塾大学部に進学することになった（21歳）。この年，肺結核と診断されたが，医師の勧める療養所入りを退けて，信州の山荘にひとりでこもった。当時，結核は不治の病として恐れられていたため，死ぬ前に人類が書いた偉大な書物を読んでおきたいという願望からであった。一時は奇跡的に治ったかにみえたが，22歳の春に再発。今度こそは治る見込みはないだろうと覚悟して，再び山荘にこもった。世界の名著を原語で読もうと決心して，ギリシャ語の聖書に取り組んだ。このとき，神谷にとって「私の一冊の本」とも言うべきギリシャ語で書かれたマルクス・アウレリウスの『自省録』に出会う。

マルクス・アウレリウスの「過去も未来も問題にするに足りない，現在だけをよく生きることに専念するのがよい」という語りかけに「生存の重み」を教えられた。このころ，主治医より勧められた人工気胸術が効を奏して復学することになった。

24歳のとき，父の仕事で家族とともに渡米，コロンビア大学大学院ギリシャ文学科で学ぶことになった。この翌年，ペンドル・ヒル（クエーカーの寮）で，生涯の友，浦口真佐と出会う。過去，ハンセン病と出会って医学を考え，消えることなく心の奥底に秘めていた医学への志望が，浦口真佐との語らいのなかで，触発され，父を動かすことになった。ようやく許されて，同大学で医学進学への勉強が可能になった。時に25歳であった。やっとのことで許されたとはいえ，なお自分の生き方について深く考え，

神谷美恵子（1914〜1979）

悩み続けた。この時期，プラトンの『ポリティア』を読んでは考え，考えては読み，ある神話が心を強く打った。「運命の女神たちが霊魂らの前に，いろいろの人生の生き方を，いわば籤（くじ）のように投げ出してみせ，めいめいの霊魂に自分で自分を選ばせる。その選択の責任はあくまで選ぶ者にある」とのくだりで，神谷はあらゆる障害を超えて，自分の道を選ぼうと決意を固めた。

26歳のとき，東京女子医学専門学校の本科に編入学。しかし，ハンセン病療養所への就職については，父の反対は絶対的であった。卒業の年，年少の友，X子を通じて，東京大学精神科の医局長であった島崎敏樹と出会い，ブムケ，クレッチマー，ヤスパースなど，初めて知る人間の精神の世界に圧倒され，新たな好奇心をそそる対象として精神医学に惹かれることになった。

昭和19年（30歳），東京女子医学専門学校卒

業，東京大学精神科医局に入局。内村祐之教授のもとで精神科医としての第一歩を踏み出した。昭和20年5月25日の空襲で自宅は全焼，家族は疎開し，ひとり東京に残り，7月より精神病棟の一室に住み込んで勤務することになった。神谷の卓越した語学力は医局内でもしばしば必要とされたが，終戦直後の文部大臣となった父と，次の文部大臣安倍能成に請われて，大臣と占領軍司令部教育情報部の間で交渉に携わり，東京大学と文部省の間を往復することになった。国務大臣のマッカーサーに対するアピールを英訳したのもこのころのことである。終戦後，占領国アメリカによる日本の教育制度改革に関係する文書の翻訳に携わったことは想像に難くない。しかし，神谷はそのことについて，一言も触れたことがない。

東京大学では戦犯大川周明の診察，精神鑑定書の英訳にかかわる。昭和26年，夫が大阪大学理学部教授として赴任するために兵庫県に移住することになった。翌年，大阪大学精神科に研究生として入局。医局会で堀見太郎教授が「誰か"らい"をやらないか」と言われた。しかし入局し日も浅い神谷は自分から言い出せなかった。一方大阪文化センターから借りたサリバン，フロム・ライヒマン，ホーナイなどの本を家事，育児に費やす時間の合間を縫って勉強した。

41歳の時，初期癌と診断され，ラジウム照射を受け，自分の命があと少ししかないと悟った時，夫のほうから「"らい"をやったら」と切り出してくれ，飛び上がる思いで感激した。幸いにも，金子仁郎教授の協力もあって，愛生園行きが実現した（42歳となっていた）。学生時代の見学から数えて13年振りに愛生園を訪ねることになった。その感謝と感激を親友に「再び島に行くことが許された」と書き送っている。長年の夢であった愛生園で働く喜びと感動はいかばかりであったろう。

愛生園での神谷は，自分に代わって，不幸にしてこの病に罹った人たちに，あたかも負い目を感じるかのように，病者の一言半句をも全身全霊で受けとめて，病者との出会いに，自分のすべてを投入していた。神谷の心には，自分が，相手が「いつ死ぬかもしれない」との思いから，この広大な宇宙のなかで，たまたま巡り合った，ほんの束の間の出会いを大切にしなければという思いが強かったに違いない。「一期一会」の真意が，神谷の姿に体現される。

当時の愛生園には約1,500名の入園者がいたが，常勤医は5名であった。常勤医の激務が少しでも緩和されたらと，自ら当直を申し出た。神経痛のために呻吟している病者があれば，海からの凍てつく風が吹く夜道を島の端まで歩いて往診することもあった。多忙な診療に携わりながら，精神医学的研究を行ったが，特に1つのことが烈しく神谷の心に響いた。病者にみられる「生きがい感の喪失」つまり「無意味感」である。

生きがいは，生きる意味にかかわることであり，人生観，価値観，世界観を基礎とする奥深い，重々しい問題であるとして，神谷は9年の歳月をかけ，推敲に推敲を重ねて，不朽の名著「生きがいについて」を52歳の時に上梓した。さらに，1人の妄想患者を通じて，克明な分析と考察を行い，現象学的，人間学的観点から，限界状況における存在様式を研究した。この論文が機縁となって，著名な精神医学者オイゲン・カーンとの知遇を得て交流が続いた。

昭和38年には，母校津田塾大学よりのたっての要請によって教授となり，精神医学とフランス文学史の講義を受け持った。アメリカで唯一のカービル・ハンセン病療養所を訪ねた帰途，フランスでミッシェル・フーコーに会い，のち「精神医学と構造主義」を発表した。昭和41年には，ヴァージニア・ウルフの病跡学研究のため渡英，夫のレナード・ウルフを訪ねた。神谷は英文学を専攻していたころ，ウルフの著作に出合って，その作品の魅力，天才と狂気の交錯に関心を抱き，ウルフの病跡研究をライフワー

クとして精魂込めて打ち込んでいた。長年の資料収集と研究は，1965年スイスの精神医学誌コンフィニアに英文で『ウルフの病跡素描』として発表された。その完成は国際的にも期待されたが，完成されずに終わった。ウルフの日記の未発表部分の刊行が遅れるという手紙が来たとき，神谷は点滴を受けながら，「間に合わない」と絶望の声をあげた。

ウルフの病跡研究は20年に及ぶ準備と研鑽を経ながら，幻の大著となってしまった。神谷がウルフの全日記刊行の日まで元気でおられたらと悔やまれる。

晩年は，レバノン生まれの詩人，カリール・ジブラーンの詩の深みと美しさ，加えてその死生観に打たれて，『婦人の友』に訳詩を連載執筆した。その訳詩は刊行予定であったが，版権の問題が円滑に進まないため，未完の原稿は陽の目をみないで，今も眠っている。神谷は亡くなる直前まで執筆を続けた。『自伝』（のちに『遍歴』）の原稿をみすず書房に送ってから1週間後，昭和54年10月22日の朝にこの世を去った。

神谷をよく知らない人は，いつも穏やかで，苦労を感じさせない温かみのある風貌から，恵まれた環境で思う存分たぐいまれな才能を発揮した人だと思われるかもしれない。しかし現実には，神谷自身，幾度か重い病に倒れ，戦後の厳しい生活のなかで，未熟児で生まれた長男，小児結核を患った次男の看病と養育に苦労し，学者としての夫に尽くす，最後まで主婦のかおりを失わない人であった。

神谷の親友，近藤いね子はその追悼文のなかで，「神谷さんに再びお会いして今までのように親しくさせていただくことができるものなら，私は何度でも生まれかわりたいと思う。しかし，たとえ人間として生まれかわることが可能であったとしても，神谷さんのような方に再びめぐり会えるとはとうてい思われない」と結んでいる。

（本文では，ハンセン病について「らい」と呼称いる箇所があるが，これは差別的な意図で使用されたものでなく，当時の社会的背景の通例を再現したものである。）

5　長山　泰政

● 清水　將之

本邦作業療法鼻祖の一人

　長山とのお付き合いは，筆者が府立中宮病院へ勤務していた1965年春から68年春にかけての3年間である．1947年より精神鑑定（ほとんどが刑事事件）に打ち込まれ（1973年，80歳までに294件を扱われた），筆者が担当する病棟は50床中保護室が8床という重装備病棟であったので，鑑定留置によく利用しておられた．お宅も，中宮病院から程遠くないところにあった．

　病院へいらっしゃるたびに，看護士詰所や医局で昔のお話をたくさん伺った．1976年に開院50周年を迎えるため，中島久医長とご一緒に歴史を編纂しようと話し合っていた時期（50年史は実現果たせず，記念誌の刊行に留まった）であったのでその取材という意味もあったけれど，作業療法の元祖から直接お話を拝聴できる好機に心踊った．

　長山は，1893（明治26）年12月4日に，大阪で開業医の長男として誕生．1919（大正8）年7月に府立大阪医科大学を卒業，直ちに同大学解剖学教室の助手となる．この間，今宮中学在学中に英国人宣教師の導きを受けて，キリスト教メソジスト派で受洗．このことは長山の爾後の臨床や生き様に大きな影響を与え続けることになる．東京で病理学の研修を受けた後，1923（大正12）年に府立医科大学精神医学教室へ入局．

　1929（昭和4）年4月，和田豊種教授など数名がシベリア鉄道経由でドイツ視察旅行に出かけた際，長山を帯同した．途中の駅で長時間停車中，プラットフォームを散歩しながら口笛を吹いていて，公安警察に誰何されるという小事件もあった．「吹いていたのが賛美歌の一節だったからねえ」と笑っておられた．ミュンヘン滞在中に突然，「君だけ残って研究するように」と和田教授から申し渡され，Müenchen大学動物学教室でSpielmeyer教授の下に，神経病理学の研鑽に励んだ（尊父負担の自費留学）．ドイツ滞在中に，神経病理学の論文で医学博士号を取得．

　同年9月，ハンブルグで2週間にわたって開催された精神病学講習会に参加，州立Erlangen病院長L. C. Kolbの「精神病者の院外保護offene psychiatrische Füersorge」とGüetersloh病院H. Simonの「最新の作業療法 aktivere Krankenbehandlung」を聞いて強い感銘を受け，長山はここで大きく人生の舵を切ることになった．このときの講演では詳細を聞き取ることができず，Simonの論文（1927, 29年のものか）で理解したという．この後，神経病理学研究の傍ら，各地の精神病院を十数ヵ所見学して回っている．

　滞独中に，「助教授の席を用意しておく」との手紙を和田教授から受け取っていたけれど，1930年12月に帰阪したときには，「学術研究」

に対する関心はすでに失せていたという。病院内に閉じ込められている精神病者の中に留まって，ドイツで見聞してご自身大きな影響を受けたものの本邦にはまだ輸入されていない精神科医療の新たな潮流を，母国で実現しようという人生の道を選んだ。このことでは，教授との間にいささかの漣が立ったようである。しかし，和田教授の妹が長山の叔父小幡亀寿（大阪大学外科教授）に嫁していて姻戚関係にあったので，大事には至らなかったようだ。26年2月に大阪府立中宮病院準備室（院長：小関光尚）へ転勤，同年4月15日に中宮病院は定床300床で開院した。当初は看護人の養成が主な仕事で，入院受け入れは翌1927年からという。1919（大正8）年に制定された精神病院法による3番目の公立精神病院である（1番目は松沢病院，2番目は鹿児島保養院）。

院外保護（閉鎖病棟の外で患者を過ごさせる）の手始めとして，病院の庭に筵を敷いて患者を座らせ，診察（「回診」と言っておられた）することを始めた。後には，院外作業や就労も試みたという。1937（昭和12）年春からは，運動場で患者に軍歌を高唱しながら集団行進させることを始めた。「これがねえ，2年後に役立ったんだよ」と愉しそうに語られたお姿が思い出される。

1939年3月1日14時40分，陸軍工廠禁野火薬庫（中宮病院から800メートル）が大爆発を起こした。病院も被弾し，医員・職員は入院患者を一斉に避難させた。長山は患者たちに軍歌を歌わせ，普段通りの行進を行わせた。その結果，423名の入院患者からは一人の被害者も行方不明者も出すことがなかった。「大砲の弾が逆向きに落ちてくるんだけれど，不思議と患者の列から外れて落ちてくるんだよ」とおっしゃっていた。

長山より少し前に，松沢病院の関根眞一，菅修らが患者に池を掘らせて庭園を造るなど作業療法のごとき営みを行っていた。吉岡眞二や長山の甥浜田晋医師らが長山を取材した際の逐語

図1　中宮病院就職後間もなく

記録を読むと，東京と大阪でほぼ同じ時代にそれぞれ暗中模索のうち，患者を病棟に閉じ込める（後に社会防衛と呼ばれた）だけではなく，精神病者も一個の人間として，より平常の日常生活をさせようとする試みが行われていたようだ。

戦争中の食糧事情について，詳しくはうかがえなかった。松沢病院には，広大な敷地を開墾してもなお，栄養失調者や死者が多数出たことが論文として残っている。中宮病院でも空き地を農園にし，作業療法として農作業をしていたとはうかがった。戦争中の入院患者死亡数だけは記録に残っている。

敗戦を迎え，1947年3月1日には中宮病院にも労働組合が結成され，長山は副委員長に選出された。その後，組合幹部による患者食糧横流しという不祥事が生じたりして，長山は立場上の責任を取って，1949年7月に辞職することになった。満55歳まで23年半の中宮病院勤務であった。

これ以前，1934年10月から1952年3月まで大阪高等医学専門学校，時期が少し重なって1950年1月から1957年12月まで大阪女子高等医学専門学校（後に，関西医科大学となる）などで，非常勤講師として精神病学を講じている。

図2 西村健教授主催"語らいの会"
(大村ビルで,1980年5月17日)
前列左より,内藤正章(京阪病院),長山泰政先生,金子仁郎(関西労災病院長),後列左より,播口之朗(大阪大学医学部精神科講師),西村健(大阪大学医学部精神科教授),浅井敬一(大阪外国語大学保健管理センター所長)

図3 晩年の長山泰政先生
中宮病院で・現在中宮病院活動療法科に掲げられている。
(1984年6月23日)

情熱あふれるお人柄

　長山のお人柄というか治療観を垣間見ることばとして,以下の語りを引用しておきたい。「私は怖かったですわ,精神分裂病者は。怖いというのは,こちらの心の内側を,ぐうっと精神分裂病者にみつめられているような感じがして,いいかげんにあしらっているようなやり方をですね,なにかこう冷眼視されているようなね。冷たい笑いで見られているような感じがいたしたぐらいにですね。私自身でも患者とぐうっと接触して,どうすれば接触できるか,そういうことばかりを考えておりました。」

　昨今のエビデンスばかりが求められている若い世代の精神科医には,古代史を眺めるような語りと映るかも知れない,長山の人生である。今の時代,あのようにたぎる情熱,限りない人間愛はもはや見られないのではないか。寂しいことである。

　いつのことであったか,「息子がドイツ留学から帰ってきてね(お目にかかる4年前のこと)。交通心理学というものをやりたいというんだよ。おもしろいじゃないか,と言ってやったよ」とおっしゃった。三男泰久氏,後の大阪大学人間科学部教授のことである。少なくとも西日本では,この方が交通心理学を最初に手がけた人である。親子2代にわたり異なる分野において鼻祖となった一家である。

　1952年7月(58歳)には近畿大学法学部に任ぜられた。精神衛生等を講じられ,85歳までその地位にあった。1986年12月,93歳の誕生日を迎えた2日後の12月6日に招天された。

註:古い時代にかかわる話なので,登場人物名や名称等には旧漢字が多出する。昨今の若人を読者と考え,現行漢字表記に改めている。
『長山泰政先生著作集』1994年(非売品)を参照した。

6 白石 純三

● 奥田純一郎

　白石純三先生は，昭和29年に大阪大学医学部を卒業され，第一生理学教室で研究に従事された後，精神医学教室，保健管理センターに在職され，健康体育部創設に伴って昭和56年に教授に昇任されて健康医学第三部門（精神衛生学）を担当されました。筆者は昭和40年代に精神科に入局後，白石先生の研究グループに参加させて頂き，長年ご指導を受けた者の一人として本稿の依頼を受けた。先生の大阪大学における研究，教育ならびに大学の運営に尽力されたご活躍を振り返って私なりに紹介をさせて頂きたい。

「天性の研究者」

　先生は昭和25年4月大阪大学医学部に入学されるとすぐに，久保秀雄教授が主宰されていた第一生理学教室の業室研究生となり研究に携わられた。入学と同時に第一生理学教室に入られた事情については，当時同教室の大学院特別研究生であった中馬一郎先生により紹介された「久保先生との出会いは恐らく小学校の低学年であった。長男の理一君とは小・中・高校が同じで家も比較的近かったからである。したがって心の成長期にあった私には先生は帝国大学の偉い教授であると尊敬もし，一つの理想像でもあったといえるだろう」という白石先生ご自身の文章にうかがうことができる[1]。

秋山郁子　画[3]

図1　白石純三先生

　大学が同級で入学2年目に久保生理の業室研究生になられ，後に精神科に入局された柿本泰男先生は，「白石君はおそらくD-アミノ酸酸化酵素の抽出・精製をやっておられた。そして当時は学位を目標に教室にやって来られるお医者さんが沢山いたが，その指導もしておられた。実に熱心でまた人の世話もすゝんでやっておられた。学生で医者を指導して学位をとらせていたのは彼位のものだろう。私も実験手技でいろいろ教えてもらって，後に随分役に立った。彼は医学部でできない仕事は，当時隣に建っていた理学部にもよく足を運んでいた。何でも自分

で積極的に学び働く自立心の強い人である。このような学生は今では居ないと思う」と述べられ，その後の活動にも言及されて，白石先生を「天性の研究者」と評された[1]。

生物理化学の研究からスタート

卒業後は，臨床実地修練（当時のインターン）を終えて昭和30年に第一生理学教室の助手に採用され，生物理化学分野の研究に従事された。主な研究業績としては次のものがある。

呼吸酵素のうち，主としてフラビン酵素の蛋白部分と作用簇（FAD）の生物理化学的相互作用につき，久保秀雄教授，山野俊雄助教授らと共同研究を行い，その成果は昭和32（1957）年国際酵素化学シンポジウムに報告された。次いでその相互作用がある時の作用簇側での電子状態を探る目的で，各種フラビン誘導体の吸収スペクトルと酸化還元電位遊離エネルギー準位の相違を解明し，酵素活性を論じる際の一つの理論的足場への途を拓き，この研究により学位を授与された。

精神医学教室へ入局

業室研究生と教官の時期を含め7年半にわたる生理学研究の後，白石先生は精神科へ移られることになるが，どのようなお考えの変化があったかについて筆者はお聴きする機会がなかった。この点について，第一生理学教室の上司であった山野助教授は，「白石教官は母教室で仕事を続けたが，小生が推察するところ，本来もっと人間に近い学問が好きだったし，教室の仕事は益々生物理化学に傾いたので，生理学教室を去って精神科へ移る決心をされた」と記しておられる[1]。

昭和33年10月，金子仁郎教授が主宰される精神医学教室に入局されたが，当時教室におられた工藤義雄先生は白石先生について，「『何と優雅な品格のある人が医局に入って来たものだな』と強い印象を受けた」と，最初に会われた時のことを語られ，「これは後になって，先生が若い頃から狂言の道に入られ，厳しい訓練を受けておられたためで，その馥郁とした雰囲気はそれに由来するものであることがわかった」と述べておられる[1]。

精神科入局後の2年間は，大阪府衛生部予防課（精神衛生係），大阪家庭裁判所に勤務されたが，昭和35年10月に大阪警察病院神経科に就職され，医長として赴任されていた工藤義雄先生のもとで精神科臨床の現場を経験されることになった。工藤先生は「その当時は総合病院の精神科としてはまだ創設初期にあったため，先生には随分と苦労をかけたが，その包容力に満ちた円満な人格は多くの患者さん達の敬愛を一身に集め，とくに他科と共観になった患者さんの扱いは抜群で，他科の医師からも高い評価を受けた」[1]と，精神科医としての優れた力量を紹介されている。

超音波血流検査法と臨床研究

昭和37年9月阪大精神医学教室の助手に採用されてからは，金子教授が始めておられた超音波ドプラ血流検査法の研究グループに入られ，白石先生が生理学出身であるので，このグループのリーダーを命ぜられた。

金子教授は「ドプラ血流検査法に取り組んだのは，現在でも問題になっている老人の痴呆のうち，アルツハイマー型痴呆と血管性痴呆との鑑別診断をするために，非侵襲的な血流検査法を探求して，里村教授との共同開発ということになった」[2]との研究動機から，既に昭和30年代前半に阪大産業科学研究所の里村茂夫助教授と共同研究を始めておられた。その結果，ドプラ唸り音が血流によるものであり，血流や血管の状態を検出できることを見出され昭和35（1960）年にロンドンの第3回国際ME学会で

超音波血流レオグラフィーとして世界で最初の発表をされた。

しかしその年に里村助教授は急逝され、工学関係の共同研究者を失ってしばらく研究が中断された。その後、工学領域では里村先生の上司であった阪大産研の加藤金正教授が引き継がれ、白石先生は、昭和37年に精神科に入局された大溝春雄先生と産研に通われ、基礎的研究と技術開発を進められた。当時の大きな成果は、血管からのドプラ信号が血流中の血球からの反射によるものであること、またその信号解析にソナグラフ方式を用いることにより流速とその強度に関する定量的分析が可能であることを見出されたことであり、昭和40（1965）年第6回国際ME学会で発表された。

当時、産研の音響科学部は工学部もあった枚方キャンパス内で、戦時中の陸軍火薬庫跡の木造建造物であったが、白石先生は京阪電車の御殿山駅から歩いて通われた四季を語られ、「冬は研究室の一つの石油ストーブを囲み、震えながら紅茶を入れて頂き、熱心に基礎的研究や装置の開発を模索した。そしてソナグラフにより流速脈派が記録されたときの感激、水浸しになりながらモデル実験によるデータが加藤先生の理論と一致した瞬間の喜びなど数々の研究者冥利を味わわせて頂いたことの縁は終生忘じ難いものであり、ここに深く謝意を述べておく」と記されている[2]。

このソナグラフによるドプラ信号の定量的分析・記録法の開発によって、その後の臨床研究は飛躍的に推進された。昭和40年には稲岡長先生、上島哲男先生が入局、後に関山正彦先生が研究に加わられて、脳循環からみた病態生理面の研究が次々と進められた。

健常者については加齢による流速脈派の変化が検討され、頸動脈圧迫試験を加えることによる脳内注入動脈ごとの動脈硬化度の判定法、脳内血管の閉塞部位の局所診断法などを確立された。さらに、臨床神経精神医学へのアプローチとして、脳循環障害と精神神経症状との関連性に関する研究が多い。特に「めまい」に関しては、めまいのタイプと病前性格の関係を明らかにした心身医学的研究を初めとして、特異な病前性格を有する患者が、ストレス面接により椎骨動脈血流の減少に伴ってめまいを自覚することを確かめ、心因性めまいの発現機序を分析した精神生理学的研究、一側椎骨動脈の血流低下と一側前庭機能障害およびめまいとの相関を明らかにしたもの、立ちくらみと体位変換時の脳内循環の低下との関係を論じたものなどがある。その他、片頭痛に関しては、内頸、外頸、椎骨動脈での頭痛発作時の血行動態の研究があり、また、より精神医学的なものとしては、特異な視覚性幻覚が椎骨動脈血流の低下によって発現すること、高年器質性痴呆の鑑別診断に内頸動脈血流の測定が有意義であるとする研究など多岐にわたっている。また、脳循環障害の治療の基礎的研究は、治療薬剤の使用根拠を示す一つの指標として高く評価された。

その後の研究は主に精神科の近藤秀樹教官によって継続されることになったが、超音波血流測定法の開発とその臨床神経精神医学への応用に関する研究業績は、金子教授の退官後、白石先生との共編著により「超音波血流検査法—開発の歴史と脳循環測定—」[2]にまとめられ、昭和62年に刊行された。

保健管理センターでの研究指導の日々

昭和44年8月に大阪大学保健管理センターに講師として移られ、昭和50年には助教授に昇任されたが、その間精神医学教室も併任で研究指導に当たられた。保健管理センターでは、助手の辻本太郎先生とともに学生ならびに職域精神衛生の実践と研究を進められた。まず、大学新入生について心理テストによる独自の不適応予測法を確立されるとともに、判別関数を用いた留年の予測に関する研究成果は、昭和50

(1975) 年第 7 回国際学校大学保健医学会議で報告され，さらに狭義の精神障害や自殺に対する判別予測法を完成された．また，大阪府立公衆衛生研究所の夏目誠先生との共同研究で，勤労者および学生を通じて精神健康における重要課題の一つであるストレスならびにストレス耐性の調査法を開発し健常者を初めとして職域不適応者や大学・短大生など各種学生層におけるストレス構造を明らかにされた．さらに，当時増加してきていた意欲減退学生（所謂アパシー学生）についても，従来の心理社会学的視点に留まらず精神生理学的アプローチによる新しい研究を展開し，これらの学生では潜在的な心的緊張の低下が存在し，精神的負荷により反応性に過緊張を生じそれが持続しやすいことなどを示された．

学校・職場の精神衛生に関する全国レベルの研究会は，金子仁郎教授が初代会長を務められた精神衛生管理研究会があり，白石先生は，当時大阪府立公衆衛生研究所精神衛生部に赴任された藤井久和先生とともに同研究会の事務局を担当された．また，大学保健の分野では（社）全国大学保健管理協会の評議員，大学精神衛生研究会では運営委員として，全国規模のこれらの会の運営に重要な役割を果たされた．

昭和 52 年には田邉敬貴先生が入局され白石先生のグループに参加された．当時阪大にも CT スキャンが入っており，「Neuropsychiatrie のうちでも Neuro，脳をやりたいと思っていた」彼は，「超音波ドプラの仕事にはあまり食指が動かず，結局高次脳機能をやることになった」と述べている[1]が，間もなく彼は右利き者の右半球損傷による失語，すなわち交叉性失語の貴重な症例を診ることになったのを機に，昭和 54 年，京大精神科教授で臨床脳病理学の大家であった大橋博司先生のところに勉強に行きたいと白石先生に申し出た．当時は他大学に勉強に行くことはあまりなかったようであるが，白石先生は「おもろい思うたらなんでもやれ，何処へでもいったらえい，儂はいつでも頭を下げたる」と二つ返事で聴き入れられ，京大まで同行して下さった[1]．このグループの神経心理学の濫觴である．ちょうどそのころの入局で星ヶ丘厚生年金病院神経科に勤務した西川隆先生も参加され研究が加速していった．

健康体育部時代の教育・研究

昭和 56 年 4 月，大阪大学健康体育部の発足に当たっては，白石先生は健康科学系代表として，体育科学系代表であった工学部出身の黒田英三教授との絶妙なコンビで，新しい教育研究組織のアイデンティティーの確立と運営の基礎作りに尽力され，同年 10 月に教授に昇任された．先生は，健康体育部においては，健康科学系健康医学第三部門で精神健康医学を教育・研究されるとともに，大阪大学大学院医学研究科では内科系に属し精神衛生学を担当されることになった．

先生はこれを機に，それまで漠然としていた健康概念と健康医学の学問体系化を推進すべく多大のエネルギーを傾注してこの課題に取り組まれ，広く関連諸科学との学際的論考を経て，Goldstein の有機体論を出発点とした，他に類をみない新しい健康医学のパラダイムを発表された（1984（昭和 59）年）[3]．そして，「健康とは，階層をもった有機体システムとしての人間が，宇宙システム内で下位システムを統合し調和を保ちながらネゲントロピック（負のエントロピー：筆者註）に自己実現していく状態である」と，現時点での健康の定義を導かれた．

昭和 60 年 8 月から 2 年間，先生は健康体育部長を務められるとともに，大阪大学評議員，制度委員会等各種委員会委員を歴任され大学の運営に尽力された．

さて，神経心理学の臨床研究は，精神科と合同の定例勉強会と神経心理専門外来により，教官のほか大学院生，関連病院に勤務する医師や

図2　学会終了後のスタッフ会議（平成5年10月）
（白石純三教授退官記念会編：白石純三教授退官記念集．白石純三教授退官記念会，1994より）
前列中央が白石先生

コメディカルスタッフなどが参加して進められた．また，京都大学精神科の濱中淑彦先生，大東祥孝先生，国立循環器病センター脳血管部門澤田徹先生，星ヶ丘厚生年金病院神経科 田伏薫先生，協和会病院・協立温泉病院 柏木敏宏先生，柏木あさ子先生など，学外からも研究協力を得て多くの貴重な症例を診る機会を提供していただくことができた．

当時の主な研究としては，失語の領域では純粋語唖，伝導失語，語義失語，緩徐進行性失語などの特殊な類型について独自の検討を加え，それらの音声言語学的解体の機構を明らかにした．認知面では，聴覚性・触覚性消去現象，皮質聾や聴覚失認の病態などを精神物理学的・認知心理学的方法により検討，また，記憶障害については，一過性全健忘例の発作中に海馬を含む両側側頭葉内側領域に低灌流が生じていることを見出し，この領域が新しい記憶の形成と最近の記憶内容の想起にかかわることを臨床レベルで明らかにしたものなどがある．

これらの研究成果は国内では主に日本神経心理学会，日本失語症学会（現在の日本高次脳機能障害学会）等で発表され，白石先生はこれらの学会の役員として活躍される中，第17回日本神経心理学会総会会長に推挙され，平成5年9月に万博公園のオオサカサンパレスを会場として同会を主催された．一般演題105題，シンポジウムのほか，特別講演は前頭葉障害を主題として J Bogousslavsky（スイス）および D Neary（英国）博士を招聘，また脳の機構への計算論からのアプローチにつき ATR 川人光男博士に教育講演を引き受けていただいた．準備・運営には白石先生の指揮のもと，関西の医療機関に勤務する多くの医師やコメディカルスタッフの方々に自発的な協力をいただいて2日間の日程を成功裡に終え，同学会の鳥居方策理事長から高い評価をいただいた．

度量の大きいリーダーとして

白石先生はかねて，研究者の態度として，「学問の雰囲気」を持つことが重要であることを説いておられた．そしてご自身は，専門領域のみならずその周辺の諸科学，文化，歴史など広い範囲の書物を読破しておられ，深い人間観と学際的見識をもって研究，教育に当たられ，学部や大学を超えて異なる専門分野の多くの研究者とも交流をもっておられた．また，そのひととなりについて，西村健先生は「白石先生は気さくで，気取られることなく，細かい気配りをさ

れる人情家」と評され，白石先生がお酒とその雰囲気を愛されたことにも触れられて「ご機嫌の先生の周りにはいつも談論風発し，その中に貴重な研究のヒントが含まれていることも少なくなかった」と述べておられる[1]。

西村先生はまた，「（白石）先生の研究グループの若い人達のご指導に当たっては，どのようなタイプの人でも受け入れて，それぞれの人に合った接し方をしていらっしゃるので感服して」いたと記された[1]通り，白石先生は度量の大きいリーダーであった。そして，研究者のあるべき姿について，常々「研究者は『狂・俗・愛・雅・聖・遊』でなければならない。即ち"先ずは狂と算盤，人生は人を大切にと雅をモットーに，そして道に遊ぶを目標に"と言うのが私の研究グループの指導原理にしてきたものである。」[2]と述べておられた。ここに「狂」とは，興味を持ったらとことんそれを追求すべし，「俗」は算盤，つまりそれをやることにおける損得勘定や見通しを立てることである。そして「愛・雅・聖・遊」はもちろん白石先生ご自身に体現されていた境地であった。

平成5年12月に先生は鹿児島の日本失語症学会に出席され，担当セッションで座長を務められたが，その日の夕刻に脳卒中発作で倒れられた。国立循環器病センター，阪大病院で治療を受けられたが経過は遷延し，翌平成6年3月に定年を病床で迎えられ大阪大学名誉教授となられた。しかし，大変残念なことに同年6月23日に逝去された。享年65歳であった。生前の功績に対して勲三等旭日中綬章が授与され正四位に叙せられた。

白石先生の没後，今年で20年になる。長年のご指導を深謝するとともに，ご在任中に大学院生等として指導を受けた人達も既に研究者・臨床医の中堅として，それぞれに「愛・雅・聖・遊」に到達しつつ活躍していることを報告し，あらためてご冥福を祈り稿を終えたい。

文献

1) 白石純三教授退官記念会編：白石純三教授退官記念集．白石純三教授退官記念会，1994
2) 金子仁郎，白石純三 編：超音波血流検査法―開発の歴史と脳循環測定―．永井書店，1987
3) 白石純三：健康科学について―精神健康を中心に．大阪大学健康体育部紀要1：45-51, 1984

（註）本稿で掲載した白石純三先生の肖像画は，先生と同時期に大阪大学保健センターに在職された秋山郁子氏の日本画によるもので，文献1)より転載した。

7 中宮病院時代の垣内史朗先生

● 上西　圀宏

垣内教授との出合い

　垣内史朗教授を語るにあたり，教授と私との出会いから話させていただく。私は，1970年奈良県立医科大学卒業，70年安保闘争の中で，もともと基礎医学志向だったが，基礎医学で将来生活できるのかと思うようになり，いろいろな臨床科を回っているときに，第二外科（脳外科）の当時の堀教授に突然「君は外科向きだよ」と言われその気になって入局した。約1年半大学にいた後，約1年半大阪府立病院（現，大阪府立急性期医療センター）の外科の脳外科グループに所属，消化器外科は，心臓外科グループと一緒でとてもやりがいがあった。しかし，基礎医学志向の心は収まらず，Cyclic AMPの発見者であるSutherlandのSecond Messenger学説原著の多くとSutherland教授との共著の多いRall教授のもとにおられて帰国された垣内先生の日本語のSecond Messenger学説の総説をむさぼり読んでいた。そして，大阪府立病院の外科の詳読会で（Second Messengerとしての，脳とCyclic AMP，心臓とCyclic AMP）の表題でPresentationを行ったところ，外科医の皆さんが真剣に聞いてくれた。結果的にはSutherland教授だけが受賞してしまったが，Presentationの後で「SutherlandとRallはきっとノーベル賞を受賞するでしょう」と結んだ。ところが，その2約週間後にSutherland教授がノーベル医学生理学賞を受賞した。私も皆もびっくりしていた。そして，奇遇なことが起こった。Presentationに出席していた心臓外科チーフの小林先生が，「おい君その垣内先生は垣内史朗君のことか」，「はいそうです。現在大阪府立中宮病院におられます」と答えると，「彼は僕の同級生だよ，僕もCyclic AMPに興味があるし一緒に遊びに行こうか」ということになった。Western Reserve大学から1966年に帰国されすでにCyclic AMPの分野で日本の第一人者の垣内史朗教授に会えることで緊張したが，小林先生と一緒に行った。垣内先生の第一印象は，骨太で高身長，紳士的で物静かな感じだった。後から聞くところによると，Western Reserve大学時代は着物に高下駄をはいて研究室に行かれたそうで，アルコールも相当飲まれたそうである。江田島の海軍士官学校に行かれていたときに終戦となり，直接ではないと思うが，大阪大学に入学されたと聞いている。士官学校上がりの片鱗を見た感じがした。垣内先生と小林先生は楽しそうに学生時代の話，その後のいろいろな話をされていたように思う。私は4年近く臨床医として過ごし，基礎医学ができなかった鬱憤が溜まっていたのか，Cyclic AMP，Cyclic GMPのこと，青斑核（ノルアドレナリン），黒質（ドーパミン），を電気刺激したとき，Postosynaptic にCyclic AMPが増加していることは証明されているのか等々，多くのことを質問

したのを覚えている．垣内先生は私の未熟な質問に真剣に，親切ていねいに応えてくださったのを鮮明に覚えている．かれこれ，2時間以上話した後に，突然，「君うちに来ないかね」と言われた．少し驚きましたが，大変光栄に思いました．不肖の弟子の始まりである．奈良県立医大の外科とはいろいろあったが翌年1974年3月に医員として大阪府立中宮病院に赴任した．

中宮病院時代

　精神科には学生時代からなじみがなく未熟なため他の先生にはずいぶん迷惑をかけたと思う．午前中は病棟と外来，午後は研究という生活が始まった．研究室はコンパクトだが非常に立派ですべての機器が揃っていた．垣内教授の友人の多くは高名な，おもにアメリカの学者で時々訪れては皆がびっくりしていた．当初，私に与えられた研究内容は，特に約束したわけではなかったが，青斑核を電気刺激した時，脳表のCyclic AMP，Cyclic GMPの増減をみることだった．電気刺激は阪大解剖学教室の遠山教授たちと共同研究をすることを垣内教授が手配してくださった．その前にCyclic AMPとCyclic GMPの測定のための抗体づくりが大変で，rabbitを用いて二人で悪戦苦闘したのを覚えている．何とか抗体ができて，ToransneuroticまたはToranssynapticに青斑核のほかいろいろな神経核を電気刺激してCyclic AMPとCyclic GMPの測定をしたが，あまり良い結果は出なかった．その後約10ヵ月経過したころ，垣内教授のほうから，「脳のサンプルが解凍するときにCyclic AMPもCyclic GMPもPhosphodiesteraseによって分解されているに違いない，君この研究からは撤退してPhosphodiesteraseの研究を一緒にやろう」といわれた．私のCalmodulin研究の始まりである．Phosphodiesterase（以後PDE）の研究は1966年に垣内先生がアメリカのWestern reserve大学から帰国されたときからの研究で，すでにPDEがCaと

Phosphpdiesterase-Activatinng-Facter（PAF）（最終的な命名はCalmodulin）によって活性化されることは発見されていた．しかし，Calmodulinの命名には世界中で紆余曲折があったようである．垣内教授が主張されていたModulator-proteinの名称がかなり取り入れられたと思う．さて，Calmodulinの発見者はだれかの問題が残る．「S. Kakiuchi, and R. yamazaki : Calcium dependent phosphodiesuterase activity and its activating factor（PAF）from brain ; Biochem. Byophys. Res. Commun 41 : 1104-1110, 1970」垣内先生の論文と「W. Y. Cheung : Biochem. Byophys. Res. Commun 38, 1970」Cheungの論文が同じ年のB.B.R.C.に掲載された．Calmodulinの発見者は一応，KakiuchiとCheungとなっているが，Cheungの論文では「CaとCalmodulinが共役してPDEに働くとする記述がなく，むしろinhibitory ionである」と考えられていた．垣内教授の説は，垣内教授が当初Ca濃度の調節にEGTAを入れることを，東京大学のトロポニンC発見者である江橋節郎教授に助言を受けたことからと聞いている．1970年以後は，CalmodulinはPhosphodiesuteraseのactvaiterのみではなく，今までに考えられていたCa-activaitable-Enzymeの非常に多くのEnzymeの活性化に関与していることが明らかになってきた．それと同時に多くの細胞生理機能にCa-Calmodulinが関与していることが明らかになった．垣内教授のグループが行った多くの研究結果も含まれていますが世界中でCa-Calmodulinの関与する研究が発表された．当時の多くの研究成果の主なものを列挙する．

A. Ca-Calmodulin Regulated Enzymes

1. Ca dependent phosphodiesterase（brain, heart）
2. Adenylate cyclase（brain）
3. Actomyosin ATPase（skeletal muscle. smooth muscle）
4. Ca-Ma ATPase（erythrocyte membrane. Synapse）
5. Myosin light chain kinase（smooth muscle. skeletal

muscle. heart muscle. brain. Platelet)
6. Synaptic membrane protein kinase
7. Glycogen synthetase kinase（skeletal muscle）
8. Phosphorylase b kinase（skeletal muscle）
9. Tryptophan hydroxylase kinase（brain）
10. Phospholipase A2（platelet）
11. NAD kinase（plant）

B．Ca-Calmodulin Related Physiological Functions

1. Smooth muscle contoraction
2. Ca transport（erythrocyte membrane）
3. Tubulin disassembly
4. Mitotic spindle regulation
5. Axonal flow
6. Ca transport（sarcoplsamic reticulum）
7. Platelet concentration
8. Neurotransmitter release and reuptake
9. Regulation of cytoskeleton

以上のように，1970年 Calmodulin が発見されてから1980年にかけて Ca-Calmodulin の関与する事象が多く発表された。これらはその一部である。もちろん，Bの事象がAによって生じているものもあると思われる，そして現在ではこれらとは比べ物にならない多くの事象が発見されていると思う。Calmodulin 発見者としてのこのような立場の垣内教授であるから，多忙をきわめ，私たちの実験指導の傍ら，日本は当然のこと，世界中の学会，研究会，講演会に行っておられた。私たちも，北海道大学，群馬大学，大阪大学，神戸大学，岡山大学，熊本大学等と共同研究でかなり多忙であったことを覚えている。ある時，アメリカから帰ってこられて，多くの学者に Calmodulin の発見者として大変好意的，かつ丁重に扱われたと，あまり感情を表に出さない人だったが，うれしそうに話されたのを，鮮明に覚えている。そして，1976年に大阪大学医学部高次神経施設神経薬理生化学部門教授に就任され中宮病院の検査科部長を兼務された。大学と病院を往復して今までよりも多忙な生活をされていた。私は中宮病院にて Calmodulin の仕事を続けていた。大阪大学教授になられてからも祖父江教授らと多くの実績を挙げられた。私は垣内教授にアメリカの大学への留学を推薦されていたが，まったく身勝手な一身上の都合で断ることになり，垣内教授との師弟関係は終わった。今でも申し訳ないと思っている。垣内教授は Calmodulin の発見と今までの多くの実績が認められ1984年朝日賞を受賞され，それ以前に不確かですが2,3回ノーベル医学生理学賞にノミネートされたと聞いている。しかし，まことに残念なことに，1984年9月23日，55歳の若さで逝去された。もし，存命であれば必ずノーベル賞を受賞されていたと思う。葬儀に出席して驚いたのはイギリスの雑誌ネイチャーに垣内教授への追悼文が紹介されたことである。垣内教授の偉大さを再認識した。

垣内教授の思い出を終えるにあたり，誌面の都合上，Ca-Calmodulin の関与する多くの事象の著者名，論文名，雑誌名等を割愛させていただいたこと，また，30年前の事象の中に見直されているものがあれば深く陳謝いたします。

8 播口 之朗

● 武田 雅俊

　播口之朗先生は，昭和11年7月7日生まれで，大阪府立市岡高校を経て，昭和36年阪大医学部を卒業され，大手前病院にて医師実地修練の後，昭和37年に阪大精神医学教室に入局された。このころは毎年10名前後の入局者があり，昭和37年入局組は，播口先生のほか，関山守洋，保坂正昭，乾正，大溝春雄，田伏薫，保坂（樋口）景子，山本順治，藤木明，金澤彰の10名であった。播口先生は，昭和37年7月から昭和42年5月まで，当時北嶋省吾先生が部長をしておられた日本生命済生会附属日生病院神経科にて臨床の研鑽を積まれてから，昭和42年5月1日に助手として大学に戻られた。大学では，西村健先代教授の老人生化学グループに入られて，文字通り西村先生の研究を陰に日向に助けられた。昭和52年7月から神経科精神科外来医長，昭和53年12月1日に講師を務められた後，昭和63年志水彰先生が大阪外国語大学教授に転出された後に，教室助教授として，また医局長として名実ともに西村教室の番頭格として活動されていたが，平成6年に現職のままご逝去された（図1）。

　この当時の助教授選考は，精神科から6名，他科教授層から3名，他科教官層から2名の合計11名の選考委員により行われていた。まず教室会議で精神科内で誰を選考委員にするか，精神科以外の教授層を誰にするか，他教室の教官層を誰にするかについて投票が行われた。播口之朗先生のときの選考委員は，精神科から西村教授のほか，杉田，多田，近藤，新川，篠崎。他科教授として眼科真鍋教授，脳外科最上教授，高次研祖父江教授。他科教官層から小児科奥村

図1　播口之朗先生（1985年）
右：生化学研究グループ歓送迎会にて西村先生（右）と

助手，第二内科米沢講師であった。昭和63年5月10日に第一回選考委員会が開催され，選考委員長に西村健教授，書記に多田國利助手を選び，選考方針と募集方法が決定された。選考方針は，「医学・医療・大学のあり方，教室の民主的運営に関心を持ち，精神神経科領域における診療，研究の豊かな経験を通じて深い教育的認識と熱意を有する医師」となっていた。この文言はどこの教室でも似たようなものであったろうが，大学紛争を終えたばかりの当時の雰囲気として「医学・医療・大学のあり方，教室の民主的運営に関心を持ち」との文言が必要であったのであろう。応募条件として，履歴書，選考方針に照らしての「過去の活動状況の記述」と「今後の方針に対する記述」および業績目録，主要業績別冊5編の書類を添えて申し込むこととされていた。そして，大阪大学医学部長松本圭史先生の名前で公募と募集がなされ募集は昭和63年6月8日までとされた。

播口之朗先生が書かれた「過去の活動状況」と「今後の方針」を転載する。

過去の活動状況（播口之朗先生応募書類より）

数多くの先輩から精神医学のあり方，研究方法，および大学人，医師としての生き方を教わりました。特に，金子仁郎名誉教授から幅広い臨床精神医学的観点と老年精神医学を学び，西村健教授から神経精神疾患の病態生化学の考え方を学び，神経化学，精神薬理学，組織化学の研究の手解きを受けました。狭い考えにとらわれることなく包括的に研究，教育，診療に従事できたのは諸先輩の指導の賜物と考えています。

1．研究活動

副手，研究生時代に故谷向講師，西村教授の指導で炭酸脱水素酵素阻害剤の抗てんかん作用機序に関する精神薬理学的研究を行い，新しい抗てんかん薬を開発しました。医学部助手に任じられた頃から西村教授と共に痴呆の成因に関する生化学的研究を始め，アルツハイマー病，老年期痴呆などの痴呆脳で脳水溶性蛋白の著明な変化が生じていること，特にB-2，B-4と名付けた酸性水溶性蛋白の変化が著明であること，この変化が脳老化の最も基本的な変化であること，神経原線維変化に対応する所見であることを明らかにしました。又，筋萎縮性側索硬化症の脳で促進された老化が存在すること，クロイツフェルト・ヤコブ病の脳でastrocytic acidic proteinに変化が生じていることを見出しました。その後西村教授，多田助手，武田助手らと共に神経原線維変化がニューロフィラメント蛋白，マイクロチュブル蛋白など複数の蛋白によって構成されていること，これらの蛋白の異常な重合や会合がアルミニウムや細胞分裂阻止剤で実験的に生じること，痴呆脳ではカテプシンDのようなリソゾーム蛋白分解酵素が増加して病態に関与している可能性があることなどを明らかにしました。また，最近，脳血管性痴呆の成因にアプローチする目的で，祖父江憲治教授，多田助手，山下正博士らと共に砂ネズミの脳虚血モデルで脳蛋白の変化を調べ，MAP2，カルスペクチン，クラスリンなど神経突起末端の機能や構造維持に関連する蛋白が減少することを見出しました。サンチャゴ大学精神科Ramón Cacabelos助教授，新川久義学士と共に神経内分泌学的検討を行い，バゾプレッシン，オキシトシン，GRF，ソマトスタチンなどの神経ペプチドが中枢神経系で調節的な役割を担っていること，ヒスタミンがneuromodulatorとして中枢で作用している可能性を見出しました。一方臨床的研究として，向精神薬や脳循環・代謝改善薬の臨床評価を行い，痴呆の重症度判定のためのＮ式精神機能検査やＮ式老年者精神状態尺度を開発しました。

2．教育活動

学部教育では単に知識を伝えるのではなく，学生が精神医学の方法を理解し医療全般におけ

図2 播口先生と生化研グループ
左：左から播口先生，加藤，武田，カカベロス，西村教授，1人おいて新川（1984年）
右：前列左から1人おいて武田，西村教授1人おいて多田，2列目左から尾崎，岡部，中広，1人おいて播口先生（1985年5月）

る精神医学の重要性を認識するよう配慮しました。医学部教育カリキュラム作成に参画し，当教室の講義，実習の改革を行いました。卒後研修では man to man の実地修練に重点を置き，診療の現場で精神医学の実践法を伝えてきました。学外では医師会で学術講演を，一般市民に精神衛生の啓蒙を，痴呆老人を抱える家族会で介護法の指導を，企業に産業精神衛生のあり方の指導を行ってきました。

3．診療活動

日生病院，阪大病院などの診察で多数の症例を経験しました。神経化学，臨床精神薬理学的研究が診療に際して役立ちましたが，広い視野を持つために生理学，精神病理学，社会精神医学などの考え方も取り入れて，患者のためになる医療を心掛けてきました。昭和49年以降，外来係あるいは外来医長として医療環境の整備につとめました。

4．その他の活動

教官会に属して大学，医療の在り方を検討し，特に非常勤医師制度の導入と運用に関しては診療問題委員長としてその解決に微力を尽くしました。

今後の方針（播口之朗先生応募書類より）

昭和40年前半の大学紛争は精神医学のあり方に関して基本的視点の変革をもたらしましたが，一方研究と治療法開発の渋滞を引き起こしました。この経験と教訓は私の今後の方針に重大に関わっています。研究では，従来の痴呆脳の病態生化学的研究を推し進めると共に，痴呆性疾患の治療法の開発のために臨床薬理学的研究，早期診断法の開発を行いたいと思っています。精神科医療の問題は山積していますが，さしあたって解決すべきことは医療に深い関心を持ち患者のための医療を行い，かつ難治性の精神神経疾患の原因探求に情熱を持ちうる有能な若手医師の養成であり，こうした医師を養成するのは大学医学部の使命であると考えています。本年4月から精神医学教室の医局長を拝命しましたが，教室の民主的運営と教室員の融和につとめ，活気ある教室となるよう尽力したいと思っています（図2）。

助教授としての播口先生

昭和63年6月14日に第2回選考委員会が開催され，選考委員長より応募者が播口之朗のみであることが報告され，履歴および業績の紹介

図3 ホパテ学術講演会（1985年11月）
左：西沼啓次，播口之朗，2人おいて西村教授
右：播口之朗，井川玄朗，1人おいて，西村教授，西沼啓次，講演会後の料亭にて

が行われた後，選考方針に照らし慎重審議の結果，全員一致で播口之朗が助教授として適格であると認め，教授会へ推薦することに決定した。

このような経緯で，阪大精神医学教室の西村・播口体制が整ったのであるが，播口先生はその後在職中に倒れられるまで終始西村教授を支え続けてこられた。

筆者が播口先生に初めてご挨拶したのは，昭和53年の夏ごろ「鰻の寝床」と称された9階建ての病院の東8階にあった精神科生化学研究室であった。精神科への入局を決心して，東館5階の教授室に挨拶に行った後に，「鰻の寝床」の研究室で播口先生にお目に掛かった。当時の研究室は広さはそこそこあったが，扉をあけて入ると冷凍庫と書棚で仕切られた実験室と狭い通路があり，通路を通り抜けて奥に進んだ所に居室スペースがあった。そこには机が6～7台置いてあり，一番奥に播口先生の机があった。当時の生化学グループは西村先生が東館の教授室に移られた直後であり，生化学研究室には播口先生と多田先生がおられたが，初対面の学生に対して大変優しく丁寧に歓迎してくださったことを憶えている。

播口先生は忙しい人でありヘビースモーカーであった。毎週火曜日が外来日であったが，午後3時くらいまでの外来が終わると，大勢の製薬メーカーの担当者を引き連れて研究室に戻って来られた。そして煙草を一服されると，担当者と入れ代わり立ち代わり話をしながら，下の鰻屋からの上等の鰻丼の出前を食べられ，話が終わるとすぐに忙しそうに出掛けられるという生活であった。一時も無駄なく動き回り，精力的に活動しておられたころの播口先生を懐かしく思い出す（図3）。

振り返ってみると，播口先生が亡くなられた平成6年の前後は，阪大医学部および精神医学教室にとっては大きな変化の時期であった。最大の変化は平成5年9月の阪大医学部と阪大病院の吹田への移転であった。平成5年の前半まで阪大医学部と1,057床の附属病院病院とは，大阪市内の一等地にあった。大阪駅まで徒歩10分，北新地まで徒歩5分の立地であり，その商業用的価値は高く坪100万円ほどの地価と言われていた。当時の吹田市万博跡地のキャンパスは地価坪1万円程度であったので，単純計算上では移転することにより少なくとも数十倍の面積が与えられるという噂もあった。堂島川を挟んで，北側に「鰻の寝床」があり，田蓑橋を渡って南側に医学部と歯学部が配置されていた。十年越しの阪大医学部長期構想に従って，いよいよ平成5年の夏休み前から準備を始めて9月に移転したのであった。

平成5年の病院移転の準備をしているころに播口先生に肺がんが見つかり療養生活に入られ

た。小生も移転した新病院の病室にお見舞いに行ったことを今でもよく覚えているが、播口先生は阪大病院の特別室に入院されていた。病室に先生を尋ねると、いつもの明るい表情で、移転後の教室の状況などをお尋ねになり、優しく対応していただいたが、その後外泊中に喀血され平成6年11月3日にご逝去された。

奇しくもこの年は、病院の移転を終了して、新病院での活動を開始した年であり、また教室にとっては100周年の年であった。平成6年11月の第4土曜日に教室100周年の記念祝賀会が開催され、金子仁郎先生、松田武先生、松下正明先生、岡崎綾子様のお話をお伺いした。そして、翌平成7年1月17日には阪神淡路大震災が発生した。このような慌ただしい世相の中で、西村先生は平成7年3月に定年退官を迎えられた。平成7年5月の西村先生退官祝賀会で、西村先生は前年に道半ばで亡くなられた播口先生のことを偲んで、御自分を支え続けてくれたかけがえのない番頭であったと感謝の言葉を述べられた。

播口先生は、西村先生と共に老人性認知症の生化学的研究に従事されていた。当時ようやく使用され始めていた電気泳動による蛋白の分離精製の仕事を中心に、脳内に沈着する異常構造物の生化学的解明を目指して研究を続けられた。脳の老人性変化の生化学的性状と形成機序に関する研究（1986年度）、脳の老人性変化の生化学的性状と形成機序に関する研究（1987～1988年）、痴呆の発症、診断、治療に関する神経内分泌学的、神経化学的、行動薬理学的研究（1988～1990年）、痴呆脳における細胞骨格蛋白の機能変化に関する研究（1988～1989年）、病態モデル動物を用いた脳血管性痴呆の成因・病態・治療に関する研究（1989年）、アルツハイマー病における中間径線維の機能的異常に関する研究（1990～1991年）、アルツハイマー病の病因に関する研究（1991～1993年）、痴呆の診断・治療に対する成長ホルモン放出因子の応用に関する研究（1992年）、アルツハイマー病脳における老人斑形成機序に関する研究（1993～1995年）、アルツハイマー病細胞におけるアミ

表 NDSの得点判別表

重症度	NDS得点
正常	95点以上
境界	80～94点
軽度認知症	60～79点
中等度認知症	30～59点
重度認知症	29点以下

図4 忘年会にて
左：西村教授、小西博行、1人おいて播口之朗
右：播口先生のダンスと西沼先生のカラオケ

ロイドβ蛋白前駆体のプロセッシングに関する研究（1993年），アルツハイマー病細胞における中間径線維蛋白のリン酸化と細胞障害に関する研究（1994年）などの研究を推し進められた．また，西村先生の教室では大阪府下の認知症の疫学調査が行われたが，播口先生は陣頭指揮をとり，調査を完遂された．

認知症の評価尺度の開発についても大きく貢献され，阪大精神医学教室が今でも活用している西村式認知症評価尺度（N-ADL，NM-scale，ND scale）の開発に大きく貢献された．西村式評価尺度は，認知症患者の状態を認知機能と精神症状の評価とADLを中心とした生活機能の3つの局面から総合的に評価しようとするものであり，わが国では大いに利用されている．西村式認知機能検査（NDS；Nishimura's Dementia Scale）は西村式認知症検査3点セットの一つであり1988年に発表された．NDSはその中の認知機能検査であるが，実際に使用してみても，認知症のスクリーニングに大変有用である．年齢，月日，指の名前，運動メロディ，時計の読み，果物の名前，物語の記憶，引き算，図形模写，物語再生，数字の逆唱，書き取り，読字の13の質問からなる検査であり，合計100点満点で採点する．十分な妥当性の評価がなされており，カットオフ得点を79点と80点の間にした場合の認知症診断の感受性は0.92，特異性は0.88である．そして，以下のような得点範囲から認知症の有無と程度を判別することができるすぐれた臨床評価尺度として受け入れられている．

播口之朗先生は，スポーツマンでエネルギッシュでいつも動き回り，研究室にこもってコツコツと実験データを積み重ねるというタイプの人ではなかった．マツダのロータリーエンジンの車を乗り回し，全日空，シャープの産業医として活躍し，さらに当時は田辺製薬のホパテ®が認知症に広く使用されていた時代であり，播口先生はホパテ®の講演に引っ張りだこであり全国各地を講演して飛び回っておられた．前述したように播口先生が亡くなられたのが教室100周年の年であり，今こうやって120周年の原稿を用意しているときも，いつまたお元気な播口先生がひょいと研究室に顔を出されてあの笑顔を見せていただけるのかもしれないとふと思う．20年以上も前の思い出をたどりながら原稿をまとめているのであるが，直接の上司であった播口先生には，十分には恩返しができなかったのではないかと今でも思っている．ただ小生が教授に昇任した最初の年である平成8年11月9日にホテルグランビアにて播口先生の3回忌にあわせて和風会の先生方と播口先生を偲ぶ会を開催できたことをせめてもの恩返しとして記録しておきたい．

文　献

1) 播口之朗：健やかな老人の精神生活のために—老人性痴呆の看護と観察記録．世界保健通信社，1984
2) 福永知子，西村　健，播口之朗，井上　健，下河内稔，他：新しい老人用精神機能検査の作成—N式精神機能検査—．老年精神医学 5：221-231，1988
3) 西村　健・福永知子：N式精神機能検査（Nishimura's Dementia Scale）．大塚俊男・本間　昭監修：高齢者のための知的機能検査の手引き．pp 27-34，ワールドプランニング，東京，1991

9 有岡 巖の思い出

● 夏目 誠

私の7年間の記憶を中心に

　有岡巖（以下，有岡教授とする）は大沢安秀教授の後任として，昭和40年7月に奈良医大に教授として赴任され，54年1月に同大学を退職されたと聞いている。

　以下の内容は故有岡教授に奈良医大で7年，師事（学生2年，研修医，助手）した夏目の記憶にもとづくものである。なぜなら，紛争などがあり，記録や文章がないからである。その，7年間のみの記憶である。

　有岡教授は亡くなられ（ご令室も亡くなられている）て，久しい。また当時，助教授であった大海作夫も故人であり，そのほか故人になっている方もかなりいて，知っている方は少ない。また，35年以上も前のことであり，私の記憶もかなり曖昧な面があって，どこまで正しいかどうかの部分が生じている。あくまでも夏目が知っている範囲内の記憶を中心にしたものであることをお断りしておく。

わかりやすく中身の濃い講義

　有岡教授の略歴は著書によれば，1946年大阪大学医学部卒業，1946年大阪大学大学院特別研究生，1949年法務府技官，1953年大阪大学医学部助手，1954年大阪大学講師，医学博士，1958年米国に出張，Kings County 病院病理学研究所（神経病理学，2年4ヵ月間），1965年奈良県立医科大学教授である。

　当時の教室は，有岡教授，大海助教授，西村公裕講師，浅尾之彦医局長以下助手8名の教室であった。また，病床は南病棟3階にあった神経科病床と80床あった精神科病棟を有していた。外来は外来棟の2階にあった。

　私が有岡教授に初めてお目にかかったのは，奈良県立医科大学5回生の精神医学の講義である。まだ当時45歳になるかならないかという新進気鋭の先生だった。精神神経学の時間，短く刈りあげた髪，細いネクタイ，アメリカ風のアクセントで話す姿を，カッコイイと思ったものである。講義の中心は6枚くらいのレジュメである。漫画風に簡略化し描かれた図と表で，ハンマーを中心にした神経学の部位診断，鑑別であった。明瞭で，実にわかりやすい講義で学生の評価も高かった。

　また，有岡教授は万年筆のモンブランを数本胸にさし，大きなハンマーを腰にさして学内をユッタリと歩いていた。

5つのキーワード

　私の独断で言えば，有岡教授は次のキーワードにまとめられるだろう。「神経科学者，コレクター，ウィスキーと留学，真面目・完全主義，ベストセラー」。この順に思い出を綴っていきたい。

神経科学者

有岡教授は，教室員よりも朝早く大学に来られ，夜遅くまで研究されていた。本当に研究者はかくあるべきという姿。私が入局した時の教授が有岡教授であった。有岡教授はアメリカ留学帰りで，「ウィルソン病」の権威だった。有岡教授の研究テーマは「生化学」と「精神病理学（統合失調症の回顧病識）」だった。精神医学というより神経学に強い教授という印象を持った。

私は当時，大海助教授がリーダーであった「心身症研究グループ」に所属していたので，詳しいことはわからない。以下はそこで当時，助手をしていた同期の和多田裕（原文のまま）の記述による。

1．生化学研究

『有岡先生の研究の方ではブフォテニン（幻覚誘発物質）の研究で阪大の谷向がアメリカで研究した追跡研究でした。彼は白血病？で研究なかばで死去されました。

CPKに関しては急性興奮状態でのSchizophreniaのPatientsは筋肉疲労もあって当然筋系CPK上昇はある。慢性寡動のPatientsでも病的体験の有無によりCPKに差が有ることを想定してCPK測定。結果は病的体験のあるグループが若干ではあるがCPK値が高い結果を得た。

そのPatientsの尿のブフォテニン値を測定し正常人や慢性SCHで陰性症状のみのPatientsの尿のブフォテニン値を比較検討した。当然有意の差で病的体験ありのグループのブフォテニンが高いと予測し thin layer（薄層）chromatography での測定で検討したが結果が出る前に，精神科改革運動のため研究は頓挫した。ブフォテニンは血液中の測定が望ましいが有岡先生から血液よりも侵襲の少ない尿にしようという提案があり尿測定となった。

その他の研究ではクロールプロマジンと肥満の研究をした。ネズミを6匹位飼育し給水に水のみとクロールプロマジンの濃度別のグループに分けた結果は濃度の高いネズミの方が肥満した。

良いことずくめでないのなら，先生の強迫症状ではいろいろとエピソードがありそうですね。近鉄で帰る途中でガスの元栓と電気の付け忘れの確認で「ワーちゃん，先に行ってくれるか，僕ちょっと忘れ物したので戻るわ」という会話が何度かあった。私的なことでは私たち夫婦の仲人をしていただいた。』との，内容である。

2．神経科学

先ほどベストセラーの紹介をしたが，有岡教授の外来でシュライバーを2年ぐらい経験した。そのときの印象は精神科の患者よりも神経科の患者さんのほうが得意であるように思えた。

まだCTスキャンがない時代にハンマーを中心に的確な部診断をされていたと思う。有岡教授の診断は後から行われる脳のアンギオグラフィーをした結果と一致していることがほとんどであった。さすがに神経科の名医だと思った。当時，南病棟3階に神経科の病棟があったが，教授回診では，有岡教授から教えられることが多かった。

研究で私が記憶しているのは，病理組織標本を数多く，宝のようにしてアメリカなどから持ってこられ，検索している姿である。3回くらい教授室でウィルソン病の大事な標本を見せていただいた。そのときの有岡教授の表情は本当にイキイキしており，エネルギーとパワーに満ち溢れていた。

コレクター

有岡教授はコレクターだった。万年筆とパイプ。モンブランを中心に何百本も集めていた。時々，笑みを浮かべながら「ペン先」をヤスリで研いでいた。有岡教授の安らぎのひとときであろう。それを，新人の教室員などにプレゼン

トシ，私もいただいた。太いモンブランの風格があるもので，カルテに記載する時のすべりが最高だった。

有岡教授は，パイプをくゆらせながら話す。紫煙を吐くときが，会話の「間」だった。本当に美味しそうに吸われていたのを，今，まざまざと思い出す。

ウイスキーと留学

有岡教授には，さみしがり屋の面があった。意外と思われる人も多いかもしれない。少人数の者しか知らないだろう。私は，夜には医局にいることが多かったが，教授室の隣にある医局に午後8時半過ぎに来られた。ストレートでウイスキー（サントリーの角かオールドであった）を飲みながら，お話をされた。内容はアメリカ留学当時の話，研究が中心だった。印象に残っているのは，『留学時，日本人は自分1人で，話し相手は少ない。夜，アパートで研究論文を書きながら"ジョニ赤"をあおるように飲む。そうしないとやっておれない気分だった』という話である。昭和40年ごろの留学の大変さを実感できた。

時にファンであった「プロレス」の話もされた。「先生とプロレス」は意外な組み合わせなので，興味津々で聴いた。力道山に始まり，確かルーテル，シャープ兄弟，ブラッシーなどなど。もう一つは，経済的な話で，「医学部教授が，いかに恵まれてないか」であり，共感したのを記憶している。有岡教授は，本当に質素で勤勉であられた。

まじめ，完全主義

有岡教授の性格を一言で言えば，「まじめで完全主義者」だろう。完全主義は研究の面において教授の多大な業績とつながっている。また，誰よりも早く医局に来られ，深夜遅くまで研究している姿を見ると，まじめ一辺倒とも言える姿でもある。患者からの贈り物を一切辞退されたのも，性格の反映であろう。

完全主義者であるので，医局員の研究指導はかなり厳しかったが，あとあと役に立つことが多かったと思う。

ベストセラー

有岡教授が執筆された『神経病診断へのアプローチ（南江堂）』は当時学生の間で評価が高く，ベストセラーだった。また，有岡教授は勝山信彦先生と共著で『学校恐怖症（金原出版）』という本を執筆されている。

ベストセラーで思い出すのは，当時奈良医大精神科は，京都府立医科大学精神科と年に1回，野球試合を行っていた。勝敗は五分五分だったが，盛りあがった試合だった。終了後のパーティで歓談し，意見交換をしたのが楽しい思い出である。

その時，京都府立医大のある先生が，「いまの医学書のベストセラーは精神科では加藤伸勝先生の『小精神医学書（金芳堂）』と有岡先生の『神経病診断へのアプローチ』である。いずれもわかりやすく，中身が濃い。学生はよくわかっている」との発言が印象強く残っている。この発言にあるように，同書は本当に学生に読まれ，神経科学の理解に大きく寄与したと思う。

最後に

個人的には有岡教授ご夫妻に仲人をしていただき，公私にわたり助言をいただいたことを感謝し，まとめとしたい。

なお，本文の一部は教室員であった木下秀夫国分病院長の示唆があり感謝の意を表したい。

10 浅井　敬一

● 田中　克往

　私が初めて浅井敬一先生にお目にかかったのは，昭和41（1966）年6月のことでした。当時，いろいろ問題のあったインターン制度の1年間の研修を終えて精神科に入局し，医師国家試験を経て金子仁郎教授に指示された勤務先が大阪府立病院（現在の大阪府立急性期・総合医療センター）でした。

　ドキドキしながら訪れた初対面はとんでもない状況でした。「浅井先生にお会いしたいんですが…」と訪ねた精神神経科外来で，看護婦さんに「浅井先生の診察は終わりました！」ピシャリと言われ，約束してたんですが…と押問答の末やっと連絡してもらえました。外来の廊下中に響くようなバタバタした足音とともに浅井先生が駆け込んで来られました。どうなることかと思いました。でも意外に優しい先生で近くの喫茶店に連れられてホッとしたというのが，実は半世紀近く前の出来事です。

　医師免許を取ったばかりの駆け出し医師の私は，見習いやシュライバーもさせてもらえることなく，就職直後から独りで外来診察に放り出されました。鬼のような扱いにおたおたしながら，やっとの思いで外来を終わったら先生が隣の部屋で待機してくれていたのを知りました。主任部長としての浅井先生の凄いところ，度胸のあるところ，そして優しいところに感動した一場面でした。

　これは多分，浅井先生が大阪府立病院に赴任するまでの阪大精神科講師時代の指導者としてのキャリアに依るものと思われます。

　先生は東京帝国大学理学部を卒業後，短期間の帝国海軍時代を経て昭和25（1950）年大阪大学医学部を卒業され，堀見太郎教授主宰の精神科に入局されました。精神病理，電気生理の研究を重ね昭和31年，金子仁郎教授が奈良県立医大から復帰されて後は，金子教授，佐野勇助教授の下，講師を務められました――当時の講師陣は有岡巖先生（昭和21年卒，後，奈良県立医科大学教授）辻悟先生（昭和23年卒，後，助教授）の三人でした――。浅井先生は医局長として教室の総合統率，若手医師の指導教育に努めておられたのです。

　＃閑話休題1　医局費を集めていた浅井医局長が，入局したての菱川先生に「医局費を！」と言ったら「未だ貰ってません」と言われたとか？（菱川泰夫先生，昭和32年卒，私の睡眠脳波研究の恩師で後，秋田大学医学部精神科教授）

　浅井先生は阪大講師時代の多彩なエピソードを残して昭和36年，大阪府立病院精神神経科部長に就任されました。当時の大阪府立病院には大野恒之先生（昭和28年卒），三宅弘子先生（昭和32年奈良医大卒）がおられました。翌昭和37年5月大野先生が大阪労災病院神経科部長へ転出され，替って西沼啓次先生（昭和32年

大阪府立病院のスタッフと楽しそうな浅井先生
左から2人目

卒，後，国立療養所松籟荘総長）が着任されます．更に三宅先生の転出後はアメリカから帰国の谷口和覧先生（昭和31年卒，後，阪大石橋分院助手，阪大高次研講師を経て国立大阪病院神経科部長），大学院を卒業直後の井田英乃夫先生（昭和34年卒，後，阪大助手を経て井田診療所院長）等が浅井先生の下で活躍されていました．

昭和41年には西沼先生の松籟荘への転出異動に伴って，大学院の卒業後阪大石橋分院助手をしておられた亀田英明先生（昭和33年卒）が赴任されていました．その夏，新米の私が加わって常勤医師3人と，非常勤で西沼，谷口，井田先生が外来に来られる賑やかで楽しい時代になりました．

私が大阪府立病院へ赴任することになったのは，単に新入局者の中での組み合わせだと思っていたのですが，当時，阪大精神科医局に戻っておられた谷口先生が新入局者の中で浅井先生と気が合いそうなのを選んで決めたということを後で聞きました．私のその後の人生———大阪府立病院13年，大阪府立成人病センター27年———を考えたとき，その運命の方向は浅井先生と谷口先生が決めたようなところもあるのかも知れません．

その頃，新しく引っ越された浅井先生のお宅へ皆でお邪魔して麻雀をしたりしました．私達夫婦も時々お邪魔しては，その頃未だ幼かった二人の子供さん（ずっと後の話ですが，お二人とも東京大学を卒業後東京で御活躍です）と遊んだり，奥様の美味しい手料理を御馳走になったりしました．史子奥様は数学科の御卒業なのに？　料理が抜群で，とりわけ黒豆煮は天下一品でした．

翌昭和42年には吉田功先生（昭和41年卒，後，日生病院精神科部長）が着任され益々楽しくなりました．浅井先生の最ものんびり，気楽にできた時代ではなかったかとの思いがあります．

ある時，スタッフ4人揃って長崎の脳波学会に出掛ける事になりました．科の常勤医全員が出払うなど，今ではとんでもない事ですが，なんと浅井先生の友人の先生に留守番をお願いして大阪を離れるという気楽さです!! それも学会出張にも拘わらず関西汽船で一晩かけて別府へ．レンタカーを借りて阿蘇山ドライヴ．学会は長崎だぞ！とは誰も思い出さずに，次は天草五橋巡りです．

やっと長崎に着いた時は学会最終日の夕方．閉会直前の会場で，積み上げられていた残り物の弁当を有り難く頂戴し，早々に失礼して当時の国鉄（昭和62年以後のJR）長崎駅から夜行

学会の合間，猪苗代湖での浅井先生と筆者

列車で一路大阪へ！無事学会出張が終わりました。

　大阪府立病院は精神科閉鎖病棟が45床，神経科病床12床で毎週浅井部長の回診がありました。その時には浅井先生から精神科臨床や医療の在り方など色々教えていただきましたし，様々な場面で広範な知識を惜しげもなく披瀝してくださいました。

　浅井先生の博学多才ぶりは先生口癖の「精神科医はストリップからバイブルまで知っていなければ」を遥かに超えた広範なものでした。歴史（世界史，国史を問わず），語学，文学，数学，科学等々，和漢洋に亘って畏るべき広さと深さでした。私が少々自信を持っていた海軍史でドレッドノート型戦艦，即ち弩級艦についての論評には驚嘆した事を思い出します。

　他方，浅井先生のアルコール駄目振りも天下一品で，金子教授宅での恒例の新年会で数滴ブランデーの入った紅茶に口をつけて「殺す気か！」と叫んだのは有名な逸話です。そんな浅井先生が何故かスナックは大好きで，よくサウナやスナックにご一緒させて貰いました。私もアルコールが苦手でしたのでハイボール一杯がやっとでしたのに，翌日病院では「田中君は凄い酒豪や」と言いふらされたのには吃驚でした。確かに浅井先生よりは命にかかわらない程度には強いようですが…。

　#閑話休題2　浅井先生の麻雀好きは同業者界では有名で今更の感もありますが，私の麻雀が一人前になったのも先生の指導特訓のお陰です。なにせ先生の手帳には麻雀の記録が日時，対戦相手，勝ち点，戦評等々ビッシリ書き込まれていましたから…。府立病院の我々の仲間以外の多くの雀友は数え挙げれば枚挙に暇が有りません。

　私は昭和43年に少しの間，国立呉病院精神科に転勤し浅井先生の元を離れます。当時の新入局員はローテーションで6ヶ月ずつ交代に呉病院へ出向していましたから。

　同科の岡本輝夫部長（昭和25年卒）は浅井先生と同時期の入局で肝胆相照らす友人だったとお聴きしており，この頃には浅井先生も呉までよく遊びに来られました。そして岡本先生と丁々発止の楽しい会話があって，時の経つのを忘れて過ごした思い出があります。

　この後，10年を経て浅井先生が再びこの地を訪れることになるとは想像もできませんでしたが…。

　昭和44年は精神神経学会が中止になるなど精神医学界，精神科医療の現場で様々な問題提起や総括が行われる騒然とした時代の始まりで

した。大阪府立中宮病院も御多分に漏れず病院長の交代があり，いろんなトラブルにみまわれました。

それらの事態収拾のために浅井先生が招聘されることになりました。浅井先生は中宮病院医務局長として事態の収拾と事後処理に数年御苦労され，その一段落とともに風の如く飄然と大阪府立病院に帰任されます。府立病院では亀田英明部長のほか，吉田先生，私，昭和46年着任の松林武之先生（昭和45年長崎大卒，後，大阪市立小児保健センター精神科部長）と伴に過ごされましたが，昭和52年呉へ新天地を求められました。

その時の和風会誌（昭和52年12月）には，珍しく心境を寄せられています。

「大阪府立病院―中宮病院―大阪府立病院と15年有余にわたる大阪府勤務にピリオドをうち，今年4月から国立呉病院に勤めています。初心にかえったつもりで精神科医療のあり方を考える絶好の機会を得たと喜んでいます。まことに風光明媚人情濃やかな土地ですので，こちら方面へおいでの節は是非御立寄り下さい。浅井敬一」

呉で再充電した浅井先生は国立大阪外国語大学保健管理センターの教授として帰阪されます。(運動神経抜群とは決して言えない) 浅井先生が体育を教えてるんですか？　と冷やかしに外大を屡々お訪ねしました。若者達に囲まれて楽しそうな浅井先生は何とアラビヤ語の習得に余念がありませんでした。変わらず好奇心旺盛で騒々しい浅井先生ではありました。

昭和53年3月，金子仁郎教授が退官されます。その時の記念業績集に金子教授門下の教室員学位論文（昭和31年8月～昭和53年3月）が載っています。そのトップバッターが浅井先生の論文「筋緊張型事態反応に関する精神医学的研究」でした。そして昭和53年のラストバッターが私でした。不思議な偶然に時の流れと奇縁を感じて感慨深いものがあります。

浅井先生は大阪外国語大学を定年退官後，昭和63年から大阪商科大学教授，平成6年からは大阪市民生局などの仕事の傍ら（どちらが「傍ら」かは不明ですが？）お好きな麻雀を楽しんでおられました。

昭和57（1982）年の還暦の会は府立病院の皆でお祝いしました（勿論，麻雀会つきです）。

平成4年（1992）年8月，古稀の会は当時の大阪朝日ビル最上階のレストラン「アラスカ」に呉からの岡本先生はじめ同世代の旧友たちが参集され，何故か私も呼んで頂いて色々なエピソードや懐旧談で盛り上がり楽しく過ごしました。

しかし平成8年7月，最愛の史子奥様を白血病で亡くされ，その跡を追うように平成10（1998）年11月，多くの人に愛され尊敬され，そして多くの人を導き楽しませた爽やかな人生を終えられました。享年76歳でした。

11 頼藤　和寛

● 中尾　和久

生まれと育ち

　頼藤和寛先生（図1）は1947年12月22日に大阪で生まれた。2人兄妹の長子で祖母もおられ、女性に囲まれて育つ。

　幼少期は病弱であった。5歳のときには腸炎で死線をさまよい、以後もさまざまな腸疾患につきまとわれる。腸疾患は自宅から遠く離れるのを嫌うという先生の行動特性を形成する一因にもなり、先生の命を奪うことにもなる。

　小、中、高と自宅近くの学校を選ぶ。住吉高校では野田俊作先生と同期。成績きわめて優秀。生物部に所属し犬の解剖をやってのけた。1966年に高校を卒業し、阪大医学部に入学。

　大学入学後も際立った存在であった。詩作をし、絵を描き、文を綴り、時には人目を惹く装いで現れた。野田先生によれば「当時から、おそろしいほどの博識でひどく大人びた大学生であった」。野田先生とは哲学、宗教、クラシック音楽などの影響を与え合った。

　当時の解剖の自習帳がある（図2）。自筆の精密な人体アトラスとラテン語の説明。人体、特に骨に対する思いは、「人みな骨になるならば」にも述べられている。

　1972年に大学卒業後、阪大病院で麻酔科へ入局、翌年、川西市民病院で外科を研修。1974年に精神医学教室に入局し、阪大病院で精神科を研修。研修後は浅香山病院に勤務。

図1　頼藤和寛先生（1947-2001）

　1979年、阪大助手。1986年、大阪中央児童相談所（現大阪中央子ども家庭センター）勤務。1997年、神戸女学院大学教授に就任。

仕事と業績

1．浅香山病院（1975～1979）

　臨床医として4年間勤務。統合失調症の頭部CT所見に関する研究はこの時期になされた（「CTによる脳萎縮の測定法」、「精神分裂病のCT脳萎縮所見」）。

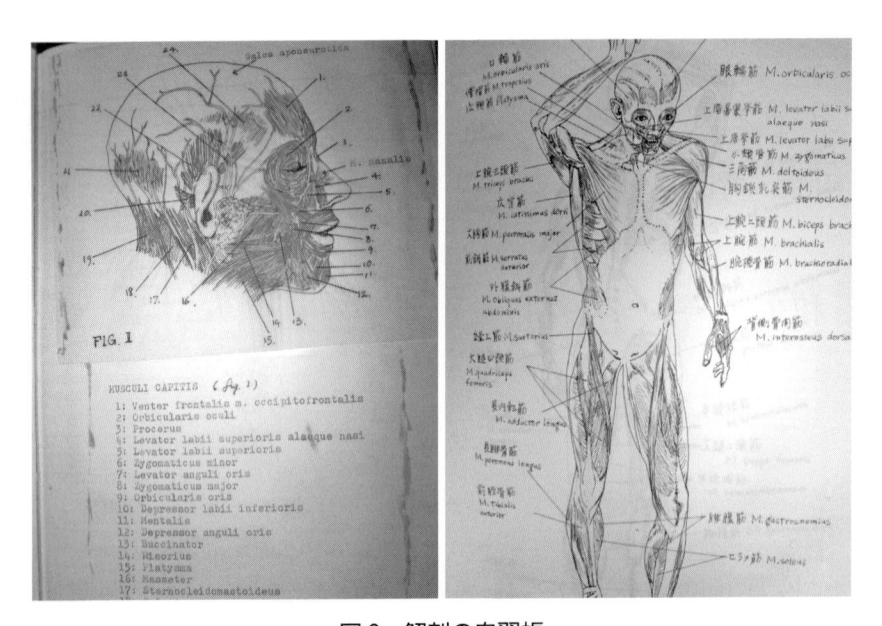

図2　解剖の自習帳
自筆の精密な人体アトラスとラテン語の説明。

精神病理の清水將之先生や精神薬理の乾正先生の下でも研究する（「青春期危機について（その1，2）」，「破瓜型分裂病と診断された青年期の2例」，「炭酸脱水素酵素acetazolamideによる躁病の治療的試み」，「青春期と初老期のうつ病に関する研究」）。

行動療法グループの勉強会にも参加し，少し前から参加していた野田先生と，毎回知的にスリリングな議論を展開するようになる。

2. 大阪大学医学部精神医学教室（1979～1986）

1979年に阪大精神医学教室に助手として戻る。大学では行動療法グループを主宰。精神療法を専門とし，主として神経症患者を診る。

研修医に対しては「神経症」と「精神療法，心理療法」のクルズスを担当。「神経症は入院させたら医者の負け」，「健常者も精神病者も神経症反応は出し得る」，「（患者の治療では）いろいろな種をまいておくこと，後で芽が出るものもある」，「『患者第一』で助言せよ，しかるに患者がそれに従うとは限らない」など，数多くの箴言が残っている。

このころ執筆された著書には「夫婦」，「性格をつかむ」，「人間関係ゲーム」，「自我の狂宴」などがある。

学術論文としては「青春期心性」，「不登校」，「境界例をどう考えるか」，「青年期における仮性破瓜病について」などの精神病理論文，「患者と治療者の出会い1～6」，「催眠療法/自律訓練/行動療法」，「神経症と心理テスト」，「かのように理解と心理療法」などの心理療法関連，「くせというもの」，「音楽におけるメラノ型とスキゾ型」，「小粒のニヒリストたち」，「ホンネゲーム・タテマエゲーム」などの人間学的論考がある。

学位論文は「神経症の非症状特性による類型化」で，その概要は，神経症者，心身症者，健常者を非症状特性19項目を用いて判別し，神経症を孤立型，依存型，葛藤型，偽正常型の4タイプに類型化したものである。研究テーマは，同じ症状を呈しながら経過や転帰，治療的接近を異にすることが多い神経症に対する臨床的要請に基づく。

阪大と並行して市立豊中病院でのコンサルテーション活動に携わる。30分の面接1回で，

患者も紹介元の医者も満足させるという仕事である。「月並みでない」返書は，後の人生相談の回答に通じるものがある。

テレビやラジオにも出演し，藤本義一氏や角淳一氏と軽妙なやりとりを交わしておられた。

3．大阪中央児童相談所（現大阪中央子ども家庭センター）（1986〜1997）

1986年に児童相談所に赴任。この時期，先生は宗主替えをする。冗談交じりのご自身の言葉でいえば，「ガチガチの保守派生物学主義」に「転向」するのである。

それまでは阪大病院にいたので，周囲がほとんど自然科学者で，「安心して文化系的な立場をとる」ことができた。ところが児童相談所では周囲は文化系・社会科学系出身者ばかり。「孤立無援の精神科医」としては，「とても安心して（文化系的立場に）同調しておれない」ことになる。

時代的にも，双生児を用いた遺伝と養育環境に関する研究が目覚ましく進展した時期である。行動療法の勉強会でもTellegen A, Plomin R, Kendler Kらの行動遺伝学や遺伝疫学の論文が取り上げられた。頼藤先生は，生物学的所与の条件の中で，どのような養育条件がどのような性格にどの程度の影響を及ぼすか，を検証した。1990年代後半からのパソコンと統計ソフトの発展も，研究の流れに竿さす。

こうした実証研究の一方，産経新聞に人生相談の回答を始められる（その一部は，後に「頼藤和寛の人生応援団」に収録）。

このころの著作には「家族関係あらカルテ」，「不定愁訴を知る」，「相性」，「日々の不安」，「ホンネの育児論」，「心理療法」，「家族の問題 Q & A」，「もっと気楽に生きてみたら！」，「いま問いなおす登校拒否」，「育児書にとらわれたら子育てはできない」，「だれかがどうにか症候群」，「心理学プラス1」，「お母さんの目からウロコが落ちる本」，「困った家族診ます」，「賢い利己主義のすすめ」など，子育てや家族関係に関するものが多い。

原著には「能動的技法の展開と活用」，「ストレス論再考」，「"不登校"を問い直す」，「しつけ神話を疑う」，「児童福祉現場での危機介入」，「家庭の人間関係ストレスと対処のポイント」などの論考，「児童の行動特性と背景要因」，「101例の行動・口指標・知能構造」，「青少年不適応の二極性」，「女性の体質と人格および罹病性」などの実証研究がある。

4．神戸女学院大学人間科学部(1997〜2001)

1997年に神戸女学院大学人間科学部の教授に就任する。

執筆活動はますます盛んになり，「『自分』取扱説明書」，「母のための人間学」，「悪と魔の心理分析」，「こころが晴れる本」，「精神科医とは何者であるか」，「正しく悩む」，「人みな骨になるならば」，「私，ガンです ある精神科医の耐病記」などを上梓する。

学術論文は「体質と性格，身体不調の関連にみられる性差」，「行動特性と養育条件の関連(3)」，「幼児期と成人後の性格に及ぼす養育条件の影響」などで，構造方程式モデリング（共分散構造分析など）を使った研究をした。

赴任して数年，まさにこれからというところで病に倒れられた。

学問的背景と人間観

1．器質力動論

頼藤先生はドイツ精神医学，DSM-Ⅲ以降の米国精神医学にも精通しておられたが，フランス精神医学，とりわけEy Hがお好きであった。弱冠29歳で著した「新しい脳神話」は，脳の機能階層論と意識の解体を通奏低音とし，開放系複雑系システムとしての脳（各層・各要素が相互作用をするシステム力動）について縦横無尽に論じたものである。「精神障害は単純な『向精神薬欠乏症』ではない」のは当然のことで，執筆当時は精神疾患に関して単一精神病論的立場であった。

「心身懸隔」を「『心身一如』といった，わかったようでわからぬ題目で事足れりとする」ことはできず，「問題は，心にどれほどの脳の影を読みとれるか，脳にいかほど心の動きを託せるかの二点にあるように思われます」という頼藤先生にとって，Ey H は同じ問題意識を共有する先達であった。

2．学習理論と賞罰感受性二元論

患者の症状行動の説明には「効果の法則」を用いておられた。快をもたらす効果のある行動は「強化」される，という原理である。これに呼応して，症状反応は「破綻型」と「亜適応型（強化型）」に大別しておられた。

学習理論の応用は人間理解にも及ぶ。行動を制御するのが報酬なのか罰なのか，何がその人に報酬や罰となるのか，は人を表す。学位論文である「神経症の非症状特性による類型化」は，「報酬接近や罰回避の感受性には個人差があり，性格の違いに反映され，行動の形成や変容のされやすさに関係する」という Eysenck H や Gray J の「賞罰感受性二元論（強化感受性理論）」を作業仮説としている。

3．無意識の発見

「精神分析はチャーミングな理論」だと評され，「疾病利得」，「転移・逆転移」，「抵抗」などの概念も尊重しておられたが，Freud S の最大の功績は「無意識の発見」と考えておられた。先生にとっての「無意識」は Erickson M よりも Freud S 的で（あるいは仏教思想的で），「人間が認識において都合の悪い現実よりも快い虚偽を愛し，しかもそのことに自分自身で気がついていない」ようにさせるものであった。

4．エソロジー

動物行動学や行動生態学にも通じておられ，「動物としてのヒト」を重視しておられた。このため，「チャーミングな理論」も，ヒト以外の動物でも成り立つかが問われた。また，「生得的解発機構」や「進化」の概念は，環境要因のみを重視する「極端な行動主義」へのカウンターバランスになった。

隣接学問領域の進化生物学やゲーム理論では，ダーウィン主義進化論の Gould S，利己的遺伝子の Dawkins R，しっぺ返し（tit for tat）の Axelrod R などを読み込んでおられた。

5．人間関係ゲーム

対人環境における相互作用を捉える観点は交流分析や家族療法と相通ずる。先生は「相性」を重視され，治療でも，個人の変化が周囲に及ぼす影響，いわゆる「エコロジカル・チェック」に気を配られた。

6．多変量解析

華麗な学説や理論には説明力に加えて予測力を求められた。また，「理屈と膏薬はどこにでもつく」と仰り，パス解析や共分散構造分析を駆使して，養育の影響に関する言説を経験科学の俎上に載せて検証された。心理療法の効果については，「影響力は数％だが，その数％が人生では大きな違いになる」というのが持論であった。

人と信条

1．膨大な読書量と並はずれた知識

若い頃からの習慣で，哲学，宗教，文学から心理学，精神医学，生物学，統計学まで広範に読書をされた。テレビや映画もよく観ておられ，森羅万象，聖俗問わず多方面に通じておられた。中でも宗教には造詣が深かった。

2．執筆と講演

先生の執筆はモーツァルトの作曲のようであった。筆は早く，締め切りに遅れることはなかった。パソコンには新刊1～2冊分の文章が常に入っていたという。

講演も大変お上手で，文章同様ユーモアに溢れエスプリの効いたお話を，巧みな話術でされた。普段から言葉遊びやダジャレが尽きず，家では落語や浪花節も聴かれたという。

3．タテマエやきれいごとを排する

「自分が何者か・相手が何者かを識る」には「言

図3 シュールレアリズム風絵画作品

た。また，常識や社会通念をいったん保留にすることが自在で，「神経症者は社会的催眠（Watts A）が解けない人」と評された。

パイプを燻らし，バーボンを好み，手料理を作り，写真やクラシック音楽を愛し，絵筆をとり（図3），執筆が趣味，読書量は膨大で，話術に長け，対他配慮の行き届いた，知性の人，才能の人，認識の人であった頼藤先生。あまりにも，あまりにも早すぎる死であった。

この原稿を書くにあたり，奥様の頼藤千恵子様にはさまざまなお話をお伺いし，多くの資料をご提供いただき，大変お世話になりました。ここに記して，心より感謝申し上げます。

葉よりも行動，行動よりも生きざま」とされ，不快なものも直視せんとする「認識の人」であっ

Memory

西村健教授還暦記念祝賀会
大阪リーガロイヤルホテル
教室主催による西村健教授還暦祝賀会は松下正明東大精神科教授による特別講演を拝聴し，和やかな雰囲気で開催された。多数の和風会会員がお祝いに駆けつけたため，全員での集合写真は見送り，それぞれの年代に分かれて記念写真を撮影した。

12　工藤義雄先生を思う

● 小池　淳

警察病院でのご活躍

　昭和35年春に，私はそれまでいた阪大生理学教室をやめ，臨床医になるため，阪大精神科に入局した。金子仁郎先生のご指示で，大阪府の精神衛生相談所に半年ぐらいいたと思うが，相談に来られた人は誰もなく，もっぱら所長の竹谷先生のお話を聞いていることが多かった。そんなとき，工藤先生から「僕のところに来ませんか？」とお誘いがあった。

　谷町9丁目の警察病院は忙しい病院で，特に精神神経科は繁盛していた。部長の工藤先生の診察の日は特に患者が多く，待合室は一杯，その前の通路は診察待ちの患者で，通行不能になることが多かった。

　神経科の患者の中で，脳血管障害とか脳腫瘍の患者となると，CTとかMRIのない当時は，すぐ診断できないから，とりあえず入院ということになる。精神科の患者でも，初期統合失調症（緊張病や興奮患者）やうつ病の患者などが来られると，工藤先生はとにかく入院させて，診断ぐらいはつけて，精神科病院に送ることにしていたから，入院した患者も大変忙しかった。

　先生はかなりの病状の激しい患者でも，頼まれれば少々無理をしてでも入院させるようなところがあった。患者側からみれば，まったく困るような病気でも先生に頼めば何とか治してくれるという信頼感があったようである。他科の医師でも先生を信頼して患者を送ってくることが多かった。いわゆる，精神科の医師としての信頼感はベテラン医師以上にあったと思う。先生の人気が上がるほど，入院を引き受ける我々は忙しくなり，患者は増えてきた。閉鎖病棟のない入院ではよく脱走されたり，自殺されたりすると，それまでの努力は何であったのかと自分を責める。そんなとき先生は，「飲みに行こう」と看護師を含めて，全員で飲みに行った。翌日は少々「シンド」かったが，この方法は我々にとって，早期に元気を快復させる薬になったと思う。先生に給料が安いと言いに行った若い精神科医がいると聞いたことがあるが，我々の私的なトラブルまで相談に乗ってくれた。それだ

図1　工藤義雄先生

けでなく，先生に相談すると何とかうまく事が運ぶのである。

　警察病院に奉転してから，3～4年して，私の患者にいわゆるセテストパチーの患者について，疾病論的立場から，今まで学んだドイツ的立場より，フランス精神医学のほうから考えるほうが面白そうだと思い，また，統合失調の概念もわかったようでよくわからないので一度フランスに行って見たいと申し上げると，「それは良い」「早速実行しよう」と慶應義塾大学の三浦岱栄教授に連絡をとってくれた。フランスに行くなら Henri EY 先生のところが良い，と三浦先生が EY 先生に手紙を書いてくれたのである。2週間ぐらいして，EY 先生の返事が三浦先生を経由して私の手許に届いた。「いつでも来てくれて結構です，歓迎します。ただし，滞在費用は今のところ，用意できませんが」との内容であった。もちろん，この手紙をフランス領事館に見せると，簡単にフランス政府の技術留学生に採用され，簡単にフランスに行くことができた。

　先生は不思議な能力をもっておられ，カリスマ的であるとそれ以来思っている。それに，一身上の問題と言えば大袈裟だが，折にふれ，いろんなことの相談に乗ってもらってきた。

　ほぼ1年後，私はフランスから帰って，また警察病院に厄介になることになった。

　そのころ（昭和42, 3年ごろ）から青医連の若手精神科医師が精神神経学会の古い体質を改めようと立ち上がっていたので，学会では到底学問を論じる空気はなく，学会の在り方についての激しい議論のみが続いていた。私はそれ以来，学会に出ることをやめてしまった。先生は学会の役員として若手精神科医と議論を戦わせていた筈である。そのころ，先生は口癖のように，早く国内の議論を止めて，日本で国際学会を開かねばならんと仰っていた。ずっと早くから，先生は国際学会には毎年出席されていたから，無理をしてでも日本で国際学会が開かれれば若手医師たちも考えが変わるのではなかろうかと思われたに違いない。日本にも森田療法があり，土居健郎氏の日本人の「甘えの構造」などよく読まれていたと聞くし，新しくは大阪医大（満田教授）の遺伝研究から非定型精神病の存在が証明されたことなどよく知られたことである。日本の精神科医はもっと国際的にならねばならないのは当然であったのである。

ハワイでの休日

　そのころ（昭和42.3年ごろ），ハワイで国際学会があり，先生に誘われて私も出席することにした。もし，Hennri EY 先生がハワイに来られるなら，ぜひ，日本に連れて来ようと先生がおっしゃるから，EY 先生に手紙を書いた。EY 先生は「どうしても早く仕上げねばならない論文があり，私の体もあまり強くない。日本にはぜひ行きたいと思っているが，現在長期の旅行は無理である」との返事をいただいた。工藤先生は EY 先生が日本に来られたら，東京と大阪で講演会を開催しようと考えていたようである。何はともあれ，ハワイへは工藤先生との二人旅となった。飛行機から降りて，ホテルに着くと夜になった。「タム・タム」という太鼓の音で歓迎され，海岸やホテルの入口に松明をつけて照明にしている。幻想的な雰囲気である。

　翌朝，ホテルの大部屋で学会が始まる。英語がよくわからないから窓の外を見ると，はるか太平洋は左右に広がり，空との境は朝の光でかすんで見える。近くの海岸の波打ち際には大きな椰子の木が見える。窓の下は瓢箪型のプールがあり，青い水のプールを囲んでビーチパラソルと簡易ソファーが見え，緑の芝生には赤い花，黄色い花が咲いている。先生は司会を命じられて，どうなるか心配したが，先生は堂々と短い言葉で，スムーズに会を進行させるので感心する。食事はバイキングでジュースがとても美味しかった。夕食時になると，新しい果物を入れ

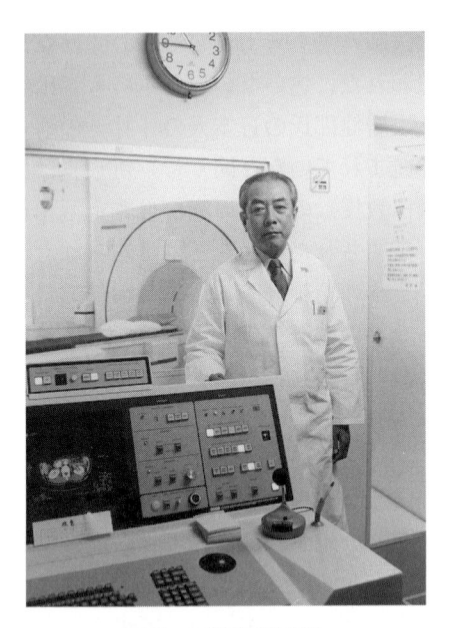

図 2　工藤義雄先生

たコップの上からラム酒をかけた「チチ」という飲物は本当に美味しく思えた。

　3日目は飛行機で20分ぐらいのところにあるマウイ島へ行く。ゴルフ場は一部工事中であったが，丘を越えて太平洋に向かって打つゴルフはまったく素晴らしい。池の水は透明で鯉が泳いでいる。落ちたボールがもったいないから靴を脱いで拾いに行く。すべてカートで行くから疲れない。日が暮れるまでゴルフをしていたから，ちょうど3ラウンド廻ったことになった。夜は食事しながら「タム・タム」を聞きながら腰にミノを巻いた現地人の踊りを見せてくれるが余り面白くない。翌朝，目が覚めるとアベック用の海岸のコテージで寝ていた。このコテージは海の中までつづき，2人用に海が仕切られていて，外からの邪魔が入らないようになっている。先生は「小池君と2人じゃ何とも仕方がないな」と言うから，私も男2人で来るところではないですねと大笑いして，マウイ島に別れを告げた。

茨木分院でのご活躍

　警察病院の茨木分院が赤字続きで，茨木分院だけ廃業になるかもしれないとの噂が院内で広がっていた。結局，先生が分院長を引き受け，茨木分院の復興を目指すことになったのである。

　私もこれを期に長らく世話になった警察病院精神神経科を辞することにし，千里中央で開業することにした。

　私が開業するにつき，いろんなことがあったが，営業可能となったころ，茨木分院を訪ねてみた。

　火事にもなった木造の兵舎のような建物が消え，2階建の新しい病院ができていた。おまけに玄関に車寄せもあり，タクシーで来る患者さんは雨にぬれない。立派な病院ができましたねと先生に話しかけると「ここの出身の笹川良一に会いに行ったら，予想外に高額の寄付をしてくれた。それに彼がなかなかの人物だというのがよくわかったよ」と，相変わらず先生はお金集めが上手である。精神科の病棟は病院裏の丘の中腹にあって，南向きの気持ちの良い病棟であった。千里中央のわが診療所に来たうつ病，ヘベフレニー型統合失調の患者を，茨木分院に紹介すると，この病棟に入院させてほとんどうまく治していただけたと思う。

　このように工藤先生は，立派に茨木分院を復活させ，総合病院としての大阪第二警察病院を発足させ，院長に就任された。神経科は部長中嶋照夫，宮田明，北村栄一諸先生がおられ，非常にうまくいき，退院患者からも喜ばれていた。しかし，経営方針において経営母体である大阪府警本部との意見の相違があり，その調整に工藤先生は苦慮されていた。その後，工藤先生は辞任されるが，神経科は外来のみとなり，近年は精神科の常勤医もいないという寂しい事態となっている。

その後

それにしても、いつもの先生とは違う何かが起こっている。なぜカリスマ性がなくなったのか不思議に思っていたら、浅香山病院での会議中に倒れたとのニュースが耳に入ってきた。考えられないことであるが、先生も人間である以上、病気には勝てないのだとやっと理解できた次第である。

しばらくしてあれほど、工藤先生が言っていた国際学会が日本で初めて横浜で開かれることになった。もちろん、工藤先生も準備委員の1人に選ばれていたが、そのとき、すでに先生は病魔に侵され、病室で寝ておられた筈である。あれほど期待していた横浜の第1回国際精神医学会に、たとえ1週間でも役員として活躍して欲しかったと思うのは私だけではなかったと思う。以来、お亡くなりになるまで、あれほど華麗だった後半生のご活躍に比べて苦しい、淋しい時間であったろうと思えば、いっそう、お気の毒に思えてならない。せめて、天国で楽しかったマウイ島の1日を想い出して欲しいと思う。今となればこれを機に改めて、ご冥福をお祈りいたします。

Memory

平成4年度和風会総会

この年の和風会は工藤義雄先生の挨拶で始まり、西村健教授が例年のように年間の活動報告をされた。金子仁郎教授は司会者席のすぐそばにご機嫌そうに座っておられた。特別講演は「第一線歩兵連隊に七年間」と題した金子仁郎教授の講演であった。会計報告が浅尾博一先生によりなされた後、新入会者の紹介があった。新入会者は16名。平成4年12月5日

13 杉原 方

● 松本 和雄

ダンディ・ハンサム・ノーブル・博学，杉原方先生

　昭和36年，阪大精神科に入局して，大学院生として研究と臨床に従事することになった。最初に診察室で，シュライバーとして精神神経学診察の実際の見習いをさせていただいた先生が，杉原方先生であった。当時は，関西学院大学社会学部教授で，外来診察に来ておられた。上背も高く，どこか気品と風格があり，細かいことにはまったく拘泥されず，ひたすら診察を丁寧にされ，駆け出しの医者を見下すことも，先輩面なども一切なく，昔からの仲間のようにきわめて自然に，しかし，新米にも十分わかるように易しく説明しながらご指導いただいた。後々に気づいたことであるが，先生は特にノイヘレンには，へりくだりや卑屈さを味合わせないようさりげなく優しく配慮されていることが感じられ，改めて尊敬の念を深めた。診察後の昼休みには，診察室のスタッフ全員を食事に連れて行かれ，そこでの博学の先生の興味深い雑談は，人間学，人生学全般に及び，面白くかつ有益で，診療以外の広い知識を教わると同時に，精神科医の資質を伝授していただいているような貴重な日々であった。また杉原先生は，診察だけでなく，ルンバールも名人で通っていた。週1度，午後に処置室へ関西学院大学から来られ，若手医師たちが難儀しているケースにも，ものの見事に1回で刺入された。さすが，海軍出身と居合わせた皆が感嘆したものであった。昭和58年，縁あって私も関西学院大学文学部に赴任することになり，再び関西学院大学でお会いすることになった。カウンセリングルーム会議やプライベートでも文科系大学の仕事をいろいろご教示いただき，昭和61年退官されるまで，本当に沢山お世話になり，感謝でいっぱいである。関西学院大学では，ダンディ，ハンサム，聡明，博学で，学生からスタッフ，教員に至るまで杉原ファンがいっぱいで，多くの人々から慕われ，関西学院大学各学部どこでも，その存在はよく知られ，しかも際だっておられた。

杉原方先生のお家柄

　先生の風貌，気品と風格には，それだけの由緒あるお家柄の背景があった。太閤記で有名な豊臣秀吉の家来，茨木城主，片桐且元に遡る。柴田勝家との戦いで，賤ヶ谷七本槍の1人として名を馳せ，その後，豊臣秀頼の重臣として家康vs淀君との間でさまざまなエピソードを残したことは周知の史実である。その且元から続く片桐家の家老として，ご先祖から代々仕えられ，先生は13代目の当主に当たる。廃藩置県後曾祖父の時代からは，奈良市角振町のお屋敷で開業医をされて，御屋敷には登城用の駕籠があ

先生の人となり

昭和16年3月，大阪帝国大学医学部を主席でご卒業されたが，同年12月8日，大東亜戦争勃発，軍医として海軍に入隊された。旧制甲南高等学校時代は，バスケットボール部で大活躍され，インターハイで全国制覇，見事優勝に導いた。その後4連続の優勝という甲南高校バスケット部黄金時代の幕開けに貢献された。正に文武両道の逸材であり，御家柄もお育ちも超セレブであられるのに，ご自身はきわめて謙虚で，外連味なく，常に権威的な価値観には批判的な態度を示された。患者さんにはもちろん，学生，職員，教員など，誰にも気さくに優しく接しておられた。学生や後輩の指導は，常にさりげなく熱心で，いろいろ面倒もよく見られ，とりわけ関西学院大学社会学部のゼミ生の合宿を基にOBも参加したゴザ会やもぐら会など定例の会合を組織され，一大親睦と教育の場をつくられた。平成14年に亡くなられたが，今でも，三重県古座の的や料理旅館で，偉大な先生を偲んで毎年ゴザ会は，開催されている。

図　杉原方先生
（関西学院大学'85卒業アルバム，1985より）

杉原　方教授略歴・主要論文

	略　　歴
大正6年11月	奈良県に生れる。
昭和12年3月	甲南高等学校高等科卒業
昭和16年3月	大阪帝国大学医学部卒業
昭和16年4月	大阪帝国大学副手　医学部精神病学教室勤務
昭和20年10月	大阪帝国大学助手　医学部勤務
	大阪府立少年指導相談所指導員嘱託
昭和22年8月	大阪少年審判所医務嘱託
	大阪帝国大学医学部講師（精神医学）
昭和23年9月	少年保護司（叙二級）
昭和24年4月	法務庁技官（叙二級）
昭和25年4月	大阪府技師　大阪府中央児童相談所勤務
昭和25年8月	占領地行政救済資金により精神衛生研究のため渡米（11月まで）
昭和25年8月	医学博士授与
昭和26年4月	大阪市立大学法文学部講師嘱託
昭和27年4月	関西学院大学文学部助教授
昭和29年4月	関西学院大学文学部教授
昭和35年4月	関西学院大学社会学部教授
昭和36年4月	関西学院大学大学院社会学研究科修士課程（社会福祉学専攻）指導教授
昭和39年4月	関西学院大学大学院社会学研究科博士課程（社会福祉学専攻）指導教授
昭和43年3月	関西学院大学社会学部長（昭和44年2月まで）
	日本精神神経学会会員
	日本心理臨床学会会員

著書			
集団精神療法	臨床の進歩 4 巻	永 井 書 店	昭和 25 年 4 月
Child Guidance Clinic における児童鑑別	異 常 児	医 学 書 院	昭和 27 年 12 月
TAT	異常心理学講座 4 巻	み す ず 書 院	昭和 29 年 10 月
ロールシャッハ・テスト I	心理診断法双書	中 山 書 店	昭和 33 年 7 月

論文			
南方熱帯圏における精神病	大 阪 医 事 新 誌	大 阪 医 事 新 誌 社	昭和 17 年 9 月
バセドー氏病における精神障害	臨 床 医 報	臨 床 医 報 社	昭和 17 年 10 月
インドネシアの精神病アモックに就て	大 阪 医 事 新 誌	大 阪 医 事 新 誌 社	
結核患者の心理	日 本 臨 床 結 核	克 誠 堂	昭和 26 年 10 月
病めるものの心	診断と治療 39 巻 4 号	診 断 と 治 療 社	昭和 26 年 8 月
精神分裂病の視覚残像	人文論究 3 巻 2 号	関西学院大学文学会	昭和 27 年 8 月
集団精神療法（第 2 報）	精神経誌 54 巻 4 号	精 神 神 経 学 会	昭和 27 年 9 月
精神分裂病における実験心理学的研究	精神経誌 54 巻 4 号	精 神 神 経 学 会	昭和 27 年 9 月
結核患者の精神医学的研究（その 1）	人文論究 5 巻 2 号	関西学院大学文学会	昭和 29 年 7 月
ソンデイ・テスト	人文論究 6 巻 2 号	関西学院大学文学会	昭和 30 年 7 月
結核患者の精神医学的研究（その 2）	人文論究 7 巻 2 号	関西学院大学文学会	昭和 31 年 6 月
犯罪者の精神医学的研究	人文論究 9 巻 1 号	関西学院大学文学会	昭和 33 年 6 月
浮浪者の精神医学的研究（1）	人文論究 10 巻 1 号	関西学院大学文学会	昭和 34 年 6 月
浮浪者の精神医学的研究（2）	人文論究 10 巻 2 号	関西学院大学文学会	昭和 34 年 10 月
浮浪者の精神医学的研究（3）	社会学部紀要 2 号	関西学院大学社会学部	昭和 36 年 5 月
浮浪者にみられる酒精中毒について（I）	社会学部紀要 9・10 号	関西学院大学社会学部	昭和 39 年 11 月
浮浪者にみられる酒精中毒について（II）	社会学部紀要 12 号	関西学院大学社会学部	昭和 40 年 12 月
Bellak の精神分裂病の概念（その 1）	社会学部紀要 22 号	関西学院大学社会学部	昭和 46 年 3 月
Bellak の精神分裂病の概念（その 2）	社会学部紀要 24 号	関西学院大学社会学部	昭和 47 年 3 月
Bellak の精神分裂病の概念（その 3）	社会学部紀要 25 号	関西学院大学社会学部	昭和 47 年 12 月
Bellak の精神分裂病の概念（その 4）	社会学部紀要 27 号	関西学院大学社会学部	昭和 48 年 12 月
Bellak の精神分裂病の概念（その 5）	社会学部紀要 30 号	関西学院大学社会学部	昭和 50 年 2 月
Bellak の精神分裂病の概念（その 6）	社会学部紀要 31 号	関西学院大学社会学部	昭和 50 年 12 月
Bellak の精神分裂病の概念（その 7）	社会学部紀要 33 号	関西学院大学社会学部	昭和 51 年 12 月
Bellak の精神分裂病の概念（その 8）	社会学部紀要 35 号	関西学院大学社会学部	昭和 52 年 3 月
Koro について	社会学部紀要 40 号	関西学院大学社会学部	昭和 55 年 3 月
精神分裂病症状群（その 1）	社会学部紀要 44 号	関西学院大学社会学部	昭和 57 年 3 月
精神分裂病症状群（その 2）	社会学部紀要 46 号	関西学院大学社会学部	昭和 58 年 3 月
精神分裂病症状群（その 3）	社会学部紀要 48 号	関西学院大学社会学部	昭和 59 年 3 月
精神分裂病症状群（その 4）	社会学部紀要 50 号	関西学院大学社会学部	昭和 60 年 3 月

（以上作成　荒川義子教授）

なお本稿作成にあたり，先生の御令愛，梶川陽子様のほか，真野元四郎福井県立大学名誉教授，関西学院大学カウンセリングルーム福田育代，野村奈美両氏ほか，橘旅館女将，森本みつよ氏と故荒川義子教授から資料を提供いただいた．謝意を表したい．

14 浅尾博一と大阪府立中宮病院

● 藤本　淳三

　浅尾博一は，大正10（1921）年1月に堺市で出生，アメリカ留学以外，終生堺市で過ごしたようである。

略歴

昭和20（1945）年9月　大阪帝国大学医学部を卒業，精神神経科教室に入局。

昭和27（1952）年11月　国立大阪病院神経科に勤務。

昭和31（1956）年4月　大阪大学医学部講師となる。

昭和32（1957）年4月　和歌山県立医科大学助教授に転出。

昭和35（1960）年から2年間，ニューヨーク州立精神医学研究所に留学。

昭和40（1965）年4月　和歌山県立医科大学精神神経科医長代理。

昭和40（1965）年10月　大阪府立中宮病院主幹として大阪に戻る。

昭和42（1967）年11月　同病院医務局長。

昭和44（1969）年8月　大阪府立公衆衛生研究所精神衛生部長兼同成人衛生課長兼大阪府精神衛生相談所所長となり，いったんは中宮病院を去る。

昭和53（1978）年4月　大阪府立中宮病院長兼同附属高等看護学院長兼大阪府精神衛生相談所長。

平成元（1989）年3月　大阪府立中宮病院および同附属高等看護学院を退任。

平成4（1992）年3月　大阪府立精神衛生相談所長を退官。ただし精神衛生相談所は大阪府立公衆衛生研究所精神衛生部と合併し，大阪府立こころの健康綜合センターとなる。

平成7（1995）年，浅香山病院院長となり，平成9（1997）年に退職。

平成15（2003）年10月26日，逝去。

中宮病院とのかかわり

　浅尾は，昭和20（1945）年9月に大阪帝国大学医学部を卒業しているが，この年月は第2次世界大戦大平洋戦争が敗戦によって終結する1ヵ月余り後のことである。もし戦争がもう少し続いていれば，本土決戦に備えて，浅尾も卒業後直ちに軍隊に召集されていた筈である。そのような厳しい状況下で，学生生活を送るというのは，どれほどまでに緊張を強いられたことだっただろう。

　精神科教室から手渡された資料の中に，昭和19年2月の神経科医局日誌があり，それに浅尾の名前がある。浅尾は卒業する前年から，もしくはそれよりも前から教室研究生として神経科医局に出入りしていたようで，どのような思いで教室研究生となられたのだろうか。

　浅尾は昭和29（1954）年7月に医学博士を取

図1 当時の医療職3役
左から当時の浅尾博一院長。次が執行経世副院長，右端は小生で当時医務局長（1989年）

図2
左から浅尾院長，執行副院長，藤本は医務局長（1989年）

得しているが，学位論文は「てんかん患者の精神医学的研究（補遺）」という表題で，てんかん患者の性格面の問題について，治療しながら精密に観察した約100例を，治療面，性格面，社会面につき縦断的および横断的に研究したとある。通院中の患者のうち，外傷性ならびに症候性と思われるものを除き，頻回の通院と家人により詳細に経過観察された103例のてんかん患者についての研究によって，ヒステリーとてんかんとの両者を有する患者があり，両者の発作症状が共存する症例があることを認め，これをヒステリーてんかんと呼ぶとある。

また神経科外来を訪れたてんかん患者および中宮病院入院患者で，真性てんかんと見なし得る者のうち神経症化を示す者の群と神経症化を示さない群および著明な重度の知的障害を示す群に分け，それぞれにロールシャッハ・テストを行っている。対象患者は88名で，重度の知的障害を示す群は主に中宮病院に入院中であった。この論文の末尾に中宮病院橋田院長に深く謝意を表すとあり，この時から橋田賛と浅尾との間に，先輩後輩の関係より以上に親しい関係が生じたのではないかと思われる。

さらに阪大神経科外来を訪れた真性てんかん患者41名について，神経症を示す群と示さない群に分けて，S.C.T.を施行し，その結果をてんかん罹患という悩み，家族関係に対する悩み，およびその他の精神的葛藤と思われるものとに分類して検討している。

阪大神経科式を用いたロールシャッハ・テストおよびS.C.T.を考察し，自己を表現しようとする努力の強弱，てんかん罹患という精神的葛藤の強弱，その他の対人的社会的精神的葛藤を認め，神経症化している一群のあることを指摘している。そして，てんかんという疾患を全人格の疾患として取り扱うと同時に，全人格像を精神力動学的に把握し，薬物療法のみならず精神療法の併用が必要であることが認められたと結論している。

昭和40（1965）年10月，浅尾は大阪府立中宮病院に着任した。着任される前の週の医局会に，普段は医局会に出席しない当時の橋田賛院長が医局に来られ，「浅尾君がここに来ることになった。皆，骨を拾うつもりで受け容れてやってくれ」と語った。

中宮病院医局の中で，常時最年少だった私は，浅尾をまったく存じ上げていなかった。橋田院長の過激な言葉に，刀折れ矢尽き血を流している落武者を空想していた。

当時の中宮病院は大正15（1926）年に建てられた木造平屋建ての建物が老朽化し，全面改築

図3 在りし日の風景
真中の煙草を手に持ってるのは、後に浅尾院長在職中になくなった立花光雄先生、その隣が小生。

が始まっていたが、大正15年に女学校から移築した管理棟をはじめ、ほとんどの病棟建物がまだ元のままで、比較的広い病院敷地の塀際とか裏の斜面は雑草が生い繁りススキの穂が揺れ、人が踏み込まないところには、ケシが咲いていたり、草むらでは蝮に気を付けなければならなかったり、夜にはまだ狐や狸を見かけるときがあるという、ひなびて牧歌的な風景のところだった。その中宮病院に現われた浅尾は、髪はキッチリと七三に分け、上等な眼鏡をかけ、仕立てのよい服に、夏でも白いワイシャツにネクタイを結び、どこに出ても恥ずかしくない都会の紳士だった。医局の若い医師は、夏は下着姿で、突っかけを履いて、病棟に行くときだけ、白衣をひっかけて院内を歩いていた。

浅尾が中宮病院に来た昭和40（1965）年には、前年のライシャワー事件を受けて精神衛生法が改正され、保安の意図も含めて地域精神衛生の推進が企画されて、保健所に精神衛生相談員が配置され、中宮病院でも精神科ソーシャルワーカーが増員された。

昭和42（1967）年、それまでは結核療養所だった国立松籟荘が精神療養所として運営されるに当たって、当時中宮病院医務局長であった浜義雄が、「わたしはここに居りたかったんやけど、お上の言わはることやから、しょうおまへんわ」と述べて松籟荘に赴任した。永年住み慣れた木造平家の官舎が、取り壊されるのと同時だった。そして浅尾が後を継ぎ、医務局長となった。

昭和43（1968）年3月には中宮病院は全面改築が完了し、当時の知事が「東洋一の精神科病院ができた」と自讃したが、その言葉は長くは語り継がれなかった。機構改築によって医務局は6部長制となり、建物設備は新しく、機構は整備されたが、入院患者には日用品と煙草が不足していた。昭和33（1958）年に健康保険法が施行されたが、昭和38（1963）年の中宮病院の入院患者の98％は措置入院患者であり、そのほとんどが、いわゆる経済措置であった。その後、生活保護・医療扶助の同意入院に次第に切り替えられるが、昭和43年には着替える下着も煙草もない、日用品費の支給のない経済措置の患者がまだ残っていた。

そして昭和43年、麦飯給食から始まった患者差別解放・人権の回復の闘争は、部落解放同盟の元地区活動家をリーダーとして、煙突にのぼる、病院正門前に坐り込む、府庁に向けてのデモ行進などの実力行使もあり、病院全体を異様な雰囲気に包み込んだ。病院の外では大学紛争が始まり、精神神経学会金沢学会が続く。

その事態収拾のため副院長制が施行され、昭和44年8月、府立公衆衛生研究所精神衛生部から岩井豊明が副院長として着任し、医務局長として大阪府立病院から浅井敬一が来られ、浅尾は公衆衛生研究所精神衛生部長兼同成人精神衛生課長兼精神衛生相談所長として転出される。そして大阪府衛生部長で精神科医でない安田一男が院長に就任した。安田院長は退職されるまで、病棟回診も外来診察もなさらなかった。

浅尾の公衆衛生研究所精神衛生部時代の、主として藤井久和と藤本修との共同発表「（チェーンソウなどの）振動障害の体性感覚誘発電位について」は第6報まで、主として夏目誠と藤井

久和との共同発表「職場不適応症について」は第9報まで，主として夏目誠と藤井久和などを共同発表者とする「勤労者におけるストレス評価法について」は第5報まで，そして藤井・夏目を共同発表者とする「ある職場における社員の自殺について」と，「ある会社における精神衛生相談室10年の活動について」と，「復職判定時におけるロールシャッハ・テスト結果と予後について」，以上は，浅尾が中宮病院に戻ってから雑誌・産業医学に発表されている。「大企業事務職員にみられたアルコール症者の動向」も同様である。

昭和53（1978）年3月，安田一男は中宮病院院長と昭和46（1971）年に併設された附属高等看護学院の学院長を退任され，同年4月，浅尾が院長として戻った。看護学院長と精神衛生相談所長は兼任だった。

なお昭和45（1970）年に自閉症児療育施設・松心園が併設されており，林正延園長が辞任されてから浅尾が園長を兼任した。

浅尾が戻る前年・昭和52年から中宮病院は基準看護特2類が適用されこの後，人件費の上昇により中宮病院は高額の赤字に悩むことになる。

この赤字経営の問題とは別に，府下唯一の公立精神科病院としての中宮病院に，大きな課題が生じてくる。それは大阪府精神保健行政当局からの措置入院患者の優先的受け容れの要請と，民間精神科病院からの重症の措置入院患者といういわゆる処遇困難患者の入院受け容れの要求であった。

浅尾はアメリカ留学の折，ニューヨーク精神医学研究所でcommunity psychiatryについて学び，以後機会あるたび地域精神保健の向上を述べている。また精神医療全般においても入院医療中心から地域在宅医療中心への移行が，当然と考えていた。中宮病院に関しても昭和40年前後の全面改築のときは，これからの精神科病院の運営では，入院患者の開放的処遇が重要で，厳しい行動の制限は必要でなくなるだろう

という願望的予測があったのか，改築後の中宮病院は病棟8棟のうち1棟を除いて，一時的な行動制限のための保護室しかなく，開放的処遇によって病棟を運営するように7棟が設計されていた。残りの1棟は，昭和39（1964）年の麻薬取締法改正によって生じる，医療を必要とする麻薬中毒患者のための麻薬病棟という名目で建てられ，男女それぞれ保護室8室が設けられていた。実際には麻薬中毒者はほとんど入院せず，これらの保護室は，特に男子病棟では入院してきた措置患者あるいは処遇困難患者の受け入れに使われるようになったが，しばらくすると，その保護室8床は常時満床で，患者の受け入れには困難が生じた。

一般室ではベットでの抑制はしないという中宮病院の方針もあり，一部，準開放病棟の一般病室の保護室への改造も行われたが，この保護室不足は浅尾が大阪府を退職するまで続いた。

週休5日制による，警察での保護の時間切れに対応するため，緊急措置入院が48時間から72時間に延長され，大阪府の精神科救急体制の施行に先立ち，1病棟を保護室病棟に改造し，緊急救急病棟としたのが平成3年で，これによって保護室不足は緩和されるが，そのときには浅尾は中宮病院にいなかった。

混乱を越えて

インターン制度反対，医局講座制反対などの医学部における大学紛争が終結してから，当時，大阪府衛生部公衆衛生課精神衛生係にいた矢内純吉さんの仲介で，青医連および青医連のシンパの医師が医師不足もあって，中宮病院に入職してきた。浅尾はこの人たちとも連名で，昭和57年に雑誌・臨床精神医学に「慢性分裂患者の病棟における行動評価—Wingの病棟評価尺度の応用—」，昭和58年に「長期在院分裂病患者のデイケアとその評価」などを発表している。浅尾の考えはよくわからぬが，少なくとも同じ

病院で働く医師としての連帯感はお持ちだったのだろう。

昭和58（1983）年発行の日本精神科病院協議会年報に，その年に催された総会のシンポジウムでの浅尾の「日本の精神医療の現状と将来」と題する発言が記録されている。その中でもcommunity psychiatryによる地域精神医療に言及し，公立病院も公営企業法の中の企業性を厳しく問われ，民間病院と相互扶助しなければならない，と述べている。

同年の全国自治体病院協議会雑誌には「経済性を考えた公立精神病院の運営のあり方について」と話題提供されたと記録されている。

兼務されていた精神衛生相談所長の立場から，昭和59（1884）年に和歌山県精神衛生協議会創立記念講演として，また枚方市精神衛生講演会において「現代の精神衛生―今日の心の健康について―」と題して講演され，それが昭和61（1986）年発行の大阪府精神衛生協議会創立30周年記念誌に記載されている。その中で思春期，中高年，老人の心の問題について，社会環境のみならず家族関係の崩壊が問題であると述べられ，現在，現代うつ病とか非定型うつ病と呼ばれる病態についても，すでに言及されている。

昭和57（1982）年に大阪府立中宮病院は医局会での要望があり，臨床研修病院の指定を申請し，大阪府立病院を提携病院として承認されている。昭和59（1984）年の雑誌・臨床精神医学の特集「精神科卒後教育の現状と問題点」において，浅尾は「初期カリキュラムの現状とMinimum Requirement＜精神科専門病院＞大阪府立中宮病院の場合」と題して述べている。その中で当院の傾向として，入院症例として症候性精神病と神経症症例に接することが少ないことを挙げている。

同じく卒後教育に関して，精神神経学会第80回総会のシンポジウム「精神医学教育」において，浅尾は「卒後教育―卒後研修について―[1]」のテーマで述べ，その中で精神科においては，医師と患者との関係が特に重要で，患者のための医師としての資質の向上に重点をおいている。

昭和60（1985）年の和風会誌29号には，和風会ミニシンポジウムの記録が記載され，浅尾は中宮病院の現状について述べている。

浅尾は，第6回日本社会精神医学会の会長を務め，「社会精神医学の現況と展望―大阪の精神医療の現状をふまえて―」と題する会長講演を行った。それが昭和61（1986）年の学会誌・社会精神医学[2]に収載されていて，community psychiatryの実践としての大阪における地域精神医療の現状について述べられている。メンタル・ヘルス・ケアを一次，二次，三次と分けて，それぞれを担当する機関，例として保健所，病院，社会復帰施設を挙げ，その実情を報告している。

昭和61（1986）年，法と精神医療学会が設立され，浅尾はその設立発起人の1人であったと思われるが，第1回総会のシンポジウム「精神衛生法をめぐって」でもシンポジストとして参加している。その内容は学会誌・法と精神医療創刊号[3]に記載されているが，浅尾は当時の同意入院について疑義を呈している。

昭和64（1989）（この年は浅尾が大阪府立中宮病院を退職した年であるが）年に発行された全国自治体病院協議会雑誌251巻に会議録として「これからの精神科医の在り方」と題する論評が，記載されている。その要旨は，「今回の精神保健法の改正において，精神科医の資質と倫理が強調され，医師としては華岡青洲の唱えた活物窮理の精神，精神科医としては内外合一の言葉が大事で，精神科医は医療チームのリーダーでなければならない」ということである。

浅尾は華岡青洲を祖とされているという巷間の話だが，実際，浅尾は時々，青洲の言葉を上記のように引用している。

浅尾の私的な個人情報は，昭和53（1978）年，浅尾が中宮病院に戻って来て院長となった年の

和風会誌に,「息子に初孫が生まれ,娘もこの秋に嫁ぎ,家内との二人暮らしになり,これからはゴルフ等に興じながら健康に過ごしたい」と投稿されている以外には,手元にない。若い時には,テニスをやっておられたようである。

平成7(1995)年,浅香山病院院長になられているときに,精神保健事業と推進した功績により,勲三等瑞宝章を叙勲されている。

思い返してみると,浅尾は病院精神科医ではなく社会精神医学者だったと思われ,府立中宮病院の院長としてはたいへんなご苦労を負われたのだろうと推察される。

謝辞:この小文を書くに当って大阪府こころの健康総合センター所長 松浦玲子先生と阪大精神科教室臨床心理士竹内直子さんにご協力いただいたことを感謝する。

文献

1) 浅尾博一:卒業教育―卒後研修について―.精神経誌 87(3):140-143, 1985
2) 浅尾博一:社会精神医学の現況と展望―大阪の精神の現状をふまえて―.社会精神医学 9(3):224-234, 1986
3) 浅尾博一:精神衛生法をめぐって.法と精神医療創刊号:60-64, 1987

Memory

教室百周年記念講演会祝賀会
千里ライフサイエンスセンター
平成6年11月26日

教室は平成6年に創設百周年を迎え,和風会総会に合わせて祝賀会を開催した。
教室の歴史について,松田武先生が講演され,教室初代教授の大西鍛教授の娘さん岡崎綾子氏をお迎えして賑々しく開催された。岡崎綾子氏から大西鍛が留学したウィーン大学ベネディクト先生のブロンズ像を贈呈していただいた。
また来賓として松下正明東大精神科教授のお言葉を頂戴した。

15 角辻豊先生の思い出をめぐって

● 南　諭

　いつだったか，角辻　豊（すみつじのぼる）先生の属する阪大筋電図グループの仕事に，私も加わったことがある。催眠被験者の筋電図を測定するときの催眠の施術師が私の役割であった。彼らのグループの研究テーマは表情筋の筋電図であり，特に「笑い」という情動における表情筋の変化は，興味あふれるテーマだった。

　そういえばリーダーの志水彰先生や角辻君をはじめとして，笑い声の絶えない研究班だった覚えが残っている。

　そのころ以降，同じ勤務先の時代，同じ開業医の時代，同じ大精診の役員時代を通して，約40年間というもの，一緒に笑っていた思い出が多く，どの時代のどの場面でも存在感のある人であった。もちろん和風会の名物男でもあった。

　その角辻豊君は，2007年の5月某日，右手を軽やかに上げ，「またな」と言い，どこかへ行ってしまった。それ以来6年が経つのに，あの，いつでも会えるはずの彼は姿をくらましたままである。彼の後を追うように2年前から，優しい奥さんの姿も見られなくなってしまった。

　実は今も真底さびしい。特にあれほど活性度の強い人が傍にいなくなると，きつくこたえるのである。

　――彼の遺稿集「オリオンに逝く」（角辻豊君遺稿集刊行会）に

①「笑いと健康」個人編という一文が掲載されているので以下に紹介する。

　――さらに続けて，5年前に私が書いた追悼文

②「角辻豊先生の七不思議」（大阪精神科診療所ニュース 2008.6.30）

が，角辻先生という「人となり」を比較的に表現できていると思い，ここに掲載させていただく。（2013.2.23 記）

遺稿集「オリオンに逝く」．「笑いと健康」個人編 角辻　豊より引用

　『笑いが健康に良いことは今や定説（？）となっています。その例としては，有名なアメリカのジャーナリスト，ノーマン・ガズンズ氏が，難病の一つの強直性脊椎炎という膠原病の一種を，病院から抜け出して豪華ホテルの一室にこもり，漫画やテレビのコミカル番組ばかりを見て治してしまった話をはじめ，枚挙にいとまがありません。

　日本でも岡山の伊丹先生たちの，お笑い劇場で大笑いした前と後での，NK 細胞の活性の変化を調べた研究があり，やはり笑うと，癌細胞や細菌をやっつけてくれるこの細胞が元気になることが証明されています。その他最近，NHK で紹介された番組で，慢性の難治性のリウマチの患者さんに，林家木久蔵さん（初代）の落語で大笑いしてもらうと，その検査値が正常に近づき，関節の痛みや腫れが明らかに良くなったという結果をリウマチの専門家の東京の吉野先

生が出しておられます。

　このように，一口に笑いが健康に良いと言っても，実は医学的には色々な面を含んでいるようですが，おおまかには今のところ，どうも免疫に関係する病気に効果があるらしいのです。そこで，「笑うと免疫が強くなる」と言われてきました。

　ところが，最近筆者が聞いた免疫学の専門の先生のご意見では，「免疫力が上がる」のような言い方はナンセンス，なのだそうです。免疫は常に精一杯やっている，らしいのです。

　ではどうして笑いに効果が認められるのでしょうか。これを解明しようとすると，やはり，笑いはどうして起こるのか，笑うとどんな変化が身体に起こっているのか研究しなければならなくなります。

　笑いは，特にアッハッハッという笑いはヒトにしか見られず，それがなぜだか判らない，と今から130年程前に進化論で有名なダーウィンが書いています。筆者は顔の筋肉から出る筋電図というものを使ってこれを解明したのですが，簡単に言うと，軽い驚き，発見が笑いの元で，笑い始めと軽い驚きの筋電図が似ている，軽い驚きだから少しだけ息を吐き，それを繰り返してハッハッハになるのだ，というわけです。その上，軽い驚き，というように，驚きを評価するには，人間にしか持っていない高度に発達した大脳が必要，なのです。コロンブスの卵みたいに簡単なことですが，案外誰も証明できなかったようです。

　次に笑った時の変化ですが，これも簡単に言いますと，先ず，軽い驚きですから少し緊張し，その後リラックスが続く，のです。これも血管の拡張等で，生理学的に証明されました。この弱い緊張と弛緩の繰り返しが何か健康に良い作用をしていると想像できます。しかしながら，ここから先のことは何も判っていません。ミッシングリンクです。

　もう一つ笑いで大事なことは，作り笑いでも

角辻君夫妻とのゴルフ旅行（1994年沖縄）
右から3人目が角辻君，左端が角辻夫人，右端が南

少しは効果がある，ということです。笑い顔の特有の筋収縮のパターンが，逆に脳に伝えられ，いわば脳をだまして，その人を楽しい気持ちにさせるのです。ただし，この効果には勿論限界があることも承知しておいてください。最後に笑顔は周りを明るくさせる効果があります。』

「角辻　豊先生の七不思議」
(大阪精神科診療所ニュース 2008.6.30) 南　諭より引用

　『角辻君の常日頃は，精神面でも身体面でも躍動感に満ち溢れていた。彼の関心の行方は実に多方面にわたり，いずれの場でも八面六臂の活躍ぶりであった。躍動し，かつ神出鬼没に，あらゆる場面で枠に捉われない対応ができ，あるときは呆れるほどあっさりと，あるときは執拗に信条を曲げない頑固さを発揮した。また，彼の言動の内側には，人より2回転くらい早い特有の思考回路が常に流れていた。近くにいるものとしては，感心したり，訝ったり，ときには'目からうろこ'といった気分を味わうことができた。

　そうした活性みなぎる生きざまは，死という静止の世界とはまったく対極にあり，彼の追悼文を書こうとするいまがどこか現実ばなれしている，不思議な感覚にとらわれている。

角辻君との付き合いは古く，医学部の同級生でもあったが，中宮病院（現・大阪精神病センター）での勤務が重なった時期があり，そのときからゴルフ・囲碁（私が指導者），酒（彼が指導者）などの付き合いが多く，仕事，勉強よりは，遊びの仲間だった．

　40年近い昔話だが，当時，大阪府立中宮病院で差別問題への抗議事件が発生していた．連日連夜，バスを仕立てた大勢の人が詰め掛けたり，多くの入院患者が動員されて府庁まで行進させられたり，種々の抗議行動が行われた．この事件全般での複雑な思いは容易に忘れられるものではなかった．精神障害者に対する差別も世間にある差別と本質的に変わりがないという理屈であった．

　私が中宮病院を辞めて1年くらいしたころのことだが，角辻君自身から直接聞いた話がある．ある夜，彼が中宮病院で当直していたとき，数年間の入院を経てさらに出入りしていた抗議事件の当事者が，飲酒のうえ，医局で当直中の彼にからんできたという話である．あるまじき事態であるが，院内の勤務者は敬遠して近づかず，彼が直接警察に通報するに至ったそうである．もっとも当時の院内の雰囲気からは，警察への通報は蛮勇に近い行為であった．しかし，その処置は，角辻君らしい素早くて的確な決断であったと信じる．やってきた警官も角辻君に強く同意したという．その後の病院管理者や警察上司の対応が案の定，"まあまあ"といったものになったことは容易に推測できた．

　そんなことが契機になったのか，まもなく彼も中宮病院を辞めている．ただ，その後の彼の態度は実にさばさばしたものであった．事の真偽は今となっては不明だが，特に彼の信条を守り通す勇気が，何のためらいもなく発揮されたという思いを，いまかみしめている．

　角辻君が言い出したら絶対にひかずにやり遂げ，長く続けられてきた会がいくつもある．阪大医学部の同窓会は，近年に至るまで，年3回の勉強会，年2回のゴルフコンペ，を定例会として続けているが，当初は別として，ここ20年間以上も角辻君が幹事を続けていた．その責任感たるや並のものでなく，闘病さ中の2006年11月も彼の幹事のもとに定例の勉強会が開催された．彼は病床から会場の下見もし，会の当日も病身をおして奥さんを伴い出席した．このときは気管切開部からの咳，痰がひどく中途退席したが，凛とした表情と姿勢を保っていたのが印象的だ．

　いつか，同窓生ゴルフコンペを沖縄に企画したことがあり，その直前に私が誘われ，参加者2名でやっとコンペ成立ということがあった．このとき，ついでに誘われた檜山君もオブザーバーとして参加してくれた．結果，低レベルのスコアで彼が2日間連続優勝，両日ともさらに悪いスコアの私が連続2位で，表彰式までやり，公式スコアとして記録に残したというのが話のオチである．

　ほかに，宇宙科学暦の会（角辻君の発明的発想にもとづく会），青嵐会（雑学の会），誤球会（ゴルフ），などの会には何度も参加させて貰った．これらの会はすべて彼一流の創意工夫が面白く，それぞれ，飲み会や旅行の会に発展することも再々であった．さらに，私の関与しない分野の，テニスの会，コーラスの会，バードウオッチングの会，天体望遠鏡の会などなどの集いにおいても同様で，角辻君のまわりには幾層もの人の輪が拡がっていた．これぞまさしく躍動かつ神出鬼没の足跡であった．

　2007年4月中旬の土曜日，檜山君と二人でお見舞いに訪れたとき，彼は気管切開状態のため，喋れズ，飲めズ，食べれズ，の闘病生活をしていた．奥さんの手の甲に指で文字をなぞるのが唯一の意思表現手段であった．深刻な病床の筈なのに，角辻君，奥さん，檜山君，私の4人の会話が弾んだ．

　彼は「三ズの川や」（奥さんの手の甲をなぞる表現）と洒落を言い，1年半の闘病生活を「なか

なか，終われずや」（奥さんの翻訳）と言って表情を緩めた。さらに，そのあと，「文章を書くのが一番しんどい」（奥さんの翻訳）という角辻君の言葉に対して，「そんなら，奥さんに書き取って貰ったら楽やろ」と，小声すら出せない彼の状態を忘れた私のアホな反応に，皆で大笑いになった。彼も顔いっぱいに声を伴わない笑いを笑ってくれた。

私の失敗発言に対し，眼や頬の全表情筋をしっかり緩めて笑ってくれたのが最後の思い出になった。角辻君の研究テーマが「笑いと表情筋」であったことを思うと感慨深く，不思議の極みである。その彼は5月に逝った。死の床にあってあんなに笑ってくれ，見舞いに行った私たちを逆に慰めてくれた気さえする。これが角辻君にまつわる最後の不思議である。

死ぬ直前まで生命感がみなぎった人だったことを思い，豊かな感性で親しくしてくれ，心から笑い合えた友人を失ったことをいまかみしめている。』

― Memory ―

平井基陽と西村健教授

井川玄朗教授のカラオケ

播口之朗，西沼啓次，西村教授と御嬢さん

辻本太郎，稲岡長

阪大精神科と奈良医大精神科との野球大会と懇親会

1976年11月15日
全国的に吹き荒れた学生運動のために奈良医大精神科も大きな影響を受けた。有岡巌教授の辞任の後，慈恵医大から井川玄朗教授が赴任されたが，教室運営には大変苦労されていた。
和風会から，平井基陽，小西博行が奈良医大精神科に赴任し教室を支えたこともあり，阪大と奈良医大との交流が盛んであり，当時は教室対抗の野球が行われていた。

16 田邉敬貴先生

● 池田　学，中川　賀嗣，西川　隆

大阪大学精神医学入局前後

　田邉敬貴(ひろたか)（以下，敬称略）は，1951年7月25日高知県高知市に生まれ，地元の土佐高校を卒業した。1977年に大阪大学医学部を卒業し，大阪大学精神医学教室に入局した。日本における老年精神医学の創始者の一人である金子仁郎教授の教室への最後の入局者であった。

　当時の大阪大学には，翌年教授に就任する西村健講師の生化学研究室，菱川泰夫講師（後に秋田大学教授）の脳波睡眠研究室，日本の児童・青年期精神医学の草分けとなった辻悟助教授の精神病理研究室，志水彰講師（後に大阪外国語大学教授）の精神生理研究室，田邉が入局する3年前に急逝した谷向弘助教授の流れを受けた乾正講師の薬理学研究室，また教室の外郭機関であった高次神経機能研究施設には，世界に先駆けてパーキンソン病のドーパミン代謝異常を発見したが田邉の入局2年前に同じく急逝した佐野勇教授の流れを継いだ中嶋照夫助教授（後に京都府立医科大学教授）など，錚々たる研究者がいずれも当時の最高水準の活動を展開していた。なお，佐野勇教授の子，佐野輝（後に鹿児島大学教授），谷向弘助教授の子，谷向知がともに田邉のもとで愛媛大学助教授を務めることになる。

　そのなかで田邉は超音波ドップラーによる脳血流測定法を金子教授とともに研究していた白石純三助教授（後に大阪大学健康体育部教授）のドップラー研究室の門を叩いた。「Neuro，脳をやりたいと思っていた僕は，入局後比較的早く（白石）先生のところでお世話になりだした。ただし超音波ドップラーの仕事には余り食指が動かず，結局高次脳機能をやることになった」と田邉は白石教授の退官記念文集に記している。田邉の研究活動は，指導教官から与えられ授けられる研究課題や研究手法とは離れた地点から，興味の赴くままに開始されたのである。とはいえ，田邉が抱いた脳への興味には時代背景が色濃く反映している。1975年に日本に初めて導入されたCTが数年のうちに全国に普及して，生体病巣研究の機運が一気に高まりつつあることがあった。

初期研究

　田邉がまず手がけたのは，CT読影による局

田邉敬貴先生

在病巣の部位同定に習熟することであった。彼は当時出版された脳解剖図譜をもとに，個別の局在的脳損傷例のCT水平断における脳溝と脳回を同定することによって，病巣部位を側面図のBrodmannの脳地図に写す手法をほぼ独力で開発し[1]，修練を重ねた。この手法は，個人差のある脳の病巣部位を厳密に同定するためには必須の読影技術であり，田邉の初期の病巣研究を進めるうえで有力な手段となっただけでなく，余人の及ばぬ臨床的技量として永らく彼の研究を支え続けることになった。

1979年，田邉は初めての症例報告となる右利き交叉性失語の純粋語唖例[2]についての疑義を質そうと京都大学精神医学大橋博司教授を訪ね，以後，京都大学の症例検討会に参加するようになった。生涯の同志となった大東祥孝（後に京都大学人間環境学研究科教授）との知遇も京都大学での症例検討会を通じてであった。ふたりはBroca領野に限局した病変を有する互いの症例の知見を併せて，1982年にBroca領野のみの病変では超皮質性運動失語に類した病像が現れるのみでAnartrieを伴う典型的なBroca失語は生じないという画期的な報告を行った[3]。この報告は多方面の研究者を触発し，追随する多くの症例報告の蓄積を促した結果，Anartrieの責任部位が中心前回下部に存在するという今日の定説に結実することになった。

1983年，田邉は白石教授のもとで大阪大学健康体育部助手に任用され，助教授奥田純一郎（後に国立病院機構松籟荘院長）とともに大阪大学神経心理研究室を築いてゆく。そのころ，国立循環器病センター脳内科の澤田徹部長により同センターで多数の脳損傷例を検討する機会を与えられた田邉は，国内外に報告した論文において，4症例の伝導失語に認められた錯語の弁別素成の隔たりを分析することによって伝導失語の非均質性を論じ[4]，また3症例の弓状束に限局した病変例では一過性の伝導失語しか生じないことから，伝導失語の離断論的解釈に疑問を投げかけた[5]。このほか同時期に，左上側頭葉出血例における右耳一側性の複合性幻聴を海外に報告し症候学的意義を論じている[6]。そして1987年から1994年の間，田邉は同センター厚生技官も兼務することになる。

時間は前後して大阪大学入局後まもない時期に遡るが，上述の失語症に関する症例研究と並行して，田邉は消去現象をもうひとつの主要な研究課題としていた[7]。そして1986年に海外誌に掲載された消去現象に関する英文の論文が田邉の学位論文となった[8]。彼はその研究において，自験7例の聴覚性消去現象の知見にもとづき，一側の刺激の存在自体が知覚されない知覚レベルの消去現象と，言語刺激を用いた両耳聴検査にみられる一側耳の認知障害は異なる認知水準の現象であり，症候学的にも病態的にも区別する必要があることを主張した。田邉のこれらの研究は，彼の指導を受けた西川の脳梁損傷例における消去現象，伊藤皇一の触覚性消去現象，池尻義隆の半側空間無視例の触覚認知などの一連の研究を産みだした。

学問に対しては，妥協は一切なくはっきりものを言うが，それは相手が高名な海外の研究者であろうと，先輩であろうと弟子であろうと変わりなく，一貫してぶれることはなかった。学問以外の場面では，優しく気さくで，みなに愛された。田邉が行くところ常に，精神科医や神経内科医だけでなく，神経心理学の同志，多くの海外の友人達が集まることになる。1986年4月から1987年3月まで，田邉はスイス・ローザンヌ・ヴォドゥワ（Vaudois）大学に留学，アッサル（Assal G）教授のもとで海外での見聞を広めた。時あたかも，神経心理学の趨勢は古典的な失語・失行・失認を中心とする主題から，記憶・前頭葉機能・認知症という新たな主題へとその関心領域を拡げつつあった。

大阪大学の神経心理学グループを率いて

田邉が帰国し，大阪大学医学部助手に配置換えとなった1987年ごろには，当時日本の老年精神医学の中心的な存在の一人であった西村健教授のもと，精神生理学研究室の河﨑建人助手（現，水間病院院長・日本精神科病院協会副会長），睡眠医学研究室の杉田義郎講師（のちに大阪大学健康体育部教授）と手島愛雄助手（現，厚生年金病院部長），精神病理学研究室の井上洋一講師（のちに大阪大学健康体育部教授）と山本　晃助手（現，大阪教育大学教授），精神薬理学教室の東　均助手（現，小阪病院），行動療法研究室の田中則夫助手（現，榎坂病院），脳波分析研究室の井上健講師（のちに関西学院大学総合心理学科教授）と篠崎和弘助手（現，和歌山県立医科大学教授），そして生化学研究室の武田雅俊講師（現，大阪大学精神医学教室教授）など，田邉とほぼ同世代の若手教官が切磋琢磨し活気に満ちあふれていた。田邉はスイス留学から戻ると直ちに（われわれの記憶では8つ目の）研究室を立ち上げ，中川と池田，そして山本晴子（現，国立循環器病センター部長）が弟子入りした。さらに，数井裕光（現，大阪大学講師），橋本　衛（現，熊本大学講師）らが続々と田邉の指導のもとで臨床研究に従事することになる。

大学院生達が記憶障害，さらには認知症へと興味を拡げる中で，田邉は何人かの患者との重要な出会いから，当時は神経心理学の領域からの研究がまだほとんどなかった記憶障害，続いて認知症研究へと自ら大きく舵を切ることになる。記憶研究のきっかけとなったのは，一過性全健忘（transient global amnesia：TGA）で，立て続けに発作中の症例を診察する機会に恵まれ，その神経基盤や記憶障害の特徴を明らかにしていった[9]。そして，もう一つの大きな出会いは，当時大阪大学の精神科病棟にヒステリーの診断で入院していた初老期の症例を，田邉が語義失語を呈する側頭葉優位型ピック病と看破したことであった。語義失語は，1940年代に井村恒郎日本大学教授によって世界で初めて報告された症候であり，その後当時に至るまで，本邦でもほとんど認知されずにあった。田邉は井村教授の慧眼を改めて評価し，特に変性疾患でみられる語義失語像の特異性，すなわち，意味記憶に関するシステム障害による可能性を指摘した[10,11]。この変性疾患での語義失語は，Gogi aphasiaとして世界的に認知され，現在世界的に用いられている症候概念あるいは臨床類型である意味性認知症の中で捉えられている。その後，田邉の臨床研究は堰を切ったようにアルツハイマー病，前頭側頭型認知症といった変性疾患において，失語，失行，失認，記憶障害，前頭葉症状など，神経心理学的症候全般を捉え直す研究に没頭していくことになる。

田邉は1993年には講師（医学部）に，1994年には助教授（健康体育部）に昇進し，1996年1月16日に愛媛大学医学部神経精神医学講座の2代目教授として赴任した。

愛媛大学　脳とこころの医学教室を主宰して

愛媛大学赴任当時は教授選の直後で教室内にも多少の緊張は残っていたが，田邉は誰一人として冷遇せず，5年後に愛媛での直弟子が育つようになるまで，スタッフもほとんど辞する者はいなかった。教室は明るく楽しい雰囲気に包まれ，多くの入局者が続き，アルツハイマー病の物盗られ妄想の神経基盤に関する研究[12]，前頭側頭葉変性症の常同行動に関する症候学的研究[13]，認知症の地域疫学研究[14]，レビー小体型認知症における幻視の神経基盤に関する研究[15]，など幅広い研究領域で愛媛大学脳とこころの医学分野オリジナルの仕事が生まれた（この教室名は，大学院化の際に田邉が考え抜いて名付けたものである）。田邉は，教室の十周年記念誌の巻頭言で，脳とこころの医学への名前の

変更に触れ、「『志を持ち、遠くを見て、今を真摯に生きる』所存です。」と自らの決意を表明している[16]。この言葉は、司馬遼太郎氏が坂本龍馬銅像の記念会へのメッセージの中で使った言葉である。当時の教室からは、中川が北海道医療大学へ、上野修一講師が徳島大学へ（現在は愛媛大学）、佐野輝助教授が鹿児島大学へ、そして池田が熊本大学へ異動し、教室を主宰している。

スタッフの大半が愛媛で育った若き研究者達になったころから、田邉は症候学の重要性を広めたいという使命感を抱いたようであった。その編集にも参加した人気シリーズ神経心理学コレクションから生まれた「痴呆の症候学」[17]などは、田邉のそのような使命感と臨床哲学で貫かれており、現在でも多くの臨床医やコメディカルに愛読されている。田邉は、2003年に第8回日本神経精神医学会と日本神経心理学会総会を、2005年には中国・四国精神神経学会をこよなく愛した道後温泉の旅館やその周辺施設で主催した。また、大会長の予定であった第32回日本高次脳機能障害学会学術総会も、先輩として敬愛していた鹿島晴雄理事長（慶應義塾大学教授）の厚意により、会長　故田邉敬貴、代行　鹿島晴雄で、2008年に予定通り松山の地で開催された。

弟子達に語った教授の条件は、「学問ができるか」「人を伸ばせられるか」「"華"があるか」という3点であった。まさに、田邉のずば抜けた資質そのものであったと思われる。ご家族や弟子達に見守られ、多くの人に惜しまれながら、田邉は平成19年7月1日55歳の若さでこの世を去った。遺稿は、その後、田邉が敬愛していた東京大学の松下正明教授が編集した2人のピック病をめぐる対談である[18]。ピック病の臨床研究によって世界に躍り出た田邉に相応しい、しかし、それにしても早すぎる旅立ちであった。

本稿は、著者らの近著「日本の脳研究者たち　田邉敬貴：BRAIN MEDICAL，メディカルレビュー社」を基に執筆した。

文　献

1) 田邉敬貴，奥田純一郎，白石純三，他：Orbito-meatal Line 平行の脳 CT 像における機能解剖学的部位同定の試み．CT 研究 4：281-290，1982
2) 田邉敬貴，奥田純一郎，稲岡　長，他：純粋語唖を呈した右利き交叉性失語の一例．脳と神経 32：377-386，1980
3) 田邉敬貴，大東祥孝：Broca 領野と Broca 失語　Broca 領野に病変を有する自験2例の検討から．脳と神経 34：797-804，1982
4) 田邉敬貴，井上典子，澤田　徹，他：伝導失語の錯誤について―伝導失語の均一性に関する観点より―．失語症研究 4：41-52，1984
5) Tanabe H, Sawada T, Inoue N, et al：Conduction aphasia and arcuate fasciculus. Acta Neurol Scand 76：422-427, 1987
6) Tanabe H, Sawada T, Asai J, et al.：Lateralization phenomenon of complex hallucinations. Acta Psychiatr Scand 74：178-182, 1986
7) 田邉敬貴，西川　隆，奥田純一郎，他：Auditory extinction の発現に関する神経心理学的検討―右側頭・頭頂葉病変を有する一症例について―．精神神経学雑誌 84：424-438，1982
8) Tanabe H, Nishikawa T, Okuda J, et al.：Auditory extinction to nonverbal and verbal stimuli. Acta Neurol Scand 73：173-179, 1986
9) Tanabe H, Hashikawa K, Nakagawa Y, et al.：Memory loss due to transient hypoperfusion in the medial temporal lobes including hippocampus. Acta Neurol Scand 84：22-27, 463, 1991
10) 田邉敬貴，池田　学，中川賀嗣，他：語義失語と意味記憶障害．失語症研究 12：153-167，1992
11) Nakagawa Y, Tanabe H, Ikeda M, et al.：Completion phenomenon in transcortical sensory aphasia due to various etiologies. Behavioural Neurology 6：135-142, 1993
12) Fukuhara R, Ikeda M, Nebu A, et al.：Alteration of rCBF in Alzheimer's disease patients with delusions of theft. Neuroreport 12：2473-2476, 2001
13) Ikeda M, Hokoishi K, Maki N, et al.：Increased prevalence of vascular dementia in Japan：A community based epidemiological study. Neurology 57：839-844, 2001
14) Shigenobu K, Ikeda M, Fukuhara R, et al.：The Stereotypy Rating Inventory for Frontotemporal Lobar Degeneration. Psychiatry Research 110：175-187, 2002
15) Mori T, Ikeda M, Fukuhara R, et al.：Correlation of visual hallucinations with occipital rCBF changes by donepezil in DLB. Neurology 66：935-937, 2006
16) 愛媛大学大学院医学系研究科：田邉敬貴教授　十周年記念誌．愛媛大学大学院医学系研究科　脳・神経病態制御医学講座　脳とこころの医学．2006
17) 田邉敬貴：神経心理学コレクション　痴呆の症候学．医学書院，東京，2000
18) 松下正明，田邉敬貴：神経心理学コレクション　ピック病　二人のアウグスト．医学書院，東京，2008

17 髙橋　清彦

● 田伏　薫

　髙橋清彦（1920—2008）は大阪大学精神医学教室関連の浅香山病院の院長として，また日本精神科病院協会の会長として，わが国の精神医療に大きな足跡を残した人である（図1）。

　髙橋清彦は，浅香山病院の創設者である髙橋清太郎（大阪府立高等医学校出身）の長男として，大正9年2月18日大阪市で生まれた。昭和19年9月日本医科大学を卒業し，横須賀海軍病院に勤務したが，間もなく終戦となり，昭和20年9月大阪大学精神科教室に入局し，当時の堀見太郎教授の指導を受けた。その時の研究成果は「集団ロールシャッハテストに関する研究」としてまとめられ，昭和29年に医学博士の学位を授与されている。同時に父の堺脳病院（現在の浅香山病院）においても診療に従事し，昭和27年阪大を退官して，堺脳病院副院長となり（図2），茨木分院長も兼任した。昭和30年浅香山病院理事長兼院長に就任し，平成5年に退くまで38年の長きにわたってその職にあり，浅香山病院を日本でも有数の精神科病院に築き上げた。

　浅香山病院は身体疾患部門も併せ持っていることも病院の特色の1つであるが，昭和33年にはそれを含めた総病床数は1,000床を越え，さらに1,300余床を擁する病院となり（現在は1,196床である），また付属診療所，老健，特養，社会復帰施設など多くの関連施設を持つ一大複合体に発展している（図3）。髙橋清彦は教育に

図1　髙橋清彦先生
(1920-2008)

も情熱をもち，自分の病院に看護学院をつくり，さらには大精協の看護学校の設立に尽力して自らその校長を長年務めた。

浅香山病院における数々の先駆的な取り組み

　浅香山病院はただ歴史が古くて組織が大きいというだけではなく，その精神医療の内容において，患者の社会復帰につながる数々の新しい取り組みを全国に先駆けて行っている。これは阪大から赴任してきた長坂五朗博士の考えに負うところも大きいが，昭和28年にいちはやく心理職やソーシャルワーカーを採用し，有志の患者に作業やレクリエーションなどのグループ活動を行い，これは今でいうデイケアの日本で

図2　堺脳病院概観

図3　現在の浅香山病院

最初の試みの1つとされている。昭和42年に院内に開設した「あけぼの寮」は，入院の必要はなくなったが何らかの社会的条件により社会復帰が阻まれている人々が共同生活を送りながら援助指導を受けるもので，当時考えられはじめていた中間施設に先鞭をつけたものである。さらに入院から開放化への流れの中で，患者が病院の近くにアパートを借りて生活する「アパート退院」を促進して，病院ぐるみで地域との交流を深めた。

これらの先駆的な精神医療とともに，浅香山病院は設立の歴史の中で内科外科や結核などの一般身体科の病院も持っていて，後にこれらが合併して1つの病院になるという経緯がある

が，これにより他院ではできない精神と身体の合併疾患に対応できる病院にしたことも時代の要請に応えるものであろう。

大精協，日精協での活躍

全国の精神科病院の中においても，髙橋清彦は大精協（大阪精神科病院協会）の会長を務めて，大阪の精神医療体制の整備に尽力した。さらに日精協（日本精神科病院協会）の理事，副会長を歴任して，そのまとめ役となり，指導力を発揮した。特に昭和49年には，54歳の若さで日精協の会長となり，以後昭和55年までの6年間その職を務めた。この時代は，ライシャワー

事件を契機として浮上した精神衛生法改正問題，その他，課題が山積していた時である。全国の精神科病院の代表としての立場でこの難局に立ち向かうのは大変なことであっただろう。その中で，医療費の問題で日本医師会と連携しながら厚生省と折衝し，精神科専門療法の点数アップなどに尽力した。日精協の内部においても，福祉部会を作り，病院と職員の福祉と共済の制度を立ち上げた。また，日本精神衛生連盟理事長として全国大会を主催し，さらに昭和56年，国際障害者年の初年度を記念して精神衛生国際セミナーを大阪で開催して大成功をおさめ，以来このような精神科関係の全国大会や国際交流が円滑に行えるようになった。このように地元大阪の，そして全国の精神保健行政に先生が果たした役割は非常に大きい。

髙橋清彦先生と水泳

髙橋清彦のもう1つの面はスポーツ，特に水泳である。ご自身が浜寺水練学校の師範であり，日本泳法能島流第19代宗家であったが，髙橋清彦は日本のシンクロナイズドスイミングの生みの親，育ての親として有名である。そのための専用プールを自宅に作って，選手を育成してオリンピックに送り，自らも参加して監督や審判員として活躍した。これらの功績に対してFINA（国際水泳連盟）シルバーピンを授与されている。髙橋清彦が揮毫した「水に学び，水の心を悟れ」という書には，「水」を「患者」におきかえてほしいという願いが込められていたであろう。

和風会とのかかわり，そして頼り甲斐のある指導者として

阪大精神科教室との関係も密接で，和風会の中の重鎮というべき位置にいた。西村教授が和風会誌に書かれた追悼文から一部を引用すると，「先生は和風会理事会や関連病院の会議には必ず出席し，教室の発展に尽くしてくださいました。それらの席で多くを発言されませんでしたが，難しい問題で意見がまとまらないときには，年長者として必ず有益な発言をしてくださり，議論を建設的な結論に導いてくださいました。さりげなく話してくださる先生の解決策はいつも前向きで，ご自身が先頭に立って会員をリードしてくださる，頼り甲斐があるものでした。教室が引き受けた国内学会，国際学会の運営や財務に関することなども，先生のお世話にならなかったことは一度もありませんでした」と述べられている。

髙橋清彦は学生や若手医師の教育にも深い理解を示し，医学部学生や多くの看護学校学生の実習を浅香山病院で引き受けた。若い医師が自分の病院で，あるいは大学の研究グループに属して研究することを奨励し，それが可能になるよう便宜を図った。精神科教室から浅香山病院の医局へ派遣されて，髙橋清彦のもとで精神科臨床の経験を積んだ者，いわば浅香山病院の同窓生は数知れない。その中には病院周辺の堺で，あるいは大阪で，診療所を開業して活躍している人も数多く，中には教授になっている人が何人もおられる。

筆者は平成13年に教室の推挙で，浅香山病院に院長として赴任した。このとき，髙橋清彦は既に第一線を退いておられたが，午前中1，2時間は病院に顔を出され，重要な会議にも出席されていた。私が何かを訊ねると，微笑んで，短い言葉で実に的確な答えをしてくださった。髙橋清彦は浅香山病院の精神的支柱であり，そこに居られるだけで我々に心強い感を与える存在であった。

髙橋清彦の後の浅香山病院は現在，理事長の髙橋明に受け継がれ，院長職も髙橋尚武，浅尾博一，工藤義雄，田伏薫，谷口典男に至るまで教室出身者に引き継がれている。

18 辻 悟

● 福永　知子

　辻悟は1926（昭和元）年に生まれ，2011（平成23）年に85歳でその生涯を閉じた。ロールシャッハ・テストを中心とする投映法，精神分析，思春期青年期精神医学，精神病の精神療法，『治療精神医学』などの領域で多くの著作を為し，偉大なる足跡を残した。以下，資料[1～4]を参考に，辻悟の「道程」をたどる。

略歴

　辻は1926年3月28日大阪市天満に生まれ，1944年9月浪速高等学校理科を卒業後，大阪大学に入学し，1948年9月に大阪大学医学部を卒業した。医学実地修練終了後，大阪大学医学部精神医学教室において研究に従事し，1950年に医師免許を取得，大阪大学医学部精神医学教室助手に任官される。1954年に豊中市石橋にあった大阪大学医学部付属病院分院に勤務し，翌年，神経科医長および医学部講師となる。この1955年に「ロールシャッハテストに関する研究」論文で医学博士を授与される。1967年分院閉鎖に伴い本院勤務となり，同時に精神医学教室助教授となった。1974年退官し，（医）松柏会榎坂病院付属・治療精神医学研究所に勤め，1997年に平井クリニックに異動した。

　1950年に医師免許を得てから，大阪大学精神医学教室で24年，榎坂病院治療精神医学研究所で23年，平井クリニックで14年，の60年余

図1　辻　悟（1926～2011）

にわたり，研究・教育・診療に真摯に取り組み続ける生き様であった。

大阪大学および精神医学関連学会・研究会における功績

1．大阪大学

　助教授に昇進した1967年以降，精神医学教室の中での日常的な職務だけでなく，医学部全体にかかわる問題について重要な役割を果たした。学園紛争の嵐が吹き荒れていた当時，阪大医学部も学園改革の波に洗われていた。1969年医学部教官会会長として医学部教官層の総意の結集と学部の民主的運営のため，教授会とも正々堂々と議論を戦わせ，いろいろな懸案事項

をまとめていった。そして医学部組織代表者会議将来計画委員会では医学部運営に関する基本理念の確立に，教育企画調整室ではカリキュラムの改善に大きく貢献した。

2．精神医学関連学会
①日本精神神経学会
　日本全体で起こった大学紛争の影響は精神神経学会にも波及し，1969年の金沢大会で医局講座制などの権威主義的な在り方に対する批判がなされた。意見がいろいろに分かれたり，反発し合ったりの混乱の中で，辻はさまざまな方面からの意見をまとめ，冷静に妥協することなく，学会の改革や立て直しに取り組んだ。1988年理事となり「研究と人権問題委員会」委員長などを歴任した。

②日本精神分析学会
　創立初期より日本精神分析学会に参加し，1966年に評議員，1970年に総会議長の一人として学会全体の意見をまとめ，精神分析の意義や方向性を明らかにするために尽力した。そして1973年から1993年まで医療問題委員長などを務めた。大阪国際交流センターでの1992年第38回大会実行委員長を務め，2004年第50回記念大会の折に，学会への功績により，名誉会員に推挙された（参照：第2部．2．）。

③日本思春期青年期精神医学会
　阪大精神科青年期外来グループによる辻悟編著『思春期精神医学』（1972，金原出版）はわが国最初の思春期青年期精神医学の教科書と呼ぶべき一冊である。本学会は国際青年期精神医学会（ISAP）の設立とほぼ期を同じくして，会長：笠原嘉，副会長：西園昌久・小此木啓吾・小倉清，辻悟の構成で，1988年大阪薬業会館にて，設立総会が開催された。辻はこの設立総会実行委員長を務め，その後も副会長の一人として学会の運営に尽力し，2001年名誉会員に推挙された。

④日本精神病理学会
　本学会については第6部7の項で詳述されているが，辻は再発足準備段階の1981年第4回精神病理・精神療法懇話会のシンポジウムで「精神分裂病の治療精神病理学的考察」を語り，大阪大学コンベンションセンターでの2005年第29回日本精神病理・精神療法学会大会の特別講演として「個と世界」と題して「ロールシャッハ学」と「治療精神医学」との密接不離の関係を語った（臨床精神病理27：163-174，2006所収）。

⑤日本ロールシャッハ学会
　略（参照：本誌第6部．11）

3．精神医学関連研究会
①関西ロールシャッハ研究会
　前項と同様に，本誌第6部．11にその功績が記載されているが，1957年6月に「関西ロールシャッハ研究会」の，7名の世話人の一人として，第1回関西ロールシャッハ研究会に参加した。その後，1964年第1回臨床集中講座の講師，1969年には第1回初級講座および中級講座の責任講師を務め，2010年の第28回の講座まで，休むことなく，精神・心理臨床家を指導し育ててきた。また講座終講生から構成される事例検討会「自由クラス」の1975年第1回より病で倒れる直前の2010年10月第367回までコメンテーターを務め，臨床実践に役立つ阪大法（形式構造解析）の指導に情熱を注いだ。

②治療精神医学研究所所長として
・1975年第1回「治療精神医学の集い」を主催し，以後500回以上開催。
・1978年第1回「治療精神医学オープン・セミナー」を主催し，以後200回以上開催。
・1998年，新海安彦，下坂幸三，坂口信貴らと「精神病治療を語る集い」を開催し，以後毎年開催。

　なお『治療精神医学—ケースカンファレンスと理論』（1980，医学書院），『治療精神医学への道程』（1981，関西カウンセリングセンター・治療精神医学研究所），『精神病治療を語る』（精神病治療を語る会編，1992，金剛出版）において

自らの精神・心理臨床の実際を語り、『治療精神医学の実践―こころのホームとアウェイ』（創元社，2008）をその集大成とした（参照：第2部.2）。

③死の臨床研究会
・1979年第3回死の臨床研究会：特別講演「死にゆく患者の心理」（死の臨床3：16-25，1980所収）
・1991年第15回死の臨床研究会：教育講演「死の臨床と精神医学の接点」（死の臨床15：1-5，1992所収）

図2　第15回日本死の臨床研究会・辻悟と金子仁郎（1991）

ロールシャッハ学と治療精神医学

辻は19歳で敗戦に遭いアイデンティティの模索の中，講義ノートもあまりとらず，哲学の本（フロイトも含む）など多くの書物を読んでいる。そして精神科を選んだ理由を後日，「精神病は原因不明，治療法は経験的に知られているだけというのだから，学生時代の勉強はあまり役に立たない。授業をサボった者向きです」と語っている。精神医学教室に入局した当初はneurologyに興味を持ち，1950年第39回近畿精神神経学会において「アドレナリン効果遮断剤，特にダイベナミン（Dibenamine）の精神神経科領域に於ける応用」と題して学会発表した（辻悟・堀見太郎・別府彰・岩井豊明，他：臨床．3；1）。

当時教室はロールシャッハ・テストを中心にProjective Methodsの研究に力を注ぎ，長坂五朗からロールシャッハ・テストの小学生データが必要で，それに力を貸すように言われ，また堀見教授から，「はじめの間に，（neurologyとは）毛色の変わったことを経験しておくのも，将来決してマイナスにはならないだろう」と言われたのをきっかけに，以来60年余にわたり，ロールシャッハ法の解明が重要なライフワークの一つとなった。投映法の心理テストは，"尺度"を

図3　治療精神医学の集い500回記念（2006）

作り，それを人に当てはめて測定する方法と異なり，漠然とした課題のもとで，まず相手に土俵を与え，考える方法である．考えるという点では能動的ではあるが，受動的な能動性，あるいは受けの中での攻めという方法である．受けとめ，じっくりと取り組む辻の性格に向いていたと思われる．

1955年より統合失調症を対象とした治療に取り組み，後に『治療精神医学』を提唱し，症例検討会を重ねた．「対象の心に寄り添う理解には，personalな当人だけのものとして生きられているその営みに流れる，人間に一般化し共有し得る法則とその営みとの関係を読み取ることが大切である．精神・心理臨床の対象となっている人達は，当人だけのものとして人生を生きているから臨床の対象になっている，病んでいるのではなくて，一般化し共有し得る法則と当人のものとしての営みとの間のズレの故に病んでいる」と考えた．診察では患者に共感を示しつつ，常に患者には「自分はどうしたいの」と，その主体性を問いかけるものであった．

そして統合失調症者が了解不能とされていたのは，患者の論理の枠組みが未成熟型であるから，われわれが頼りにしている成熟型の論理枠だけでは了解できなかったのだと理解できたのは，ロールシャッハ解釈理論への取り組みのスタートで，子どものデータに親しむことにより，未成熟型の論理の性質，それが人間に生じる事情について気づくことができていたからであった．そして中山書店をはじめとして多くのロールシャッハ法の研究成果を発表し，『精神診断学』を通して著者H Rorschachとの会話を重ね，金子書房より，1997年わが国最初の本格的な研究書というべき『ロールシャッハ検査法—形式・構造解析に基づく解釈の理論と実際』を著した．そして実際のロールシャッハ・プロトコルとじっくり向き合い追体験していくことが患者の理解をもたらし，それに基づく臨床理解がロールシャッハ・テストの理解を助けるという相補関係について，2003年『こころへの途—精神・心理臨床とロールシャッハ学』を出版した．

文　献

1) 大阪大学医学部精神医学教室精神病理研究室編：辻悟先生の道程．辻先生を囲む会（非売品），1979
2) 辻　悟：ロールシャッハ検査法と精神・心理臨床：第2回日本ロールシャッハ学会『特別講演』．ロールシャッハ法研究 4：53-65，2000
3) 辻　悟：第Ⅳ部　治療精神医学の周辺小史（講演）．実践治療精神医学の実践　こころのホームとアウェイ．創元社，大阪，pp 283-311，2008
4) 館　直彦：辻悟先生を追悼する．精神分析研究 36：3-6，2012

Memory

金子仁郎教授還暦祝賀会

浅尾博一,辻悟先生を世話人代表として新朝日ビル13階「アラスカ」において祝賀会が開催された。
祝賀会は,辻悟と浅尾博一の祝辞で始まり,田辺竹雲斎の作品が贈呈され,金子仁郎教授が御礼の挨拶をされた。続いて佐野勇教授の祝辞の後,祝賀会になり,日野頌三の司会のもと杉原方,伊藤正昭が祝辞を述べ,皆で金子仁郎教授の還暦をお祝いした。
1975年5月17日

第5部

阪大精神科の研究の流れと現在の研究活動

1 神経化学研究室

● 田中　稔久

　大阪大学医学系研究科の精神医学教室からは，神経化学および神経薬理領域をテーマにする多くの研究者を排出した．古くは1959年の佐野勇博士のパーキンソン病ドーパミン仮説にかかわる研究まで遡ることができるが，佐野勇博士らのグループは大阪大学医学部高次研に移籍され，精神医学教室には西村健名誉教授らのグループが残り，このグループが現在の精神医学教室の神経化学研究グループの直接的に連なる起源となる．当初，西村健名誉教授，播口之朗博士と多田國利博士が中心に活動されていた神経化学研究グループ（当時の通称は生化研）はその後も大きく発展し，西村健名誉教授のもとで博士課程研究をおさめられた武田雅俊先生が教授を引き継がれたことも相まって，精神神経科領域の広範な領域にて現在も活躍している．

神経原線維変化から神経細胞死研究への流れ

　1906年にAlois Alzheimer博士は現在我々がアルツハイマー病と呼ぶ病態脳の光学顕微的鏡観察を報告し，神経原線維変化と老人斑（原文では粟粒性病巣）の存在を指摘したが，それぞれの構成成分の正体が判明するまでには長い年月が必要であった．このような異常蓄積物を研究する経緯としては，1960年代以降電子顕微鏡が医科学に応用されてから，神経原線維変化の超微形態が明らかにされた．それはあたかも直径10 nmの線維が二本よじり合わさった二重螺旋線維の構造であり，Paired helical filament（PHF）と呼ばれるようになった．しかし，ヒトのPHFは高度の不溶性を示すことから生化学的解析は困難をきわめていた．ヒトでは解析がなかなか困難であったことから，1965年にはウサギ脳にアルミニウム注入することによって実験的神経原線維変化を作成するという動物モデルがIgor Klatzo博士およびHenry M Wisniewski博士らによって報告されていた．このモデルによって神経細胞内に異常蓄積する蛋白は神経細胞に発現する中間径線維のニューロフィラメントである．SDS-PAGE（sodiumdodecylsulphate-polyacrylamide gel electrophoresis）という簡便な電気泳動法が実際に研究室レベルに導入されたのは1980年代後半であるが，それ以前に西村健名誉教授・播口之朗博士らは，当時の電気泳動システムを用いてアルツハイマー病脳における蓄積蛋白質の研究を行っていた．その結果はある蛋白質が増加していることを見い出していたが，当時の研究手法の限界もあり詳細は未同定のままであった．海外でのいくつかの免疫学的検討からは，神経細胞骨格の一つである中間径線維ニューロフィラメントに対する抗体がこの神経原線維変化と反応するという報告がなされていた．このニューロフィラメントは直径が10 nmであり，PHFの超微形態をイメージ的にはきわめて説明しやす

いものであった。そこで，神経化学研究室では西村健名誉教授のもとで，ウサギモデルである実験的神経原線維変化の電子顕微鏡を用いた観察および生化学的解析によりニューロフィラメントを中心とした検討が行われた。

まず，アルミニウムおよび微小管阻害剤であるコルヒチンやビンブラスチンをウサギ脳に注入し，実験的神経原線維変化の形成および形成された実験的神経原線維変化を抽出して電子顕微鏡を用いた観察を行い，さらに生化学的に解析するという検討が行われた[1]。そして，ニューロフィラメントの蓄積過程を明らかにするために，ウシ脊髄から蛋白としてニューロフィラメントを抽出し，その分解に関して検討し，ライソゾーム酵素の一種であるカテプシンDが実際にニューロフィラメントを分解することを実験的に示した[2]。また，前述のウサギモデル（実験的神経原線維変化）脳内のいくつかのライソゾーム酵素活性を測定するとカテプシンDを含むいくつかの酵素群は活性が亢進しており，アルミニウムによる軸索輸送障害によって異常蓄積したニューロフィラメントを分解するためにカテプシンD活性が亢進している可能性が示唆された[3]。そして，老齢ラットを用いて同様の検討を加え，老齢ラット脳においてもカテプシンDを含むいくつかの酵素群は活性が亢進していること，および老化による脳の変化と実験的神経原線維変化モデル脳における変化が類似していることが報告された[4,5]。さらに，ニューロフィラメントを単離して重合過程を解析し，リン酸化によってその重合が制御されていることが明らかにされた[6]。

このように細胞骨格蛋白のリン酸化の異常が神経変性において重要であることから，リン酸化を亢進させるメカニズムが問題となる。蛋白質のリン酸化レベルはキナーゼによるリン酸化とフォスファターゼによる脱リン酸化のバランスにより決定されているが，フォスファターゼの活性を低下させることにより細胞骨格蛋白のリン酸化が亢進させることができるかどうかに関して明らかにするために，プロテインフォスファターゼ2B（カルシニューリン）の活性抑制効果のあるサイクロスポリンAをラット脳内に注入して検討を行い，リン酸化ニューロフィラメントが蓄積することが明らかにされた[7]。

さて，PHFの構成成分が何であるかについては，前述のように対象が不溶性の物質であることから解析は困難をきわめ，現在よりはるかに限られた研究技法の中でいくつかのアングルから検討されていた。当時の研究からは，まずリン酸化ニューロフィラメントに対する抗体はアルツハイマー病脳の神経原線維変化に反応し，また精製PHFを抗原として動物に投与してPHFに対する抗体を作成したところ，これも当然ながら神経原線維変化に反応することが報告されていた。しかし，興味深いことにニューロフィラメントHサブユニットとタウ蛋白にはともに-Lys-Ser-Pro-というアミノ酸配列が存在し，作成された抗体はこの中のSer残基がリン酸化されたエピトープを認識していることから，これらの抗体はリン酸化ニューロフィラメントとリン酸化タウを区別することができなかった。そして結局は，Khalid Iqbal博士らによりPHFの構成成分は，微小管結合蛋白であるタウ蛋白が異常にリン酸化されたものであることが証明された[8~10]。その後，タウ蛋白は前頭側頭型認知症や進行性核上性麻痺などにおいても病脳内における蓄積が確認され，さらに家族性前頭側頭型認知症FTDP-17（Frontotemporal dementia linked to chromosome 17）の原因遺伝子としてタウ遺伝子が同定されるなど，神経変性疾患におけるタウ蛋白の重要性はますます増加し，タウ蛋白が細胞内に異常蓄積する神経変性疾患の総称としてタウオパチーという概念が提唱されている。

ところで，細胞が自動的プログラムにより死んでいくシステムはアポトーシスと呼ばれるが，発達の過程や，成長後も感染細胞の除去な

どのために，生体内では機能している。アポトーシスという概念は1990年代には細胞生物学的なトピックとなってきたが，このアポトーシスというシステムが，神経変性過程における細胞死に関与している可能性が検討されてきた。糖尿病でも重要なインスリンシグナル経路はこのアポトーシスを抑制する細胞内シグナル伝達経路として知られているが，この経路が抑制されると強力なタウリン酸化酵素であるグリコーゲンシンターゼキナーゼ3を活性化させる。つまり，リン酸化タウが蓄積する疾患におけるリン酸化亢進機序と神経細胞死を結びつけることができる可能性があり，この考え方を背景に，wortmanninというphosphatidyl inositol-3 kinaseに対する阻害剤を添加してインスリンシグナル経路を遮断したところ，タウのリン酸化が一時的に亢進し，細胞死を惹起することが明らかにされた[11]。このことにより，神経細胞死とタウ蛋白リン酸化がパラレルに進行する過程が病態に関与する可能性を提起された。アポトーシスはカスパーゼのようにアポトーシスを実行するプロテアーゼと，それに相対して抑制する内因性蛋白（XIAP等）が存在する。また，生体内のアミロイドβは本来低濃度であるにもかかわらず，実験的な毒性は数μMを要することからその作用機序がはっきりしていなかった。そこで，低濃度のアミロイドβを培養細胞のメディウムに添加してその影響を見たところ，XIAPの発現が低下することが見出された[12]。そして，この濃度のアミロイドβでは細胞死を惹起しないが，その他の細胞死ストレスを与えると，脆弱性が亢進することが明らかにされた。このXIAPはリン酸化によってもプロテアーゼ耐性が変化することが知られていたが，PKCによるリン酸化によってXIAPの発現率が亢進し，細胞死ストレスに対して耐性が向上することも明らかにされた[13]。このように，細胞骨格研究の流れは，蛋白が異常蓄積するプロセスの解析から，リン酸化/脱リン酸化システムの異常による病態モデルの構築といった流れが続いている。さらにさまざまな蛋白間の相互作用から，神経変性の機序が明らかにされようとしている。

アミロイド研究の流れ

アルツハイマー病の神経病理学的特徴は，神経原線維変化と老人斑であるが，老人斑の主要構成成分はアミロイドβ蛋白とである。老人斑は光学顕微鏡上でアルツハイマー病脳の細胞外腔に沈着する斑であり，抗アミロイドβ抗体によって染色されるび慢性老人斑（Bielschowsky染色では染色可能であるがBodian染色では染まらない），腫大神経突起が現れ始めBodian染色で染色される原始老人斑，そして多量の腫大神経突起が冠状に現れ中心にアミロイド線維が大きな塊を形成している典型的老人斑などに分類されている。老人斑の超微形態では直径9 nmのアミロイド線維が束状あるいは塊状になって散在し，このまわりには軸索終末由来と考えられる腫大変性神経突起と変性ミトコンドリア，dense bodyやlamellated bodyなどの膜の変性産物などが認められる。アミロイドβ蛋白は1回膜貫通蛋白であるアミロイド前駆体蛋白（Amyloid Precursor Protin：APP）から切断されて生成される。APPの多くはαセクレターゼで切断されて分泌型APPとして細胞外に存在するのに対し，アミロイドβはβセクレターゼおよびγセクレターゼによって切断されることによって出現する。ところで，アミロイドβにはいくつかの分子種が存在し，42個のアミノ酸から構成されるアミロイドβ_{1-42}と40個のアミノ酸から構成されるアミロイドβ_{1-40}が主に議論されているが，その他にもアミロイドβ_{1-43}，アミロイドβ_{1-37}なども存在する。このようなさまざまな分子種の変化はプレセニリンを中心として構成されているγセクレターゼの機能によるものと考えられている。そして，一

般的には，アミロイド β_{1-42} はフィブリル形成においてシードとなることができ，神経毒性の点においてもアミロイド β_{1-40} よりはるかに重要であると考えられている．

γセクレターゼは APP 以外にも Notch という細胞内情報伝達に重要な分子の切断にもかかわっているが，共通のメカニズムに依拠している[14]．この Notch の切断される部位によって N 末端アミノ酸が異なることから情報伝達にかかわる細胞内フラグメントの安定性に影響を与えることが示され，切断の微妙な制御がシグナル伝達に影響を与える可能性が示唆された[15]．そして，γセクレターゼによるアミロイドβの切断はアミロイド β_{1-42} やアミロイド β_{1-43} の切断よりももっと長いペプチドを産生する位置で切断されてから，より短いアミロイドβを産生するように切断位置が移動して複数回段階的に切断してゆくことが明らかになっているが，この切断位置は形質膜上と細胞内のエンドソーム上では異なることが報告された[16]．また，家族性アルツハイマー病に関連する変異プレセニリンを用いた検討から，変異はアミロイド β_{1-42} の切断より長いペプチドを産生する位置での切断に影響を与えるが，この影響はアミロイド β_{1-42} を産生する切断と完全に並行するわけではなく，より複雑な制御が働いていることが報告された[17]．

認知症遺伝子研究の流れ

アルツハイマー病の大部分は孤発性であるが，一部に常染色体優性遺伝形式と考えられる家族性アルツハイマー病家系が存在し，1980 年代より原因遺伝子の検索が行われ，APP，プレセニリン（Presenilin）-1，-2 が同定された．また，さらに強力なリスク遺伝子としてアポリポ蛋白 E（Apolipoprotein E：APOE）が発見され，その後も APOE ほどで強力ではないが，多くの遺伝子がリスク遺伝子として報告されている．当研究室では，ミレニアムプロジェクトの一環として，文部科学省からの委託事業を受け，リスク遺伝子の発掘に努力してきた．

11 番染色体に位置する Sortilin-related receptor 1（SORL1/SorLA/LR11）との関連が報告されていた．SORL1 は神経細胞内の選別輸送にかかわる受容体であり，APP をリサイクリングエンドソームに補足する機能を有するが，APP が SORL1 から離れると APP は後期エンドソーム経路に入りβおよびγ切断を受けて Aβ が産生されることが実験的に確認されている．我々の研究室からは，日本人において SORL1 がアルツハイマー病のリスク関連遺伝子であることが報告された[18]．

19 番染色体からは Dynamin 2 遺伝子が関連遺伝子として報告されていたが，Dynamin は GTPase 蛋白の一種であり，Dynamin 1 から Dynamin 3 までの3つの愛想フォームが存在する．Dynamin はリング状やら旋状のオリゴマーを形成し，形質膜の窪みに巻きついて，GTP 加水分解に伴ってそれらの基質構造体をつまみ取って小胞化することが知られている．我々の研究室からは，Dynamin 2 遺伝子が日本人において APOE 遺伝子 ε4 アレル非保有のアルツハイマー病（後期発症）と関連することと，脳海馬内での Dynamin 2 遺伝子の転写レベルがアルツハイマー病群で有意に低いことが報告された[19,20]．

21 番染色体に関しては，もともと 21 番染色体トリソミーに由来する Down syndrome 患者脳には若年期から老人斑が認められ，アルツハイマー病との類似性が指摘されており，APP 遺伝子が 21 番染色体に位置することから古くから関連性が報告されてきた．そして，APP 以外にも 21 番染色体に位置するアルツハイマー病関連遺伝子が検索されてきた．そして，我々の研究室からは Dual-specificity tyrosine-phosphorylation regulated kinase 1A（DYRK1A）が関連遺伝子として報告された[21]．DYRK1A は

21番染色体内のDown syndrome critical regionにあり，ゲノム解析の結果この中で最も高いオッズ非を呈していた．アルツハイマー病脳海馬内ではDYRK1AのmRNA量が多く，またアミロイドβを添加した培養神経系細胞ではDYRK1Aの転写活性が亢進しており，アルツハイマーモデルマウスにおいても同様であった．また，DYRK1Aを細胞に強制発現させるとタウ蛋白のリン酸化レベルが亢進し，アミロイドβ産生からタウのリン酸化といったADの病態を想定する際，DYRK1Aはこれらをリンクする分子である可能性が示唆された．

脳虚血障害モデル研究からERストレス研究への流れ

脳血管性認知症はわが国では1990年代まではアルツハイマー型認知症よりも多いタイプの認知症とされ，その重要性が指摘されてきた．齧歯類を用いた急性虚血モデルは脳卒中研究に用いられてきたが，脳血管性認知症に対するモデルは長い間存在しなかった．そこで，砂ネズミの両側総頸動脈に極細い金属コイルを巻きつけて，慢性脳血流低下モデルが作製された[22]．そのモデルを検討したところ，大脳皮質の血流量は狭窄群は対照群の65～75％に低下しており，自動動物観察装置OUCEM-86を用いて行動学的検討を行った結果，狭窄群は対照群に対して学習の獲得という点で障害があることが示されたが，記憶の保持に関しては両群に有意の差は認められなかった．病理組織学的検討では，狭窄群では，脳室の拡大，皮質の菲薄化，白質の粗鬆化が認められ，光顕レベルでは海馬CA1領域の神経細胞脱落，大脳皮質の小軟化巣，視床の神経細胞脱落とグリオーシスが認められ，電顕レベルでは，大脳皮質におけるグリア線維の増生，樹状突起の膨化と変性などがみられ，白質においてはグリア線維の増生，神経突起の変性が認められ，脳血管性認知症に対するモデルとして興味深い所見が得られていた．

脳虚血に伴う神経細胞内のカルシウムホメオスタシスの異常は，主に小胞体からリークすることにより生じるが，この小胞体には今まで明らかにされてこなかった細胞内のストレスセンサーシステムが存在することが明らかにされるようになった．リボソームで合成される蛋白の中で膜貫通型蛋白はまず小胞体に局在するが，蛋白の折り畳み過程の中で不完全な蛋白は分解処理される．しかし，この不完全な蛋白が時に過剰になると，小胞体のセンサーが働いて蛋白合成の停止とその他のストレス反応経路が活性化する．これを小胞体（ER）ストレス反応と呼ばれており，神経変性過程に関与することが示唆されてきた．

竹田潤二教授の研究室との共同研究から変異プレセニリンの組み込まれたノックインマウスが作成された[23]．このマウスは変異プレセニリンの発現量（ヘテロ・ホモ）に応じてアミロイド$β_{1-42}$の蓄積量の増加が確認されたが，それ以外にERストレスに対する脆弱性の増加が確認された[24]．その後，アミロイドβそのものがERストレス反応を誘導し，ER関連蛋白分解の経路を介してプロテアソーム機能障害を誘導し，それがさらにERストレス反応を惹起し，結果的にこのような悪循環の回路が回ることによって，神経変性過程が進行することが報告された[25]．また，タウオパチーに関しても，ERストレス反応を誘導するとタウ蛋白のユビキチン化を介した分解が遅延することにより細胞内蓄積が誘導されることが示された[26]．

統合失調症研究の流れ

統合失調症研究は精神医学研究の中できわめて重要な位置を占めるものであるが，認知症とは異なって，神経病理学的変化に乏しいことが研究を困難にしていた．統合失調症の生物学的研究は，20世紀初頭に神経病理学および細菌学

の進歩によって，それまで鑑別技術の未発達からひとくくりにされていた神経梅毒を精神病の概念枠から分離して区別した後，きわめてゆっくりとした発展をしていた。西村健先生は谷向弘先生の生化学研究グループにおいて「炭酸脱水素酵素の抗てんかん作用の研究」にて学位を取得されたあと，1963年5月からノルウェーのオスロ市立ディケマルク病院中央研究所に留学され，ゲッシング先生のもとで周期性精神病の研究に従事していた。当時研究所に蓄積されていた大量の血液サンプル，および尿サンプルを用いて精神症状と窒素代謝との関係についての研究が行われていたが，当時は統合失調症の生化学的研究の勃興期であった。当時の議論では，尿のクロマトグラフィー分析から得られたピンクスポットと呼ばれる物質が統合失調症の原因ではないかと議論されていたが，西村健先生はピンクスポットが人為的なアーチファクトであることを証明し，Nature に論文が掲載された[27]。

その後，日本では統合失調症研究に対する生物学的研究は難しい状況になったのだが，これには1960年代から学生運動が激しく吹き荒れた影響がある。その後，統合失調症や躁うつ病，自閉症性疾患のように神経病理学的変化の乏しい疾患には，精神生理学的研究が先行し，そして近年は遺伝学的研究が用いられるようになってきた。

2008年に統合失調症のリスク遺伝子として2番染色体に位置する ZNF804A 遺伝子の一塩基多型である rs1344706 が報告されていたが，当研究室からは統合失調症患者および健常者の言語記憶，視覚記憶，注意集中力，遅延再生など記憶に関する検査を施行し，この一塩基多型が疾患に関連していること，統合失調症患者の特に視覚記憶の悪化と関連していたことが報告された[28]。また，癌関連遺伝子でありインスリンシグナル経路に関連するリン酸化酵素として知られ，その遺伝子が14番染色体に位置する

AKT1も統合失調症のリスク遺伝子として報告されていたが，当研究室からは AKT1 の一塩基多型が統合失調症と関連し，また患者の注意力維持機能の低下に相関し，解剖学的には右下頭頂葉灰白質の減少と関連していることが報告された[29]。遺伝子によって影響を受けた大脳の器質的差異が，疾患発症のリスクになる可能性が示唆された。

神経化学研究の今後

ここまで述べてきたように大阪大学大学院医学系研究科精神医学教室は，精神神経疾患を幅広いターゲットにしてその病態解析，バイオマーカーの開発，創薬への糸口の発見のために活動してきた。ターゲットとしての疾患はアルツハイマー病からタウオパチーに至る神経変性疾患（器質性疾患）から統合失調症のように機能性疾患まで幅広い。また，解析技法も蛋白化学的な生化学的手法，酵素学的研究，遺伝子工学を背景とした細胞生物学研究，遺伝子改変を含めた動物実験，そして多数の血液サンプル収集に基づく遺伝学的研究と幅広い。これら研究は各チームリーダーのもとに自由に議論しながら研究は進められている。このようさまざまなアプローチを行える精神医学研究室は本邦ではきわめて限られている。

2011年より本稿執筆時の2013年まで文部科学省が主催する脳科学研究戦略推進プログラムに神経化学研究室は参画している。このプログラムは『社会に貢献する脳科学』の実現を目指し，社会への応用を見据えた脳科学研究を戦略的に推進するため，2008年度より開始されているもので，「ブレイン・マシン・インターフェース（BMI）の開発」（課題A，課題B），「独創性の高いモデル動物の開発」（課題C），「社会的行動を支える脳基盤の計測・支援技術の開発」（課題D）「心身の健康を維持する脳の分子基盤と環境因子」（課題E），「精神・神経疾患の克服を

目指す脳科学研究」（課題F），「脳科学研究を支える集約的・体系的な情報基盤の構築」（課題G）という構成があり，武田雅俊教授は課題Fの3チーム（「発達障害」「うつ病」「脳老化」）の中の「脳老化」の拠点長を務めている．当研究室ではアミロイド産生にかかわる血液サロゲート（代理）マーカーの開発，タウの蛋白修飾に基づく病態解析，トランスジェニックマウスを用いたアミロイド産生促進遺伝子の解析というテーマで着々とした成果を上げつつ，研究は継続されている．複数の領域にまたがる研究が交差し，協力し，融合することによって科学の進歩が得られるものと考えられるが，当研究室は国内外の研究機関と連携し，また研究室内の情報交換を密にしながら，今後も一層の研究の推進をはかってゆきたいと考えている．

文　献

1) 武田雅俊：神経原線維変化の形成機序に関する実験的研究．大阪大学医学雑誌 34 (5-8)：145-161, 1984
2) Suzuki H, Takeda M, Nakamura Y, Kato Y, Tada K, Hariguchi S, Nishimura T：Neurofilament degradation by bovine brain cathepsin D. Neurosci Lett 89 (2)：240-245, 1988
3) Suzuki H, Takeda M, Nakamura Y, Tada K, Hariguchi S, Nishimura T：Activities of lysosomal enzymes in rabbit brain with experimental neurofibrillary changes. Neurosci Lett 89 (2)：234-239, 1998
4) Nakamura Y, Takeda M, Suzuki H, Morita H, Tada K, Hariguchi S, Nishimura T：Lysosome instability in aged rat brain. Neurosci Lett 97 (1-2)：215-220, 1989
5) Nakamura Y, Takeda M, Suzuki H, Hattori H, Tada K, Hariguchi S, Hashimoto S, Nishimura T：Abnormal distribution of cathepsins in the brain of patients with Alzheimer's disease. Neurosci Lett 130 (2)：195-198, 1991
6) Nakamura Y, Takeda M, Angelides KJ, Tanaka T, Tada K, Nishimura T：Effect of phosphorylation on 68 KDa neurofilament subunit protein assembly by the cyclic AMP dependent protein kinase in vitro. Biochem Biophys Res Commun 169 (2)：744-750, 1990
7) Tanaka T, Takeda M, Niigawa H, Hariguchi S, Nishimura T：Phosphorylated neurofilament accumulation in neuronal perikarya by cyclosporin A injection in rat brain. Methods Find Exp Clin Pharmacol 15 (2)：77-87, 1993
8) Grundke-Iqbal I, Iqbal K, Quinlan M, Tung YC, Zaidi MS, Wisniewski HM：Microtubule-associated protein tau. A component of Alzheimer paired helical filaments. J Biol Chem 261 (13)：6084-6089, 1986
9) Grundke-Iqbal I, Iqbal K, Tung YC, Quinlan M, Wisniewski HM, Binder LI：Abnormal phosphorylation of the microtubule-associated protein tau (tau) in Alzheimer cytoskeletal pathology. Proc Natl Acad Sci U S A 83 (13)：4913-4917, 1986
10) Iqbal K, Grundke-Iqbal I, Zaidi T, Merz PA, Wen GY, Shaikh SS, Wisniewski HM, Alafuzoff I, Winblad B：Defective brain microtubule assembly in Alzheimer's disease. Lancet. 1986 Aug 23；2 (8504)：421-6. Erratum in：Lancet 2 (8516)：1174, 1986
11) Tsujio I, Tanaka T, Kudo T, Nishikawa T, Shinozaki K, Grundke-Iqbal I, Iqbal K, Takeda M：Inactivation of glycogen synthase kinase-3 by protein kinase C delta：implications for regulation of tau phosphorylation. FEBS Lett 2000 469 (1)：111-117, 2000
12) Yamamori H, Tanaka T, Kudo T, Takeda M：Amyloid-beta down-regulates XIAP expression in human SH-SY5Y neuroblastoma cells. Neuroreport 15 (5)：851-854, 2004
13) Kato K, Tanaka T, Sadik G, Baba M, Maruyama D, Yanagida K, Kodama T, Morihara T, Tagami S, Okochi M, Kudo T, Takeda M：Protein kinase C stabilizes X-linked inhibitor of apoptosis protein (XIAP) through phosphorylation at Ser (87) to suppress apoptotic cell death. Psychogeriatrics 11 (2)：90-97, 2011
14) Okochi M, Steiner H, Fukumori A, Tanii H, Tomita T, Tanaka T, Iwatsubo T, Kudo T, Takeda M, Haass C：Presenilins mediate a dual intramembranous gamma-secretase cleavage of Notch-1. EMBO J 21 (20)：5408-5416, 2002
15) Tagami S, Okochi M, Yanagida K, Ikuta A, Fukumori A, Matsumoto N, Ishizuka-Katsura Y, Nakayama T, Itoh N, Jiang J, Nishitomi K, Kamino K, Morihara T, Hashimoto R, Tanaka T, Kudo T, Chiba S, Takeda M：Regulation of Notch signaling by dynamic changes in the precision of S3 cleavage of Notch-1. Mol Cell Biol 28 (1)：165-176, 2007
16) Fukumori A, Okochi M, Tagami S, Jiang J, Itoh N, Nakayama T, Yanagida K, Ishizuka-Katsura Y, Morihara T, Kamino K, Tanaka T, Kudo T, Tanii H, Ikuta A, Haass C, Takeda M：Presenilin-dependent gamma-secretase on plasma membrane and endosomes is functionally distinct. Biochemistry 45 (15)：4907-4914, 2006
17) Mori K, Okochi M, Tagami S, Nakayama T, Yanagida K, Kodama TS, Tatsumi S, Fujii K, Tanimukai H, Hashimoto R, Morihara T, Tanaka T, Kudo T, Funamoto S, Ihara Y, Takeda M：The production ratios of AICDε51 and Aβ42 by intramembrane proteolysis of

βAPP do not always change in parallel. Psychogeriatrics 10 (3) : 117-123, 2010
18) Kimura R, Yamamoto M, Morihara T, Akatsu H, Kudo T, Kamino K, Takeda M : SORL1 is genetically associated with Alzheimer disease in a Japanese population. Neurosci Lett 461 (2) : 177-180, 2009
19) Aidaralieva NJ, Kamino K, Kimura R, Yamamoto M, Morihara T, Kazui H, Hashimoto R, Tanaka T, Kudo T, Kida T, Okuda J, Uema T, Yamagata H, Miki T, Akatsu H, Kosaka K, Takeda M : Dynamin 2 gene is a novel susceptibility gene for late-onset Alzheimer disease in non-APOE-epsilon4 carriers. J Hum Genet. 53 (4) : 296-302, 2008
20) Kamagata E, Kudo T, Kimura R, Tanimukai H, Morihara T, Sadik MG, Kamino K, Takeda M : Decrease of dynamin 2 levels in late-onset Alzheimer's disease alters Abeta metabolism. Biochem Biophys Res Commun 379 (3) : 691-695, 2009
21) Kimura R, Kamino K, Yamamoto M, Nuripa A, Kida T, Kazui H, Hashimoto R, Tanaka T, Kudo T, Yamagata H, Tabara Y, Miki T, Akatsu H, Kosaka K, Funakoshi E, Nishitomi K, Sakaguchi G, Kato A, Hattori H, Uema T, Takeda M : The DYRK1A gene, encoded in chromosome 21 Down syndrome critical region, bridges between beta-amyloid production and tau phosphorylation in Alzheimer disease. Hum Mol Genet 16 (1) : 15-23, 2007
22) Kudo T, Tada K, Takeda M, Nishimura T : Learning impairment and microtubule-associated protein 2 decrease in gerbils under chronic cerebral hypoperfusion. Stroke 21 (8) : 1205-1209, 1990
23) Nakano Y, Kondoh G, Kudo T, Imaizumi K, Kato M, Miyazaki JI, Tohyama M, Takeda J, Takeda M : Accumulation of murine amyloidbeta42 in a gene-dosage-dependent manner in PS1 'knock-in' mice. Eur J Neurosci 11 (7) : 2577-2581, 1999
24) Katayama T, Imaizumi K, Sato N, Miyoshi K, Kudo T, Hitomi J, Morihara T, Yoneda T, Gomi F, Mori Y, Nakano Y, Takeda J, Tsuda T, Itoyama Y, Murayama O, Takashima A, St George-Hyslop P, Takeda M, Tohyama M : Presenilin-1 mutations downregulate the signalling pathway of the unfolded-protein response. Nat Cell Biol 1 (8) : 479-485, 1999
25) Kanayama D, Kudo T, Kimura R, Tabuchi N, Fukumori A, Morihara T, Tagami S, Tanii H, Okochi M, kamino K, Tanaka T, Imaizumi K, Tabira T, Takeda M : Aβ induces endoplasmic reticulum stress causing possible proteasome impairment via the endoplasmic reticulum-associated degradation pathway. Psychogeriatrics 6 (3) : 100-106, 2006
26) Sakagami Y, Kudo T, Tanimukai H, Kanayama D, Omi T, Horiguchi K, Okochi M, Imaizumi K, Takeda M : Involvement of endoplasmic reticulum stress in tauopathy. Biochem Biophys Res Commun 430 (2) : 500-504, 2013
27) Nishimura T, Gjessing LR : Failure to detect 3,4-dimethoxyphenylethylamine and bufotenine in the urine from a case of periodic catatonia. Nature 206 (987) : 963-964, 1965
28) Hashimoto R, Ohi K, Yasuda Y, Fukumoto M, Iwase M, Iike N, Azechi M, Ikezawa K, Takaya M, Takahashi H, Yamamori H, Okochi T, Tanimukai H, Tagami S, Morihara T, Okochi M, Tanaka T, Kudo T, Kazui H, Iwata N, Takeda M : The impact of a genome-wide supported psychosis variant in the ZNF804A gene on memory function in schizophrenia. Am J Med Genet B Neuropsychiatr Genet 153B (8) : 1459-1464, 2010
29) Ohi K, Hashimoto R, Yasuda Y, Fukumoto M, Nemoto K, Ohnishi T, Yamamori H, Takahashi H, Iike N, Kamino K, Yoshida T, Azechi M, Ikezawa K, Tanimukai H, Tagami S, Morihara T, Okochi M, Tanaka T, Kudo T, Iwase M, Kazui H, Takeda M : The AKT1 gene is associated with attention and brain morphology in schizophrenia. World J Biol Psychiatry 14 (2) : 100-113, 2013

2 脳波睡眠研究室について語る

● 三上　章良

はじめに

　2013年9月15日，オランダ領キュラソー島出身のWladimir BalentienがSadaharu Ohの持つ日本プロ野球年間本塁打記録55本を更新した。コント55号も松井秀喜の背番号も過去のものとなった。ちょうど55歳を迎えた筆者に，「脳波睡眠研究室」の歴史を執筆する大役が回ってきたが，1983年に和風会に入会した筆者は「脳波睡眠研究室」の栄光の時代を知らない。栄光の時代を彩った先輩諸氏に取材することも考えたが筆者はルポライターではない。筆者の視点に限って「脳波睡眠研究室」について語ることと敬称・敬語を割愛することを最初にお許し願いたい。

偉大なるパイオニア　菱川泰夫

1．脳波研究から睡眠研究へ

　1929年，ドイツの精神科医Hans Bergerは，「ヒトの脳波について」と題した世界最初の論文を発表した。さらに，1937年，Alfred Loomisらが覚醒および睡眠深度と脳波の関係を記載した。そして，1953年，Eugene AserinskyとNathaniel Kleitmanがレム睡眠（rapid eye movement sleep：REM sleep）の存在を明らかにした（まさしく緻密な観察による大発見であった）ことで睡眠への関心は急速に高まり，1957～1959年にヒトとネコのレム睡眠の研究が進んだ。ヒトの夜間睡眠は，まずノンレム睡眠から始まり，約90分前後でレム睡眠に移る。ノンレム睡眠とレム睡眠が交互に現れ（睡眠周期），一晩に4～5回繰り返される。レム睡眠期には鮮明な夢が体験されることがわかり，世界的に睡眠研究が盛んになった。「なぜ夢をみるのか？」の解明は，今も睡眠研究者たちの夢である。「睡眠医学の歴史」の詳細は，本誌において菱川（昭和33年入会：以降「入会」を略す）が著している。1957年に大阪大学医学部を卒業した菱川は，当時の脳波研究グループに属し，1958年（筆者が誕生した年である）1人で睡眠研究を模索した。それは，まさに手作りの研究であった。最初に菱川が着目したのは，当時てんかんか否かは不明と言われていたナルコレプシーであり，過去10年間にナルコレプシーと診断された多数の患者に手紙を送り再受診と研究への協力を依頼した。1人ひとりの患者の症候を詳細に聴取・観察し，脳波検査を加えた結果，「ナルコレプシーはてんかんではない」と結論した学位論文（菱川，1962）を著した。

　その後，脳波に加えて眼球運動およびオトガイ筋筋電図の記録が睡眠判定の国際基準となり，1968年RechtschaffenとKalesらによってマニュアル化（R＆Kと呼ばれる）され，睡眠中の生体現象を観察する方法のゴールドスタンダードとしての終夜睡眠ポリグラフ検査（all-night polysomnography：PSG）が確立された。当時，大阪大学に神経内科学教室はなく，精神医学教室では psychiatry と neurology の両方の研究・診療を行っていた。睡眠は身近ではあるがきわめて不思議な「脳の脳による脳のための（Hobson JA, 2005）」生体機能であるとともに，睡眠とは何かを探求することは生きるとは何かを知ろうとすることでもある。

筆者が研修医となった 1983 年は，菱川が大阪を離れた直後であったが，「脳波睡眠研究室」とは，普通の人が眠ろうとする時間帯に（研究グループ所属の）学内外の医師が集まりだし，医師が患者の頭や顔や顎に電極を張り付け，医師が交代で眠っている患者を夜通し観察するという「変人」の集まりであり，皆が PSG を愛していた。筆者が研修医のころ，睡眠覚醒リズムが 24 時間ではなく 48 時間と思われるパーキンソン病の患者を受け持った。「脳波睡眠研究室」の変人先輩諸氏は，終夜 PSG ではなく，何と 96 時間連続 PSG を平然と敢行した。この研究室だけはやめておこうと，その時は思った。

2．睡眠研究の発展と睡眠学会発足

話を菱川に戻そう。菱川には研究に対する強大なエネルギーだけではなく，人を引きつける強烈な魅力があった。酒豪でもあり，危なっかしくて放っておけない磁力があったのかもしれない。その魅力や磁力に取りつかれた先輩諸氏は数多くあったが，筆者が幹事をした 2001 年の忘年会招待者名簿から挙げると，亀田英明（昭和 34 年）宮崎浄（昭和 35 年）井田英乃夫（昭和 35 年）中井健二（昭和 35 年）上山満三（昭和 35 年）田伏薫（昭和 37 年）山本順治（昭和 37 年）南野壽重（昭和 39 年）立花光雄（昭和 40 年）古屋穎児（昭和 40 年）若松晴彦（昭和 41 年）鯉田秀紀（昭和 41 年）田中克往（昭和 41 年）大塚久喜（昭和 45 年）石川洋蔵（昭和 45 年）飯島壽佐美（昭和 46 年）正岡哲（昭和 47 年）杉田義郎（昭和 48 年）金田平夫（昭和 48 年）石原務（昭和 50 年）江川功（昭和 51 年）手島愛雄（昭和 51 年）藤本修（昭和 52 年）林英昭（昭和 52 年）清水徹男（昭和 53 年）田代哲男（昭和 53 年）松尾龍之介（昭和 53 年）福田真三（昭和 57 年）堤俊仁（昭和 57 年）寺島喜代治（昭和 57 年）西村信哉（昭和 57 年）となる。勝手に入れるなとのお叱りはないと思うが，抜けている先輩諸氏には深くお詫びする。

脳波研究グループから睡眠研究を始めた菱川は，ナルコレプシーの研究で世界からも注目された。レム睡眠では，急速眼球運動に加えて，骨格筋の筋活動が持続的に消失する。多数のナルコレプシー患者の昼寝を PSG で調べたところ，しばしば入眠時にレム睡眠が生じ，その時に入眠時幻覚（夢に相当）や睡眠麻痺（身体が動かない）を体験していることを見出した。コンピュータもインターネットもない時代である。1965 年に発表（Hishikawa Y ら，1965）したところ，世界各国から論文別刷り請求の葉書が 300 以上届いたという。1967 年には第 15 回ヨーロッパ脳波学会（ボローニャ）で招待講演を行った。船・列車・飛行機を乗り継ぐソビエト経由の片道 1 週間の旅である。学会での講演終了後，スイスとパリで急遽講演を依頼された。

1967〜1968 年，ドイツで最も権威のある大学の一つである Albert-Ludwigs-Universität Freiburg に留学した菱川は，帰国後，Pickwick 症候群（古屋ら，1970. 若松ら，1972）や睡眠時無呼吸症候群（sleep apnea syndrome：SAS）の先駆的研究を始めた。肥満のない SAS 患者の治療に気管瘻形成術（tracheostomy）が有効であることを世界で初めて発表した（Sugita Y ら，1980）。患者を治す熱意や信念が優先された時代である。嫌がる耳鼻科医を何度も説得したという。持続陽圧呼吸（Continuous Positive Airway Pressure：CPAP）療法が登場・普及したのは 1980 年代以降である。その後も，粘液水腫を伴う SAS 患者の研究（手島ら，1982）や SAS 患者で脳脊髄圧が反復して著明に上昇することを見つけた研究（Sugita Y ら，1985）

など独創的な臨床研究を続けた。

特筆すべきは，アルコールや覚せい剤依存症患者の離脱時のPSG研究（立花光雄ら，1968．Tachibana Mら，1975．石原ら，1988）である。ノンレム睡眠の睡眠段階1に似た脳波とオトガイ筋の持続性放電を示しながら，急速眼球運動が出現する状態がしばしばみられた。ノンレム睡眠に急速眼球運動が出現する可能性とレム睡眠での筋活動抑制が障害される（後にREM sleep without muscle atoniaと呼ばれるようになる）可能性の両方を考え，stage 1-REM with tonic EMGと命名した。せん妄に伴う幻覚の発現メカニズムを解明しようとした先駆的研究であるが，せん妄を呈する患者のPSG研究の苦労は並大抵ではなく，研究チームの執念の結晶であろう。その研究チームの中心に故立花光雄大阪府立中宮病院（現大阪府立精神医療センター）前院長や田中克往大阪府立成人病センター前部長らがいた。立花光雄は，睡眠研究から精神分析研究の道へと歩みを変えたが，最後まで菱川を敬愛していた。筆者は中学・高校・大学と硬式テニス部に属しており，初めて中宮病院の立花光雄を訪れたときにテニスの試合を挑まれた．テニスの実力はともかく，勝とうとする執念には頭が下がったのが，ついこの間のように思い出される。菱川を慕う先輩諸氏の中には個性的な「変人」が多い。古屋は，北山大奈のペンネームで「さすらいの統合失調症（プリメド社：2011）」などを著しているが，その臨床の観察力・洞察力の深遠さと患者への愛情は，おそらく睡眠への愛から始まっているのであろう。田中克往は常識を超えた虎○○であり，臨床をしているときの沈着冷静さと優勝パレードの整理員をしながらのはしゃぎぶりのギャップは，まるで離脱せん妄のようだった。Fmθ研究の第一人者である石原は近年毎年アフリカを訪れてDVDを送ってくれるし（もちろん大変興味深く有り難い），手島大阪厚生年金病院部長は医師会の将棋名人で，患者に詰め将棋の宿題

を出す。筆者が若いころ，「脳波睡眠研究室」は夏合宿による勉強会を毎年行っていた。菱川はいなかったが，受け継がれたエネルギーや集中力は並大抵ではなかった。筆者が初めて参加した夏合宿は，ロサンゼルスオリンピック開催の年であった（根性を重視した瀬古利彦が体内時計のメカニズムを知っていたら，惨敗することはなかったと思う）。暑い夏合宿の熱い勉強会である。皆が同心円状に車座になって勉強している．そのど真中で大いびきをかいて眠ってしまった先輩がいたが，誰もその存在を気にもせずに勉強を続けた。筆者は「えらい所に来てしまった」と後悔したが，いびきをかいている先生の頭に電極をつけたくてたまらなくなった。PSGを愛さずにはいられない魔法をかけられたのかもしれない。

研究の話に戻る。アルコール依存症のPSG研究は，系統的脳変性疾患における睡眠障害と夜間せん妄の発現機序に関する研究（菱川ら，1981．清水徹男，1985）に発展し，心身ともに健康と思われる高齢者にも起こることを見つけ，後の特発性レム睡眠行動異常症（REM sleep behavior disorder：RBD）の研究（Tachibana Nら，1988，1991．Hishikawaら，1991）に繋がっていく。まさしく「脳と心と眠りの研究」である。他にも，周期性傾眠症（反復性過眠症）の研究（飯島ら，1983．Tsutsumiら，1986）など，psychiatryとneurologyの懸け橋となる睡眠研究を，臨床における詳細な観察と洞察力・想像力・行動力および研究室のチームワークとPSGへの愛により次々と行っていった。「偉大なるパイオニアとその仲間たち」による栄光の記録である。

菱川の活躍は研究に留まらない。睡眠を愛する日本全国の仲間たち約20名が集まり，1973年に日本睡眠研究会を結成，第1回研究会は中之島の大阪大学医学部附属病院で開かれた。1977年には，日本睡眠学会を結成し，1979年，東京で第3回国際睡眠学会を開催した。1991年には国際睡眠学会連合が結成され，菱川は初代

副会長に選任された。「日本睡眠学会」の活動の詳細については本誌で杉田が著している。

阪神タイガースが21年ぶりに優勝した1985年，筆者は初めて日本睡眠学会で研究発表を行った。新米の筆者が会員番号355という小規模の学会ではあったが，症例発表をしたところ，次から次へと質問・コメントされて，熱気に溢れた。当時の睡眠学会はPSGへの愛を共有する人たちとの出会いの場であるとともに，学問の進歩のために議論し，演者を教育する場であったと思う。また，当時は研究室のメンバーが全員同じ安宿の大部屋に泊まり，前日は発表の予行をするのが習わしであった。前日に先輩諸氏から質問攻めにあうことで，本番の質問に対しては「待ってました」という感じでもあった。近年の学術集会は，派手にはなったが面白くなくなったような気がする。

3．秋田大学精神科学教室

1983年，菱川は秋田大学精神科の教授として大阪の地を離れた。菱川が持ち込んだ【若さ】【対等】【自由】が現在でも秋田大学精神科学教室のモットーであり，和風会からは飯島，清水，田代が秋田に向かった。その詳細は本誌で清水（現秋田大学教授・前睡眠学会理事長）が著している。

たしか1996年ごろだったかと思う。筆者は当時大学院生の渡邉琢也（平成7年）とともに，（当時清水が精力的に取り組んでいた）筋交感神経活動と（杉田が着目した）指尖容積脈波との関連および食道内圧測定法のマスターのために秋田を訪れたことがある。大阪から来秋した2人の若者は，菱川・飯島・清水の先輩諸氏に3晩続けて大いにご馳走になり，研修どころではなかった。2010年冬，筆者は立花直子（昭和58年），谷口充孝（昭和62年）とともに，当時病気療養中であった菱川を見舞った（図1）。その時も飯島・田代にご馳走になった。秋田は昔も今も本当に素晴らしい所である。（もちろん，菱川は不滅で，今は回復している）。

図1　2010年冬，療養中の菱川先生を秋田に訪ねて
後列左から，飯島・筆者・谷口・立花直子（敬称略）

1983年以降

1．大阪大学

菱川が秋田に異動した後，「脳波睡眠研究室」に属した（やっぱり愛すべき）「変人」たちを，筆者が幹事をした2001年の忘年会招待者名簿から挙げると，筆者と同期入会の立花直子（昭和58年）稲谷貴義（昭和59年）漆葉成彦（昭和59年）本多秀治（昭和61年）斎藤真喜子（昭和61年）田中千足（昭和62年）谷口充孝（昭和62年）漆葉陽子（昭和63年）京谷京子（平成2年）本西正道（平成4年）渡邉琢也（平成7年）渥美正彦（平成9年）重土好古（平成10年）菅沼仲盛（平成11年）熊ノ郷卓之（平成11年）足立浩祥（平成11年）山村周平（平成12年）森島宏子（平成13年）らである。その後21世紀になってからの和風会入会睡眠研究者はいない。寂しく，悲しい。菱川時代から研究室の秘書を務めた吉田千鶴子氏と原由起子氏には，言葉では表現できない感謝の気持ちを述べたい。

さて，菱川が秋田に異動した後の「脳波睡眠研究室」である。飯島・清水が秋田に向かい，杉田（当時助手）・手島（当時助手）・南野（当時講師）が研究室を率いることになった。RBD・SAS・ナルコレプシーに加えて，レストレスレッグズ症候群（江川ら，1989）・周期性四肢運動異

常症（谷口ら，1991）・概日リズム睡眠障害（Uruha Sら，1987）・季節性感情障害（本多ら，1995）などの臨床研究を続けた。南野は新たに「事象関連電位」を中心とした誘発電位を研究するグループを立ち上げた。その成果は藤本に加えて，角典哲（昭和61年）花谷隆志（平成2年）田口智己（平成2年）らによって引き継がれた（Sumi Nら，2000. Hanatani Tら，2005）。

1993年，Jリーグが開幕し，皇太子徳仁親王のご成婚があり，奥尻島で津波被害があり，能年玲奈が生まれ，津田恒実が死去し，河野談話が発表され，細川内閣が発足し，広島カープが19年ぶりに最下位になった年である。大阪大学医学部附属病院が大阪市北区中之島から吹田市山田丘に移転となった。同時期に，国立大阪・医療刑務所・星ヶ丘厚生年金・関西労災病院で臨床を続けていた筆者は，附属病院シニア非常勤医員となり，1997～2002年と健康体育部（後に保健センター）助手を務めた。時代は移り変わる。新病院が大阪市の中心部から北摂に移転することで，「脳波睡眠研究室」に属する学外の医師がPSG施行のために大学に集まる習慣がなくなった。精神科医の中でも愛すべき賢明な「変人」が少なくなっていった。筆者は研修医や大学院生と共にPSGを行い続けた。特に渡邉が大学院生であった4年間は，（アルバイト検査技師や医学部学生に手伝ってもらいながらではあるが）筆者と2人で週に2回交代で泊まり続けた。研究者である医師が生のPSGおよび眠る患者の姿をリアルタイムで見続け，膨大な量となる紙記録を目で見て解析した最後の時代だったかもしれない。その後，検査は臨床検査技師が施行し，ペーパーレスのデジタル脳波計・高度なソフトによる自動解析が主流となり，検査結果報告書の数値のみにしか関心のない医師が増えていったような気がする。当時杉田（精神医学講座助手から1996年健康体育部教授）を中心に，RBDの病態生理学的研究（Sugita Yら，1998. Kumano-go Tら，2001）を進め，自律神経活動や呼吸努力（食道内圧の変動）に着目した睡眠呼吸障害の病態生理学的研究で，大学院生の渡邉[1]・熊ノ郷[2]・足立[3]が学位を取得した。特に渡邉の論文は，Stanford Sleep Medicine CenterのKushida CAらによる「睡眠呼吸障害における食道内圧測定の総説（2002）」において，日本人で唯一引用論文に選ばれた先駆的研究であった。大学院生以外でも，寺島が更年期女性の睡眠研究で学位を取得した（Terashima Kら，2004）。

2002年，杉田に加えて，筆者の後任として健康体育部（後保健センター）の助手となった熊ノ郷のもとで，さらに研究は進んだ。従来の睡眠関連疾患の臨床研究に加えて，睡眠社会学研究にも取り組み（菅沼が学位を取得）[4]，栄養と睡眠の研究（山村が学位を取得）[5]や保健センターをフィールドとしたメンタルヘルスやスリープヘルスに関する研究も開始した。当時筆者が所属した大阪府こころの健康総合センターのストレスドック受検者の眠気と覚醒度を検討する研究[6]で森島が学位を取得し，日本睡眠学会研究奨励賞を受賞した。臨床心理士の松下正輝（現熊本大学）は，大学生のプレゼンティーズムに関する研究（Matsushita Mら，2011）で学位を取得した。研究に加えて，臨床の充実にも力を注ぎ，2006年，熊ノ郷らの尽力により，武田教授をセンター長，杉田を副センター長とする「医学部附属病院睡眠医療センター」が立ちあがった。当時の「睡眠医療センター設置案」から《熊ノ郷の夢》を読み取ろう。

《"不眠"や"日中の眠気"（他科受診患者，高齢者，産業衛生上など）など，睡眠障害の代表的訴えに包括的に対応できる医療機関は，わが国には数箇所もなく，主要大学病院では皆無である。地域レベルにおいても臨床的ニーズは高く，先進医療を行う本院への潜在的期待感は非常に大きいといえる。また，臨床治験や機器開発の案件も数多く，研究機能も求められている。一方で，本院では各専門科に診療実績があるに

もかかわらず，組織としての機能がないために，"発展性のない"現状といえる。そこで，関係診療科で行われている治療や検査を有機的に機能させるための組織体「睡眠医療センター」の設立が必要である。さらに，診療面での収益性を高め，良質な人材の安定供給や大学内外で研究を行い，地域社会から信頼を高められれば，本院の社会的価値向上の骨格の一つとなりえよう。》《大学病院が睡眠障害の診療・検査技術の向上に努めることは①地域中核病院としての社会的使命，②高度先進医療・研究機関としての使命でもある。また，③各専門科の連携を強化していくなかで，④医師や技師の養成，研修制度などの教育面での独自性も生み出せる。本院が，わが国の睡眠医療の中核としてのポジションを目指すことは，本院の社会的価値を高める取り組みのひとつといえよう。》是非とも達成したい夢である。

　2008年，筆者は5年ぶりに大阪大学の教員（保健センター准教授）となった。1996年以来，精神医学教室に専属常勤の教員が存在しない「脳波睡眠研究室」ではあるが，武田教授の指導のもと，保健センターの杉田・足立・熊ノ郷とともに，睡眠研究および睡眠医療センター運営に携わった。しかし，現在も睡眠医療センターに専属の医師や検査技師は配置されておらず，《熊ノ郷の夢》は果たされていない。企業との共同研究費により，2009年より野々上茂を特任研究員として招き，週に1例ながら（2013年12月から2例体制）神経科精神科病棟でPSGを施行する体制を再構築し，現在は循環器内科病棟でのPSG施行の運営も担当している。保健センター（睡眠医療センター兼務）助教は熊ノ郷の異動により，2010年から山村が，2012年からは壁下康信（平成9年入会）が務め，現在の「脳波睡眠研究室」学内スタッフは，三上・足立（保健センター准教授）・壁下・重土（医学系研究科研究生）・菅沼（保健センター招へい研究員）・野々上の6人である。学内外のネットワーク（図2）の活動を通して，さらに臨床および研究の実績を残して，《熊ノ郷の夢》を現実化することが「脳波睡眠研究室」の使命である。

2．大阪大学学外での活動

　上述したように，1993年に医学部附属病院が移転するまでは，学外の医師がPSG施行のために夜な夜な大学に集まる習慣が「脳波睡眠研究室」の伝統であり，強い結束力の源であった。そして皆がPSGを愛していた。大学だけではなく大阪回生病院などの学外の病院でPSG施行のときも同様であり，どこの病院であっても脳波計さえあれば皆が集まって，手作りのPSG施行を試行錯誤した。筆者が星ヶ丘厚生年金病院で脊髄損傷患者のPSGを2夜連続2週連続施行したときは，すべて当直を引き受けて，夜になってから臨床検査部のアナログ脳波計をゴソゴソと病棟の物置場まで運び，病室から物置場までの廊下の壁にコードを這わせて行った。もちろん，電極付も後始末もすべて自分でした。検査終了の朝に，たまたま褥瘡術後の別の患者が出血性ショックに陥った。当直として対応したが，心電図モニターの無線が機能せず，PSGで廊下に這わせたコードを有線として使用するというラッキー？なアクシデントもあった。そのころ，筆者も周囲の医師に（夜にゴソゴソする）「変人」と称賛されるようになった。

　1998年，江川（現日生病院）を中心として大阪回生病院で確立されたPSG体制を元に，谷口が中心となって，大阪回生病院睡眠医療センターが開設された。それは，日本では2番目，関西では初めてのアメリカ型のスリープラボに近い形式で，複数科の医師が担当し，毎日数人のPSGが可能なセンターである。その詳細は本誌にて谷口が著しているので，是非参考にしていただきたい。その後，大阪警察病院神経科でのPSG施行経験から，2002年，京谷クリニック睡眠医療センターが開業され，2005年には渥美が，上島医院南大阪睡眠医療センターを開設した。京谷は，大阪精神科診療所協会の理事と

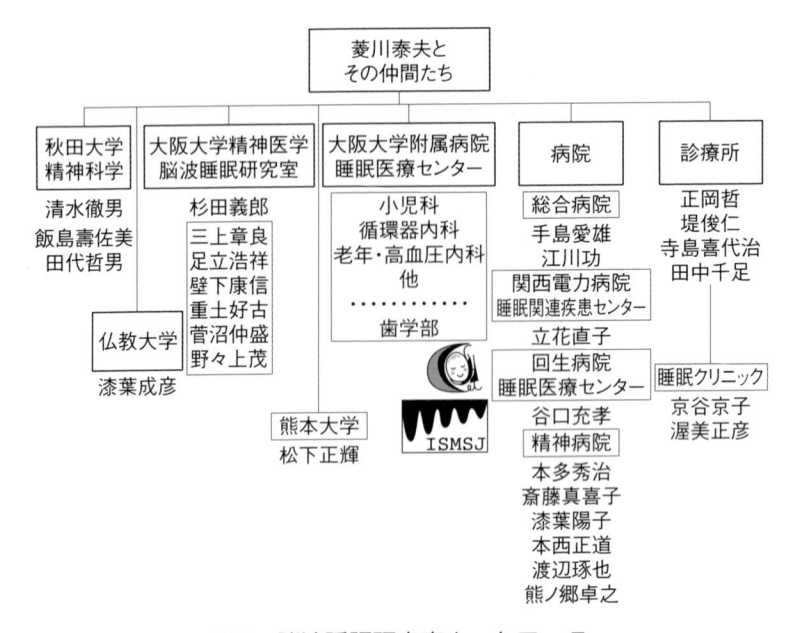

図2 脳波睡眠研究室ネットワーク
(昭和46年以降和風会入会の主たるメンバー他)

して，精神科における正しい睡眠医療の啓発にも力を注いでいる。

筆者も，2002〜2008年の間，大阪府こころの健康総合センターで「眠りと目覚めの外来」を設立し，学外で活動した。その1年前の2001年秋，米国の睡眠医学教育にじかに触れ，日本人医師として初めて米国睡眠医学会国際睡眠専門医の資格を取った立花直子が帰国，大阪府立健康科学センターにて，睡眠に関する実践的な知識を得る機会として，いろいろな病院の異なる専門科目の医師や保健師・看護師・臨床検査技師が集まって月に一度の睡眠症例検討会を始めた。立花直子は筆者と同期の和風会入会組であるが，すでに秋田に異動していた菱川の教えも受け，ロンドンに留学後，京都大学神経内科の大学院に進み，スタンフォード大学に留学，愛媛大学助手を経て，ハーバード大学にも留学した，日本で最も優れた睡眠臨床研究者の1人である。2006年からは関西電力病院神経内科・睡眠関連疾患センター長を務めている。立花直子の活動は，2003年5月「大阪睡眠を考える会」

開始。2003年9月 Osaka Sleep Health Network（OSHNet）発足。2003年12月「PSG睡眠塾」開始。2004年7月 OSHNet が NPO 法人として認証される。と続き，2006年1月第1回 Sleep Symposium in Kansai（SSK）開催。2008年8月の熊本での第4回 Sleep Symposium in Kansai-Kumamoto 終了後，Integrated Sleep Medicine Society Japan（ISMSJ）を設立。日本語表記を「日本臨床睡眠医学会」として，2009年9月に，第1回 ISMSJ 学術集会を開催した。その詳細は，OSHNet ならびに ISMSJ のホームページを参照いただきたい。菱川から引き継がれた睡眠への愛に満ち溢れている。
(OSHNet：http://www.oshnet-jp.org, ISMSJ：http://www.ismsj.org)

3．和風会を超えて

上述したように，大阪大学医学部附属病院睡眠医療センターに専属の医師や臨床検査技師は配置されておらず，《熊ノ郷の夢》は未だ果たされていない。「脳波睡眠研究室」に医学系研究科を本務とする教員はいない。しかし，和風会を

超えて，他科や他学部との連携を少しずつ拡大している．小児科は独自にPSGを施行しているが，その判読検討会には，筆者と野々上が参加している．「脳波睡眠研究室」の勉強会で循環器内科のPSG判読検討会を行い，循環器内科医と老年・高血圧内科医が1人ずつ参加している．歯学系研究科との共同研究が進行中である．さらに学外の睡眠医療との連携も重要である．2014年8月1日～3日に神戸で行われる「第6回ISMSJ学術集会（http://www.ismsj.org）」では，大阪精神科診療所協会と共催のサテライトシンポジウム「社会と個人のために，"これからの睡眠"を医療に広げるには？」を開催企画している．学際領域である「睡眠」に境界はない．ぜひ和風会の皆様にもご参加いただきたい．

これからの睡眠

筆者は生まれも育ちも大阪で，大阪から離れたことのない偏狭なイチビリ大阪人である．しかし，亡き父が戦中・戦後に広島にいたこともあり，1958年に生まれたときから1950年生まれの兄貴である広島東洋カープのファンである．筆者が子供のころのカープはとにかく弱かった．3位になるのに19年かかった（18年連続4位以下のBクラスはセ・リーグ記録である）．1975年（筆者は高校3年生），25年目にして，球団初の外国人監督の元，燃える闘志をこめてヘルメットを真っ赤にして初優勝した．1979（江夏の21球で有名）～1980年は2年連続日本一となる栄光の時代を迎えたが，1991年の6回目のリーグ優勝後は低迷．1992年には10年ぶりのBクラスになり，1993年には，津田恒実が脳腫瘍で亡くなり（享年32歳：昨年野球殿堂入り），19年ぶりの最下位となった．1998年～昨年まで15年連続Bクラスという2回目の長期低迷が続いたが，今年（2013年）は16年ぶりのAクラスとなった．筆者は，弱い時も栄光の時代も，広島カープのファンであり，現在の愛車は真っ赤なマツダのRX-8である．そして，不遇の時代もコツコツと原石を見つけて育てるのがカープというチームだと思っている．

カープの話ではなく，「これからの睡眠」である．今の「脳波睡眠研究室」は低迷しているように見えるかもしれない．しかし，睡眠医療が不要になることはあり得ない．ビジネスとして関心が高まるだけではいけない．学際領域としての「睡眠医学」の重要性はますます高まると考えられ，「これからの睡眠」をじっくり考えてみたい．本当に必要なものは残るであろう．だから永遠に不滅である．

文　献

1) Watanabe T, Mikami A, Kumano-Go T, et al.：The Relationship Between Esophageal Pressure and Apnea Hypopnea Index in Obstructive Sleep Apnea-Hypopnea Syndrome. Sleep Research Online **3**：169-172, 2000
2) Kumano-go T, Mikami A, Suganuma N, et al.：Three components of obstructive sleep apnea/hypopnea syndrome. Psychiatry and Clinical Neurosciences **57**：197-203, 2003
3) Adachi H, Mikami A, Kumano-go T, et al.：Clinical significance of pulse rate rise during sleep as a screening marker for the assessment of sleep fragmentation in sleep-disordered breathing. Sleep Med **4**：537-542, 2003
4) Suganuma N, Kikuchi T, Yanagi K, et al.：Using electronic media before sleep can curtail sleep time and result in self-perceived insufficient sleep. Sleep and Biological Rhythms **5**：204-214, 2007
5) Yamamura S, Morishima H, Kumano-Go T, et al.：The effect of Lactobacillus helveticus fermented milk on sleep and health perception in elderly subjects. Eur J Clin Nutr **63**：100-105, 2009
6) Morishima H, Sugiyama E, Matsushita M, et al.：How is autonomic nervous system activity in subjects who are sleepy but are unable to sleep in the daytime？Sleep and Biological Rhythms **7**：23-30, 2009

3 認知行動生理学研究室

● 岩瀬　真生

認知行動生理学研究室の成り立ちと研究テーマ

　現在の生理学系研究室は，もとは脳波グループとして一つであった。当時はREM睡眠の発見が熱狂をもって迎えられた時代であった。そのころは神経疾患も教室の守備範囲であり，筋電図の研究も盛んに行われていた。この時期に筋電図を主なテーマとするグループとして，脳波グループから志水彰が独立して活動を行うようになったのが，研究室の始まりである。研究室の成果としては，REM睡眠中に筋電図のH波が消失する現象の発見を皮切りに，H波と性格の関連，筋緊張性頭痛に関する研究，うつ病の終夜脳波に関する研究などが行われていた。時代の流れとともに精神医学教室で神経疾患を扱うことが少なくなるにつれ，徐々に研究テーマは純粋な筋電図学的な仕事から情動をテーマとするものに移行した。そのなかで微小電極による顔面表情筋筋電図測定や笑いをはじめとする情動のポリグラフ測定の手法が開発された。この時期に研究テーマの推移とともに筋電図グループから，精神生理グループへと名称が変更された。その後，井上健を中心として脳波の解析をするグループが派生し，精神生理グループと脳波分析グループは，一時期は別々に活動していたが，教室の武田雅俊教授の呼びかけにより，その後，認知行動生理グループと名称を変更して再び一つのグループとして研究活動を行うようになり，今日に至っている。現在は，精神生理学的指標のバイオマーカーとしての応用研究としての脳波・脳磁図の数値的解析や近赤外分光測定，経頭蓋磁気刺激法の精神疾患への診断・治療への応用研究を行っている。対象とする疾患も認知症，統合失調症，気分障害，てんかん，発達障害と精神医学のすべての分野をカバーしている。

研究室のメンバーの足跡

　これまでに教室のスタッフを務めたのは志水彰，松本和雄，角辻豊，柏木哲夫，高橋尚武，井上健，吉田功，河﨑建人，篠崎和弘，都井正剛，鵜飼聡，阪本栄，山下仰，山本雅清，岩瀬真生，石井良平，高橋清武，高橋秀俊，胡谷和彦，栗本龍である。

　以下に，年代順に認知行動生理学研究室のメンバーの足跡を記す。おおむね研究室の活動にかかわった時期の順に記載しているため，必ずしも年齢順または卒業年度順，入局年度順とはなっていないことはご容赦いただきたい。また認知行動生理グループのメンバーは主に学外で活躍されながら研究室の活動に参加された方も多い。また和風会会員以外にも研究室の活動に深くかかわった方もいるが，本稿では和風会会員を中心に紹介する。

志水彰（33年卒，34年入局）は大学院卒業後，米国留学を経て帰国後に助手，講師，助教授を務め，大阪外国語大学保健管理センター長として転任。その後も研究室の活動に精力的に加わり，学内の院生のみならず，学外で研究生として学位取得を目指すグループの人の指導にあたった。その後，関西福祉科学大学学部長に就任。関西女子短期大学学長を経て，関西福祉科学大学学長を務め退任。現在は志水堺東診療所で診療を継続している。長年，教育職としての重責を果たしてこられたことにより瑞宝中綬章を叙勲された。動物脳波，筋電図，笑いなどの情動，ICU症候群などリエゾン精神医学，慢性疲労症候群の臨床精神医学的研究など幅広い分野で活躍。慢性疲労症候群の研究では大阪大学血液腫瘍内科の倉恒弘彦らと共同研究を行い，その縁もあり倉恒は関西福祉科学教授として赴任した。「人はなぜ笑うのか—笑いの精神生理学」（ブルーバックス，角辻豊，中村真と共著），「笑いの治癒力」（PHP）など著書も多数。研究活動のほか，志水杯ゴルフコンペを毎年，春秋に開催して，研究グループのもののみならず，多くの参加者を集め，親睦の場を提供してきた。また，毎年グループの忘年会（ここ数年は新年会）で，その年度もっとも活躍した人を志水賞として表彰してグループの活動を鼓舞し続けてきた。志水隆之，遠藤さゆりは子息，令嬢にあたる。

阿南寛（23年卒，43年入局）はグループ内では最年長にあたる。グループの研究テーマに興味を持ち，グループの活動に参加するようになり今日に至っている。

山田悦秀はREM睡眠中に筋電図のH波が消失することを発見。昭和62年没。

藤木明はグループの創世期より志水とともに活動した。平成11年没。

矢ケ崎明美（30年卒，42年入局）は浅香山病院に長年勤務し，副院長を務めた。グループの創世期に志水とともに研究活動に参加し，その後もグループの一員として活動してきた。平成24年没。

井田英乃夫（34年卒，35年入局）は，志水の1年後輩にあたり長年，行動をともにしてきた。井田クリニックを箕面で開業していたが現在は引退し，診療活動を志水隆之がりんどうクリニックとしてひきつづき継続して行っている。

松本和雄（35年卒，36年入局）は志水と同時期に大学で活動した。大学のスタッフを勤めた後は，関西学院大学文学部心理科学研究室に赴任した。その後，関西福祉科学大学に赴任し，退官後は松本クリニックで診療を行っている。水野（松本）由子はその令嬢にあたる。

山本順治（36年卒，37年入局）はてんかん専門のクリニックの草分け的存在である。山本梅新診療所で長年，てんかん診療に携わってきた。山本忍はその子息にあたる。

角辻豊（37年卒，38年入局）は，微小電極による表情筋筋電図の測定法の開発を行った。大学のスタッフを経て，角辻診療所，角辻総合人間科学研究所を開設。高槻市で診療するかたわら，笑いに関するユニークな研究活動を継続して行った。前述の「人はなぜ笑うのか—笑いの精神生理学」は志水，中村との共著である。平成19年没。

田中迪夫（39年卒，40年入局）は，笑いのポリグラフ測定を開発し，統合失調症の笑いの研究により学位を得た。西淀川区に田中診療所を開設し，大阪府精神科診療所協会会長の職も務めた。医局の忘年会，グループの新年会で，得意のマジックを披露するのがここ数年の恒例となっていた。平成24年没。田中診療所は神経心理グループの杉山博通が後継者として診療を継続している。

柏木哲夫（40年卒，41年入局）は，筋緊張性頭痛の精神生理学的研究を大学では行っていた。その後，ホスピス活動を行うため，米国に留学。帰国後は淀川キリスト教病院にホスピスを開設し，ホスピス長を経て，大阪大学人間科

学部教授に就任。大阪大学を退官後，金城学院大学学長に就任。日米医学功労賞，朝日社会福祉賞，保健文化賞受賞を受賞。

高橋尚武は大学のスタッフを経た後は，浅香山病院で診療をし，院長職に就く。平成7年没。高橋清武はその子息にあたる。

井上健（41年卒，42年入局）は大学院で統合失調症の幻聴時に咽頭筋の活動を記録し，幻聴の起源が内言語によるものであることを示唆する研究を行った。その後，脳波の数学的解析による研究活動により，新たにグループを派生。精神医学教室の助教授を経て，大阪府立看護大学教授に就任。その後，関西学院大学文学部心理科学研究室教授に就任。現在は退官。

吉田功（41年卒，42年入局）は大学でスタッフを勤めた後，日生病院の部長として赴任。その後関西福祉科学大学教授を経て，現在は水間病院に勤務している。

檜山寛市（42年卒，43年入局）は，日本橋で檜山クリニックを開業し，長年診療を行ってきた。大阪府精神科診療所協会会長を務め，その後も診療を継続している。

東司（51年卒，51年入局）は，小阪病院の院長職を務めながら，研究生として空笑の精神生理学的研究により学位を授与。その後，長年の小阪病院での診療活動が評価され，藍綬褒章を叙勲。

河﨑健人（51年卒，51年入局）は，大学のスタッフを経て水間病院院長職につき，大阪府精神科病院協会会長を務め，現在は日本精神科病院協会副会長を務める。長年の診療活動に対し，藍綬褒章を叙勲。

井畑充男（53年卒，53年入局）は井畑クリニックを開業し，堺で診療を行っている。

篠崎和弘（53年卒，53年入局）は脳波分析の研究を行ってきた。日生病院より大学の助手に赴任し，長らく大学のスタッフを務め，助教授となった後，和歌山県立医科大学神経精神科学教室に教授として赴任し，現在もその任にあり，後進の指導に当たっている。

藤本雄二（54年卒，54年入局）は藤本クリニックを開業し，堺で診療を行っている。藤本修は兄にあたる。

都井正剛（56年卒，56年入局）はシニア医員として大学で脳波分析の研究を行っていた。その後は豊中で都井メンタルクリニックを開業している。

阪本栄（56年卒，56年入局）は，うつ病の笑いに関する研究で学位を授与された。大学の助手を経て，大阪さやま病院にて診療を継続。院長職を務めるかたわら，大阪府医師会理事を務めている。

更家薫（56年卒，60年入局）は，さらやあすなろ医院を守口で開業し，診療を行っている。

鵜飼聡（58年卒，58年入局）は国立大阪病院よりシニア医員として教室に赴任，以後，助手，講師として大学に勤務。認知課題中の脳活動をMEGで評価する研究で学位を授与された。求心路遮断痛に対する経頭蓋磁気刺激治療に関する研究を行った。その後，和歌山県立医科大学に赴任し，准教授として現在も研究を継続している。

坂元秀美（59年卒，59年入局）は脳波分析に関する研究で学位を授与された。現在は北千里で坂元クリニックを開業し，診療を行っている。

本義彰（59年卒，59年入局）はさわ病院に勤務するかたわら，ミオクロニーてんかんに関する研究で学位を授与される。その後，モト心療内科クリニックを淀川区で開業し，診療を行っている。

行田健（59年卒，59年入局）は，研究生として笑いの研究を行っていた。現在，大阪労災病院の部長として診療にあたっている。

山下仰（62年卒，62年入局）は大学院では統合失調症の時間認知に関する研究で学位を授与された。水間病院を経て，大学の助手に赴任。大学では心移植患者の精神医学的評価に関する仕事に尽力し，日生病院に赴任し，やまもとク

リニックに勤務するようになった後も，移植関連の仕事や児童青年期精神医学の仕事を継続的に行っている．

山本忍（62年卒，62年入局）は，てんかんに関する研究により学位を取得．その後は，静岡東てんかんセンターに赴任し，てんかん診療を継続し，帰阪後にてんかん専門のやまもとクリニックを西区に開業．大阪でも数少ない，てんかん学会専門医として診療を継続している．山本順治は父にあたる．

村木利光（62年卒，62年入局）は，研究生としてパーキンソン病の笑いの研究を行っていた．現在は茨木病院に勤務し，診療を行っている．

梶本修身（63年卒，63年入局）は探索的眼球運動の研究により学位を授与された．大阪外国語大学保健センター助教授を経て，大阪市立大学疲労医学講座特任教授就任．そのかたわら総医研ホールディングの取締役を兼任している．総医研は大学発ベンチャーとしてバイオマーカーを利用した生体評価システムにより，医薬臨床研究支援事業，ヘルスケアサポート事業を展開している．

志水隆之（63年卒，63年入局）は統合失調症における表情認知を探索眼球運動を用いて評価する研究で学位を授与された．志水堺東診療所を経て，井田クリニックを引き継ぐ形で，りんどうクリニックを開業．箕面で診療を行っている．志水彰は父にあたる．

猪山昭徳（63年卒，63年入局）は脳波分析に関する研究で学位を授与される．現在は国立療養所刀根山病院に勤務．

岡島詳二（60年卒，平1年入局）は慢性疲労症候群の精神医学的研究を行っていた．水間病院を経て七山病院に勤務．

胡谷和彦（59年卒，平2年入局）は，愛媛大学で学位を得た後，入局．グループの活動に参加．おおさか第二警察病院を経て，大学のスタッフを一時的に務め，NTT西日本病院の部長に就任し，診療を継続している．

保坂直昭（平2年卒，平2年入局）は脳波分析の研究で学位を授与される．現在は西宮の保坂診療所で診療を行っている．

水野（松本）由子（平3年卒，平3年入局）は脳波分析の研究で学位を授与された．米国留学の後，大阪城南女子短期大学に赴任，その後，兵庫県立大学大学院応用情報科学研究科教授を務め，研究活動を継続している．松本和雄は父にあたる．

高橋励（平4年卒，平4年入局）は探索眼球運動の研究により学位を授与された．現在は日生病院に勤務．

岩瀬真生（平6年卒，平6年入局）は統合失調症の笑いにおける表情と情動体験に関する研究で学位を授与された．大阪さやま病院に勤務するかたわら，疲労研究の一環としてヒトの笑いの最中の脳活動をPETにて測定する研究を行った．その後，教室にシニア医員として赴任し助教をへて講師として勤務．

石井良平（平6年卒，平6年入局）は注意集中時に発生するFmθの発生源を脳磁図（MEG）で推定する研究により学位を授与された．美原病院を経て，カナダへ留学．帰国後は豊中市民病院を経て，教室に助手として赴任．現在，医学部講師として勤務．

為永一成（平5年卒，平6年入局）は関西労災病院，小阪病院勤務を経て，東大阪でためながクリニックを開業し，診療を行っている．

高橋清武（平9年卒，平9年入局）は笑いによるNK活性上昇に関する研究で学位を授与された．卒後は大阪さやま病院勤務を経て，現在は吉村病院に勤務．高橋尚武は父にあたる．

中鉢貴行（平10年卒，平11年入局）は修士課程大学院生として入局．修士課程終了後は博士課程に進学し，自閉症スペクトラム障害の認知過程をタッチパネルを用いた課題より評価した研究で学位を授与された．その後も認知課題遂行中の前頭葉機能をNIRSにより評価した研究を継続．現在は，国立精神・神経センター精

神保健研究所児童・思春期精神保健研究部で高橋秀俊とともに研究を継続している。

山本雅清（平7年卒，平12年入局）は脳神経外科医として研鑽を積んだ後，平成12年入局。教室のシニア医員として活躍ししりとり課題施行中の脳活動をMEGで評価した研究により学位を授与された。星ヶ丘厚生年金病院勤務を経て産業医に転身し，企業のメンタルヘルス活動に従事している。

川口俊介（平11年卒，平12年入局）は統合失調症で認知課題遂行中の前頭前野の活動をMEGで評価した研究により学位を授与された。大阪警察病院勤務を経て，現在は茨木病院勤務。

高橋秀俊（平12年卒，平12年入局）は統合失調症のワーキングメモリーの障害と社会機能との関連に関する研究により学位を授与。大阪第二警察病院勤務を経て，シニア医員として大学に赴任。大学ではPrepulse inhibtionに関する研究を，統合失調症を中心に行った。米国留学を経て，国立精神・神経センター精神保健研究所児童・思春期精神保健研究部に室長として赴任。児童・思春期分野の研究を中鉢貴行とともに精力的に行っている。

関山隆史（平10年卒，平15年入局）は循環器内科医としての勤務経験後，大学院に進学し入局。統合失調症の表情認知に関する研究を行う。大学院卒業後は国立病院機構大阪病院を経て，榎坂病院で診療を継続している。

栗本龍（平12年卒，平12年入局）は浅香山病院勤務を経て，大学院に進学。アルツハイマー型認知症のワーキングメモリー課題遂行中の前頭葉の活動をMEGで評価した研究により学位を授与された。水間病院へ勤務し，その後教室にシニア医員として赴任した。

池澤浩二（平6年卒，平7年入局）は大阪府立中宮病院，大阪厚生年金病院勤務を経て，大学院進学。統合失調症の近赤外分光計測(NIRS)による前頭葉機能評価に関する研究で学位を授

図　平成25年認知行動生理学研究室忘年会
前列左から青木保典，Themistoklis Katsimichas（ギリシア，留学生），Chiu, Yu-Wen（台湾，留学生），石井良平，後列左から疇地道代，岩瀬真生，畑　真弘，池田俊一郎，豊中，笹庵にて

与された。大学院卒業後は池澤クリニックを開業し，リワーク活動も行っている。

疇地道代（平13年卒，平18年入局）は天理よろず病院，東京都立梅ヶ丘病院勤務を経て，大学院に進学し入局。統合失調症のNIRS検査所見に基づく判別分析に関する研究で学位を授与された。卒後は国立病院機構大阪病院勤務。

レオニデス・カヌエト（平9年卒，平18年入局）はキューバからの国費留学生として来日。大学院進学し入局。偏頭痛に関する臨床研究，てんかん患者のQOL研究，精神神経疾患のMEG研究など幅広い領域で業績を挙げ，てんかん精神病と統合失調症のワーキングメモリー課題遂行中の脳活動をMEGで比較する研究により学位を授与された。その後，スペインのカカベロス教授の主催するEuroEspes Bioemdical Reseach Centerに赴任。てんかん精神病やアルツハイマー型認知症の脳波のコネクティビティ解析に関する研究を継続。現在はComplutense University of MadridにあるMEG研究で有名なマエスツ教授の研究室に赴任している。

遠藤さゆりは内科医として研鑽をつんだ後，精神科医としての道を志水堺東診療所で歩んでいる。志水彰は父にあたる。

藤本修（52年卒，52年入局）は大阪府立病院の部長を務めた後，関西福祉大学教授に就任。退官後，おおさかメンタルヘルスケア研究所を開設。附属クリニックにて診療活動を行っている。藤本雄二は弟にあたる。

青木保典（平19年卒，平21年入局）は現在，大学院4年在籍中。特発性正常圧水頭症の脳波解析に関する研究を学位のメインテーマとして研究を行っている。

池田俊一郎（平18年卒，平23年入局）は社会人大学院生として大学院進学し入局，現在3年に在籍中。大阪府立精神医療センター，四条畷保健所を経て，再び大阪府立精神医療センターに赴任するかたわら，特発性正常圧水頭症の脳波解析や情動課題遂行時の脳波解析に関する研究を現在行っている。

畑真弘（平22年卒，平24年入局）は現在，大学院2年在籍中。アルツハイマー型認知症の脳波解析に関する研究を行っている。

未来へ向けて

精神神経疾患の理解には脳の生理学的表現の理解が必須である以上，今後の精神医学の中で認知行動生理学研究室のカバーする分野の重要性は増すばかりである。研究室の先人の成果をさらに多くの後進が発展させることにより，研究室の輝かしい未来が約束されているものと信じている。

辻悟の還暦祝賀会

4 精神病理研究室

● 井上　洋一

研究室の歴史

　阪大精神科の各「研究室」は以前「研究グループ」と呼ばれていた。精神病理研究室の前身はプシコメトリーのグループと呼ばれ、石橋分院を主な活動の場にしていた。石橋分院で辻悟を中心にpsychometryすなわち「心理テスト」の研究を行っていたグループがプシコメトリーのグループであった。昭和43年に石橋分院が閉鎖され、活動の場が中之島へ移り、研究内容も精神病理へと発展し、精神病理研究室が誕生した。精神病理研究室の歴史を語るには、石橋分院時代にまでさかのぼってみる必要がある。

　石橋分院は昭和7年、大阪医科大学の予科があった待兼山の敷地に開設された。神経科の和田豊種教授は精神科に限らず、慢性患者で長期療養を必要とする患者のために、郊外に病院をもつべきだと考えられ、鉄筋3階建ての分院が完成した。本館の1階および2階が精神科の閉鎖病棟、3階は開放病棟であった。入院患者150名のうち70%が精神科患者であった。代々精神科教授が分院長に任じられた。昭和43年に閉鎖されるまでの最後の10年間、辻悟助教授が神経科の医長を務められ、毎週水曜日午後に3時間をかけて症例検討会が行われていた。

　阪大精神科における心理テストの研究のルーツは堀見太郎教授に求めることができる。昭和16～30年まで和田教授の後を継いで精神科教授を務められた堀見太郎教授は研究の手法として心理テストを積極的に取り入れられた。堀見教授は形態学・組織学や臨床研究が中心であった従来の研究に精神病理学および精神分析学の考え方を取り入れられるとともに、精神療法を導入し、精神身体医学、神経症学の研究に貢献された。また集団精神療法や音楽療法も実施され、ご自分で「精神身体医学」、「患者の心理」の著書を著された。心身両面を重視する阪大精神科の伝統は堀見教授から始まっていた。

　心理学者による臨床心理テストについての研究が乏しい時代にあって、心理的アプローチを重視された堀見教授のもとで、投影法の研究が活発に行われた。

　プシコメトリー・グループの活動に先駆する研究としては、戦前に黒田重英の「ロールシャッハ・テストに関する研究」があった。戦後、長坂五朗の「ロールシャッハ・テストに関する研究」、辻悟の「ロールシャッハ・テストに関する研究」が学位論文としてまとめられ、辻が中心になってロールシャッハ・テストの研究が行われた。プシコメトリー・グループには加藤薫香、大海作夫、古荘和郎、鮫島拓弥、福井郁子、藤戸せつ、藤井久和、大野周子、坂本昭三と多士済々の先輩方が参加した。多くの先生方は投影法で学位をとることを目標に研究活動をされた。石橋分院が活動の場所であったため石橋グループとも呼ばれ、プシコメトリー研究の一時

代が築かれ，熱気にあふれた討論が石橋分院で行われた．藤井久和は心理テストを活用し，産業精神医学の領域の第一人者として活躍し，夏目誠が後継者として産業精神医学の研究・実践をしている．

昭和33年，清水將之，藤本淳三，石神亙，小林良治，山之内裕子，矢内純吉がグループに参加した．清水は学生時代から水曜日の分院case conferenceに参加し，離人症への関心を深め，坂本昭三と離人症の研究を始め，坂本昭三は「離人神経症者の内面史的研究」，清水將之は「離人症の疾病学的研究」の学位論文をまとめた．離人症の研究はプシコメトリーにとどまらず，疾病論の領域にまで踏み込むものであり，プシコメトリー・グループの中に新たな方向性として精神病理研究が誕生するきっかけとなった．このころ分院ではO. FenichelのPsychoanalysis of the Neurosisなどが輪読されていた．

思春期外来の開設

昭和40年7月，清水將之，藤本淳三，石神亙が中心となって，分院を出て本院で専門外来「思春期外来」を開設した．このとき阪大精神科に誕生した思春期外来は，その後全国で開設されていった思春期外来の先駆けとなるものであった．思春期外来設立の目的の一つとして，精神病理学における主要な疾患である統合失調症を研究するために，思春期，児童期にまで視野を広げようという意図も含まれていたと清水は語っている．石神は児童精神医学を専門領域とし，自閉症・発達障害の療育問題や学校精神保健に力を注いだ．田口倭子，西岡志郎，田村雅一，北村陽英，和田慶治，宮田明，西口俊樹，木村文隆，岩堀武司，寺川信夫，筆者（井上）が次々と思春期グループに参加し，思春期外来は活況を呈していった．

清水將之・坂本昭三が離人症の精神病理に足を踏み入れ，さらに思春期外来が開設されるこ とで，心理テストの研究を行っていたプシコメトリー・グループは精神病理研究室へと発展した．また心理テストの伝統は，辻悟が講義し，福永知子が運営の責任者となった「関西ロールシャッハ研究会」に引き継がれ，臨床心理士と医師による勉強会が行われるようになり，辻を中心にロールシャッハ研究および，治療精神医学の研究が行われ，平井孝男，飯田信也，小寺隆史，小笠原將之が参加した．辻は精神分析学会，ロールシャッハ学会を中心に活動し，ロールシャッハ・テストの研究および精神療法の研究（治療精神医学）に力を注いだ．一方，新たに誕生した思春期グループは，思春期外来に集まった医師たちからなるグループで，症例検討会，抄読会が開かれるようになり，日本の思春期精神医学の中核として活動の幅を広げていった．グループでは火曜日の夜に症例検討会が行われ，木曜日の午前にはドイツ語文献を読む会が催され，昭和50年ごろは，ドイツの人間学派を中心とした精神病理学の勉強が行われた．このころ頼藤和寛や大阪少年鑑別所勤務の岩堀（東大卒）が読書会に参加していた．岩堀はその後ユング研究所留学を経て，東京に戻った．

思春期外来開設16年目にあたる昭和56年から4年間の思春期外来の統計を見ると，受診数の多いものから順に，不登校，境界線症例，統合失調症，摂食障害，対人恐怖となっている．当時の児童精神医学領域では不登校が大きな問題となっていたことが外来患者の数に反映されている．また当時は摂食障害が増加傾向を保っていた時期でもあった．DSM-Ⅳが発表される前の時代であり，境界パーソナリティ障害の診断はまだ使用されておらず，神経症概念が用いられていた時期で，境界線症例や対人恐怖といった診断名が使用されていた．

時代とともに精神医学における青年期の重要性も増し，昭和61年の阪大精神科外来統計の中で，思春期の障害である不登校，摂食障害が上位に顔を出すようになってきた．

思春期外来創設後, 21年目の平成元年の時点で, 思春期外来のスタッフは14人, 週平均70名の青年期患者の治療を行っており, 年間受診者累計は2,000名を超えていた。当時は青年期外来が最も盛んな時期であった（専門外来の名称として「青年期外来」という名称も用いられるようになっていた）。山本晃, 豊永公司, 小土井直美, 館直彦, 横井公一, 水田一郎, 飯田信也, 廣常秀人, 岡達治, 佐藤寛, 小笠原將之, 故京嶋徹が青年期外来に参加し, 阪大病院精神科外来で午後3時ごろより青年期外来の診察を行った。

　当時は大学外の病院に勤務している医師も勉強のために大学に出張することが許されていたので, 若いドクターが精神病理を勉強するには恵まれた時代であった。その後, 社会全体に合理化, 効率化が叫ばれるようになり, 市中病院の経営も例外ではなくなった。勉強のためではあっても市中病院から大学に出張することが次第に難しくなり, 思春期外来は縮小を余儀なくされていった。

　思春期グループの主な発表の場は, 日本児童精神医学会（後に日本児童青年精神医学会），日本精神病理学会および日本精神神経学会であったが, やがて時代の要請もあって青年期精神医学交流会が始まり, 阪大思春期グループは積極的に参加した。青年期精神医学交流会は阪大思春期グループが母体となって生み出した青年期精神医学研究の全国的な組織であった。阪大思春期外来開設15周年記念に青年期の研究会の開催を呼びかけたことがきっかけとなって, 全国から多くの若い医師たちが集まり, 当時としては初めての全国的な青年期精神医学の発表の場となった。この会が恒常的に開催されるようになって青年期精神医学交流会が始まり, 清水將之が事務を引き受けて会の運営に当たった。当初は大阪, 名古屋, 東京の3都市の持ち回りで, 年1回開催された。

　思春期グループが青年期患者を対象としていたのに対して, 児童期患者を専門領域としていたのが阪大児童精神医学グループであった。活動の場は大学外の主要施設が主であった。三谷昭雄（大阪府立児童相談所），松本和雄（大阪府立公衆衛生研究所児童精神衛生課），武貞昌志（大阪市小児保健センター），さらに中宮病院併設の自閉症施設松心園（石神互, 大月則子, 岡本正子），知的障害を中心とする金剛コロニーなどが主な施設であった。その後服部祥子, 原田が主要なメンバーとして活動した。

　司法精神医学関連の施設にも病理グループの先生方が就任されている。家庭裁判所には坂本昭三, 北村栄一, 佐藤和歌, 以倉康充が赴任, 少年鑑別所には以倉康充, 車谷隆宏が赴任した。

日本精神病理学会と阪大精神病理研究室のかかわり

　日本精神病理学会の発展の歴史にも阪大精神病理研究室は大きく関与していった。医学部紛争で途絶えていた精神病理学研究の発表の場が昭和53年に精神病理懇話会として復活し, 清水將之はその中心メンバーの一人として, わが国における精神病理研究の発展に力を尽くした。阪大精神病理グループも昭和55年から辻悟を大会会長として, 宝塚市にて3年連続して精神病理懇話会を主催し, 精神病理懇話会の発展に寄与した。精神病理懇話会は, 昭和64年に, 日本精神病理学会へと移行したが, 学会組織への改組は清水の力に負うところが大であった。清水は, 昭和64年に学会としての最初の大会を自ら会長となって名古屋で開催した。その後日本精神病理学会は学会としての歴史を積み重ね, 世界でも他に類を見ない精神科医を中心とする精神病理学専門の学会として活動している。平成3年より事務局を阪大精神病理研究室に置き, 筆者が事務局長を担当し学会秘書の坂口いづみと学会運営を支えてきた。平成25年より, 小笠原將之が事務局長の任に当たって

いる。

児童青年精神医学領域の一つに「学校精神保健」がある。正常児の発達の観察，教育現場における精神障害の早期発見，児童青年期固有の精神衛生上の問題の把握，その対応などが主要なテーマとなっている。阪大思春期グループでは昭和43年より20年以上にわたって岬中学校において学校精神保健活動を行った。精神科医が教員と協力しながら生徒の精神保健を実践した。清水將之，北村陽英によって始められ，その後北村栄一，山本晃が引き継ぎ長年にわたって活動が継続され，貴重なデータが積み上げられた。毎月1回，担当者が学校へ出向き，学校の先生と協力して精神医学的な立場からガイダンスを行う先進的な試みであった。不登校，有機溶剤中毒，人格発達障害など学校精神保健の分野に貢献する多くのテーマが北村陽英を中心に発表された。その成果は北村の学位論文「思春期危機の継時的研究（昭和53年）」および著書「中学生の精神保健（日本評論社）」として結実した。

精神病理研究室の研究の歴史

精神病理研究室で一貫して取り上げられているテーマに摂食障害がある。藤本淳三はわが国の精神医学における摂食障害の臨床をリードし，「思春期やせ症」研究の第1人者として全国に知られていた。藤本以降摂食障害は病理グループの主要な研究テーマの一つとして引き継がれていった。昭和60年代に入り北村，井上は精力的に摂食障害の研究に取り組んだ。北村は思春期外来（22年間）の摂食障害患者216名について報告，井上は学位論文として「Anorexia Nervosaの臨床精神病理学的研究―発達論的視点による類型化の試み―」をまとめ，水田一郎は「Psychological characteristics of eating disorders as evidenced by the combined administration of questionnaires and two projective methods：the Tree Drawing Test (Baum Test) and the Sentence Completion Test」を学位論文としてまとめた。グループではキャスリンJ.ゼルベ著の『心が身体を裏切る時 増え続ける摂食障害と統合的治療アプローチ』（藤本淳三・井上洋一・水田一郎監訳，星和書店，1998年）を翻訳し出版した。小笠原は摂食障害研究を引き継ぎ，近畿摂食障害懇話会の世話役として活動を続けている。

精神病理学の主要な研究テーマの一つは統合失調症の精神病理である。山本晃はフッサールの現象学および精神分析学を基礎に，統合失調症研究を進め，大阪教育大学に赴任後は発達障害の研究も加えて，統合失調症への新たな視点からのアプローチを展開している。井上は単純型統合失調症，統合失調型パーソナリティ障害，統合失調症寛解過程の退行現象，自生思考例等研究報告を行った。

精神病理研究室は臨床心理士と協力して臨床活動を行ってきた。当初臨床心理士は福永知子一人であったが，武田雅俊教授によって心理士枠が広げられ4名の心理士が在籍し病棟と外来で臨床活動を行い，研究の成果は日本心理臨床学会，日本ロールシャッハ学会で発表している。平成23年，長年にわたって精神病理研究室を支えてこられた福永が退官し，川口裕子が後任として活動している。

精神病理研究室の歴史を一望するために，精神病理研究室歴代教員の主な研究テーマを表に挙げておきたい。

精神病理研究室の勉強会，学会発表，阪大主催の学術大会の運営等に多くの先生方が参加され，研究室の継続・発展に寄与され，またご自身の臨床・研究に研鑽を積まれた。多くの著書を著されたり，翻訳書を刊行されたり，大学に職を得て研究教育職に就いて活躍されている方も多い。本稿ではスペースの関係で一人ひとりのお名前と業績を記すことはできなかったが，最後に研究室に関与された先生方について一言

表 阪大精神病理研究室における歴代の研究

担当者	研究テーマ
辻 悟	治療精神医学，ロールシャッハ・テスト
清水將之	離人症，児童・青年期精神医学
北村陽英	学校精神保健，摂食障害，自殺
福永知子	ロールシャッハテスト，N式精神機能検査
井上洋一	摂食障害，統合失調症，ひきこもり，青年期心性
山本晃	統合失調症，不登校，発達障害
水田一郎	摂食障害，多重人格，解離性障害，不登校・ひきこもり
広常秀人	災害救急医療，心的外傷後ストレス障害（PTSD），発達障害
小笠原將之	精神療法，投影法，自殺，摂食障害
吾妻壮	精神分析，精神療法
大学院生	学位論文
補永栄子	Neuromagnetic oscillatory responses related to the mirror neuron system
小川朝夫	Low repetitive transcranial magnetic stimulation increases somatosensory high-frequency oscillations in humans

触れておきたい。

　精神病理学は臨床経験の記述およびその分析という手法で行われ，一見主観的な方法論に拠っているように見えるかもしれないが，細心の臨床実践およびその（関与しながらの）正確な記述に立脚しており，使用される概念は標準化されていると言うことができる。疾病論，症候論，治療論等について歴史的に積み重ねられてきた精神病理学的議論は，内外の多くの臨床家・研究者の思考と経験によって裏打ちされており，現時点で最も妥当性のある議論を常に模索している。過去の知見という土台の上に立って，精神分析理論，心理学，発達論，さらには方法論としての現象学などさまざまな手法を用い，近縁の学問との交流も行いながら，仮説を立て，実践臨床の中で検証を繰り返し臨床に還元してゆく学問である。精神病理学研究室の活動に参加された先生方は，それぞれご自身が関心をもっている疾患や病理の探求を目指し，研究テーマも個人個人で異なっているが，人の精神活動の不思議さへの強い関心と，人の精神活動への共感という共通項によって研究室は支えられており，研究室の活動に関与された先生方によってその伝統は継承されてきた。今後も精神医学の基礎学問として阪大精神病理研究室の伝統が継承されていくことを期待したい。

5 超音波ドプラ・神経心理研究室

● 近藤　秀樹，数井　裕光

超音波ドプラ研究の流れ

　金子仁郎教授は1949（昭和24）年に奈良県立医科大学発足とともに助教授となり，精神神経科教室の主任として教室を創設し，1953（昭和28）年12月に教授に昇任した．1955（昭和30）年ごろから金子教授は，設備も費用もかからず，また日本の精神医学で当時あまり研究されていない領域として，老年精神医学の研究を始めた．1956（昭和31）年8月に金子教授は阪大精神科教授として母校の教室に戻った．

　脳循環に関する研究として，金子教授は奈良医大時代にN_2O法による脳循環の研究を行いかけたが，患者に及ぼす負担と手数のかかる検査法であるため，より簡易な方法の開発をすすめ，最初は高周波交流による頭蓋内外のインピーダンスの変化をつかまえる方法の研究を行い，これは石井康雄（1950年，昭和25年卒，のち近畿中央病院神経科部長）の「頭部Rheographyの研究」としてまとめられた．

　工学畑である阪大産業科学研究所の里村茂夫教授は，最初超音波ドプラ法を生体内の動く物体の測定に応用しようと考えて，阪大第一内科の吉田教授，仁村博士らと一緒に心臓自体の動きや弁運動を測定しようとした．したがって超音波ドプラ法を医学に応用したのは，里村・吉田らが初めてである．

　里村教授は，心臓の動きのほかに，眼球の拍動や血管の拍動をも検査しようとしたのであるが，血管壁の運動を検査しているときに，偶然，血流によると思われるドプラ唸り音を聴取した．そしてこのドプラ唸り音が血流によるものであり，それを測定することによって末梢の血流状態や動脈硬化の程度を測定できることを阪大精神神経科の金子教授らの教室との共同研究で明らかにした．したがって，超音波ドプラ血流検査法の開発は里村・金子らによる．これは1960（昭和35）年のロンドンの国際ME学会に「Ultrasonic Blood Rheograph」として発表した．この血流検査法は数年後，電磁流量計に劣らぬ正確な方法であることが，アメリカの循環器学者のRushmerらにより追試確認され，現在非侵襲的血流検査法として世界的に用いられるようになった．

　邦文論文としては「金子仁郎，小牟田清博，小谷八郎，里村茂夫：超音波血流検査法の研究．脳と神経 12：921-935，1960」，学位論文としては「小谷八郎：超音波法による末梢循環の研究―脳循環の特異性及び動脈硬化診断への応用．大阪大学医学雑誌 11：4319-4327，1959」，「中川格一：超音波血流検査法の基礎的ならびに臨床的研究．大阪大学医学雑誌 12：1495-1503，1960」がある．

　金子教授らがドプラ血流検査法の開発に取り組んだのは，老人の認知症のうち，アルツハイマー型認知症と脳血管性認知症との鑑別診断を

するために，非侵襲的な血流検査法を探求したものであり，初期の里村教授との共同開発以降は主に脳循環の測定あるいは脳血管障害の診断に研究の主力が注がれた．

里村教授は1960（昭和35）年に40歳になるか，ならないかの若さで急逝された．その後，昭和29年卒業の白石純三阪大健康体育部教授が，第一生理学教室で学位を取得した後，昭和33年に精神科の金子教授のもとに移り，昭和36年卒業の大溝春雄とともに，阪大産業科学研究所音響科学部の加藤金正教授らのグループと共同研究することとなった．

初期のドプラ血流検査に関する英文論文
1) Kaneko Z：First steps in the development of the Doppler flowmeter. Ultrasound in Med. & Biol 12 (3)：187-195, 1986
2) Satomura S, Kaneko Z：Ultrasonic blood rheograph. Proceeding of the 3rd International Conference on. Medical Electronics, London, pp 254-258, 1960
3) Kaneko Z, Kotani H, Komuta K, Satomura S：Studies on peripheral circulation by "Ultrasonic Blood-Rheograph" Japanese Circulation Journal 25：203-213, 1961
4) Kato K, Kido Y, Motomiya M, Kaneko Z, Kotani H：On the mechanism of generation of detected sound in ultrasonic flow meter. Memoirs of the Institute of Scientific and Industrial Research Osaka University XIX：51-57, 1962
5) Kaneko Z, Shiraishi J, Omizo H, Kato K, Motomiya M, Izumi T, Okumura T：An analyzing method of ultrasonic blood-rheograph withsonagraph. Digest of the 6th International Conference on Medical Electronics and Biological Engineering, Tokyo, pp 286-287, 1965
6) Kato K, Motomiya M, Izumi T, Kaneko Z, Shiraishi J, Omizo H, Nakano S：Linearity of readings on ultrasonic flow meter. Digest of the 6th International Conference on Medical Electronics and Biological Engineering, Tokyo, pp 284-285, 1965
7) Kaneko Z, Shiraishi J, Omizo H, Inaoka H, Ueshima T：Frequency-intensity analysis of ultrasonic blood-rheograph analyzed with Medical Ultrasonics, 4：49, 1966
8) Kaneko Z, Shiraishi J, Omizo H, Kato K, Motomiya M, Izumi T, Okumura T：Analysing blood flow with a sonagraph. Ultrasonics 4：22-23, 1966

その後，白石教授の超音波グループに昭和39年卒の稲岡長，上島哲男，昭和41年卒の奥田純一郎，昭和42年卒の関山正彦，昭和44年卒の石川洋蔵，昭和45年卒の金田平夫，昭和48年卒の近藤秀樹，昭和49年卒の門田永治，昭和50年卒の槇永剛一，昭和52年卒の田邉敬貴，昭和54年卒の西川隆，吉田連，谷口典男，昭和55年卒の上間武などが加入した．

主要な邦文論文
1) 金子仁郎，白石純三，大溝春雄：超音波による血流検査法　日本臨牀 21：2239-2246, 1963
2) 金子仁郎，白石純三，大溝春雄，稲岡　長，上島哲男：ソナグラフ表示による超音波血流検査法の臨床的応用―脳循環を中心として―．脳と神経 17：1237-1245, 1965
3) 白石純三：末梢循環障害のドップラー法による検査．診療 19：468-475, 1966
4) 金子仁郎，白石純三，大溝春雄，稲岡　長，上島哲男，加藤金正，泉水朝見：超音波誘導による脈管穿刺法―原理，装置および基礎実験―．日超医論文集 12：31-32, 1967
5) 金子仁郎，白石純三，大溝春雄，稲岡　長，上島哲男，吉田静雄，角丸真嗣：血流検出法・血管探知法―超音波血流検査法の一応用―．日超医論文集 13：13-14, 1968
6) 金子仁郎，白石純三，上島哲男：塩酸イソクスプリンの脳循環に及ぼす影響―超音波血流検査法を用いて―．診療 21：453-459, 1968
7) 金子仁郎，白石純三，稲岡　長，古川唯幸：血管性頭痛の頭部循環動態．脈管学，9：233-240, 1969

主要な学位論文
1) 大溝春雄：超音波血流検査法の基礎的研究ならびに方法論の発展．大阪大学医学雑誌 22：581-596, 1970
2) 稲岡　長：超音波ドプラ法による脳血管障害の局所診断．大阪大学医学雑誌 30：223-239, 1978
3) 関山正彦：超音波ドプラ法の周波数―強度分析による脳血管障害の診断．大阪大学医学雑誌 30：211-221, 1978
4) 奥田純一郎：加令および脳血管障害における内頸・椎骨動脈流速脈波パターンの分析―超音波ドプラ法による―．大阪大学医学雑誌 30：367-384, 1978
5) 金田平夫：内頸動脈閉塞性疾患における眼動脈側副血行に関する研究―超音波ドプラ血流検査による―．大阪大学医学雑誌 36：215-236, 1985

1980（昭和55）年ごろから白石教授と稲岡のコンビが疎遠となり，1981（昭和56）年に白石教授が新しく発足した阪大健康体育部健康医学第3部門（精神衛生学）を主宰することとなり，奥田，田邉が白石と行動を共にし，稲岡の側には近藤が付くことになった．稲岡のもとに昭

56年卒の松村喜志雄，服部英幸，藤田幸子が参加した。昭和57年に稲岡が大阪第二警察病院部長に転出され，近藤が阪大精神科の助手になった。その後，昭和57年卒の大下修一，昭和58年卒の明石恵司，古河辰之，昭和59年卒の河辺太郎，越智直哉，昭和61年卒の角達彦，昭和62年卒の梅田（森岡）千佳子，平成元年卒の鄭庸勝らが超音波グループに関係してくれた。研究内容は，内頚動脈と椎骨動脈の流速脈波と年齢，疾患，症状との相関について，林電気(株)との共同研究である持続的左右内頚及び椎骨動脈血流同時連続測定法による各種負荷に関する血流変化などであった。また，稲岡がデンマークで著者のAnne-Lise Christennsennと約束したLuria's Neuropsychological Investigationの邦訳出版を槇永，谷口らの助けを得て，1988年にルリア神経心理学的検査法として，医歯薬出版から出版した。

超音波グループは近藤が平成5年に大阪逓信病院に転任して消滅することになるが，梅田千佳子が喫煙による脳血流の変化を論文にして，武田教授のもとで学位を取得されたことと，平成4年に槇永が「Makinaga G: Continuous and simultaneous ultrasound Doppler velocimetry of the internal carotid and vertebral arteries: preliminary observations of cerebral blood flow changes with common carotid compression. Uitrasound in Medicine and Biology 18:637-643, 1992」を発表されたことが最後の輝きであった。

神経心理学的研究の流れ

大阪大学精神医学教室での神経心理学的研究の歴史は阪大精神科の120年の歴史の中では比較的浅い。田邉敬貴が神経心理学に興味を持ち，当時京都大学精神医学教室教授であった大橋博司の元に勉強に行ったころからと考えられる。その後，田邉敬貴はスイスのローザンヌに留学するが，彼が帰国し，近藤が退官してから本格的に神経心理学を研究する研究室となった。神経心理研究室としての最初の大学院生は伊藤皇一で，田邉敬貴と一緒によく行動したと聞いている。その後輩に池尻義隆がおり，中川賀嗣，池田学，数井裕光，橋本衛，山田典史と続く。このころは国内留学生として京都大学人間環境学講座より江口洋子，高知医科大学より永野啓輔が来て，神経心理研究室で共に勉強していた。田邉敬貴が愛媛大学精神医学教室に教授として栄転した後は西川隆が研究室長となり，和田裕子，安野史彦，徳永博正，八田直己，正木慶大，ドロンベコフ・タラントと大学院生が続く。その後，研究室長は池尻義隆，さらには数井裕光と続き，その間の大学院生は，荻野淳，三好紀子，木村修代，久保嘉彦，吉田哲彦，木藤友実子，高屋雅彦，和田民樹，杉山博通，山本大介，野村慶子，清水芳郎，鐘本英輝である。

現在，神経心理研究室では，高次脳機能に関する専門的な知識を生かした診療と研究を行っている。神経心理専門外来は月曜日と水曜日の午後に開設しており，高次脳機能の診察，評価を行っている。また火・水・木曜日に認知症を含む高次脳機能障害患者のための初診予約枠を作り，初診患者の診療を行っている。これらの外来には当院脳外科，救命救急センターなどから紹介される脳損傷患者や，地域の医療機関から紹介される器質性精神疾患患者や認知症患者が多数受診し，症状評価，診断，治療を行っている。神経心理専門外来を受診した症例の臨床データ，神経画像データはすべてデータベースに集積され，臨床研究に利用されている。病棟診療においては，若い医師の育成および臨床データの精度の向上を目的として，金曜日の本回診の前に神経心理回診を行っている。また毎週水曜日の夕方から，神経心理外来受診患者と入院患者の症例カンファレンスを行っている。平成25年9月現在の学内の構成員は，講師の数井裕光，助教の吉山顕次，医員の吉田哲彦で

ある。

神経心理学的研究

1. 症例研究

一般的に神経心理研究においては, 脳損傷患者に対して臨床評価を行い欠損症状や陽性症状を明らかにする。一方で, 剖検や神経画像検査などを行い, 損傷部分を同定する。そして両者の関係を検討し, 認知機能をはじめとする精神活動の脳内メカニズムを明らかにする。例えば, 一過性全健忘患者 (TGA) の発作中と発作後にエピソード記憶, 手続き記憶, プライミング検査を行う一方で, 発作中, 発作後に脳血流SPECT検査を施行した我々の研究では, TGA発作中にのみエピソード記憶障害と側頭葉内側部を中心とした血流低下を呈していた。しかしTGA発作中には手続き記憶やプライミングは障害されていなかった。この結果より側頭葉内側部はエピソード記憶の獲得には重要であるが, 手続き記憶, プライミングの獲得には重要な役割は果たしていないことが明らかになった。またTGA発作中と発作後に逆向健忘を評価できた症例では, 発作中に過去数年間のみの逆向健忘を呈していたことから, 側頭葉内側部は過去の出来事の中でも, 比較的最近のものに限って想起に関与することが推測された。また意味認知症に対する一連の研究により, 左優位の両側側頭葉前方部が言葉の意味記憶の成立に, 右側頭葉前方部が相貌を中心とした視覚情報の意味記憶の成立に重要であることも明らかにした。さらにデータベースに集積された多数例のデータを使った精神行動障害の脳内メカニズムの解明研究も行っている。例えば, アルツハイマー病患者で認められるさまざまな妄想が4つのグループに分けられ, それぞれが異なる脳内基盤を有することを脳血流SPECTを利用した研究で明らかにした。また脳波睡眠研究室, 核医学講座と共同で行っているレビー小体病の睡眠障害と幻視の関係, これらの脳内基盤を高分解能PETで明らかにする研究も行っている。

2. 電気刺激マッピング研究

直接脳に電極を設置し, 何らかの精神活動を行っている最中にこの電極に電流を流し, 脳細胞を刺激することによって一時的に神経細胞の機能を停止させる電気刺激マッピング研究を当院脳外科と共同で行っている。この手法によって通常の脳損傷患者や脳賦活研究では得られない細部の脳機能局在を知ることができる。初期のころは, 脳腫瘍が言語野などの重要な領域に隣接している患者に対して, 術後のQOLを保ちつつ, 切除範囲を最大にするために行われた。このような患者に対する電気刺激マッピング検査の結果から, 脳内の言語地図に関する新しい知見が得られた。例えば, 当時, 関心が持たれていたアナルトリーの責任部位について, アナルトリーは中心前回の下部の障害で生じ, ブローカ野の障害では生じないことを明らかにした。その後, 難治性てんかん患者の焦点切除術の術前評価にもこの検査を施行している。そしてこのデータは, 記憶の脳内メカニズムの解明に役立った。すなわち左側頭葉内側部が焦点と考えられる難治性てんかん患者に記銘・即時再生をさせるが, その課題中のさまざまなタイミングで左嗅内野, 嗅周囲野を電気刺激した。この検査によって, これらの領域が即時再生には関与しないこと, 嗅周囲野が記憶と関係すること, 記銘と想起が同じ領域でなされている可能性があることなどが明らかになった。また虚再認は嗅周囲野の障害で出現しやすいことも明らかになった。さらに最近は, 皮質だけでなく, 白質線維に対する電気刺激も行っている。例えば, 前頭葉と側頭葉を結ぶ鉤状束を呼称課題施行中に電気刺激した検査の結果より, 鉤状束が単語の想起にかかわるさまざまな機能に関連することを明らかにした。

3. 脳賦活研究

精神活動を行っている最中の脳の活動を

PETやMRIなどで画像化することにより脳機能局在を調べる研究手法を脳賦活研究と呼ぶ。我々の研究室では，この手法を用いた研究も行ってきた。日本語には表意文字である漢字と表音文字である仮名の2種類がある。2種類の文字を有する言語は世界的にも珍しく，両文字の操作を支える脳内基盤が異なるのか否かは，世界的に注目されたテーマであった。我々はPETを用いた健常被験者に対する賦活研究で，漢字書字には優位半球の下側頭回後方部が重要で，仮名書字には優位半球の角回が重要であるというように両者の脳内基盤が異なること，また漢字のほうが脳の広範な領域の活動を必要とすることを明らかにした。またこの手法を精神疾患の症状発現のメカニズムの解明にも応用した。外傷後ストレス障害（PTSD）患者で認められる外傷体験のフラッシュバック症状の脳内基盤の解明のために，まず恐怖の条件付けの脳内基盤を健常者で研究した。PTSDのこの症状が恐怖の条件付けと関連すると考えられるからであるが，条件付けがなされる前後で同じ刺激を受容しているときの脳活動を比較したところ，条件付け後に右扁桃体，左後部帯状回の活動が高まることが明らかになった。そしてこの活動亢進がPTSD症状の出現と関連している可能性を指摘した。さらに実際の精神疾患患者にも脳賦活検査を適用したこともある。すなわち，解離性健忘患者に対して，障害されている記憶を評価している最中にPETで脳内活動を評価し，解離性健忘の病態基盤に迫った。PETの結果から，解離性健忘患者が情報を想起しようとしているときには，右半球の扁桃体を含む側頭葉前方部が過剰に活動していたが海馬の活動は認められなかった。しかし症状の回復期には扁桃体の過剰な活動が軽減し，右海馬の活動が回復していた。この結果より辺縁系のアンバランス，扁桃体過剰活動に伴う海馬の活動の抑制が解離性健忘の症状発現に関与している可能性があると考えた。

4．特発性正常圧水頭症研究

特発性正常圧水頭症（iNPH）研究に我々が関与するようになったきっかけは，日本正常圧水頭症研究会主導でiNPH診療ガイドラインを作成する際に，認知機能に詳しい委員が必要となり，数井裕光が誘われたことによる。そこでまず我々はiNPH診療ガイドライン作成に参画し，これを2004年に出版した。このガイドライン作成の過程で，本疾患に関するエビデンスが非常に少ないことが明らかになり，我が国でシャント術の成績を明らかにするための多施設共同研究（SINPHONI）を行うことになった。このSINPHONIのプロトコル作成委員にも我々は加わり，かつ，この研究で必要となるiNPHの3徴の重症度分類iNPHグレーディングスケール（iNPHGS）を作成し，標準化した。このiNPHGSは，我が国のiNPH診療ガイドラインにも記載され，現在ではiNPHの日常診療に広く用いられている。SINPHONIは成功し，脳室拡大に加えて高位円蓋部の狭小化を有するiNPH患者では80％の割合でシャント術が有効であることが明らかになった。その後iNPH診療ガイドライン第2版の作成，および現在，腰部クモ膜下腔腹腔シャント術による治療成績を明らかにするために行われているSINPHONI2（数井が内科系副主任研究者）にも参画している。

SINPHONI，SINPHONI2と並行して研究室独自のiNPHの認知機能障害に関する研究，および病態解明研究も行っている。例えば，iNPHではADよりも，精神運動速度，作動記憶が低下するが，記憶，見当識は障害されにくいことを報告した。また近年，iNPHの歩行障害と認知障害は，伴に拡大した脳室による周囲の組織への圧迫による白質線維の障害によって生じている可能性が報告されているが，我々はそれに先だって，iNPHの特徴的な前頭葉性の認知障害の重症度と歩行障害の重症度とが相関することを明らかにしていた。またiNPHの病態解明研究に関しては，明らかな臨床症状を呈する

iNPH例とごく軽微の症状しか認めないiNPH例との間で脳血流低下の程度に差がないことを示し，その結果から，iNPHの臨床症状の出現と全般性の脳血流低下との間には直接的な関係がないことを明らかにした。さらに共同研究者が新たに開発したクモ膜下腔容積の自動測定ソフトを利用して，患者の脳変形の程度を数値化し，この脳変形の程度とシャント術後の3徴の改善の程度との関連を検討した。その結果，術前の脳変形が軽度なiNPH患者ほど術後の改善の幅が大きいことが明らかになった。さらに術後の脳の変形の回復が大きい患者ほど，術前の臨床症状が軽度であったことも明らかになり，iNPH患者では脳変形によって臨床症状の出現を抑制している可能性が考えられた。

認知障害はiNPHの3徴の中で最も治りにくい症状である。今後，iNPHをよりよく治すために，老年精神科医がこの疾患の病態解明，治療法の開発研究に参加する必要がある。2014（平成26）年2月1日に大阪大学精神科で担当する第15回日本正常圧水頭症学会が，その契機になればと思っている。

5．認知症地域連携システム構築研究

認知症の外来診療を継続的に行っていると，認知症患者数がどんどん増えてくる。しかし地域には認知症を診療できる医師は多くないため紹介もできない。また介護者教育と介護者支援が重要であるが，これも十分でない。そこで認知症患者の通常診療をする開業医や家族介護者を支援しつつ，患者にかかわる多くの人が円滑に連携できる認知症地域連携システムの構築が必要だと感じていた。そのようなときに，機会があり2009～2011（平成21～23）年度に厚生労働科学研究費補助金「認知症の行動心理症状に対する原因疾患別の治療マニュアルと連携クリニカルパス作成に関する研究」を行い，その中で認知症地域連携システムを構築した。和風会の浅香山病院（田伏薫，釜江和恵），さわ病院（澤温），松籟荘病院（紙野晃人，貴田智之），東加古川病院（当時，正木慶大），為永温泉病院（八田直己），大阪府立大学（西川隆）なども研究に参画した。

この研究では，BPSD治療・ケアの現状，医療とケアの連携における問題点を明らかにするために，まず2009（平成21）年に大阪府下の530の介護施設，家族介護者243名，かかりつけ医55名に対してアンケート調査を行った。その結果，家族が対処困難と感じるBPSDは，不眠，妄想，徘徊の順であること，介護職員では暴力，妄想，排泄障害の順，かかりつけ医では妄想，不眠，興奮の順であることが明らかになった。またこれらの症状に困ったときに入院治療をさせるべきBPSDか否かの目安の作成を多くの人が希望していた。また数多く出版されている認知症患者に対するケアマニュアル本を使っている人は，家族介護者の26%，介護職員の30%，かかりつけ医の7%と非常に少数であることも明らかになった。その理由としては，情報量が多すぎて自分の担当している患者に有用な情報が見つからないからという声が多かった。また私達が作成を想定していた「連携ファイル」のコンセプト，すなわち「患者ごとに作成し，患者が医療，介護を受けるときに家族が常に携帯し，患者のBPSDの内容，行った治療や介護などを記入し合ったり，質問，回答しあったりして情報を共有するための小冊子。患者の生活状況や病歴などの基礎情報もまとめる」を提示したところ，多くの人の賛同を得た。

以上の調査結果を受けて，精神科専門病院で入院治療を行うべきBPSDの基準の作成を試みた。認知症専門病院4施設にBPSD治療目的で入院した連続176例の認知症患者の入院時のBPSDの内訳とその程度をNPIで評価したところ，入院の原因となりやすい症状は妄想，睡眠障害，興奮，異常行動であった。そしてそれぞれ，NPIの妄想スコアが6点以上，睡眠障害スコアが6点以上，興奮スコアと異常行動スコアが8点以上で入院となりやすいことがわか

り，これらを入院基準にできると考えられた．また入院後も経時的にNPIで評価したところ，NPIスコアは入院1週間後に速やかに低下し，1ヵ月後には退院時と同等まで低下することが明らかになった．すなわちBPSDの観点だけならば，1ヵ月の入院で退院可能であることが明らかになった．

また家族介護者，ケア職員，かかりつけ医などの認知症の診療とケアにかかわる非専門家が，BPSDに対して適切な対応をとれるように対応法，治療法を疾患別，重症度別に整理したガイドブックを作成した．すなわち，総論，アルツハイマー病（初期，中期，後期），レビー小体病（初期，中期，後期），血管性認知症，前頭側頭型認知症（初期・中期，後期）の合計10冊である．2012（平成24）年には，全10種類を一冊にまとめ，「認知症　知って安心！　症状別対応ガイド」として出版した．

さらに家族介護者，介護職員，かかりつけ医，専門医などの間の情報共有ツールとして連携ファイルを作成した．この連携ファイルを「つながりノート・みまもりノート」に改訂し，神経心理研究室のホームページで広く公開している．そして上記の疾患別・重症度別ガイドブックと連携ファイルを利用した地域連携システムを構築し，2011（平成23）年2月より6ヵ月間，大阪府北摂地域で在宅生活をしている認知症患者58例に使用して有用性を検討した．さまざまなデータを介入前後で比較したところ，患者にかかわる多くの人の間で連携が改善し，家族介護者の認知症と介護方法に関する知識が増加し，介護者の介護負担も軽減し，患者の精神症状の一部が改善した．この結果を受けて，2013（平成25）年2月1日より人口16万人の兵庫県川西市と猪名川町において全市町で連携ファイルを使用した認知症地域連携システムを導入することになり，我々もそのサポートを行っている．

我々のこれまでの研究活動を振り返ったが，今後も，高次脳機能障害の知識を生かし，かつ世の中に役に立つ活動を継続していくつもりである．

6 行動療法グループ

● 中尾　和久

グループ創設期（1960年代）

　行動療法グループの歴史は1960年代の高石昇先生（日医大1954年卒）の活動に始まる。当時，心理系の精神科医として石橋分院には辻悟先生や藤井久和先生がおり，精神病理，ロールシャッハ研究，独自の治療論等，精力的に活動をしていた。こうした中，高石先生は金子仁郎教授のもと，中之島の本院において臨床や研究を始めた。出発点で総合病院の外来患者を主な対象としたことが，その後の行動療法グループの性格を少なからず規定している。

　当初は，金子教授から精神分析のテキストの翻訳を依頼されたとのことである。しかし，非常に難解な内容であったことも手伝い，翻訳の話は頓挫した。

　並行して，高石先生は催眠療法を用いて臨床研究を進めた。中之島の旧病院（先々代の病院）の地下にワンウェイ・ミラーの部屋があり，そこで患者に催眠を実施し，一緒に活動していた保坂正昭（阪大1961年卒），保坂（旧姓樋口）景子（大阪医大1961年卒），関山守洋（阪大1961年卒）らの先生方とともに，患者の反応を子細に観察した。

　こうして催眠療法を中心とした心理療法を実践していた高石先生は，1964年にオレゴン州立大に留学する。

　当時の米国の大学精神医学は，アイオワ大やセントルイスのワシントン大など後にDSM-Ⅲの源流となる学派を除いて，精神分析的精神医学が主流であった。そんな中，オレゴン州立大ではSaslow Gが，提唱されて間もない行動療法を用いて臨床活動を行っていた。Saslowはハーバード大で医師資格を，ニューヨーク大で生理学の博士号を得て，ワシントン大で10数年間活動した後，オレゴン州立大に移り精神科を主宰した精神科医である。

　もっとも，彼の地での行動療法は，患者の意向や心理を等閑視した，非常にシンプルな教示と訓練からなる治療法のように高石先生の目には映った。後に日本における行動療法のパイオニアの一人となるが，高石先生は当初から，（狭義の）行動療法の長所も短所も踏まえたうえで行動療法にかかわってきたのである。

　オレゴンでの留学中，こうした，行動療法に対する疑問を率直にSaslowにぶつけたところ，「君の言うのはエリクソニアン・アプローチだ」と言って手渡されたのがMilton Ericksonの論文であった。こうして，行動療法グループは催眠療法を起点に，行動療法を取り入れ，Ericksonを知ることからスタートする。

　高石先生は留学中，実際にフェニックスのEricksonを訪ね，直接教えを受ける。そして帰国後は講師に昇任し，程なく大学を離れ，その後1969年に開業する。Haley Jによるエリクソニアン・アプローチの書「Strategies of Psychotherapy, 1963」は先生の手により翻訳され「心理療法の秘訣，1973」，「戦略的心理療法，2000」として蘇る[1]。

高石先生は開業後も，活発に研究成果を発表してきた（研究テーマは①～⑥に大別される）。
① 行動療法の発展（「行動療法の臨床的諸問題──系統的脱感作を中心として──，1976」「神経症，心身症の行動療法，1977」「行動療法の発展──精神医学の立場から──，1981」「不安拮抗反応の比較研究：自律訓練法と漸進的弛緩法，1981」「行動療法とセルフコントロール──精神医学の対場から──，1984」「うつ症候群への行動療法的接近（その1）──行動計画法の試行──，1988」「系統的脱感作療法により極めて短期間に全治した高所恐怖症の一例，1997」）
② 心理療法の統合（「行動療法と心理療法統合，1997」「The effect of hypnosis through comparative study on covert desensitization with and without hypnosis, 2000」）
③ 心理療法の適応や鑑別治療学
④ 催眠療法の発展
⑤ 皮膚科心身症の研究
⑥ MMPIやMAS（Manifest Anxiety Scale）など，自己記入式心理検査の日本での開発

1983年にはアルバート・アインシュタイン大学に留学され，それを機縁に，竹友安彦先生が数年間にわたり，毎年帰阪されることとなる。

心身医学，東洋医学との邂逅（1970年代）

高石先生の留学中，当時まだ学生であった日野頌三先生（阪大1967年卒）が心身医学について学ぼうと金子教授に相談に行ったところ，「高石先生が帰国するのを待つように」と言われた。こうして行動療法グループにかかわりを持った日野先生は，既に武庫川病院（現兵庫医大）に勤務していた保坂正昭先生（阪大1961年卒），中宮病院（現大阪府立精神医療センター）に奉職していた南諭先生（阪大1963年卒）らに交じって，抄読会で学習理論について勉強を始めた。そして，1973年にグループとしては久しぶりの常勤として大学に籍を置くこととなった。

大学で日野先生は，西村健先生，播口之朗先生のおられる生化研に席をお借りしていた。西村先生も日野先生も「夜型人間」で，「西村先生から夜遅くまで，臨床についていろいろなお話を聞かせていただき，それが後々たいへん役立った」という。

当時の臨床研究の一つに，「同性愛患者の嫌悪療法による治療」というものがある。同性愛の青年が女性と結婚しなくてはいけない状況になり，同性愛を治したいと治療に訪れたのである。

この訴えに，行動療法による治療として，男性写真の提示と電気ショックを連合させる治療を思いついた。男性に対して嫌悪を条件づけようというものである。

そこで，男性同性愛者の写真を多数用意し，電気ショックの機械も準備した。男性同性愛者の写真をスライドにする際は，当時病院内にあった日本事務サービスの人に怪訝な顔をされたり，実際の治療セッションの際は，バックグラウンド・ミュージック（BGM）として流した音楽がうるさいと隣の研究室（他科）から文句を言われたりと，いろいろ苦労しながらの治療であった。

しかし結果は失敗に終わった。青年の同性愛傾向は変わらず，それどころか，青年は電気ショックが好きになった，というオチまでついている。他にも数例同様の治療が行われたが，いずれも治療は奏功しなかった。自我親和的な行動の変容は難しい。

日野先生はまた，高石先生，皮膚科の奥村先生と共同で，皮膚科心身症について研究した。皮膚は精神的影響が目に見える形であらわれる部位であり，自律訓練法による治療効果をみるのに好都合であった。

自律訓練法は神経症患者に多数適用され，自

家薬籠中のものとなっていた。自律訓練法を系統的脱感作と組み合わせることもなされた。また，自律訓練法は喘息患者にも応用された。

神経症患者を多数診ていた日野先生は，神経症患者の予後調査にも着手した。しかし，当時の診断やカルテ記載の習慣はこうした調査に不向きで，調査は難渋し，結局完了しなかった。

この時期は，阪大の保健管理センターに所属する辻本太郎先生（鳥取大 1970 年卒）もグループに加わる。辻本先生は，漢方薬，鍼などの東洋的治療に造詣が深いが，そもそもは，鍼治療の作用メカニズムを生理学教室の山口先生と協力して探求しようとしたのが発端，とのことである。

鍼治療にはさまざまな効果があるとされるが，当時は，その効果を測る適切な指標がなかった。そこで，まずは痛みに着目し，麻酔科医と共同で，鍼による知覚麻痺と心理的特性（状況の変化や刺激に対する感受性や柔軟性）との関連を研究した。また，日野先生とともに，鍼麻酔による手術も見学した。

大海作夫先生（阪大 1956 年卒）も一時期，勉強会に参加していた。大海先生は筋・骨格系心身症について催眠，バイオフィードバック，筋電図など，さまざまな角度から臨床研究を行った。その研究は，後に田中則夫先生に引き継がれることになる。

時代は心身医学が興隆を迎える時期で，自律訓練法，交流分析，バイオフィードバックなどの臨床応用が行われた。

心理療法百花繚乱期（1970 年代後半〜1980 年代）

1970 年代後半から，野田俊作（阪大 1972 年卒），頼藤和寛（阪大 1972 年卒）両先生が勉強会に参加するようになる。2 人は住吉高校の同窓で（ただし，大学入学まで交流はなかったとのこと），卒後，野田は内科，頼藤先生は麻酔科，外科を経ての入局であった。2 人とも博識で，機知に富み，才気煥発。野田先生にはカリスマ性があり，頼藤先生には知性の人らしい認識の美学があった。アサーティブな野田先生とニヒリスティックな頼藤先生。勉強会は，毎回知的に興奮するスペクタクルのようであったという。

1979 年に日野先生が大学を離れることとなり（後に病院を開設される），野田先生の推挙もあり，頼藤先生が助手として大学に戻る。この時期，阪大病院で研修をした精神科医は，何らかの影響を頼藤先生から受けたのではないだろうか。

頼藤先生については別稿でも触れるが，講演でも著作でも，ユーモアに溢れエスプリの効いた独特の「頼藤節」は多くの人を魅了した。この時代の頼藤先生の代表作は「自我の狂宴」[2]（1986）であろう。

頼藤先生は，一流一派を立てて特定の心理療法に邁進するのではなく，皆が持ち寄るあらゆる治療法を取り入れ，換骨奪胎して自身の臨床の中に生かしていた。心理療法は武芸同様，口伝により継承されるというお考えであるが，初心者向けには「心理療法の基本」という覚え書きがある。

「心理療法の基本」は，如何に患者を動機づけ，転移・逆転移にふりまわされず，抵抗に対処し，患者に応じた治療的指示を与えるか，についての心得である。患者の症状反応は「破綻型」と「亜適応型（強化型）」に大別されている。

頼藤先生の学位論文は「神経症の非症状特性による類型化」（1986）というテーマで，行動療法グループ内での仕事としては，実に高石先生以来約 20 年ぶりの学位授与であった。以後，行動療法グループでは，心理療法を専門にしつつも，多変量解析を用いた実証的な（経験科学的 エンピリカル な）研究を行うようになる。

一方，野田先生のおかげで，行動療法グループにとってアドラー心理学が身近なものとなる。野田先生経由で知るアドラー心理学は「オ

ルタナティブ・ウェイ，1987」[3]，無意識を信頼し，実践的で，「常識的かつ非常識」。ある意味エリクソン流で，行動療法グループと相性の良いものであった。

理論的にも全体論，目的論，対人関係論など，臨床家に適した特徴を持つアドラー心理学であるが，それ以上に，アドラー派の治療実践の圧倒的な迫力（例えば，滅裂を呈する統合失調症患者を，セッション中にコミュニケーション可能な状態にする）を，野田先生は1982年にシカゴのアルフレッド・アドラー研究所に留学して，目の当たりにする。そして帰国後は，日本アドラー学会を設立し，日本におけるアドラー派の発展に尽力する。

野田先生はボディワークや瞑想にも精通しており，また，グループ療法も得意で，神経症（的生き方）だけでなく，不登校・引きこもりから子育てまで，幅広い臨床活動を精力的に，主として非医療セッティングで行ってきた。一方で，家庭内暴力に対する少量の抗精神病薬や抗てんかん薬の効果を早くから報告するなど，精神科医としての臨床研究もある「家庭内暴力の薬物療法，1983」。

福田俊一先生（阪大1975年卒）は，行動療法グループの勉強会に参加した当初は，ゲシュタルト・セラピーや感受性訓練などの意識変容・体験的治療に興味を持っていた。しかし，次第に家族療法に惹かれ，フィラデルフィア児童相談所のMinuchin Sのもとで構造派の家族療法を学び，帰国後は家族療法を中心とした心理療法センターを開設する。

家族療法は，対人的な刺激―反応の連鎖として各人の言動を捉えるところが行動療法と共通している。また，症状処方や肯定的意味づけなど，さまざまな逆説的技法がちりばめられているところが行動療法グループの気風に合致した。グループ内では構造派に加えてミラノ派やHaleyとMadanes夫妻（後に離婚）の戦略派，MRI（Mental Research Institute）の理論と技法も吟味された。もっとも，「生兵法は大怪我のもと」も忘れなかった。

榎本良広先生（広大1975年卒）は精神病理と心理療法の両方に造詣が深く，個性の強いメンバーの中で，いつも穏当でバランスのとれたコメントを発した。外連味のない信頼のおける先生で，長年，浅香山病院に勤務され，精神病も神経症も，入院も外来も，身体療法も精神療法も，自在にこなした。

田中則夫先生（阪大1977年卒）は筋・骨格系心身症の臨床研究を行うとともに，頼藤先生同様，統計解析を武器にして，データ分析に取り組んだ。その一つに，臨床的視点から社会生活適応訓練事業（職親制度）を取り上げ，統合失調症患者の社会復帰について検討した研究がある「「職親制度」から見た社会復帰，1986」。

こうした中，1980年代後半に竹友安彦先生が毎年帰阪して，和風会の同門に精神分析の指導をされることとなる。そこで行動療法グループでも，筆者を含め精神分析に抵抗のない者数名が教育分析を受け，自由連想法や精神分析技法の習得に努めた。

このように，各自がさまざまな方面に自由に興味と関心を広げ，それをグループに持ち寄る，という形が定着し，勉強会は半ば自嘲的に「サロン」と形容された。勉強会には平野（旧姓林）美紀（北大1978年卒），柳尚夫（愛媛大1981年卒），中尾和久（阪大1983年卒）らの精神科医や医系技官，家族療法やブリーフ・セラピーの名手で臨床心理の東豊などが加わった。

行動療法研究室という名称が使われだしたのはこの時期からで，それまでは高石グループ，催眠グループ，自律訓練グループなど，さまざまな呼び方をされていた。もっとも，行動療法研究室と呼ばれるようになっても，関心は行動療法にとどまらず，さまざまな技法をいかに戦略的に用いるかや，治療的逆説（パラドックス）にあった。

認知を扱う重要性には早くから気づいており，それはまさしく高石昇先生譲りであった。

図1 心理行動療法研究室（1989年ごろ）
前列左から野田俊作，頼藤和寛，平野美紀，高石昇，辻本太郎，榎本良広，後列左から福田俊一，日野頌三，中川晶，中尾和久，田中則夫．

したがって，認知療法と行動療法のハイブリッド化自体はグループとしては当然の成り行きで，問題は「如何に効率的に認知の変容を成し遂げるか」の戦略にあった．もっとも，認知療法の科学性が行動療法には及ばないことを危惧する者（久野能弘先生）も，グループ関係者にはいた．

この時代の活動は，後に「Differential Therapeutics in Psychiatry, 1984」の邦訳「精神科鑑別治療学，1989」として具現化する[4]．高石先生を囲んだ1989年ごろの写真がある（図1）．

「このグループでは学位が取れない（筆者の研修医時代の評判）」というのがネックではあったが，数寄者の集まりであった．

心身症の臨床研究（1980年代後半）

1986年に頼藤先生が大阪府中央児童相談所（現大阪府中央子ども家庭センター）に赴任し，田中則夫先生が助手として大学に戻る．田中先生は以前より，書痙や斜頸の類型分類や治療選択，予後について研究をしていた（「書痙の類型と筋電図biofeedback療法の適応，1982」「書痙の分類，1983」「痙性斜頸の予後，1985」）．

この時期，田中先生が筋・骨格系心身症，中川晶先生が消化器系心身症，中尾がパニック障害の研究を行った．また，頼藤先生はますます多数の著書を上梓した．

中川晶先生は医学概論の中川米造先生の御子息で，内科研修後，和風会に入門する．中川先生は医療人類学や社会心理学に関心があり，病の説明モデルや帰属理論を援用して，患者本人に病気がどう受け取られているか，という視点から研究を進めた．後にこれはナラティブ・アプローチにつながる．

中尾は乳酸ソーダ負荷や過換気負荷，誘発電位を用いて不安神経症の類型分類を行った．また神経症や心身症の患者における抗うつ薬反応者について報告した．1989年に中尾は，精神科診断[5]について研鑽を積むため，ハーバード大のGunderson JGのもとに留学する．また，その留学中，西海岸で開催されたEvolution of Psychotherapyの大会で，多くのマスター・セラピストのデモンストレーションを実際に見る，という貴重な経験をする．

勉強会は頼藤先生の時代を踏襲し，自由で，多様で，オープンであった．1980年代後半の新たな勉強会参加者は，高石穣（長崎大1985年卒），中川晶（奈良医大1985年卒），名越康文（近大1987年卒）らの精神科医や心療内科医，医療人類学や社会医学を専攻する宮地尚子（京都府立医大1986年卒），催眠研究から臨床心理に進んだ長谷川浩などである．

高石穣先生は高石昇先生の御子息で，その仕草のところどころ（首の傾け方や声の出し方）に高石昇先生の面影が垣間見えた．高石穣先生は神経科で診療のトレーニングを受けており，精神科では向精神薬の使い方に工夫を凝らすのを好んだ．患者や研修医の面倒見が良く，一方，研究に際しては綿密で，完璧主義であった．

名越康文先生は今やテレビのコメンテイターとして多忙な生活を送るが，元々は野田先生との縁で，アレクサンダー・テクニークや武道など，身体性に強い関心がある優秀な臨床医であった．

このように，心理療法を専攻するグループではあるが，身体への関心が高く，他科での研修経験者も多かった。

小精神療法（コモンセンスサイコセラピー）と臨床研究
（1990年代〜2000年代初頭）

田中先生が榎坂病院に移ってから約3年間，大学では高石穣が非常勤で一人で研究室を支えた。1993年に筆者が助手として大学に戻ってからは共同で研究を行い，その後，矢野かおり（修士課程），徳山（旧姓岩瀬）まどか，後には渡邊章が大学院生として在籍した。

研究活動は大別すると心理療法関連（1, 2），臨床研究（3〜5），他科との連携（6）に関するものである。

1．心理療法の理論と実際（認知行動療法と小精神療法（コモンセンスサイコセラピー））

1993年に「心理療法−その有効性を検証する−」[6]で頼藤，中川，中尾は宗教，催眠，精神分析，認知行動療法，現代の潮流までを歴史的に展望し，批判的考察を加えた。そして，心理療法の基本的構造や治療効果の共通因子をとりだし，治療効果は患者の動機づけと効果期待に依存することを論じた。

行動療法については，森田療法，認知療法，短期療法（ブリーフセラピー）と照合しながら理論的考察を加え，実際の治療の進め方を示した（「森田療法と行動療法，1995」「Morita therapy: From a cognitive-behavioral perspective, 1997」「神経症に対する基本戦略：行動療法，1999」）。

また，心身症，境界性パーソナリティ障害，後には，さまざまなタイプの気分障害（メランコリー型うつ病，双極Ⅰ型・Ⅱ型，パーソナリティ病理が併存するうつ病など）について，日常臨床で行える一見常識的だが凡庸でない精神療法を目指して覚書を著した（「心身症：精神療法的アプローチ，1996」「境界性人格障害の薬物療法と精神療法的対応，1996」「うつ病予防のための精神療法，2010」）。

2．防衛規制の理論と実際

防衛機制を評定する自記式質問紙を作成し，自我成熟指標 Ego Maturity Index（EMI）の有用性を示した（「DSM-Ⅳの防衛機能水準についての検討，1996」）。

3．精神障害の臨床研究

①不安障害，気分障害，心身症

社交不安障害（対人恐怖），パニック障害，退却神経症，気分障害，心身症について，類型分類，病前性格・性格病理，防衛機制などを検討した一連の臨床研究である。

「An empirical classification of social phobia: Performance, interpersonal, and offensive, 2000」では，因子分析により対人恐怖症状を整理し，クラスター分析を用いて遂行不安に限局するタイプ，対人状況にも及ぶタイプ，関係念慮などの状況依存的偽精神病症状をもつタイプの3類型を抽出した（徳山の学位論文）。薬物療法についても論じた「Pharmacotherapy of Social Phobia（Social Anxiety Disorder），2001」。

「恐慌性障害のパーソナリティ，1993」，「パニック障害の追跡調査，1994」では，パニック障害が慢性疾患であることを示し，パニック障害患者の機能障害がパニック発作の重症度よりも広場恐怖やパーソナリティ病理の重症度に因ることを示した。

「うつ病者の性格特徴：病型と年齢の影響，1995」では，気分障害の病前性格を因子分析を用いて抽出し，大うつ病と気分変調症の病前性格の違いを実証的に示した。

「心身症に特徴的な性格・行動特性から少数因子を抽出する試み，1996」では，心身症の病前性格を体系的包括的に検討した。

「Non-Schizophrenic psychosocial withdrawal syndrome in Japan, 1996」や「退却神経症（選択的退却症候群），2000」では，非精神病性アパシーについて症状，性格，防衛機制，鑑別診断，治療的対応を検討した。

②パーソナリティ障害

パーソナリティ障害について，重症度や成熟度の視点から行った一連の臨床研究である。

パーソナリティ障害の重症度が Kernberg O や Millon T の理論と一致した階層性をなすことを示し「Functional impairment in personality disorders, 1992」，重複診断を解決するには重症度の次元を導入して除外診断を行うべきであることを，多次元尺度法とクラスター分析を用いて提示した（「A profile analysis of personality disorders：Beyond multiple diagnoses, 1999」：中尾の学位論文）。

また，パーソナリティ病理が軽症では不安や自律神経症状が主で，重症になると対人過敏性やパラノイド傾向が顕著になるが，抑うつは非特異的症状であることを示した「症状・人格・治療反応性の関係（その2），1992」。

4．パーソナリティやパーソナリティ障害に及ぼす家族環境（養育条件）の影響

頼藤先生に始まる，養育環境の影響を評価する一連の研究（どのような養育条件がどのような性格や性格病理にどの程度の影響を及ぼすか）。研究対象者は精神科外来患者や児童保護施設在所者である（「神経症への道：家族環境が神経症傾向形成に及ぼす影響，1997」「幼少時生育条件と人格及び人格障害の関係について，1998」「矢野の学位論文：幼少時生育条件と人格及び人格障害の関係について，1998」）。

5．自記式心理尺度の臨床応用（含構造面接）

症状，人格，パーソナリティ障害についての，新規の尺度や日本語版尺度の作成と応用（「抑うつ人格尺度の作成と検討，1992」「MAS でみる治療経過，1993」「SCL-90-R の信頼性と妥当性，1993」「Diagnostic Interview for Borderline Patients（DIB），1996」）。

6．リエゾン活動

麻酔科に協力し，慢性疼痛の診療の枠組みを作り，共同で診察を行った（「A case of reflex sympathetic dystrophy（complex regional pain syndrome, type Ⅰ）resolved by cerebral contusion, 1999」「心因性疼痛，2000」「痛みに対する心理的反応，2000」「Hospital Anxiety and Depression Scale（HAD 尺度）は慢性疼痛に対する認知行動療法の効果判定に有用である，2004」）。また，心筋梗塞後の心臓リハビリの効果について国立循環器病センターに研究協力した「心臓リハビリテーションの心理面での効果，1995」。高石昇先生，日野先生の時代から，他科との連携は行動療法グループの重要な活動領域である。

勉強会では，ブリーフ・セラピー（短期療法），ソリューション・フォーカスト・セラピー（解決志向療法），ナラティブ・セラピー，構成主義心理療法などが取り上げられた。中でもブリーフ・セラピーは，例外探し，魔法の質問（ミラクル・クエスチョン），計量化（スケーリング）など，すぐにでも使える質問技法が山のようにあり重宝した。

また，心理療法以外では，研究の必要上，Vaillant G，Akiskal A，Keller M，Kendler K，Cloninger R，Tellegen A らの論文が取り上げられた。

吹田への病院移転後，暫くは大学の研究室で勉強会をしていたが，アクセスの不便さから，大阪駅前第2ビルにある高石クリニック別室をお借りして勉強会を行った。

新たな参加者は逹田健司（岡山大 1992 年卒），片山尚典（奈医大 1992 年卒），宮川真一（筑波大 1985 年卒），瀬戸（旧姓西村）昌子（新潟大 1986 年卒），徳山（旧姓岩瀬）まどか（滋医大 1995 年卒）らの精神科医や，皮膚科医で心身症を専門とする羽白誠（阪大 1986 年卒），心理学出身の矢野かおり（1998 年阪大修士卒）であった。柴田政彦（阪大 1985 年卒）や麻酔科時代の辻（旧姓神保）明依（阪大 1997 年卒）ら，疼痛外来担当医も時に勉強会に顔を出した。頼藤先生を囲んだ 1997 年ごろの写真（図2）がある。

図2 勉強会メンバー（1997年ごろ）
前列左から矢野かおり，頼藤和寛，德山まどか，後列左から高石穣，名越康文，長谷川浩，片山尚典，羽白誠，達田健司，中尾和久

諸行無常，万物流転，或いは「人みな骨になるならば」[7]（2000年代以降）

1999年に中尾が甲南女子大に赴任することが内定し，神戸女学院大におられた頼藤先生と「阪神間でぼちぼちやっていきましょう」と話していたら，頼藤先生にがんが見つかり，2001年に急逝される。行動療法グループとしては真に大きな存在が失われた感じで，悲しみは長期間癒えなかった。

2002年に德山まどかが大学院を卒業し，中尾が甲南女子大に着任し，渡邊章（阪大2001年卒）が大学院生となる。大学に戻ることを希望する者はおらず，このため渡邊は行動療法グループとしては大学に一人で在籍することになり，遠距離指導を受け，苦労しながら学位論文をまとめる。

この時期の研究は，非患者サンプルによる精神疾患の発症予測（前方視縦断研究）で，産業精神保健，臨床精神医学，精神科疫学の接点にあたる。この対象者は，うつ病の一元論 vs 二元論論争（うつ病概念の歴史的変遷，2012）を検討するために，かつて「不安神経症とうつ病の関係，1999」で用いたサンプルである。

ホワイト・カラー勤労者における初発うつ病の予測因子は神経症傾向，過重な職場ストレス，乏しいサポート，全般性不安障害の既往であり，再発の最良の予測因子はうつ病の既往であった「Predictors of first-onset major depressive episode among white-collar workers, 2003」。

また，初発パニック発作の予測因子を検討すると，うつ病の既往と直近のストレスが有意であったが，初発うつ病よりも予測因子が乏しく，生物学的要因が強いことが明らかとなった（「Predictors of first episode of panic attacks among white-collar workers, 2005」：渡邊の学位論文）。

勉強会は高石クリニック別室や甲南女子大学で行っていたが，出席者が少なくなり，新たな参加者（家族療法やブリーフ・セラピーの専門家である坂本真佐哉）も迎えたが，2000年代末には活動を停止する。

この間，德山まどかはがん患者のサポートやせん妄対策チームを総合病院で立ち上げ，宮川真一は沖縄で総合病院内に精神科を開設する。達田健司と片山尚典はクリニックを開業し，瀬戸昌子は社会医学実践の道を進む。高石穣は老舗クリニックを継承し，中川晶と中尾和久は人文科学系学部で教鞭をとる。

振り返ると，心理療法，精神測定（サイコメトリー），類型分類，非症状特性や性格学，遺伝と環境，縦断研究，対人相互作用論（相性），他科との協力等，行動療法グループの活動や視点は，精神医学を魅力的で豊かなものにするのに多少の貢献をしてきたのではないかと思う。ある意味最も精神医学らしい，精神医学固有の領域で。

インタビューにお応えいただいた先生方に感謝いたします。また，本稿作製でも大変お世話になった辻本太郎先生が，記念誌出版前に御逝去されました。謹んで御冥福をお祈り申し上げます。

文献

1) Haley J : Strategies of Psychotherapy. Grune & Stratton, New York, 1963(ジェイ・ヘイリー著, 高石 昇訳：心理療法の秘訣. 黎明書房, 名古屋, 1973：戦略的心理療法. 黎明書房, 名古屋, 2000)
2) 頼藤和寛：自我の狂宴. 創元社, 大阪, 1986
3) 野田俊作：オルタナティブ・ウェイ. 星雲社, 東京, 1987
4) Frances A, Clarkin J, Perry S : Differential Therapeutics in Psychiatry : The Art and Science of Treatment Selection. Brunner/Mazel, New York, 1984(フランシス, クラーキン, ペリー著, 高石 昇監訳, 阪大精神科心理療法研究班訳：精神科鑑別治療学. 星和書店, 東京, 1989)
5) 中尾和久：精神疾患の分類. 武田雅俊 監, 西川 隆, 中尾和久, 三上章良 編：精神医学テキスト. 金芳堂, 京都, 2011
6) 頼藤和寛, 中川 晶, 中尾和久：心理療法—その有効性を検証する—. 朱鷺書房, 大阪, 1993
7) 頼藤和寛：人みな骨になるならば. 時事通信社, 東京, 2000

Memory

西村健教授に指導を受けた生化研の仲間たち

第6部

阪大精神科の位置付け
和風会が関与した主要学会

1 日本精神神経学会学術大会

● 武田　雅俊

阪大精神科が担当した日本精神神経学会 戦前に3回の大会を担当

　第1回日本精神神経学会はご承知の通り明治35（1902）年4月4日に開催されたが，当教室が最初に学会を担当したのは，明治43（1910）年4月2～3日の第9回大会であった。第1回から第8回までは総て東京で開催されていたので，東京以外での最初となる学会の開催であった。当時は大西鍛が辞職した後に京都大学の今村新吉が併任していた時期であり，大阪府立高等医学校病院学用室において開催された。第10回以降は再び第13回まで東京で開催され，その次の東京以外の大会は，第14回の九州医科大学精神病学教室（榊保三郎）と第21回京都帝国大学法学部第二講堂での開催（今村新吉）と，第24回九州帝国大学精神病学教室講堂（榊保三郎），第26回京都帝国大学法医学教室講堂（今村新吉），第28回東北帝国大学医学部精神病学教室講堂（丸井清泰）であった。

　そして第29回総会は，昭和5（1930）年4月3～4日に大阪市中央公会堂において和田豊種を会長として開催された。またその10年後の第39回総会は，昭和15（1940）年4月6～7日に大阪帝国大学医学部附属病院大会議室にて再び和田豊種を会長として開催された。

　昭和18（1943）年には第42回総会が名古屋帝国大学で開催されたが，昭和19（1944）年と昭和20（1945）年の大会は戦時中ということで時局の要請により中止された。

戦後から第88回大会まで

　2年間のブランクの後，昭和21（1946）年に第43回大会が東京帝国大学において内村祐之を会長として開催された。そして，教室では昭和22（1947）年4月1～2日に堀見太郎を会長として第44回日本精神神経学会を阪大病院東講堂において主催した。これは第12回日本医学会第23分科会として開催されたものであり，4月1日の午前中に評議員会が招集され，午後から講演が発表された。4月2日は，午前午後共に講演がなされ，夕方には慰労の小宴が開催された。学会誌への掲載原稿の整理は，教室員の澤，岩谷，相本らによりなされた。

　第60回総会は，昭和38（1963）年4月3日～4日に大阪市産経ホールにて金子仁郎阪大教授を会長，堀浩奈良県立医科大学教授を副会長として開催された。

　第65回の長崎大会昭和43（1968）年3月27～29日，第66回の金沢大会昭和44（1969）年5月20～22日，第67回の徳島大会昭和45（1970）年4月22～24日は学会の歴史の中でもたいへん荒れた総会であった。金沢大会より後の学会では，国立大学の教授が会長を務めることが困難な状況となったようである。

このころの阪大精神科では，工藤義雄が日本精神神経学会および世界精神医学会（WPA）の活動を担当していた。工藤義雄は昭和45（1970）年から評議員を務め，昭和53（1978）年からは理事として活躍していた。工藤義雄は，太田幸雄（大阪日赤病院精神科部長）を会長として開催された昭和47（1972）年6月12～14日の第69回大会で副会長を勤めた。

この当時は，昭和43（1968）年からの東大精神医学教室を発端とした医局講座制打倒を主張する学生運動の残り火がくすぶっていた時代であり，学会評議員の顔ぶれを眺めてみても，思想的に急進派と目される人たちが多く，学会の執行部もなかなか動きが取りにくかったように思われる。

このような状況の中で工藤義雄を通じて，西村教授に学会を担当することが可能かどうかの問い合わせが再三あった。西村教授は，工藤とともに学会担当の可能性について何回も議論されていた。工藤によると，長田さんたちは，金子問題を総括するのであれば学会をやらせてもよいとのことであった。そんなことで，昭和63（1988）年の第84回大会を阪大精神科で引き受けるかどうかについて，西村教授はかなり真剣に考えられた様子である。いわゆる「金子問題」として当時のラジカルな人たちが騒ぎ立てていたからである。結局，ラジカルな人たちの要求に屈することはできないとの判断で，西村教授による大会開催は見送られることとなった。そのような経過を経て，第84回大会は斉藤正巳関西医大教授，工藤義雄副会長のもとで，新しく建設されたばかりの大阪国際交流センターにおいて昭和63（1988）年5月11～13日に開催された。

そして，その4年後の平成4（1992）年にも，阪大が担当することの可能性についてかなり突っ込んだ議論がなされていたことを記憶している。工藤義雄の説得により，かなり環境が整い，阪大精神科が担当することがほぼ決まりかけていたとのことであった。ところが，ラジカルな人たちの要求は，「学術総会の冒頭に金子問題を総括せよ」とのことで，彼らの言い分は，戦後ロボトミーが統合失調症の治療として導入されたときに，金子教授を中心とした阪大精神科は積極的にその試みを導入しようとしていた。もちろん，ロボトミーによる治療法は，阪大以外でも日本全国で検討され始めており，東大の臺弘先生に率いられた東大精神科でも検討されていた。その後，臺先生は，ロボトミーが適切でない治療法であったことを学会で表明されたが，阪大の金子教授はそのような表明をなされてこなかったというのが彼らの主張であった。その当時，阪大同門の長田正義は学会理事として，そのような意見を強く主張しておられたと聞いている。西村教授は，金子問題を総括すべきかどうかずいぶんに悩まれた様子であったが，最終的には，第88回についても，阪大が学会を担当することは見送られた。

第88回大会以降

筆者は，昭和54（1979）年卒業で，精神神経学会に参加したのは第88回大会からである。第88回大会は，堺俊明大阪医大教授，今道裕之新阿武山病院長のもとで高槻市文化会館にて平成4（1992）年5月27～29日に開催された。このような事情もあって，筆者もプログラム委員の末席に加えられて，学会に参加する機会があった。高槻文化会館でのシンポジウムに参加して驚いたことを今でも鮮明に記憶している。ダウン症患者の頭部CT所見についての発表があったとき，フロアからの質問は，その所見についてではなく，「あなたは，CTを患者に繰り返してとっているが，そのことにより患者に多大なX線の被曝をもたらしたことについてどのように考えているか」という質問であった。このような雰囲気の学会では，とても科学的な議論をすることはできないと思った次第である。

筆者は，平成12（2000）年から学会理事とし

て活動するようになった。その当時の理事会は，佐藤光源理事長，中根允文先生と守屋裕文先生が副理事長であり，鹿島晴雄，神庭重信，と筆者が大学から，浅井忠彦，犬尾貞文，河﨑建人，川室優，清水達夫，竹内知夫が精神科病院協会から，前久保邦昭，松下昌雄が精神科診療所協会からの理事であり，その他に，浅野弘毅，佐藤忠彦，中島豊爾，星野征光，村上靖彦，森山公夫が理事であった。理事会は奇数月の第3土曜日に開催されていたのであるが，正午から延々と5，6時間にわたり続けられていた。発言する理事はたいてい決まっており，声の大きい人が議事進行を独占していた。個人的には，なかなか難しい理事会であり，学問的な内容を議論するのではなく，政治的あるいは思想的なことばかりが語られていたように思う。最初からけんか腰であり，主義主張の異なる人たちが，特定の問題について，声の大きい人たちの意見が最終的には取り入れられているのではないかとさえ感じていた。

第97回大会

このような理事会に出席する中で，学会の担当を打診された。学会では，前理事長の鈴木二郎先生の時に平成14（2002）年に世界精神医学会（WPA）大会を横浜で開催することを決定していた。もちろんWPA大会をわが国で開催することに筆者も賛成であったが，長い間，我が国の精神医学会は鎖国同然の状態であり，海外との交流も少なく果たしてWPA大会という大役を十分に果たせるものかどうかを危ぶむ声も多かった。

金沢大会以来，精神神経学会は大きく揺れ動いており，この30年間は必ずしも順調な経過ではなかった。学会への参加者は減少し，例年約1,200名程度の参加者であった。当時の佐藤光源理事長から依頼されたことは今でもよく覚えている。翌年に控えたWPA2002大会には日本人の参加者を3,000人にする必要がある。第97回大会では参加者を2,000人の大台に乗せてくれという内容であった。前回の仙台大会での参加者1,200名を倍増することが求められていたわけで，大きな課題であった。

また，ラジカルな人からの要求もあった。彼らの間では，ロボトミーに関する「金子・西村問題」が議論されており，阪大精神科が学会を担当する条件として，大会冒頭で会長が金子・西村問題を総括することが必要という主張がなされていたらしい。ある日の夜11時ごろ，東京本郷の学会事務所の近くの喫茶店において，佐藤理事長，守屋副理事長からそのような状況を説明されたことを記憶している。理事会では以下のようなやり取りもあった。

「あなたは金子・西村問題をどの程度知っているのか」
「まったく知りません」
「知らないなら勉強しなさい」
「過去のことよりもっとも勉強したいことが沢山あります」

今から考えると，筆者も若気の至りで，なんともつっけんどんな発言をしたものであるが，まったく子どもの喧嘩であった。

第97回大会を平成13（2001）年5月17〜19日に，筆者を会長，小池淳を副会長として大阪国際会議場にて開催した（図1）。21世紀最初の学会ということで「新たな精神医学・医療の新ステージ」を標語に掲げた。この大会では参加者を倍増するためのいくつかの新しい試みを行った。全国の精神科教授に呼び掛けて48演題の教育講演を担当していただいた。

前年度の仙台大会では，参加者の中にのぼりとハンドマイクを持っているグループの人たちがいて，シンポジウムの途中で，壇上占拠が起こり，最後まで終了できなかったシンポジウムもあった。大阪大会では，このような騒乱が起こらないよう，十分な対応が必要とされていた。

図1 第97回日本精神神経学会総会ポスター（2001年）

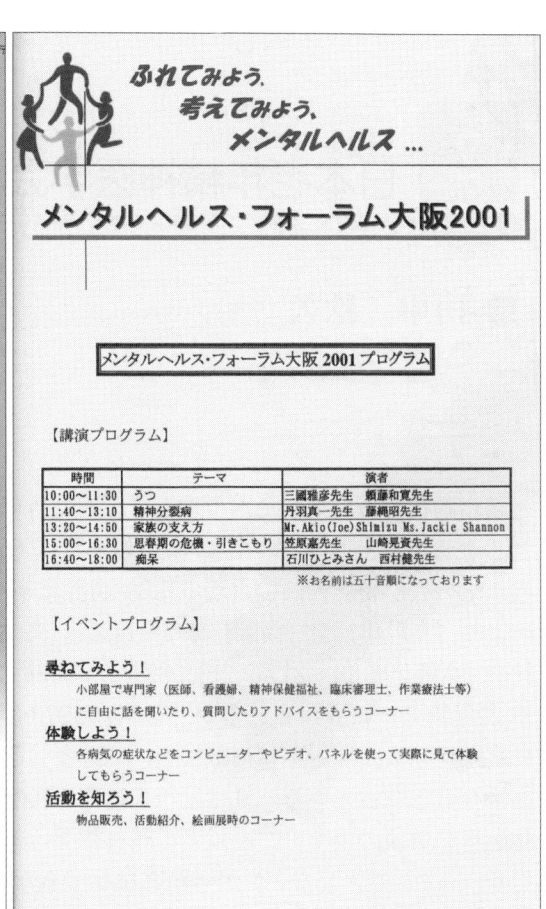

図2 メンタルヘルスフォーラム大阪2001プログラム（2001年）

事前の方針は，12のシンポジウムの中でこれは荒れると予想されるシンポジウムを1つだけ選び，そのシンポジウムの開催には特段の配慮をすることとした。その当時は医療観察法の導入の時期であり，「刑事司法における精神障碍者の現状」のシンポジウムが一番標的となりやすいものと思われた。そのシンポジウムは会場の中でもやや孤立した会場を充てることにして，その会場内で荒れても他のプログラムへの影響が最低限となるように配慮した。そして，そのシンポジウムには理事全員の出席を求め，それこそ体を張って責任を持っていただくこととした。さらに，会場の最前列には，屈強な教室の若手十数名に陣取ってもらい，いざという事態に備えた。万一混乱が始まった場合には演者を保護して会場外に退避させるための通路と手筈を整えた。このような準備のもとに学会を迎えることになったが，大会前日までグループの動きに注意して，彼らがどのような活動を準備しているかを調査し，学会会場で配布されたビラを収集してどのようなことが起こりうるかを事前に検討した。そんな対策を講じて臨んだ触法患者に関するシンポジウムが無事に終了したときには，教室員一同ほっとしたものである。学会は2,300名の参加者を得て盛会裏に終了した。

学会の翌日には一般市民を対象とした「メンタルヘルスフォーラム大阪2001」を開催し1,800名の市民の参加者があった（図2）。

2 日本老年精神医学会とのかかわり

● 田中　稔久

　超高齢社会の到来が日本の重大な課題と叫ばれるようになって久しい。ご存知のように65歳以上の人口の総人口に占める比率（高齢化率）により，高齢化社会（高齢化率7～14％），高齢社会（高齢化率14～21％），超高齢社会（高齢化率21％以上）に分類されるが，日本は1970年に高齢化社会，1995年に高齢社会，2007年に超高齢社会となっている。20世紀後半になって精神医学の領域の中でも，高齢者の精神障害（認知症，うつ，せん妄など）が問題となってきた。本邦において，この領域のパイオニアとして挙げられるのが，老人の心理研究に携わった金子仁郎教授（大阪大学精神医学），老人の精神病理研究に携わった新福尚武教授（東京慈恵会医科大学精神医学），および初老および老年期精神病の組織病理学研究に携わった猪瀬正教授（横浜市立大学精神医学）である。3人は1954年の日本精神神経学会総会シンポジウム「老人の精神医学」においてシンポジストとして講演されているが，本邦の学会活動として老年期の精神障害に注目したのはおそらくこれが初めてである。金子仁郎教授は，以前よりこの領域に関心を示し，高齢者の認知症の中でアルツハイマー型認知症と脳血管性認知症を簡易に鑑別診断できる非侵襲的な血流検査法を開発しようと考え，超音波ドップラー検査に力を入れられた。

日本老年精神医学会の成り立ち

　高齢者の精神障害は国際的にも問題となっていたが，これに対応すべく国際老年精神医学会（International Psychogeriatric Association：IPA）という国際組織が1982年に組織された。このIPAの第4回国際会議を1989年に東京で長谷川和夫教授（東京慈恵会医科大学精神医学）のもとで開催されることが予定され，それに対応することも含めて，老年精神医学分野の科学的研究の進歩・発展を図ることを目的に，1986年に日本老年精神医学研究会が組織され，この研究会は2年後の1988年に日本老年精神医学会となった。当時より長谷川和夫教授は西村健教授と親交が深く，日本老年精神医学会設立およびIPA第4回国際会議開催に関して西村健教授は多くの協力をされた。

活動内容

　日本老年精神医学会の活動は，学術集会における知識や技術の交換，啓蒙活動，老年精神医学専門医の育成と制度の維持，学会機関誌（Psychogeriatrics）および学会準機関誌（老年精神医学雑誌）の運営など多岐にわたっている。日本老年精神医学会の理事長（2013年時）は新井平伊教授（順天堂大学精神医学）であり，会員数は年々増大しているが，2013年6月14日

時点での会員数は2,662名である。役員（2013年6月）の中に大阪大学関係者は，機関誌担当理事として武田雅俊教授（大阪大学），一般の理事として池田学教授（熊本大学），中村祐教授（香川大学），評議員として服部英幸（国立長寿医療センター），工藤喬（大阪大学保健センター教授），田中稔久（大阪大学准教授），がいる。

大阪大学精神医学教室との関連

　大阪大学精神医学教室との関係の中では，学術集会に関しては，武田雅俊教授を会長，工藤喬を事務局長として，2001年6月13日より15日にかけて第16回日本老年精神医学会が大阪国際会議場で開催された。このときは「ポストゲノム時代の痴呆研究」と「老年期妄想症をめぐって」という2つのシンポジウムが開催され，多数の参加者とともに有益な議論が行なわれた。このときの日本老年精神医学会は，高齢者をテーマにした多くの学術集会（日本老年医学会，日本老年社会化学会，日本基礎老化学会，日本老年歯科医学会）との合同開催の形式をとり，高齢者および老化といった共通のテーマを別のアングルから介入する近接の学術集会にも参加できるものとなっていた。また，2007年10月14日から18日にかけて，武田雅俊教授を会長，田中稔久を事務局長として第13回国際老年精神医学会（IPA 2007 Osaka Silver Congress）が大阪国際会議場で開催されたが，この学会は第22回日本老年精神医学会［会長：守田嘉男教授（兵庫医科大学精神医学）］および第26回日本認知症学会［会長：本間昭先生（東京都老人総合研究所）］との合同開催であった。IPA創設25周年という記念すべき年に，急激な高齢化の進む日本という国で，高齢者のメンタルヘルスの改善とその科学的研究に貢献してきた国内2学会との合同開催で行われたということはたいへん意義深いものであった。このときのIPA総会テーマとしては"Active Aging—Wisdom for Body, Mind, and Spirit"が掲げられ，高齢者の精神疾患に関する研究，医療，看護，介護，福祉，家族の支援，社会政策などの幅広いテーマで，世界各国（52ヵ国）からの研究者，医師・看護師などの専門職，企業，行政など幅広い領域から約2,900名が参加し，幅広い意見交換と人的交流が図られた。そして，生命科学の先端領域の研究者から，医療・介護に携わる実地の専門家が集まり，現代の高齢者のメンタルヘルスに関連する諸問題を討議するまたとない機会となった。この年のIPA総会の運営方針の1つとしてMultidisciplinary Approach（多くの専門領域からのアプローチ）を尊重することになっていたが，これにより多くの領域の専門家が一同に会して，臨床上の問題点を多方面から理解し議論し，各人が各領域でのさらなる進歩を達成するためのヒントを数多く得られたものと考えている。また，このことが約2,900名というきわめて多数の方が参加していただけたという結果にも表れたものと推測している。IPA 2007の学会プログラムとしては10月14日（日）は開会式にあてられ，15日（月）および16日（火）は日本老年精神医学会との合同開催，17日（水）および18日（木）は日本認知症学会との合同開催という形式が採用された。開会式の当日には式に先立って，セミクローズドの形式であったが，日本・香港・韓国の合同ミーティングが開催され，約100名の参加のもと，テーマに沿ったグループごとのディスカッションが行われた。同じアジアに住むにもかかわらず，他の諸外国と等間隔になってしまいがちな我々にとって，貴重な交流の経験ができたものと考えている。また，同時刻には公開講演会「認知症の人が安心して暮らせる社会を目指して」も開催され，多くの市民が参加した。開会式では，創設25周年を記念して今までの国際老年精神医学会のこれまでの経緯と業績が振り返るビデオ上映が行われ，また，今までに老年精神医学に大きく貢献してこられ

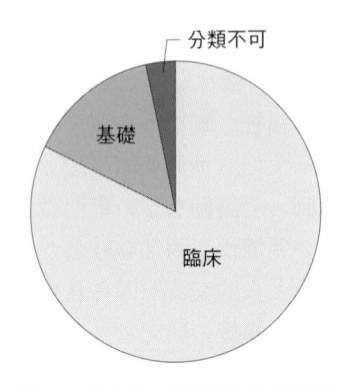

図1 Psychogeriatrics 掲載論文（2001～2008年）領域分類

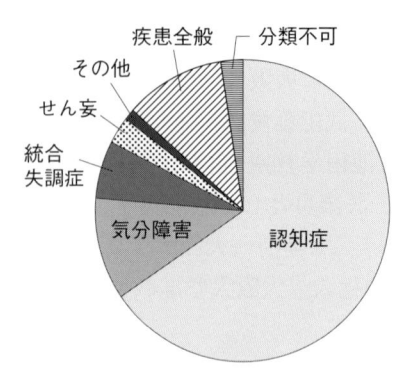

図2 Psychogeriatrics 掲載論文（2001～2008年）疾病分類

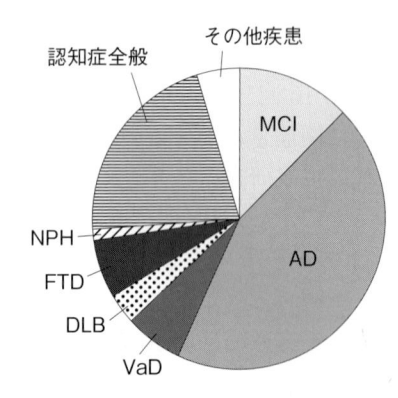

図3 Psychogeriatrics 掲載論文（2001～2008年）認知症疾患分類

た，国内外の諸先生への功労賞の授与なども行われた．日本からは西村健，長谷川和夫，平井俊策（群馬大学名誉教授），松下正明（横浜市立大学名誉教授，東京大学名誉教授）という，日本の老年精神医学研究の礎となってこられた先生方の功績が讃えられた．

大阪大学精神医学教室はまた，日本老年精神医学会機関誌 Psychogeriatrics の運営に関して大きな貢献を行っている．Psychogeriatrics は2001年に日本老年精神医学会機関誌として発刊され，Editor in Chief を武田雅俊，Managing Editor を田中稔久が務め，事務担当として富岡睦美さん（大阪大学事務補佐員）が働いている．年に4回発刊する季刊誌であり，年間約40本の論文を掲載している．国際英文雑誌 Psychogeriatrics にどのような内容の論文が掲載されているかに関しては，2001年から2008年までに掲載された276本の論文を対象に2009年に行われた統計調査をもとに以下に記す．図1は領域分類であるが，臨床系をテーマにした論文が圧倒的に多いが，老年精神医学にかかわる基礎医学的な内容の論文も掲載されている．図2は疾病分類であるが，認知症に関係する論文が過半数を占めている．最後に認知症性疾患の中での分類であるが，アルツハイマー病が圧倒的に多いが，ついで軽度認知機能障害，前頭側頭型認知症，脳血管性認知症，レビー小体型認知

症となっている．大阪大学精神医学教室はこの他に，学会準機関誌である老年精神医学雑誌の運営にも関与し，武田雅俊が編集委員を長年務めている．そして，この雑誌には老年精神医学に関する多くの和文総説原稿が，大阪大学精神医学教室のメンバーから寄稿された．

日本老年精神医学会の老年精神医学専門医制度は2003年より起動しているが，これはもちろん老年精神医学の専門家の育成のために設けられたものであり，日本の精神医学会の基本組織となる日本精神神経学会専門医制度よりも先立って開始された．この老年精神医学専門医制度を起動させるために，研修カリキュラム作成委員会が事前に設立されたが，大阪大学精神医学教室からは，委員長を武田雅俊，委員を田中

稔久が務めている．カリキュラム作成後，それに基づくテキストとして，『老年精神医学講座；総論と各論（現在は改訂版，2009年，ワールドプランニング）』が刊行されている．

日本老年精神医学会は，国際交流にも力を入れており，国際交流委員会が設けられ，アジアの中での緊密な連携を目指し，韓国，台湾，香港の各老年精神医学会との交流に力を入れている．この国際交流委員会では，委員長を武田雅俊，委員を田中稔久が務めている．

以上，日本老年精神医学会と大阪大学精神医学教室とのかかわりは深く，教室の活動の多くが傾注されている．これも金子仁郎，西村健，武田雅俊と3代の教授が老年精神医学にエネルギーを傾注されたゆえでもあるが，超高齢社会の日本においては，このような伝統が大きな社会的貢献になるものと信じている．

第14回国際老年精神医学会　モントリオール
左より武田雅俊, Susan Oster, Helen Chiu, Nathan Herrmann, Mark Rapoport, Serge Gauthier。2009年9月1〜5日

3 日本睡眠学会

● 杉田　義郎

大阪大学医学部精神医学教室が日本睡眠学会の礎と発展に貢献した歴史

　大阪大学医学部精神医学教室は多くの先人の努力によって多方面な分野における研究を発展させてきた伝統がある。睡眠研究においても，日本でも有数の研究実績を有しており，特に睡眠障害の臨床的研究においては幅広い研究実績がある。それらについては他項で紹介があると思うのでここでは詳しくは触れないことにする。
　現在，日本における基礎および臨床の睡眠研究者の学術団体である一般社団法人日本睡眠学会は活発に活動を行っているが，それに至るまでの発展の歴史を振り返ってみたときに大阪大学医学部精神医学教室に在籍した人々，特に菱川泰夫の役割は非常に大きいものがあるのでそれらについて紹介していきたい。

睡眠研究会の時代

　1960年代の後半になり睡眠に関する国際的学術集会の開催が徐々に増加し，それらの学術集会に参加する日本の研究者が増加したそのころ，東京都精神医学総合研究所（現：東京都医学総合研究所）の阿住一雄より「日本の睡眠研究会を作ろう」との相談を受けた当時，大阪大学医学部精神医学教室講師の菱川泰夫が協力し，第1回の研究会の会合が1973（昭和48）年，大阪市北区の中之島地区にあった大阪大学医学部附属病院会議室で開催した。参加者は約20名で，精神科医，生理学者，心理学者などであった。毎年2回の研究会を主だった会員が持ち回りで開催し，回を重ねるにつれ参加者が増加していった。筆者は大阪大学医学部を1973（昭和48）年に卒業し，同年6月より大阪大学医学部附属病院の医員（研修医）として神経科精神科で研修をスタートさせた時期で，同年末には精神医学教室に入局し，脳波研究室の活動にも脚を突っ込みかけていた時期で，研究会に何回か参加したことを記憶している。研究会結成から数年後に，第3回国際睡眠学会（APSS）を日本で開催して欲しいとの要請があり，睡眠研究会はその要請を受諾することになった。

日本睡眠学会の誕生した時代

　第3回国際睡眠学会（APSS）の開催準備を進める組織母体としての睡眠研究会は余りにも弱体であった。そこで，1977（昭和52）年に睡眠研究会を発展的に解散し，日本睡眠学会（Japanese Society of Sleep Research：JSRS）が結成されることになった。代表幹事には島薗安雄（精神医学），事務局長に阿住一雄（精神医学）が就任したほか，幹事には，大熊輝雄（精神医学），菱川泰夫（精神医学），遠藤四郎（精神医学），岡田保（精神医学），古閑永之助（精神医

学・生理学），平井富雄（精神医学），山口成良（精神医学），本多裕（精神医学），高橋康郎（精神医学），松本淳治（生理学），清野茂博（生理学），佐藤豊彦（生理学），鳥居鎮夫（生理学），新美良純（心理学）ら，その後の睡眠学会の発展期にもリーダーとして活躍された錚々たるメンバーが参加している。

1979（昭和54）年には，東京で第3回国際睡眠学会が開催された．諸外国から多数の著名な睡眠研究者を含む約150名の参加があり，日本からの参加者は約350名にものぼり，国際睡眠学会は成功裏に終了した．筆者は日本睡眠学会の中心的なメンバーが初めての国際学会主催を無事に終え，ほっと胸をなで下ろしていた様子を記憶している．

1994（平成6）年には本学会が主管となりアジア睡眠学会（Asian Sleep Research Societies：ASRS）が結成され，同年本学会学術集会とのJoint Meetingを東京で開催し，中国，韓国，タイ，インド，シンガポール，イスラエルなどアジア地区での睡眠研究の発展，睡眠研究者の交流に貢献している．

1983（昭和58）年に菱川泰夫が秋田大学精神科学教室教授に就任したことによって，その後に大阪大学精神医学教室同門である飯島壽佐美，田代哲男，清水徹男が秋田大学に異動した．1996（平成8）年，菱川泰夫は13年間理事長であった大熊輝雄から本学会理事長を引き継いで就任し，4年間理事長を務めた．日本の睡眠医療はここから本格的な改革への取り組みがスタートし，本学会の急成長に繋がっていくのである．

日本睡眠学会の急成長の時代

1977（昭和52）年に本学会が設立された後，睡眠科学，睡眠医学に関する学術的研究は大学，研究所をはじめとする研究機関を中心として盛んに行われるようになった．その中で，先進諸国では多くの人々が睡眠障害に悩み，適切な診断とより良い治療を希望しているという実態が明らかにされてきた．米国では1970年代から各地に睡眠障害センターが設立され，それらの連合体も組織され，睡眠ポリグラフ検査技師や睡眠医療を担う医師の養成を行うなど，システマチックに睡眠医療を支える体制作りが進み，ヨーロッパ諸国もこれに追随して，睡眠医療センターが設立されてきた．一方，日本においては旧態然とした状況が続いていた．

その状態に風穴を開けたのが，当時，浦添総合病院呼吸器内科医の名嘉村博がアメリカコロラド大学睡眠検査施設に倣って日本で初めて本格的な睡眠呼吸ストレスセンターを病院内に作った．それに強い刺激を受けて，大阪回生病院精神科に勤務していた谷口充孝が中心となって，1998（平成10）年に日本で2番目の睡眠医療センターを大阪回生病院病棟内に開設した．これらの睡眠医療センターが従来の睡眠外来と異なる点は，精神科や呼吸器内科といった診療科の枠を越えて，関係する診療科が連携して睡眠医療にあたるという体制をもっていることであり，専任の睡眠ポリグラフ検査技師や専任の事務職員を配置して，検査や診察等の予約管理業務を分担して行っていることである．菱川泰夫は，大阪大学精神医学教室脳波睡眠研究室のわれわれ以上に谷口充孝が中心となった大阪回生病院睡眠医療センター設立にさまざまな側面からの支援を行った．

一方，本学会理事長であった菱川泰夫はわが国における睡眠医療の普及と向上を図るための方策の1つとして，1998（平成10）年に経鼻的持続陽圧呼吸療法（CPAP）が睡眠時無呼吸症候群の治療として健康保険収載されたことを受け，学会認定制度についての検討を開始した．その検討には秋田大学精神医学教室助教授であった清水徹男が強力にサポートし，筆者も協力した．1999（平成11）年には睡眠医療・認定委員会を発足させ，初代委員長に菱川泰夫が就

任し，学会認定医などの制度についての検討を重ねた。2000（平成12）年には本学会による学会認定医などの認定制度に関する規約（案）が全学会員に公開された。会員の意見に基づき原案の修正がなされ，2001（平成13）年には"日本睡眠学会の学会認定に関する規約"，それと併せて，"睡眠医療・認定委員会による認定事業実施に関する細則"，および，"学会認定（認定更新）を申請するための書類作成に関する説明と書式"が制定され，全会員にその冊子が配布された。正式の認定試験を開始する2006（平成18）年に先立つ4年間は移行措置として学会員歴5年以上の会員（認定検査技師については1年以上）については書類審査のみで認定医，認定歯科医，認定検査技師の資格を取得できることとなった。2002（平成14）年7月に第1回の認定がなされ，認定医師172人，認定歯科医師6人，認定検査技師29人が誕生した。

学会認定医療機関の認定は2003（平成15）年に開始された。提出書類と医療機関の視察結果をふまえた審査により，初年度には22施設が適格と判定され，睡眠医療を専門とする学会認定医療機関が，わが国において初めて誕生した。

睡眠医療・認定制度誕生の背景について，2002（平成14）年に菱川泰夫は本学会ニューズレターに公表している。少し長くなるが以下に引用しておく。

「わが国だけではなく，欧米の先進諸国でも，一般人口の約20％にも達する非常に多くの人々がさまざまなタイプの睡眠障害に悩んでいることを，最近の疫学調査が示している。十数年前より，欧米の先進諸国では，睡眠医療センターが次々と開設され，それぞれの睡眠医療センターでは，各国の睡眠学会が認定した専門医や臨床検査技師が睡眠障害の医療や睡眠衛生の普及のために活躍している。

わが国では，欧米の先進諸国に劣らず，睡眠学会が早くより設立され（本学会創設は1977（昭和52）年），睡眠に関する多方面にわたる科学的研究や睡眠障害の医療に関する研究が積み重ねられ，日本睡眠医学会は，睡眠研究の面では国際的にも先進的な役割を果たしてきた。しかし，睡眠障害の医療を専門とする医師や歯科医師，臨床検査技師ならびに睡眠医療を専門とする医療機関を学会認定する事業を発足させ，睡眠医療を国民に広く普及させる面では，欧米先進諸国よりもかなり遅れてきた。それにはいくつかの原因があった。その原因のうちの主要なものとして，次の2点があげられる。第1は，わが国の医療法によって，"医療機関が標榜できる診療科名"と"医療機関が広告できる事項"が厳しく制限されてきており，現在でも，医療機関が"睡眠科"を標榜することは認められておらず，また，医療機関（病院や診療所など）が睡眠医療を専門とすることを合法的に広告できないことである。第2に，日本睡眠学会と関連学会による長年の努力にもかかわらず，睡眠医療にとって重要な睡眠ポリグラフ検査に関する医療保険の診療報酬がきわめて低額に据え置かれているために，その診療報酬では睡眠ポリグラフ検査を担当する臨床検査技師の人件費を賄えないほどである。このことは，睡眠医療を専門としようにも，その医療分野が医療経営的に成立しないことを意味している。しかし，数年前から，睡眠時無呼吸症候群の治療に用いられる経鼻的持続陽圧呼吸療法（CPAP）が健康保険に採用されたこともあって，上述した大きな障碍が存続しているにもかかわらず，いくつかの都市で，少数の病院に睡眠医療を専門とする部門（睡眠医療センターなど），あるいは，睡眠医療を専門とする診療所が少数ながら開設されるようになった。そのような少数の医療機関で活躍しておられる本学会会員の先進的な活躍が大きな励ましとなって，睡眠医療のいっそうの普及とその医療水準の向上を目的として，本学会は学会認定医，学会認定歯科医，学会認定検査技師および学会認定医療機関を認定する制度を2001（平成13）年に発足させた。そして，

2002（平成14）年に入って，学会認定医，学会認定歯科医および学会認定検査技師と呼ばれる睡眠医療の専門職の人たちが，わが国で初めて誕生するに至った。このことは，睡眠医療を国民に広く普及させるという目標へ向けての本学会の画期的な一歩であり，きわめて慶ばしいことである。また，それらの学会認定を受けた医療従事者が生まれたことに基づき，本年より学会認定医療機関の申請を受けつけ，睡眠医療を専門とする医療機関（病院の診療科，診療所など）を認定する事業を実施する運びとなった。

　学会認定医療機関では，学会認定医などの専門職の人たちが診療に従事し，しかも，睡眠ポリグラフ検査を含む適切な睡眠医療がなされるだけではなく，学会認定医療機関は，それぞれの地域における睡眠医療に関するセンター的役割を果たすことが期待されている。それらに加えて，学会認定医療機関は，将来において学会認定を受けようとする医師，歯科医師，臨床検査技師たちのための研修医療機関としての役割をも果たすことが期待されている。当面は，各都道府県に少なくとも2つの学会認定医療機関（A型），大都市圏では人口50万人につき1つの学会認定医療機関（A型）が誕生することが望まれる。このような希望的目標が実現できれば，わが国には100～150の学会認定医療機関（A型）が生まれることになる。参考までに紹介しておくが，最近では，アメリカ（人口は日本の約2倍）では500以上，ドイツ（人口は日本の約半分）では100余りの学会認定を受けた睡眠医療センターが開設されており，その方面の医療のために活躍している。（以下省略）」

　2003（平成15）年には山陽新幹線の運転士の居眠り運転事件が大々的に報道されたことは日本の睡眠医療に大きな影響を与えた。また，この事件は睡眠医療に関する国民の関心を高める点では大きな追い風になった。後に，運転士が睡眠時無呼吸症候群（SAS）の患者であったことが報じられて以来，全国の睡眠医療機関にはSASを恐れて受診を希望する者が殺到した。前述したように1998（平成10）年にCPAPが健康保険収載されたことと相まって，この事件以降，睡眠関連呼吸障害（SDB）の診療をうたうクリニックの数が急速に増加した。新たに誕生したこのような施設のうちには睡眠医療に関する知識や経験が乏しい医師により運営されている施設も少なくないものと推測される。なぜならば，SDB以外の原因による過眠症の患者が適切に診断されずに放置されたり，誤った治療を受けている結果，症状が改善しないといった訴えをもって従来より実績のある睡眠医療センターを受診する患者が少なくないからである。また，眠気や居眠りの原因としてSASばかりが強調された結果，他の重要な原因である睡眠不足の問題やナルコレプシーなどの内在因性睡眠障害の存在が陰に隠れてしまったことも大きな問題である。

　2002（平成14）年に睡眠障害を専門的に診療・検査する認定制度（本学会認定医，認定歯科医，認定検査技師，認定医療機関）を導入したところ，日本睡眠学会の会員数が急増した。2005（平成17）年には2,000名に迫るほどになった。

　さらに2003（平成15）年には学会誌（Sleep and Biological Rhythm：SBR）を創刊したが，この際も会員数が急増して学会の財政的基盤が安定し追い風になっていった。

　2006（平成18）年4月に大阪大学医学部附属病院に睡眠医療センターを設立したが，設立するに際しては杉田義郎，熊ノ郷卓之，足立浩祥ら中心的な役割を果たした。同センターは医学部・歯学部附属病院の15診療科が運営に参加するユニークなセンターである。現在，同センター長を武田雅俊，副センター長を杉田義郎が務め，直接的な運営には三上章良，足立浩祥，重土好古，壁下康信，菅沼仲盛らがかかわっている。同センターが夜間に施行する睡眠ポリグラフ検査により，循環器疾患，泌尿器科疾患，皮膚疾患等の難治疾患において，睡眠障害の合併

例が多数見いだされており，睡眠医学的な介入が有効な治療法となりうるかについての大学ならではの臨床的睡眠医学研究が行われている。

菱川泰夫は，2007（平成19）年に世界睡眠学会連合から功労者として表彰されるとともに，2013（平成25）年には日本の精神・神経科学振興財団の睡眠健康推進機構より睡眠研究功労者として表彰を受けている。

日本睡眠学会における睡眠医療の現状と課題

本学会の会員数は過去20年間で飛躍的に増加し，2013（平成25）年7月時点での会員総数は3,256名を数えるに至っている。そして，その内訳は睡眠医療に携わるメンバーも医師1,543名（精神科450名，呼吸器科337名，耳鼻科189名，循環器科130名，神経内科73名等），歯科医師289名，検査技師914名と多岐にわたり，きわめて学際的な学会である。

今後は認定資格を得た会員の知識と技術を維持・向上させるための生涯教育の充実が重要な課題となる。2006（平成18）年度に第1回の生涯教育セミナーが開催されているが，その後も定期学術集会とリンクして着実に開催されている。認定資格の維持に必要な生涯教育の制度と内容は今後の大きな検討課題である。各種教育を担当する教育委員会には評議員である三上章良がメンバーである。現在，睡眠医療・認定委員会には，清水徹男（理事），杉田義郎（理事），立花直子（評議員），谷口光孝（評議員）が所属し，活動している。

さらに大きな課題は，本学会による認定資格が標榜科や専門資格として公認されることである。そのためには，本学会が日本医学会に加盟できる要件を満たすというかなり高いハードルが控えていたが，これも2013（平成25）年に実現した。

また，課題として学会が何らかの法人格を取得することがあったが，2008（平成20）年に日本睡眠学会は中間法人格を取得することができた。そして2010（平成22）年には一般法人格を取得することができた。その部分については理事・総務委員会委員長として筆者が小林敏孝構想検討委員会委員長をバックアップし，さらにスムーズな学会運営の基本となる定款や規程の整備についても中心的な役割を果たした。

これらの課題を次々と解決できたことについては，2008～2013年まで本学会理事長を務めた清水徹男が果たした役割は特筆すべきものであった。

今後，本学会の認定資格が公認されることで，睡眠医療がさらに普及するとともに，睡眠医療の質的向上，適切な診療報酬の獲得がよりいっそう推進されるものと考えられる。

4 日本生物学的精神医学会

● 岩瀬 真生

日本生物学的精神医学会の成り立ち

　日本生物学的精神医学会は1979年に、精神疾患の生物学的な研究を推進するために設立された。本学会の意義は、わが国の生物学的精神医学研究の推進にいかに貢献するかにかかっており、精神疾患の生物学的研究の重要性に対する社会の理解を深めていくことにある。具体的には統合失調症・気分障害をはじめとする精神疾患の診断・治療法や発症・再発予防の開発のため、生物学的な研究を推進して病因・病態を解明し、広く社会に貢献できる成果を達成することを目的としている。精神疾患は common disease の最たるものであり、その克服は世界的にも重点的に取り組む課題と認識されている。近年、わが国では政府によりがん、脳卒中、心筋梗塞、糖尿病とともに、精神疾患は5大疾患の1つに取り上げられており、精神疾患の研究に対しても国の支援が図られるようになってきている。そのため、日本生物学的精神医学会の役割はその重要性をますます増している。分子生物学、細胞生物学、遺伝学、解剖学、生理学、生化学、薬理学、心理学、行動科学、脳画像解析、光学・機器分析技術等の革命的進歩によって、精神機能とその病態の解析の可能性が格段に拡大した結果、神経科学のさまざまな領域の基礎研究者が精神疾患の研究に携わるようになり、臨床的視点と基礎研究の架け橋として、本学会への期待は高まっている。とどのつまり、精神疾患の診断・治療に神経科学研究の成果を還元することが求められていると同時に、精神医学と他の神経科学の諸領域が一層連携を強め、難治性症状・生物学的診断のほか、山積する難題に取り組むことが不可欠になったといえる。こうした方向性を継続的に大きく発展させるには、より多くの若い世代の参画を促すことが、必要となっている。

　そのため社会や医学・基礎科学の諸領域からの要請に十分応えられるよう、原点である精神疾患の生物学的研究を進歩させることに加え、国内の他の基礎系・臨床系学会との有機的繋がりを深め、精神科の実地臨床に直接役立つ情報と、精神疾患・神経科学の研究の先端を拓く手がかりを豊富に提供する、新たな展開が必要とされている。また、これらの活動を通して、海外の生物学的精神医学会のほか関連の学会との協力もなされるようになっている。

開催の歴史

　日本生物学的精神医学会は、理事長1名、理事15名、監事2名、評議員221名、会員数1,500名超で運営されている。歴代の理事長は満田久敏、鳩谷龍、中澤恒幸、町山幸輝、假屋哲彦、融道男、高橋清久、佐藤光源、倉知正佳、武田雅俊、西川徹の順に引き継がれてきた。学

術大会の会長は，1979年，第1回の稲永和豊をはじめとして，大槻三郎，福田哲雄，中澤恒幸，鳩谷龍，島薗安雄，難波益之（開催中止），山口成良，山下格，中嶋照夫，大熊輝雄，高橋三郎，町山幸輝，松本啓，融道男，三好功峰，十束支朗，堺俊明，斉藤正巳，阿部和彦，佐藤光源，鈴木二郎，中根允文，山内俊雄，越野好文，高橋清久（日本神経精神薬理学会と合同），武田雅俊（日本神経精神薬理学会と合同），岡崎祐二（日本神経精神薬理学会，日本神経化学会と合同），小山司（日本神経精神薬理学会と合同），倉知正佳（アジア太平洋BPと合同），林拓二，中村純（アルコール・薬物依存関連学会合同学術総会と同時開催），加藤進昌，米田博（JS/APS Neurochemistryと同時開催），武田雅俊（WFSBP世界大会と合同）が歴任してきた。近年の学術大会の特徴としては，平成16年以降，日本神経精神薬理学会，日本神経化学会，アルコール・薬物関連学会など関連する学会との合同開催が行われるようになり，本学会の会員にとって基礎医学や薬学分野の研究者と交流する貴重な機会となった。また2011年の東日本大震災の折には，分野を問わず学会は自粛ムードとなり相次いで開催中止となる世情であった。本学会は当初，日本精神神経学会と同時開催される予定であったが，残念ながら日本精神神経学会は10月に開催延期となり，本学会のみ当初の予定通り2011年5月21日から22日に学術大会を開催した。

近年の取り組みと活動

近年の学会の取り組みとしては，うつ病の社会問題化に伴い，日本うつ病学会および日本心身医学会との協調によるうつ病対策委員会を設置して，うつ病対策の総合的提言を行ってきた。昨今，うつ病が社会問題となっているが，うつ病はまだまだ正しい理解がされているとは言えず，政治家が，うつ病に対する誤解を招くような発言をしたと報じられたこともあった。このような誤解は根強く見られ，さらに理解を深める努力が必要とされている。また2010年度より機関誌を刷新し，新しい機関誌名は「日本生物学的精神医学会誌」となった。それまでの誌名である「脳と精神の医学」は，もともと学会の機関誌としてではなく創刊され，その後準機関誌として扱われた後に正式に機関誌となったためか，正式に機関誌として会員に認識されないきらいもあった。「日本生物学的精神医学会誌」は学会の機関誌としての位置づけを明確にできる名称ではあるが，親しみやすさを残すために「脳と精神の医学」が副題とされた。それに伴いサイズもB5判からA4判に変更された。

本学会と和風会の関連については，武田雅俊が理事，理事長を歴任したほか，現在，評議員として石井良平，岩瀬真生，鵜飼聡，篠崎和弘，高橋秀俊，田中稔久，谷井久志，中村祐，橋本亮太が学会の運営に携わっている。それから，2005年に大阪で学術大会が開催されたことは一大イベントであった。このとき，第27回日本生物学的精神医学会（武田雅俊会長）と第35回日本神経精神薬理学会（小川紀雄会長）の合同大会として開催された。会期は2005年7月6日から8日で，会場は上本町にある大阪国際交流センターであった。この合同大会ではさまざまな新しい試みがなされた。一つは基礎と臨床をつなぐ多彩な内容を心掛けて，これまでの学会よりもはるかに多い12のシンポジウムが企画された。また英語セッションや，6つの教育セミナーなども新しい企画として実施された。さらにTravel Awardを設けアジアから若い研究者100名の参加を募り，連日，英語で活発な討議がなされた。これら海外からの参加者に関西地域の大学・医療関連施設を見学いただくSite Visit Programも行われた。一般演題口演・ポスター・英語口演の中から，BP/NP 2005 Osaka優秀演題賞として表彰を行った。7つのプレナリーレクチャーには海外からSteven R

Hirsch, Peter Gebicke-Haerter, Paul M Grasby, Douglas Blackwood, Hans-Juergen Moeher, George Grossberg, Nancy A Andreasenといった高名な先生方を招き，有意義な講演を拝聴することができた．また企業によるセミナーも6件のランチョンセミナーのみならず，6件のモーニングセミナー，4件のイブニングセミナーが開かれるという盛況ぶりであった．こうした盛りだくさんな中，一般演題は388演題（日本語口演80演題，英語口演40演題，ポスター268演題）を集め，演題数としてもそれまでの学会の規模を大きく上回るものとなり，成功裡に大会は幕を閉じることとなった．

その後2013年にはWFSBP (World Federation of Societies of Biological Psychiatry) の第11回世界大会が，教室の武田雅俊を大会長として開催された．WFSBPは1974年に各国の生物学的精神医学会の世界連合として設立された歴史を持つ．その設立に対応する形で日本生物学的精神医学会が1979年に設立されたという経緯がある．日本はWFSBP加盟団体の中では最大の会員数を誇っており，設立当初よりWFSBPの活動に日本の研究者は大きな役割を果たしてきた．WFSBPはこれまでに3年ないし4年に一度の頻度でWorld Congressを10回開催してきたが，ブエノスアイレス（アルゼンチン），バルセロナ（スペイン），ストックホルム（スウェーデン），フィラデルフィア（アメリカ），フィレンツェ（イタリア），ニース（フランス），ベルリン（ドイツ），ウィーン（オーストリア），パリ（フランス），プラハ（チェコ）と，開催地に関してはヨーロッパに偏在する傾向が顕著であった．そうした中，日本を初めとするアジア地域の生物学的精神医学活動は，研究者数，論文数，研究レベルともに一定の評価を得るに十分なレベルに達しており，今後のWFSBPの活動を国際的に機能させるため，日本での開催誘致を行い，第11回のWorld Congressを2013年6月23日から27日までWFSBP，日本生物学的精神医学会，日本学術会議の主催で，京都国際会館において開催される運びと相成った．この大会は日本神経科学会Neuro 2013と連続して開催され，さまざまなJoint eventも企画され，成功を収めた．

この大会のハイライトは，なんといっても大会初日のオープニングセレモニーに天皇皇后両陛下をお迎えしたことである．会場は交通規制がなされ，朝から警備に多数の人員が動員されるなど，ものものしい雰囲気に包まれていた．会場への入場には，空港さながらの金属探知機によるセキュリティーチェックが導入され，オープニングセレモニーが開始される何時間も前から，約千人の出席者が入場し，両陛下の登場を今や遅しと待ちわびる中，午後5時にオープニングセレモニーは開幕となった．内閣府担当大臣，京都府知事，京都市長を来賓に迎え，Florence Thibaut WFSBP会長の開会のスピーチの後，両陛下は万雷の拍手の中を迎えられて壇上にご着席になり，武田雅俊大会長，大西隆日本学術会議会長，内閣府担当大臣，山田啓二京都府知事のスピーチを始終にこやかにお聞きになっておられた．両陛下のご臨席は20分ほどの時間で，なごやかな雰囲気の中ご退席となった．両陛下をオープニングセレモニーにお迎えしたことは，WFSBPの約40年における歩みの中でも，きわめて異例のことであり，多くの参加者がその歴史的瞬間の目撃者となった．両陛下の行幸啓はマスメディアでも報道され，本学会の活動が広く社会に知れ渡るまたとない機会ともなった．

大会の内容は5つのプレナリーレクチャー，100のシンポジウム，7つのディベートセッション，9つの治療ガイドラインセッション，4つの若手研究者セッション，7つのワークショップ，20のフリーコミュニケーション，14のサテライトシンポジウムが企画され，ポスターセッションは4日間にわたり開催された．学会の事前参加登録数は2,054名を数え，最終的な参加

者は2,495名,演題数は1,746演題であった。世界77ヵ国から参加者があり,日本782名を筆頭に台湾151名,米国115名,オーストラリア91名,ドイツ82名,韓国76名,オランダ66名,ポーランド57名,インド49名,フランス47名の順であった。台湾,韓国の生物学的精神医学会の全面的な協力を得られたことは大会成功の大きな要因となった。米国,オーストラリアともWFSBPに現時点では加盟していないにもかかわらず,多数の参加者があったことは,今後これらの国の生物学的精神医学会が,WFSBPのメンバーとして活動する可能性を予感させるものであった。

本大会のもう一つのハイライトは6月26日に開催された総会において,教室の武田雅俊がWFSBPの次期会長に選出されたことである。WFSBPの活動は,ヨーロッパを中心とした運営,米国の離脱,財政問題など,多くの課題を抱えた状況でもある。わが国からは,これまで神庭重信,尾崎紀夫,平安良雄がVice Secretary-TreasurerとしてWFSBP Executive Committeeで活躍されてきた。こうした背景の中,アジア太平洋地区から初めて会長が選出されたことは,日本のみならず世界の生物学的精神医学研究のさらなる発展に繋がり,WFSBPが真の世界連合として活動していくうえでの第一歩になるものと期待されている。

― Memory ―

竹友安彦がニューヨークから招聘教授として来日した時のスナップ

5 日本神経化学会

● 工藤 喬

日本神経化学会は，発足当初から大阪大学精神医学教室和風会と関係が深い学会の1つである。筆者は，平成19年本学会の50周年記念特集の編集を担当したので，当時の記述をもとに，和風会との関係について述べる。

学会発足時

昭和33年，和風会の佐野勇，塚田裕三，さらに高坂新一らが，大阪で開かれた日本精神神経学会で「神経化学，体液病理懇話会」を発足させ，これが今日の日本神経化学会のスタートとなった。その後，生理，生化学，薬理など基礎系の若手研究者が参加するようになり，規約等を策定して昭和37年「神経化学懇話会」が設立され，活動の中心となる常任委員には30代の若手研究者があたり，活発な活動が開始された。

昭和42年には，正式に日本神経化学会となった。

和風会の柿本泰男は当該学会の第二代理事長であるが，学会初期について以下のように回顧している。「当時は2000字くらいの研究の要約に加えて図表も事前に提出することになっていた。学会の1ヵ月位前にはそれらが会員に配布された。教室では全論文について，毎朝数題ずつを誰かが担当し，討論を行った。優れた点は学び，問題点も次々と指摘された。大体30から40題くらいだったので，1日2時間，10日くらいで合計20時間くらいかけて討論した。それから懇話会に出席する。学会では10分発表の15分討論だったかと思う。全発表に対して，われわれのグループから2，3人は討論に加わった。大阪なまりで遠慮なしの討論だった。またあのグループか，とわかったようである。やるとやられる。やられるからいい加減な研究は発

図1　日本神経化学会前夜（京都会館）

図2　50周年記念展示室にて

表しない。討論の激しさはかなりだったし，それが面白いと参加される先生もたくさん居られた。いやになって発表をやめる人も何人かいたようだ。それに負けずにやって来た人たちが今日まで続いている。学会では抄録をもとに審査委員会もあった。8人くらいの泊り込みで2日間であり，学会とほぼ同じ時間を費やした。私もそれに加わるようになって，研究を見る目は肥えたと思っている」このように，討論重視の当該学会は，時に激しいやり取りが行われ，それが伝統となっていった。その伝統の構築と継承に和風会員の果たした役割は大きい。

松山大会

柿本泰男は，昭和50年に愛媛大学精神医学教室に赴任するが，その数年後，松山で日本神経化学会が開催されることとなった。そのころは当該学会も成長して会員も数百人になっていたが，愛媛大学精神医学教室で神経化学会のことを知っているのは柿本と三宅正治（現神戸学院教授）との2人だけであり，資金もなかったという。そこで，柿本は何かユニークな学会で安上がりなものにすることを考えた。松山の山地に奥道後ホテルとそれに連結して3，4軒のホテルがあった。それを三日間全部借り，会員全部にそこに泊まってもらうこととした。それでホテルの会議場の料金は要らず，3，4会場が準備できた。しかし，泊まってもらう部屋を決めるのは大変だったようである。三宅が苦労して配置を決めたが，原則，男女は別，夫婦は同室，くらいは決められるが，その調整は大変だった。あいつは嫌だとか，シングルにせよとか，未婚のカップルは一緒とか注文だらけだったが，なんとか開催にこぎつけた。学会は，そうした全員泊り込みでの3日間となった。夜には種々のシンポジウムや学会改革委員会とかが深夜まで活発に行われて成果は出たようだった。柿本らができたのは夜の集会にウィスキーを配

図3　神経化学の若手研究者育成セミナーのポスター

ることだけだったが，そこから学会改革の次の芽が出たといわれている。

富山大会

武田雅俊は，平成20年第51回日本神経化学会の大会長（事務局長：橋本亮太）となった。この回は，富山大学の倉知正佳が大会長を務める第30回生物学的精神医学会との合同開催であったために，富山で開催された。この回では，時代の流れでポスター発表が増加してきていることをもう一度見直し，口演発表を中心として8割にしたことと，その一環として大学院生の発表枠を設けて若手研究者の発表の機会を増やす努力が行われた。また，新たな企画として若手研究者育成セミナーが行われた。これは，若手研究者をグループに分けシニアクラスの研究者とセミナーや食事を共にする企画で，研究の進め方やさらには研究人生に至るまで，酒を酌み交わしながら討論する場となり，きわめて好評であった。以後，学会の名物企画として現在まで存続している。

日本神経化学会の歩み

当該学会の年表を表に示すが，多くの和風会会員が関与していることがわかる。

表　日本神経化学会年表

理事長	名称	年度	会期	会長	開催地	備考
	第1回神経化学懇話会	1958	10.11-10.12		大阪	
	第2回神経化学懇話会	1959	11.14-11.15		東京	
	第3回神経化学懇話会	1960	11.5-11.6		大阪	
	第4回神経化学懇話会	1961	11.25-11.26		東京	
塚田　裕三 (常任委員長)	第5回神経化学懇話会	1962	11.17-11.18	中　修三	大阪	会員制施行．「神経化学」創刊
	第6回神経化学懇話会	1963	10.4-10.5	臺　弘	東京	
	第7回神経化学懇話会	1964	10.9-10.10	中　修三	大阪	
	第8回神経化学懇話会	1965	9.16-9.18	塚田　裕三	東京	日米神経化学会議（大磯）10.11-10.15
	第9回神経化学懇話会	1966	10.7-10.8	佐野　勇	大阪	日米神経化学会と改称（11月）
	第10回日本神経化学会	1967	10.5-10.6	小林　龍男	東京	7.23-7.28　第1回ISN国際神経化学会議開催（Stasbourg）
塚田　裕三	第11回日本神経化学会	1968	10.18-10.19	早石　修	京都	
	第12回日本神経化学会	1969	10.24-10.25	塚田　裕三	東京	
	第13回日本神経化学会	1970	10.16-10.17	高坂　睦年	岡山	
	第14回日本神経化学会	1971	10.15-10.16	山川　民夫	東京	
	第15回日本神経化学会	1972	10.15-10.16	中嶋　照夫	大阪	
	第16回日本神経化学会	1973	11.30-12.1	平野　修助	東京	8.26-8.31　第4回ISN国際神経化学会議開催（東京）
	第17回日本神経化学会	1974	10.24-10.26	栗山　欣弥	京都	
	第18回日本神経化学会	1975	11.13-11.15	黒川　正則	東京	
	第19回日本神経化学会	1976	10.14-10.16	佐武　明	新潟	
	第20回日本神経化学会	1977	10.27-10.29	吉田　博	大阪	
	第21回日本神経化学会	1978	10.26-10.28	永田　豊	名古屋	
	第22回日本神経化学会	1979	11.16-11.17	高垣玄吉郎	東京	
	第23回日本神経化学会	1980	11.13-11.15	柿本　泰男	松山	"神経化学の将来を語る"集会
	第24回日本神経化学会	1981	11.27-11.28	高橋　良	長崎	科学研究費調査委員会及び学会運営検討委員会の設置
	第25回日本神経化学会	1982	11.13-11.15	永津　俊治	東京	
	第26回日本神経化学会	1983	11.14-11.16	垣内　史朗	大阪	
	第27回日本神経化学会	1984	11.15-11.17	植村　慶一	東京	会則改正に関する答申
	第28回日本神経化学会	1985	11.5-11.7	宮本　英七	熊本	
	第29回日本神経化学会	1986	10.30-11.1	大月　三郎	岡山	
	第30回日本神経化学会	1987	10.28-10.30	塚田　裕三	東京	第30回記念大会
	第31回日本神経化学会	1988	10.26-10.28	小倉　久也	仙台	
柿本　泰男	第32回日本神経化学会	1989	9.27-9.29	野村　靖幸／山下　格	札幌	
	第33回日本神経化学会	1990	10.24-10.26	瀬川　富朗	広島	3月 ASN-JSN Joint Symposium（Phoenix）
	第34回日本神経化学会	1991	10.14-10.16	永井　克孝	東京	公募によるシンボルマークの決定（デザイン：田中　亮）
	第35回日本神経化学会	1992	10.20-10.22	田中　亮	名古屋	10.22-10.23　第1回アジアパシフィック神経化学会議（APSN）開催（名古屋）
植村　慶一	第36回日本神経化学会	1993	10.25-10.27	三木　直正	大阪	科研費細目　神経化学・神経薬理の発足
	第37回日本神経化学会	1994	10.6-10.8	武富　保	松本	
宮本　英七	第38回日本神経化学会	1995	7.1-7.2	中嶋　照夫	京都	7.2-7.7　第15回国際神経化学会議開催（京都）
	第39回日本神経化学会	1996	10.2-10.4	加藤　尚彦	横浜	
小宮　義璋	第40回日本神経化学会	1997	10.22-10.24	片岡　喜由	松山	
	第41回日本神経化学会	1998	9.21-9.23	御子柴克彦	東京	第1回神経化学・神経科学合同大会
三木　直正	第42回日本神経化学会	1999	9.15-9.17	中村　重信	広島	
	第43回日本神経化学会	2000	10.18-10.20	東田　陽博	金沢	奨励賞の創設
御子柴克彦	第44回日本神経化学会	2001	9.26-9.28	畠中　寛	京都	会長代行：三木　直正
	第45回日本神経化学会	2002	7.17-7.19	野村　靖幸	札幌	
	第46回日本神経化学会	2003	9.24-9.26	辻　省次	新潟	生物物理学会と合同
	第47回日本神経化学会	2004	9.21-9.23	遠山　正彌	大阪	Neuro 2004
遠山　正彌	第48回日本神経化学会	2005	9.28-9.30	神庭　重信	福岡	
	第49回日本神経化学会	2006	9.14-9.16	鍋島　俊隆	名古屋	＜三学会合同＞精神神経薬理　生物学的精神医学

日本神経化学会年表（つづき）

理事長	名称	年度	会期	会長	開催地	備考
髙坂　新一	第 50 回日本神経化学会	2007	9. 10-9. 12	髙坂　新一	横浜	Neuro 2007
	第 51 回日本神経化学会	2008	9. 11-9. 13	武田　雅俊	富山	＜合同＞日本生物学的精神医学会 The 2nd WFSBP Asia Pacific Congress
	第 52 回日本神経化学会	2009	6. 21-6. 24	田代　朋子	群馬	＜合同＞神経組織の成長・再生・移植研究会 (GRT 研究会)
	第 53 回日本神経化学会	2010	9. 2-9. 4	井上　和秀	神戸	Neuro 2010
井上　和秀	第 54 回日本神経化学会	2011	9. 26-9. 28	米田　幸雄	金沢	
	第 55 回日本神経化学会	2012	9. 30-10. 2	池中　一裕	神戸	第 55 回日本神経化学会大会後期 第 11 回アジア太平洋神経化学会大会合同大会
木山　博資	第 56 回日本神経化学会	2013	6. 20-6. 23	木山　博資	京都	Neuro 2013 第 11 回世界生物学的精神医学会国際会議と連携開催 (6. 23-27)

神経化学懇話会趣意書

近時国際的にも脳神経の生化学的研究に対する関心が高まり，その研究水準も急速に，向上するに至りました．一方，わが国においても神経化学に志す人々が増加し，充実した研究業績が数多く発表される様になり，第 4 回神経化学懇話会（昨年 11 月 25•26 日）も盛会裡に終了致しました．この様な情勢のもとでわが国の神経化学の研究を一段と推進させ，国内はもとより国際関連学会との連絡を密にし，基礎・臨床の研究者を統合し研究実績をより充実させるため，ここに神経化学懇話会を一定の会則を定めた会員制による「会」に発展させることになりました．しかし本会はあくまで従来の学会形式をさけ，より実り多い業績発表の形式を採用し，会員相互の親睦と情報の交換をはかることを目的としております．

さきの第 4 回神経化学懇話会に際し発起人会を開き，別記の如き暫定的な会則を定めて発足しようとしております．従来神経化学懇話会にご参加下さいました方々，並びに今後神経化学の研究に従事される方々，あるいは多大の興味をもたれる方々に，1 人でも多く会員として参加して頂き，本会発展のために御盡力下さいますよう切にお願いする次第であります．

なお，本会役員として，とりあえず下記の方々を選定致しました．

委　員（ABC 順，*印は常任委員）

相沢豊三	（慶大・内科）	*成瀬浩	（東大・神経科）
秋元波留夫	（東大・神経科）	冲中重雄	（東大・内科）
江上不二夫	（東大•理学部生化学）	奥村二吉	（岡大・神経科）
江副勉	（松沢病院）	*佐野勇	（阪大•神経科）
*鳩谷龍	（京大•神経科）	佐藤倚男	（東医大・神経科）
陣内伝之助	（岡大・外科）	柴田農武夫	（東医大・神経科）
勝木　司馬之助	（九大•内科）	諏訪望	（北大・神経科）
*川北幸男	（阪市大・神経科）	田坂定孝	（東大・内科）
木村雄吉	（伝研・細胞化学）	*高垣玄吉郎	（慶大・生理）
小林龍男	（千大・薬理）	*高橋良	（東医歯大・神経科）
*高坂睦年	（岡大・神経科）	*高橋康夫	（新大・脳研）
熊谷洋	（東大・薬理）	鳥飼龍生	（東北大・内科）
*黒川正則	（東大・脳研生化学）	*塚田裕三	（東邦大・生理）
三浦岱栄	（慶大・神経科）	*宇尾野公義	（東大・内科）
村上仁	（京大・神経科）	台弘	（群大・神経科）
中修三	（阪市大・神経科）	吉川政己	（東大・内科）

常任委員長には塚田裕三を選任し，事務局は東邦大学医学部第 2 生理学教室（東京都大田区大森 4 の77）におくことになりました．

なお，本年度(昭和37年・秋）の研究発表会(シンポジウム）は中修三会長のもとに大阪で開催し，その際第 1 回総会を開催することになりました．

昭和37年 1 月　　　　神経化学懇話会発起人一同

図 4　神経化学懇話会趣意書　神経化学 Vol 1 No 1, 1962 年 2 月

6 日本精神病理学会

● 清水　將之

15年戦争前

　15年戦争前の本邦には，精神病理学という判然と独立した学問領域はなかったようだ。ずっと古い歴史を辿れば，南部藩八戸の開業医安藤昌益（1703-1762）が居る。Kraepelinよりも150年ほど前，精神疾患を24症に分類し，躁症状を妄神病，鬱症状を脱神病とし，それぞれの進行した症状を進逆病，退逆病などに分類している（青木歳幸）。本邦における疾病学の元祖である。本邦の医学史は，何故これを誇らないのだろう？

　専門領域がなかったお蔭であろうか，Schneider Kが『臨床精神病理学』を刊行して以降，精神科へ入局する人はみな，この書物を原語で読んでいたようである。第一級症状，第二級症状などの話を医局で日常的に交わすには，読まぬ訳にゆかなかったのではないか。頁数の少ない手頃な書物だったこともあろう。このようにして，日常臨床の基盤としてSchneiderの書物が浸みわたっていたようだ。

　Jaspers Kの『Allgemeine Psychopathologie』の初版-(Springer J, 1913) は，敗戦後，Heidelberg大学図書館利用の便などSchneiderが協力し，全面的に書き改められた大部の著作よりもずっとスリムな書物であったようだ。戦前，当時の青年に多かった病に倒れて療養を強いられていた西丸四方が暇に任せて邦訳し，戦後もずっと後になって『精神病理学原論』と題して刊行された（みすず書房，1971）。精神病理学と名付けられて独立した専門領域ではなく，この国で精神科医になるための基礎学として普遍的に存在していた，と表現できようか。

　15年戦争は，数えきれないほど多数，有意の青年を殺した。旅立った青年たちの無念さは計り知れない。それは，『きけわだつみのこえ』や大貫美恵子の著書『ねじ曲げられた桜』など，流布されている書物から，無名青年の遺族が私家本として刊行したと思しきものまで，数多くの記録が残されている（筆者の書架にも20冊ばかり並んでいる）。

　画学生や少壮画家の絶筆群が，長野県上田の林間に建つ＜無言館＞（2棟）に蔵されている。ある年，敗戦の日に同所を訪れ，修行中の未成熟な筆ながら，死を意識した緊迫の作品群に触れ，旅立ちの状況が記されている解題を読み，絶句した。その中に，知人（和風会会員）の夫君（結婚数ヵ月で出征）が妻を描いた作品を前にして，足が止まってしまった（図1）。

　それらに比すれば，若くして戦場で命を奪われた精神科医の遺文はほとんど見たことがない。戦争体験の残遺と申せば，残忍無比のインパール作戦から奇跡的に生還した加藤正明が自らの壮絶な体験を理由に，PTSD概念を徹底批判したことくらいであろうか。

図 1 妻（せつ）
西岡健次郎作（享年 26 歳）

戦後精神医学の歩み

 本邦の戦後精神医学は，このような雰囲気の中で歩みを始めた。辛うじて生還した（一般兵士に比すれば，軍医の生還率は格段に高かったことを失念してはならない）若手精神科医と，国内に残っていた中年以降の精神科医とで構築が始まったようだ。
 敗戦後の本邦精神医学は脳の病理学研究が中心であった。林道倫らの生化学的研究や内村祐之（Spielmeyer W の弟子）らの組織病理学的研究などが思い出される。このような中で 1950 年代の半ばより，各地で精神病理学を語る集いが始まったようだ。これは，内村祐之，岡田敬蔵，島崎敏樹，西丸四方により Jaspers の戦後改訂増補版を『精神病理学総論（全 3 巻）』と題して，岩波書店から刊行（1953-1956）されたことも大きく強い引き金となったと推量される。生物学的精神医学へ進む精神科医をも含めて多くの人がこれを読んだ。
 戦後精神医学を先導した人たちが敗戦の年に何歳であったか，一部思い出しておこう。内村祐之（48），井村恒郎（39），村上仁（35），満田久敏（35），西丸四方（35），島崎敏樹（33）となる。それから 10 年を経て 1955 年には飢えから解放され，研究も華やぎ始めた。上記のそれぞれに 10 歳を加算してみれば，脂の乗った面々が揃っていたと判る。井村は今で言う神経心理学，満田は遺伝学，西丸も『日本傑出人脳の研究』から仕事を始めた人である。
 あの時代は，生物学的研究を行っていた研究者も，精神病理学の主な論文はあらかた目を通して論議に加わっていた。情報量が桁違いに少なかった時代と申せばそれまでだけれど，あのころの研究者は精神的器量が今より桁外れて大きな人が少なくなかった。筆者が博士論文の要旨を地方会で発表したときの司会者は遺伝学者の満田であったが，そのことのみで演壇に立つ前から鳥肌の立つほど緊張した。そのような大幅の人物は，内分泌精神医学を専攻した鳩谷龍が最後であったのか。

小さな集いからより全国的な組織へ

 地方の小さな集いという時流に乗って，1960 年卒業の筆者も京都大学精神科笠原嘉助手（当時）に誘われ，2 人が呼びかけ人となって＜京大・阪大精神病理懇話会＞を作り，年 2 回，十数名の京阪神間在住精神科医が集っていた。両者交代で話題提供者を出して和気藹々と交流していた。筆者が離人症について発題したときは，当時 DAAD 留学生として滞独していた木村敏が紙上参加し，「何だか難しい話だねえ」と代読した笠原は語っていたが，これはやがて Nervenarzt 誌に掲載されて木村の処女論文となった。
 こういった類の集いが各地でささやかに営まれ，やがて全国的な組織として論議を深めてはどうかという雰囲気が高まってきた。そのような流れの後に，村上仁が会長になり，その下にいた笠原が事務局（後に，学会紛争まで，松本雅彦が引き継ぐ）となって組織が作られ，1964 年に日本精神病理・精神療法学会第 1 回大会が開催された。これに先立つ数年間，日本精神神経学会総会の翌日に精神病理懇話会という半日

程度の集いが催されており，一部は精神医学誌に記録が残っている．精神病理学・精神療法学会第5回大会は金子仁郎運営委員長により1968年大阪厚生年金会館で開催された．

しかし翌年秋の第6回大会は，新福尚武運営委員長の下で開催が準備されていたけれど，若手医師によって討論集会に変えられてしまった．同年5月に金沢で開催された日本精神神経学会が青年医師連合（略称＜青医連＞）の若手（中年も，一部混交していた）たちに会場を占拠され，学会や医局の旧弊性・閉鎖性，精神科入院医療における人権問題を巡る討論で3日間は費消されてしまい，それが多くの精神科関連学会に飛び火していった次第である．

精神病理・精神療法学会も，この年は同様に討論集会となった．第6回大会当日の論争経緯については，土居健郎が編集者となり，十数名の参加者が意見を述べた文章を寄せ，精神医学誌に掲載されている．このとき自説を記した人でその後も研究を続けたのは，土居健郎，小木貞孝，西園昌久，安永浩，荻野恒一くらいである．ここで，この学会は一旦生命を終えた．

その後の空隙を埋めるかのように，少人数が合宿してワークショップを行い，記録を単行本として公開することが流行った．『分裂病の精神病理』（16回），『躁うつ病の精神病理』（4回），『青年の精神病理』（3回）などである．

批判派青年にも加齢があり，批判論点にも新味が薄れ，燃え尽き気味となってきて，水面下では「学会を復興させたい，されど若手医師に占拠されるのはもう御免だ」という悶々とした思いが底流していた．

日本精神病理学会の再建へ

そうした中で，富山県在住の中堅医師が集まり，高柳功（西丸四方の直弟子で，信州大学を卒業して東京方面で活躍，離人症・二重身など，数編の優れた精神病理学論文を発表して帰郷・開業した人．開業後は，厚生省や国際場面でも精神科医療行政面や法精神医学領域で大きな業績を残している）を旗手として，精神病理懇話会富山という集いが1978年6月28〜30日の2泊3日で開催された．呉羽ハイツという宿泊施設を借り切り，演題発表者以外は参加させないという厳重さであった．100名ほどの合宿なので，夜の部も含め討議は大いに盛り上がり，熱気漂う集いであった．数年の年齢差がある荻野恒一と筆者が，学会紛争の責任について夜更けまで論争した．共に酔っていたので，論旨が噛み合わず，酒の飲めない藤縄昭（2003.1.29，他界）が通訳していた．そのような熱論が，あちこちの畳部屋で展開されていたようだ．

富山では予定通り3年間続けて開催されたけれど，熱気を伝え聞いた人々が演題を携えて多数参加を申し込み，合宿形式は2年のみに終った．3年目は，富山市内で会議場を借りて定型の学会方式となった．この領域では，みな欲求不満を抱えていたのであろう．富山に続いて，宝塚で3年（辻悟，藤本淳三），信州で2年，日光で2年，水戸で1年と開催が続けられた．

第12回懇話会は名古屋で筆者が開催を引き受けることになった．前年，水戸で開かれた懇話会の際に行われた関係者打ち合わせ会で，この際，学会を復興させようと筆者が提案し，一同は渋々これを承認した．未だ，若手医師を恐れる気分が払拭されずにいたのである．

1989年は，懇話会時代の開催も計数し「第12回」日本精神病理学会として名古屋で開催された．会則の作成，名簿の作成など，苦労があったけれど，一番腐心したことは，富山で懇話会が出発した当初に星和書店が刊行を始めていた商業雑誌としての『臨床精神病理』（編集：笠原嘉，宮本忠雄，高柳功，清水將之）を，巻数を継続して学会誌にさせてもらうという交渉であった．星和書店の石澤社長は快く承認してくれたけれど，かなりの心労を要した．こうして，名古屋市立大学精神科に事務局を置く日本精神

病理学会が発足し，現在に至っている。

　1994年正月，学会事務局を急遽，大阪大学精神科（井上洋一事務局長）へ移転することになった。いきさつはこうである。1987年春に名古屋市立大学精神科教授として着任した人は，一方通行で話し合いによって事を進めるのがとても苦手であった。筆者は教室員との間に立って苦労したが，個人的にも相当痛めつけられた。直前になって海外出張を禁止するなど，今風に表現すればパワー・ハラスメントと呼ばれるのであろう。同年4月に筆者が三重県立こども心療センターあすなろ学園への就職が決まったと知ったこの人は，同大学精神科医局にある学会事務局を閉鎖するよう命じた。残された時間が乏しいので，いささか慌てた。

　学会理事長が名古屋大学精神科笠原教授であったので，いろいろと相談に乗ってもらった。「彼（笠原氏にとっては，大学の後輩）の性格からすれば，いったん言い出したことを変更させるのは，私が言ってもダメだろう」と言われた。あまりあちこちに打診する暇もなく，井上洋一氏（2006年，第29回会長）へ強引に頼み込んで，事務局を引き受けてもらった。当時の井上氏には急なことで，突然災厄が降ってきたような話であったろう，今でも申し訳なく思っている。その後現在に至るまで，この学会の事務局は大阪大学精神科医局に置かれている。

精神病理学の新たな姿

　1990年前後からであろうか，Lacan Jを熱烈に信奉（仰？）する人々の演題発表が一時期急増し，大文字のAとか小文字のa云々などという言説が会場内を飛び交い，臨床の香り，治療現場の苦楽といったものが色褪せてきた感を抱いた。重厚な精神病理学書の刊行も非常に少なくなった。1980年に米国が精神医学へ操作診断を持ち込み，WHOまでがその流れに擦り寄ったことも，精神病理学が精神医学の傍流に追いやられることへ効能を発揮したのかも知れない。

　半世紀前，精神科へ入局してくる若い世代は，苦しんでいる患者の魂の襞にある何かを嗅ぎ取ることに腐心し，苦しみにどこまで寄り添うことができるかを考え，mitleidenという言葉（いささか思い上がりであろう）さえ用いられていた。今の若い世代は，そのように辛気臭い努力には興味を示さず，患者の苦しみには頓着せず，魂よりもシナプス内部を凝視するようになっているのであろうか。そうであれば，患者の苦悩などに煩わされることなく研究に没頭できるよう，獣医学部精神科へ移籍してはどうかとも思う。

　1990年代中ごろまで本邦における精神病理学を牽引してきた笠原嘉は「精神医学は，精神病理学と身体病理学との間を振り子のように往来してきた百年を見れば，又，われわれの方に光が当たる時代が来る」とかつては語っていたけれど，果たしてどうであろう。

　操作診断の流行によって，精神科症状論が曖昧になってしまった。そのことに危惧を抱く人は少なくないようだ。それは，濱田秀伯の『精神症候学』という地味な書物が沢山購入されていることからも推量される。その辺り，すなわち症状論，疾病概念，疾患単位論などに，精神病理学再生への突破口が一つ現れてくるのではないか。

文　献

1) 青木歳幸：江戸時代の医学―名医たちの300年．吉川弘文館，東京，2012
2) 土居健郎，他：精神病理精神療法学会．精神医学，**12**：86-126，1970
3) 濱田秀伯：精神症候学．弘文堂，2008
4) Jaspers K著，内村祐之，他訳：精神病理学総論（3分冊），岩波書店，東京，1953-1956
5) 大貫美恵子：ねじ曲げられた桜．岩波書店，2003

7 日本認知症学会

● 大河内正康

はじめに

　日本認知症学会（理事長・大阪市立大学医学部・森啓教授）の前身である「老年期脳障害研究会」の第1回集会は昭和57年10月30日（土）に大阪大学医学部付属病院B講堂で開催された。記念すべき第1回会長は当科西村健先生であった（各先生方の役職，また故人の記載は省略する）。私は中之島にあった旧医学部の最後の卒業生（平成2年卒）で，旧病院B講堂では来る日も来る日も難解な授業に苦しんだ記憶が懐かしく昨日のことのように思い出される。最近の認知症学会の雰囲気を旧病院B講堂の雰囲気と重ね合わせると，当時のわずか半日の研究会の雰囲気を何となく想像できるような気がする。しかし，私がセピア色の合成写真を心の中で作り上げてもそれには何の意味もなく，所詮想像を逞しくしているにすぎない。そこで，当時の資料を収集すべく関係の先生方にお話をお伺いし，また資料の提供をお願いした。

　しかし，光陰矢のごとしで，先達の先生方から断片的なお話は聞くことができるものの，具体的な資料をお持ちの方はおられなかった。方々手を尽くして情報を得るべく努力している過程で，「老年期脳障害研究会」の成立に東京都精神医学総合研究所（現東京都医学総合研究所のこと。旧都立松沢病院の敷地内にある都立研究所であり，旧中宮病院の研究所が発展し現に続いていると考えていただければ当たらずとも遠からずである）を要にした，人間模様が深く関与していることを知った。当研究会の初代理事長は研究所の石井毅所長であったし，老年期脳障害研究会の時代から現在の日本認知症学会に至るまで一貫して学会事務局は東京都精神医学総合研究所（現東京都医学総合研究）に置かれている。私自身，東京都精神医学総合研究所に当科大学院卒業後2年半ほどお世話になったこともあり，現在も理事として学会の運営に深く関与されている神経病理部門・秋山治彦先生をはじめ，多くの方々のご厚意で学会の初期の資料を閲覧させていただいた。この場を借りてお礼申し上げたい。なお，文中の記載の多くが伝聞や転載に基づいており誤りの指摘を受けるべきところも多いと思う。ご理解いただくようお願い申し上げると同時に文責が著者にあることをお断りしておく。

発足

　現在の日本認知症学会は当初「老年期脳障害研究会」とされた。本学会は発足当初から認知症を明確なターゲットとしており，会の発足に関与した石井先生や西村先生は「老年期痴呆研究会」としたかったようである。しかし，その名称が他の製薬企業主催研究会ですでに使用されていたため，やむなくこのようになったとの

ことである。この老年期脳障害研究会の会則によると、「本会は老年期脳障害に関連する分野の科学的研究の進歩発展をはかることを目的とする」とある。また「本会の会員は老年期脳障害の臨床あるいは基礎に関する学識経験を有し、本会の目的に賛同する医師および研究者で、発起人の推薦を受け、世話人会の承認を受けること」とされている。

当時の資料によると、発起人として、石井毅、飯塚礼二、金子仁郎、亀山正邦、熊代永、新福尚武、高畑直彦、立石潤、中村晴臣、楢林博太郎、西村健、長谷川和夫、宮川太平、三好功峰、室伏君士の先生方が名前を連ねておられた。

さらに、世話人として上記の先生方に加えて、赤井淳一郎、安藤烝、石井惟友、上野武治、宇野正威、遠藤正臣、大熊輝雄、太田民男、大塚俊男、岡部祥平、小笠原進、小田雅也、大原健士郎、小柳新策、大友英一、加藤正明、貝谷寿宜、笠原嘉、森松義雄、諸治隆嗣、加藤雄司、柄沢昭秀、池田久雄、鬼頭昭三、倉知正佳、黒田重利、小阪憲司、近藤重昭、里吉営二郎、白木博次、志田堅四郎、清水信、柴山漠人、島園安雄、高松勇雄、弟子丸元紀、東儀英男、十束支郎、朝長正徳、豊倉康夫、鳥居方策、中村重信、難波益之、石野博志、原田憲一、平井俊策、平山恵造、藤沢浩四郎、保崎秀夫、松下正明、松山春郎、萬年徹、水島節雄、三山吉夫、皆川正男、宮岸勉、宮坂松衛、森温理、柳下三郎、矢﨑三保、柳沢信夫、山鳥重、山口成良、山田通夫、横井晋、吉田充男の各先生方が就任された。

歴代学術集会の開催記録

次に学会の主要な行事である学術集会についての情報を古いものから列挙する。

第1回老年期脳障害研究会
会長：大阪大学医学部精神科・西村健
日時：昭和57年10月30日
演題：13題
出席者：75名

第2回老年期脳障害研究会
会長：東北大学精神神経科・大熊輝夫
日時：昭和58年10月30日
演題：19題
出席者：104名

第3回老年期脳障害研究会
会長：九州大学医学部脳研病理・立石潤
日時：昭和59年10月27日
演題：21題
出席者：113名

第4回老年期脳障害研究会
会長：東京都精神医学総合研究所・石井毅
日時：昭和60年9月27日
演題：22題
出席者：113名

第5回老年期脳障害研究会
会長：岡山大学医学部精神神経医学教室・黒田重利
日時：昭和61年9月28日
演題：16題
出席者：73名
＊これ以降開催場所の資料あるため加筆する。

第6回老年期脳障害研究会
会長：兵庫医科大学精神神経科・三好功峰
日時：昭和62年10月2日
場所：産業年金会館
演題：31題
出席者：100名
＊「老年期脳障害研究会」から「日本痴呆学会」への名称変更あり。

第7回日本痴呆学会
会長：順天堂大学医学部精神神経科・飯塚禮二
日時：昭和63年10月29日
場所：有山記念講堂
演題：39題
出席者：144名
＊一時的に学会は2日制に移行。

第8回日本痴呆学会
会長：京都大学医学部神経内科・中村重信
日時：平成元年10月10・11日
場所：京都会館会議場
演題：33題
出席者：150名
＊再び1日制に戻る。

第9回日本痴呆学会
会長：高知医科大学神経精神医学教室・池田久男
日時：平成2年11月14日
場所：高知共済会館
演題：48題
出席者：約200名

第10回日本痴呆学会
会長：神奈川県総合リハビリテーションセンター・柳下三郎
日時：平成3年11月6日
場所：神奈川県・県政総合センター

演題：38 題
出席者：144 名

第 11 回日本痴呆学会
会長：金沢大学医学部神経精神医学教室・山口成良
日時：平成 4 年 11 月 18 日
場所：金沢大学医学部十全講堂
演題：40 題
出席者：220 名

第 12 回日本痴呆学会
会長：札幌医科大学医学部神経精神医学教室・高畑直彦
日時：平成 5 年 9 月 25 日
場所：札幌医科大学医学部臨床教育研究棟
演題：43 題
出席者：181 名

第 13 回日本痴呆学会
会長：群馬大学医学部神経内科・平井俊策
日時：平成 6 年 11 月 12 日
場所：群馬県教育会館
演題：43 題
出席者：162 名

第 14 回日本痴呆学会
会長：住友病院・亀山正邦
日時：平成 7 年 10 月 21 日
場所：千里ライフサイエンスセンター
演題：51 題
出席者：145 名

第 15 回日本痴呆学会
会長：長岡療育園・小柳新策
日時：平成 8 年 10 月 19 日
場所：長岡グランドホテル
演題：40 題
出席者：132 名
＊理事長交代・平井俊策先生へ。
＊再び 2 日制に移行し以後 2 日制が定着する。

第 16 回日本痴呆学会
会長：横浜市立大学神経科・小阪憲司
日時：平成 9 年 10 月 1・2 日
場所：横浜市教育文化ホール
演題：71 題
出席者：詳細不明

第 17 回日本痴呆学会
会長：東京大学大学院医学系研究科神経病理学・井原康夫
日時：平成 10 年 10 月 3・4 日
場所：私学会館アルカディア市ヶ谷
演題：84 題
出席者：376 名

第 18 回日本痴呆学会
会長：熊本大学医学部精神科・宮川太平
日時：平成 11 年 10 月 7・8 日
場所：熊本産業文化会館
演題：70 題
シンポジウム：14 題
出席者：309 名

第 19 回日本痴呆学会
会長：国立精神・神経センター神経研究所疾病第 6 部・田平武
日時：平成 12 年 9 月 28・29 日
場所：かずさアカデミアパーク
演題：84 題
シンポジウム：11 題
出席者：427 名

第 20 回日本痴呆学会
会長：三重大学医学部神経内科・葛原茂樹
日時：平成 13 年 10 月 4・5 日
場所：アスト津
演題：79 題
シンポジウム：13 題
出席者：詳細不明
＊当科武田雅俊先生が会長として阪大精神科主催の 2 回目の学術集会開催。

第 21 回日本痴呆学会
会長：大阪大学大学院医学系研究科精神医学・武田雅俊
日時：平成 14 年 10 月 3・4 日
場所：大阪大学コンベンションセンター
演題：86 題
シンポジウム：10 題
出席者：418 名

第 22 回日本痴呆学会
会長：東京都立松沢病院・松下正明
日時：平成 15 年 10 月 3・4 日
場所：大田区産業プラザ
演題：85 題
シンポジウム：11 題
出席者：435 名
＊理事長が平井俊策先生（第 2 代）から井原康夫先生（第 3 代）に引き継がれる。

第 23 回日本痴呆学会
会長：理化学研究所脳科学総合研究センター・貫名信行
日時：平成 16 年 9 月 29・30 日
場所：江戸川区総合区民ホール
演題：84 題
シンポジウム：9 題
出席者：354 名

第 24 回日本痴呆学会
会長：大阪市立大学老年医科学大講座脳神経科学・森啓
日時：平成 17 年 9 月 30・1 日
場所：ＷＴＣコスモタワー
演題：89 題
シンポジウム：16 題
出席者：412 名

第 25 回日本痴呆学会
会長：鳥取大学医学部神経内科・中島健二
日時：平成 18 年 10 月 6・7 日
場所：広島国際会議場
演題：114 題
シンポジウム：24 題

出席者：425名
第26回日本痴呆学会
会長：東京都老人総合研究所・本間昭
日時：平成19年10月17・18日
場所：大阪国際会議場
演題：96題
シンポジウム：3題
出席者：約400名
＊27回以降は最近のため省略。

初期の和風会関連会員

次に阪大精神科関連の先生方の発足当時の入会状況について調査できた範囲で記載する。

発足時発起人・世話人
　金子仁郎
　西村健
昭和57年入会
　岡部登志男
　稲岡長
　上間武
昭和58年入会
　藤田幸子
　松村喜志雄
　新川久義
昭和62年入会
　越智直哉
昭和63年入会
　武田雅俊
　田中重実
　中村祐
　池田学
平成1～2年入会
　池尻義隆
　田辺敬貴
　伊藤皇一
　中川賀嗣
　山本春子
平成2～3年入会
　田中稔久
　谷向知
以下不明点が多いため省略。

第1回老年期脳障害研究会

日本認知症学会の発足は、上記の第1回老年期脳障害研究会集会日とされている。当科西村健先生が会長をされた第1回研究会プログラムを添付した（図1～3）。ご覧のように「開会」の時間が5分間とられているが、誰が挨拶されたのか記載はない。西村先生が会長として一言述べられたのではあるまいか。最初の4演題は東京都精神医学総合研究所・石井毅先生が座長をされた。石井先生は初代会長（のちに理事長）として学会の黎明期を長年支えられた。記念すべき最初の演題は「老人斑とアミロイドアンギオパチーとの関連について」熊本大学神経精神科・宮川太平先生であった。

コーヒーブレイクの後、西村先生が司会をされ特別講演として「老年医学事始め」として金子先生が話されたのが、和風会としての学術的関連の「事始め」であった（図3）。

和風会からの発表

記録によると、和風会からの最初の発表は熊本での第2回研究会にさかのぼる。「脳機能検査所見とCT所見との相関について」との題名で近藤秀樹先生が発表された（図4）。抄録は添付のとおりであるが、神経変性に伴う脳機能変化と脳形態変化の関連性という大きなテーマについて検討した興味深い発表である。

以下、初期のプログラムの中から、和風会関連の演題を抽出する。

第3回研究会
5．アルツハイマー型老年痴呆群の神経心理学的検査所見
大阪大学　神経科
近藤秀樹、谷口典男、明石恵司、関健児、西村健
ベルランド病院　神経科
田中重実、新川久義、田中早苗、服部英幸
第6回研究会
1．老年患者におけるベンダー・ゲシュタルト・テスト
大阪大学精神神経科
　越智直哉、近藤秀樹、服部英幸、横永剛一、西村健
ベルランド病院神経科
　河辺太郎、田中重実
第7回学会学術集会
7．老年健常者群および老年脳疾患群におけるベンダー・ゲシュタルト・テスト所見
大阪大学精神神経科

近藤秀樹，槙永剛一，古川辰之，明石恵司，松村喜志雄，西村健
ベルランド病院神経科
　服部英幸，河辺太郎，田中重実
28．高齢ラット脳におけるライソゾームの変化
大阪大学医学部神経科精神科
　中村祐，武田雅俊，鈴木英夫，森田仁，多田国利，播口之朗，西村健

第8回学会学術集会
31．アルツハイマー病冒険脳におけるカテプシン酵素類の組織化学的検討
大阪大学医学部精神科
　中村祐，武田雅俊，多田國利，播口之朗，西村健
ベルランド病院神経科
　服部英幸
近畿大学医学部第二病理
　橋本重夫

第9回学会学術集会
5．加齢による脳白質におけるGFAP免疫染色性の変化
大阪大学医学部精神科
　中村祐，武田雅俊，新川久義
三共生物研究所
　吉見健二
大阪大学医学部精神科
　田中稔久，楢林義孝，多田國利，播口之朗，西村健
10．一過性脳虚血後の海馬CA1領域におけるclathrinの分布の変化とそれに伴うclathrin分子の状態についての検討
三共生物研究所
　吉見健二，岩田宜芳
大阪大学医学部精神科
　工藤喬，多田國利，中村祐，武田雅俊，播口之朗，西村健
37．前部性および後部性痴呆の側脳室下角について
大阪大学医学部精神神経科
　池田学，田邉敬貴，山本晴子，西村健
大阪大学健康体育部
　池尻義隆，中川賀嗣
大阪回生病院精神神経科
　伊藤皇一
39．時系列（治療過程）からみた長谷川式簡易知的機能評価スケールとMini-Mental State Examinationの互換性について
兵庫県立尼崎病院神経科
　今川正樹
46．老年期痴呆の危険因子並びに痴呆症状を増悪させる因子に関する研究
京都府立与謝の海病院精神神経科
　神谷輝
京都府立医科大学精神医学教室
　小林豊生，戸梶裕子，岸川雄介，河瀬雅紀，福井顕二，中嶋照夫

第10回学会学術集会
5．痴呆症の手続記憶
大阪大学精神神経科
　池田学，田邉敬貴，西村健
大阪大学健康体育部
　数井裕光，中川賀嗣
東加古川病院
　小森憲治郎
7．入所施設における痴呆性老人のケアとその評価
大阪市立弘済院第二特別養護老人ホーム
　小林敏子，岡田和子，松島淳子，松本ヒトミ，白水一子，森家文子，井上雄司，泉屋洋一，中村祐，坂尾恭介，野村清利
17．家族性アルツハイマー病の分子遺伝学的研究
大阪大学医学部老年病医学
　永野敬子，善岡克次，三木哲郎，勝谷友宏，荻原俊男
精神科
　池田学，田邉敬貴，武田雅俊，西村健
九大遺伝情報
　榊佳之
九大脳研　神経病理
　堂浦克美
19．神経変性疾患とユビキチン化，細胞骨格蛋白を中心とした検討
大阪大学医学部精神科
　田中稔久，武田雅俊，楢林義孝，谷向知，車谷隆宏，大河内正康，関山敦生，播口之朗，西村健
25．Amyloid beta-precursor proteinの蓄積過程—イボテン酸によるラット海馬破壊部位において—
大阪大学医学部精神科・日生病院神経精神科
　中村祐，武田雅俊，新川久義，播口之朗，北嶋省吾，西村健
27．家族性アルツハイマー病buffy coat境内接種実験でみられる脳病変について
大阪大学医学部精神医学教室，住友病院心療内科
　谷向知，武田雅俊，多田國利，工藤喬，田中稔久，関山敦生，播口之朗，西村健
11回以降省略。

第21回日本痴呆学会

　平成14年10月3・4日に大阪大学コンベンションセンターで行われた。会長は武田雅俊先生，事務局長は田中稔久先生が務められた（図5）。その時の会長講演の内容を図6に引用した。そこにはアルツハイマー病の治療が予防的介入を目指したものに変質していくことをはじめ，当時はiPSなど存在しなかったにもかかわらず，神経組織移植を含めたまったく新しい治療戦略が出てくるであろうことが含まれている。

第1回 老年期脳障害研究会

プログラム

会長　　大阪大学精神科　　西村　健 教授

日時：昭和57年10月30日（土）　PM 1：00〜5：20
場所：大阪大学医学部附属病院B講堂

お願い：
1. スライドプロジェクターは35mm版用1台のみを使用します。
2. 講演時間（10分），討論時間（5分）は厳守して下さい。
3. 口演発表者は研究会記録用の抄録（800字以内）を受付係にお渡し下さい。
4. 参加費500円をいただきます。

図1

```
13：00          開　会
13：05—14：05           座　長　　東京都精神医学総合研究所　　石　井　　　毅

 1．老人斑とアミロイドアンギオパチーとの関連について
                              熊大　神経精神科　　宮　川　太　平

 2．老人斑，いわゆる Kuru-like plaque（CJD），plaque-like angiopathy
    における斑の形態と発生機序に対する一考察
                         神奈川県総合リハビリセンター　　柳　下　三　郎

 3．Perivascular plaques と Lewy 小体が目立つ初老期痴呆＋Parkinson 病の1剖検例
                              宮崎医大　精神科　　三　山　吉　夫
                                              福　永　洋　光

 4．アルツハイマー病の病理形態学的再検討—視床病変について
                         東京都精神医学総合研究所　　松　下　正　明

14：05—14：50           座　長　　兵庫医科大学精神科　　三　好　功　峰

 5．進行性核上麻痺における細胞内線維構造の超微形態について
                              兵庫医大　精神神経科　　高　内　　　茂
                                                  佐　藤　正　保
                                                  水　原　哲　生
                                                  三　好　功　峰

 6．老年期痴呆患者の神経伝達物質異常　　京大　神経内科　老年科　　永　田　博　司
                                                          中　村　博　信
                                                          山　尾　　　哲
                                                          宮　田　　　学
                                                          三　森　康　世
                                                          亀　山　正　邦
                              大津市民病院　内科　　相　井　平八郎
                              坂出回生病院　内科　　岡　本　興　一

 7．痴呆患者脳脊髄液および血漿のβ-エンドルフィン様免疫性変化について
                              岐阜大　神経精神科　　田　中　隆　穂
                                                  貝　谷　寿　宣
                                                  児　玉　和　彦
                                                  足　立　総一郎
                                                  白　川　裕　志
                                                  植　木　啓　文
                                                  難　波　益　之

14：50—15：10　休　憩（coffee）

—1—
```

図2

```
15:10—15:45
    特別講演「老年精神医学事始め」            関西労災病院      金 子 仁 郎
                              司会  大阪大学精神科       西 村   健

15:45—16:30            座 長   聖マリアンナ医大神経精神科   長谷川 和 夫
    8．アルツハイマー型痴呆の神経放射線学的研究
                     聖マリアンナ医大　神経精神科       本 間   昭
                                               今 井 幸 充
                                               長谷川 和 夫
    9．老年のぼけ・痴呆と脳波の継時的観察   独協医大　精神神経科   中 野 隆 史
                                               宮 坂 松 衛
                                               大 森 健 一
    10．福島県における老年期精神障害者の実態について
                     福島医大　神経精神科             鈴 木   悟
                                               板 垣 茂 彦
                                               深 津 俊 彦
                                               金 子 義 宏
                                               八 島 祐 子
                                               熊 代   永

16:30—17:15            座 長   東京都精神医学総合研究所    松 下 正 明
    11．老年期における能力診断のためのテストバッテリーとその妥当性の検討
                     金沢医大　神経精神科             玉 井 顕理子
                                               平 口 真 子
                                               中 島 敦 映
                                               石 黒 博 之
                                               平 川 秀 昭
                                               榎 戸 方 策
                                               鳥 居
    12．痴呆患者の脳出血        鞍手共立病院　産業医大病理    石 井 惟 友
                                               西 原 康 雄
    13．特異な所見を呈した家族性アルツハイマー病の1例
                          横浜市大　神経科          松 石 竹 志
                                               天 野 直 二
                                               横 井 晋
                          神奈川県総合リハビリセンター     柳 下 三 郎
17:15       閉 会
                        ─ 2 ─
```

図3

15. 脳機能検査所見とCT所見との相関について

大阪大学　神経科　近藤秀樹
岡部登志男
稲岡長
上間武
西村健
ベルランド病院　神経科　田中重実

　老年痴呆，アルツハイマー病，血管性痴呆，混合型痴呆，非痴呆脳卒中など合計44症例に，脳機能検査と頭部CT-scanを施行し，両者の相関を検討した。

　脳機能検査として，具体的思考，言語的記憶検査などルリア方式の検査を中心に，見当識，計算なども含む19項目について各々正常，軽度障害，中等度障害，高度障害の4段階に分類した。CT所見については，皮質萎縮度，脳室拡大の程度，脳幹部萎縮の有無について調べた。脳室計測としてHuckmann指数，第Ⅲ脳室幅，CMI（Cella Media Index）を，皮質に関してはCMI測定レベルでの脳溝幅の最大4数値の和，シルビウス裂の最大幅の左右和，クモ膜下腔の最大幅を，脳幹部では橋の横径，橋の縦径，両者の積の最大頭蓋内径との比をそれぞれ計測ないしは算出した。その結果，全般的に脳機能検査成績が不良な群ほど，皮質の萎縮や脳室の拡大が高度である傾向がみられた。

　特に多くのCT像上の計測値についての相関がみられたのは，生年月日などの個人的記憶，言語的記銘力検査，図形の記憶等であり，シルビウス裂の大きさ，クモ膜下腔幅，脳溝幅，第Ⅲ脳室幅，CMIなどと相関していた。CMIは特に，多くの脳機能検査項目において障害の程度と相関していた。具体的思考の検査では，他の検査項目に比べて相関が小であった。書字，読字，立方体模写，表情図の認識機能では，皮膚萎縮指数よりも脳室拡大指数との関連性が大であった。

　CT-scanの所見と脳機能の関係を調べることには限界があるが，今回の我々の成績では，種々の脳機能テストとCT像の間に明らかな相関が認められた。

図4

またこれらの予防的・治療的介入を行うにあたっては、通常より長期間の、また健常者への治療介入などさまざまな意味での倫理的問題がクローズアップされてくるであろうという今まさにタイムリーな問題として世界中の研究者が取り組んでいる内容が含まれていたことは興味深い。引き続き10月5・6日には大阪サンパレスにて「アルツハイマー病の神経生物学に関する国際シンポジウム」を開催した。海外から第一級の研究者8名を招聘しトップレベルの研究成果の発表と情報交換を行った。同時に全国の若手研究者16名も発表した。後日、その内容をまとめた「Molecular Neurobiology of Alzheimer Disease and Related Disorders（Editors M. Takeda, T. Tanaka, R. Cacabelos）」がKarger社から出版された。

学会の変遷

学会の会員数は当初は徐々に増加したものの、700名程度で維持していた。しかし、下に記したように会員数は近年学会認定医制度の発足に伴い近年大幅な増加を見ている。

昭和62年：293名
昭和63年：338名
昭和63年：394名
平成9年度：532名
平成12年度：759名
平成15年度：757名
平成17年度：782名
平成20年度：1,647名
平成21年度：2,087名
平成25年8月現在：2,900名余り

今回、発足当初からプログラムを詳細に調べていくと、10回大会までに一時期臨床的な研究発表の割合が増加し、看護師やケア従事者が多く参加した時期があったようである。しかし、その後発足時から盛んであった基礎研究あるいは病態解明研究についての報告が主流を占めるようになった。やがて日本を代表する、PhD研究者を含めた認知症病態研究の成果を発表できる学会の一つとして認識されるようになった。

私は平成12年末にドイツ留学から帰国し、平成13年から再び教室で働くようになった。しかし、以前発表していた「神経化学会」の雰囲気が変わっており、また「老年精神医学会」は留学中に退会になっていたので、どこで研究成果を発表しようかと悩んでいた。そこへ、思いがけず是非「認知症学会」にと声をかけていただき、参加してみて「日本にこんな学会あったのか」と良い意味で驚いたのを覚えている。石井先生が理事長から退かれるころに、精神科と神経病理の先生が多かった学会に、新風が持ち込まれ、基礎・生物学的研究の先端にいる先生方をリクルートし、分子生物学や生化学をカバーし、また臨床では神経内科や老年科で認知症研究をしている先生達を巻き込んで一気に学会が拡大し、日本の認知症研究のresearch frontが揃う学会に変貌したとのことである。

私はこの環境に心地良さを感じていたのだが、この流れが再び大きく変化したのが上述の学会認定医の導入である。この変革がアルツハイマー病の病態研究を専門とされてきた井原康夫先生の手で行われたことは感慨深い。このため今や認知症学会会員の大多数は精神科・神経内科の臨床医であり、学術集会でも大多数の発表やシンポジウムが臨床現場に直結した内容に大きく変化した。

学会としては今後も基礎医学研究者や薬学研究者を巻き込んだ病態研究や診断・治療法開発などの基礎研究の伝統の灯を消さないために基礎研究推進委員会を設置して活動している。学会の英語名称は現在も「Japan Society for Dementia Research」なのである。

現在の学会

平成17年、「日本痴呆学会」は「日本認知症

学会」と改称し，平成20年4月からは認知症専門医制度の申請を受付開始，同年から学会の期間が3日に延長された．平成21年からは認知症専門医一覧をweb掲載している．

当然のことながら，学会の専門医・指導医には和風会の先生方が数多く名を連ねておられ，ここに記載するには余地がないほどである．現理事長は大阪市立大学医学部・森啓先生で東京都精神研時代の私の恩師でもある．森先生は東京都精神研・分子生物学研究部門に異動前に東大医学部脳研（第3代理事長井原康夫教授）で助教授をされており，そのことで私も名前は以前から存じ上げていた．いざお会いして，実は森先生に和風会との古いつながりがあると聞いて驚いたのを覚えている．先生は阪大理学部・生物学科出身で東大医学部大学院卒業後，阪大医学部高次研の垣内史朗先生のところで1年余りポスドクとして過ごされたそうだ．垣内先生の類まれな天才ぶりについて驚くべき挿話をいろいろと教えていただいた．精神科の生化学で大学院時代を過ごした私には，当時伝説の先達であった先生について，東京に修行に出て詳しくその人となりを聞いたことは衝撃であった．阪大の精神科出身という看板を背負って仕事をする限りどこに行ってもいい加減なことはできないと思い知ったのを覚えている．

現在の学会での和風会関連の先生方の活躍もめざましく，学会の理事として武田雅俊先生，池田学先生，評議員として工藤喬先生，中村祐先生，田中稔久先生，谷向知先生，大河内が学会の運営に関与している．

また，平成10年から学会誌「Dementia Japan」の発行を開始した（年2回）が，平成15年度からは年3回に発行回数を増加させた．なお学会誌編集委員長は認知症学会では重要な役職であるが，現在その任にあるのは武田雅俊先生である．武田先生は理事選考委員も務めておられる．

最後に，私は基礎研究推進委員会を創設以来お手伝いしている．井原康夫理事長直轄の下部機関として創設され，初代の委員長は現森啓先生で委員は秋山治彦先生（現東京都医学研究所），西道隆臣先生（理研），松原悦郎先生（現大分大学医学部），鈴木利治先生（北大薬学研究科），道川誠先生（現名古屋市立大学医学部），新井哲明先生（現筑波大学医学系研究科），富田泰輔先生（東大薬学研究科）と大河内が担当した．主なミッションは学会での基礎研究発表の推進のための企画とシンポジウム企画と，若手の交流を目的とした泊まり込みの会合の企画・実施，さらには他分野の若手研究者のリクルートであり，年間数回会合を持っている．また，PhD研究者のための神経病理セミナーも実施している．シンポジウム企画はさておき，若手の交流会は，私自らが若い時に一人であちこちの学会に参加したが知り合いがいないため議論をしたくてもできず寂しい思いをしたこと，やがてちょっとしたきっかけで同年代の同好のグループが徐々にできてきたこと，そしてそのソサエティーが現在の自らの研究に非常に重要な役割を果たしていることから，学会お抱えで若手ソサエティーを育てることを目的として提案した．最近では若手だけでシンポジウムを組んで運営するまでになっている．また，この会では毎回高名な先生方に若手研究者向けのお話をしていただくことになっている．今まで，井原康夫先生からは多くの失敗談，西道隆臣先生からは論文受理のためにされた執念の行動，高島明彦先生からは独自の学説，金澤一郎先生からは印象深い症例のビデオ提示，葛原茂樹先生からは軽妙な語り口で若い人へのアドバイスなどをお話しいただき感銘を受けた．2013年は武田雅俊先生にお願いしている．神経病理セミナーもきわめて上質で好評なのであるが，死後脳の運搬など法律的問題から学術総会とリンクして行うことが難しくなってきている．実際に脳を触ったことのないPhD研究者に脳や病理組織に実感を持ってもらうことを目的としている．森啓先生が理事長に就任の際，委員長を

第21回日本痴呆学会プログラム抄録集

会長　武田雅俊

大阪大学大学院医学系研究科ポストゲノム疾患解析学講座
プロセシング異常疾患分野（精神医学）
開催日：平成14年10月3日（木）― 4日（金）
会場：大阪大学コンベンションセンター

付録

国際シンポジウム「アルツハイマー病および関連疾患の分子神経生物学」抄録集
"Molecular Neurobiology of Alzheimer Disease and Related Disorders"
開催日：平成14年10月5日（土）― 6日（日）
会場：ホテルオオサカサンパレス

目次
- 会場へのご案内 …………………………………………………… i
- 学会参加者へのお知らせ ………………………………………… iii
- プログラム ………………………………………………………… viii

- シンポジウム I ……………………………………………………… 1
- シンポジウム II ……………………………………………………… 6
- 会長講演抄録 ……………………………………………………… 11
- サテライトシンポジウム ………………………………………… 13

- 一般演題・口演抄録 ……………………………………………… 23
- 一般演題・ポスター抄録 ………………………………………… 45

国際シンポジウム
- シンポジウムプログラム ………………………………………… 69
- シンポジウム抄録 ………………………………………………… 71

第21回日本痴呆学会事務局
大阪大学大学院医学系研究科ポストゲノム疾患解析学講座
プロセシング異常疾患分野　精神医学教室内
〒565-0871　大阪府吹田市山田丘 2-2, D3
電話：06-6879-3051 または 3050, Fax：06-6879-3059

大阪大学コンベンションセンター　　　　　ホテルオオサカサンパレス
〒565-0871　大阪府吹田市山田丘 1-1　　　〒565-0826　大阪府吹田市千里万博公園 1-5
電話：06-6877-5111（代表）[内線 7171]　　電話：06-6878-3804

図5

会長講演　　「アルツハイマー病克服のストラテジー」

武田雅俊（大阪大学大学院医学系研究科・精神医学）

　本年度の65歳以上人口は世界で4億2千万人であり，1950年の1億3100万人と比較すると，最近50年間で3倍に増加した．増加の大部分は発展途上国においてであり，今や社会の高齢化は世界全体に共通する問題である．我が国の高齢者率は2030年には28%となり世界一となる．さらに問題なのは後期高齢者の比率（10%）が突出して高くなることにある．

　1991年にアミロイド前駆体タンパク（APP）遺伝子変異が，1993年にはアポリポ蛋白E4が，1995年にはプレセニリン-1，-2が発症遺伝子として同定された．アミロイド前駆体蛋白のプロセシングが解明されつつあり，βセクレターゼとして，BACE1，BACE2がクローニングされ，γセクレターゼにプレセニリン1がコンプレックスとして密接に関与していることも解っている．またFTDP-17におけるタウ遺伝子変異の同定は，アミロイドカスケードとは独立にタウの病理と神経細胞変性が起こりうることを示唆している．このような分子病態から診断生化学的マーカーや治療薬開発がなされてきた．今やアルツハイマー病研究は，家族性アルツハイマー病研究の知見をふまえて，大部分を占める孤発性アルツハイマー病の解明へと進展しており，その治療法についてもBACE阻害剤，γセクレターゼ阻害剤，アミロイドワクチンなどの開発が急がれており，さらにはMCI（mild cognitive impairment），VCI（vascular cognitive impairment）の病態研究を通じて，予防を目指した研究が始められている．

　アルツハイマーの症例報告から100年の間に多くの科学的研究手法の統合の成果として，新たな治療の可能性について研究が進められている．アルツハイマー病は記憶と認知の障害であり，病気の進行とともに患者の判断力が大きく損なわれうる．遺伝子治療や神経組織移植を含めた新しい治療法が検討されており，倫理的観点が他の疾患以上に重要となってくることが予想される．アルツハイマー病の対応について広く社会的な議論を踏まえてその倫理的問題についても解決していくべきである．

図6

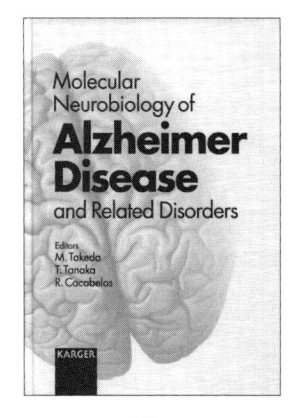

図7

岩坪威先生（東大医学系研究科）と交代され，現在は岩田修永先生（現長崎大学医学部），樋口真人先生（放射線医学研究所），永井義隆先生（国立精神・神経センター）がさらに加わり活発に活動している．

8 日本神経心理学会

● 数井　裕光

日本神経心理学会

　神経心理学とは,「脳と心」の相関の研究, すなわち高次精神活動を脳の構造との関係において研究する分野である. 神経心理学会は, 神経心理学の研究を推進し, 国内および国外の関連機関との連絡を図ることを目的とし1978年に設立された. 毎年, 学術集会は9月に開催され, 2013年で第37回となる. 2013年現在, 会員数は1,789名, 事務局は東京都港区三田1-4-3の国際医療福祉大学三田病院神経内科に置かれ, 機関誌は神経心理学雑誌である. この神経心理学雑誌の創刊は学会発足後7年目で, 最初は年2回の刊行であったが, その後年4回の季刊となり現在にいたっている. 歴代の理事長は, 大橋博司, 豊倉康夫, 濱中淑彦, 鳥居方策, 山鳥重, 岩田誠, そして現在の第7代理事長は河村満 (昭和大学医学部神経内科) である.

大阪大学精神医学教室と神経心理学会

　大阪大学精神医学教室には神経心理研究室があり, 本学会との関係は深い. 大阪大学精神医学教室出身の神経心理学会学術集会会長は第17回 (1993年, 吹田市) の白石純三, 第27回 (2003年, 松山市) の田邉敬貴である. また数井裕光, 橋本衛が兵庫県立高齢者脳機能研究センターに在籍していたときに第25回 (2001年, 神戸市, 森悦朗会長) を担当した. 本学会の要職にも大阪大学精神医学教室関係者が多数就任しており, 池田学, 数井裕光, 西川隆, 中川賀嗣が神経心理学会の理事である. 評議員には伊藤皇一, 池尻義隆, 橋本衛, 徳永博正, 繁信和恵が就任しており, 神経心理学雑誌編集委員には池田学, 中川賀嗣, 数井裕光が, 優秀論文賞選考委員会委員には池田学, 中川賀嗣が, 会則委員会委員には西川隆, 橋本衛が, 倫理規範作成委員会委員には数井裕光が就任している.

　これまでの神経心理学会学術集会のシンポジウム, ワークショップ, 教育講演などにおいても, 大阪大学精神医学教室出身者が数多く発表した. これらを以下にまとめる.

○第14回学会 (1990年, 名古屋市) シンポジウム「痴呆研究の神経心理学的ストラテジー」
田邉敬貴　緩徐進行性失行をめぐって
○第15回学会 (1991年, 大分市) シンポジウム「The Joy of Neuropsychology」
田邉敬貴　語義失語症者・その人となり—器質病変と性格の変容—
○第17回学会 (1993年, 吹田市) シンポジウム「脳変性疾患と脳血管障害による巣症状」
中川賀嗣, 田邉敬貴, 池田学, 山本晴子, 数井裕光, 白石純三. 脳変性疾患と脳血管障害による巣症状—超皮質性感覚失語像について—
○第18回学会 (1994年, 川越市) シンポジウム

「注意障害」
伊藤皇一，和田裕子，田邉敬貴，数井裕光，奥田純一郎，山本晴子，澤田　徹．消去現象—触覚消去現象—
○第19回学会（1995年，浜松市）シンポジウム「記憶障害の成因」
数井裕光，田邉敬貴．一過性全健忘症にみる記憶障害
○第23回学会（1999年，福岡市）シンポジウム「神経心理学の controversies」
・西川隆，徳永博正，武田雅俊　行為障害における強迫性とはなにか—神経心理学的強迫と精神医学的強迫における行為主体の体験—
・池田学，田邉敬貴　痴呆の臨床的分類はどのようにすべきか—前方型痴呆の分類を通して—
○第25回学会（2001年，神戸市）シンポジウム「痴呆疾患の行動神経学」
池田学　Semantic Dementia—物品の認知と使用に関する実験的検討—
○第25回学会（2001年，神戸市）ワークショップ「神経心理学研究の先端」
数井裕光　情動と記憶—アルツハイマー病患者での検討—
○第28回学会（2004年，広島市）シンポジウム「生活の中の認知障害」
池田学　日常生活における痴呆患者の食行動
○第31回学会（2007年，金沢市）教育講演
池田学　記憶障害の臨床
○第33回学会（2009年，東京）シンポジウム1「大脳皮質正中内側部構造（Cortical Midline Structures）の謎」
西川隆　意図の抗争（conflict of intentions）と前頭葉内側面

　神経心理学雑誌には時に特集が組まれるが，これにも以下のように執筆している．
○特集「病態の無認知」
中川賀嗣：行為障害の無認知．神経心理学 19（2）：87-95，2003
○特集「進行性失語症の神経心理学」
橋本衛：意味性認知症．神経心理学 26（4）：283-293，2010
○特集「身体にかかわる認知と動作の障害」
中川賀嗣：運動無視と関連症状．神経心理学 27（4）：315-325，2011
　また中川賀嗣は2004年に「中川賀嗣，大槻美佳，井之川真紀．使用失行の発現機序について．神経心理学 20（4）：241-253，2004」で第1回日本神経心理学会優秀論文賞を受賞した．

第17回日本神経心理学会学術集会（1993年，吹田市，白石純三会長）

　我々にとって，思い出深いのは，白石純三会長の第17回日本神経心理学会学術集会である．奥田純一郎，田邉敬貴とともに筆者も事務局の中心の一人として運営に参画した．会場は，万博公園横の大阪サンパレス（現ホテル阪急エキスポパーク）であった．
　神経心理学の基本的な研究手法は，脳損傷を有する患者の症候を診察や認知検査などで把握し，一方で，剖検，神経画像検査などで脳損傷部位を把握する．そして両者の対応関係を明らかにすることである．したがって症候と病巣範囲が明確な患者が研究に適している．たとえば脳梗塞の患者である．逆に病巣の範囲が不明瞭，複数の機能が障害される，全般的な認知機能低下を呈する脳変性疾患の患者は神経心理学的研究の対象とはなりにくかった．しかしこの学術集会のころから，認知症患者数が徐々に増加し，臨床的に重要な疾患となり始めていた．また，アルツハイマー病をはじめとする脳変性疾患も神経心理学的研究の対象となりつつあった．そのような中で，変性性認知症患者が呈する症候が，脳血管障害患者が呈する症候とは異なる可能性が指摘され始めていた．例えば，失語症といってもアルツハイマー病や前頭側頭型認知症

で呈しやすい失語症状と脳血管障害で呈する失語症状とが異なるのではないかということである。そこでこの学術集会では，言語症状を中心として，変性性疾患と脳血管障害の神経心理学的症状の異同を議論するという当時としては非常に先見性の高い特別講演，シンポジウムを企画した。

○特別講演
・Julien Bogousslavsky（Centre Hospitalier Universitaire Vaudois）「脳血管障害からみた前頭葉症候群」〔司会　澤田徹（国立循環器病センター）〕
・David Neary（Manchester Royal Infirmary）「脳変性疾患からみた前頭葉症候群」〔司会　大東祥孝（京都大学人間環境科学）〕

○シンポジウム「脳変性疾患と脳血管障害による巣症状」
・吉田伸一，濱中淑彦，中嶋理香，田中久，都筑澄夫．進行性失語と脳梗塞性失語の比較・検討
・中川賀嗣，田邉敬貴，池田学，山本晴子，数井裕光，白石純三．超皮質性感覚失語像について
・波多野和夫，中西雅夫，濱中淑彦，中村光，辰巳寬．脳血管障害と脳変性疾患における反響言語と反復言語の比較・検討
・今村徹，山鳥重，圓谷健治，杉山謙樹，伊藤久雄．アルツハイマー型痴呆と左半球損傷における観念失行
・松下正明．形態学的立場からみた「脳血管障害と脳変性疾患による巣症状」
・中村重信，亀井英一，三森康世．あたらしい方法による検討

これらの特別講演，シンポジウムで，同じ神経心理学的症状であっても脳変性患者で呈する症状は血管障害患者のそれと異なる特徴があることが明らかになった。例えば，脳変性疾患患者では健忘失語，語義失語を含めた超皮質性感覚失語，あるいは古典的類型に分類しがたい非流暢性失語が多いが，脳血管障害患者では定型的なブローカ失語やウエルニッケ失語が多いこと，変性疾患の中で，葉性萎縮例でのみ語義失語が生じること，反復言語（palilalia），反響言語（echolalia），無言症（mutism），失感情症（amimia）の4徴を示すPEMA症候群も脳変性疾患の患者，特に葉性萎縮例で認められることなどが報告された。行為に関する障害にも差があり，脳血管障害では単数客体操作障害を認めやすい。また複数客体操作においても動作がまとまった意味を持たない，あるいは概念的な誤りを認めやすい。一方，アルツハイマー患者では複数客体操作において順序の障害を呈しやすいなどである。この特別講演，シンポジウムは変性疾患に対する，その後の神経心理学的研究を促進するきっかけとなった。

教育講演には，川人光男（ATR人間情報通信研究所）を招き，当時，盛んになりつつあった高次脳機能を計算論的神経科学の立場から解明しようとの試みについて，「脳の仕組み　認知と運動の計算論的神経科学」〔司会　津本忠治（大阪大学高次神経医学部門）〕と題して講演していただいた。この学会の後，Bogousslavsky夫妻，Neary達をレンタカーで高知までお連れした。高知では皆でカラオケを楽しんだことを記憶している。

記憶研究

私が大学院生となり神経心理学を勉強し始めた平成3年ごろの日本の神経心理学的研究の中心テーマは失語，失行，失認であった。しかし当時，海外ではSquireやTulvingらが精力的に記憶研究を展開し，その後の記憶研究の基礎となる新しい知見を次々と発表していた。この影響を受けて，我が国でも記憶が神経心理学研究の重要なテーマとなりつつあった。

Squireらは記憶をまず言語化できる陳述記憶と言語化できない非陳述記憶に大別した。そ

して陳述記憶をさらに個人の生活史の記憶のようなある特定の時間，空間に起こった出来事の記憶であるエピソード記憶と特定の時間，空間とは無関係で，いわゆる知識に相当し思考の素材となる意味記憶とに分類した．一方，非陳述記憶には意識にはのぼらないが繰り返すことによって上達するスキルのような手続記憶，その他，条件付け，プライミングなどが含められた．一方，難治性てんかんのために両側の海馬を外科的に切除した後に顕著な記憶障害を呈した症例 HM に対する一連の記憶研究や限局性の側頭葉内側部障害例などの研究からエピソード記憶と側頭葉内側部，特に海馬との関係が指摘されはじめていた．他方，意味記憶，手続記憶，プライミングには側頭葉内側部の活動はあまり関与しないようであるとの知見も集積されつつあった．

大阪大学神経心理研究室では，我が国の研究施設の中では，早い時期から記憶研究を開始し，その後も我が国の記憶研究を牽引してきた．現在は，すでに日本版が標準化され出版されている Wechsler Memory Scale-Revised（WMS-R）をいち早く取りいれ，臨床研究に使用し始めた．また当時，我が国では手続記憶を評価する検査がなかったためトロントの塔課題を導入するとともに，図形描画課題（Drawing Skill Test：DST）と平仮名文音読課題（Reading Skill Test：RST）という独自の手続記憶検査を作成した．さらに漢字を用いたプライミング課題も作成した．そしてこれらの課題を進行性核上性麻痺患者やパーキンソン病患者に施行し，これらの患者では手続記憶が障害されるが，エピソード記憶は比較的保たれることを明らかにした．側頭葉内側部が障害されるアルツハイマー病，ヘルペス脳炎，発作中の一過性全健忘などの患者らにも一連の検査を施行し，これらの患者ではエピソード記憶障害は顕著であるが，手続記憶，プライミングは保たれるという逆の障害パターンをとることを明らかにした．

前向性の記憶を評価する検査と比べると，過去の出来事の記憶を評価する検査，いわゆる逆向健忘の検査や遠隔記憶の検査は作成が困難なこともあり，我が国で使用可能な検査はなかった．そこで我々は遠隔記憶検査を作成し，この検査の妥当性を検証した．その1つである視覚性遠隔記憶検査は，有名な出来事の報道写真を集め，その出来事が起こった年代ごとに整理し，被験者にこれらの写真を見せて，どんな出来事の写真であるかを質問していく課題である．また認知症患者のような高齢者に使用可能な Family Line Test（FLT）も作成した．これは，本人に関する情報，本人の第1子に関する情報，本人の初孫に関する情報を順次評価することによって古い過去から最近までの長い年月にわたっての遠隔記憶を評価する検査である．FLTでは，遠隔記憶の中では自伝的意味記憶と呼ばれる記憶を評価することになる．純粋なエピソード記憶に属する個人の思い出のような記憶のことを自叙伝的記憶と呼び，常識，知識，言語となった記憶を意味記憶と呼ぶ．両記憶の中間の性質を有する記憶が自伝的意味記憶で，本人や第1子の通った小学校の名前，その時の先生の名前などがこれにあたる．自伝的意味記憶は自叙伝的記憶同様，ある特定の時間や空間の情報を伴うが，その期間，あるいはその後も繰り返し想起されることが多い情報で，この点は意味記憶的である．本来であれば遠隔記憶の評価としては自叙伝的な出来事の記憶を評価することが望ましいが，純粋な自叙伝的記憶は個人によって多様なため，多くの人に一律に質問できる項目を揃えることは困難である．自伝的意味記憶であれば，多くの人に共通した情報を聴取でき，検査として成立するため FLT ではこれを利用した．

さらに我々はリバーミード行動記憶検査（RBMT）を標準化した．RBMT は英国オックスフォードのリバーミード・リハビリテーションセンターで，日常記憶の障害を評価する検査

として開発された．日常記憶とは，実際の日常生活場面で必要とされる記憶のことで，その範疇には道順の記憶，顔と名前の連合記憶，会話の記憶，予定や約束などの記憶を含む展望記憶（prospective memory）などが含まれる．一般的なWMS-Rのような記憶検査の成績では，患者の日常生活場面における日常記憶の障害を正しく評価できないことがあり，この解離を解決するためにRBMTは開発された．施行時間が約30分と短時間で施行できること，同等の難易度の4つの並行バッテリーが用意されており，繰り返しの施行による練習効果を排除できることが特徴で，現在，我が国で市販され，広く用いられている．

前頭側頭型認知症に関する研究

大阪大学精神医学教室は認知症の臨床研究をリードしてきた．特に前頭側頭型認知症，意味認知症の症候学的研究は20年前から現在まで，大阪大学精神医学教室出身者が牽引してきたといっても過言ではない．前頭側頭型認知症の患者の特有の症状をあらわす「考え無精」，「立ち去り行動」，「我が道を行く行動」，「常同的周遊」，「オルゴール時計症状」などの用語も我々が普及させたと思っている．また現在，意味認知症の特徴的症状として有名な「語義失語」についても，この概念自体は以前から知られていたが，この症状と側頭葉優位型ピック病，意味認知症との関係を再確認し，かつ強調したのも我々である．この語義失語の特徴を詳細に検討した結果，ある患者において，一度，呼称・指示の双方向性に障害された単語は再度想起されることがまれであること，語頭音ヒントの効果がないこと，意味がわからず単語の音のみ利用する類音的錯書が見られること，その他，類音的錯読，字義的理解などが観察されることを明らかにし，この症状の本態が「語の意味記憶障害」であることを提唱した．さらにこの語義失語は左側頭葉優位型ピック病例で顕著で，逆に右側頭葉優位型ピック病例では相貌の意味記憶障害が顕著となることも指摘した．本疾患は脱抑制，我が道を行く行動，常同症などのために治療対応が最も困難な認知症であるが，対応法としてはルーチン化療法，薬物治療としてはSSRIが有効であることも指摘した．

以上，神経心理学会における我々のこれまでの活動について振り返った．今後も日本神経心理学会の活動に参画し，日本の神経心理学の発展に寄与したいと考えている．

9 日本臨床神経生理学会

● 石井　良平

日本臨床神経生理学会

　臨床神経生理学とは，神経・精神疾患の診断・治療に応用するために，ヒトの脳神経系の機能を非侵襲的な方法で研究する分野とされる。日本臨床神経生理学会は，脳から脊髄，末梢神経，筋に至る広い範囲の機能とその病態を，生理学的に研究している人々の集まりで，人間の健康上の諸問題に直結した臨床的な分野と，脳・神経・筋の機能解明のための基礎的な分野が一体となって，ヒトの神経系を中心とする複雑なシステムの研究を推進している[1]。

　わが国におけるヒトの脳波研究の報告は，昭和4（1929）年のドイツのBergerによる最初の報告から遅れること10年後の昭和14（1939）年に，東北帝国大学生理学教室のIto & Kasaharaにより発表されたものが最初とされている[2]。太平洋戦争中の昭和17（1942）年に，学会の前身として，日本学術振興会に脳波委員会が設置され，終戦直後の昭和21（1946）年からは当時の文部省学術研究会の第9班に脳波班が発足し，班会議が毎年開催されるようになった。昭和27（1952）年に，脳波班会議が発展的に解消し，これを母体として日本脳波学会が設立され，東京大学の清水健太郎教授のもとで第1回大会が開催された。一方，日本筋電図学会は，昭和36（1961）年に筋電図研究会から学会に移行していたが，この2つの学会では多くの会員が重複していることもあり，合同開催が常態化していた。また，昭和40年代から導入された誘発電位の臨床応用などを契機として，生理学的にも方法論的にも中枢神経系と末梢神経系を区別することの意味が小さくなってきたため，昭和46（1971）年にこの2学会が合同して，日本脳波・筋電図学会が設立された。第1回大会は昭和46年12月に京都大学の時実利彦教授を会長として，東京で行われた[3]。

　さらにその後の科学技術の進歩に伴い，これまで電気生理学的研究方法にほとんど全面的に依存していた神経系機能研究に，PETやSPECT，機能的MRIなどの脳機能画像法，脳磁図や経頭蓋磁気刺激法などの生体磁気学的方法が新しい手法として取り入れられるに至り，もはや"脳波・筋電図学会"では本学会の本質を正確に表現できない状態となった。また，世界的な動きとして，国際脳波・臨床神経生理学連合が，「国際臨床神経生理学連合」に改称されたのと軌を一にして，平成12（2000）年1月に学会の名称が日本脳波・筋電図学会から現行の日本臨床神経生理学会に変更されて現在に至っている[4]。平成24（2012）年9月時点で会員数は3,108名を数え，年々増加傾向にある。

図　旧脳波分析研究室のメンバーと京都にて
向かって左から，独立行政法人国立病院機構刀根山病院神経内科 猪山昭徳医師，和歌山県立医科大学神経精神医学講座 篠崎和弘教授，同 鵜飼聡准教授，前関西学院大学文学部教授 井上健先生，兵庫県立大学大学院応用情報科学研究科 水野松本由子教授，関西労災病院心療内科・精神科 梅田幹人部長，筆者

大阪大学精神医学教室と日本臨床神経生理学会

　大阪大学精神医学教室の精神生理研究室，睡眠研究室では，ほぼ毎年本学会に参加し，研究成果を発表してきた。同学会では平成17年度から脳波判読の認定医制度を導入しているが，大阪大学精神医学教室関係者では，大阪大学保健センター箕面分室の三上章良准教授，関西電力病院神経内科・睡眠関連疾患センターの立花直子センター長，独立行政法人国立病院機構刀根山病院神経内科の猪山昭徳医員，花谷心療内科クリニックの花谷隆志院長，教室の岩瀬真生，石井良平が現在この資格を取得し，若手医師の指導に当たっている。代議員として，大阪大学保健センターの杉田義郎前教授，和歌山県立医科大学の篠崎和弘教授，鵜飼聡准教授，教室の石井良平が就任しており，学会の委員会活動としては認定医試験問題作成委員を石井良平が拝命している。

　図は，平成7（1995）年10月に京都で行われた第10回国際臨床神経生理学会（10th ICCN：International Congress of Clinical Neurophysiology）において，会場であった京都国際会館のイベントホールで，筆者が所属していた旧脳波分析研究室の先生方との1枚である。

大阪大学精神科における臨床神経生理学研究

　精神科臨床実践に携わりながら臨床研究を続ける中で日々実感するのは，我々が対象としている精神疾患による甚大な社会的損失と同時に，その複雑極まる病態である。特に統合失調症に関しては，人類を苦しめるさまざまな病気の中でもAIDSに匹敵する最悪の疾患として認識されており，患者自身のみならず家族や介護者の苦しみと損失は長期に渡る。一方，その病態の解明には，従来の解剖学，病理学，生化学などさまざまな生物学的手法に加えて，最近ではGWAS（genome-wide association study）などの遺伝子解析が世界的に進められてきたが，病態の本質につながる発見がなされたとは言い難いのが現状である[5]。

　精神医学を支える生物学的研究領域の中で，生理学ほど臨床に直結した分野はない。患者が日常呈する幻覚・妄想・自我障害などの複雑でマクロな精神症状と，先述の遺伝子異常などの客観的でミクロな生物学的所見という，あまりにかけ離れた障害のレベルをリンクさせるには，脳内のさまざまな部位がどのような情報処理過程の異常を引き起こしているのかを，動的なネットワークとして，つまり生理学的な視点で理解する必要がある。

　日本臨床神経生理学会での活動を通じて，我々精神生理研究室が目指してきたのは，脳活動を非侵襲的に捉えることのできる脳波や脳磁図，NIRSやPPIを用いて，時系列解析や画像処理解析など統計数理学的手法で解析し，精神・神経疾患の病態生理や高次認知機能のメカニズムを，システムとして定量化し解明することである。特に脳磁図は，時間・空間分解能が

高く，精度の高い電流源推定が可能であるうえに，速波の減衰が見られないという利点がある．また言語や注意，記憶，遂行機能など，脳内の広がりを持った部位で並列に処理されていると考えられる高次脳機能に関連する脳磁場信号を処理するため，電流源分布を推定する領域的推定法として，適応信号処理技術を応用した空間フィルタ法や，脳内部位間のネットワークを描出する相関解析などを活用し，統合失調症やてんかん精神病，認知症などの精神疾患の病態解明を目指した研究を継続し，現在に至っている．今後も日本臨床神経生理学会での活動を中心に，精神疾患の病態解明に貢献できればと考えている．

文 献

1) 日本臨床神経生理学会について．日本臨床神経生理学会ホームページ：http://square.umin.ac.jp/JSCN/rinsyo/index.html
2) Ito G, Kasahara M：Ueber das Grundproblem der spontanen Schwankungen des Grosshirnstromes. Tohoku Psychol Folia 7：11-12, 1939
3) 大熊輝雄：日本脳波学会，日本脳波・筋電図学会から日本臨床神経生理学会へ．脳波と筋電図 27：444-446, 1999
4) 加藤元博：「日本臨床神経生理学会」に期待する．臨床神経生理学 28：4-5, 2000.
5) 石井良平，高橋秀俊，栗本 龍，青木保典，池田俊一郎，畑真弘，他：統合失調症のエンドフェノタイプについて―神経生理指標を中心に―．精神経誌 114：629-646, 2012

Memory

西村健教授を囲む近畿 8 大学の精神科教授

関西の精神科教室は精神神経学会地方会の開催が困難な時期においても，集談会や合同卒後研修講座を開催して教室間の交流が盛んであった．

西村健教授が教授に就任された頃に撮られた集談会後の写真である．

後列左から，東雄司（和歌山医大），花田雅憲（近畿大）西村健（阪大）井川玄朗（奈良医大），三好巧峰（兵庫医大），

前列左から，斉藤正巳（関西医大），堺俊明（大阪医大），一人おいて川北幸男（大阪市大）。

東雄司教授，西村健教授，井川玄朗教授，斉藤正巳教授，堺俊明教授はいずれも亡くなられている．

10 日本青年期精神療法学会

● 井上 洋一

　わが国には青年期精神医学関連の主要な学会が3つあり，阪大青年期グループは3つの学会のいずれにも参加して研究活動を行っている。その中の1つである「日本青年期精神療法学会」については設立の歴史から深く関与している。

　他の2つの学会は，「日本思春期青年期精神医学会」，そして「日本児童青年精神医学会」である。3つの学会にはそれぞれ成立の歴史と特徴がある。他の学会と対比することで，「日本青年期精神療法学会」の特長が鮮明になると思われるので，「日本青年期精神療法学会」について説明する前に，他の2つの学会について簡単に触れておきたい。

　「日本児童青年精神医学会」は昭和35年に設立され，最も会員数が多く，歴史も古い学会である。当初は「日本児童精神医学会」の名称で，児童期のみを対象にしていた。医師だけでなく，児童精神衛生，児童福祉，児童教育関連の専門家も多数参加している。やがて青年期関連の発表も増加し，「日本児童青年精神医学」と改名された。大阪では昭和62年藤本淳三を大会会長として上六の国際交流センターで第28回日本児童青年精神医学会大会を開催した。

　2つ目の学会である「思春期青年期精神医学会」は，「世界青年期精神医学会（International Society for Adolescence）」に対応する日本国内学会として設立された学会である。精神分析的精神療法を実践する精神科医が中心となっている。大阪では筆者が大会会長を務め，大阪大学吹田キャンパスの銀杏会館で平成13年に第14回大会を開催した。

　これらの2つの学会が，最初から学会としての形式をもってスタートしたのとは対照的に「日本青年期精神療法学会」は長期間にわたって学会ではなく，全国的な交流会として運営された。むしろ学会という形式から離れた有志の自由な集まりであることを追求していた。

日本青年期精神療法学会の成り立ち

　阪大青年期外来に端を発するこの学会の成り立ちを振り返ってみたい。

　昭和40年清水將之と藤本淳三が中心になって，大阪大学附属病院青年期外来が開設された。そのころ，青年を対象としたわが国の精神医学はまだ最初の歩みを始めたところであり，阪大青年期外来の開設はその第一歩であった。

　阪大で青年期外来が始まって15年がたち，清水と藤本はそろそろ青年期精神医学が自己主張を始める時機ではないかとの判断から，昭和55年，大阪大学精神科青年期外来15周年記念行事として，「青年期精神医学交流会」を全国に呼びかけた。参加申し込みが相次ぎ，会場に収容しきれない希望者はお断りするほどの盛況となった。わが国において，青年期精神医学を専門と領域とする全国的組織はまだ存在せず，こ

のような企画が久しく待たれていたことを示すエピソードであった。

開会の挨拶に立った清水は「日本でも青年期精神医学に対する関心が急速に高まってきている。わが国にも，独立した専門領域としての青年期精神医学がそろそろ市民権を与えられてもよいのではないかとの願望をもってこの会を企画した」と語り，「これが継続的な研究会へと展開してゆくのか否か，それは歴史の定めるところでしょう」と今後への期待と確信を言葉にした。当時筆者は，わが国の青年期精神医学が置かれている立場や状況について理解しておらず，歴史的な視点を欠いたまま，将来「青年期精神療法学会」に発展する会の誕生の場に参加して，発表される諸先生方の話に聞き入っていた。大阪大学青年期外来に参加し始めて数年が過ぎ，徐々に青年期精神医学領域の病理の多彩さと奥深さに興味を覚え始めていたころであった。

全国から200名近くの参加があり，終了後のアンケートには，恒常的な会の開催を希望する声があふれていた。翌々年の昭和57年7月に，名古屋大学教授笠原嘉が世話人代表となって名古屋市厚生年金会館で第2回の会が開催された。司会は清水將之，小出浩之，成田善弘の3名で，全部で12題の発表が行われた。内訳は名古屋から6題，大阪から4題，東京から2題であった。境界例，摂食障害，感情障害，思春期妄想症，強迫神経症などの症例が発表された。名古屋で事務を担当した高橋俊彦の発案により「青年期精神医学交流会」という名が付けられた。大阪での研究会が第1回としてカウントされ，名古屋での第2回が一般演題を募集した最初の交流会であった。会の終了後，参加者全員でビヤガーデンに移動してビールを酌み交わした。交流会の参加者は仲間であるという雰囲気がビヤガーデンで形成され，その後今日に至るまで会の伝統として引き継がれている。

その後第9回までは，大阪（3回），名古屋（4回），東京（2回）の3都市の持ち回りで開催された。会は土曜に開催され，午前10時に始まり，午後5時に終了した。新幹線沿線からの参加者が日帰り可能な時間に設定されて，踏襲されていった。仕事に支障がなく，翌日は休めるようにとの配慮からであった。気軽に参加できることを重視する方針にこの会の基本姿勢が現れていた。交流会という名称が示すように，特別の組織も規約もなく，その都度代表世話人が選ばれ，世話人会が組織されて会が運営されていった。世話人のメンバーは開催地からも選ばれ，常に一定の流動性が保たれていた。

開催されない年が途中にあったのも，この会のリジットではない運営の結果であった。事務局を常置することになり，平成2年，阪大に事務局を置き筆者が事務を担当した。会の記録を正式に残すことを清水が提案され，第5回から第9回までの抄録がProceedings of the Meeting of Japanese Association for Adolescent PsychiatryとしてThe Japanese Jurnal of Psychiatryに掲載された。

やがて会の開催は秋の学会シーズンも終わる11月に固定され，1年の締めくくりの時期に開催されることが恒例となった。朝から夕方まで症例発表と討論を聞いていると，参加者はさすがに消耗感を覚えたが，熱気のこもったやりとりが十分な刺激と励みを参加者に与えた。100人から200人規模の全国的な症例検討会であり，司会者や世話人は40代で参加者の多くは20代から30代という若い世代中心の会となっていた。発表者自身が青年期ないし青年期に近い年代にあり，年長者も若い参加者も自由な立場から意見を出し合った。フロアーからの質問やアドバイスには若い人を育てる教育的な一面も感じられる会であった。

交流会と阪大青年期グループのかかわり

交流会の開催に阪大青年期グループは積極的

に関与していった．第3回は名古屋で清水將之（当時名古屋市立大学）を代表世話人にして開催され，第4回は大阪大学青年期外来20周年を記念して藤本淳三（大阪府立中宮病院）を代表世話人として大阪で開催された．第5回は清水將之を世話人代表にして名古屋で開催された．青年期症例の理解にはもっぱら精神力動的視点から討論が行われ，精神力動的理解が定着していった．第8回は藤本淳三，筆者の2人が代表世話人となり大阪で開催された．第10回

表　青年期精神医学交流会における阪大青年期グループの発表演題

第1回大会	思春期やせ症—その予後の予測について—	○藤本淳三
第2回大会	特異な家族関係を背景として発症した思春期の一症例について 思春期妄想症の一型と思われる症例について 抑うつ状態と摂食異常を繰り返した青年期女性例	○山本　晃 ○豊永公司 ○井上洋一
第3回大会	強迫症状のみられた一青年期症例について 消化することの精神病理—下剤乱用の一女性例の検討—	○榎本良廣 ○館　直彦，北村陽英
第4回大会	摂食障害における過渡対象 思春期の入院治療について	○館　直彦，井上洋一，横井公一，楠瀬健之，水田一郎 ○和田　慶
第5回大会	あるヒステリー患者の治療経過から	○横井公一
第6回大会	青年前期に発症した一分裂病急性期例の経過について	○廣常秀人，井上洋一
第7回大会	母親に対する性的行為，暴力行為を伴う強迫症状を呈した思春期男子症例	○清川珠美
第8回大会	自閉症の兄をもつアノレキシアの症例 操作的傾向が強く認められた自己臭妄想の一例について 境界例患者にとって治療終結とは	○横井公一 ○豊永公司 ○館　直彦
第9回大会	体感異常・離人感・強迫症状を呈した一症例 「不登校」の周辺で起こること	○植田昭一 ○大久保圭策，飯田信也，藤井和久
第10回大会	不登校・強迫症状をはじめ多彩な症状を呈した一女子症例 初期分裂病体験の理解モデルとしての「異邦人」体験について	○戸高千穂，井上洋一 ○飯田信也
第11回大会	女性にたいする粗暴な強迫行為を特徴とする強迫神経症の1女子例	○岡　達治，廣常秀人，井上洋一
第12回大会	大学受験をきっかけに不安発作を呈するようになった一症例（青年期の挫折とその克服の過程における治療者との出会いについて）	○京嶋　徹，水田一郎，井上洋一
第13回大会	摂食障害を伴う境界例患者の精神療法過程—限界設定（limit setting）の意味について—	○水田一郎
第14回大会	強い怒りを呈した過食症患者の治療—母娘間の対話が新しく再開するに至るまでの治療者の役割—	○京嶋　徹，赤垣裕介，水田一郎，井上洋一
第15回大会	多様な恐怖症を呈し長期間病室に閉じこもった一症例	○櫛田麻子，藤本　修，水田一郎，井上洋一
第16回大会	ある沈黙の積極的意味—シゾイド女性の治療過程から— 原始反応を示した現代青年の一例	○岡　達治 ○西村雅一，水田一郎，佐藤　寛，小笠原將之，井上洋一
第17回大会	シンポジウム—強迫性障害—　精神病理学的観点から 活動的に生きる家族の中で抑うつ状態に陥った青年女子症例—彼女が自分の生き方をみつけていく過程—	○山本　晃 ○佐藤　寛

大会以降，開催都市は初期の大阪，名古屋，東京の3都市に限定されず全国へと広がっていった。

第16回は再び大阪で開催され筆者が代表世話人を引き受けた。休息時間に演者や諸先輩を囲んだ討論が自然に始まるなど，交流会時代からの雰囲気が保たれていた。規模が大きくなり，記録を学会誌として残す必要性などの議論がなされ，第17回福島大会で交流会の歴史は幕を閉じ，新たに「日本青年期精神療法学会」へと発展した。

清水將之が初代理事長に就任され，第18回大会から学会としての活動が始まった。その後，井上洋一が第3代理事長を務めた。現在小笠原將之が理事として活躍している（阪大青年期グループの活動の記録として，交流会に発表した演題を表に示した）。

― Memory ―

西村 健学部長・高石 昇客員教授・杉本 央教授　就任祝賀会
平成11年6月25日

11 日本ロールシャッハ学会

● 福永　知子

はじめに

　日本ロールシャッハ学会（The Japanese Society for the Rorschach and Projective Methods：JSRPM）は1997年の設立で，2001年に第5回大会を大阪大学コンベンションセンターで開催した（表1）。2013年が第17回大会となるので，日本学術会議団体として承認された「学会」としては比較的新しい学会といえるかもしれない。ロールシャッハ・テスト（以下，ロ・テストと略）のスコアリング・システムのひとつとして知られる「阪大法スコア」の名が示す

表1　日本ロールシャッハ学会　大会一覧

回	年	月	日	開催会場	大会会長	所属
第1回	1997	11月	29日・30日	石川県教育・自治会館	木場　清子	金沢大学
第2回	1998	11月	14日・15日	中京大学・センタービル	八尋華那雄	中京大学
第3回	1999	10月	30日・31日	専修大学・神田校舎	岡部　祥平	専修大学
第4回	2000	7月	28日〜30日	北星学園大学・6号館	遠山　尚孝	北星学園大学
第5回	2001	11月	1日〜3日	大阪大学コンベンションセンター	辻　　悟	大阪大学
第6回	2002	10月	12日〜14日	鹿児島大学・第一講義棟	久留　一郎	鹿児島大学
第7回	2003	11月	1日〜3日	愛知学院大学・12号館	池田　豊應	愛知学院大学
第8回	2004	7月	3日〜5日	つくば国際会議場・エポカルつくば	小川　俊樹	筑波大学
第9回	2005	10月	28日〜3日	山形大学・医学部講義室	森岡由紀子	山形大学
第10回	2006	11月	18日・19日	徳島文理大学・徳島キャンパス	山下　景子	徳島文理大学
第11回	2007	11月	22日〜24日	名古屋国際会議場	森田美弥子	名古屋大学
第12回	2008	10月	25日・26日	新潟青陵大学・6号館	佐藤　忠司	新潟青陵大学
第13回	2009	10月	31日・11月1日	大妻女子大学・千代田キャンパス	深津千賀子	大妻女子大学
第14回	2010	10月	29日〜31日	帝塚山学院大学・泉ケ丘キャンパス	氏原　寛	帝塚山学院大学
第15回	2011	7月	17日〜20日	国立オリンピック記念青少年総合センター	小川　俊樹	筑波大学
第16回	2012	11月	3日・4日	明治大学・駿河台校舎	高瀬　由嗣	明治大学
第17回	2013	11月	2日・3日	花園大学	小海　宏之	花園大学

ように大阪大学精神医学教室は本学会の現在に至る道程に，大いに関与している。

本稿では，精神・心理臨床とロ・テスト，関西ロールシャッハ研究会，日本ロールシャッハ学会，の順に，本学会に関連する大阪大学精神医学教室の位置付けを概説する。

精神・心理臨床とロ・テスト

臨床心理士は，学校教育法に基づいた大学・大学院教育で得られる高度な心理学的知識と技能を用いて，「臨床心理査定」「臨床心理面接」「臨床心理的地域援助及びそれらの研究調査等」の業務を行う（財団法人：日本臨床心理士資格認定協会「臨床心理士資格審査規定第11条」より）。臨床心理士を主要メンバーとする，一般社団法人：日本心理臨床学会は，現在，会員数約26,000名を擁する大きな学会に発展している。

臨床心理士の業務である心理アセスメント（心理査定）は，医学的・心理学的・社会文化的要因を背景に持つクライエントの問題・症状・人格構造を把握することを目的としている。精神・心理臨床における心理アセスメントと心理面接とは密接な関連を持ち，互いに相補的関係にある。そして，精神科医，H Rorschach が1921年に『精神診断学』を出版し，創案したロ・テストは現在も精神・心理臨床において強い関心を持たれている。

大阪大学精神医学教室は，日本における心理臨床の黎明期から1950年代の胎動期において[1]，また投映法心理テスト，特にロ・テストの研究においては，「阪大法スコア」の名とともに重要な役割を果たしている。

1962年11月刊の臨床心理学会『研究論文抄録集』第1輯の大阪大学文学部心理学教授・橘 覚勝（たちばなかくしょう）による「臨床心理学会の回顧と展望」によれば，1947年に戦争孤児や浮浪児の非行が横行しつつある暗澹たる状況に直面して，非行防止の一翼ともなればとの動機から「犯罪心理研究会」が結成され，それを「臨床心理」という斬新な名称に変更してはという意見が持ち上がり，阪大精神科の堀見太郎教授らに語らい，同教授の賛同快諾を得て，5人の協議の結果，1950年10月に「臨床心理研究会」として発足したとのことである。この5名の1人は古武弥生（関西学院大学心理教授），もう一人に当時，児童鑑別所に在職の杉原 方（すぎはらたもつ）がいる。なお杉原方は，後に関西学院大学教授として臨床心理の礎を築いた（第四部．13．参照）。

そして1951年に「臨床心理学会」と改称され，学会事務局は阪大医学部神経科に移すことになった。会員は主に近畿在住の300名前後，役員の医系と心理系の割合はほぼ1：2であった。会長は1955年，急逝するまで堀見教授が務め，以後は大会開催地責任者が会長となった。1963年には金子仁郎教授が会長となり，臨床心理学会『研究論文抄録集』第1輯の発刊に踏み切った。

堀見太郎は精神身体医学ならびに精神医療において現在でいう臨床心理的接近に志を持たれていた。そして1938年にドイツ留学から戻る際にロールシャッハを持ち帰っている。1940年ごろより黒田重英がロールシャッハと同じように忠実に臨床実験を追試し，未刊ではあるが，1944年の第30回近畿精神神経学会での「ロールシャッハ氏テストに関する研究」と「癲癇に関する研究」，1945年の「ロールシャッハテスト」（大阪大学医学会）論文で学位を取得し，阪大におけるロールシャッハ研究の基礎を築いた[2]。終戦後の1945年ごろより，杉原方を中心にアメリカの情報が集められ，精神科医によるTATその他の投映法心理テストの取り組みが活発になされた。辻悟（第四部．18．参照）を中心とする諸種の投映法心理テストの解説（表2）は現在の精神・心理臨床に携わる者の研究の源となっている。

阪大精神科におけるロールシャッハの研究は黒田から，1945年阪大卒業の長坂五朗に引き継がれた。1950年当時ちょうど教室としての取り

表2 諸種の投映法心理テストの解説

No	著者	題名	書名	頁	発行年	出版社, 出版地
1	辻悟	欲求―圧力分析	心理診断法双書 TAT（本明寛・外林大作編）	93-126	1959	中山書店, 東京
2	辻悟	SCT	異常心理学講座：第2巻（井村恒郎他編）	313-344	1966	みすず書房, 東京
3	辻悟・藤井久和	クレペリン精神作業検査法	異常心理学講座：第2巻（井村恒郎他編）	347-361	1966	みすず書房, 東京
4	辻悟	ベンダー・テスト	異常心理学講座：第2巻（井村恒郎他編）	365-379	1966	みすず書房, 東京
5	辻悟・吉田優	ソンディ・テスト	異常心理学講座：第2巻（井村恒郎他編）	383-415	1966	みすず書房, 東京
6	辻悟	バウムテスト	異常心理学講座：第2巻（井村恒郎他編）	419-436	1966	みすず書房, 東京
7	辻悟	{A} 概説：1. 心理学的検査 性格検査―投映法	現代精神医学大系 第4巻A₁ 精神科診断学Ⅰa（懸田克躬 他編）	177-189	1978	中山書店, 東京
8	辻悟	{C} TAT：1. 心理学的検査 性格検査―投映法	現代精神医学大系 第4巻A₁ 精神科診断学Ⅰa（懸田克躬 他編）	257-275	1978	中山書店, 東京
9	辻悟	{D} 文章完成テスト（SCT）：1. 心理学的検査 性格検査―投映法	現代精神医学大系 第4巻A₁ 精神科診断学Ⅰa（懸田克躬 他編）	276-293	1978	中山書店, 東京

組みのテーマのひとつになっていた投映法研究の一環として，日本の小学生のロ・テストのデータを収集する計画が立ち上がり，教室の数人がかかわることになった．臨床心理の板谷美代子を加えて，辻悟を中心とし，浜中薫香，三谷昭雄，藤井久和等による，週に1～2回，徹夜に近いロ・テストの勉強会が行われた．皆が一体感を持って取り組んだ現場の雰囲気を，長坂は後述の関西ロールシャッハ研究会30周年記念に創元社から1987年に出版された『これからのロールシャッハ』のはじめの項「ロールシャッハ戦後事始め」で語っている．

約200名の幼稚園児と584名の小学生，339名の成人の基礎的データの整理の途中で阪大法スケール[3]の基本が整備された．長坂はそれまでの業績を論文[4]にまとめ，堺脳病院（現浅香山病院）に異動した．

阪大法スコアは1940年代半ばごろに始まり，その後1950年ごろから辻を中心とする大阪大学医学部精神医学教室ならびに後には，関西ロールシャッハ研究会関係者も加わって，この検査法に携わる多くの精神・心理臨床家によって集大成されてきたものである．

1999年に金子書房より『ロールシャッハ・スコアリング―阪大法マニュアル』を辻・福永が出版した．阪大法スコアのできあがった歴史的な経過の概略をあとがきで以下のように辻がまとめている（一部略）．

1）「Ⅵ. 文章型」の文章型分類と「Ⅷ. 記録表」の動的表示法とは，先輩の長坂五朗博士の考案されたもので，辻が同先輩から直接ロールシャッハ検査法の手ほどきを受けた時（1950年）にはすでにできあがっていた．そして，その後の研究の進展に応じて，標識項目は部分的に改訂されている．

2）反応領域の普通部分反応の領域指

定，形体水準の整理スケールのほかに，付加的な反応領域・反応決定因に関する標識の大部分は，長坂を顧問にして，辻・浜中（現：加藤）菫香ならびに，小学生児童のプロトコールの整理に協力した数名の者を加えた検討の中で誕生した。

　3）反応領域の空白反応についての分類は，辻・藤井久和・（故）大海作夫・恵美（現：大野）周子による。

　4）資料［基礎形体水準判定基準表］については，1956年6月の最初の［基礎形体水準判定基準表］は，辻・浜中のほかに，藤井・三谷昭雄が作成に参加しており，さらにその改訂に従事したのは辻・藤井・林正延である。この作業の進展には藤井が大きい推進力となっている。

関西ロールシャッハ研究会

1957年6月に，精神科医として辻悟・長坂五朗・岩井豊明が，臨床心理系として高橋雅春・藤岡喜愛・辻岡美延・河合隼雄の7名が世話人となって「関西ロールシャッハ研究会」（以下関西ロ研と略）が発足し，月に1回の研究会が主に阪大精神科で開催された。事務局は大阪大学医学部精神医学教室におき，運営世話役は藤井久和が担当し，坂本昭三・林正延・古荘和郎の応援を得て，手書き・ガリ版での開催案内，会員名簿（1963年の会員数は129名），ニュースレター等が発行された。1959年には長坂五朗の司会で，辻悟，東京ロ研の片口安史，名古屋プロ研の村上英治，京都ロ研の河合隼雄によって同一のロ・テスト反応を元に，各地区のスコアの方法と解釈をテーマに研究会が開催された。また，1962年には辻悟の司会で，北海道・金沢・東京・大阪・九州でのロ・研の活動について，熱っぽく語られた。『これからのロールシャッハ』（1987年：創元社）に各回の開催年月日・場所・演題・演者および所属が巻末付録に示されている。75回を数えた，1966年までの研究会の記録にはロ・テストを共通項としてさまざまな分野の研究者たちが集い，互いの展開を刺激し合う日本の精神・心理臨床の胎動の息吹が感じられる。

関西ロ研は研究会活動とともに，精神・心理臨床家のロ・テストの実践に資するため，1962年から基礎講座を，1966年から臨床講座を開催した。1969年からは，臨床心理学の河合隼雄，文化人類学の藤岡喜愛，精神科医の辻悟，の三人を責任講師制とする，初級講座（スコアリングの習得）および中級講座（前期：ロールシャッハ解釈理論，後期：事例解釈）の講習会に発展した。1975年からは辻を責任講師とする初級講座と中級講座のみとなったが，2012年〜2013年に第29回の講座を開催している。また，1975年より各回講座の終講生がメンバーの「自由クラス」と称する月1回の事例検討会を発足し，2013年10月に第394回を数える。なお講座は（財）日本臨床心理士資格認定協会の短期型研修会として自由クラスは定例型研修会の承認を得て，認定された臨床心理士の貴重な継続研修の場となっている。

1．「初級講座」の内容

第29回基礎講座は，大阪大学中之島センターにおいて，1969年の第1回初級・中級講座の受講生であり，永年にわたり関西ロールシャッハ研究会の運営世話役をしてきた筆者を中心にして，辻・福永著『ロールシャッハ・スコアリング―阪大法マニュアル』をテキストに日曜日の午後3時間の講座を10回行った。講義では，プロトコールの逐語記録の徹底を求めている。自由反応段階のみならず，特に質問段階での「検査者がどういう問いかけをして，被検者がどう答えたか」の逐語記録そのものが，インタビュアーとインタビューイーとのインタラクションそのものである。二者関係における心理面接の基本マナー，また心理療法的アプローチを学ぶ絶好の研修の場と考えている。

図1 関西ロールシャッハ研究会30周年記念パーティ（1986）
左より河合隼雄，辻悟，藤岡喜愛

また実際の反応や事例のスコア実習では添削を繰り返している。このことが，受講生とチューターとのコミュニケーションに役立つと同時に，講師にとっても添削をすることで講義の仕方やポイントを学び得る相互研修となっている。教えつつ，学びつつ，考えた中での気づきは精神・心理臨床の場における成長・発展においても大切なものである。

2．「中級講座」の内容

第29回中級（前期）講座は，ロールシャッハ解釈理論を学ぶ中級講座テキストを1997年に辻がまとめ金子書房より発刊した『ロールシャッハ検査法—形式・構造解析に基づく解釈の理論と実際』をテキストにして，基礎講座終了後，日曜日の午後3時間の講座を10回行った。

第29回中級（後期）講座は辻が2003年に金子書房より発刊した，『こころへの途—精神・心理臨床とロールシャッハ学』をテキストにするとともに，事例解釈の講座を開催している。講義では，移り変わることなく存在する，ロールシャッハ・プロトコルの解釈を通して得られた解釈による事例の心的過程の理解に重点をおき，精神・心理臨床に携わる者の基本的で本質的な姿勢を常に問うようにしている。

3．「自由クラス」の内容

メンバーは1週間以上前に検討事例のプロトコルを受け取り，当日参加メンバーがディスカッションし，辻からのコメントを得て，事例提供者がまとめを作成提出する。現在のメンバー65名は，総合病院・精神病院・クリニックなどの医療領域，少年鑑別所や家庭裁判所の司法矯正領域，児童相談所・教育研究所の福祉領域等の多種多様な所属である。事例プロトコルの年齢も小学生から高齢者までと幅広い。したがって，自分の所属している臨床現場では出会えないプロトコルと出会い，学ぶことが可能な貴重な継続研修の場となっている。若手も中堅もベテランも，各自が指導者の辻から学び得たことを日々の精神・心理臨床に生かすべく，引き続き積極的に活動している。

日本ロールシャッハ学会

1997年11月29日，70余名の発起人の設立趣意書（図2）に賛同した545名が集まり，日本ロールシャッハ学会が設立された。1996年に関西ロ研運営世話役の筆者は学会設立ワーキング・グループに加わり，辻とともに設立発起人の一員となった。

表3 『ロールシャッハ（法）研究』掲載論文

No	著者	題名	誌名，巻；頁，年
1	辻悟・藤井久和・大海作夫・恵美周子	ロールシャッハ・テストの間隙反応について	ロールシャッハ研究1：21-31, 1958
2	辻悟・藤井久和	ロールシャッハ・テストのコンテント・アナリシスに関する研究Ⅰ	ロールシャッハ研究1：32-50, 1958
3	辻悟・藤井久和	ロールシャッハ・テストのコンテント・アナリシスに関する研究Ⅱ—動物反応について	ロールシャッハ研究2：143-154
4	辻悟	めくら分析その3—阪大法：ロールシャッハ・テストの実際適用例-ロールシャッハ・シンポジウムより—	ロールシャッハ研究・臨時増刊, 143-186, 1960
5	辻悟・林正延	著しいVistaを示した1症例	ロールシャッハ研究3：161-170, 1960
6	辻悟・林正延	精神身体症におけるロールシャッハ・テスト	ロールシャッハ研究4：95-111, 1961
7	辻悟・高石昇・藤本淳三・石神亙・樋口景子・北浦誠子	ロールシャッハ・テストに反映された催眠暗示	ロールシャッハ研究6：106-114, 1963
8	辻悟・藤井久和・林正延	基礎形体レベル判定基準について	ロールシャッハ研究6：147-181, 1963
9	辻悟・石神亙・鳥居浄子・家常知子	共感性とロールシャッハ・テストにおける色彩反応について	ロールシャッハ研究9・10合併号：21-137, 1968
10	辻悟	把握型をめぐって：特集{ロールシャッハ・シンポジウム'92} <講演>	ロールシャッハ研究35：3-24, 1993
11	福永知子	解離性同一性障害（多重人格性障害）の1事例研究—ロールシャッハ・テスト，MMPI，YG性格検査による主人格および交代人格の心理特性分析—	ロールシャッハ法研究3：37-50, 1999
12	嘉手川伸子・福永知子	自律訓練法を導入した社会恐怖の二事例—ロールシャッハ反応の検討	ロールシャッハ法研究4：30-40, 2000
13	辻悟	ロールシャッハ検査法と精神・心理臨床：第2回日本ロールシャッハ学会『特別講演』	ロールシャッハ法研究4：53-65, 2000
14	福永知子・石橋正浩・八尋華那雄・辻悟	『形式・構造解析』に基づく解釈の実際：日本ロールシャッハ学会第6回大会ワークショップより	ロールシャッハ法研究7：1-21, 2003

1．『ロールシャッハ研究』（表3*）

1958年から1975年まで片口安史代表の東京ロールシャッハ研究会編による『ロールシャッハ研究』"Rorschachiana Japonica"が，全国各地のロールシャッハ研究グループやこのテストに関心を持ち研究を進めている臨床家たちにとって，情報交換および研究促進のための横のつながりを形成した。1975年以降は編集委員・編集顧問・編集同人で構成された編集委員会制度となり，1998年に『ロールシャッハ研究』は学会設立に伴い学会機関誌として『ロールシャッハ法研究』"Journal of the Japanese Society for the Rorschach and Projective Methods"と名前を改めた。長らく編集同人を務めた辻をはじめ，表3に示す阪大精神医学教室のメンバーの論文が数多く掲載されている。

2．ロールシャッハ・シンポジウム

全国各地にロールシャッハ法に関する研究会

> **日本ロールシャッハ学会設立趣意書**
>
> 　この度「日本ロールシャッハ学会」(Japanese Society for the Rorschach and Projective Methods) を設立し，わが国におけるロールシャッハ法の発展を期したく，設立の趣意を述べ，入会のご案内を申し上げます。
> 　ロールシャッハ法は，1930 年に，内田勇三郎氏によって「教育心理研究」誌上に紹介され，以後，わが国の臨床心理学の査定法として広く用いられて参りました。現在でも心理臨床家にとって馴染み深い技法の一つと申せましょう。この技法の普及と研究に関しては，1958 年に片口安史氏を代表とする東京ロールシャッハ研究会編による『ロールシャッハ研究』(Rorschachiana Japonica) が刊行され（1975 年まで），その後も引き続き現在にいたるまで 37 年の歴史を刻んで参りました。
> 　ロールシャッハ学会の設立は，数年前より計画されておりましたが，1995 年 12 月「ロールシャッハシンポジウム '95」が名古屋で開催されました折『ロールシャッハ研究』誌拡大編集委員会の席上で，「日本ロールシャッハ学会」の設立が改めて検討され，承認されるにいたりました。ロールシャッハ法のさまざまな技法を学び，普及し，研究を充実させ，臨床上の諸問題に一層寄与して参りたいと思います。また国際ロールシャッハ会議への参加が，諸外国では学会単位で参画しているのに対しわが国では個人レベルでしか参加していない現状で，対外的な立ち遅れも否めず，一層の前進を願っております。
> 　ここに「日本ロールシャッハ学会」の設立を準備し，1997 年金沢で開催予定の「ロールシャッハシンポジウム '97」に代えて第 1 回設立総会を行い，それに引き続いて第 1 回大会を発足する所存です。事業内容としては，従来の「ロールシャッハ研究」を学会機関誌とし，毎年研修会，研究発表，総会を開催したいと考えております。すでにロールシャッハ法，その他の投影法にかかわってこられた方，またこれから心理臨床の場でこれらの技法にかかわろうとされる方々が広く本学会に参加されることを期待いたします。ふるってご参加ください。
>
> 　　　　　　　　　　　　　　1996 年 9 月 1 日「日本ロールシャッハ学会」設立発起人一同

図 2　日本ロールシャッハ学会設立趣意書

があり，研究活動を続けている人々の集まりを前項で記載したように，1959 年と 1962 年に関西口研が最初に設けている。その後「ロールシャッハ研究」編集委員主催で，1987 年に「ロールシャッハ・シンポ 87'」が順天堂大学で，1992 年に「ロールシャッハ・シンポ 92'」が大阪市中央会館で，1995 年に「ロールシャッハ・シンポ 95'」が名古屋で開催された。そして趣意書（図 2）にあるように 1997 年の金沢の「ロールシャッハ・シンポ 97'」が「日本ロールシャッハ学会設立総会」に形を代えた。

各シンポジウムにおいて，関西口研メンバーは積極的に討論に参加し，また「ロールシャッハ・シンポ 92'」の運営世話役を務めた。

3. 日本ロールシャッハ学会の活動

日本ロールシャッハ学会は会員数：約 700 名，役員：常任理事 6 名・理事 13 名・監事 2 名の組織である。現在第 6 期会長は森田美弥子（名古屋大学）が務め，機関誌編集委員会，教育・研修委員会，広報・情報化委員会，国際交流委員会，倫理委員会から構成されている。辻・福永・関西口研メンバーは第 1 期より常任理事ないしは理事を担当した。筆者は第 4 期（2005～2007 年）の事務局長を務め，辻は 2008 年に名誉会員に推戴された。

今までの大会一覧を表 1 に示す。関西口研は，精神医学教室武田教授および精神病理研究室の支援・協力のもと第 5 回大会を担い，特別講演では河合隼雄が関西口研との生き生きとした交流時代を語り，盛会裏に終えることができた。

本学会は，2003 年に研究の国際交流が求められる中，国際ロールシャッハおよび投映法学会（International Rorschach and Projective Methods Society：ISR）に正式加盟団体となった。そして 3 年に 1 度開催される ISR 大会の第 20 回大会の主催団体は日本包括システム・ロールシャッハ学会：the Japanese Rorschach Society for the Comprehensive System：JRSC が担い，本学会は共催団体を担った（日本ロールシャッハ学会第 15 回大会は第 20 回 ISR 国際大会と

の重複開催）。また関西ロ研と日本精神病理・精神療法学会が協力団体に加わった。2011年7月17日～20日，国立オリンピック記念青少年総合センターにて，発祥の地スイスから遠く離れたアジアの地で初のロ・テスト大会は，東日本大震災の影響を受けて海外参加者は53名と少なかったが，594名の参加者が集う意義ある大会となった。

終わりに

1957年創設の関西ロ研は2017年に60周年を迎える。120周年を迎える教室のちょうど後半から芽生え成長発展を遂げていることになる。関西ロ研の運営は事務局をおく大阪大学精神医学教室・精神病理研究室の先生方や多くの精神・心理臨床家の協力とご理解とお力添えによって成り立っている。なお，関西ロ研第1回講座より責任講師および自由クラスのコメンテーターの辻悟が2011年10月6日に逝去した。長年にわたり教えを受けてきた精神・心理臨床家たちが，阪大法のロ・テストおよびその形式構造的解析の発展的継承に今後も努める所存である。

大阪大学精神医学教室および医学部付属病院のコ・メディカルスタッフの臨床心理士は1950年の臨床心理研究会発起人の一人であった古武弥生関学心理学教授の流れで1969年より関学出身3代目の筆者が勤務した。現在は，武田教授はじめ多くの先生方のご高配により，常時3名の阪大・神戸大卒の臨床心理士が日々の精神・心理臨床活動に励んでいる。

稿を終えるに当たり，ロ・テストの研究と実践を中心とする大阪大学精神医学教室における精神・心理臨床の歴史を振り返りつつこれからを考える機会を与えていただいたことを深謝する。

文　献

1) 辻　悟：シンポジウムの記録1：「黎明期の心理臨床」話題提供者．心理臨床学研究 24 特別号：59-81，2006
2) 堀見太郎，杉原　方，長坂五朗：歴史的発展と意義．本明寛，外林大作編：心理診断法双書　ロールシャッハ・テスト（1）．中山書店，東京，pp 1-39，1958
3) 堀見太郎，辻　悟，長坂五朗，他：阪大スケール．本明寛，外林大作編：心理診断法双書　ロールシャッハ・テスト（1）．中山書店，東京，pp 144-196，1958
4) 長坂五朗：ロールシャッハテストに関する研究（その一）．精神経誌 54：219-253，1952

― Memory ―

前列両端に Norman Saltorius 夫妻，後列右に新福尚隆先生

Tim Crow　　　　　David Kupfer

大阪に迎えた外国からの友人たち

第 7 部

国際化への貢献

1 主催した国際学会の記録
2 教室への留学生
3 国外研究機関との連携

1 第5回アルツハイマー病及び関連疾患に関する国際会議

● 武田　雅俊

　教室では第5回アルツハイマー病及び関連疾患に関する国際会議を1996年7月24〜29日に大阪ロイヤルホテルにおいて開催した。この国際学会の大阪誘致は教室にとってはいろいろな意味で検討すべき不安定要因を含んでいた。まず1,500名規模の国際学会は当時としては比較的大きい学会で，教室にとってはもちろん初めてのことであった。当時の国際学会の運営は今日ほど十分に組織化されておらず基本的には個人の権限と責任とで運営されるものであった。特にアルツハイマー病学会はその母体となる組織がなく，簡単に言うとWisniewski，Iqbal，Winbladの3名が中心となり運営していた学会で，組織としての基盤もなく財政的基盤もない任意の団体であった。このような中で西村教授に国際アルツハイマー病学会の大阪開催を相談したことは無謀なことであったのかもしれない。西村教授は大会長として責任を負われる立場になるわけで大変慎重に考慮された。参加者が十分に集まるのか，財政的にやっていけるのか，各学会の協力は得られるのかなど問題はたくさんあった。しかもこの国際学会の開催時期が1996年であることは，教室にとってはかなりリスクを伴う時期であった。西村教授が阪大を定年退官される1995年3月末から1年以上も後の時期であったからである。阪大精神医学教室としても西村教授の後任は当然のことながら白紙であった。西村教授は赤字になったら

図1　第5回アルツハイマー病国際会議大阪大会ロゴ

自分の退職金を充てることにするからとおっしゃっていたが，今から考えるとずいぶん無茶なお願いをしたものだと思う。このような不安定な要因を残しながらも，1993年に第5回アルツハイマー病国際会議の大阪招致が決定された。

　それから3年間の準備期間がスタートした。まずは大会のロゴを決めようということになり皆でいろいろと相談した。大脳の冠状断をモチーフとして海馬の萎縮を色の薄さで表し，脳幹部は日本の日の丸を表す赤色とすることですんなりと決定した。今でもこのロゴは気に入っており，素人のデザインにしては大変良くできたのではないかと思っている（図1）。

　1994年の第4回ミネアポリス大会には西村教授とお嬢様をはじめとして，教室員，コングレ（小倉さん），ロイヤルホテルからの人（南方

図2 ミネアポリス大会のガラディナーテーブル，1994年
左からMortimer夫妻，Winblad，Wisniewski夫妻，西村教授のお嬢様，西村教授，Inge Grundle-Iqbal

図3 ミネアポリスにおけるIqbalラボと教室員との懇親会（1994年）

さん）を伴いその準備のために大挙して参加した。ミネアポリス大会はMortimerが大会長を務めたが，国際会議を主催する側としてのヒントをたくさん持ち帰った。教室員は全体のプログラムの流れや演題を集める工夫，どの程度の人たちを招待するかなどを相談し，会議会社コングレの小倉さんは登録事務処理の進め方，人の流れのさばき方，パネルの配置など，ロイヤルホテルから派遣された南方さんはガラディナーではどのような食事が出されるのかなど，それぞれが会議運営の情報を集めるのに忙しかった。今となっては懐かしい思い出である。

このころ教室から，工藤喬がニューヨークのIqbalラボに留学しており教室とIqbalラボの人たちとの交流の場を持った。

そして教室では，西村教授が1995（平成7）年3月31日に定年退官され，教室教授が決まらない間の準備期間が1年ほど続いたが，その間も国際会議の準備は進められた。この時期Iqbal夫妻からは他の国際学会で会うたびにいろいろと気遣いをいただいた。また当時WisniewskiとIqbalと同じ研究所に勤務しており，この学会の事務局をしていたAl Sniderにも大変お世話になった。アルツハイマー病学会では，基本的には開催国のConvenerとCo-Convener 3名（Wisniewski, Iqbal, Winblad）で運営するのが通常であったが，Iqbalから大阪大会では特別にDeputy Convenerをおくこと

にしたらどうかとの提案があり，表1のような役員が決定された。

このリストを読み返してみると，当時のアルツハイマー病，血管性認知症の臨床・研究に関わる国内の研究者が網羅されており，西村教授の交際の広さがよくわかる。精神科だけでなく，老年医学，神経内科学，神経薬理学などの領域で活躍していた人の名前が並んでいる。特にSteering Committeeに名前を連ねた人たちは，西村健委員長のもとに，浅井昌弘（慶大精神科），長谷川和夫（聖マリ精神科），平井俊策（群大神経内科），池田久男（高知大精神科），亀山勉（名城大薬理），河﨑茂（日本精神病院協会会長），松下正明（東大精神科），宮川太平（熊大精神科），三好功峰（京大精神科），中村重信（広大神経内科），荻原俊男（阪大老年科），小柳新策（信大神経内科），田平武（精神・神経センター神経内科），高畑直彦（札医大精神科），武田雅俊（阪大精神科）の16名であった。

これらの人々が，顧問として名を連ねた飯塚礼二（順天大精神科），今堀和友（三菱生命研基礎），猪瀬正（横市大精神科），石井毅（東京精神医学研精神），亀山正邦（京大老年科），金子仁郎（関西労災病院精神科），萬年徹（精神・神経センター神経内科），室伏君士（菊地病院精神科），大谷藤郎（社会科学大），島薗安雄（精神・神経センター精神科），新福尚武（慈恵医大精神科），白木博次（神経病理研），祖父江逸郎（名大老年科），杉田秀夫（精神・神経センター神経内科），豊倉康夫（精神・神経センター神経内科），

横井晋（横浜市大精神科），吉川正巳（東京老人研老年科）の長老のアドバイスに従って働くという組織になっていた。

表1 第5回国際アルツハイマー病学会役員リスト

Executive Convener　　Tsuyoshi NISHIMURA
Deputy Executive Convener　Masatoshi TAKEDA

Co-Conveners
Khalid IQBAL, Bengt Winblad, Henry M. Wisniewski

Program Committee
Khalid IQBAL, Akira HOMM, Yasuo IHARA, Tetsuyuki KITAMOTO, Kenji KOSAKA, Yuichiro KURODA, Toshitaka NABESHIMA, Jun Ogata, Masatoshi TAKEDA, Shoji TSUJI, Bengt WINBLAD, Henry M. WISNIEWSKI, Haruyasu YAMAGUCHI

Steering Committee
Tsuyoshi NISHIMURA, Masahiro ASAI, Kazuo HASEGAWA, Shunsaku HIRAI, Hisao IKEDA, Tsutomu KAMEYAMA, Shigeru KAWASAKI, Masaaki MATSUSHITA, Taihei MIYAGAWA, Koho MIYOSHI, Shigenobu NAKAMURA, Toshio OGIHARA, Shinsaku OYANAGI, Takeshi TABIRA, Naohiko TAKAHATA, Masatoshi TAKEDA

Local Advisory Committee
Reiji IIZUKA, Kazutomo IMAHORI, Tadashi INOSE, Tsuyoshi ISHII, Masakuni KAMEYAMA, Jiro KANEKO, Toru MANNEN, Kunshi MUROFUSHI, Fujiro OTANI, Yasuo SHIMAZONO, Naotake SHINFUKU, Hirotsugu SHIRAKI, Itsuro SOBUE, Hideo SUGITA, Yasuo TOYOKURA, Shin YOKOI, Masami YOSHIKAWA

Local Organizing Committee
Ichiro AKIGUCHI, Anri AOBA, Hirokazu ASAO, Heii ARAI, Kohshiro FUJISAWA, Masatoshi FUJISHIMA, Tatsuro FURUKAWA, Toshihiko HAMANAKA, Tsuneo HASEGAWA, Hiroshi HATANAKA, Shigenobu HAYASHI, Yasuo HISHIKAWA, Akihiro IGATA, Shin IIDA, Genro IKAWA, Kenji IKEDA, Masashi INUI, Kiminori ISAKI, Hiroshi ISHINO, Tsutomu KAMEYAMA, Ichiro KANAZAWA, Hiroshi KIMURA, Jun KIMURA, Kenichi KITANI, Toshiko KOBAYASHI, Fimio KUZUYA, Chuzo MICHISHITA, Naomasa MIKI, Tetsuo MIKI, Yoshio MITSUYAMA, Tsutomu MIYAGISHI, Tadashi MIYATAKE, Toshio MIZUTANI, Kihachiro NAGAO, Toshiharu NAGATSU, Kenji NAKAJIMA, Tetsuo NAKAJIMA, Yoshio NAMBA, Shinichi NIWA, Norio OGAWA, Chikara OGURA, Hajime ORIMO, Toshio ORSUKA, Masami SAITOH, Toshiaki SAKAI, Hiroto SHIBAYAMA, Kazuo TAKAHASHI, Kiyohisa TAKAHASHI, Saburo TAKAHASHI, Chikako TANAKA, Kozo TATARA, Jun TATEISHI, Akiro TERASHI, Hideo TOHGI, Masaya TOHYAMA, Shiro TOTSUKA, Fukashi UDAKA, Kazuo UEMURA, Michio YAMADA, Atsushi YAMADORI, Sakae YAMAGAMI, Nariyoshi YAMAGUCHI, Hiroshi YAMANOUCHI, Shigeto YAMAWAKI, Takehiko YANAGIHARA, Hiroshi YONEDA, Mitsuo YOSHIDA, Kazuaki YOSHIKAWA, Fumio YOSHIMATSU

Local Working Committee
Kazuo ABE, Kojin KAMINO, Takashi KUDO, Shigeru, TAKAUCHI

Organizing Secretariat　　Congress Corporation
Permanent Secretariat　　Al SNIDER

　第5回アルツハイマー病及び関連疾患に関する国際会議のプログラムは大変に盛りだくさんで，7月24日（水）から週末を挟んで7月29日（月）までの6日間であった。プレナリー講演は，第1日に，B. Reisberg, T. Yanagihara, A. Hoffman, T. Asada。2日目にH. Braak, Y. Ihara, D. J. Selkoe, H. M. Wisniewski。3日目にはA. Roses, J. Poirier, K. Beyreuther, N. Hirokawa。4日目には，T. Nishimura, J. Collinge であった。企業のサテライトシンポジウムが16セッションとプログラムが盛りだくさんであったことから，第1日の午前8時半からスタートした。6日間8時半から6時半までびっしりのスケジュールであった。そして，第1日に開会式とレセプション，2日目に夕方の天神祭，5日目の夕方にガラディナーとする5日半のプログラムと7月27日（土）の午後には市民のための公開講座が用意された。市民公開講座には900名の参加者があり，時間の制約により当日答えることのできなかった質疑応答を含めて後日講演録が刊行された。

　会場はロイヤルホテルの3階であった。光琳

Conference at a Glance

Underlined: Simultaneous interpretation into Japanese will be provided.

	July 24, Wednesday	July 25, Thursday	July 26, Friday

8:30	**Workshop A** - Role of Biochemical Markers in Alzheimer's Disease
	Workshop B - Harmonization of Dementia Drug Guidelines
	Workshop C - Differential Diagnosis of Non-Alzheimer's Disease Dementia
		Plenary Lectures II
		• H. Braak
		  Histopath. Course
		• Y. Ihara
		  Mol. Pathol.
		• D.J. Selkoe
		  Mol. Pathol.
		• H.M. Wisniewski
		  Neurodegeneration
			Plenary Lectures III
			• A. Roses
			  Genetics/Mol. Genetics
			• J. Poirier
			  Genetics/Mol. Genetics
			• K. Beyreuther
			  Neurodegeneration
			• N. Hirokawa
			  Mol. Pathol.

10:30	Coffee	Coffee	Coffee

11:00	**Plenary Lectures I**
	• B. Reisberg
	  Clin. Course & Diag.
	• T. Yanagisawa
	  Clin. Course & Diag.
	• A. Hofman
	  Epidemiol. & Risk Factors
	• T. Asada
	  Psycho-Social Care
		Symposia
		• Molecular Pathology - I
		• Epidemiology & Risk Factors I
		• Related Neurodegenerative Conditions I
		Roundtable E - Altered Neuronal Transmission and Signal Transduction in Alzheimer's Disease
			Symposia
			• Molecular Pathology - II
			• Clinical Course & Diagnosis I
			• Epidemiology & Risk Factors II
			• Molecular Pathology - II

13:00	**Lunch & Roundtables** **Roundtable A** - Cholinergic Aspects of the Amyloid Hypothesis **Roundtable B** - Vascular Dementia - Is There a Link to AD? **Roundtable C** - The Primary Prevention Trial in AD: Why Is It Possible? **Roundtable D** - Nicotinic Agonists and Alzheimer's Disease	**Lunch & Roundtables** **Roundtable F** - APP Processing: The Potential for Therapeutic Approaches to Treat Alzheimer's Disease **Roundtable G** - Emerging Perspectives in the Management of Alzheimer's Disease **Roundtable H** - Behavior as an Efficacy Outcome **Roundtable I** - Beyond Cholinesterase Inhibitors: Muscarinic Agonists in the Treatment of Alzheimer's Disease	**Lunch & Roundtables** **Roundtable J** - Alzheimer's Disease: Convergent Mechanisms and Divergent Therapies **Roundtable K** - Slowing the Progression of Alzheimer's Disease: Methodology and Ethical Issues **Roundtable L** - Neuropeptides and Pathology of Alzheimer's Disease **Roundtable M** - Alzheimer's Disease: Magnitude and Medical Opportunities
16:00	**Refreshments & Poster Session I** Genetics/Molecular Genetics I Molecular Pathology I Cellular & Animal Models I Related Neurodegenerative Conditions I, Therapeutics I Psycho-Social Care Cerebrovascular Dementia	**Refreshments & Poster Session II** Clinical Course & Diagnosis I Epidemiology & Risk Factors I Genetics/Molecular Genetics II Cellular & Animal Models II Related Neurodegenerative Conditions II Therapeutics II	**Refreshments & Poster Session III** Clinical Course & Diagnosis II Epidemiology & Risk Factors II Molecular Pathology II Mechanisms of Neurodegeneration II Cellular & Animal Models III
18:00 / 18:30	**Opening Ceremony & Welcome Reception**	**Tenjin Festival**	

	July 27, Saturday	July 28, Sunday	July 29, Monday

8:30	**Plenary Lectures IV**
	• T. Nishimura
	  Therapeutics
	• J. Collinge
	  Related Neurodegenerative Conditions
		Symposia
		• Mechanisms of Neurodegeneration I
		• Therapeutics I
		• Molecular Pathology III
		• Clinical Course & Diagnosis II
			Symposia
			• Genetics/Molecular Genetics II
			• Molecular Pathology IV
			• Molecular Pathology V
			• Histopathological Course II

9:30	**Refreshments & Poster Session IV** Clinical Course & Diagnosis III Histopathological Course Epidemiology & Risk Factors III Molecular Pathology III Mechanisms of Neurodegeneration III		
10:30 / 11:00		Coffee	Coffee
11:30	**Lunch & Workshop D** - The Bridging Study in AD Drug Development **Lunch & Roundtables** **Roundtable N** - Perspectives on Alzheimer's Research **Roundtable O** - Neuroimmunotrophic Strategies in Neurodegeneration and Alzheimer's Disease **Roundtable P** - Oxidative Stress, Idebenone and Alzheimer's Disease	**Symposia** • Genetics/Molecular Genetics I • Histopathological Course I • Therapeutics II • Mechanisms of Neurodegeneration II	**Symposia** • Genetics/Molecular Genetics III • Molecular Pathology VI • Cellular & Animal Models II • Molecular Pathology VII
14:30		**Symposia** • Cellular & Animal Models I • Psycho-Social Care • Related Neurodegenerative Conditions II • Therapeutics III	
15:30	**Public Education Forum** Management of Alzheimer's Disease: Patients, Family and Social Care System		
16:30		**Refreshments & Poster Session V** Clinical Course & Diagnosis IV Molecular Pathology IV Mechanisms of Neurodegeneration III	
19:30		**Gala Dinner**	

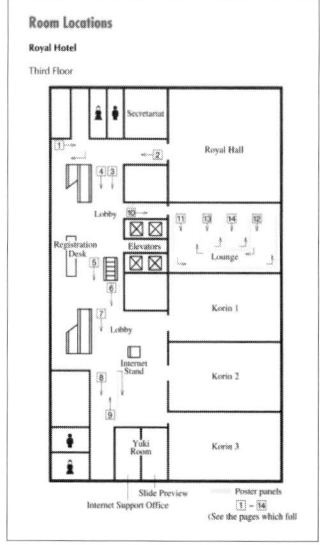

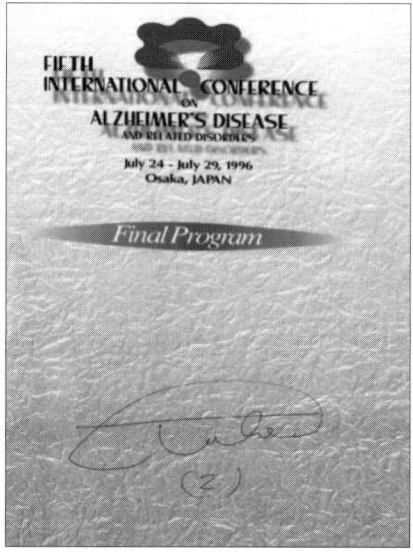

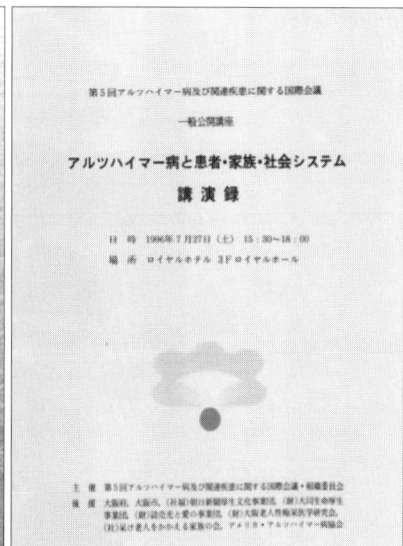

図4 第5回アルツハイマー病及び関連疾患に関する国際会議のフロアプラン，プログラム集表紙，市民公開講座プログラム

の間を3分割にした会場とロイヤルルームを講演会場に当て，その周囲の空間をポスター会場とした。今から考えても，当時としては考えられるベストのフロアプランであった。

開会式の余興には文楽の公演をお願いし，その後のレセプションへと続いた。当時お元気であった西村教授の奥様もお嬢様とご一緒に御顔を見せていただいた。

Henry M. Wisniewski 博士の体調が悪いということも聞いていたが，大阪大会に奥様と一緒に出席され，元気な顔を見せていただいた。大変表情の豊かな人で，ステージ上でのスナップからもうかがえるので，彼を偲ぶよすがとしてここに掲げておきたい。

筆者はアポリポ蛋白 E4 がアルツハイマー病のリスクとなる事を見出したデューク大学の Allen Roses の司会を担当した。A. Roses が最

図5　開会式の来賓
開会式のご来賓は，厚生労働省精神障害保健課の田中慶司課長，大阪府知事の横山ノック氏，大阪市長の関潤一氏であった。
左から，筆者，関純一市長，横山ノック府知事，西村教授，田中慶司課長

図6　開会式
開会式は西村教授の開会宣言で始まり，Wisniewski, Iqbal, が歓迎の挨拶を述べ，Winblad は授賞式を担当した

図7　講演する Conveners
左から時計回りに西村教授，Khalid Iqbel, Henry M. Wisniewski, Bengt Winblad

図8　開会式の文楽と開会式での西村教授夫人とお嬢様

図9　Henry M. Wisniewski の多彩な表情

図10　特別講演の司会をする筆者と Allen Roses

初に片言の日本語で挨拶したのに続いて，「Allenのサイエンスはいつも明瞭であるが，只今の彼の日本語はサイエンスと比べるとクリアさに欠けるところがありました」と述べて聴衆の笑いを誘ったのも楽しい思い出での一つとなった。

今振り返ってみても，大阪大会には当時のアルツハイマー病の研究者がすべからく集まっていたように思う。講演者のレベルから見ても大阪大会は第一級の学術集会であった。

7月25日は天神祭であった。ホテルからバスで川縁の桟敷まで送り出したが，当日は交通規制のために桟敷近くまでバスが入れないという事態になった。そこで参加者には一目でわかるようにおそろいの法被を着てもらうことにした。そうすることで学会参加者であることが同定でき迷子になるのを防ごうという作戦であった。

この学会には若い人の参加者も多かった。基礎研究者も多く参加しており，このような人のために，当時ロイヤルホテルのそばにあった日本生命の研修所を貸していただいた。全館で百数十人が宿泊できる施設であったが，1泊3,000円で宿泊所を提供できて若い人たちに喜ばれた。ただし研修所からは，外国人だと不測の事態が起こりうるので，通訳を宿泊させると

図11 主な参加者
上段 Roger Nitch, Dale Shenk, Eizo Giacobini
下段 Denis Selkoe, Steven Younkin, Bart de Strecper

図12 主な参加者

いう条件がつけられた．そのようなことから宿泊所には教室の人が交代で泊まることとなったが，天神祭の夜は若い人たちも大いに盛り上がり，スイカパーティを開いて一晩中騒いでいたとのことであった．

3日目の夕方には光琳の間でガラディナーが開催された．登壇者には再び法被を着てもらい鏡開きを行った．そして，Wisniewski博士から，西村教授，今堀和友，石井毅，立石潤に日本の認知症研究推進への貢献を讃えて表彰状が贈ら

第7部 国際化への貢献 1 主催した国際学会の記録　**629**

図13　天神祭の船渡御にて

図14　ガラディナーでの鏡開きと西村，長谷川，石井，平井各氏の表彰

図15　大会協力者への感謝状

図16　閉会式

れた（図14）。
　その後，大会運営に大変尽力していただいたコングレの小倉徳子氏，萩原幹子氏，ロイヤルホテルの南方幸蔵氏に事務局長の Al Snider から感謝状が贈呈された．Al は大変気さくな人であり，そのルックスもいいことから，コングレ社提供の宣伝媒体にもしばしば登場し，つい最近まで地下鉄の京都国際会館駅から京都国際会館への地下通路のコングレの広告としても使われていた．筆者は，京都国際会館での学会に出席するたびにコングレ社の広告を見ながら，この国際アルツハイマー病学会を思い出したものである（図15）。
　ガラディナーは和太鼓の演奏で幕を閉じたが，参加者は終了後も，音楽に合わせて踊りだし，光琳の間は夜更けまでダンスを楽しむ人たちで賑わっていた（図16）。
　学会中には新聞などのメディアに対して，そ

図17　学会で配布した新聞
（MAINICHI Daily News, 1996年7月29日より引用）

の日の発表演題のハイライトについて毎日のブリーフィングを行った．そして毎日新聞社の協力を得て，毎日デイリーニューズ社による学会の特集号を発刊した（図17）。
　第5回アルツハイマー病国際会議（ICAD）大阪大会の思い出話を一つ．第5回の開催日程

は 1996 年 7 月 24〜29 日であった。大阪の最も蒸し暑い時期であり，参加者が暑さに耐えられるかという点を心配しながら，開催準備をした。この時期を選んだのは，真夏の大阪は観光客が少なくホテルの賃貸料が安くなるという理由からであったが，それならばいっそのこと真夏の天神祭りに合わせてということになり，学会のソーシャルイベントは天神祭りへの参加となった。数百人もの外国人を連れ出して，船渡御を見てもらうために，参加者には法被を着てもらい，バスを連ねて夜中に堂島川の川べりまで出かけた。土地勘のない数百人の外国人を真夜中の人ごみの中を移動させるという計画であり，体調を壊す人，迷子となる人，大事なものをなくす人などへの対応が要求される大変な企画であった。暑い真夏の夜の花火が繰り広げる壮大なイベントに外国からの参加者は驚いたであろうが，主催者にとっては大変気を遣う企画であった。数年してからも大阪大会の印象を天神祭は大変印象に残る企画であったと，暑さと湿気と共に懐かしく思い出して話してくれる人も多い。

― Memory ―

第 4 回日本統合失調症学会と第 1 回アジア統合失調症研究会
2009 年 1 月 30 日〜2 月 1 日に大阪大学コンベンションセンターにおいてアジアから 100 名を超える参加者を招待して統合失調症研究―基礎から臨床へ―と題した学会を開催した。

2 国際アルツハイマー病学会と教室のかかわり

● 武田 雅俊

　International Congress of Alzheimer's Disease and Related Disorders はもともとニューヨーク州立発達障害基礎研究所の Henry M. Wisniewski 博士と Khalid Iqbal 博士，それに，カロリンスカ研究所の Bengt Winblad 博士の3人が立ち上げた学会である．第1回が1988年にラスベガスにおいて300名くらいの参加者で始められ，その後2年ごとに第2回トロント，第3回パドバ，第4回ミネアポリスと開催され，第5回（1996年）は大阪で大阪大学精神医学教室の主催により開催された．学会ごとにモノグラフが作成され，教室にも第1回からのモノグラフが残されているが，回を重ねるごとに分厚い書籍になってきたことがよくわかる．

　第5回大阪大会の後，この国際アルツハイマー病学会は International Conference of Alzheimer's Disease（ICAD）と呼ばれるようになり，1998年に第6回アムステルダム（会長 Dick F. Swaab），2000年に第7回ワシントンDC（会長 Sangram S. Sisodia），2002年に第8回ストックホルム（会長 Bengt Winblad），2004年に第9回フィラデルフィア，2006年に第10回マドリッドで開催された．第10回の会期は6日間，参加者は5,000人以上に上り，アルツハイマー病領域における最大の学会に成長した．このころには規模が大きくなり，もはや個人で

図1　国際アルツハイマー学会のモノグラフ
第4回大会（1995），第5回大会（1997），第6回大会（1999），第7回大会（2001）

図2
左から Henry M. Wisniewski 博士，Bengt Winblad 博士，Khalid Iqbal 博士

運営できる枠を超えてきたことから，学会の運営に Nancy & Ronald Reagan 財団がバックアップするアルツハイマー協会（Alzheimer's Association）が関与するようになった。しばらくの間，学会はアルツハイマー協会との共同開催として運営されたが，前述した創設者3名のうち Wisniewski 博士が死去された後，学会規模の拡大とより堅実な財政基盤を求めて，この学会は2000年のワシントン大会からアルツハイマー協会の学術部門として運営されるようになった。そして2008年のシカゴ大会の後，名称も AAIC（Alzheimer's Association International Conference）と改められて毎年の開催になった。2008年以降の学術集会の開催地は，シカゴ（2008年7月26～31日），ウィーン（2009年7月11～16日），ホノルル（2010年7月10～15日），パリ（2011年7月16～21日），バンクーバー（2012年7月14～19日），ボストン（2013年7月13～18日）であった。

大阪大学精神医学教室は，これまでも Wisniewski，Iqbal，Winblad のお三方とは大変親しくさせていただいた。1980年代の西村健の教室では，蛋白の不溶化がアルツハイマー病の病理過程に関与していることを想定して不溶化蛋白を同定しようとしていたが，筆者も細胞骨格蛋白の仕事に従事し，不溶化している蛋白としてマイクロチューブルやニューロフィラメントの動態に興味を持って調べていた。筆者はこのような時期1990年ごろに NIH での国際会議に出席し Iqbal 博士と言葉を交わす機会があった。Iqbal 博士はもともとパキスタンの出身であるが，英国で教育を受けミシガン大学で学位を取り，その後アルツハイマー病における細胞骨格蛋白の仕事を精力的にしていた人であり，奥さんの Inge Grundke-Iqbal 博士と共にニューヨーク州立発達障害研究所で世界をリードする業績を出していた。アルツハイマー病脳内においてタウ蛋白が過剰にリン酸化していることを見出したこの領域の第一人者であった。Khalid Iqbal 博士と朝食の時間に話を交わしたことが契機となり，公私に亘る交流が続いている。第5回アルツハイマー病学会を大阪で開催

図3 ミネアポリスでの第4回アルツハイマー学会（1995年）

することになったのも Iqbal 夫妻とのご縁であり，その後教室から多くの人たちが Iqbal 博士の研究室に留学することとなった。教室からの留学生を大変よく世話していただき，10年以上にわたり阪大精神科からの留学者が続いた。

その当時 Henry Wisniewski 博士は，ニューヨーク発達障害基礎研究所の所長を務めていた。博士は大変エネルギッシュな人で独特のポーランド訛りのだみ声で聞き取りにくい英語であったが，いろいろな機会に声をかけていただいた。大阪大会にも同研究所の研究者である奥様とご一緒に来阪された。特別講演を聞かせていただいたが，アルツハイマー病患者の対応には教育が重要であり市民への啓発活動が大切であると熱心にいわれたことを思い出す。当時から腎臓を患っておられたが，体調を考慮しながらの来日であった。その後1999年9月5日に腎不全のために亡くなられた。

Bengt Winblad 博士とは，この大阪大会をきっかけとして親交を深めることになった。スウェーデンから学会に参加しておられた人が脳出血で倒れられ緊急入院されるということがあった。この人が Winblad 研究室の人であったので，学会中に病院にお見舞いに行ったり，回復された後にスウェーデンに搬送したりなどのことが起こったのであるが，私たちも Winblad 博士と共に奔走した。その後 Winblad 博士のもとに若い人が留学したり，第8回ICAD，第12回IPA（International Psychogeriatric Association）を主催されたりでお付き合いが続いている。たまたま Winblad 博士による第12回IPA大会に続いて2007年10月には大阪で第13回IPAを担当することになったのも，一つのめぐり合わせかもしれない。IPA理事会で，シカゴの次のIPAをどこで開催するかという話になったときに，Winblad 博士のほうが筆者よりも数年年上ということで，ストックホルムで「お先にどうぞ」と話したことも懐かしい思い出で

ある。その後日本の製薬会社がカロリンスカのWinblad博士と共同研究を立ち上げアルツハイマー病治療薬の開発に取り組むこととなり，Winblad博士は数年間にわたり毎年12月に大阪に来られていたが，その共同研究も終了し久しくお会いする機会がなかったが，2013年8月に徳島でWinblad博士に，久しぶりにお会いする機会があった。今でもお元気でカロリンスカでの研究生活を続けておられる。

アルツハイマー病は「21世紀最大の悪性疾患」と言われており，現在世界の認知症患者は約2,500万人いるが，社会の高齢化とともに認知症患者数は増加して行き，今後25年間には7,500万人に達するといわれている。そしてそのうち約半数がアルツハイマー病患者である。アルツハイマー病研究はこの20年間に大きな進展を見せているが，これからの20年間にはアルツハイマー病の治療法と予防法の確立に向けての研究がなされて，大きな成果が挙げられるであろう。この人類最大の課題を克服する日が来ることを願いながら精進したいものである。

Memory

高坂新一理事長，田代朋子教授，Hans-Jürgen Möller，武田雅俊教授

倉知正佳教授，武田雅俊教授，樋口輝彦総長，高坂新一理事長

第51回日本神経化学会・第30回日本生物学的精神医学会（富山市）
生物学的精神医学会はAsia Pacific Meetingであり富山大学倉知正佳教授が会長，阪大は神経化学会を担当した。

3 第13回国際老年精神医学会

● 武田　雅俊

　教室では老年精神医学を主要な研究テーマとしていることから，西村教授に連れられて2年ごとの国際老年精神医学会大会（International Psychogeriatric Association Congress：以下 IPA Congress）にはほとんど毎回参加していた。そして，筆者は IPA 理事（Board of Director）を務めるようになり，アジアでの IPA Congress の開催を打診され，2007 年の第 11 回大会を引き受けることになった。

　高齢者人口の増加とともに，老年精神医学はますます重要な部門となっており，老年精神医学の中心的な議題であった認知症（dementia），抑うつ（depression），妄想（delusion），せん妄（delirium）などの主要な病態だけでなく，MCI，BPSD，VCI などの新しい概念，高齢者の拘束，虐待，意思能力，自動車運転，倫理的側面，法的側面など老年精神医学が取り扱うべき領域は拡大していった。そして，このような広汎な問題に対処するためには広く多職種の専門家の関与が強く求められていた。

　このような時期に大阪で国際老年精神医学会を開催した意義は大きかった。今や社会の高齢化は，先進諸国だけの問題ではなく，むしろアジア諸国を含めた発展途上国においても社会の高齢化が始まっており，社会的対応を迫られているという現実がある。これは史上最速のスピードであったが，これから aged society を迎えようとしている韓国では，さらに早い 21 年でこの移行を終了する見込みであるという。人口の急激な高齢化は社会システムに歪みをもたらすものであり，このような問題について，広く議論しようという学会であった。世界の経験をわが国に取り入れるとともに，わが国が経験したさまざまな問題を確実にこれから高齢化問題を経験するであろうアジアの各国に対しても，役立つ情報として提供できたのではないかと思っている。

　ちょうどそのころ 2000 年 4 月に大阪国際会議場がオープンしたことから，会場は大阪国際会議場ということに決まった。また，ソーシャルイベントとして，2004 年秋に会場から徒歩圏内にリニューアルオープンした国立国際美術館を使わせていただくことになった。国立国際美術館は，もともとは 1970 年大阪万国博覧会開催のときに建設された万国博美術館として開設されたもので，その後 30 余年にわたって国内外の作品を収集・保管・展示を行っていたが，老朽化を機に中之島に完全地下型の新美術館として建築されたばかりであった。

　第 13 回 IPA Congress は，"Active Aging-wisdom for body, mind, and spirit" を標語として 2007 年 10 月 14～18 日に大阪国際会議場において開催された。日本老年精神医学会年会と日本認知症学会年会との合同大会であり，認知症にかかわる多くの臨床家・研究者と多数の海外からの参加者を集めた。第 13 回国際老年精

図1　IPA 2007 Osaka の会場
左：大阪国際会議場，右：大阪国立国際美術館

図2　IPA 2007 Osaka の告知ポスター

神医学会の組織委員長は大阪大学武田雅俊，第22回日本老年精神医学会会長は兵庫医大守田嘉男教授，第26回日本認知症学会会長は東京都老人総合研究所（現・東京都健康長寿医療センター）の本間昭先生であった。

　第13回 IPA Congress（IPA 2007 OSAKA SILVER Congress）は IPA 設立25周年の節目に当たることからいくつかの企画を考えた。まず老年精神医学の歴史を振り返るために，老年精神医学の揺籃期から活躍されてきたパイオニアとも呼ぶべき著名な精神医学者・臨床家を多数お呼びした。Carl Eisdorfer（US），Reymond Levy（UK），Ho Young Lee（韓国），Kazuo Hasegawa（日本）には，初日10月14日（日）の開会式で講演をしていただいた。これまで来日の機会がなかった「老年精神医学の父」と敬愛される Tom Arie（UK）には彼がこれまで香港やアジア地区で開催してきた老年精神医学教育コースに倣って，若い人のためのワークショップを担当していただいた。その他にも，Manfred Bergener（ドイツ），Sanford Finkel（US），Barry Reisberg（US），Edmond Chiu（オーストラリア），Alister Burns（UK）と歴代の IPA 理事長のほとんどの参加を得て，老年精神医学の歴史に関する映像プレゼンテーション，写真パネル展示などを通じて，老年精神医学の歴史を知っていただくとともに，現在の問題点，さらには将来の進路を描き出すことを計画した。

　第11回シカゴ大会，第12回ストックホルム大会での参会者がいずれも1,500名であったことから，参会者2,500名という目標で準備が進められたが，最終的には2,888名の参加者となった。第4回東京大会の700名と比較するとこの18年間に参会者数は4倍以上に伸びたことになる。日本で開催される国際会議の中には，外国からの参加者はごく少数で大部分が日本からの参加者というものもあるが，今回の IPA Congress は参加者の35％が外国からであり，国際会議らしい会議となった。国内からの参加者が多かった理由としては，日本老年精神医学会と日本認知症学会との合同開催であったこと，広くコメディカルの参加者があったこと，企業からの広い支援を受けたこと，2年前から

図3　IPA 2007 Osaka に合わせて開催した Tom Arie セミナーの集合写真と討論風景（2007年10月14日）

IPA 広報のために Finkel 夫妻と共に3回の全国講演旅行を重ねたことなどが挙げられよう。海外からの参加者が多かった理由としては，アジア諸国の高齢化が進行しており高齢者対策の実際的な目標が切実な問題として理解されるようになっており，アジア諸国からの参加者が多かったことが考えられる。日本老年精神医学会会員をはじめ多くの関係各位のご協力を得て，参加者数においても発表演題数においても IPA の歴史の中で最大の学会となった。

以下に，第13回国際老年精神医学会（IPA 2007 Osaka Silver Congress）の主要な数字を示す。

大会長　Joel Sadavoy
名誉大会長　長谷川和夫，西村健
組織委員長　武田雅俊
プログラム委員長　新井平伊
第22回日本老年精神医学会会長　守田嘉男
第26回日本認知症学会会長　本間昭
総登録者数　2,888名
総演題数　903演題
キーノート　　1セッション　　4演題
プレナリー　　8セッション　　24演題
シンポジウム　30セッション　191演題
一般口演　　　13セッション　119演題
ポスター　　　 2セッション　565演題
企業サテライトシンポジウム　22
セッション（モーニング8，ランチョオン8，イブニング6）
企業展示数　26

第13回 IPA Congress の前日に理事会をした後，その夕方は太閤園において夕食会を開催した。太閤園の庭園で記念撮影をした後，大広間での和食の晩さん会であったが，皆さんに大変喜んでいただいた。

開会式は，10月14日夕方から IPA 理事長 Joel Sadavoy の挨拶により始められた。式典において，日本の功労者として，西村教授，長谷川和夫先生，松下正明先生，平井俊策先生に表彰状が贈呈された。あいにく平井先生は御欠席であったが，長谷川，西村，松下先生は日本老年精神医学会理事長として，わが国のこの領域を牽引してこられた方々であり適切な表彰であった。西村教授も体調を崩されていたものの，

図4　太閤園での晩さん会
晩さんで Helen Chiu, Joel Sadavoy, Susan Oster, 筆者　2007年10月13日（写真右下）

なんとか駆けつけていただいた。

　開会式では，京都で活躍されている福原佐和子さんにお琴の演奏をお願いした。そして開会式の後の国際会議場1階ピロティで開催したレセプションにおいても演奏をお願いした。

　学会は，毎日多くの優れた発表があり沢山の聴衆が熱心に参加した。この学会の運営に当たり，工夫したことの一つであるが，藍野大学と大阪河﨑リハビリテーション大学の学生さんにボランティアとしてお手伝いをお願いした。それぞれの大学の先生と相談をして，学生さんにとっても良い教育と経験の場となるので参加させてほしいこと，参加費はとらないので外国からの参加者の案内役として学会運営に協力してほしいとの提案に賛同していただき，両大学の学生さん200名ほどにボランティアとして参加していただいた。この実現には，藍野大学の小山昭理事長，高橋清久学長，大阪河﨑リハビリテーション大学の河﨑茂理事長，河﨑建人学長に大変お世話になった。

　また，ポスター会場には鳥取市の渡辺美術館から貸与いただいた日本の屛風と鎧甲を展示した。これも大変好評で，渡辺美術館のご厚意により，自由に被ることのできるかぶとをも並べていただいた。このような企画を実現していただいた渡辺憲理事長には大変感謝している。

　ガラディナー（Jubilee Gala）は10月16日夕方に貸切にしてもらった国立国際美術館にて開催した。この美術館はもともと吹田から中之島に移転して来たばかりであり，館長にご協力を

図5 開会式とレセプション風景（2007年10月14日）

依頼したところ全面的に協力をいただけることになった。美術館ではその時期には「膚の美術」の特別展示を企画されていたが，その解説書をIPAと協賛で発行することとなり，参加者にはその冊子もお配りし，参会者には美術品の数々を見学していただくことができた。そしてガラディナーの出し物は，鈴木メソッド教室の子供たちによる弦楽演奏であった。筆者は，その2年前に松本市で開催された日本老年精神医学会に参加したときに松本市の鈴木慎一記念館を訪問する機会があった。子供のころにヴァイオリンのレッスンを受けていたことがあり弦楽器演奏に興味を持っていたことと，当時鈴木メソッドは世界的に子供の英才教育の手法として知られていたことからお願いすることにした。記念館の館長と話をしているうちに，IPA Congress でこの子供たちの演奏を披露したいという気持ちになり実現したものであった。早速に大阪の鈴木メソッド教室の指導者をご紹介いただき，子供たち80名の演奏が実現した。鈴木メ

図6　参加者の主な顔ぶれとポスター会場
Joel Sadavoy, Reimondo Mateus, Jakobo Minzer, Anne-Margriet Pot, Dilip Jesto, Yu Xin ら

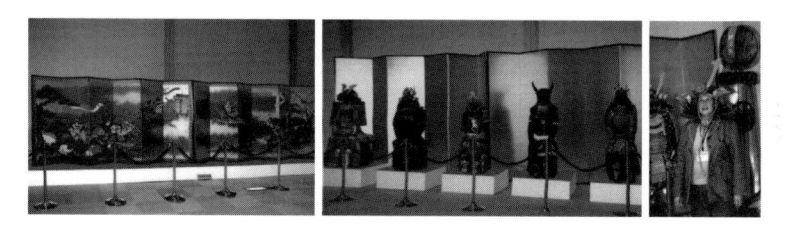

図7　渡辺美術館よりお借りして展示した美術品

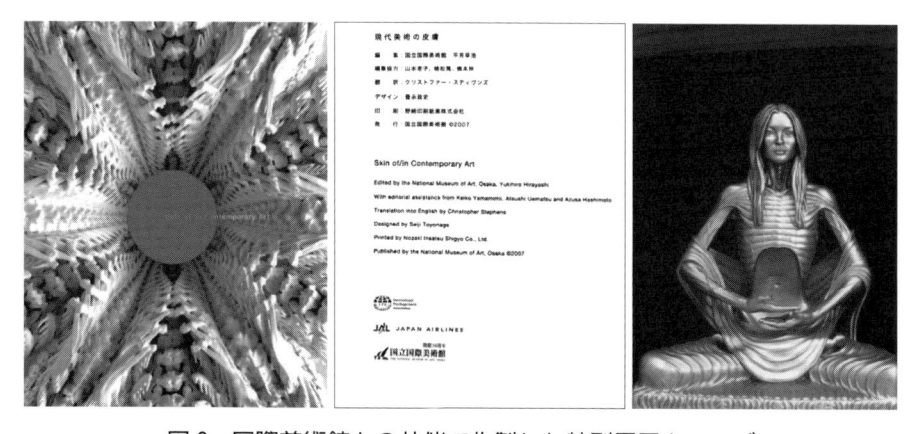

図8　国際美術館との共催で作製した特別展示カタログ

図9　国際美術館でのガラディナー
Joel Sadavoy, Sanford Finkel ら

ソッド教室の子供さんたちのヴァイオリン演奏は，参加者を魅了するに十分であった．このようにして，ガラディナーでは現代美術の作品と音楽を鑑賞していただいた後に食事となった．そして，美術館の中庭では，習字，お茶の手前，利き酒のアトラクションが行われた．参加者は思い思いにそれぞれの趣向を楽しみ，和気あいあいの楽しいガラディナーであった．

第13回国際老年精神医学会の会期中に老年精神医学の欧米日の先達を集めての座談会が開催され，老年精神医学雑誌に掲載された．10月14日の開会式で基調講演をしていただいたCarl Eisdorfer（US），Raymond Levy（UK），Kazuo Hasegawa（日本），Ho Young Lee（韓国）の先生方はいずれも老年精神医学を代表する重鎮の先生方であるが，座談会では欧米日の代表としてこのうちの3名にお話を伺うことになった．座談会は10月15日の午前中に深津亮先生司会のもとに，齋藤正彦先生と筆者が長老の先生方のご意見を伺うという形で，和気あいあいの雰囲気の中で進められた．

Carl Eisdorfer は，Duke 大学のご出身で，Duke 大学，Washington 大学（Seattle），Albert Einstein 大学の精神医学教授を歴任され，米国老年精神医学会，米国老年医学会などのリーダーとして活躍してこられた．1986年からフロリダに移住し，Miami 大学の Center for Aging 所長を務めておられる現役の臨床研究者である．これまでに300編以上の論文と21冊の書籍を発表しておられる．代表的著作は「Health Care Policy for the Aged（John Hopkins Press）」「Loss of Self for caregivers of patients with memory loss」など。National Advisory Council on Aging に選出されて米国 NIH や NIA の政策決定にも重要な役割を果たされている現代米国の老年精神医学のオピニオンリーダーである。10月14日の午後に大阪国際会議場で学会の準備をしていたときに米国人らしい老夫婦がランニングシャツ姿で入ってこられた。その時にお目にかかったのが最初であったが，未だ若々しい容姿とチャーミングな笑顔を有しておられる学者である。座談会におけるご発言にも奥深い思索が盛り込まれており，質の高い内容のある座談会にしていただいた。

Eisdorfer が穏やかな高齢紳士の代表とすれば，Raymond Levy はさらにアクティブで自由闊達な先生である。老年精神医学の草分けの一人であり，長い間 Maudsley Hospital において英国の老年精神医学（英国圏では老年精神医学を old age psychiatry と呼ぶ）をリードしてきた学者である。IPA President を務められ，わが国では，教科書「老年精神医学（Raymond Levy, Fellix Post 著，山田寛ほか訳：医学書院，1985）でよく知られている。Raymond Levy のお名前は，アルツハイマー病のアセチルコリン仮説など神経病理・神経化学研究の論文でよく知っていたが，彼のやんちゃとも言える気儘な性格から何となく話しかけるのをためらっていた時期があった。それでも IPA 2007 Osaka Silver Congress に来ていただくとのプログラム委員会での決定を受けて，Istanbul での IPA Regional Meeting に出かけた折に，なんとか来

表　老年精神医学特集号目次

1. 高齢者精神障害の動向
   中根允文，長崎国際大学
2. 高齢者における薬物療法の留意点
   石郷岡純，東京女子医科大学

認知症の診断アップデイト

3. 脳機能画像によるアルツハイマー病の診断
   松田博史
4. SPECT による認知症の早期診断
   前田潔
5. fMRI による認知症の早期診断
   石井一成
6. 神経病理学からのアルツハイマー病の診断
   村山繁夫

アルツハイマー病の薬物療法アップデイト

7. 重症アルツハイマー病の治療と対策
   繁田雅弘　首都大学東京
8. ニコチン受容体を介する神経保護作用
   下濱俊，札幌医科大学，神経内科
9. アミロイドを標的とした新たなアルツハイマー病治療法開発
   武田雅俊　大阪大学精神医学

アルツハイマー以外の認知症アップデイト

10. 血管性認知症についての最近の話題
    長田賢，秋田脳血管研究センター
11. パーキンソン病患者の精神症状
    三村将，昭和大学
12. 正常圧水頭症の診断と治療
    数井裕光，大阪大学精神医学

認知症の問題行動・BPSD への対応アップデイト

13. BPSD の概念と対応
    西村博，東京慈恵会医科大学
14. BPSD に対する非薬物療法
    朝田隆
15. BPSD に対する薬物療法
    本間昭
16. 抑肝散の効果
    五十嵐靖，ツムラ研究所
17. 自動車運転と認知症
    池田学，熊本大学精神医学

高齢者の気分障害アップデイト

18. 高齢者気分障害に対する多次元アプローチ
    坂元薫
19. 高齢者の難治性うつ病について
    井上毅，北海道大学
20. 地域介入による高齢者自殺防止の試み
    本橋豊　秋田大学医学部

高齢者の睡眠・リズム障害アップデイト

21. 高齢者の睡眠障害とリズム障害
    三島和夫
22. 高齢者睡眠障害の薬物療法
    伊藤寛，東京慈恵会医科大学
23. むずむず脚症候群の最近の動向
    井上雄一

ていただきたいというお願いをした。その折には，健康上の不安があるのでしばらく考えてみるとの返事であったが，後にやっと来日してもよいという返事をいただいて実現したこともあり，Levyがお元気で座談会に参加していただけたことにホッとした。今回 IPA 2007 Osaka Silver Congress に来日いただいた Tom Arie, Brice Pitt と時を同じくして 1995 年に引退して，現在はパリに住んでおられる。

長谷川和夫先生は，ご承知のようにわが国の老年精神医学の牽引者であり続けてこられた。聖マリアンナ医科大学精神科教授，聖マリアンナ医科大学理事長を歴任の後，現在は，認知症介護研究・研修東京センター名誉センター長としてご活躍である。IPA President，日本老年精神医学会理事長，また 18 年前の第 4 回 IPA 国際会議（Tokyo）を主催され，今回の IPA 2007 Osaka Silver Congress の名誉会長も勤められた。

IPA 2007 Osaka Silver Congress では，多岐にわたる高齢者精神障害について，多くの最新の話題が取り上げられ，素晴らしい内容の講演があった。IPA 2007 Osaka Silver Congress のサテライトで講演をしていただいた日本人の先生方に，講演内容をもとにした総説をおまとめいただきたく，表のような章立てで老年精神医学雑誌の特集号が刊行された。

4 国際老年精神医学会（IPA）と教室のかかわり

● 武田 雅俊

　日本社会は，高齢社会のトップランナーである。世界で最も 65 歳以上の高齢者比率が高く，75 歳以上の後期高齢者比率も高い。2010 年 10 月 1 日の時点で，わが国の高齢者人口は 2,958 万人で，1 億 2,806 万人の総人口に占める割合（高齢化率）は 23.1％となった。高齢者人口は，「団塊の世代」が 65 歳以上になる 2015 年には 3,000 万人を超え，75 歳以上になる 2025 年には，高齢化率は 30.5％に達する。総人口が減少する中，高齢化率はさらに上昇し，「団塊世代ジュニア」が 75 歳以上となる 2055 年には高齢化率は 40.5％に達し，国民の 2.5 人に 1 人が 65 歳以上の高齢者となる社会が到来する。総人口に占める 75 歳以上人口の割合も上昇を続け，2055 年には 26.5％となり，4 人に 1 人が 75 歳以上の後期高齢者となる。

　世界の主要国における人口高齢化率の長期推移を図 1 に示す。欧米諸国では 1930 年代からゆっくりと社会の高齢化が進行しており，社会の高齢化のスピードは比較的緩やかである。これに対して，韓国，中国の高齢化のスピードはわが国以上に急激であることがわかる。

国際老年精神医学会（IPA）の歴史

　国際老年精神医学会（International Psychogeriatric Association：IPA）は 1982 年に世界的に増加していくであろう高齢者の問題を検討する学術団体として Better Mental Health for Older People をミッションに掲げて設立された。初代理事長はドイツの Manfred Bergener が務めたが，その設立にあたっては，シカゴの Sandy Finkel，我が国の長谷川和夫先生，西村健先生が尽力された。学会本部はシカゴに置かれ，Finkel 先生の奥さんである Fern Finkel が長い間事務局を支えてきたが，2006 年からは Susan Oster が事務局長を務めている。日本老年精神医学会は IPA Congress の受け皿となるべく設立されたという経緯もあり IPA との長い期間の協力体制が続いている。1989 年 9 月 5〜8 日に長谷川和夫先生（聖マリアンナ医科大学精神医学教授，のち同大学学長・理事長）を大会長として，東京で第 4 回大会が開催された。時期を合わせて西村健先生が大阪で IPA サテライトシンポジウムを開催されたが，その折に Manfred Bergener，Sandy & Fern Finkel も大阪に来て楽しいひと時を過ごしたことを覚えている。筆者もこの時以来 IPA メンバーとなり，ほとんどの IPA Congress に参加してきたが，中東戦争の折のイスラエルで開催された第 8 回 Congress だけは不参加であった。表 1 に IPA Congress の開催地とテーマを示す。

　長谷川和夫先生が大会長を務められた 1989 年の第 4 回東京大会はわが国の老年精神医学の発展に大きな役割を果たしたが，当時の参加者数は 700 名程度であった。そして，それから 18

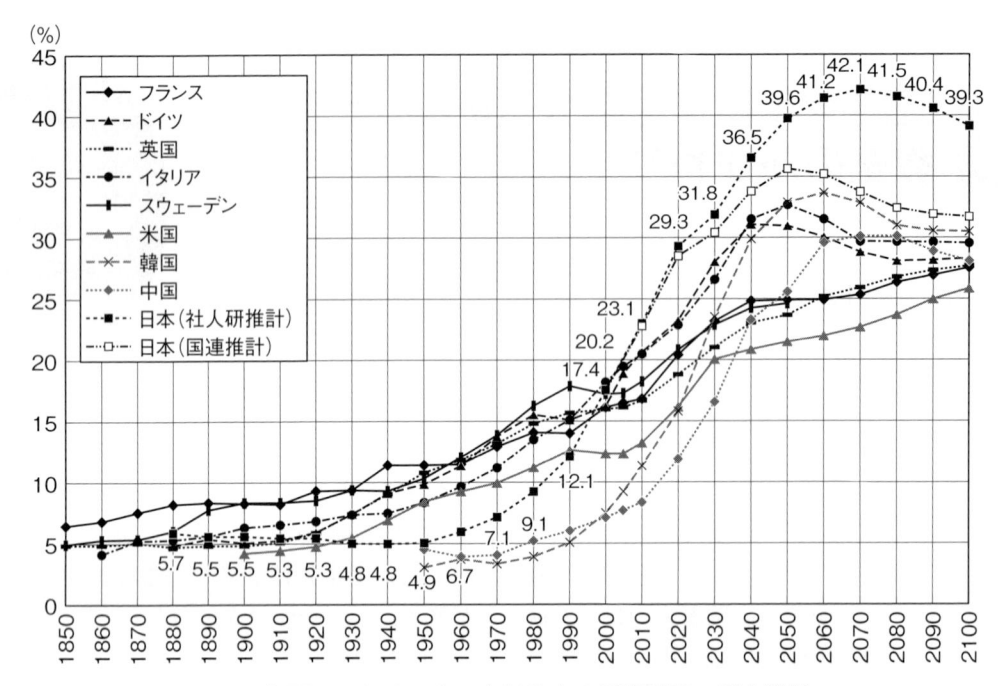

図1 主要国における人口高齢化率の長期推移・将来推計

(注) 65歳以上人口比率。1940年以前は国により年次に前後あり。ドイツは全ドイツ。日本は1950年以降国調ベース（2005年迄は実績値）。諸外国は国連資料による。日本（社人研推計）は国立社会保障・人口問題研究所「日本の将来推計人口（平成18年12月推計）」における2050年までの出生中位（死亡中位）推計値、それ以降は2155年に人口置換水準へ到達する出生置換シナリオ（死亡中位）参考推計値。
（国勢調査国立社会保障・人口問題研究所「人口統計資料集2009」、国連「世界人口推計—2010年改訂版—」より引用）

年後に大阪で開催された2007年の第13回大会はIPA Congressの歴史の中でも最多となる2,800名の参加者であった。そして筆者はその後2009〜2011年までの2年間IPA理事長を務めた。現在までのIPA理事長のリストを表2に示す。

IPAの現状

IPAは高齢者のメンタルヘルスの向上をミッションとして活動している国際学術団体である。現在の会員数は約1,100名であり会員は66ヵ国に及んでいる。地域ごとの分布は、ヨーロッパ（33.2％）、アジア・オセアニア（26.8％）、北アメリカ（29.6％）でありそれぞれがバランスのとれた会員数となっている（図2）。IPA会員に加えて20以上の加盟団体があり、日本老年精神医学会も重要な加盟団体の一つである。

IPAの特徴の一つに多国籍・多専門性があるが、専門別の会員数をみると、精神科医（34％）は約3分の1であり、その他に神経内科医、老年医、看護師、臨床心理士などその専門分野は多岐にわたっている（図3）。

IPAではその時々に重要と思われる課題を取り上げて、それぞれの課題を担当するtask forceが活動してきた。BPSD Task Force, Early Onset Dementia (EOD), Government Affairs Task Force, Late-Life Anxiety, Mental Health Economics Task Force, Mental Health Services in Residential Facilities Task Force, Mood Disorders Task Force, Service Delivery Task Force, Testamentary Capacity and Undue

表 1　IPA Congress の開催場所・日時

第 1 回　1982 年 11 月 22〜25 日（カイロ，エジプト） "International Conference for the Mental Health of the Elderly"
第 2 回　1985 年 8 月 28〜31 日（ウメア，スウェーデン） ウメア大学との共催
第 3 回　1987 年 8 月 23〜31 日（シカゴ，米国） ノースウェスタン大学との共催
第 4 回　1989 年 9 月 5〜8 日（東京，日本） 長谷川和夫　聖マリアンナ大学との共催
第 5 回　1991 年 8 月 18〜23 日（ローマ，イタリア） "Challenges in a Changing World-Psychogeriatrics at the Turn of the Twenty-First Century"
第 6 回　1993 年 9 月 5〜10 日（ベルリン，ドイツ） Manfred Bergener　"Dysfunctional Behavior in Demented Patients"
第 7 回　1995 年 10 月 29 日〜11 月 3 日（シドニー，オーストラリア） Edmond Chiu　"Spirit in Ageing"
第 8 回　1997 年 8 月 17〜22 日（エルサレム，イスラエル） "Aging in a World of Change"
第 9 回　1999 年 8 月 15〜20 日（バンクーバー，カナダ）1800 Joel Sadavoy　"Challenges for the New Millennium- Professional, Cultural, and Regional Diversity"
第 10 回　2001 年 9 月 9〜14 日（ニース，フランス） Pier Robert　"Bridging the Gap Between Brain and Mind"
第 11 回　2003 年 8 月 17〜22 日（シカゴ，アメリカ） Sanford Finkel　"Enhancing the Human Connection in the Age of New Technologies : Implications and Opportunities for the Aging"
第 12 回　2005 年 9 月 20〜24 日（ストックホルム，スウェーデン） Bengt Winblad　"Aging with Dignity : new challenges, new possibilities, new solutions"
第 13 回　2007 年 10 月 14〜18 日（大阪，日本） 武田雅俊　"Active Aging : Wisdom for Body, Mind and Spirit"
第 14 回　2009 年 9 月 1〜5 日（モントリオール，カナダ）　Serge Gauthier　"Path to Prevention"
第 15 回　2011 年 9 月 6〜9 日（ハーグ，オランダ） Anne-Margariet Pott　"Reinventing Aging Through Innovation "Care, Research, Technology"
第 16 回　2013 年 10 月 1〜4 日（ソウル，韓国） Han Yong Jung　"Towards Successful Aging : Harmony of Mental, Physical and Social Life"

Influence Task Force, Vascular Cognitive Impairment（Burden）Task Force である。IPA Task force のなかでも BPSD Task Force の成果は BPSD Educational Pack（1998 年）として刊行され，BPSD 概念の浸透に役立った。日本老年精神医学会の監訳としてその日本語版も刊行され（2005 年），BPSD の概念は世の中に広く受け入れられることとなった。BPSD Task Force では Brian Draper を委員長としてその改訂作業がなされ，2012 年にその改訂版が公表された。そしてその日本語版も 2013 年 1 月に刊行された。

　IPA は定期刊行学術雑誌である International-al Psychogeriatrics を刊行している。年 4 回の

表2　IPA歴代理事長

1.	1982-1987	Manfred Bergener, Germany
2.	1987-1989	Gosta Bucht, Sweden
3.	1989-1991	長谷川和夫, 日本
4.	1991-1993	Sanford I. Finkel, United States
5.	1993-1994	Bertil Steen, Sweden
6.	1994-1995	Sanford I. Finkel, United States (and)
7.	1995-1997	Raymond Levy, England, United Kingdom (　)
8.	1997-1999	Barry Reisberg, United States
9.	1999-2001	Edmond Chiu, Australia
10.	2001-2003	Alistair Burns, England, United Kingdom
11.	2003-2005	George Grossberg, United States
12.	2005-2007	Joel Sadavoy, Canada
13.	2007-2009	Helen Fung-kum Chiu, SAR PR China
14.	2009-2011	武田雅俊, 日本
15.	2011-2013	Jacobo Minzer, United States

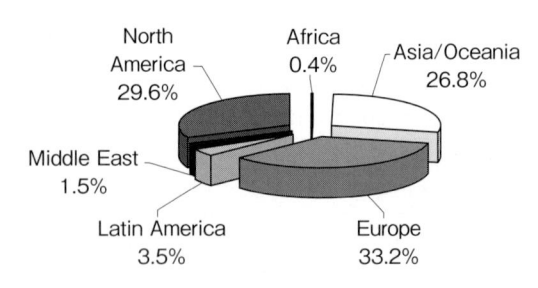

図2　IPA会員の地域分布

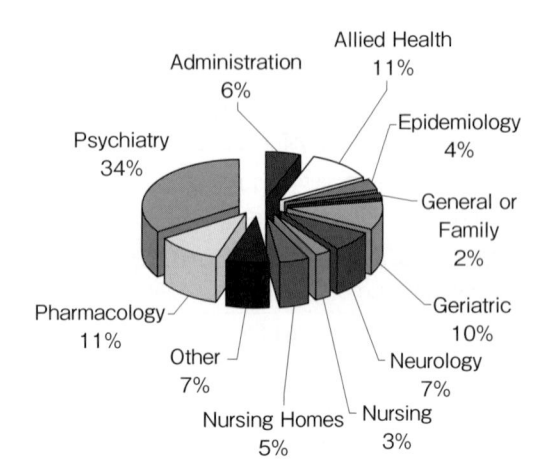

図3　IPA会員の専門性別分布

図4　International Psychogeriatrics 表紙

刊行からスタートしたが，2011年からは年間12冊となり，2011年度のインパクトファクターは2.478であり，この領域ではトップに位置づけられる。長い間 David Aimes が編集主幹を務めてきたが，2012年度から編集主幹を Nicola T. Lautenschlager（University of Melbourne）が務め，副編集主幹を Constantine Lyketsos（Johns Hopkins University），John O'Brien（Newcastle General Hospital），Nancy Pachana（University of Queensland），Craig Ritchie（London University），Guk-Hee Suh（Hallym University Medical Center）の5名が務める体制となった。International Psychogeriatrics は会員には無料で送付されるが，近年のオンライン化に合わせて，印刷費と送料を節約するために，基本的にはオンライン購読とすることになった（図4）。

またIPAでは会員のための情報伝達の手段として IPA Bulletin を年に4回刊行してきたが，これもオンライン配信とすることにし，2012年から Williams J. Burke（University of Nebraska Medical Center）を新編集主幹として，新たに6名の副編集主幹を加えた体制となった。IPA Bulletin 副編集主幹は，Olusegun Baiyewu（Nigeria），Sonia Brucki（Brazil），Kenichi Meguro（Japan），Naaheed Mukadam（United Kingdom），Anand Ramakrishnan

(United Kingdom), Huali Wang (P. R. China) である。

IPA役員は会員の選挙により選ばれる25名のBoard of Directorと6名のExecutive Officerからなる。数年前から多職種からなる学術団体としての特徴を考えてBoard of Directorに5名以内の非医師の特別枠を設けることとして、看護師、臨床心理士、社会福祉士などの医師以外の専門職の参画を図ってきた。1つの国からBoard of Directorは2名以内との取り決めもあり、地域間のバランスにも配慮している。これまで我が国からのBoard of Directorは筆者のほかに、本間昭先生（東京都老人研究所）、前田潔先生（神戸大学）、新井平伊先生（順天堂大学）、池田学先生（熊本大学）、深津亮先生（埼玉医科大学）が務めてきた。2013年の時点でのExecutive Officerは、理事長（Jacobo Minzer）、次期理事長（Henry Brodaty）、財務（Horacio Firmino）、次期財務（Jay Luxenberg）、書記（Raimunodo Mateos）、前理事長（Masatoshi Takeda）の6名であり、このExecutive Memberは毎月1～2回の電話会議を行い学会の運営にあたっている。

IPAの課題

2010年9月にスペインのサンチャゴ・デ・コンポステラで開催されたIPA International Meetingの折の理事会で、筆者はIPA理事長として以下のような報告をした。

「IPAは設立以来28年を経過した。設立当時は、高齢者のメンタルヘルス向上をミッションに掲げた唯一の学術団体であったが、この四半世紀に世界の状況は大きく変化した。高齢者比率は既に多くの国で1/3から1/4を数えており、もはや高齢者は政治的にも経済的にも少数者ではない。設立当時は、将来の高齢社会に備えてとのミッションをうたっていたが、今や既に多くの地域が「（超）高齢社会」のただ中にあ

り、いまやIPAが実際に果たすべき役割は大きい。そのための新しい組織づくりが必要である。」

実際にトロントにおいて、2日間にわたりIPAの問題と課題について議論する機会を持ち、外部からのコンサルタントを入れて、国際学術団体としてのIPAの強味・弱味をも含めて、客観的な解析とそれに対する改善方法を議論した。特に学術団体と企業との連携、大会運営の方法、新たなビジネスモデルの創出などについて議論した。このブレインストーミングの折に、筆者は新しいビジネスモデルの必要性を日本の理髪業の例を挙げて訴えた。「日本の理髪店は、どこの街にもある庶民の憩いの場である。多くの人が時間のある時に理髪店を訪れて、散髪、洗髪、髭剃り、時にはマッサージを受けながら、行きつけの理髪店主との談笑を楽しむ場であり、料金は4,000円ぐらいである。ところが、このような理髪業界に10分1,000円の新しいビジネスモデルが登場した。これまでの理髪店の常識を超えた営業モデルであり、駅前や交通至便の場所に小さいコーナーを設けて、待ち時間を短くして10分間で散髪を仕上げるというスタイルで大成功を収めている。」このような新しいビジネスモデルを考えてもらいたいとの趣旨であった。そしてOrganization Transformation Initiativeを立ち上げて、新しいビジネスモデルにのっとった学術団体の運営を模索している。

アジア・オセアニアにおけるIPAの役割

アジア諸国はこれから社会の高齢化を迎える。欧米諸国が100年間以上かけて高齢者率7％の社会から14％の社会へ移行してきたのに対して日本はわずか24年間で7％から14％に移行した。このような急激な人口比の変化はいろいろな面において歪みをもたらすものであるが、これから高齢社会を迎えようとする韓国な

どアジア諸国は，日本以上の急速なスピードで社会の高齢化を迎えることが予想されている．近い将来のアジア諸国における高齢化問題について，欧米および日本の経験を伝えて役立てることは国際学術団体としてのIPAの責任の一つである．

高齢者のメンタルヘルスは心理社会的要素を考慮することが必要である．各国，各地域の文化はそれぞれ尊重されるべきであり，独自の社会システム，独自の文化的背景，独特な歴史的遺産を十分に生かした対策対応が考慮されるべきであることは言うまでもない．このような地域性を生かしたシステムの構築には，経験を生かす努力が大切であることは言うまでもない．アジア地域に共通した歴史的文化的背景を考慮したシステムの構築に向けて，日本の経験が役立てられる可能性は高い．このようなことを考えながらIPAが掲げるBetter Mental Health for Older Peopleのミッションを成し遂げるために今後も引き続き努力していきたい．このような内容の講演を2013年10月に開催された韓国ソウルでの第16回IPA Congressにおいて発表した．

IPAのこれから

2013年10月1～4日，韓国ソウル市COEXでの第16回IPA大会に参加した．Han Yong-Jungが組織委員長，Doh Kwan Kimがプログラム委員長を勤めた約700名の大会であった．池田学（熊本大学），深津亮（埼玉医科大学），荒井由美子（国立長寿医療センター），粟田主一（東京都健康長寿医療センター）をはじめ日本からの参加者とお会いしたが，教室からは田中稔久らが参加し，筆者もPlenary Lectureの機会を与えられ，Service to IPAの表彰を受けた．

IPA理事長はJokobo MinzerからHenry Brodatyに引き継がれ，新たな執行部のもとで運営されることになった．IPAも他の学術団体と同じく，経済的基盤の確立，企業との関係の透明性の維持，会員数の減少などの問題を抱えている．ソウルでのBoard Meetingにおいて，25名のBoard of Directorを11名に減らすこと，毎年1回のInternational Meetingと2回のRegional Meetingを開催すること，年会費を値上げすることなどいくつかの新しいことが決定された．

国際会議に出席して思うことは，いろいろな人種，いろいろな文化的背景の人たちが共通の目的に向かって進んでいくその過程である．筆者は今回のソウル大会で8年間続いたIPA執行部としての役目を終えたことになるが，IPA役員として得た経験は大きなものであり，このような経験を教室の人たちにも引き継いでいきたいと思っている．

図5　第16回IPA大会の会場外観と内部（2013年）

5 第11回世界生物学的精神医学会 (WFSBP 2013)

● 工藤 喬

武田教授を会長として第11回世界生物学的精神医学会（WFSBP 2013）が，2013年6月23日から27日まで，国立京都国際会議館で行われた。筆者は事務局長として携わらせていただいた。

主催までの経緯

世界生物学的精神医学会は，世界生物学的精神医学会連盟（World Federation of Societies of Biological Psychiatry：WFSBP）が定期的に（2009年以後は2年ごとに）開催してきた国際会議であり，1974年の第1回から今回で11回目を迎えることになる。精神医学領域における生物学的な研究を推進するために組織されている国際会議であり，世界各国のこの領域の研究者が集う学術集会である。この分野における日本の学会組織である日本生物学的精神医学会は35年の歴史を誇り，会員数や研究レベルは世界でトップである。したがって，日本開催には大きな期待が寄せられた。また，日本での開催は初めてであり，さらにはアジア地域でも初めての開催となり，国内外，特にアジア地域への貢献は大きなものがあった。

武田教授が日本生物学的精神医学会の理事長に就任され，WFSBP主催のお話があったのは2009年であった。しかし，主催にはWFSBPの理事会の決議をもらう必要があった。前回の開催地はチェコのプラハと決まっていたが，たま

図1 WFSBPのパンフレット

たま2009年3月にプラハでのアルツハイマー病とパーキンソン病に関する国際学会（ADPD）に武田教授と筆者が参加予定であった。この機会を利用して，我々はプラハでのWFSBPの大会長であるチャールズ大学のLadislav Hosakをチェコの地方都市Hradec Kraloveまで訪ね，WFSBP主催のアドバイスをもらった。同年7月には，パリで第9回のWFSBPが開催され，会期中に近隣のホテルで「Japan Night」を開催し，WFSBPの理事や各国の生物学的精神医学会会長を招待して，京都への誘致を働き掛けた。さらに，2011年5月のプラハでのWFSBPでは，プラハの日本大使館公邸を貸していただき，「Japan Night」を開催して，学会理事や各国の生物学的精神医学会会長らに，京都をアピールし，正式に理事会の決議をいただいた。

図2 開会式の様子

るというアドバンテージを得ることができた。そして，天皇皇后両陛下の開会式へのご臨席を賜るという栄誉を得ることができた。

開会式

　前述したように，開会式には天皇皇后両陛下のご臨席を賜ることができた（図2左上）。事前には何度も宮内庁，京都府警，京都府などとの打ち合わせがあり，当日は金属探知機数台を借りて，万全の警備態勢で臨み，無事終えることができた。開会式のご臨席の後，30分弱であったが，関係者のみの両陛下との茶話会を催し，両陛下の温かいお人柄に触れることができた（図2右上）。

　開会式の司会は，村井教授（京都大）が務められ，大会関係者の挨拶のほか，来賓としての山本一太内閣府特命担当大臣や京都府知事の挨拶や安倍首相のメッセージ（図2左下）が披露された。引き続き，WFSBP賞の授賞式に移ったが，日本の精神医学の先輩である佐藤光源や高橋三郎が受賞されたのは，日本人として誇らしかった。アトラクションは京都大学のオーケストラによる弦楽四重奏が披露された。オープニングレクチャーとして，ジョーンズホプキンス大学の澤明により，これからの精神医学におけるトランスレーション研究の視点について格

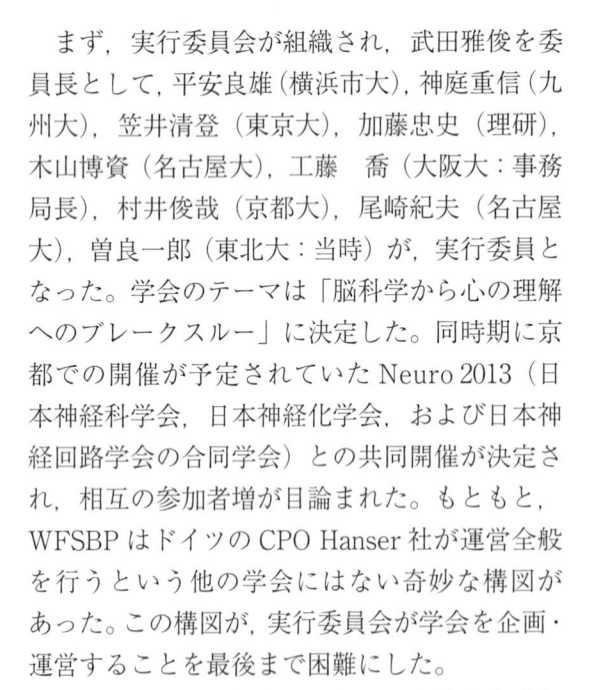

　まず，実行委員会が組織され，武田雅俊を委員長として，平安良雄（横浜市大），神庭重信（九州大），笠井清登（東京大），加藤忠史（理研），木山博資（名古屋大），工藤　喬（大阪大：事務局長），村井俊哉（京都大），尾崎紀夫（名古屋大），曽良一郎（東北大：当時）が，実行委員となった。学会のテーマは「脳科学から心の理解へのブレークスルー」に決定した。同時期に京都での開催が予定されていたNeuro 2013（日本神経科学会，日本神経化学会，および日本神経回路学会の合同学会）との共同開催が決定され，相互の参加者増が目論まれた。もともと，WFSBPはドイツのCPO Hanser社が運営全般を行うという他の学会にはない奇妙な構図があった。この構図が，実行委員会が学会を企画・運営することを最後まで困難にした。

　武田委員長らの努力により，日本学術会議との共同主催が認められ，会場費節減（学術集会の会場費は学術会議持ち）や皇室のご臨席を賜

図3 学術会議の様子

調高い講演が行われた。

開会式に引き続き，京都国際会館の庭園を利用してオープニングレセプションが行われた。

学術会議

参加者は，77ヵ国から2,500名（国外1,700，国内800）に上り，総演題数は1,279題で，うち一般演題が790題に上った（図3）。学術会議の構成としては，シンポジウムが100本のほか，Plenary Lectures, Debates, Treatment Guideline Sessions, Workshops, Free Communications, そしてポスターのセッション（図3）が組まれた。シンポジウムの一部は，Neuro 2013との合同シンポジウムとして組まれた。また，企業の協力により開催期間中毎日3本のランチョンセミナーも企画された。

会議外アクティビティー

Presidential Dinner（WFSBP理事長主催）は学会3日目に，京都高台寺横のSodoh Higashiyama Kyotoで行われた。また，武田会長主催の会長招宴は学会2日目に，学会理事や各国の生物学的精神医学会会長を招いて，橋本関雪記念館白沙村荘で行われた（図4）。学会4日目にはWFSBPの総会が開催され，武田会長が次

図4 会長招宴の様子

期WFSBPの理事長として選出された。

市民公開講座

学会最終日には，「ここまで分かった心の病気―脳科学の知見を踏まえた精神障害・精神疾患の診断・治療・予防について」というテーマで市民公開講座を行った。社会的に関心が高い，認知症，うつ病，統合失調症，発達障害について，生物学的精神医学として得られている知見を，専門家にわかりやすく説明していただいた。平日の16時からという開催日時にもかかわらず，132名の一般市民に来ていただいた。

6 国際学会を通しての皇族・王室とのお付き合い

● 武田　雅俊

　阪大精神科はこれまで多くの学会を主催した。また，筆者も多くの学会に参加したが，学会において日本の皇族をはじめいくつかの国の王室の方々にお目にかかる機会があった。最初の経験は，東京での老年医学会で皇太子殿下をお迎えしたことであったが，2002年WPA横浜大会でも皇太子殿下をお迎えした。海外の王室では，2003年にスペインのセビリアで開催されたAD/PD Conference（アルツハイマー病・パーキンソン病国際会議）においてスペイン王室のソフィア王妃にお目にかかった。2005年の第12回 International Psychogeriatric Association (IPA) Congressではスウェーデンのシルビア王妃に筆者の講演を聞いていただく機会があった。また，2011年のハーグでの第15回IPA Congressでは，IPA理事長としてオランダのマルフリーテ王女をご案内をして懇親会で親しく話を交わす機会があった。そして，2013年のバンコクでの第4回World Congress of Asian Psychiatry（アジア精神医学世界大会）では，タイのウボンラット王女にお目にかかった。

　このような経験を経た後，2013年6月の第11回WFSBP Congress（世界生物学的精神医学会）では，筆者が大会組織委員長となり，天皇皇后両陛下をお迎えするという栄誉に恵まれた。このような経験も貴重なものと思うので，教室の記録の一部として書き残しておきたい。

スペイン王室ソフィア王妃

　Sofia de Greciaは1938年11月2日にギリシア国王パウロス1世の長女としてアテネ郊外で生まれた。第2次大戦によるドイツ軍侵攻のためにギリシアを離れエジプトと南アフリカで教育を受けた。1962年にスペイン国王ファン・カルロス1世と結婚しスペイン王妃となり，1男2女に恵まれた。王女として生まれ，王族として幼い頃から高い教育を受けた，誠に気品に満ちた女性であった。スペインにおいてマドリッド以外の土地に王妃がいらっしゃることは滅多にないとのことであったが，国際会議の主催者を務めたRamón Cacabelosの働きかけによりセビリアにおける2013年AD/PD Congressへの来賓が実現したものであった。

スウェーデン王室シルビア王妃

　2005年9月20〜24日ストックホルムにおける第12回国際老年精神医学会はBengt Winbladを会長として開催された。その開会式においてスウェーデンのシルビア王妃が来賓としてお言葉を述べられた。筆者はシルビア王妃の直後にプレナリーレクチャーを行い，最前列に着座された王妃に聴講していただくという栄誉に恵まれた。

　皇太子であったスウェーデン国王カール16

世グスタフが，ミュンヘン・オリンピックに参列した時に担当したコンパニオンが，3歳年上のブラジル系ドイツ女性シルビアであった。王子カール・グスタフは，翌年27歳の若さで祖父から王位を継承してスウェーデン国王となり，30歳時にシルビアと結婚した。

シルビア王妃は，1943年12月23日に，ドイツ人父親 Walther Sommerlath とブラジル人母親 Alice nee de Toledo との間に3人の兄に続く末っ子としてハイデルベルグに誕生した。デュッセルドルフ大学を卒業し，ミュンヘンの通訳専門学校でスペイン語を学び，アルゼンチン大使館に勤務した。ミュンヘン・オリンピックでスウェーデン王子との運命の出会いを経験し，1976年6月19日にストックホルム大聖堂において結婚し，スウェーデン王妃となった。

筆者はIPA開会式におけるシルビア王妃の気品さ・優雅さとそのスピーチに心打たれ魅了されたが，シルビア王妃はIPAの来賓としてお言葉をいただくのに最適の方であった。というのは，彼女の母親は晩年アルツハイマー病に罹患し，王妃自身が母親をスウェーデンに引き取り長年の介護を経験しておられたからである。母親を移住させる際には，居住空間を母親が生活していた時そのままに維持するように，家具や調度をそのまま古い家から移動してこられたという。そして，そのような経験から王妃はシルビアホームという自分の名前を冠した認知症高齢者のための施設を建設し，認知症対策に熱心に取り組まれている。シルビアホームは，認知症患者へのグループホームの提唱者として有名なバルブロ・ベック-フリース博士に率いられて現在までその活動が続けられており，2013年8月にシルビアホームの施設長が徳島に来られた折に会う機会があった。

オランダ王室マルフリーテ王女

オランダ王国のベアトリクス女王は1980年に母親のユリアナ女王より王位を継承し，2013年までの33年間にわたり女王として君臨されたが，2013年1月28日に退位を発表され，2013年4月30日に長男のウィレム・アレキサンダー国王に王位を継承された。この即位式には日本の皇室から皇太子ご夫妻が参列された。ベアトリクス前女王には3人の妹君がおられ，IPA Congress にてお目にかかったのは3番目の妹君マルフリーテ王女（Margriet Francisca）であった。マルフリーテ王女は第2次世界大戦中に疎開先の1943年6月29日にカナダのオタワで出生された。オランダ王室の王位継承者となるためには，オランダ領で生まれなくてはならないとの規定があったために，カナダ政府は，一時的に病院の一室をオランダ領と定め，マーガレット王女は無事に王位継承者として生まれたという。

筆者が，マルフリーテ王女にお目にかかった時は68歳の時であったが，気品に満ち満ちた御姿であった。IPA President としてマルフリーテ王女を会場にお迎えし，御言葉をいただき，レセプションの間を通して御側に控えてご説明申し上げた。気品のある王女様であり，また同時に明るい性格の方でもあった。レセプション会場では多くの人々と気さくに話を交わされていた。筆者は御側についていたが，マルフリーテ王女は気軽にいろいろな人の中に入って動き回られるので，警備の女性警察官からもっと近くについて説明してほしいと注文を付けられるほどであった。

タイ王室ウボンラット王女

2013年9月20〜23日にバンコクで開催された第4回アジア精神医学世界大会に参加した。開会式にタイ王室のウボンラット王女が出席された。現在のタイ王室はチャクリー王朝で1946年からプミポン国王がラーマ9世として君臨されている。筆者が訪問したバンコクにはプミボ

ン国王とシリキット王妃の写真が至る所に掲示されていた。御2人はウボンラット王女，ワチラロンコン王子，シリトーン王女，チュラポーン王女の順に1王子3王女に恵まれた。長女のウボンラット王女はアメリカ人と結婚し王室から離れ，末子の3女チュラポーン王女も臣下と結婚したため王位継承資格を喪失し，長男のワチラロンコン王子と次女のシリトーン王女に王位継承権があるという。長男のワチラロンコン王子は何度も結婚・離婚を繰り返すなど王位継承者としての資質に問題が多く国民には人気がない。それに対してシリトーン王女は聡明で国民に大きな人気があるという。

　筆者が学会会場でお目にかかったのはウボンラット王女であった。会場のホテル玄関には音楽隊が待機し赤いカーペットが敷かれ，主催者側は列を作って待っていたが，なかなか到着されず，結局予定の時刻よりも2時間遅れての御到着であった。御年は62歳ということであったが，アメリカ風の厚化粧と丈の短いドレスを身にまとわれた容姿には驚かされた。

　タイ王国では国王ラーマ9世がご高齢であることから近い将来に王位継承がなされると思われるが，タイ国民にとっては大きな関心事である。

天皇皇后両陛下をお迎えした第11回世界生物学的精神医学会

　日本学術会議は，日本で開催される国際学会から毎年いくつかを選びその開催を共同開催として支援している。第11回世界生物学的精神医学会は日本学術会議に申請書を提出し，2011年2月21日のヒアリングを経て選出され，日本学術会議との共催になり，国が支援する重要な国際会議の一つに位置付けられた。そして，学術活動にかかわるに会場費が国から支払われることになり，皇族の来賓を申請する機会が与えられた。第11回世界生物学的精神医学会は，参加者数が2,500名程度であり最大級の国際学会ではないので，当初は秋篠宮殿下のご来賓を希望する申請書を作成した。ところが，2012年冬に日本学術会議から天皇皇后両陛下のご来賓の可能性があるとの話が伝わってきた。そこで申請書を作り直して日本学術会議に届けたところ，天皇皇后両陛下の行幸啓が実現することとなった。

　しかしながら，行幸啓の実現のためには大変な準備と時間と緊張が伴うこととなった。まず，事前のご説明として皇居でのご進講があり，続いて京都府警・皇宮警察・宮内庁との2回のリハーサルがあり，そして開会式本番の日を迎え，最後に御礼の記帳と続いた。貴重な経験を重ねたので，それぞれのことの顛末を記録しておきたい。

皇居に参内して両陛下にご進講

　2013年6月4日（火曜日）午前11時発ののぞみで東京駅に午後2時ごろ到着。坂下門まで徒歩で新装となった東京駅舎と郵便局舎をみながら皇居に向かった。暑い日差しで汗ばむほどの陽気であった。日本学術会議との待ち合わせの2時半より30分前に坂下門入口に到着した。皇宮警察の番所があり，3名の警察官が勤務している。ここ坂下門前には幅広い道路が200メートルほど続いており，警察官が番所に向かってくる車を双眼鏡で，どのような人物が乗車しているかを観察している。タクシーが1台近づいてきたところ，番所から係官がタクシーに駆け寄り，なにやら身分証明書らしい物の提示を求め，女性1人が乗ったタクシーは門の中に入って行った。

　筆者は番所の傍らの石垣に腰かけて，日本学術会議の梅津さんを待った。事前連絡では，いったん学術会議に行ってから車で皇居に向うとの案もあったが，今回は東京駅から出かけるので，自分で皇居坂下門まで行き，そこで待ち合わせという段取りになっていた。また，当日のご進

講の服装はクールビズなので上着なしノーネクタイとの連絡も来ていた。

　予定の2時半より10分前に梅津さんが徒歩で来られた。ご進講のスライド作成にご指導いただいた成瀬さんも来られるものと思い，成瀬さんの同行を心強く思っていたが，梅津さんだけであったのでいささか心配になった。梅津さんは若い女性であり，今まで宮中に参内したことがあるかと尋ねると2回あるとのこと。なにせ私は初めてのことであり，いろいろとご指導をお願いしたいと伝えた。番所で梅津さんが来訪の目的を告げて通してもらう。番所から宮内庁に連絡が入り，係官が出迎えるので宮内庁まで行ってくださいという。坂下門を入り，すぐ前にある宮内庁の建物に行くと，係員2人が待っていて，車を回してくれた。宮内庁の建物の左手に新宮殿があるが，私たちは宮内庁の建物には入らずにそのまま車に乗った。車は宮内庁公用車と思われるが，トヨタのプリウスで品川ナンバーであった。車に乗って両側に雑木林が続く宮中の道を進んだ。

　後日，地図で確かめると，まず宮内庁を出て，蓮池濠沿いに進み，右に曲がり雑木林の中をまた右に曲がり，さらに何度か雑木林の中を曲がって10分ほど行ったあと吹上御所に案内されたようである。東京という大都会にこのような閑静な場所があること自体が驚きであった。御所は青銅屋根のしっかりした造りではあったが，必ずしも立派すぎるとか華やかといった建物ではなく，2階建ての瀟洒な感じを与える建物であった。玄関の車寄せに車を入れると，係官が2人待っていて車の扉を開けてくれた。

　玄関を入り左側にある休憩所に案内された。この時，私は左側の部屋，梅津さんはその隣の右側の部屋に通された。ここで，梅津さんから本日のご進講に使用する資料を受け取り，以降は御所を退出するまで会うことはなかった。休息所で，以前京都での打ち合わせに来られた時にお会いした目黒侍従と坂井侍従が挨拶に来られた。目黒侍従は60代の温厚な御顔付の方であり，坂井侍従はまだ30代の若い人である。今日はクールビズなので上着もネクタイも不要とのこと。彼らも上着なしネクタイなしのクールビズであった。

　30分ほど1人で待った。休息所はごく普通の12畳くらいの部屋で，応接セットが2組置かれただけの瀟洒な部屋であった。係官が日本茶を持ってきてくれた。資料を再度点検した後は特になにもすることがなく，話し相手もなくただ待つだけであった。部屋の片隅に館内電話が置かれており，宮内庁の内線番号を記載した紙が置かれていたので，写真を撮った。2重のカーテンは上質でこれも写真に撮った。全館冷暖房のコントローラーはウェスティングハウス社製であった。

　そして時間となり，ご進講の部屋に案内された。鞄と上着とは休息所においたままで，資料だけを持ち目黒侍従と坂井侍従の案内に従って廊下を歩いた。左側に部屋が5，6個並んだ廊下を進み，一番奥の右側の部屋に通された。約20畳ぐらいの洋室であった。入ると，椅子とテーブルが置いてあり右窓は庭に面していた。侍従長と女官長が挨拶に来られた。しばらく侍従長と歓談したが，侍従長からは大きな声でご説明してくださいと言われた。侍従長と生物学的精神医学がどのような領域かなどの話をして両陛下をお待ちした。

　時刻は午後3時ちょうど。いよいよ両陛下がご入室になった。天皇陛下はズボンとシャツのクールビズスタイル。皇后陛下は薄茶色のワンピースをお召しになっており，ともに上品な物腰の方であった。直立不動でぎこちない言葉であったが，「この度世界生物学的精神医学会の組織委員長を務めます武田雅俊と申します。どうぞよろしくお願いします」とご挨拶申し上げた。陛下からは，「ご苦労様です」「お座りください」とのお言葉があり，両陛下の正面に着席した。正面の左側に天皇陛下，右側に皇后陛下，

左側面に侍従長，右側面に女官長，それに目黒侍従と坂井侍従が同席された。

資料は25枚のパワーポイントスライドを日本学術会議でプリントアウトしてもらった物であった。1枚目の資料を見ながら説明を始めた。2枚目に移る前に，陛下からご下問があった。「生物学的精神医学とはどのような学問ですか」と。筆者は，精神医学は間口の広い学問であり，生物学的精神医学，心理学的精神医学，社会学的精神医学があるが，生物学的精神医学は，主として脳内の生物学的変化に重点を置いて研究する学問である旨を説明した。

当初は20分ご説明，20分ご下問と聞いており，最初に資料について説明を続けるものと思っていたので，陛下からの直接のご下問に驚いた。以下資料に沿いながらご説明申し上げたが，随所で的確なご下問があり，ご説明申し上げるのが楽しいほどのご理解を示された時間であった。最初の8枚は世界生物学的精神医学会について，4枚は精神医学の全体像，3枚がわが国の精神医療の実態，9枚が2012年から精神疾患が5疾病5事業に取り上げられたことの説明資料であった。

3枚目のご説明の時に，皇后陛下が女官長に対して「窓を閉めてくださらない」と依頼された。宮殿は冷房を弱めており，右側の窓から風が入っていた。庭を通る風音と樹木の葉音のために私の声がお聞き取りづらかったらしく，話をよくお聞きになりたいとのご配慮であった。7枚目の精神疾患についての説明部分では，「双極性障害とは昔の躁うつ病のことですか」とご下問があった。また「統合失調症とは，昔の精神分裂病のことですか」とのご下問もあった。私は，精神分裂病はSchizophreniaの訳語ですが，2002年に統合失調症に変更されたこと，また2004年に痴呆も認知症に変更になったこと，これらの用語の変更は，精神疾患に対する社会的な差別と偏見をなくすためであったことを説明申し上げた。陛下から「このような用語の変更は外国でも見られますか」とのご下問があり，私はSchizophreniaについては日本での用語変更に倣って，韓国や香港でも変更がなされていること，dementiaについては，英語圏諸国でもその否定的なニュアンスからdementiaの用語をneurocognitive disordersに変更されようとしていることをご説明申し上げた。12ページについては時間をかけてご説明申し上げた。「精神疾患に使われる薬は本当に病気を治していると考えられますか」との鋭いご下問もあった。15ページのわが国の精神医療についても時間をかけてご説明申し上げた。皇后陛下から「わが国の平均在院日数が長いのはどうしてですか」とのご下問があった。19ページの説明の時「このような疾患の増加は社会の高齢化によるものですね」との陛下からの言葉があった。皇后陛下から「うつ病は病気による部分と性格による部分と区別が難しいのではありませんか」とご下問があった。また「単極性のうつ病と双極性のうつ病は区別できますか」との難しいご下問もあった。22ページの説明でDALYを説明したところ，「DALYとは何の略語ですか」とご下問があった。disability-adjusted life year（障害調整生命年）の略語ですとご説明申し上げると，皇后陛下はその言葉をメモに取っておられた。皇后陛下から，「以前にリウマチの患者さんとお話したことがあるのですが，リウマチもDALYは高いのでしょうね」とのご下問であった。最後のページで再度世界生物学的精神医学会の説明をした時に「何人ぐらいお集まりですか」とのご下問があった。約2,000名ですと答えると「アジアからは何名くらいですか」とご下問があった。また，「生物学的・心理学的・社会学的と区別しなければならないのですか」とのご下問もあった。筆者は精一杯の説明を申し上げて，生物学的知見を心理学的・社会学的知見に結び付けることにより，精神疾患の診療に役立つようになりたいと思っておりますと申し上げた。PTSDを例にとって説明し始めたと

ころ,「PTSDとはどのような略語ですか」と再び皇后陛下からのご下問があり,post traumatic stress disorder（心的外傷後ストレス障害）とご説明申し上げたが,皇后陛下は書き留めておられる様子であった。心理的ストレスが脳の形態や機能に悪影響を及ぼしていることを説明して,適切な心理療法がどのように脳の機能改善に役立っているのかを生物学的に明らかにしたいと思っていますと申し上げた。また,「この学会に両陛下のご臨席を頂戴することは,精神障害に対する偏見や差別の解消に大きな弾みがつきます。そのような意味でも両陛下のご臨席は社会にとっても大きな意味のあることと感じ入っております」と申し上げた。

　このような時間が過ぎた時に,おそらく予定されていた時間がきたのだと思うが,侍従がそろそろというような合図をされた。退席の折に「この度,世界生物学的精神医学会の開催に当たり,ご説明させていただく機会を与えていただきましたことは,私にとりましても,家族にとりましても,大阪大学にとりましても,また日本生物学的精神医学会にとりましても,大変に名誉なことと受け取っております。本日はありがとうございました」と御礼申し上げた。腕時計を見ると予定の時間をはるかに超えた午後4時15分であった。両陛下のお見送りを受けて,筆者は2人の侍従に伴われて退席した。玄関口まで戻ると,係の人が上着と鞄とを休息所から出して持って来てくれて,梅津さんと会って,車にて退出した。

　以上が皇居で過ごした2時間であったが,皇居を出る時にはすがすがしい思いであった。大役を果たしたという達成感があった。両陛下にお目見えして,最初のほうこそ,ぎこちない言葉づかいであったが,両陛下の優しい雰囲気に溶かし出されたのか,自然な気持ちでご説明できたこと,両陛下にはとても関心を持って話を聞いていただけたこと,また,両陛下のご下問のレベルが非常に高く,いずれも的確なご質問で

あったことに感銘を受けたことによる。

　2013年6月11日の新聞記事に「皇后さま公務見合わせ」の記事があった。体調不良やお疲れのために歩かれる際に脱力し,立ち止まられる様子があられたということで,10日と11日の公務を取りやめられるとの宮内庁からの発表であった。11日から15日まで予定されていた葉山御用邸での静養のご予定を2日間遅らせて,13～15日まで葉山御用邸で静養されるとの新聞報道であった。皇后陛下のご体調が気がかりであったが,両陛下の行幸啓は6月22日午後に新幹線で京都に入られて,妙心寺をご訪問,京都御所にて皇后陛下喜寿奉祝祝賀会にご出席され,京都迎賓館にご宿泊される。6月23日は,午前中に冷泉家ご訪問の後,午後に京都国際会館にお越しになり第11回世界生物学的精神医学会開会式とレセプションにご臨席いただく予定が既に発表されていた。翌6月24日には,大山町役場,聴竹居,大阪市環境学習センター,日本テックをご視察の後に大阪リーガロイヤルホテルにご宿泊され,6月25日には,大阪大学会館（適塾記念センター）をご視察の後,伊丹空港から全日空特別機にてお戻りになる予定であった。

　今回のご進講で筆者は坂下門から入り,宮内庁玄関で車に乗り,吹上御所に行ったが,その道順に従い説明する。

　徒歩で,坂下門入口から宮内庁の建物の玄関まで行き,ここで車に乗せてもらった。宮内庁の左側に宮殿がある。今回は入る機会がなかったが,一般参賀などの行事が行われる長和殿が右側にある。後日,御礼の記帳に参内した時にはこの宮殿を訪問した。

　正殿は,中央に「松の間」,左に「竹の間」,右に「梅の間」と,1棟3室となっている。棟高は東庭より約20メートルあり,宮殿の中で最も高い。中庭より3.7メートルの高珠と傾斜する屋根の外観には気品があり,棟飾りの瑞鳥は高さ2.3メートルで,人間国宝であった故佐々

木象堂氏の作品という．広さ約4,800平方メートル（1,452坪）の中庭には和歌山県産の白那智石が敷き込まれており，西南隅の白梅，東北隅の紅梅が早春には美しい花をつけるという．中央の松の間の左右の廊下に面して山口蓬春画伯の「楓（かえで）」と橋本明治画伯の「櫻（さくら）」の杉戸絵が，壁にはめ込まれている．

宮殿は，昭和39年7月に起工，昭和43年10月に完工したもので，新しい技術と材料の中に伝統の美しさを取り入れ，「親愛と平明」を基調として設計されており，その中心をなす正殿，豊明殿（ほうめいでん），長和殿（ちょうわでん），連翠（れんすい），千草・千鳥（ちぐさ・ちどり）の間など7つの棟から構成されている．

様式は日本宮殿の伝統を重んじ，深い軒の出を持つ勾配屋根をかけた鉄骨鉄筋コンクリート造りの地上2階，地下1階，延べ約23,000平方メートル（7,000坪）の建物である．宮殿は銅瓦葺きの屋根で，京都，奈良などの古い寺が土瓦の急勾配の屋根を持つのに反し，ゆるい勾配のものとして平明な感じを出す一方，屋根の構造を入母屋造りと，一部寄棟造にして，伝統的な面も併せ表現している．さらに，色彩も銅瓦葺き屋板の人工発色の「緑青色」，古い木造の味を持たせた硫化いぶし仕上げブロンズ板張りの柱・梁の「茶褐色」，それに漆喰壁の感じのアクリル特珠加工のアルミ壁の「白色」の3色を基本にしている．

天皇皇后両陛下をお迎えした開会式当日

第11回世界生物学的精神医学会の開会式，6月23日当日は朝から曇り．金曜日，土曜日と雨が降っていたのでなによりも天気が気がかりであった．筆者は，土曜日の夜からグランドプリンスホテル宝ヶ池に宿泊していたが，周囲の道路は朝から大変物々しくなった．京都国際会館の周囲には警察官が配備され，会館内もすべての扉がロックされて，入館者証のない人は一切入館できなくなった．ホテルから会館に歩いて行き小倉さんから「All Area」と書いた入館証を貰って館内に入った．朝9時からのECミーティングに参加して，当日夕方の開会式後のレセプションを室内でするか庭でするかを最終的に相談した．筆者は，雲の流れから見て夕方は晴れる可能性に賭けることにした．とてもスワンの間だけで参加者を収容できるはずはなく，せっかく庭園でのレセプションはなんとしても実現したかった．曇天を仰ぎ見ながら，筆者の判断により野外での開催が正式に決まり，庭にテーブルと食事グリルをセットすることが決定された．

ECミーティングには昼まで出席して午後からは着替えと準備のためにいったんホテルの部屋に戻り，いよいよ開会式に備えることになった．午後3時30分，皇宮警察との最終打ち合わせが始まった．メインホールではステージのチェック，お座りになる御席へのライトの加減，お座りいただく椅子の場所，写真撮影のための照明調節，スクリーン映像の明るさなどの最終チェックをしてメインホールでのリハーサルが行われた．そのあと正面玄関でのお迎えとお見送りの立ち位置の確認と練習があった．これまでに2回繰り返されたリハーサルの最終仕上げである．そして，御休所の最終チェックをしていよいよお迎えする段取りとなった．

このころには，多数の参加者がエクジビションホールの入口から金属探知機を通って入場し始めており，多くの人々が会館内のあちこちにたむろしていた．正面玄関は両陛下だけの入口となり，学会参加者の入口はエクジビションホールとされ，館内各所にテープが設置されて警備員が配置されていた．メインホールはロックされているために，会館内では多くの人が開場を待っていた．そして，午後4時の開場とともに参加者はメインホールに入場していった．覗いて見るとメインホールにはほぼ満席くらいの人が集まっており，目見当では800〜900名位，2階席にも人が入っていた．このような状

御料車の到着をお迎えする木下館長と筆者　　両陛下をお迎えする筆者

図1　両陛下のお出迎え

況で，筆者は，来賓控室で大西学術会議議長，松元事務次官，フローレンス・チボー，ジークフリート・カスパーと歓談しながら待機していた。

午後4時50分に御着の知らせが入った。予定は午後5時4分であったが，御着が3分早まるとのことであった。急にあわただしくなり，お出迎えの準備が始まった。今学会運営にあたったコングレ社の古賀さんが行きましょうと声をかけてくれて，正面玄関に行き，木下官庁，筆者，ジークフリート・カスパー，大西先生の4名が整列した。まず黒色のスポーツタイプの乗用車が前面の赤色灯を点滅しながらすべりこんできた。続いて先導の白バイ2台，そしていよいよ御料車両が到着した。正面に菊の御紋旗を立て，ナンバーに菊の御紋がついたトヨタのセンチュリーであった。車の先端に菊の御紋を付けた御料車には圧倒的な存在感があった。そのあとに白バイが2台，マイクロバスが2台続いて停車した。供奉官が下りて周囲を確認したあと，御料車両の左後部座席の扉を開き，まず皇后様が下車された。車両のそばに皇后様が待機され，続いて天皇陛下が下車された。そして陛下が先に数歩踏み出された。木下館長が自己紹介とともに，先導役を務めることを申し出た。次に整列している筆者のところに両陛下がおいでになった。「組織委員長を務めます武田雅俊です」と自己紹介を申し上げたところ，どうぞ

よろしくとのお言葉を賜った。そして，皇后陛下にも同様のことを申し上げて，皇后陛下からもやさしいお声をかけていただいた。カスパーは自己紹介の後に両陛下と握手をした。事前にカスパーから相談を受け，自分はどのようにしたらいいかわからないのですべて筆者のようにするのでと話していたが，ただ一つの違いについて，両陛下は普通は握手をなさらないが外国人は握手をしてもよいということになっているので，カスパーは握手してもよいということを説明していた。カスパーは両陛下と言葉を交わした後，握手をしていただく機会に恵まれた。大西先生が挨拶をすまされると，陛下は木下館長の先導で会館の中に入られた。そしてそのあとに20～30人の供奉官が続いて入館した。ここでお出迎えの仕事は一段落。皆さんの後について，移動する途中にカスパーと握手をした。天皇皇后両陛下と握手したそのおこぼれをいただきたかったからである。一団はご休憩所にゾロゾロと向かった。この時，開会式はすでに始まっており，扉は閉鎖されていた。

筆者が来賓室に戻った時，京都府知事山田啓二氏と京都市長門川大作氏が着席されていた。彼らは陛下とともに到着されたとのことで，大西学術会議議長とともに，名刺交換をして歓談した。筆者たちの待機している部屋は，両陛下のご休憩所のすぐ隣である。本当に壁一つ隔てた隣のご休憩所に両陛下がおられた。

両陛下をご先導 　　　両陛下のご臨席をいただいて挨拶

両陛下スワンの間へのご入場 　　ご先導を終わり両陛下にご挨拶する筆者

図2　両陛下のレセプションへのご臨席

　午後5時ちょうど，予定通りに開会式が始まった。最初はフローレンス・チボーによる開会の挨拶である。チボーの挨拶には10分が予定されていたが，実際には7分で終わったようである。そのあと京都府知事と京都市長が呼ばれて登壇した。来賓の紹介が終わり，いよいよご先導の時間が来た。ご休憩所の扉前で待機して供奉官の合図を待った。開会の挨拶が3分早かったので，しばらく待つのかそのまま早めてご臨席いただくのかを検討しているようであった。供奉官から入ってくださいとの合図があり，筆者はご休憩所の中に入り，お部屋の中の両陛下にご挨拶して，ご先導をお勤めする旨を申し上げた。そして，両陛下の先に立ち会場へと向かった。私と両陛下が舞台上手の入口に差し掛かったその時に，司会の村井先生が両陛下のご入場ですとアナウンスした。舞台上の来賓，会場の皆さんが起立して万雷の拍手が沸き起こった。その中を舞台の右側から，ゆっくりと先導を務めながら進んだ。陛下の御着席される椅子まで進み身振りで御座席を指示した。両陛下が椅子の前に並ばれたところで，一礼をされてから両陛下は着席された。私は拍手の中を舞台の正面を横切り，舞台左手の自分の椅子に着席した。

　着席するとすぐに司会者が筆者の名前を呼んだ。筆者の挨拶の順番であるが，事前に練習して5分ちょうどの原稿を用意していた。演壇に立ち話し始めたが，客席を見渡す中で，母親と弟が前から2番目の席に座っているのが目に入った。お辞儀をして下がり，陛下の方に向いて一礼して着席した。続いて大西先生の挨拶。内閣府山本大臣のメッセージが松元氏により読み上げられた。そして京都府知事のスピーチがあったが，前半は英語であとは日本語でスクリーンに英語の字幕を入れた形でなされた。そして，安倍晋三内閣総理大臣の写真がスクリーンに映されて，内閣総理大臣からの英語メッセージが村井先生により読み上げられた。その後，「両陛下がご退場されます」とのアナウンス

があり，筆者は先導を務めるために両陛下の御着座に行きお辞儀をして，ご退席になるのをご休憩所まで先導した。

貴賓室に帰ると，5分もしないうちに，古賀さんが「レセプションの時間です」と声をかけてくれた。筆者は，スワンの間前で神庭先生，平安先生と並んで両陛下をお待ち申し上げた。両陛下が木下館長のご先導で近づいてこられたので，「ご先導をお変わりいたします」とご挨拶を申し上げ，通訳を務める神庭先生と平安先生をご紹介した。そしてスワンの間へのご入場となった。スワンの間入口には階段が2ヵ所ある。そのたびにお足元にお気を付けください階段がございますと両陛下をご案内申し上げた。とくに皇后陛下には，ご歩行が困難かもしれないとの知らせもあったので大変気を遣った。階段の所では，いざという時には両陛下の転倒を防ぐために女性供奉官が皇后陛下の間に入りサポートするとの説明も事前に聞いていた。

両陛下がスワンの間の入口に立たれると会場から拍手が起こった。その中を先導して，金屏風の前までご案内申し上げた。そして一礼して筆者がテーブルに戻ると，すぐに尾崎先生の司会によりレセプションが始まった。まずフローレンス・チボーの挨拶と乾杯であった。打ち合わせでは，彼女が一言挨拶をして乾杯をすることになっていたが，フローレンスは挨拶をした後になかなか乾杯の言葉を言わない。そこで筆者がとっさに大きな声で，「乾杯」の言葉を発声した。あやうく皆さんに乾杯をしていただくタイミングを失する所であった。それから両陛下との歓談が始まった。筆者は天皇陛下の担当，加藤先生が皇后陛下の担当で，順番に歓談を進めることになっていた。

スワンの間でのレセプションの参加者は80名であったが，事前にその中から両陛下と言葉を交わす20～30名のリストを作成していた。筆者と加藤先生の役割は，このような人たちが自然な形で途切れなく両陛下の前に進み言葉を交わす段取りをこなすことであった。外国人の中には話を続けてなかなか退席しようとしない人もいて気をもんだが，大きな混乱もなく無事にセレブションを終了した。

後日談。高橋清久先生と翌火曜日の朝，会場に向かう途中でたまたま一緒になった。高橋先生は赤坂離宮での今年の春の園遊会に参加されたとのことであったが，そこでは，両陛下は他のご皇族とともに数百メートルの距離を皆さんと話をかわしながら歩かれたとのことであった。あれだけの距離をお歩きになられるのは両陛下の御年を考えると酷なような気がしたと話しておられた。翌々日の新聞に皇后様体調不良の新聞記事が出たのを目にした時には，高橋先生はきっとあの距離をお歩きになられたことが災いしたのであろうとおっしゃっていた。

皇居での御記帳

学会が終了して1週間後に，学術会議からメールが入った。行幸啓を賜った学会は終了後3ヵ月以内に宮中に参内して御礼の記帳をすることになっているとのことであった。2013年7月5日は，樋口輝彦先生，尾崎紀夫先生と，厚労省，首相官邸，総合科学技術会議に精神医学研究推進のための陳情に行く予定にしていたので，その後に午後4時に皇居に行く予定とした。学術会議からの連絡によると，宮中の御記帳所に参内して，「行幸啓御礼，第十一回国際生物学的精神医学会組織委員長，武田雅俊」と毛筆で記帳するのだそうである。

筆者の悪筆はつとに知れ渡っており，また毛筆での記帳には正直自信がなかった。母親に代わりに記帳するかと言うと喜んで行きたいというので，親孝行の一つと思い，学術会議にその旨連絡した。ところが，宮内庁からの返事は，代理の人は不可とのことであった。個人的にはせっかくの親孝行の機会なのにと残念な思いはあったが，自分で出かけて記帳させていただく

ことにした。

　2013年7月5日午後3時半頃に霞ヶ関から東京駅に着いた。東京駅から徒歩で皇居に向かう途中で，学術会議の梅野さんとばったり出会わせた。2人で歩いて坂下門の番所に行った。そこで皇宮警察の人に申し出ると，親切に場所を教えてくれて，宮殿の担当にも連絡しておきますとのことであった。同時に菊の紋章の入ったプラスチックの札を渡された。ポケットに入れておいて帰りにはまた返却してほしいとのこと。本日は，宮殿前庭の庭石張替の工事を行っているために通常の記帳の場所とは異なるとの説明であった。

　宮内庁の手前から左側に坂道があり，登って行くと宮殿があった。一般参賀の行われるテレビでもよく見慣れた建物である。その前の庭石の張替が行われていた。通常は北側の記帳所を使うのだそうだが，今日は南側の記帳所に行ってくださいと言われた。入口の近くに大きな塔が建っていた。係官に尋ねると，皇居造営のための醵金が寄せられたので，その醵金で建設された記念の塔とのことであった。南側の記帳所に行くと係官が笑顔で迎えてくれた。記帳所の中には，天皇陛下用の記帳が左側に，皇后陛下用の記帳が右側におかれており，墨と毛筆とが用意されていた。

　開かれた御記帳には，

「七月五日，退官御礼，○○高等裁判所裁判官○○○○」

と記帳されていた。筆者の前に来て記帳されたものであった。

　担当官の配慮で，両陛下に奉る御記帳のそばに，文例が用意されていた。

　天皇陛下用の御記帳には，

（京都新聞平成25年6月22日夕刊より引用）

（産経新聞平成25年6月22日夕刊より引用）

第7部　国際化への貢献　1 主催した国際学会の記録

両陛下、国際会議にご臨席

京都府を訪問中の天皇、皇后両陛下は23日、京都市左京区の国立京都国際会館で第11回世界生物学的精神医学会国際会議（23～27日）の開会式とレセプションに出席された。国際会議には75カ国・地域から精神医学の研究者ら約2千人が参加するが、両陛下は、レセプションで参加者らと熱心に懇談された。

これに先立ち、上京区に江戸時代初期に活躍した歌人、藤原定家の流れをくむ冷泉家の住居をご視察。完戦終結したころからあつらえられた端午の節句飾りも鑑賞した。陛下は「これ、いつごろからのものですか」と質問された。両陛下は、この日が沖縄慰霊の日」にあたることから、正午に京都御苑内の京都迎賓館で沖縄の方角に向かい、犠牲者に黙礼された。両陛下は24～25日に、大阪府を訪問される。

天皇、皇后両陛下へ京都で市民ら歓迎

世界生物学的精神医学会国際会議への出席などのため、23日午後、京都入りした天皇、皇后両陛下が22日、京都市、大阪府箕面市の主婦、柳田慶子さん（64）の「お体の具合が悪いと聞いていたのでお元気そうで良かった」と話していた。両陛下は22～25日の日程で京都府や大阪府を訪れ、23日には国立京都国際会館で開かれる国際会議の開会式に出席する。

22日の日程がほぼ終わり、記者会見に加わり、山田知事は「『福島県の方を中心に避難している』などと説明すると『皆さんによろしく』と話していたという。【花澤茂人】

両陛下は午後0時半ごろ、新幹線でJR京都駅に到着。多くの市民が国旗を振って出迎えた。両陛下は笑顔で手を振りながら歓迎にこたえた後、車に乗り込まれた。

両陛下は2日、京都市下京区の大阪府箕面市の主婦、山田哲三知事から東日本大震災の避難者に気遣いを示される。

（毎日新聞平成25年6月23日より引用）

両陛下 古今和歌集など鑑賞

冷泉家をご訪問

22日から京都に滞在している天皇、皇后両陛下は23日、同家に伝わる国宝「古今和歌集」などを鑑賞した。

冷泉家第25代当主冷泉為人氏から「6月は旧暦の端午の節句にあたるもの」「鯉のぼりを飾るのが特徴」「これは江戸時代から伝わるものです」と説明を受けながら熱心に見入っていた。また歴代天皇がしたためた和歌を見て、国宝「古今和歌集」などの案内役を務めた冷泉家の邸内で、カブトをかたどった大将人形を前に八の字形に駿馬のぼりを飾るのが特徴。冷泉家は旧摂関家の流れで、案内役を務めた冷泉為人氏の「これは歌会始のためのものでしょうか」と質問していた。正午には休憩先の京都迎賓館（同区）で、両陛下は沖縄戦の犠牲者に対して黙礼を捧げたという。午後は国立京都国際会館（左京区）で開かれた「世界生物学的精神医学会国際会議」の開会式に出席。24日は京都を出発し、大阪へ向かう。〔小河雅臣〕

（朝日新聞平成25年6月24日より引用）

■国際会議開会式に両陛下が出席

天皇、皇后両陛下は23日、京都市左京区であった第11回世界生物学的精神医学会国際会議の開会式に出席され、直後のレセプションにも出席した。両陛下は、開会式に先立ち、鎌倉時代の歌人、藤原定家の流れをくむ冷泉家第25代当主冷泉為人氏方を訪問し、歴代天皇の和歌の掛け軸や藤原定家直筆の古今和歌集の書写本の説明を受けた。国際会議開催は日本では初めて。世界75カ国・地域の研究者ら約2100人が参加している。

（毎日新聞平成25年6月24日より引用）

「行啓御礼，第十一回世界生物学的精神医学会組織委員長，武田雅俊」
との文例が用意してあったので，その通りに毛筆で記帳させていただいた。

皇后陛下に奉る御記帳には，
「幸啓御礼，第十一回世界生物学的精神医学

(毎日新聞平成 25 年 6 月 23 日より引用)

会組織委員長，武田雅俊」
と記帳させていただいた。

おわりに

　天皇皇后両陛下の行幸啓はマスコミを通じて大きく報じられた。その度に第 11 回世界生物学的精神医学会の名前も報道された。生物学的精神医学会にとっては，このように何度もマスコミに登場するのは初めての経験であり，世の中への大きなアピールとなった。また開会式にはあまり人が集まらないのが通常であるが，今回だけは 1,000 人を超える出席者があった。このようなことを経験して皇室の重みと有り難さを身に染みて味わうことができた。

1 ラモン・カカベロス (Ramón Cacabelos)
スペイン　1982-1991

Ramón Cacabelos, MD, PhD

Scientific Leadership and Mental Health Service to the Community

The three main areas in which an academic department has to be involved are education, scientific development and professional services. This has been the main commitment of our Department of Psychiatry at Osaka University Medical School over one century. Those who had the privilege of being part of this Department along its history feel so proud of it and have the responsibility of transmitting to the coming generations the lessons of loyalty, friendship, and transcultural cooperation we have learned from our Masters and Mentors. They were the vivid testimony of this great family represented by all members of our Department; and for them is our profound manifestation of gratitude in this anniversary.

Home is where the heart is. When I arrived to Japan three decades ago, I found a family and a new home at the Seikaken with Drs. Hariguchi, Tada, Takeda, and other young fellows, under the leadership of Prof. Tsuyoshi Nishimura. I also found in other members of the Department, such as the colleagues of the EEG group, led by Dr. Shimizu, examples of friendship and cooperation. At the old Osaka University Hospital in Fukushima-ku, with the wounds of the World War II on the walls, we created a family in which the Gaijin Ramon-san was integrated as a member of fact for almost a decade. I can say that those probably were the happiest years of my life. It was a time of intense learning, interdepartmental cooperation, and human interaction. As the Greek philosopher Aristotle (384-322 BC) would say "what we have to learn to do, we learn by doing". In the early 1980s, members of the Department of Pharmacology II, at the Osaka University Medical School, led by Prof. Hiroshi Wada, with the excellent work of Takehiko Watanabe, Hiroyuki Fukui, and Atsushi Yamatodani, with the cooperation of Masaya Tohyama, discovered the presence of histamine neurons in the hypothalamus. My role in this project was to identify the functions of brain histamine, and between 1985 and 1991 we discovered that histamine was also a pathogenic element in Alzheimer's disease, in cooperation with Prof. John Pearson at New York University Medical Center. One of my classmates, Dr. Niigawa, was an excellent collaborator and co-developer of the OUCEM-86 (Osaka University Computerized Electronic Maze), a computerized system we have invented to study behavior and memory in

図1 左から武田教授，マリーカルメン，西村教授

図2 阪大精神科同期の仲間と広島旅行

図3 左から西村教授，ラモン・カカベロス，一人おいて，武田教授

図4 左から播口之朗，多田國利，武田教授，マリーカルメン，西村教授，窪田耕輔，ラモン・カカベロス

experimental animals. With Drs. Takagi, Sugita and Tanizawa, at the Department of Gynecology, I learned the most sophisticated techniques of radioimmunoassay for the determination of vasopressin and oxytocin in the brain, body tissues and cerebrospinal fluid. Inspired by the wisdom of all these colleagues, with Masatoshi Takeda all the time behind me, taking care of me, guiding me in most of my medical and scientific activities, I learned that knowledge itself is power (Nam et ipsa scientia potestas est) (Francis Bacon, 1561-1626), and that it is the province of knowledge to speak and it is the priviledge of wisdom to listen (Oliver Wendell Homes, 1809-1894). I also realized that it is the true nature of mankind to learn from mistakes, not from example, above all when you are a young fellow devoid of the necessary experience. We need time and mistakes to grow as mature adults. Then, we begin to understand with G. K. Chesterton (1874-1936) that education is the soul of a society as it passes from one generation to another, or that one of the duties of physicians is to educate the masses not to

図5　ラモン・カカベロス，武田教授（1991年）

図6　武田教授，ラモン・カカベロス（1996年）

take medicine, as William Osler (1849-1919) said, or that to be great is to be misunderstood, as Ralph Waldo Emerson (1803-1882) mentioned many years ago. When we approach scientific maturity, it becomes clear what George Bernard Shaw (1856-1950) said regarding that all great truths begin as blasphemies.

I had also the privilege of sharing my life with excellent physicians and psychiatrists at both the Psychiatry Ward of the Osaka University Hospital, with Prof. Nishimura and our present Chairman Prof. Takeda, and at Mihara Hospital, with Drs. Yanagi, Sugiyama, Ikemura, and many others. From all these Masters I learned many different aspects of mental health and medicine. The US physician Charles H. Mayo (1865-1939) wrote that "the safest thing for a patient is to be in the hands of a man engaged in teaching medicine. In order to be a teacher of medicine the doctor must always be a student." The spirit of teaching and permanent learning is in the genetic background and identity of our Department. Sensitivity when facing the problems of others is also a virtue learned from our predecessors. Hippocrates (460-377 BC) posed in his Epidemics "as to diseases, make the habit of two things – to help, or at least to do no harm". The Swiss philosopher Henri Amiel (1821-1881) used to say that health is the first of all liberties, and happiness gives us the energy which is the basis of health. The confrontation between "the mental" and "the material" influence on disease was the cause of endless dialectic argumentations along the history of philosophy and medicine. Plato (427-347 BC) said that "this is the great error of our day in the treatment of the human body, that the physicians separate the soul from the body." C. Jeff Miller (1874-1936) stated that "body and soul cannot be separated for purposes of treatment, for they are one and indivisible. Sick minds must be healed as well as sick bodies". From the early beginnings of our Department up to now, a major endeavour in our psychiatric community was to understand the molecular basis of mental disease. In one occasion, a few weeks before my return to Spain, Prof. Nishimura invited Masatoshi Takeda and me to a dinner, and he said to both of us that although we had expended many years of our lives in the investigation of dementia, we should bear in mind that the two most terrible mental disorders were dementia and schizophrenia ; dementia, because with memory loss we do not know who we are, where we are coming from, and where we are going ; and schizophrenia, because without reasoning and appropriate thinking we are out of the real world, as strangers in our own home. We were committed by him to pay special attention to these two brain disorders, behind which the most evolved features of human beings are hidden.

According to the British writer Edward Fitzgerald Brenan (1894-1987), old age takes away from us what we have inherited and gives us what we have earned. I hope that when we turn the corner of our senescence, we keep in our minds the feeling of eternal gratitude to those Masters, colleagues, and classmates who have contributed to help us to be what we are. In my life record, the Department of Psychiatry at Osaka University Medical School is the nest of wisdom in which I was nourished ; and Prof. Nishimura and Prof. Takeda are the Masters and Mentors to whom I will pay devotion and gratitude forever.

our graduate student days together. In those days we have devoted ourselves for science and research, had fun together, and learned from each other, which has made us the real lifelong friends even after Ramon came back to Spain in 1991. He has established EuroEspes Medical Center in La Coruna, which has grown up to be a world-renowned medical center for dementia accepting world-wide patients. EuroEspes has been further developed to a complex company, including Medical Service, Research Center, Ebiotech bioproduct factory, and Genomic Center. Prof. Nishimura and myself were invited to La Coruna several times to observe the rapid growth of EuroEspes. The recent output of his research activity is compiled in the book "World Guide of Pharmacogenomics."

In June 2013, Ramon was invited to be the Vice-Rector of Research and Science, Chairman Professor of Genomic Medicine at Camilo Jose Cela University.

I always remember the good old days with Ramon, Marie-Carmen, and Natalia, the first daughter born during their stay in Osaka.

Comments added by Masatoshi Takeda in September 2013

Dr. Ramon Cacabelos graduated Oviedo University in Spain and came to Osaka University Medical School as a Monbusho scholar, joining our Department in 1982.

Since both of us were graduate students under the supervision of Prof. Nishimura in overlapping period, we spent most of the time of

World Guide for Drug Use and Pharmacogenomics (2012) には薬剤と遺伝因子の相互作用が網羅されている (info@pharmacogenomicsguide.com)

第7部　国際化への貢献　2 教室への留学生　*671*

ラモン・カカベロス博士と共に発刊した書籍の一部（1999年，2005年，2006年）

── Memory ──

生化研忘年会
レストランアラスカ　1993年12月13日

2 デイジー・ヌルン・ベグム (Daizy Nurun Begum)
バングラデッシュ　2002-2007

● Daizy Nurun Begum, MD, PhD

I take a great pleasure and pride to write about my experience at Osaka University Graduate school of Medicine during my stay while I was pursuing my PhD in the Psychiatry department. I graduated from Chittagong Medical College, Bangladesh, and then I applied for Monbusho Scholarship. It was the great moment of my life when I was selected through the ambassadorial selection. I still remember the date when I arrived at Osaka University on April 1st 2002. I was overwhelmed to see the difference in culture, language and modern architecture of a developed country. I did not know a single word in Japanese except "Konnichiwa". It took me 2 hours to reach MacDonald even though it was a 10 minutes of walk, I could not make people understand with my limited Japanese what I was looking for. The 'Hunger pain' was severe enough to give me the determination to learn the language and the culture of Japan in future. I was anxious whether I would be able to survive, but all the heat of anxiety melted down when I met my professor Masatoshi Takeda. He was so pleasant, easy going with great personality that I felt the ease and comfort to stand on my feet with

図1　阪大病院精神科病棟にて（2002年）

the goal to achieve my PhD while dedicating myself to learn the culture of Japan as well. My First 6 months period was scheduled for full time Japanese language course. To learn a new language at my age was challenging but so much fun ! I slowly started to have the grasp on this new language and culture with better communication.

In October 1st 2002, I formally joined Department of Psychiatry and Behavioral Proteomics under supervision of Professor Masatoshi Takeda. By that time, I was able to communicate in Japanese and eager to learn more about my work in lab. My first few months were a bit of struggle however my immediate supervisor Professor Toshihisha Tanaka helped me tremendously. He showed me the in's and out's of the research lab and taught me very meticulously about my research project. I started participating as well as presenting the 'Journal Club' regularly. All my colleagues and the secretarial staffs in the department were so helpful, courteous and pleasant those made me feel relaxed and content. My thesis title was "Toll-like receptor 3 mediated hyperphosphorylation of Tau in the pathogenesis of Alzheimer's disease." I presented my paper at many Japanese and International Conferences with the support and encouragement of Professor Toshihisha Tanaka and Masatoshi Takeda. I was awarded PhD in the course of Advanced Medicine in April 2007.

My stay at Osaka University was more eventful and homely by the touch of my

図2　教授室にて
田中稔久，デイジー，武田教授

図3　武田教授のダッカ訪問時に

Japanese host family Ms. and Mr. Obata. They treated me as their daughter with love and affection throughout my stay.

I want to finish my write up by saying a few words about Professor Takeda. In my short life if I have to utter a name other than my family, who made my journey so colorful and memorable and inspired me to build a career of my dream in the field of psychiatry is Professor Takeda. He gave me enormous support, unconditional love and valuable advises throughout my stay in Japan and it continues till now. It is a blessings from God to be in touch with such a great professor and mentor, "Thank you so much from the bottom of my heart, sensei".

I started my journey at Osaka University with ample aspiration to learn the uniqueness of Japanese language and culture. But I ended up loving it. I have so many unforgettable memories in Japan that I will cherish throughout my life. I want to thank all my friends, colleagues and professors at Osaka University for making my journey so memorable.

Comments added by Masatoshi Takeda in September 2013

Dr. Daizy Nurun Begum, after completing her PhD at Osaka University Graduate School of Medicine, moved to US to complete her residency for psychiatry. She is now working as a psychiatrist at Dover Behavioral Health Center, Dover, DE. Her husband Dr. Ashik Ansar has also decided to become a psychiatrist and now in residency program at Albert Einstein College of Medicine, NY.

When Daizy came to our Department in April 2002 as a Monbusho scholarship student from Bangladesh, she was newly married with Ashik, a medical doctor working for community service in Bangladesh. Since I thought it should be better for them to live together, I strongly recommend Ashik to join to our Department, which came out the right decision, because our Department has produced two psychiatrists active in US now.（MT）

デイジーと宮本さん（2003年）
教室医局にて

左からデイジー，アシックとヌハ（2009年）
USAの自宅にて

第 7 部　国際化への貢献　2 教室への留学生　675

デイジー，アシック夫妻

米国東海岸に渡り，2 人の娘に恵まれて精神科医としての生活を送っている．左から第 2 子出生後の家族写真，2013 年 4 月の桜の季節，ヌハ（5 歳）とナビハ（1 歳）

Memory

西沼啓次先生叙勲祝賀会

西沼啓次先生（S32）は，阪大医学部学生時代からの西村健教授の親友であり，共に金子仁郎教授教室の最初の入局者となった．大阪府立病院から国立療養所松籟荘に移り，松籟荘荘長を勤めあげ，叙勲の栄誉に浴された．

3 アシック・アンサー (Ashik Ansar)
バングラデッシュ　2002-2007

● Ashik Ansar, MD, PhD

　I am a medical graduate from Bangladesh; I came to Japan in October 2002 and started my PhD course in April 2003 in the Department of Psychiatry, Osaka University Graduate School of Medicine under the direct supervision of Professor Masatoshi Takeda. Soon I initiated a collaborative clinical research with the laboratory of Professor Jun Hatazawa, Department of Nuclear Medicine & Tracer Kinetics and was engaged with functional brain imaging (SPECT and PET) studies of the subjects with mild cognitive impairment (MCI) and Alzheimer's disease (AD) and later became one of the representatives of Osaka University Hospital in a multi-center clinical study; J-COSMIC supported by the Japan Foundation for Aging and Health. I was awarded PhD in the course of Advanced Medicine in April 2007.

　The academic environment in Osaka University is remarkable. Both of my professors were very helpful, supportive and friendly. I presented my thesis work in many Japanese and international conferences with their great support and encouragement. I am thankful to my all colleagues and teachers as well as secretarial staffs for their tremendous cooperation.

　My life experience in Osaka University was colorful; quite eventful admixed with struggle that turned into ease because of its unique emphasis to the foreign students. IRIS (Information Room for International Students Center

図1　ダッカでの学会夕食会にて
(左から Inga-Grundke Iqbal, M. Takeda, Bengt Winblad, Khalid Iqbal, Daizy, Sadik, Ashik)

図2　武田教授バングラデッシュ訪問時に
ダッカ市内にて

図3　学位授与式において（2007年3月）

for International Education and Exchange) has provided us 6 months of Japanese language course. Japanese host family (assigned to me by student association) eventually became my local advisor, guide and philosopher in every aspect to understand Japanese culture, uniqueness of the society which, in fact, helped me to adjust to the new environment smoothly. I received so much love and care from them ; I never felt that I was far away from my family.

My Student life in Osaka was rich in diversity of culture with lots of activities and fun. I was one of the active members of OUISA (Osaka University International Student Association) ; we had regular events and functions throughout the year. I was also the president of OUISAB (Osaka University International Student Association of Bangladesh). It was a valuable platform to know different cultures as well as to uphold our own. In addition, when Professor Takeda had visited Bangladesh, we went to many historical places in Dhaka and I cherish all those great moments in my heart.

Being a former student of the historical Psychiatry Department celebrating it's 120th anniversary, I take the pride to be a part of it. Takeda sensei is still the great advisor and mentor in my life. He is a legendary professor who represents the legacy of this department worldwide.

図4　Professor Hatazawa and Ashik in front of his poster

図5　Ashik with Professor Hatazawa, and Daizy in Conference

4 ゴラム・サディク (Golam Sadik)
バングラデッシュ　2003-2009

● Golam Sadik, PhD

It is an immense pleasure to write this article for the memorial book celebrating the 120th anniversary of the Department of Psychiatry, Graduate School of Medicine, Osaka University. Established in 1894 by then Professor Kitau Ohnishi, the Department of Psychiatry, the second oldest Psychiatry institution in Japan, has been playing a leading role in the promotion of the psychiatry education and research in Japan, in the advancement of psychogeriatric research particularly in Alzheimer's disease in the world and also in the exchange of knowledge and experience in research among the researchers of home and abroad.

I had the privilege of joining the Department of Psychiatry on September 24, 2003 as a Postdoctoral Foreign Researcher availing the prestigious fellowship from the Japan Society for the Promotion of Science (JSPS) by the recommendation of Professor Masatoshi Takeda, The Department at that time conducted research on almost all areas of psychiatry including Alzheimer disease (AD), sleep disorder, epilepsy, schizophrenia, child and adolescent psychiatry and bioinformatics and that researches were carried out in group led by the respective group leaders. Fortunately, I became involved in tau research group headed by Dr. Toshihisa Tanaka, an Associate Professor and a bright scientist and psychiatrist. The other members of the group were Dr. Hidenaga Yammamori, Dr. Begum Nurun Nessa, Dr. Antonio Currais, Dr. Kiyoko Kato and Dr. Kentaro Yanagi.

Neurofibrillary tangle (NFT) is one of the neuropathological hallmarks of AD and tau is the major component of NFT. Earlier studies showed a strong correlation between the number of NFTs in the brain and severity of dementia, suggesting that the aggregated NFTs might cause neurodegeneration. The role of tau in neurodegeneration was further established when mutations in tau were identified in frontotemporal dementia and parkinsonism linked to chromosome 17 (FTDP-17). Biochemical analysis of NFT revealed that tau, although a soluble phosphoprotein, is abnormally hyperphosphorylated and aggregated in AD. Therefore, how a soluble protein tau becomes hyperphosphorylated and aggregated remained a big question at that time. To address the question, the Department of Psychiatry focused on several points to understand the mechanism of formation of NFTs in AD. Since phosphorylation of protein is regulated by a balance between kinases and phosphatases, efforts

図1 Dr. Toshihisa Tanaka (third from right), Dr. Md. Golam Sadik (second from right), Dr. Antonio Currais (first from right) and Dr. Kiyoko Kato (fourth from right) are seen after a weekly group discussion on research progress.

were given to identify the kinases and phosphatase involved in the regulation of tau phosphorylation. We successfully characterized GSK-3 as a major kinase involved in phosphorylation and PP-1, PP-2A, and PP-2B as the phosphatases involved in the dephosphorylation of tau. Further, we investigated the relation of activation of GSK-3 and phosphorylation of tau protein, and it was revealed that the phosphorylation level of tau protein was regulated by a signal transduction pathway under insulin or IGF, through the activity of GSK-3, and that this pathway was linked to apoptosis. To understand the function/dysfunction of tau, we explored its binding partner and showed that the phosphorylation of tau by either protein kinase A (PKA) or protein kinase B (PKB) enhances the binding of tau with 14-3-3 in vitro and inhibits the formation of aggregates/filaments of tau induced by 14-3-3. Since the phosphorylation at Ser214 is up-regulated in AD brain, it was suggested that tau's interaction with 14-3-3 might be involved in the pathology of this disease. We investigated the impact of FTDP-17 mutations on 14-3-3/tau interaction and their consequences on tau aggregation. The known missense and deletion mutants of tau found in FTDP-17 increased the ability of tau to bind with 14-3-3 and promote the aggregation of tau into filaments ; these properties were found to be consistent with a gain of toxic function that would be expected from the autosomal dominant nature of the FTDP-17 tauopathies. The protein metabolism of tau was also investigated using several protease inhibitors and a puromycin-sensitive aminopeptidase (PSA) was identified to be the predominant regulator of tau protein levels in normally cultured cells. The FTDP-17 mutation delayed the proteolysis of tau and increased the phosphorylation of tau, suggesting that PSA may be involved in the mechanism underlyng the delayed proteolysis of tau seen with the mutations. However, all the research findings were presented in various national and international seminars, symposia, meetings and were published in peer-reviewed journals.

After a couple of years of research experience, in 2009, I returned back to my country Bangladesh to resume my service at the Department of Pharmacy, Rajshahi University. During the period of research in Osaka University, the knowledge and experiences I gathered were very much useful in initiating and progressing my psychogeriatric research in Bangladesh. I spent a wonderful time of my life in the Department of Psychiatry and utilized all the state of the art facilities to build my research career in psychogeriatrics. I really enjoyed the life of a gaijin san with kind cooperation from the people of my surroundings and realized the deepest traditional values of the Japanese.

At last I take this opportunity to thank Professor Takeda once again for recommending me to work with him in his laboratory and express my gratefulness for his expert guidance, constructive advice and inspiration, continuous support and cooperation throughout my research period at Osaka University. I will cherish my experience at the Department of Psychiatry, Osaka University forever.

図2　国際老年精神医学会でのサディク（右端）（2007年10月14日）

図3　デイジー，武田教授，サディク，ダッカ市内のホテルロビーにて

図4　医局忘年会にて（三列目右から7人目にサディク）（2004年12月17日）

5 レオニデス・カヌエット・デリス (Leonides Canuet Delis)
キューバ 2005-2009

● Leonides Canuet Delis, MD, PhD

Osaka University—The Golden times.

Since I was a child I had the dream of visiting many countries and knowing different cultures. After becoming a neurologist in the National Institute of Neurology and Neurosurgery in Havana, my interest in travelling abroad to study and extend my knowledge and research experience began to grow. At first I thought it might be more probable in a Latin American country or in Europe, but to my surprise that dream became true in one of the countries I admire the most, Japan. This was possible thanks to a Japanese Government (Monbukagakusho) scholarship granted by the Japanese Embassy in Cuba. I then had the challenge to find the proper department and university, learn the language and adapt to my new life in such a different culture. The good news is that I was able to contact one of the best professors in the neuropsychiatric field "prof. Masatoshi Takeda", and I was accepted in the department of Psychiatry and Behavioral Neuroscience of the prestigious Osaka University. In addition to a high level research, in Osaka university there is a very strong international environment (International Student Center, many foreign students from the Osaka University International Student Association—OUISA), an intensive Japanese language training course, and a close relationship with local people through a host family program. All of this was crucial for a fast adaptation to life and study in Japan and for an important cultural exchange.

図1 阪大病院スカイレストランにて仲間と

I joined the department of Psychiatry at Osaka University Graduate School of Medicine in April 2005 as a research student. Since my research field was epilepsy psychosis, I chose the neurophysiology laboratory to carry out studies using magneto encephalography (MEG) during performance of cognitive tasks as well as neuropsychological tests. I was interested in elucidating the pathophysiological mechanisms underlying chronic interictal psychosis in temporal lobe epilepsy in terms of abnormali-

図2　IPA 2007 OSAKAの折の開会式後レセプション（2007年10月）

図3　病棟納涼大会

図4　学位授与（2009年3月）

ties in cortical oscillations and brain functional connectivity. Upon passing an entrance examination, I was able to enter a doctoral course one year later. It was certainly an excellent choice to join this department and laboratory as I could learn about basic and clinical neuropsychiatry, more specifically schizophrenia-like psychosis of epilepsy, dementia and schizophrenia. During that period, I had the opportunity of publishing more than 20 English papers as author and co-author, participating in several domestic and international conferences all over Japan as well as in other countries, such as Australia, Canada, Spain, Greece, Poland, China and South Korea. Among the most important conferences of which I attended were those of the World Federation Societies for Biological Psychiatry, the Japanese Biological Psychiatry Association, the Japanese and International Societies of Clinical Neurophysiological, the International Society for the Advancement of Clinical Magnetoencephalography, the International League Against Epilepsy (ILAE), and the International Psychogeriatric Association. It was very

図5 歓送迎会

図6 医局の秘書さんたちと

important to me that, in addition to a close relationship with my professor, I could also make many friends among my colleagues in the neurophysiology laboratory and the department, especially with my research supervisor (Dr. Ryouhei Ishii) and the other graduate students doing MEG research (Dr. Ryu Kurimoto, Dr. Koji Ikezawa). Likewise, I had a very good friendship with the associate professor of the department (prof. Takashi Kudo), the lab director (Dr. Masao Iwase), the rest of the graduate students of the different laboratories of our department, and with foreign students coming from universities in Europe, especially with Antonio Currais, a PhD student from the King's College of London. I was very lucky to have many friends from outside the university and a very nice Japanese host family. I received my PhD degree in 2010 after completing the doctoral program and having my research dissertation.

My 6-year stay in Japan became an incredibly enriching professional experience and the happiest adventure I have ever had. This is why I call it the "Golden Times". My work in Osaka University allowed me to come to Europe, specifically Spain, to continue my neuroscience research and clinical activity in neuropsychiatry. My stay in Japan was also a period of genuine cultural exchange. Actually I used to go to Cuban bars and restaurants and to Latin parties with many of my friends from the university, including those of my department in the medical school and other faculties. This allowed them to dance Salsa until late at night or early in the morning (5 am) and have a Cuban "Mojito" experience, at least once, and everyone enjoyed it. This usually happened after attending seminars organized by the department, pharmaceutical companies, or during international conferences. Of course, I was always having many Japanese experiences, including homestay, eating traditional food,

図7 信貴山シンポジウム

attending important traditional festivals as well as other cultural activities, interesting museums, cherry-blossom (sakura) picnics, summer beer gardens, etc.

Thanks to prof. Takeda I could take part in the organization of some international medical conferences held in Osaka, including the 13th International Psychogeriatric Association (IPA) congress in 2007, and the 1st Asian Congress on Schizophrenia Research in 2009. Based on the results of my research in Osaka University I could get several awards, such as :

○ "Best presentation award" at the Shigisan Neuropsychiatry Meeting for the work of *Functional neuroimaging of schizophrenia-like psychosis of epilepsy*-Nara, Japan 2007.

○ "Japanese Society of Biological Psychiatry (JSBP) fellowship award" for the work of *Neuropsychological assessment of schizophrenia-like psychosis in patients with temporal lobe epilepsy* in The 32nd Annual Meeting of the JSBP-Kitakyushu, Japan 2010.

○ Annual "Nishimura award" from the Wafukai Neuropsychiatry Association for the PhD work of *Working memory abnormalities in chronic interictal epileptic psychosis revealed by magnetoencephalography*-Osaka, Japan 2011.

Overall, Osaka University has certainly made available for me a world of chance and opportunity since the beginning of my stay in Japan. I won't ever forget the excellent guidance and genuine friendship of my professor, supervisor, colleagues, or host family to whom I will be eternally indebted. This makes Osaka my second hometown. *Arigato Gozaimashita* !!!

6 アントニオ・クライス (Antonio Currais)
ポルトガル　2009

● Antonio Currais, PhD

"Moshi, moshi!"

That was how it started.

A simple answering the call turned out to be the passport for a breathtaking fully enriched life experience. For six months, the highlights lived throughout my stay in Japan are uncountable and every single day special and unique. For those seeking "Lost in translation" moments Japan offers not only a singular reality and a passionate way of living but also a millenary culture where the aesthetic and the social respect rapidly conquer our consideration and admiration.

As a final year PhD student at the Institute of Psychiatry, King's College London, I have been investigating the molecular pathways involved in the neurodegenerative mechanisms underlying Alzheimer's disease (AD). In specific, our group works with the hypothesis that fully differentiated neurons in the brain of AD patients, once exposed to stress signals, re-activate the cell cycle but do not progress to a successful cellular division, dying instead.

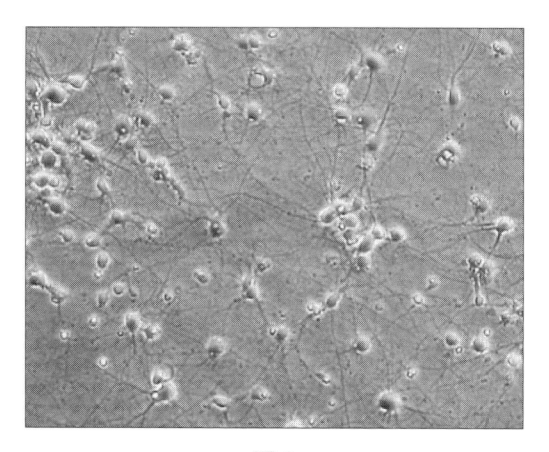

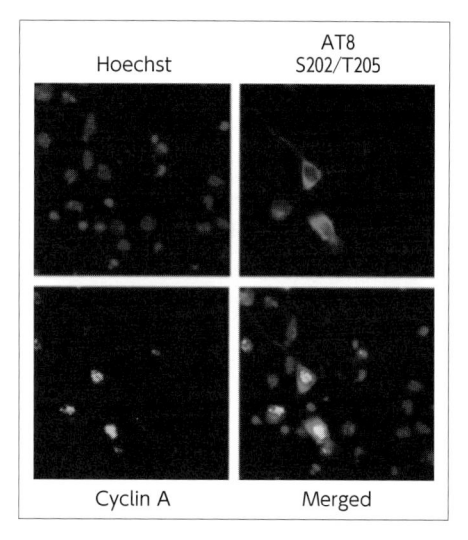

図 1
Rat primary cortical cultures visualized by light microscopy in a were used as biological model.

図 2
Double staining of primary neurons reveals correlation between tau phosphorylation at S202/T205 (red) and cyclin A expression (green), pointing out the importance of tau phosphorylation dynamics in neuronal cell cycle re-entry.

図3 The Department of Psychiatry. Try to find me!

At Osaka University my research consisted in testing caffeine as a neuroprotective drug in the context of neuronal cell cycle re-entry. I found out that caffeine is able to inhibit cell cycle progression and to prevent AD-related abnormal phosphorylation of proteins (such as the microtubule associated protein tau), characteristic of the disease. These findings highlight the potential therapeutical use of caffeine for the treatment of AD in the context of our hypothesis.

Working at the Department of Psychiatry at Osaka University Graduate School of Medicine was pure daily satisfaction. The Department has access to a vast state-of-the-art molecular and cell biology techniques, including proteomics, modern genetic techniques, advanced histology and cell imaging (see figures). Numerous instruments are shared between the different Departments and many other important services are readily available in the building, which facilitates and expands the limits of investigation. Also, a good funding program guarantees continuous and stable lines of research.

What have I brought with me ? A fruitful and enjoyable research collaboration that will persist in the future ; great friendships and memorable moments ; a panoply of amazing photographs.

What have I left in Japan ? The best of me and the promise to go back!

7 Two Decades of a Fine Relationship with the Department of Neuropsychiatry, Osaka University Medical

● カリッド・イクバル（Khalid Iqbal, Ph. D.）

Abstract

Over a period of ~16 years from 1991 to 2007, the Department of Neuropsychiatry, Osaka University Medical School, first under the Chairmanship of Tsuyoshi Nishimura (1991-1996) and then of Masatoshi Takeda (1996-2007), sent six young scientists for postdoctoral training to the labs of Khalid Iqbal and Inge Grundke-Iqbal. These Osaka postdocs—Takashi Kudo, M. D., Ph. D., Toshihisa Tanaka, M. D., Ph. D., Yoshitaka Tatebayashi, M. D., Ph. D., Ichiro Tsujio, M. D., Ph. D., Hitoshi Tanimukai, M. D., Ph. D., and Hidenaga Yamamori, M. D., Ph. D.—made very significant research contributions on CSF biomarkers and in elucidating the molecular mechanism of neurofibrillary degeneration in Alzheimer disease. The studies carried out by these postdocs developed into major and very exciting research projects including the generation of a potential therapeutic compound for Alzheimer disease.

Introduction

At the Third International Conference on Alzheimer's Disease and Related Disorders (ICAD) in Padua in July, 1990 I was approached by Professor T. Nishimura, the Chairman, Department of Neuropsychiatry, and his senior faculty member Dr. Masatoshi Takeda. This meeting subsequently led to the organization of the Fifth ICAD in Osaka co-convened by Prof. Nishimura and Dr. Takeda in July, 1996 and, more importantly, the beginning of a very productive relationship and cooperation whereby six young neuropsychiatrists from the Osaka University Department of Neuropsychiatry received postdoctoral training in my and Inge Grundke-Iqbal's labs during the period of 1991 to 2007.

Takashi Kudo, M. D., Ph. D., now Professor, Department of Psychiatry, Osaka University Health Care Center, Osaka, was the first

図1 New York State Institute for Basic Research, Staten Island

図2 実験室にて，イクバル夫妻と工藤

postdoctoral fellow sent to our labs by Professors Nishimura and Takeda. During his two-year stay in our labs from 1991 to 1993 Dr. Kudo developed an ELISA and showed increase in both the brain and CSF levels of ubiquitin in Alzheimer disease (AD) (Kudo et al., 1994; Kudo et al., 1994). Based on this work we analyzed the CSF levels of Aβ_{1-42} and total tau in addition to ubiquitin in a large number of AD and control cases and demonstrated by cluster analysis that there were at least five subgroups of AD (Iqbal et al., 2005).

In April 1993, Toshihisa Tanaka, M. D., Ph. D. from the Osaka Neuropsychiatry Department joined our labs for postdoctoral training. During his three-year stay in our labs Dr. Tanaka generated the first cell culture model of neurofibrillary degeneration and demonstrated the roles of protein phosphatase (PP)-2A and PP-1 in the regulation of the phosphorylation of tau. Dr. Tanaka found that tau in SY5Y neuroblastoma cells cultured in low serum was hyperphosphorylated at several of the same sites seen in AD brain. He showed that as in AD, the hyperphosphorylated tau accumulated in the cultured cells, and it did not bind to microtubules (Tanaka et al., 1995). Employing the cell culture model, Dr. Tanaka subsequently showed that the inhibition of PP2A/PP-1 activities by okadaic acid upregulated the activities of MAPK and cdk5, and resulted in abnormal hyperphosphorylation of tau, a decrease in stable microtubules, and an increase in cell death. Moreover, he found that taxol, a microtubule-stabilizing drug, inhibited the okadaic acid-induced cell death (Tanaka et al., 1998). We subsequently confirmed the regulation of the phosphorylation of tau by PP2A in mammalian brain (Bennecib et al., 2000; Gong et al., 2000; 2001).

In 1995 Yoshitaka Tatebayashi, M. D., Ph. D., joined our labs as the third postdoctoral fellow from the Osaka Neuropsychiatry Department. Dr. Tatebayashi stayed over five years in our lab and during this stay he was able to accomplish a lot. He established the technique for the isolation and culturing of neural progenitor cells from adult rat hippocampus and employing these cells he demonstrated that fibroblast growth factor-2, which was previously known to be upregulated in AD hippocampus, enhanced the expression and phosphorylation of tau through activation of glycogen synthase kinase-3β (GSK-3β) (Tatebayashi et al., 1999). In a follow-up study employing the adult rat hippocampal neural progenitor cells and in vivo studies in adult rats, Yoshitaka Tatebayashi showed that abnormally elevated FGF-2-associated dysregulation of dentate gyrus neurogenesis could be involved in AD pathogenesis and that neurogenesis could be a therapeutic target for AD (Tatebayashi et al., 2003). These studies of Dr. Tatebayashi subsequently led to the development of a ciliary neurotrophic factor (CNTF)-derived peptidergic compound, Peptides 6 and 021, in our labs. We found that Peptide 6 and Peptide 021 could rescue the dentate gyrus neurogenesis and neuronal plasticity deficits and the associated cognitive impairment in transgenic and non-transgenic rodent models of AD (Blanchard et al., 2010 ; Bolognin et al., 2012) and Down syndrome (Blanchard et al., 2011). Peptide 6 and Peptide 021 also enhanced neurogenesis and neuronal plasticity and improved the cognitive performance of wild-type mice (Li et al., 2010 ; Chohan et al., 2011).

Dr. Tatebayashi found that normal phosphorylation of tau by GSK-3β promoted the intracellular organelle transport (Tatebayashi et al., 2004). In collaboration with Dr. Bin Li, another postdoc in our labs, Yoshitaka Tatebayashi showed that AD brain is unable to undergo a successful neurogenesis that can result in mature neurons (Li et al., 2008).

Ichiro Tsujio, M. D., Ph. D., the fourth Osaka postdoc, during his stay in our labs from 2001 to 2004, cloned inhibitor-1 (I_1^{PP2A}) and inhibitor-2 (I_2^{PP2A}) from the human hippocampal cDNA library and demonstrated the regulation of PP2A activity towards hyperphosphorylated tau by these two inhibitors (Tsujio et al., 2005). This work of Dr. Tsujio was followed up by Hitoshi Tanimukai, M. D., Ph. D., the fifth Osaka postdoc, who worked in our labs from 2002 to 2005. Dr. Tanimukai discovered an increase in both mRNA and protein expressions of I_1^{PP2A} and I_2^{PP2A} in AD brain. Furthermore, he found that I_2^{PP2A} was selectively cleaved at asparagine 175 into an N-terminal fragment (I_{2NTF}) and a C-terminal fragment (I_{2CTF}), and translocated from the neuronal nucleus to the cytoplasm in AD brain (Tanimukai et al., 2005). Dr. Tanimukai also showed the topography and subcellular localization of PP2A and its inhibitors I_1^{PP2A} and I_2^{PP2A} by in situ hybridization in adult rat brain (Tanimukai et al., 2004). These studies of Dr. Tanimukai led to the development of a major research program on I_1^{PP2A} and I_2^{PP2A} and have resulted in several major studies (Chen et al., 2008 ; Wang et al., 2010 ; Arnaud et al., 2011 ; Bolognin et al., 2012 ; Basurto-Islas et al., 2013)

Hidenaga Yamamori, M. D., Ph. D., was the sixth Osaka postdoc who, during his stay from 2005-2007, developed an ultrasensitive ELISA for measuring the CSF level of tau (Yamamori et al., 2007). Hidenaga Yamamori, Hitoshi Tanimukai and Yoshitaka Tatebayashi all collaborated with Bin Li in our lab and showed that the dentate gyrus neurogenesis does not result in mature neurons in AD brain (Li et al., 2008).

It is very nice that this relationship is going to continue and we are looking forward to the arrival of a new postdoc, Yukako Sakagami, M. D., Ph. D., from the Osaka Department of Neuropsychiatry who will be joining our lab in the spring of 2014.

図3 イクバル研究室でお世話になった和風会会員(平成18年11月)
左上から辻尾, 谷向, 工藤 右下から循林, イクバル夫妻, 田中

*This article is dedicated to Inge Grundke-Iqbal who co-mentored with the author the research training of all the six postdoctoral fellows from the Department of Neuropsychiatry, Osaka University Medical School, Osaka.

References

1) Arnaud L, Chen S, Liu F, Li B, Khatoon S, Grundke-Iqbal I, Iqbal K : Mechanism of inhibition of PP2A activity and abnormal hyperphosphorylation of tau by I (2) (PP2A)/SET. FEBS Lett 585 : 2653-2659, 2011
2) Basurto-Islas G, Grundke-Iqbal I, Tung YC, Liu F, Iqbal K : Activation of Asparaginyl Endopeptidase Leads to Tau Hyperphosphorylation in Alzheimer's Disease. J Biol Chem 288 : 17495-17507, 2013
3) Bennecib M, Gong C, Wegiel J, Lee MH, Grundke-Iqbal I, Iqbal K : Inhibition of protein phosphatases and regulation of tau phosphorylation in rat brain. Alzheimer's Reports 3 : 295-304, 2000
4) Bennecib M, Gong CX, Grundke-Iqbal I, Iqbal K : Inhibition of PP-2A upregulates CaMKII in rat forebrain and induces hyperphosphorylation of tau at Ser 262/356. FEBS Lett 490 : 15-22, 2001
5) Blanchard J, Bolognin S, Chohan MO, Rabe A, Iqbal K, Grundke-Iqbal I : Rescue of synaptic failure and alleviation of learning and memory impairments in a trisomic mouse model of down syndrome. J Neuropathol Exp Neurol 70 : 1070-1079, 2011
6) Blanchard J, Chohan MO, Li B, Liu F, Iqbal K, Grundke-Iqbal I : Beneficial Effect of a CNTF Tetrapeptide on Adult Hippocampal Neurogenesis, Neuronal Plasticity, and Spatial Memory in Mice. J Alzheimers Dis 21 : 1185-1195, 2010
7) Bolognin S, Blanchard J, Wang X, Basurto-Islas G, Tung YC, Kohlbrenner E, Grundke-Iqbal I, Iqbal K : An experimental rat model of sporadic Alzheimer's disease and rescue of cognitive impairment with a neurotrophic peptide. Acta Neuropathol 123 : 133-151, 2012
8) Chen S, Li B, Grundke-Iqbal I, Iqbal K : I1PP2A Affects Tau Phosphorylation via Association with the Catalytic Subunit of Protein Phosphatase 2A. J Biol Chem 283 : 10513-10521, 2008
9) Chohan MO, Li B, Blanchard J, Tung YC, Heaney AT, Rabe A, Iqbal K, Grundke-Iqbal I : Enhancement of dentate gyrus neurogenesis, dendritic and synaptic plasticity and memory by a neurotrophic peptide. Neurobiol. Aging 32 : 1420-1434, 2011
10) Gong CX, Lidsky T, Wegiel J, Zuck L, Grundke-Iqbal I, Iqbal K : Phosphorylation of microtubule-associated protein tau is regulated by protein phosphatase 2A in mammalian brain. Implications for neurofibrillary degeneration in Alzheimer's disease. J Biol Chem 275 : 5535-5544, 2000
11) Iqbal K, Flory M, Khatoon S, Soininen H, Pirttila T, Lehtovirta M, Alafuzoff I, Blennow K, Andreasen N, Vanmechelen E, Grundke-Iqbal I : Subgroups of Alzheimer's disease based on cerebrospinal fluid molecular markers. Ann Neurol 58 : 748-757, 2005
12) Kudo T, Iqbal K, Ravid R, Swaab DF, Grundke-Iqbal I : Alzheimer disease : correlation of cerebro-spinal fluid and brain ubiquitin levels. Brain Res 639 : 1-7, 1994
13) Kudo T, Iqbal K, Ravid R, Swaab DF, Grundke-Iqbal I : Ubiquitin in cerebrospinal fluid : a rapid competitive enzyme-linked immunoflow assay. Neuroreport 5 : 1522-1524, 1994
14) Li B, Wanka L, Blanchard J, Liu F, Chohan MO, Iqbal K, Grundke-Iqbal I : Neurotrophic peptides incorporating adamantane improve learning and memory, promote neurogenesis and synaptic plasticity in mice. FEBS Lett 584 : 3359-3365, 2010
15) Li B, Yamamori H, Tatebayashi Y, Shafit-Zagardo B, Tanimukai H, Chen S, Iqbal K, Grundke-Iqbal I : Failure of neuronal maturation in Alzheimer disease dentate gyrus. J Neuropathol Exp Neurol 67 : 78-84, 2008
16) Tanaka T, Iqbal K, Trenkner E, Liu DJ, Grundke-Iqbal I : Abnormally phosphorylated tau in SY5Y human neuroblastoma cells. FEBS Lett 360 : 5-9, 1995
17) Tanaka T, Zhong J, Iqbal K, Trenkner E, Grundke-Iqbal I : The regulation of phosphorylation of tau in SY5Y neuroblastoma cells : the role of protein phosphatases. FEBS. Lett. 426 : 248-254, 1998
18) Tanimukai H, Grundke-Iqbal I, Iqbal K : Inhibitors of protein phosphatase-2A : topography and subcellular localization. Brain Res Mol Brain Res 126 : 146-156, 2004
19) Tanimukai H, Grundke-Iqbal I, Iqbal K : Up-regulation of inhibitors of protein phosphatase-2A in Alzheimer's disease. Am J Pathol 166 : 1761-1771, 2005
20) Tatebayashi Y, Haque N, Tung YC, Iqbal K, Grundke-Iqbal I : Role of tau phosphorylation by glycogen synthase kinase-3beta in the regulation of organelle transport. J Cell Sci 117 : 1653-1663, 2004
21) Tatebayashi Y, Iqbal K, Grundke-Iqbal I : Dynamic regulation of expression and phosphorylation of tau by fibroblast growth factor-2 in neural progenitor cells from adult rat hippocampus. J Neurosci 19 : 5245-5254, 1999
22) Tatebayashi Y, Lee MH, Li L, Iqbal K, Grundke-Iqbal I : The dentate gyrus neurogenesis : a therapeutic target for Alzheimer's disease. Acta Neuropathol (Berl) 105 : 225-232, 2003
23) Tsujio I, Zaidi T, Xu J, Kotula L, Grundke-Iqbal I, Iqbal K : Inhibitors of protein phosphatase-2A from human brain structures, immunocytological localization and activities towards dephosphorylation of the Alzheimer type hyperphosphorylated tau. FEBS Lett 579 : 363-372, 2005
24) Wang X, Blanchard J, Kohlbrenner E, Clement N, Linden RM, Radu A, Grundke-Iqbal I, Iqbal K : The carboxy-terminal fragment of inhibitor-2 of protein phosphatase-2A induces Alzheimer disease pathology and cognitive impairment. FASEB J 24 : 4420-4432, 2010
25) Yamamori H, Khatoon S, Grundke-Iqbal I, Blennow K, Ewers M, Hampel H, Iqbal K : Tau in cerebrospinal fluid : a sensitive sandwich enzyme-linked immunosorbent assay using tyramide signal amplification. Neurosci Lett 418 : 186-189, 2007

8 教室に受け入れた外国人留学生・外国人研究者

● 武田　雅俊

　教室ではこれまで多くの外国人留学生や研究者を受け入れてきたが，留学生の多くは文部科学省から推薦された国費留学生であった．文部科学省の国費留学生は，それぞれの国の日本大使館で行われる競争率の高い選抜試験を受けて選抜された人であり，その専門科目と本人の希望に応じて日本の大学に振り分けられることになっている．事前に教室で受け入れるかどうかの打診があるが，国費留学生の多くは優秀な人が多いことから基本的には受け入れることにしてきた．

　カカベロス（Ramón Cacabelos）博士は，西村教授時代のスペインからの国費留学生であったが，筆者と年齢が近く同じ専門領域であったことから，筆者の米国留学時代にも，カカベロス博士がスペインに帰国して EuroEspes Medical Center を立ち上げた後も，交流が続いている．2013年7月からカカベロス博士はマドリッドの Camilo José Cela 大学のゲノム医科学教授および研究担当副学長となり，医科大学の設立に奔走している．

　デイジー（Daizy Nurun Begum）は，バングラデッシュからの国費留学生であった．大阪大学に来た時にはちょうどアシックと結婚したばかりであった．彼女は，自分一人でも日本で勉強と研究を続けたいとの強い決意であったが，筆者のほうからご主人との一緒の生活を勧めて，1年後にご主人のアシック（Ashik Ansar）が来日し共に大阪大学医学系研究科の大学院生となり2007年に両人とも学位を取得した．その後米国に移住し，デイジーもアシックも精神科医として活躍している．

　サディク（Golam Sadik）もバングラデッシュからの研究者であった．サデックは薬学部出身の人で，最初は学術振興会の援助で新潟の大学でポストドクをしていた人であるが，その期限が切れた後に当教室に加わっていただいた．足かけ8年余の研究生活であったが，教室滞在中に息子が誕生し，いい論文を発表された．母国に戻り薬学部の教授となり活躍されている．

　アントニオ（Antonio Currais）は2009年の半年間だけ，当教室で研究したポルトガルからの留学生であった．明るい人柄の好青年であり，当時教室に滞在していたレオやサディクとも仲良くなり，発展途上国での植物や海藻から新薬を見つけたいと言い続けて，現在は米国カリフォルニアの Salk Institute で研究者として活躍している．

　レオ（Leonides Canuet Delis）は，キューバからの留学生であったが，持ち前のラテン系の明るさから教室員全員に好かれ強烈な印象を残した人である．キューバの神経内科医師として活動していたが，文科省の国費留学生として大阪大学に来て大学院生として研究に従事し無事に学位を取得して，スペインにわたり活動している．レオを受け入れるかどうかを決めたとき

には，キューバという国，神経内科ということもあり，多少躊躇するところがあった．受け入れるかどうか返事を迫られてキューバのレオの家に電話した時のことは今でもよく覚えている．なかなか電話が通じずに，電話口で長い間待たされた．その間には鶏の鳴き声が聞こえていた．やっとレオと話すことができ，彼の希望と人柄とを考慮してその場で受け入れを決断した．来日後にレオにその話をすると，隣家からの呼び出し電話であり，突然電話がかかってきて大変驚いたとのことであった．レオは，野球とサルサが大好きで教室滞在中に多くの友人たちと楽しい生活を送ったようである．レオの留学生活が終わろうとしているときに，スペインのカカベロス博士の研究所に就職することを手配し，一緒にスペインに旅行することになった．ところが，旅行の直前にサルサを踊っていて舞台から転落して足を骨折してしまった．レオは自分の就職のことでもあり，どうしても行きたいということであったので，松葉づえでスペインとポーランドを回った．筆者は，学会などに合わせて教室の若い人たちと数多くの外国旅行を経験したが，若い人の鞄を持ってあげる外国旅行は初めての経験であった．レオはスペインに渡りカカベロス博士の研究所に1年滞在した後マドリッドの大学に移り活躍している．

キルギスからの国費留学生として1999年に受入れたタラント（Talant Doronbekov）のこともよく記憶に残っている．聞くところによると，タラントはキルギスの有力者家系の人だそうだが，教室の大学院生として神経心理の研究に従事し学位を取得した．奥さんのヌリパ（Nuripa Aidaralieva）も遅れて2004年に来日し，彼女は生化学グループの仕事に参画して学位を取得した．タラントの弟さんも京都大学農学部に，そして遅れてヌリパの妹も来日することとなり大阪大学の経済学部で勉強することとなった．キルギスはソ連との交流が深く，彼らの言語はロシア語ということで英語には両人とも大変苦労していた．タラントは，教室からの紹介で千葉の放射線医学研究所にポストドクとして就職したが，そのうちにキルギスの政変が起こり，タラントの家族には困難な状況となったようである．その後彼らの生活がどのようになったのか知る機会がなかったが，2013年2月にタラントとヌリパが子供を伴い訪ねてきてくれた．

姜経緯は中国からの女性留学生であった．中国北東部出身の朝鮮系の人で1994年に北京医科大学を卒業した人であったが2003年に大学院生として受け入れた．彼女は中国語も韓国語もしゃべることができたので，教室に来る韓国からのお客さんの接待や筆者が韓国で講演するときに韓国語を教えてもらったりした．最終年のギリギリまで研究がまとまらずに生化学グループではその指導に苦労したようであるが，彼女のコミュニケーション能力に起因する部分もあったのではないかと思っている．2年ほど遅れてご主人が来日したが，彼女からは事前には何の相談もなく，神戸大学医学系研究科精神科大学院に入学したとの報告だけであった．彼女の説明では神戸大学の大学院入学試験が易しかったからそうしたとのことであったが，事前に一言相談してくれたらよかったのにと思った．卒業後は中国で製薬企業に就職したいというので，いろいろと当方でも手配をしたが，なかなかうまくいかなかった．結局，米国に行くことにしたと，これも事後連絡であった．

2013年4月からギリシアからの国費留学生としてテミス（Katsimichas Themistoklis）が滞在している．テミスはアテネ大学医学部を卒業した内科医であるが，日本語コースを修了した後2014年4月から大学院生となる予定である．

教室では大学院生以外の短期留学生も受け入れてきた．老年精神医学領域での教室の活動が広く世界に知られるようになり，同時にアジア各国では老年精神医学への必要性が高まっているからであろう．最近は台湾からの留学生が続

いている。2012年には台湾東部の精神科病院由里病院から孔繁錦（Kung Fan-Chin）が半年間滞在した。彼は孔子の61代目の子孫にあたるとのことであったが，人格的にも優れた人で台湾に帰ってからも交流が続いている。彼の推薦を受けて同じ由里病院から，2013年4～6月の3ヵ月間に，余權訓（Yu, Chan-Hsun）が滞在した。2013年10月17日から11月9日までアイルランド国立外科大学教授 John L Waddington が統合失調症に関する共同研究のために当科に滞在した。そして8月から1年間の予定で台北長康病院の邱郁玫（Chiu, Ye-Wen）が滞在して老年精神医学の研修に励んでいる。

Ramón Cacabelos（2011年8月）

Dr. Kong 一家と（2012年4月，台北市）

Daizy と Ashik と長女1歳の誕生日に（2011年9月）

Leo と EuroEspes Medical Center の職員（2012年6月）

1 教室からの留学の記録

● 田中　稔久

　大阪大学医学系研究科精神医学教室からは，多くの医師が海外に留学して研究活動を行い，海外との連携を図ってきた。ここではいくつかの研究機関を紹介する。

ニューヨーク州立研究所　IBR

　New York State Institute for Basic Research in Developmental Disabilities (IBR) は米国ニューヨーク州ニューヨーク市スタテン島 (Staten Island) のほぼ中央に位置する研究機関である（図1）。ニューヨーク市はマンハッタン，ブルックリン，クイーンズ，ブロンクスとスタテン島を含む5つの区から構成されているが，スタテン島はマンハッタンの南西に位置する。マンハッタンに通勤する人々のベッドタウンとしての役割も担っている。スタテン島とマンハッタンを結ぶのはスタテンアイランドフェリーであるが，これはマンハッタンの南端，ウォール街の近くのフェリーポートとスタテン島を約25分で結んでいる。航行中には自由の女神 (statue of Liberty) を見ることができ，またマンハッタンに近づく際に見える摩天楼の景色は感動的である。2001年9月11日より以前には巨大な世界貿易センタービルを見ることができたが，今はもう存在しない。この跡地はグランドゼロと呼ばれてメモリアルセンターなどが建てられていたが，2013年現在，フリーダム

図1　ニューヨーク市5区とIBR

タワーと名付けられた世界貿易センタービルの後継となる建造物が完成しつつある。

　ニューヨーク州に知的障害の研究所をつくるという考えがはじめて検討されたのは1940年代である。そして，1958年にニューヨーク州政府精神衛生部門の中に知的障害の研究所を創設する案が議会で可決された。1964年に建設が開始され，1968年に研究所はオープンした。このとき，IBRは知的障害の原因を基礎的および臨床的に専門に研究する施設としては世界で初めてのものであった。今までの活動としては，1.5～12歳の自閉症または広汎性発達障害の評価スケールである Pervasive Developmental Disorder Behavior Inventory の開発を行い，これはアメリカ国立衛生研究所 (NIH) を含む現

図2 スタテンフェリーから見た自由の女神（1994年）

図3 スタテンフェリーから見たマンハッタン
世界貿易センタービルが見える（1994年）。

在500以上の臨床・教育・研究施設にて診断および治療の評価のために用いられている。また，フェニルケトン尿症は重篤な知的障害を引き起こす遺伝性疾患であるが，IBRの初代所長であるGeorge A. Jervis博士は，フェニルケトン尿症患者の体内にはフェニルアラニン水酸化酵素（PAH）が欠損していることを発見した。この発見は現在世界各国で行われている本疾患のスクリーニング検査や障害を抑制するための特別食の開発につながっている。脆弱X症候群は，X染色体の異常に起因する人口中1000〜2500人に1人と頻度の高い疾患であり，知的障害，情緒不安定，注意欠陥と多動性，自閉症様症状を伴うものであるが，この疾患のスクリーニングおよび診断のための技術開発に関してIBRは草分け的役割を果たしてきており，本稿執筆時（2013年）の所長であるTed Brown博士はこの領域の第一人者である。IBRでは知的障害の中でも21番染色体のトリソミーであるダウン症の神経病理学的研究も行われてきたが，ダウン症の神経病理学的特徴は老人斑である。アルツハイマー病の神経病理学的特徴の一つでもある老人斑の主要構成蛋白はアミロイドβであり，これはAPP（アミロイド前駆体蛋白）が切断されて出現するものであるが，このAPPをコードしている遺伝子が21番染色体に位置することからダウン症においても老人斑の蓄積が生じることがわかっている。このような類縁性から，IBRではアルツハイマー病の研究も行われるようになり，1973年にアルツハイマー病とダウン症の研究者であったHenry M Wisniewski博士が，George A. Jervis博士から所長の役を引き継いだ。Henry M Wisniewski博士はIgor Klatzo博士とともに，1965年にウサギ脳にアルミニウム注入することによって実験的神経原線維変化を作成した業績により知られている。1980年代にはKhalid Iqbal博士とInge Grundke-Iqbal夫妻がアルツハイマー病のタウ研究の先端的研究者として神経化学部門で研究室を運営した。夫妻は1986年に，神経原線維変化の主要構成成分が微小管付随蛋白の一つであるタウ蛋白であるという論文を立て続けに発表し，アルツハイマー病ではタウ蛋白の異常なリン酸化が細胞骨格蛋白を障害して神経変性を進行させるといったタウ仮説の基本骨格を提起した[1〜3]。当時，アルツハイマー病の神経原線維変化の超微形態が明らかにされており，あたかも直径10 nmの線維が二本よじり合わさった二重螺旋線維の構造に見えることからPaired helical filament（PHF）と呼ばれていたが，このPHFは高度の不溶性を示すことから通常の生化学的解析は困難をきわめていた。夫妻はこのPHFは不溶性であることを逆手にとり，さまざまな可溶化剤による処理を行い不溶性成分を遠心にて集め，電子顕微鏡にてPHFの形態を確認しながら精製するというアプローチを行

い，それを免疫学的検討と合わせて，その正体は高度にリン酸化されたタウ蛋白であることを明らかにした。そして，老人斑の主要構成成分がアミロイドβであり，神経原線維変化の主要構成成分がリン酸化タウ蛋白であることが明らかにされてからは，アルツハイマー病の主たる原因がアミロイドβであるという仮説とタウ蛋白であるという仮説が幅広く議論されるようになった。そして，1991年に家族性アルツハイマー病の原因の一つがAPP遺伝子の変異であることが報告され，さらに1998年に家族性前頭側頭型認知症の原因の一つが17番染色体に存在するタウ遺伝子の変異であることが判明してから，アルツハイマー病のトリガーとなるものはアミロイドβであるが，神経変性の進行にはタウ蛋白の関与が必要であり，タウ蛋白の異常も家族性前頭側頭型認知症という別のタイプの認知症のトリガーになるということが結論されている。なお，タウ蛋白の異常なリン酸化が神経細胞障害の基本にあるといった考え方は2013年現在でも認知されている。

IBRへの留学と交流

Khalid Iqbal博士とInge Grundke-Iqbal博士夫妻のもとに，大阪大学医学系研究科精神医学教室からは，工藤喬（1991年〜1993年），田中稔久（1993年〜1996年），楯林義孝（1996年〜2001年），辻尾一郎（2000年〜2003年），谷向仁（2002年〜2005年），山森英長（2004年〜2007年）の6人が留学した。工藤喬はユビキチンに対するELISAアッセイ法を開発して，アルツハイマー病におけるユビキチンの増加を，死後脳とCSFレベルで証明した[4,5]。田中稔久は夫妻の研究室で培養細胞研究を開始し，培養されたSH-SY5Y神経芽細胞腫内のタウ蛋白は一定のリン酸化が起きていること，プロテインフォスファターゼの阻害剤であるオカダ酸を添加するとタウ蛋白は過剰にリン酸化するが，これに

はプロテインキナーゼとプロテインフォスファターゼのリン酸化/脱リン酸化の平衡関係がシフトするためのみではなく，MAPキナーゼやcdk5など他のキナーゼの活性を亢進する効果も関与していることを明らかにした[6,7]。楯林義孝は，成獣ラットの海馬から神経前駆細胞を抽出して培養し，アルツハイマー病で発現が亢進しているFGF-2（線維芽細胞成長因子-2）がタウ蛋白リン酸化酵素であるGSK-3の活性化を通してタウ蛋白をリン酸化させることを示した[8〜10]。そして，FGF-2の発現亢進が海馬歯状回の神経新生を障害し，アルツハイマー病の病態プロセスに関与していることを示し，神経新生の回復がアルツハイマー病の薬物治療のターゲットになりうることを明らかにした。プロテインフォスファターゼはPP1，PP2A，PP2B，PP2Cなどに分類されるが，辻尾一郎はヒト海馬cDNAライブラリーからPP2Aに対する内因性阻害蛋白であるinhibitor-1（I_1^{PP2A}）とinhibitor-2（I_2^{PP2A}）をクローニングし，過剰リン酸化タウ蛋白に対するPP2Aの脱リン酸化能はこの2つのI_1^{PP2A}およびI_2^{PP2A}によって制御されることを示した[11]。谷向仁はアルツハイマー病脳においてI_1^{PP2A}およびI_2^{PP2A}のmRNA量と蛋白質発現量が増加していることと，I_2^{PP2A}が175番目のアスパラギン部位で選択的に切断されて，本来は細胞内の核に局在するI_2^{PP2A}が細胞質に異所性に局在していることを見い出した[12,13]。山森英長は，CSF中のタウを測定するための超高感度ELISAアッセイを開発し，今までのアッセイよりも少量のCSFタウを検出することに成功した[14]。このように，今まで教室より6人の留学生が交代して米国ニューヨークという遠く離れた地の研究室に訪れ，継続的に研鑽を積んできたことはたいへん稀有なことではないかと考える。ひとえにKhalid Iqbal博士とInge Grundke-Iqbal博士夫妻が，研究に対する厳しさや真摯な態度を保ちつつも，留学生に対する暖かい思いやりの気持ちを常に持っ

表1 アルツハイマー病学会の今までの開催記録

	場所	時期
第1回	Las Vegas, USA	1988年9月6日-9日
第2回	Toronto, Canada	1990年7月15日-20日
第3回	Padova, Italy	1992年7月12日-17日
第4回	Minneapolis, USA	1994年7月29日-8月3日
第5回	Osaka, Japan	1996年7月24日-29日
第6回	Amsterdam, The Netherlands	1998年7月26日-31日
第7回	Washington DC, USA	2000年7月9日-18日
第8回	Stockholm, Sweden	2002年7月20日-25日
第9回	Philadelphia, USA	2004年7月17日-22日
第10回	Madrid, Spain	2006年7月15日-20日
第11回	Chicago, USA	2008年7月26日-31日
第12回	Wien, Austria	2009年7月11日-16日
第13回	Hawaii, USA	2010年7月10日-15日
第14回	Paris, France	2011年7月16日-21日
第15回	Vancouver, Canada	2012年7月14日-19日
第16回	Boston, USA	2013年7月13日-18日

図4 Iqbal家でのパーティー
左よりSadia, Jian-Zhi Wang, 田中稔久, Khalid Iqbal博士, Inge Grundke-Iqbal博士

てくださっていたおかげではないかと思われる。夫妻は研究室を運営しながら，年に数回自宅でパーティを開き，海外からの多くの留学生を招いてくれた（写真4）。

アルツハイマー病学会との関係

ところで，IBRのHenry M. Wisniewski博士とKhalid Iqbal博士，そしてスウェーデンKarolinska Institutet Alzheimer Disease Research CentreのBengt Winblad博士を加えた3人は現在Alzheimer Association International Conference（AAIC）と呼ばれる国際的なアルツハイマー病学会を創設したことでも知られている。アルツハイマー病学会は1988年9月6日～9日にラスベガスで第1回が開催され，第11回のシカゴでの開催までは2年に1回開催されており，第12回のウイーンでの開催より年1回の開催となっている（表1）。参加者は初回のラスベガス開催時には350人であったが，第2回トロントでは750人，第3回パドヴァでは1,000人，第4回ミネアポリスでは1,220人，そして，第5回大阪での開催時には1,600人以上の科学者が参加し，年々規模が増大してきた。前述のように大阪大学精神医学教室とIBRのKhalid Iqbal研究室との交流を背景にして，1996年の第5回の大阪での会議は，西村健大阪大学名誉教授を会長として開催された。このようなことも研究室の交流の賜物ではないかと思われる（写真5, 6）。

留学を終えて帰国した我々は，アルツハイマー病学会に参加した際にはKhalid Iqbal博士，Inge Grundke-Iqbal博士夫妻と交流し，時にニューヨークの研究所を訪問し，研究に関する議論を深めてきた。筆者は2012年のバンクーバーでの学会で夫妻と会い，会食させていただいたが，Inge Grundke-Iqbal博士と会うのは残念ながらこれが最後になってしまった（図7）。Inge Grundke-Iqbal博士は2012年9月22日に脳卒中のため逝去されたためである。ニューヨークでお世話になった3年3ヵ月を思い出しながら，Inge Grundke-Iqbal博士への深い哀悼の意と感謝の念を禁じえない。

スウェーデンへの留学

スウェーデンKarolinska Institutet Alzheimer Disease Research CentreのBengt Winblad博士は，前述のようにアルツハイマー病学会の創始者の一人であり，研究所ではアルツハイマー病に関する臨床および基礎研究が幅広く行

図5 研究室間の交流。1994年ミネアポリスでのアルツハイマー病学会にて
テーブル左より Khalid Iqbal 博士，Inge Grundke-Iqbal 博士，西村健名誉教授

図6 研究室間の交流。1994年ミネアポリスでのアルツハイマー病学会にて
左より Toolsee J Singh，西村健名誉教授，Khalid Iqbal 博士，武田雅俊教授，Sabiha Khatoon，楯林義孝，Alejandra del Carmen Alonso

図7 2012年7月17日バンクーバーでの昼食
テーブル左より右回りに Inge Grundke-Iqbal 博士，Khalid Iqbal 博士，田中稔久，阪上由香子，工藤喬

われている。Bengt Winblad 博士のもとには車谷隆宏(1995年〜1997年)，谷井久志(1997年〜1999年)，関山敦生(2000年〜2001年)，中村祐(2001年)が留学した。車谷隆宏は Cowbarn 博士の指導の直接のもとにアルツハイマー病脳における IP_3 および IP_4 受容体の量を測定し，これら受容体が減少していることを明らかにした[15,16]。谷井久志は家族性アルツハイマー病の原因遺伝子であるプレセニリンの遺伝子変異を検討し，この変異によって細胞のストレス脆弱性が亢進することを明らかにした[17]。

ドイツへの留学

ドイツ・ミュンヘンの Ludwig Maximilians University Munich，Adolf Butenandt Institute，Division of Biochemistry は Christian Haass 博士が運営する研究所であり，彼はプレセニリン研究の第一人者である。現在博士の研究室には，α および β セクレターゼ研究グループ，γ セクレターゼによる膜内蛋白切断研究グループ，シグナルペプチドペプチダーゼによる膜内蛋白切断研究グループ，前頭側頭型認知症研究グループ，パーキンソン病研究グループ，ゼブラフィッシュモデル研究グループがある。Christian Haass 博士のもとには大河内正康が留学し(1997年〜2000年)，2013年現在福森亮雄(2007年より)，森康治(2011年より)が留学中である。大河内正康はパーキンソン病における異常蓄積蛋白 α シヌクレインのリン酸化を明らかにし，また線虫におけるプレセニリンの相同体である SEL-12 の変異はアミロイド β42 産生に寄与することを示した[18,19]。福森亮雄はアミロイド β に関わる γ セクレターゼは膜内切断において3アミノ酸ごとの段階切断になることを明らかにした[20]。森康治は，新しく見出された家族性前頭側頭型認知症の原因遺伝子である C9orf72

を検討したが，この疾患はC9orf72遺伝子のイントロンに位置するGGGGCCヘキサヌクレオチドのリピート数が延長して発症するという特殊な疾患である．森康治はこのGGGGCCヘキサヌクレオチドリピートにリボヌクレオ蛋白の1種が結合することを示し，また本来翻訳されるはずのないイントロン領域のこのヘキサヌクレオチドリピートが疾患脳では翻訳されていることを明らかにし，この発見はScienceに報告された[21,22]．

UCLAへの留学

米国カリフォルニアの，University of California, Los Angeles, California（UCLA）のDepartment of MedicineにはGreg M Cole博士の運営する研究室がある．Greg M Cole博士はアルツハイマー病における炎症・酸化ストレス研究の第一人者であり，抗酸化ストレス作用，抗炎症作用を有する薬剤をアルツハイマー病モデル動物に投与する研究を数多く手がけている．Greg M Cole博士のもとには，森原剛史が留学した（2000年〜2004年）．森原剛史は非ステロイド性抗炎症薬（NSAID）がアミロイドβ42産生を選択的に抑制することを明らかにし，アルツハイマーモデルマウスにおいてNSAIDの一種であるIbuprofenの効果を示した[23,24]．

まとめ

このように，大阪大学医学系研究科精神医学教室は海外研究機関との連携により，教室員は最新の研究について多くのことを学びながら，研究の推進にあたっている．2002年10月3日から4日にかけて大阪大学コンベンションセンターで日本認知症学会（当時の名称はまだ日本痴呆学会）を開催した際に，続く10月5日から6日にかけて国際シンポジウム"Molecular Neurobiology of Alzheimer Disease and Related Disorders"を文部科学省の支援のもとに開催

図8 2002年10月6日，国際シンポジウム"Molecular Neurobiology of Alzheimer Disease and Related Disorders"にて
後列左より，楯林義孝，片山泰一，森啓，西村正樹，宮坂知宏，谷口泰造，今泉和則，大河内正康．中列左より，工藤喬，田中稔久，柳澤勝彦，高島明彦，石原武士，田平武，布村明彦，新井哲明．前列左より，Ramón Cacabelos, Harald Hampel, Khalid Iqbal, Inge Grundke-Iqbal, Konrad Beyreuther, 井原康夫，武田雅俊，Roger M Nitsch, Greg M Cole．敬省略．

したが，このときには海外留学でお世話になった諸先生を含む多くの国内外先生方に集まっていただいた．このようなシンポジウムを開催するにあたって，数多くの先生方のご協力を頂戴できたことはたいへん感謝申し上げるところであるが，これを成功させることができた理由は，このような連携が研究面のみではなく個人的な友好関係も強かったからではないかと思われる．海外留学の価値は単に技術を身につけることのみならず，言葉や習慣の異なる世界に身をおいて世界の中の日本人，あるいは国際社会の中における医学研究者という視点でものを考える習慣を植え付けてくれると感じるのは筆者のみではないと思う．これからも，海外の各研究施設とは友好を保ちつつ，相互協力のもとにますます発展してゆくことを期待している．

文 献

1) Grundke-Iqbal I, Iqbal K, Quinlan M, Tung YC, Zaidi MS, Wisniewski HM：Microtubule-associated protein tau. A component of Alzheimer paired helical filaments.

J Biol Chem **261** (13) : 6084-6089, 1986
2) Grundke-Iqbal I, Iqbal K, Tung YC, Quinlan M, Wisniewski HM, Binder LI : Abnormal phosphorylation of the microtubule-associated protein tau (tau) in Alzheimer cytoskeletal pathology. Proc Natl Acad Sci USA **83** (13) : 4913-4917, 1986
3) Iqbal K, Grundke-Iqbal I, Zaidi T, Merz PA, Wen GY, Shaikh SS, Wisniewski HM, Alafuzoff I, Winblad B : Defective brain microtubule assembly in Alzheimer's disease. Lancet. 1986 Aug 23 ; **2** (8504) : 421-6. Erratum in : Lancet **2** (8516) : 1174, 1986
4) Kudo T, Iqbal K, Ravid R, Swaab DF, Grundke-Iqbal I : Alzheimer disease : correlation of cerebro-spinal fluid and brain ubiquitin levels. Brain Res **639** (1) : 1-7, 1994
5) Kudo T, Iqbal K, Ravid R, Swaab DF, Grundke-Iqbal I : Ubiquitin in cerebrospinal fluid : a rapid competitive enzyme-linked immunoflow assay. Neuroreport **5** (12) : 1522-1524, 1994
6) Tanaka T, Iqbal K, Trenkner E, Liu DJ, Grundke-Iqbal I : Abnormally phosphorylated tau in SY5Y human neuroblastoma cells. FEBS Lett **360** (1) : 5-9, 1995
7) Tanaka T, Zhong J, Iqbal K, Trenkner E, Grundke-Iqbal I : The regulation of phosphorylation of tau in SY5Y neuroblastoma cells : the role of protein phosphatases. FEBS Lett **426** (2) : 248-254, 1998
8) Tatebayashi Y, Iqbal K, Grundke-Iqbal I : Dynamic regulation of expression and phosphorylation of tau by fibroblast growth factor-2 in neural progenitor cells from adult rat hippocampus. Neurosci **19** (13) : 5245-5254, 1999
9) Tatebayashi Y, Lee MH, Li L, Iqbal K, Grundke-Iqbal I : The dentate gyrus neurogenesis : a therapeutic target for Alzheimer's disease. Acta Neuropathol **105** (3) : 225-232, 2003
10) Tatebayashi Y, Haque N, Tung YC, Iqbal K, Grundke-Iqbal I : Role of tau phosphorylation by glycogen synthase kinase-3beta in the regulation of organelle transport. J Cell Sci **117** (Pt 9) : 1653-1663, 2004
11) Tsujio I, Zaidi T, Xu J, Kotula L, Grundke-Iqbal I, Iqbal K : Inhibitors of protein phosphatase-2A from human brain structures, immunocytological localization and activities towards dephosphorylation of the Alzheimer type hyperphosphorylated tau. FEBS Lett **579** (2) : 363-372, 2005
12) Tanimukai H, Grundke-Iqbal I, Iqbal K : Inhibitors of protein phosphatase-2A : topography and subcellular localization. Brain Res Mol Brain Res **126** (2) : 146-156, 2004
13) Tanimukai H, Grundke-Iqbal I, Iqbal K : Up-regulation of inhibitors of protein phosphatase-2A in Alzheimer's disease. Am J Pathol **166** (6) : 1761-1771, 2005
14) Yamamori H, Khatoon S, Grundke-Iqbal I, Blennow K, Ewers M, Hampel H, Iqbal K : Tau in cerebrospinal fluid : a sensitive sandwich enzyme-linked immunosorbent assay using tyramide signal amplification. Neurosci Lett **418** (2) : 186-189, 2007

15) Kurumatani T, Cowburn RF, Bogdanovic N, Winblad B, Fastbom J : Autoradiographic characterization of [3H] inositol (1,4,5) trisphosphate and [3H] inositol (1,3,4,5) tetrakisphosphate binding sites in human brain. J Neural Transm **104** (2-3) : 175-189, 1997
16) Kurumatani T, Fastbom J, Bonkale WL, Bogdanovic N, Winblad B, Ohm TG, Cowburn RF : Loss of inositol 1,4,5-trisphosphate receptor sites and decreased PKC levels correlate with staging of Alzheimer's disease neurofibrillary pathology. Brain Res **796** (1-2) : 209-221, 1998
17) Tanii H, Ankarcrona M, Flood F, Nilsberth C, Mehta ND, Perez-Tur J, Winblad B, Benedikz E, Cowburn RF : Alzheimer's disease presenilin-1 exon 9 deletion and L250S mutations sensitize SH-SY5Y neuroblastoma cells to hyperosmotic stress-induced apoptosis. Neuroscience **95** (2) : 593-601, 2000
18) Okochi M, Walter J, Koyama A, Nakajo S, Baba M, Iwatsubo T, Meijer L, Kahle PJ, Haass C : Constitutive phosphorylation of the Parkinson's disease associated alpha-synuclein. J Biol Chem **275** (1) : 390-397, 2000
19) Okochi M, Eimer S, Bottcher A, Baumeister R, Romig H, Walter J, Capell A, Steiner H, Haass C : A loss of function mutant of the presenilin homologue SEL-12 undergoes aberrant endoproteolysis in Caenorhabditis elegans and increases abeta 42 generation in human cells. J Biol Chem **275** (52) : 40925-40932, 2000
20) Fukumori A, Fluhrer R, Steiner H, Haass C : Three-amino acid spacing of presenilin endoproteolysis suggests a general stepwise cleavage of gamma-secretase-mediated intramembrane proteolysis. J Neurosci **30** (23) : 7853-7862, 2010
21) Mori K, Lammich S, Mackenzie IR, Forné I, Zilow S, Kretzschmar H, Edbauer D, Janssens J, Kleinberger G, Cruts M, Herms J, Neumann M, Van Broeckhoven C, Arzberger T, Haass C : hnRNP A3 binds to GGGGCC repeats and is a constituent of p62-positive/TDP43-negative inclusions in the hippocampus of patients with C9orf72 mutations. Acta Neuropathol **125** (3) : 413-423, 2013
22) Mori K, Weng SM, Arzberger T, May S, Rentzsch K, Kremmer E, Schmid B, Kretzschmar HA, Cruts M, Van Broeckhoven C, Haass C, Edbauer D : The C9orf72 GGGGCC repeat is translated into aggregating dipeptide-repeat proteins in FTLD/ALS. Science **339** (6125) : 1335-1338, 2013
23) Morihara T, Chu T, Ubeda O, Beech W, Cole GM : Selective inhibition of Abeta42 production by NSAID R-enantiomers. J Neurochem **83** (4) : 1009-1012, 2002
24) Morihara T, Teter B, Yang F, Lim GP, Boudinot S, Boudinot FD, Frautschy SA, Cole GM : Ibuprofen suppresses interleukin-1beta induction of pro-amyloidogenic alpha1-antichymotrypsin to ameliorate beta-amyloid (Abeta) pathology in Alzheimer's models. Neuropsychopharmacology **30** (6) : 1111-1120, 2005

第8部

資料

1 神経科医局日誌 昭和19年から22年
2 和田豊種の日露戦争従軍日記
3 大阪大学精神医学教室入局者名簿
4 和田教授時代入局者の写真帳
5 和風会会員の動向
6 大阪大学精神医学教室歴代教授と
  保健センター・高次研教授
7 大阪大学精神医学教室の学位受領者
8 大阪大学精神医学教室を中心にした
  精神医学歴史年表

1 神経科醫局日誌 昭和19年から22年

● 武田　雅俊

概要

　昭和19年1月元旦から昭和22年12月31日まで4年間の大阪帝国大學醫学部附属醫院神経科の醫局日誌が残されている。第2次世界大戦末期から戦後の復興期にかけて，大学精神科医局がどのような活動をしていたのかを知る貴重な資料と考えて掲載することにした。昭和19年表紙の分冊には，昭和19年1月1日から昭和21年3月末まで（図1），昭和21年4月表紙の分冊には，昭和21年4月1日から昭和22年12月31日までの日誌が記載されている（図2）。2冊に分冊された各ページにはペンによる手書きの記事が記載されており，インクの滲み等のために判読できなかった部分は敢えて○○として記載し，できる限り正確な復刊を心掛けた。

　昭和19年からの4年間は教室百二十年の歴史の中でも最も苦難に満ちた時代であったろう。太平洋戦争のために教室員が次々と出征していき，昭和18年末の教室には，堀見太郎教授，橋田贊講師，布施敏信特別研究生，三輪淳助手，千島チエ子助手，根無郭伯助手，東純行助手，本間正保助手の8名のみとなっていた。醫局日誌から医局員及び同窓会員応召の記事をたどると以下のようになる。

『昭和19年2月3日　三輪淳先生壮行会，いったん故郷に戻られて，昭和19年7月12日に帰阪，醫局復帰。

昭和19年2月11日　東純行醫員応召，大手前陸軍病院へ。

昭和19年4月5日　前防玄達専攻生応召，広島陸軍病院へ。

昭和19年4月11日　本多弘助手応召，軍醫予備員教育へ。

昭和19年4月11日　梁忠雄同窓会員応召，軍医予備員教育へ。

昭和19年5月18日　根無郭伯助手応召。廣島陸軍病院へ出頭するも，即日解除。
（昭和21年12月8日病気の為逝去。）

昭和19年7月1日　江川昌一同窓会員応召，豊橋陸軍病院へ。

昭和19年7月14日　倭先生，海軍短期現役志願に合格し軍医学校へ。

昭和19年7月16日　本間正保助手応召。

昭和20年3月20日　山崎俊雄先生応召，広島暁第2940部隊へ。

昭和20年4月10日　浅尾博一先生，岩井先生の壮行会。』

　終戦までに，東純行，本間正保の2名の助手が抜け，終戦時の教室人員は，堀見医長，橋田講師，布施，三輪，根無，千島，相本だけとなった。千島は女性であることから，根無，相本はお身体が弱かったために招集されなかったよう

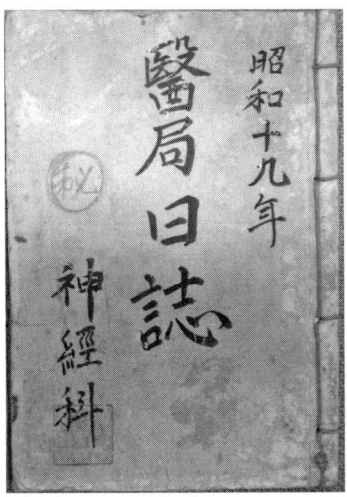

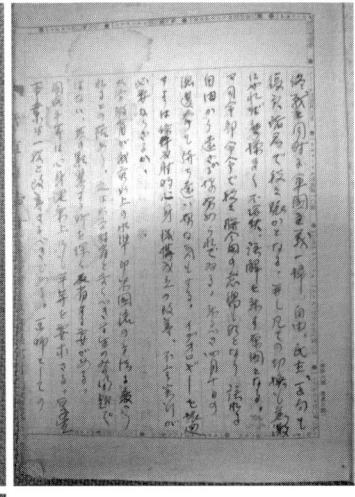

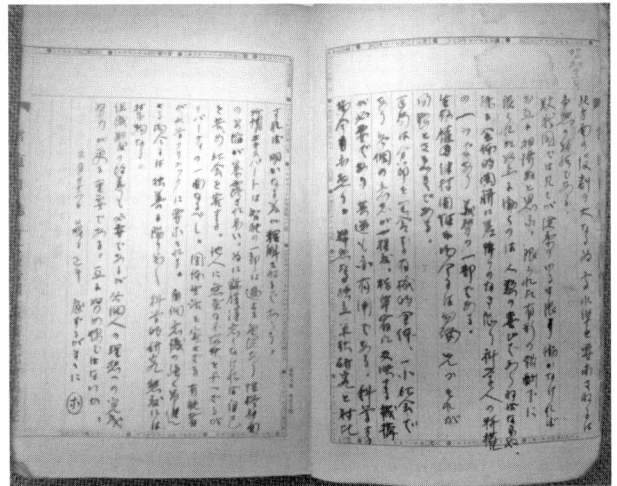

図1 昭和19年医局日誌

a 表紙
b 第1ページ
c 第2, 第3ページ

である。したがって戦時の教室は，堀見と橋田の双肩にかかっていたといってよい。

昭和20年8月15日の終戦を迎えて続々と医局員が復員してきた。醫局日誌にその記録をたどってみる。

『昭和20年10月，澤潤一，岩谷，山崎俊雄，杉原方，森勝雄，召集解除。

昭和20年11月1日，石外帰還。

昭和20年12月3日，梁忠雄帰還。

（昭和21年1月1日の医局会には，堀見，橋田，布施，千島，杉原，岩谷，倭，岩井，高橋，浅尾，野田，長坂，別府，吉田の諸医員が顔をそろえていた）

昭和21年1月15日，奥西孫市帰還。

昭和21年3月5日，金子仁郎と和田種久が帰還。

昭和21年7月15日，東純行，華中より帰還。

昭和21年7月19日，長谷川龍也バンコクより帰還。

昭和21年9月25日，宇野俊雄ボルネオより帰還。』

昭和21年7月1日には進駐軍に接収されていた石橋分院が三輪を科長として開設され，三輪，堀見，橋田，相本，岩井，長坂が分院における外来を担当した。

昭和21年12月の時点での医局構成は，堀見

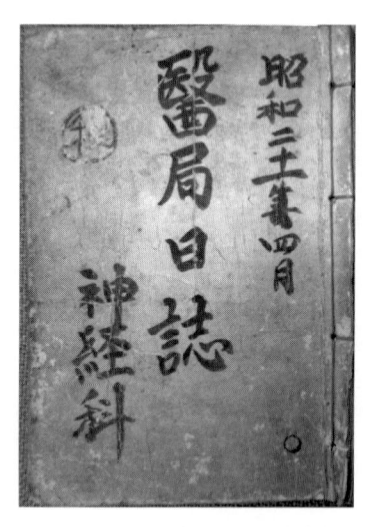

図2 昭和21年醫局日誌表紙

教授，橋田，杉原，澤，金子，布施，倭，本多の顔ぶれとなり，外来も充実して火曜，木曜，土曜は2つの診察場を，月曜，水曜，金曜は3つの診察場を開くまでになった。

　人員的にも，物質的にも，また，精神的にも大きな困難があった中での教室活動記録を通覧するにつけても，このようなご苦労の上に我々の教室が形作られていったことを改めて思い知らされる。いろいろな読み方があろうかと思うが，ここでは，大阪大空襲について述べた後に，堀見太郎教授を中心とした医局員の心意気をたどりながら，当時の精神科診療の実際と教室の精神医学研究体制とについて記述しておきたい。

大阪大空襲

　太平洋戦争末期になると，大阪市を中心とする地域にもアメリカ軍による無差別爆撃が繰り返されるようになった。大阪府下の最初の空襲は昭和19年12月19日であったが，終戦までの8ヵ月間に大小54回の大阪府下への空襲があり，大阪府下の死者は1万240人，全焼家屋31万戸，被災者113万人を数えた。なかでも8回にわたる大規模空襲は大阪大空襲と呼ばれ，第1回（昭和20年3月13日深夜から14日未明），第2回（6月1日），第3回（6月7日），第4回（6月15日），第5回（6月26日），第6回（7月10日），第7回（7月24日），第8回（8月14日）に行われた。

　第1回大阪大空襲は，3月13日23時57分深夜から翌14日未明3時25分の3時間半にわたり，グアム，テニアン，サイパンから飛来した米空軍B26爆撃機274機による空襲であった。難波，心斎橋の大阪都心と，それを取り巻く住宅密集地への無差別爆撃であったが，この夜間の大空襲で死者3,987名，行方不明者678名を出した。第2回空襲は，6月1日9時28分から11時にかけて509機が飛来して，大阪港，宇治川右岸の臨港地区，城南の陸軍施設を中心に爆撃した。この時の標的の1つに阪大病院があった大阪市福島駅周辺が含まれており，そのために阪大病院も大きな被害を受けた。第3回は6月7日11時9分から12時28分。城東の陸軍造兵廠，都島区，天王寺駅に大型爆弾が投下され，この時には低空飛行による機銃掃射も行われた。第4回は6月15日8時44分から10時55分の511機による爆撃であり，阪神出屋敷駅，国鉄福知山線го楽寺駅，西淀川区神崎大橋，環状線鶴橋駅，天王寺駅を中心になされ477名が死亡した。第5回は6月26日に重要工業拠点（砲兵工廠と住友金属）への精密爆撃を目的として行われた。第6回は，7月10日1時33分から3時6分までの堺市を中心とした爆撃であり，堺市では死者1,370名を記録した。第7回は7月24日に木津川飛行場，伊丹飛行場を襲い，さらに大阪造兵廠，住友金属に対する爆撃がなされた。そして第8回は終戦前日の8月14日の大阪造兵廠を狙った空爆であり，京橋駅で多数の死傷者が出た。

　阪大病院では昭和19年3月1日から空襲に備えて防空対策班が編成された。この時から防空当直を加えて各科2名以上の当直体制となり，毎晩40名近くの医師が当直していた。昭和19年6月15日には警戒警報が発令されてい

図3a　第1回大阪大空襲により破壊された大阪難波駅周辺

図3b　第5回大阪大空襲の後の大阪市内

る．各員兼ねてから準備していたように本院と分院の警戒態勢を取って，敵機の来襲に備えた．結局この日の大阪への空爆はなかったが，当日の大本営発表は，「本日午前7時頃，北九州地方に敵機20機内外来襲，9機墜落，わが方の被害軽微」という内容であった．この時に取られた対応策は，「敵機病院上に来る可能性あるとき半鐘を7回打ち，それを聞いた者は誰でも直ちに院内へ報告し退避する」というお粗末なものであった．

昭和19年7月4日午前9時，警戒警報発令．昭和19年7月22日には，病院全体の準備管制実施要領が策定され，準夜，深夜における病棟の灯火管制が定められた．その後も数回の警戒警報が出されたり，大阪府下の防空訓練が行われたりして，まさに戦時下のいつ空襲があってもおかしくないとの緊張感が伝わってくる．

醫局日誌では昭和20年1月3日に初空襲が記録されており，入院患者の疎開先が検討され，阪大病院神経科の患者は中宮病院に疎開することが決定された．3月14日の第1回大阪大空襲により病院もかなりの数の焼夷弾を被弾し患者の避難に混雑をきわめた．この時堀見教授の家も被害を受け，3月17日には曽谷医員の家も被災した．

そして，第2回大空襲では阪大病院には直接の被弾があり大きな災害となった．朝9時からの空襲により院内にも屋上にも火災が発生し，職員総出でバケツリレーによる消火に当たった．この当時神経科病棟には71名が入院していたが，幸い神経科患者の負傷者はいなかった．多くの負傷者が出て院内に仮収容所を設置してその対応に当たった（図3）．

終戦前日まで続いた8回にわたる大阪大空襲により，大阪市街はそのほとんどが焼き払われた（図4）．このような中で，堀見教授を含めて多くの医局員も被災者となったが，一致団結して，病院業務を継続して終戦を迎えた．

戦時中の阪大精神科の診療活動

当時の病院の正式名称は，大阪帝國大學醫學部附属醫院であった．「醫院」は現在で言う病院であり，診療科の正式名称は神経科であった．当時の精神科病棟は，本館3階，南館3階，南館1階，南館下，山口館，別館北下，新館と多数の建物に別れて病室を運営していた．また外来は，月曜日から土曜日まで，月水金は3診察室で，火木土は2診察室で行っていたが，医長は月水金と週3回の外来を担当していた．外来診察には，診察者に加えて説明者と記録者（シュライバー）がついて3人で対応していた．若い

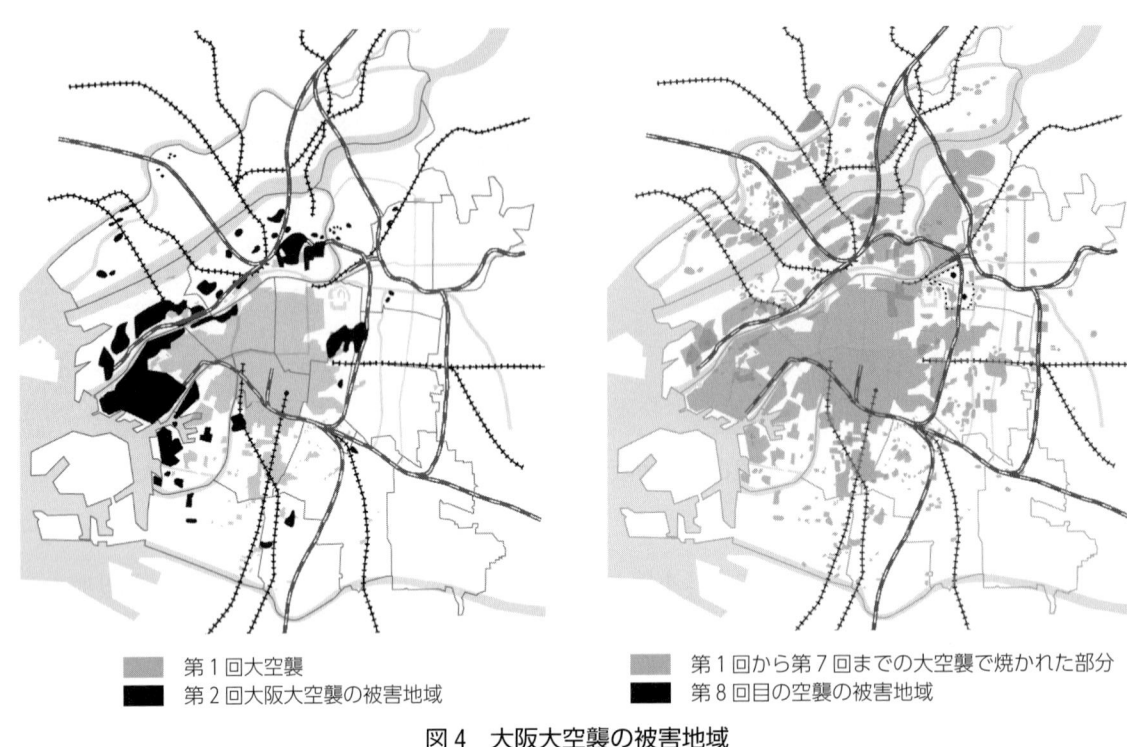

図4　大阪大空襲の被害地域
　第1回大空襲
　第2回大阪大空襲の被害地域
　第1回から第7回までの大空襲で焼かれた部分
　第8回目の空襲の被害地域

「新修大阪市史」第10巻の地図をもとに作成。ただし地形・区域は便宜上，現在の形。

診察医師には説明者がつかず2人で行うこともあった。2診あるいは3診での診察担当に加えて，予診・処置係がおり，これらを担当する医員は予診を取り，外来での必要な注射や点滴を担当していた。

昭和19年1月12日は，その年最初のルンバール（腰椎穿刺検査）の日であったが，総数128本と記録されている。進行麻痺患者には，当時マラリア療法やサルバルサンがなされており，多数の進行麻痺患者の診断と経過判定のためにルンバールが施行されていた。それにしても1日128本の検体数とは驚異的な数であり，患者1人当たり平均4～6本のスピッツに分注していたとしても20～30名の患者の腰椎穿刺を1日で行っていたことになる。

昭和19年6月1日現在の神経科の入院患者数は，南下（8名），南1（31名），別館（10名），山口（17名），北下（1名），南3（4名），本館3（3名）の合計74名であった。これだけの数の患者を医長以下8名の医師で診ていたのであるから，相当の激務であったろう。

各病棟には受け持ち医が決められており，それを上級医師が回診するという形であったが，昭和20年10月当時は，月曜日：医長（全病室），火曜日：橋田（全病室），水曜日：布施（全病室），木曜日：医長（南一，南下），金曜日：医長（山口，一等），土曜日：橋田（全病室）の順番で回診がなされていた。

昭和20年10月21日の記事に，堀見医長からの医員への17項目にわたる注意事項が記載されている。まず心構えとして，各員は医局全体の中での個人として自由であることを自覚し，社会や集団を律する道徳感情と責任感を持つべきであり，さらに，互いに礼儀を尊ぶべきと述べられている。勤務態度については，午前9時よりの出勤，休日には当直医師あるいは受持医師が回診をすること，欠勤時には代理者を明らかにすることが求められている。患者や家

人には懇切丁寧に対応すること，さらに受持医師は患者だけでなく，病棟や家庭環境全体に注意することも注意されている。具体的な診療業務に関して，予診者の診断名は欄外に記入し，診察者の診断病名は診察記事の後に記入することにして，医長診断のみを診断欄へ記入することが取り決められている。受持医が自ら病床日誌を記入して，入院時現症を記載し，診察医名を末尾に記入すること。経過を記入する時も，処置や投薬内容を温度表に記入することを忘れぬようにと注意されている。シュライバーには診察者の述べる日本語をドイツ語に訳して記入する場合に，特に間違いないように，不詳ならばあえて質問するように求めている。また医局での活動にかかわる物品の使用に関して，教室物品を使用した後は十分に手入れをして元の位置に戻すこと，公物や図書を借り出す時には，借出簿へ記入した上で，各自の机上に整理しておくこと。教室外持出は原則として禁止であり，特別に必要な場合は医長の許可を必要とすることが述べられている。

昭和20年はじめの教室の係には，ポリクリおよび講義係（澤，岩谷），処置室総指揮（杉原），乙ネオ注射係（清野），村田反応係（浅尾），細胞・病名記入・Eショック係［千島（細胞主任），倭，大澤，浅尾，岩井，野田，長坂］，諸統計係（澤，杉原，岩谷），物品整備係（布施，澤，杉原，岩谷）が置かれていた。

ポリクリとは学生の臨床実習のことであり，乙ネオとは点滴のことであり，村田反応とは梅毒診断のための血清免疫反応のことである。細胞とは，採取した血液および髄液材料を顕微鏡下で細胞数とその種類とを算出する係のことであり，当時の血液髄液検査は，神経科内の顕微鏡を用いてなされていた。

昭和21年3月3日に改定された神経科関係の料金表には，乙ネオ（20円），B注（10円），Bネオ（30円），ランゲラ（25円），右処置料（1回5円），カテランクーレンカンプ（10円），坐神注（5円），肩・頸部活注（3円），感電（2円），Eショック（外来10円，入院7円）などが記載されている。当時の神経科の治療手技は今から見るとかなり限られたものであり，今ではほとんど使用されない治療法も多い。乙ネオは，維持補液の点滴静注，BネオはビタミンBを含む維持補液の点滴注射であり，B注は，ビタミンBの静注である。ランゲラとはインシュリン・ショック療法である。カテランクーレンカンプは，カテラン針による腕神経叢の局所麻酔剤によるブロック注射のことであり，坐神注は坐骨神経への生理食塩水の注射，肩・頸部活注とは，肩および頸部への生理食塩水の筋注である。感電とは今でいう通電療法であり，Eショックとはもちろん電気ショック療法のことである。

昭和21年8月16日当時，教室には以下のような係が決められていた。前掲した昭和20年初頭の戦時下と比較して，係の数も人員も充実している。リコール係（倭，高橋），マラリア接種係（山口病館-古澤，浅尾，南1病棟-千島，長坂），マラリア原虫維持係（浅尾），病室連絡係（南3病棟-澤，山口病館-別府，南1病棟-和田），進駐軍書類係（布施，千島，大澤），外国映画係（澤，岩谷，大澤，岩井），文献別刷保存係（杉原，岩谷，吉田），文献カード記入係（千島，倭），教材収集整理係（杉原，千島，倭），醫局書類整理係（倭），醫局備付雑誌整理係（吉田，長坂，野田），動物舎監督係（金子，大澤，三輪），統計係・届出係（倭，別府），病名記入係（原田），病床日誌係（倭），大阪駅相談所係（原田，倭，千島）。このような係から，当時の医局活動を推量するに，ルンバールによりリコールを採取して，進行麻痺の診断をすることは日常的に行われていた。また，マラリア療法がかなり積極的に行われていた。当時の特殊な事情として，進駐軍関係書類係，外国映画係が置かれていたことは興味深い。

マラリア療法とは，マラリア感染による発熱により進行麻痺の精神症状が改善されるという

経験に基づいて，比較的毒性の低い三日熱マラリア原虫を人為的に感染させることにより精神症状の改善を期待するという治療法で，一時期は世界中で試みられていた。マラリア療法の発明によりウィーンの精神科医ユリウス・ワーグナー—ヤウレック（Julius Wagner-Jauregg）にノーベル賞が授与されている（1927年）。梅毒の病原体である梅毒トレポネーマは高熱に弱いため，患者を意図的にマラリアに感染させて高熱を出させ，体内の梅毒トレポネーマの死滅を確認した後キニーネを投与してマラリア原虫を死滅させるという治療法であった。もちろん，抗生剤が開発された現在では，この療法は行われていない。

　ここで，当時，教室で行われていたマラリア療法の手順を示す。マラリア係は，接種したマラリア原虫のスタンム・バウムの原液を作成する。マラリア療法を施行すべき進行麻痺患者が入院したら，その血液型を判定する。マラリア接種は，同じ血液型の者に行う。感染者から静脈採血して得た感染血液3.0 ccに滅菌クエン酸0.3 ccを加えて，接種血液を調整する。これを3〜4日毎に静注する（皮下注射の場合は1週間毎）。筋肉注射は避ける。香港株（H）か普通株（A）かを記載する。静脈内投与の時は反応熱があることをあらかじめ家人に説明する。採血，接種は受持医または他の医師がやるが，皮下接種は看護師でも可とされていた。発熱を終了する場合にはキニーネを処方する。このマラリア治療費を大体50円としていた。

```
記録記載例　A→A
　　　　　皮下
　　　　　3.0 cc＋0.3 cc Cit.
　　　　　南一，○○氏より
```

「ランゲラ」とは，インシュリン・ショック療法のことである。膵臓のランゲルハンス島からインシュリンが分泌されるのであるが，インシュリンを皮下注射して低血糖により昏睡を起こすことにより精神症状を改善させようとする治療法である。ウィーン大学の精神医学者マンフレート・ザーケル（Manfred Sakel）により，インシュリンを大量投与することにより低血糖ショックを人為的に起こさせて精神病患者を治療するインシュリン・ショック療法（Insulin shock therapy）が考案され（1933年），世界中に広まり，我が国では，1937年に久保喜代二により導入された。その後いくつかの変法が提唱され，また他のけいれん療法との合併療法として，昭和30年代までは広く行われたが，手技の煩雑さと経済的な理由から特殊な場合を除いて行われなくなった。ザーケルは，モルヒネ中毒者の禁断症状を緩和し，興奮を鎮める目的でインシュリンを使用していた。昏睡に至らない程度の量のインシュリン注射によって低血糖状態をもたらす試みは，かなりの効果をおさめていた。彼は，この方法が他の精神病の興奮状態をやわらげるためにも役立つのではないかと考えた。そして，適当な注射量を模索試行しているうちに，何人かの統合失調症患者が偶然にも昏睡状態に陥った。この不測の事故から覚醒した患者の中に，思いがけなく興奮がおさまり，精神症状が軽減したり，消退した例がみられた。これがインシュリン・ショック療法開発の糸口となった。すなわちインシュリン低血糖の昏睡が精神症状の改善に役立つということについて，何らかの理論的根拠を得てそれに基づいて治療方法が考案されたというよりは，まったくの偶然の経験からこの方法の開発が導きだされたというのが実情のようである。

　インシュリン・ショック療法を実施するには，1〜2週間の準備期間が必要であり，この期間の第1日目に通例インシュリン10単位を皮下または筋肉内に注射する。2日目以降は，インシュリンの注射量を10単位ずつ増量し通例10日前後，インシュリン注射量が100単位に達するころから患者の低血糖症状が強くなる。低血糖症

状第1期の終わりごろには，次第に意識障害があらわれ，低血糖症状第3〜4期の治療的昏睡にまで進む。ショック期にはいって最初の昏睡は，15分くらいで中絶し，その後，持続時間を延長して最長1時間程度までにする。昏睡を中絶する方法としては，30〜50％のブドウ糖溶液20〜40 mLを静脈内注射を施行すると通例5分以内に覚醒する。意識を回復した患者には，砂糖水を大量（200〜500 mL）に経口摂取させる。通例1週のうち6日間を治療日とする。通例では，20〜40回をもって1クールとし，全治療期間は1.5〜2ヵ月とされた。

この治療法の開発は当初から統合失調症を対象として進められたものであり，その他に躁病様の強度興奮の場合，激しい不安状態などにも試みられたことはあるが例外的であった。統合失調症の亜型では，他のショック療法と同様に緊張型に最も効果があったが，実際には他のショック療法があまり奏効しない妄想型などによく用いられた。その他の亜型でも，より簡易な療法を試みても効果がないようなときに施行され，まれに寛解をもたらすこともあった。治癒率ないし寛解率についての報告はかなり幅があるが，共通して罹病期間の短いほど治癒率，寛解率ともに高くなっている。日本では，林暲らが全国16病院の統計から，941例の患者のうち完全および不完全寛解の合計を48.2％，そのうち発病半年内のものが62.6％，半年〜1年が49.5％，1〜2年が33.3％であったと報告している。

教室ではMapharsen療法についても臨床研究が進められていた。Mapharsen（Mapharsol）はヒ素化合物である塩酸オキソフェナルシンの商品名である。エールリヒと秦佐八郎によって初めて取り出されたが，毒性のために当初はあまり用いられなかった。その後，微量でも効力の大きいことが注目され梅毒の治療に用いられるようになり，スピロヘータやトリパノソーマによる疾患の治療剤として注射で使用されるようになった。注射用オキソフェナルシンは，塩酸オキソフェナルシンに無水炭酸ナトリウムと精製白糖を加えた安定な白色無臭の吸湿性粉末で，1号（0.04 gr）と2号（0.06 gr）の2種があった。医局日誌には，Mapharsen使用法として以下のような記載が残っている。

『①陸軍法

用量　37.5 kg以下……0.03 gr
　　　60 kg…………0.04 gr
　　　60 kg以上………0.05 gr

使用法　10 cc蒸留水に薄め静注，30秒以内に行い直ちに手を拳上させる（この時血管に沿って痛みが放散する）。

回数	週	Mapharsen	Wismut
1〜5	月，金	金
6〜10	月，金	休
11〜15	休	金
16〜20	月，金	休
21〜25	月，金	金

（0.04より0.05，0.06，0.07位まで増量する）

②大量療法

31〜40 kg……0.04，41〜50 kg……0.05，51〜60 kg……0.06，61〜70 kg……0.07

使用法　回数は①と同じ

副作用　発熱39度に及ぶことあり，良い製品でも0.06で40％は日本人で発熱する。その他，頭痛，嘔気，嘔吐等，他のサルバルサン製品に同じ。』

チクロパンの臨床研究

流行性脳炎

昭和21年から流行性脳炎が多発した。阪大神経科では教室の重要な臨床テーマとして取り組み，その臨床経験は，院内談話会，医師会講演会，日米医学会などで発表された。

その嚆矢となった症例は，昭和21年6月21日の大阪府衛生課より確定診断を依頼された流脳（流行性脳炎）として届け出られた症例であっ

た。診断確定のために，現地に赴き，詳細診断，リコールを採取して帰院し，医局員多数が応援して諸種の検査を行った。その症例は，後日死後の剖検により結核性髄膜炎（Meningitis tuberculosis）と破傷風の診断結果であった。その2症例の髄液所見が，医局日誌に記載されている。

	結核性脳膜炎	破傷風（細川氏依頼）
外観	キサントクロミー	水様透明
G. E.	10分線以上	1分線以下
Grabe	2.0	1/5
Nonne	＋＋＋＋	－
糖（Heine）	（＋）強度の減少	（－）正常か増加
細胞数	370/3（リンパ球260/3）	5/3（古きため不明瞭）

その後も流行性脳炎の発生は相次ぎ，阪大神経科でも多数の症例を経験した。そして，最終的にウイルス感染による日本脳炎と命名された。

昭和22年1月の時点での，教室の体制は以下の通りであり，前掲の昭和20年初め，昭和21年8月と比較して，医局員も充実し多くの係が設定されて，教室の活動が軌道に乗り始めていたことが窺える。

教室係分担票

リコール	倭，高橋，浅尾，原田
ルンバール準備	杉原，高橋
乙ネオ	浅尾
マラリア	浅尾，吉田，大沢，浅尾
ポリクリ	倭，岩井，浅尾
講義	倭，千島，岩井
㊞報告	杉原，吉田
文献	杉原，千島，
文献カード	杉原，千島，倭
教材，表	杉原，千島，倭
医局書類	倭，金子，澤
医局雑誌新聞	吉田，長坂
病名	倭，原田
病床日誌	和田
㊧，㊨	倭，別府
動物	金子，三輪，大沢，澤
図書	杉原，金子，澤
備品	金子，岩井，澤，杉原
消耗品	澤，杉原
会計	澤
薬品	布施，大沢
私物製本交渉	杉原
検査用薬品	倭，杉原，高橋
日誌	澤，金子，杉原
院内事務	金子，澤，杉原
談話会	杉原，長坂
連合醫局會	金子，澤
病棟係	南3：倭，山口：和田，南1：杉原，山口別館：澤，南下：別府
脳談話会	布施，杉原，高橋
処置室	杉原，高橋
医師会関係	澤，金子

当時の教室の研究活動

堀見教授は教室の研究には常に力を注いでおられたようである。戦時中は基本的にはすぐに役立つ臨床研究がいわゆる戦時研究として求められたようであるが，このような中でも視床下部の基礎研究は続けられていた。

昭和19年11月に京都帝大精神科講堂で開催された第31回近畿精神神経学会では，教室から「癲癇に関する研究（黒田重英）」，「Hürler氏病症例（千島チエ子）」，「間脳に於ける性中枢（三輪淳）」の3演題が発表されている。また，昭和19年11月12日には東大内村祐之教授を阪大病院に迎えての「日本人の脳について」の講演会が開催されている。

昭和20年になると，たびたびの空襲があり，研究どころではなかったと思われるが，終戦後はいち早く研究体制を立ち上げられたようであ

る。昭和 20 年 11 月の研究分担については,
　　『Neurologische Function　　岩谷, 倭, 難波
　　　Histologie　　　　　　　　澤, 大澤
　　　Liquor-Blut の検査　　　　高橋, 浅尾
　　　物理学的 Gehirn の諸問題　野田
　　　Psychologischer Gebiet　　杉原』
と記載されている。

医局日誌には医局員の会合で「兎肉のすき焼き会」が出てくるが, 兎の脳を実験に供した後の兎肉を利用した戦時中のささやかな楽しみであった。

昭和 20 年 12 月 12 日の記事に面白い記載がある。

『久し振りの宴會。平常, 研究に身を奉げて呉れる兎君達の更に熱烈なる犠牲的奉公の誠心を得て, すき焼きに舌鼓を打つ。こんな噺を思ひ出す。

……昔, 御釈迦様が動物たちの真心を試さうとして汚い乞食の姿をして, さもひもじさうに路傍に寝て居られました。そこへ猿が通りました。乞食の姿をしたお釈迦様は「私は寒くて震えてるんだから何らか助けてください」と頼みました。猿は気の毒がりするすると木に登って杉枝をポキンポキンと折ってきました。そして「之で焚火をなさい」と言って行き過ぎました。次に狐がやってきました。乞食は又同じ様に頼みました。狐はやはり可哀そうに思って火を点けてくれました。御釈迦様はだいぶん暖を取ることが出来ました。次に兎が来ました。御釈迦様は同じように頼みました。可愛い白兎はそれを聞いて気の毒そうに首を傾けて考えておりましたが, 「おぢいちゃん, 私は今何も持っていません。又, 私のような弱い者はあなたの為に食料を持って来てあげる事もできません。ではこうなさい。丁度, 此所に火が燃えていますから私の肉を食べてください」と言ひ終るなり身を躍らせて焚火の中に飛び込みました。此の時パッとその汚い乞食爺さんの姿から後光が差し仏様の尊い御姿に変わりました。仏様は兎の真心にすっかり打たれて兎を天上の月の世界に連れてお出でになりました。十五夜の晩にお月様の所で餅をついている兎はこの兎だと申します……

前日末, 布施醫員を設営係長とし準備をなし怠りなく若手連中総出演のはりきり振り。料理は千島女史, 日ごろの腕によりをかけ, 午後六時を少し過ぎた頃, 一部診察場のテーブルには三つの焜炉にうまさうな鍋が音を立てている。待ちかねた連中席に着くのももどかしく突撃, 突撃。数十分にして忽ち補給不能となり鍋の底があらはれる。此の頃より話が弾み, かくて楽しい一夕の会食を終わり院外に出た時は八時を過ぎていた。窓には十五夜前の月が白い光を放っていた。』

昭和 21 年 4 月 25 日の記載には, 当時の研究テーマが掲げられている。研究打ち合わせ会が開かれ, 堀見教授は, 研究を中心にした診療活動を提唱し, 研究テーマとして, 臨床研究, 基礎研究, ロボトミーの 3 分野を掲げられている。

臨床研究は, ①ホスピタンの作用, ②マラリア療法, ③チフスワクチン熱, ④精神分裂病, ⑤知覚の機序, ⑥症候性精神病, ⑦CO 中毒, ⑧神経質, ⑨精神機能と血圧, ⑩加○症, ⑪遺伝, ⑫多発神経炎, ⑬Episodishe Dämmerzustand, ⑭Depersonalization, ⑮Aphasie, Gestalt, ⑯Rorschach と多彩である。基礎研究としては視床下部の研究を重要視され, 視床下部機能の, ①性別による差異, ②グリアの機能, ③下垂体との関係について, それぞれの研究員に蛙や鳥や兎を使って検討することを求めている。もう 1 つの柱がロボトミーであった。進駐軍の軍医により伝えられたロボトミーの阪大への導入は早かった。我が国におけるロボトミー手術は進駐軍のシュレーダー博士が阪大外科の竹林教授を助手としてなされた症例が第 1 号であると思われる。

堀見教授はこのような研究活動を精力的に推し進めるに当たり, 『研究に対して醫長は各人

の能力に応じ之を予想して Thema を与えるから，現在のみを思ふ事無く過去及び未来の時間的関連を照顧すること。従って責任重大なり。醫長の統制上その時機に外れたると相当時間的に無駄なことある故時々に迅速に Reagrium すること。方向転換する時は必ず醫長（又は班の主なる人）に連絡する事。研究に対して「縁の下の力持ち」の事があるが，犠牲的精神を発揮する事』と記載されている。

昭和 21 年 11 月 23 日には第 32 回近畿精神神経学会が，堀見教授を会長として京大精神科講堂において開催された。全部で 19 演題のうち教室からは 7 演題が発表された。その時の学会傍聴記録が以下のようにまとめられている。

『各教室共に復員者も勢揃いのためか相当の賑わい。阪大より和田名誉教授，醫長初め醫局員十四名が朝十時前に会場に参集。熱心に聴講，討論を戦わす。阪大より「一，精神薄弱児の家系的研究（奥西）。二，優良児遺伝統計的考察（野田，奥西）。三，ニホンヒキガエルの視丘下部の研究（有岡）。七，脳脊髄液のアンプルス氏反応（倭）。九，視覚残像に関する精神医学的研究（杉原，別府，佐野）。六，骨髄に於ける接種マラリア原虫に就いて（布施，大沢，千島）。十二，ロボトミーに関わる精神医学的研究（金子）。以上七題に付いて出演。六，については金沢よりの追加，九，に付いても追加討論あり，活況を呈す。其の他十，疲労の波及に関する実験（京府大）に付いては学生を材料にクレペリンその他の測定法に依る実験報告例。野田君が之に追加，其れを数学的方面より肯定す。他の演題中特に興味ありと思われるものを報告すれば，四，脳脊髄液を排除するリンパ及びリンパ管の形態学的研究（坂井）は墨汁に就いて実験。リンパ道の存在を認めているが果たして浸潤出様点をいかに説明するや。十五，癲癇症の行動に対するプロイモエンセファログラフィ（浅野）に於いては之により脳重の左右拡大差を見て真正と反応性の区別可能なることを指示。十六，フタルジエチルアミドに依る蕁麻疹療法（足立）は，カルチアゾールと全方法で施行。十七，原発性妄想について（小谷）は，従来からのヤスパースの概念に飽き足らず妄想には判断が入り「覚」「堪」に似る所あると想像しその結果について考察している。以上のような演題の下に午後三時閉会。一行は明日の抱負と希望とに燃えて無事帰途に就く。』

昭和 22 年度の研究体制は以下のようであった。

當科研究題目

学生	佐藤	ロールシャッハ
	橋野	条件反射一般に就いて
	佐野	直観像及び現象學
	土居	鳥類の視丘下部（細胞構築學）
	難波	触覚に関する事
	小河	多発神経炎
	山田	
	有岡	蛙の視丘下部
醫員	高橋	脳脊髄液の病理学
	野田	数学的方面
	大澤	視丘下部（第三脳室壁とその付近のグリア）
	長坂	精神分析学，神経質の森田式療法
	浅尾	表情に就いて
	岩井	感情と植物神経系
	倭	大脳の巣症状（失語症並びにグレスツゲビート）
	清野	神経質及び精神病質
	相本	精神分析学
	岩谷	脊髄疾患
	根無	超音波による神経系統の変化，マラリア
	杉原	ゲシュタルト心理学
	澤	精神病の多面的診断
	千島	侏儒病，マラリア
	三輪	視丘下部
	布施	視丘下部，マラリア，脳波
	黒田	ロールシャッハ
	荒木	パラリーゼ
専攻生	前防	視丘下部（凍死）

教室では昭和 22 年 4 月 1〜2 日には第 44 回

日本精神神経学会を主催した。戦後間もない時期の開催であり，大変なご苦労があったことと思われるが，教室員の協力を得て，無事に開催された。4月1日の午前中に評議員会が招集され，午後から講演が発表された。4月2日は，午前午後共に講演がなされ，時間通りに終了し，夕方には慰労の小宴が開催された。学会雑誌への掲載原稿の整理は，教室員の澤，岩谷，相本らによりなされた。

日本精神神経学会の開催2ヵ月後，阪大医学部では天皇陛下をお迎えすることがあった。昭和22年6月7日に天皇陛下大阪行啓が行われ，当時の新聞も大々的に陛下の行啓を報じていた。筆者は，中之島沿いにあった阪大旧医学部校舎で学んだ者の一人であるが，正面には，若槻礼次郎の揮毫になる「大阪大學醫学部」の名称が掲げられていた。元々の揮毫は「大阪帝國大學醫学部」であったが，昭和22年に大阪帝国大学から大阪大学に名称が変更されたことから，医学部正面の揮毫から「帝國」を切り取って，「大阪大學醫学部」の揮毫を残したと聞いたことがある。その医学部玄関を入って右側には解剖学教室が入っていた。そして，そのトイレだけが奇妙に不釣り合いに立派であったことを記憶している。その説明として，天皇陛下行啓に備えて，このトイレだけ新しくしたとの説明を受けて，なんとなく納得したことがあるが，真偽のほどは定かではない。

昭和22年7月1日には，神経科が主体となり，石橋分院が再開された。この石橋分院は昭和43年まで運営されていたが，その後は大阪医療短期大学の建物として利用された。

昭和22年11月30日には第33回近畿精神神経学会例会が京大精神科で開催された。午前10時開会され，午後4時閉会であった。肌寒い日であったが，晴天に恵まれて，いつになく盛況であった。教室より，長坂，別府，吉田，大澤，倭，金子，三輪，清野の諸医員が発表した。このように研究体制が整い，学会活動も元通りになり，以降の教室の研究体制の基礎が形作られていった。

堀見太郎教授と医局員の志

神経科醫局日誌は，昭和19年正月元旦に記載された堀見太郎教授の記事『謹みて聖寿の萬歳を奉唱し皇軍招聘の武運長久を祈り護国の英霊の冥福を祈る。教室より出陣せる医員の各々にも新年の挨拶を送る』で始まるのであるが，当時の医局員は，堀見太郎教授，橋田賛講師，布施敏信特別研究生と，助手6名（三輪淳，本多弘，千島チエ子，根無郭伯，東純行，本間正保）のみであった。そして，戦局の逼迫と共に昭和19年1月12日には三輪淳助手の，同年2月9日には東純行助手の壮行会をすることになり，続いて本多弘医員も召集となった。応召して次々と戦争に赴く若い人たちを前にして，『国家の要請に従って軍陣に立つことは無上の光栄ではあるが，医局の寂寥を如何せん。唯々各自，命を倍にして職域に働くのみ』と記載されている。戦時中の阪大精神科は堀見教授，橋田講師と，それを助ける布施研究生と千島医員（女性）のご尽力に負うところが多かった。

医局では医局員と看護師たちとの親睦のために年1回ハイキングが行われていた。昭和19年6月11日に行われた恒例の医局ハイキングは，「医局鍛錬会」と名付けられて，この日は甲山から仁川へのコースであった。その他には，ほとんどの記載が，防空体制，灯火管制，空襲警報など戦時の非常体制に関する記載であり，昭和19年は戦時下の緊張の中に経過した。昭和20年正月元旦には，『聖戦第四年の春を迎えた。鉄兜，巻脚絆の溢れる街には緊張一色で，病院内も羽根つきの音だけが新年らしいことであり，敵の襲撃を覚悟して迎えた新年であった』と記載されている。

昭和20年8月15日の終戦を迎えて，医局員が次々に復員してきて，教室はだんだんと通常

の元気を取り戻していった。

　昭和21年1月1日には，午前10時から，堀見医長，橋田講師，布施，千島，杉原，澤，岩谷，倭，岩井，高橋，浅尾，野田，長坂，別府，吉田の諸医員が医局に集まり，年賀の乾杯をした。その後，医長より本年度の教室の方針と医局員の心構へについての懇示があった。特に，布施，千島，岩谷，長坂，別府の諸氏の戦災に対する深い同情と共に特別考慮すべきことを強調せられた。院内各室は正月らしい装飾がなされ，羽根つきの音も聞こえて，國敗れて山河あり，城春にして草木青き感をひしひしとして身に感じたようである。

　この日の医局員の記事には，『敗戦と言う厳しい現実ではあったけれど，茲に昭和二十一年新生日本再建の春を迎え医長を中心として橋田講師，布施醫員をはじめ諸氏と共に盃を挙げ，感慨又新たなるものがある。想起す，昭和十六年十二月八日，宣戦の詔を拝するや国民総て死を期し命を鴻毛の軽きに比し勇奮前線に戦い，或いは，南海の浪に屍を埋め，或いは，湖北の野に断肢を遺す。銃後の者また死力を以て戦力の培養に勤め汲々として励む。

　我が教室においては多くの先輩が数度に亘り応召出陣された。多くの若い醫局員はその大部分が陸海青年軍医として内外に奉公され，また残留した醫局員は醫長を核として，がっちりとスクラムを組んで戦時研究に防空に診療に精魂を傾け，そのために病床に臥すのやむなきに至った者さえある。彼を思い，之を考へ，今終戦の詔により平和が来たとは言え，我らが行途は荊棘の道である。特に戦災による荒廃著しく，物心両面における窮迫極度の折柄その感を深くする。

　昨年度，既に帰還召集を解除されて再び醫局にて勉学に努められつつある者十指に垂らんとするも，井上講師，金子先輩はじめ尚外地に残留せられる数氏ありて，一日も早く無事に帰局せられることを切に祈る。

　朕は現人神に非ずとお諭し遊ばされた年頭の御詔書を拝し，此の苦難の途を切り抜け明るい日本，明るい教室を再建することこそ，我等の責務であると確信し，外地残存の関係諸氏の健在を祈りつつ筆を擱く』と記載されている。

　昭和21年4月から始まる醫局日誌分冊の冒頭には堀見医長の記事がある。

　『終戦と同時に軍国主義一掃。自由，民主。醫局も復員諸君で段々賑かとなる。併し全ての切替も急激にやれば摩擦多く，不愉快，誤解を来す原因となる。マ司令部命令で段々連合国の意趣も明らかとなり，誤れる自由から遠ざかる様努められている。来るべき四月十日の総選挙も待ち遠しい様な気もする。イデオロギーを振回すよりは条件反射的心身機構成立の改善，不言実行が必要ならざるか。

　大学教育が戦前以上の水準即米国流の方法に変えられるとの話あり。これは大学教育を受くべき学生のみの問題ではない。其の影響する所を深く反省する要がある。国民平等は心身健康上にも平等を要求さる。厚生事業は一段と改善さるべきである。醫師としての此方面の役割の大なる為高水準を要求されるのは当然の帰結である。敗戦国では凡てが健康の許す限り働かなければお互い相済まぬと思ふ。限られた有形の報酬下に限られた以上を働くのは人類の喜びであらねばならぬ。殊に全体的関連に差障りのなき限り，科学人の特権の一つであり義務の一部である。生存権の維持困難な場合には勿論先ずそれが問題とさるべきであるが。

　醫局は分節を包含する有機的全体，一小社会であり，各個の意志がある程度統率者に反映する機構が必要であり，其の逆も亦有用である。科学する場合も亦然り。純然たる独立単独研究と対比すれば，明らかなる差が理解されるであろう。所謂エキスパートは智能の一部に偏する危険あり。性格部面の欠陥が暴露され易い為に余程注意しなければ自己を苦しめ社会を害する。他人に無益な不愉快を与へざるがリバ

ティの一面なるべし。国体生活を害せざる有能者が大学クリニックに要求される。自己意識の強く昂進せる場合は独善に陥り易く科学的研究態度には禁物なり。組織制度の改善も必要であるが，各個人の理想への完成努力が更に重要である。互いに努め様ではないか。

　三月三十一日　感ずるままに　　堀見太郎』

以下に昭和21年末，昭和22年頭初および昭和22年末の記事を掲載して，当時の堀見教授の心意気をお伝えしたい。

『昭和二一年度今年度を顧みて来年度に対処するための反省。

（醫長より）昭和二十一年度は復員者復帰等のため混乱あり。言論の自由を認めたため更に混乱した点があったが，来年はもっと統制する。各人が偉くなりすぎた（自分で完成されたものと誤認）傾向がある。醫長としても各人の能力以上の事をさせてきたから，各人が余程注意せねばならぬ。又他人の欠点と同時にその長所を認め，之に対して敬意を表さねばならぬ。且，集団の秩序のため自由の反面責任がある。更に集団生活のための基準を樹てる必要がある。その為にも時間を厳守せねばならぬ。これ等の事は上から言うのではなく，お互い同志自重せねばならぬ。

昭和二十二年　歳首

　新しい年を迎へた。敗戦第三年はとりも直さず再建日本第三年だ。終戦の詔勅を仰いでから我々が経験した虚脱の昭和二十年，次いで昨年は，混迷とそれから抜け出さうとする焦慮に満ちていた。今年こそは，建ち直らう，建て直さう。

　新生日本の再興の為に昨年は随分いろいろな事がなされた。議會の改選も新憲法も皆それらの一つだった。その蒔かれた種が今こそ再び結実する時だ。生みの苦しみを通って今年こそ育てる時だ。刈り取るのは来年，再来年の事だらうし，又今からそれを考えるのは尚早だらう。大地にしっかり足を踏みしめて進まう。教室も昨年多数の復員者を迎へて早くも建ち直った。醫長先生の垂範御勉強による御指導のもとに研究の方向はしっかり決まった。今年こそは伸長する年。

　唯最も悲しむべきは出征中の醫局員の戦死の報を得たこと，及び，未だ復員されない井上謙講師はじめ数氏の消息が未だ不明な事である。今年の元旦は恒例の醫局賀詞交換乾杯會は之を行はず六日に延期，各自思ひ思ひの正月を迎えることにした。

昭和二十二年十二月三十一日

　本年も愈々今日で最後だ。診察場の外来カルテ，病症日誌の整理も各係，助手其の他の努力に依り，漸く終了。看護婦さんもお正月の支度に忙しそう。慌ただしかった本年，世間も病院内も落ち着かぬままに種々の問題を残したまま新年を迎ふることになった。』

昭和十九年　醫局日誌　神經科
（昭和19年1月1日～昭和21年3月29日）

昭和十九年一月元旦

謹みて聖寿の萬歳を奉唱し皇軍招聘の武運長久を祈り護国の英霊の冥福を祈る。教室より出陣せる醫員の各々にも新年の挨拶を送る。

初頭九時醫局に集合して本年第一回目の醫局會を開く。醫長より方針を示さる。十時学部合同の拝賀式にのぞみ、十一時名刺交換會にゆく。正午すぎよりすきやきの席に集ひ彩やかな正月気分にひたる。和田名誉教授をはじめ河口講師、梁、森先生の来局あり

現在醫局に於て実務に服するもの左の如し

教授	堀見太郎
講師	橋田賛
特別研究生	布施敏信
助手	三輪淳
	本多弘
	千島チエ子
	根無郭伯
	東純行
	本間正保
當直のみ	黒田重英（兼任）
當直のみ	園田次郎（〃）
副手の籍あるのみ	森勝雄
副手の籍あるのみ	佐々木秀次（病欠中）

一月三日

醫長出勤。総廻診

一月十二日

初ルンバールの日。總数128本。本年より秩序正しく行はんと張り切っていたが、準備遅れて間にあはず、醫長より催促を受けたるは残念、慰労に甘酒出たり、ほんとに甘かった。本日の成績に対しては一寸汗顔の至り。

二月三日

醫長、橋田、布施、根無、東、曽谷、本間、本多、千島、大沢、浅尾、有岡

三輪先生壮行會

挨拶　　醫長

実力ある先生を第一線に送るは甚だおしき次第でありますが、出征した暁には日本男子として立派な働きを願ひます。仕事の方は安心して輝かしく出征される事を心から祈ります。

そして醫長持参の赤葡萄酒で乾杯をあげました。

答辞　　三輪先生

「九月迄と店を開いた次第でいささかあわて気味でありますが過ぎ去った萬年當直のあわただしい仕事、それも弟の戦死の打撃で稍々その勢はおとろへかれましたが其後内分泌腺系統に関する研究等々の研究熱に燃切っている自分でありますが、国家の勝つか負けるかの時局、私情を捨てて元氣よく御召にそって行きます」と熱情こもる挨拶で醫局総員、或緊張を憶へました。

行方不明患者吉本豊氏の死体検索に本多、曽谷醫員、野崎町五五番地先街路に出張す。一月三十一日付を以て曽谷邦男、講師に就任す。

二月五日

訓練警戒警報中はランゲラ注射を中止すること。若し注射后に警報出た時には急速に砂糖を飲ますことに協定せり。

二月六日

三輪先生午前十時大阪発帰国される。

二月八日

患者避難には千島醫員、布施醫員。南一　十六名、南下西に避難させること。

救護班　　東、本間醫員

今夜、抜打訓練ある予定。昨日午后は総合練習が行なはれる。

二月九日

東純行醫員壮行會午后四時開く。醫長、橋田、布施、園田、黒田、根無、本多、本間、千島、曽谷、有岡、大澤、倭、浅尾

研究生集合す

醫長挨拶　醫員の続続と應召するはめでたい。頑張りのきく身体だから戦陣にあっても精神病学方面の研究に対し充分観察して報告されたい。言ひたいことは平常より言ってあるので今更云はず。

東君　答辞　平常病院にてしたこととて今更慌てない。国家に撰ばれて召されたことを諒として出征いたします。諸先生方も躰を大切にされんことを。（明後十一日大手前陸軍病院　入隊）

曩に三輪醫員を送り今日又東醫員を送る。国家の要請に従ひて軍陣に立つ、之無上の光栄なるも醫局の寂寥を如何せん。唯々各自命倍に職域に働かんのみ。

入院患者　病名決定　退院時の判定につきて醫長より注意あり。

二月二二日

敵は内南洋トラック島に至らんとす。銃後も漸くにして砲弾の唸り近きを覚ゆ。

かかる今宵醫長先生　心盡くしの晩餐会は開かれ醫局員一同かしわ鋤焼の宴につらなる。

日頃の勤務研究をかへりみて，醫員等怔忡なるものあり。大目的の完遂のため頭首は手足を動かし，末梢は中枢の指揮補綏をあおぐ，洶に相和すところ成果を生ず。多大な恵みを立上るカロリーの湯気の中に戯味三省するものであった。

主様外敵撃推せられつつある出征醫局員の面影をしのんで便りを寄せ書きする。蓋し正月の写真等を物語るに足らん。

出席者　醫長，布施，手島，根無，本多，本間，黒田，大澤，倭，有岡，浅尾，曽谷

二月二二日
千島チヨ子醫員助手に任ぜらる。

三月七日
一、防空當直第一回會同記事　　曽谷
　　時局切迫し空襲を受くる懸念多きを以て三月一日より醫局員一名を防空當直と称して増員宿直せしむ。
一、防空當直員の統制をとるため就中一名を以て防空當直當番となし他の當直員を指揮す。其平時に於ける任務は毎日會同に於て非常時に於ける分擔等を決定し，防火用具の整備及燈火管制に対する各醫局への督励。
　　非常時に際しては隣組教室防火の指揮，入院患者避難命令出たる時看護婦の指揮に任すべき當直員の任命配置（負傷者発生すれば其の手當にあたる當直員の任命）宇山救護部長来院迄玄関にありて外来傷者の割當指圓をなす。而して右當番は各教室輪番となし當番教室にありては教授並に次先任者を以て之に充つ。十三日に一回の頻度なり。
一、右に於て各教室の防空當直員を知悉し之に対し応援を定めんとするため毎晩會同して夕食を恵済団職員食堂に摂る（未定交渉中）その席上で特に防護団事務當直と連絡をとり措置に遺憾なからしむ。
一、防空當直當番は午前八時交替。先夜當番教室より防空當番なる木札と腕章を次番に送り，札は醫局前に標示する。
一、普通當直は勿論非常時には防空員となる。
一、當直員は確実に當直をなすこと。この人員を予定して諸様計画を立ててヰるから。
一、教室前通路，醫局内に於ける通路を充分なる様物品の配置をなすこと。

非常時の具体例（夜間）
警報が発せらる。不寝番守衛は事務防空當直看護婦特別隊，醫員（防空當直，普通當直）に通知して起こす。事務當直は中央の整理に当たり官舎人の来院を待つ。醫員は各教室に退避令を発す。防空當番は防空當直醫員の某々に避難指揮を命ず。

病院東隣組に焼夷弾が落ちた。防空當番の指揮で近傍教室より手傳ひを受けて消火に努む。傷者が発生した。其手當方を指揮する。院外にも爆弾が落ちて死傷者発生せるものの如く病院玄関につめかけて来た。當直當番は玄関にありて各科に割當てる。と云ふ様な紙上の計割であるが，事実に於いては到底期し難いこと。

各係の防空任務については他日印刷物を配布。　以上

三月八日（水）
空当直第二回合同記事　　本間
本日防空輪番　神経科
本日当直員　　丸島経理係長

神経科	堀見醫長殿，	本間（防空）外一名
歯科	吉本外二名。	外一名　変更
今内科	松下外一名	外一名
小児科	森脇外一名	外一名
布施内	里見外一名	外一名
耳鼻科	国城外一名	
眼科	丸尾外一名	外一名
理療科	小国外技術員二名	防空当直兼務外出中
皮膚科	田村外二名	外一名変更
小沢外科	大田外三名	外三名
岩外	荒木外三名	外三名
婦人科	若林外三名	外三名
福内	平田外二名	
薬局	松井	
営繕	内山	
庶務	三浦	午後九時過調査

内，各醫局総計　三十六名
本日の責任部署左の通り区分す
一、防毒係　福島内科二名
一、外来（荒木先生指揮）
　　軽症，岩外荒木先生外二名　耳科一名，計四名
　　重症，小外科，大田先生外三名，婦人科二名，計五名
一、仮収容所　眼科一名（丸尾光宏）計一名
一、病室係
　　南，山口南館　　　　　皮科一名，田村峰雄

中央，山口（神経科）　今内科一名，田中シゲ子
北，別館　　　　　　布施内一名，里見　茂
新館　　　　　　　　小児科一名　森脇忠勝
一、各科に於いて一名
一、予備員として防空当番として臨時防空本部（用
　　度係）に集合すべき者
　　　歯科二名，神経科一名，計三名
一、総指揮は醫長先生とらる，
　其の他本日打合せる事項，
　一、別館（伝染病）患者はマークをつけ，一定場所に
　　　誘導すること（火災発生等,非常事態発生せる時）
　一、当番交替は午前九時のこと。
　一、日曜当番は前日当番と同時に打ち合せのこと（祭
　　　日も同じ）　　　　　　　　　　　　　以上
防空当直員無断外出はせぬ様注意のこと。外出せん
とする者は当番まで通知すること。皮膚科三名当直の
予定二名，変更の為，皮科仮収容所責任を削除する。受持
部署決定後各病館，病館責任者氏名を通知すること。病
館責任者本部は各一階（東館五階）詰所とし，之れも予
め各詰所へ通知しておくこと。午後五時各科打ち合わ
せの時，実際当直超夜し得る者と，午後九時頃迄しか居
らぬ者と明らかに区分して報告し全ての人員配置をな
すこと，其の為当直人名表を作ること，警報発令后は用
度係室に本部をおくとするも準備監制下に於ける常番
教室，指揮者本部を定めおくこと（各科と連絡の上）

三月九日（木）　防空当直　黒田
当番　今村内科　伊藤助教授
前回の要項に従ふ

三月十日（金）　防空当直　根無　記
案　會議のある迄警報が発令されれば前日の配置
岩林，吉田先生案，各科責任部署統一し明らかにする
こと。
X科河原先生案，部署を統一し，防空当直が一度何
時でも良いから会合すること。
弓倉醫長先生案，各病館詰所に責任醫局の名札をか
けること。
市内，吉田先生，夜間仮収容所の所在地不明にして日
中の河沿の仮収容所では重軽症者のよりわけ困難にし
て救護出来ず。夜間仮収容所の位置を速やかに決める
こと。
　各科部署
　当番　歯科　弓倉教授
外来表玄関総司令，岩外，吉田先生（外二名　婦人科
二名）

瓦斬傷者　福内　二名
外来者仮収容所　眼科一，皮科一
外来重症　小沢外科三，耳科二
病館，南館本三，山口前館　X科　河原先生
中央館　山口　神経科　今内
北館，別館　市内，吉田先生
新館　小児科
醫局担任者　市内一，福内一，皮科一，歯科一，小児
　　　　　　科一　眼科一　今内一
薬局当直　三名
予備醫員　神経科一，今内一，歯科二
　　　　　　　　　　　　　　　　　　　以上

三月十一日（土）
業室研究生大澤安秀氏壮行会
防空当直　布施
当番　宇山教授
一、以後毎日午後六時二階会議室に開催す
一、今後各科の分担を次の如く決定す。
外来傷者受付五名，主任非（外傷　外科）一名，外傷
日外科二名
外来重症　四名，主任外傷日外科一名，他，外傷日外
　　　　　科一名，耳科一名
ガス傷者　二名，主任，皮科一名　他　福内一名
病館（南館東三　山口前館）　神経科一名
　　（中央館，山口後館）　　今村内科一名
　　（北館，別館）　　　　　布施内科一名
　　（新館）　　　　　　　　小児科一名
醫局指揮担当者
薬局二名予備（當直時）理科，今内一名，歯科二名
・毎日正午に其日の防室当直，普通当直の名を当番
　教室に知らすこと。
・病室主任は警報時その病館の一階詰所（新館は五
　階）に待機する。
・患者の退避は當番指揮者の命令により行ふ（原則
　として）状況により患者退避に病館受持以外の分
　担を応援さす。
・當番教室指揮者は警報発令前は各醫長室に本拠す。
　防空當直の勤務は土曜日翌午前九時迄（宇山教授）
　（ふ）12/3朝八時半迄出　宇山教授届け済

三月十二日（日）　防空当直　本多
當番　岩外　小林醫員（代理）
一、午后六時防空当直会同始まる
二、昨日宇山教授により決定されたる事項は原則と
　　して変更せざること，何故ならば毎回変更す

ことは繁雑にして時間を要し，水掛け論に終る恐れがあるから．
三、然しながら，病館係は一名ずつでは到底指揮不可能なる故二名ずつにしてはとの意見があったので，此れを二名ずつとなし比較的手の空いてる所から四名を病館の方へ廻し当直の人数を現在より増加させるのではない．従って予備員から二名と假收容所は作らぬこととなったから，そこから二名と都合四名を病館へ廻したらどうかとの小林醫員から提議ありたるも，避難と防火，患者処置とは同時に出来るものでないから指揮者の臨機応変の処置により解決さるべきこととなりとの意見有力で結極否決され昨日決定のままとなる．
四、昨日決定せる所の「正午までに防空，本当直の氏名及び分担業務を当番醫局報告すべきこと」は本日完全に行はれず特に分担業務を報告せる教室は少々，多くは当直氏名のみしか報告しなかった．例へば本日当科より当番醫局へ報告すべきことは「本当直　黒田醫員　神経科醫局分担　防空当直　本多醫員　病館分担」と報告す．

三月十三日（月）
一、特記すべき質問は空襲警報発令時，玄関より醫員が入ること恐らく不可能，醫員の入口を設けられたし．
二、軽傷者を帰宅さすこと可能なりや．
三、外科手術室のやられたときの代用の器具を詰所で用意されたし，等
その他昨日に同じ．

三月十五日（水）　防空　本多
防空当番♀科　吉松教授
一、防空当番に当った科には醫長用として特別に食事を出す，当日の夕食，翌日の朝畫食の三回朝二十銭，畫夕食は三十銭で，現金持参で他の食事と同じ様に看護婦に取りに行かせること．其他は何時もの通り．

三月十六日（木）　黒田
耳科　山川教授（当番教授）
山川教授より夕食を共にする様にしたらと提案さる．夜間の救急処置に就いて万全の計畫を庶務の方に希望．節約を旨とすること．電燈のつけ放し，其他に注意さる．
教授の金大在職中の話をされて其の当時十分に気をつけるときは九割の節約が可能であると．先生御自宅のガスの使用にも觸れられ常に最低料金で行って居ら

れる由，大に参考，教へられる所がある．

三月一七日（金）　根無
皮科　谷村教授（当番）
醫員の各部署前日同様
注意事項
燈火管制を厳にし．ガス管の栓を充分にすること，火災予防．
意見
①看護婦の割当を明らかにし自分の部署の看護婦人数を知りおくこと．夜間は重点主義に配置されたし．
②仮收容所を布内，福内，小児科，診察場にすることはばらばらになり混乱する故玄関の入口でしては如何．

三月十八日（土）
福田正治君（北支天津）休暇にて来院．同学の士，二人軍醫でいると

三月十九日（日）　木内
福島内科　福島教授当番
部署前日通り
其の他著変なし

三月二十日（月）　本多
当番　布施内科　吉田助教授
部署　何時もの通り
一、日曜日は平日と全く同様のこと
二、祭日は午前九時（四月より午前八時）より打合会を行ふこと．従って当日の防空当直は午前九時より責任を持つこと．
三、祭日の当直醫名及び部署通知は午前九時の打合会において行ふ故平日正午に行ふ前記の通知は行ふ必要なし．
四、院長各係長会議に依る決定事項
（イ）傳染病患者も他と同様避難させねばならぬ故見分けの方法を考へること．
この事項に関し本日吉田先生より赤札に病名の漢字頭文字を書いてはとの意見あり．
（ロ）防空当直は警報がでれば各一階（新館は五階）詰所に待機のこと
（ハ）日曜は平日と同じく当日の午后五時より翌日午前九時まで，祭日は午前九時より翌日午前九時まで
（ニ）当直は午后十時院内巡視のこと
（ホ）軽傷患者は福内，小児科にて処置を行ふ
（ヘ）外傷は両外科にて

(ト) 空襲警報発令により入院患者を避難させ，一般の人は其場で待避
患者は茣蓙，毛布又は夜具一枚，湯呑茶碗，其他必要に応じ便器を持って避難しその他の者は竹持せざること．
(チ) 当番の醫長又はその代理者が責任を持ち醫長先生不在の時はその次の出来るだけ古い人を代理に決めて更に次の人と五人位まで決めておくこと．
此の項に対し相当反対あり，即ち后任を多数決めることは責任のがれの感ある故当番の長となった者は絶対的に責任を持つことにした方がよい
(リ) 夜間救護所を設ける場合各診察場の看護婦一名又は二名を待機させること．当科は二名
五、其他電燈の消えた場合自家発可能なるも重油に限度ある故余り期待出来ぬ故懐中電灯，蝋燭を用ふること．電池は多少備付けあるも消耗品なるため充分に備へ得ない
六、水道破裂のさい飲料水として四ヶ井戸を設けたるも飲料に適するものは看護婦寄宿舎前と経済團前の二ヶ所のみである
七、明日祭日なるも祭日の際の打合会の時刻は本日始めて発表せる故明日の当直醫に通知困難にして敢底しがたき故明日午前九時に間に合はす場合は前日の当直が代理出席をなし各々引き継ぐべきこと

三月二十一日（火）祭日
防空当番　神経科　堀見教授，防空当直　根無
午前九時五分—四十五分迄（会議室にて打合せ会）
防空業務分担（五名）
1、南館，本三，山口前館　根無（神）
2、中央，山口後館　川澄（今内）
3、北館　別館　友国，河野（布内）
4、新館　古見（小児）
救護所分担
1、受付及軽症治療係（五名）
　　主任，太田（小外）　係（河合，萩の（小林・学生）
　　　　　　　　　　　　（牧坂・吉原（♀科））
2、重症治療係（四名）　係（小森　土井（岩内）
　　主任　小林（岩外）　　　（柴　（耳）
3、瓦斯治療係（三名）　係（政富（福内）
　　主任　岩（福内）　　　　（飯沼（眼）

4、仮収容所掛（二名）
　　主任　池田（皮科）　係，小野（今内）
5、助産婦救護係（一名）　係，水口（♀科）
醫局指揮担任者（十三名）
布，（大阪）神（曽谷）歯（大野）今内（渡辺）
眼，（吉田）岩外（近藤）理（大石）小外（陰山）
婦（水口）耳（尾崎）皮（浅野）児（秋田）
　福内（中崎）
薬局（三名）　落合，近藤，松室
本部予備員　理（廣津，和田，山田）
　歯科（横田，武田）　　　　　　　　五名
合計　四十一名
事項
1、役割決定
2、学生の件
　病院警護の為数名の学生当直制
3、従前　三十分以内及一時間以内病院に到着しうる　醫員　氏名調査しおりこと
4、看護婦特別隊の防空監査の是非
5、各科とも当番の時は出来るだけ教授もしくは助教授正式に当直すること　現在当直しない科あり
6、本日の当番教室教授代理の順位を次の如くする
　①小林　②太田　③小野醫員
当番醫長当直室　新館二階東側中程
希望事項，（一）救護醫員乃至は教室居残り醫員にも三角布二枚当て持ち得る様手配ありたし
（二）二週間に一度，時局対策委員会にでも防空当直制に関する希望事項等を検討すること．祝祭午後九時—午後十時（阪森，堀見，根無）
（一）燈火が直接漏れる所数ヶ所ありたり（別館一階，北下東活所副室，南下東病室，山口二階前館病室）
（二）眼科前便所暗幕無く電燈明過ぎ，不要の所に遮光の黒布附しあり．
（三）防火用梯子，夜間診察室内に入れおくこと可ならざるや．
（四）本館地階，薬局前廊下に雑物多数積みあるが避難場所として使用するならば可及的広く空けおく方が可なり

三月二十二日　防空　三輪（南館，本館三）
院長　列席　本当直本間（醫局）
当番司令　今村内科，代理伊藤助教授
本日の協議事項
一、当日の防空役割は各醫局より当番醫長宛に，そ

の醫局の役割の人名を届け，以て四時より六時迄の間隙をなくし，会議の短縮をもはかる。（院長賛成）

会議の時は，申告をするのみ。
一，ガス用具につき，および，懐中電燈，手術用ガス燈につき。
一，職員通行門につき（空襲時）
守衛の手不足のため直ぐ実現不可能。
一，本会議は防空のみならず，病院一般の事に関し，皆んなの鬱憤を聞かんとて，行われたと云う理由もある故，何でも，院長の悪口でもよいから云って戴きたいと院長より挨拶ありたり。
一，本病院が，戦力に関係ないやうな，病人等に追はれているのは，醫員として甚だ遺憾なる故，日赤の如き方法も考慮されたし，との川原助教授に対し，院長，目下考慮中にて，私としては，研究員の確保もある故，又，教育の都合も考へて約半分くらいの入院も陸軍の管理に致したく，目下，今村教授に，醫務局へ相談に行って貰っている。

三月二十三日　防空　黒田（南館，山口，別館，本三）

当番　歯科永井助教授
防空当直の者の氏名を当日午前中に庶務へと届出のこと
第一，二，三代行者（当番者事故の場合）
永井講師（X科），田村醫員（皮科），長雄醫員（布内）

三月二十四日　防空，布施（南館，本館，山口，別館）

当番　眼科宇山教授
代行者　碇醫員，小野醫員，梶山醫員
提案　一，非常時手術用消毒かまど及び薪を用意すること
　　　一，祭日の当番を交代制にすること
以上，次回の協議会にだすとのこと
夜九時半，非常呼集あり。看護婦宿舎のスピーカー故障の為看護婦の出勤遅れる。其の他伝達法に一工夫を要するものと思ふ。

三月二十五日（土）　防空　園田（南館，本館，山口，別館）

当番　岩外
総司令　院長
代行者　荒木醫員，吉内醫員，最古参醫員
主なる事次
一，非常呼集の場合は特に指定なきときは新館一階に集合の事
一，本部は左の箇所に置く
　一，新館地下
　二，福内ポリクリ室
一，水道断水の場合は院内の井戸を利用す。但し院内には六つの井戸あり，うち，二は使用不可能，二はそのまま飲用に供し得，他は浄化して飲用に供し得。

偶々報道あり。今晩及び明朝に於いて爆弾演習あるべしと。或人曰く「院長の精進がよくないからさ」と。院長憤慨，直ちに総員配置を命ぜらる。時に午後八時なり。以下に少刻の後，右は軍の警備演習にして本院職員は之に参加せざるものと発表せられ，各々○○を解く。

三月二十六日　日　防空　曽谷

防空当番　理診療科
総司令　川原助教授
次席　　浜　岩﨑講師，前田布内講師
主なる申合事項
一，非常通路として新館北口より竹尾研究室に通ずる入口を開く
一，伝染病患者は院長の命のあるまで其の儘
一，避難患者は独歩を先に担送を最後にする
午後九時三十分，院内防護団に空襲体制とらる。河原司令巡回す。看護婦寄宿舎に拡大声音器なきため参集遅し。待機姿勢と非難姿勢の聴き方むつかしく過てる当直のところあり。空襲体制に入るに窓硝子を解放せざるもの殆どなり。

三月二十七日　防空　園田（南館，本館，山口別館）

当番　小外
総司令　小沢教授
代行者　永井醫員，吉田醫員
歯科当直より申伝として昨夜の演習に際し本部へ赴きたる所待てど暮らせど総司令の姿を見ず大いに当惑せられたりと釘を打たれたり。

三月二十八日　防空　本多

当番　婦人科
総司令　吉松教授
代行者　布施内，岩外　笠井醫員
特記すべき事項なし

三月二十九日　防空　本間

当番　耳科　山川教授
特記事項なし

三月三十一日　防空　布施
当番　　小児科　巽講師
当直室の布団を時々代へるとの希望出す

四月一日　防空　本間
当番　　福島内科　木谷助教授
代行者　布内　吉田助教授
特記すべきことなし
別館一階退避計画の時, 布内へ通報
一, 原則的に別館一階内にて待避せしむ
一, 止むを得ざる時は（火災等の場合）は山口神経科
　　地下室（山口後館）に待避せしむ

四月二日　日　防空　園田（本館, 南館, 山口前館）
当番　　布施内科
総司令　布施教授
代行者　原田醫員, 片山醫員
主なる事項
夜間及び西隣に救急患者受付を何処で処置すべきか
右に関しては木曜会に於て決定せられたしと希望せらる

四月三日　神武天皇祭　防空　本多代理布施
当番教室　布施内科
司令　　　吉田助教授
本日に限り部署一部変更有
　神経科醫局, 本多醫員
　南館山口前館　福内松尾醫員, 泌科清水醫員
本日の打合せ会, 午前十時始まる。庶務で勝手に十字にする。他誰も知らず
今後祭日の打合せ会は午前十時とする
当直の受渡しは各醫局に於て決められたしと

四月四日　火曜日
当番教室　神経科　責任者　橋田講師
会議の結果, 当神経科当直員は壱名にして, 醫局別館一階, 山口館神経科病室の避難にのみ配置せられ, 従来の南館本館の分担解除されたり。
専攻生　前防玄達氏, 明日五日廣島陸軍病院応召予定。
助手　　本多弘氏, 四月十一日より軍醫予備員教育応召
同窓会員　梁忠雄君, 全右, 十日挨拶に出院
別館一階の待避所は同地下室の西側の方に整備する必要あり。暗幕不良につき管制時危険なり, 注意を要す。
非常措置として醫員二名当直制を決定したるも要員不足の為一名当直とす。教室防護等の為, 学生一名応援当直とす。倭, 大澤, 浅尾, 有岡君等

四月十二日　火　防空　園田
当番　　耳鼻咽喉科

司令　　山川教授
代行者　武田醫員, 田村醫員
第三十回近畿精神神経学会, 午後二時より開催, 五時過終了。久保, 三浦両教授, 用事及び病気の為欠席。堀見開催, 開会と司会。
座長, 堀見, 富岡。第三及び第十番演題中止。根無君の演題に対して, ○○学教室○○君, 笠原教授の追加討論あり。総員十一, 二名にて終了

四月十五日　土　防空　三輪
司令　　木谷助教授
本日より「学生の防空当直」あり。役割に相当の問題あり。又, 学生の食事の問題等あり。

四月十六日　日　防空　醫長, 黒田, 堀田（学生）
司令　　堀見教授
土日祭日を疎開配置される。事務当直　中東君。

四月十八日　雨
防空責任　布施内科　吉田助教授
代行者　　荒木（歯科）, 田村（皮科）
神経科出展, 学生弁当, 行方不明の件
事務側では20個確かに出したと云ふも, 誰の手を経たか不明。惠済団側とよく連絡する。通常食は間違いなく配当すると言明。直ちに切符制を採用せず, 今後弁当仕出しの時は十分注意をする。

四月十九日　防空　橋田講師, 園田
司令　　橋田講師
代行者　川原助教授, 田村醫員
非常時に際し直ちに活動を開始すべきは外科である。然るに最近外科員の当直者に老練の先生の名前を見受けない様になってきたのは甚だ遺憾である, 院長の考慮を求むとの希望があった。

四月二十六日　黒田
司令　　永井講師
代行者　田村醫員, 黒田醫員
司令より,「醫局責任者として学生を置くことの可否について昨日の意見について如何になったかと。事務の方に尋ねた所, 未だ決定せず, 教授会で決定されるだろうと」
一般の古顔の少ないのは如何なることか。田村醫員の顔も見えなかったので, 小生が司令の次に古顔とはあきれる。先輩の奮起を望む。

四月二十八日
府庁三階, 第二委員会室にて, 府下精神病患者対策懇談会あり。森君の説明あり, 三橋博士より府救護団の組織の話あり。結局, 院外患者は出来るだけ田舎へ疎開,

出来れば入院。入院患者カード三枚作成が理想。空襲時，救護の時は事務にて醫師により興奮患者の處置鎮静剤注射等をする。長時間収まらざる者は入院のこと。

佐々木秀次君，数日前逝去，葬式も済んだとの話，本日橋田先生より話あり。四年以上の療養生活効なく残念なり。全夫人は既に逝去。遺子二人？　一人は野田先生宅へ引き取られるとの事。（以上は府廳でのお話し）

五月一日　月　創立記念日
広江和一氏（旧教室員）来院。健康修練講演會出席の為

五月四日
午後五時，臨時醫局會。醫長，布施，黒田，三輪，本間，根無，千島，西川，曽谷

防空演習に関する件

大阪府下四市における中軍管区下に於ける抜き打ち防空訓練を五月上旬に行ふ。花火を打ち上げて直接空襲警報を発令す。終了は電話を以てす。約二時間にわたる。

空に現れた飛行機は凡て一機を十機と考へること。赤紙，白紙を以て，焼夷弾，爆弾代府。避難は軽症，独歩のみ，毛布持参。当直醫を二名に増やすこと（八日迄）

貴重物品持ち出しの演習をなすこと（特に軍部の希望）。各醫員個々の重要物品は紙袋にでも入れ赤紙を貼って誰でも持ち出せる様にすること。其の後診療治療に対する改善策対策を協議する。

五月五日　金　三輪
午後六時，訓練空襲警報発令

予ての準備通りはりきり居るも爆弾落下せず，午後八時終了。

五月八日
軍醫予備員教育を受けて，本多醫員，無事軍曹に任官。発院さる。

五月十八日　木
根無醫員に召集令状来たり，二十日金岡病院に入隊することになる。同窓，梁先生にも然りと。午後四時三十分，壮行会を開く。

参会者　醫長，橋田，布施，黒田，三輪，千島，本多，本間，有岡，山崎，曽谷

醫長，壮行の辞に対し，根無醫員，答辞

初ものの苺，珍しく味覚満喫す。

嘗て業室研究生たりし布施内科の牧浦醫員も同様に応召される。

五月二十日　土曜日
根無醫員，本日，金岡陸軍病院に応召せるも，即日解除となり来院登局さる。牧浦，梁先生は入隊す。

防空当番　眼科　宇山教授

分担（神経科）別館山口

代理司令　小外　原田先生

就寝前，醫局責任者は，火の元を厳重に見回り管制にも留意する事

神経科當直　本多，当直学生　田中

六月一日
昭和十九年四年次学生実習開始

六月五日
学生二年，明石君，家の都合にて退学，郷里にて中学の先生をやると，母堂同伴にて挨拶に来院。

石外一郎氏，移宅（応召中，陸軍醫大尉）

奈良県磯城郡三輪町字三輪九八地

六月七日
第二衣料廠醫務部長當部員　軍醫中佐　朝日勝一郎
　　　　　　　　　　　　　　軍醫大尉　杉原方

来局。堀見醫長に挨拶さる。日焼けして輪郭の逞しくなつた杉原君が三つ桜の襟章の姿に微笑していたが，他にも挨拶回りするため草々に帰る。

　故　佐々木秀次先生の弔辞　曽谷先生記

謹みて故醫学博士佐々木秀次君の霊に告ぐ。君は夙に仁術済生を志し，醫学を修め昭和七年三月大阪醫科大学を卒業するや和田豊隆教授の門に入り精神神経病学を専攻し附属醫院神経科に於て臨床をも併せ修められたり。事に当るや至誠直摯上下の敬愛を集め附属醫院中屈指の大教室たる神経科の中堅的存在をなし必須の醫員として活躍せられたり。特に社会的関係の複雑なる精神病患者の治療保護にあたりては独特の手腕を発揮して之を処理し諸方面の信任を得，教室の運行を円滑促進せしめたる功績顕著なるものありき。尚斯くの如き余暇少なき仲にありても学術的研鑽を忘らず，視丘下部の細胞組織学的研究成りて昭和十年栄えある醫学博士の学位を得らる。洵に君にして初めて遂行し得たる環境裏と云ふべき其努力は構成の範とすべきなり。而して後輩醫員の指導，臨床上の手解きにあたりては懇切丁寧，和田教授指導の側面的協力見るべきものあり。幾多後輩醫局員は君を徳とする者多し。斯くて診療研究に寧日なく現今戦時下の如く滅私奉公の変調せられざる時節既に君は私を滅して専ら神経科の為一般病者の為に力を尽せり。此の結果細長瘦躯なるも鋼鉄の如きを誇りし頑健なる身体は遂に病魔の侵すところとなり暇初の床に臥せらる。吾人等は須臾にして恢復され再び共に研鑽する日を待ちたるも病状思わしからず長期療養を目的として吾々が附属病院を去られたり。以来親しく枕頭に見舞ふ機會なかりしも吾等は君が闘

病経過を聴きて意を強くし只々全快を祈り居れり。然るに何ぞ也。君の看護専一なりし御令閨には図らずも病に斃れ先立って逝去さる。吾等の驚愕にもまして君の愁傷落胆の程を拝察して哀悼の意を述ぶるさえ躊躇せり。君の精神的打撃如何ばかりか肉体的のそれに立ちまさりて君を傷めしものを知る。此の年月吾帝国は未曾有の決戦状態に入り世の人々皆闘志満々として職域に立つ。君に於ても嘸かし再起の念に燃え闘病力は益々旺盛となり洋上に努め度々の音信により秋の野辺を散策せる姿を想像せり。かくて昭和十九年となり漸く春萌え水ぬるみ桜花さそふ風美しき四月となり無事越冬せし喜びを君と共に祝わんとせる時遂に君の訃を聞く。何に闘病ぞ神仏の加護なきを恨むのみ。嗚呼二児遂に孤となる。縁無き輩と雖も哀哭の涙を注がざるべけんや。君の心中察するに余りあり。君が醫局勤務中鍛錬の為六甲の山野を跋歩せし痩躯彷彿として再びかの謦咳に接しえざるを思ひ吾等が胸痛む。醫局にて金ブール試薬調整にあたりて底光りのする大いなる眼を注視せる面影は懐かしき幻のみ。君は逝きたり。されど堀見教授指導の下に視丘下部の研究は君の遺せし業績をして幾多の後輩は之に続き今や世界に冠たり。君の指導を受けし醫員の頭脳の中には君に依りて植えられたる醫術の種をひそめて成長しつつあり。君に救われたる患者にして助からざりし命を今更求めて非常時に各々応分の力を尽して奉公せるもの数多くあり。君の生涯たるや短かりしと雖も以て君は瞑すべく吾等後輩は君が後に醫学研究に邁進すべし。而して君が最も後顧せしなるべき二孤児は更に恵多く慈愛深き環境に養育せられつつありと聴く以て安じて瞑せられ泉下に於て令閨と共に其の成人を見守られんことを。吾等神経科醫局員は君を直接識ると識らざるとを問はず等しく君が功績をしのび深く哀悼の意を表す。願わくば在天の霊よ来たりて受けられよ。謹みて和風会員神経科醫局員一同君を追慕し以て弔辞とす。

六月十一日

醫局鍛錬會　甲山―仁川コース

午前十時半甲陽園集合の予定が醫長先生の半時間遅刻と思はれたが，実は遅刻どころか早すぎたのであるが，あわてて直接甲陽園にいらしたためと，浅尾さんがカメラを忘れた等で一時間超過。その上大変な忘れ物で西宮北口で乗換への時浅尾さん行方不明。浅尾さんと呼べど答へず返事なく一行は普通車にて夙川に向かふ。残された浅尾さん，待てど暮らせど一行の姿見えず，西宮北口にて約一時間以上も待ちくたびれて楽しみの鍛錬をせず帰られた由。ああ残酷なる哉，とは言え一行は甲陽園できっと六甲まで乗り越したるものと思ひ二時間待つも待ちきれず（実は空腹感がおそひくるため）甲山神眺寺に向ふ。入梅と恐れていたが上天気，絶好のハイキング晴。

醫長，橋田先生を先頭に根無，本多，黒田，千島，学生，樋洗，倭，大澤，有岡，看護婦，竹本，熱田，田井さん，十三名は甲山頂上にと更に歩く途中，山百合が咲き私達を歓迎してくれる。見下すとある広大な西宮球場は小さくて銀波の中に点々として人家が見える。今建って居る所が余り高くなく感ぜられるので700米もあるかなと独語。さあどの位かと地図を開いて見れば300米といふ低いのに驚く。又〇〇（ママ）があれば素晴らしい見物だがと話合ふ中に頂上に着く。さあここらで昼食用意。第一番に蓋を開かれたのはどなたでしたでせう。丁度目前は宝塚ゴルフ場，逆瀬川ゴルフ場が見え淡いコバルト色の五個池に二三名の泳ぐ姿も見えて私達の心を誘ふ。五個池より仁川に出るコースは実に素晴しい。甲山を背景にすると丁度高原地帯の如き景色で十三名一行はその美しさに茫然として幾十枚もカメラに納めてしまった程。天気は良く歩程は中等度で疲れを憶えぬ中に仁川駅に到着す。駅には予科練の面会人が多くその中に入って西宮北口へ，それより大阪へ神戸へと楽しい我が家に。午後三時半解散す。

六月十五日　木

大本営発表。十六日午前二時頃。北九州地方敵機20機内外来襲。9機墜落，我が方の損害軽微。

午後越し過ぎ警戒警報発令さる。醫長先生は直ちに分院に行かる。残留醫局員，布施，三輪，千島，本間，黒田，根無。当直学生，各部署に配置「敵機来れば来れ」の用意完璧に出来る。午后八時に病院より飯の配給あり。午后九時当直醫の外に一名の醫員を遣し他は帰宅しても差支へなしとの事により，くじの結果，本間醫員，臨時當直。夜間，各醫局に於て醫員不審番せよとの命により，根無，本間，醫局に於て不審番をし目をきょろきょろさしておりたるも異常なし。隣の今内の醫局の不審番，うたいをやり眠気ざましておりたる模様なるも時々聲低くなる。

六月十六日

午后二時四十分，空襲警報。半鐘をたたく。監視所は新館及び理髪場に置かれる。空襲時には電燈なくとも中庭側の椅子は除かれているので，その側を手探りで通ること。六月十六日夜より醫局及び屋上に於て不審番をなす。醫局当直は布施内科醫員と打ち合わせをし

て午前二時を境に（當科は後半）お互いに監視する。屋上は北館に於て立哨する。敵機来襲を見張る（監視哨は院内五ヶ所，その中二ヶ所を醫員が受持ち事務側を助ける）。

六月十七日　土

本日も引き続き警戒警報中なるも各醫員の部署配置は従来通り。敵機病院上に来る可能性ある時半鐘を七回打ちそれを聞いた者は誰でも直ちに院内へ報告し待避する。代行司令，荒木，谷先生。

六月二十四日　土　黒田，学生相本

午後六時防空会議開かる。当番教室　耳鼻科（山川教授），代行司令　仮谷，土田先生

庶務の方から次の如き話があった。（数日中に河原田知事，統監の下に防空救護隊に対して抜打的呼集を行ふとのこと）。退庁後非常呼集のあった時は防空当直のものは次の如く行動す。

一、当番教室より直ちに救護所開設命令が発せらる
二、軽症治療主任は係員を連れて直ちに病院玄関に出ること。其の際鉄兜，防毒面，腕章携帯を忘れぬこと
三、治療所は福島内科の診察場を之に充てる
四、瓦斯治療係は（二）の場合と同じ服装をなすこと
五、仮収容所主任は，鉄兜，防毒面，腕章をつけて，係員を連れ新館一階，二階の空室及び広場に待機すること
六、薬局の係は瓦斯治療其の他の要する薬剤の点検
七、看護婦の特別隊は全部出勤のこと
八、本院は警察署長の命令に依らず，大阪府知事直属の特別救護隊となる
　仮収容所の主任は府の命令に依り必要ある時手術の指導班を出すこと

六月二十三日　金

醫長，学術振興会委員会出席のため上京。

六月二十四日

石外軍醫大尉この度特設独立部隊の高級醫官として目下金岡中学にて集合命令待機中との挨拶に来院さる。行先は全く不明の由。

六月二十七日　火曜日

抜打的防空救護訓練は三十日暁に実施さる由。其に対する対策は目下研究中につき二十四日決定の方針は之を解消することにする。

三輪醫員十日まで帰省，代行は本多醫員。

六月三十日

江川昌一君，七月一日豊橋陸軍病院に応召の由通知あり。

本多君，七月一日午前九時，金岡病院へ応召入隊せらる。

倭君は海軍短期現役に召集の通知，十四日入隊せらる由。

布施君は病気欠。微熱が続いておる由。

六月二十九日

本多醫員応召壮行會併実習学生歓送会
参列者　本多，倭，樋渡，相本，畑中。
　醫長，橋田，曽谷，千鳥，根無，黒田，大澤，浅尾，岩井，西川婦長
　午後七時半より開催
醫長祝辞及び歓送の辞

本多君は身体愈々壮健。自ら短期軍醫を志願せることとて今更覚悟は出来ている筈，唯々自己の思ふ所へ邁進すべし。四名の学生諸子は新しく重荷を荷った感があると思ふが，愈々勉学にはげまれたし。

本多氏以下四名各々の挨拶あり

倭氏は海軍短期現役志願に合格し七月十四日に軍醫学校に，樋渡，畑中両氏は海軍委託学生なればいよいよ本職に赴く。相本氏は身体的都合に依り軍陣を望めず醫局に勤務する。醫局員一名減ず。而して時局の重大と共に残れる醫員に更に更に大目的完遂のために任務の重きを宣せらる。

六月三十日

醫局會決定に依る診察割
月　堀見，橋田，曽谷，其の他
火　当番醫員
水　堀見，橋田，曽谷，其の他
木　当番醫員
金　堀見，橋田，三輪，其の他
土　当番醫員

火木土は新患のみ七人迄，其の他止むを得ざる者二三人にとどむ

投薬，注射を一人火木土にする必要あり

六月三十日　黒田，学生岡本

午後六時防空会議開催

司令　宇山教授，代行司令　耳科黒田講師，布内　長雄先生

七月一日午前六時半臨時救護所開設命令が発せられる予定

一、資材の設備を十分にすること
一、受付を田蓑橋と病院の玄関に置く
　田蓑橋の受け付けは患者を瓦斯患者とそうでないものに分けること

玄関の受け付けは重症と軽症に分けること
一、軽症治療所は布施内科診察場とす
一、重症治療所は小澤外科
一、各科の治療所は醫局責任者が之に当る
一、仮収容所　新患一階
一、手術指導　第一班　小澤外科，第二班　岩永外科より

七月一日午前六時半各醫局から醫局員一名薬局前に出頭。

七月一日午前六時半，臨時救護所開設の命，発せらる。堀見教授には早くより醫長室に出らる。黒田及び学生岡本は神経科治療所に武装して待機す。西川婦長以下看護婦諸嬢も張り切って待機す。七時四十五分救護所解散命令発令。

七月四日　火曜日

午前九時警戒警報発令。臨時防空当直員一名増員命令さるも神経科は之に応ぜず倭学生の援助を以てす。午后三時岩永院長列席のもとに防空会議開催。指令は岩永，荒木，中尾の順。

七月一日

江川，本多両兄応召，各々無事入隊。

七月五日

夕方，本多見習士官来院。八日輸送小隊編成二十五部隊に転属の由。近く出兵の由。午后五時半警戒警報解除となる。

七月十二日

三輪先生帰阪登院。承れば去る六月二十九日華燭の典を挙げられ更に新たなる発足をされたり。今後の頑張りも二人揃ってと覚えられ吾等は大いに期待す。七月十四日布施君病欠の処本日来院。尚しばらく養生する様進める，元気あり。

七月十六日

午後一時半本間君より電話。本日午前九時除隊になったが同時に召集になり午后入隊予定。天王寺美術館裏中部防空集団本部へ。

七月十八日

サイパン全員戦死の日
昨日より椿原君（二年生）来る。
本日一年生二人見えらる（夏季実習）八月末までの予定
中島威郎　南河内郡富田林新堂七五二（富田林一一三）
土居平嗣　市内東住吉区北田辺八四二（天王寺七二三三）
マラリア採血，血球計算，血液染色

其の他，脳組織の肉眼，顕微鏡実習の予定
根無醫員本日より長期病欠される。充分に養生され元気な体で再勤務されんことを切に祈ってやみません。曽谷講師を初め布施，三輪先生，頭を並べて御静養中。
醫長殿本日当直される。

七月十九日

手不足の為山崎君応援。奥西君も軍服で注射を担当

七月二十日

三輪醫員出勤されるも曽谷講師サイパン島玉砕にて寝ていられぬと出勤されるも疲労の為か本日欠席される。御自愛されんことを祈る。

七月二十二日

千島醫員腹痛。小澤教授受診アッペかもしれん「安静にて」との指示。病室にて安静越夜。醫局働きのナンバーワンたる千島女史，危なく手術かと案ぜしにからくも軽快せるは吾等醫局にとって如何なる幸いぞ。めでたし，めでたし。

倭馬左也，樋渡志良君より便り。横浜市戸塚区原宿海軍軍醫学校戸塚分校在

七月二十二日

準備管制実施要領
一、前半夜（当院は特に日没より十一時迄と定む）
　　一二階は必要最小限の燈火とし三階以上は直射光が窓や入口から外側に出ないように注意
二、後半夜（当院は十一時以降とす）
　　空襲管制と同様に消燈するか光が絶対外部に漏れないやうに遮蔽幕を厳重に閉めること
　　（注意必要程度の照明とは概ね一坪の廣さに対し五燭光以内の割合にて一灯五十燭光を励起せんものは不可とす）
三、不在室，便所，炊事場，洗濯場，階段など常時管理責任者の居らない箇所は日没と同時に消燈すると同時に遮蔽幕を閉めて置く
四、已むをに得ず明く電燈を使用せんとする時はカバー等を用ひ直射光が外部に出てしまうことに注意すること。以上

七月二十五日

本間正保君，見習士官の軍装も厳しく来局。マラリヤ集中法の指導さる。

七月三十日

本多君，本日午後九時梅田出発され，浅尾君見送りせりと。

八月一日

病院内にも火事の虞来るか

病室では蚊遣火の始末悪し。小児科ではガスの火より暗幕に移ったとのこと，充分に火の気に注意をなす。灯火管制を厳重にして監督をなすこと，翌日責任を問はれることあり。（防空会議より）

八月四日

午後七時，警戒警報発令

八月五日

午前十時半，右解除

今回実施さる神経科今村内科合併當直制につき各醫員の連絡面識必要の為本日午後一時今村内科醫局に集合し，各々名乗り合へり。明六日より実施。申し合わせ左記の如し。

神経科・今村内科當直合併に関する申合
一、昭和十九年八月六日より九月末日の間，今村内科，神経科の合併當直を実施する。
二、夜間當直は男子醫員を以て両科交代に行ひ，日曜日の日直は女子醫員を以て交代に行ふ。
　注意　八月　今村内科，奇数日。神経科，偶数日。
　　　　九月　今村内科，偶数日。神経科，奇数日。
現在員　男子醫員今村内科七名，神経科四名。女子醫員今村内科四名，神経科一名。
三、當直醫員及び日直醫員は両科の防空當直をも兼務するものとす
　附　両科に於ては，他に学生を宿直せしめ防空當直をせしめることあるべし
四、當直醫員は午后五時より翌午前九時迄，両科當直を兼務す
五、日曜日の日直は午前九時より午后五時迄，両科日直を兼務す
　注　両科並びに各員交代には最新の注意を払ひ勤務時間に間隙を生ぜざる様注意すべし
　附　尚，當直醫員は両科の當直日誌を各々記入するものとす
六、當直醫員，事故の場合は当該科に於いて補充するものとす
七、日曜日総廻診は各々自科の當直醫に於いて責任を持って行ふものとす
八、當直醫員は夜間両科の重症其の他特別患者の回診を行ふべきものとす
　注　午后五時迄に各科に於て重症特患の申継を行ふこと
九、午后五時以降と云へども醫局員在席の時はなるべく其の自科の当直勤務を代行すべきものとし，帰宅時に必ずその旨當直醫員まで通知すべシ
十、當直醫員及び日直醫員は各自所在場所を明らかにし，それを指定の場所に記入し置くべし
　注　診察場當直看護婦勤務中，各診察場の受け付け
　　　診察場閉鎖後は南一階詰所及び中二階詰所に通知のこと
十一、當直学生は當直及び日直醫員の指示の下に當直を補佐すべシ
十二、本申合は以降の経験に依り変更又は添削することあるべし。　　　　　　　　　以上

昭和十九年八月六日

今村内科教室

神経科教室

申継簿及び当直日誌の引き継ぎに関する定め
一、当直日誌，申継簿，防空日誌は毎日午后五時に責任當直看護婦間に於いて引き渡すこと。但し日曜日，祭日に於いては総廻診をして離院せんとする時に他科の看護婦に引き渡すこと
二、防空日誌は現在今村内科用のみなるも神経科醫員も之を記入すること
三、各科當直日誌は，醫員起床後記入の上返却すること。　　　　　　　　　　　　　以上

昭和十九年八月十六日

今内　中谷醫員

神科　曽谷醫員

神経科当直の方へ依頼事項（今村内科より）
一、相当量喀血の場合，①心身の安静，②患側氷嚢貼置，③窒息に注意，④Ⓜ（0.5）㊎を加へて皮注，⑤10％活注（10-20 cc）静注或いはその他の止血剤，⑥脈性により強心剤適宜願ひます
二、発熱　布（0.5位）屯用，Ⓢ（0.5-1.0）屯用，悪寒なきときは心臓部冷罨法，時に強心剤を注射願ひます。
三、咳嗽　夜間咳嗽で寝られぬ訴えある時，㊗（0.02）真（0.5）屯用，Ⓗ（0.003），時にⓂ（0.05）
四、呼吸困難，突然烈しい呼吸困難あるとき，Ⓜ或いはⓃp（0.5）＋㊎（0.02 cc）注射。進行せる結核。心臓衰弱によるとき引き続き酸素吸入，強心剤時間注射を願ひます

八月十二日　土

防空会議より指示。ラヂオ拡声器は傳ふ。「午后十一時以後は空襲管制同様ですから少しでも光の洩れてい

るところは指示して当管理者の始末書を取ります」
之がため起きていなければならぬ詰所でも真暗に消燈就寝して居る所があった。

八月十五日
河口先生手伝い。和風会費の保管を堀見醫長へ移すとする傳預かり受く。根無先生来院，元気。血沈も三十分二十三となり伊藤先生を受診することはなし。
千島醫員，岩井，中島両学生に任せ○○へ出張
三輪醫員十三日より十八日まで帰省の予定

八月十六日
分院山崎醫員応援出張来院，注射を手伝ふ。高橋清彦氏，本多弘氏敬意を表しに来院さる。
山崎君，堺脳病院へ，分院よりの患者担送後の様子視察の為出張。

八月十七日
園田君，軍醫予備員教育召集の為入隊，和歌山二十四部隊。千島君婦長と共に宿泊，勉強。

八月十八日
醫長，分院備品整理の為出張。軍部へ引き渡すもの，残すもの，本院へ運ぶものを色分けして貼紙す。土曜日と勘違いして本院外来に間に合わず。残留部隊に迷惑をかける。

八月十九日
午前，堀見，橋田，学生四人，看護婦三人，分院へ出張。備品，雑品の整備。ガラス器具を本院へ運搬す。

八月二十日
午后五時前警戒警報，六時前に空襲警報。情報数度，北九州，山口縣を東進，数機撃墜。三輪，千島，学生数名来院，堀見在院。非常袋，鞄一階へ。七時警戒警報解除。午前零時前，再度警戒警報，堀見再び登院，防空本部に務める。三輪君，土居学生君，各自配置につく。
二時半醫員一名看護婦二名を残し休養命令出づ，三時過ぎ解除さる。全員稍疲労の感あり。橋田先生病欠，岩井，橋田，土居，中島，松本の学生諸君，早朝より出勤。曽谷醫員，千島醫員も元気よく顔を見せる。（午前九時記）
山崎技術員出勤。

八月二十二日
西川婦長共々分院へ出張。洗面器其の他運搬す。相本君顔を見せる。橋田講師欠勤。

八月二十五日
布施先生元気になって醫局に帰ってこられた。醫局では久しぶりに笑い声が上がった。

八月二十九日
研究生前防玄達氏令閨には八月二十七日急逝去る。告別式は二十九日午后二時より自宅にて行はれ曽谷は神経科の代表礼拝す。
院長より拝命。警報発令時定められたる職員にして出勤不能なりし者は事由書を庶務課長まで提出のこと。空襲警報の時は全員出勤のことと。

九月六日
脳研，懸田克窮氏，来訪。京都疲労懇話会へ内村教授代理にて出席の予定とのこと。病室を案内す。

九月十日
別館看護人，石田氏第三回目の応召，十四日入隊の由。

九月十四日
三年野田君，二年山田光盛君，本日より業室研究生となる。別館看護人，栗飯原氏戦死さる。

九月十六日
山崎君，二十二部隊へ教育召集。八月三十一日附分院勤務を解き本院勤務となる。

九月十八日
布施君熱発の為當直室にて休養。父君登院グッペ？入院手続き準備，河中君主治醫。

九月十九日
曽谷先生二週間連続的に病欠。三輪，千島，相本のみ出勤。

九月二十一日
曽谷君，熱発，四十度継続。デングと診断。熱及び食欲不振，羸痩著明なりと，千島醫員お見舞いに行く。布施先生も本日入院，デングらしい。

九月二十五日
森勝雄君，応召。所属は名古屋の部隊なりと，挨拶に来訪。
＜ここに印刷された転居通知の添付がなされている＞
轉居御通知
前略今般都合に依り左記に轉居致候間
此段御通知申上候　　　　　　　敬具
　昭和十九年九月
豊中市豊中本通一丁目十四番地
（阪急豊中驛西口下車
櫻の並木のある通を西へ半町）
堀見太郎
勤務先　大阪帝國大學醫學部附属病院神経科
（電話福島五一番）

九月二十六日
布施君解熱，千島君出勤，根無君来訪，曽谷君二週間来欠勤。

九月二十七日
醫長殿，熱発の為欠勤。醫局員総て御全快の一日も早かれと祈る。

九月二十八日
曽谷先生昨日より御出勤。布施先生もめでたく退院。軽いといわれたデング熱で4kgもやせられた由。

十月三日
陸軍病院大手前分室にて予備員教育中の山崎君等を訪ねる。甚だ元気良し。

十月九日
本多君父君来訪，同君友人よりの手紙に依れば発熱入院中なりとのこと，わざわざ報告に見える。一刻も早い快癒を祈る。

京大，京府大へ秋の近畿精神神経学会開催に関し打ち合わせの手紙を出す。中宮，光風寮，北野病院へも演題交渉を為す。

当科防空当番，橋田講師，病欠の為，堀見当直す。漏光多し。

十月十日
清野君入局と決定。中宮との兼任を交渉中。

十月十一日
山崎君，大手前分室を出る。手紙あり，数日間微熱の為休養したしと，御苦労なり。

十月十六日
一週来病欠の橋田講師を相本先生，代表して見舞いさる。気管支喘息にて悩みおられるとの報告あり。近来羸痩の度著しき様子。御快癒を祈る。

十月十八日
午后三時，大阪府下訓令防空演習あり。布施先生當直。醫長は緊急登院の節，下肢に打撲を受け歩行を妨げられるに困る。三輪，千島醫員も登院する。醫長は二三日病院にて養生。手島醫員看護の為宿直。診察場では，西川婦長，竹本看護婦，デングのため入院して，一般手薄。山崎先生軍隊帰りの張り切りにて出勤されている。此頃，手島醫員や土居研究学生の寄贈にて芋や栗のおやつありて楽し。

十月二十一日
醫長，足関節の捻挫経過良好。本日はじめて帰宅さる。

十月二十二日
掲示。本年九月二十五日付を以て，当醫院は労務調整令による指定事業場となり退職には許可を要することとなる。病気，結婚，妊娠，入学の場合に限る。之に反するときは国家総動員法に触れ一か年以下懲役，千円以下の罰金。

十月二十八日
午后一時半より醫局會
醫長，山崎，布施，三輪，千島，相本，曽谷
一、総廻診は形式に流れる傾向にありても他への影響上必ずすること
二、受持醫員は毎日患者を打診・聴診せずとも可なるも詰所へ行き病状を知り相談に応じ看護婦などの監督をすること
三、電気施術療法を行ふに際して醫員の監督を要す。学生のみに任すべからず。外部の紹介状を以て無条件にEショックをなすべからず。一応，診察してカルテを作ること
四、診察場各部の部署を定めて時間を利用するに資すること
五、今村内科と共同当直は連続をよくすること

十月二十九日
清野君，本日より顔を出す。将来，中宮との兼務の予定。本学の辞令発令も少し遅れる。

十月二十九日
醫局錬成會
秋晴れの日は幸いなるも今日をも恵む。久しぶりに醫局の若い者達が神戸裏山に錬成行をなす。午前十時神戸阪急終点に集合。布施，三輪，手島，曽谷醫員。岩井，大澤，野田，土居の研究学生。藤本，平尾，東の看護婦。井上研究室補助員。

神戸古狸，曽谷醫員の案内にて，瀧道を登り今は淋しい布引の瀧を眺め，布引水源地の下にして，その上流を遡る間道を再度川にぬけて〇ケ原に出て，再度公園の一隅に晝飯をとる。三輪醫員はせっかく出馬になったが，歯痛でお気の毒，看護婦さん達の弁当の立派なのに驚く。食べるものがないので出渋った学生さんも，何やらごちそうで満足してしまったらしい。一時三十五分，腰を上げて二十澤西尾根を辿る。心地よい足ざわりの林道をぬける。はるか左に淡路島が見える。神戸大植物園未完成の長谷ケ池畔で芝生の上で背を干す。女の連中はキャッチボールをして戯れる。野田君は良い聲をして独唱をしない。案外皆おとなしい。軍歌を唄はうとしてもご存じない。広い山田道を西へ西へ。鈴蘭台に向ふ。白雲の悠悠去来する青空が何処までも何処までも続いている。よいお天気に恵まれて日暮れんとする神

戸到着。それから暗い元町通りを散歩したといふこと。
十一月四日
醫員は八時半に登院する様，醫長命令あり。各々自重せられたし。（曽谷）
十一月十日
橋田講師元気恢復。
十一月十一日
第三十一回近畿精神神経学会。
於　京都帝大精神科講堂
醫長，布施，三輪，手島，黒田の諸醫員出席
＜以下の印刷物が張り付けてある＞
六、癲癇に関する研究　黒田重英（阪大神経科）
七、Hürler氏病症例　千島チエ子（阪大神経科）
八、頭部戦傷者の智能検査成績に就て　小谷庄四郎，久保敏郎（京府大精神神経科）
九、有髄神経繊維の構成より観たる人腦視皮質の構造　小谷庄四郎（京府大精神神経科）
十、間脳に於ける性中枢　三輪淳（阪大神経科）
十一月十二日
当院四階会議室にて桑田記念講演会あり。東大内村祐之教授「日本人の脳について」講演あり。
十一月十九日
醫長，千島，岩井は，相本先生をお見舞に行く。比較的元気で養生をせられていた。定期醫局談話会は第一，第三金曜日午后四時より行はれる。日曜は第一，第三半日勤務。
十一月二十七日
十二時四十分，警戒警報発令。間もなく空襲警報となる。各員部署に就き準備怠りなく敵機襲来を待つも大阪には侵入せず京都に赴けり。十四時十分警戒警報も解除さる。
十一月三十日
三輪先生二十四日より病欠，十五時より料金（薬剤）値上げに付関係詰所看護婦長を集めて委員と打ち合わせをなす。

Bネオ	十五円
Bネオ兼検査	十五円＋四円五十銭
ルンバール検査	四円五十銭
乙ネオ	拾円
電気ショック	五円（入院三円）
インシュリン一回	三円（自宅より薬を持ってくる人に限る）
診断証明書	一円，三円，五円，拾円

十二月五日
獣醫学校生徒に対して醫長の講義あり。
十二月六日
三輪君出勤。
十二月十九日
醫長，熱発の為休診。曽谷，千島，見舞いに行く
食欲不振で一寸御痩せになられた模様。一日も早く恢復されんことを醫員一同望む。
十二月二十日
黒田，西川婦長，再びお見舞い。
昭和二十年正月元旦
聖戦第四年の春を迎ふ。鉄兜，巻脚絆の溢れる街々には緊張一色。病院内も羽根つく音のみ新年らしく，敵の襲撃を覚悟して迎へたり。午前九時すぎ，堀見醫長をはじめとし，橋田講師，三輪，千島助手，黒田，清野醫員，布施特別研究生，旧年中病欠の相本，根無先生まで顔を揃へていと賑やか。出征中の高橋中尉も発展ぶりを示す。時局柄杯を挙げて謹んで万歳を唱へ，戦争完遂の決意を新たにす。
一月二日
醫長初回診あり。布施，三輪，清野，曽谷，出勤す。
一月三日
嬌敵初空襲。醫長，三輪，千島，布施，防護出勤す。
一月二十九日
大阪府より入院患者疎開先，小関院長の承認を得て，府立中宮病院と決定す。
三月十四日（第一回大空襲）
早暁の空襲により，堀見醫長先生宅も相当の被害。病院も相当数の焼夷弾を被り患者避難混雑すと。
三月十七日
早朝，敵機神戸に来襲。曽谷先生宅全焼。
三月二十日
山崎先生，応集
部隊は広島市宇品町暁第二九四〇部隊。醫長，奈良縣醫師会補習講演として「災害時の精神障碍」八木共同病院にて講演。日本醫師会の命令に依る。
四月一日
本日より布施内科との合同當直を実施すと。教室先輩野田氏先月逝去。中央一階，小塚外科入院。
四月九日
山崎君，新潟へ転任さるとて来院さる。暁六一四〇部隊，村松隊（船舶部隊）昨日出発さる。

浅尾，岩井，永井の三君の入営歓送会。共に十五日入隊の予定とのこと。

四月二十六日
江川昌一先生，本日教授会にてパス。醫局員寄せ書きにて祝辞の手紙を出す。

五月六日
曽谷邦男君（四月一日附廣島醫学教授属）
昨日舞鶴の中部七十一部隊へ応召。本日，来局。昼食を共にして餞別を渡し行を壮んにするなり。家族は徳島へ疎開。ラヂオ放送に依るとドイツいよいよくたばる。南独逸に数十万残るのみと。吾人の予想や如何。

五月十二日
朝日新聞掲載の沖縄の首里及び那覇の地図が添付されている。

五月十八日
五月十一日，西宮，芦屋に投弾される。和田名誉教授の御宅は窓硝子を破損のみにてまぬがれる。

五月二十三日
官應職員の職務に関する件，文部次官より通牒を院長より移牒。休日勤務及び休務に関する件。第二，第四，第五，日曜日は半舷上院とす。

本間君，明日朝鮮へ配任。送別会法営にて行ふ。

五月二十八日
二年次（第三学期目）佐藤昇君（市岡中から六高），本日より業室研究生に入る。

六月一日（第二回大空襲）
午前九時空襲警報。十一時解除。四百機大阪尼崎に主として焼夷弾投下。全院防空出勤。幸ひに室内に飛び込まず，屋上の火を消す。今回，当科では数か所カーテンを焼く。バケツリレー殆ど理想的，士気旺盛。昼食二時頃喫食後，煙天を被り雷鳴夕立等あり。醫員五名，学生七名（一年生一人手伝ひ）

南下	八名	異常無（十一時十分）
南一	三十一名	異常無（十一時二十五分）
別館	十名	異常無（十一時二十七分）
山口	十七名	異常無（十一時三十分）地下退避
北下	一名	異常無（十一時四十五分）
南三	四名	異常無（十一時四十五分）
本館三	三名	異常無（十一時四十五分）
南下	一人	興奮患者あり山口へ移す

布施，根無両醫員，野田先生，泊り警備。外傷多く整形外科仮収容所へ応援。野田君，担架運び応援。外傷者，北下に満ち，四階会議室廊下等へも収容。前回より

も収容者多し。労を謝す。

六月五日
午前三時よりB29三百数十機による空襲あり。神戸，御影，芦屋，西宮，火災あり。

午後一時過ぎ，恵済団大ホールにて六月一日空襲に関する懇談会あり。

一，整形外科，各醫局に於いて所属各室の監視を十分にすること。尚，東講堂は，神経科，布施内科の共同受持なる由なり（要調査）

二，屋上，其の他の可燃物の徴収除去（北側，レントゲン室，犬小屋等）

三，窓の開閉に関する意見。院長は一，二階は開けて三階以上は閉めるとの意見なりしも，全部閉じるという意見相当にあり。

四，救護の件。灯火について，自家発電は二時間以上困難。蝋燭は五千本余を貯蔵中。千五百本使用せりと。外科処置のアセチレン燈の増加。治療薬品に欠くこと

五，仮収容所に就いて。谷先生（皮科）より，仮収容所長を作り，処置終りの患者は処置に就き責任，権限をもたせてはとの意見あり。仮収容所を一階に作るべきこと（清水醫長）

六，内科側の処置応援に就いて。応援醫師各人の看護分担の仕事を明らかに指示し応援効率が上がる様にすべきこと。五，六に就いては委員会にて規約をはっきりせしむる旨院長より回答あり。

七，救護班員の服が汚れたる時は残りの服（婦人用国民服）が用度にあるとの事なり。

八，山下の死体安置所は，山口病館西の燃料建物に移すとの事なり

六月七日（第三回大空襲）

六月八日
昨日の空襲にて，醫長宅付近に数発の爆弾落下。皆様御無事との事なれど，御住居には幾分被害あり。千島先生，神戸の御宅全焼。現在，箕面菅野村にお移りになっておられるとのこと，皆々様御無事。昨夜，帰宅出来なかった田井君も正午頃帰途に着く。

六月十五日（第四回大空襲）
午前八時過ぎより焼夷弾攻撃を大阪南，東北部の燃え残り部に受く。神経科の外部にもエレクトロン落つ。十一時過ぎまで続く。

六月二十六日（第五回大空襲）
黒田君も宅に爆風被害あり。下宿生活の予定なりと。

七月二日　月
四年次学生，実習生五人来る。有岡，橘，大島，吉野，山田の五学生，但し，山田君夫人死亡の為当分欠席との事。

七月十八日　水
関学心理，古武種正君，月水金に見学に来院。本日其の初日。山田君も元気良く出勤。其の他二三アンギーナを起こし居るもさしたることなし。

七月二十五日　水
山田君宅○○下見に行く。本棚一個位の置場所あり。旧式なれども却って丈夫ならん。三輪君夫人帰国せしめ一人で病院本館三階に宿泊，連直する筈なりしに都合を計り今まで通りの各日交代制とする。

七月二十七日　金
當直任務の重大なことを懇談会にて話す。各員，重大事局の変時極まりなきも速やかな対処すること，薬とも。

七月三十一日　火
病室受持変更
一、北下，山口　　布施先生
一、長期入院者の食事は今迄通り恵済団で席をおくこと出来ず，席の安定性確保を考える事
一、付添婦によって婦長への連絡が乱れ気味，その監督に醫師が留意する様，盡力されたし。
一、次日，当直醫員登院困難なることある為，前日當直醫，連直の準備其の他対処事項考慮しおかれたし

八月一日　水
本日より実習学生，新手と入れ換わる。田原，高木，難波，山地，小河の五君。

八月十三日　月
三輪醫員，廣島へ海軍予備召集。壮行會午後四時半開催。布施醫員罹災されるも元気で，本日出勤される。

八月十五日　水
大詔を拝す。四か国宣言を受諾，皇国不滅に叡慮。

八月二十日　月
休戦后第一階醫局談話会開催。

九月一日
橋田先生長男，急死される。

九月四日
夕方，堀見，相本，千島，橋田氏邸弔問。可成り元気良好にて程なく良くなって貰ふこととす。令息は急性脳炎らしい。例の金一封は，本人，尊属か配偶者不幸の場合，本人御結婚の場合に呈すると。実習学生は先月まで終了するも，難波君は当初より居残り，最短二点識別距離測定を続ける。小河君は多発神経炎の統計に専念する。

九月十二日
新業室研究生　橋野君一名
診察場部署決定

		シュライバー		
		一部	二部	予診・処置
月	醫長，布施，根無	大澤	野田	浅尾，千島
		小河-清野		
火	橋田，三輪	大澤	浅尾	
水	醫長，黒田，千島	浅尾，野田	大澤	野田
木	橋田，三輪	浅尾		野田
金	醫長，布施，相本	大澤，清野	浅尾	千島
土	三輪	野田		大澤

十月八日
終戦に伴ひ，澤，岩谷両名復員し帰学せるを以て診察場部署を改正す。更に逐次復員者ある都度，改訂し，新日本建設の一翼たらんとす。

診察場部署

		一部	二部	三部	予診及処置
月	醫長，清野，大澤，野田	布施	岩井澤	岩谷，浅尾	
火	橋田，岩井，長坂	三輪		高橋	
水	醫長，岩谷，浅尾，岩井	黒田	長坂	千島	千島，野田
木	橋田，野田，高橋	布施		長坂	
金	醫長，千島，長坂，高橋	三輪	浅尾	岩谷	清野，大澤
土	橋田，大澤，浅尾	三輪		岩井	

廻診
月　醫長（全病室）
火　橋田（全病室）
水　布施（全病室）
木　醫長（南一，南下）
金　醫長（山口，一等）
土　橋田（全病室）

ポリクリ係及び講義係　澤
乙ネオ　　　　　　　清野
村田反応　　　　　　浅尾
細胞
杉原方　無事復員される。相変わらずの無精髭あり。

十月十三日
図書室及び醫局を整備し机の配置を変更す。一新せる気分を以て各自研鑽に邁進せんとす。

十月二十一日
醫長より左の如き注意事項下達せらる。
一、勤務体勢は午前九時より
二、各員は全体関連上の個人として自由なるべき事
三、社会，集団を律すべき道徳感情，責任感に鋭敏なる事
四、互いに礼儀は尊ぶべきもの
五、患者，家人等には対応懇切なるべきこと
六、予診患者欄外に記入の事
七、診断病名を診断の後へ記入のこと。醫長診断は診断欄へ。
八、受持醫自ら病床日誌記入の事
九、入院時現症，診察醫名，末尾に記入の事。経過記入の時も
十、処置，投薬，温度表記入を忘れぬ様，時に現物と照合のこと
十一、診察筆記者は診察者の述べる日本語を独逸語に訳して記入の場合は，特に間違いなき様，不詳ならば敢へて質問の事
十二、受持醫は患者のみならず，病館，家庭環境全体に注意の事
十三、休日に総廻診をなすべきこと。當直醫或いは受持醫
十四、欠勤時，代理者を明らかにしておく事，黒板の醫員名簿を利用
十五、教室物品使用時には手入れの上原位置に復すること
十六、公物或いは図書を借出時，借出簿へ記入の上，各自の机上に整理の事。
十七、教室外持出は原則として禁止，特別に必要なる時は物品監守者に監督者（醫長）の許可を必要とす

十月二十五日
木曜会に於いて院長より報告あり
1. 石橋分院は進駐軍に進駐さる事になる。第六軍衛生隊と洗濯隊が進駐せりと
2. 病室の数が，整形外科と山口病館の癲研のあとに減少さすとのこと当科にも数の報告あり。山口別館は前同様，
　　二等病室，二室減少となる
　　三等病室　以前同様
　　学用　　　北下4床，中下二床
3. 本年度の燃料に就き，石炭の見込みある病室の暖房は見込みなし。尚，硝子も全部入れる事不能らしい。木炭の見込みなし。瓦斯電気は如何になるか不明。以上は目下文部省へ交渉中。

十月二十六日
終戦に伴ひ復員者の醫局復帰及び石橋分院に米軍進駐の為，分院再開不能となりたる為，新陣容編性につき醫長より指示あり（醫局會）
1. 助手　山崎，澤（物品監守者），杉原（物品取扱主任）
2. ポリクリ係副手　岩谷
3. 専門部助手　千島
4. 診察場部署変更　後記
5. 病室受持　南三，本三―布施。南一一―千島，杉原，岩谷，倭，長坂，岩井。山口―澤，浅尾，高橋。南下―大澤。別館―澤
6. 當直
7. 相談所係　澤，杉原
8. 各研究業務　後記
9. 水曜ルンバールの後，定期座談会を行ふ
10. 神経科機構　談話会，昭和19.12.8参照

診察場部署及び業務分担
一部　　　　　　二部　　　　三部
診察　説明　書記　診察　書記　診察　廻診　予診・処置　予室員

ポリクリ及び講義係　澤（岩谷）
処置室総指揮　　　　杉原
乙ネオ注射係　　　　清野
村田反応係　　　　　浅尾
細胞・病名記入・Eショック係　千島（細胞主任），倭，大澤，浅尾，岩井，野田，長坂
諸統計　　　　　　澤，杉原，岩谷
物品整備　　　　　布施，澤，杉原，岩谷
醫長廻診は概ね午前九時より
橋田先生廻診は一部診察終了後
森勝雄氏，山崎俊雄氏復員になりたると登校さる。山崎氏，堺脳病院へ勤務の為打ち合わせに行く
當科研究題目

学生	佐藤	ロールシャッハ
	橋野	条件反射一般に就いて
	佐野	直観像及び現象學
	土居	鳥類の視丘下部（細胞構築學）
	難波	触覚に関する事
	小河	多発神経炎
	山田	
	有岡	蛙の視丘下部
醫員	高橋	脳脊髄液の病理学
	野田	数学的方面
	大澤	視丘下部（第三脳室壁とその付近のグリア）
	長坂	精神分析学，神経質の森田式療法
	浅尾	表情に就いて
	岩井	感情と植物神経系
	倭	大脳の巣症状（失語症並びにグレスツゲビート）
	清野	神経質及び精神病質
	相本	精神分析学
	岩谷	脊髄疾患
	根無	超音波による神経系の変化，マラリア
	杉原	ゲシュタルト心理学
	澤	精神病の多面的診断
	千島	侏儒病，マラリア
	三輪	視丘下部
	布施	視丘下部，マラリア，脳波
	黒田	ロールシャッハ
	荒木	パラリーゼ
専攻生	前防	視丘下部（凍死）

十一月一日

石外君解除。昨日帰阪の上来院。当分，疎開先広島へ行く予定の由。

十一月十四日

當院看護員，粟飯原義行君，応召出征中，昭和十九年一月二十九日戦死せられたる旨遺族より通報あり。謹みて英霊に哀悼の意を捧ぐ。醫局より金拾円香料として呈上す（庶務より送金せしむ）。

十一月十四日

醫局会の席上，醫長より左記指示せらる

1. 病室受持変更

南三，本三	澤
山口	杉原，浅尾，高橋
南一	千島，岩谷，長坂，岩井，倭
南下	大澤
北下	野田
別館	杉原

2. 研究分担

Neurologische Function	岩谷，倭，難波
Histologie	澤，大澤
Liquor-Blut の検査	高橋，浅尾
醫学物理学的 Gehirn の諸問題	野田
Psychologischer Gebiet	杉原

十一月二十日

昨日より醫長先生病欠。千島醫員お見舞いにゆく。扁桃腺による熱発ありと。御全快を祈る。

十一月二十四日

本日，布施醫員，澤醫員，各々醫局を代表して醫長先生の御見舞い及び諸事項の報告連絡にゆく。其の後御経過良好にて近日中に御登庁の見込みなりと。

十一月二十六日

醫長先生御登院。廻診，外来診察等御精勤。

十一月二十七日

昨日御出勤の醫長先生再び病欠。

十二月三日

醫長先生御全快，御出勤。昼食後，醫局會を開く。澤醫員より臨時自治会に就き発表，委員決定す。先輩，梁忠雄先生，大阪陸病応召中，今般解除，醫局に顔を見せられる。

十二月十二日

久し振りの宴會。平常，研究に身を奉げて呉れる兎君達の更に熱烈なる犠牲的奉公の誠心を得て，すき焼きに舌鼓を打つ。こんな噺を思ひ出す。

……昔，御釈迦様が動物たちの真心を試さうとして汚い乞食の姿をして，さもひもじさうに路傍に寝て居られました。そこへ猿が通りました。乞食の姿をしたお釈迦様は「私は寒くて震えてるんだから何らか助けてください」と頼みました。猿は気の毒がりするると木に登って杉枝をポキンポキンと折ってきました。そして「之で焚火をなさい」と言って行き過ぎました。次に狐がやってきました。乞食は又同じ様に頼みました。狐はやはり可哀そうに思って火を点けてくれました。御釈迦様はだいぶん暖を取ることが出来ました。次に兎が来ました。御釈迦様は同じようにに頼みました。可愛い白兎はそれを聞いて気の毒そうに首を傾けて考えておりましたが，「おぢいちゃん，私は今何も持っていません。又，私のような弱い者はあなたの為に食料を持って来てあげる事もできません。ではこうなさい。丁度，此

所に火が燃えていますから私の肉を食べてください」と言ひ終るなり身を躍らせて焚火の中に飛び込みました。此の時パッとその汚い乞食爺さんの姿から後光が差し仏様の尊い御姿に変わりました。仏様は兎の真心にすっかり打たれて兎を天上の月の世界に連れてお出でになりました。十五夜の晩にお月様の所で餅をついている兎はこの兎だと申します……

前日末，布施醫員を設營係長とし準備をなし怠りなく若手連中総出演のはりきり振り。料理は千島女史，日ごろの腕によりをかけ，午後六時を少し過ぎた頃，一部診察場のテーブルには三つの焜炉にうまさうな鍋が音を立てている。待ちかねた連中席に着くのももどかしく突撃，突撃。数十分にして忽ち補給不能となり鍋の底があらはれる。此の頃より話が弾み，かくて楽しい一夕の会食を終わり院外に出た時は八時を過ぎていた。窓には十五夜前の月が白い光を放っていた。

昭和二十一年一月一日

敗戦と言ふ厳しい現實ではあったけれど，茲に昭和二十一年新生日本再建の春を迎へ醫長を中心とし橋田講師，布施醫員をはじめ諸氏と共に盃を挙げ感慨又新たなるものがある。想起す，昭和十六年十二月八日，宣戦の詔を拝するや国民総て死を期し命を鴻毛の軽きに比し勇奮前線に戦ひ或いは南海の浪に屍を埋め或いは湖北の野に断肢を遺す。銃後の者亦死力を以て戦力の培養に勤め汲々として励む。

我が教室に於いては多くの先輩数度に亘り応召出陣さるる，多々の若い醫局員はその大部陸海青年軍醫として内外に奉公され又残留醫局員は醫長を核としがっちりとスクラムを組んで戦時研究に防空に診療に精魂を傾け，為に病床に臥すのやむなきに至った者さへある。彼を思ひ，之を考へ，今終戦の詔により平和が来たとは言へ，我らが行途は荊棘の道である。特に戦災に依る荒廃著しく物心両面に於ける窮迫極度の折柄その感を深くする。

昨年度既に帰還召集を解除せられ再び醫局にて勉学に努められつつある者十指に足らんとするも，井上講師，金子先輩はじめ尚外地に残留せらるる数氏ありて，一日も早く無事に帰局せらることを切に祈る。

午前十時，醫長，橋田講師，布施，千島，杉原，澤，岩谷，倭，岩井，高橋，浅尾，野田，長坂，別府，吉田の諸醫員，乾杯し後，醫長より本年度の教室の前進法途，醫局員の心構へ等につき懇示せられた。特に，布施，千島，岩谷，長坂，別府の諸氏の戦災に対する深い同情と共に特別考慮すべき事を強調せられた。院内各室はやはり正月らしき装飾，羽根つきの音も聞こえ，國敗れて山河あり，城春にして草木青き感を犇々として身に感じる。

醫局でも麻雀，コリントゲーム，トランプ等に時の過ぐるを知らず，腹の虫の鳴くのを忘れる次第。和田名誉教授も御来局，御元気の姿を見せられ新入局諸氏の自己紹介の挨拶を受けられた。

朕は現人神に非ずとお諭し遊ばされた年頭の御詔書を拝し，此の苦難の途を切り抜け明るい日本，明るい教室を再建することこそ，我等の責務であると確信し，外地残存の関係諸氏の健在を祈りつつ筆を擱く。

一月七日　月
新春草々，醫長先生病欠せらる。千島醫員お見舞いに行く。御全快を祈る。

一月十三日　火
奥西醫員，比島より元気に帰還，来局さる。現地の模様を聞き感慨一入。本多弘君も比島にて元気に残留せらるる由。

一月二十六日　土
澤醫員，急電により元所属，臨時東京第一陸軍病院に残務整理の為出頭すべく上京す。或いは戦争犯罪人として拘留せらるるか？

二月四日　月
上京なりし澤醫員幸ひにも，巣鴨や大森に入所する事無く帰阪。院内に大分デマが飛んだらしい。

一月九日　土
杉原醫員も亦残務整理の為，岡山の海軍衣料廠に出頭の為本日より欠勤。

二月二十一日　木
和田名誉教授，御来局。御令息種彦氏（昭和十四年日本醫大卒，当科入局，陸軍軍醫大尉）は未だ公報なきも昭和十九年十二月二十七日東ニューギニアにて名誉の戦死せられたる由発表せらる。聴く者皆耳を疑ふ。定めし壮烈，鬼神をも泣かしむる如き立派なる御最後ならん。茲に謹みて英魂を弔ひ御冥福を祈る。

一月二十六日　火
監督整理すべき責任者たる余の不始末により此の醫局日誌定位に在らず，為に醫長始め諸氏に迷惑をかけ罪万死に値す。以後万全の注意をなさん事を誓ふ。　澤

本日，醫局談話會席上，醫長より，各醫員に注意あり。
1. 職員処方箋発行につき，各自他に恥ぢざる様自覚を以てやる事
2. 各自責任を持ってその業務を遂行する事

3．當科は醫局長を設ける事なく，総て醫長と直結し諸般の業務を遂行する事

同席上，ランゲラ其の他に関し諸料金値上げの支払い票を作製し之を事務に計り院長に具申すべき事を決定。

三月一日　金
来る三月三日より実施の新料金につき丸島事務長を通じ院長に具申中なりしも，正式には予定通り三月三日より実施と決定。左の如し。

乙ネオ	20円
B注	10円
Bネオ	30円
ランゲラ	25円
右処置料	一回5円
カテランクーレンカンプ	10円
坐神注	5円
肩・印部活注	3円
感電	2円
Eショック	外来10円，入院7円

三月二日　土
本日にて旧紙幣は強制通用を禁止せられ，新円と交換の為，醫局費其他の精算の為，数日前より澤醫員，西川婦長，東看護婦，大童。

三月五日　火
金子，和田種久，両先生応召解除。醫局に元気な顔を見せられる。長らくの御苦労を謝す。

三月十一日　月
二月十三日より病気にて欠勤中の浅尾醫員，目出度く全快せられ本日一ヶ月ぶりに出勤。なほ十二分の静養を祈る。

三月十二日　火
醫局會席上，醫長より発疹チフス防疫対策につき話あり。山口病館をこれが病棟に充てる。近く予防注射，DDT消毒，看護服の制定等を行ふ

布施醫員は兼ねて上申中，一月三十一日付講師に任用発令せられた。

三月十二日　火
官庁，執務時間に就き，左の如く通牒あり

自	四月一日	午前八時―午后四時（土曜日は正午まで）
至	七月二十日	
自	七月二十一日	午前八時―正午
至	八月三十一日	
自	九月一日	午前八時―午后四時（土曜日は正午まで）
至	十月三十一日	
自	十一月一日	午前九時―午后四時（土曜日は正午まで）
至	三月三十一日	

三月十四日　木
醫員，市内にて発疹チフスの予防注射を受く

三月十五日　金
澤君，東一より呼び出し電報を受く

三月二十七日
上京中の澤醫員，無事帰阪。本日より出勤

三月二十日
和風會員　江川昌一先生，清水市の家で開業される。

三月二十九日
二階会議室にて醫局會食を行ふ。橋田講師より昨日木曜會の事項につき発言あり。

1．中央二階奥病棟を伝染病観察病棟として使用する。従って當科としては山口二階の出入りを禁止する
2．水道は院長の奔走により近く開通
3．院内諸料金値上げにつき，當科の意思を決定する。當科として，血沈は入院は無料，Eショックは入院は無料

醫長より教授会の事項に就き発言あり

1．醫学教育に関する件。マ司令部の意を呈し醫學教育審議會により決定しつつある
2．学部長選挙。教授会の原案通り
　布施講師より発言あり
　1．新しい立場に立って自己の感想を述べる。醫學と醫術。醫学に立脚した醫学的理論。醫師とその対象との人間的な関係
　2．受持ち醫の責任，院長，醫長に対し責に任ず
　3．當直醫の責任
　4．醫局生活としての徳義，人間性の尊重

各醫員より発言

当直勤務中は概ね南一階を根源とする（薬局閉めた後）

各自の机上の整頓（金子醫員）

澤醫員よりの提案，日曜日にアウスフルーク如何。賛成の声あり，プランを作ることにする。

昭和二十一年四月　醫局日誌　神経科
（昭和21年4月1日～22年12月31日）

　終戦と同時に軍国主義一掃。自由，民主。醫局も復員諸君で段々賑かとなる。併し全ての切替も急激にやれば摩擦多く，不愉快，誤解を来す原因となる。マ司令部命令で段々連合国の意趣も明らかとなり，誤れる自由から遠ざかる様努められている。来るべき四月十日の総選挙も待ち遠い様な気もする。イデオロギーを振回すよりは条件反射的心身機構成立の改善，不言実行が必要ならざるか。

　大学教育が戦前以上の水準即米国流の方法に変えられるとの話あり。これは大学教育を受くべき学生のみの問題ではない。其の影響する所を深く反省する要がある。国民平等は心身健康上にも平等を要求さる。厚生事業は一段と改善さるべきである。醫師としての此方面の役割の大なる為高水準を要求されるのは当然の帰結である。敗戦国では凡てが健康の許す限り働かなければお互い相済まぬと思ふ。限られた有形の報酬下に限られた以上を働くのは人類の喜びであらねばならぬ。殊に全体的関連に差障りのなき限り，科学人の特権の一つであり義務の一部である。生存権の維持困難な場合には勿論先ずそれが問題とさるべきであるが。

　醫局は分節を包含する有機的全体，一小社会であり，各個の意志がある程度統率者に反映する機構が必要であり，其の逆も亦有用である。科学する場合も亦然り。純然たる独立単独研究と対比すれば，明らかなる差が理解されるであろう。所謂エキスパートは智能の一部に偏する危険あり。性格部面の欠陥が暴露され易いが為に余程注意しなければ自己を苦しめ社会を害する。他人に無益な不愉快を与へざるがリバーティの一面なるべし。国体生活を害せざる有能者が大学クリニックに要求される。自己意識の強く昂進せる場合は独善に陥り易く科学的研究態度には禁物なり。組織制度の改善も必要であるが，各個人の理想への完成努力が更に重要である。互いに努め様ではないか。

　　三月三十一日　感ずるままに　　　　　堀見太郎

四月一日
醫長の巻頭言を頂いて新発足する。本日より院内諸料金値上げ。当科関係は左の如し。

乙ネオ	30円
B中	15円
Bネオ	40円
ランゲラ	35円（処置料のみ1回5円）
カテランクーレンカンプ	10円
坐神	7円
肩活注	5円
感電	3円
髄液検査	10円
Eショック	10円（入院は無料）
血便	外来は改定料金。入院は無料

　　　　　　　　　　　　　　　　　　澤潤一

四月二日（火）
本日，醫局談話會。出席総員二十五名，他科より一名来聴。空前の盛況。會後，ゴム靴，ゴムスリッパを配給す。申合せ事項・・・當直日誌には当直醫，副当直醫のみ署名し勉強の為泊り込みの醫員は記入せざること。
　　　　　　　　　　　　　　　　　　澤潤一

四月六日（土）
明四月七日醫局ハイキングをなすべく計画中。本朝来の雨にて延期を決定。残念なり。診察場，研究室等，最近鼠害多きため，岩谷先生の発案にてパンに亜砒酸を塗り各所に配置。戦果如何？　寧ろ人間の被害なき様望むや切なり。
　　　　　　　　　　　　　　　　　　澤潤一

四月七日（日）
長坂醫員令姉，片山千世子氏，去る四月六日，同君の手厚い看護も効なく逝去せられたる由，謹んで哀悼の意を表し御冥福を祈る。
　　　　　　　　　　　　　　　　　　澤潤一

四月八日（月）
研究学生，有岡巌，小河浩平，難波の三君，卒業を前にして臨床実習の為本日より准醫局員として入局。本日より勉強開始。午前中廻診随行，午后醫長より懇談的に訓示あり。折角御勉強を祈る。
　　　　　　　　　　　　　　　　　　澤潤一

四月九日（火）
教室の先輩，前防先生御来局。醫局談話會に臨席せられた。松尾先生も御来局。両先生共にお元気。　澤潤一
醫局會後，醫長より発言あり
醫局内の Organization を確立すること，會食等の増加。
当分，マラリア療法の担任
別下　澤
山口　布施，奥西
南一　千島
南下
ホスピタン研究プラン　別府，岩井

30'	B.D. Pulszahl	弁別, Association, Näckbild, 記銘力,
1.00	A, B.D. Pulszahl	Rohrschach
1.30'	B.D. Pulszahl	

2.00	A,	B.D.	Pulszahl
2.30'		B.D.	Pulszahl
3.00	A,	B.D.	Pulszahl
3.30'		B.D.	Pulszahl

A. Hände tremor（Augen Leidertremor）, Dermographie, Aschner

知覚検査　岩谷先生。あらゆる種類の知覚検査
研究学生は当直には非ざる為各自注意せられ度し。

四月十日（水）
本日総選挙。醫長先生始め各醫員，新生日本の希望を込めて各々投票す。果して民主政治成るや否や？　看護婦連も初の婦選とていそいそと投票に赴く。

四月十一日（木）
澤先生またまた呼出しあり，東京へ出張す。

四月十二日（金）
午后，マラリア並びにホスピタンの研究プランの検討を為す。

四月十三日（土）
澤醫員，無事帰院。

四月十四日（日）
醫局有志ハイキング。岩井君案内にて石橋より北摂の山蹄をハイクして箕面瀬裏に出る。お天気はお天気でも冷い風が吹き肌寒し。無慮二拾有余人集合終って十時過ぎ石橋から真直山手に突当る。歴戦の士和田先生の提唱にて四十五分に十五分の休憩励行。石澄滝を登る。参丈程ある熊笹を押し分け胸衝き八丁，大休止三回に及んで山頂に辿り着いたのは十一時過ぎ。橋田先生始め頂に顔を現す面々紅顔に汗を流す。路無き道の事とて不平満々。それを更に先導する事小一時間。昼食を摂ったのは十二時過ぎ。醫長先生ご配慮のアルコール，頭に顔に滲み渡り，花はなくとも花見気分満喫。一時再び腰を上げ人影無き山路を枯老木の行手を塞ぐを踏み越え，枝を掻き分け，峯を行く。一行二十四人とは云へ，延々三百米突の列をなす。下山は一挙に渓谷迄出てみれば箕面滝の上。案内者もここで一安堵，後はゆるゆる箕面公園散歩の巻。かくて箕面駅三時半事も無く解散。　　　　　　　　　　　　　　　　　岩井筆

同勢
醫長，橋田，布施，澤，杉原，和田，千島，岩谷，野田，大澤，浅尾，吉田，別府，高橋，岩井，
学生　　土居，小河
看護婦　数名，小児一人
（ハイキングコース略図が記されているが割愛）

四月十七日水　雨
醫局晝食會を行ふ。席上に澤醫員より
1．病床日誌の整理方法につき説明
2．當直日割一部変更
3．醫局費値上げの件，当面二倍とする事（五月より）
長坂醫員より定期券値上げに伴ふ代金病院負担につき質問あり。目下そのまま，うやむやになっていると千島醫員による答弁。

四月十八日　木
原田一彦君（昭18大阪高醫卒）本日より入局せらる（宇山教授紹介）。
吉田醫員本日より當直。桃山病院兼務として派遣の上 Flecktyphus の Sympt. Prognose の研究に従事せらるる事となる。従って受持は岩井君に変更。

四月十九日　金
原田君入局につき紹介を兼ねて一同集合。醫長の紹介の辞，原田君の挨拶あり。来週より一般勤務につく豫定。

四月二十日　土
本日より備品検査を教室内でやる。金子，布施，杉原，澤，岩谷の五人にて。

四月二十一日　日
明日の脳談話会に備へ南一，南下，醫長廻診。日誌にて回診。三輪君帰阪。

四月二十二日　月
午后一時半第六回脳談話会，病院二階会議室にて。梶原教授を囲んで四十人集まり「最近考えて居る事」脳波，クロナキシー，エネルギー代謝等総てファンタスティッシュな演題，興味深く，四時閉会まで討論，質問其他の花が咲く。桃山病院発疹チブス脳研究に関し黒津教授へ検討を依頼す。　　　　　　　　　　　　　　　堀見

四月二十三日　火
第百八十八回醫局談話會。出席総員二十二名。長坂醫員，前回に引続き Jung の説を紹介す。本回を以て長期に亘る紹介を終了。御苦労を謝す。次いで岩谷醫員，高田氏反応の説明を為す。

四月二十四日　水
晝食時醫局にて會食を行ふ。醫長は不在。橋田先生は御休み。特別の話題無く雑談に時を過ごす。醫長，晝食時難波醫員を伴ひ生理教室にての教務委員会出席。午后一時より布施，大澤両君を伴ひ桃山病院へ出張。午後四時過帰院。吉田君は別れ五時過帰院。　　　　堀見

四月二十五日　木

當科診察場，西川婦長御尊父かねて御病気中去る十日逝去せらる。當科内規により香典を呈し弔詞を送る。謹んで哀悼の意を表し冥福を祈る。

午後三時より研究に関する打合會あり。醫長より
1．研究対象の関係に受持が変動する事がある
2．Kranke を用ひて行ふ研究
　①ホスピタンの作用—長坂，岩井，別府，浅尾，野田，三輪
　②マラリア—布施，千島，根無，大澤，長坂—ロールシャッハ
　　ロールシャッハは記銘力，注意力，Aussage を中心とする
　③チフスワクチン熱…岩井，浅尾
　④精神分裂病…杉原を長とす。Verlauf 及び Kors 等。Rorschach 及び Raschbild 別府，杉原。Vegetations 岩井，浅尾。
　⑤知覚…岩谷
　⑥○○…症候性精神病，リコール○○○吉田
　⑦CO 中毒…倭，別府
　⑧神経質…清野 Pregriff 及び診断法
　⑨血圧…野田，澤，杉原　（昭和21年度末迄に完成）
　⑩加○症…野田，岩井
　⑪遺伝　奥西　野田　杉原
　⑫多発神経炎…難波，小河，岩谷，倭
　⑬Episodishe Dämmerzustand…千島，長坂
　⑭Depersonalization…杉原
　⑮Ausschauungsbild を中心として…杉原，別府，佐野
　⑯Aphasie, Gestalt…杉原，倭
　⑰Rorschach…一般に関する事…長坂，杉原
3．視床下部　布施，澤，大澤，土居，有岡，三輪
　①Sex…三輪。Hypophyse 及び Schild-druse…三輪
　②Glia，構築…大澤
　③Sehnesches & Hypothalamus…澤
　④蛙…有岡
　⑤鳥　鶏，鳩…土居
　⑥視丘下部に関する其他の業績
　⑦Spinalganglion…布施，澤
　⑧Vergiftung 奥西
4．ロボトミー
5．以上の研究は相当強力に推進，鼓舞す

研究に対して醫長は各人の能力に応じ之を予想してThema を与えるから，現在のみを思ふ事無く過去及び未来の時間的関連を照顧すること。従って責任重大なり。

醫長の統制上その時機に外れたると相当時間的に無駄なことある故時々に迅速に Reagrium すること。方向転換する時は必ず醫長（又は班の主なる人）に連絡する事。研究に対して「縁の下の力持ち」の事があるが，犠牲的精神を発揮する事。

教室の図書はなるべく家へ持ち帰らざること…杉原醫員より附言

受持変更…南一の Paralyse は長坂君，Schizo は杉原君

岩谷醫員より
一、ランゲラが変価になったので患家に於いて疑問を持つ事あり。したがって受持醫は患者に納得させる事
二、心理試験の成績は温度表の上にサインする事
三、病症日誌の整理

澤醫員より
一、西川婦長父君逝去につき香奠贈呈の件を報告

金子醫員より
一、E ショックの記載法につき

倭醫員より
一、ルンバール施行時家族を入室せしめざること
レンドゲン器械（當科備付）の検査整備すること。布施，倭，野田

杉原醫員，図書の整理に大童。

午后三時散會　　　　　　　　　　　　　　　澤潤一

四月三十日　火

醫局談話會，出席総員　二十名
清野醫員，神経質につき講演す
受持変更，発表あり

	一部	二部	三部	廻診
月	醫長	布施	澤	醫長，午后一時より
火	橋田	杉原		橋田
水	布施	金子	杉原	金子，三輪。南一及び山口，一週交代午后一時より
木	三輪	澤		醫長，南下，南一，午前十時より
				布施，山口，別，南三，午后一時より
金	醫長	布施	岩谷	醫長，山口，午前九時より
				布施　南一午後一時より
土	橋田	岩谷		橋田

ポリクリ係
月　岩谷　岩井

火	倭	野田
水	岩谷	岩井
木	倭	大澤
金	張	長坂
土	倭	岩井

当分の間以上の担任を以て実施す。

五月一日　水

大学創立記念日。正午より朝日会館にて祝賀会あり。八木総長の式辞の後，種々の演技あり。「大曽根家の朝（松竹映画）」を映写して散会。本日十一年振りに復活せるメーデー，市の内外，勤労大衆の歓呼の声に埋る。

五月二日　木

午后二時過より臨時醫局會。醫長より醫局會，婦長會の論争につき説明あり。進駐軍よりの司令にて當院の清掃状況不良につき，来る十五日迄猶予を与へ完璧を期すこと。具体的に

1. 白衣，使用せざる器具の手入れ
2. 種々の論説は言訳にならない
3. 全館を五区画に分けて清掃を担当する
4. 清浄週間（五月初めより約一週間）

當科としては

1. 別館の内外の清掃修理
2. 當直室
3. 動物飼育は動物室に於てする事とす
4. 電気室
5. 汚したら後始末をする事

清掃担任
心理室―布施，當直室―澤，ポリクリ室―杉原
処置室―岩谷，別館―金子，電気室―岩谷
婦長室―澤，天秤室―和田，図書室―倭
講師室―千島，研究室―野田，大澤，醫長室―岩谷
診察場―澤

清掃実施に関しては，岩谷，倭，東（春）にて計画する事。指導…金子，布施，三輪。第一日完了目標は，五月十一日午前中

五月二日　金

南一入院大熊〇〇氏（Hirntumor）昨夜遂に逝去。本日午前十一時半より特別応急解剖。小澤外科菰田醫員執刀。婦長，橋田先生立會ふ。

五月七日　火

連日，各室の掃除にて大童。看護婦さんの出で立ち物々しく応援の醫局も大馬力。本日午後一時より醫長室，講師室，図書室を掃除す。頭にタオルを巻いた醫長さん，先頭に立って掃いたりはたいたり遂に雑巾絞りにまで手を下さる。橋田先生もスキー帽にて長い箒で天井の煤掃き，全員一致の内に午後四時頃終了。塵ひとつ止めぬ美しさ。室内清掃お目付け役の金子先生の顔うれしそう。終わって兎の塩煎りにて臨時にお食事の會。醫長寄贈のブドー酒三本にてほんのり顔を染める人もあってなごやか。

澤潤一

来る六月二日甲南高校グラウンドにて醫学部醫院合同運動會。醫局対抗リレーの勧誘あり。当科の選手を決める。高橋，浅尾，奥西，岩井（補欠　長坂）と大体決めておく事とする。

五月八日　水　曇

ルンバール後醫局懇話会。最中，河口宗一先生，御来室。醫長，橋田先生と面談。

醫局會議，醫長より
1. マラリア株保存係…大澤，倭，長坂に変更
2. 大熊氏 Hirn は野田，千島の両名にて研究
3. Test-investigator
4. 戦争中内地に残留せる人（布施，三輪，手島，大澤）
5. 研究様式として先づ共同研究の形で行ふという System を採用する

五月十日　金　晴れ

研究室大掃除。　　　　　　　　　　　　　杉原

五月十一日　土

本日醫長より左の通り達しあり。
田井君の手伝い仕事は十五日迄に仕上げる様。若し十六日以後に同君が出勤しても勝手に仕事を依頼せざる事。因みに同君は十五日頃引退せらるる由。

緊急醫局會。午后一時院長室。病院清掃に関し来る月曜日院長巡視の由。清掃不能の部局は中央へ回収との由。大阪駅市民相談所において大阪市保健部主催打合会へ醫長及び長坂醫師出席し，浮浪者取扱対策等打診。梶原教授，今田関学教授，片山病院長，深山〇〇係長，五十嵐所長，大阪駅助役，など其他数名出席。駅高架下収容所見学。〇〇〇な雑談あり。

五月十三日

森滋郎氏（昭和十四年卒）内科より転勤。本日より出勤さる。五月八日河口先輩来院。急に下痢にて困ると来院。布施内科へ入院治療を受けるも幸い直ちに恢復，昨日退院さる。

五月十三日

東講堂，布施内科と共同にて掃除。学生諸君，看護婦さんも手伝ふ。澤醫員発熱の為休み。ヘルテル氏眼突出計一時所在不明なりしも南一詰所にて発見。物品監守

者の心労を察せられよ。
　五月十五日
　宇野君帰還して初めて醫局を訪ふ。シンガポール，ボルネオに主として居たと。当分，大阪脳病院内に居り様子を見ることにすると。
　五月十九日　日
　高橋清彦君，木村よし子氏との結婚式と御披露を高橋氏邸にてあり。媒酌人堀見出席。親戚の方の間でのみの内輪での式であった。両君，両家の前途を祝福する。
　五月二十一日　火
　醫局談話会終了後，醫長より学会出席に関し申達あり。岩谷醫員よりカルテ，病症日誌の綴り方について話あり。
　五月二十三日　木
　過般来，全院協力し院内清掃中，昨日進駐軍公衆衛生担当官巡視（再検査）の結果，概ね良好と言はれたとの事。本日重松病院長より概況報告及び連日の各位の御苦労に対する深甚なる謝意を表する旨の挨拶あり。
　五月二十四日　金
　金子先生は来る二十六日華燭の典を挙げらる。醫局員一同相喜び申し上げ前途を祝福する。再建日本の春，続々と諸先生も見倣って頂きたいものです。
　五月二十五日　土
　御結婚後高橋君初出勤。南国の潮を浴びてか日に焼け顔色も逞しい。御祝辞を述べ醫局より恒例の御祝を呈す。
　五月二十六日　日
　醫局或いは之に準ずる多人数の招待はしないほうが良い。時節柄其他の理由により凡て思い切った低い水準に於て物事を考へた方が良い。個人の行動が他人或いは其社会団体を害せざる様になるのが民主主義的自由の様態である。種々の醫局より醫局人宛の金一封に対して返礼等は其絶対不要なる旨の申し合わせあり。
　　　　　　　　　　　　　　　　　　　堀見
　五月二十八日　火
　醫局談話会，澤醫員のMind Psychose演題後，質問続出。岩谷醫員より「ランゲラ」に付いて話あり。値上げに関しては研究を要す（醫長）爾後クリニックに出た患者はランゲラ及其の他のサーヴィスをする事。尚カルテにKL及び病室に○を附し直ぐ分る様にする。ポリクリに使った患者はPLとか以て印を附し投薬二日分ならいにする事
　病室に入院患者はできれば一剤主義。平均二剤以上になると研究費より支出の為（倭）
　尚十と居とを混合せざる事（醫長）
　入院患者八月600円迄対願預金よりの支出可。様式は別氏参照（岩谷）。申請書四通，診断書四通をそへて出す事。責任者は岩谷，倭とする（醫長）
　五月三十日
　東大にて催さる第四三回日本精神神経学会へ出席の者。醫長，澤，倭，別府，原田。夜九時大阪駅発にて東上。六月一日，二日両日に開催さる。
　六月三日
　夜八時過ぎ，醫長，澤，帰阪。
　六月四日　火
　大阪府教育民生部長より花柳病患者届出に関する通牒を移牒して来た。届出事項。患者の住所，氏名，年齢，性別，病名，職業，診断年月日，伝染の虞の有無，伝染経路。右の届出に関し進駐軍では厳重な態度であり届出を的確且つ迅速にしてほしい。尚係員が時々カルテ検査に出張し万全を期し且つ進駐軍も同行或いは単独に巡視する由申し添えてあった。
　談話会，劈頭，過般御結婚の金子先生に対し醫局より祝詞を述べられ恒例による御祝いを贈呈。学会出張中受持醫員の代理は温度表に明記する事（醫長）。當分出勤は原則として午前8.30-9.00迄の間とする。同時刻迄に出勤し難い人は醫長迄申し出る事。ショック用糖92Kg在庫。現在概ね一ヶ月25人，5Kg程度。砂糖取得の申請につき薬局に連絡の事（岩谷）
　学会報告
　六月一日午前の会議の内容
　①精神醫学講義の拡張
　②授業時間100-120時間にし講義内容の決定
　評議員会の内容
　①神経学雑誌二ヶ月に一回16ページ発行
　②会費　年額20円，投稿費　一頁70円，四ページ迄。
　　　別刷　30部無償交付
　③来年度総会は大阪にて。会長は堀見教授
　④宿題報告　九大中脩三教授，脳髄の生化学的研究とその応用。再来年は「脳波」の予定
　京大名誉教授今村新吉先生御逝去に伴ふ項。近日，葬式あり。会葬予定は醫長，和田。
　醫局会の講演会再講（吉田君）
　職員手帳（印刷局発行）。Pt用の有無（岩谷）。本日使用せるお茶は黒田先生より寄贈せられましたもの。礼状を出す事（倭，岩谷）。教育の為教材を揃えへる必要がある。各大学の研究の進行が分ったから今後大いに

研究を促進するから各自の奮闘を希望する（醫長）。
蚊帳の特別配給の件（岩谷）。

六月五日
今村京大名譽教授葬儀。三条河原町（京都）天主教會にて午前十時よりある筈なり。堀見，時間の都合上，苟子今村新吉御自宅を（寺町通丸小路下る）を弔問。

六月六日
午後三時より診察廻診日割りにつき相談を行ふ。左の通り決定。

月	一診	二診	三診	廻診
	醫長	布施	岩谷	醫長 9.00-南一，南一 13.00 本館，山口，別館，北下
火	橋田	杉原		橋田 全て
水	醫長	金子	杉原	金子，三輪，一週交代
木	布施	岩谷		醫長 15.00-南一，南一 布施 残り
金	醫長	布施	澤	醫長 9.00-南三，山口，別館，北下 布施 残り
土	橋田	澤		橋田全部

尚，左の通り申し合わせをした。
診察前後に診察用具の点検を行ふこと
診察場に投書箱を設置。

六月九日
醫局告知重要事項は回覧板或いは各醫員閲覧の上にサイン等の署名記入し徹底せしめると。醫局告知第一号と黒板にも公示しおき告知板は机上にでも。当直室は如何。岩谷君に話しおきたり。　　　　　堀見

六月十日
三輪先生昨夜十一時の汽車で帰阪された。

六月十一日
㊢の醫長印を貰ひに来た時に対する Pflegelin 及び Arzt の態度に左右されると思はれる。Kranke に対する態度は悪くないと思はれる。受付に人が居ない時にその在場所を，例えば「ちょっとお待ちください」と立札を建てておく等。処置はなるべく係の人がやる様に。
薬が薬局の方で変更した時には良く注意してやる事。受付と待合所が他科より暗い様に思はれる。受付は幾度も繰り返さねばならないので優しく応対する人を係にしては如何。病気の説明を別に醫者より付添人及び本人にしてやる事。受付係，森醫員に変更，向ふ一週間観察の事。
大阪府中河内郡松原町阿保303
大鉄沿線河内松原駅下車北一丁東側
梁醫院
昨年十一月三十日復員後，前記の場所にて小さき診療所を開設（内科小児科神経科）しました。今後も引き続き御支援御指導を願ひます。梁忠雄
先輩，梁先生御来局。右の通り記入された。

六月十四日　金
醫長の発案にて数日前より神経科表廊下に投書函を設置して「参考の為，お気付の点は遠慮なく御書き入れ下さい」と貼紙をし白紙数枚と鉛筆一本を添へてぶら下げて置いた。今日見ると紙が一枚しかのこっていない。さては数名の人が投書したんだなあと醫長立會の上函を開いてみたらおがくずばかり（此のおがくずは重りの為に入れて置いた物），結局紙は鼻紙か塵紙に使われたらしい。醫長，感嘆して「時代のせいやなあ」と。鉛筆を盗られなかったのがせめてもの幸ひというものか。

六月十四日　金
醫長會議終了後午後三時より臨時醫局會開催（醫長，橋田，布施，森，澤，杉原，手島，和田，高橋，長坂，野田，吉田，別府，浅尾，原田）。
醫長會々議内容
1. 研究費はなるべく節約する事
2. 看護部，目下可働力が減少し之に反し Arzt が増え負担が多い
    看護婦の愛處節用
    診察場，時（時刻は空欄）迄としそれ以降は半数として残りは食糧増産に振り向ける事
    私用を言ふ事を減じいたはってやる。特に Arzt の態度を軟かくする（変質者は注意!!）

神経科の試案として南一階につき岩谷，倭両醫員にて調査のこと。
学生は来週から講義，ポリクリ共に中止。八月一杯休み。自由研究。
1. 當直の翌日は自分の責任を果したる後は自由帰宅するも可
2. 外来診察は當分現状のままにて様子を見る事
3. 休暇についてはプランを作る事

六月十八日　火
塙平良三氏新しく本日より向かふ十五日間受験準備の為，実習に来られる。日本大学歯科卒。當院歯科数か年勤務，慶應醫科一年終了。
醫局談話会後の申し合わせ次の通り
1. 脳炎グルッペ　澤，岩谷，倭，吉田（臨床班）

2．Polyneuritis 研究の為，投薬処置を一定する
　(1) 居（10.0）あ
　(2) カロリン（10.0）あ
　(3) VB 注　と十健あ 30-
　(4) VB 注，脊髄腔内注入
　(5) 局部活注または局部持続注
　(6) ヘキセルシン Hexersercin 注
談話會終了後醫局會

バンコックに居られる長谷川龍也先生より来信あり，醫長より披露，元気で居られる由。岩谷醫員より，告知第八号対看護婦対応事項につき意見あらば承り度き旨発言あり。
①事務方面へ看護婦の勤務力を割かれる
②看護婦は看護学習の要ある為，特に対応の要然り
森醫員，一週間査察の状況報告
①患者をそらさない態度応接
②電話の應対，たとえば，「こちらは神経科です云々」と言ふ
③多忙なる時は代理者を紹介してやる
金子醫員より別館について発言あり
①看護人の素質低下の為，監督指導を要す
②欠員補充不十分の為，対看護人の指導はむつかしい
③Arzt が余程注意しなければならない
④受持醫員は家族との面会連絡を十分にする
⑤別館の梁（主任）は毎日温度表を点検，巡視すること
⑥看護人の希望，ラヂオの設置
倭醫員より投書函開函の結果，投書皆無の由
岩谷醫員より醫局私物図書の所在（醫長室の最も南側の戸棚）につき，休暇につき金曜日迄に希望提出のこと。當直室に仮眠するときは SL とすること
ホスピタンの略号を考へおく事。

六月二十日　木

府衛生課より流脳の届出があったから，診断確定の為，健診の依頼があったので，午前十一時過ぎより醫長は澤，吉田，両君を帯同して現地（西淀川区）に赴き，詳細診断，リコールを採取して帰院。午後四時迄，醫局員多数応援して諸種の検査を行った。結果は Meningitis tbc. の疑い濃厚なるもなお Encephalitis の有無につき爾後の経過を観察する事にした。

六月二十二日　土

昨夕，物凄き風雨一過。お薩で一晩中停電断水。その余波を受けて今日も一日中同様に停電断水。さても不自由なる事。
去る二十日以来，血圧グルッペによって行はれた看護婦五名を被験者とする血圧測定も本日でいよいよ大詰。岩谷，杉原君は特別に泊まり込み，特に杉原君は昨夜の如き暗黒の中を頑張ってくれた。エピローグは小生が承る。来る二十五日，醫長は日米醫学交歓會にて，流脳につき講演の予定。本日午後より醫局員，総出演，倭君指揮の許に「表」を書き，中休み千島君が淹れてくれた珈琲に喉をうるほし，夕闇迫るまで頑張る。

澤潤一

六月二十四日　月

去月二十九日より胃潰瘍の疑にて病臥欠勤中の岩井君，本日登院。ぐっと痩せたがそれでも元気。三輪君も出勤。

六月二十五日　火

日米醫学協会主催の講演会。醫長，流行性脳炎の臨床を図表を用いて発表し，四階会議室，超満員。西川君，竹林君のアレンヂか神経科主催が不能となる。

六月二十七日　木

流行性脳炎と届出られた府下西淀川区及び天美のもの，前者は Tb 脳膜炎，後者は破傷風とのこと。前者は二十日の記事の如く解剖まで至る。

	結核性脳膜炎	破傷風（細川氏依頼）
外観	キサントクロミー	水様透明
G.E.	10 分線以上	1 分線以下
Grabe	2.0	1/5
Nonne	＋＋＋＋	－
糖（Heine）	（＋）強度の減少	（－）正常か増加
細胞数	370/3（リンパ球 260/3）	5/3（古きため不明瞭）

六月二十八日　金

午後一時より大阪醫学会あり。
有岡君，日本ひきがえる視丘下部の研究
千島君，侏儒症の精神醫学的研究
夫々研究発表を為す。終了後臨時醫局會あり。
1．夏季休暇，概ね各人二週間宛，希望通り実施す
2．夏季勤務，午后二時以降は當直がやる。但し他に人が居れば其の人がやってもよろしい。
3．早退の時は代理を必ず決めること
4．各病館に於て欠席者は代理を予め決める事
5．月水金のみ勤務の件は，當分元のまま実施の事
6．浜寺海水浴場救護隊，一夏，神経科二回割当てらる

六月二十九日

見学実習生，塙平君，本日を以て終了。研究室助手田井須美君，本日を以て勤務を終了。来週火曜日来院との事。

七月二日

研究室助手，田井須美君，四日舞鶴へたつため最後の挨拶にまかり出て醫局会の小憩中，一緒に新茶を飲みつつ別れを惜しむ。

杉原醫員より来る二十四日会計検査あるため，監守者，取扱主任会議の報告あり，会計検査につき説明する。

七月六日

豊能郡醫師会主催による脳炎に関する講演会に醫長講演の為，午后豊中健康保健所に赴かれた。別府醫員随行。

麻薬取扱に関する打合會に岩谷醫員，醫長代理として出席す。

七月八日

去る六月二十八日華燭の典を挙げられた和田種之先生，目出度く初のご出勤。先生ご夫妻の輝かしい前途を祝福する。最近，高橋，金子，和田の諸先生の朗報相次ぎ，このところウェディングマーチひとしきり。なほ陸続と之に続かれん事を独身諸先生に切望する。畫食後，麻薬使用に関し話あり（醫長および岩谷醫員）

1. モヒ中毒患者にはモヒ使用するべからず。麻薬使用を減少せしめる。
2. 麻薬類を捨てる（教室内に持込は禁ず）
3. 申請費，病院費支弁者は，醫長，森，金子，和田，別府，三輪の六名
4. 資格を得る為に，麻薬使用者は①醫師免許証書，②申請書。研究者は①身分証明書，②申請書，③戸籍抄本
5. 麻薬とは，①アヘン，コカ葉，及び，その抽出アルカロイド誘導体及び塩体，②印度大麻草（及び其等を検出する一部の製剤）
6. 當院にては醫員は使用者として処方箋を出す
7. 処方箋は署名，捺印
8. 処置をした人の症状，住所，年月日等を記載し，五年間保存す。

金子先生より，研究室助手として藤村幸子君を紹介された。昭和20年神戸女子薬専卒。

七月九日

専門部四年生，霜野久君，今夏休暇中の当科見学，実習に来る。醫長許可済み。

醫局談話会劈頭，先に御結婚せられた和田種之先生に醫局を代表し，醫長より祝詞及び御祝品を贈呈す。休暇中なりし岩井君，昨日より出勤。当分エキストラ配置の予定。院外依頼のLiquor検査結果通知の件。麻薬使用者報告の件，「カルテ」を別にする。　　　　倭

七月十一日　木

東京武蔵野病院精神醫学研究所より症候性精神病に関する文献の要求あり。吉田醫員，醫長の命により発送せしところ，本日同所より礼状来る。醫学中央雑誌復刊広告により（日本醫学新報）當醫局分の残余の有無等，同社に問い合わせ中，一か月以上になるも回答来たらず。改めて六か月を購入手続きとなす。

七月十五日　月

うるし負けにてさる七月八日以来欠勤中の布施先生本日より御出勤。

七月十六日　火

午後三時半より醫局會を開催。醫長より左の話あり。日本醫学会総会を大阪に開催と決定す。四月一日，二日と神経科方面に関与。会員数7-800，出席200。宿舎は来賓室。会費二十円。会誌は別なるもプログラムは含む。分科会の常置の方法を作る事。宿舎交渉，会場，記録等の係を大体決定の事。

倭醫員より統計の件につき話あり。森先生より統計作成につき申しであり，當科としては醫長の命により岩谷，倭，両醫員Hauptとなり，社会精神衛生の見地より統計の完成を期す。澤醫員より流行性脳炎に関する当科の対策陣容につき話す。

七月十九日　金

午后二時頃（醫局談話會最中）長谷川龍也先生御帰還，来局。談話会後，醫長より

1. 資材の関係にてヒストロギー班は一時重点主義にする事
2. 近く病室編成替えを行ふ（研究の都合）
3. 三輪醫員を六月末日（定員外）講師に推薦
4. 助手は当分そのまま存在の事
5. 来年度精神醫学会の役割を醫長より連絡。
　　交渉係，記録係，金子，布施
　　会計係　澤，岩谷
　　宿舎係　杉原，澤
　　会場係　倭，千島，杉原

醫局員，全員応援の事

澤醫員より

1. S注射後は特別の指示なき限り三時間毎観察の事
2. 當直室の鍵の厳重保管
3. 日本精神神経学会申し込みについて，醫局より申し込む

醫長より大阪駅市民案内所出張の之までの綜合結果を記入しておくやうにとの命により簡略に次のように

まとむ。

　少なくとも吾等に要求されているのは精神科学的見地からの浮浪児の検診であるが，現在の施設では全く不可能で単に一般的な判断以外はできていない。吾々の将来に対する希望が問題として残っているに過ぎない。それは少なくとも相当期間の観察を許し，精神科学的観察の出来る施設の一応の設備を待たなければ出来ないものであり，そのことを当局の者に要望して置いたが，果たして実現しは何時の日か。

七月二十三日
本日より病室受持ち一部変更あり
　病室連絡者　　本三，南三（澤）。南一（倭）。南下（別府）。山口（森）。北下，別館（和田）

七月二十五日　木
東君，華中より無事帰還，醫局訪はる。日本精神神経学会費，当科より新入十二名，継続六名，一括送金す。本日，本年度会計検査あり。

七月二十六日　金
醫局會席上岩谷醫員より
1．診断書類発行について必ず患者の本名にて発行せられたい事
2．麻薬処方箋発行後は診断の分も診察場の控を取る事
3．醫員の行先を明記する事。黒板利用。
4．予算について（告示14号説明）

七月二十七日　土
三輪先生，再び帰省。

八月五日　月
ラボランチンとして藤村幸子君，七月一日付，正式採用，辞令出る。森滋郎先生，家庭の事情により毎週月金両日のみ出勤となる。病室の受持，及び，當直免，醫長より。右につき山口別館連絡係は和田先生兼務。（との記載に対して，堀見先生が，線で一部を抹消し，何かの間違い，原則として醫員在任中なる故，当直必要なり。との追加がなされている。）

八月九日　金
三輪先生帰院出勤。
八月八日教授会にて左の項決定される。
1．文部視学委員候補者選挙当選，岡川，吉松，小塚，三教授。
2．適格審査委員会，五十数名既に通過済
3．麻薬研究者申請，凡て却下さると

八月十二日　月
醫長，大阪鉄道病院へ大阪鉄道局管下醫師講演会に脳炎講演。倭醫局員図表指図伴ふ。

八月十五日　木
三輪淳君，桃山病院へ時々見学行，許可する。醫長

八月十六日　金
醫局談話會後，倭醫員より，入院患者の外来カルテには入退院日を，赤字又は赤アンダーラインを付ける事。醫長より，リコール係を決める事。倭，高橋（責任者）。

マラリア接種	山口…古澤，浅尾
	南一…千島，長坂
マラリア原虫継代	浅尾
病室連絡係	南三-澤。山口-別府。南一-和田。
進駐軍書類	布施，千島，大澤
外国映画	澤，岩谷（大澤，岩井）
文献別冊保存	杉原，岩谷，吉田
文献カード記入係	千島，倭
教材蒐集整理	杉原，千島，倭
醫局書類整理	倭
醫局備付雑誌整理	吉田，長坂，野田
動物舎監督	金子，大澤，三輪
統計	
届出	倭，別府
病名記入	原田
病床日誌	倭
大阪駅	原田，倭，千島

マラリア係──スタンム・バウムを作る。原液を作成。接種手続きを一定にする。即ち，入院直後，血型決定。クエン酸は神経科の当直として使普。使用時は滅菌シャーレに入れる。クエン酸は血液量の10.0％。記載量は血液量を記しクエン酸量をも記載。

　例　AからB
　　　皮下
　　　30.cc + 0.3 cc Cit.
　　　南一，〇〇氏より

筋肉はさける。皮下，あるいは静脈
　　　　皮下　　　静脈
適　　1週　　　3-4日
不適　2週以上　　1週
H…香港株，A…普通株
静脈内の時は反応熱ある事を予め家人に説明する事
採血，接種は受持醫又は他の醫師がやる事
チフスワクチン，Arztが自らやる事
Sも同様

各病館の処置のやり方

南一，概ね看護婦。山口，看護婦，特別対応のTZはArzt。南下，概ねArzt。北下，静脈はArzt，皮下はPfl．頓服は可及的Arzt（受持ち）

ランゲラ中の患者の服薬は，一日量をのます事にすればよい。マラリア治療費を大体50円とする。

八月十九日

倭，和田，原田，浅尾，四名休暇に入る。

八月二十日　火

臨時醫局會，午后三時より二部にて開く。醫長，橋田，金子，布施，三輪，澤，杉原，岩谷，千島，倭，吉田，大澤，岩井，別府，野田，長坂。

倭醫員よりサルバルサン注射につき説明。

醫長より，昨日の乙ネオ時よりサルバルサンを使用する事。

①試験グループ…その都度醫長より委嘱
②残薬不足分の究明
③保管責任者…杉原，澤。サルバルサン，ギフロン，ホスピタン，ヘスペリ，副…岩谷，倭
④現在残品の整理

蒼鉛剤試験グループ，岩谷，岩井，原田代別府。ギフロンの薬理的性質を研究する事。治療として薬剤を使用する時，使用者は責任を持ってやる事（醫長）。Indication報告書Arztが書く事。Eショックをやる時の標準等を決定する事（倭，浅尾）。醫員，看護婦には万事一層最新の注意をする事。

八月二十一日

北側力松氏，ス(0.8) x散頓，外来にて投薬を受け薬局にてもらった薬がいつもと違ひ（ひかり方及びしめり具合）ことをいってきたから，看護婦に交渉させた所，スに間違ひなしとの事であった。味がどうも違ふから自分で薬局に行き調べてもらふと。薬瓶と投薬された薬とは同一であるが，別の瓶のスとは全然異なるから，別の薬瓶のスを新しく投薬させた。薬局は明言しなかったが，始め投薬されたものはスの薬瓶に入れられていた恐らく食塩だろうと思はれる。間違ひはどこにあるかも知れぬから，神経科の患者の言ふことだと，ほっておけないと思ふ。　　　　　　　　　　　杉原

新ギブロンと病院出のギブロンと同一物なりや否や。若し違ふなら，新ギブロンの詳細を至急取調べのこと。それまで，使用中止とする方がよろしい。　　醫長

八月二十三日

當教室助教授，竹村音次先生，本年一月三十一日付，依頼免官辞令発令せられた。京都帝大文学部心理学科卒，井上弥太郎兄，見学の為当科を時々訪れる事，醫長許可済。

八月二十七日　火

外国映画届出を開始，保安課興行係へ澤醫員，昨日及び今日出願す。明日も行かねばならぬ。

八月二十八日　水

昨夜，三輪醫員，所要の為帰省。

八月二十九日　木

月曜以来風邪にて病欠中の高橋醫員，出勤せらる。未だ鼻声，充分ご静養ありたし。吉田醫員休暇を取る。

九月二日　月

八月を以て大体休暇を終了。本日は久しぶりに顔が揃ふ。事故欠二名。本年六月十九日府令第53号を以て流行性脳炎，マラリア，デング熱による患者死の届出を制定せられたが，当科に於いて実施しているマラリア療法について届出の要否を病院長より大阪府知事宛問い合わせ中の所，此の程知事より左の如く回答があった。

「写し　衛第3061号
昭和21年8月31日　大阪府知事
大阪帝国大學醫学部附属病院長殿
マラリア患者届出に関する件の回答
昭和21年7月31日付阪院発第2号を以て御照会の標記の件に関しては，爾後治療上「マラリア」菌接種により発病せしめたる「マラリア」患者に就いては届出を要せざるものと思料致します」

九月三日

井上謙先生御尊父，本年一月十四日疎開先にて逝去せられた由，令弟古座谷修氏より本日うかがふ。連絡先，兵庫縣河辺郡川西町寺畑（福知山線池田駅）古座谷修氏

九月五日

右につき醫局より古座谷修氏宛てお悔やみ状を出す。

九月六日　金

公開醫局會，最近のRh因子に就いて。微研，奥野良臣君をわづらはす。醫局外よりも聴講者集る。講演後，懇談会に入り，彼我の意見を交換す。有意義な會であった。席上浅尾君寄贈のカルピスに咽をうるほし皆大喜び。

九月七日　土

先日来，難波病院に収容中の闇に咲く華の精神醫学的な検索を行ふ為，醫長，布施，倭，其の他の醫員大応援の許に連日奮闘。昨夜，堺市居住者のアトロピン中毒の一家の診療に醫長以下大車輪。

九月九日　月

三輪講師昨夜帰院，出勤。杉原醫員のお祖母様，昨日

午後逝去せられた由通知あり，謹んでご冥福を祈る。
　流行性脳炎を日本脳炎として取扱ふこと及び疑似患者発生の際は速やかに届出ること（第一条第二項の付帯願）

九月十一日　水
　過般の外国映画届出に関して大阪府保健課より岡川醫学部長の出頭を要求してきたが，部長所要の為，醫長先生その代理として澤醫員を帯同し出頭す。届出遅れた為の理由書提出すべき旨聞き，次いで衛生課にゆき，池田課長，森係長に面接，十一時すぎ帰院。
　午後三時頃，新潟醫大精神科副手，堀内憲政氏他一名，教室参観の為，同大学上村教授の紹介を以て来局された。同氏はあやめ池脳病院に勤務された事があると言ふ。

九月十三日　金
　連日の難波病院収容者の精神検査，本日を以て終了せり。出張者並びに日割左の如し。
　九月三日　　火　　醫長，布施，倭
　九月四日　　水　　布施，倭
　九月五日　　木　　金子，倭，浅尾
　九月七日　　土　　金子，布施，杉原，岩井，吉田，浅尾
　九月十日　　火　　布施，澤，金子，倭，大沢，高橋
　九月十二日　木　　醫長，布施，金子，澤，和田，長坂，
　　　　　　　　　　奥西，原田，岩谷，秀島
　九月十三日　金　　布施，三輪，澤，別府，倭，杉原

九月十六日　月
　本日より受持並びに各病館連絡係，一部変更有。
　南三，本三（倭）。南一（杉原）。南下（別府）。山口（和田）。別館北下（澤）。新館（千島）。

九月十九日　木
　専攻生，前防玄達先生，学位論文は本日の教授会を無事通過した。副手，武田信宏君（昭和十七年卒）は以前より戦死の噂があったが，本日父君武田義彦氏（豊能郡座内町菰江三の八）より来信あり。同君は昨年九月ルソン北部山岳にて戦病死せられたとの公報があったとの事。前途有望の学徒を喪ったこと残念の至り。
　当醫局よりさきに和田種彦先生の戦死を聞き，今度同君の戦死を知る，茲に謹んで哀悼の誠を捧げ英霊の御冥福を祈る。
　講師，井上謙先生御尊父ご逝去につき醫局よりお悔状を差し上げておいたところ（九月五日），本日，遺族古座谷修氏より御鄭重なる御礼状に接す。
　臨時醫局談話会後，醫長より，来月よりインターンが来るから今後受持醫は益々忙しくなるからその覚悟でおる様にとの事。

九月二十五日　水
　醫学部学士試験合格証書授与式あり。業室研究生，有岡，小河，難波の三君も目出度く醫学士となる。今回の卒業生はインターンといふものがある。向後一層の御奮闘を祈る。
　副手補，宇野俊雄君（昭和十八年専門部卒），ボルネオより帰還来局。家事の都合にて当分，月，水，金と出勤の予定。

九月二十六日　木　曇
　副手，武田信宏君，戦病死につき取敢へず醫局より左の如きお悔み状を尊父，武田義彦氏宛発送す。弔問及び御香典贈呈は後日改めて。
　　拝啓
　　過般の御芳書により御令息信宏殿には昨年九月現地にて戦病死を遂げられました由，醫局一同，驚き入りました。茲に殉国の英霊に対し衷心よりお悔やみ申し上げます。御遺族御一同様の御悲嘆如何ばかりかとお察し申し上げます。当醫局としても同君の如き前途有望なる醫学の士を失ふ事惜しみても余りあり残念の思ひに堪へません。此の上は同君の御英魂の安らかに鎮まります事を祈念するのみです。御遺族様方も此の上とも御健康に御留意くださるようお願ひ致します。いづれ改めて拝顔お悔み申し上げますが，取急ぎ書状を以て御弔詞申し述べます。
　　昭和二十一年九月二十六日
　　大阪帝国大学醫学部附属病院　神経科醫局
　　武田義彦殿
　　　　　　　　　　　　　　　　　　　敬具

九月二十八日
　謹んで開業御挨拶を申し上げます（九月二十五日より開業）。矮小粗末なるバラック建て診療所にてお恥ずかしい次第でありますが，何卒諸先生方御来院御指導の程お願ひ致します。　　　　　　　石外一郎
　として以下のような内容の名刺が添付されている
　石外内科産婦人科　醫学博士　石外一郎
　診療所　大阪市北区黒崎町五番地

十月一日　火　晴
　本日より「インターン」の為，受持ち変更並びに割当て変更あり。
　指導　　　醫長
　指導補助　布施，三輪
　直接指導　長坂，岩井，杉原，吉田，浅尾
　布施講師は東京にて開催される脳波の会議に出席の

為，東上された。

十月二日　水
澤先生上京。

十月六日　月
澤先生より電報「一〇ヒアサタツ　サワ」

十月七日　火
第一復員局法務調査部より電報（午後四時頃）「オウサカテイコクダイガクイガクブセイシンベウシツ　サワテツヒコ　フクホウテアデン一〇六一」ベイグンノヨウキュウニヨリシキウダイーフクインキョクホウムブニシュットウアリタイ　ホウムテウサブテウ」
午後六時頃，澤先生より電報「キハンオクレル」サワ

十月九日　水
第一復員局法務調査部への返電
「フクホウデン一〇六一ノヘン」サワテツヒコはガイトウシャナキモ　サワジュンイチハ　二ヒヨリジョウキョウチュウ　オオサカテイコクダイガクイガクブセイシンビョウガクキョウシツ

十月十一日　金
臨床病理集談会に誰か行く様にする事

十月十六日　火
前防玄達，長谷川龍也両先生来局さる。

十月十八日
一、二十日ゼネストに対する醫局員の対策
　　省線，大軌，正常
　　京阪神急行，市電，ゼネストの為不通
　　月　和田，岩谷，森，金子，布施，出勤
　　火木土，奥西
一、職員処方箋の件につき次回聞き合わせる事
一、直明けするも可。代理を決定の上黒板に明記して置く事

十月二十日
午后一時半より微研の相談打ち合わせ会
1．W.R.1台帳は一応受付に持参し印を貰ふこと
2．検査物に記入するときは，日本文字のこと，及び，醫員の捺印をすること
3．土・日曜の時は培養する検査物は別館にて扱ふこと
4．結果は（+）（-）に区別すること
5．培養検査物に対してはその目的物を明確に記入する。尚一二回で止めることなく何回提出しても可

6．十一月一日より料金改正の件
W.R. 10円，ヴィダール　4円，ワイルフェリックス　4円
細菌学的　検鏡　3円，培養　4円，結核菌　2.5円
自家ワクチン　20 cc. 30円
結果判明する迄に要する日数は
W.R. 3日目，ヴィダール及びワイルフェリックス3日目，検鏡　翌日，培養　4日目（結核菌培養　25日目），自家ワクチン　4日目。

7．厳重滅菌（煮沸滅菌）の事。殊に検査物の時は病室のW.R.は一度診察場の手を経る事。

又「ランゲラ」持参せる時は一回の処置料5円。官費の「サルヴァルサン」は一回の処置料10円。死亡診断書は一通だけでよい。

根無郭伯　大阪府泉南郡信達村　大阪厚生園第八病棟68.69号室に入院。

十一月八日　金
死亡診断書（死体検案書）の様式改訂について説明会あり。当科より澤醫員出席す。醫局懇話会席上発表あり（細部は後記）

十一月九日　土
午后二時より性病学会に於て「精神醫学方面における性病」について醫長講演あり（患者供覧）。近々，病院醫局対抗野球試合あるに付，本日午後零時より中之島高女運動場にて練習を為す。

十一月十日　日
兵庫県川辺郡醫師会主催にて「脳炎」に関し醫長講演せらる。助手岩谷信彦君，本日目出度く華燭の典を挙げられる。恒例の御祝い金一封を呈す。茲に同兄の新しい門出を祝し御多幸を祈る。

十一月十一日　月
11月9日大阪新聞紙上に千島醫員の「クレチン」に関する大々的報道有りたる為，本日の外来には来るわ来るわ，小人と馬鹿のオンパレード。

本多弘君，比島よりこのほど帰還。本日醫局に顔を見せられる。本日午後三時より一時間余り，中之島校にて野球練習に醫長以下大張り切り。大食漢S先生「醫局費で薯買はんか」終了後，研究対策を練る為に二部にて醫長以下全員協議する

十一月八日　金
病理会議室に於て府庁よりの衛生室事務長を交え，死亡診断書記載事項の説明有。当科より倭出席す。
要旨　死亡診断書は死亡届のついた正式の用紙に記入の事。同用紙中，醫師の記入は下部の死亡診断書の

み。尚，同書類は本籍地が福島区にある時は一通
　他の区にある時は二通書くも差し支えなし（暫定的）
　尚，以外の目的（保険其の他）に使用する死亡診断書は如何なる形式で何通書くも差し支えなし。尚正式の用紙の交付は区役所にあるも便宜上別館下死体安置室の公益社にあり。
　死亡理由欄は（イ）（ロ）（ハ）総て記入の要なし。判明せる原因のみで宜しい。尚数字は総てアラビヤ数字に依ること

十一月三日　日

此日醫局ハイキング挙行。山口，南一，診察場の看護婦を交え一行元気に仁川から宝塚間を道なき道を踏み分け，思はざる棘の障碍に白い足を朱に染め，無事に三時過ぎ宝塚に到着，解散す。

十一月十二日　火

本朝，醫局黒板に醫長より左の伝達あり。
「無記名ホスピタンレポートとして記入用紙を三輪君が配布を依頼して帰ったらしいが，配布方法に難点ありと考えられる故，同君帰阪まで待たれたし（醫長）」

十一月十三日　水

昨夕，澤君，当直番を利用し，当科勤務の看護婦に対しインシュリンショック療法を中心として看護法講演を依頼す。受講者30人なり。第二回は追って発表。
塩酸ヒニンは当分病院の分御用十分なれども暫くするとアテブリンに代へる必要ありと（進駐軍命令）。醫師会よりの書類にモヒ実施の通牒を読んだか否か等の問合わせに記入。二十日迄醫師会へ（進駐軍命令より）

十一月十四日　木

午後三時より西宮北口外苑にて野球，対小澤外科戦を行ふ。連日の猛練習の成果を此の所に発揮せんと，当科の選抜ナイン意気昂然と戦ふ。第一投手堀見醫長先生，折悪しく教授会の為出場せられず，残念である。定刻，当科先攻にて開始。全選手の善闘にも拘わらず，敵の追求凄く，遂に13対1にて涙を呑む。然し当日の殊勲は奥西君の心地よき本塁打であった。試合終了後，六甲嵐冷たき中を奥西君寄贈の藷を頬ばって僅かに溜飲を下げる。当日の打順，守備は次の如くである。

十一月十五日　金

午後一時より脳談話会開催。「大脳前頭葉症状とロボトミー」と題し堀見醫長の講演あり。

十一月十六日　土

本多先生御帰還。千島先生論文通過。有岡君大学院合格。
岩谷先生御結婚にて祝杯を挙ぐ。近畿精神神経学会発表予行練習行われる。

十一月十七日　日

岡川正之部長腸チフスにて別館入院中の処，午前十一時過ぎ逝去される。とりあえず醫長，布施，高橋，長坂，岩井の諸君，弔問する。別二面会室に受付あり。

十一月十八日　月

岡川部長の密葬，本日午後三時より長柄斎場にて行われる。和田醫員，醫局を代表して参列せらる。

十一月十九日　火

醫局談話會後，醫局会を開き二水会につき澤醫員より報告及び相談を行う。相当活発なる議論が出て活気を呈す。神経科の方針を定め委員の選挙を行う。金子（正），澤（副）と決定。

十一月二十一日　金

醫局談話會上，金子先生より連合醫局會協議會についての報告あり。醫局費徴収に関し澤醫員より発言あり。暫定的に十二月分を倍額，徴収する事を提案，異見なく可決。

十一月二十三日　土

新嘗祭。午前十時から午後三時，第32回近畿精神神経学会，京大精神科講堂に於いて。本教室から七演題。全部で十九題内一欠，一追加演題。堀見会長。来年度は京大三浦教授会長。和田名誉教授も見えなかなか盛会なりき。学会傍聴記は別に記載して貰う事とす。

学会傍聴記録

各教室共に復員者も勢揃いのためか相当の賑わい。阪大より和田名誉教授，醫長初め醫局員十四名が朝十時前に会場に参集。熱心に聴講，討論を戦わす。阪大より「一，精神薄弱児の家系的研究（奥西）。二，優良児遺伝統計的考察（野田，奥西）。三，ニホンヒキガエルの視丘下部の研究（有岡）。七，脳脊髄液のアンプルス氏反応（倭）。九，視覚残像に関する精神醫学的研究（杉原，別府，佐野）。六，骨髄に於ける接種マラリア原虫に就いて（布施，大沢，千島）。十二，ロボトミーに関わる精神醫学的研究（金子）。以上七題に付いて出演。六，については金沢よりの追加，九，についても追加討論あり，活況を呈す。其の他十，疲労の波及に関する実験（京府大）に付いては学生を材料にクレペリンその他の測定法に依る実験報告例。野田君が之に追加，其れを数学的方面より肯定す。他の演題中特に興味ありと思われるものを報告すれば，四，脳脊髄液を排除するリンパ及びリンパ管の形態学的研究（坂井）は墨汁に就いて実験。リンパ道の存在を認めているが果たして浸潤出様点をいかに説明するや。十五，癲癇症の行動に対する

プロイモエンセファログラフィ（浅野）に於いては之により脳重の左右拡大差を見て真正と反応性の区別可能なることを指示。十六，フタルジエチルアミドに依る蕁麻疹療法（足立）は，カルチアゾールと全方法で施行。十七，原発性妄想について（小谷）は，従来からのヤスパースの概念に飽き足らず妄想には判断が入り「覚」「堪」に似る所あると想像しその結果について考察している。以上のような演題の下に午後三時閉会。一行は明日の抱負と希望とに燃えて無事帰途に就く。

十一月二十八日　木
午後一時より大阪醫学会例会あり。当科より
一、精神薄弱児の統計的観察　　　奥西
二、優良児の統計的観察　　　野田，奥西
三、骨髄における接種マラリア原虫に就いて
　　　　　　　　　　　　布施，千島，大沢
出演

十一月二十九日　金
経理検査，無事終了。所要時間三分間。醫局談話會終了後左の如く各々発言あり。
倭醫員より，（イ）性病発生の届出の他に性病治療人員を毎日（入院・外来共）統計的に通報すべき旨薬局より申出あり。（ロ）死亡診断書作成は一通のみにて他は死亡証明書にする事。
金子醫員より，醫局連合会の報告。醫長より（イ）岩谷醫員退局，堺脳病院勤務を発表。（ロ）後任助手として金子醫員を推薦する。澤醫員より，備品，官物等の補完取扱等にき各自一層注意せられ度し。午後五時過ぎ散會。

十一時三十日　土
岩谷信彦助手は本日を以て退局。堺脳病院へ勤務する事となった。助手在任中は研究室の整備，薬物関係等の煩雑な業務を真面目に熱心にやって呉れた事，醫局員一同と共に感謝する。今後も尚醫局と連携して研究に勉学に精進される由。折角御自愛のうえ御奮闘を祈る。なお同君は毎週概ね一回醫局に顔を出される。同君の業務は一先ず杉原助手に申送られた。

十二月六日
十月一日，有岡巌君，大学院特別研究生の辞令，帝国大学より出る。

十二月十一日
副手根無郭伯君，昨年来病気療養に専心せられし所，十二月八日遂に鬼籍に入られしと通知あり。哀悼に堪えず。

十二月十四日　土
一昨夜より醫長先生，熱発。醫長室にて御臥床。最近，気温急変の為か醫局員病欠多オンパレード。

十二月十六日　月
本日より診察割変更

	Ⅰ	Ⅱ	Ⅲ	回診
月	醫長	布施	杉原	醫長
火	三輪	澤		三輪
水	醫長	金子	澤，千島	醫長，金子
木	布施	澤		醫長，布施
金	醫長	三輪	杉原	醫長，布施
土	橋田	杉原		橋田

十二月十八日　水
醫長先生小康を得られ，本日より廻診，診察，およびルンバールに御精勤せらる。なほ御静養を祈る。

十二月二十一日　土
醫局談話會後，金子醫員より醫局連合會の改組についての試案発表，相談あり。
本日午前四時二十分，南紀を中心とする震災，津波に関し，救護班派遣につき院長室にて打合わせあり，澤醫員出席。当科は予備第二班として出動（三輪，高橋）。

十二月二十日　金
毎日会館の大阪府性病予防協会講演会に倭，別府，宇野各先生午後よりご出席。

十二月二十四日　火
朝来，醫局総員，醫長指揮のもとに醫局の移転をなす。北の図書室を醫局とし，研究室の中央を図書室として，なるべく暖かく読書出来る様にとの醫長の親心。年来の図書備品の検査，整理始まる。

十二月二十七日　金
午後，醫局會に先立ち左の如く相談決定した。年末年始は十二月二十九日より一月五日まで休診となる。その間，当直，日直の勤務（別表）を確実にする。且，各日の責任出勤者を左の如く決める。29/12 金子，30/12 醫長，31/12 布施，1/1 醫長，2/1 金子，3/1 醫長，4/1 橋田，5/1 布施。
新年拝賀式，名刺交換会は行はない。当科としても行はない。一月六日午前九時醫局にて賀詞交換，乾杯會を行ふ。年末年始の盗難予防につき特に厳重にする。当直員，看護婦等協力の事。
醫長より昨日の教授会の席上の来年度予算分配につき発表せらる。
薬理学担任教授選考委員―市原，高木，久保，布施

今年度を顧みて来年度に対処するための反省。

（醫長より）昭和21年度は復員者復帰等のため混乱あり。言論の自由を認めたため更に混乱した点があったが，来年はもっと統制する。各人が偉くなりすぎた（自分で完成されたものと誤認）傾向がある。醫長としても各人の能力以上の事をさせてきたから，各人が余程注意せねばならぬ。又他人の欠点と同時にその長所を認め，之に対して敬意を表さねばならぬ。且，集団の秩序のため自由の反面責任がある。更に集団生活のための基準を樹てる必要がある。その為にも時間を厳守せねばならぬ。これ等の事は上から言うのではなく，お互い同志自重せねばにらぬ。

（杉原醫員より）図書について，①返却の時は必ず原位置に，②必ず貸出届に記入，③醫長より貸与せられたときは必ず貸出を自己に切り替えること，④又貸ししないこと，⑤責任をもつこと，⑥来年度より貸出簿を新調様式に変更。

（金子醫員より）備品について，①使用後の返却は原位置に，②永久的移動は係に言う事，③返納には必ず手入れをする事。一般に，美的清潔，整頓の観念の不足があり，利己主義。

（醫長より）廻診は本年通り

（和田醫員より）山口別館入院患者の部屋割りは病状を考慮して行ふ。

別府醫員より，進駐軍に届出すべき性病対策の原稿を朗読発表，意思を確認した。澤醫員より教室連合会について報告討議。

十二月二十八日

醫長注意。患者が入院したら，病床日誌のどこかへ人相書，表情，特長を簡潔に記入されたし。退院時カルテ記入の時，入院退院時以外に受持醫の名を附記されたし。

昭和二十二年　歳首

新しい年を迎へた。敗戦第三年はとりも直さず再建日本第三年だ。終戦の詔勅を仰いでから我々が経験した虚脱の昭和二十年，次いで昨年は，混迷とそれから抜け出さうとする焦慮に満ちていた。今年こそは，建て直らう，建て直さう。

新生日本の再興の為に昨年は随分いろいろな事がなされた。議會の改選も新憲法も皆それらの一つだった。その蒔かれた種が今こそ再び結実する時だ。生みの苦しみを通って今年こそ育てる時だ。刈り取るのは来年，再来年の事だらうし，又今からそれを考えるのは尚早だらう。大地にしっかり足を踏みしめて進まう。教室も昨年多数の復員者を迎へて早くも建直った。醫長先生の垂範御勉強による御指導のもとに研究の方向はしっかり決まった。今年こそは伸長する年。

唯最も悲しむべきは出征中の醫局員の戦死の報を得たこと，及び，未だ復員されない井上謙講師はじめ数氏の消息が未だ不明な事である。今年の元旦は恒例の醫局賀詞交換乾杯會は之を行はず六日に延期，各自思ひ思ひの正月を迎えることにした。

一月一日

元日より醫長先生御出勤。醫長室にて御勉強せらる。学問に対する厳しい御心には頭が下る。

一月六日　月

午前九時より醫局にて賀詞交換乾杯を行ふ。醫長以下殆ど全員が姿を見せ，堺より岩谷君も出席。醫長の音頭で乾杯。するめ，みかんと恒例の肴に話が弾む。醫長より「今年は特に話をする事が無い。むしろ若い人の意見を聞き度い」と言はれた。事務上について杉原，倭醫員より発言あり。それよりいろいろ話が続き十時半頃散會。

一月八日　水

麻薬取扱者申請に開始午後一時より庶務より會同ある旨通知あり。澤醫員，当科より出席。
①昨年末提出の書類は不備につき今一度出すこと
③副二通及び申請書が麻薬中毒者に非ざる診断書を要すること
③期限は一月十日迄
④診察場に掲示すべき麻薬取扱免許証（案）が庶務にて一括調整，各科に配布の事。

一月十日　金

園田次郎先生より年賀状と共に左記にて開業の由通知があった。

廣島縣甲奴郡福田

本日午後一時より性病届出に関する打合會あり。倭，別府両醫員出席（談話会後左の如く報告あり）。
①完治治療とは，神経科に於て適宜定義を決める
②接触者とは，本月中，接触者調査をなさざりし，接触欠勤
　　本月中，接触者調査をなしたる接触欠勤，発見感染。発見未感染
③感染源
④juvenile Parylyse　先天梅毒に入れて型別には入れず
⑤梅毒の型　第一期，第二期，早期，後期，晩期，先天性
⑥検査室

⑦届け出日付

醫長より，西川婦長南一階転出，及び後任婦長について発言せらる。次いで，今内薬理講座後任教授，醫学研究促進會について発言。石橋分院再開（一月二十日より，インターンの養成指導上）について意見及び希望があれば申し出ること。

一月十七日　金

連合醫局會報

一、当直専任醫員，手当四百四十円，勤務手当一割，計四百八十円，税引き　四百二十七円二十銭。当直手当，一日八円，日直五円。大学出身者にして総合所得税のかからぬ者とす（長坂醫員）

二、薬局の件

三、X科の件，"フィルム"を持って来て撮られると困る

日曜日当直の総廻診は意義ある故今後も続行の事

第十二回日本醫学会に会員申し込みのこと，会費二十円

岡川前醫学部長慰霊金は醫局から纏めて百円，他は個人の意思により出すこと。

醫学会宿舎案内書は当科より脳研及び精神神経学会へ送付することとする。

八木前総長に対する記念品の件，有志者のみ。

一月二十五日　金

澤醫員より

一、岡川前醫学部長の御香典として百円贈呈の件を報告

二、チクロパン使用について相談

倭醫員より各係につき発表

リコール	倭，高橋，浅尾，原田
ルンバール準備	杉原，高橋
乙ネオ	浅尾
マラリア	浅尾，吉田，○○，大沢，浅尾
ポリクリ	倭，岩井，浅尾
講義	倭，千島，岩井
㊰報告	杉原，吉田
文献	杉原，千島，
文献カード	杉原，千島，倭
教材，表	杉原，千島，倭
醫局書類	倭，金子，澤
醫局雑誌新聞	吉田，長坂
病名	倭，原田
病床日誌	和田
㊧，㊨	倭，別府
動物	金子，三輪，大沢，澤
図書	杉原，金子，澤
備品	金子，岩井，澤，杉原
消耗品	澤，杉原
会計	澤
薬品	布施，大沢
私物製本交渉	杉原
検査用薬品	倭，杉原，高橋
日誌	澤，金子，杉原
院内事務	金子，澤，杉原
談話会	杉原，長坂
連合醫局會	金子，澤
病棟係	南三　倭，山口　和田，南一　杉原，北下別館　澤，南下　別府
脳談話会	布施，杉原，高橋
処置室	杉原，高橋
醫師会関係	澤，金子

野田醫員結婚に際し醫局より祝を贈る。

一月三十日　木

来る二月一日「スト」決行された時の対策の為に臨時醫局会を行ふ。

①31日は，澤，杉原の両名当直。スト期間連中。日常業務は，和田，別府醫員其の他の応援を求める。

②長坂醫員より，大阪市厚生部について話あり

③国立津病院にて精神科醫師招聘

④当直料につき相談，澤醫員に一任

去る二十五日より御病気中の醫長先生は御快癒，本日より御登院なされた。

一月三十一日　金

午後，醫局談話会。途中院内拡声器にて「二月一日よりのストに対し，マ司令部より中止すべき旨申し入れがあった」との放送があった。

談話会後，醫局会に移り

一、当科としてはスト準備態勢を解除し，当直は平常通りとする

二、澤醫員より左の通り発表

①備品修理改造等の場合，醫長はじめ上級醫に相談すべきは勿論であるが，必ず物品関係の助手にその旨申し入れられたい。

②チクロパン錠（竹錠）の使用，管理について

三、醫長より

西川婦長，南一階転出，及，当科後任婦長につき話あり

二月一日　土
　畫食後，醫長より醫局会を招集。左の如き申達された。
　来月，マ司令軍政部及びアメリカ出版学会が当院に来歓される。その準備のため，当科の患者員統計，疾患別を調査しておく。次にその為に，院内清掃，整頓をなす。日報作成。
　今回の清掃プラン，金子，布施，三輪にて樹てる事
　卓球部より院内卓球大会について申し入れあり，当科は○○参加，主将和田醫員，練習する。

二月七日　金
　醫局會席上，倭醫員，花柳病報告，結核報告につき説明す。
　花柳病患者を診断したる時は，患者に対し伝染防止並びに治療に関する指示をすると共に二十四時間以内に地方長官に届け出づること，之に違反すると処罰せらる。

二月十三日　木
　院内ピンポン大會。当科，和田主将以下出場。対♀科戦，四対三にて快勝。

二月十五日　土
　院内ピンポン大會，第二回戦，対微研，四勝一敗にて軽く一蹴，いよいよ準優勝戦に臨む。先に御成婚せられた岩井醫員に祝辞を述べ，金一封のお祝を呈す。同君は，ご結婚後休む事無く御出勤せられていることは誰しも感服しておる次第。同君ご夫妻の前途を祝福する。

二月十八日　火
　午後より，醫長先生熱発，醫長室にて臥床，治療せらる。

二月二十一日　金
　醫長先生，御病状良好，千島醫員看護せらる。御苦労を謝す。午後一時より脳談話会，倭醫員，「Y反射」を掲げつつ出演す。

二月二十五日　火
　醫長先生，御全快，本日より再び御元気に近くラヂオの「市民の時間」に「くせ」について話があるので，その材料を放送局から聞きに来た。之に対し醫長の命を請け，原田醫員，表等を纒め，醫局談話会にて発表，各自より意見が出て賑やか。
　過般，当科に白衣の配給あり。八枚，希望者は今週中に申し込むこと。

三月四日　火
　醫長會決定事項，醫長より下達。
　職員処方により投薬は，病院以外は本人のみ，病院内は家族を含む

X線職員撮影，醫長，倭醫員承認
メンタルテスト　料金
マラリア療法　料金百円，解熱五円以上
特別精神検査及び療法料金
乙ネオ　三十円を四十五円
Bネオ
B注
ペニシリン　三万単位　500円，職員入院時　200円
内服一剤　三円据え置き，以下別表

三月五日　水
届け出を要する疾患追加の件
　従来の届け出報告（発生，転帰状況を報告）に更に左記疾病を追加し届け出を要する伝染病として之等各疾病の追加記載の指示があった。尚，三月一日に終わる週報より報告の事。
　一，麻疹。二，百日咳。三，流行性感冒。四，黄熱。五，破傷風。六，産褥熱。七，肺炎。八，狂犬病。九，炭疽。十，鼻疽。
　結核は従来通り，週報で府衛生課予防係へ報告の事。今迄は呼吸器のみであったが，今後は，結核，肺炎は総ての病類を含む事になった。
　森技師より，結核は府衛生課へ。性病の接触者調査はパラリーゼの家族もやって下さりば結構です。

三月六日　木
　サントニン醫局にて購入の件。五倍散（炉0.4）0.1 調剤して現品は杉原醫員保管（五十服）

三月七日　金
　原谷達夫（東大心理卒，第一師範女子部）氏，時々当科を見学される。
　毎月五日付，病名届出の入院患者の届は受け持ち醫が責任を以てカルテなど入院カルテを倭醫員のところに持って行くこと。

三月八日　度
　国産ペニシリン使用に関する件。臨床報告をペニシリン協会へ提出する事になって居る。ペニシリン使用都度報告様式に従ひ作成，薬局迄届出の事。

見本

```
┌─────────────────────────────────────────┐
│         ペニシリン臨床使用報告書              │
├─────────┬──────────┬──────────────────┤
│ 診療科名 │ 患者氏名  │     年齢          │
├─────────┴──────────┴──────────────────┤
│ 病名                                    │
├─────────────────────────────────────────┤
│ ペニシリン番号   本数・使用単位   使用年月日 │
├─────────────────────────────────────────┤
│ 臨床経過                                │
│                                         │
│                                         │
│                          医員氏名  ㊞   │
└─────────────────────────────────────────┘
```

日本ペニシリン協会御中
本日より相本醫員，出勤。

三月二十二日
醫局連合会報告
一、四月より有給副手をおく
二、職員組合の事務室報告を作る，準備委員各科一名
三、委員は持回り二名
四、第二薬局開く。ペニシリン，スルフォン剤及びVB剤

三月二十六日　水
教室連合会及び職員組合組織準備委員選挙の結果，左の通り決定す。

教室連合会委員　　　　金子，澤
職員組合組織準備委員　澤

四月一日
日本精神神経学会第一日，午前評議員会招集，午後講演

四月二日
午前午後共に講演，夫々時間通りに終了，夕方慰労の小宴。学会雑誌は澤，岩谷，相本等の諸君により後記の労。

四月七日
診察日割変更す

			廻診
月	醫長，布施，(杉原)		醫長
火	布施，澤		布施
水	醫長，(杉原，澤)(千島)	(杉原，澤)
木	金子澤		(醫長，金子)
金	醫長　金子　(杉原)		杉原
土	橋田　杉原		橋田

四月二十八日
醫局ハイキング，行先及び日時決定す。
行先　多田神社―満願寺のコース

日時　五月十八日

五月九日
Mapharsen 使用法
①陸軍法
用量　37.5 Kg 以下・・・・0.03 gr
　　　60 Kg・・・・・・・0.04 gr
　　　60 Kg 以上・・・・・0.05 gr
使用法　10 cc 蒸留水に薄め静注，30秒以内に行ひ直ちに手を挙上せしたる（Gefäss に沿ひ Schmerzen がのぼる）

回数 週	Mapharsen	Wismut
1-5	月，金	金
6-10	月，金	休
11-15	休	金
16-20	月，金	休
21-25	月，金	金

（0.04より0.05, 0.06, 0.07位まで増量する）
②大量療法
31-40 Kg・・0.04, 41-50 Kg・・0.05, 51-60 Kg・・0.06, 61-70 Kg・・0.07
使用法　回数は①と同じ
副作用　発熱39度に及ぶことあり，良い製品でも0.06で40％は日本人で発熱する。その他，頭痛，嘔気，嘔吐等，他のサルバルサン製品に同じ。

醫師会にはできれば全員入ること。入らない時は不都合な事が起こることあり。通達は醫師会を通じて来る。

五月九日
近く開設される国立津病院精神科（同榊原分院）に赴任予定の澤は細部打ち合わせの為，五月二日，三日，五月七日，八日の二回に亘り同院に出張した。

五月十六日　金
東大心理卒（第一師範）原谷達夫君，本日より毎週金曜当科見学。

五月二十日　火
マ司令部に提出すべき「科学技術研究名」調査提出書作成の為，醫長以下大童。従って本朝予定されていた醫局談話会は中止。

五月二十三日　金
津国立病院精神科醫長へ栄転，澤醫員，醫局会席上に挨拶。明後日より赴任する由，挨拶さる。同君の健闘を祈る。
教室連合会委員後任，杉原君，当選す。相談所の方は，澤君の後任，金子醫員。千島君の後任，本多醫員と決定す。

五月二十七日　火

薬局に砂糖入庫五十四斤（三百二十四剤，一剤百瓦）。但し全体に百斤配給の所，九十斤しか現物無き為，薬局への分量も少くなる。尚，ランゲラは午前八時半から午后二時半，砂糖は午后十二時半から二時半に制限。砂糖は一剤六円とす。

五月二十八日　水

醫長先生，石橋分院長に任命さる。今迄でも相当お忙しいのに更にお仕事が増えて，誠に御苦労に存じますが，一方，神経科の発展の為には嬉しい事です。一層の御自重を願ひます。

五月二十九日　木

醫師会代議員を本病院にて三名選挙す。神経科，眼科，耳科，皮膚科を通じ一名選出。眼科飯沼先生当選す。他に福内，木谷先生，婦人科高塚先生，代議員に当選す。

五月三十日　金

性病届出様式変更さる。一定の用紙あり。現住所の保健所経由提出する事。別館改造に就き，左記の件を営繕係に申し出る。
- 一，鉄棚（窓）改造
- 一，病室内の排水口
- 一，廊下，病室の電燈整備
- 一，東側便所の排水
- 一，扉の錠及び板ガラスの修理
- 一，入浴上の修理（できれば電化すること）
- 一，壁の塗り替え

山口病館の改造につき考へる事

六月五日

昭和二十二年度醫学部賞，受賞候補者は業績発表三日と四日の二日間に亘り，病院四階会議室に於いて行はれる。当教室より三輪講師，間脳性中枢の問題に就き研究発表を行ったが，五日の投票の結果は，(1) 生理，萩原君，(2) 生化学，須田君，(3) 吉田，安隆，浜，今泉（各同点），当選す。

六月七日

陛下，大阪地方行幸。本日朝刊（大毎，大朝）行幸記事欄

大毎　　記事欄　写真欄　小計　　総計
第一面　38.1%　19.4%　57.5%
第二面　10.8%　0　　　10.8%　68.3%/2＝34.2%
大朝
第一面　20.3%　13.1%　33.4%
第二面　42.7%　14.0%　56.7%　90.1%/2＝45.1%

六月十日　火

臨時醫局會

石橋分院につき醫長より相談あり。助手一名，有給副手二名の選定は，取り敢えず，助手は一時，澤醫員，開設の為尽力せらるることに決定。有給副手二名は，相本，岩井，長坂の三名より二名を相談して決定する事。

六月十四日

性病届出係，倭醫員の交代，浅尾醫員。
石橋分院神経科予定
- 分院長　　　　堀見（火，土）
- 神経科醫長　　三輪（月，金）
- 助手　相本
- 有給副手　　　岩井
- 有給副手兼任　長坂
- 専任無給副手　一，二名
- 診察場の応援
- 橋田（水）
- 布施（木）
- 其の他　一，二

六月二十一日

奈良縣生駒郡三郷村信貴山八丁目
田中保
ウラヂオ地区　中央病院
右の人，来院。井上謙君，健在。右地病院にて共に働いていたと。同院閉鎖近き故間もなく内地へ帰還されるでせうと。井上君実家居所わかれば田中保氏へ通知の事。

六月二十六日

杉原醫員，先日来，微熱にて欠勤休養中。布施講師も同様微熱にて数日前より欠勤休養している。両氏の御快癒を祈る。従って欠勤中の代理を臨時に左の通り決定。

　　　一部　二部　三部　廻診
月　醫長　倭　　　　　　醫長
火　澤　　　　　　　　　橋田
水　醫長　澤　　千島　　澤
木　金子　　　　　　　　醫長，金子
金　醫長　金子　　　　　醫長，金子
土　橋田　　　　　　　　橋田

分院開設の為，本院も手伝いとなる診察初期，説明も左の通り決定

六月二十七日

醫局談話會後，橋田講師よりランゲラ値上げ（価格104.70）につき発表あり。午后二時より阪大醫師會発表につき世話役山川教授より相談あり。当科より醫長，橋

田講師，他数名出席。当科より相当強力に発言した。
　先輩，内藤正章先生，無事御帰還の由，和田先生御宅より電話あり。
　六月二十五日より当院諸科會値上げにつき相談会ありたる結果，決定した事項を発表した。（この相談に，倭，澤出席）。分院開設につき連絡事項を打ち合わせる。

六月三十日　月
　井上謙講師の消息につき，更に左記の人より来信あり。ソ連にて元気に働いて居られるから御家族にも御知らせしたいと。三重縣上野市赤坂町　　　　吉本治

七月一日
本日より石橋分院開設さる
神経科は左記診療日割により診療を開始す
　月　三輪　岩井
　火　堀見　長坂
　水　橋田　相本
　木　相本　岩井
　金　三輪　長坂
　土　堀見　相本

七月五日
当科後藤看護婦予て療養中の処，昨四日死亡する。当醫局より香奠として百円御仏前に供す。

七月十日
醫師會役員選挙結果左の通り当選す。
　　會長　　　　副會長　　　　代議員
◎山川　六八　◎橋田　六三　◎橋田　六三
　吉松　一七　　吉松　一　　　千田　三
　小沢　一　　　山川　一七　　飯沼　四
　宇山　三　　　堀見　一　　　木谷　一
　　　　　　　　　　　　　　　久富　八
　　　　　　　　　　　　　　　澤　　八

七月十一日
各醫員任務分担左の如く改正す
処置室，ルンバール　金子，澤，倭（毎月交代）
　　　　細胞　　　　大澤，有岡
　　　　其の他検査　大澤，浅尾，高橋
乙ネオ　　　　野田，別府
マラリヤ　　　浅尾，別府
ポリクリ　　　浅尾（学），別府（専）
講義　　　　　浅尾，別府，千島，倭
進駐軍関係　　布施，千島，大澤
文献教材　　　大澤，千島，浅尾，倭
醫局書類　　　倭，金子，本多
雑誌新聞　　　別府，原田

病名記入　　　高橋，和田
病症日誌　　　和田
性病麻薬届出　浅尾，原田
動物　　　　　金子，大澤
図書　　　　　杉原
備品　　　　　高橋
消耗品
会計
研究室薬品　　布施，大澤
醫局私物薬品，薬局　　助手，倭，高橋
院内交渉　　　澤，金子
談話会醫局会　金子，高橋
醫師会　　　　澤，金子

七月十一日
ランゲラ百本入庫
原価 79.00，注射料 15.00，手数料 16.00　計 111.00
以上の計算にて百単位一本 110 円となる。

七月一日
本日より醫局員，一名交代にて夏季休暇，一人十日間。先ず最初，原田君が休暇に入る。

七月一日
本日より入院料並びに処置料左の如く改正さる
診察券　十円，急診券　三十円
X 光線診断　十円以上百五十円，体格検査　三十円
入院料　　特等　二百円，百五十円
　　　　　一等　八十円，六十円
　　　　　二等　三十五円，二十五円，二十円
　　　　　三等　十五円
薬料　　内服　五円，頓服・外用　各四円，静注
　　　　　　　二十五円
　　　　皮下　十五円，但し強心剤注射料共に十円
院外処方箋　二十円
処置料　現行の五割増し
主治醫紹介　十円
生命保険診断書　三十円から二百円
証明書　　　　十円から二百円
血沈　　　　　十円
ルンバール　　二十円（検査，更に二十円，ワ氏十円）
精神検査を含む諸検査　五円から百円
マラリヤ　　　五十円から二百円（二等以下百円，
　　　　　　　一等と特等は二百円，両接種は半額）
分院入院料　　八十，五十，四十，二十五，二十，
　　　　　　　十五円

七月十四日
分院入院の件
分院は十四日頃から入院可能。但し患者病類により制限。
　興奮患者入院不能
　なるべく女子患者を善とし
　精神神経症其の他女子にて看護出来る者
　設備，看護其の他により右の通り制限

七月十八日
醫局會席上，分院の状況報告あり（相本君）
長坂醫員より，P.P. の検査につき，受持ちの方より検査希望の日を帳面に記入されたし。
　分院との連絡簿を作製，受付に置くこと
　三輪醫長より，興味ある面白い患者を入院させたい
六月三十日付，杉原，澤両助手退官。後任として本多，倭両君。
杉原醫員，少年審判所に任官，及び無給講師に。少年審判所は将来第三課長の地位に居ること。
澤醫員，無給講師及び大阪国立病院長野分院兼任，当院へは月水金に来る。専門部ポリクリ係，当分現在のまゝ。當直専任醫員，吉田君。有給副手，浅尾醫員。
原田醫員より，雑誌を前金払いせず金原書店で買っては如何と。雑誌の購入数を減少する事。

七月十六日
長らくビルマの戦場にあり，終戦後も再建の為に留まって居られた内藤先生帰還の挨拶に来られる。南方の日焼けした元気な御顔だが，長らくの苦労の跡が偲ばれた。

七月二十五日
醫局費，最近出費多きため値上げす。無給の者，五円。助手・有給副手，十五円。講師，二十円。教授，三十円。
一，醫局購入雑誌類，最近不着のもの多き為整理す。
　左記のもののみ購入
　①醫學，②日本醫事新報，③日本臨床，④醫学輯録，⑤醫学輯覧，⑥醫学中央雑誌，⑦リーダーズダイジェスト

七月三十一日
入院患者も外来同様，Eショック（二十円），感電（五円）の初期料を徴収する事に決定。
T.Z.（醫局用私物）を詰所（山口，南）に配給。但し，50% 17円，30% 12円で処置料25円を加ふ（但し同時に二本以上する場合は一回の処置料とする）。但し，T.Z.はショックのクール時以外の使用はしない事。米国製ペ剤（二十万単位）六万本配給あり。使用は醫長と相談の上。
本日醫師国家試験の成績発表あり。当教室業室研究生たりし有岡，小河，難波の諸君揃って合格。昼食後，醫員集まって祝杯をあぐ。

八月二日
教室員移動の予定，左の如し
澤醫員　講師（但し無給）大阪国立病院分院醫長を兼任，住所を変更，月水金に出勤。
杉原醫員　講師（但し無給）大阪少年審判所鑑別醫師を兼任，毎日午前出勤。
千島醫員　神戸市三宮にて開業。醫員を辞す。但し，研究嘱託，教材係嘱託として毎水曜出勤（副手補）
本多醫員　助手に任ぜらる
倭醫員　仝右
浅尾醫員　ポリクリ係に任ぜらる
別府醫員　専門部ポリクリ係に任ぜらる

八月八日
外来診察並びに廻診日割り，左記のとおり変更さる

	一部	二部	三部	廻診
月	醫長	布施, 澤	倭	醫長
火	杉原	倭		布施
水	澤	本多	倭	澤
木	金子	倭		金子
金	醫長	杉原	本多	醫長
土	橋田	杉原		

八月十七日
去る八月十五日，専攻生岩谷信彦君母堂，宿痾の為，死亡せられた。謹んで哀悼の意を捧ぐ。醫長の命により醫局を代表し澤醫員，告別式に参列。

八月十九日
岩谷先生御母堂の御仏前として金五十円醫局より供ふ。

八月二十六日
午后一時より大丸にて犯罪心理研究会あり。当科長坂醫員の厚生館収容の浮浪児について講演あり。醫長並びに杉原醫員岩井醫員も出席する。

八月二十七日
午后，臨時醫局會あり，最近の社会情勢，少年相談所，少年審判所，厚生館等の所見，神経科の傾向等より眺みあはせ，精神衛生の方面にも乗り出すことに決す。杉原，長坂，少年相談所の一名，奥西，其の他により取り敢へずプランを作製すること。

八月十七日
本大学醫学部主催の夏季大学に当科より左の三名出場。
十五日　杉原醫員，精神診断学講演
十六日　澤醫員，精神醫学と社会との関係
十七日　長坂醫員，浮浪者の精神醫学的研究

九月十二日
昭和二十二年度三月，九月のインターンを主とし，余りは一般醫師の補習。十六時から十九時迄半年の一期とす。一か月百円。以上夜間大学の主旨（本日金子醫員，恵済団に於いて決定事項の報告）。二十科目，十八時間ずつ，大体一時間三題選定，五十四題目，之は大体国家試験の適応せるもの。演題は二十四日迄に出題の事。
去る十日（水）より一部診察部署変更。
水　醫長，澤，本多
澤醫員より，大学病院に於いても恩給書類は書ける故，相談の上成るべく恩給をつける様にする事。南一階病室係は金子醫員に変更。

九月十七日
酷暑も台風と共に漸く去り朝夕秋冷を覚える様になった。病院も数日前より各醫局対抗の野球試合が行はれていたが，本日は神経科対微研の試合が醫学部グラウンドで午後三時より行はる。和田主将以下の奮闘目覚ましいものがあったが，実力の差は如何ともする事能はず，遂に五対二の点にて敗る。終了後醫局にて茶菓の慰労あり。

九月十九日　金
特別研究生に関する件
二十二年度予算　校費　五五七。全科一九一一（九百二十万円人件費）
各科の割当
電気をなるべく節約してください。人の居らぬところはなるべく電気を消す様に。
学生用グラウンド設置の件（醫，薬，理）二十万予定
石橋分院開設費　三十六万二千円
教室費用　神経科　研究費一万五千円，診療費一万九千円。これはもう少なくなっている。
物を購買に頼むとき五千円迄は院内払いをしてくれることになる。
阪大醫長会　教授二百円，助教授講師百円位にしてくれぬかと相談。
院長辞意表明（予算がすんだので）
予算配当の仕方
醫員数，患者数も関係する
神経科人員 41/1000（神経科の下に五つある）

科学研究費決定数　四千円
土居氏此の度優秀なる成績を以て卒業
大澤先生大学院卒業后，府の衛生部予防課衛生係長，材料蒐集の目的あり，大学と半分ずつかけもち。
岩鶴第二内科醫長の就任取りやめに決定す。詳細省略。
分院の者の出席の件（長坂氏と）
醫師会に関する件（橋田先生より）
醫師会と別個に一つの団体が形成されつつある模様あるも，進駐軍の方も認めないとか・・・。
有岡氏，南一階勤務状況に関して，小河山口にてランゲラショックの見学の事。

九月二十二日
醫局補助女事務員の任務を臨時に次の如く定む
診察場勤務　受付，届出，婦長事務分担
醫局勤務　統計，複写，タイプ，図書整理，備品手入，給仕，其の他
時間の要する仕事は出来るだけ助手を通じて依頼する事。すぐ済む仕事は直接依頼するも差し支えなし。

九月二十六日　金
別府醫員より各種届出の説明あり。
花柳病月報五日迄に大阪府知事に届出（二日中に係が届出る）
花柳病説明会　外来は倭，入院は受持ち醫，保健所へ
十六種伝染病　二十四時間以内に保健所へ
特異中毒　知事宛
法定伝染病（十一種，日本脳炎を含む）十二から二十四時間。之は警察及び保険所宛に届出（別館及び神経科より）
麻薬中毒　警察，転帰必要
癩　十六種の届け出の外警察
詳細は別表参照の事

十月三日　金
疲労回復の為ぜんざい試食試験あり。ハイキング十六日予定。投票，六甲山中に決定。費用は半額負担の事。診察場勤務，原則として全員出場の事。臨機に応援の事。
検査物の件
リコール　　高田，荒　　　高橋，浅尾
　　　　　　細胞　　　　本多，倭
処置係　　　浅尾，本多，倭　一か月交代
脳炎　　　　本多，浅尾，倭
ヒストロギー　大澤，倭，吉田，有岡
醫長より
浪高，大高の吸収案，文部省
動物科設置の件

診療講義　一時間四十五円，教授級　五十円
二十日よりインターン実習あり

十月二日
長らく御欠席中の布施講師，本日より出席さる。相変わらずお元気な様子に一同一安心。再びご活躍を期待す。神経醫局申合，編集中の所，漸く纒まる。題して「神経科醫局勤務の参考」。今後，醫局に備付け必要の都度改訂す。殊に新入局の諸君に参考になれば喜盡なり。

十月三日
新聞整理に吉田君より新たに依頼。来週より診察一部変更。
火　一部，金子　廻診，金子
木　一部，布施　廻診，布施

十月十日　金
一、脳炎の解釈につき，日本脳炎はB型を取扱ふと。
　　流行性脳炎は日本脳炎とす
二、醫局連合会報告　金子醫員
醫局連合会を教室連合会とし基礎部，臨床部に分ける
第三内科教授決定の件，総長の権限
更に二名，有給となり得る
伊丹醫師会報告
醫長より
独りで七，八名の脳炎患者をみていると（伊丹）。老人に多い傾向がある。型は夏期型。数日から十日でコーマテーズ。

十月十三日
細川君，南方より無事帰還（一昨日到着）

十月二十二日
臨時醫局會
院長選挙内規の件
教授（醫長），薬局長，事務長，看護婦長により選挙
早朝が教授會の意向を聞いて推薦する
更に適当に教室，総長に聞いてする
一、ロボトミーを教室の研究テーマとして担当者を
　　増員。ノイロロギー係が応援の事
一、夜尿症の文献あれば，奥西あるいは千鳥醫員へ。
　　外来病名も付加記入の事
一、ロールシャッハ試験用紙，少なくなったから連
　　続検査の時は同一用紙の「インキ」色を変へて書
　　く事
一、教室予算がなくなったから「○○の写真」をとる
　　時は自費にてする事
一、近畿神経学会の準備をする事

十月十七日　金　曇
醫局ハイキング。醫長および醫員六名，看護婦十数名，六甲山麓で秋の一日を楽しくおくる。

十月二十日
本日よりインターン八名醫局配属。三週間交替。インターン指導指針は左の如し。
一、ポリクリ指導　五名。処置見学　三名
二、醫長廻診随行
三、毎水曜，ルンバール見学。リコールその他の講義，
　　出題
四、毎火木午后，講義補習
五、病室は面白いFallの受持
六、当直，一人一回/日
七、醫長講義聴講
八、余暇利用時に一般検査
九、交替前に簡単な試験

十月二十三日
本日午前，醫長，布施，大澤，浅尾，桃山病院で脳炎視察に出張さる。

十月二十七日
本日午後，細川醫員の帰還歓迎会を醫局にて開く。終戦後のスマトラ，マライ方面の興味ある話を聞く。

十月二十九日
分院勤務の諸先生，左の如き本院に来る
三輪先生　水，金，及び，金，火，土，午后
相本先生　適宜
長坂先生　水，金，及び，金，土，午后
岩井先生　月，金，及び，金，火，午后
吉田先生　火，土，午前，分院へ當直勤務
細川，原田両先生，十一月より登院予定

十月三十日
十月一日より帝国の名称が廃止され，当大学は大阪大学と呼称される事となる。敗戦の結果とは云いながら，懐かしき帝大の名が消え去るのは淋しき感がする。

十一月八日
今般，醫長先生目出度く一級官に附叙（十月二十五日付）

十一月十四日　晴
本院より醫員，分院に出張。第二七六回談話会を分院醫局で開催。醫長先生に随行，院内廻診後，長坂醫員の開設以来の分院の状況につき報告あり。

十一月二十一日
第三内科教授，千葉醫大堂之前教授に内定す。

院長選挙は，各教室，事務，薬局，看護部より十名及び教授（主に臨床）十一名にて委員会を構成。各教室の単位より二名候補者を投票。最高点五名を更に委員会にて選挙。二名を候補者として選出することに決す。
微研寄生虫学教授として森下教授着任さる。

十二月三日
外来患者で精神衛生相談の為に来院した事が判った場合には，後から精神衛生相談のカルテを作成の事

十二月一日
病院料金，本日より引き上げに伴ひ，当科関係に於いても左の如く料金を改訂す。

パラヴェルテプラール	五十円
Eショック	五十円
クーレンカンプ	五十円
坐神活注	四十円
肩・頸部活注	三十円
感電	十円
ランゲラ（100E）	百九十円
マラリヤ	二百円，三百円

十一月二十七日
大阪醫学会席上に於いて，醫長の本年度流脳に関する統計的観察の報告あり。何時に無き大盛況を来す。

十一月三十日
近畿精神神経学会例会を京大精神科で挙行去る。午前十時開会，午后四時閉会。肌寒い霜月の暮方ら晴天に恵まれ何時に無き大盛況裏に終わる。当科より，長坂，別府，吉田，大澤，倭，金子，三輪，清野醫員出題せり。

十一月二十九日
醫長，桃山病院よりの依頼により流行性脳炎に就いて御講演去る。倭，浅尾，吉田，及び佐藤随行。

十二月五日
醫長先生より昨日の教授会
　育英資金の件　月 1200 円，大いに利用する事
　米国の図書館，東洋綿花にあり。
　新醫師会は今週中に入金する事
　物資購入は一級官の許可㊞を得て購入の事
　研究物資，殊に砂糖の分配の件
　布施先生，助教授に満場一致にて推薦さる
　年末又年始の會は皆の意見参照の上決定のこと
　醫局會席上にて高橋幸雄先生（昭五卒，堺脳病院）シベリアより帰還の挨拶及び体験談を話さる。

十二月十二日
麻薬免許証，新年度申請書新形式にて十二月十六日迄に提出する事。用紙は倭醫員机上にあり。
醫師会役員選挙は会長立候補無きに付無期延期となる。
電力節約につき，超過量は莫大な罰金を払はねばならぬから，出来るだけ節約する事。
砂糖は研究用と治療用に配給さる。治療用として神経科に百八十斤来る。
正月は九時より祝賀式。十一時頃より會を開く。副食物として野菜をできれば持参されたし。但し希望者のみ。会費百二十円。

十二月十九日
附属病院長に布施教授決定す。来週火曜日に醫師会役員選挙あり。全日来られない場合は，その前に投票用紙に記入する事

十二月二十六日
年末年始のランゲラの使用について（一日は休みとし他は低単位にてなすこと）
教室連合会報告（有給副手 161 名と議会で決まる）。各科平均四名で五十六名，残余七十二名を教室人員数に応じて。神経科は七名。このような案が出た。案に反対は小澤外科のみなり
醫師会役員左の通り当選す
　会長　　布施教授　副会長　市原教授
　代議員　布施教授，市原教授，荒木，橋田，木谷，宮
　　　　　地，中尾，武田，飯田の諸先生
休暇中の廻診左の通り
二十九日	月	醫長
三十日	火	橋田
三十一日	水	金子
一日	木	杉原
二日	金	澤
三日	土	布施
五日	月	醫長

十二月三十一日
本年も愈々今日で最後だ。診察場の外来カルテ，病症日誌の整理も各係，助手其の他の努力に依り，漸く終了。看護婦さんもお正月の支度に忙しそう。慌ただしかった本年，世間も病院内も落ち着かぬままに種々の問題を残したまま新年を迎ふることになった。

2 和田豊種の日露戦争従軍日記

● 武田　雅俊

はじめに

　教室には和田豊種先生による日露戦争従軍日記が残されている。生前西村健先生から伝えられてはいたが，西村健先生宅を訪ねて資料を収集させていただいた折に，西村健先生が保管されていたそのコピーを，ご長男西村直純様より拝借することができた。

　これは，森勝雄先生（S3）が和田教授宅を訪問された折にお借りされて写されたものである。森勝雄先生により，「和田豊種先生日露戦争従軍日記」が，和風会誌第24号（昭和55年12月刊行）から第29号（昭和60年12月刊行）に，6回に分けて，その抄録が掲載されている。森勝雄先生は，「私はこの写本を製本して地図を添えて先生に一筆書いて頂こうと期待して居たが，よい地図が見当たらない裡に，とうとう日を失って仕舞った。」と書いておられる。本誌に森勝雄先生による地図とともにその全文を掲載することにした。

　姫路市東宿にある西村健先生の居宅は，西村先生のお父上，西村慶次先生が満州から引き揚げて西村医院を開業された場所であり，西村先生も高校生まで過ごしておられた。西村慶次先生は岡山大学のご出身で，第2次世界大戦中には陸軍軍医として主として満州に従軍なさっており，西村先生御自身も小学生時代に満州ハルピンの花園小学校で学んでおられたと聞き及んでいる。

　和田豊種先生は明治37年から1年2ヵ月間日露戦争の軍医として中国北部に滞在された後，明治43年から昭和16年までの長きにわたり阪大精神科教授を勤められた。その後の阪大精神科教授は，堀見太郎先生（昭和16年から昭和30年まで），金子仁郎先生（昭和31年から昭和53年），西村健先生（昭和54年から平成7年まで），武田雅俊（平成8年から現在）と引き継がれてきたのであるが，金子先生は昭和14年4月から昭和21年2月まで陸軍軍医として中国大陸に滞在されていたので，同じ時期に西村先生が満州にて小学生時代を過ごしておられたことになる。

　和田豊種先生，金子仁郎先生，西村健先生のいずれも満州で生活されていたという事実を思い合わせると満州の地に興味がわいてくる。筆者自身も満州医科大学には個人的にお世話になった記憶がある。筆者は昭和45年から2年間米国ニューハンプシャー州のDartmouth Collegeにて学生生活を送った。筆者が留学した当時は為替比率が1ドル360円と決められていた時代であり，米国と日本の経済格差は大きく，学費は奨学金により，生活費はアルバイトに頼るという生活であった。当時アルバイトとして生命科学図書館の本の整理をしていた。もちろん米国の大学図書館であるので，書物はすべて英語の書物であるが，ただ一つだけ日本語

で書かれた書物があった。それが，満州医科大学紀要であり，当時は既に廃刊になっていたが，アルバイト作業の閑に，「満州医科大学紀要」の日本語を貪り読んでいた記憶がある。これが，筆者の満州とのかかわりである。

日記の概要

和田先生の日露戦争従軍日記は明治37年5月9日から明治38年6月28日までの1年2ヵ月間の日記である。日記は全体がB4判で216ページあり，最後に総括の1ページが書き加えられている。当然のことながら墨と筆で書かれているが，冬の寒い時期には，墨汁が凍り筆記ができなかったとの記載もある。陸軍軍医として中国北部南満州に転戦し，遼陽会戦，大石橋会戦などの貴重な経験が記載されているが，その概略を記しておく。

和田先生は，明治37年5月9日に大阪を出発し，5月27日東宇部港より第四師団第四野戦病院の一員として仁川丸に乗船し，5月31日に朝鮮半島の張家屯に上陸した。5月25日に戦闘（明治37年5月25日南山の戦い）があった金州城および南山陣地の近くを経由して普蘭店に向い唐房店から集家屯に行軍した。明治37年6月14～15日得利寺の戦いにより多数の負傷者が出たことに対応して，6月17日夏家屯に患者療養所を開設しこれらの傷病兵の治療にあたった。このころ部隊では赤痢の発生が相次いだ。6月22日に夏家屯を出発し，熊岳城，蓋平を経て7月9日龍王廟子に療養所を開設して傷病兵の医療に当たった。7月23日張家瓦房を出発し7月24日大石橋での戦闘に加わり多くの戦傷者を徹夜で治療した。7月25日は大阪では天神祭の日に当たるが大石橋の戦闘で多数の傷病者の治療に忙殺されていた。このころから和田先生自身の体調が不良となり7月27日から粘液便を見るようになり熱発しながらも8月2日命令により行軍を始め商家台を出発し虎樟村に宿営し滞在した。8月20日に連合艦隊とウラジオストック艦隊と野蔚山沖海戦の戦果がもたらされた。8月26日に柳公屯に移動。新家三台子，沙河南岸，営山堡を経由して9月3日首山堡に到着した。この時遼陽大会戦（明治37年8月26日～9月4日）に参戦することとなり，9月3日首山堡に野戦病院を開設し400名以上の戦傷者の看護にあたった。これから10日間は傷病兵の包帯交換などで目の回るような忙しさであったが，9月14日には一段落となり遼陽の町を見学する余裕もあった。ところが，和田先生は持病の痔疾が悪化し10月9日から11月18日は東千河子舎営病院に入院することとなり，手術を受けて治癒した後に11月18日三等貨車にて南瓦房店を出発，北進し，得利寺，萬家嶺，熊岳，蓋平，大石橋，海域，鞍山嶺兵站，遼陽，燗台を経由して大荒地兵站司令部に一泊した後11月19日に隊に復帰した。11月26日に第一軍兵站監部附を命ぜられ，11月28日に宿営地を出発し第一軍遼陽兵站司令部，大安兵站司令部，洎兵站司令部，浪子山兵站司令部，甜水店兵站司令部を経由して12月5日賽馬集の第一師団病院に到着した。賽馬集の病院はちょうど真冬の時期となり零下15～20度に達する極寒の地であった。水薬の水も硯の墨水も凍るほどであったが，毎日の業務は比較的落ち着いていた。12月20日鶏冠山北砲台の占領の報があった。このころは比較的安定した戦況であり兵站司令部では正月の催しが行われた。折しも1月1日午後10時35分電報によりただいまステッセルより旅順開城の申込みあったとの報せに兵站司令部は大いに盛り上がった。「昨年六月末我軍の封鎖を受け以来頑強に抗敵し屢々我軍を悩ませし旅順も遂に陥落せり」とその感動が記されている。このころからの陣中生活は安定していたようで，毎日の起床，陣中日誌の記載，包帯交換，昼食後将校病室回診，その後さらに包帯交換との単調な生活が記載されている。

ところが，3月1日から再び野戦病院は傷病

兵で溢れかえった。毎日200人を超える負傷兵の看護が始まり，多忙の余り日記を記す時間もなかったようで3月1日から3月10日までの記載はまとめて記載されている。

　3月12日兵站司令部からの情報として「軍は鉄嶺に向ひ敵を追撃中なり。此際一層各官の忠誠を要す。第三軍は目下奉天と鉄嶺の中間迄敵を追撃せり。昨十日奉天附近にて第三軍の射程内を逃走せん敵は大損害を受け少なくとも其二軍団は死傷せしならん。奉天にて退路を失ひし敵約一万ありと云ふ」戦傷の報告があり，この祝として特別加給品酒二合氷砂糖二十目があった。続いて3月13日の奉天会戦について「奉天大占領戦に於て敵の遺棄せる屍体二万六千余，捕虜三万三千五百　敵の死傷九万に達すと。何たる快事ぞ」との記載がある。野戦病院の業務は4月8日くらいまで多忙を極めていたが，大部分は手術包帯交換の負傷者への対応であった。4月15日以降は大半の入院患者も後送病院に送られ閑な日常生活となり毎日川に魚釣りに出かける生活であった。そして5月11日をもって賽馬集病院職員は療養守備軍司令官の命令を受けることとなった。5月29日に日本海海戦の大戦果の報告が入電し，6月2日には賽馬集兵站司令部において祝捷会が開催された。そして，病院は6月10日にその役目を終えて閉鎖された。和田先生はその後もこの病院に勤務されていたようでのんびりと入院患者の世話と魚釣りの生活を続けられた。そして日記は明治37年6月28日の記載で終わっている。

日露戦争の全体経過

　御承知のことではあろうが，日露戦争の経過の概略を以下に記しておく。

　日露戦争は明治37年2月8日，日本海軍による旅順港のロシア旅順艦隊への攻撃と，同日の日本陸軍先遣部隊第12師団木越旅団による仁川上陸により始まった。瓜生戦隊は翌2月9日，仁川港外にてロシアの巡洋艦ヴァリャーグと砲艦コレーエツを攻撃し自沈に追い込んだ（仁川沖海戦）。黒木為楨大将率いる日本陸軍第一軍は朝鮮から上陸し4月30日〜5月1日，安東丹東近郊の鴨緑江岸でロシア軍を破った（鴨緑江会戦）。続いて奥保鞏大将率いる第二軍が遼東半島の塩大澳に上陸し，5月26日旅順半島の付け根にある南山のロシア軍陣地を攻略した（南山の戦い）。第二軍は大連占領後，第1師団を残し，遼陽を目指して北上した。6月14日，旅順援護のため南下してきたロシア軍部隊を得利寺の戦いで撃退，7月23日には大石橋の戦いで勝利した。旅順艦隊攻撃が失敗したことから，陸軍は旅順要塞攻略を計画し，乃木希典大将率いる第三軍が旅順攻略に当たった。8月7日には海軍陸戦重砲隊が旅順港内の艦船に向け砲撃を開始し，旅順艦隊に損傷を与えた。これを受けて旅順艦隊は8月10日に旅順からウラジオストクに向けて出撃，待ち構えていた連合艦隊との間で海戦が起こった。この海戦で旅順艦隊が失った艦艇はわずかであったが，今後出撃できないような大きな損害を受けて旅順へ引き返した（黄海海戦・コルサコフ海戦）。ロシアのウラジオストク艦隊は，活発な通商破壊戦を続けていたが，8月14日に日本海軍第二艦隊に蔚山沖で捕捉された（蔚山沖海戦）。日本陸軍第三軍は旅順要塞に対し8月19日に第1回総攻撃を開始したが，ロシアの近代的要塞の前に死傷者15,000という大損害を受け失敗に終わった。8月末，日本の第一軍，第二軍および野津道貫大将率いる第四軍は，満州の戦略拠点となっていた遼陽へ迫った。8月24日〜9月4日の遼陽会戦では，第二軍が南側から正面攻撃をかけ，第一軍が東側の山地を迂回し背後へ進撃した。ロシア軍の司令官クロパトキン大将は全軍を撤退させ，日本軍は遼陽を占領したものの，ロシア軍の撃破には失敗した。10月9日〜10月20日にロシア軍は攻勢に出たが，日本軍の防御の前に失敗し（沙河会戦），こののち，両軍は遼陽と奉

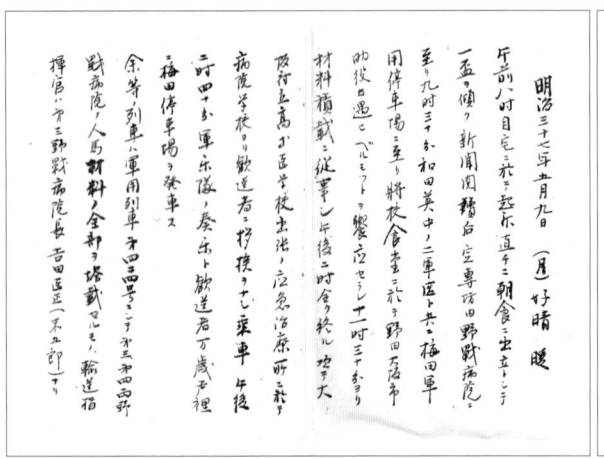

図1 和田豊種「日露戦争従軍日記」第1頁

図2 和田豊種「日露戦争従軍日記」第2頁

天（現・瀋陽）の中間付近を流れる沙河の線で対陣に入った。

10月15日にはロジェストヴェンスキー中将率いるバルチック艦隊が旅順へ向けてリエパヤ港を出発した。

11月26日からの旅順要塞に対する第3回総攻撃も苦戦に陥るが激戦のすえ，12月4日に旅順港内を一望できる203高地の占領を達成した。その後も第三軍は攻略を続行し，翌明治38年1月1日にはロシア軍旅順要塞司令官ステッセル中将を降伏させた。

日本軍は，ロシア軍の拠点・奉天へ向けた大作戦を開始し，2月21日に日本軍右翼が攻撃を開始。3月1日から，左翼の第三軍と第二軍が奉天の側面から背後へ向けて前進した。ロシア軍は予備を投入し，第三軍はロシア軍の猛攻の前に崩壊寸前になりつつも前進を続けた。3月9日，ロシア軍の司令官クロパトキン大将は撤退を指示。日本軍は3月10日に奉天を占領したが，またもロシア軍の撃破には失敗した（奉天会戦）。

この結果を受けて日本側から依頼を受けたアメリカ合衆国大統領セオドア・ルーズベルトが和平交渉を開始したが，間もなく日本近海に到着するバルチック艦隊に期待していたロシア側はこれを拒否した。一方両陸軍は一連の戦いでともに大きな損害を受け作戦継続が困難となった

ため，その後は終戦まで四平街付近での対峙が続いた。

ロシアのバルチック艦隊は7ヵ月に及んだ航海の末日本近海に到達し，明治38年5月27日に連合艦隊と激突した（日本海海戦）。5月29日までのこの海戦でバルチック艦隊はその艦艇のほとんどを失い司令長官が捕虜になるなど壊滅的な打撃を受けたが，一方連合艦隊は喪失艦が水雷艇3隻という一方的な圧勝に終わった。この結果，日本側の制海権が確定し，ロシア側も和平に向けて動き出した。

ロシアでは，相次ぐ敗北と，それを含めた帝政に対する民衆の不満が増大し，明治38年1月9日には血の日曜日事件が発生した。日本も，当時の乏しい国力を戦争で使い果たしており，両国は8月10日からアメリカ・ポーツマス近郊で終戦交渉に臨み，明治38年9月5日に締結されたポーツマス条約により講和した。

明治維新後に西欧に追いつくことを第一にした富国強兵策によりその国力増強に努めていた日本が，大国ロシアとの戦争に勝利したことは，西欧列国を驚かせた。このような意味で日露戦争は当時の日本にとっては大きすぎる課題であり，その勝利は「列強の仲間入り」を示すものであり，いい意味でも悪い意味でもその後の日本の進み方を大きく規定した戦争であったろう。

和田豊種先生の日露戦争従軍日記

明治三十七年五月九日　月　好晴　暖

午前八時自宅に於いて起床。直ちに朝食に出立として一盃を傾く。新聞閲讀后宣専坊内野戦病院に至り九時三十分和田英，中の二軍医と共に梅田軍用停車場に至り，将校食堂に於て野田大阪市助役に遭いベルモットを饗応せられ，十一時三十分より材料積載に従事し午後二時に悉く終る。次で大阪府立高等医学校出張の応急治療所に於て病院学校より歓送者に挨拶をなし乗車。午後二時四十分軍楽隊の奏楽と歓送者万歳声裡に梅田停車場を発す。余等の列車は軍用列車第四二四号にして，第三，第四両野戦病院の人馬材料の全部を搭載せるもの，輸送指揮官は第三野戦病院長吉田医正(末五郎)なり。神戸に到る途上加藤氏及び坂下氏の送迎を受く。神戸の歓送迎は全国第一の盛大を極め列車の神戸市中を通過するに当り線路の傍に設けられたる桟敷より万歳の声耳を聾んずる計りにして神戸駅停車中の如きは牛乳珈琲の饗応を受けたり。又仝駅に於て中馬(興丸)，村瀬(要之助)，今西(孝)三軍医に邂逅す。午後六時過ぎ姫路着。夕食を喫し市中を散歩す。午后八時過ぎ(姫路停車二時間)姫路発。夜に入るも各停車場より万歳の声を聞く。

五月十日　火　好晴　暖

午前零時十分岡山着。停車場前のBeerhallに於て洋食を喫す。停車場内寂寞たり。午前五時三十分糸崎駅着。洗面后朝食を喫し海浜を散歩す。風光明媚。停車二時間にして午前十時四十分廣島停車場に着し一時間人馬材料を下し下士以下に停車場前に於て中食を喫せしめ隊列を整え午後二時過ぎ宿営地に着し三参軍医四名(山田誠，中浜，和田英，和田豊)は廣島市字鷹匠町四二七石橋亀〇〇方に投宿し昼食後本覚寺にある病院本部に至りて伺候し午後七時三十分帰宿。夕食後八時半就眠す。両三匹の蚊声を聞く。乗車行軍中，余は殆ど一睡もなさず眠らんとすれば万歳の声に覚醒するなり。為め麦酒酢菓子等を連食して胃を害し口内炎を惹起せり。殊に面目なかりしは糸崎・廣島間に於て麦酒を過飲せんため甚だしく尿意を催すも停車せざるが故に放尿することを得ず三分間停車駅に於て膀胱を空虚することを得る迄の苦悶，名状すべからざりしことなり。これと同様の苦痛は余のみにあらず，又，渋川病院長，山田軍医も同様なり。

五月十一日　水　曇　暖

午前六時三十分，宿舎に於て起床。八時本部に至り隊兵患者診断し昼食後廣島偕行社に於て芳賀軍医正(栄次郎)の銃創に関する講和及デモンストラチオンを聞き終わりて立食の宴を開き六時帰宿の途上，山田軍医と共に道を失し迂曲数回，路を尋ぬること数回にて漸く帰るを得たり。夕食后本部に至り入浴，九時半就寝。夕方より雨模様にて蒸暖し。前記偕行社に於ける芳賀医正の大要左の如し。

小口径銃創の射入口は一般に弾径に準ず。八百米突に至る迄は距離の増加するに従ひ漸次その口径を増大し八百米突以上に至れば漸次小となり遂には弾径よりも少となる。

【頭部銃創】即死数は，銃創の中頭部銃創によるもの最も多数について，約其の半数を占む。二百米突以内の近距離よりせる頭部銃創は水圧作用盛んにして頭蓋骨は粉砕せりといふ(射撃試験及び南阿戦争の実験)。余の実験によれば六百乃至七百米突に於ては中等度の水圧作用，二百乃至三百米突に於ては最も著明の水圧作用を表はし，八百米突以上に至れば反って減少す。南阿戦役の実験によれば頭蓋腔内の水圧作用激烈にして頭蓋粉砕せらるるも其の上を押へる軟部は案外無傷にして恰も砂嚢を見るが如しと云ふ。之，今回の戦役に於て研究すべき点也。又，顔貌は毫も苦悶の情を表さずして眠れるが如しと云ふ，仰々水圧作用の強弱は距離の遠近に倒比し，弾径に正比し，且脳内に於ける銃創管の長短に正比す故に擦過的貫通銃創 Perforierende Streich-schuss は最も予後の可良なるものとす。水圧作用の他，頭蓋銃創の危険は頭蓋内に於ける出血，殊に中硬脳膜動脈出血にして熟練なる技術を要するものは，穿顱術を行ひて，之を結紮す可し。其の他猶注意すべきは頭蓋軟部の創傷に於ても已に多くは多少の強度の Shock を起こせり。

脳銃創の症候は専ら Herdsymptome を起こすものなるが故に (即ち所謂 Ausfallssymptome)，其症候によりて脳の損傷せられたる部位を知ることを得。後脳の損傷は Sehrermögen を障碍すること多し。而れども眼底に著しき異常を見ず之を Rindenblind と云ふ。小脳の損傷は Ataxie 及び身体平衡の障碍を来す。脳銃創の経過は毛髪，布片，骨片等の不潔物の侵入するが故に殆ど常に化膿を免れず。従ひて両三日后に発熱し，又，人事不省となりて死亡す。若し幸いに死を免る時は漸次昏睡より覚醒す。而れども Hirnabzess を作るを常とする故に十分射入口を開大し創傷液の排漏を講ずべし。此の際患者の臥位に注意することは極めて肝要の件とし，又，Hirnabzess と同時に Encephalitis を起すを常とすれどもこれは恐るるに足らず，脳瘍が治癒すれば，

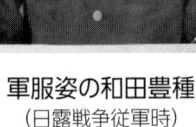

軍服姿の和田豊種
（日露戦争従軍時）

和田豊種の従軍写真集から（明治37年）

図3

従ひて治癒するものなり。脳アプセスにて死したるものは Postmortale Temperaturebesteigerung とも呼ばれ四十一度以上に達すること稀ならず。

【顔面銃創】上下顎骨を冒すこと多く上顎骨は希薄なるを以て貫通銃創多く，下顎骨は硬固なるを以て粉砕すること多し。下顎骨銃創に於ては談話を禁じ安静ならしめ流動食を与えて成るべく骨の移動を防ぐべし。然らざれば Pseudoanchirose を生じる虞あり。又，歯根突起の断裂したる一片の如きもの之を除去せず成るべく保存療法を行ふべし。弾丸眼前を通過し眼瞼に異常なくして而も角膜混濁又は前房出血を来すことなく，此の如きもの Lufshrichschues と云ふ。

【頸部銃創】咽頭又は気管の銃創は最も重要にして窒息を来す危険あるを以て可及的早期に Tracheotomie を行うべし。又，大血管の出血には Unterbindung を要す。此の如きは軍医の行ふべき救急療法中最も大切なるものにして時と場所とを選ばざるものなり。

【脊髄銃創】脊髄銃創は小口径銃創には比較的多数なるものにして Ausfallssymptome によりて診断は容易なり。Prognose は極めて不良なり。然れども死に至るには永き期日を要す。Lähmung, Decubitus, Nephritis und Schmerz 多く，患者は苦しむこと大なり。脊髄銃創は又肺を損傷せること多くして，為に膿胸を起こせることあり。

【肺銃創】肺銃創にて即死せず軍医の手に入る者は予後多くは不良なり。症候も案外に強激ならず。然れども Haemoptoe und Schmerz を有せる少数の者は Pleuritis を来し稀に Pyothorax を起こすものあり。心臓部の銃創は即死を来る。又，此の銃創による即死者数は頭部銃創の即死者数に次ぐ。

【腹部銃創】貫通銃創は内臓を傷つけ外部よりの診断は困難なり。Leberschuesverwunde には黄疸を起こし，又射入射出口より胆汁が腹内に流出するも腹膜炎を起こさず，而れども膀胱銃創にて尿が腹腔内に洩れる時は暫くして必ず腹膜炎を発す。腹部銃創は腸管を損傷すること最も多し。為に Septishe Peritonitis を起こせる時は全例開腹術を行うも予後多くは不良にして而も時間と労力を費やす故に開腹術を行うには極めて新鮮のものならざるべからず。此の如き新鮮の銃創に開腹術を行い得る場合は極めて稀なるべきを以て野戦に於て Laparotomie を行うは殆ど不可能の事と云わざるべからず。負傷后腹膜炎を起こすに至る迄の時間は三時間〜三十時間，平均十一時間なり。故に八，九時間の間に開腹術を施さざるべからざるなり。

【四肢銃創】動脈損傷せらるるも比較的出血少なく受傷后に動脈瘤を発生すること多し，又動静脈瘤（Aneurysma arterio-venosum）を生ずるもあり。末梢神経幹（殊に上肢に於て）の負傷せるや否やは経過を見て知るを得べし。

骨銃創は四肢骨の骨端部貫通銃創，骨幹部粉砕骨折を起こし中間部はその中庸の症状を呈せり。

関節銃創は鉛弾丸時代に於て危険なるものとせられしも現時の小口径銃創は予後たいてい良にして多くは Heilung per primam intentionem を営む。

五月十二日　木　西風　暖

午前六時三十分起床。八田本部に至りて，隊兵患者を診断し，昼食後三時，三崎君及び勝井君の訪問を受け，

宿舎に於て談笑す。午后五時より廣島市東南真菰春松園に於て大阪府立高等医学校出身出征軍医の懇談会を開く。会するもの二十八名談論縦横頗る盛会を極め酒量を過ごし酩酊して午後十時半帰宿し，午後十一時帰宿直ちに就眠。

五月十三日　金　晴　暖

午前六時起床。本部に至り隊兵患者診察。午后看護兵及び輪卒を率いて廣島市から一里半を距つる祇園村に行軍演習をなし五時帰院。直ちに概況を院長に報告をなし帰宿后夕食の際，軍医四名にて麦酒五本を傾け夕食を喫す。本日は日直なるを以て午后九時より各宿舎を巡回し報告書を出し午后十時半就床。

五月十四日　土　暖

午前六時半起床。本部に於て診断をなし第三野戦病院長の許に宿舎の相談に趣く。十時半頃より雑談をなし昼食後，堺町二丁目三十三番屋敷原保兵衛方に転宿す。直ちに葉書数枚を書し夕食後に麦酒を傾け九時に就床。

五月十五日　日　好晴　甚暖

午前六時起床。原保兵衛方に於ける診断場所に於て隊兵患者診察終わりて本部に伺候し，行軍命令を聞き午后一時，和田英軍医の引率せる看護卒隊と共に川添村，巳夷村を経て下山てに至り午后五時帰宿す。此日天気好晴，一点の雲翳なく加えて行軍途中は多く﨑峠たる山道なりしを以て稍疲労を覚えたり。夕食に麦酒一杯を傾け午后九時就床。

五月十六日　月　好晴　暖

午前六時起床。七時山田（誠），中（悟），和田（英太郎），三軍医は三崎軍医及び看護卒，輜重の全部と共に宿泊地を出発し海田市を経て矢田村に終日行軍をなす。余は，本日日直なるを以て留営。十時頃まで本院に於て院長と共に談笑し，午后は宿舎にあり。九時半より各宿舎を巡視し，また夜十二時過ぎより各歩哨風紀兵所等を巡察す。午前一時就床。夕方宿舎の下女及び細君を診察す。

五月十七日　火　曇夕より西風強し　暖

午前六時半起床。患者診察，本部に於て院長以下将校影撮。午後一時より廣島予備病院本院に至り戦地にて負傷せる患者病床日記により野戦病院等の勤務を見学し，又，宜州役に於て負傷せる近衛兵大尉黒川敬義氏を訪問し午后五時帰宿。夜九時就床。

五月十八日　水　好晴　稍暖

午前六時起床。七時三十分宿営地出発。院長山田軍医，勝井主計，野村薬剤官の四君と共に看護卒第一及び第四班及び輪卒半数を率いて巳斐停車場に至り八時十二分発列車にて宮島駅に下車，直ちに汽船宮島丸に乗船，厳島に至り名所を見物し蓬莱館にて中食。球を遊び午后三時二十五分前と反対の順序にて五時帰宿す。

五月十九日　木　晴　暖

本日日直，午前五時四十五分起床，和田英，中悟の二名は三崎軍医と共に昨日残部の卒を率いて厳島に参拝し，余と山田誠軍医とは午前中，宿舎にありて，無聊に苦しむ。午后零時半，山田軍医と共に本部に渋川院長を訪問し勝井主計及び野村薬剤官と共に鳥屋町溝口旅館に至り球突をなし夕食を喫し七時帰宅し九時半より各宿舎を巡視す。異常なし。

五月二十日　金　晴　暖

午前六時起床。午前中トランプ遊び。午后零時半より第二集産場に至り（山田，和田英二君と共に）球突をなし麦酒を飲み，午后五時過ぎに帰宅。十一時就眠。

五月二十一日　土　晴夕方雨　暖

午前六時起床。昼食後第二集産場に於て球突にて遊び，午後六時帰宅す。其の他無事。夕方トランプして遊び，午后十一時就眠。

五月二十二日　日　少雨　暖

午前六時起床。午前中小説を読んで遊び，午后一時より集産場に於て球突を為す。会するもの渋川院長，山田，中，和田軍医，勝山主計，野村薬剤官及び余の七名なり。全所にて夕食を喫し午後十時三十分帰宅，入浴，就眠。

五月二十三日　月　曇少雨　大いに暖

午前六時三十分起床。午前中，五目並べ，トランプ等なし遊び，午后一時よりほていやに於て渋川院長，中，山田両軍医と余と四名で球突をなし午后四時帰宿。夕食後梶磨工を聘して落語を聞く。十時半就眠。

五月二十四日　火　雨　暖

午前六時起床。七時整列。雨を冒し余は看護卒及び輪卒を率いて三次街道を前進し戸坂村前端に行軍をなし，帰途は一回も休憩せず午后五時帰宿す。本日余は日直なるを以て院長の命により午后十時過ぎより各宿舎を巡視し人員を点呼せしに異常を見ず，午后十一時就眠。

五月二十五日　水　晴　暖

午前零時三十分起床。正午まで無事。午后一時より院長室に於て出発に関する命令を聞き，三時より球突をなし，六時より院長室四階に於て麦酒会を開き，午后十一時帰宿す。本日午後五時三十分，野戦衛生長官より和田英太郎君，松山衛戍病院へ転任の事電報あり。午后十一時就眠。註　本日字書稍乱，愈々出発の緊張窺う得べし。

五月二十六日　木　晴　暖
　午前六時三十分起床。午前中無事。午后一時和田英太郎君，新任地に赴任のため出立す。午后三時頃，和田君の後任者の電令を発せりと云う電報来る。然れども未だ来宿せず，午后十時頃より飲酒し十一時就寝す。

五月二十七日　金　晴　暖
「本日内地出発」
　午前二時起床。直ちに朝食を喫し，三時半宿営地を出発し，五時宇東港に着し，六時二十分第十四号桟橋より仁川丸に乗船を始む。午后二時三十分全く終わる。仁川丸は旅順に於て閉塞船として沈没したる仁川丸の代わりとして郵船会社が印度より買い入れたる船にして元の名を Mogul と称し三千八百余頓なり。午后二時三十分，宇東港を出帆し西に向かう。余等多くは甲板上にありて四方を眺望す。浪静かにして風光菊すべし。十時より船室に入る。仁川丸に乗り込める部隊は第四師団第三第四野戦病院，糧食半継列，第八師団保持輪卒隊の三部隊なり。

五月二十八日　土　晴　暖
　午前五時三十分起床。甲板に出づれば船は正に馬関海峡に入らんとせり。全海峡に於て病院船弘済丸及び西京丸に遇ふ。八時朝食を喫し九州沿岸を左舷に見つつ進む。九時十分継列の馬屍を水葬す。午后二時壱岐を左舷に見，午後三時對馬を右舷に見る。對馬半島の水平線下に没するや四方に見る物は只これ天と水とのみ。午后九時麦酒を飲みて船床に安眠す。本日は音に名高き玄海を通過するにより其如何に浪音高からんを想像せしも実際は予想に反して畳の上に座するが如し。

五月二十九日　日　好晴　稍暖
　午前六時起床。船室より眺望するに右舷近く朝鮮の沿岸島嶼を望む。又，右舷遥かに済州島を見るべし。海水の色，昨日までは紺碧なりしも今朝に至りて稍濁れるが如き感あり帯黴黄藍色を呈せり。然れども之黄海に近づきたるに非ずして海岸に近き故なり。故を以て船の更に北西に航進するに従ひて再び藍色の海面を見るを得たり。午前十時五十分左舷近くに当たりて水雷艇第五十六号に遭ふ。
　午后三時に至りては全く朝鮮を望むべからず。只水波茫々たるのみ。午后七時より中甲板下士室に於て糧食縦列，補助輪卒隊及び野戦病院中の芸人を集めて，講談，落語，剣舞，歌等を演ぜしむ。午后十時より飲酒し十一時就寝。

五月三十日　月　晴　霧多し稍暖
　午前五時二十分起床。朝食後甲板に出づ霧深くして遠くを望むべからず。船は汽笛を鳴らしつつ徐航す。北進するに従ひて霧益々深く濃く四五十米突前方を望むべからず。午前九時五十五分余は甲板前部船橋の下にありしに船長の非常なる声（十分右前方に回転せよとの合図なりしといふ）を聞き船首の方を見たるに，本船の方向に接近して一船の檣高く聳立せりと思ふ間もなく轟然たる響と共に本船船首と衝突し船の動揺強く衝突せる船は左舷を摩擦して船尾に懸垂せる端舟を破損し通過し去れり。舷側を通過する際，余はタイトウ丸と書せる見たり。此の衝突によりて本船船首の側に人樽大の孔を穿ちたりしも幸いに水線以上なるを以て事なきを得たり。此の事変の後，船は進行を停止し汽笛を鳴らすも應ぜざるにより徐々に進行を始む。霧益々深し。后，船員の海図によりて説明するを聞けば，衝突せる場所は大同江口を南に去る約三十海里白館島付近なりしと。午后一時二十分になりて霧散す。船員初め一同喜色せり。午后四時五分，右舷に当たりて海軍御用船松山丸の通過するを見る。午后八時迄甲板にありて眺望した後，飲酒し午後十一時就眠。

五月三十一日　火　晴　稍暖
　午前五時起床。七時朝食を喫す。八時張家屯に着船。八時半投錨。九時より馬匹荷物より揚陸を始む。午后三時食を終る。此の地は遠浅なるを以て多少渡渉せざれば陸に上がるを得ず。午后四時半より途を起し，蔡家屯石家溝を経て，午後八時徐家屯に着し，種々の準備をなして十一時支那人の家屋温筒のある処に宿営す。

六月一日　水　前風雨后曇　暖
　午前二時起床。支那車両の徴発に従事し午前六時三十分，徐家屯を出発し，午后一時三十分亮甲兵站司令部に於て糧秣の補給を受け，午后十一時三十分，金州城南門外劉家屯に着し，一時支那家屋に宿営す。此日河を渡渉すること前後七回，道路は凸凹不平，岩石累々たるあり。又は泥濘脛を没する処あり。兵卒馬匹の疲労甚だし。午前十一時三十分，露国兵営の痕あり。支那土人の為に荒奪せられ頽破するを見る。此の地，去月二十五日，六日両日に亘り，大戦闘ありし所なるを以て露兵の伏屍一，二の存するを見る。

六月二日　木　晴　暖
　午前六時，前日の宿舎に於て起床。種々の準備（車両徴発）をなし，午后零時三十分出発。金州南門を入り，東門を通り，第四師団，第弐野戦病院の前を過ぎ，十三里臺における第四師団第一野戦病院前を通過し，東清鉄道に沿ふて進み，午后八時三十分，三十里堡に着し，土人の室に宿営す。此の堡，二十七，八年戦役以来，我

軍に心服せしか后来露兵の圧縮を受けたる事とて，我隊の至るや塩鮭，豚肉，鱈等を供して歓迎の意を表す。

六月三日　金　好晴　甚暖

午前八時三十分，軍堡出発。普蘭店に向ひて行進し，午后五時，普蘭店の南方二千米突の村落に達したるに命あり。第四野戦病院は後半部を以て礦泊子屯に至り，患者療養所を開設すべしと。乃ち疲脚を運ばん。午后八時，全地に着し宿営す。本日好晴天に一雲なり。且午前中は殆ど無風の状態なりしにより炎熱甚だしきを覚えたり。従ひて各兵卒の村落に到達するや井水を飲まんとするもの多く，これを抑制せしむるに中々骨折れたり。本日，極めて遠方（北方普蘭店の方）に当りて三，四の砲声を聞く。

六月四日　土　好晴　暖

本日，礦泊子屯に於て滞在。正午より各宿営を巡視し，夕食に鶏肉を徴発す。午后七時十分，工兵第四大隊輪卒十二名（肺炎）礦泊子屯患者療養所に宿し入所す。午后十一時命あり，明日唐房店に宿すべしと。

六月五日　日　晴　暖

朝来，少しく霧ありしたれども直ちに晴る。午前八時三十分，礦泊子屯を発し一里を距つる唐房店に着し，直ちに家屋を偵察す。午后より宿舎に着く。

六月六日　月　晴　暖

午前七時起床。院長と共に各宿舎を巡視し，昼寝をなし，午后六時頃当病院を二分するにつき本部に於て相談をなし，午后四時頃従卒の盡力により大壺を徴発後，初めて入浴をなすを得たり。其他無事。

六月七日　火　快晴　暖

午前七時起床。八時より唐房屯東方の部落に至りて宿舎を徴発し清潔法を行ひ直ちに第四野戦病院後半部は此の新宿舎に移る。三崎軍医中及び北尾の二軍医は第一半部に止る。夕食に院長より鶏の饗応を受く。乃ち本田看病人及び余は之を料理し煮沸して賞玩す為，院長は特に医局内に秘蔵せるブランデー一本を抜かる歩八の馬嶋軍医其の際来院せられ金州城戦争に於ける講話をなし，午后十時半，就眠。

六月八日　水　快晴　甚暖

午前六時起床。各病舎巡視。陣中日誌原稿を作る。午前十一時，師団獣医部部員来院せらる。余及び上田軍曹之に随行し，馬匹の検査を受けぬ種々軍馬衛生上の注意を聞くことを得たり。午后一時より山田軍医は師団会報を聞くべく集家屯に至り，余は第二半部の開設せる患者療養所に至りて予備被服梱包を整理す。

六月九日　木　晴　暖

午前六時起床。午后零時より出発。一時出家屯師団司令部に至り，会報を聞き，三時帰宿，夕方，院長室に於て武酒の饗応を受く。

六月十日　金　晴　暖

唐房屯に滞在，無聊に苦しむ。終日なすことなく暮らし，只乗馬演習をなすのみ。午后九時半就眠。

六月十一日　土　晴　暖

午前八時起床。午前中乗馬演習をなし，午后零時より乗馬にて従卒を従え，出家屯に至り師団会報を聞き，午后三時帰宿。四時之を各班長に達す。午后六時師団長より昨日より夏衣冬袴を着用するの訓令達せらる。又午后八時より歩兵第三十七連隊補充隊より下士以下の被服追送分として到着す。午后九時就眠。

六月十二日　日　晴　暖

午前七時起床。午后七時十三分師団長より命あり。今夜九時命令受領者を出せ，出発の準備をなせと。乃ち直ちに材料の整理に従事す。午后九時院長は命令受領のため師団司令部に至り，十一時帰宿。これにより昨日の行軍序列，敵状況を知るを得たり。終夜眠らず専ら出発の準備に奔走す。

六月十三日　月　晴　暖

午前六時唐房屯宿舎炊事場前に整列。直ちに出発し，八時四十分普蘭店の入口に着し，第一梯隊中に入り命を待つ。午后五時春家屯に宿営。本日塵埃多し。

六月十四日　火　晴　暖

午前八時半宿営地出発。午前中暑甚し。午后八時呉家溝に着し，余は宿舎割をなし大いに疲労す。此の地水少なく，十八町を距て山を越え隣村に水を採取す。六時出発砲声殷々たり。

六月十五日　水　晴　暖

本日，後二十里堡に宿営す徴候赤し。

六月十六日　木　晴　暖

行軍幾里。午后五時，史家屯に着し，川を堀り井を作り，濾水して炊事の用に供す。

六月十七日　金　雨風雷電

午前四時起床。六時出発。大雨を冒して前進し，昨夜師団屯の命令の如く夏家屯に至り，患者療養所を開く。本日入院患者四名。皆平病内一名赤痢あり。

六月十八日　土　晴　暖

午前七時起床。患者療養所に入院せるもの総計二十六名。混雑を来せり。午后八時三十分余は南部張家屯に於ける師団司令部に至り命令を受領し杜家屯に於ける衛生隊本部に立寄りて原少尉と相談をなし，翌午前零

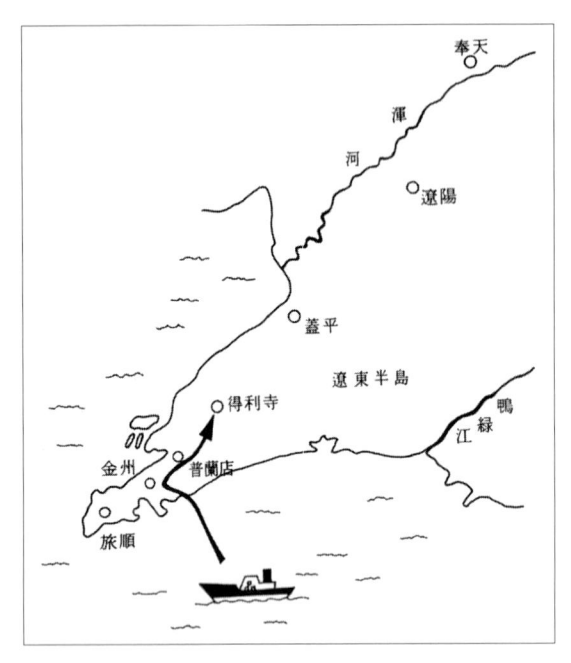

図4 森勝雄先生による奥第二軍進撃路地図

時三十分帰宅す。

六月十九日 日 晴 暖

午前七時起床。本部に於て患者入院に関する事務を執る。本日午前十一時三十分第三野戦病院へ四十名の患者を後送す。

六月二十日 月 晴 暖

午前七時三十分起床。事務を取る。患者続々入院す。正午第三野戦病院（本線家屯）へ患者二十九名を後送す。午后三時南部張家屯にある師団軍医部に出頭し会議に列し，午后五時四十分帰宿，院長に報告す。

六月二十一日 火 晴 暖

午前七時起床。終日本部に在りて院務を処理し，午后七時師団司令部に至り命令を受領す。午后七時第三野戦病院より佐々木軍医以下四名患者受領の為め来院す。午后十二時過一時近くに至る迄に引き継ぎをなす。

六月二十二日 水 好晴 風ありて暖

午前六時起床。七時三十分夏家屯を出発し，八時蕉家屯に着して第一梯着する迄休憩す。午前十時，少孫家屯に着し，第二半部に合併し，午后八時，大営子（タインツー）に着し宿泊す。此の夜南京虫甚だ多く，手頭，頭布等にボロボロ出来，掻痒甚だし。

六月二十三日 木 好晴 昼暖夜冷

午前七時，起床。終日無為。睡眠をむさぼり大いに南京虫に咬まる。本夜は床台眠るを恐れて土間に黍藁を敷きて臥す。然れども猶襲撃を免るるを得ず。

六月二十四日 金 好晴 甚暖

午前六時起床。南京虫の襲撃を恐れて川向ひに天幕を建て午睡をなす。午后十時天幕内の別荘に臥す。本日入浴。

六月二十五日 土 好晴 暖

午前八時起床。終日無為。夕食に第六師団酒保にて得たる泡盛を飲み，午后七時より第四野戦病院職員一同の運動会を催す。午后九時就眠。

六月二十六日 日 好晴 暖

午前六時三十分起床。豚に石を当て，新聞を読む。九時頃，師団軍医部より前田君来訪。午后午睡をなし，九時就寝す。中食は菜に豚肉を食す。

六月二十七日 月 雨 暖

午前六時起床。午后二時院長三崎軍医と共に宿舎を他の家に移す図て，余は軍医四名のみとなる。終日雨降り無聊なり。

六月二十八日 火 暖 雨少雷

午前七時起床。午后一時雨止みたるに乗じ，大営子の南方約一里を距つる山間の一村落に至り徴発に従事す。会するもの四名。曰く中，曰く北尾，曰く従卒播野。得物は中等大の豚一頭，鶏四羽とす。午后四時帰宿す。夕方より又雨降る。夕食に鶏を調理して食ふ。味美味なり。本日徴発に出発せんとして門を出づるや後方より余の名を呼ぶものあり。顧みれば，親友磯野氏の藍家屯予備隊の衛生材料を受くるの道，村木計手に遭ひて余の宿所を知り来たれるなり。乃ち暫く立談をなし今夜余の宿に泊まる旨を語りて，然るに帰路を異にしたる為か来たらず。せっかく鶏を調理して待ち居たるに。午后十時過臥す。

六月二十九日 水 晴 雨

此節雨季，毎日霧雨を見る。恰も内地に於ける梅雨の如く鬱陶しき事限りなし。昨日迄乾燥せりし宿舎前の砂川三日続きの雨の為，一帯の浅き流れを見るに至る。終日無聊に苦しみ風を気取り食しては眠る。午后十時臥床。

六月三十日 木 暖 曇夕立

午前六時起床。朝来雨止みて断続性に碧雲を望むを得たり。午前十時磯野〇馬氏来宿。鶏を割きて昼食を共にす。同氏は正午帰宿の途に就けり。小幡岡の普蘭店兵站病院に勤務せるを聞く。午后二時本部に集まり各自徴発禁令（軍司令官及び師団参謀長よりの訓令）を聞く。午后十時就床。蒸暑くして容易に眠れず苦痛を感ず。十一時頃夕立あり雷鳴り雷光閃々たり。

七月一日　金　暖　曇少雨
　本日北風強く雨模様あり，雲は南之微西に急送す。午前六時頃起床。午睡を廃し専らチャンコロと会話を為す。副食物欠乏し困る。午后十時就床。豆腐を師団より交付せらる。

七月二日　土　暖　晴
　数日来の雨止む，晴天となる。午前八時起床。終日無異。午后十時就床すれども眠れず焼酒を飲みて放歌し十二時初めて眠りに就くを得たり。本日，和田英太郎君より筒信。直ちに返事を出す。

七月三日　日　晴　暖
　午前七時起床。佐多校長及び日外須計氏に書状を発す。午前十時頃より患者被服梱包を整理し，其梱包法を改良す。午后二時より午睡。四時覚醒し此の日の日記を記す。本日，天皇陛下より恩賜のビスケット様煎餅二枚を第一野戦病院より拝受し，従卒に分ちて食す。午后四時頃第六師団軍医部員山崎敏男君より興与せられたる支那饅頭を世良軍医より第一野戦の従卒に託して送らる。本日，佐多校長及び日外氏に宛て手紙を出す。

七月四日　月　曇夕方雨　暖
　午前七時起床。終日無事。清国語の研究に従事す。午后五時頃より雨となり七時止み一天晴れ渡り東方に虹を顕す。午后十一時就寝。

七月五日　火　曇天　暖
　午前八時起床。終日蒸暑く無聊に苦しむ。午后九時半命令あり。明日出発すと。此夜蚊群れの襲撃と蒸暑との為に安眠を得ず。夜一時に至る迄前庭にて冷を取る。本日夕方福原学兄訪問せらる。

七月六日　水　晴　暖
　午前七時整列。大営子を出発し，復州街道を北進して，途中休憩十数回。午后八時正黄旗に着し，支那の大財家に宿営す。夜南京虫の為，三ケ所の咬傷を受く。

七月七日　木　晴曇　暖
　昨夜命令あり，第四野戦病院は午前四時三十分出発の準備をなして命を待つべしと。因りて午前四時起床，着々準備を整へて出発の命下るを待ち居りたるに容易に命令の来たらんとする模様なきを以て前後二回の昼寝を為す。午后六時に至りて本夜露営各自自炊の命あり。本日夕食の菜として本部より鶏一羽を給与せらる。本日午前十時頃より午后三時迄砲声弱く殷々として響けり。これ師団の沙崗臺を占領せるなり。午后八時半より少雨降る。本日最高気温百四度。

七月八日　金　前曇後晴　暖
　午前五時半起床。朝食を喫したる後二回昼寝をなし，新谷庄吉氏が雇員となり余が宿営を訪問せんとするを夢む。午前九時二十五分命あり。第一梯隊は午前九時出発北進すべしと。乃ち直ちに出発して熊岳城を通過して北進し午后九時女子站に宿営す。

七月九日　土　晴　暖
　午前三時起床。五時出発。蓋平に向かひて行進す。午前七時命あり。野戦病院は梯隊の先頭に出ずべしと。これより先，砲声殷々たるを聞く。午前十一時迄黄望子に着し，昼食を喫し命を待つ。午前六時五分師団長より第四野戦病院は即時柳王廟子に前進すべきの命あり。午后八時半龍王廟子に着し衛生隊半部の収容せる負傷者二十一名を引き継ぎ看護卒第四班これが作業に従事す。夜十時土間に黍藁を敷きて熟睡す。

七月十日　日　晴　甚暖
　午前七時起床。粥を喫し近野に至りて胡瓜，馬鈴薯および茄子を掘り取り帰宿所にて朝食を喫し午前十一時宿舎を村の東端清潔なる一屋に転ず。午后八時に至り衛生隊の為にこの宿舎を追ひ出され，本部に合併す。午后看護卒第三班を率ひて第二区内科病室を開く。

七月十一日　月　晴　暖
　四五日前より急に昼熱夜寒の劇変増加したるが如し。午前六時起床。十時本部前の一屋を衛生隊より譲り受け茲に第三区第二号病室を開き患者を収容し第一号病室は隔離室となし，余は看護卒第三班と共に第二号病室に宿営す。本夜，旭麦酒，日本酒を呑む。甘きこと限りなし。

七月十二日　火　晴　暖
　午前七時起床。八時半より入隊患者回診終わりて部隊患者を診察し病室事務に服す。

七月十三日　水　晴　暖
　午前六時起床。直ちに看護卒九十三名を率ひて蓋州停車場に至りて表室の充つべき室を清掃拭せしめ次いで龍王廟子より患者を転院せしめ終日設備に関して種々の打ち合わせをなす。夜十一時就眠。

七月十四日　木　曇　暖
　昼熱夜寒の候，益々著しくなる。午前七時起床。受持入院患者二十数名回診，汚物を焼却し室の内部を掃除し大いに清潔法を施す。然れども蝿群の襲来甚だしく到底防蝿装置を全くするを得ず。従ひて安全の病室を作る能はず。午后近藤大尉入院す。十一日入院せし山賀少尉と合わせて将校三名入院せり。

七月十五日　金　晴　暖
　午前八時起床。終日入院患者の収容に従事し，午后十時蓋平停車場に於て鉄寝台にて就眠す。本日上陸以来

初めて赤えいを食す。

　　七月十六日　土　曇暖

　午后三時患者の一部を第五師団患者輸送部に引き渡す。本日蓋平停車場付近を撮影す。午后六時夕食に特別加給品の酒を飲み大酔して熟眠す。

　　七月十七日　日　晴暖

　午前七時起床。正午第五師団患者輸送部附福島軍医に患者の全部を引渡す。午后四時頃一回の下痢あり，腹痛。

　　七月十八日　月　晴暖

　午前七時起床。病室閉鎖後の始末をなし，午前十一時蓋平停車場を出発す。途中腹痛疲労を忍びつつ，午后一時張家瓦房に着し直ちに宿舎に入る。腹痛稍強く持続性にして悪寒を催し発熱三十八度七分に達す。熱き粥を食し温筒傍に臥し大いに発汗療法を施す。下痢止み夕方気分よく薬室に遊ぶ。午后十時就床。

　　七月十九日　火　曇少雨　暖

　午前七時起床。張家瓦房の宿営にて起床。終日静養。夕方本部に至り写真画報を借り閲読す。午后十時就床。本日会報に昨日以後何時出発の報下るやも計り難し，其準備をなして待ちあるべしと。

　　七月二十日　水　曇雨　暖

　午前七時起床。腹具合猶常の如くならず。午前中関西医学校及び普蘭店小播宛の手紙を出す。午后無事。

　　七月二十一日　木曇　暖

　数日前龍王廟子にありし時，次いで蓋平停車場に転じせし頃より漸次赤痢患者を発生し部隊に於ても二十余名を発生す。本日午後中看護卒村田看護長西川岩次郎看護卒の三名を蓋平官立病院に入院せしむる筈。本日蒸暑く風なく殊に褥暑を覚え，此の日記を認むるに当りても蠅の群集し来たり手となく顔となく裸出せる部に止むには心地悪しきこと限りなし。午前中一回の午睡を貪る。頭痛を病める中軍医に起こされて中林元太郎，堀井栄一郎氏及び自宅寄りの来翰を受領す。追想品は既に三崎氏方に送付せりとあり。

　　七月二十二日　金　曇夕立　暖

　午前七時起床。十時より支那車両に乗じ蓋平域内に至りて買い物をして午后二時過帰宿。自宅へ手紙をなす。夕方明日出発の命あり。

　　七月二十三日　土　甚暖

　午前五時三十分張家瓦房出発。蓋平の西方を通過し北進し，午后二時半家溝に着し休憩す。砲声の殷々たるを聞く。午后十時青石嶺堡南方の寄名村落に村落露営をなす。

　　七月二十四日　日　晴　暖

　午前五時大一梯隊は青石嶺堡に集合し，午前十一時出発。大石橋に向ひて前進し午后一時半朱家旬子に着し前面の埠立に上り猛烈なる砲戦を観る。午后五時野戦病院開設の命により余は看護卒第三班を率ひて第三区病室を開く。傷者続々入院し全数三十六名に達す。病床日誌を徹夜にて取る。

　　七月二十五日　月　晴后雨　暖

　昨夜より徹夜にて天明を待ち，直ちに繃帯交換を行ひ病床日誌に現症を記載す。午后三時に至り終結す。其後猶孜々として院務を処理す。中々多忙なり。午后九時に至りて一先ず事務を止め眠りに就く。内地に於ては昨今両日天神祭典にてなかなか閑気に且つ賑やかに且つ美味を食するを得るべきも余は今戦地にありて野戦病院開設中に際し常に粥又は飯を食し殆ど菜なくして消沈せり。夜熟睡す。然れども二回起こさる。本日入院患者第二区四十二名となる。

　　七月二十六日　火　暖　前曇後晴

　午前八時三十分起床。朝食後各患者を回診し必要あるものには繃帯交換を行ひ其他病床日誌及び処方録を整理し諸報告を出し病室整頓を整ふ。午后十時就眠。夜安眠す寒し。

　　七月二十七日　水　晴　暖

　午前六時三十分起床。朝食後繃帯交換を行ひ午后三時終了。午后六時第弐師団患者輸送部附土屋三等軍医担架及び支那車両を以て来院。我病院区より担送十名，車送六名（中将校一川尻砲兵大尉），独歩二名，計十八名を蓋平兵站病院に送る。午后十二時過に至りて終了す。本日より余気分悪く下痢あり。血液を混る粘液便を下す。夜寒し。

　　七月二十八日　木　晴　暖

　　七月二十九日　金　曇　暖

　午前八時半起床。患者後送の準備をなし午后五時半より発送す。八時終了。本日便通昼迄四回あり。矢張り血液粘液便にして軽度の裏急後重及び発熱あり。山田軍医に依頼して甘汞一，五計り貰ひ二回に頓服し昼食廃す。午后五時半頃昨年の今を追想す。午后十時半就眠。

　　七月三十日　土　晴暖

　午前八時半起床。正午に至る迄第三区病室閉鎖のことに従ふ。余，全身倦怠を覚え従事することを得ず。専ら第三班榎看護手以下看護兵卒の盡力に依る。大いに謝せざるべからず。

　午后七時病院閉鎖後，朱家店出発。午后三時，頼家窩鋪に着し，一民家に宿泊す。此の行僅かに一里余あるも

下痢後の疲労と褥熱甚だしきことより大いに苦痛を感じたり。然るに到着したる頼家窩舗は一の井なく全村一の池水を沈殿せしめて飲用に供するものなるを以て我部隊に全村より東方に五清里を距てる三家子に至り水を汲取せしむ。不便云ふべからず。午后十一時褥暑を冒して就眠す。夕方武酒及び麦酒を饗せらる。甘きこと蜜の如し。

七月三十一日　日　好晴　甚暖
午前六時起床。頼家窩舗の宿舎に於て為すことなく暮す。午后六時院長より命あり。六時四十分より三家子に移転すべしと。因って命の如くす。午后八時移転を終わる。上田軍曹より贈られたる日本酒天爵瓶詰を軍医にて分飲し、夕食後間もなく就眠す。

八月一日　月　快晴　甚暖
午前六時半蠅の羽音にて起こさる。朝来暑気強し。午后二時三家子を出発して午后三時商家台着。五時間の後宿営に就く（丁維遠宅）。午后十一時就寝。

八月二日　火　快晴　甚暖
午前八時起床。朝食後丁氏と種々の筆談を試む。丁氏漢国医生として語る処清人と異なり稍要領を得、夕食後屋根に上りて隣屋の看護卒に豆鉄砲を食はす。午后十一時就眠。本日山田軍医は病気入院せし菊地軍医の代理として野戦砲兵第四大隊代務医官を命ぜられ出発す。

八月三日　水　快晴　甚暖
午前八時起床。九時命令あり。当院は九時三十分を以て商家台を出発すと。即ち九時三十分整列の後出発し北進し大石橋停車場を過ぐ。該停車場はこれと旅順口とに至る鉄道の分岐点なるを以て其の建築甚しく立派にして煉瓦作りの家屋九十余棟ありといふ。蓋し内地停車場には見るべからざる壮観に属す。午后八時半虎樟村徐氏の家に宿す。徐氏は造酒家として其境域甚だ廣く囊に我家の為に掠奪を被りたる痕なるを以て、我軍を歓待し支那料理十数杯を饗す。これに加ふるに兵站司令部より買来りたる日本酒及び山田軍医より贈られたる麦酒を飲み上陸以来初めて美酒佳肴に飽きたり。午后十一時従眠。

八月四日　木　曇　暖
午前六時三十分、虎樟屯十発。海域の西方に向ひて前進し、十一時石橋子に着。午后六時迄一民家に入りて休憩。七時出発。稍南方に退進して午后八時高山台に宿泊す。午后十一時従眠。夕食の麦酒は北尾君寄贈。

八月五日　金　晴　暖
本日滞在午前八時起床。無事。専ら休養の事とす。午后八時本部に集まり院長以下将校下士一同相会し鶏豚其他種々の材料を肴とし麦酒、葡萄酒、武酒、日本酒を飲み大いに陣中の無聊を慰む。村木主計大酔して管を巻く。兎角教養の乏しきもの酒のために其の精神を攪乱せらるるもの多し。憐むべし。午后十二時帰宿。此の日記を認む。(Studium aus zwang danert nicht lange!)

八月六日　土　快晴　甚暖
午前八時起床。無事。支那人を相手に筆談を試し、又会話を研究す。午后王徳栄（舎主）左の詩を記して余に贈る。
　征途覆水又登山　夏日炎天出漢関
　待得遼陽征員日　三軍斎唱凱歌還
午后十時就眠。

八月七日　日　曇後雨　暖
午前八時起床。終日宿舎にありて雑談に耽る。午后二時院長来訪。数日来持続せし下痢今日に至りて止む。午后十時就寝。

八月八日　月　雨　稍冷
午前八時起床。午前中無事。中食に宿主をして調理せしめたる菜（豚肉、葱、胡瓜の味噌漬、味噌、茗荷、胡椒）を用ふ甘し。夕食にも又これを料理せしむる筈、然り夕食に豚肉胡瓜大根の味噌漬、馬鈴薯を副食物となす。午后十時就眠。

八月九日　火　曇雨降後晴　稍暖
午前九時前起床。十一時上田軍曹来り、恤兵品として絵葉書十三枚、Eagle印鉛筆一本、砂糖一斤、鶏卵若干を領配す。午后絵葉書の内五葉を自宅、増田、長山、佐多、億川諸氏の許に出す。此の日誌は恤兵品支給の鉛筆にて記したるもの黒色の前者と異なるを見て区別し得べし。本日の昼食は豚肉、ささげ豆、葱、卵のごちゃ煮にて、又支那人も王徳栄の調理する所なり。味最も佳也。昨日雨天にて稍冷しかりしも今日午后至りて天晴ると共に暑気益す然れども一昨日以前より大いに凌ぎ易し。夕食本部（東隣）に将校集合して正式支那料理の饗応を受く。夜十時就床。

八月十日　水　晴　稍暖
午前七時起床。終日無聊。支那人を相手として談話をなし、又本部より新聞を借り来て読む。夕方本部は看護卒を集めて軍歌を奏せるを聞く。余等は麦酒を飲みてこれを聞く。両三日前より気候稍冷しき感あり。これ降雨ありし関係によるか。午后十時就眠。

八月十一日　木　晴　暖
午前七時起床。滞在中の無聊依謝如謝只食ては寝るばかり。此の頃時々 Schmerz, Pathologie des Blut und Blutkrankheiten を読む中、曰く小陸以来余は蝉と蛇は

みたることなしと。真に然り。又これを見ざるなり。午后十時前就床。

八月十二日　金　快晴　暖

此数日前雨降りたる以来天気快晴に復するに暑気以前の如く甚だしからず。大いに凌ぎ易し。これ実際気候の冷気に向かへるものなるや、又は一時の変調なるや容易に断ずべからず。午前八時起床。朝食茶粥、牛肉缶詰。昼食南東因原豆粥、夕食鶏、葱、茄子塩煮汁（支那料理）。午前十一時、諏訪、白荘司、立花の三氏よりの書状を受く。午后十時自宅寄りの親書来着。今晩蒸暑くして寝苦し。本日午后十時頃七月十四日以来熱病にて入院中なりし播野、全治退院して着隊す。

八月十三日　土　曇　甚暖

午前七時起床。午前中 Tuerh, Klinische Untersuchungen über Kerhalten des Blutes bei acuten Infektionskrankheiten を三崎軍医より借り来り読む。中に曰く、血球計算に用ふる Elzholzs' Zähalkammer のことの記載あり、余が初めて知る処なり。午后又読書すること小時間。其の間に甚だしき夕立二回あり。少しく雷鳴る。午后九時就眠。

八月十四日　日　雨　稍暖

本日朝来雨降り終日止まず。鬱陶し。午前六時起床。九時より看護長学科を講ず。午后読書、夕食に特別加給として支給せられたる清酒一人前二合を飲み、中氏の買ひたる鶏を肴となす。午后九時半従床。

八月十五日　月　雨　稍暖

三日間の霧雨止まず。冷気心地良し。夕方寒暖計七十六度を示す。午前七時起床。九時より十一時まで下士学科をなし、午后暫時読書（Türk, Über das Verhalten des Blutes bei Typhus abdominalis）。雑談に時を移す。午后十時就眠。本日献立左の如し。朝粥、福神漬、昼粥南京、夕粥牛肉缶と葱煮。

八月十六日　陰暦七月初六日　曇　稍暖

午前七時起床。九時より下士と共に戦時衛生勤務令研究。三、四日来雨天の為入浴出来ざりしもの本日初めて入浴するを得。爽快を覚ゆ。夕食後支那将棋又ははさみ将棋をなす。午后九時半就眠。本日の献立左の如し。夕方僅かに日光を望むを得たり。

朝、豚の支那煮、飯。昼、南京煮。夕、茄子、きざみ昆布。

八月十七日　水　雨　稍暖

午前七時起床。昨日雨を見ず、夕方日光を望むを得て、明日は晴天なりしと東を見たる甲斐もなく朝来曇天にして七時半頃より微雨降り来る。本日より部隊炊事となる。朝食の分配を受けたるに引割麦飯なり。これ脚気の発生を予防せんが為なり。終日雨降り鬱陶し。無聊に苦しむ。午后九時就床。蚊多し。本日夕刻西方に虹を呈し、雲南方に去る。明日は晴天ならんか。

八月十八日　木　晴　稍暖

午前七時起床。九時より看護長等に学科と号するものを講ず。大雨沛然として到り須瘦にして止み陰雲天を敵ひ、又日光を漏らし甚だ不定険悪の天候となれり。為に午后より冷気を覚ゆ。午后なすことなくチャンコロ将棋をひねりしのみ。午后九時就床。夜冷やかきこと本国十月初旬の如し。

八月十九日　金　曇　冷

午前七時起床せしに冷気強くシャツ及び初服にては寒冷を覚ゆ。為めに便所に（土を掘りたる）に至るも蠅の襲来を免がるるを得たり。八時半朝食を喫す。麦飯に福神漬甘からず。三杯にて止む。午后将棋をなして遊び、又梨を食ふ。其の他無事。午后九時就床。

八月二十日　土　曇　冷

午前七時起床。朝来霧深し。朝食に牛肉、葱煮を食し、十一時より経理室及び本部に伺候す。本部にて右の件会報あり。「本日十日上村艦隊は對馬の北方に於て浦鹽艦隊と五時間余の大激戦をなし、其一艘を撃沈し二隻は大破損を受けて北方に敗北せり。又、全月十四日、旅順艦隊は其全部を挙げて逸走を企て我連合艦隊と日没に至る迄大激戦を交へ、山東角付近に於砲艦一隻を撃沈し、チーフー付近に於て小雷艇一隻を撃沈せり。ツエサレウィッチ、ノーヴィク、アスコリッド、バーヤンの四隻は膠州湾に逃げ込み間もなくアスコリッドは出で来りしも行方不明となり、其の他の艦隊の主力は再び旅順口に還れり。而して駆逐艦隊は分散し行方不明となり、此の両戦に於ける我艦隊の損害は僅少なり」

昼食は豚肉と葱煮を喫す。本日午前中 Acht-Acht をなし又予備梱包を解きて夏衣と冬衣のつめかへをなす。夕食には又炊事より給ひたる豚と葱の味噌煮を食ふ。夕食後庭内散歩。午后九時半就床。

八月二十一日　日　曇　稍冷

午前七時起床。朝食に中君の骨折りによりて造られたる刻莖を食し昼に至る迄我宿舎の内房にて支那人と雑談をなし、又、梨の皮をむきて支那人に与えなどし、大いに其の歓心を得るに努む。夕食に師団長閣下よりの特別加給品たる羊肉を給せらる。又夕食後恤兵品として岩谷製恤兵品と称する紙巻煙草十一本及び絵葉書十枚を受領す。これと全時に三崎君よりビスケット及び菊世界一個を贈らる。猶大矢正君より麗しき美人を

描きたる絵葉書到着す。其の文句に曰く，御地禿山の由ここに〇〇〇水如草一枚御目にかけまいらせると。衆大いに之を羨む。午后九時就床。

八月二十二日　月　快晴　稍暖
九日間陰鬱たりし暗雲，昨夜より漸く晴れ，今朝来一天拭へるが如く気分爽快を覚柚。然れども昨夜より軽度の頭痛ありて，今朝猶止まず。午前十時従卒の高山台東方畑地に於て堀り来る芋を食す。午后三崎君より追送品として到着したる新茶及び菓子を分配せらる。夕食は炊事の支那人に命じて作らしめたる豆腐，葱の味噌汁なり。甚だ甘し。午后九時就床。此夜，中君は急造寝台上より墜落せり。猶特別加給品として支那焼酎三勺の分配を受く。

八月二十三日　火　前曇後晴　暖
天気の恢復したると共に暑気の多挽回し朝来蒸暑し。午前七時起床。午前中中君近傍を影写せり。夕刻に致して余は之を現像す。午后無異なり。九時床に就くも蒸暑くして眠ること中々苦し。

八月二十四日　水　晴　甚暖
午前七時三十分起床。午前中，昨日写影したる写真をPOPに焼付をなす。午后無異。夕食後三崎君来訪。本日会報に我千歳，對馬の二艦（上村艦隊）は宗谷海峡付近に於て膠州湾より進出したる露艦ノーヴィックを撃沈せりと。

八月二十五日　木　快晴　暖
午前六時三十分起床。朝来左の人々へ手紙を出す。佐多，大矢，石場，東保，横江，和田英，山田誠，自宅，中村為吉。

午后零時三十分病院会報に曰く，軍は明日出発する筈，輜重梯隊は午前七時出発準備をなして待命すべし。午后三時旅順は未だねばり強く二十三日には陥落せず。夕方宿舎の支那人明日余等の出発を知りて離別の情に堪えざる旨を筆談す。本日諏訪君の六月七日に出した手紙及び藤井伊造君より八月一日附手紙到着す。午后九時半就眠。夜一時迄一回大量の下痢あり。

八月二十六日　金　晴　暖
午前六時起床。出発準備を調へて命を待つ。八時命あり。第二梯隊は東柳公屯に至るべしと，即ち直ちに出発し二里余りを行軍して午后二時柳公屯に着し昼食をなす。途中道路雨後泥濘の固まりたる後とて凸凹不平，加え永滞立の為め下肢の弱れることとて稍疲労を覚えたり。東柳公屯に於て待命中夕立あり。午后七時全屯に宿営し夕方八時より院長室に集まり支那料理の会食をなす。午后十時帰宿。夕方より雨少々降下。

八月二十七日　土　曇少雨　稍暖
午前七時起床。出発準備をなして待命。午後一時命あり。本日現在の位置に於て停止すべしと。終日，野村薬剤官及び医官三名と共に談笑に消光す。午后九時就眠。本日去る二十三日旅順は陥落せりとの号外を発するものあり馬屁長の言ありと云ふ。真ならんか。

八月二十八日　日　快晴　風ありて冷
午前六時起床。七時東柳公屯出発，北進。午后零時，小黄屯着。関帝廟に於て昼食，更に休むことなく北進し，午后九時半夜中黄地の村落に露営。粥六碗と南京煮を食す。甘きこと甚だし。午后十一時就床。

八月二十九日　月　快晴　暖
午前七時起床。終日，黄地に於て滞留。午后富田栄次郎氏，大行李護衛として当地に至るに会し暫く宿舎を訪問せらる。午后九時従眠。

八月三十日　火　雨　稍暖
午前六時十五分起床。七時四十分朝食を喫了し出発準備を以て命を待つ。午前十時出発の命あり。十時三十分出発す。途中にて膳鼈堡に向ひ出発すべしと命令の変更あり。これより先，院長及び三崎軍医は隊に別れて独り泥勾堡に向かひて先発しておらず，即ち余等独断にて隊を率ひて進み十二時小王屯に着し中食を喫す。それより北進し午后八時双龍台に着し，正に医官の勝手にて宿舎に就かんとするに際し，病院長及び三崎軍医来着院す。軍医は直ちに院長の許に集まりたるに本日の独断処置に関して大いに譴責を受く。午后十時漸く宿舎に就くを得たり。午前一時過就眠。

八月三十一日　水　晴　稍暖
午前七時起床。八時十分命あり。第二梯隊は午前十時出発，白旗堡に向かひて前進すべしと。而るに午前十時に至り更に命令あり，何分の命令ある迄出発を延期すと。十二時頃より大夕立あり，雷鳴強く早々にして止む。午后二時頃第一野戦病院の安井主計及び大河内軍医余等が宿舎に来る。午前十一時院長の命令により車両の状態，材料の状態，兵卒疲労の有無を調査すべき命令を受け直ちに調査を終わり復命す。午后三時頃より天晴る。其の他無異。夜九時従眠。

此頃思ひ出せし事あり。上陸地点より蓋平に至る迄の間は家屋の構造一様にして屋根の扁平なる土製のものなりしに大石橋付近より以北海域及び現在の宿営地に至る迄悉く屋根は霞葺にして恰も日本田舎の家屋に類するを見る。然れども家の両側面は稍可良なるも家に至れば煉瓦を以て畳めり。本日は二百十日ならん。これ二月閏二十九日を以てなり。余此の説を主張するに

他に反対するものあり。

九月一日　木　晴　稍冷

午前七時起床。十時命あり。出発準備整ふべしと。午后六時四十分命あり，直ちに夕食をすまし，午后九時本屯東端に整列すべしと，乃ち命の如くし，午后九時半双龍台出発，東前方に進む。此付近道路泥濘車輛を没し車輛の行進極めて困難にして又歩行者にも動もすれば足を注らし渦転せんとし一里を歩むに四時間を要し漸く夜半午前三時に至り大揚起堡に到着することを得て夜食を喫し，又支那人に南京を煮せしめ紹興酒を飲し午前四時より眠りに就く（櫃の上にて）。

九月二日　金　晴　稍暖

午前六時前仮眠より覚醒し直ちに出発。午前九時，新家三台子に着し朝食を喫す。十時出発。道路困難益々甚し。午前十一時三十分，小馬巻子に着。休憩，昼食を喫し北進，午后七時三十分，沙河南岸に達したるに第一梯隊長より命令急行し首山堡に至り第三師団長の指揮下に入るべしと。因って河を渡り急行するも道路悪しく車輛の運搬意の如く運ばず午後九時ツァンガンに達し天明迄休憩するに決す。午后十二時従眠。

九月三日　土　晴　暖

午前六時ツァンガン出発。営山堡に向ひて徒歩者のみ行軍す。午前九時三十分，首山堡に着す。命あり，北尾軍医は首山堡東方二千米突のジャオヤンズイに於て三師団衛生隊の収容せる二百五十九名の傷者を受領すべく出発す。午后二時三崎軍医は車輛の全部を率ひて来着，直ちに北尾軍医に助力すべく材料の一部を以て出発す。余はその前後に於て首山の半腹に上り戦況を望む。砲声殷々たり。午前十一時三十分，遼陽停車場方面に当りて盛んに火災を起こせり。午后七時に至り砲声極めて盛んにして銃声又漸く増加し，午后八時に至りて砲兵敵味方共に暗夜の為め沈黙し独り銃声豆の煎るが如く天地を震撼し一斉射撃の響きあり。火災猶止まず炎々天を燃し壮絶偕絶名状すべからず。午后九時半夕食の粥を喫し睡眠す。夜，南京虫蚤の襲撃甚し。

本日首山堡に至るの途中首山東南方の丘は九月一日第三師団の大激戦をなしたる跡にして我歩兵の銃弾，飯盒等の散乱し屍体の未だ火葬せられざるもの道路に横はれり。砲弾被筒の如きは道路上に散乱せられ戦跡の惨状心胆を寒からしむべし。

九月四日　日　曇　朝来大霧　暖

午前七時首山堡の仮眠所にて起床。八時食あり。第四師団第四野戦病院はヂャオヤンズイ（向陽子）に至りて全部を以て野戦病院を開設すべしと。因って直ちに出発。約一時間程なるヂャオヤカズイに着し開設に従事す。午后三時に至りて余が受持なる第三区病室に軽傷患者百四十七名入院。其他三崎君及び北尾君の受持てる二百五十九名の傷者あり。合計四百六名なり。午后五時に至る迄病室に関する諸準備を整へ午后急を要するものに繃帯交換を施し午后十一時就眠。

九月五日　月　大夕立雷後晴　稍暖

午前七時起床したるに大夕立あり。雷を交へ雷鳴強し。然れ共それより二十分前に起床せるものは太陽の輝けるを見たりと云ふ。夕立ちには約一時間にして止み晴天となる。午前九時より午后七時迄繃帯交換に従事し七十余名の交換を終へたり。他の傷者は病床日誌の未だ到着せざるによりて之を作ることを得ず。止むを得ず午后十時より就眠す。暁寒気稍強し。

九月六日　火　快晴　稍冷

午前七時朝食後，繃帯交換に従事す。午后八時に至り一先ず全部の交換を終れり。午后五時第三師団第一野戦病院より負傷者十九名入院。本日昼食後二名治癒退院を命ず。午后九時三十分就眠。

九月七日　水　晴　稍冷

午前七時起床。終日繃帯交換に従事し，入院患者半部に第二回交換を終る。午后九時就床。

九月八日　木　晴夕立雷鳴　稍暖

午前七時起床。朝食後より午後四時まで繃帯交換に従事して第二回の繃帯交換全部完結。本日朝食後二名全治退院。此節になりて昼の著しく短くなりたるを感ず。午后九時就眠。夕方北方に当りて頻りに稲光りす。

九月九日　金　晴　稍暖

午前七時起床。九時第四師団患者輸送部来院。吾が受持病区より車送四十九名，独歩五十名，計九十九名を沙河兵站軍病院へ移送す。仝時に第三師団第三野戦病院来院。残りの傷者七十六名を毛布七十六枚及び単衣二枚襦衣一枚と共に病院へ引継ぐ。午后五時引継を終り，午后九時就眠。本日傷者四名退院。向陽子に於て取扱ひたる傷者百七十二名，平病者二名，計百七十四名とす。

九月十日　土　晴　暖

午前七時起床。出発準備を調へて待命。午前十一時命あり。兵馬屯に向ひて移転すと，乃ち直ちに出発。熱き行軍をなし午后四時兵馬屯に着し宿営す。午后九時半就床。

九月十一日　日　晴　夕立二回　暖

午前七時起床。兵馬屯に滞在。午前十時頃より上田軍曹来訪，ともに昼食を喫し雑談に耽る。午后三時頃と五時頃と二回夕立あり。少しく雷鳴あり。共に暫くして止

む。午后二時頃野戦病院第三区病室の業務報告を提出す。午后九時従眠。

九月十二日　月　晴　暖
午前七時起床。午前中無事。午后四時頃山田軍医砲兵隊より任務を終わりて帰隊す。午后九時従眠。本日山田君の斎らん帰りたるブランデーを飲む。

九月十三日　火　快晴　暖
午前七時起床。朝食後薬室に於て遊ぶ。午后支那土人と筆談を試み豚肉を買ふ談判調ふ。午后九時就眠。

九月十四日　水　快晴　暖
午前六時起床。六時三十分より中，北尾，野村及び余と従卒三人，磨工卒一名，支那人二名と共に遼陽遊覧の為め出発し，午后七時帰宿。遼陽は矢張り従来余等の通過せる都市中第一等に位し街並の整正繁華なる蓋平の如きもの遠く及ぶ所にあらず。帰宿後豚を食し入浴し午後十時従床。感温筒熱して眠難し。

九月十五日　木　曇　暖
午前七時三十分起床。昨日の疲労未だ全く恢復せず終日無為日を暮す。午后九時就床。

九月十六日　金　快晴　暖
午前七時三十分起床。終日無聊。本日日直。午后八時人馬異常なき旨報告。九時従床。特別加給品の酒を飲む。

九月十七日　土　快晴　暖
午前七時起床。終日無聊。午后遼陽にて捕獲したる露兵防寒外套を支給せらる。夕方院長来訪。共に長豆を食す。明日午前八時大闥屯に転宿の命あり。午后九時就床。

九月十八日　日　雨　稍暖
予定の如く午前八時十五分兵馬正に出発途中より大雨に遇ひ道路泥濘となり歩行困難なり。途中途を失ひ大沙嶺に出て全所にて中食を喫し清国兵を道案内となし，午后二時三十分大闥屯に着し一清人の家に宿す。家屋不潔待遇可ならざるがごとし。薬室と同一室に宿泊せり。午后八時三十分就床。晴近きに至り冷気膚に徹し眠難し。

九月十九日　月　快晴　冷
午前七時三十分起床す。寒冷の度，上陸以来未だ経験せざる処，室内に於て最低十五度。初めて降霜を見る。因って縮シャツを英ネルに改む。昼食後薬室は他の家屋に転宿す。これ全村に宿泊せし第二野戦病院の他村にて患者療養所を開設せしによる。これが為め余等六人にて四室を占領する故大いに広くなる。其の後無事。本日経理室雇支那人王某なるものに豚を買はしめ其の四分の一を二円にて買求め，四分の三を炊事にて分配せしむ。午后七時半より床に就く。眠り難し。

九月二十日　火　雨曇少雨　冷
午前七時起床。午前中，信書六通計を記す。本日院長は三崎軍医，勝井主計と共に遼陽に趣く。午后経理室に遊び筆一本を得る。午后九時従床す。本日寒冷のため命令なきも冬衣袴を着用せり。

九月二十一日　（この日一日だけ記載なし）

九月二十二日　木　快晴　稍暖
午前七時起床。午前中無事。本日稍暖きを以て夏衣夏袴に着替え午后三時頃屋外にて入浴をなす。甚だ寒く夕刻より本部に於て会議を開き後清兵中尉村長等五人の支那人を相手に将校相集りて支那料理の御珍味に支那焼酎，プラン葡萄酒，日本酒あり。大酔して午后十一時帰宿す。山田軍医は非常に酔ひ帰宿後嘔吐せり。本日朝霧多かりき。

九月二十三日　金　快晴　稍暖
午前七時四十分起床。昨日の御蔭にて今日頭重く食欲進まず。午前中昨夕院長よりの諮問案に対する答案を記し終わり，午后昨日到着したる塚口利三郎に宛つる返書を記す。午后六時頃余が九月八日附にて陸軍二等軍医に任ぜられたるを聞く。夕食に鶏を食す。午后九時就床。八月十四日の月，皓々足り，空に一天雲もなし。

九月二十四日　土　快晴　稍暖
午前七時起床。午前中無事。午后大矢氏より昇進祝の手紙及び諏訪氏より絵葉書来着。午后八時頃卒浅井千太郎酩酊乱暴をなす。余等之を鎮撫し日直なるを以て本部に報告し，午后十一時就床。

九月二十五日　日　快晴　暖
午前六時起床。院長の命により遼陽見物有志者の半数を率ひて七時出発。十一時前停車場に着し，一度解散し随意の見物を許可し十一時三十分佛塔下の公園休憩所に集めて昼食を喫せしめ十二時北門より城内に入り再び解散自由行動をとらしめ，約により午后三時正門に集合して午后六時二十分帰宿す。直ちに院長に報告をなす。午后七時遼陽より買来りたる麦酒を飲み九時眠に就く。本日の恤兵品として手拭一筋通信省発行戦役絵葉書四葉特別加給品として牛肉若干を給与せらる。夕食に牛肉を食す。予想外に甘からず。午后九時従床。

九月二十七日　火　晴　稍暖
午前七時起床。午前午后共に無事。午后九時就床するも昼麦酒と酒とを飲み昼寝せしにより中々眠れず漸く十一時に至りて眠に就くを得たり。

九月二十八日　水　晴　稍暖
午前七時三十分起床。院長の命令により井戸に歩哨を立て排水工事を改正し十時村の内外を巡視す。これ

和田豊種の従軍写真集から（明治37年）

図5

一発の銃声を聞きたれば他部隊よりの徴発なれば，ひっつかまえたれんと思ひしを以てなり。午后無事。夕方和田英君より葉書着。夕方酒を飲み梶磨工を聘して講談を聞く。

九月二十九日　木　曇少雨　雷　暖

午前七時三十分起床。昼食前に一寸薬室に遊ぶ。午后一時より独逸語を教授す（昨日より始む）午后四時頃輪卒小嶋馬に蹴られ往診す。夕食に酒保より買ひ来りたる酒を飲む。午后九時就眠。十一時眼を醒ませば輪卒澤佐一郎の浄瑠璃を語るあり，これを聞きて十二時過ぎ全輪卒の饗し来れる日本酒を飲みふたたび眠りに就く。

九月三十日　金　曇少雨　暖

午前八時起床。九時より看護長に学科を教授し午后一時より独逸語を講義し夕食に特別加給の清酒（一人前約一合五勺）を炊事より支給したる鶏を肴として飲む。中軍医大酔，自から大平東を歌ふと号す。午后九時就眠する筈なりしが澤輪卒来りて浄瑠璃などを語りて経理室の連中とこれを聞き午后十一時就眠。

十月一日　土　快晴　暖

午前七時起床。霧深し。九時より看護長等に学課を講義し昼食に山田君の盡力により支那人からもらいうけたる豚肉を食す。午后一時より独逸語授業。無事。九時眠に就く。

十月二日　日　快晴　暖

午前八時起床。銃声を聞けるを以て豚盗人を捕へんと駆け出したるも目的を達せず。本日独逸語休講。午后無事。夕方鞦韆に乗り運動をなし午后十一時眠に就く。

十月三日　月　曇　暖

午前七時三十分起床。看護長等に学課（消毒法及び予防法に就いて）を講義と午后両陛下満州軍御慰問として御差遣相成りたる伊藤侍従武官及び高階侍医より恩賜の煙草（大和）及び清酒を頂戴し，夕食と之とを飲む。午后九時輪卒澤佐一郎来り，浄瑠璃源氏節等を語る。床にありてこれを聞く。又長山氏より逓信省発行の絵葉書を封入せる郵便到着し，該絵葉書に何なりと記し送りくれ記念の額となすとの旨あり。因って一枚に余之を書し一枚は山田軍医，他の一枚は院長に依頼せり。

十月四日　火　晴　大冷

午前七時三十分起床。昨日より西風強かりし為夜に入りてよく寒冷を覚え今暁に至りて急に寒気を覚え降霜あり。薄氷を結びたる処あり。昨日会報にて達せられたる通り冬衣冬袴に改む。而れども尚冷を覚ゆ。午后下士の有志者に独逸語を教授す。特別加給品煙草四十本。

十月五日　水　晴　冷

午前七時三十分起床。降霜多し。九時より看護長等に学科を教授す。午后無異。夜床下の火を燃さしめて眠る。甚だ暖なり。

十月六日　木　晴　冷

午前七時三十分起床。一昨日来不快なりし痔疾今日稍軽快の模様あり。全癒せんことを天に祈る。本日舎内を整頓し大掃除をなす。午后無異。三崎軍医来訪せらる。午后九時眠に就く。

十月七日　金　曇　西風強く雲模様あり　冷

午前七時三十分起床。九時より看護長等に戦時衛生勤務令を教授し昼食後宿舎を他の良き家に移転せしめ

んとして北尾軍医は村内を巡視す。適当の家屋を得ず。午后九時に至りて急に命令あり。明朝午前五時三十分迄に出発準備を調ふべしと。即ち行李の整理等をなす。本日午后より気候急に寒くなる。

十月八日　土　快晴　甚冷
午前五時起床。出発準備を調へて命を待つ。本日は昨日より寒気甚しく内地十一月下旬の候に比すべし。朝来氷を結ぶこと硬く降雪著し。午后に至り余等の宿舎は第二砲兵弾薬縦列に与ふることとなしたるを以て余等は本村の西北方の一民家に転宿す。本日夕方に至り大いに冷気加わり悪寒を覚ゆ。午后九時眠に就く。

十月九日　日　曇　稍冷
午前八時起床朝食後本部に至りて三崎軍医に診断を受け東千河子患者療養所に入院することに決定す。午后一時三十分大闊村出発。三時東千河子舎営病院に入院す。入院途中は担架にて支那苦力に荷はれたるが故に疼痛少なく大いに好都合なりし。入院後検温せるに三十七度五分あり。肛門の疼痛益々甚だし。東千河子舎営病院入院将校は余の外小林義隆君及び騎兵第十三連隊附阿部大尉の二人なり。

十月十日　月　曇　稍冷
午前八時三十分顔を洗ひ九時朝食を喫し手術を待つ。然るに今朝に至り俄かに師団長に依り第三野戦病院は舎営病院を閉じ前進することなりたるを以て手術を受くるを得ず。且午后一時より遼陽兵站病院に転送せられ午后三時半到着す。転送途中疼痛甚だからざりしも熱ありて悪寒を覚へたり。午后八時半頃新宮氏回診。明日手術すべきことを語る。母赤及びひまし油の処方あり。十時蓖麻子油一五を頓服す。十一時半及び十二時に二回の大量の便通あり。便通後疼痛更に増す。

十月十一日　火　晴　稍暖
午前九時グリセリン浣腸を受け排便後十時手術室に至りシュライヒ氏注射のもとに切開を受け鋭匙搔把に油を取らる。手術後病室の次の間迄担架にて運搬せられそれより自ら起立したるに以前極めて不思議なる姿勢にて尻を突出し歩行せしもの直立闊歩（ちと大げさ過ぎる）するを得たるに至り担架を担ひ来たりたる看護卒唖然たり。手術後一時間許りの間は創面に僅微の疼痛を覚えたるも其後に至りては全く自発痛なく気分爽快となり元気となる。午后九時頃より眠に就く。本夜熟眠を得たり。熱已に下降を始め本夕三十七度二分となる。

十月十二日　水　晴　稍暖
午前八時眼醒む。創面僅かに蓄膿せるやの感ありてちくちく。僅かの疼痛を覚ゆ。昨夜は顔を洗わざりしを以て今朝丁寧に洗ふ。爽快なり。午前九時頃看護長より後送誌を持掛けらる延期を請ふ。正午新宝氏回診せらる。即ち請ふて暫く本院に止るの許可を得たり。午后食事床上に横臥し新聞を読み日を消す。小林義信君来訪せらる。

十月十三日　木　晴夕立あり　稍暖
午前八時半眠む。十一時繃帯交換を受く。排膿案外に少なく肉芽可良なりとの事。再び病院に全治復帰するを得べし。夕食前従軍宣教師本田恵隆氏慰問の為来訪せらる。中央亜細亜紀行（光瑞法師と共に）談を試みられ日時撮影したるAlbum及び讀賣新聞を貸さる。午后無事。小林君来訪加例午后九時看護長来室。切に後送を勧告せらる。依然頭を横に振る。

十月十四日　金　曇り夕立雷　稍暖
午前九時矢重院長回診。治癒迄に四週間を要すべしと。午后に至り天候不良となり夕立様の降雨数回あり。大雷鳴あり。少しく雹を交ゆ。午后六時に至りて止む。小林義信君午后退院して隊に帰る。

十月十五日　土　曇　稍冷
昨日の雨と北風にて朝来稍冷気を覚えて午前八時起床。昨日も今日も便通あり。肛門痛まず。昼食後繃帯交換を受く。午后無事。稍粥食卵菜に厭き大曲中尉の従卒に酒保より白魚の缶詰を買来らしめ副食物となす。本日後備歩兵第三十九連隊長大佐某の戦傷（九日負傷胸部貫通銃創）にて入院せり。

十月十六日　日　晴　稍冷
午前八時覚醒。十一時新宮軍医回診。午后無事。病室に起臥す。大曲中尉従卒に焼鰻缶詰を買ひに来らしめ昼食よく之を食す。味佳なり。粥食卵菜は最早厭く。午后八時より眠に就く。本日渋川院長及び自宅宛郵便物を出す。

十月十七日　月　晴　風ありて冷
午前七時四十分起床。便所に至り排便。排便後，肛門部緊張の感あり。午后一時繃帯交換の際Eitelを有溝消息子を通じて切開を受く。幸ひに直腸内に浅く瘻孔の存せしこととて疼痛少なく都合良かりしことにて手術の全部を終わり治癒後には最早手術の必要なきに至るべし。手術後出血の虞あるにより安静に仰臥す。本夜肛門部荒撫せられて搔痒を覚え目醒覚む。十月九日以来殷々たる砲声本日に至りて止む。夕方来訪せられし本多布教師の談によれば我軍の此回の損害一万三千余，敵は死傷三，四万に上るべしと。愉快極まりなし。

十月十八日　火　雨　冷
　午前八時起床。本日無事。朝来遠く砲声の殷々たるを聞く。搔痒の感止む。午后七時負傷将校二十七名入院し，看護卒等不意を食ひて大いに狼狽す。余等の室にも新入院患者一名あり。第十師団後備隊附大尉にして左膝関節貫通銃創を受け居れり。九時過ぎより就眠に就かんとせしも昼寝をなせし為か眠眼付かず十一時に至り漸く眠るを得たり。

十月十九日　水　晴　冷
　午前六時半目醒む。昨日は手術後なりしを以て便通を我慢せし故にや今朝腹具合悪しく腹部膨満の感あり。上圓せんに案外に疼痛少なく排便を得たり。昼迄新聞紙を読む。午后繃帯交換ありならんと楽しみ待ち居たるも多忙の故にやこれなし。因って床中にあり無聊を感ず。夕方感冒の気味にや軽度発熱あるが如し。午后八時就眠。本日午前中遠く砲声の殷々たるを聞く。

十月二十日　木　晴朝来霧深し　冷稍暖
　午前八時起床。直ちに上圓するも便通を得ず。朝来濃霧あり。百米許り前方は臨むべからず。十時過ぎに至りて快晴となり霧散ず。午前中無異。午后二時頃繃帯交換を受く。移送〇〇〇（ママ）あり。午后四時矢重院長回診。再び後送談あり決定せずして訣る。午后八時より眠に就く。午后九時新宮軍医来り愈明日午后零時四十分後送に決す。

十月二十一日　金　晴　冷
　午前八時起床。本日朝来西北風強く甚だ冷気を覚え手水鉢に厚き氷を結べり。午前中無事。午后零時遼陽停車場に至り零時四十分発，患者列車（実は無蓋車）に投し午后五時大石橋兵站病院に着く。途上西北風強く寒冷限りなし。乗車時間約四時間とす。夕食に例の粥卵を食し八時より臥床するも冷気の為め眠を結び難し。

十月二十二日　土　晴　冷
　午前八時起床。朝食後小出軍医（弘）の訪問に接し初めて矢追君も本院にあることを知り共に本部に至りて赤十字医員諸君に面会し種々好意を受け昼食も夕食も全所にて喫し午后九時就眠。明日南瓦房店兵站病院へ後送する筈。

十月二十三日　日　晴　稍冷
　午前四時起床。五時朝食を喫し六時三十分発，有蓋貨車にて蓋平，熊岳城，北瓦房店，得利寺を経て午后零時四十分南瓦房店に着し，小幡岡に遇ひ同氏等の好意により内地送還は思ひ止まり，茲に療養全治帰隊することに決心す。因って汽車より荷物を卸し（但し水筒，飯盒を忘る）一先ず病室に入り本部に岡，小幡を訪ひ，午后九時病室に帰りて眠る。

十月二十四日　月　稍冷
　午前八時起床。隣室に残れる第十二師団の阿部軍医（慢性大腸カリエス）及び大楠特務曹長（左足骨折貫通銃創）を訪ひ暫く談笑し昼食後，午后二時より岡，小幡の二医員と共に付近に山上を逍遥し五時帰室し夕食後小森薬剤師訪問せられ新聞を読みて，午后八時過ぎより眠に就き熟眠して九時半，入場したるも又翌朝五時頃患者の出院したるも知らず。

十月二十五日　火　晴　稍暖
　本日は風少なく暖なり。午前八時起床。午前中中山少尉（歩兵第三十三連隊附　脚気）と談話をなし昼食後全少尉は憲兵に護衛せられて第三師団司令部に至るべく出発す。余は停車場に送れど折柄後送せらるる負傷者と戦地に向ふ十二師団の兵卒を満載せる列車とを見る。負傷将校中には上長官多数あり。暫時にして停車場を去り露国市街東方の山上露国人幕舎のある丘上に島屋軍医と共に上り再び病室に帰る。午后九時就眠。

十月二十六日　水　晴　稍暖
　午前八時起床。午前中病室にありて新聞雑誌等を読む。午后繃帯交換を受け，二三の手術を見る。瓦房店市街に至りて買物をなし六時帰室す。蟹江中尉本日より余が病室に転じ来り共に談笑し午后九時眠に就く。

十月二十七日　木　晴　風なく稍暖し
　午前八時起床。感冒気味にて発熱三十七度四分あり。頭痛強し。因って終日病室に在り外出せず。蟹江中尉亦昨夕永く火鉢の傍に雑談せるにや今朝熱稍高し。午前午后に二回昼寝をなし昼食は岡氏等と食卓を同じくし岡氏の饗応を受く。夕刻小森薬剤師来訪。十時眠に就く。安眠を得たり。

十月二十八日　金　晴　稍冷
　午前八時起床。今朝体温三十六度六分。気力恢復。然れども午前中は尚床中にあり。昼食後手術室に至り歩兵第四十一連隊副官の膝関節切開術に麻酔をかけ術終わりて後繃帯交換を受く。病室に帰り雑談し九時眠に就く。

十月二十九日　土　晴　北風あり冷
　午前八時起床。本日午前中は読むに書物なく無聊に苦しむ。十二時命令により手術室に至りたるに折柄手術ありてガーゼ欠乏したるを以て一時頃迄待ちたるに后刻来れとのことなりしを以て病室に帰り二時再び手術室に至りたるに猶手術又は繃帯交換あり。暫く待ちて繃帯交換を受け病室に帰り仰臥にありて蟹江中尉と談笑に時を移し午后八時眠に就く。

十月三十日　日　晴　稍冷
　午前八時起床。無為。午后二時蟹江中尉と共に手術室に至り繃帯交換を見て、三時より破傷風患者に左上肘切開術を行ふに麻酔をかけ終わりて病室に還り夕食を喫し夕方小幡, 岡両君病室に来り談笑。人物評論等を試み九時半に至り眠に就く。

十月三十一日　月　晴　稍暖
　午前八時起床。午前中無異。小説雑誌等を読む。午后二時蟹江氏は停車場に散歩せんと出発し余は手術室に至る。繃帯交換の後余も亦繃帯交換せられ終わりて左右下腿貫通銃創の手術あり。因ってクロロフォルムをかけ手術一時間半に亘り途中カンフル二筒を注射す。午后七時終わり病室に帰り夕食を喫し三十分後ミルクを飲む。小幡, 岡の二氏前後して病室に来り雑談をなす。蟹江中尉会陰部にアテローム, 明日手術することに決す。

十一月一日　火　晴　稍暖
　午前八時起床。午前中新聞閲読。午后二時より手術室に至り一患者にクロロフォルムを掛け終わりて余の繃帯交換を受けり。本日蟹江中尉は会陰部に切開を受けたり。又, 院長よりの手紙到着す。夕方小幡, 岡の二氏来訪。雑談の後午后十時就眠。

十一月二日　水　晴　暖暖
　午前八時起床。十時手術場に至り蟹江中尉と共に繃帯交換を受く。中食後蟹江中尉頻りに阿嬌を弄じ談じ艶々濃々到底病後の人たらざるが如し。夕刻小幡, 岡の二氏来訪。又明日天長の佳辰を祝する意とて病院より患者一人に付鶏卵七個宛を給与せられる。夜三時目醒む。腹痛有, 便通一回。

十一月三日　木　晴　稍暖　天長節
　午前七時四十分眼醒む。今日は天長節なれば何か歌でも讀まんものと床中にありて考え蟹江氏が作りたる「かかる時君のなさけのなかりせば玉の緒に先ず耐へてんものを」の上の句と下の句とを分解して二首を詠じ自宅に送る。十一時手術室に至り繃帯交換を受け帰宅後中村為吉氏宛独逸文尺目讀を作る。午后小幡, 岡二氏院長の機嫌斜めなりとて我等の室に避難し来る。因って暫く雑談をなし三時頃より相撲を見るべく蟹江君と共に室を出て帰途。酒保にホイスキー巻紙等を買求めて帰り病室にて小幡, 岡君と共に四名夕食を喫し麦酒, ウィスキー等を飲み陶然酔ふて眠に就く。

十一月四日　金　晴　風なくして稍暖
　午前七時四十分起床。十一時繃帯交換を受け蟹江中尉と共に兵站司令部に至りて支那芝居を見, 野戦郵便局内新聞閲覧所に至りて新聞を読み昼食後付近を散歩す。

十一月五日　土　晴　西北風強く寒感烈し
　午前八時半起床。寒風に尻を曝しつつ大便を便じ朝食の後手術室に至り麻酔を行ひ昼食後更に手術室に至りて手術を手伝ふ。次いで自己の繃帯交換を受け帰室。夕食後又蟹江氏と談笑の内に眠に就く。時に九時半なり。

十一月六日　日　快晴　稍暖
　午前七時半起床。十時手術室に至り繃帯交換を受け午后三時小幡, 岡, 蟹江の三君及び某軍医と共に五名瓦房店の東方一里余なる炭鉱に至り帰途。炸子塞を経て七時病室に帰り夕食に本日午前南瓦房店村白兵站酒保にて買来りたるブランデーを飲む。岡君及び小幡君相次いで来室。更に酒を饗し談笑頗る興あり。十時過ぎより眠に就く。

十一月七日　月　快晴　風なく稍暖
　午前八時起床。十一時手術室に至り繃帯交換を見たる後, 繃帯交換を受け帰室。昼食を喫し午後小幡より借り来る高橋金一郎氏著独逸文典文論を研究す。得る所少なからず。夕食後無為。九時就眠。

十一月八日　火　快晴　風なく暖
　午前八時起床。午前中独逸文典を読み十一時手術室に至る。小幡君未来室乃ち蟹江中尉と共に支那人の酒保に至り毛皮をひやかして次いで繃帯交換を受け午后一時支那人の酒保に至りて毛皮を買ふ代二円七十銭なり。午后三時半本部より便来り岡及び小幡二氏南瓦房店の支那芝居を倶に見んと望むに因って蟹江氏と四名芝居を見, 午后七時帰室。夕食。岡氏の恵与せられたるベルモットを飲み九時就眠。

十一月九日　水　晴　全暖し
　午前八時起床。十時近衛歩兵第三連隊第五中隊少尉藤本林三郎氏我等と同室することになれり。全氏は加答児黄疸の恢復期なり。十一時手術室に至り繃帯交換を受く。本日より硼酸軟膏繃帯となる。午后独逸文典独習。自他無異。夕食ブランデーを飲む。十一時就眠。

十一月十日　木　晴　風少しくあれ共暖し
　午前八時半起床。読書。十一時繃帯交換を受け午后一時読書（独逸文典）。三時より西北五百米突を距つる石山に挙登運動を試み六時半帰室。九時半床に就く。

十一月十一日　金　晴　暖し（ノーフォン）
　午前九時起床。雑談の後十一時手術室に至り繃帯交換を受け午后四時より小幡, 岡, 鳥屋, 蟹江, 藤本の諸君及び余の六名病室の東南約五百米突を経つる付近の高山に挙登運動をなし途次石をころがし大いに体力を練り七時病室に帰り夕食。十一時就眠。

十一月十二日　土　曇少雨　稍暖し

午前八時起床。雑談に時を移し十一時繃帯交換を受く。昼食後独逸文典を読み本日にて高橋金一郎著独逸文典詞論及び文論を終る。夕方第三野戦病院の佐々木君脚気にて入院。後送の途中今病室に一泊す。午后十時就眠。此頃軍は運河左岸に近づけりとの風説を耳にす。

十一月十三日　日　曇　北風強く甚冷

午前八時起床。十一時繃帯交換に至り午后無異。五時頃より岡氏小幡氏島谷氏及び患者余等三名相集まりて饗応を受け落語歌唱等を聞く。八時に至りて薄茶の饗を受く。九時就眠。

十一月十四日　月　晴　寒し

午前八時三十分起床。結氷厚し。午前中雑談をなし手紙数本を記す。午后零時半繃帯交換を受け更に兵站酒保に至り買物をなし午后病室にありて外出せず。十時就眠、十二時三十分頃便通あり。

十一月十五日　火　晴　北風強く吹きすさみ甚だ冷なり

午前八時三十分起床。十一時繃帯交換を受け昼食後ただちに蟹江氏及び藤本氏と共に瓦房店停車場に至り汽車の時刻等を問ひ合せ出て兵站司令部に至り旅行券を受領し午后三時入浴す。十月四日以来四十幾日入浴したることなきこととて垢の出づること甚しく浴後極めて爽快を覚ゆ。浴室より病室に帰る途中にて寒気の為め手拭凍結し固くなれり。夕方小幡、岡の二氏来室。午後八時幾分着の汽車にて蟹江氏の友人村田憲兵中尉蓋平より赴任途中にて立寄る。

十一月十六日　水　晴　冷

午前八時三十分起床。繃帯交換。午後三時岡、小幡二君と共に病室の南方の露国兵営跡を見んとす。途中にして後方に支那音楽の響きを聞く。婚礼の途中なり。岡氏之を見んとして余の袖を捕へて全行を遏る。余がへんぜず。岡氏独り走り行列に追ふす。余と小幡氏は更に転じて機関車を見、停車場に至り駅長と話し病室に帰る。明日夜三時幾分発の列車にて退院するの都合なるを以て鶏豚松茸鮭等にて小幡、岡、島屋軍医及び患者三名と共に送別の宴を張る。十時従眠。

十一月十七日　木　晴　風なく稍暖なり

午前八時三十分起床。十一時より藤本少尉と共に南瓦房店に至り毛皮を買ふ。午后二時繃帯交換。終日出発準備。

十一月十八日　金　晴　冷

午前三時三十六分発列車にて南瓦房店を出発。北進（三等貨車に塔し）、得利寺、萬家嶺、熊岳、蓋平、大石橋、海域、鞍山嶺兵站を経て遼陽に着し（午后五時）六時遼陽を発し燗台に至り（福島少尉と仝乗）兵站司令部より苦力を得て大荒地兵站司令部に着し一泊す。此宿舎温筒用をなさず。夜寒くして安眠を得ず。

十一月十九日　土　晴　稍寒し

午前七時三十分大荒地にて起床。九時出発し十一時着隊。辞令を受く。午后各将校に挨拶に廻る。夕方院長来室。ウィスキーを饗応す。

十一月二十日　日　晴　風あり寒し

午前八時起床。午前中手紙を記す。午后経理室及び本部に遊ぶ。本日加給品の酒一合，金天狗二十本を受く。夕方に其酒を飲む。午后十時眠る。

十一月二十一日　月　晴　風なく暖かし

午前八時起床。午前中宿舎にあり，午后茶室に遊び牛乳を饗応せらる。夕刻土岐，森，玉置より見舞状来る。直ちに返事を書す。午后九時就眠。

十一月二十二日　火　暖　風少なく稍暖

午前八時起床。午前中勲蹟調査表を作り昼食後揚家湾北方千米突許りを散歩し三時帰室。雑談夕食後勲蹟調査表を作り完成す。

十一月二十三日　水　晴風なく稍暖し

午前八時三十分起床。十時院長室に至り雑談をなし其際軍医部長の許へ一度挨拶に行く方よろしからんとの事なりしを以て昼後吉野従卒を連れ紅綾堡に於ける師団軍医部に至り挨拶をなし午后五時半帰宿。直ちに軍医部より伝言を院長に伝へ日本酒の饗応を受く。夕食後明日出発する使い（建部看護長）に託する山田君宛ての手紙を記し八時半眠に就く。

十一月二十四日　木　晴　稍暖風なし

午前九時起床。終日無事なり。午后五時頃見習医官吉植正雄君到着。夕方酒をのみ早く就眠。本日葉書四枚支給せらる。

十一月二十五日　金　曇雪　暖ならず

午前九時起床。午前中無事。昼食后一時より各将校本部に集合し会議あり。六時解散す。午前中看護卒を集めて薪割に従事せしむ。本日午后一時過より降雪続々五時に至りて止み積むこと五分にして本部の初雪とす。午后八時半就眠。

十一月二十六日　土　晴　稍暖にして夕方より西風強く寒し

午前八時半起床。午前十時本部より一寸来れの命ありて至りたるに只今師団より伝騎来り貴官に第一軍兵站監部附を命ぜられたりと。突然の事とて驚く院長は余の転任を送らんが為め宴を開かんとし中軍医を委員

長とし村木計手及び建部看護長を幹事となし看護卒六名を使役し宴会準備をなし午后六時より将校下士医官室に集まり送別の宴を開かる。委員長中軍医の挨拶あり，次いで院長殿より懇篤なる送別の辞を述べられ且つ将来に関する注意を述べらる。余之に対し答辞を述べ直ちに宴に移り爆酌高唱実に盛大を極め翌朝四時に至り散会す。

十一月二十七日　日　晴　南風あるも甚だ冷あらず

午前九時起床。朝食後吉野市藤に従ひて師団軍医部に至りて軍医部長及び部員に挨拶をし一時帰宿す。午后着々行李を整理す。八時半より就眠。画葉書（記念逓信省）三枚給与。

十一月二十八日　月　晴　寒

午前八時半起床。十時卒を従ひて宿営地を出発す。院長以下病院全部村端迄余を送る。十時に烟台停車場着。午后二時十分発列車にて遼陽に向かひ三時着。第一軍兵站軍医部に至り軍医部長田中弥太郎氏に遇ひ又兵站監部に至り副官予ひ共に挨拶をなし更に兵站司令部に至りて宿舎を求む。該宿舎には補充の将校等輻輳し酒を飲みて喧噪しく。夜寒くて眠り難し。

十一月二十九日　火　晴　寒し

午前七時起床。九時過兵站軍医部に至り寶馬集兵站司令部附の命課を受け暫くして宿舎に帰り手紙を記す（院長堀井，自宅，蟹江，一瀬，〇〇，小幡）午后無事。吉野従卒遼陽に至る。夕食に訣別の酒を酌みて午后九時従床。昨夜に比して暖くして安眠を得たり。

十一月三十日　水　晴　風少なく寒冷ならず

午前九時苦力二人に荷物を持たして第一軍遼陽兵站司令部を発し大安平に向かふ。午后二時三十分寮屯子に着し昼食を喫せし。三時出発途中屢々苦力休憩し午后六時三十分日没して後漸く大安平兵站部に着し夕食に日本酒を饗せられ午后十時就眠。

十二月一日　木　晴　暖なり

午前八時起床。九時大安兵站司令部を発す。本日より苦力を三人に増加す。道程大いにはかどる。午前十一時湯河沿兵站司令部に着し芳賀中尉に邂逅し久闊を叙し昼食を饗せられ且つ土産物を贈らる。午后二時出発五時浪子山兵站司令部に着し五百嵐獣医と共に支那家屋に全宿す。

十二月二日　金　晴　昨日と全じく暖なり

午前九時三十分浪子山出発す。出発の前苦力を雇ひもらはんとして司令部に至りたるに君の荷物は他の甜水店行の荷物と共に車輛にて運搬せんとす。而してその荷物は午前十時過甜水店を発すと云ふ。それではならぬと談判の末特別に一車輛を雇ひくれたるを以て荷物と共に車輛に乗じ速やかに行進す。途中様子嶺を通過したれども上りは僅かに二十町位にして左程嶮岨ならず。午后三時半甜水店行に着し兵站司令部の将校宿舎に投ず。

十二月三日　土　前晴後曇　暖なり

午前八時四十分甜水店兵站司令部出発。苦力三人に荷物を負はしめ連山関に向ふ。行くこと一里許りにして摩天嶺にさしかかる。摩天嶺は其名を聞けば甚だ高きが如きも実際之を見るに及びては左程のこともなく先ず暗峠よりは猶々々楽なり。然れども屹立峻なるを以て麓より之を望めば点に摩するが如く感じるあり。上り二十四五町左程峻嶮ならざれども本日殊に外温暖なりしを以て流汗あり。途中屡々残雪を咬む。又積雪の上を人馬の踏み付けて氷の如く硬くなり屡々横転せんとし氷上靴の必要を感じたり。市村駒三郎氏は金家堡子北方下媽頭に適する村落に宿営せる旨を聞きたるも邂逅せず。稍嶮峻なる下り道を下りて更に二里半を進み午后一時過連山関に宿す。

十二月四日　日　晴　暖

午前九時苦力三人に荷物を荷はしめ連山関を出発す。草河口に向ひて午前十一時半全令部支部に着き宿泊する筈なりしが。石門子守備隊に至れば一泊を許すとの事なりければ昼食后更に苦力三人を雇ひもらひ午后零時四十分出発。山を越へ川を渡り石道を跋跡し午后六時名門子に着し守備隊本部に着し一泊す。夜寒し。

十二月五日　月　晴　稍暖

午前九時石門子出発。幸ひ患者後送後賽馬集に帰る蒲団を積みたる牛車ありたれば之に便乗し道を車輛の上にゆられつつ午后四時賽馬集に着し兵站司令部に至り司令官及び副官に挨拶をなし午后五時病院に着し直ちに後備第一師団軍医部員人見一等軍医に面会し更に前院長柴田一等軍医より事務引継を了し午后十時就眠。

十二月六日　火　曇　暖なり

午前七時起床。午前中従前の書類を調べ後備第一師団に会報を聞くべく出頭し午后将校病室を回診し四時頃より外科患者の病床日誌を取り又手術室勤務を手伝ひ午后十時終りこの日記を書す。本日十数日目に入浴をなす。

十二月七日　水　前曇後晴　暖なり

午前八時起床。十時師団司令部に至り会報に列し午后各病室を巡視し柴田前院長を訪問し赤十字社看護人の入院せるものを診査す。立派なる腸チフスにて然も重症なり。夕食後柴田軍医より呼ばれて到り雑談をな

し後繃帯交換に從事。又本日逓信省發行第二回記念絵葉書三枚の分配を受く。午后十時從眠。

十二月八日　木　晴　寒気加はる
午前八時起床。十時会報に列す。旅順の情報あり。大分敵艦の傷められたる旨報知あり。帰院后将校の繃帯交換を行ふ。午后病室の定員を調ぶ。午后三時後備第一師団参謀長及び高級副官入院将校慰問のため来るを案内す。午后新入院獣医の診断をなす。肺炎加荅児なり。夕食に日本酒の分配を受く。食後繃帯交換をなす。午后十時就眠。

十二月九日　金　曇少雪　寒し
午前八時起床。例の如く上圊せんとして戸外に出でたるに白雪暟々積むこと一寸余り。付近の山々皆真白なり。景色殊によろし。折柄風なく猶降雪あり。九時に至りて一先づ止み其後僅に降る。午前十時師団会報に列す。午后陣中日誌を記せしに三時本院長三木軍医正松尾栄氏到着せらる。夕食後更に陣中日誌を記す。

十二月十日　土　晴　寒し
午前十時師団会報に列し帰来。十一時より院長に從ひて各病室を回診し午后雑用をなし三時賽馬集に於ける第二回目入浴をなす。夕食後命令及び会報を記す。午后十時就眠。

十二月十一日　日　晴　甚寒し
午前八時起床。本日に至りて急に寒風を増し午前六時室外に於て零下十一度乃至十四度を示し室内にても零下数度あり。午前十時師団会報に列せしが会報の際足部に疼痛を覚え又途中吸気の際鼻毛の凍結してひきつるが如き感を覚ゆ。午后病室回診。夕食後繃帯交換に從事す。小幡より来信あり。十時眠る。

十二月十二日　月　晴　甚寒し
本日は昨日より猶寒く午前六時零下十七度を算せり。顔を洗えば之を拭ふ間に髭凍りたり。昨日より小便所も凍れり。硯の水氷り筆記すること難し。葡萄酒も凍れり。朝食後将校病室を回診。午后滅菌器の製造をなす。午后零時三十分薬局に於て零下九度。水薬を作るに二倍の時間を要す。

十二月十三日　火　晴　寒甚し
午前零下十四度。午前八時起床。九時患者十二名を後送す。十時師団会報に列し昼食後将校患者の繃帯交換を行ひ自家製造の滅菌器を検査す。不結果に終る。午后六時頃本日新入院患者を診察す。午后十時就眠。本日自宅宛手紙を出す。

十二月十四日　晴　水　寒さ甚し
午前六時零下十三度。午前八時起床。本日後送患者なし。十時より後備第一師団に至り会報を聞く。午后内科重症病室回診。其他院長室の設備を調ぶ。午后四時患者五名入院。全時内藤少将診査の為或廠方面に出張せる院長本日帰院す。午后十時就眠。

十二月十五日　曇　木　寒さ稍鈍し
午前八時起床。将校病室回診。十時より師団司令部に出頭し会報を聞き帰院後将校患者の繃帯交換を行ひ午后四時に至りて病室回診。午后陣中日誌其他会報命令等を発して午后九時眠に就く。

十二月十六日　金　晴　風あり寒強し
午前八時起床。将校病室回診。十時より師団会報に趣く。帰来し将校繃帯交換。午后院長将校患者の回診に從ひ夕食に日本酒一合を給せらる。午后十時就眠。

十二月十七日　土　晴　寒気強し
此頃毎日千篇一律の生活をなし規則正しきはよけれども面白味少なきを感ず。矢張り日本人魂性か。午前八時十分起床。朝食後将校病室回診。十時より師団会報に列す。会報の間中寒気強く将に終はらんとする頃急に気分変になり欠伸二回恐くは軽度の脳貧血ならんと思考す。会報より帰りて火鉢に当り暖をとり院長に会報を報告し昼食後将校患者に繃帯交換及び歯根切開を施し次で手術室に於て昨日入院したる患者の繃帯を交換す。本日自宅寄り突然の転任心配なりとの手紙来る。返事を認む猶第六師団第十二号補助隊輸卒隊林勝亮君に手紙を出す。夕食後無事。九時就眠。

十二月十八日　日　晴　寒し
午前八時起床。朝食後将校病室回診。十時より会報に列し帰来。将校繃帯交換に從事し午后重症患者回診。其他陣中日誌を記し午后九時就眠。

十二月十九日　月　晴　寒し
午前八時起床。朝食後将校病室回診。十時より師団に至り会報を聞く。昼食後繃帯交換。新入院患者の病症日誌を取り其他雑用をなす。午后六時内藤少将（正明）脚気兼流行性感冒にて入院す。直ちに院長と共に伺候し午后九時就眠す。

十二月二十日　火　雪少しく降る　稍暖なり
午前八時起床。降雪霏々たり。五分許り積れり。十時過ぎ後送患者の世話をなし，それより師団会報に至り昨日鶏冠山北砲台の占領せられたるを聞く。午后将校病室の回診し，后直腸周囲炎の手術を行ひ内藤閣下を硝酸銀水のソーセルをなし夕食後更に院長と共に閣下の診察をなし午后九時就眠。

十二月二十一日　水　晴　寒し
午前七時起床。七時三十分より内藤少将病室に至り

七時三十分其出発を見送り朝食迄手紙を記し十時より師団会報に列し，后将校病室回診。昼食後無事。手紙を記す。午后九時就眠。

　　十二月二十二日　木　晴　寒し
　午前八時起床。十時師団会報に列す。后帰来。午后将校病室回診。雑談をなし夕方より患者加藤砲兵少尉の訪問を受け，十一時半迄談笑，零時眠に就く。

　　十二月二十三日　金　晴　寒し
　午前八時三十分起床。十時より会報に列す。午后三時後備歩兵第三十六連隊附三等軍医草野春平氏赴任の途中来泊せらる。午后五時第四号病室入院将校患者よりぼた餅の饗応を受く。午后九時就眠。

　　十二月二十四日　土　晴　寒し
　午前八時起床。十時師団司令部に至り会報を聞く。昼食迄草野軍医と雑談。午后将校病室回診。病室に於て雑談をなし三時半帰宿。草野軍医と談笑，其間隙本日誌等を記し午后九時就眠す。

　　十二月二十五日　日　晴　寒し
　午前八時起床。九時半草野軍医出発赴任す。十時師団会報に列し昼食後将校病室回診。午后雑務を処理し午后九時眠に就く。

　　十二月二十六日　月　晴　寒し
　午前八時起床。十時より師団司令部会報。午后将校病室及び内科重症患者診察。雑務処理。午后九時半就眠。此頃新年祝賀の準備につき色々の趣向を凝らせるものあり。支那人の龍燈を作れるを見る。

　　十二月二十七日　火　晴　寒し
　午前八時起床。十時師団司令部会報に列し直ちに之を院長に報告し午后吉田栄子宛て手紙を記し将校病室回診。其中に三宅公文尺牘を記し夕方赤十字社医室に至り更に隣屋支那人の家に遊ぶ午后九時就眠す。

　　十二月二十八日　水　晴　寒し
　午前八時起床。十時師団司令部会報に列し午后将校病室回診。雑務処理。九時寝ぬ。

　　十二月二十九日　木　晴　寒し
　午前八時三十分起床。十時師団会報に列す。会報に旅順に龍山砲台占領の報あり。帰来し新聞を読み午后一時将校病室を回診し，午后用事なし。隊務例の如し。夕方会報を発し八時より新年宴会の余興として出席すべき看護人の手踊り見，帰室。将に就眠せんとするや院長来られ新年福引の考案につき相談せられ九時三十分就眠。

　　十二月三十日　金　晴　寒し
　午前八時起床。十時師団会報に出席し午後将校病室回診。其の間或いは陣中日誌を記し或いは病院外交上の相談をなし或いは新年の計画をなし中々多忙なり。余が出品したる福引の題左の如し。
　一、露国の軍服略（越中褌）向ふから外れる
　二、露兵の寝言（一本瓶と金椀）日本兵にかなわん。
　　　一本瓶と日本兵と支那語相通ずるにあり。
　三、大君酒が氷って水筒が出ぬ（あぶり出し）あぶり出せ，あぶり出せ。あぶり出し。硝酸銀水を以て白紙に記したるもの其歌左の如し
　旅順艦隊
　敵の艦あぶり出すべき勇もなし　重きいたでに腹を見すれば（これ此頃旅順にある敵艦の我砲撃の為傾斜して船腹を表はせるものを云ふ）
　弥々あたらぬ者
　　たまは百くるあたるは一つ
　　あとの九十九はあじのたま

　令嬢より寄贈の国民後援会恤兵毛布の当りたる時
　　君がなさけを身にまといつつ
　　独り寝る夜は胸さわぐ

　后の二句中一句は新聞に記しあるもの他は岡君より余に記し来るものを其の儘剽窃せるなり。
　夕食後院長来室せられ暫く談笑をなし午后九時頃眠に就く。昨日より再び暇ある毎に Schmerz, Pathologie des Blutes und Blutkrankheiten を読み出せり。

　　十二月三十一日　土　晴　寒し
　午前八時起床。十時師団会報に列し昼食前一部将校病室を回診し午后更に残部の将校病室を回診し午后新年に対する大掃除の指揮をなし入浴して明治三十七年の垢を去り新調の褌（旧き褌は実に十一月十日頃南瓦房店にてしめたるもの）と仕替え久し振りに新しき襟を付け上衣をはらひ新年の準備全く整ふ。午后八時正月餅として本部四名に長さ一尺巾八寸厚さ一寸二分位小判形の餅（本日兵站司令部にて輸送人三人の担ぎたるもの）を分配す。午后九時就眠。

　　明治三十八年一月一日　日　晴　寒し
　午前七時四十分起床。甚だ寒し。零下十七八度位ならんか。九時三十分牛肉の煮たるものに餅二片を入れて雑煮と思ふて食す。十時病院長室に至り慶賀し午前十一時小野笹田の二赤十字医員と共に東賽馬集将校下士以下の祝新年宴会会場たる賽馬北方の丘埠に至り祝宴に列す。該宴会場に野戦兵器廠出張所より出品たる日本兵のいきおい又与水器を以て作りたる烏帽子鼓（万歳

の声）アンペラト空箱にて作りたる最新蓄音機等の飾物あり，師団司令部よりは本物の高声蓄音機を出品し又毛布にて作りたる旭日を山腹にかかげ猶三個の余興席を設け福引あり。飲むに日本酒あり。肴に西洋料理あり。砦載店及び薩摩煮あり。誠に盛会を極む。午后四時帰院す。病院内には又色々作り物あり。黒木星鳩（クロパトキン）を利せるもの日本歩兵少尉鷹の首を切れる状をなすもの鶴亀の出品担架と毛布と巻軸帯にて玉正の字を表はせる扁額を門上に挙げ其他院の門及び各病室には国旗と赤十字旗とを交差し或いは注連縄を張り或いは種々の旗を立て各意匠を凝らせる作物あり。支那人は龍燈を作り秧歌を歌ひ終日市中を徘徊し賑はしきこと内地の正月に優るとも劣る無。午后六時より本日当病院に割当てられたる金の残りに更に金一円を寄贈し第二次会を薬室に開き深酌高唱十時に至りて止む。十時半眠に就く。本日将校宴会の席に於て旅順松樹山砲台占領せるの報あり。

一月二日　月　晴　寒し

午前八時起床。十時師団司令部に至り会報に列す。会報中第三軍藤井少将発一月一日午后十時三十五分電報に只今ステッセルより旅順開城の申込みあり。委細は後よりと。嗚呼昨年六月末我軍の封鎖を受け以来頑強に抗敵し屡々我軍を悩ませし旅順も遂に陥落せり。午后将校病室回診。午后雑務を処理し終日閑暇なし。

一月三日　火　晴　寒けれども稍暖し

午前八時起床。後送患者二十名の発送準備をなし十時より師団司令部に逝く。会報中一月二日満州軍総参謀長より電報に右の件あり。

旅順包囲軍は一月二日午後九時四十五分両全権委員間に於て開城規約の通り本条約を終われりと。会報より帰り諸報告に関し赤十字社委員調剤員本部発着部員と協議をなし昼食後将校病室回診。三時より旅順陥落祝捷会委員会に列し五時帰宿。入浴をなし後備歩兵第十三連隊附二等軍医の来訪を受け暫く雑談をなし夕食後陣中日誌を記し会報命令を発す。午后九時就眠。眠りの前に手紙を記さんとす。

一月四日　水　曇　暖し

両三日前より暖なり。内地より温暖なる感あり。午前八時起床。十時師団会報に列す。午后将校病室回診。其後陣中日誌又は命令会報等を発し午后九時就眠。

一月五日　木　晴　寒強からず

午前八時起床。十時迄陣中日誌を記し十時より師団司令部会報に列し十一時半帰院。直ちに院長に報告して后将校病室回診。午后零時より後備第一師団長宿舎庭内に於て新年宴会兼旅順陥落祝捷会に列し陛下の万歳を三唱し昼食の饗応あり。種々の余興を見て五時帰院。事務を取り午后九時眠に就く。夜二か所に大いなる山火事あり。

一月六日　金　晴　稍寒し

午前八時三十分起床。十時より師団会報に列し帰来院長に報告をなし，午后入院将校患者診断。午后陣中日誌を記し又事務を取る。夕方師団より借り来りたる蓄音機を入院患者に聞かしむ。午后九時就眠。

一月七日　土　晴　寒し　午前六時零下十三度

午前八時半起床。朝食迄陣中日誌を記し十時より師団会報に列し午后将校患者回診。同所に於て蓄音機を聞かしめ夕食后更に六号病室に至りて蓄音機を聞かしむ。午后九時半就眠。

一月八日　日　晴　寒

午前八時二十分起床。十時より師団会報。午后将校病室回診。新聞（萬朝報）閲覧。夕方露語研究。午后十時就眠。

一月九日　月　晴　甚だ寒

午前八時起床。十時より師団会報に列し帰院後之を院長に報告し其の後陣中日誌を記し昼食後将校病室を回診し兵站司令部により分任官に関し相談をなし帰来。更に院長に報告相談をなし入浴。夕食後無事。六時読書に耽るを得たり。

一月十日　火　晴　朝寒と昼稍暖

午前八時半起床。十時より師団会報に列し帰りて院長に報告し直ちに兵站司令部に至りて分任官及び卵の売買に関し相談をなす。纏まらず。午后将校病室回診。事務をとり夕方新入院将校の繃帯交換を行ふ。午后十時就眠。

一月十一日　水　晴　寒し

午前八時二十分起床。十時より師団会報に列し，午后将校患者膝関節炎手術回診。午后隊務に従事す。多忙寸暇なし。夕刻に至りて一段落片づく。午后十時従眠。萩谷嬢小西秀吉及び坂口源太郎氏より来書あり。

一月十二日　木　晴　寒し

午前八時起床。十時より師団会報に列し昼食迄閲読。午后繃帯交換将校病室回診。其后隊務を処理す。中々多忙なり。午后十時就眠。十時第一軍兵站軍医部より御下賜の菓子料を持ち来る。

一月十三日　金　曇　暖なり

午前八時四十分起床。朝食迄陣中日誌を記し十時師団会報に列す。会報に去る十一日諸兵の連合よりなる敵兵，手荘の北方にて太子河を渉り鞍山店海域営口附

近を襲ふとの報告あり。会報より帰りて一昨日手術せし通訳官の繃帯を交換し午后天皇陛下より恩賜の菓子料を入院患者に分配し其序に将校患者を回診す。夕食後無事なり。午后九時就眠。

一月十四日　土　晴　暖を覚ゆ

午前八時三十分起床。陣中日誌を記し朝食后十時より師団会報に列し，更に第一野戦病院に至り急送担架の標本を視察し入院将校繃帯交換を行ひ午后将校病室回診。終りて蓄音機を奏し院内見回りをなし午后七時より第五号病室に於て蓄音機を聞かしむ。午后九時従眠。

一月十五日　日　晴　稍暖

午前八時三十分起床。朝食前陣中日誌を誌し朝食後十時より師団会報に列し，将校患者の繃帯交換に従事し午後入院将校患者回診。入浴初めて股間に Eczema malignadeom 発生するを知る。直ちにサリチール酸アルコール塗布す。疼痛甚だしきこと如例。夕食後一号病室に至りて蓄音機を聞かしむ。午后九時三十分就眠。

一月十六日　月　晴　暖

午前八時三十分起床。陣中日誌を記し朝食後午前十時より師団会報に列し帰来。入院患者の繃帯交換に従事し午后将校病室回診。午后五時より新入院戦傷患者十四名の繃帯交換をなし夕食後命令及び会報を発し午后九時三十分就眠。

一月十七日　火　晴　稍暖

午前八時十五分起床。朝食前陣中日誌を記し十時より師団会報に列し帰り来たり之を院長に報告し更に相馬看護長と共に病室の拡張に就き候補家屋を捜索す。午后将校病室回診。午后三時より患者四十二名入院す。中戦傷者十四名あり。此の繃帯交換を行ひ夜に入る。七時より薬室に至り里見調剤員誕生の饗応を受く。午后十時就眠。里見調剤員の御馳走の中に味噌汁（但し粉味噌にあらず）豆腐のあんかけあり。蓋し出征以来初めての御馳走なり。

一月十八日　水　晴　暖

午前八時十五分起床。朝食前陣中日誌を記し十時より師団会報。昼食迄に戦傷者の繃帯交換を行ふ。午后将校病室回診。二時より葬式に列す。午后隊務処理。夕食後将校病室にて蓄音機を奏す。午后九時三十分就眠。

一月十九日　木　曇　暖

午前八時三十分起床。陣中日誌記載。朝食後師団会報。午后将校病室回診。師団長坂井閣下病室慰問あり随行す。夕方二号病室にて蓄音機奏し終りて一月八日九日の毎日新聞（自宅寄りの第一回着）を読み十二時就眠。

一月二十日　金　晴　暖

午前八時半起床。朝来霜深く枯木綿をつけたるが如し。十時師団会報に列し直ちに兵站司令部に至り諸種の請求をなし帰来。院長に報告し午后入院戦傷者繃帯交換。病室家屋予定地を見，午后会報命令を発す。夕方新聞着閲しつつ眠る。時に午后十時過。

一月二十一日　土　晴　暖

午前八時三十分起床。十時より師団会報。帰来奏任通訳手術を行ふ。案外大手術となり大いに閉口せり。明日繃帯交換思ひやらる。午后将校病室回診。夕方旬報を記し午后九時就眠。

一月二十二日　日　晴　暖

午前八時十五分起床。陣中日誌を記さずして直ちに院長と共に四号病室東北百五十米突の所にある蒸気噴出口を見る。十時より師団会報に列す。帰来繃帯交換，午后蒸気噴出口を堀りたるに一二尺にして火気あり。藁を投ずるに間もなく燃焼す。支那土人驚きてホクホクと来集せんが師団副官及び奏任なれどこれは製鉄場にて捨てたる石炭かすの燃えたるものなりとて去る。夕食後繃帯を交換す。午后十時従眠。

一月二十三日　月　雪后晴　寒し

午前八時二十分起床。陣中日誌記載。十時より師団会報。帰来戦傷者繃帯交換。午后将校病室回診。其後色々雑用をなし午后十時就眠。

一月二十四日　火　晴　寒し

午前八時十分起床。朝食まで陣中日誌を記し十時より師団会報に至り小野通訳の繃帯交換をなし将校病室回診。雑用読書（Schmerz, Pathologie des Blutes）。十時過ぎ就眠。

一月二十五日　水　晴　甚だ寒し

午前八時二十分起床。朝食迄に陣中日誌を記し十時より師団会報。帰来戦傷者繃帯交換。午后将校病室回診。小野通訳に第三回目の手術を施し午后将校病室の一部を回診し午后九時就眠。

一月二十六日　木　雪　甚だ寒し

午前八時三十分起床。陣中日誌記載。十時より師団会報に列す。繃帯交換，午后将校病室回診。夕方俘虜両大腿貫通銃創を受け一等大尉 Alexandre Ivanovitz Egoraff 入院す。病床日誌を記す。独逸語仏蘭西語を話す。面白き奴なり。

一月二十七日　金　雪　甚だ寒し

雪積むこと一寸許り。午前八時三十分起床。陣中日誌記載。十時より師団会報に列し帰来。俘虜将校の繃帯交換をなし更に小野通訳の繃帯を交換し午后将校病室回

診。入浴，夕方捕虜にコーヒーを与へ之を慰問す。

一月二十八日　土　晴　甚だ寒し
午前六時零下十四度。八時十五分起床。陣中日誌記載。十時会報に列し帰来。戦傷患者繃帯交換，午后将校病室回診。捕虜慰問。夕方新入院将校診察。命令及び会報を発し午后九時十五分就眠。

一月二十九日　日　晴　甚だ寒し
午前八時二十分起床。中々寒し。陣中日誌を記載し朝食後師団会報に赴き帰来負傷者の繃帯交換をなし将校病室回診。午后十時眠る。

一月三十日　月　晴　甚だ寒し
午前八時十五分起床。本日寒気殊に甚だしく午前六時零下実に二十二度を示す。陣中日誌を記すの筆氷りて錐の如し。十時師団会報に列しそれより小野通訳及び其他の繃帯を交換し午后将校病室回診。夕方露助を見舞ひ午后十時眠る。

一月三十一日　火　晴　甚だ寒し
午前六時検温器零下二十二度を示す。八時十五分起床。陣中日誌を記す。筆尖の氷結依例如。十時師団会報に列す。沈上堡〇溝台附近に来襲したる敵の遺棄したる屍体は千二百なりと。本日捕虜を後送す。午后将校病室回診。午后無事。午后十時従眠。

二月一日　水　晴　甚だ寒し
午前八時二十分起床。陣中日誌記載。十時師団司会報。午后将校病室回診。其の他無事。夜九時就眠。

二月二日　木　晴　甚寒し
午前八時十五分起床。十時より小野通訳の第四回手術（大腿切開術）を施し一時に至って午后将校病室回診。夕方捕虜四名看護手一名入院す。夕食後病床日誌を記し其繃帯交換を行ひ午后九時就眠。

二月一日　水　晴　甚だ寒し
午前八時二十分起床。陣中日誌記載。十時師団司会報。午后将校病室回診。其他無事。夜九時就眠。

二月三日　金　晴　甚だ寒し
午前八時二十分起床。陣中日誌記載。十時より会報に至り帰来。新聞を読みて午后三時より病院回診。其後新入院患者の繃帯交換を行ふ。夕食後又繃帯交換に従事す。午后十一時従眠す。

二月四日　土　晴　甚だ寒し
午前八時十五分起床。陣中日誌記載。十時より師団司会報に至る。帰来午后四時迄繃帯交換，将校病室回診，更に繃帯交換をなす。夕方二十四日迄の新聞来る。十一時従眠。

二月五日　日　少雪後晴　甚寒し
午前八時起床。陣中日誌を記載し十時より師団司会報に列し，其後繃帯交換をなし，午后将校病室回診。夕食後より戦傷者の繃帯交換をなし午后十一時に至り十二時就眠。

二月六日　月　晴　寒し
午前八時三十分起床。陣中日誌記載。午前十時より師団司会報に列し直ちに繃帯交換に従事し昼食前病室となるべき家屋を捜索し更に繃帯交換に従事し夕食に至る。夕食後命令及び会報を発す。

二月七日　火　晴天　甚寒し
午前六時零下二十一度。午前八時三十分起床。陣中日誌記載。午前十時より師団司会報に列し帰来。繃帯交換をなし午后将校病室回診終わりて更に繃帯交換に従事し午后五時終る。入浴。夕食をなし到着したる新聞を閲読す。午后十時就眠。

二月八日　水　晴　甚寒し
午前八時三十分起床。本日も零下二十度なり。陣中日誌を記載して師団司会報に列し繃帯交換に従事し昼食後将校病室を回診し其后夕食後午后十時に至る迄繃帯交換に従事す。此節来戦斗の結果多数の凍傷患者発生し実に多忙を極む。午后十一時半就眠。

二月九日　木　晴　稍寒し
午前八時三十分起床。陣中日誌記載。十時半より患者の繃帯交換に従事し午后将校病室回診，更に繃帯交換に従事し夕食後更に繃帯交換。其後十時に至る。十時半従眠。

二月十日　金　晴　稍寒し
午前八時二十分起床。陣中日誌記載。十時より会報に列し帰来。繃帯交換に従事し昼食後将校病室回診，更に繃帯交換に従事し午后六時終了。夕方より院内巡視し種々注意する所あり。午后十一時十五分従眠。

二月十一日　土　晴　稍寒し
両三日前より又再び稍暖かくなる。午前八時三十分起床。本日午前八時を以て本当地後備第一師団司令部城廠に出発せるより会報止め。十時頃より繃帯交換に従事し午后将校病室回診再び繃帯交換に従事し夕方院長室に奏任待遇のもの相集まり紀元節祝賀の宴を催す。午后十一時就眠。

二月十二日　日　晴　稍寒し
午前八時三十分起床。朝食後新聞を読み十一時より繃帯交換。午后一時繃帯交換将校病室回診，午后三時病室を見回る。午后十時半就眠。

二月十三日　月　晴　稍暖
　午前八時三十分起床。陣中日誌を記し十時半頃より繃帯交換に取り掛かり昼食後六時に至る。それより将校病室を回診し午后十時迄雑用。十時半就眠。

二月十四日　火　晴　稍暖
　昨日来稍暖く氷は日中少しく融けるに至る。午前八時三十分起床。陣中日誌記載。十一時前迄後送患者の状況を視察し其の後繃帯交換及び外科患者診療に従事し将校病室回診。夕食後更に新入院患者将校患者の繃帯交換をなし，午后十時従眠。

二月十五日　水　晴　稍暖
　午前八時二十分起床。陣中日誌記載後，後送患者の状況を視察指揮し，繃帯交換に従事し昼食後更に繃帯交換，将校患者回診，夕食後医官院長室に集まりて脚気調査の要項につき協議し午后十時三十分眠る。今夕入院杉山軍医発熱四十度近くに達し往診す。

二月十六日　木　晴　稍暖
　午前八時二十分起床。陣中日誌記載。後送患者巡視。etwas 繃帯交換。午后将校病室回診。午后十時過ぎ就眠。

二月十七日　金　晴　稍寒し
　午前八時三十分起床。陣中日誌を記し繃帯交換。昼食後将校病室回診。其後更に繃帯交換に従事し夕方院長より域廠へ派遣の命を受く。十時半就眠。

二月十八日　土　晴　稍暖し
　午前八時三十分起床。陣中日誌を記し繃帯交換。昼食後将校病室回診。其後明日の出発準備に忙し。本日新入院患者三名の病症日誌を作る。本日安部薬剤官衛生材料集積場を造る為来院す。午后八時陣中日誌を記載し午後十時就眠。

二月十九日　日　雪天なれども寒しからず
　午前十時半賽馬集出発（同行中田雇員竹内看護人夏井看護人大島輸送人伏谷輸送人荒礁輸送人）午后六時南狐山に着。兵站司令部に宿泊す。終日雪降る。

二月二十日　月　晴　暖し
　午前九時南狐山出発。午后二時域廠に着し直ちに兵站司令部に挨拶に至り次いで四時患者の引継を了す。午后一時輸送人平井，井田，佐藤，山本，笹山，飯塚の六名到着す。夏井は薬室，伏谷は炊事，平井は七号，井田は六号，佐藤は十一号，山岸は十三号，笹山は十二号，飯塚は三号に附属せしむ。

二月二十一日　火　晴　寒し
　午前八時起床。朝食後兵站司令部に至り副官に挨拶をなし帰来。直ちに外科患者の繃帯交換に従事しそれより昼食を喫しそれより内科患者の診察をなし九時終わる。直ちに外来診断をなし午后十二時終る。夕食を喫す。本日午后二時輸送人小泉佐野伊藤到着す。伊藤を第一号病室に附属せしむ。夜十一過ぎ就眠。本日従七位の叙任の辞令を受く。本日後送護送人荒堀。

二月二十二日　晴　水　寒し
　後送護送伊丹輸送人。
　午前八時半起床。繃帯交換。入院患者病床日誌記載。午后更に繃帯交換。内科患者診断。夜二時就眠。

二月二十三日　木　晴　寒し
　午前九時起床。十時より繃帯交換。終日じたばた外科医者内科医者なく働き寸暇なし。夜三時眠る。新たに病室二個を開く（竹内）。本日笹山輸送。

二月二十四日　金　晴　寒し
　午前九時起床，着々引継ぎの準備を調へ午后四時全く患者及び病床日誌の授受を終る。因って別三室を撰びこれを引取り残部を整理す。午后十一時半眠に就く。

二月二十五日　土　晴　稍暖なり
　長閑なる好気なり。午前十時半廠出発。中田雇員及び竹内中井両輸送人と共に帰寨の途に上る。午后三時南狐山に着し将校宿舎に一泊す。温筒十分温ならずして寒し。

二月二十六日　日　晴ただし夕方より雪　寒し
　午前九時南狐山出発。支那車両に乗り分水嶺は歩行して午后九時帰院。院長と各将校相當友と夕食を共にす。

二月二十七日　月　晴　寒甚しからず
　午前九時起床。陣中日誌記載。朝食後繃帯交換に従事し午后三時に至りて終る。午后八時命令を発し十時半より就眠。

二月二十八日　火　晴　稍暖
　此節よりやや春心地する様になり空の模様も長閑なり。午前十時過より繃帯交換に従事し午后六時に至りて全部終れり。午后九時就眠。

三月一日より三月十日に至る毎日晴天のみ続く
　此頃鴨緑江軍の活動は本月一日以来満州軍の活動に準じ益々其地歩を進め八日の情報によれば我軍は已に馬軍丹を占領し敵は撫順に向ひ退却するを我軍急追中なり。前日来の負傷は続々入院し来り毎日約二百名の入院あり。終日繃帯交換多忙にして寸暇なし。薬室より武酒を取り来り飲みつつ元気を附けて業務に従事す。又三日以来第十一師団第一補助輪卒隊より補助勤務の為め来れる軍医の手伝を受け大いに便宜となる。此数日来一時に眠ること珍くなからず。
　両三日前より気候急に温暖となり仕事をなすに都合

良し。而れども感冒は大いに流行し余も又之に罹り鼻水多く出で次で喉頭加答児を惹起せり。

三月十一日　土　晴天　暖となる

午前八時三十分起床。十時より戦傷者の繃帯交換に従事し午后二時昼食三時兵站司令部に至り会報に列す。会報中左の件あり。三月十日午前十時第四軍の一部は奉天を占領し其周囲に於て激戦中。鴨緑江軍は九日午后撫順を占領し北方に向ひて追撃中なり。帰来更に繃帯交換に従事し午后七時に至りて終る。それより入浴，夕食を喫し午后十二時に至る迄陣中日誌を記す。

三月十二日　日　晴天　暖

午前八時起床。朝食後直ちに繃帯交換に従事し午后五時半に至りて止む。本日午前十一時頃兵站司令部より右の情報通知あり。

「軍は鉄嶺に向ひ敵を追撃中なり。此際一層各官の忠誠を要す。第三軍は目下奉天と鉄嶺の中間迄敵を追撃せり。昨十日奉天附近にて第三軍の射程内を逃走せん敵は大損害を受け少なくとも其二軍団は死傷せしならん。奉天にて退路を失ひし敵約一万ありと云ふ」これが祝として特別加給品酒二合氷砂糖二十目あり。午后十一時就眠。

三月十三日　月　晴天　暖ならず

朝来少雪あり，午前八時三十分起床。繃帯交換に従事し午后八時に至りて終る。本日情報奉天大占領戦に於て敵の遺棄せる屍体二万六千余，捕虜三万三千五百敵の死傷九万に達すと。何たる快事ぞ。午后十一時就眠。

三月十四日　火　晴天　暖

午前八時起床。朝食後直ちに繃帯交換に従事し午后七時に至りて終る。〇道少佐負傷して入院せり。左下腿貫通銃創なり。

三月十五日　水　晴　暖ならず

午前八時起床。朝食後直ちに繃帯交換に従事し午后八時に至りて終る。夕方陣中日誌を記す。午后十一時就眠。

三月十六日　木　晴　暖ならず

午前八時起床，前日と同様なり。

三月十七日　金　晴　暖

午前八時起床。朝食後直ちに繃帯交換に従事し午后六時半に終る。午后九時昨年五月二十六日廣島に於て剃りたる以来延ばしたる下鬚を剃り落す。午后十一時従眠。

三月十八日　土　晴　稍暖

午前八時起床。朝食後より繃帯交換に従事し午后七時に至りて終る。午后三時より兵站司令部会議に赴く。十六日早朝第一軍（黒木軍）鉄嶺を占領せりとあり。午后十時半就眠。

三月十九日　日　晴　稍暖

午前七時四十分起床。朝食後より繃帯交換に従事し午後五時に至りて終る。夕方より陣中日誌を記す。午后十一時従眠。

三月二十日（一日記載なし）

三月二十一日　火　晴　稍暖

午前八時起床。朝食後より繃帯交換に従事す。中に右下腿砲弾貫通銃創にて腓骨骨折兼アブセスを起こせるものを手術し射出入口を開大しアブセス腔を開き骨片を摘出し排膿を講せんとしたるもの手術中后脛骨部動脈を損傷し大出血を起し寒心せしが直ちに圧迫繃帯を施し止血す。午后五時に至りて繃帯交換を終る。夕方陣中日誌を記す。本日当地兵站司令部に於て奉天鉄嶺占領の祝捷会ありたれども繃帯交換中とて列席することを得ざりき。午后十一時此日記を誌して虱を搜索し就眠す。

三月二十二日，二十三日，二十四日　晴　稍暖

春心地して温暖なり。毎日の仕事は異同なし。朝食後より手術室に至り繃帯交換をなして午后五時六時に終り午后十一時前後眠るなり。

三月二十五日　土　晴　稍暖

午前八時起床。朝食後手術準備をなし十一時より右下腿裁断術を施行し十二時過に至る。昼食後更に繃帯交換に従事。三時より兵站司令部に至り会報に列す。午后十一時眠る。

三月二十六日　日　晴　稍暖

午前八時三十分起床。十時より手術（左下腿切断術）を行ふ。朝食後繃帯交換に従事し午后五時入浴。十一時眠る。

三月二十七日　月　曇　稍暖

午前八時三十分起床。十時より手術室に於て繃帯交換に従事す。午后四時に終る。一昨日手術したる患者は化膿せり。午后十一時従眠。

三月二十八日　火　晴　稍暖

此頃当地東側を流るる清流にて魚よく釣れると云ふ話。午前八時四十分起床。如例繃帯交換。午后五時に終る。夕方追送品到着す。内容には夏シャツ防蚊用蚊帳，竹村君より恵贈の缶詰あり。午后十時眠る。

三月二十九日　水　晴少雨　暖

午前八時起床。十時より右下腿裁断術あり。余麻酔を用ふ。午后三時より兵站司令部会報に列す。夕方命令及び会報を発す，午后九時半就眠。

三月三十日　木　雨天　稍寒し
　午前八時起床。十時より小野医員左下腿截断術を施す。余助手，野間軍医麻酔をかく。午后繃帯交換に従事し四時終る。夕方陣中日誌を十日分許り記す。午后十時就眠。

三月三十一日　金　晴　稍寒し
　午前七時三十分起床。十時三十分より肋骨切除術及び右膝関節周囲炎の切開を施す。午后繃帯交換に従事し四時終る。それより病室を回診して手術患者を見舞ふ。午后十時従眠。

四月一日　土　晴　稍寒し
　午前七時三十分起床。朝食後，後送患者発送をなし其後繃帯交換。午后三時より兵站司令部に赴き夕方病室を回診す。午后十時眠に就く。

四月二日　日　晴　稍寒し
　午前七時四十分起床。終日繃帯交換に従事す。午后十一時眠る。

四月三日　月　晴　稍暖し
　午前七時三十分起床。朝食後，後送患者の発送を指図し午後手術室に於て繃帯交換に従事し，午后四時頃頭部貫通銃創の手術を行ふ。午后八時病室を回診して。午后十時眠る。

四月四日　火　晴　稍暖なり
　午前七時三十分朝食後繃帯交換に従事し，午后九時終る。

四月五日　水　曇　暖し
　午前七時四十分起床。別に記すべきことなし。午后三時兵站司令部会報に列す。

四月六日　木　雪雨　寒し
　午前七時四十分起床するに満目白皚々雪積むこと二寸許り尚飛雪縁々たり。暫くして雨となり雪も午后二三時頃より融けたり。四月六日の雪とは珍し。終日繃帯交換如例。午后十一時従眠。

四月七日　金　晴　稍寒風あり
　午前八時起床。朝食後繃帯交換。午后三時村井医正到着。入浴後院長室に於て会食をなす。十一時就眠。

四月八日　土　晴　稍暖
　午前七時三十分起床。本朝小野医員村井医正と共に鳳凰城を出発す。朝食後繃帯交換に従事し午后三時より兵站司令部会報に列す。必要のことなし。四時より内科病室回診。夕食後炭紙の製造に志し遂に成功せり。午后十一時就眠。
　註　本日の日誌は先に製造のカーボンペーパーを使用して書かれたるもの。但し他の白紙部分の汚損甚し。

四月九日　日　曇　暖
　午前九時朝食後繃帯交換の前に下腿アンプタチオンを行ふ。午后四時より内科病室回診。午后十一時迄に月報を調へ就寝。

四月十日　月　雨天　稍暖
　午前七時三十分起床。九時より繃帯交換に従事し午后三時に至りて終る。午后新聞閲読。午后十時睡眠。

四月十一日　火　曇　稍暖
　午前七時三十分起床。朝食後，後送患者を巡視し繃帯交換をなし午后内科患者診察。午后二時過より手術室員と共に本村東端を流るる清流にて魚釣りをなし午后六時帰る。得物十数尾あり。夕食に食ふ。甘し。午后十時就眠。

四月十二日　水　雨少し雪　稍暖
　午前七時三十分起床。朝食後繃帯交換に従事す。午后二時半に至りて終る。三時より兵站司令部会報に列す。午后雑務処理。午后九時就眠。

四月十三日　木　晴　稍暖
　午前七時二十分起床。朝食後繃帯交換に従事し午后二時より賽馬集東方を流るる清流に魚釣りを試む。午后九時就眠。本日追送品着す。

四月十四日　金　晴　稍暖
　午前七時起床。後送患者を巡視し其後繃帯交換に従事す。此前奉天附近会戦に於ける戦傷者は略々一段落を告げ目下少数の最重症者を残せるなるを以て大いに楽となれり。午后無事。午后九時就眠。

四月十五日　土　晴後雨　稍寒し
　午前七時起床。朝食後繃帯交換に従事。昼に至りて終る。昼食後聊か無聊に苦しむ。午后三時より兵站司令部会報に赴き午后雑用をなし午后十時過ぎ就眠。

四月十六日　日　曇　稍寒し北風ある故なり
　午前七時起床。朝食後繃帯交換に従事し午后魚釣に出かけたれども得物なし。午后九時従眠。

四月十七日　月　晴　稍暖
　午前八時起床。朝食後繃帯交換に従事し午后魚釣に従事す。大漁にて四十余尾を獲たり。夕方陣中日誌を記し読書。午后十時半就眠。

四月十八日　火　曇　稍暖
　午前八時起床。朝食後繃帯交換に従事し午后域廠患者療養所に於ける業務報告を草す。午后十時頃より小林元及び土岐に手紙を出す。

四月十九日　水　雨天　稍寒し
　午前七時二十分起床。朝食後繃帯交換。午后三時に至

りて終る。為に本日司令部会報の定日なるも出席せず。其後入浴。雑談をなし午后十時就眠。

四月二十日　木　雨天少し雪　稍寒し

午前七時三十分起床。朝食後繃帯交換，昼に至りて止む。午后西端司令部の朝鮮人を相手に雑談をなし消閑。夕方陣中日誌を記し午后九時終る。小幡へ手紙を記す。

四月二十一日　金　稍晴　稍暖し

午前七時三十分起床。朝食後，後送患者を巡視し繃帯交換に従事し午后一時半より魚釣をなす。夕方雑談に時を移す。午后十時従眠。

四月二十二日　土　晴天　稍寒し

午前七時三十分起床。朝食後繃帯交換。午後魚釣に遊ぶ。夕方陣中日誌を記す。午后九時従眠。

四月二十三日　日　晴天　稍暖かし

午前七時起床。後送患者巡視。其後昼食迄繃帯交換。午后釣魚稍多し。午后七時頃より陣中日誌を記し午後十一時就眠。

四月二十四日　月　晴天　稍暖

午前七時起床。繃帯交換に従事し午后魚釣に出掛け頗る大漁なり。午后九時過ぎ眠る。

四月二十五日　火　晴天　稍暖

午前七時起床。午前中繃帯交換。其後二時半より魚釣に出掛け得物多からず。夕方雑談に耽る。午后九時就眠。

四月二十六日　水　晴天　温暖

午前七時起床。繃帯交換。午后三時より兵站司令部会報に列し帰来。一寸魚釣に出掛け午后九時就眠。

四月二十七日　木　晴天　温暖

午前七時三十分起床。朝寝坊をなして後送患者巡視の間に合はず。午后一時半迄新聞を読みて後魚釣に趣く。得物多し帰来。てんぷらを作り食す。最も甘し。夕方会報命令を発し陣中日誌を記し午后十時眠る。

四月二十八日　金　晴天　暖

午前七時三十分起床。朝寝坊をしたるため後送患者巡視の間に合はず。朝食後繃帯交換。午后三時過ぎから魚釣に出掛け午后六時帰る。得物僅かにして四五匹なり。夕食後兵站司令官を見舞ひ午后九時就眠。本日大川輸送人後送せらる。

四月二十九日　土　晴天　稍曇暖

午前七時四十分起床。朝食後繃帯交換をなし午后馬乗演習，三時より兵站司令部会報に趣く帰来。一寸魚釣をなし，午后十時就眠。

四月三十日　日　雨天　稍暖

午前七時三十分起床。朝食後繃帯交換をなし午后一時より東賽馬衛生部医官の研究会を開き午后二時に至る。其後夕方陣中日誌を記す。午后九時従眠。

五月一日　月　雨天暴風　稍寒し

午前六時三十分起床。十時より繃帯交換をなし正午に至る。午后一時より乗馬練習をなす。風降により暫時にして止む。午后無異。午后九時半就眠。

五月二日　火　曇天風強し　稍寒し

午前六時三十分起床。朝食後繃帯交換を行ひ午后一時より病院職員に種痘を施し午后二時半より魚釣りをなす。夕方無事。午后九時半就寝。

五月三日　水　晴天　稍暖

午前七時起床。朝食後繃帯交換に従事し午后一時より二時半まで乗馬演習。三時より兵站司令部会報。帰来釣魚の遊。夕食後無事。午后九時就眠。

五月四日　木　晴天　稍暖

午前七時起床。朝食後繃帯交換。午后二時より魚釣りをなす。獲物多からず。午后九時就眠。

五月五日　金　晴天　晴

午前六時三十分起床。午前中手術室勤務関散す。午后魚釣りをなし，午后十時半就眠す。

五月六日　土　雨天　稍暖

午前六時三十分起床。朝食を喫し手術室に勤務す。午后二時半頃迄暫時乗馬演習をなし，三時より兵站司令部会報に趣き帰来。魚釣りをなす。獲物なし。

五月七日　日　晴暖

午前六時四十分起床。朝食後二三外科患者の繃帯交換に従事し午后一時より賽馬集軍医の研究会を開き軍陣外科学に関する講演をなし三時半に至る。四時より魚釣をなす。大漁なり。夕方獲物をてんぷらとす。午后十時就眠。

五月八日　月　晴暖

午前七時起床。朝食後外科患者の繃帯交換に従事。午后三時より魚釣をなす。獲物甚だ多し。

五月九日　火　晴　大いに暖

午前七時起床。朝食後外科眼科患者の治療に従事し昼食に至る。午后零時三十分より乗馬演習をなし，二時より魚釣に出掛ける。獲物多からず。午后五時半帰宿。夜渋川軍医正に手紙を出す。十一時従眠。

五月十日　水　晴暖

午前七時三十分起床。朝食後外科患者の繃帯交換に従事。午后一時より乗馬演習，三時より兵站司令部に趣く。帰来魚釣をなし午后九時就眠。

五月十一日　木　晴暖

午前七時二十分起床。朝食後繃帯交換。午后二時より魚釣に従事す。獲物多し。夕食後散歩。午后十一時就眠。

本日をもって賽馬集病院職員は療養守備軍司令官の命令を受くることとなる。

五月十二日　金　晴　風あるも暖

午前七時起床。朝食後外科患者の繃帯交換に従事し十時半より膿胸患者の肋骨切除術を行ふ。術後の経過佳良なり。午后一時半より魚釣りに出かけたるも風強くて獲物少なし。夕食結城組長の盡力に依り獲物を以て饂を作りて食す。甚だ甘し。蓋し昨春出発以来饂を食ひたるは本日をもって初めとするが故。午后十時就眠。

五月十三日　土　晴曇交差　暖

午前七時起床。朝食後繃帯交換をなし午后一時より乗馬演習。三時より兵站司令部会報に列し午后無異。午后三時頃村井医正永陵に前進の途中一泊せられ院長室にて会食をなし午后十時三十分眠る。

五月十四日　月　雨天　稍冷

午前六時起床。いつもになく朝起きたるは訪客あればなり。朝食後繃帯交換，午后三時聊か無聊に苦しむの感あり。本日雨降り降り水嵩増す。両三日の後の魚釣り獲物多からんか。

五月十五日　月　曇天夕立雷鳴　稍冷

午前七時起床したるも悪寒を覚え身体甚だ倦怠を覚ゆ。昼頃より発熱あり蹴辱す。夕方体温を計りたるに三十七度九分あるのみ。熱感甚だし。

五月十六日　火　曇天　稍暖

午前七時起床。つとめて繃帯交換に従事し終わるや直ちに就辱す。熱あり全身倦怠甚し。本日恤兵品（陸軍恤兵部）沢の鶴缶詰懐中善哉手拭一枚あり，夕方発熱して眠る。

五月十七日　水　晴天　稍暖

午前七時起床。本日は稍気分よきが如し。午前中繃帯交換に従事し午後蹴辱。本日衆議院より患者に寄贈の恤兵品朝鮮飴を受領分配す。午后九時就眠。

五月十八日　木　晴天　稍暖

午前七時起床。朝食後軍服を着す。気分は余程良し。朝食後繃帯交換に従事し午後院長及び各医員来室。衛生上に関する相談をなす，終わるや直ちに就床。

五月十九日　金　曇天　稍暖

午前六時三十分起床。朝来気分悪し。強いて繃帯交換に従事し直ちに就床す。午后四時頃に至りて発熱甚だしくして三十九度三分に達す。然るに脈搏は緩徐にして八十正なり。初めてチブスの疑を起す。又本日初めて右耳閉塞感及び僅かに右耳鳴りあり。午后五時甘水及びサントニン 0.05 を頓服す。夜十一時半一回多量の下痢あり。本日夕食より全く流動食に改む。

五月二十日　土　晴　晴天　暖

午前六時眼醒む。脈七十。体温三十七度九分。十時迄に二回水様下痢あり，午前十時体温三十七度七分脈六十八なり。流動食は一食分稀汁約二碗卵二ケミルク一杯時々ソフブラを用ふる事もあり。午后二時脈七十体温三十七度七分，二時半便通あり午后六時体温三十七度三分脈七十を算し気分よく午后十時就眠。

五月二十一日　日　晴天　暖

午前六時起床。上圜せしに便は稍形をなせし。体温三十六度脈搏六十二を算し気分甚だ佳良なり。昼食より粥食に改む。本日熱発せず。午后九時半就眠。

五月二十二日　月　曇天　稍暖

午前六時起床。上圜朝食昼食過に暫時昼寝をなす。午后無事。夜九時半就眠。

五月二十三日　火　晴天　暖

本日気分良し。午前七時起床。朝食後軍服を着し終日蹴辱せずして院内を散歩し午后雑談をなし九時就眠。

五月二十四日　水　晴天　暖

午前七時起床。朝食後二三患者の繃帯交換に従事して其後無事。昼食後川辺を散歩し夕食後釣魚に出向く。獲物多からず。午后十時就眠。紬を買求む。

五月二十五日　木　晴天　暖

本日より夏衣袴随意着用差支えなしの命令あり。午前六時二十分起床。朝食後辺辰四郎の繃帯交換をなし午后三時より兵站司令部会報に列し其後無事。午后九時半就眠。

五月二十六日　金　雨天　暖

午前八時三十分起床。朝食後繃帯交換に従事し午后無異。終日蠅叩きの演習をなす。五十匹も殺したるならん。午后散髪をなす。

五月二十七日　土　曇　暖

午前六時三十分起床。繃帯交換をなし昼食後午后二時半迄釣魚をなしそれより入浴。半か月目の入浴なるを以て多量の垢いづ。夕方病室を回診し午后九時就眠。昨年本日は宇東港より内地出発の日なり。

五月二十八日　日　晴天　暖

午前六時四十分起床。朝食前後送将校の繃帯交換をなし朝食後更に繃帯交換をなし昼食後石井輸兵と共に魚釣をなし午后六時帰院。夕方沖の嶋附近にて我海軍とバルチック艦隊と大激戦をなし敵の戦闘艦巡洋艦各々一隻を捕獲し四隻を撃沈すと。午后七時半就眠。

五月二十九日　月　晴天　大いに暖なり

午前七時起床。朝食後繃帯交換をなし昼食後魚釣に耽る。獲物甚だ少なし。手術室の伊藤看護兵は一尺ばか

りの鯰を釣り恵比寿の様に鯛を釣りたる顔をなし得々然足り。夕方左の情報来る。
【五月二十八日午後十一時三十分，渡辺派出所屯よりの着電】
　一、西川参謀長よりの通報。一昨日より今朝に亘る海戦の結果敵の艦隊ボロビッツ準備艦オレゴノを撃沈し戦艦シリヤッキナワリン及び巡洋艦ウラジミルモノマフを捕獲せり。午前一時鎮海湾よりの電報。我艦隊十二隻はタケペ湾にて撃ち洩れたる敵と海戦中。又蔚山望楼沖にて彼我の駆逐艦交戦中。
【五月二十九日午前七時信ずべき情報左の如し】
　戦艦　　　　　　撃沈二，捕獲二
　海防及び巡洋艦　撃沈二，捕獲二
　特務艦　　　　　撃沈二，捕獲一
　駆逐艦　　　　　撃沈三，捕獲一
捕虜三千以上，我艦隊の損害微少なり。残艦は今追撃中なり。

　　五月三十日　火　曇天　暖
午前六時三十分起床。朝食後繃帯交換に従事し午后無事。夕食に院長室に於て野間軍医及び当病院将校達と会食をなして午后十一時就眠。本日追送品到着。

　　五月三十一日　水　曇天少雨　暖
午前七時起床。一二患者の繃帯交換を行ひ午后名月輪卒と共に魚釣りをなす。獲物多からず。本日左の情報到着す。五月二十九日午后十一時三十分小田切上海領事の通報。呉松に至りし仮装巡洋艦三隻及び運送船儀装を解き清国官憲保管する所となれり。五月三十一日午後鳳凰城派出所渡辺中佐発電。二十七日より三十日までの海戦に於て敵の損害左の如し。
　戦闘艦八隻の内六隻撃沈，二隻捕獲
　巡洋艦九隻の内五隻撃沈，一隻沈没の疑
　海防艦三隻の内一隻撃沈，二隻捕獲
　特務艦五隻の内二隻撃沈
　駆逐艦九隻の内三隻撃沈，一隻捕獲
　合計三十二隻，此噸数五三四一一噸
提督ロジェストウェントキー第三艦隊司令長官ネボガトフ以下三千名以上捕虜。我艦隊の損害未詳なるも一つも大破したるものはなく今尚何れも作戦任務を継続しつつあり。依仁親王殿下は御無事に被為互三須司令官は二十七日軽傷を負ひたり。嗚呼日露戦役の決戦とも称すべき此大海戦は此廣古の大捷を以て敵艦隊を撃滅せり。豈愉快極まりなからんや。茲に天皇陛下万歳を三唱す。本夜自宅及び藤森源之助氏宛て記念祝捷手紙をだし午后十一時就眠。

　　六月一日　木　曇天　暖
午前六時四十分起床。朝食後外科患者を診断し午后二時に至る迄基利斯篤教青年会より慰問の為め派遣せられたる蓄音機を聞き三時より兵站司令部会報に列す。会報中東郷司令長官方にあり左の如し。
　一、五月二十七日大本営発表。敵艦みゆとの警報に接し連合艦隊は直ちに出動して之を撃滅せんとす。本日天気晴朗なれども浪高し。連合艦隊は沖之島付近に於て敵艦隊を計劇し大いに之を破り敵艦少なくとも九隻撃沈し其他には多少の損害を与へたり。我艦隊には損害少なし。駆逐艦隊水雷艦隊は日暮れより襲撃決行せり。
【二十九日大本営】連合艦隊の主力は二十七日以来残敵に対して追撃を続行し，リヤンユルド岩附近に於て敵艦ニコライ第一世(戦艦) アリヨル(戦艦) セニヤーウィン(装甲海防艦) アブラキシン(装甲海防艦)及びイズムールド(巡洋艦)よりなる一軍と会して之を攻撃せんにイズムールド分離して逃走せしがほかの四艦は少時にして降伏せり。我艦隊には損害なし。捕虜の言によれば二十七日の戦闘に於て沈没したる敵艦はボロジノ(戦艦)，アレキサンドル第三世(戦艦)ゼムチューグ(巡洋艦)外数隻ありと云ふ。捕虜海軍少将ネボカトフ以下約二千右の外本戦闘開始以来敵の損害左の如し。アドミラルナヒモフ(巡洋艦)撃沈，ドミトリドンスコイ(巡洋艦)捕獲沈没，スヴェトラーナ(巡洋艦)撃沈，アドミラルウシヤーコフ(装甲海防艦)撃沈，カムチャッカ(特務艦)撃沈，大型特務艦一隻捕獲，駆逐艦三隻撃沈全六隻捕獲，捕虜は連合艦隊主力部隊に於て収容せる二千の外一千以上あり。夕食後ちょっと魚釣りをなし大漁十数尾を獲て帰る。午后十時就眠。

　　六月二日　金　晴天　暖
午前六時四十分起床。朝食後一二患者の繃帯交換に従事す。昼食後魚釣りに手掛けて三時より賽馬集兵站司令部の催さるる祝勝会に出席し飲み且食ひ余興(相撲，剣舞，手踊，芝居込，蓄音機，浪花節り等)を見聞きし午后六時半帰宿。自宅宛て記念祝勝手紙を出す。午后十時就眠。

　　六月三日　土　晴天　甚暖
午前六時三十分起床。本日外科患者の処置すべきものなし。午前中院内を巡視し午后より釣魚に手掛けて五時帰り院長の命令により司令部に至り病室と廐舎との関係につき談判に趣く。夕食後中庭に於て散歩。午后十時就眠。夕方鳳凰城小幡宛解剖所見の説明書を送る。

六月四日　日　晴天　甚暖
　午前六時起床。一二外科患者の診察の后病室巡回，午后一寸魚釣に赴き帰院後転宅をなし夕食後更に魚釣に出掛く。獲物少なし。午后十時就眠。

六月五日　月　晴天　温暖
　午前六時三十分起床。患者診察を要ひず。午后三時より兵站司令部会報に列す。東郷司令長官により去る五月二十七日乃至三十日の日本海海戦に於ける公報の詳細達せり。其中敵の損害左の如し。

　戦闘艦　クニャジスワロフ　　　13516 噸
　全　　　ポロジノ　　　　　　　13516 噸
　全　　　アレキサンドル三世　　13516 噸
　全　　　オスラビア　　　　　　12674 噸
　全　　　シソイウェリキ　　　　10400 噸
　全　　　ナワリン　　　　　　　10206 噸
　巡洋艦　アドミラルナヒモフ　　 8524
　全　　　ドミトリドンスコイ　　 6200
　全　　　ウラジミルモノマフ　　 5593
　全　　　スヴェトラーナ　　　　 3737
　全　　　ゼムチューク　　　　　 3103
　装甲海防艦　アドミラルウシヤーコフ　4126
　特務艦　カムチャッカ　　　　　 7206
　全　　　イルチッシュ　　　　　 7507
　駆逐艦　三隻
　以上十七隻撃沈
　戦闘艦　アリヨル　　　　　　　13516
　全　　　ニコライ第一世　　　　 9594
　装甲海防艦アドミラルアプラキシン　4026
　全　　　　アドミラルゼニヤウスイン　350
　以上五隻捕獲
　乃ち敵の損害を艦種に区別すれば左の如し
　戦闘艦撃沈六，捕獲二，計八
　巡洋艦撃沈五，計五
　装甲海防艦撃沈一，捕獲二，計三
　特務艦撃沈二，計二
　駆逐艦撃沈三，捕獲一，計四
　総計撃沈十七，捕獲五，計二十二
　噸数 153,411
　右の外巡洋艦アルマーズは沈没の疑あり。捕虜は提督ロゼストヱェンスキー，少将エンクイストネボカトフ以下約三千にしてロゼ及びエンクイは重症を被れり。
　午后四時左の意味の電報病院に到着す。貴院は本月十日を以て閉鎖し患者療養所の職員完成を待ちて之に引き継ぐ事。松尾院長は鳳凰城兵站病院長に捕せられ看護長代用雇員及び日本赤十字百十救護班は安東縣兵站病院附を命せらると。四時半入浴。午后無異。午后十時就眠。

六月六日　火　晴天　温暖
　午前六時四十分起床。一二外科患者の繃帯交換をなし其后業務報告に従事し午后一時より暫く釣魚をなし獲物多からざるを以て帰院。午后七時より院長送別会を開き午后十時就眠。

六月七日　水　晴天　温暖
　午前七時朝寝坊をなして起床。朝食後九時過ぎ市東関帝廟前に於て院長安倍薬剤官の撮影をなし其後午后三時に至る迄業務報告原稿を作り夕食の際第十師団第二衛生予備隊へ赴任の途中なる井上悦介（二等軍医）の来訪に接し暫く談話の後魚釣をなし八時半帰宿。十一時眠る。

六月八日　木　晴天　温暖
　午前七時三十分起床。終日業務報告を作り午後に至り全く調製を終る。夕食後東方の川に魚釣をなす。獲物少なし。午后十時就眠。

六月九日　金　晴天　暖
　午前七時起床。院長に業務報告原稿を呈出し訂正を乞ひ無事。午后又無異。夕食後院長来室業務報告に訂正を示さる。夕食後魚釣。獲物多からず。

六月十日　土　曇後雨　暖
　午前六時起床。朝食後赤十字救護班及び院長出発せらるるにより訣別をなし十時より病室を回診し患者の診断をなし昼食後更に診断をなし自後雑務を処理し入浴後兵站司令部に至り会報に列す。会報中重要のことなし。午后四時頃雨降る。夕食後手紙四通を記す。午后九時過ぎ就眠。

六月十一日　日　雨　暖
　午前六時起床。本日雨天なるを以て患者後送せず。午前中病室回診。午后業務報告原稿を作り夕食後魚釣をなす。獲物中等なり。

六月十二日　月　晴　暖
　午前七時起床。後送患者の世話をし其后病室回診に従事。午后業務報告原稿を作り夕方より魚釣をなす。獲物中度あり。午后十時就眠。

六月十三日　火　曇　暖
　午前六時三十分起床。後送患者を巡視し其后病室回診。午后業務報告原稿を作り午后五時半夕食後魚釣をなす。多量の獲物あり。午后十時就眠。本日夕方脚気にて入院患者一名死亡す。

図6 和田豊種「日露戦争従軍日記」第216頁

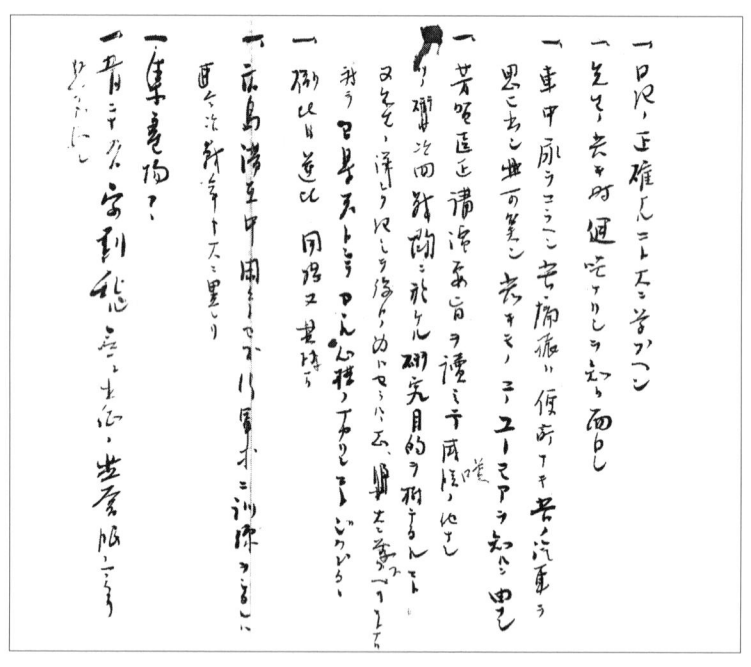

図7 和田豊種「日露戦争従軍日記」に後で書き加えられた最終第217頁

六月十四日 水 晴 暖
　午前七時起床。患者後送後病室回診。其後業務報告原稿を作り夕方より魚釣に至る。獲物少なし。

六月十五日 木 晴 暖
　午前七時起床。朝食後病室回診。午后業務報告原稿を作り完成す。夕食後魚釣をなすも獲物少なし。午后十時半就眠。

六月十六日　金　晴　暖
　午前七時患者十三名後送。本日業務報告原稿を院長の許に送る。其後第二回鴨緑江軍時代の業務報告に移る。夕方より魚釣をなす。獲物多からず。午后十時就眠。

六月十七日　土　晴天　甚だ暖
　午前六時三十分起床。患者後送後病室を回診し其后業務報告を訂正し夕食後魚釣の為石井輪長と共に西方約千米突の流れに至るも得物多からざりしを以て川中に大石を投げ込み大いに運動をなし気分清々として帰宿。前庭に於てシャツ一枚となりて涼み危篤患者を見舞ひて午后十一時就眠。

六月十八日　日　晴天　甚暖
　午前七時起床。廟七回診。其後業務報告原稿を作る。入院患者十一名の脚気の危篤患者あり。夕食後魚釣をなす。大鯰二尾を釣り得たり。帽子を附近の木棚上に忘れたるまま凱歌を奏して帰宿す。

六月十九日　月　晴天夕方雨　暖
　午前七時起床。病室回診。午后事務を執り夕食後又鯰をとらんものと昨日と同一場所に至り釣りを垂るるに針を失ふこと五本にしててぐすを切りて帰る。午后九時就眠。

六月二十日　火　雨天　稍涼し
　午前七時起床。入院患者診察。昼食後入浴。午后無聊なり。夕食後石井輪長の雨の小降たるを期し魚釣りに赴く。余之を持て散歩をなし午后十時就眠。

六月二十一日　水　晴天夕方驟雨　暖
　午前七時起床。朝食後入院患者診断。午后雑務を取り午后三時より兵站司令部会報に列し午后三時より外来患者診断。夕方より魚釣に取る大小の鯰各一尾を獲たり。午后十時就眠。

六月二十二日　木　晴天夕方稍冷
　午前六時三十分起床。朝食後九時より入院患者診断。午后衛生旬報調製，夕食後例により魚釣をなす。鯰一匹獲物あり。午后十時就眠。

六月二十三日　金　晴天　甚暖
　午前六時三十分起床。朝食後入院患者救命の病室回診をなす。午后無異。夕食後石川輪長を訪問し午后七時より鯰釣に出掛く。獲物なし。午后九時半帰宿。重病患者を診察し午后十時就眠。

六月二十四日　土　曇天　稍暖
　午前七時起床。朝食後病室回診。午后三時より外来患者診断をなし夕食後重症患者診断。其後鯰釣に出掛け鰻一匹を得たり。午后十時半就眠。

六月二十五日　日　雨天　稍暖
　午前七時起床。患者二十五名後送。入院患者回診，其後三時より兵站司令部に至り会報に列す。帰来外来診断夕食後六時より雨を犯して石井輪長と共に鯰釣に出掛く。漸く小鰻一尾を得たるのみ。午后十時就眠。

六月二十六日　月　曇天　稍暖
　午前六時三十分起床。五名の担送患者後送。其後病室回診。午后無事。夕食後魚釣に従事す。十時従眠。

六月二十七日　火　曇天少雨　稍暖
　午前七時起床。二十四名後送。朝食後病室回診。午后一時より外来患者診察。夕食後重症患者診断。魚釣に出掛く。獲物なし。

六月二十八日　水　晴天　稍冷
　午前七時起床。患者十二名後送。朝食後に於ける入院患者僅かに七名なり。病室を回診し昼食後入浴。外来患者を診断し一時より五時迄昼寝をなし夕食後漁猟に出掛く。大鯰一尾当りたるも糸切れ逃げたり残念なり。午后十一時臥す。

　そして和田豊種先生自身より後日書き加えられたと思われる最終総括ページで終わっている（図7）。

3 大阪大学精神医学教室入局者名簿

　教室では，精神科病棟が設置され精神科が独立した診療科となった明治27年4月7日を教室創設の日としているが，それに先立つ5年前の明治22年9月5日に初代教授となる大西鍛が大阪医学校に教諭として赴任している．この時から現在までの年代別の和風会入会者リストを作成した．

　現在（平成25年末）の会員数は607名であり，物故者218名が記録されているので，825名のリストになる．昭和19年以前の入局者は全員逝去しており，現在の和風会会員での最長老は，昭和20年入局の大澤安秀先生と竹友安彦先生である．通覧してみると，明治時代の入局者数は25名で，明治30，34，37，40，44年には入局者がなかった．大正時代の入局者は40名で，大正5，7年には入局者はなかった．昭和時代には，昭和8年と昭和44年以外には毎年入局者があり487名を数える．平成になってからは毎年入局者があり平成時代の入局者数は303名である．物故者は二重下線で示した．

	加入年	氏名			
大西教授時代	明治22年	大西　鍛（阪大教授）			
	明治29年	橋爪　信三郎			
	明治31年	岡　久吉	池田　玄洞	石原　泰一郎	
	明治32年	和田　豊種（阪大教授）			
	明治33年	谷口　祝廷	諏訪　蛍一		
	明治35年	藤田　八郎	木村　善継	末松　務	
	明治36年	高橋　清太郎	高橋　清蔵	菅井　竹吉	
今村教授時代	明治38年	本庄　弥	佐田　澹洋	青木　亮貫（父）	藤田　八郎
	明治39年	佐田　澹洋			
	明治41年	物部　一二			
	明治42年	田原　総尾	村田　実		
	明治43年	小関　光尚	熊谷　直行	小笠　愛三郎	中田　篤郎	竹村　信治
和田教授時代	大正元年	渡辺　治賛	長谷川　駒八	和田　農男	
	大正2年	大貫　弘平	岡本　顕三		
	大正3年	堀田　耕三	山田　秀石	藤沢　清	杉原　直方
	大正4年	浅尾　泰啓	佐々木　魯一		
	大正6年	尾上　一平	亘　繁	吉田　正一	

	加入年	氏名				
和田教授時代	大正 8 年	本郷　光美	河口　宗一	福田　力松	上道　正治	河田　大作
		竹内　伝吉	岸田　美登			
	大正 9 年	越智　豊	村井　正規			
	大正 10 年	池上　喜代一	外川　幸一	竹村　斎治		
	大正 11 年	広江　和一	長山　泰政	丸井　栄太郎		
	大正 12 年	杉長　郁二	橋田　賛	河内　明	宇野　清	
	大正 13 年	森川　旭				
	大正 14 年	吉田　泰	岡田　忠亮			
	大正 15 年	堀見　太郎(阪大教授)	藤井　端蔵	許　章	西川　瀁	
	昭和 2 年	小川　謙一	西村　隆行			
	昭和 3 年	森　勝雄				
	昭和 4 年	梁　忠雄	河村　良造			
	昭和 5 年	荒木　金一				
	昭和 6 年	松尾　英雄	内藤　正章	宮軒　安太郎	山崎　俊夫	高橋　幸雄
	昭和 7 年	佐々木　秀次				
	昭和 9 年	長谷川　竜也	井上　謙	青木　亮貫(子)	相原　岬二	
	昭和 10 年	園田　次郎	長谷川　隆元			
	昭和 11 年	曽谷　邦男	前防　玄達			
	昭和 12 年	今川　鋹三郎				
	昭和 13 年	金子　仁郎(阪大教授)	石外　一郎			
	昭和 14 年	江川　昌一	和田　種久	和田　種彦		
	昭和 15 年	布施　敏信	山岸　正治	松田　鎮雄	千島　チエ子	三輪　淳
	昭和 16 年	澤　潤一	杉原　方	大石　昇平	細川　純平	本多　浄
		岩谷　信彦	福田　仁右衛門	森　正義	黒田　重英	
堀見教授時代	昭和 17 年	奥西　孫市	東　純行			
	昭和 18 年	本多　弘	別府　彰	宇野　俊雄	本間　正保	
	昭和 19 年	清野　宗佐				
	昭和 20 年	浅尾　博一	岩井　豊明	長坂　五朗	野田　敏	高橋　清彦
		倭　馬佐也	吉田　優	大澤　安英	竹友　安彦	
	昭和 21 年	原田　一彦	小河　浩平	有岡　巌	森　滋郎	
	昭和 23 年	三好　豊				
	昭和 24 年	山本　和雄	橋野　昇一			
	昭和 25 年	佐野　勇	小牟田　清博	辻　悟	沖野　博	加藤(濱中)　薫
		杉原(石田)　能子	中川　格一	濱　義雄	島津　憲司	鮫島　卓彌
		山本　和雄	川口　宏	伊藤　正昭	高橋　寿一	四柳　関郎
	昭和 26 年	浅井　敬一	工藤　義雄	杉村(今西)　史郎	川島　久美子	宮軒　富夫
		藤田　秀夫	岡本　輝夫	水野　慶三	藤戸　せつ	福井　郁子
		栗林　正男	古屋　隆			
	昭和 27 年	中島　久	梶田　治稔	北川　俊夫	岩井　勤作	神谷(前田)　美恵子
		蒲生　達三	正田　研一	石井　康雄	岡崎　春雄	布施　勝市郎
		中村(濱田)　恒子	大原　和雄			

	加入年	氏名				
堀見教授時代	昭和28年	水津 和夫	依岡 信幸	越智 和彦	小林 隆	中西 昭
		北嶋 省吾	井上 文男	山内 典男	美吉 伊八郎	
	昭和29年	古川 唯幸	渡邊 斌	本多 昇	小谷 八郎	大野 恒之
		藤山 登	胡内 就一	谷向 弘	高見 文夫	藤井 久和
		柿本 泰男	三谷 昭雄	小野 健太郎	音田 篤	
	昭和30年	垣内 史朗	廣﨑 康尚	本多 進	高階 経昭	市丸 精一
		高石 昇	吉川 侑男			
	昭和31年	小泉 英雄	武貞 昌志	谷口 和覧	子安 義彦	執行 経世
金子教授時代	昭和32年	辻岡 隆	竹林 由利彦	杉浦 實	浅野 晃	大海 作男
		西村 健(阪大教授)	日高 靖彦	植田 雅治	大野(恵美)周子	坂本 昭三
		西沼 啓次				
	昭和33年	吉川 保路	白石 純三	小倉 以諾	荒瀬 涼子	上田 幸一郎
		小林 進	馬場 英三	菱川 泰夫	福井 昭平	長尾 喜八郎
		三宅 弘子	高野 秀勝			
	昭和34年	志水 彰	亀田 英明	中嶋 照夫	林 正延	中嶋(大貫)美奈子
	昭和35年	古荘 和郎	藤原 優	神田 正幸	湯浅 亮一	小池 淳
		宮崎 浄	井田 英乃夫	中井 健二	上山 満三	髙橋 幸彦
		赤沢 重則	土居 なか			
	昭和36年	神田 正幸	木下 玲子	山田 悦秀	浜崎 和子	松本 和雄
		清水 將之	藤本 淳三	石神 亘	矢内 純吉	山之内(筑山)裕子
		足立(槇田)科子	高橋 幸也	吉田 計夫	佐々木 均	小林 良成
	昭和37年	清水 宏俊	播口 之朗	藤木 明	関山 守洋	保坂 正昭
		乾 正	大溝 春雄	田伏 薫	保坂(樋口)景子	山本 順治
	昭和38年	伊藤 利清	角辻 豊	井上 修	金澤 彰	高橋 京子
		三浦 伸子				
	昭和39年	山田 保	南野 壽重	宮本 英七	辻尾 武彦	西岡 志郎
		南 諭	土居 誠一	宮武 信夫	田口(河岡)倭子	為永 清吾
	昭和40年	立花 光雄	田中 迪生	高橋 尚武	公文 明	稲岡 長
		古屋 顗児	上島 哲男	田村 雅一		
	昭和41年	別所 睦美	服部(高浦)祥子	若松 晴彦	長田 正義	鯉田 秀紀
		田中 克往	加藤(安井)浩子	柏木 哲夫	幸泉 久子	
	昭和42年	矢ケ崎(長瀬)明美	大月(佐竹)則子	吉田 功	三杉 義孝	小松 庸一
		坂田 善吾	奥田 純一郎	井上 健	林 幹夫	
	昭和43年	阿部 八郎	石井 映彦	阪倉 久稔	阿南 寛	日野 頌三
		北村 陽英	川瀬 美枝	長井 次郎	関山 正彦	和田 慶治
		永島 文夫	内藤 正敏	桧山 寛市	鯉田(三宅)延子	
	昭和45年	佐藤 勝	石川 洋蔵	辻本 太郎	大塚 久喜	
	昭和46年	女川(福井)昭雄	芳野 和道	飯島 寿佐美	宮田 明	西口 俊樹
		栗山(安藤)富子				
	昭和47年	松岡 征夫	今岡 信夫	正岡 哲		
	昭和48年	金田 平夫	多田 国利	中川 和子	近藤 秀樹	杉田 義郎

第8部　資料　3 大阪大学精神医学教室入局者名簿

	加入年			氏名		
金子教授時代	昭和49年	田中　哲徳	甲斐　沼正	門田　永治	祖父江　憲治	辻　元宏
	昭和50年	頼藤　和寛	小西　博行	石原　務	平井　基陽	木村　文隆
		能登　直				
	昭和51年	山田　一郎	小川　誠	寺川　信夫	榎本　良広	岩堀　武司
		井上　洋一	手島　愛雄	福田　俊一	野田　俊作	夏目　誠
		水原　哲生	福永　知子	藤戸　隆史	岡田　啓子	横永　剛一
		小山　康男	江川　功	杉本　央	河﨑　建人	東　司
	昭和52年	田邉　敬貴	東　均	藤本　修	林　英昭	松浦(山田)玲子
		田中　則夫	清水　徹男	嶋越　美夫		
西村教授時代	昭和53年	橋本　泰道	河﨑(師井)美紀	山本　晃	石島　正嗣	田代　哲男
		篠崎(絹川)真理	井畑　充雄	松尾　龍之介	尾崎　哲	篠崎　和弘
		平野(林)美紀				
	昭和54年	岩井　完治	豊永　公三	武田　雅俊(阪大教授)	北村　栄一	藤本　雄二
		西川　隆	坪井　真喜子	吉田　連	盛田　正行	竹島　強
		田中　重実				
	昭和55年	上間　武	更井　正和	堀川　諭	渡辺　純	青山　昌彦
	昭和56年	谷口　典男	松林　武之	平井　孝男	窪田　耕輔	住田　竹男
		松村　喜志雄	田畑　紳一	辻　知毅	服部　英幸	都井　正剛
		伊藤　明	藤田(入江)幸子	阪本　栄	松永　秀典	佐藤(平田)和歌
	昭和57年	福田　真三	粟野　菊雄	窪田　直美	堤　俊仁	新川　久義
		岩井　真二	加藤　佳也	舘　直彦	池田(西脇)朋子	横井　公一
		関　健児	久米(川住)真理	寺島　喜代治	水野　隆三	山下　正
		中広　全延	西村　信哉	楠瀬　健之	原田　正文	狩山　博文
		李　利彦	久保　貴子	三上　泰司	土居　剛	Ramon Cacabelos
	昭和58年	小林　敏子	柳　尚夫	寺田　直弘	宮野　栄三	永松　孝志
		池田　敏弘	大下　修一	亀岡　智美	立花(吉鹿)直子	鵜飼　聡
		森　英夫	中尾　和久	岡部　登志男	藤本　一郎	生馬　利恵
		水田　一郎	後藤　守	梁　視訓	三上　章良	広瀬　棟彦
		数井　誠司				
	昭和59年	須藤　英夫	上西　囧宏	中田　理枝	後藤　素規	川崎　慎次
		吉田　周逸	近藤　良一	岡本　正子	明石　恵司	稲谷　貴義
		伊藤　皇一	漆葉　成彦	本　義彰	梅田　幹人	古河　辰之
		坂元　秀実	山本　義光	行田　建	河辺　太郎	飯田　信也
		柏木　敏宏	越智　直哉			
	昭和60年	中川　治	土山　雅人	藤尾　宏子	籠本　孝雄	更家　薫
		富田　潤	西松　靖司	片田(清川)珠美	田中　潤也	総田　純次
		中村(村越)和子	大久保　圭策	片岡　純子	小川　一恵	芦田　定
		高石　穣	勝田　洋一			
	昭和61年	大久保(中島)ゆかり	山下　昇三	八木　昭彦	生野(田中)照子	渡辺　洋一郎
		斉藤(富永)真喜子	中村　祐	廣常　秀人	瀬戸(西村)昌子	工藤　喬
		本多　秀治	角　典哲	山畑　清	池尻　義隆	三田　浩平

	加入年	氏名				
西村教授時代	昭和61年	石川　秀雄				
	昭和62年	角　達彦	安部　徹	中川　晶	吉田　司	名越　康文
		神川　千賀子	安藤(山本)まや	大門　位守	岡　留美子	田中　千足
		村木　利光	山下　仰	浦　秀樹	岩切　昌宏	山本　忍
		谷口　充孝	森田　仁	植田　昭一	松尾　克平	
	昭和63年	髙橋　清剛	柏木　雄次郎	稲葉　正晃	佐藤　ひろみ	森岡　千佳子
		松島　篤	大森　貴美子	澤　温	中川　賀嗣	山本　晴子
		梶本　修身	田中　稔久	池田　学	長澤　辰一郎	猪山　昭徳
		丸山　総一郎	漆葉(實崎)陽子	志水　隆之	重田　博彦	
	平成1年	京嶋　徹	岡嶋　詳二	田辺(川島)有佐	林原　都也子	松村　昌洋
		北脇　公雄	村上　光道	鄭　庸勝	赤垣(深江)伸子	谷向　知
		篠原　英明	赤垣　裕介	原田　和佳	前原　潤一	岡　達治
		数井　裕光	小川(松本)ひとみ	楯林　義孝	谷口　謙	藤田　修
		中島　常夫				
	平成2年	田口　智己	上田　康弘	三沢　英世	川上　英美	竹田　広枝
		京谷(橋本)京子	越智　裕輝	西村　康	花谷　隆志	鬼頭　ひろ志
		勝田　充代	山陰　圭一	胡谷　和彦	大河内　正康	岡島　和夫
		岡山　孝政	車谷　隆宏	佐藤　寛	関山　敦生	保坂　直昭
		吉田　孝彦				
	平成3年	山田　典史	長坂　仁	川澄　伸樹	木村　慶男	高岡　秀人
		福間　史倫	伊賀　正英	浦田(速水)めぐみ	太田　敦	金山　巌
		阪上(上岡)優	小寺　隆史	佐藤　由里子	田中　利幸	辻本　浩
		橋本(戸高)千穂	長尾　喜代治	橋本　衛	速水　大輔	水野(松本)由子
	平成4年	北村　恒夫	青山　泰之	以倉　康充	大海　聖子	片山　尚典
		金井　正光	櫻井　美千代	迫田　慎一郎	芝元　啓治	髙橋　励
		達田　健司	谷井　久志	藤田　和義	本西　正道	安田　浩樹
		安田(和田)裕子				
	平成5年	落合　直	上島　玲子	高石　仁	花尾　晋一	宮前　康之
		森(南)麻里子				
	平成6年	渥美　正也	加藤　敬徳	榊原　純	藤村　聡	石井　良平
		岩瀬　真生	小笠原　將之	木下　秀一郎	小山　明子	白方　俊章
		髙島　宗煥	高森　信岳	田中(小池)朋子	為永　一成	法水(金田)尚子
		三好　耕	森原　剛史	安野　史彦	湯尾　弘司	山地　海司
	平成7年	加島(櫛田)麻子	池澤　浩二	蒲池　圭一	髙橋　明	田中　輝明
		谷向　仁	辻尾　一郎	徳永　博正	徳山(岩瀬)まどか	中野　有香
		橋本　亮太	北東　徳治	渡辺　琢也	牧野　茂	
武田教授時代	平成8年	植月　マミ	臼井　桂子	宇田　祥子	小池　裕子	田上　真次
		瀧本　良博	藤原　妙子	真野　恵子	森　裕	森　正宏
		吉岡　聡	吉山　顕次			
	平成9年	渥美　正彦	片岡　徳内	壁下　康信	亀廣　聡	黒田(尾崎)公美
		小林　敬	志水　光雄	高橋　清武	寺部　文隆	西村　雅一

第8部 資料 3 大阪大学精神医学教室入局者名簿

加入年	氏名				
平成9年	宮川 真一	辰本 頼弘			
平成10年	山野 顕	大沢 憲一	齋藤 和典	重土 好古	清家 正人
	尾藤 信一	藤原 朗	松本 均彦	山本 信哲	渡邊 健一
	田中 真喜子	山根 秀夫			
平成11年	足立 浩祥	吾妻 壮	小川 朝生	鬼頭 有代	熊ノ郷 卓之
	坂口 敬人	陳 元太	菅沼 仲盛	須藤 洋	Talant Doronbekov
	中鉢 貴行	熨斗(福所)英里子	八田 直己	正木 慶大	安田(神野)由華
	山森 英長	横小路 美貴子	瀬川 優子	陳 宇峰	
平成12年	北原 美智雄	上田 祐子	岡田 淳子	荻野 淳	加来 浩一
	川口 俊介	木村(三輪)修代	栗本 龍	小林 秀治	齋藤 中哉
	高橋 秀俊	辻(神保)明依	辻 龍大	中村 真須美	廣瀬 千治
	福森 亮雄	藤本 尚純	補永 栄子	松本 英幸	柳 雄二
	山村 周平	山本 修司	山本 雅清	伊藤 幸子	谷口 智子
平成13年	前田 憲太	大石 聡	荻野 恵里奈	加藤 健	金山 大祐
	金山(庵地)紀子	紙野 晃人	貴田 智之	蔵重 幹子	田中 修二
	藤本 雅哉	松島 滋	峯野 隆広	三好 崇文	三好(村田)紀子
	森島 宏子	柳 健太郎	渡邊 章	稲山 靖弘	
平成14年	釜江 和恵	川岸(杉村)朋美	川岸 久也	喜多村 祐里	木村 亮
	久保 嘉彦	胡 青余	小城 加津子	杉本 和隆	滝沢 義唯
	竹村 泰隆	中西 正史	西野 悟	箱崎 健明	平出 典人
	Nurun Nessa Begum	吉田 哲彦			
平成15年	上島 真以子	河﨑 祥子	姜 経緯	小杉 恵	関山 隆史
	高山 直子	西原 和男	原元 燈		
平成16年	Nuripa Aidaralieva	泉本 麻千子	江副 智子	Sadik Md. Golam	児島 直樹
	辻野 栄作	松村 博隆			
平成17年	梅本 愛子	鎌形 英一郎	高橋 大輔	田渕 信彦	濵野 聡一郎
	藤井 志郎	森 康治			
平成18年	瞳地 道代	今川 正樹	大井 一高	大西 友佑子	菊池 大晴
	木藤 友実子	髙屋 雅彦	中川 隆史	Leonides Canuet	
平成19年	梅田 寿美代	長尾 喜一郎	林 紀行		
平成20年	欠田 恭輔	加藤 希世子	木村 宏明	中島 淑貴	野村 慶子
	畑中 薫	原 敏	福本 素由己	山本 大介	和田 民樹
平成21年	青木 保典	漆原 幸雄	金井 講治	阪上 由香子	杉山 博通
	原 英記	松本(久郷)亜希			
平成22年	近江 翼	岡地 良龍	木田 香織	東森(波多江)百百子	丸山 大輔
	光田 輝彦	山路 國弘			
平成23年	池田 俊一郎	今村 悟	清水 芳郎	水田 直樹	
平成24年	井上 聡	畑 真弘	藤本 美智子	松田 保四	和田 信
平成25年	鐘本 秀輝	更家 由梨	樫林 哲雄		

武田教授時代

4　和田教授時代入局者の写真帳

　教室には桐箱入りの大型の写真帳が保存されている。弟子たちが作成し和田豊種教授に寄贈したものであり，小関光尚先生（M43）の起案による以下の手紙が添えられている。
　「恩師大阪帝国大学名誉教授和田豊種先生の膝下に此小帳を捧げ，以て診療に研究に親しく先生の慈訓に浴せし生等の敬慕と感謝の意を表し，併せて先生の鶴寿愈々無窮ならん事を祈り奉げる。門下生一同謹啓」
　そして，写真帳には67名の写真と署名が添えられ，門下生名簿が添付されている。
　門下生名簿には，以下の67名の氏名と住所が記載されている。
　田原總尾（M42），小関光尚（M43），小笠愛三郎（M43），熊谷直行（M43），本多治（M44），天堅進作（M44），大貫弘平（T2），岡本顕三（T2），山田秀石（T3），藤沢清（T3），浅尾泰啓（T4），佐々木魯一（T4），野田豊一（T4），尾上一平（T6），岸田美登（T8），河田大作（T8），本郷光美（T8），河口宗一（T8），長山泰政（T11），村井正規（T9），池上喜代一（T10），竹村齋治（T10），廣江和一（T11），杉長郁二（T12），橋田贊（T12），岡田忠亮（T14），吉田恭（T14），堀見太郎（T15），西川濴（T15），小川謙一（S2），森勝雄（S3），梁忠雄（S4），荒木金一（S5），髙橋幸雄（S6），松尾英雄（S6），内藤正章（S6），山崎俊夫（S6），相原岬二（S6），長雄治，佐々木秀次（S7），長谷川龍也（S9），井上謙（S9），園田次郎（S10），長谷川隆元（S10），曽谷邦男（S11），前防玄達（S11），松田鎮雄（S12），金子仁郎（S13），石外一郎（S13），江川昌一（S14），和田種久（大阪高医S15），和田種彦（日本医大S14），布施敏信（S15），福田正治（S15），千島チエ子（帝国女子医専S14），三輪淳（S15），澤潤一（S16），杉原方（S16），大石昇平（S16），細川純平（慈恵大S16），本多浄（日本医大S16），根無郭伯，中田篤郎（M43），三田谷啓（M38），大村得三（T11），森本誉愛（S2），岩﨑佐一。
　そして，物故会員として以下15名の氏名が記載されている。
　本庄彌（M38），村田實（M42），竹村信治（M43），渡辺治賛（T1），和田農男（T3），杉原直方（T3），永坂源一（T5），吉田正一（T6），竹内伝吉（T8），外川幸一（T10），河内明（T12），宇野清（T12），森川旭（T13），藤井端蔵（T15），丸井栄太郎（T11）。
　（　）内は大阪大学医学部の卒業年次。
　門下生名簿の最後に名前を連ねている中田篤郎（M43），三田谷啓（M38），大村得三（T11），森本誉愛（S2），岩﨑佐一の5名についてわかっていることを記述しておきたい。中田篤郎（M43），三田谷啓（M38），大村得三（T11），岩﨑佐一の4名は精神医学者ではないが，和田豊種を，師として理解者として協力者として仰いだ関連領域の人たちである。森本誉愛（S2）は大阪医学校を卒業して精神科医となった人では

あるが，和風会員としてではなく，和風会特別会員として昭和41年に亡くなられるまで和風会名簿に掲載されていた。しかしながら，この写真帳の中では，森本誉愛（S2）の写真は，小川謙一（S2）と森勝雄（S3）の間に，卒業年次順に並べられていた。何故に特別会員とされていたのか，その理由はわからない。三田谷啓（M38），大村得三（T11）も，和風会の特別会員として名前を連ねていた。いずれも和田豊種と関係の深い人たちであり，これらのゆかりの深い人たちの意をくんで，弟子たちがこの写真集に加えたのであろう。

中田篤郎（明治17年2月12日～昭和27年12月4日）は，兵庫県出身で明治43年大阪府立高等医学校を卒業した後に日本を代表する法医学者として活躍した。ヨーロッパ留学の後，大正9年に大阪医科大学教授に就任した。昭和18年に旧制徳島医学専門学校（現徳島大学）校長となり，昭和24年に初代徳島大学学長となった。和田豊種の11年後輩に当たり，精神医学と法医学とが近接領域であったことから，中田篤郎の写真も添えられたのだろう。

三田谷啓（明治14年9月1日～昭和37年5月12日）は，治療教育学の実践，児童保護，母子保護の啓発と実践活動に功績があった人である。兵庫県有馬郡名塩に生まれ，明治38年大阪府立高等医学校を卒業後，上京して呉秀三から精神病理学を，富士川遊から治療教育学を学び，医者として児童教育に終生を捧げた。明治44年，ドイツに留学し，ゲッチンゲン大学で治療教育学，心理学を学び，ドクトルの称号を与えられ，またミュンヘン大学でクレペリン博士の指導を受け，精神薄弱児のメンタルテストをハール精神病院で行った。大正3年，帰国後，「智力検査法」を発表。大正7年，大阪市社会部に児童課が設置された時に課長に就任し，児童相談所，少年職業相談所，産院，乳児院を創設した。この児童相談所内で扱った精神遅滞児を収容保護する施設として，大正10年，芦屋に阪神児童相談所を設立した。大正13年に中山児童教養研究所長になり，児童研究，母性向上運動を行う一方，精神遅滞児の収容保護，教育院の設立を国立で各府県3ないし5ヵ所設置すべきであると主張した。昭和2年，「三田谷治療教育院」を現在地（兵庫県芦屋市）に設立した。三田谷啓は，関西地域における，精神遅滞児を主とした児童精神医学領域を和田豊種とともに開拓した。

大村得三は，大正11年に大阪大学医学部を卒業し，昭和18年7月5日から昭和33年3月31日まで法医学教室の教授を勤め，その間，昭和31年4月1日から昭和33年3月31日まで大阪大学医学部長を勤めた。定年退官後は大阪市立大学法医学教室の初代教授となった。和田豊種は阪大学友会理事長を昭和27年から40年まで勤めたが，大村得三が和田豊種の後に阪大学友会理事長を昭和40年から58年まで勤めたこともあり，和田豊種の告別式には，大村得三が弔辞を読んだ。

森本誉愛は，昭和2年に大阪府立医科大学を卒業した。精神神経科を専攻し，小関光尚院長のもとで府立中宮病院に勤務した後に浜寺病院長となったが，第2次大戦に出征し復員後は高石市にて開業した。堺浜寺ライオンズクラブ会長を昭和39年から昭和42年まで勤めた。和風会誌の創刊号昭和32年から昭和42年に亡くなるまで特別会員として名前が掲載されていた。

岩﨑佐一（明治9年8月18日～昭和37年11月）は，桃花塾を創設して障碍児教育の萌芽期に貢献した人である。大分県佐伯市に生まれ，いったん尋常小学校代用教員として働いた後に，大分県師範学校に学んだ。教員として10年間勤務した後に，大阪に来て大阪市東平野尋常高等小学校に大阪市最初の特殊学級を開設した。この教員時代に，大阪医科大学の和田豊種に精神医学を，楽石社において伊沢修二から言語治療学を，小河滋次郎に社会事業の教えを受けて，大正5年2月8日に大阪桃花塾を開設し

た。桃花塾は大正10年の台風により建物が倒壊したが，大正12年6月には各界の支援を受けて再建された。この時，桃花塾の顧問として，小河，和田，藤川，有沢が名前を連ねている。桃花塾は息子の岩﨑乾一（大正1〜昭和62）に引き継がれたが，岩﨑乾一も早稲田大学文学部心理学科を卒業後，大阪大学医学部和田豊種の下で精神医学の手解きを受けた。岩﨑乾一は桃花塾を運営するとともに，大阪精神薄弱者愛護協会や近畿精神薄弱者愛護協会の会長を歴任し，さらに昭和53年より8年間にわたって日本精神薄弱者愛護協会会長に就任した。このような関係から岩﨑佐一も写真集に名前を連ねたものと思われる。

和田豊種（M32）

田原總尾（M42）

小関光尚（M43）

小笠愛三郎（M43）

熊谷直行（M43）

本多　治（M44）　　　　　天堅進作（M44）　　　　　大貫弘平（T2）

岡本顕三（T2）　　　　　山田秀石（T3）　　　　　藤沢　清（T3）

浅尾泰啓（T4）　　　　　佐々木魯一（T4）　　　　野田豊一（T4）

尾上一平（T6）　　　岸田美登（T8）　　　河田大作（T8）

本郷光美（T8）　　　河口宗一（T8）　　　長山泰政（T11）

村井正規（T9）　　　池上喜代一（T10）　　竹村齋治（T10）

第8部　資料　4 和田教授時代入局者の写真帳

廣江和一（T11）　　　杉長郁二（T12）　　　橋田　賛（T12）

岡田忠亮（T14）　　　吉田　㤗（T14）　　　堀見太郎（T15）

西川　瀁（T15）　　　小川謙一（S2）　　　森　勝雄（S3）

梁　忠雄（S4）　　　荒木金一（S5）　　　髙橋幸雄（S6）

松尾英雄（S6）　　　内藤正章（S6）　　　山崎俊夫（S6）

相原岬二（S9）　　　長雄　治　　　　　佐々木秀次（S7）

第8部　資料　4 和田教授時代入局者の写真帳　　*811*

長谷川龍也（S9）　　　　　井上　謙（S9）　　　　　園田次郎（S10）

長谷川隆元（S10）　　　　曽谷邦男（S11）　　　　前防玄達（S11）

松田鎮雄（S12）　　　　　金子仁郎（S13）　　　　石外一郎（S13）

江川昌一（S14）　和田種久（大阪高医 S15）　和田種彦（日本医大 S14）

布施敏信（S15）　福田正治（S15）　千島チエ子（帝国女子医専 S14）

三輪　淳（S15）　澤　潤一（S16）　杉原　方（S16）

第 8 部　資料　4 和田教授時代入局者の写真帳

大石昇平（S16）　　　細川純平（慈恵大 S16）　　　本多　浄（日本医大 S16）

根無郭伯　　　中田篤郎（M43）　　　三田谷啓（M38）

大村得三（T11）　　　森本誉愛（S2）　　　岩﨑佐一

5 和風会会員の動向

　教室同門会「和風会」では、毎年、11月の最終土曜日に和風会総会を、6月第2日曜日に和風会研究会を、そして春と夏の2回の講演会を開催して、会員の研鑽と親睦に役立てている。現在約600名の会員がそれぞれの場所で活躍しているが、今回、会員の動向について調べた。

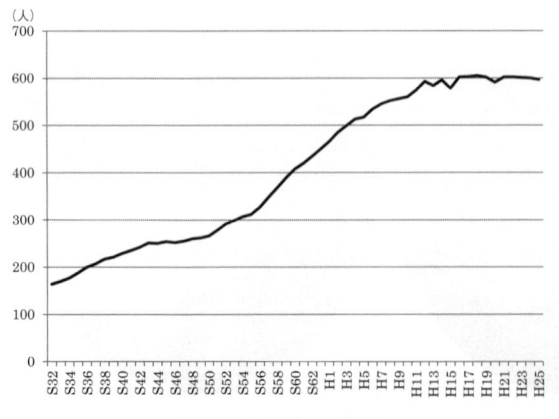

和風会会員数の推移

　和風会会員数は昭和32年には164名であった。昭和32年からの会員数をみると、昭和44年以外には毎年の入会者があった。昭和51年から平成14年まで（平成5年以外）毎年10名以上の入局者があり、平成12年には25名の入会者があった。この間会員数は順調に増加したが、平成15年からは入局者が減少しており、会員数は600名前後で一定している。

和風会会員の出身校

　和風会は、大阪大学医学部精神医学教室の同門会であり約600名の会員が活動しているが、その出身校は全国に分布している。鬼籍に入った会員をも含めて700名の分布を調べてみると、出身大学は医学部が72校、医学部以外が8校に上る。医学部72校のなかには、アテネ大学、オビエド大学（スペイン）、キルギス医科大学、サンティアゴ医科大学（キューバ）、ソウル大学、ダッカ大学、バングラデッシュ大学も含まれる。

　出身大学別の人数表を示す。学校名が変遷している場合には現在の大学名で集計した。例えば、旧大阪医科大学、大阪医専、大阪帝国大学などはすべて大阪大学にまとめた。

　全体700名中の296名は大阪大学の出身者である。すなわち42％が学内から、過半数の58％は学外からの会員であった。多いのは近畿地方の大学であり奈良医大37名、和歌山医大23名、関西医大22名、大阪医大19名、滋賀医大15名、京都府立医大14名、兵庫医大14名、近畿大10名、大阪市立大10名と近畿12大学のうち、神戸大学7名と京都大学6名を除いて10名以上の入局者があった。近畿地方以外の大学で多かったのは、金沢大学14名、鳥取大学13名、徳島大学13名、愛媛大学12名、山口大学11名

和風会会員数の推移

表1 和風会会員の出身校

大学	人数	大学	人数	大学	人数	大学	人数
大阪大学	296	岡山大学	8	大分大学	4	慈恵医大	2
奈良医大	37	神戸大学	7	東京女子医大	4	順天堂大学	2
和歌山医大	23	岐阜大学	7	佐賀大学	3	埼玉医大	2
関西医大	22	東北大学	6	山形大学	3	帝京大学	2
大阪医大	19	京都大学	6	熊本大学	3	岩手医大	2
滋賀医大	15	高知大学	6	宮崎大学	3	愛知医大	2
金沢大学	14	香川大学	6	東京医大	3	福島医大	1
京都府立医大	14	三重大学	5	秋田大学	2	群馬大学	1
兵庫医大	14	福井大学	5	東京大学	2	自治医大	1
鳥取大学	13	島根大学	5	九州大学	2	山梨大学	1
徳島大学	13	広島大学	5	新潟大学	2	鹿児島大学	1
愛媛大学	12	長崎大学	5	筑波大学	2	昭和大学	1
山口大学	11	日本医大	5	名古屋大学	2	北里大学	1
近畿大学	10	金沢医大	5	名古屋市立大	2	東邦大学	1
大阪市立医大	10	北海道大学	4	防衛医大	2	藤田保衛大	1
川崎医大	9	信州大学	4	慶應大学	2	外国	9
						医学部以外	8

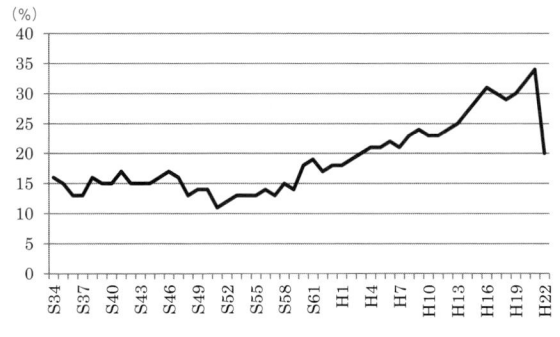

図1 毎年入局者における女性比率の推移

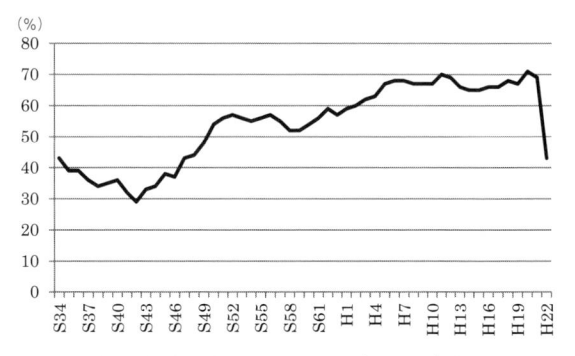

図2 大阪大学以外からの和風会新入会者の比率

などであった。全国80の大学のうちの64大学，80％の大学からの入局者を受け入れており，この意味では，教室は全国からの若い人を受け入れてきたということができよう。

性別

平成24年度の和風会会員名簿には600名が記載されている。その性別は男性472名，女性128名であり，79％が男性，21％が女性である。入局者の性別の年次推移を見ると，昭和60年ごろまで15％程度であった女性入局者の比率はゆっくりと増加し始め，最近では入局者の約30％を女性が占めるようになっている。

学外からの入局者比率の推移

阪大精神科では伝統的に他学からの入局者を受け入れてきた。昭和41年には学外からの入局者比率が30％を切ったが，それ以降は学外からの入局者比率が増加する傾向にある。昭和49年に過半数が学外者となり，以降も学外からの入局者比率は増加しており，最近では約2/3が学外からの入局者である。

6 大阪大学精神医学教室歴代教授と保健センター・高次研教授

1．大阪大学精神医学教室歴代教授

　教室の創設以来 120 年間は 7 名の教授により教室が主宰された。初代の大西鍛と二代目今村新吉は帝国大学医科大学の卒業生であったが，三代目の和田豊種からは教室出身者が教授を務めるようになった。和田豊種は，明治・大正・昭和を通して教授職を務め昭和 16 年に定年退官したが，教室の発展に果たした功績は大きい。教授在任期間の長さから見ても，和田豊種が 33 年間で最も長く，続いて，金子仁郎が 23 年間，武田雅俊が 19 年間（予定），西村健が 18 年間，大西鍛と堀見太郎がそれぞれ 15 年間，今村新吉が併任として 5 年間教室の責任者を務めた。

	氏名	読み仮名	卒業学校	卒業年	教授在任期間	生年月日場所	没年月日墓所
初代	大西　鍛	おおにしきたう	帝国大学医科大学	明治22年	明治 27 年 4 月 7 日〜明治 38 年 7 月 11 日	文久元年 4 月 18 日三重県津市	昭和 6 年 3 月 17 日津市青谷墓苑

　初代教授として精神科教室を創設。医学校の変革期に校長心得（明治 33 年 4 月 17 日〜明治 34 年 4 月）を務めた後にウィーン大学ベネディクト教授のもとに留学。帰国後は電気治療をとりいれて大阪市で開業。

	氏名	読み仮名	卒業学校	卒業年	教授在任期間	生年月日場所	没年月日墓所
第二代（併任）	今村新吉	いまむらしんきち	帝国大学医科大学	明治30年	明治 38 年 7 月 11 日〜明治 43 年 11 月 28 日	明治 7 年 11 月 15 日東京都	昭和 21 年 5 月 19 日東京都染井霊園

　京都帝国大学の精神科初代教授として赴任し，明治 36 年から昭和 9 年まで京大精神科を主催した。その間明治 38 年から明治 43 年までの 5 年間は阪大精神科教授を兼任。昭和 3 年から 7 年まで京都大学医学部長。

	氏名	読み仮名	卒業学校	卒業年	教授在任期間	生年月日場所	没年月日墓所
第三代	和田豊種	わだとよたね	府立大阪医学校	明治32年	明治 42 年 3 月 31 日〜昭和 16 年 5 月 7 日	明治 13 年 8 月 6 日大阪府大阪市	昭和 42 年 3 月 9 日大阪市北霊園

　明治から昭和に至る 33 年間教室を率いた。大阪府立医学校助教諭（明治 36 年）として任官し，大阪府立高等医学校（明治 42 年），府立大阪医科大学（大正 6 年），大阪医科大学（大正 8 年），大阪帝国大学（昭和 6 年）の精神科教授を勤めた，昭和 7 年から石橋分院長，大阪帝国大学医学部付属病院長（昭和 9〜12 年）を勤めて定年退官。大阪大学名誉教授（昭和 16 年），大阪大学医学部学友会理事長（昭和 28〜41 年）。

	氏名	読み仮名	卒業学校	卒業年	教授在任期間	生年月日 場所	没年月日 墓所
第四代	堀見太郎	ほりみ たろう	大阪医科大学	大正15年	昭和16年7月10日〜昭和30年8月16日	明治33年11月21日 大阪府大阪市	昭和30年8月16日 箕面市箕面霊園

大阪医科大学内科学教授であった堀見克礼（明治25年卒）の長男。大阪医科大学を卒業後ウィーン大学ボンヘッファー教室に留学した。心身相関の概念を取り入れ神経疾患から精神疾患への橋渡しを果たし、大戦中の困難な状況下での教室の研究を指導した。梅毒の堀見反応、外因反応、心身相関、視床下部の研究に業績を挙げた。

	氏名	読み仮名	卒業学校	卒業年	教授在任期間	生年月日 場所	没年月日 墓所
第五代	金子仁郎	かねこ じろう	大阪大学	昭和13年	昭和31年8月1日〜昭和53年4月2日	大正4年2月12日 京都府京都市	平成9年9月21日 京都市真乗院

奈良医大精神科教授となったが、堀見太郎教授の急逝を受けて母校の精神科教授に就任。わが国の老年精神医学のパイオニアであり、認知症の疫学と病態解析、ドップラー法による認知症の鑑別などに業績を挙げた。阪大病院長を務め、定年退官後は関西労災病院院長（昭和53年）。総合病院精神医学会や死の臨床研究会の設立など活動の幅を大きく広げた。

	氏名	読み仮名	卒業学校	卒業年	教授在任期間	生年月日 場所	没年月日 墓所
第六代	西村 健	にしむら つよし	大阪大学	昭和32年	昭和53年8月1日〜平成7年3月31日	昭和6年8月30日 兵庫県姫路市	平成21年5月29日 姫路市名古山霊園

認知症脳の蛋白動態を解析し形態的研究から生化学的研究への道を切り開いた。学生時代から精神神経科業室研究生となり、大学院生（昭和34年）、神経科助手（昭和37年）、ノルウェー留学（昭和38年）、神経科助手（昭和40年）、神経科講師（昭和42年）を経て、阪大精神医学教室教授（昭和53年）。日本老年精神医学会理事長。平成7年に定年退官し、甲子園大学栄養学部教授（平成7年）、甲子園大学人間文化学部長（平成9年）、甲子園短期大学長（平成17年）。

	氏名	読み仮名	卒業学校	卒業年	教授在任期間	生年月日 場所	没年月日 墓所
第七代	武田雅俊	たけだ まさとし	大阪大学	昭和54年	平成8年4月1日〜平成27年3月31日（予定）	昭和24年10月20日 佐賀県鳥栖市	

認知症、統合失調症の研究を発展させ、教室の対外的な発展に貢献。阪大大学院（昭和54）、国立療養所松籟荘（昭和58年）、神経科助手（昭和59年）、Univ. of Florida（昭和60年）、Baylor College（昭和61年）、精神科講師（平成3年）、教授（平成8年）。生物学的精神医学会理事長（平成21年）、精神神経学会理事長（平成24年）、President of International Psychogeriatric Association（平成22年）、President elect of World Federation of Societies of Biological Psychiatry（平成25年）。

2．大阪大学高次神経研究施設薬理生化学教室歴代教授

大阪大学医学部高次神経研究施設には、昭和36年4月に神経生理学部門、昭和38年4月に神経解剖学病理学部門、昭和40年4月に神経薬理生化学部門が設置された。神経薬理生化学部門は、精神医学教室と密接な関係を持ち運営されてきた。佐野勇が教室助教授から高次研に転じ、昭和42年4月に教授に昇任した。佐野勇教授は、高次神経研究施設長、大阪大学評議員などを歴任したが、昭和50年8月からの欧州出張中に倒れバーゼルにて急逝した。その後、高次神経研究施設薬理生化学部門は、垣内史朗教授に引き継がれたが、垣内史朗教授も任期半ばに急逝した。昭和63年2月に、祖父江憲治教授に引き継がれ、昭和63年4月から改組によりバイオメディカル教育センター高次神経医学部門神経生化学教室となった。祖父江憲治教授は、平成23年3月に定年退官となり岩手医科大学副学長に転じた。

氏名	読み仮名	卒業学校	卒業年	教授在任期間	生年月日 場所	没年月日
佐野 勇	さの いさむ	大阪大学医学部	昭和24年	昭和42年4月1日～昭和50年9月4日	大正13年11月1日 兵庫県西宮市	昭和50年9月4日
垣内史朗	かきうち しろう	大阪大学医学部	昭和29年	昭和51年11月16日～昭和59年9月23日	昭和4年1月11日 石川県	昭和59年9月23日
祖父江憲治	そぶえ けんじ	岩手医科大学	昭和48年	昭和63年2月16日～平成23年3月31日	昭和22年8月28日 愛媛県名古屋市	―

3．大阪大学健康体育学部・保健センター歴代教授

　大阪大学学生保健室は昭和33年10月に医学部付属病院内に設置された．その後，保健管理センター，教養部保健体育科，学生相談室などを統合して，昭和56年4月に健康体育部が豊中地区に設置され，保健管理センターは健康体育部保健管理センターとなった．健康体育部設置時に当教室から白石純三が精神衛生担当の教授に就任した．その後平成6年に医学部と病院が移転したのに合わせて吹田分室が新築された．平成16年4月改組により健康体育部はなくなり，大阪大学保健センターが設置された．平成19年10月には大阪外語大学との統合により保健センターの箕面分室が設置され，保健センターは豊中，吹田，箕面の3つのキャンパスに分室を有するようになった．統合以前の大阪外国語大学保健センターには教室から志水彰が教授として赴任していた．

氏名	読み仮名	卒業学校	卒業年	教授在任期間	生年月日 場所	没年月日
白石純三	しらいし じゅんぞう	大阪大学医学部	昭和29年	昭和56年10月16日～平成6年3月31日	昭和5年11月21日 大阪府豊中市	平成6年
杉田義郎	すぎた よしろう	大阪大学医学部	昭和48年	平成8年11月16日～平成25年3月31日	昭和23年12月5日 大阪府大阪市	―
井上洋一	いのうえ よういち	大阪大学医学部	昭和51年	平成11年6月1日～平成25年3月31日	昭和24年1月24日 福岡県福岡市	―
工藤 喬	くどう たかし	大阪医科大学	昭和61年	平成25年4月1日～	昭和33年10月15日 兵庫県西宮市	―
水田一郎	みずた いちろう	大阪大学医学部	昭和58年	平成25年4月1日～	昭和32年10月3日 兵庫県神戸市	―

7 大阪大学精神医学教室の学位受領者

　大阪大学医学部は，1869年2月の仮病院，同年11月の大阪府医学校の設置以来，脈々とその歴史をつないできたが，学校名・病院名はその間に何度も変化した。1870年2月に大阪医学校，1880年3月に府立大阪医学校，1888年1月に大阪医学校，1901年6月に大阪府立医学校，1903年9月に大阪府立高等医学校，1915年10月に府立大阪医科大学，1919年11月に大阪医科大学となった。そして，1920年9月12日に大阪医科大学学位規定が制定され，この時以来大阪大学医学部からの学位が発行されることになった。この後も大学名は変化し，1931年5月1日に大阪帝国大学，1947年10月に大阪大学となった。そして，2004年4月からは国立大学法人法公布に伴い，国立大学法人大阪大学となり今に至っている。

　教室関係者では，和田豊種教授時代の小関光尚（大正14年授与）を筆頭として，和田教授時代に17名，堀見教授時代に37名，金子教授時代に97名，西村教授時代に54名，武田教授時代に59名の学位授与者があった。昭和56年から白石純三教授が健康体育部精神衛生学の講座を担当し，続く杉田義郎・井上洋一両教授も保健センター教授として医学系研究科講座に参画した。当教室では，伝統的に健康体育部や保健センターの教室に属する大学院生も区別せずに研究活動に従事してきたという背景があり，これらの教室の大学院生は本講座大学院生と同様に当教室の臨床施設・研究室で研究に従事しその成果により学位を授与されたことを考えて，このリストに含めた。当然のことながら，教室の同門会和風会会員の中には，他大学から学位を授与された者もいるが，このリストには含めなかった。

　残念ながら，すべての学位論文の公表雑誌名を調べることができなかったことをお詫びする。学位論文の公表雑誌は，金子教授時代まではほとんどが和文雑誌であったが，西村教授時代から欧文誌による発表が増加し，武田教授時代になり平成11年以降はほとんど英文雑誌となっている。和文誌では，大阪大学医学雑誌が99編と最多であり，続いて精神神経学雑誌（初期の神経学雑誌を含めて）が43編，生化学8編，老年精神医学雑誌6編と続く。欧文誌ではPsychiatry and Clinical Neurosciences（以前のFolia誌をも含めて）16編が最も多く，Psychogeriatrics 10編，Neuroscience Letters 4編などに発表されている。

和田豊種教授時代　17名

氏名	学位論文題目	学位授与日付	公表雑誌名
小関　光尚	Das Hirnrindenbild bei den Senilen Psychosen	大正14年2月17日	Leipzig und Wien：Franz Deuticke 1924
亘　　繁	疲勞に関する実験的研究—過労又は激動による中枢神経系の変化に関する実験的研究	大正15年10月28日	大阪医学会雑誌24(4), 1925
岸田　美登	中枢神経系統栄養道知見補遺	昭和4年7月16日	大阪医学会雑誌28(1), 1929
長山　泰政	麻痺性癡呆に於ける植物性障碍の病理解剖学的根據に就て：本病病理に関する知見補遺	昭和4年10月12日	大阪医学会雑誌28(1), 1929
堀見　太郎	麻痺性癡呆のマラリヤ療法殊に同療法に於ける赤血球沈降速度に就て	昭和7年3月18日	神経学雑誌29(9)：805, 1932
藤沢　清	太陽光線の生物学的影響に就ての実験的研究：胸廓型に及ぼす影響	昭和7年11月11日	日新醫學21-24, 1931
岡本　顕三	脳脊髄液酵素の研究	昭和10年7月17日	大阪医学会雑誌33(3), 1934
河口　宗一	流行性脳炎後遺症に対するアトロピン大量療法	昭和11年3月28日	日本医事新報513-515, 1932
梁　　忠雄	犬に於ける実験的褐石中毒	昭和12年4月13日	大阪医学会雑誌35(7), 1936
相原　岬二	アドレナリン作用に及ぼすホモゲンチジン酸並びにアルコルビン酸の影響	昭和12年4月13日	
松尾　英雄	一酸化炭素中毒の病理に関する研究補遺	昭和12年7月12日	大阪医学会雑誌35(12)：2175-2184, 1935
髙橋　幸雄	視丘下部に関する研究	昭和13年1月20日	臨床日本医学3(11), 1934
小川　謙一	Adrenalinの電気能に関する研究	昭和13年3月9日	大阪医学会雑誌34(6), 1935
内藤　正章	視丘下部に関する研究	昭和13年2月7日	大阪医学会雑誌35(12), 1936
佐々木秀次	視丘下部に関する研究	昭和13年4月5日	大阪医学会雑誌35(12), 1936
河村　良造	眼内臚胞形成に関する実験的研究	昭和16年1月14日	日本眼科学会雑誌43(7), 1939
井上　謙	所謂間脳腺に関する研究	昭和16年1月14日	

堀見太郎教授時代　37名

氏名	学位論文題目	学位授与日付	公表雑誌名
松田　鎮雄	異常蛔虫卵の研究	昭和16年11月11日	中央医学10(8), 1941
曽谷　邦男	インスリンショック療法に関する研究	昭和17年1月16日	中央医学10(3), 1941
長谷川竜也	「オスバルサン」中毒による視丘下部組織学的変化	昭和19年2月10日	大阪医学会雑誌42(6), 1943
江川　昌一	症候性精神病の症候学的研究	昭和20年7月12日	中央医学11(12), 1942
布施　敏信	急性熱射死における視丘下部所見について	昭和20年10月6日	大阪医学会雑誌43(6), 1944
三輪　淳	間脳に於ける性中枢の研究	昭和20年10月6日	精神神経学雑誌49(4)：62, 1947
黒田　重英	ロールシャッハ氏テストに関する研究	昭和20年10月6日	

氏名	学位論文題目	学位授与日付	公表雑誌名
千島 チヱ子	粘液水腫性侏儒の精神医学的研究	昭和20年10月6日	
前防 玄達	凍死時の脳組織変化	昭和21年11月8日	
森 正義	オキシアントラニール酸の臓器組織呼吸に及ぼす影響に就て	昭和24年5月30日	
金子 仁郎	前頭葉切離術に依る精神神経学的研究	昭和24年6月15日	精神神経学雑誌 54(4):318-337, 1952
竹友 安彦	Phenol 形成の研究	昭和24年9月16日	
澤 潤一	フィスター氏絵画試験による精神医学的研究	昭和25年8月25日	精神神経学雑誌 50(3), 1948
大石 昇平	諸種末梢神経破壊剤と筋「クロナキシー」	昭和25年6月14日	
杉原 方	精神分裂病に於ける実験心理学的研究	昭和25年8月25日	精神神経学雑誌 54(4):309-317, 1952
吉田 泰	超音波による染色体の超微細構造並びに化学的組成に関する研究	昭和25年11月14日	
岩谷 信彦	触覚残像の精神医学的研究	昭和26年5月26日	精神神経学雑誌 54(4):1952-1909, p.300
細川 純平	臨床重要反射に関する研究：特に心理学的環境の影響について	昭和27年3月17日	脳神経領域/脳談話会 編 5(1):98-105, 1952
本多 弘	諸種精神神経疾患における血清蛋白質の研究	昭和27年4月21日	精神神経学雑誌 54(4):347-361, 1952
清野 宗佐	ゲシュタルト心理学より見た強迫神経症の精神病理	昭和27年9月15日	精神神経学雑誌 54(4):268-280, 1952
大澤 安秀	視床下部の病理組織学補遺	昭和27年9月15日	精神神経学雑誌 54(4):362-371, 1952
別府 彰	視覚残像に関する精神医学的研究	昭和28年7月2日	精神神経学雑誌 54(4):292-299, 1952
岩井 豊明	消化性潰瘍の精神身体医学的考察	昭和28年7月2日	脳神経領域/脳談話会 編 6(1), 1953
和田 種久	TAT に関する研究：主として分析表示法を中心にして	昭和28年8月31日	精神神経学雑誌 54(4):254-267, 1952
長坂 五朗	ロールシャッハテストに関する研究	昭和28年8月31日	精神神経学雑誌 54(4):219-253, 1952
原田 一彦	精神神経症の情緒反応について	昭和28年9月12日	精神神経学雑誌 54(4):281-291, 1952
堀田 耕三	筋電図学の研究	昭和28年10月24日	
奥西 孫市	精神分裂病に関する臨床的研究	昭和29年3月17日	精神神経学雑誌 54(4):327-337, 1952
髙橋 清彦	集團ロールシャッハテストに関する研究	昭和29年4月2日	精神神経学雑誌 55(9):872-889, 1954
浅尾 博一	てんかん患者の精神医学的研究	昭和29年7月3日	精神神経学雑誌 56(6):325-347, 1954

氏名	学位論文題目	学位授与日付	公表雑誌名
有岡　巌	保護少年の精神医学的研究	昭和 29 年 11 月 6 日	精神神経学雑誌 54(6)，1952
森　滋郎	Electric shock therapy as a preventive measure of periodical mental derangement	昭和 30 年 9 月 26 日	Folia Psychiatrica et Neurologica Japonica 7(3)，1953
佐野　勇	Uber die Kalte Millon-Reaktion beim Schizophrenen Formen Kreis und den Trager derselben	昭和 30 年 1 月 26 日	Folia Psychiatrica et Neurologica Japonica
橋野　昇一	家兎電撃痙攣の筋電図学的研究	昭和 30 年 8 月 2 日	日本生理学雑誌 16(8)：437-453，1954
辻　悟	ロールシャッハ・テストに関する研究	昭和 30 年 11 月 15 日	
沖野　博	ベンダー・テストに関する研究	昭和 31 年 5 月 12 日	大阪大学医学雑誌 7(6)，1955
吉田　優	ソンディテストに関する研究	昭和 31 年 5 月 12 日	大阪大学医学雑誌 7(6)，1955

金子仁郎教授時代　97 名

氏名	学位論文題目	学位授与日付	公表雑誌名
浅井　敬一	筋緊張型事態反応に関する精神医学的研究	昭和 32 年 3 月 11 日	大阪大学医学雑誌 8：883-892，1956
工藤　義雄	Reserpin の作用機序に関する研究	昭和 32 年 3 月 11 日	診療 9：57-76，1956
濱中　薫香	心因性チックの発症機序に関する研究	昭和 32 年 3 月 11 日	精神神経学雑誌 58：521-543，1956
宮軒　富夫	Ehrich's Aldehyde 反応を与える人尿成分に関する研究	昭和 32 年 7 月 2 日	大阪大学医学雑誌 8：1009-1018，1956
伊藤　正昭	老年期における神経症の臨床的研究	昭和 32 年 7 月 2 日	精神神経学雑誌 59：1-20，1957
栗林　正男	覚醒アミン中毒者のロールシャッハテストに関する研究	昭和 32 年 7 月 26 日	精神神経学雑誌 57：307-314，1955
岡本　輝夫	Phenothiazin 誘導体薬物に関する生化学的研究	昭和 32 年 9 月 5 日	大阪大学医学雑誌 8：1029-1035，1956
高橋　寿一	人体腫瘍の多糖類に関する組織化学的研究	昭和 32 年 9 月 21 日	大阪大学医学雑誌 9(3)，1957
岩井　勤作	ベンダー・ゲシュタルト・テストの臨床応用に関する研究	昭和 33 年 1 月 21 日	大阪大学医学雑誌 9：597-608，1957
藤戸　せつ	TAT（Thematic Apperception Test）に関する研究	昭和 33 年 2 月 14 日	精神神経学雑誌 59：748-770，1957
梶田　治稔	嗜好薬物の尿中微量証明	昭和 33 年 2 月 14 日	日本生化学雑誌 27：456-461，1955／日本生化学雑誌 27：461-463，1955／日本生化学雑誌 29：236-242，1957
本間　正保	Studies on the H-T-P（Buck）（H-T-P テストに関する研究）	昭和 33 年 5 月 2 日	Folia Psychiatrica et Neurologica Japonica 11：1-25，1957
本間　正保	H-T-P テストに関する研究（英文）	昭和 33 年 5 月 2 日	Folia Psychiatrica et Neurologica Japonica 11(1)，1957
鮫島　拓彌	外傷性神経症の臨床心理学的研究	昭和 33 年 7 月 16 日	精神神経学雑誌 60：187-196，1958
柿本　泰男	セロトニンの吸収および遊出機作に関する研究	昭和 34 年 3 月 25 日	生化学 30：548-558，1958

氏名	学位論文題目	学位授与日付	公表雑誌名
谷向　弘	血液脳関門の本態に関する研究	昭和34年3月25日	精神神経学雑誌 60：1317-1328, 1958
吉川　保路	結核患者の精神医学的研究	昭和34年5月12日	大阪大学医学雑誌 11：31-45, 1959
杉村　史郎	一般家庭老人の精神医学的研究	昭和34年6月23日	大阪大学医学雑誌 11：435-445, 1959
水野　慶三	老年期精神障害の精神医学的研究	昭和34年7月13日	精神神経学雑誌 61：11-24, 1959
大原　和雄	脳髄における β-オキシ-γ-アミノ酪酸の存在について	昭和34年8月31日	生化学 30：981-986, 1959
中島　久	Studies on Amine Oxidase：Effects of Chlorpromazine and its Analogues	昭和34年10月9日	The Journal of Biochemistry 46：559-570, 1959
北嶋　省吾	脳下垂体後葉の神経分泌物に関する生化学的研究	昭和34年10月9日	精神神経学雑誌 61：971-979, 1959
山内　典男	肝レンズ核変性症の遺伝学的研究	昭和34年10月9日	精神神経学雑誌 61：995-1017, 1959
蒲生　達三	中枢神経薬におけるカテコール化合物の分布に関する研究	昭和34年10月9日	日本内分泌学会雑誌 35：94-102, 1959
植田　雅治	肝レンズ核変性症の臓器金属について	昭和34年10月14日	精神神経学雑誌 61：1018-1027, 1959
水津　和夫	インシュリンショックの反応型の意義に関する研究	昭和34年10月14日	大阪大学医学雑誌 11：1536-1546, 1959
高石　昇	皮膚疾患の精神身体医学的研究（慢性蕁麻疹，円形脱毛症について）	昭和34年12月9日	皮膚 1：93-121, 1959
宇野　俊雄	耳下腺唾液分泌の中枢機構について	昭和34年12月9日	
神谷美恵子	Psychiatric Studies on Leprosy（癩に関する精神医学的研究）	昭和35年2月3日	Folia Psychiatrica et Neurologica Japonica 13：143-173, 1959
越智　和彦	精神分裂病の身体療法と予後について	昭和35年3月9日	脳と神経 11：740-763, 1959
布施勝市郎	電撃後の意識障害に関する研究—特に意識障害と記憶の関係について—	昭和35年3月9日	大阪大学医学雑誌 11：3733-3751, 1959
胡内　就一	言語連想時の脳波及電気皮膚反応について	昭和35年3月9日	大阪大学医学雑誌 11：3999-4011, 1959
北川　俊夫	Mosaic Test に関する研究	昭和35年3月29日	大阪大学医学雑誌 11：3853-3869, 1959
美吉伊八郎	ウェックスラー・ベルビュー法の臨床的適用	昭和35年3月29日	大阪大学医学雑誌 11：3789-3800, 1959
倭　馬佐也	末梢性顔面神経麻痺の臨床的研究	昭和35年3月29日	大阪大学医学雑誌 11：4421-4430, 1959
福井　郁子	文章完成テストに関する研究	昭和35年3月29日	大阪大学医学雑誌 11：5237-5251, 1959
石井　康雄	頭部 Rheography の研究	昭和35年3月30日	大阪大学医学雑誌 11：3429-3435, 1959

氏名	学位論文題目	学位授与日付	公表雑誌名
小牟田清博	脳動脈硬化症の自覚症状に関する研究	昭和35年3月30日	大阪大学医学雑誌 11：5021-5041, 1959
吉川　侑男	睡眠時の夢と記憶に関する脳波的研究	昭和35年3月30日	大阪大学医学雑誌 11：4329-4336, 1959
齋藤　芳子	健常老人及び老年精神障害のベンダー・ゲシュタルト・テストに関する研究	昭和35年3月30日	大阪大学医学雑誌 11：4983-4994, 1959
古川　唯幸	筋委縮性側索硬化症の臨床的疫学的研究	昭和35年3月30日	大阪大学医学雑誌 11：4087-4099, 1959
小谷　八郎	超音波による末梢循環の研究	昭和35年3月30日	大阪大学医学雑誌 11：4319-4327, 1959
蔭山　登	脳動脈硬化症の脳波学的研究	昭和35年3月30日	大阪大学医学雑誌 11：5407-5417, 1959
高見　文夫	陳旧性精神分裂病のTATによる研究	昭和35年3月30日	大阪大学医学雑誌 12：13-29, 1960
島津　憲司	自律中枢の電気刺激の視床下部の神経分泌に及ぼす影響について	昭和35年3月31日	大阪大学医学雑誌 12(2)：765-769, 1960
谷口　和寛	カテコールアミンの輸送機作に関する研究（Ⅰ）（Ⅱ）	昭和36年3月23日	生化学 33：1-12, 1961
日高　靖彦	光駆動脳波に及ぼす覚醒刺激の影響（Ⅰ）（Ⅱ）	昭和36年3月23日	大阪大学医学雑誌 13：12-28, 1961
正田　研一	頸動脈圧迫による脳波変化の研究	昭和36年3月28日	
菱川　泰夫	ナルコレプシーの脳波学的研究	昭和37年3月6日	大阪大学医学雑誌 14：53-66, 1962
大海　作夫	めまいの心身医学的研究	昭和38年2月26日	大阪大学医学雑誌 15：1-22, 1963
西村　健	抗てんかん剤としての炭酸脱水素酵素阻害剤に関する研究	昭和38年2月26日	精神神経学雑誌 65：423-432, 1963
亀田　英明	間歇的閃光刺激反復による光駆動脳波の変化	昭和38年3月25日	大阪大学医学雑誌 15：83-93, 1963
志水　彰	モノアミン酸化酵素阻害剤の作用に関する脳波学的研究	昭和38年3月25日	大阪大学医学雑誌 15：53-63, 1963
中嶋　照夫	β-フェニールエチルアミンの生化学的研究	昭和38年3月25日	生化学 35：121-127, 215-218, 1963
西沼　啓次	抗うつ剤としてのモノアミン酸化酵素阻害	昭和38年3月25日	精神神経学雑誌 65：614-619, 1963
井田英乃夫	側頭葉異常脳波賦活に関する研究	昭和39年3月25日	大阪大学医学雑誌 16：157-178, 1964
宮崎　淨	光駆動脳波の研究	昭和39年3月25日	大阪大学医学雑誌 16：141-156, 1964
清水　將之	離人症の疾病学的研究	昭和40年3月26日	精神神経学雑誌 67：1125-1141, 1965
松本　和雄	書字，指示テストのH反射に対する影響	昭和40年3月26日	大阪大学医学雑誌 17：41-48, 1965
清水　宏俊	動物組織内のポリアミン	昭和41年3月28日	生化学 36：279-283, 330-334, 1964
田伏　薫	睡眠覚醒に伴う大脳皮質（ネコ）のDC電位の変動について	昭和41年3月28日	大阪大学医学雑誌 18：1-6, 1966

氏名	学位論文題目	学位授与日付	公表雑誌名
坂本　昭三	離人神経症者の内面史的研究	昭和41年3月28日	大阪大学医学雑誌 18：221-235, 1966
中井　健二	フェニールケトン尿症（heterozygous carrier）のペンテトラゾール閾値について	昭和41年4月25日	大阪大学医学雑誌 17：567-573, 1965
上山　満三	小児脳波における特殊波形の臨床的意義に関する研究	昭和41年5月20日	大阪大学医学雑誌 18：265-279, 1966
金澤　彰	γ-グルタルペプチドの研究	昭和42年3月28日	生化学 38：62-66, 346-352, 1966
角辻　豊	顔の表情の筋電図学的研究	昭和42年3月28日	精神神経学雑誌 69；1101-1119, 1967
山田　悦秀	睡眠中における単シナプス性脊髄反射（H反射）の抑制機構に関する研究	昭和42年4月28日	精神神経学雑誌 69：668-681, 1967
大野　周子	シナリオ・テストの研究	昭和43年1月27日	大阪大学医学雑誌 19：553-571, 1968
南野　壽重	ナルコレプシーの病態生理学的研究	昭和43年3月28日	大阪大学医学雑誌 20：49-56, 1968
宮本　英七	N-アセチル-α-アスパラチル-グルタミン酸の研究	昭和43年3月28日	生化学 39：18-22, 351-355, 1967
山本　順治	光原性てんかんの誘発に関する電気生理学的研究	昭和43年5月8日	精神神経学雑誌 70：669-688, 1968
乾　正	炭酸脱水素酵素阻害剤の抗てんかん作用に関する研究	昭和44年2月4日	精神神経学雑誌 71：114-127, 1969
矢内　純吉	人尿中のβ-アミノイソ酪酸に関する遺伝学的研究	昭和44年2月4日	大阪大学医学雑誌 20：289-229, 1968
公文　明	脳のNα（γ-アミノブチリル）リシンの分離とその水解酵素	昭和44年3月28日	生化学 41：256-263, 1969
立花　光雄	睡眠中の高次神経活動に関する研究	昭和44年3月28日	大阪大学医学雑誌 21：71-78, 1969
濱崎　和子	児童の情緒問題に関する追跡的研究	昭和45年7月20日	精神神経学雑誌 72：484-504, 1970
林　正延	精神分裂病家族のコミュニケーション	昭和45年12月15日	精神神経学雑誌 72：618-635, 1970
赤沢　重則	グルコシルガラクトシル-δ-オキシリシン，ガラクトシル-δ-オキシリシン，NΣ-モノメチルリシン，NΣ,NΣ-ヂメチルリシン，NΣ,NΣ,NΣ-トリメチルリシン，NG,NG-ヂメチルアルギニン，およびNG,NG-ヂメチルアルギニンのヒト尿からの単離と同定	昭和46年4月30日	大阪大学医学雑誌 22：455-467, 1971
大溝　春雄	超音波血流検査法の基礎的研究ならびに方法論の発展	昭和46年4月30日	大阪大学医学雑誌 22：581-596, 1970
辻尾　武彦	β-アミノイソ酪酸尿中排泄に関する研究	昭和46年6月25日	大阪大学医学雑誌 23：35-39, 41-44, 1971
古荘　和郎	精神分裂者の両親の人格特徴—ロールシャッハテストによる自我構造論的検討—	昭和52年10月12日	大阪大学医学雑誌 26：283-297, 1974
井上　修	老年用知能テストに関する研究—阪大式老年者用知能テスト	昭和50年1月30日	大阪大学医学雑誌 26：375-394, 1974

氏名	学位論文題目	学位授与日付	公表雑誌名
古屋　穎児	周期性呼吸を伴う傾眠症に関する病態生理学的研究	昭和51年6月30日	精神神経学雑誌 77：891-914，1975
田中　迪生	分裂病者の精神生理学的研究—TV・映画による情動誘発時の反応	昭和51年10月12日	大阪大学医学雑誌 28：205-216，1976
藤木　明	睡眠中のBabinski反射—健康成人，中枢神経系障害および健康乳幼児について—	昭和51年10月12日	大阪大学医学雑誌 28：217-226，1976
高橋　尚武	睡眠時記憶の脳波学的研究	昭和51年12月23日	大阪大学医学雑誌 28：237-246，1976
若松　晴彦	ナルコレプシーの病態生理学的研究—睡眠量，睡眠周期および作業中の覚醒水準の検討—	昭和52年3月18日	大阪大学医学雑誌 29：197-212，1977
鯉田　秀紀	ナルコレプシーに関する精神生理学的研究—睡眠麻痺および入眠時幻覚の出現条件—	昭和52年10月3日	大阪大学医学雑誌 29：605-621，1977
辻本　太郎	心理テストによる大学生の精神的不健康予知	昭和53年2月22日	大阪大学医学雑誌 30：179-200，1978
夏目　誠	催眠感受性の研究	昭和53年2月22日	大阪大学医学雑誌 30：137-159，1978
稲岡　長	超音波ドプラ法による脳血管障害の局所診断	昭和53年2月22日	大阪大学医学雑誌 30：223-239，1978
関山　正彦	超音波ドプラ法の周波数—強度分析による脳血管障害の診断	昭和53年2月22日	大阪大学医学雑誌 30：211-221，1978
奥田　純一郎	加齢および脳血管障害における内頚・椎骨動脈流速脈波パターンの解析—超音波ドプラ法による	昭和53年3月18日	大阪大学医学雑誌 30：367-384，1978
田中　克往	アルコール性精神病における終夜睡眠ポリグラフ的研究	昭和53年3月18日	大阪大学医学雑誌 30：287-309，1978
甲斐沼　正	本態性低血圧症の心身医学的研究	昭和53年3月18日	大阪大学医学雑誌 30：407-420，1978
播口　之朗	人脳の老化に関する生化学的研究—とくに痴呆患者および老人の脳水溶性蛋白の変化について	昭和53年3月18日	大阪大学医学雑誌 30：407-420，1978
小林　良成	強迫神経症者の家族力動に関する研究	昭和53年3月18日	大阪大学医学雑誌 30：473-487，1978

西村健教授時代　54名+7名

氏名	学位論文題目	学位授与日付	公表雑誌名
高橋　京子	神経筋肉系心身症の研究—心因性手指震戦症を中心として—	昭和53年12月5日	精神神経学雑誌 75：219-237, 1973
北村　陽英	思春期危機の継時的研究	昭和53年12月20日	精神神経学雑誌 81：1-20, 1979
井上　良一	筋萎縮における筋蛋白の構造成分の変化	昭和55年11月6日	臨床神経学 21：213-217, 1981
井上　健	言語による大脳半球間の脳波変化の主方向	昭和56年12月25日	Electroencephalography and Clinical Neurophysiology 51：265-275, 1981
尾崎　哲	神経芽細胞腫由来の細胞（N-18）におけるヒスタミン代謝とヒスタミンのポリアミン代謝に及ぼす影響に関する研究	昭和58年3月3日	大阪大学医学雑誌 34：381-389, 1984
武田　雅俊	神経原線維変化の形成機序に関する実験的研究	昭和58年3月25日	大阪大学医学雑誌 34：145-161, 1984
多田　国利	神経原線維変化の構成蛋白に関する研究	昭和58年5月11日	大阪大学医学雑誌 40：415-428, 1988
矢ケ崎明美	後頭部律動性徐波について	昭和58年6月29日	精神神経学雑誌 84：897-907, 1982
檜山　寛市	過剰睡眠を伴ううつ病患者の睡眠—24時間ポリグラフイ的研究—	昭和58年12月1日	精神神経学雑誌 84：908-916, 1982
飯島壽佐美	周期性傾眠症の神経生理学的検討	昭和59年5月29日	大阪大学医学雑誌 36：181-192, 1985
金田　平夫	内頚動脈閉塞性疾患における眼動脈側副血行に関する研究—超音波ドプラ血流検査による—	昭和59年5月29日	大阪大学医学雑誌 36：215-236, 1985
堀川　諭	精神分裂病患者の視覚性認知機能	昭和60年3月25日	大阪大学医学雑誌 37：107-121, 1985
渡邉　純	自閉症児養育形態の自閉性障害児発達過程に及ぼす治療効果に関する検討	昭和60年3月25日	大阪大学医学雑誌 37：81-96, 1985
吉田　功	精神分裂病者の追跡眼球運動—側脳室拡大との関係—	昭和60年8月2日	大阪大学医学雑誌 37：415-432, 1986
青山　昌彦	精神分裂病患者の視覚認知機能に関する研究	昭和61年3月25日	大阪大学医学雑誌 38：1-13, 1986
頼藤　和寛	神経症の非症状特性による類型化	昭和61年8月5日	大阪大学医学雑誌 38：255-270, 1986
田邉　敬貴	Auditory extinction to nonverbal and verbal stimuli（非言語および言語刺激における聴覚性消去現象（auditory extinction））	昭和61年8月15日 主査　白石純三教授	Acta Neurologica Scandinavica 73：173-179, 1986
加藤　佳也	B細胞刺激因子 B151-TRF2 による多クローン性B細胞分化誘導に於ける糖鎖の役割	昭和62年3月26日	Journal of Immunology 137：2871-2877, 1986
山下　正	虚血に伴う脳蛋白質の変化	昭和62年3月26日	大阪大学医学雑誌 39：275-282, 1987

氏名	学位論文題目	学位授与日付	公表雑誌名
Ramón Cacabelos	脳内ヒスタミンの神経内分泌機構における役割：ヒスタミン神経系におけるコルチコトロピン作動系およびバソプレシン作動系の調節	昭和62年3月26日	Neuroendocrinology 45：368-375, 1987 Endocrinology 12：1269-1276, 1988
河﨑　建人	笑いの表情の精神生理学的研究—笑誘発刺激およびインタビューに対する精神分裂病者の反応—	平成1年3月2日	精神神経学雑誌91：152-169, 1989
鈴木　英夫	実験的神経原線維変化を生じた家兎脳およびアルツハイマー病脳におけるライソゾーム蛋白分解酵素に関する研究	平成1年3月24日	Neuroscience Letters 89：234-239, 1988
小林　敏子	バウムテストにみる加齢の研究—生理的加齢とアルツハイマー型痴呆にみられる樹木画の変化の検討—	平成2年2月2日	精神神経学雑誌92：22-58, 1990
吉田　連	CCU psychosis の臨床的・病態生理学的研究	平成2年2月2日	大阪大学医学雑誌42：131-151, 1990
坂元　秀実	光駆動反応形成の保持に関する研究	平成2年3月24日	大阪大学医学雑誌42：231-240, 1990
伊藤　皇一	Tactile extinction to simple（elementary）and complex stimuli（要素的および複雑刺激における触覚性消去現象）	平成2年3月24日 主査　白石純三	Acta Neurologica Scandinavica 80：68-77, 1989
中村　和子	アルツハイマー病患病末梢リンパ球のグリア線維酸性蛋白刺激下における免疫グロブリン産生能についての検討	平成3年3月26日	老年精神医学雑誌2：665-674, 1991
中村　祐	Assembly, Disassembly, and Exchange of Glial Fibrillary Acidic Protein（インビトロにおけるグリア線維酸性蛋白の動態）	平成3年3月25日	Glia 4：101-110, 1991
工藤　喬	Learning impairment and microtuble-associated protein-2 decrease in gerbils under chronic cerebral hypoperfusion（慢性脳血流低下モデル動物における行動・組織・細胞骨格蛋白の変化）	平成3年3月25日 主査　白石純三教授	Stroke 21：1205-1209, 1990
岡部登志男	クロマフィン細胞からのカテコラミン分泌におけるカルモデュリンおよびCキナーゼの役割と破傷風毒素による分泌阻害効果—ジギトニン処理細胞を用いた研究	平成3年8月8日	大阪大学医学雑誌43：555-562, 1991
東　均	Influence of intensity of illumination during the light period on diurnal variations of pineal indoles in rats and mice（松果体インドール化合物の日内変動に対する明期光強度の影響）	平成3年8月8日	Neuroscience Letters 119：15-18, 1990
数井　誠司	Left unilateral ideomotor apraxia in ischemic stroke within the territory of the anterior cerebral artery（前大脳動脈領域梗塞における左手の一側性観念運動失行に関する研究）	平成4年2月4日	Cerebrovascular Disease 2：35-39, 1992

氏名	学位論文題目	学位授与日付	公表雑誌名
広利　吉治	自閉性障害幼児における愛着行動の形成についての縦断的研究―H式障害幼児評定尺度「HRSH」による―	平成4年2月4日	大阪大学医学雑誌 43：555-562, 1991
八木　昭彦	抗精神病薬惹起カタレプシーにおける脳内ヒスタミンの役割	平成4年3月16日	大阪大学医学雑誌 44：17-24, 1992
森田　仁	脳虚血に伴うGTP結合蛋白質の変化	平成4年3月25日	大阪大学医学雑誌 44：183-193, 1992
山下　仰	精神分裂病患者の時間知覚	平成4年3月25日	大阪大学医学雑誌 44：221-230, 1992
新川　久義	乳頭体破壊ラットの行動内分泌学的研究（前脳基底部破壊ラットとの比較）	平成4年5月12日	大阪大学医学雑誌 43：729-741, 1992
宮本　歩	A型ウェルシュ菌エンテロトキシンの神経筋伝達に対する作用	平成4年9月17日	大阪大学医学雑誌 44：403-414, 1992
池田　学	MR-based quantitative assessment of the hippocampal region in very mild to moderate Alzheimer's disease（初期から中期のAlzheimer病における海馬領域の，MRIを用いた量的検討）	平成5年3月25日	Neuroradiology 36：7-10, 1994
猪山　昭徳	てんかん性異常波出現直前における脳波の部位間の関連	平成5年3月25日	大阪大学医学雑誌 45：199-205, 1993
田中　稔久	Phosphorylated neurofilament accumulation in neuronal perikarya by cyclosporin A injection in rat brain.（ラット脳内サイクロスポリンA注入による神経細胞体内リン酸化ニューロフィラメント蓄積について）	平成5年3月25日	Methods and Findings in Experimental and Clinical Pharmacology 15：77-87, 1993
池尻　義隆	半側空間無視患者における触覚性課題の検討	平成5年3月25日 主査　白石純三教授	大阪大学医学雑誌 44：5-88, 1992
山本　忍	高次精神活動によって誘発される反射てんかんの病態生理について	平成5年3月25日 主査　白石純三教授	大阪大学医学雑誌 44：89-107, 1992
近藤　秀樹	ベンダー・ゲシュタルトテストの老年者知的機能検査用採点法の作成	平成5年6月25日	大阪大学医学雑誌 45：59-63, 1993
服部　英幸	Cumulative white matter changes in the gerbil brain under chronic cerebral hypoperfusion（慢性低灌流状態下にあるジャービル大脳白質の累積的変化）	平成5年7月1日	Acta Neuropathology (Berl) 84：473-442, 1992
楢林　義孝	家族性アルツハイマー病線維芽細胞における細胞周期依存性カルシウム動態異常	平成6年3月25日	老年精神医学雑誌 5：843-851, 1994
谷向　知	アルツハイマー病患者血液バッフィコート接種により惹起されるハムスター脳内病変	平成6年3月25日	大阪大学医学雑誌 46：303-315, 1994
中川　賀嗣	補完現象と言葉の意味記憶	平成6年3月25日 主査　白石純三教授	大阪大学医学雑誌 45：321-327, 1993
志水　隆志	精神分裂病患者の表情認知―表情比較課題の眼球運動―	平成6年3月25日 主査　白石純三教授	大阪大学医学雑誌 45：287-300, 1993

氏名	学位論文題目	学位授与日付	公表雑誌名
江川　功	透析患者にみられる睡眠障害の特徴—特に Restless legs syndrome（RLS）と Periodic movements in sleep（PMS）について—	平成7年1月11日	大阪大学医学雑誌46：409-422, 1994
大河内正康	アルツハイマー病脳におけるアミロイド前駆体蛋白C末端部分エピトープの異常蓄積について	平成7年2月7日	老年精神医学雑誌6：877-889, 1995
車谷　隆宏	慢性脳血流低下モデル動物における白質病変の形成機序について	平成7年2月7日	老年精神医学雑誌6：727-735, 1995
本　義彰	若年ミオクロニーてんかんの治療経過の研究—高次精神活動に対し反射性を有する群と有しない群との比較—	平成7年4月6日	大阪大学医学雑誌47：205-218, 1995
東　司	空笑の精神生理学的研究—大頬骨筋筋放電の長時間記録による—	平成7年4月6日	大阪大学医学雑誌47：1-9, 1995
阪本　栄	うつ病者の笑いの精神生理学的研究—笑いの際のポリグラフィーおよび表情筋積分筋電図—	平成7年4月6日	大阪大学医学雑誌47：21-32, 1995
藤本　修	軽度の初老期，老年期痴呆の体性感覚誘発電位（SER）と事象関連電位（P300）の関連について	平成7年4月6日	大阪大学医学雑誌47：147-160, 1995
後藤　守	難治性てんかんの脳梁切断例に関する電気生理学的検討	平成7年4月6日	大阪大学医学雑誌47：119-136, 1995
越智　直哉	痴呆患者における原始反射，MRI, SPECT, ADLおよび知的障害の相互関係	平成7年4月6日	大阪大学医学雑誌47：227-246, 1995
杉田　義郎	REM睡眠行動障害の病態生理学的研究	平成7年4月6日	大阪大学医学雑誌47：265-282, 1995
松永　秀典	Elevated serum LH and androgens in affective disorder related to the menstrual cycle：with reference to polycystic ovary syndrome.（月経周期と関連する感情病における血清LHおよびアンドロゲンの高値：多のう胞卵巣症候群との関連）	平成7年4月6日	Japanese Journal of Psychiatry and Neurology 47(4)：825-842, 1993
吉見　建二	An immunohistochemical study of MAP2 and clathrin gerbil hippocampus after cerebral ischemia（脳虚血後のスナネズミ海馬におけるMAP2およびクラスリンの免疫組織化学的検討）	平成7年4月6日	Brain Res 560：149-158, 1991

武田雅俊教授時代　59名

氏名	学位論文題目	学位授与日付	公表雑誌名
金山　巌	The Effect of Repetitive Mild Brain Injury to the Cytoskeletal Protein and Behavior.（軽微な頭部衝撃の繰り返しにより惹起される脳内細胞骨格蛋白変化と行動異常）	平成8年2月23日	Methods and Findings in Experimental and Clinical Pharmacology 18：105-115, 1996

氏名	学位論文題目	学位授与日付	公表雑誌名
関山　敦生	アルミニウム中毒ウサギ脳におけるニューロフィラメント蛋白動態の経時的変化	平成8年2月23日	老年精神医学雑誌7：671-682, 1996
以倉　康充	アルツハイマー病におけるタウ蛋白リン酸化部位の異なるリン酸化レベル	平成9年1月31日	老年精神医学雑誌8(3)：301-307, 1997
谷口　典男	悪性症候群促進因子の解析	平成9年3月28日	大阪大学医学雑誌49：67-79, 1997
宮前　康之	Altered Adhesion Efficiency and Fibronectin Content in Fibroblasts from Schizophrenic Patients（精神分裂病患者線維芽細胞における接着効率およびファイブロネクチン量の変化）	平成10年1月30日	Psychiatry and Clinical Neurosciences 52(3)：345-352, 1998
和田　裕子	道具の使用動作実現に関わる体性感覚情報の意義―観念運動失行例での検討―	平成10年1月30日	大阪大学医学雑誌50：213-218, 1998
篠崎　和弘	言語，音楽課題によるα波の伝播の局在性変化	平成10年4月2日	大阪大学医学雑誌49：283-291, 1997
井上　洋一	Anorexia Nervosa の臨床精神病理学的研究―発達論的視点による類型化の試み―	平成10年5月7日	大阪大学医学雑誌50：1-20, 1998
梅田　千佳子	The continious and simultaneous blood flow velocity measurement of four cerebral vessels and a peripheral vessel during cigarette smoking（喫煙時における頸部4本の脳動脈と1本の末梢動脈の血流速度同時連続計測）	平成10年9月9日	Psychophamacology 131：220-229, 1997
石井　良平	Medial Prefontal Cortex Generates Frontal Midline Theta Rhythm（前頭前野内側部は前頭正中部シータ律動 Frontal Midline Theta Rhythm（Fmθ）を発生する	平成11年1月29日	NeuroReport 10：675-679, 1999
森原　剛史	IPP isomerase, an enzyme of mevalonate pathway, is preferentially expressed in postnatal cortical neurons and induced after nerve transection（IPP isomerase は生後大脳皮質の神経細胞に高発現し，また神経切断後に誘導される）	平成11年1月29日	Mollecular Brain Research 67：231-238, 1999
谷向　仁	Alzheimer-associated presenilin-1 gene is induced in gerbil hippocampus after transient ischemia（砂ねずみ海馬における一過性脳虚血後のアルツハイマー病関連遺伝子プレセニリン-1 の誘導について）	平成11年12月2日	Mollecular Brain Research 54：212-218, 1998
中野　有香	Accumulation of murine amyloidβ42 in a gene-dosage-dependent manner in PS1 'Knock-in' mice（変異プレセニリン1遺伝子ノックインマウスにおける変異アレル数に比例したアミロイドβ42 蛋白の上昇）	平成12年1月13日	European Journal of Neuroscience 11：2577-2581, 1999
橋本　亮太	NF-L phosphorylation by Rho-kinase（ニューロフィラメント-L の Rho キナーゼによるリン酸化）	平成12年1月28日	Biochemical and Biophysical Research Communications 245：407-411, 1998

氏名	学位論文題目	学位授与日付	公表雑誌名
田上　真次	A novel protein, RTN-x_s, interacts with both Bcl-xL and Bcl-2 on endoplasmic reticulum and reduces their anti-apoptotic activity（Bcl-xLおよびBcl-2小胞体（ER）上で相互作用し，それらの抗アポトーシス活性を抑制する新規蛋白質 RTN-x_s）	平成13年1月26日	Oncogene 19：5736-5746, 2000
森　　裕	Expression of mouse IGF2 mRNA-binding protein 3 and its implications for the developing central nervous system（新規RNA結合蛋白質 mIMP3 の中枢神経系発生過程における発現解析）	平成13年1月26日	Journal of Neuroscience Research 64：132-143, 2001
柏木　哲夫	がんで近親者を失った遺族の精神健康と二次的ストレッサー	平成13年6月14日	臨床精神医学 29：1267-1275, 2000
水田　一郎	Psychological characteristics of eating disorders as evidenced by the combined administration of questionnaires and two projective methods—the Tree Drawing Test (Baum Test) and the Sentence Completion Test (SCT)（質問紙と投映法検査（バウム・テスト，SCT）による摂食障害の心理学的特徴の検討）	平成13年10月16日	Psychiatry and Clinical Neurosciences 56：41-54, 2002
西川　　隆	Conflict of intentions due to callosal disconnection（脳梁離断による意図の抗争）	平成13年11月7日	Journal of Neurology, Neurosugery and Psychiatry 71：462-471, 2001
原田　和佳	Auditory event-related potentials（P300）and regional cerebral blood flow in elderly depressed patients（初老期・老年期発症のうつ病における聴性事象関連電位（P300）および局所脳血流について）	平成14年1月8日	Psychogeriatrics 1：287-294, 2001
安田　由華	FAD-linked presenilin-1 mutants impede translation regulation under ER stress（家族性アルツハイマー病に関連するプレセニリン1変異の小胞体ストレス下でのタンパク制御阻害について）	平成15年1月9日	Biochemical and Biophysical Research Communications 296：313-318, 2002
松本　均彦	Involvement of Rho-associated kinase in neurite spronting and amyloid beta production, outgrowth and differntiation of rat cortical neurons cultured in insulin-free medium（インスリン除去培養液下でのラット大脳皮質初代培養神経細胞における Rho-associated kinase の神経突起形成及びアミロイドベータへの関与）	平成15年1月24日	Psychogeriatrics 3：21-28
鵜飼　　聡	Parallel distributed processing neuroimaging in the Stroop task using spatially filtered magnetoencephalography analysis（脳磁図の空間フィルタ解析によるストループ課題時の脳内並列分散処理の脳機能画像化）	平成15年9月18日	Neuroscience Letters 334：9-12, 2002

氏名	学位論文題目	学位授与日付	公表雑誌名
田口　智己	Neurophysiological evaluation of late paraphrenia: comparison with chronic schizophrenia and dementia of the Alzheimer type（晩発性パラフレニーの神経生理学的検討：統合失調症，アルツハイマー型痴呆と比較して）	平成15年10月7日	Psychogeriatrics 3：29-38, 2003
熊ノ郷卓之	Three components of obstructive sleep apnea/hypopnea syndrome（閉塞性睡眠時無呼吸低呼吸症候群の3要素）	平成16年1月23日	Psychiatry and Clinical Neurosciences 57：197-203, 2003
貴田　智之	C677T polymorphism of methylenetetrahydrofolate reductase（MTHFR）gene affects plasma homocysteine level and is a genetic factor of late-onset Alzheimer's disease（メチレンテトラヒドロ葉酸還元酵素のC677T多型は血漿ホモシステイン濃度に影響し，高齢発症型アルツハイマー病の遺伝因子である。）	平成16年1月23日	Psychogeriatrics 4：4-10, 2004
寺島喜代治	Sleep characteristics of menopausal insomnia: a polysomnographic study（閉経期不眠症の睡眠特性：終夜睡眠ポリグラフによる研究）	平成16年2月9日	Psychiatry and Clinical Neurosciences 58：179-185, 2004
山森　英長	Amyloid β downregulates XIAP expression in human SH-SY5Y neuroblastoma cells（アミロイドβ蛋白の培養神経細胞におけるアポトーシス阻害蛋白発現への影響）	平成16年3月25日	NeuroReport 15：851-854, 2004
Talant Keneshovich Doronbekov	Neural basis of fear conditioning induce by video-clip: a PET study（動画による恐怖の条件付けの神経基盤：PET研究）	平成17年1月4日	Psychiatry and Clinical Neurosciences 59：155-162, 2005
高橋　秀俊	Spatial working memory deficit correlates with disorganization symptoms and social functioning in schizophrenia（統合失調症の視空間作業記憶と精神症状および社会機能との関連）	平成17年2月3日	Psychiatry and Clinical Neurosciences 59：453-460, 2005
渡邊　章	The prediction of first episode of panic attack among white-collar workers（ホワイトカラーにおける初回パニック発作エピソードの予測）	平成17年2月3日	Psychiatry and Clinical Neurosciences 59：119-126, 2005
花谷　隆志	Event-related potentials in panic disorder and generalized anxiety disorder.（パニック障害と全般性不安障害の事象関連電位）	平成17年2月14日	Psychiatry and Clinical Neurosciences 59：83-88, 2005
村田　紀子	Association between cognitive impairment and gait disturbance in patients with idiopathic normal pressure hydrocephalus（特発性正常圧水頭症における認知機能障害と歩行障害の関係）	平成17年4月1日	Dementia and Geriatric Cognitive Disorders 20：71-76, 2005

氏名	学位論文題目	学位授与日付	公表雑誌名
川口 俊介	Information processing flow and neural activations in the dorsolateral prefrontal cortex in the Stroop task in schizophrenic patients（ストループ課題遂行時における統合失調症患者脳内情報処理の流れと背外側前頭前野の活動）	平成17年8月9日	Neuropsychobiology 51：191-203, 2005
金山 大祐	Aβ induces endoplasmic reticulum stress causing possible proteasome impairment via the ER associated degradation pathway.（Aβ が ER ストレスを誘導し，ER 関連蛋白分解を介してプロテアソーム障害を惹き起こす）	平成18年1月20日	Psychogeriatrics 6(3)：100-106, 2006
中鉢 貴行	Discrepancy of performance among working memory related tasks in autism spectrum disorders was caused by task characteristics except working memory which could interfere with task execution.（自閉症スペクトラム障害における作業記憶関連課題間での成績の乖離は，作業記憶以外の課題特性が課題の遂行を妨げることに起因する。）	平成18年1月20日	Psychiatry and Clinical Neurosciences 60(3)：312-318, 2006
福森 亮雄	Inhibition of endocytosis activates alternative pathway of βAPP in cultured cells.（培養細胞においてエンドサイトーシスの抑制は βAPP の別の分解経路を活性化する）	平成18年1月20日	Psychogeriatrics 6(3)：107-113, 2006
八田 直己	Neural substrates of emotional habituation：a PET study using film stimuli（情動の馴化に関する神経基盤，動画を用いた PET 研究）	平成18年7月13日	Psychiatry and Clinical Neurosciences 60 Supplement 1：40-45, 2006
正木 慶大	Neural substrates of emotionally valenced episodic memory：a PET study using film stimuli（情動を伴うエピソード記憶の神経基盤に関して動画を用いた PET 研究）	平成18年7月13日	Psychiatry and Clinical Neurosciences 60 Supplement 1：46-51, 2006
福永 知子	Neuropsychological test for the detection of dementia in elderly individuals：the Nishimura Dementia Test（高齢者の認知症判別のための心理テスト：西村式認知機能検査）	平成18年10月13日	Pschogeriatrics 6(4)：159-167, 2006
山本 雅清	Spatially filtered magnetoencephalographic analysis of cortical oscillatory changes in basic brain rhythms during the Japanese 'Shiritori' word generation task（しりとり語彙想起課題中の脳皮質リズムの変化—脳磁図空間フィルタ解析）	平成19年6月28日	Neuropsychobiology 53：215-222, 2006

氏名	学位論文題目	学位授与日付	公表雑誌名
吾妻　壯	Monoamine oxidase A knockout mice exhibit impaired nicotine preference but normal responses to novel stimuli（モノアミン酸化酵素 A ノックアウトマウスはニコチン嗜好の障害を示すが，新奇刺激に対する反応は正常である）	平成 19 年 12 月 20 日	Human Molecular Genetics 15：2721-2731, 2006
鎌形英一郎	Decrease of dynamin 2 levels in late-onset Alzheimer's disease alters Aβ metabolism（晩年発症型アルツハイマー病における Dynamin 2 の低下が Aβ の代謝を変化させる）	平成 21 年 2 月 20 日	Biochemical and Biopsysical Research Communications 379（3）：691-695, 2009
栗本　龍	Event-related synchronization of alpha activity in early Alzheimer's disease and mild cognitive impairment：An MEG study combining beamformer and group comparison（早期アルツハイマー病と軽度認知障害における，開閉眼に伴うアルファ帯域の脳磁場活動の変化）	平成 21 年 2 月 20 日	Neuroscience Letters 4 43：86-89, 2008
池澤　浩二	Impaired regional hemodynamic response in schizophrenia during multiple prefrontal activation tasks：A two-channel near-infrared spectroscopy study（近赤外線スペクトロスコピーを用いた統合失調症患者における前頭葉機能障害と局所脳血液量変化の検討）	平成 22 年 1 月 25 日	Schizophrenia Research 108：93-103, 2009
木藤友実子	Neuropsychiatric symptoms in patients with idiopathic normal pressure hydrocephalus（特発性正常圧水頭症患者における精神行動障害）	平成 22 年 1 月 25 日	Behavioural Neurology 21：165-174, 2009
疇地　道代	Discriminant analysis in schizophrenia and healthy subjects using prefrontal activation during frontal lobe tasks：A near-infrared spectroscopy（統合失調症患者と健常対象者の前頭葉課題と NIRS を用いた判別分析）	平成 22 年 2 月 19 日	Schizophrenia Research 117（1）：52-60, 2009
Leonides Canuet Delis	Working memory abnormalities in chronic interictal epileptic psychosis and schizophrenia revealed by magnetoencephalography（慢性発作間歇期てんかん精神病と統合失調症における脳磁図を用いた作業記憶異常に関する検討）	平成 22 年 2 月 19 日	Epilepsy and Behavior 17：109-119, 2010
森　康治	The production ratios of AICDε51 and Aβ42 by intramembrane proteolysis of βAPP do not always change in parallel.（βAPP の膜内蛋白分解による AICDε51 と Aβ42 の産生比率は常に並行して変化するとは限らない）	平成 22 年 2 月 19 日	Psychogeriatrics 10（3）：117-123, 2010

氏名	学位論文題目	学位授与日付	公表雑誌名
髙屋　雅彦	Global cerebral hypoperfusion in preclinical stage of idiopathic normal pressure hydrocephalus（「超早期」特発性正常圧水頭症における, 全脳的な血流低下に関して）	平成23年1月24日	Journal of the Neurological Sciences 298：35-41, 2010
林　紀行	KIBRA genetic polymorphism influence episodic memory in Aizheimer's disease, but does not show association with disease in a Japanese cohort（アルツハイマー病の日本人においてKIBRA遺伝子の遺伝子多型はエピソード記憶に影響を及ぼすが, 病気の有病率には関連を示さない）	平成23年1月24日	Dementia and Geriatric Cognitive Disorders 30：302-308, 2010
大井　一高	The chitinase 3-like 1 gene and schizophrenia：Evidence from a multi-center case-control study and meta-analysis（Chitinase 3-like 1 遺伝子と統合失調症：多施設共同ケース・コントロール研究及びメタ解析からのエビデンス）	平成23年2月21日	Schizophrenia Research 116：126-132, 2010
加藤希世子	Protein kinase C stabilizes X-linked inhibitor of apoptosis protein（XIAP）through phosphorylation at Ser87 to suppress apoptotic cell death（プロテインキナーゼCはアポトーシス阻害蛋白（XIAP）のSer87のリン酸化により細胞死抑制を促進する）	平成23年2月21日	Psychogeriatrics 11（2）：90-97, 2011
補永　栄子	Post-movement beta rebound abnormality as indicator of mirror neuron system dysfunction in autistic spectrum disorder：An MEG study（自閉症スペクトラム患者におけるミラー・ニューロンシステム障害と関連した運動後β帯域活動）	平成23年7月28日	Neuroscience Letters 478：141-145, 2010
三上　章良	Sleep debt must be paid off：relationship between sleep loss and mental health among Japanese workers（睡眠負債は返済しなければならない：日本の労働者における睡眠不全と精神健康との関連性）	平成24年12月19日	The Open Sleep Journal 5：25-32, 2012
和田　民樹	Reversibility of brain morphology after shunt operations and preoperative clinical symptoms in patients with idiopathic normal pressure hydrocephalus（特発性正常圧水頭症患者におけるシャント術後の脳形態の可逆性と術前臨床症状）	平成25年2月21日	Psychogeriatrics 13（1）：41-48, 2013
阪上由香子	Involvement of endoplasmic reticulum stress in tauopathy.（タウオパチーにおける小胞体ストレスの関与について）	平成25年2月21日	Biomedical and Biophysical Research Communications 430：500-504, 2013

氏名	学位論文題目	学位授与日付	公表雑誌名
山本 大介	Association between milder brain deformation before a shunt operation and improvement in cognition and gait in idiopathic normal pressure hydrocephalus（水頭症患者における脳変形と術後における臨床徴候の改善との関連）	平成25年2月21日	Dementia and Geriatric Cognitive Disorders 35(3-4)：197-207, 2013
杉山 博通	Predictors of prolonged hospital stay for the treatment of severe neuropsychiatric symptoms in patients with dementia：a cohort study in multiple hospitals（精神行動障害を治療目的とした認知症患者の長期入院の要因の検討）	平成25年6月27日	International Psychogeriatrics 23：1-9, 2013

― Memory ―

和風会では，年間4回の講演会が開催されてきた。1997年7月の講演会には中安信夫先生の講演を拝聴した。中安信夫先生は，武田雅俊教授と東大教養部での同級生であり久しぶりの再会であったが，西村健教授とともに楽しい歓談の時を持つことができた。

和風会講演会　中安信夫東大助教授（当時），西村健教授，武田雅俊教授
教授室にて，1997年7月25日

8 大阪大学精神医学教室を中心にした精神医学歴史年表

　教室の百二十周年記念誌を編纂するに当たり，教室の活動を中心にした精神医学・医療年表を整理した．取り上げた事項は主として本誌の各項に記載された記事であるが，教室・和風会の出来事に関しては，昭和32年から刊行されてきた和風会誌第1号（昭和32年11月）から第56号（平成25年3月まで）と教室が刊行してきた歴代教授の退官記念集，追悼記念集，開講十周年記念集などによった．大阪大学関係の事項については，大阪帝国大学創立史（昭和10年5月25日発行），大阪大学二十五年誌（昭和31年11月1日発行），大阪大学医学部学友会五十年史（昭和52年8月20日発行），写真集大阪大学の五十年（1981年3月31日発行），大阪大学五十年史（1985年6月30日発行），大阪大学医学伝習百年史（平成22年4月1日）などによった．事項については，大阪大学精神医学教室とその関連施設，および，関西における出来事を年表の左側に，精神医学・精神医療を中心にした日本と世界の出来事を右側の欄に記載した．人の敬称はすべて省き，同門会員は氏名の後に入会年を付記した（M：明治，T：大正，S：昭和，H：平成）．月日が不明のものは年の最初に，月だけがわかる事項は月の初めに記載した．
　教室が刊行してきた出版物のリストを掲載しておく．

佐野勇教授追悼記念集（昭和53年3月31日発行），
堀見太郎教授記念集（昭和62年8月16日発行），
金子仁郎教授退官記念教室業績集（昭和53年3月30日発行），
西村健教授開講10周年記念業績集（1989年7月20日発行），
西村健教授退官記念教室業績集（1995年5月20日発行），
白石純三教授退官記念集（平成6年6月27日発行），
金子仁郎先生追悼記念集（平成10年9月発行），
大阪大学精神医学教室業績集1996-2005（平成18年11月発行）

名称	教授名	年	月日	大阪大学精神医学教室・関連施設と関西における出来事（各年の初めに1年間の教室・和風会の主要な事項，教室人事，新入会員，逝去会員，関連施設の人事を記載した）	日本と世界の主な出来事（精神医学・医療を中心に）（各年の初めに世界と日本の主な出来事をまとめて記載した．精神医学・医療に関する項目はわかる範囲で月日ごとに記載した）
		1072 延久4年		後三条天皇の第三王女圭子内親王の精神異常を霊告により京都岩倉の大霊寺の於閼伽井戸の水を服せしめて加療したことから，精神病者が集まるようになり集団治療が始まる．岩倉癲狂院，今の岩倉病院の前身であり，わが国最初の精神障碍者治療施設．ベルギーのゲール（Gheel Colony）と類似している	
		1599 慶長4年		本多左内が大阪府泉南郡熊取町七山の浄見寺境内に爽神堂を開基．家伝の秘薬・灸法・祈祷で精神病者を治療．今の七山病院の前身であり大阪府下における最古の精神科病院	
		1650 慶安3年			菊地氏が佐賀小城藩に回生堂を開業（今の回生病院の前身）
		1703 元禄16年			南部藩八戸の安藤昌益（1703-1762）が誕生．精神疾患を24の症に分類した

年	月日		事項
1713			貝原益軒「養生訓」を刊行
1722 享保7年	12.04		幕府が小川笙船などを医師として初の官立療養院としての小石川療養所を開設
1724 享保9年		大阪に懐徳堂開設（懐徳堂はいったん廃止され半世紀近く後に重建懐徳堂として再建された。大阪大学は直接の系譜とはしていないものの，適塾とともに大阪大学の精神的な系譜としている）	
1766 明和3年			メスメル（Franz Anton Mesmer）が「天体の影響」と題する論文を発表し，重力やそのほかの宇宙環境が人体機能に影響を及ぼすと主張
1775 安永4年			メスメルによる動物磁気の提唱
1792 寛政4年			フィリペ・ピネル サルペトリエル病院で精神病者の鉄鎖を解き放つ
1805 文化2年		紀伊の華岡青洲（1760-1835）麻酔剤としての通仙散を発見（シンプソンによるクロロホルム麻酔の発見より42年前）	
1808 文化5年			安芸国宮内竜口山神福寺において武田一逕 漢方により精神病者を治療。（明治33年に武田精神病院となり大正8年に廃院）
1817 文化14年			James Parkinson がパーキンソン病を報告
			杉田玄白「蘭学事始」を著す
1818 文政1年		大阪城代御殿医であった石丸周吾 豊中市熊野田に石丸癲狂院を開設。（明治33年石丸周二が石丸病院に改名，第二次大戦中に廃院）	
1819 文政2年			土田翼卿 最初の精神医学専門書となる「癲癇狂経験編」を著す
1824 文政7年			シーボルト 長崎に鳴滝塾を開設
1826 文政11年			越後国鵜森に鵜森狂疾院を設立。（後に永井精神病院となり1918年に廃院）
1838 天保9年	1	緒方洪庵 大阪瓦町に適塾を開設	Marshall Hall がパーキンソン病に対して振戦麻痺の病名を提唱
1841 天保12年			スコットランドの眼科医ブレイド（James Braid）はメスメルの磁気論を暗示によると指摘し，この現象を hypnotism とした
1843 天保14年			佐藤泰然 下総佐倉に日本初の私立病院順天堂を設立
1845 弘化2年		適塾が現在遺構が残る過書町（大阪市中央区北浜3丁目）に移転。ここに保管されている姓名録には637名の塾生の名前がある	インドの外科医エスディル（James Esdail）が催眠麻酔により多数の手術を行う
1846 弘化3年	11.03		奈良林一徳 葛飾郡小松川村に癲狂治療所を開設。（明治20年に小松川精神病院と改名，昭和14年に加命堂，脳病院と改名，昭和19年に廃院）
1849 嘉永2年		緒方洪庵 大阪道修町御霊筋（道修町4丁目）に除痘館を開設	
1861 文久1年	4.18	後に大阪医学校精神科初代教授となる大西鍛 三重県にて出生	
1863 文久3年	6	緒方洪庵 逝去	

	年	月日		
仮病院	1865 慶應1年		幕府の長州征伐による負傷兵を大阪の除痘館において治療	
	1867 慶應3年	2.13		明治天皇即位
		10.15		大政奉還と王政復古の大号令
	1868 明治1年		明治天皇 大阪行幸中に窮民救済を目的とした病院建設の御沙汰書を出す	
			京都府愛宕郡岩倉村に岩倉仮癲狂院設立	
大阪府医学校	1969 明治2年	2.25	上本町四丁目大福寺内に仮病院開設。除痘館から多くの医師が移りボードウィンを招聘し緒方惟準が院長に。大阪大学医学部　創設の日	
		5	大阪市に舎密局　開設	
		7	大阪府病院が鈴木町代官屋敷跡（東区久宝寺町）に竣工開院	
		11	大阪府医学校　開校し，ボードウィンを教師として迎える	
	1970 明治3年			岩佐純　肥前藩医相良知安と共に大学東校（後の東大医学部）を設立
		2	大阪府医学校・病院は大学の直轄となり，大阪医学校と称する	
		6	ボードウィン任期満了，後任としてエルメレンス就任	
大阪医学校	1871 明治4年		大阪府における梅毒検査施行施設として「楪毒院」が開設（今の大阪府立急性期医療センターの前身）	
			本多家第12代本多義憧　岸和田県より「狂病治療一科開業免許」を受ける（今の七山病院）	
			京都府愛宕南禅寺の京都府療養院に附属癲狂院設立	
	1872 明治5年	9.05	学制改革により大阪医学校と病院が廃止	学制公布，東校は第一大学区医学校となる
	1873 明治6年	2	官民の醵金により西本願寺掛所内に大阪府病院が竣工し，エルメレンスと大阪医学校の人たちにより診療がなされる	
		11.11		内務省の設置
	1874 明治7年	5.07		第一大学区医学校が東京医学校に改称
		8.18		医制76条が3府に通達される
	1875 明治8年	6.28		衛生行政が文部省から内務省の管轄へ
		7.25	京都府愛宕郡の府療病院付属癲狂院が独立して京都癲狂院の開業（わが国最初の公立精神科病院，院長真島利民）	
	1876 明治9年		神戸文哉　我が国最初の精神医学教科書「精神病約説三巻」を刊行	
	1877 明治10年			東京府癲狂院の設立，院長長谷川泰
		4.12		東京大学が成立し，医学校が医学部と改称
		8	大阪府病院エルメレンスの任期満了し，マンスフェルトが京都癲狂院より赴任	
	1878 明治9年	7.10		宮内省下賜により癲狂病院と脚気病院が神田神保町に設置
	1879 明治12年	4	大阪府病院が中之島常安町の広島藩蔵屋敷跡に移転し，大阪公立病院に改称	
		6		東京大学医学部でドイツ人教師 Erwin von Bäelz が精神医学を講義

大阪医学校	1879 明治12年	6		東京府仮癲狂院の設置（わが国で二番目の公立精神科病院）
		9		愛知県公立医学校でAlbrecht von Rortzが訴訟医学の講義を始める
	1880 明治13年	3	大阪公立病院内に設置されていた教授局が分離独立して府立大阪医学校となり，病院も大阪府立病院と改称。校長　橘良佐	
		6		愛知病院にローレッツの設計により西洋式精神病室が完成（名古屋大学医学部付属病院の前身）
		8.06	後に大阪高等医学校精神科教授となる和田豊種（M32）大阪市深江にて出生	
				パスツール　狂犬病予防法を発見
	1881 明治14年	1	海軍中医監吉田顕三　大阪府立医学校の院長兼校長に就任し，英国式の教育を開始	
		4.01		高等中学校医学部（千葉，仙台，岡山，金沢，長崎）が独立して医学専門学校となる
		4.30		上野の仮癲狂院が本郷区東片町に移転し東京府癲狂院に改名（院長　中井常次郎）
府立大阪医学校	1882 明治15年	2	右基準により府立大阪医学校は甲種医学校となり，同時に予科を設置	太政官は医学校の格付け基準を示し，文部省は医学校通則を定めて，甲乙二種の医学校に分離した
		10	京都癲狂院が廃院となり，私立京都癲狂院として李家隆彦が継承（川越病院の前身）	
			神戸文哉　府立大阪医学校副校長に就任，1889（明治22年）まで	
			本多家第13代本多栄（堺医学校卒）　本多病院を開設（今の七山病院）	
	1883 明治16年			クレペリン「精神病学提要」を刊行
		10.23		医術開業試験規則の太政官布告。この時には外科，内科，薬物学，眼科，産科が要件とされ，精神病学は含まれていない
	1884 明治17年		京都愛宕郡岩倉に岩倉癲狂院設立，院長大島甲子太郎。明治35年岩倉病院に改称，昭和20年にいったん廃院となったが，昭和27年に再開	
			山本洪庵　南区蓬莱坂に回春病院付属私立大阪癲狂院を開設（今の山本病院）	
			大阪脳病院（現在の阪本病院）開設	
	1886 明治19年			江口襄　シュウレの訳書「精神病学」刊行
		1.20		相馬事件。明治27年まで訴訟が続いた有名な精神鑑定を要した事件
		3.02		帝国大学令が公布され，東京大学医学部は帝国大学医科大学と改称
		11.09		榊俶　帝国大学医科大学教授に就任
		12.03		帝国大学医科大学精神病学教室開設
	1887 明治20年	1.15		帝国大学の医学教科に精神病学が加えられる
		9.30		府・県立医学校費目の地方税による支弁が禁止され，多くの公立医学校が廃止へ
大阪医学校	1888 明治21年	1	府立大阪病院を廃し，府立大阪医学校を大阪医学校に改称し，校中に教授部・病院を置く	
		4		第一高等中学校医学部（千葉医学校）にて三木恒男が精神病学の講義。第五高等中学校医学部（長崎医学校）において大谷周庵が精神病学を講義

大阪医学校			回春病院付属私立大阪癲狂院が大阪精神病院に改称（今の山本病院）	
				佐賀県柄崎病院に医学士　三田久泰が赴任（東京以外の精神科病院で最初の医学士）
		1889 明治22年	2.11		大日本帝国憲法の公布
			3.01		東京府癲狂院を東京府巣鴨病院に改称
			7.01	清野勇　大阪医学校の校長・院長に就任し，英国式からドイツ式に改め病院に分科制を導入	東海道線　全線開通
			9.05	**医学士大西鍛（M22）大阪医学校に着任し生理学と精神病学の講義を始める**	
		1890 明治23年		本多病院が堺県知事の認可を受けて七山病院と改称	
			10.30		教育勅語発布
		1892 明治25年	1	大阪医学校の教諭・卒業生による大阪医学研究会を結成，大阪医学研究会雑誌の発刊	
			2.20	阪本元良　大阪市北区本庄葉村に私立大阪癲狂院を開設（阪本病院の前身）	
			10.00	京都岩倉癲狂院が岩倉精神病院に改称	
	大西鍛（M22）教授時代	1894 明治27年	4.07	**大阪医学校に精神科が独立して設置，教室創設の日**	
			8.01		日清戦争
			10	大阪医学校に新館が落成。精神科の診療室・医局・待合・電気治療室が本館西2階に整備される	
			12	島村俊一　京都府立医学校教諭となり神経精神病科を担当	
		1895 明治28年			Sigmund Freudによる「ヒステリー研究」の刊行
			4.02	荒木蒼太郎　岡山医学校教授に就任	
		1896 明治29年			私立熊本医学校の開設（熊本大学医学部の前身）
			4.06		第1回オリンピック大会，アテネ
		1897 明治30年	2.06		帝国大学医科大学精神科初代教授榊俶　病没。法医学の片山国嘉が明治30年8月5日より明治34年10月まで兼任
			6.22	京都帝国大学設置	
			12.17	今村新吉　東京帝国大学医科大学医学を卒業	
		1898 明治31年		大阪医学校に精神科に加えて神経科が設置され，大西鍛（M22）が医長を兼任し精神神経科と称する	
		1899 明治32年		和田豊種（M32）大阪医学校を卒業	
				大西鍛（M22）大阪医学校副校長に就任	
		1900 明治33年		大西鍛（M22）大阪医学校校長心得に就任	
				菊地篤忠が大阪回生病院を開く	
			3.10		精神病患者監護法公布
			11.21	後に教室教授となる堀見太郎（T15）大阪市内にて出生	
		1901 明治34年		齋藤直三郎　兵庫県武庫郡夢野村に神戸精神病院を設立	
			3.08	和田豊種（M32）大阪医学校助手	
大阪府立医学校			6	大阪医学校は大阪府立医学校，病院は大阪府立医学校病院に改称	
		1902 明治35年		鈴木晃輔　兵庫県武庫郡須磨村に須磨精神病院を設立	

第8部　資料　8 大阪大学精神医学教室を中心にした精神医学歴史年表

大阪府立医学校		1902 明治35年	1.23		八甲田山で青森第五連隊遭難
			4.01		東京帝国大学教授呉秀三，三浦謹之助らにより日本神経学会の創立。機関誌「神経学雑誌」第1巻第1号の発刊，当時は隔月刊
			4.02～4.05		第1回日本聯合医学会開催（現在の日本医学会），第11部が神経病学及び精神病学の始まり
			5.17		精神病学医師懇話会
					佐々木政直によるフロイドの紹介「ステーリング氏の心理学に関する精神病理学」の発表
	大西鍛（M22）教授時代	1903 明治36年		菅井竹吉　大阪府立高等医学校教諭となり精神神経学を講義	
			2.07	和田豊種（M32）大阪府立医学校助教諭	
			3.25		京都帝国大学福岡医科大学設立（今の九州大学医学部）
			9	大阪府立医学校を大阪府立高等医学校に改称	
			10		東京慈恵医院医学専門学校に精神病学講座の開講
			12.14	今村新吉　京都帝国大学京都医科大学教授に就任	
			12.14		榊保三郎　京都帝国大学福岡医科大学助教授として赴任
			12.12		精神病科談話会が呉秀三により開始。後の東京精神病学会
大阪府立高等医学校		1904 明治37年	1		岡山医学専門学校精神病学講座の開設
			2.10		ロシアに対し宣戦布告し日露戦争始まる
			3.08	和田豊種（M32）第四師団第4野戦病院付として日露戦争に従軍，明治39年3月11日まで	
			4		熊本医学専門学校に精神科が設置され，三角侚が初代教授に就任
			7	大西鍛（M22）大阪府立高等医学校を辞職しウィーンへ留学	
		1905 明治38年	3.17		第22回帝国議会において医学校に精神病科の設置をのぞむ建議案を可決
			11.11	京都帝国大学教授今村新吉（東京帝大明治31年卒）大阪府立高等医学校教授兼精神神経科長嘱託	
	今村新吉教授時代	1906 明治39年	3.11	和田豊種（M32）日露戦争から帰還（この従軍日誌が残されており，本誌に資料として掲載した）	
			4.23		九州大学医学部精神医学教室の創設　京都帝国大学福岡医科大学教授　榊保三郎
			5.02		医師法公布
			9.30	和田豊種（M32）京都帝国大学に内地留学	
		1907 明治40年	4.24		刑法改正の公布，心神喪失・心神耗弱の規定
			6.22		東北帝国大学設立
			7.26		長崎医学専門学校精神病学講座の開設
			9.03	和田豊種（M32）東京帝国大学に内地留学（この時期の巣鴨病院での写真が残されている）	
			9.13		千葉医学専門学校精神病学講座の開設
		1908 明治41年			文部省発布の医学専門学校令の教授科目に精神病学が入る
			1.08		愛知医学専門学校精神病学講座の開設

	年	月日		
今村新吉教授時代	1908 明治41年	10.12	大阪府立高等医学校附属病院に精神病館が新築落成，病床18，躁狂室2，準躁狂室2，普通浴室2，持続浴室2を備える。（わが国最初の持続浴室）	
	1909 明治42年		第一回関西精神病学会を京都医科大学にて開催	
			西副本館が落成。精神科は1階に診察室・患者溜・電気治療室・暗室・検査室を，2階に医長室・医局・図書室・研究室を備える	
		2.22		金沢医学専門学校精神病学講座の開設
		3.31	和田豊種（M32）大阪府立高等医学校精神病学の教諭に着任	
		4	和田豊種（M32）ウィーンのオーベルスタイナー教授，ワグナー教授，ミュンヘンのクレペリン教授の許に留学し，1910年12月に帰国	
		4.02〜03	教室が第9回日本神経学会を担当（大阪府立高等医学校病院學用室にて）会長 今村新吉	
大阪府立高等医学校 和田豊種（M32）教授時代	1910 明治43年	5.10		県立金沢病院に神経精神科の病舎が開設
		8.15		福岡医科大学に精神病学教室の落成
		11.01	大阪府立高等医学校の病院拡張新築事業が完成し，中之島にX線装置，無菌手術室，理学療法室，電気光浴室，水治療室などが整備された大病院の完成	
		12.31	**和田豊種（M32）大阪府立高等医学校教諭兼精神神経科医長に就任**	
	1911 明治44年			Jean Martin Charcotが振戦麻痺をパーキンソン病と呼ぶことを提唱
		4.04		日本神経学会第10回総会，東京
		4.15		中原清 島根県能美郡飯梨村に鷺湯精神病院を開設
		7		長谷川寬 新潟県西蒲原郡坂井輪村に新潟精神病院を開設
	1912 大正1年	7.30		明治天皇 崩御
		8.2		呉秀三「我邦ニ於ケル精神病ニ関スル最近ノ施設」発表
	1913 大正2年			Jaspers Kによる"Allegemine Psychopathologie"の刊行
				野口英世 進行麻痺，脊髄癆の脊髄液中にスピロヘータ・パリダを発見
		2.13		東京府北豊島郡巣鴨町に巣鴨脳病院 設置 院長 石川貞吉
		4		朝鮮総督府医院に精神科設置 科長水津信治
		11.28		長崎県立病院に精神科新設 科長石田昇
		12.26		長崎県西彼杵郡浦上山里村に浦上脳病院開設
	1914 大正3年	4.01		新潟医学専門学校精神病学講座の開設
		5.01	山本宗一 志紀村に大阪脳病院を開設（現在の山本病院）	
		7.28		第一次世界大戦勃発
		9		林道倫 南満医学堂（満州奉天）の教授に就任
	1915 大正4年	1.19	細見信治 神戸市兵庫区湊川町に湊川脳病院を設立	
		2.12	後に教室教授となる金子仁郎（S13）西宮にて出生	
		7.14		東北帝国大学医科大学開設

第8部 資料 8 大阪大学精神医学教室を中心にした精神医学歴史年表

年	月日	大阪大学関連事項	一般事項
1915 大正4年	9	京都大国大学精神美容学教室助手 大澤宏 南満州医学堂教授に就任	
	9.04	稲葉近義 豊中村長興寺に大阪脳神経病院を開設	
	10.28	大阪府立高等医学校が府立大阪医科大学に昇格	
	11.24		名古屋脳病院開設 院主 岩田芳夫、院長 氏家秀雄
1916 大正5年	1.06	西浦八平 大阪府東成郡住吉村に関西精神病院設立（院長 谷口祝延）（今の京阪病院）	
	2.11	岩崎佐一 大阪市南区天王寺筆ヶ崎に白痴教育所「桃花塾」を開設	
	6.07		東北帝国大学精神病学講座の開設
	6.20	青木亮貫（M38）滋賀県甲賀郡水口町の水口病院に附属精神病室を設置	
	9		日本医学専門学校精神病学講座の開設
1917 大正6年		近畿精神病医会の設立	
	2.19	大阪府立病院 本館2号館3階からの失火により病院が全焼	
			ワグナーによる進行麻痺に対するマラリア療法の開発
	6.30		保健衛生調査会による精神病の全国一斉調査。日本の精神病患者数 64,942 名
1918 大正7年	5.06	北区常安町の焼け跡に大阪医科大学仮病院が完成し、開院式を行う	
	6.15	堂島川の北側堂島浜通に本病院の起工式を行う	
1919 大正8年	1.18		ベルサイユ講和会議開催
	3.27		精神病院法公布。都道府県精神病院の設立と代用精神病院の設置が認められる
	8.01		東京帝国大学医学部精神医学教室が大学構内に移転
	10.03		東京府立松沢病院の開院式 院長 呉秀三
	11	府立大阪医科大学を廃し、大学令により大阪医科大学と改称、病院もこれに準じて大阪医科大学病院に改称	
1920 大正9年		和歌山県下に初めての精神病院として私立和歌浦院が開設	
		大西鍛時代に助教授を務めた本庄弥（M38）が流感にて逝去。小関光尚（M43）が教室助教授に	
	9.12	大阪医科大学で学位授与が可能となる	
1921 大正10年			Rorschach H が「精神診断学」を刊行
	4.03		日本精神病医協会発足（日本精神病院協会の前身）
	4	大阪医科大学の本病院が竣工し、精神神経科が移転	
	5.10		慶應義塾大学神経科講座の開設 教授下田光造就任
1922 大正11年		高橋清太郎（M36）堺市今池町に堺脳病院を開設（現在の浅香山病院）	
	3.31	大阪医科大学学友会が結成され、第1回総会を開催	
	10	大阪医科大学付属病院に伝染病館と精神病別館が完成	
			日本医師会発足

（左欄：大阪府立高等医学校／府立大阪医科大学／大阪医科大学、和田豊種（M32）教授時代）

大阪医科大学	和田豊種（M32）教授時代	1923 大正12年	6.30		精神病院法施行令公布
			9.01		関東大震災
		1924 大正13年		現在地に大阪府立難波病院が新築完成（現在の大阪府立急性期総合医療センター）	
				嗜眠性脳炎の流行	
			3.01	大阪医科大学付属病院が完成し，新築落成式	
			5	大阪医科大学　学長佐多愛彦が勇退し，楠本長三郎が学長・病院長に	
			7.07		北海道帝国大学精神病学講座の開設
		1925 大正14年	3.31		呉秀三　東京帝国大学教授を退官
			6.08		三宅鑛一　東京帝国大学教授に就任
					安田徳次郎によるフロイト「精神分析入門」の翻訳
		1926 昭和1年		日本精神衛生協会が発足し，和田豊種（M32）初代副会長に就任	
			4.15	大阪府立中宮病院の開設（精神病院法第一条による最初の公立病院）。教室助教授小関光尚（M43）が初代院長に就任。後任として亘繁（T6）が教室助教授に就任	
			5.15		森崎半治　北多摩郡烏山千歳村に烏山病院を開設
			12.25		大正天皇　崩御
		1927 昭和2年		三田谷啓　兵庫県精道村に治療教育院を開設	
			3.15		金融恐慌が始まる
			5.04		松原三郎　金沢市に松原病院を開設
			5.06	医科大学校舎が完成し落成式	
			10.01	橘内兵治　大阪府布施市に小阪病院設立（昭和14年東武夫が継承）	
			10.01	森村直澄　兵庫県西宮市武庫川町に武庫川病院を開設（兵庫医科大学の前身）	
			10.15		日本精神衛生協会の成立
			11		北海道大学医学部精神医学教室の開設
		1928 昭和3年		大阪医科大学神経科における最初のマラリア療法の施行	
				亘繁（T6），越智豊（T9）「乳嘴体の生理的機能に就いて」を発表し，間脳穿刺により白血球増加が起こることを証明。（教室における視丘下部研究の先駆け）	
			10.24		ウォール街の株価大暴落。世界恐慌の始まり
		1929 昭和4年			Bergerによる最初の脳波研究報告
			4〜11	和田豊種（M32）半年間の欧米視察	
			6.04	昭和天皇による大阪医科大学行幸，学友会は御臨幸記念号を発刊	
			11		久留米大学医学部精神神経科教室の開設。王丸勇教授
		1930 昭和5年			心理学者矢部八重吉が英国で教育分析を受け国際精神分析協会による精神分析家の資格を得て帰国
				第1回国際精神衛生会議（ワシントン）にて，和田豊種（M32）がアジア名誉副会長に推戴される	

第8部　資料　8 大阪大学精神医学教室を中心にした精神医学歴史年表　　*847*

大阪医科大学	1930 昭和5年	4	第8回日本医学会，第29回神経学会を大阪市中央公会堂で開催「大会長　和田豊種」	
		6.02～15	ワイガント教授来日，神戸での写真が残されている	
		6.13	神戸湊町脳病院を Prof. Weygandt，呉秀三，和田豊種（M32），越田，小関（M43）が訪問。（この時の写真を本誌に掲載）	
大阪帝国大学	1931 昭和6年	4.01		昭和医学専門学校精神病学講座の開設
		5.1	**大阪医科大学が大阪帝国大学となる。**大阪帝国大学総長　長岡半太郎，医学部長　楠本長三郎が就任し，開学式を挙行。帝国大学発足当時の医学部講座は，解剖学（3），生理学（2），生化学，病理学（2），薬理学，細菌学，衛生学，法医学，内科学（3），外科学（2），産科婦人科学，眼科学，精神医学，小児科学，皮膚科学泌尿器科学，耳鼻咽喉科学，理学的診療学の24講座	
		6		日本精神衛生協会の正式発足
		7.28		岩手医学専門学校に精神神経科教室開設
		8.03	後の教室教授となる西村健（S32）姫路にて出生	
		9.18		満州事変始まる
		11	大阪精神衛生協会発足	
		12.05	今村新吉　京都帝国大学を退官	
	和田豊種（M32）教授時代	1932 昭和7年	河口宗一（T8）流行性脳炎後遺症としてのパーキンソニズムに対するアトロピン大量療法を発表	
		2.28	第3回近畿精神神経学会	
		5.15		5・15事件
		7.16	石橋予科の跡地に石橋分院が新築開設され，和田豊種（M32）が初代分院長に就任（昭和9年6月22日まで）	
			堀見太郎（T15）教室助教授に就任	
				実験心理学の権威 Clark Hull が『催眠と暗示』を発表
				丸井清泰がフロイトの教育分析を受けて帰国し，精神分析を紹介
		1933 昭和8年	岡山県にて流行性脳炎の多発。大阪帝大神経科にも多数の患者を受け入れる	
				マンフレッド・ザーケルによるインシュリンショック療法の開発
		2.27		日本が国際連盟から脱退
		12	宝塚動物園の象の解剖とその肉を食した中毒事件	
		12.20		Foila Psychiatrica et Neurologica Japonica の創刊
		1934 昭和9年		メズナによるカルジアゾールけいれん療法の発表
		6.22	和田豊種（M32）大阪帝国大学医学部附属病院長に就任，昭和12年6月22日まで	
		1935 昭和10年	4.28		第35回日本神経学会においてその名称を日本精神神経学会に改称。「神経学雑誌」も「精神神経学雑誌」に変更
			大阪帝大神経科内に大阪府立少年指導相談所を開設	
		1936 昭和11年	2.26		2・26事件
			3.10		東京帝大精神病学教授に内村祐之が就任

大阪帝国大学	和田豊種（M32）教授時代	1936 昭和11年	8.10	和田豊種（M32）教授　叙勲二等授瑞宝章	
			11.03		水津信治　防府病院を開設
			11.15		台湾精神神経学会の設立
			12	財団法人信貴山病院開設	
		1937 昭和12年			セルレッティによる電撃療法の報告。わが国では，大河内，向笠による最初の発表
			2	堀見太郎（T15）ベルリンのボンヘッファー教授のもとに留学	
			3.25	エルメレンスの記念碑を中之島公園から大阪帝國大学医学部前庭に移転	日中戦争が始まる
			4.20		名古屋帝国大学精神科において児童治療教育相談室開設
			6.09	加古川脳病院の開設（今の東加古川病院）	
			7.07		
			12	兵庫県立病院光風寮の開設	
		1938 昭和13年	1.11		厚生省の設置
			3.31	金子仁郎（S13）大阪帝大医学部卒業	
			8	堀見太郎（T15）ヨーロッパ留学より帰国	
			10	金子仁郎（S13）短期現役軍医候補生として大阪の歩兵第8連隊に入隊	
		1939 昭和14年			東北帝国大学生理学のIto & Kasaharaによる我が国最初の脳波研究の報告
				大阪帝大に臨時付属医学専門部開設	
			4	金子仁郎（S13）歩兵第217連隊付軍医中尉として中支に出征	
			9.03		第二次世界大戦
		1940 昭和15年		大阪帝大神経科と東京帝大との四国祖谷の平家落ち武者部落における精神医学調査を実施	
			2.24	奈良県立結核療養所が開設（松籟荘の前身）	
			4.06~07	第39回日本神経学会を開催（大阪帝国大学医学部附属病院大会議室にて）	
			5.01		国民優性法の公布
			11.03		紀元2600年奉祝式典
	堀見太郎（T15）教授時代	1941 昭和16年	5.07	和田豊種（M32）教授　定年退官	
			5.20	和田豊種（M32）名誉教授　叙正三位	
			7	**堀見太郎（T15）教室教授に就任**	
			8.01		精神病者監護法
			12.08		太平洋戦争開戦
		1942 昭和17年			日本学術振興会に脳波委員会の設置
			2.23		国民医療法の公布
			10.22		第1回脳研究会
			10.26		日本心理学会の発足
		1943 昭和18年	3		日本精神厚生会が発足（日本精神衛生協会，日本精神病院協会，日本精神病者救治会の合併）
			11.09		日本精神神経学会に森村賞を設置
			12.01	大阪第二警察病院が開設	

第8部　資料　8 大阪大学精神医学教室を中心にした精神医学歴史年表

大阪帝国大学		1944 昭和19年	4		東京医科歯科大学に神経精神医学教室の開設
			5		東京医学歯学専門学校精神医学講座の開設
			9	石橋分院が閉鎖され軍に接収される	
			11.11	第31回近畿精神神経学会（京都帝大講堂にて）	
			12.26		前橋医学専門学校精神医学講座の開設
		1945 昭和20年			福島県立女子医専精神医学講座の開設
			3.09〜10		東京大空襲
				奈良医学専門学校の開設	
			2	和歌山医学専門学校の開設	
			3.14	第1回大阪空襲により市内13万戸が焼失	
			6	大阪市立医学専門学校精神病学講座の開設	
			8.15		第2次世界大戦終結
			9		鳥取医学専門学校神経精神医学講座の開設
			12.01	大阪第一陸軍病院が厚生省に移管され国立大阪病院が開設	
	堀見太郎（T15）教授時代	1946 昭和21年			Von Euler により哺乳類動物脳内の莉アドレナリンの発見
			5.19	今村新吉京都帝国大学名誉教授　逝去	
			8	米軍 Schrader 軍医少佐により Freeman-Watts 術式による prefrontal leucotomy を阪大病院において実施	
			8.3		医師実地修練制度，医師国家試験制度
			9		名古屋市立女子医学専門学校精神医学講座の開設
			10		中国・四国精神神経学会の設立
			11		東北精神神経学会の設立
			11.03		日本国憲法公布
			11.23	第32回近畿精神神経学会，京都帝大精神科講堂にて	
大阪大学		1947 昭和22年	3	三重大学精神神経科講座の開設	
			4		弘前大学精神医学教室の開設
			4.01	結核治療を目的として国立療養所松籟荘の設置	
			4.01〜02	第44回日本精神神経学会を開催（阪大病院東講堂にて）	
			5	石橋分院が大阪帝大に戻され，115病床として再開。	
			5.01	和歌山医学専門学校神経精神医学講座の開設	
			6		横浜市立医学専門学校神経科講座の開設
			9	大阪大学に改称	
			11.16		徳島医学専門学校神経精神医学講座の開設
			11.22		山口県立医学専門学校精神科講座の開設
			11.30	第33回近畿精神神経学会	
		1948 昭和23年	1.26		帝銀事件
			1.31	金子仁郎（S13）が奈良医学専門学校での精神科の講義を始める，奈良県立医科大学精神医学講座の開設	

大阪大学	堀見太郎（T15）教授時代	1948 昭和23年	2	布施敏信（S15）教室助教授に
			7.13		優性保護法の公布
			7.30		医療法の公布
			10.27		医療法の特例等に関する政令の公布
		1949 昭和24年		大阪精神衛生協会の設立（大阪精神病院協会の前身）	
			3.31	国立大阪病院（法円坂）に精神科設置，澤潤一（S16）が初代医長に	
			4		医学専門学校の整理統合
			4	金子仁郎（S13）が阪大精神経科助教授となり，奈良県立医科大学精神医学教室が発足	
				国立大阪南病院に神経科設置，本間正保（S18）医長	
				関西労災病院に神経科設置，別府彰（S18）医長	
			5.31		国立学校設置令の公布。新制国立大学の発足
			7.15		信州大学精神医学講座の開設
			7.22		日本精神病院協会の発足
			7.31		広島大学精神医学講座の開設
			9.30		鹿児島医学専門学校神経精神医学講座の開設
			10		北海道精神神経学会の設立
		1950 昭和25年	4		順天堂大学精神医学講座の開設
			4		東京医科大学精神医学講座の開設
			4		東邦大学精神神経科講座の開設
			4.8～9	日本精神神経学会第47回総会（京都）	
			5.01		精神衛生法の公布
			5.04		生活保護法の公布
			6.25		朝鮮戦争が始まる
			6.30		札幌医科大学神経精神医学講座の開設
			10	臨床心理研究会の発足	
			12		第1回世界精神医学会議
		1951 昭和26年		臨床心理研究会を臨床心理学会として堀見太郎教授が会長に就任	
			6.30		覚醒剤取締法の公布
			6.30		北陸精神神経学会の設立
			9.08		対日平和条約・日米安全保障条約の調印
			10.01		日本大学精神科学講座の開設
			10.08		精神厚生会を日本精神衛生会に改称
		1952 昭和27年			第1回日本脳波学会の開催
				フンボルト交換留学制度の再開により佐野勇（S25）がヨーロッパ留学	
			4.26		国立精神衛生研究所の開設
			5	和歌山県立五稜病院（現在の和歌山県こころの医療センター）の開設	
			5.26		Delay & Denikerによりフランス医学心理学会にてクロルプロマジンの報告
			6.01		岐阜県立医科大学精神医学講座の開設

大阪大学	堀見太郎（T15）教授時代	1952 昭和27年	11		ローヌ・プーラン社から最初の抗精神病薬クロルプロマジンが Largactil の商品名で発売
			11	茨木病院の開設	
			11.01	教室助教授布施敏信（S15）国立大阪病院精神科医長に転出	
		1953 昭和28年			アメリカにおいて reserpine の統合失調症への投与の報告
				澤潤一（S16）が澤神経科服部病院を開設（今のさわ病院）	
					内村・岡田・島崎・西丸による Jaspers K の改訂増補版「精神病理学総論」全3巻の刊行が始まる（1953-1956）
			3.17		麻薬取締法の公布
			5.01〜03		日本精神神経学会第50回総会，仙台
			7.08	和田豊種（M32）教授　大阪大学医学部学友会理事長に就任，昭和41年6月19日まで	
			9.01	大阪医科大学神経精神講座の開設	
			12	金子仁郎（S13）奈良医科大学教授に昇任	
		1954 昭和29年			Amin らによる脳内のセロトニンの証明
			4	日本精神神経学会において金子仁郎（S13）がシンポジウム「老人の精神障害」において「老人の心理」を講演	
			6	ウインタミンの臨床治験が阪大と北海道大学で開始	
		1955 昭和30年		大阪府立病院に神経科設置され曽谷邦男（S11）が初代医長として赴任	古澤平作が日本精神分析学会を設立
					英国医学会が催眠を科学の一分野として承認
			3		塩野義製薬からウインタミンの発売
			3.01	大阪府に精神衛生協議会が発足し，和田豊種（M32）が初代会長に就任（昭和36年6月30日まで）	
			4		吉富製薬からコントミンの発売
			4	佐野勇（S25）教室助教授に	
			4	堀見太郎（T15）第52回日本精神神経学会において「所謂冬眠療法の精神神経病領域における応用」を講演	
			5		クロルプロマジンの我が国への導入
			8.16	堀見太郎（T15）教授脳内出血のために教授室にて急逝。享年55歳	
			12	和歌山県に宮本病院が開設	
		1956 昭和31年			日本の国連加盟承認（12.18），メルボルン五輪，任命制教育委員会発足，猪谷千春スキー回転で五輪銀メダル，日本登山隊マナスル初登頂，気象庁，中央気象台から改称（7.1），大卒初任給 12,000 円
			2	大阪精神病院協会発足	
			4.01		厚生省公衆衛生局に精神衛生課が新設される
			5.19	和歌山県田辺市に社会保険紀南病院の精神科として新庄別館が開設され宮軒富夫（S25）が初代別館長に	
			7.24	和田豊種名誉教授（M32）の喜寿祝賀会（宝塚ホテル）	

大阪大学	金子仁郎（S13）教授時代		8.1	金子仁郎（S13）教室教授に就任	
		1956 昭和31年	9		山陰精神神経学会の設立
			10	小曽根病院の開設	
			10.13	第58回近畿精神神経学会（京大）	
			11.01	浅尾博一（S20）教室講師に	
			12.01	大澤安秀（S20）奈良医大教授に就任	
			12.09	和風会総会（とり菊）	
			12.11	Kurland博士講演会（4階大会議室）	
			12.23	第14回臨床心理学会（大阪市大）	
		1957 昭和32年		和風会誌創刊．金子仁郎（S13），石橋分院長を兼務．浅井敬一（S26），工藤義雄（S26），浜中薫香（S25），宮軒富夫（S26），伊藤正昭（S25），岡本輝夫（S26），栗林正男（S26）に学位授与．新入局者8名	スプートニク・ショック，昭和基地設営（1.29），聖徳太子肖像の五千円札発行（10.1），百円硬貨発行（12.11），東海村原子炉の点火（8.27）
			1.15	工藤義雄（S26）米国に留学	
			2.01	金子仁郎（S13）教授 日本老人学会において特別講演（東京）	
			3.02	第59回近畿精神神経学会（阪大）	
			4	県立橿原精神病院が奈良医大に移管される	
			4	国立呉病院に精神科が開設され，岩井豊明（S20）医長と岡本輝夫（S26）が赴任	
			4.01		水俣病患者の最初の確認
			4.01	浅尾博一（S20）和歌山医科大学助教授に就任	
			4.08	Terhune博士公演 "Reeducation in the treatment of the Psychoneurosis"（阪大）	
			5.25	第60回近畿精神神経学会（和歌山医大）	
			6	関西ロールシャッハ研究会の設立	
			6.09	Symposium；Biochemistry of Mental Disorder（Van Couver）にて佐野勇（S25）助教授招待講演	
			7.01	別府彰（S18）関西労災病院の初代精神科部長として赴任	
			7.01	石橋分院再開十周年記念式を開催	
			7.02～04	第54回日本精神神経学会（札幌）において佐野助教授（S25）が宿題報告「精神疾患の薬物療法」を講演	
			7.30	第2回国際精神病学会（9.1-8，チューリッヒ）に佐野助教授（S25）が出席．ベルリン大学，シェーリング社，バーセル，ハンブルグにて講演し10月7日帰国	
			8.18	金子仁郎（S13）教授 石橋分院長を兼任	
			9.15	浅井敬一（S26）ドイツ・ヴュルツブルグ大学神経科に留学	
			11.02	第61回近畿精神神経学会（京都府大）	
			11.07		第1回病院精神医学懇話会が開催される．後に病院精神医学会，日本病院地域精神医学会に
		1958 昭和33年		国立呉病院に神経科設置（岡本輝夫（S26）医長）．岩井勤作（S27），藤戸せつ（S27），梶田治稔（S27），本間正保（S18），鮫島拓弥（S25）に学位授与．新入局者8名	関門国道トンネル開通（3.9），ハワイが米国50番目の州に（8.21），一万円札発行（12.1），東京タワー完工式（12.23），回転寿司開店（大阪），阿蘇山25年ぶり大爆発，大相撲6場所制に
					Carlsson Aらにより神経伝達物質としてのドパミンの証明

第8部　資料　8 大阪大学精神医学教室を中心にした精神医学歴史年表

大阪大学	金子仁郎（S13）教授時代	1958 昭和33年			米国医学会が催眠を科学の一分野として承認
					阪大精神科を中心として神経化学，体液病理懇話会の設立（今の神経化学会）
			1.26	第17回臨床心理学会（阪大）。金子仁郎（S13）教授シンポジウム「自殺」を担当	
			3.01	第62回近畿精神神経学会（大同生命ビル）において和田豊種（M32）名誉教授が「明治時代における大阪地方における精神医学」を特別講演	
			3.15	大阪大学脳談話会百回記念講演会（阪大），金子仁郎（S13）教授「精神身体医学に関する考察」を講演	
			5.08〜10	第55回日本精神神経学会（千葉大）	
			5.11	大原和雄（S27）米国 Rockland State Hospital に留学	
			6.08	第17回臨床心理学会（同志社大）	
			6.28	第63回近畿精神神経学会（奈良医大）	
			7.07	Dr. Harold Kelman 講演「治療における予後」（阪大）	
			7.18	有岡巖（S21）講師　米国 Kings County Hospital, NY に留学	
			9.6〜8	中枢神経生理シンポジウム（京都嵯峨大覚寺）	
			10.02		いわゆる精神科特例（医師数は約1/3，看護師数は約2/3）の厚生事務官通達
			10.10	国際自律神経学会日本支部総会（京大）。佐野勇（S25）助教授「芳香族アミンに関する二三の知見」を講演	
			10.25	第64回近畿精神神経学会（京大）	
			11	浅井敬一（S26）ドイツ留学より帰国	
			11.09	医局ハイキング，嵯峨方面	
			11.23	日本生化学会近畿地方部会（京大）	
			12.07	第18回日本臨床心理学会（関西学院大）	
		1959 昭和34年		和田名誉教授前立腺手術。大阪警察病院に神経科設置（工藤義雄（S26）医長），日生病院神経科設置（北嶋省吾（S28）医長），大阪厚生年金病院に神経科設置（伊藤正昭（S25）医長），旧制学位の最後の年であり，吉川保路（S33），杉村史郎（S26），水野慶三（S26），大原和雄（S27），中島久（S27），北嶋省吾（S28），山内典男（S28），蒲生達三（S27），白石純三（S33），植田雅治（S32），水津和夫（S28），藤井久和（S29），高石昇（S30），神谷美恵子（S27），越智和彦（S28），布施勝一郎（S27）に学位授与（旧制）。柿本泰男（S29），谷向弘（S29），市丸精一（S30）に新制大学院学位授与。新入医局員2名	NHK 教育テレビ開局（1.10），皇太子（今上天皇）御成婚（4.10），メートル法　伊勢湾台風（9.26），国民年金法　個人タクシー営業許可，国産初のカラーテレビ製造（東芝）
				大阪府立成人病センターが開設され，古川唯幸（S29）が初代神経科部長として赴任	
				日生病院に精神科神経が設置され北嶋省吾（S28）が初代部長として赴任	
			1.15		「精神医学」が医学書院から創刊
			2	大阪警察病院に神経科が設置され，工藤義雄（S26）が初代部長として赴任	
			2.21	第65回近畿精神神経学会（阪大）	
			3.01	大原和雄（S27）米国留学より帰国	

大阪大学	金子仁郎（S13）教授時代	1959 昭和34年	3.03	柿本泰男（S29）米国 Fels Research Institute, Antioch College, Ohio に留学	
			4.1～5	第15回日本医学会総会（東京）において金子仁郎（S13）教授「老年期の精神危機」を特別講演	
			4.05	佐野助教授「脳の芳香族アミン」を特別講演しパーキンソン病に対するドーパ療法を報告	
			4.6～7		第56回日本精神神経学会（慶応大）
			5.2～3		第26回応用心理学会（日本女子大）
			6.6～7		第18回日本脳波学会（弘前大）
			6.13	第67回近畿精神神経学会（大阪医大）	
			7.09	中島久（S27）米国 Jewish Chronic Disease Hospital, NY に留学	
			8.01	浅井敬一（S26）教室講師に	
			10.01	大阪厚生年金病院に神経精神科の設置，伊藤正昭（S25）医長	
			10.10～11		第5回精神分析学会（九大）
			10.15	和田豊種（M32）名誉教授　厚生大臣賞	
			10.24	第67回近畿精神神経学会（京府医大）	
			11.6～8	日本音響学会（阪大産研）	
			11.7～8		第1回日本老年学会（東大）
			11.14～15		第2回神経化学シンポジウム（東大）
			11.15		辺縁系に関する科学研究班報告会（東大）
				和風会誌第4号に和田豊種（M32）名誉教授による明治27年から昭和16年までの教室在籍者名簿が掲載．小谷八郎(S29)，古川唯幸(S29)，齋藤芳子(S27)，吉川郁男(S30)，倭馬佐也(S20)，小牟田清博(S25)，石井康雄(S27)，藤山登(S29)，吉川保路(S33)，高見文夫(S29)，胡内就一(S29)，福井郁子(S26)，北川俊夫(S27)，美吉伊八郎(S28)に学位授与．新入局者9名	ソニー世界初トランジスタテレビ発売(4.30)，新安保条約自然承認(6.17)，ローマ五輪(8.25～)，ベトナム戦争(～'75)，OPEC結成(9.14)，カラーテレビ本放送開始(9.10)，安保阻止国会デモ　ベルマーク運動
		1960 昭和35年			日本児童青年精神医学会の設立
			2.06	第1回神経病理懇話会においてパーキンソン病5症例に対するドーパ療法の報告	
			2.19	箕面神経サナトリウムの開設	
			2.22	浅尾博一（S20）講師，渡米	
			3.05	第68回近畿精神神経学会（大同ビル）	
			3	日本精神神経学会評議員改選があり，金子仁郎（S13）教授，佐野勇（S25）助教授，杉原講師（S16），橋田（T12），高橋（S20），大澤（S20）が選出される	
			4.01	和歌山県の新庄別館長として山内典男(S28)が赴任	
			4.03	Freiburg 大学 Jung 教授阪大来学講演	
			4.16～17		第1回臨床神経学会（久留米）．後に日本神経学会に
			4.18～20		第57回日本精神神経学会（久留米）
			4.21～22		第9回日本脳波学会および第13回日本筋電図学会（久留米）

第8部　資料　8 大阪大学精神医学教室を中心にした精神医学歴史年表　855

大阪大学	金子仁郎（S13）教授時代	1960 昭和35年	5.30		精神身体医学会（慶応大）
			6.04	第69回近畿精神神経学会（神戸医大）	
			6.05	Sebach 教授講演会（電々会館）	
			6.19	臨床心理学会（阪大文学部）	
			7	大阪府公衆衛生研究所の開設，初代所長は梶原三郎（S22）	
			7.28	神経生理シンポジウム	
			7.31		側頭葉班研究報告会（東大）
			8.05	Zucker 博士阪大来学講演	
			9.30		脳神経外科学会（北大）
			10.00	藤戸せつ（S26）が高知市に藤戸神経科を開設	
			10.07		日本催眠学会（早大）
			10.8〜9		精神分析学会（早大）
			10.10		精神病理懇話会（東大）
			10.22	第70回近畿精神神経学会（京大）	
			10.25	有岡巌（S21）講師，米国より帰国	
			10.30	日本アレルギー学会（阪大）	
			11.5〜6	神経化学懇話会（阪大）	
			11.11〜12		側頭葉班研究報告会（箱根）
			11.12〜13	日本老年学会（京都）	
			11.17〜18		日本児童精神医学会の設立総会（東大）
			11.18		精神薬理班研究報告会（東大）
		1961 昭和36年		和風会誌第5号から月日を附した教室の活動記録が割愛される。新入局者15名。大阪府立精神衛生研究所が発足し，井上謙（S9）が部長に。府立成人病センターに神経科が設立され，古川唯幸（S29）が部長に就任。砂川に大阪府厚生福祉センターが開設され，竹谷が所長に就任。米国留学から中島久（S27），柿本泰男（S29）が帰国	大阪環状線全通（4.25），ソ連有人宇宙衛星打ち上げ（4月），米国有人宇宙衛星打ち上げ（5月），J.F.ケネディー大統領誕生，ベルリンの壁建設（8.13）
					日本筋電図学会の設立
				第5回催眠研究会が大阪で開催され，日本催眠医学心理学会と改名	
				逓信病院に第三内科として精神科が独立し，森輝明が初代部長に	
				全国精神衛生大会（大阪）を主催，和田豊種（M32）名誉教授が大会長を務めた	
			3.01	和歌山県立紀南総合病院の新庄別館長として山本和雄（S23）が赴任（平成2年3月31日まで）	
			4	阪大高次神経研究施設が開設	
			4〜9	金子仁郎（S13）教授の欧米視察旅行（モントリオール国際精神医学会，ローマの国際神経学会などに出席）	
			9	台風により阪大病院の地下に浸水し神経科も被害を受けた	

大阪大学	金子仁郎（S13）教授時代	1962 昭和37年	精神科と神経科の分離問題。臨床神経学会の独立。大阪労災病院に神経科設置（大野恒之（S29）医長），新入局者10名。特別会員 三田谷啓，会員 山田秀石（T3），亘繁（T6）が逝去	東京都世界初一千万人都市，戦後初国産旅客機 YS-11誕生（7.11），サリドマイド児問題，若戸大橋開通（9.26），首都高速，部分開通（12月），名神高速道路開通（7.16），日本初横断歩道橋（大阪駅前）（4.25），NHK紅白歌合戦最高視聴率81.4%
				神経化学懇話会の設立
			大原和雄（S27）が新設の金岡中央病院長に	
			蒲生達三（S27）が国分病院長に	
			小林隆（S28）が姫路の仁恵病院長に	
			高見文夫（S29）が福井県の嶺南病院長に	
			佐野勇（S25）助教授が欧州視察旅行	
			5	大阪労災病院が開設され，大野和夫が神経科部長に就任	
			8	阪大病院の改築工事が始まる	
			12.03	和風会総会（大阪第一ビル・北京），参加者61名	
		1963 昭和38年	公立和泉病院に神経科が新設され植田雅治（S32）が部長に。国立長野病院に神経科が新設され中川格一（S25）が部長に。国立呉病院神経科に口高靖彦（S32）が部長に。高階経昭（S30）が美原病院院長に。阪大高次神経研究施設に神経解剖学部門が設置。新入局者6名。会員 原田一彦（S21）逝去（12月）	ケネディ大統領暗殺（11.20）黒四ダム完成，狭山事件，伊藤博文新千円札（11.1），名神高速道路開通（7.16），日本初横断歩道橋（大阪駅前）（4.25），NHK紅白歌合戦最高視聴率81.4%
				国立療養所久里浜病院に初めてのアルコール専門病棟が開設
			1	美原病院の開設	
			4	神谷美恵子（S27）が神戸女学院から津田塾大に異動	
			4.03〜4.04	医学会総会と第60回日本精神神経学会を主催（産経ホールにて），大会長金子仁郎（S13）教授	
			5.13〜16	日米合同精神医学会	
			西村健（S32）ノルウェーに留学	
			9	水間病院の開設	
			11.26	和風会総会（大阪第一ビル・北京），参加者43名	
		1964 昭和39年	精神衛生法の改正問題。全国各地で国立精神療養所が開設される。新入局者10名。この頃，教室の研究テーマは，老年期精神病と脳動脈硬化症の研究（金子仁郎（S13）教授ら9名），精神身体症と精神療法の研究（金子仁郎（S13）教授ら10名），離人症と精神分裂病の研究（金子仁郎（S13）教授ら10名），睡眠と閃光駆動脳波の研究（金子仁郎（S13）教授ら10名），向精神薬の研究（金子仁郎（S13）教授ら7名），脳内アミンの研究（佐野勇（S25）助教授ら5名），ウイルソン病の研究（佐野勇（S25）助教授ら4名），心理テストの研究（辻悟（S25）ら5名）。会員 天野進作 逝去（4月），会員，長谷川竜也（S9）逝去（5月）	ベトナム戦争始まる（8.2），新潟地震（6.16）東京オリンピック東海道新幹線開業（10.1）時速210キロ，OECDに日本加盟（4.28），東京モノレール開業（9.17），琵琶湖大橋開通，公明党発足 PLO設立（5.28）
				第1回日本精神病理・精神療法学会
			2	藤戸せつ（S26）が藤戸神経科（高知市）を有床診療所として開設	
			3.24		ライシャワー大使刺殺事件
			4.02	日本医学会総会	
			5.04		第200回アメリカ精神医学会（ロスアンジェルス）

大阪大学	金子仁郎（S13）教授時代	1964 昭和39年	5.13	日米合同精神医学会にて金子仁郎（S13）教授講演	
			5.18	日本精神身体医学会にて金子仁郎（S13）教授講演	
			5.23	日本精神神経学会にて金子仁郎（S13）教授シンポジウム講演	
			11.04	日本老年学会にて金子仁郎（S13）教授シンポジウム講演	
			11.10	日本老年医学会にて金子仁郎（S13）教授講演	
			11.24	和風会総会（大阪第一ビル・北京），参加者35名	
		1965 昭和40年		和風会誌第9号は堀見太郎（T15）先生追悼号。阪大医学部に学部内講師制度。中宮病院の全面改築。新入局者8名。春には，ウォーティス，ローゼンバウム，ヒムウィッチ，クライン，シュナイドマン，デンバーら。秋にはスミス，ジュベー，マースキー，ジャスパー，フランクルに，アクセルロードら海外からの学者が多数来学した	家永三郎教科書検定，朝永振一郎ノーベル物理学賞，日本国連安保理非常任理事国，名神高速道路全線開通（7.1），スモッグ警報開始，機動隊誕生
				阪大精神科で青年期外来が始まる	
			6.07	清順堂為永病院の開設	
			6.30		精神衛生法一部改正が公布
			7	有岡巌（S21）奈良医大精神科教授に就任	
			7	大澤安秀（S20）和歌山医大精神科教授に就任	
			8	谷向弘（S29）教室講師に昇任し，米国ゲールスバーグ病院研究所に留学	
			8.15	和風会有志により堀見教授の墓を建立。堀見先生十年忌を開催	
			9.04		全国精神障碍者家族連合会結成
			10.00	大阪私立小児保健センターが開設され武貞昌（S31）が部長に就任	
			10	精神分析学会を主催。大会長金子仁郎（S13）教授	
			10.11～15		日米神経化学会議，大磯にて
			11.09	榎坂病院の開設	
			11.26	和風会総会（大阪第一ビル・北京），参加者60余名	
		1966 昭和41年		教室の診療科名が神経科から神経科精神科に変更。近畿中央病院に神経科設置（石井康雄（S27）医長）。志水彰（S34）がゲールスバーグ研究所に，清水將之（S36）がボストンに，小池淳（S35）がフランスへ留学。新入局者8名	日韓国交正常化，中国で文化大革命，ザ・ビートルズ来日（6.29），都立高校入試で学校群制度，百円札廃止，トヨタカローラ発売，「敬老の日」制定（9.15），人口1億人を突破
				第4回国際催眠心身医学会を京都において開催	
				大阪府断酒会の発足	
				さやま病院の開設	
				浅香山病院にわが国初の中間施設「あけぼの寮」が開設	
			5	日本精神身体医学会を主催，大会長金子仁郎（S13）教授	
			6.15	大阪精神医会の設立	
			9.21	社団法人大阪精神病院協会の認可	
			9.23	金子仁郎(S13)教授開講十周年祝賀会(新阪急ホテル)	
			10	神経化学会を主催，大会長佐野勇（S25）助教授	

大阪大学	金子仁郎（S13）教授時代	1966 昭和41年	11.01	教室の診療科名を神経科から神経科精神科に変更	
			11.06		青年医師連合が実地修練制度廃止のために国家試験ボイコットを決議
			11.25	ねや川サナトリウムの開設	
			12.5	和風会総会，於隨園，参加者51名	
		1967 昭和42年		和風会誌第11号は和田名誉教授追悼号。阪大病院の改築が終了し1050床となった。国立療養所松籟荘が精神科病院へ。新入局者9名。教室から田伏薫（S37）がアメリカに，菱川泰夫（S33）がドイツへ留学。レベデフ，シュレーダー，ピショー，ルーテ，フリードホフ，ストルム博士が来学	モントリオール五輪（4.28），南アフリカで世界最初の心臓移植手術，初の「建国記念の日」（2.11），美濃部亮吉東京都知事当選，EC発足（7.1）　ASEAN結成（8.8）
					神経化学懇話会を母体として日本神経化学会の設立
			3.09	和田豊種（M32）名誉教授　逝去（硬膜下血腫，享年87歳）	
			3.27	医学部学友会・精神医学教室の合同で和田豊種（M32）先生告別式（阪大講堂）	
			3.31	金子仁郎（S13）教授　阪大病院長に就任，昭和44年3月31日まで	
			4	大阪逓信病院の第三内科を精神科に呼称を変更	
			4.01	佐野勇（S25）高次神経研究施設神経医学教授に就任	
			4.01	辻悟（S25）教室助教授に昇進	
			4.01	柿本泰男（S29）高次研助教授に昇任	
			4	石橋分院を40床に縮小し，次年度の石橋分院閉鎖を決定	
			6.01	第1回精神衛生管理研究会（於大阪）を主催，大会長金子仁郎（S13）教授	
			7	国際心身医学催眠学会（京都）	
			11.04	浜義雄(S25)松籟荘病院長に（結核から精神への変化）	
		1968 昭和43年		インターン廃止運動，医師法改正。卒業後の研修問題，無給医問題，専門医問題などが議論されていた。石橋分院が閉鎖。中宮病院が東洋一といわれる改築を終了。新入局者13名	メキシコ五輪，東大紛争，香港かぜ大流行，川端康成ノーベル文学賞，東京府中で三億円事件（12.10），日本初心臓移植手術(8.8)，郵便番号制度実施(7.1)，小笠原諸島返還（6月）
			1.27		東大医学部自治会がストライキ権を確立
			3.31	石橋分院が閉鎖となりその後に医療短期大学部が開設	
			5.3		クラーク勧告（英国フルボーン病院院長 D. H. Clark は1967年11月から1968年2月まで日本に滞在して日本の精神科医療に対する日本政府への勧告を報告した）
			9	ユーゴスラビアでのWHO向精神薬会議に金子仁郎（S13）教授出席	
			10	第五回精神病理学・精神療法学会を主催，大阪厚生年金会館にて	
			10.14		東大精神科医局が医局の解散を決議
			11	児童精神医学会を主催	
		1969 昭和44年		大学も精神神経学会も嵐の一年間。秋の近畿精神神経学会は中止。大学でも医学部教官人事の凍結。新入局者は基本的に受け入れないこととなった	アポロ11号月面着陸（7.20），東名高速道路全通（5.26），大学紛争　東大安田講堂陥落，東大入試の中止，アニメ「サザエさん」放送開始（10.5〜），東京駅八重洲地下街オープン，日本初預金自動支払機設置（住友銀行）

第8部　資料　8 大阪大学精神医学教室を中心にした精神医学歴史年表

大阪大学	金子仁郎（S13）教授時代	1969 昭和44年	1.19	東大の機動隊導入による封鎖解除
			2.22	第94回近畿精神神経学会，京都会館にて（これ以降は休会となる）
			4	橋田賛（T12）が中宮病院長を退職，後任に大阪府衛生部長安田が就任した
			5.20～22	金沢での第66回精神神経学会が大荒れ。理事は総辞職，評議員は改選，学会研究発表は中止
				近畿精神神経学会も中宮病院長の人事を巡り研究発表は中止となり討論集会となった
			12	日本老年医学会を主催，大会長金子仁郎（S13）教授
		1970 昭和45年		阪大医学部では昨年夏から止まっていた教官任用が再開された。非入局者を和風会員とするかどうかの議論。西村健（S32），教室講師に。住友病院に心療内科設置（市丸精一（S30）医長）。国立泉北病院に神経科設置（湯浅亮一（S35）医長）	大阪万博（3.14）　ビートルズ解散（4.10），日本の呼称を「にっぽん」に統一，初の国産人工衛星「おおすみ」，歩行者天国実施　よど号ハイジャック，缶コーヒー発売（UCC上島）
			3.29	大阪神経科診療諸医会が40名の会員での発足
			3.31	金子仁郎（S13）教授　阪大病院長の任期満了
			4.22～29	第67回精神神経学会（徳島）
			10	ジュネーブでのWHO主催老年精神医学会議に金子仁郎（S13）教授出席。認知症を軽症・中等症・重症に分けることを提案
			10	阪大医学部にて医学伝承100年祭が開催される
		1971 昭和46年		阪大医学部では教官人事がストップし教授欠員が9名となった。中宮病院長，橋田賛（T12）逝去。会員　村井正規（T9）逝去（9月）	中国が国連に参加，沖縄返還協定調印，ドルショック，マクドナルド銀座1号店開店（7.20），環境庁発足，横綱大鵬引退，京阪電鉄に「テレビカー」登場，日清食品カップヌードル新発売（9.18）
					脳波学会と筋電図学会が合同して日本脳波・筋電図学会となる
					西丸四方によるKaspers K「精神病理学原論」の翻訳出版（みすず書房）
			3.17		日本精神神経学会の石川清評議員が東大基弘教授を告発
			5		第68回精神神経学会（東京）
			10.05	星丘厚生年金病院に神経科を設置
			12	メキシコでの世界精神医学会に金子仁郎（S13）教授が出席
		1972 昭和47年		阪大医学部の万博跡地への移転が決定。病院の改修工事は第四期が進行中。新入局者3名。会員　吉田泰　逝去（11月）	ニクソン大統領の中国訪問（2.21），ウォーターゲート事件，ミュンヘン五輪，札幌冬季オリンピック（2.3～），あさま山荘事件，日中国交樹立，ランラン・カンカン（上野動物園），横井庄一さん31年ぶり帰国，東洋一高島平団地誕生
			3	大澤安秀　和歌山医大教授を辞任
			6～12 ～14	第69回日本精神神経学会が大阪において太田幸夫日赤精神科部長を大会長，工藤義雄（S26）警察病院部長を副大会長として開催
				橋田賛（T12）中宮病院長　逝去
		1973 昭和48年		阪大病院の改修工事が終了。医科大学の新設相次ぐ。金沢での精神衛生大会は中止。新入局者5名。谷向弘（S29）講師　逝去（12.12）	金大中氏拉致事件，円　変動相場制に移行，江崎玲於奈ノーベル物理学賞，石油ショック（11.2），ファックスの営業開始（NTT），シルバーシート始まる，筑波大学開学（10.1）
					愛媛，旭川，山形大学に医学部の設置

大阪大学	金子仁郎（S13）教授時代	1973 昭和48年	5		名古屋での第70回精神神経学会はシンポジウムのみの開催
			10.24	東雄司　和医大精神科教授に就任（平成6年3月31日まで）	
			11.01	阪大病院の改築祝賀会	
			12.12	谷向弘（S29）講師　逝去	
		1974 昭和49年		精神神経学会において東大臺教授の人体実験問題が阪大まで飛び火。会員　河口宗一（T8）逝去	佐藤栄作ノーベル平和賞，小野田さんルバング島から帰国，戦後初のマイナス成長，長崎，軍艦島（端島）が無人島に，長島茂雄引退（10.14），「船の科学館」開館（7.20），オイルショックで深夜放送中止
				志水彰（S34）講師に昇任	
				第71回日本精神神経学会はシンポジウムのみ開催	
				工藤義雄（S26）警察病院分院院長に就任	
			5.29		法制審議会が，刑法全面改正案を法務大臣に答申
			10.20	後に教室教授となる武田雅俊（S54）佐賀県鳥栖市に出生	
			11.10		日本精神神経科診療諸教会の設立
			12.15		第一回日本精神科診療所協会の発足大会
		1975 昭和50年		佐野勇（S25）教授がバーゼルにて客死。新入局者4名	ベトナム戦争終結，沖縄海洋博（7.19～），新幹線博多まで延長運転，フリスビー日本上陸，田部井淳子さん，日本女性としてエベレスト初登頂，ビデオ，ベータ方式・VHS方式発売，王貞治さんに国民栄誉賞（第1号）
					日本にCT（computed tomography）の導入
			4.01	柿本泰男（S29）愛媛大学教授に就任	
			4.01	金澤彰（S38）愛媛大学助教授に就任	
			5	金子仁郎（S13）教授還暦祝賀会（新朝日ビル・アラスカ）	
			6	イスラエルでの国際老年学会に金子仁郎（S13）教授出席	
			7	エディンバラでの国際睡眠学会に菱川泰夫（S33）講師が出席	
			8.09	精神科教授懇談会を主催（甲陽園）	
			8.16	堀見太郎（T15）教授二十回忌	
			8	佐野勇（S25）教授　阪神百貨店屋上からの自殺志願者を説得	
			9.01	佐野勇（S25）教授　バーゼルで喀血し倒れる	
			9.04	佐野勇（S25）教授　バーゼルにおいて逝去	
			11	バンコクでのアジア太平洋神経学会に稲岡長（S40）らが出席	
		1976 昭和51年		和風会誌第20号。新入局者14名	モントリオール五輪，ロッキード事件，コンコルド就航，天安門事件，日清焼きそばU.F.O.発売，「ゆとり教育」の提言，世界初・超音波診断機エコー開発，ハガキ20円，封書50円，安楽死協会発足，学校給食に米飯導入
					谷口財団脳科学部門の設立（早石修運営委員長，中嶋照夫事務局長），以降22年にわたり神経科学の国際シンポジウムを開催
			3	岩井豊明（S20）中宮副院長　逝去	
			5	神戸で予定されていた日本精神神経学会が中止	

大阪大学	金子仁郎（S13）教授時代	1976 昭和51年	5.12	和田名誉教授の御令室　逝去
			9.11〜28	金子仁郎（S13）教授欧州視察旅行
			10	吉村病院の開設
			11.7	和風会総会を兼ねて金子仁郎（S13）教授開港二十周年記念祝賀会（箕面つる家）
		1977 昭和52年		金子仁郎（S13）教授の和風会誌への最終の挨拶文。垣内史朗（S30）が高次研教授に就任。新入局者13名で会員数310名	静止衛星「きく2号」成功，北海道・有珠山噴火，後楽園球場，人工芝球場に衣替え，青酸コーラ殺人事件，王貞治 HR756号世界新記録（9.3），世界初自動焦点カメラ「ジャスピンコニカ」発売
			8.12	国際精神医学会（ハワイ）に金子仁郎（S13）教授らが出席
			8	国際脳波学会（アムステルダム）に菱川泰夫（S33）講師らが出席
			9	第4回国際心身症学会（京都），金子仁郎（S13）教授が名誉会長に
			11	日本精神神経学会
		1978 昭和53年		和風会誌は第22号から横書きに変更。西村健（S32）教授の最初の挨拶文。「精神生理学（金子，菱川，志水編集）」の刊行。飯島寿佐美（S46），杉田義郎（S48）が教室助手に	日中平和友好条約調印，英で試験管ベビー誕生，沖縄左側通行に変更，成田新国際空港開港（5月），サンシャイン60完成，宮城県沖地震，古賀政男さんに国民栄誉賞
			2.02	金子仁郎（S13）教授最終講義「運命と研究」病院A講堂
			3.31	金子仁郎（S13）教授定年退官
			4.01	金子仁郎（S13）教授　関西労災病院長に就任
			4.01	浅尾博一（S20）中宮病院長に就任
			4.01	藤井久和（S29）府立公衆衛生研究所精神衛生部長に
			4.08	金子仁郎（S13）教授退官記念祝賀会（ロイヤルホテル），参加者300名余
			4.08	金子仁郎（S13）教授退官記念業績集を刊行
			6.28〜30		精神病理懇話会（富山）が開催
	西村健（S32）教授時代		8.01	**西村健（S32）教室教授に就任**
				第3回欧州超音波会議（ボロニア）と第9回国際ザルツブルグカンファレンスに金子仁郎（S13）教授，稲岡長（S40），関山正彦（S43），田邉敬貴（S52）が出席
				欧州脳波学会（ルーマニア）に菱川泰夫（S33），田中克往（S41）が出席
				第11回国際神経精神薬理学会（ウィーン）に工藤義雄（S26），小西博行（S50）が出席
				第11回国際老年学会議（東京）に金子仁郎（S13）教授，西村健（S32）教授，播口之朗（S37），多田國利（S48）が出席
			9		日本神経心理学会の設立
			11	岡崎春雄（S27）による神経病理学入門講座（京都）
			11.29	和風会総会（新朝日ビル・アラスカ），参加者130名

大阪大学	西村健（S32）教授時代	1979 昭和54年		兵庫医科大学長森村茂樹　逝去。頼藤和寛（S50）が教室助手に。新入局者10名。会員　田中哲徳（S49）逝去（7月），会員　曽谷邦男（S11）逝去（8月），会員　神谷美恵子（S27）逝去（10月）	サッチャー英首相誕生（女性初），初の共通一次大学入試（1.13），省エネ政策　第2次石油ショック，ウォークマン発売（ソニー），リニアモーターカー最速517 km/h，元号法成立（6.6），東名日本坂トンネル事故
					日本生物学的精神医学会の発足
			1	有岡巌教授が奈良医大を退職	
			2.19	井川玄朗が慈恵医大から奈良医大助教授として赴任	
			3	高橋清彦（S20）藍綬褒章	
			4.01	浅井敬一（S26）大阪外国語大学保健センター教授に就任	
			4.01	矢内純吉（S36）大阪府衛生部公衆衛生課長に	
			6.09	和風会講演会風祭元帝京大学教授「精神分裂病の薬物療法の諸問題」	
			7	世界精神衛生会議（ザルツブルグ）に清水将之（S36）が出席	
			7.31	辻悟（S25）教室から榎坂病院治療研究所に	
			9.01	辻悟（S25）先生を囲む会を主催，参加者百数十名	
			10	第3回国際睡眠学会（東京）	
			10	第11回日本老年学会（大阪），大会長金子名誉教授	
			11.07		東京都立松沢病院創立百周年記念式典
			11	第31回近畿神経学会を湯浅亮一（S35）が大会長として主催	
			12	井川玄朗　奈良医大精神科教授に就任	
		1980 昭和55年		精神科志望者の減少傾向。小西博行（S50）が米国から，岩堀武司（S50）がユング研究所から帰国。北村陽英（S43）がゲッチンゲン大学に留学。高橋清彦（S20）が日本精神科病院協会会長を終了。新入局所5名	モスクワ五輪（日本不参加），校内暴力・いじめ・登校拒否が社会問題化，天然痘撲滅宣言（WHO），新宿バス放火事件，異常冷夏で農産物に痛手，王貞治現役引退　省エネルック
				精神科青年期外来15周年を記念して，青年期精神医学交流会を呼び掛ける（清水将之（S36）と藤本淳三（S36））	
			3	脳の老化と痴呆国際会議（スイス）に西村健（S32）教授，平井基陽（S50），尾崎哲（S53），武田雅俊（S54）が出席。この折に平井基陽（S50）が佐野勇（S25）を偲び桜の苗木を植樹	
			4	平井基陽（S50）奈良医大助手として着任	
			4.01	中嶋照夫（S34）第二警察病院部長に	
			4.01	公文明（S40）佐賀医大生化学教授に	
			4.12	青年期精神医学研究会を清水將之（S36）・辻悟（S25）が主催	
			6.14	和風会講演会，林宗義ブリティシュコロンビア大教授「精神分裂病の治療の現状と問題点」	
			9.01	清水將之（S36）名古屋市立大学助教授に	
				林幹夫（S42）厚生年金病院部長に	
			10	平井基陽（S50）奈良医大講師に	
			11.14〜15	日本神経化学会（愛媛），柿本泰男（S29）大会長	
			12.13	和風会総会，特別講演辻悟（S25）「治療精神医学の考え方」	

第 8 部　資料　8 大阪大学精神医学教室を中心にした精神医学歴史年表

大阪大学	西村健（S32）教授時代	1981 昭和56年		大阪大学創立50周年。白石純三（S33），阪大健康体育部教授に。吉田功（S42）が，教室助手に。祖父江憲治（S49）が高次神助教授に。小西博行（S50）が奈良医大講師に。田代哲男（S53）が大分大助手に。新入局者15名。会員　尾上一平（T6）逝去（12.25）	スペースシャトル「コロンビア」初飛行，日米自動車摩擦，ロッキード裁判　紙幣デザイン一新，福井謙一ノーベル化学賞，世界初太陽熱発電（香川），京都に地下鉄開通，ローマ法王初来日
					柿本泰男，愛媛大学医学部長に就任
				アルコール依存症専門病院，新生会病院の開設	
				岩谷信彦（S16）兵庫医科大学教授を定年退職	
				湯浅亮一（S35）国立泉北病院副院長に	
				小西博行（S50）が奈良医大講師として赴任	
			4.01	国立療養所松籟荘長　浜義雄（S25）が定年となり，西沼啓次（S32）が荘長に就任	
				世界生物学的精神医学会（ストックホルム）に西村健（S32）教授，稲岡長（S40），武田雅俊（S54）が出席	
			6	和風会講演会，伊藤斉慶応大助教授「抗不安薬の現状と問題点」	
				国際老年学会議（ハンブルグ）に西村健（S32）教授，稲岡長（S40），武田雅俊（S54）が出席	
				世界精神医学連合地域会議（ニューヨーク）に西村健（S32）教授，工藤義雄（S26），武田雅俊（S54）が出席し，アルバートアインシュタインの竹友安彦（S20），メイヨクリニックの岡崎春雄（S27），ペンシルバニア大学の福田俊一を訪問	
			8.22	佐野勇（S25）先生を偲ぶ会（ロイヤルホテル）	
			8.29	第1回五大学精神科集談会の開催，日本生命中之島研修所にて	
			9	国際脳波神経生理学会（京都），国際てんかん学会（京都），世界神経学会議（京都）に金子名誉教授，菱川泰夫（S33）講師など多数が出席	
			10	白石純三（S33）大阪大学保健体育部教授に就任	
			11	国際障碍者年精神衛生国際セミナー（大阪），高橋清彦（S20）大会長	
				世界神経学会議（京都）	
				和風会総会，特別講演メイヨクリニック岡崎春雄（S27）「米国医療事情の一端」	
		1982 昭和57年		志水彰（S34），教室助教授に。近藤秀樹（S48）が教室助手に。和風会誌に阪大精神神経科講座百年史の掲載が始まる。会員　内藤正章（S6）逝去（2.18），会員　長谷川隆元（S10）逝去（3.11），会員　芳野和道（S46）逝去（9.18）	世界的な不況と失業。五百円硬貨発行，東北・上越新幹線開業（6.23），テレホンカード登場，ホテルニュージャパン火災惨事，羽田沖で日航機墜落事故，ペットボトル清涼飲料水登場
					International Psychogeriatric Association（IPA）の設立
			4	WPA Regional Meeting（京都）	
			6	岡崎春雄（S27）メイヨクリニック教授講演会	
			6	和風会講演会（住友クラブ），堺俊明大阪医大教授「精神疾患の遺伝的側面」	
			10.30	第1回老年機能障害研究会を大阪大学医学部付属病院B講堂で主催（後の日本認知症学会）	
			12	和風会総会，特別講演金子仁郎（S13）「精神神経化学について感じること」	

大阪大学	西村健（S32）教授時代	1983 昭和58年		日本医学会総会が大阪で開催。大阪築城400年祭。菱川泰夫（S33）が秋田大学精神科教授に、松本和雄（S36）が関西学院大学教授に。中嶋照夫（S34）が京都府立医科大学精神科教授に。新入会員20名	日本海中部地震，東京ディズニーランド開業（4月），ファミリーコンピュータ発売（任天堂），戸塚ヨットスクール事件，ヒット商品「ウォシュレット」，ファミコン発売，三宅島大噴火
			2	菱川泰夫（S33）秋田大学精神科教授に就任	
			4.08	第21回日本医学会総会	
			6	和風会講演会　臺弘元東大教授「分裂病の物語」	
			7	第7回世界精神医学会（ウィーン）に西村健教授以下多数の参加	
			9	中嶋照夫（S34）京都府立医科大学精神科教授に就任	
			9	第10回世界社会精神医学会（大阪），金子名誉教授が実行委員長	
			11	垣内史朗（S30）第26回日本神経化学会を開催（阪大松下講堂）	
			11	清水徹男（S53）秋田大学助手に	
			11	垣内史朗（S30）カルモジュリンの発見により武田医学賞を受賞	
			11	和風会総会，特別講演柿本泰男（S29）愛媛大教授「L-DOPA療法の反省」	
			12.01	ねや川サナトリウムの新築移転落成式	
		1984 昭和59年		阪大事務局の不祥事（6月）。河﨑建人（S51）助手（6月）に，吉田功（S42）講師に（8月），手島愛雄，武田雅俊（S54）助手に（10月）。新入会員22名。会員　高次神経研薬理生化学部門垣内史朗（S30）逝去（9.23）	ロス五輪。米国大統領選挙。日本　世界一の長寿国へ，1万円，5千円，千円札発行，グリコ森永事件，衛星放送スタート，長谷川一夫さんに国民栄誉賞，植村直己さんに国民栄誉賞，山下泰裕さんに国民栄誉賞
			1	垣内史朗（S30）朝日賞を受賞	
			3.14		報徳会宇都宮病院事件が大きく報道される
			3.23	垣内史朗（S30）受賞記念祝賀会（ロイヤルホテル）	
			4	中広全延（S57）阪大第一薬理助手に	
			4	フランス政府主催「脳の老化と痴呆」に西村健（S32）教授が出席	
			6	和風会講演会，特別講演斉藤正巳関西医科大学教授「脳波のコンピューター解析」	
			9	竹友安彦（S20）アルバートアインシュタイン大学教授が客員教授として滞在	
			9	飯島壽佐美（S46）秋田大学講師に	
			9.23	高次神経研薬理生化学部門垣内史朗（S30）逝去	
			11.17	垣内史朗（S30），医学部葬儀（阪大講堂）	
			12	和風会総会，シンポジウム「今日の精神医療を考える」を開催	
		1985 昭和60年		阪大医学部の移転が文部省により承認された。井上健（S42），講師に。山本晃（S53），東均（S52）が助手に	ハレー彗星大接近（76年ぶり），メキシコ大地震，コロンビアの大噴火，日航ジャンボ機御巣鷹山墜落（8.12），NTTと日本たばこ産業（JT）発足，豊田商事事件，阪神タイガース初の日本一，関越自動車道全線開通，たばこ広告規制始まる，両国国技館落成，ショルダーホン登場
			1	吉田功（S42）講師　国立療養所松籟荘副荘長に	
			3.22		エイズ患者第一号の確認
			3.30	和風会講演会　特別講演竹友安彦（S20）「精神医学の医学としてのアイデンティティ」	

大阪大学	西村健（S32）教授時代	1985 昭和60年	4	北村陽英（S43）講師　鳴門教育大学助教授に
			4.01	小西博行（S50）関西労災病院の神経科部長に（平成12年9月30日まで）
			4.01	三谷昭雄（S29）大阪府中央児童相談所を定年退職し，神戸女学院大学教授に
			8.11	堀見先生を偲ぶ会（東洋ホテル），堀見太郎（T15）没後30周年に参加者60名
			8.31	山村雄一大阪大学総長　退官，新総長に熊谷信昭教授が就任
			8	阪大医学部長が，坂本幸弥教授から田中武彦教授に
			10.25	白石純三（S33）大阪大学健康体育学部長就任祝賀会（ターミナルホテル），参加者60名
			11	武田雅俊（S54）フロリダ大学に留学
			11	和風会総会，特別講演　白石純三（S33）「新しいパラダイムとしての健康医学」
		1986 昭和61年		和風会誌1986（昭和61）年30号。新入会員16名，会員数431名。頼藤和寛（S50）が大阪府中央児童相談所長に。田中則夫（S52）が教室助手に。杉原方，関西学院大学を定年退職。工藤義雄（S26），茨木警察病院を定年退職。和風会誌に外来患者統計が掲載され始めた。会員　近畿大学教授長山泰政（S6）逝去（7月）。会員　渡邊斌（S29）逝去（7月）	スペースシャトルチャレンジャーの爆発，フィリピンのマルコス政権崩壊，チェルノブイリ原発事故，衆参同時選挙で自民党の大勝
			3	浜義雄（S25）勲三等旭日中綬章
			6.28	和風会学術講演会，明治生命館　特別講演東司和歌山医大教授「精神科医としてのアイデンティティ」
			8.09～10	第1回精神科合同卒後研修講座，大阪医大にて
			9.20～10.25	竹友安彦（S20）アルバートアインシュタイン大学教授客員教授として大阪大学で活動
			10.15～16	日本災害医学会（金子仁郎（S13）大会長），尼崎にて
			11	和風会総会　特別講演　西村健教授「老年期痴呆の研究-最近の進歩」
		1987 昭和62年		堀見太郎（T15）教授記念集の刊行。奥田純一郎（S42）健康体育部助教授に，田邉敬貴（S52）同助手に。篠崎和弘（S53）が教室医員に。武田雅俊（S54）が米国から帰国。加藤佳也（S57）がワシントン大学へ留学。岡本輝夫（S26）国立呉病院神経科部長が定年退職。会員　三好豊（S23）逝去（1月）。会員　山田悦秀（S36）逝去（7月）。会員　井上謙（S9）逝去（8月）	国鉄の民営化。INF条約合意。天皇陛下手術。阪神タイガース最下位，利根川進博士ノーベル賞，竹下内閣発足，地価狂乱，精神衛生法から精神保健法へ，指定医制度の制定
			3	澤潤一（S16）勲三等瑞宝章
			5	湯浅亮一（S35）堺市民病院長に就任
			6.06	第2回老年精神医学会（YMCA会館）を主催（西村健大会長）
			7.04	和風会学術講演会　特別講演花田雅憲近畿大学教授「最近の児童青年期精神医学の動向」
			8	阪大医学部長が田中武彦から松本圭史教授に交代
			9.15	佐野勇（S25）教授十三回忌，神戸市山手本寿寺において
			9.26		精神保健法の公布
			10	北村陽英（S43）鳴門教育大学学校教育学教授に就任

大阪大学	西村健（S32）教授時代	1987 昭和62年	11.1~2	第25回日本児童青年精神医学会（大阪国際交流センター），藤本淳三（S36）大会長を開催
			11.03	金子仁郎（S13）勲二等旭日重光章
			11	和風会総会　特別講演　志水彰（S34）教授「精神症状の生理学」
		1988 昭和63年		新入会員20名，462名。志水彰（S34）が転出の後，播口之朗（S37）が教室助教授に。亀田英明（S34）大阪府立病院神経科部長を退任。宮崎淨（S35）がNTT大阪中央健康管理所神経科部長に。吉田功（S42）が逓信病院神経科部長に。北村栄一（S54）が大阪第二警察病院神経科部長に 会員　髙橋幸雄（S6）逝去。会員　松籟荘病院長浜義雄（S25）逝去。特別会員　阪大医学部学友会理事長大村得三　逝去	カルガリー冬季五輪，ソウルのオリンピック，イラン・イラク停戦，青函トンネル開業，瀬戸大橋開通，潜水艦と釣り船の衝突，天皇陛下の御病状悪化，リクルート疑惑
			2.7	特別会員　阪大医学部学友会理事長大村得三　逝去
			4.01	浅井敬一（S26）大阪外国語大学から大阪商科大学教授に
			4.01	志水彰（S34）大阪外国語大学教授に就任
			5.11~13	第84回日本精神神経学会が斉藤正巳関西医大教授を会長，工藤義雄（S26）を副会長として開催（大阪国際交流センターにて）
			7.01		精神保健法の実施
			7.16	和風会学術講演会　糸魚川直祐阪大人間科学部教授「霊長類の生態と行動」
			9.20	金子仁郎先生叙勲記念ゴルフ大会，茨木カントリー
			11.02	江坂病院・教室の共同主催学術講演会　竹友安彦（S20）「教育分析の意義と体験」
			11.03	金子仁郎（S13）名誉教授　勲二等旭日重光章
			12.10	和風会総会　シンポジウム「精神保健法をめぐって」澤潤一（S16），浅尾博一（S20），髙橋清彦（S20），工藤義雄（S26），関山守洋（S37），南野壽重（S39）
		1989 平成元年		多田國利（S48），教室講師に。篠崎和弘（S53）助手に。看護婦長川崎トヨ子，定年退職。野口富美子，外来婦長が主任婦長に。21名の新入会員。 会員　吉川保路（S33）逝去（1.6）。会員　相原岬二（S9）逝去（3.30）。会員　髙橋清剛（S63）逝去（7.3）。会員　古川唯幸（S29）逝去（7.5）。会員　本多昇（S29）逝去（8.7）。会員　森勝雄（S3）逝去（8.20）。	昭和天皇崩御（1.7），1.7に昭和から平成に。消費税（3%）開始，竹下内閣から宇野内閣，海部内閣へ。7月の参議院選挙で自民党が大敗，中国の天安門事件，ベルリンの壁崩壊（11月），サンフランシスコ大地震，伊豆伊東沖海底火山爆発，吉野ヶ里発掘，近鉄の優勝。
					第12回日本精神病理学会の開催（名古屋）
			3.31	浅尾博一（S20）中宮病院長を定年退職。
			4.01	執行経世（S31）中宮病院長に就任
			4.01	矢内純吉（S36）大阪府環境保健部長に就任
			7.22	西村健教授開講十周年記念祝賀会，長谷川和夫教授特別講演
				西村健教授開講十周年記念誌刊行
			9.5~8	第4回国際老年精神医学会（東京）長谷川和夫大会長，西村健組織委員長
			9.09	大阪にてサテライトシンポジウム「アルツハイマー病」を主催
			9.14	神経心理セミナー A-L Christensen教授，J Mueller博士を主催
			11.25	和風会総会　特別講演松本和雄（S36）関西学院大学教授「当風童遊と心身症」

大阪大学	西村健（S32）教授時代	1990 平成2年		吹田キャンパスでは研究関連施設の建物が完成し，基礎部門の移転が開始。本年度入局21名。江川功（S51）が回生病院神経科部長に。西川隆（S54）が大阪船員保険病院神経科部長に。宮田明（S46）が茨木警察病院神経科部長に。上間武（S55）が琉球大学精神神経科教官に。大海作男（S32）住友病院心療内科部長が退職。北村栄一（S54）茨木警察病院神経科部長が退職。 会員　宇野俊雄（S18）逝去（1月）。会員　梁忠雄逝去（3月）	東西ドイツ統一（10月），礼宮・紀子様ご成婚，ヒトゲノムプロジェクト開始，中東での戦争の危機。人質救出や自衛隊派遣の動き。天皇即位式に対する厳重な警備とゲリラの攻防
			3.31	金子名誉教授　関西労災病院院長を定年退官	
			4.01		大阪花の万博が開催
			5	アメリカ精神医学会において「現代日本の精神医学の展望」シンポジウム，座長竹友安彦（S20），西村健（32），関山守洋（S37）が演者として参加	
			7	長尾喜八郎（S33）大阪精神病院協会会長に就任，藍綬褒章	
			7	関山守洋（S37）大阪精神病院協会副会長に就任	
				国際児童青年期精神医学会に合わせて児童青年期精神医学カンファレンスを主催	
				国際神経病理学会に合わせて中枢神経カンファレンスを主催，メイヨークリニック岡崎春雄（S27）特別講演	
			10	小林敏子（S58）大同生命医学研究学術賞	
			10.03	神経科外来婦長を勤めた小松四女さん　逝去	ドイツ統一記念式典
			11	医学部学友会・関連病院長懇談会，澤潤一（S16）世話人	
			11	和風会総会，金澤彰（S38）「大三島における地域精神医療」。杉原方「三方五湖と牡丹寺」	
		1991 平成3年		新入会員20名で和風会員数500名を超える。多田國利（S48），住友病院心療内科部長に。武田雅俊（S54），教室講師に。田中則夫（S52），助手退職。河﨑建人（S51），助手退職。新川久義（S57），教室助手に。Ramón Cacabelos（S57），Madrid大学教授に。中尾和久（S58），McLean Hospitalから帰国。 会員　正田研一（S27）逝去。会員　荒瀬諄子（S33）逝去。会員　小谷八郎（S29）逝去。会員　岩井完治（S54）逝去12月	湾岸戦争（1.17）。雲仙普賢岳の大火砕流。フィリピン・ピナトゥボ火山大噴火，証券・金融不祥事，ソ連のクーデター失敗とソ連新連邦への移行（12.26）。民族間紛争。海部内閣から宮沢内閣への交代。東京都庁の竣工
				大阪精神分析研究会の設立	
			3	杉原方（S16）勲三等瑞宝章	
				髙階経昭（S30）（S30）藍綬褒章	
				祖父江憲治（S49）塚原仲晃賞	
			6	岡崎春雄（S27）メイヨークリニック教授講演会	
			7	竹友安彦（S20）招聘教授の集中講義	
			11	老年期痴呆セミナーを開催	
			11	和風会総会　特別講演藤井久和（S29）大阪府公衆衛生研究所精神衛生部長	
		1992 平成4年		和風会会員名簿の調査，新入会員16名，会員数519。阪本栄（S56）助手に。立花直子（S58）ロンドンから帰国。神川千賀子（S62）シカゴから帰国。 会員　依岡信幸（S28）逝去（1月）。会員　大海作男（S32）逝去（2月）	バルセロナ五輪　MD登場，「のぞみ」運転開始時速270キロ東京新大阪2時間30分（3.14），公立学校第二土休（9月～），長崎ハウステンボス開園，知恵遅れを知的障害に読み替え，気圧単位「mb」から「hPa」へ（12.1）
			3.31	武貞昌志（S31）小児医療センターを定年退職	

大阪大学	西村健（S32）教授時代	1992 平成4年	4.01	飯島壽佐美(S46)秋田医療技術短期大学教授に就任
			4.01	清水徹男(S53)秋田大学精神医学助教授に就任
			5.27〜29	第88回日本精神神経学会が堺俊明大阪医大教授を会長として開催（高槻市文化会館にて）
			10	菱川泰夫(S33)開講十周年祝賀会
			11	第8回日本精神衛生学会，藤井久和(S29)大会長，藤本修(S52)事務局長
			11	東加古川病院新館竣工
			11	和風会総会 特別講演金子仁郎(S13)「第一歩兵連隊に七年」
		1993 平成5年		阪大病院移転。藤井久和(S29)定年，夏目誠(S51)が公衆衛生研究所精神衛生部長に。矢内純吉(S36)が大阪府立看護短期大学学長に。柏木哲夫(S41)が大阪大学人間科学部臨床老年行動学教授に。吉田功(S42)が日生病院神経科部長に。松林武之(S56)が阪和泉北病院神経内科部長に，近藤秀樹(S48)が大阪通信病院神経科部長に。小土井直美(S55)が小児保健センター神経科部長に。新川久義(S57)がさやま病院へ。中尾和久(S58)が教室助手に。工藤喬(S61)が帰国して茨木病院に。横井公一(S57)と田中稔久(S63)がニューヨークへ留学。会員 小倉諾逝去（8月）	皇太子殿下御成婚。非自民党連立政権誕生。北海道南西沖大地震。記録的冷害。円高不況。ゼネコン疑惑。カンボジア和平実現。イスラエル・パレスチナ暫定自治調印。ボスニア・ヘルツェゴビナ戦闘激化。ソマリア内戦激化
			3	阪大病院の移転に備え外来患者を減らし始める
			6.08	吹田地区への病院移転
			7.06		精神保健法の一部改正
			8.23〜27		世界精神保健連盟世界会議（東京）
			9.01	新病院開院式と精神科外来と病棟の披露
			9	第17回日本神経心理学会（白石純三(S33)大会長）を主催
			9	サテライトシンポジウム
			9	柏木哲夫(S41)日米医学功労賞
			11	竹友安彦(S20)勲四等旭日小綬章
			11	和風会総会 特別講演 矢内純吉(S36)「精神保健行政二十年」
			12	大阪市総合医療センターの開設
		1994 平成6年		教室百周年。新入局20名で会員数538名。北嶋省吾(S28)日生病院副院長が秋津鴻池病院に。国立大阪病院神経科部長谷口和覧(S31)が大阪学院短期大学教授に。上西閲宏(S59)が国立大阪病院神経科部長に。名古屋市立大学清水將之(S36)が三重県立小児診療センターあすなろ学園園長に。乾正(S37)が大阪府こころの健康総合センター長に。藤本修(S52)が大阪府立病院神経科部長に。服部祥子(S41)が大阪府立看護大学教授に。奥田純一郎(S42)が国立療養所松籟荘副荘長に。田邊敬貴(S52)が健康体育部助教授に。東均(S52)が大阪警察病院神経科部長に。中川賀嗣(S63)が健康体育学部助手に。会員 吉田優 逝去（1月）。会員 健康体育部教授白石純三(S33)逝去（6月）。会員 教室助教授播口之朗(S37)逝去（11月）	英仏海峡トンネル開通(5.6)，大江健三郎ノーベル文学賞，関西国際空港開港，関西国際空港開港，自・社・さきがけの村山内閣誕生，松本サリン事件(6.27)自社さ政権，三陸はるか沖地震(12.28)，日本女性（向井千秋）初宇宙飛行，経済不況，円高，猛暑。水不足。二度の政権交代。就職難
			1	精神病理学会事務局が名古屋市立大学精神科から阪大精神科へ移動
			4	大阪府こころの健康総合センターが開設

大阪大学	西村健（S32）教授時代	1994 平成6年	4.01	吉益文夫 和医大精神科教授に就任（平成15年3月31日まで）
			4.07	教室百周年
			10.6〜07	Psyche'94；心身相関に関する国際シンポジウムを千里ライフサイエンスセンターにて主催
			11	髙橋清彦（S20）勲三等旭日中綬章
				教室百周年記念祝賀会を開催
			12.03	障碍者基本法の公布
		1995 平成7年		和風会誌39号教室百年記念号。阪神淡路大震災。西村健教授定年退官。福永知子（S51），西川隆（S54），水田一郎（S58），工藤喬（S61）が教室助手に。新入会員14名。柿本泰男（S29）愛媛大学を定年退官。金澤彰（S38）愛媛大学看護学部教授に就任。山本晃（S53）大阪教育大学助教授に。執行経世（S31）中宮病院長を退任。藤本淳三（S36）中宮病院長に就任。内藤正敏（S43）箕面市民病院神経科部長に。会員 岩谷信彦（S16）逝去（3月）。会員 小林進（S33）逝去（3.29）。会員 髙橋尚武（S40）逝去（4月）	阪神淡路大震災（1.17），地下鉄サリン事件（3.20），東京・大阪でタレント知事誕生，公立学校第二・第四土休（4月〜），Microsoft Windows 95 出荷開始
			1.17	阪神淡路大震災
			3.31	西村健教授 定年退官。大阪大学名誉教授に
				西村健名誉教授 甲子園大学教授に就任
			5.19		精神保健法の一部改正
			5.20	西村健教授退官記念祝賀会
			6.17		日本精神科診療所協会の設立
			10	第37回日本老年医学会を主催，西村健大会長
			11	浅尾博一（S20）勲三等瑞宝章
			11	関山守洋（S37）藍綬褒章
			11	和風会総会 乾正（S37）特別講演「痴呆性老人の地域ケアを考える」
	武田雅俊（S54）教授時代	1996 平成8年		和風会誌第40号。武田雅俊（S54）教室教授就任。田邉敬貴（S52）愛媛大学精神科教授就任。第五回国際アルツハイマー病学会を主催。会員 大野恒之（S29）逝去（3.11）。会員 江川昌一（S14）逝去（7.11）。会員 杉原能子（S22）逝去（10.15）	アトランタオリンピック，英，狂牛病騒動，小選挙区比例代表並立制で初の選挙，原爆ドーム世界遺産登録，渥美 清さんに国民栄誉賞，使い捨てカメラ「写ルンです」発売
			1.16	田邉敬貴（S52）愛媛大学精神科教授に就任
			3.31	中嶋照夫（S33）京都府立医科大学精神医学教授を定年退官，京都府立精神保健センター長に就任
			4	奈良県立医大精神科に岸本年史教授，兵庫医大精神科に守田嘉男教授が就任
			4.01	**武田雅俊（S54）教室教授に就任**
			4.01	医学部保健学科が4年制としてスタート
			4.01	阪大医学部の大学院重点化がスタートした。1996年度から3年間で大学院大学に改組の予定
			4.01	西沼啓次（S32）松籟荘荘長定年退官。田伏薫（S37）松籟荘荘長に就任
			4.01	執行経世（S31）中宮病院長定年退官。藤本淳三（S36）中宮病院長に就任
			6.26	精神科歓送迎会
			6.29	医局旅行（瀬田水郷）

大阪大学	武田雅俊（S54）教授時代	1996 平成8年	7	京都府立医大精神科に福居顕二教授が就任	
			7.24～29	第5回国際アルツハイマー学会をロイヤルホテルにて主催（H. Wisniewski, K. Iqbal, B. Winblad を Convenor, T. Nishimura（S32）を Co-Convenor, M. Takeda（S54）を Deputy Co-convenor として開催し1200名の参加者	
				手島愛雄（S51）大阪厚生年金病院神経精神科部長に就任	
			11.09	播口之朗（S37）先生を偲ぶ会を開催（グランビア大阪）	
			11.16	杉田義郎（S48）健康体育部教授に就任	
		1997 平成9年		金子仁郎（S13）名誉教授逝去。和風会誌を会員名簿と和風会誌に分離し，会員名簿は11月に和風会誌は年度末（3月）発行に変更。 会員 女川昭雄（S26）逝去（4.26）。金子仁郎（S13）名誉教授 逝去（9.21）。会員 島津憲司（S24）逝去（9.28）。会員 子安義彦（S31）逝去（9.28）。会員 別府彰（S18）逝去（10.9）。会員 石井暎彦（S43）逝去（11.7）	保険医療制度改革　中国香港，拓銀・山一倒産　就職協定廃止，消費税（5％）　専売制度廃止，H5型ウイルス発見（香港），ヒツジ体細胞からクローンを作製
			2.14	和風会講演会，藤縄昭精神保健研究所長　特別講演	
			3	大和川病院問題が発生	
			3.28	杉田義郎（S48）教授就任祝賀会（オオサカサンパレス）	
			4	関西医大精神科に木下利彦教授就任	
			4	河﨑医療技術専門学校の開設	
			4.25	鳩谷龍三重大学教授　講演会	
			6.13	志水彰（S34）関西福祉科学大学学部長・小林敏子（S38）関西福祉大学教授・頼藤和寛（S50）神戸女学院大学教授就任祝賀会をリッツカールトン大阪において開催	
			6.27	精神科歓送迎会	
			7	大阪医大精神科に米田博教授就任	
			7.25	中安信夫東京大学精神科助教授講演会	
			9.21	金子仁郎（S13）名誉教授　逝去	
			9.25	金子仁郎（S13）先生告別式	
			10.31	融道男東京医科歯科大教授講演会	
			11	市立豊中病院の新築移転に合わせて精神科が設置，宮川真一部長（H9）	
			11.29		日本ロールシャッハ学会の設立，第1回大会（金沢市）
			12.02	医局忘年会	
			12.19		精神保健福祉法の公布
		1998 平成10年		教室名が生体統合医学部門「神経機能医学」に変更。和風会年会費の値上げ。 会員 嶋越美夫（S52）逝去会員（1.5）。会員 本多浄（S16）七山病院院長　逝去（2.3）。会員 有岡巌（S21）元奈良県立医大精神科教授　逝去（2.4）。会員 千鳥チエ子（S15）逝去（2.16）。会員 伊藤利清（S38）逝去（7.21）。会員 越智和彦（S28）江坂病院副院長　逝去（9.9）。会員 黒田重英（S10）逝去（10.23）。会員 浅井敬一（S26）大阪外語大教授逝去（11.25）。会員 青木亮貫（S9）水口病院長逝去（12.28）	長野オリンピック（2月），和歌山毒入りカレー事件，明石海峡大橋開通，黒澤明さんに国民栄誉賞，吉田正さんに国民栄誉賞，サッカーW杯仏大会初出場，最も暖かい年（1861～2003）

第8部　資料　8 大阪大学精神医学教室を中心にした精神医学歴史年表

大阪大学	武田雅俊（S54）教授時代		2.27	和風会講演会　中井久夫甲南大学教授	
			4	神戸大学精神科に前田潔教授就任	
			4.01	大学院重点化のために教室名が生体統合医学部門「神経機能医学」に変更	
			4.01	中広全延（S57）夙川女子短期大学教授に就任	
			4.01	工藤義雄（S26）浅香山病院院長に就任	
			5.01	井上健（S42）大阪府立看護短期大学教授に就任	
			5.13〜14	第3回日本精神神経医学会を千里ライフサイエンスセンターにて主催	
		1998 平成10年	6.12	和風会研究会，特別講演　佐藤光源東北大学教授	
			7.03	精神科歓送迎会	
			9.04	丹羽真一福島県立医大教授講演会	
			10	清水徹男（S52）が秋田大学精神科教授に就任	
			10.04	金子仁郎（S13）先生を偲ぶ会　ホテルグランビア大阪。（金子先生追悼記念集発刊と金子先生レリーフ像を製作して配布）	
			10.11	第1回和風会研究会　特別講演　笠原嘉先生	
			10	教室における神経心理研究室と脳波睡眠研究室の部屋替え	
			11.01	篠崎和弘（S53）教室助教授に就任	
			11.28	和風会総会にて会則改訂。年会費の値上げと総会参加費の値下げ。新役員の就任。特別講演　頼藤和寛（S50）神戸女学院大学教授	
			12.18	医局忘年会	
			12.21	Mark Mattson ケンタッキー大学教授講演会	
		1999 平成11年		平成11年1月29日竹友安彦（S20）先生から聖マリア絵画を頂戴した。古武彌四郎先生が渡欧中に購入され，昭和5年に古武先生から大谷象平先生のご長男誕生に際して贈られ，さらに昭和22年に大谷先生から竹友安彦（S20）先生のご長男誕生に際して贈られたもの。和風会会費の値上げと総会参加費の値下げを実施。和風会は新たな理事・幹事・監事となる。西村精神医学賞を設置。関山敦生（H2）がカロリンスカへ，橋本亮太（H7）がNIHへ，中野有香（H7）がシカゴ，辻尾一郎（H7）がニューヨーク，森原剛史（H6）がサンフランシスコへ留学。福所英理子，瀬川優子，中鉢貴行，菅沼中盛の4名が修士課程に入学。キルギスからの留学生としてタラント・ドロンベコフが，上海からの留学生として陳宇峰が参画。平成11年度は19名の新会員で和風会は569名の会員。会員　小林隆（S24）逝去（3.29）。会員　藤木明（S36）吉村病院長　逝去（4.29）。会員　松田鎮雄（S12）松田病院名誉院長　逝去（8.2）。会員　梶田治稔（S18）逝去（10.26）。「ロールシャッハ・スコアリング―阪大法マニュアル」（金子書房）を刊行，福永知子（S51），辻悟（S25）。日本臨床催眠学会が高石昇らにより発足	欧州通貨統合で「ユーロ」誕生，NTT分割　東海村臨界事故（9.30），Y2K騒動　日銀ゼロ金利政策，改正住民基本台帳法成立（8月），米輸入自由化，関税化，65歳以上人口2千万人超
			1.20	和風会研究会世話人会（関西文化サロン）	
			1.29	竹友安彦（S20）アルバートアインシュタイン大学教授セミナー（病院14階会議室）	
			2.13	岸本忠三大阪大学総長　文化勲章授賞　記念祝賀会（ロイヤルホテル）	
			2.20	近畿旧大学精神科集談会	

大阪大学	武田雅俊（S54）教授時代	1999年 平成11年	3.26	飯田真　新潟大名誉教授講演会
			3.29	生化学研究グループ歓送迎会
			3.29	Hans Foerstl ミュンヘン工科大学教授セミナー
			3.31	藤本淳三（S36）中宮病院長を定年退官
			4.01	会員　杉本央（S51）阪大感染防御因子制御学教授に就任
			4.01	会員　立花光雄（S39）中宮病院院長に就任
			4.01	会員　服部英幸（S56）金沢医科大学老年病科助教授に
			4.01	会員　西沼啓次（S32）坂本病院院長
			4.01	会員　豊永公司　大阪市立医療総合センター児童精神科部長に
			4.01	会員　飯田信也　星ヶ丘厚生年金病院神経科部長に
			5	大阪市大精神科に切池信夫教授就任
			6.05	奈良県立医科大学精神医学教室開講50周年記念祝賀会（大阪都ホテル）
			6.25	杉本央（S51）教授・高石昇（S30）客員教授・西村健（S32）甲子園大学人間文化部部長　就任祝賀会
			6.27	第2回和風会研究会　特別講演　土居健郎先生
			7.01	Bengt Winblad カロリンスカ大学教授セミナー
			7.02	精神科歓送迎会
			7.02	歓送迎会
			9.01	辻尾武彦（S38）吉村病院院長に就任
			9.03	神田橋條治先生講演会
			9.17	井上洋一（S48）健康体育部教授就任祝賀会
			10.06	Ezio Giacobini ジュネーブ大学教授講演
			11.25	Flazor トロント大学教授セミナー
			11.27	和風会総会　特別講演　田邉敬貴(S52)愛媛大教授
			11.03	Yong Sik Kim ソウル大学教授セミナー
			12.14	清水徹男（S53）秋田大教授セミナー
			12.17	医局忘年会
		2000年 平成12年		立花光雄，東均（S52），谷口典夫の3名が和風会新理事に。平成12年3月末に橋本亮太（H7），中野有香（H7），徳永博正（H7），谷向仁（H7），森原剛史（H6），渡辺琢也（H7），辻尾一郎（H7），木下秀一郎（H6）の7名が大学院を卒業。徳永博正（H7）は豊中市民病院，渡辺琢也（H7）は日生病院，木下秀一郎（H6）は国分病院へ。南野壽重（S39）が退職。上間武（S55），鵜飼聡（S58），紙野晃人（H13）が助手に。武田雅俊（S54）教授が文部省の未来開拓研究事業「ゲノムサイエンス」によるアルツハイマー病の遺伝子取りのプロジェクト，厚生省長寿科学研究班班長，生活安全研究班班長。西川隆（S54）が科学技術庁の目標達成型プロジェクトに参画，3つの脳科学研究に。分担者として，西川隆（S54），工藤喬（S61），田中稔久（S63）が参加。教室からの科学研究費は9本。平成12年度は25名の新会員。小川，熊ノ郷，神野，八田，正木，山森は大学院に進学。平成12年3月にエディンバラ大学（Jhon S Kelly）から以倉康充（H4）が帰国し中宮病院へ，水	有珠山噴火，シドニー五輪，祝日法改正で新成人の日（1.10），介護保険　民事再生法施行（4月），白川英樹ノーベル化学賞，デビットカード，新2000円札発行，三宅島火山噴火，金融庁発足，そごう倒産，高橋尚子さんに国民栄誉賞

大阪大学	武田雅俊（S54）教授時代	2000 平成12年		野（松本）由子（H3）が Johns Hopkins より帰国し城南大学へ，府立病院の斉藤中哉がアメリカから帰国して府立病院精神科へ． 会員　本間正保（S18）逝去（7.12）．会員　野田敏（S20）逝去（12.3）．会員　別所睦美（S22）逝去（12.27）	
			1		日本脳波筋電図学会が日本臨床神経整理学会に名称を変更
			3.23	Khalid Iqbal 先生，Inga Grundge-Iqbal 先生講演会	
			3.24	小此木啓吾先生講演会	
			4	大阪市心の健康センターを開設	
			4	滋賀医大精神科に大川匡子教授就任	
			4.01	Jeffrey Cummings 教授，Michael Trimble 教授講演会	
			4.01	会員　公文明（S40）佐賀医科大学生化学教授を退官し伊丹天神川病院に	
			4.01	会員　鈴木英鷹（S59）大阪体育大学短期大学部保健福祉学科教授に	
			4.01	会員　片田珠美（S60）愛知県岡崎人間環境大学助教授に	
			4.01	会員　服部祥子（S41）大阪府立看護大学から大阪人間科学大学へ異動し新学部創設	
			4.01	会員　高石譲（S60）近畿中央病院部長に	
			5	小川朝生（H11），熊ノ郷卓之（H11），陳元太（H11），神野由華（H11），八田直己（H11），正木慶太（H11），山森英長（H11），横小路美貴子（H11）の8名が臨床研修を終了	
			5	武田雅俊（S54）精神神経学雑誌の編集委員長を務める（2012年まで）	
			6.07	会員　幸泉久子（S40）オハイオ大学のセミナー	
			6.11	第3回和風会研究会　滝川守國鹿児島大教授特別講演	
			6.29	歓送迎会	
			7.01	兵庫県立高齢者脳機能センターの谷向知（H1）は大府市中部病院に精神科を開設．	
			7.08	日本神経学会近畿地方会を大阪国際会議場において主催	
			9.08	南光新一郎　帝京大教授講演会	
			9.11	谷上博士，大塚ジーン研究所長セミナー	
			10.01	会員　近藤秀樹（S48）NTT 西日本病院神経科部長から神出病院副院長に	
			10.01	会員　柏木雄次郎（S63）教室から小西博行（S50）の後任として関西労災病院神経科部長に	
			10.23	Anthony Brown オハイオ大学教授セミナー	
			11.25	和風会総会　特別講演　杉田義郎（S48）阪大教授	
			11.25	谷向仁（H7）第1回西村賞受賞	
			12.15	医局忘年会	

大阪大学	武田雅俊（S54）教授時代	2001 平成13年		5月に第97回日本精神神経学会を小池淳（S35）を副会長，篠崎和弘（S53）を事務局長として大阪国際会議場で開催。演題数も参加者も飛躍的に増加し，大阪大会の参加者は2,400名と倍増。学会翌日にメンタルヘルスフォーラム大阪2001を開催し約2,000名の参加者。6月には日本老年精神医学会を工藤喬（S61）を事務局長として開催。また6月には第14回日本思春期青年期精神医学会を健康体育部の井上洋一（51）教授を会長として大阪大学コンベンションセンターにて開催。11月に第5回日本ロールシャッハ学会が辻悟（S25）先生を大会長，福永知子（S51）先生を事務局長として開催。大河内正康（H2）が助手。徳永博正（H7），谷井久志（H4）がシニア医員。現在の構成員は，助手以上が14名，シニア3名，研修医16名，大学院生25名，技術補佐員3名，秘書4名，テクニシャン4名の約70名。19名の新会員を得て和風会会員数は598名。和風会誌第44号から西村健名誉教授の揮毫による題字を使用。 会員　谷口和覧（S31）大阪学院大学教授　逝去（1.17）。会員　渥美正也（H6）逝去（3.16）。会員　北川俊夫（S27）逝去（8.7）。会員　沖野博明（S24）逝去（8.28）。会員　工藤義雄（S26）浅香山病院長逝去（10.30）。会員　布施敏信（S15）逝去（12.10）。会員　山野顕（H10）逝去（12.20）。	米国同時多発テロ事件（9.11），野依良治ノーベル化学賞，中央省庁再編（1府12省庁），サッカーくじ「toto」発売，USJ・TDS開業，狂牛病（BSE），ヒトの全ゲノム塩基配列を解読，東京大阪間「シャトル便」制度導入，旧石器発掘ねつ造，エクスプレス予約開始，iPod（アップル社）発売，ETC導入，店内ATM設置（セブンイレブン），「三井住友銀行」誕生（住友・さくら銀行合併），ケータイ「GPS機能」開始
			1.01	省庁の再編，厚生労働省，文部科学省など
			2.16	和風会講演会　小山司北海道大学教授　講演
			3.31	会員　清水將之（S36）三重県立あすなろ学園を定年退官
			4	京大精神科に林拓二教授就任
			4.01	会員　田伏薫（S37）浅香山病院院長に就任
			4.01	会員　杉本央（S51）阪大医学部病態制御医学教授に就任
			4.01	会員　丸山総一郎（S62）親和女子大学教授に就任
			4.01	会員　夏目誠（S51）大阪樟蔭女子大学教授に就任
			4.01	会員　総田純次（S60）岡崎の人間環境大学へ
			4.01	会員　楯林義孝（H1）ニューヨークから帰国し和光市の理化学研究所へ
			4.01	会員　吉田功（S42）日生病院から関西福祉科学大学へ
			4.01	会員　山下仰（S62）その後任として教室から日生病院神経科部長に就任
			4.8	会員　頼藤和寛（S50）神戸女学院大学教授　逝去
			5.17～19	第97回日本精神神経学会を国際会議場にて主催（大会長武田雅俊（S54））
			5.20	メンタルヘルスフォーラム大阪開催
			6.08		池田小学校事件
			6.13～15	第16回日本老年精神医学会を大阪国際会議場にて開催
			6.22	歓送迎会
			6.24	和風会研究会　特別講演　小出浩之岐阜大学教授
			6.30～7.1	第14回日本思春期精神医学会を大阪大学コンベンションセンターにて主催（井上洋一大会長）
			8.31	西川徹東京医科歯科大教授の講演会

大阪大学	武田雅俊（S54）教授時代	2001 平成13年	9.11		ニューヨーク世界貿易センタービルに旅客機激突
			10.03	会員　工藤義雄（S26）浅香山病院長　逝去	
			11.1〜03	第5回日本ロールシャッハ学会（辻悟（S25）大会長）を大阪大学コンベンションセンターにて開催	
			11.02	Roger Nitschチューリッヒ大教授セミナー	
			11.24	和風会総会　加藤進昌東京大学教授および林拓二京都大学教授	
			11.24	安野史彦（H6）第2回西村賞受賞	
			12.14	医局忘年会	
		2002 平成14年		教室に助手として廣常秀人（S61），谷井久志（H4），数井裕光（H1）が，シニア医員として岩瀬真生（H6），小笠原將之（H6），以倉康光（H4）が加わった。教室から，上間武（S55）が大阪府立病院精神科部長に，中尾和久（S58）が甲南女子大学へ，水田一郎（S58）が神戸女学院大学へ赴任。キルギスからのTalant夫妻に加えてバングラデッシュからのBegum Nurun Nessaとご主人のAsik，北京からのJinang Jingweiが大学院生として参加。現在の構成員は，助手以上が13名，シニア5名，研修医9名，大学院生23名，技術補佐員3名，秘書4名，テクニシャン4名の約70名。入局者17名。神出病院の近藤秀樹（S48）がハートランド信貴山病院へ。住友病院の多田國利（S48）がアイノクリニックへ移り，後任として成人病センターの角典哲（S61）が住友病院心療内科部長に就任。慈恵医科大学の館直彦（S57）が聖徳大学児童学科へ。小林敏子（S58）は関西福祉大学から大阪人間科学大学へ。海外留学中は，New York Staten Islandの辻晃一郎（H7），谷向仁（H7），New York Albert Einsteinの吾妻安（H11），NIHの橋本亮太（H7），Chicagoの小池裕子（H8），Floridaの中野有香（H7），UCLAの森原剛史（H5），Torontoの黒田公美（H9），石井良平（H6）。中部病院の谷向知（H1）は4月より筑波大学精神科へ異動し，その後任に金沢医大の服部英幸（S56）は4月から中部病院へ異動。会員　三輪淳（S15）逝去（1.17）。会員　清野宗佐（S19）逝去（2.3）。会員　水津和夫（S28）逝去（7.6）。会員　東純行（S17）逝去（12.21）	欧州通貨統一（ユーロ），総人口1億2647万8672人（3月），ペイオフ解禁（4月），牛肉偽装事件，公立学校完全週5日制（4月〜），サッカーW杯日韓共催（5.31〜6.30），住民基本台帳ネットワーク（8.5〜），小柴昌俊ノーベル物理学賞，田中耕一ノーベル化学賞，精神分裂病より統合失調症に病名変更，ふたご座流星群観測（12.14）
			2.22	和風会講演会　古川壽寛名古屋市立大教授講演	
			4	近畿大学精神科に人見一彦教授就任	
			6.09	第5回和風会研究会　倉知正佳富山大教授特別講演	
			6.21	歓送迎会	
			7.06	会員　水津和夫（S28）逝去	
			8.24〜29		日本精神神経学会の百周年の記念事業と第12回WPA横浜大会が開催。参加者6200名を数えて無事に終了
			9.20	和風会講演会　小島卓也日本大学教授　講演	
			10.3〜4	第21回日本痴呆学会を大阪大学コンベンションセンターにて主催	
			10.5〜6	アルツハイマー病および関連疾患の分子神経生物学」国際シンポジウムを大阪サンパレスにて主催	
			11.30	和風会総会　特別講演　井上洋一（S48）阪大健康体育部教授	
			12.13	医局忘年会	

大阪大学	武田雅俊（S54）教授時代		改組により多くの病院の名称が変わる。国立大阪病院が国立病院大阪医療センターに，中宮病院が大阪府立精神医療センターに，大阪府立病院が大阪府急性期総合医療センターに名称変更。篠崎和弘（S53）和歌山県立医科大学神経精神医学教授に。教室には胡谷和彦が大阪第二警察病院から助手として戻り，NTT西日本大阪病院精神科部長として赴任し，その後に江坂病院から越智隆也が助手に。新たに岩瀬真生（H6），田上真次（H8），石井良平（H6）が助手に。熊ノ郷卓之（11）は健康体育学部助手に。熊ノ郷卓之（H11），八田直己（H11），正木慶大（H11），安田由華（H11）が大学院を修了。木村修代（H12），山村修平（H12），森島宏子（H13）が大学院生に。助手以上が13名，シニア5名，研修医4名，大学院生25名，技術補佐員3名，秘書4名，テクニシャン8名の約70名。 8名の新会員で，和風会の会員数は598名。 会員　古荘和郎（S35）逝去（1.7）。会員　蒲生達三（S27）逝去（2.24）。会員　杉原方（S16）元関西学院大学教授　逝去（9.13）。会員　石川洋蔵（S45）逝去（9.24）。会員　浅尾博一（S20）和歌山医大助教授，中宮病院院長，浅香山病院院長　逝去（10.26）	コロンビア墜落事故，イラク戦争　自爆テロ相次ぐ，ツベルクリン廃止（小1，中1），たんぱく質を作る細菌を作製，人間の長寿遺伝子を発見，長崎ハウステンボス倒産（営業継続），日本郵政公社発足（4.1），ヒトゲノム解読完了，遺伝子32615，高校新学習指導要領実施，サラリーマン医療費3割負担，宮城県沖で地震（震度6，5.26），6万年ぶり火星超大接近（8.27），国立大学法人法成立（89法人），沖縄にモノレール（愛称・ゆいレール），阪神18年ぶりセリーグ優勝，東海道新幹線品川駅開業（10.1），世界人口63億人，中国有人宇宙船打ち上げ（10.15）成功，過去最大の素数発見（約632万桁），東海道新幹線40億人旅客輸送達成，超伝導リニアモーターカー時速581キロ，出生率1.29
				WHO「たばこの規制に関する世界保健機関枠組み条約」
		2	小阪病院に13階建ての新病院が完成	
		2.08	第95回近畿精神神経学会を大阪国際会議場にて主催（24年ぶりの地方会の復活）	
		2.14	宮本英七（S38）熊本大学教授講演会	
	2003 平成15年	4.01	篠崎和弘（S53）和歌山県立医科大学精神科教授に就任	
		4.01	西川隆（S54）大阪府立看護大学リハビリテーション学教授に就任	
		4.01	水田一郎（S58）神戸女学院大学教授に就任	
		4.01	中尾和久（S58）甲南女子大学教授に就任	
		6.08	第6回和風会研究会　加藤敏自治医大教授特別講演	
		6.08	篠崎和弘（S53）教授・西川隆（S54）教授・水田一郎（S58）教授・中尾和久（S58）教授就任祝賀会	
			加藤佳也（S57）大阪教育大学発達障害福祉学教授に就任	
			岡本正子（S49）大阪教育大学教育学部教授に就任	
		6.27	歓送迎会	
		7.16		心神喪失者等医療観察法の公布
		7.19	Edward Kooカリフォルニア大学教授セミナー	
		9		第27回日本神経心理学会を田邉敬貴（S52）が開催（松山市）
		9.05	山上皓東京医科歯科大学教授講演	
		9.08	Bruce Millerカリフォルニア大学教授セミナー	
		9.13	会員　杉原方（S16）元関西学院大学教授　逝去	
		10.26	会員　浅尾博一（S20）和歌山医大助教授，中宮病院院長，浅香山病院院長　逝去	
		11.29	和風会総会　西川隆（S54）大阪府立看護大学教授特別講演	
		12.19	医局忘年会	

大阪大学	武田雅俊（S54）教授時代	2004 平成16年		平成16年度は教室開講110年目。本年度は、昨年度からの新研修医制度が始まり、本年度は新しい研修医の入局のない年度。途中入会、他科からの転科、大学院生として合計7名の新会員、会員数は598名。新入会員は、Aidaralieva Nuripa, 泉本麻千子, 江副智子, Golam Sadik, 児島直樹, 辻野栄作, 松村博隆の7名。 教室構成員は、助手以上が13名, シニア5名, 研修医4名, 大学院生25名, 技術補佐員3名, 秘書4名, テクニシャン8名の約70名。講義こま数が約1/3に減少し、講義に変わってベッドサイドの実習に重きを置くことになった。プレラウンドとして1週間の実習、さらにクリニカルクラークシップとして3週間の精神科実習。研修医制度は2年間のローテイト研修となり、精神科は2年目の一ヵ月が必修となった。助手以上13名の資格者が科学研究費を申請し文部科研費の獲得11本。阪大病院が来年度の病院機能評価を受けることとなり、1月から病棟の禁煙化。 名誉会員　清水信夫　元阪大高次研教授　逝去（3.25）。会員　武貞昌志（S31）逝去（4.2）	新1万円, 5千円, 千円札発行（11月）, みなとみらい21線開通（2.1）, 民営化で成田国際空港に変更（4月）, 法科大学院開設（4.1）, 消費税総額表示価格スタート（4.1）, アテネ五輪（8.13〜29）, 配偶者特別控除廃止, 牛丼販売休止（大手4社）, 九州新幹線部分開業（3.13）, ピーターパン誕生100年, 裁判員制度法成立, 年金法成立, 平均寿命（男78.36歳, 女85.33歳）, 新潟で集中豪雨, 人口1億2,682万人, 浅間山21年ぶり噴火（9.1）, 日本プロ野球史上初のスト（9.18・19）, 真夏日各地で最多記録更新, イチロー最多安打262（84年ぶり更新）, 新潟県中越地震, 楽天が野球パ・リーグに新規参入, スマトラ沖地震（12.26）
			2.27	和風会講演会　神庭重信九州大学教授講演会	
			3.25	名誉会員　清水信夫　元阪大高次研教授　逝去	
			4.01	国立大学法人法により大阪大学は<u>国立大学法人大阪大学</u>に改称	
			4.01		日本精神神経学会の専門医制度がスタート
国立大学法人大阪大学			4.01	会員　松本和雄（S36）関西学院大学を定年, 関西福祉科学大学教授に	
			4.01	会員　井上健（S42）その後任として、関西学院大学教授に	
			4.01	会員　宮本英七（S39）熊本大学医学部薬理学教室を定年退官し早稲田大学理工学部教授に。	
			4.01	会員　岡山孝政（H2）警察病院から近畿中央病院神経科部長へ	
			4.01	会員　越智直哉（S59）国立病院大阪医療センター部長に	
			4.01	会員　楯林義孝（H1）理化学研究所から東京都精神医学総合研究所に	
			4.02	会員　武貞昌志（S31）逝去	新研修医制度開始
			5.18	Friedland 博士セミナー	
			6.02	第7回和風会研究会　平安良雄横浜市大教授　特別講演	
			10.01	大阪大学心の保健室事業を中之島センターにて開始	
			11.25	Tim Crow 教授講演会	
			11.29	和風会総会　篠崎和弘（S53）和歌山医大教授　特別講演	
			12.17	医局忘年会	
			2005 平成17年	教室開講111年目。新研修医制度、大学の独法化。一昨年度からの新研修医制度により新人の入局のない年度だが、和風会では、梅本愛子, 鎌形英一郎, 高橋大輔, 田淵信彦, 濱野総一郎, 藤井志郎, 森康治の合計7名の新会員。和風会会員数は603名。森原剛史（H6）が教室助手に、足立浩祥（H11）大阪大学保健センター講師。現在の構成員は、助手以上が14名, シニア5名, 大学院生25名, 技術補佐員3名, 秘書4名, テクニシャン8名の約70名。本年度から医薬品基盤研究として年間2億円の研究	中部国際空港開港（2.17）, ペイオフ全面解禁（4.1）, 個人情報保護法施行（4.1）, 携帯電話人口普及率68.1%, JR宝塚線脱線事故大惨事（4.25）, 平均寿命（男78.64歳, 女85.59歳）, 郵政民営化法案で自民混乱, 衆議院総選挙（9.11）, 自民党歴史的大勝利,

国立大学法人大阪大学	武田雅俊（S54）教授時代	2005 平成17年	資金を獲得。名誉会長西村健（S32）が甲子園短期大学学長に。志水彰（S34）が関西福祉科学大学の学長に就任。藤本修（S52）甲子園大学教授，鈴木英鷹（S59）関西福祉大学教授。中村 祐（S61）香川大学医学部精神神経医学講座教授に就任。岡山孝政（H2）大阪警察病院。松永秀典（S56）大阪府立急性期総合医療センター精神科部長に就任。佐藤由里子（H3）留学から帰国し浅香山病院へ，谷向 仁（H7）日生病院，小池浩子（H8）関西労災病院，喜多村祐里（H14）大阪大学医学系研究科生体生理医学専攻生理学講座へ	つくばエクスプレス開業（8.24），高速道路回数券利用停止（9.1），日本道路公団分割民営化（10.1），平成の大合併50市町誕生（10.1），パキスタンでM7.6の地震（10.8），人口1億2,775万人，「三菱UFJフィナンシャルグループ」誕生，燃油サーチャージ導入，マル優廃止（12月），携帯電話人口普及率68.1%
				自殺対策基本法
			2.04 和風会講演会　石田康（宮崎大）教授講演	
			4.01 大学院医学系研究科が改組し，5専攻が整備（生体整理医学，病態制御医学，予防環境医学，内科系臨床医学，外科系臨床医学）	新研修医制度が開始。精神科は必修科目に
			4.01 西村健（S32）甲子園短期大学学長就任	
			4.01 志水彰（S34）関西福祉科学大学学長就任	
			4.01 柏木哲夫（S41）金城学院大学学長就任	
			4.01 藤本修（S52）甲子園大学教授就任	
			4.01 鈴木英鷹（S59）関西福祉科学大学教授就任	
			4.04 会員　長坂五朗（S20）逝去	
			4.24 会員　角達彦（S61）逝去	
			5.25 会員　本多弘（S18）逝去	
			6.12 和風会研究会　近藤毅琉球大教授特別講演	
			7.01 中村祐（S61）香川大学医学部精神科教授に就任	
			7.6～8 生物学的精神医学会・神経精神薬理学会を大阪国際交流センターにて開催。岡山大学の小川紀雄先生が神経精神薬理の大会長を，武田雅俊（S54）教授が生物精神の会長を勤めた。韓国・中国・台湾・香港など東アジアの研究者90名を招待し，アジアからの参加者に病院や施設見学のプログラムを実施した	
			10.22 ABC研究会	
			11.07	障碍者自立支援法の公布
			11.26 和風会総会　山本晃（S53）大阪教育大教授特別講演	
		2006 平成18年	平成18年度は教室開講112年目と武田雅俊（S54）教授開講十周年。2006年10月に大阪外国語大学との合併。職員の任期制の活用。現在の構成員は，助手以上が14名，シニア5名，大学院生25名，技術補佐員3名，秘書4名，テクニシャン8名の約70名。徳永博正（H7），小笠原將之（H6），橋本亮太（H7）が助手となり，谷向仁（H7），高橋秀俊（H12）がシニア医員になった。新入会員は9名，和風会の会員数は605名。成人センター精神科部長は柏木雄次郎（S63）に，関西労災病院心療内科部長は梅田幹人（S59）に，日生病院神経科部長は江川功（S51）に，大阪医療センター部長は廣瀬秀人（S61）に，住友病院心療内科部長は池尻義孝（S61）に，市立豊中病院部長は徳永まどか（H7）に交代。10周年を記念して1．業績集1996-2005 CD　武田雅俊（S54）・田中稔久（S63）編，（10年間の教室からの英文論文のPDFファイルと検索機能，和文論文のリスト，写真集），2．心のサイエンス　武田雅俊（S54）・工藤喬（S61）編（この10年間の教室からの学位論文の内容と意義とを解説した新書。メディカルレビュー社），3．絵で	近年まれにみる大豪雪，モーツァルト生誕250年，預金保護法施行，長者番付廃止，トリノ冬季五輪で荒川静香が金，ハイウェイカード利用停止（4.1～），郵便局「通常払込料金」値上げ（4.3～），WindowsMeサポート終了（6.30），しまなみ海道（西瀬戸自動車道）全線開通，太陽系惑星から冥王星除外（IAU決議），男子の皇族41年ぶりに誕生，国産機YS11ラストフライト（9.30），携帯番号持ち運び制始まる（10.24），ライブドア事件，日本郵政株式会社発足，改正教育基本法が成立，戦後生まれの首相誕生，ポアンカレ予想解決（ペレルマン），出生率1.26は過去最低，阪急・阪神が経営統合，松坂大輔レッドソックス移籍，全国の高校で履修漏れが発覚，タウンミーティングでやらせ発覚

第 8 部　資料　8 大阪大学精神医学教室を中心にした精神医学歴史年表　　879

国立大学法人大阪大学	武田雅俊（S54）教授時代	2006 平成18年		見る心の保健室　武田雅俊（S54）・田中稔久（S63）編（中ノ島キャンパスイノベーションセンター「心の保健室」における市民セミナーの記録と教室員による執筆とイラストによる精神疾患の解説。アルタ出版）を配布した。 会員　立花光雄　中宮病院院長　逝去（1.28）。会員　須藤英夫（S59）逝去（3.23）。会員　加藤薫香（S23）逝去（4.2）。会員　中川格一（S25）信貴山病院長　逝去（8.25）|
			1.28	会員　立花光雄　中宮病院院長　逝去	
			2.17	和風会講演会　小澤寛樹長崎大教授講演	
			5.19	歓送迎会	
			6.11	和風会研究会　丸田俊彦埼玉県立精神医療センター院長　特別講演	
			7	小曽根病院の病棟の新築	
			8.25	会員　中川格一（S25）信貴山病院長　逝去	
			9.8	青木省三　川崎医大教授講演	
			11.22	「アルツハイマー-無の世界への航跡-」武田雅俊（S54）監修，池村義明・田中稔久（S63）翻訳，Michael Juergs 著を刊行	
				「老化の生命科学」武田雅俊（S54）・大内尉義監修，Paola Timiras 著を刊行	
				「Pharmacogenomics, nutrigenomics, and future therapeutics in Alzhiemer's disease」Ramón Cacabelos（S57）, M. Takeda（S54）を刊行	
			11.25	武田雅俊（S54）教授開講十周年記念学術講演会	
			11.25	「教室業績集 1996-2005 CD 版」武田雅俊（S54）・田中稔久（S63）編集を刊行	
			11.25	「心のサイエンス-この十年の歩み-」武田雅俊（S54）・工藤喬（S61）編集を刊行	
			11.25	「絵で見る心の保健室」武田雅俊（S54）・田中稔久（S63）編集を刊行	
			12.14	忘年会	
		2007 平成19年		2007 年 10 月 14～18 日に第 13 回国際老年精神医学会を日本老年精神医学会と日本認知症学会と合同で開催。医薬品基盤研究，文部科研費，厚生科研費などで非常勤研究員を雇用して研究体制の整備。和風会の慶弔連絡をメール連絡に変更。教室では，助教以上 13 名，シニア 4 名，大学院生 16 名，技術補佐員 3 名，秘書 4 名，テクニシャン 8 名の約 60 名が教室で活動。統合失調症専門外来と児童外来とが始まる。和風会臨床検討会が北部，中部，南部で始まる。入院病床の効率化のために北摂地方診療所とのメーリングリストを整備。 2007 年 7 月 1 日愛媛大学精神科教授田邉敬貴　逝去。秋田の飯島壽佐美（S46）が秋田回生病院へ異動。松籟荘の広瀬棟彦（S58）が開業，その後任として教室から紙野晃人（H13）が異動。梶本修身（S63）が大阪外国語大学から大阪市立大学へ，谷向知（H1）が筑波大学から愛媛大学に異動。筑波には後任として安野史彦（H6）が赴任。 会員　杉村史郎（S25）逝去（1.16）。会員　清水宏俊（S36）逝去（2.16）。会員　角辻豊（S37）逝去（5.11）。会員　田邉敬貴（S52）逝去（7.1）。会員　胡内就一（S24）逝去（10.19）。会員　蔭山登（S29）逝去（12.4）	ATM 10 万超現金振込不可（1.4～），台湾新幹線開業（1.5），防衛「省」に昇格（1.9），オイラー生誕 300 周年，「ウィンドウズ・ビスタ」1.30 発売，能登半島で大地震（3.25），JR 東「キヨスク」から「キオスク」（7.1～），43 年ぶり全国学力調査（小 6 中 3）実施，国民投票法，改正少年法成立，教授・准教授・助教・助手の新職制，浜松・新潟が政令指定都市，初の猛暑日（5.27 宮崎市・豊後大野市），みどりの日（5.4），昭和の日（4.29），自動車運転過失致死傷罪新設，平均寿命（男 79.00 歳，女 85.81 歳），今夏は記録的猛暑日が続く，74 年ぶりに最高気温更新 40.9℃（多治見市，熊谷市），熱中症死相次ぐ，6 年半ぶり皆既月食（8.28），17 年ぶり電力需給調整（東京電力），100 歳以上 3 万人を超える，郵政民営化（10.1～），万能細胞（iPS 細胞）作製に成功，国立新美術館開館（1 月）
			2.23	千葉県精神科医療センター計見一雄先生講演	

国立大学法人大阪大学	武田雅俊（S54）教授時代	2007 平成19年	6.01	和風会研究会　佐野輝鹿児島大教授特別講演	
			7.01	会員　田邉敬貴（S52）愛媛大精神科教授　逝去	
			7.02	精神科懇親会	
			9.07	愛知医科大兼本浩祐先生講演	
			10.14 〜18	第13回国際老年精神医学会（IPA2007Osaka Silver Congress）を大阪国際会議場にて主催	
			12.14	医局忘年会	
		2008 平成20年		平成20年，教室開講114年目。大学で官職名が変わり，助教授は准教授，助手を助教に呼称変更。職員の任期制あるいは非常勤職員の活用が進む。新研修制度により一時期減少していた入局者数が戻りつつあり本年は10名の新入会者。教室は，助教以上14名，シニア5名，大学院生17名，特任研究員7名，臨床心理士3名，秘書4名の約50名。 2008年9月11〜13日に富山での日本神経化学会（生物学的精神医学会，Asia Pacific Biological Psychiatryとの合同）を担当。 2008年1月1日から愛媛大学助教授の池田学（S63）が熊本大学精神科教授に就任し，橋本衛（H3）とともに熊本に異動。池田学（S63）の後任として谷向知（H1）が筑波から愛媛大学に異動。筑波には後任として安尾史彦（H6）。 医薬品基盤研究としての年間2億円の研究を初めとして，文部科研費，厚生科研費などを獲得し，非常勤の研究員を雇用して研究を推進。本年度から統合失調症専門外来と児童外来とを開始。 会員　北村恒雄（H4）逝去（1月）。会員　宮本歩（S59）逝去（5.8）。会員　髙橋清彦（S20）浅香山病院理事長　逝去（5.11）。会員　本多進（S30）七山病院長　逝去（8.21）。会員　倭馬佐也（S20）逝去（10.6）	TOICA＋Suica＋ICOCA相互利用（3.29），北京五輪（8.8〜24），教職大学院発足19校（4.1），松下電器からPanasonicへ（10.1），チベット騒乱，後期高齢者医療制度スタート（4.1），メタボ健診・保健指導の義務化，中国四川大地震，後部座席シートベルト着用義務化（6.1），教員免許の更新時講習試行始まる，東海北陸道全線開通（7.5），福田首相，突然の退陣　2者連続，米証券4位リーマンブラザーズ破綻，汚染米，大量に食用転用が発覚，ノーベル物理学賞（南部・益川・小林），ノーベル化学賞（下村脩），観光庁発足（10.1）
			3.07	三邉義雄金沢大教授講演会「金沢大学精神科での臨床研究」	
			4	「精神神経学雑誌百年」の連載開始（第110巻4号から第115巻4号まで）	
			5.09	精神科懇親会	
			5.11	髙橋清彦（S20）浅香山病院理事長　逝去	
			6.08	和風会研究会　加藤邦夫高知大教授　特別講演「精神医学における大脳生理学の役割」	
			8.21	会員　本多進（S30）七山病院長　逝去	
			9.05	宮岡等　北里大教授講演会「歯科」口腔外科とのリエゾン精神医学から学んだこと	
			9.11〜13	第51回日本神経化学会を富山国際会議場において主催，第30回日本生物学的精神医学会との合同開催	
			11.29	和風会総会　水田一郎（S58）神戸女学院大学教授特別講演「ヒステリー概念はこのまま消えてしまってよいのだろうか」	
			12.19	医局忘年会	
		2009 平成21年		和風会誌第53号は西村健先生追悼号。5月29日西村健教授，逝去。享年78歳。和風会臨床研究会の担当者を変更。現在教室では，助教以上14名，シニア5名，大学院生17名，特任研究員7名，臨床心理の常勤員3名，秘書4名，の約50余名。精神科医療本体に加えて，児童精神科，緩和医療，睡眠センターを運営し，児童精神科は主に安田由華，緩和医療は谷向仁，睡眠医療は杉田義郎（S48）をはじめ，三上章良，足立，熊ノ郷が活動。入院病床の効率化を考	オバマ氏，第44代米大統領に就任，全国最年少（33）市長誕生（三重県松坂），ICカード運転免許証（1.4），裁判員制度スタート（5月），浅間山噴火（2.2），中川財務・金融相　もうろう会見で辞任，定額給付金支給始まる（3.5），遠藤実さんに国民栄誉賞，森光子さんに国民栄誉賞，森繁久彌さんに国民栄誉賞，米GM，経営破綻　国有化へ，平均寿命（男79.29歳，

第8部　資料　8 大阪大学精神医学教室を中心にした精神医学歴史年表　　　*881*

国立大学法人大阪大学	武田雅俊（S54）教授時代		えて北摂地方の診療所の先生方とのメーリングリストの活用を始めた。 新入会員7名。会員　前田憲太（H13）逝去（3月）。会員　小牟田清博（S25）逝去（4.14）。西村健教授（S32）逝去（5.29）。会員　京嶋徹（H1）逝去（10.12）。	女86.05歳），国内46年ぶり皆既日食（7.22），次は26年後（9.2），衆院選で民主党勝利，政権交代へ，民主・社民・国新連立政権樹立
		1.31	第四回日本統合失調症学会を大阪大学コンベンションセンターにて開催	
		2.01	The 1st Asian Workshop on Schizophrenia Research を大阪大学コンベンションセンターにて開催	
		2.02	東京都立梅ヶ丘病院市川宏伸院長　講演	
		5.01	精神科歓送迎会	
		5.29	西村健教授（S32）逝去，従四位瑞宝中綬章	
		6.06	西村健先生，告別式（千里会館）	
		6.14	和風会研究会　保坂隆東海大学教授　特別講演	
		9.11	笠井清登東京大学精神科教授　講演	
		10.31〜11.1	第16回日本未病システム学会を千里ライフサイエンスセンターにて開催	
		11.01	武田雅俊（S54）教授還暦祝賀会	
		11.28	和風会総会　西村健先生追悼プログラム。池田学（S63）熊本大精神科教授　特別講演	
		12.05	老年医学会近畿地方会を新大阪チサンホテルにて開催	
		12.11	医局忘年会	
		2010 平成22年	長い間教室に勤務した福永知子（S51）が退官。吉山顕次，吾妻壮（H11），安田由華が助教に。大河内正康（H2）が講師に昇任。工藤喬（S61）が准教授，橋本亮太（H7）が子どものこころの分子統御機構研究センター准教授に。田中稔久（S63），数井裕光（H1），大河内正康（H2）が教室の講師。教室では，助教以上21名（含併任），医員4名，大学院生19名，特任研究員6名，臨床心理士3名，秘書4名に加えて10名ほどのパートの研究補助・事務補助の，約70名ほどの世帯。教室と密接な関係を持って，子どものこころの分子統御機構研究センター，オンコロジーセンター，分子精神神経学寄付講座，保健センターなどが活動している。 本年度の新入会員は光田輝彦，東森百百子，山路國弘，近江翼，丸山大輔，木田香織，岡地良龍の7名。会員　北原美智夫（H12）逝去（3.6）。会員　廣﨑康尚（S30入会）逝去（4月）。会員　中島久（S27）逝去（5.28）	平成22年度。4月の宮崎県の口蹄疫，6月の南アフリカでのワールドカップ。6月の小惑星「イトカワ」を探索して無事帰還した「はやぶさ」が大きな話題となった。7月の第22回参議院選挙での民主党の大敗，9月の民主党党首選挙での小沢一郎氏の落選。11月1日には北方四島にメドベーチェフ露大統領が訪問して北方領土問題に火をつけた。11月5日には尖閣沖で中国船が海上保安庁巡視艇と衝突事件を起こし，尖閣諸島の領土問題が起こった。11月23日には韓国の延坪島（ヨンピョン）島への北朝鮮からの砲撃事件
				WHO「アルコールの有害使用低減に向けての世界戦略」
		1.19	会員　杉浦實（S31）和歌山県医師会長　逝去	
		2.26	鈴木道雄　富山大精神科教授　講演	
		3.31	福永知子（S51）助教　定年退官	
		5.14	精神科歓送迎会	
		6.06	和風会研究会　村井俊哉　京都大学教授　特別講演	
		6.06	精神科入局説明会	
		8.07	第107回近畿精神神経学会を大阪大学銀杏会館にて開催	
		9.01	酒井明夫　岩手医科大教授　講演	

国立大学法人大阪大学	武田雅俊（S54）教授時代	2010 平成22年	11.27	和風会総会　清水徹男（S52）秋田大教授　特別講演
			12.01	医局忘年会
		2011 平成23年		2011年1月から，病棟医長を数井裕光（H1）が，外来医長を大河内正康（H2）が務める。教室では，助教以上13名，医員3名に加えて，大学院生，特任研究員，臨床心理士，秘書などの常勤に加えて，最近はパートの研究補助・事務補助の方が増えて65名ほどの世帯。4月にはキューバからのLeonides Canuet君がスペインの研究所に移動。7月から3ヵ月間台湾ユーリ病院からの精神科医Kung Fan-Chinが3ヵ月間教室に滞在。平成23年度から文部科学省の脳科学戦略プログラムに採択された。 新入会員は，今村悟，清水芳郎，水田直樹の3名。会員　田口智巳（H2）逝去（4.22）。会員　山田保（S39）逝去（5月）。元助教授辻悟（S24）逝去（10.6）。会員　鮫島拓弥（S25）逝去（11.15）。会員　井上修（S38）逝去（11.23）	東日本大震災。3月11日14時46分にマグニチュード9.0の巨大地震発生。3月，4月の東京は，引き続く余震，放射能被爆の恐怖，電力不足に対応する電気使用自粛の呼びかけなどの異常事態。東京で予定されていた多くの会合が中止あるいは延期。平成24年1月31日の時点で東日本大震災の死者は15,845人，行方不明者3,372人，避難者数は33万7,819人。2010年末からアラブ諸国で起こった大規模な反政府デモによるジャスミン革命。2010年12月18日のチュニジア暴動は23年間に渡るベン・アリー政権を覆し，ヨルダンではサミール・リファーイー内閣が2011年2月1日に総辞職。エジプトでは1月25日より大規模な反政府抗議運動が発生し，ホスニー・ムバーラク大統領による長期政権が崩壊。リビアでもカダフィ政権が崩壊。ビルマでのサフラン革命，米国ではウォール街占拠デモ。ギリシア，イタリア政府の債務問題は政権崩壊につながり，ユーロの通貨危機。12月17日には北朝鮮の金正日総書記の死去
			2.18	和風会講演会　池淵恵美子教授（帝京大）講演	
			3.11		東日本大震災
			4		日本医学会総会が震災のため中止
			5		日本精神神経学会は総会と震災ワークショップのみ開催
			5.21~22		日本生物学的精神医学会東京台場にて開催
			6.12	和風会研究会　曽良一郎東北大学教授特別講演	
			8.16	会員　岩井勤作（S27）逝去	
			8.26	和風会講演会　松浦雅人東京医科歯科大教授講演	
			9.6~9	ハーグでのIPA Congressにて Presidentとして武田雅俊教授出席	
			10		日本精神神経学会を延期して開催
			10.6	辻悟（S23）元助教授　逝去	
			11.26	和風会総会　田中潤也（S60）愛媛大教授特別講演	
		2012 平成24年		2011年3月11日東日本大震災と福島第一原発事故からの復興に向けての1年。2014年4月の教室百二十周年に合わせ120周年記念誌編集委員会が立ち上がる（志水彰（S34）委員長）。武田雅俊（S54）教授が日本精神神経学会の理事長に就任。 新入会者　池田俊一郎，井上聡，畑真弘，藤本美智子，松田保四（丹比荘病院院長），和田信の6名。金山大祐（H13），吉田哲彦（H14）が医員に。会員　橋本泰道（S53）領南病院長逝去（3.31）。会員　佐藤勝（S45）逝去（H24.9），会員　木下玲子（S36）逝去（10.23），会員　鈴木英鷹（S59）手塚山学院大学教授　逝去（10.23）。会員　田中迪生（S40）元大阪精神科診療所協会長　逝去（11.04），会員　矢ヶ崎明美（S42）逝去（12.1）	世界的な経済不況，2011年3月11日東日本大震災。震災後の民主党政権のもたもた，電力不足，尖閣諸島・竹島問題，中国の反日運動。フランス大統領選挙でフランソワ・オランド氏が新大統領就任（5.06）。オバマ大統領と共和党ロムニー候補との長い選挙戦でオバマ大統領の圧勝（11.06）。中国の第18回中国共産党大会で習近平（シージンピン）氏を総書記・国家主席とする7人の新体制が発足（11.08）。韓国大統領選挙でセヌリ党の朴槿恵氏が当選（12.19）。民主党野田首相は衆議院を解散し（11.16），第46回衆議院総選挙自由民主党が大勝して政権（自公連立）に復帰（12.16）。第30回ロンドンオリンピックでの日本選手の活躍と山中伸弥教授のノーベル医学生理学賞の受賞
				高石昇「現代催眠言論：臨床・理論・検証」を発刊	
			2.17	和風会講演会　川崎康弘金沢医科大学教授　特別講演「精神科医の活躍の場としてのサイコオンコロジー」	
			4	浅香山病院が公益財団法人に移行	

第8部　資料　8 大阪大学精神医学教室を中心にした精神医学歴史年表　　883

国立大学法人大阪大学	武田雅俊（S54）教授時代	2012平成24年	5.18	精神科歓送迎会	
			5.26	武田雅俊（S54）教授　日本精神神経学会理事長に就任	
			6.10	和風会研究会　中里信和東北大学教授　特別講演「てんかん包括医療の新時代」	
			9.21	和風会講演会　田中究神戸大学准教授　特別講演「双極性障害と発達障害」（ホテル阪急エキスポパーク）	
			9.28〜30		第35回日本生物学的精神医学会（神戸）
			10.9〜10	日本精神科病院協会主催による第1回日本精神科医学会学術大会が開催（大阪国際会議場にて）	
			11.24	和風会総会　会員　夏目誠（S51）特別講演「事例から知るストレスと適応障がい」（千里阪急ホテル）	
			12.05〜08	武田雅俊(S54)教授　神戸大学 EU シンポジウム（ブリュッセル）に出席	
			12.14	医局忘年会（ホテル阪急エキスポパーク）	
			12.15	先進医薬財団精神薬療財団 45 周年記念大会にて武田雅俊（S54）教授 Hans-Joergen Moeller 教授特別講演座長（大阪国際会議場）	
		2013平成25年		大阪大学保健センターの杉田義郎（S48），井上洋一（S51）教授の定年退官。両教授の退官記念祝賀会を開催。工藤喬（S61），水田一郎（S58）の就任記念祝賀会を開催。来年の 120 周年記念事業としての記念誌発刊の委員会が活動。 日本精神神経学会の福岡大会において，武田雅俊（S54）教授が理事長に再選される。2013 年 6 月 23〜27 日京都国際会議場において第 11 回世界生物学的精神医学会を開催し天皇皇后両陛下のご臨席を賜る。武田雅俊（S54）教授が世界生物学的精神医学会の次期理事長に選出される。 会員　神田正幸（S35）逝去，会員　辻本太郎（S45）逝去	安倍晋三内閣による安倍ノミクスの開始。大阪私立桜ノ宮高校の体罰問題が発覚（1.9），ボーイング 787 の運行停止（1.17），アルジェリア人質拘束事件（1.16），大鵬に国民栄誉賞（2.25），北朝鮮が 3 回目の核実験（2.12），ロシアに隕石落下（2.15），バチカンで新法王選出（3.13），長嶋茂雄，松井秀喜に国民栄誉賞（4.16），ボストンマラソン爆破事件（4.15），新歌舞伎座が開場，JR 九州，寝台列車「ななつ星」運行開始，三浦雄一郎，最高齢（80）でエベレスト登頂（5.23），スカイツリーからテレビ放送開始（5.31），富士山，世界文化遺産登録（6.26），参議院選挙で自民党大勝，ねじれの解消，共通番号制度成立，施行は平成 28 年 1 月，国内最高気温 41 度（四万十市）（8.12），イチロー，日米通算 4000 本安打（8.21），台風 18 号で初の大雨特別警報発令（9.16）
			2.06	豊中キャンパス大阪大学会館において井上・杉田両教授の最終講義	
			214〜16	The 3rd Asian Congress of Schizophrenia Research（バリ）にて武田雅俊（S54）教授特別講演	
			2.16	近畿精神神経学会地方会（和歌山）	
			2.22	和風会講演会　古賀良彦杏林大学教授	
			3.29	杉田義郎（S48）教授・井上洋一（S51）教授の退官記念祝賀会（リーガロイヤルホテル大阪）	
			3.31	大阪大学保健センターの井上洋一（S51）教授と杉田義郎（S48）教授が定年退官	
			4.01	工藤喬（S61），水田一郎（S58）大阪大学保健センター教授に就任	
			5.12	工藤喬（S61）・水田一郎（S58）教授就任祝賀会（千里阪急ホテル）	
			5.23〜25	日本精神神経学会（福岡）において武田雅俊（S54）教授　理事長に再選	日本精神神経学会，福岡，参加者 7,001 名に
			5.26〜29	武田雅俊（S54）教授　Australia New Zealand Royal College of Psychiatry に出席（シドニー）	

国立大学法人大阪大学	武田雅俊（S54）教授時代	2013 平成25年	6.04	武田雅俊（S54）教授　皇居にて天皇皇后両陛下にご進講	
			6.04～06	日本老年精神医学会（大阪国際会議場），大会長中村祐	
			6.08	武田雅俊（S54）教授　谷井久志（H4）と津市の大西鍛（M22）先生のお墓参り	
			6.09	和風会研究会	
			6.23～27	天皇皇后両陛下をお迎えして第11回世界生物学的精神医学会を開催，京都国際会議場において参加者2,500名の大会	
			8.17～18		日本精神神経学会主催による第1回精神科サマースクール，京王プラザ
			8.20～23	第4回アジア精神医学会（バンコク）に武田雅俊（S54）教授特別講演	
			9.06	和風会講演会　林輝明先生特別講演	
			9.19	第3回アジア神経薬理学会（北京）にて武田雅俊（S54）教授特別講演	
			9.19		精神保健福祉法の一部改正　公布
			10.02	国際老年精神医学会（ソウル）において武田雅俊（S54）教授特別講演し，IPA Service Award を受賞	
			10.19	第15回感情行動認知研究会（新大阪）を開催	
			11.30	和風会総会	

第9部

和風会会員による
精神医療サービス

和風会会員の病院，診療所

● 武田　雅俊

　現代社会における精神医療の重要性と必要性は今更言うまでもないが，精神科医療へのニーズはこれからもますます大きくなるものと思われる。現在の精神科医療サービスのおかれた状況は必ずしも十分ではない。精神疾患に対する社会の偏見，精神障がい者に対する差別やスティグマ，精神科特例をはじめとする医療経済的な制限など解決すべき課題は山積みであるが，問題を一つひとつ解決しながらより良い精神科医療の提供を実現して行きたいものである。

精神科の特徴

　筆者は精神科医療の特徴について次のように考えており，このようなことを考えながら若い人の教育に当たってきた。

1．精神科は全人的医療を担当する

　精神科は，現代の細分化された専門科目の中でほとんど唯一の全人的医療を担当する専門科であり，精神科医には生物・心理・社会を統合した幅広い視野からの臨床が期待されている。「全人的医療」は，近年繰り返して言われるようになったが，すべての医師・臨床家に求められていることではあるが，精神科医は他科医師以上にこの医師としての職業の本質的な部分を臨床の場で経験する。精神科医ほど日常的に医療を介して他人を助けることを経験できる臨床科目は他にはない。多くの精神科医は一生の仕事としてその職業を継続するが，精神科医療においては，人を助けることのできる知識と技量は，年齢と共に蓄積されていくものだからである。

2．精神医療のニーズが増大している

　精神疾患は年々増加しており，平成20（2008）年の患者数は323万人となった。このような状況を踏まえて，2012年7月に策定された「5疾病5事業」の地域医療計画において，精神疾患は国がその対策を講ずべき重要な疾患と位置づけられた。精神科患者数は，これからも社会の複雑化・高齢化とともに増加していくと予想され，複雑な社会の中で精神科医の活動は医療に留まらず，司法・教育・産業衛生などの多くの領域で期待されている。

3．心のサイエンスが花開こうとしている

　これまで，神経科学領域の基礎研究者は，精神疾患よりも神経疾患をターゲットとしてきた。以前は精神疾患に手が届かなかったからであるが，今や精神疾患は研究の主要なターゲットとなりつつある。細胞生物学・分子遺伝学・脳機能イメージングの膨大なデータをバイオインフォマティクス手法により解析・統合しようとするブレインサイエンスは，ヒト脳機能の解析を可能としつつある。2013年から欧米においてはBrain Initiative，Human Brain Projectが立ち上げられ脳回路の網羅的コネクトーム解析プロジェクトに巨額の予算が付けられるようになった。これらのプロジェクトは最終的には精

神疾患の克服を目指しており，精神疾患の解明がサイエンスの射程に入るようになった。我が国においても科学技術総合会議の提案の中に「精神疾患の解明」が盛り込まれ，精神疾患研究の重要性が認知されつつある。日本精神神経学会でも「精神疾患克服に向けた研究推進の提言」を公表しその重要性をアピールしているが，優秀なリサーチマインドを持った精神科医を育成したいと思っている。精神疾患の研究には精神科医としての臨床経験が大きな意味を持つと考えられるからである。

どのような精神科医が望まれているか

精神医療は多職種にわたるチーム医療であり，その中心的役割を担うのが精神科医師である。精神科医療はScienceそのものというよりもStates of Artsと表現するほうがわかりやすい。このような医療現場に求められる人材には，他人の力になりたいという気持がまず必要である。これは全診療科の臨床医に必要な要件であるが，精神科医には加えて以下のような要件が重要と考えている。

1．人間が好き

臨床とは患者と共に悩み苦しむことであり，本来泥臭いものである。患者の希望・要求に応えながら，絡まった糸玉を一つひとつ丁寧に解きほぐしていくような作業である。このような精神科医としての臨床場面に対応するためには「人間が好き」という条件はほとんど不可欠なものであろう。

2．複雑な臨床の場からサイエンスとして取り組むべき課題を抽出できる

上に述べたように臨床場面が複雑な泥臭いものであったとしても，その中には論理的に解決できる課題が必ずある。混沌の中から整理して，解決可能なものと不可能なもの，対応可能なものと不可能なもの，介入すべきものと時間の流れに任せるべきものとを選別することが必要と

なる。このような作業には論理的思考の訓練を十分に受けていることが重要である。

3．治療的自己を有する

心理療法家が大切にしている治療者の要件として「治療的自己」という言葉がある。これは，Watkins JGの提唱したTherapeutic Selfの訳語であるが，治療者自身の人柄が，患者の癒し・患者への治療効果に大きく影響することは多くの臨床経験により実証されている。精神科医や心理療法家には，すべからく治療的自己を磨きあげる努力が求められる。

4．新しいことへの挑戦をいとわない

精神医学には解明された疾患や障害はほとんどない。これは精神医学が未熟という意味でもあるが，言葉を代えて言うと，原因が解り治療法が開発された疾患は，他の診療科に渡してきたという事実をも表現している。精神科医は常にフロントラインに立ち新しいことに挑戦し続けてもらいたい。

これからの精神科医療に求められていること

世界保健機構（WHO）は，健康とは単に疾病または虚弱でないということだけでなく，身体的・精神的・社会的に調和のとれた良い状態（well-being）であることと定義しており，精神的に調和のとれた良い状態（mental well-being）を維持することが精神保健の目的である。

精神的に調和のとれた状態（mental well-being）の要件としては，①精神疾患がないこと，②はなはだしい不安・苦痛がないこと，③社会的に適応した行動が取れること，④自己実現ができることの4つを要件としてあげられることが多い。精神科医には，精神疾患の診断・治療に加えて，精神疾患を予防するための精神保健活動も求められる。精神科医に求められている精神保健活動は，精神疾患に罹患することを防ぐこと，不安や苦痛のない安定した精神状態を維持すること，その結果として一定の社会的規

範の中で適正な行動ができ，自分の生き甲斐を持って生活できることを援けることということができる。このような観点に立って，実際の精神科医療を推進したいものである。

和風会会員の活動

今回和風会会員の2012年度名簿を利用して，会員の活動の場について調べた。いくつかの区分が考えられるが，大きく病院勤務医（さらに国公立と私立に区分），開業医，大学勤務医，その他，勤務先が空欄の六つに区分した。会員593名のうち76名（13％）は職業欄が空欄であった。和風会会員は26歳から86歳まで分布するが，特に75歳以上の高齢者や女性に空欄が多かった。病院勤務者215名と診療所勤務医163名の比率では病院勤務者のほうが1.3倍多かった。

病院勤務医215名を，ここでは総合・公立病院と私立精神科単科病院とに区分した。公立病院の多くは総合病院であるが，国立病院機構やまと精神医療センターと大阪府立病院機構大阪府立精神医療センターなどは精神科に特化した施設であるので，便宜上総合・公立病院の中に含めた。病院勤務医のうち，総合・公立病院は88名，私立精神科病院は127名であり，私立精神科病院のほうが1.4倍多かった。多くの公立病院は総合病院の中の精神科あるいは心療内科を担当しているが，近年は公立病院の精神科病床削減の動きにより，公立病院から精神科医の人員数が減少する傾向にある。

公立病院88名の内訳

公立病院で和風会会員が5名以上勤務している施設は，国立病院機構やまと精神医療センター，大阪精神医療センター，大阪大学保健センター，大阪府急性期医療センター精神科であり，2名以上の和風会会員が勤務している公立病院・施設には，国立病院機構大阪医療センター精神科，大阪警察病院精神科，大阪厚生年金病院精神科，日生病院精神科，関西労災病院精神科，住友病院心療内科，大阪府立病院機構成人病センター精神科，大阪市総合医療センター精神科，大阪家庭裁判所，神戸家庭裁判所，NTT西日本病院精神科，市立豊中病院精神科などがある。

私立精神科病院127名の内訳

和風会会員が5名以上勤務している病院は，榎坂病院，小阪病院，浅香山病院，水間病院，茨木病院，ためなが温泉病院，吉村病院，箕面神経サナトリウム，伊丹天神川病院など。2名以上の和風会会員が勤務している病院は，ねやがわサナトリウム，小曽根病院，さわ病院，七山病院，大阪さやま病院，美原病院，浜寺病院，和泉丘病院，秋津鴻池病院，吉田病院，藍野病院，藍野花園病院，山本病院，東加古川病院，三田高原病院などである。

大阪府下の精神病床数は約2万床で，約22床/十万人である。このうち2千床が公立病院で，約1万8千床が精神科病院協会に加盟する私立精神科病院により運用されている。日本精神科病院協会に所属する精神科病院は大阪府下に47病院があるが，このうち和風会会員が勤務している病院は以下の23病院であり，約半

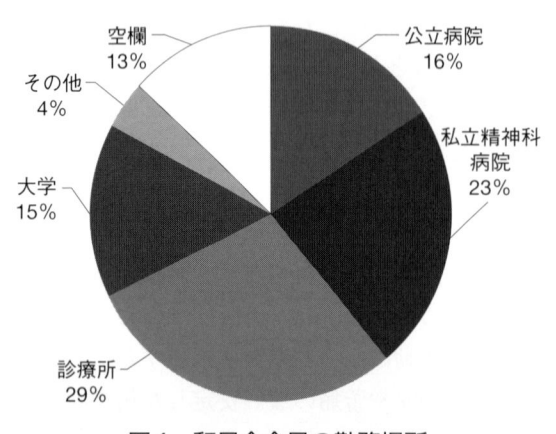

図1　和風会会員の勤務場所
（公立病院 16％，私立精神科病院 23％，診療所 29％，大学 15％，その他 4％，空欄 13％）

数（49％）を占める．

藍野花園病院，藍野病院，浅香山病院，和泉丘病院，茨木病院，榎坂病院，大阪さやま病院，小曽根病院，金岡中央病院，関西サナトリウム，国分病院，小阪病院，さわ病院，汐ノ宮病院，七山病院，新生会病院，ためなが温泉病院，寝屋川サナトリウム，浜寺病院，水間病院，箕面神経サナトリウム，美原病院，吉村病院．

これらの病院の中で，和風会会員が理事長あるいは院長として主体となって運営している病院は15病院である．浅香山病院（髙橋明（平成7年）理事長），和泉丘病院（尾崎哲（昭和53年）院長），茨木病院（髙橋幸彦（昭和35年）理事長），榎坂病院（関山守洋（昭和37年）理事長・院長），大阪さやま病院（阪本栄（昭和56年）理事長・院長），小曽根病院（小池淳（昭和35年）理事長），国分病院（木下秀一郎（平成6年）理事長），小阪病院（東司（昭和51年）理事長・院長），さわ病院（澤温（昭和63年）理事長・院長），ためなが温泉病院（為永清吾（昭和39年）理事長・院長），寝屋川サナトリウム（長尾喜一郎（平成19年）理事長・院長），水間病院（河﨑建人（昭和51年）理事長・院長），箕面神経サナトリウム（南野壽重（昭和39年）院長），美原病院（本西正道（平成4年）院長），吉村病院（和田慶治（昭和43年）院長）である．

診療所勤務の和風会会員

和風会会員の中で診療所勤務の者は163名であり，和風会員の29％であった．開業の場所はもちろん大阪府を中心とする地元の近畿地方に多いが，関東，東北，九州など全国にも点在している．大阪府下において，日本精神科診療所協会に所属している和風会会員は81名であり，大阪府下の精神科診療所協会加盟者220名の37％を占める．地域別では大阪市（29名），堺市（10名），吹田市（8名），茨木市（6名），豊中市（5名）などに多い．

大阪府下で精神科診療所を開業している者

大阪市 29 名	高橋京子，高石昇，小林良成，陳元太，山本順治，加藤公敬，本義彰，平井孝男，堤俊仁，川澄伸樹，上西圀宏，美吉伊八郎，藤本修，高山直子，山田一郎，宮前康之，高階経昭，大海聖子，井上聡，西口俊樹，髙橋清武，中村恒子，山本忍，京谷京子，南諭，杉山博通，檜山寛市，長坂仁，田畑紳一
堺市 10 名	藤本雄二，亀田英明，花尾晋一，稲谷貴義，吉田周逸，山畑清，藤田素樹，吉田充亢孝，新川久義，井畑充雄
吹田市 8 名	鬼頭有代，中嶋美奈子，中嶋照夫，岩井真二，小寺隆史，山下正，坂元秀実，森英夫
茨木市 6 名	渡辺洋一郎，宮田明，徳永五輪雄，岡達治，片山尚典，高岡秀人
豊中市 5 名	都井正剛，明石恵司，小池淳，藤田和義，赤垣伸子
東大阪市 4 名	久米真理，西村雅一，村上光道，為永一成
池田市 3 名	勝田洋一，正岡哲，大久保圭作
大阪狭山市 3 名	芝元啓治，上島哲男，上島玲子
枚方市 3 名	横山淳二，松村喜志雄，森正宏
泉南郡 3 名	音田篤，大原和雄，水野慶三
箕面市 2 名	田中千足，志水隆之
泉佐野市 1 名	湯尾弘司，
松原市 1 名	李利彦，
守口市 1 名	更家薫
八尾市 1 名	後藤守
富田林市 1 名	松島篤

大学・その他の勤務者

大学勤務者は85名であり全体の15％であっ

た。大阪大学精神医学教室はシニア医員，大学院生，教官などが約40名の和風会会員が勤務している。大阪大学内には大阪大学保健センターや関連教室で活動している会員もいる。大阪大学以外では，関西の国公立大学・私立大学において教員あるいは研究者として勤務している者も多い。全国の精神科教室では，秋田大学の清水徹男（昭和53年），和歌山県立医科大学の篠崎和弘（昭和53年），香川大学の中村祐（昭和61年），熊本大学の池田学（昭和63年）が教授を勤めている。その他の勤務場所では，精神神経センターや精神医学総合研究所などの研究機関，家庭裁判所などの司法関係，保健所など行政関係，企業の産業医などでの勤務が多かった。

和風会会員による精神医療の提供

和風会会員600名のうち312名は，私立の精神科病院あるいは精神科診療症で精神科医療の担い手として活動している。阪大精神医学教室は，近畿地方を中心とした精神科医療の現場で活躍できる人材を輩出してきたが，これからも十分な知識と技術を持った優れた精神科医療の担い手を育てていきたいと思っている。

以下に，和風会会員による精神科病院，精神科診療所の情報をまとめた。いずれもそれぞれに特色のある精神科医療を提供しているが，病院と診療所に区分して，五十音順に掲載した。

精神科医療の基幹病院として
疾患構造に適した治療・療養環境を…

- ■ 精神科医療ゾーン（948床）
  - □ 精神科救急病棟
  - □ 精神科急性期治療病棟
  - □ 精神科一般病棟
  - □ 精神科療養病棟
  - □ 認知症治療病棟
  - □ 精神・身体合併症病棟

内科24時間救急をはじめ、12の一般診療各科において専門医療を提供

- ■ 総合医療ゾーン（223床）
  - □ 急性期病棟（7：1 DPC対象）
  - □ ハイケアユニット（HCU）
  - □ 亜急性期病棟 [＊2015.4～（予定）]
  - □ 回復期リハビリテーション病棟
  - □ 緩和ケア病棟 [＊2015.4～（予定）]

地域のトータルヘルスケアに貢献

- ■ 関連施設
  - □ 介護老人保健施設 みあ・かーさ
    （在宅介護支援センター・居宅介護支援事業所・地域包括支援センター 併設）
  - □ ひまわり訪問看護ステーション
  - □ 浅香山病院ケアプランセンター
  - □ 認知症疾患医療センター
  - □ 難波クリニック
  - □ 障害福祉サービス事業所 アンダンテ
    （宿泊型自立訓練事業所・地域生活支援センター・就労ステーション）
  - □ メンタルヘルスケアセンター フィオーレ
  - □ 浅香山病院看護専門学校
  - □ 社会福祉法人 浅香山記念会
    介護老人福祉施設 かーさ・びあんか
    かーさ・びあんか 三国ヶ丘

Asakayama General Hospital
since 1922

日本医療機能評価機構認定病院 ／ 基幹型臨床研修指定病院

公益財団法人 総合病院 浅香山病院

〒590-0018　大阪府堺市堺区今池町 3-3-16
Tel.072-229-4882　http://www.asakayama.or.jp/

日本精神神経学会専門医研修施設・日本老年精神医学会認定施設・日本認知症学会専門医教育施設　他

医療法人寿栄会 有馬高原病院

- **院 長** 吉川　敦
- **住 所** 〒651-1512　兵庫県神戸市北区長尾町上津4663-3
- **TEL** 078-986-1115

診療の特徴

美しい自然環境の中、隣接する介護老人保健施設並びに特養老人ホームと高齢化する社会情勢に適応するべく、三位一体となって暖かい心の通った治療・看護をご提供し、患者さんの早期社会復帰に向けて取り組んでいます。

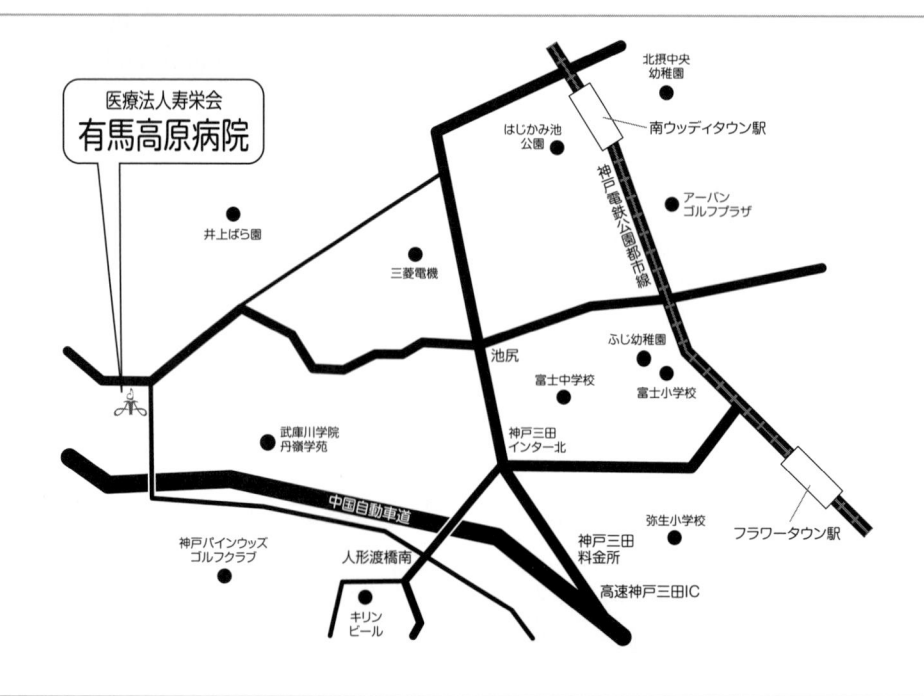

医療法人和泉会 和泉丘病院

- **院　長**　尾﨑　哲
- **住　所**　〒594-1142
  和泉市久井町1286
- **T E L**　0725-54-0468

診療の特徴　自然に囲まれた当院では、患者様の心を和ませ、心地よい安らかなひとときをお届けします。地域に根ざした癒やしの医療を追究するとともに、精神科、神経科、内科、社会復帰支援として「デイ・ケア＆デイ・ナイト・ケア」の専門医療事業を積極的に取り組んでいます。

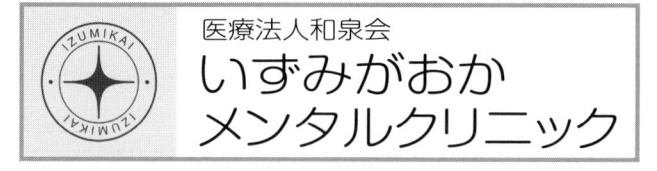

医療法人和泉会 いずみがおかメンタルクリニック

- **院　長**　山根　秀夫
- **住　所**　〒594-1101
  和泉市室堂町1723
  槌屋ビル3F
- **T E L**　0725-56-2727

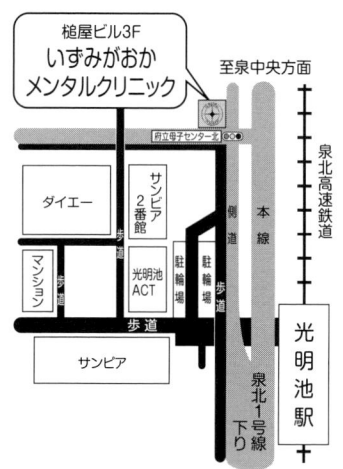

診療の特徴　光明池駅から徒歩3分という利便性に優れた場所に開業いたしました。当院は明るく、心癒やされる雰囲気を心がけており、こころとからだの健康をサポートします。

医療法人清風会 茨木病院

理事長	髙橋　幸彦
院　長	髙橋　大輔
住　所	〒567-0801　茨木市総持寺1丁目4番1号
TEL	072-622-2721
FAX	072-621-7092
診療科目	精神科・心療内科
精神科病床	350床

理　念　私たちは、患者さんを中心とした、開かれた信頼される病院として、地域と社会に貢献することを目指しています

基本方針
1. 患者さんの人権と医の倫理を尊重します
2. 説明と同意のもとに信頼される医療を行います
3. 地域との連携を深め、医療・福祉に貢献します
4. 患者さんが安心して生活できるように支援します

　入院部門では、病状の早期安定と一日も早い社会復帰を目指し、医師、看護師、薬剤師、栄養士、作業療法士、精神保健福祉士などの多職種が精神科チームアプローチを実践しています。
　外来部門では、デイケアでのリハビリテーションや訪問看護を実施しており、地域で自分らしい生活を送れるよう在宅生活のサポートを行っています。
　障害福祉サービス事業として、相談支援事業を併設した地域活動支援センターや就労支援センターで生活支援や就労支援を行っています。

平成26年1月4日より、茨木病院敷地内禁煙実施
敷地内は喫煙禁止となります。禁煙にご協力ください。

医療法人清風会　広報誌［てとて］

■アクセス
阪急電車：阪急京都線「総持寺」駅下車　徒歩8分

医療法人 松柏会 榎坂病院

〒564-0063
吹田市江坂町4丁目32番1号
TEL.06-6384-3365
FAX.06-6384-3446
http://www.esakahp.or.jp/

理事長：関山 守洋
院　長：関山 守洋

■診療科目
精神科・神経科・内科

■開設年月日
昭和40年11月9日

■病院概要
　当病院は都心近くの閑静な住宅地の中にあり、しかも広大な服部緑地と隣接しています。入院患者さんが常に社会との接触を維持するとともに、一方で豊かな自然と接することができる得がたい立地条件を備えております。当院は創立以来開放的な治療をめざしています。現在入院患者さんの半数以上に外出許可がでており、このような環境の中で社会復帰をめざされています。病院では医師による精神療法はもちろん作業療法、生活技能訓練が作業療法士、臨床心理士、ケースワーカーその他スタッフとともにおこなわれており、チーム医療によって患者さんの社会復帰を援助しています。看護スタッフも勉強熱心で患者さんの視線からの看護を心がけています。また、外来患者さんのより高次元の社会復帰をめざしたディ・ケアに積極的に取り組んでいます。
　病棟も全て広い片側廊下、多目的に使えるラウンジ風にするなど、21世紀の精神科病院として常に研鑽、前進しています。

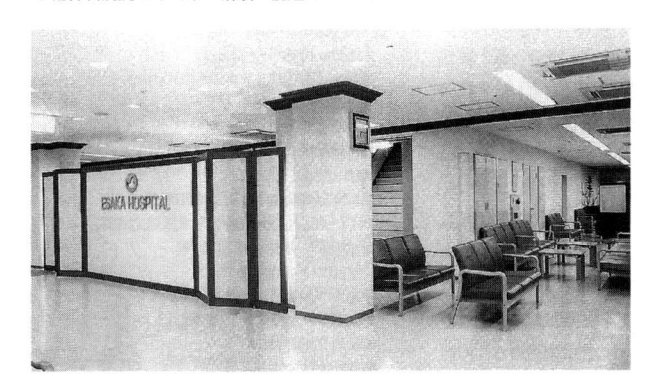

■精神科病床
精神科許可病床数　360床
精神保健福祉法指定病床数　10床
入院基本料／精神病棟入院基本料＝15：1

■看護体制
看護師比率40％以上
看護補助加算6対1

■承認施設
精神療養病棟　2病棟（120床）
精神科デイケア施設
薬剤管理指導承認施設
特別管理給食加算承認施設
二次救急医療機関

■関連施設等
特別養護老人ホーム　松柏会エバーグリーン
関連診療所　大阪健康倶楽部関山診療所

■地域精神保健活動
大阪大学医学部学生実習病院
大阪府吹田保健所医員（非常勤）
吹田市民病院精神科医員（非常勤）
臨床研修協力病院

■アクセス
地下鉄御堂筋線（北大阪急行）緑地公園駅下車西出口を南方面へ徒歩7分。

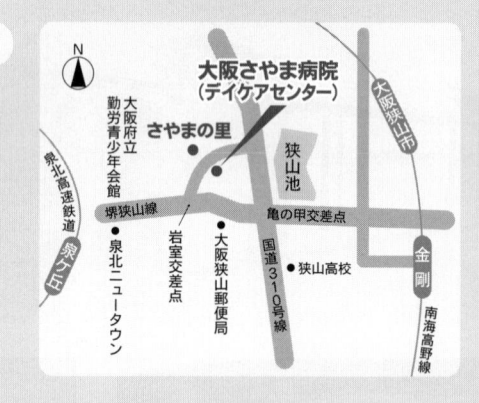

医療法人　豊済会　**小曽根病院**

精神科・内科・歯科・（許可病床数557床）
作業療法センター・デイ・ケア

医療法人　豊済会　介護老人保健施設

やすらぎ（84床）

理事長　　小　池　　　淳
院　長　　西　元　善　幸

〒561-0814　大阪府豊中市豊南町東2丁目6番4号
TEL06-6332-0135（代表）　FAX06-6332-1644
（阪急宝塚線庄内駅下車　東へ1,000メートル）

医療法人 敬愛会

理事長　大塚久喜

本部　〒669-1333　兵庫県三田市下内神525-1（三田高原病院内）
　　　TEL（079）567-5107

◆ **大塚病院**
〒669-3641　兵庫県丹波市氷上町絹山513
TEL（0795）82-7534

◆ **西宮敬愛会病院**
〒663-8203　兵庫県西宮市深津町7-5
TEL（0798）64-2255

◆ **ひかみシルバーステイ**
〒669-3641　兵庫県丹波市氷上町絹山523
TEL（0795）82-8900

◆ **神戸ポートピアステイ**
〒650-0046　神戸市中央区港島中町5丁目2-3
TEL（078）304-7733

◆ **三田高原病院**
〒669-1333　兵庫県三田市下内神525-1
TEL（079）567-5555

◆ **三田温泉病院**
〒669-1353　兵庫県三田市東山897-2
TEL（079）568-5555

◆ **豊岡シルバーステイ**
〒668-0065　兵庫県豊岡市戸牧1132-2
TEL（0796）26-8686

◆ **三田温泉シルバーステイ**
〒669-1353　兵庫県三田市東山897-1
TEL（079）568-5260

医療法人 恒昭会

Saluti et solatio aegrorum
病める人々を医やすばかりでなく、慰めるために

http://www.koshokai.or.jp/

恒昭会ホームページQRコード →

■藍野病院(茨木市)
院長： 杉野 正一
【969床】
内科、神経内科、外科、整形外科、脳神経外科、皮膚科、眼科、泌尿器科（血液浄化センター）、耳鼻咽喉科、精神科、形成外科、歯科、小児科、婦人科、リハビリテーション科、放射線科、病理診断科、麻酔科
TEL：072(627)7611
http://www.koshokai.or.jp/aino/

心身両面からのチーム医療を実践
身体疾患にも精神疾患にも対応

■藍野花園病院(茨木市)
院長： 川島 文雄
【606床】
精神科、内科、血液内科、リハビリテーション科、歯科

TEL：072(641)4100
http://www.koshokai.or.jp/aino_hanazono/

積極的な作業療法、デイケア、チーム医療で社会復帰を支援

■青葉丘病院(大阪狭山市)
院長： 小山 郁夫
【681床】
内科、精神科、整形外科、放射線科、リハビリテーション科、歯科

TEL：072(365)3821
http://www.koshokai.or.jp/aobaoka/

外来、療養、在宅をつなぐ
地域に開かれた21世紀型病院

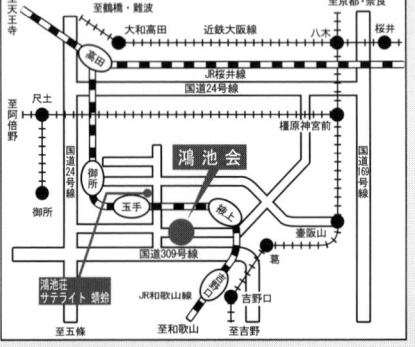

医療法人養心会 国分病院

院長 木下 秀夫

住所 〒582-0026 柏原市旭ヶ丘4-672

TEL 072-978-6072

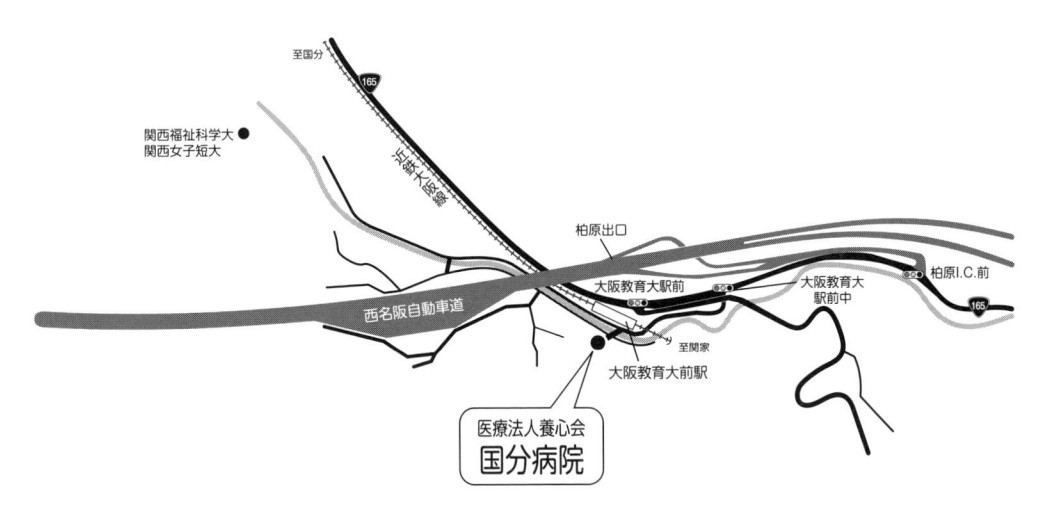

診療の特徴

当院は、救急に特化したため、どのような疾患も対応出来るように努力している。出来るだけ早期の退院を促進している。関わった疾患のうち、より専門領域の医療機関に繋いでいる。なお、スポーツ（テニス・フットサル等）療法にも力を入れている。

社会福祉法人　天心会

小阪病院

日本医療機能評価機構　認定病院

- ●理事長・院長　　東　　司
- ●診療科目　　　　精神科、神経科、内科
- ●病床数　　　　　537床

- ●〒577-0809　大阪府東大阪市永和2丁目7番30号
- ●TEL　06-6722-5151
- ●FAX　06-6722-5121
- ●URL　http://www.kosaka-ten.or.jp
- ●E-Mail　tenshinkai@kosaka-ten.or.jp

人間が人間らしい生活を過ごせることに貢献します

関連施設
- ●救護施設　フローラ
- ●特別養護老人ホーム　ヴェルディ八戸ノ里
- ●小阪病院看護専門学校
- ●訪問看護ステーション　クローバー
- ●地域生活支援センター　ふう
- ●グループホーム　フォレスト　4ケ所

KOOSAKA

社会医療法人 北斗会

さわ病院 と ほくとクリニック病院
2つの精神科病院が連動して
大阪（中部・北部）の精神科医療に貢献

ほくとクリニック病院
- 〒551-0001
  大阪市大正区三軒家西1丁目18-7
  Tel. 06-6554-1399

さわ病院
- 〒561-0803
  大阪府豊中市城山町1丁目9番1号
- Tel. 06-6865-1211
  E-mail：sawahp@hokuto-kai.com

● 診療体制（救急対応）
両病院（さわ病院・ほくとクリニック病院）とも365日、24時間眠らない病院、夜間救急時にも血液検査などが行える設備を整えています。救急対応については救急隊が困らないようにまず診察は受け、さらに救急隊が出署から病院搬送まで1時間を目標にしています。移送については、迅速な対応により入院さえ阻止できるように往診を含めた地域精神保健医療活動があるべきであると考えています。

● 連携体制
ほくとクリニック病院は、2008年9月にオープンしたスーパー救急のみの50床。大阪市内では初の精神科救急病院として地域や行政からの期待も大きく、さわ病院とも連携し、テレビ会議をはじめ情報は常に両病院で共有しています。

● 教育研究体制
院内学会（北斗学会）や外部で開催される学会で研究成果を発表するとともに、院内に各先生方をお招きしてのレクチャーなども積極的に実施しています。

血液自動分析機　　来日中のガーナー准教授による医師へのレクチャー　　震災支援活動　　訪問看護（入院阻止に向けて）

医療法人 爽神堂 七山病院

大阪府泉南郡熊取町七山2丁目2番1号
TEL. 072-452-1231
FAX. 072-453-5066
http://www.7yama.or.jp
E-mail：info@7yama.or.jp

理事長　本多 義治
院　長　本多 義治

■診療科目
　精神科、心療内科、内科、歯科

Ver.6.0
（財）日本医療機能評価機構　認定病院

■施設基準
　精神科病床数　640床
　　精神病棟入院基本料15対1　2病棟（116床）
　　　看護配置加算、看護補助加算2
　　精神療養病棟入院料　6病棟（356床）
　　精神科救急入院料1　1病棟（48床）
　　認知症治療病棟入院料1　2病棟（120床）
　精神科作業療法
　精神科ショート・ケア（大規模）
　精神科デイ・ケア（大規模）
　精神科デイ・ナイト・ケア

■関連施設
　介護老人保健施設　アルカディア
　アルカディアケアプランセンター
　そうしん堂クリニック泉佐野
　そうしん堂レディスメンタルクリニック
　グループホーム・ケアホーム「ハンモック」
　グループホーム「色えんぴつ」「クレヨン」
　訪問看護ステーション「あーん訪問看護ステーション」

医療法人清順堂 ためなが温泉病院

院 長	爲永　清吾
住 所	〒562-0033 箕面市今宮4-5-24
TEL	072-729-7615
FAX	072-728-6100
E-mail	tamenaga@live.jp

診療の特徴

精神科医療にとどまらず、内科や歯科、慢性期のリハビリも行うリハビリテーション科等を有しております。

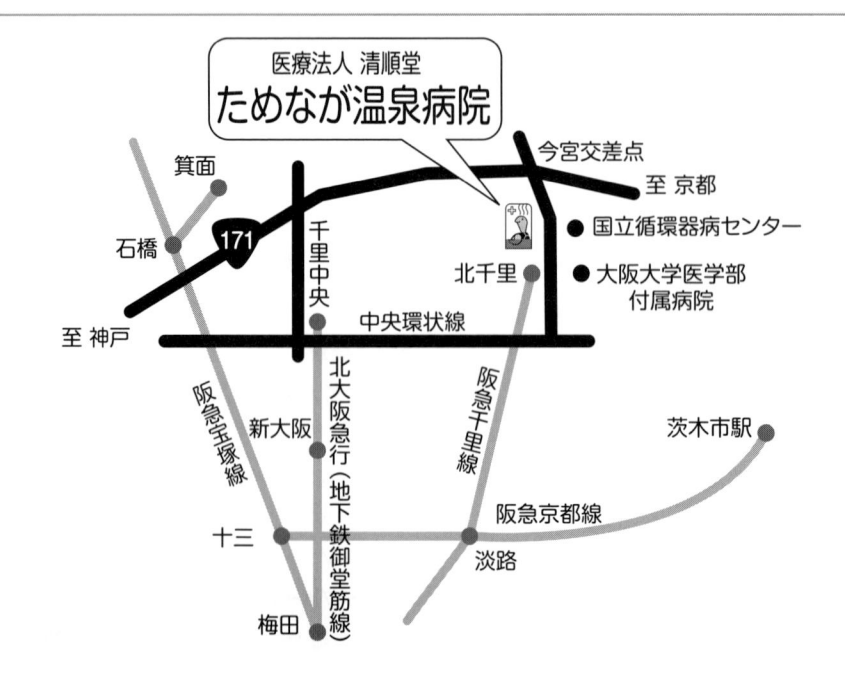

医療法人丹比荘
丹比荘病院

理事長 松田　保四

院　長 池谷　俊哉

住　所 〒583-0884
羽曳野市野164-1

ＴＥＬ 072-955-4468

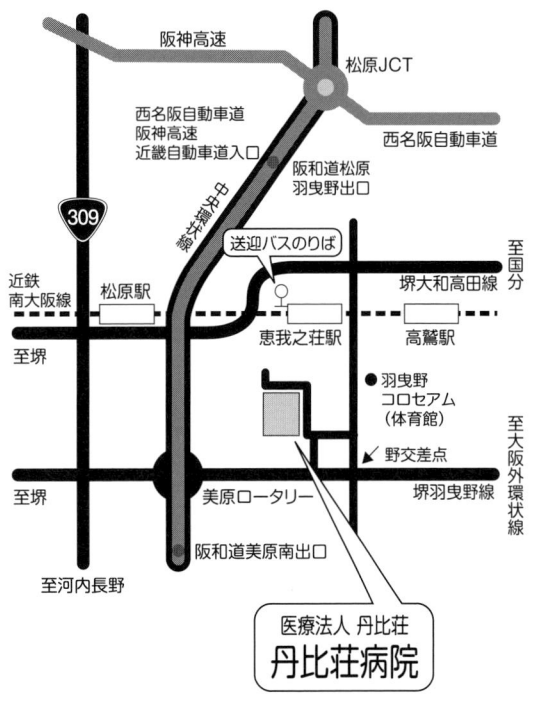

診療の特徴

当院は昭和32年開設以来、精神医療に注力し、地域社会に向かって精神保健の重要性を啓蒙し、「明るく、くつろぎのもてる開放的な治療環境」をめざして施設サービスの整備を進めてきました。

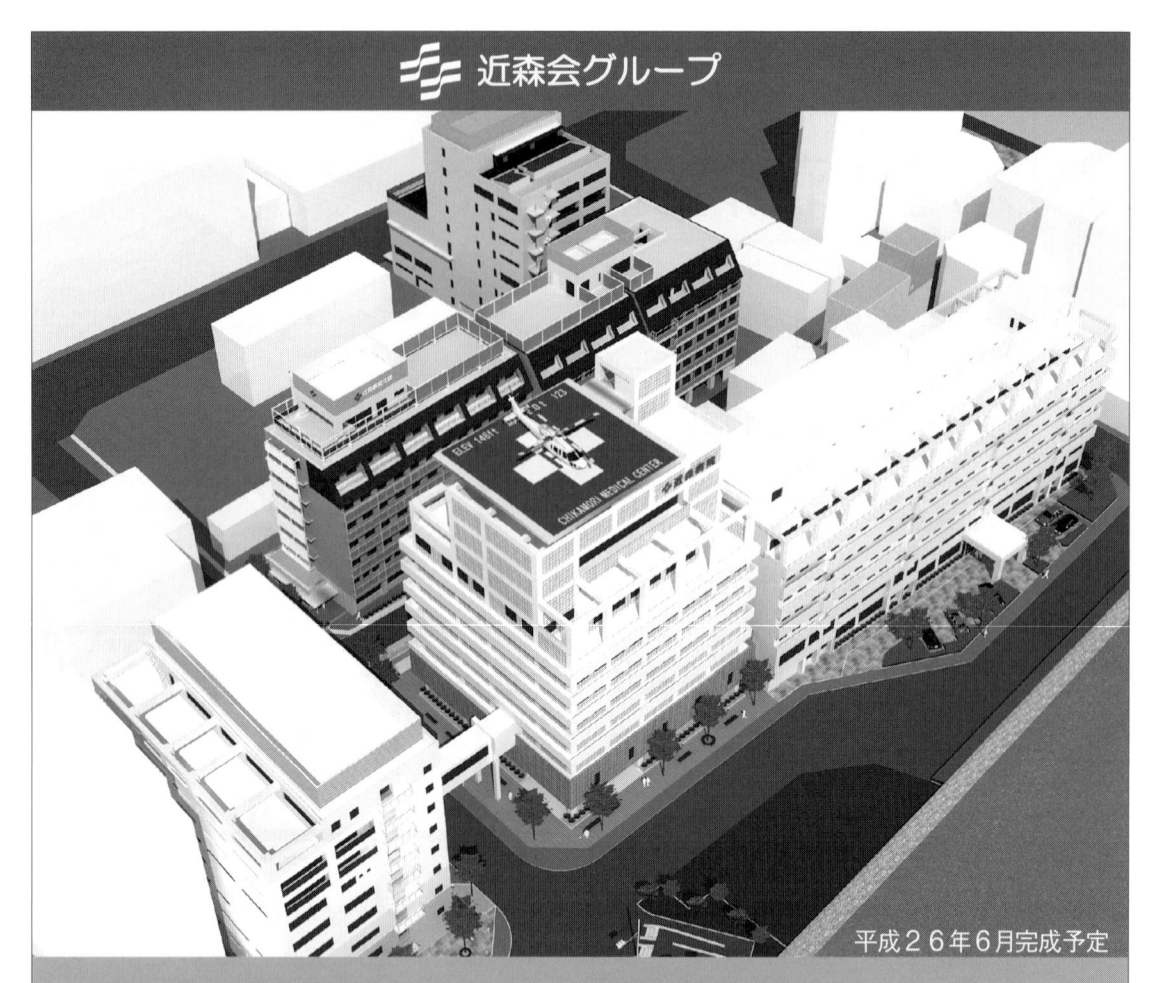

ねや川サナトリウム

長尾会クリニック

金子仁郎先生と
当院創業者、長尾喜八郎

当院の創業者、長尾喜八郎は金子仁郎先生を慕い阪大の医局に入局した。「金子先生は『何でも経験することが大事だ』と言って、当時の大阪拘置所に同行し、精神鑑定の現場を経験させてくれた」という。また、「医局会の席で『例えば新幹線の中で病人が発生し、"お医者様はいらっしゃいませんか"と尋ねられたら手を挙げる、体を診ることができる精神科医にならなければいかん』と言われていた」と語っている。金子仁郎先生の"思いやりある言葉とやさしい笑顔をみせながらの診察姿勢"をいつしか身につけていた。師の教えがどれほど大きいものであったか計り知れない。

いっしょに がんばろうよ

ホスピタルテーマ

この言葉は医療者と患者様ご家族の方が同じレベルで対等に付き合うことを表すとともに、医療者側が一方的に治療を行うのではなく、患者様の自覚と協力を得て「頑張ろうよ」という意味を表しています。また、スタッフが協力しあい、ともに患者様のために「頑張ろうよ」という意味も込められています。

(医)長尾会　ねや川サナトリウム
〒572-0854　寝屋川市寝屋川公園2370番地6
TEL.072-822-3561　FAX.072-824-1263

(医)長尾会　ながお心療内科
〒576-0036　交野市森北1丁目22番6号磐船合同ビル4階
TEL.072-810-2562　FAX.072-810-2563

(医)長尾会　長尾会クリニック
〒572-0853　寝屋川市大谷町7番3号
TEL.072-812-1771　FAX.072-812-1772

(医)守口長尾会　守口長尾会クリニック
〒570-0081　大阪府守口市日吉町1丁目2番9号
TEL.06-6994-8867　FAX.06-6994-8868

(医)長尾会　長尾会訪問看護ステーション
〒572-0853　寝屋川市大谷町7番3号
TEL.072-812-1774

(医)長尾会
宿泊型自立訓練事業所「ネヤハイム」
グループホーム・ケアホーム
　　みらい「星田」輝け「ねや川」はやぶさ「打上」

医療法人 長尾会　ねや川サナトリウム

医療法人達磨会 東加古川病院

院長 森　隆志

住所 〒675-0101
兵庫県加古川市平岡町新在家1197-3

TEL 079-424-2983

診療の特徴

当院は臨床精神科単科病院で精神科治療の最前線を自覚しております。児童青年から成人男女、老人、認知症、人格障害、覚醒剤といった広い範囲の人々を診ております。

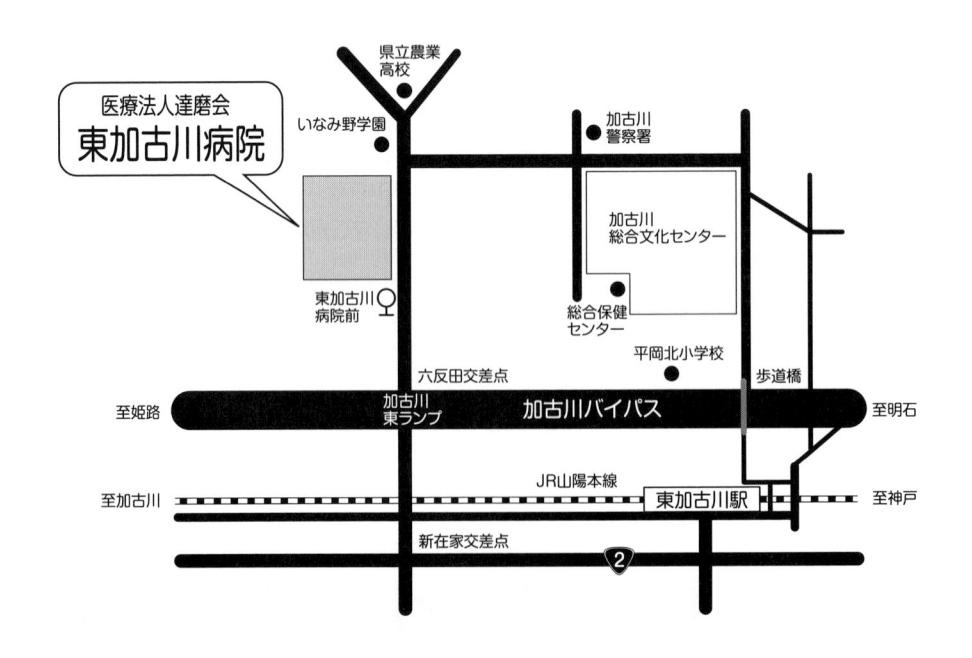

社会医療法人 頌徳会 日野病院

- ●内　　科
- ●整形外科
- ●脳神経外科
- ●リハビリテーション科
- ●放射線科

顧客満足度の高い、理想的な医療機関を目指して。

充実した体制で行き届いたリハビリテーションを提供

500㎡以上のゆったりとしたスペースに最新の設備を備え、約80名のリハスタッフが365日体制でサポート

日本医療機能評価機構(ver.6)認定
救急告示医療機関(通年制)

【診療時間】
月～土(祝日除く) 午前9:00～12:00

【病床数】
一般病床	17床
亜急性期病床	31床
回復期リハビリテーション病床	56床

訪問診療・訪問リハビリテーション・訪問栄養指導・訪問服薬指導も充実しています。

〒599-8123
大阪府堺市東区北野田626番地
TEL：072-235-0090
FAX：072-234-1029
http://www.syo.or.jp/

【アクセス】
南海高野線「北野田」駅下車徒歩15分

頌徳会グループ 紹介

社会医療法人 頌徳会
- ●日野病院　●日野クリニック
- ●介護老人保健施設 ソルヴィラージュ
- ●訪問看護センター
  - ・おひさま訪問看護ステーション北野田（日野病院内）
- ●介護支援センター
  - ・おひさまケアプランセンター（ソルヴィラージュ内）
  - ・老人介護支援センター（ソルヴィラージュ内）

社会福祉法人 頌徳福祉会
- ●介護老人福祉施設 ソルメゾン
- ●ソルメゾン診療所

FUJITO HOSPITAL

日本医療機能評価機構認定病院

医療法人 おくら会
藤戸病院

心療内科・神経内科・精神科

■理事長／藤戸 せつ　■院長／橋詰 宏　■副院長／藤戸 良輔

診療時間
- 平日・土曜日　　[AM9:00～PM1:00　PM2:00～PM5:00]
- 水曜日は上記のほか [PM6:00～PM8:00（予約のみ）]

※日曜・祝日は休診　*初診の方は、前もってご予約ください。

TEL:**088-822-3440**

高知市上町1丁目4-24 [1丁目電停北入]

http://www.fujito-hsp.or.jp/

独立行政法人国立病院機構
やまと精神医療センター （旧松籟荘病院）

院長	紙野 晃人	住所	〒639-1042　奈良県大和郡山市小泉町2815
TEL	0743-52-3081	診療科目	精神科・心療内科・神経内科・内科
外来診療受付時間	8:30～11:30	診察日	平日（月曜日～金曜日）※祝日及び年末年始除く

診療の特徴
精神科救急・結核等の身体合併症・高齢期精神障害
精神科デイケア・重症心身障害・医療観察法病棟

アクセス
JR大和路線 大和小泉駅より奈良交通バス（近鉄郡山駅行）約10分
近鉄橿原線 郡山駅より奈良交通バス（JR大和小泉駅行）約25分
上記いずれも、奈良交通バス 松尾寺口下車 徒歩約3分

※医療等のご相談は地域医療連携室（TEL・FAX 0743-54-6060）へご連絡下さい。

第9部　和風会会員による精神医療サービス

医療法人 河﨑会 水間病院

- 〒597-0104　大阪府貝塚市水間51
- TEL　072-446-1102
- FAX　072-446-5451
- URL　http://www.kawasaki-kai.or.jp
- E-Mail　mizuma-hp@kawasaki-kai.or.jp
- 理事長　河﨑 建人
- 院　長　河﨑 建人
- 診療科目　精神科、神経科、内科、歯科
- 病床　精神科病床数　541床

人間愛を基本に、一人ひとりの幸せを描く

　水間病院では「人間性の尊重・人間愛の医療・地域社会に開く医療」の理念のもと、急性期から慢性期、子供から高齢者まであらゆる精神疾患の治療に積極的に取り組んでいます。一人ひとりの患者さんとそのご家族のために、何をなすべきかを常に考え、実践し、必要なことをするためには何も惜しみません。

救急対応　　イネーブルガーデン

■河﨑会グループ

水間病院 　　神経科河﨑会クリニック 　　河﨑会こころのクリニック

希望ヶ丘（介護老人保健施設） 　　社会復帰施設 　　障害者地域生活支援センターみずま

河﨑会看護専門学校 　　水間ヶ丘（介護老人福祉施設） 　　大阪河﨑リハビリテーション大学

こどもたちの心の病に取り組む

河﨑会こころのクリニックでは、大阪河﨑リハビリテーション大学と連携して、子供たちの心の成長を助け、見守る医療を提供しています。根気よく、子供の心の発達にあわせた対応を行っています。（予約制です）
大阪府貝塚市水間158
大阪河﨑リハビリテーション大学2号館1F
（ TEL　072-446-6761）

一隅を照らす
一人ひとりのためにつくす「チーム医療」をめざして

昭和35年に開院して以来、地域に密着した病院として精神領域の疾患に苦しんでおられる方々、日常の環境ストレスから心身の健康を損なっておられる方々の明るい未来を拓けるよう、健康の回復を願い、病院スタッフ一同が志を持って患者様に接していきます。

Minoh Neuropsychiatric Sanatorium

- 理事長　秋山 澄
- 名誉院長　南野 壽重
- 院　長　清田 吉和
- 診療科目　精神科
- 病床数　345床

診療時間
- 受付時間　午前9:00～午前11:30（月～土）
　　　　　　午後2:30～午後3:30（月～土）
※木曜午後は1:00～3:30
　土曜午後は予約制（再来のみ）

Access

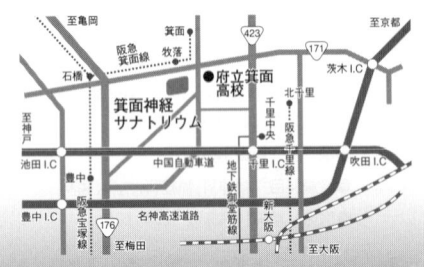

医療法人社団 澄鈴会　箕面神経サナトリウム

562-0004　大阪府箕面市牧落5丁目6番17号　TEL 072-722-3966（代）　FAX 072-721-5797
http://www.choureikai.jp/　E-mail minoss@lagoon.ocn.ne.jp

Minoh Neuropsychiatric Sanatorium

医療法人　好寿会
美原病院

〒587-0061 大阪府堺市美原区今井380番地
電話　(072)361-0545
FAX (072)361-4331
URL :http://www.mihara-hp.com
E-Mail:mihara@mihara-hp.com

理事長　片岡　尚
院　長　本西　正道

診療科目　精神科・心療内科・内科・歯科

●受付時間
　　午前　9:00　～　11:00
　　午後　1:00　～　 4:00(月・火・木・金)
●診療時間
　　午前　9:00　～　12:00
　　午後　1:00　～　 5:00(月・火・木・金)
●休診日
　　土曜日・日曜日・祝祭日・振替休日
●面会時間
　　午前 10:00　～　11:00

私たちは人々の健康を守ることを使命と考え、病める人を家族として受け入れ、優しさを大切にした医療を提供することを通じて、社会に奉仕する病院を目指します。

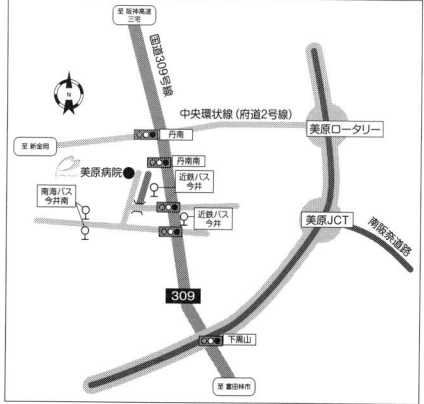

医療法人敬寿会 吉村病院

院　長　和田　慶治

住　所　〒580-0005　松原市別所7-5-3

T E L　072-336-3101

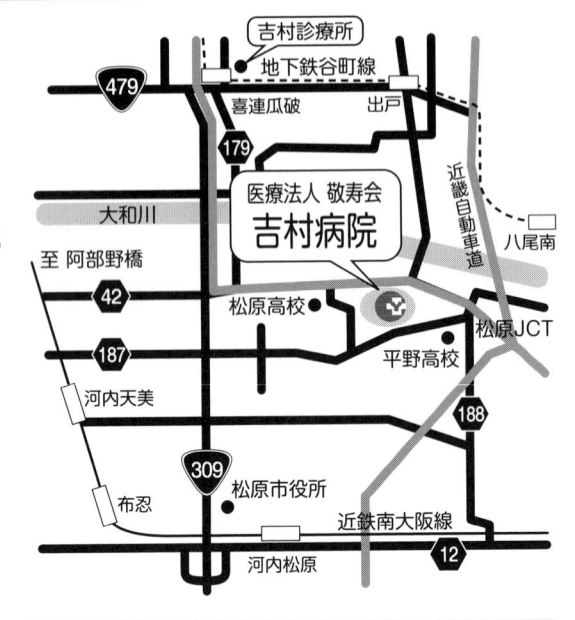

診療の特徴

昭和51年（1976年）に大阪市に隣接した松原市内に設立されました。外来部門・入院部門・リハビリ部門（作業療法・デイケア・地域生活支援室・グループホームなど）を持ち、一貫した治療体制を整えており、安全で安心して治療を受けられる病院を目指しています。そして、地域の関連する諸機関（保健所・福祉関係）や施設（作業所・訓練施設）・病院・診察所との連携を大切にしています。また、医療福祉相談室を設けていますので、遠慮なくご相談ください。

明石クリニック

院　長	明石　惠司
住　所	〒560-0026 豊中市玉井町1-2-1 豊中駅前ビル4F
ＴＥＬ	06-4865-7135

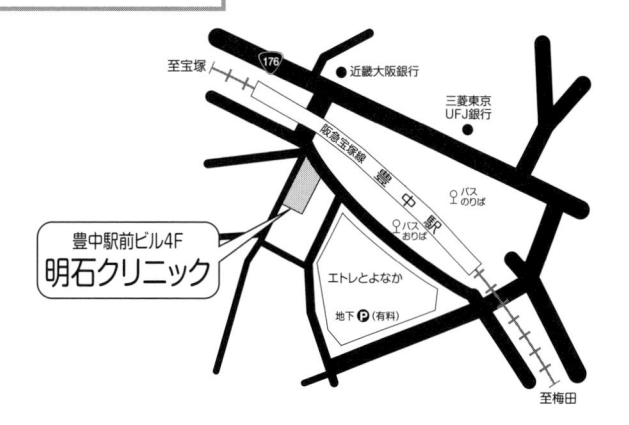

診療の特徴

完全予約制で診療をおこなっています。初診の方も電話で御予約をお願いします。

医療法人 愛和会あわの診療所

院　長	粟野　菊雄
住　所	〒600-8491 京都府京都市下京区室町通 四条下ル鶏鉾町500
ＴＥＬ	075-341-5148

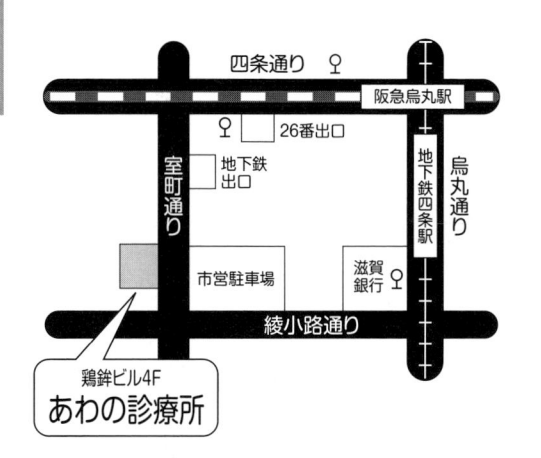

診療の特徴

不眠の治療、うつ、ストレス、不安など児童・思春期から老年期の心身のお悩みをどうぞお気軽にご相談ください。

精神科・神経内科・心療内科
医療法人 信輝會 今岡クリニック

理事長・院長　今岡　信夫（医学博士）

理事　　　　　今岡　信浩（医学博士）　日本精神神経学会専門医
　　　　　　　　　　　　　　　　　　　　日医認定産業医・精神保健指定医

理事　　　　　今岡　瑠璃　　　　　　　　内科医（糖尿病）

〒586-0001
大阪府河内長野市木戸1丁目1-3
（南海高野線千代田駅　徒歩1分）駐車場有

TEL：0721-52-1102　　E-mail：shinkikai@nifty.com

医療法人臨研会 今川クリニック

院長　今川　正樹

住所　〒553-0003
　　　大阪市福島区福島6-4-10
　　　ウエストビル2F

TEL　06-6442-9780

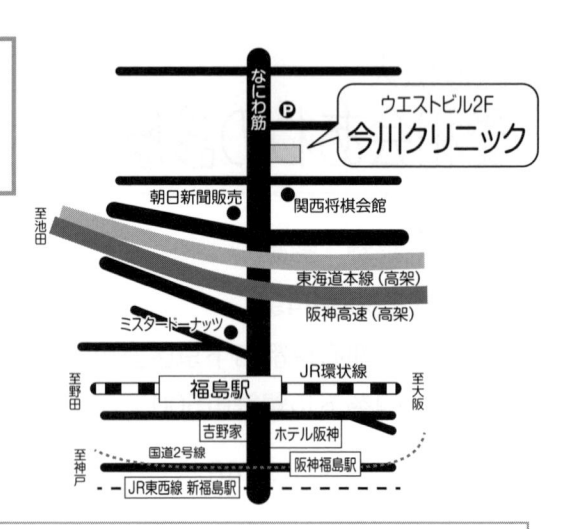

診療の特徴

当院に来院される患者の大半が認知症（特にアルツハイマー病）の故、治療法は下記の通りです。
①抗認知症②ミトコンドリア療法（鉄・ビタミン剤等）③芸術療法

医療法人 上島医院

- 院　長：渥美　正彦
- 住　所：〒589-0022　大阪狭山市西山台1-24-20
- ＴＥＬ：072-365-6579

駐車場あり

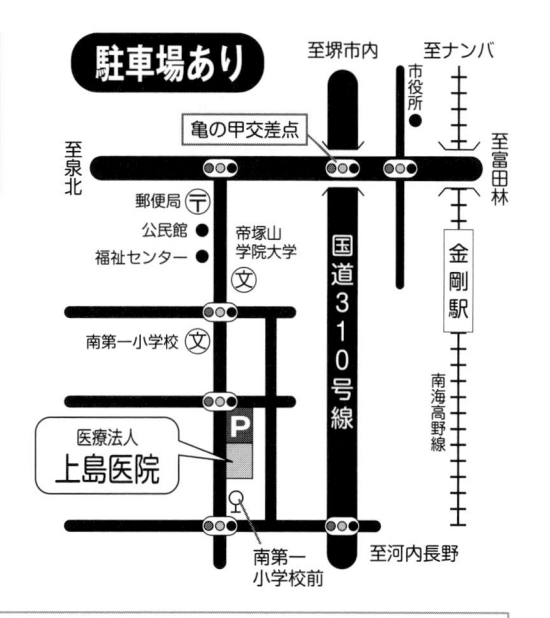

診療の特徴
女性医師による診察あり、精神科デイ・ナイトケアセンター（大規模）、睡眠医療センターを併設。予約制。

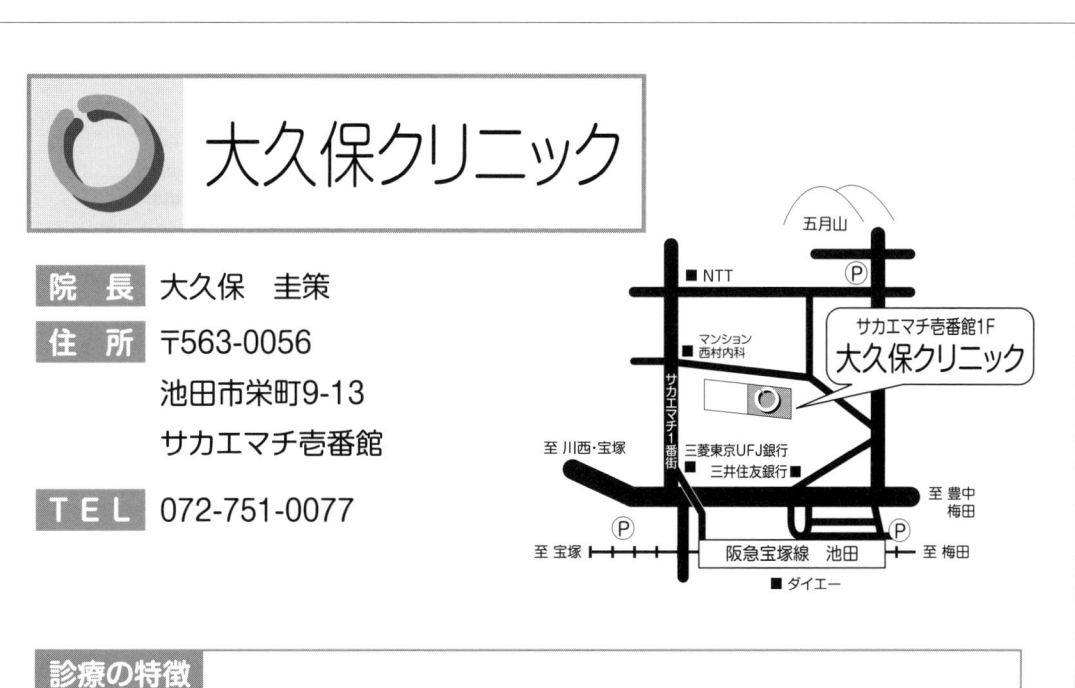

大久保クリニック

- 院　長：大久保　圭策
- 住　所：〒563-0056　池田市栄町9-13　サカエマチ壱番館
- ＴＥＬ：072-751-0077

診療の特徴
精神科、心療内科。阪急宝塚線池田駅から徒歩3分。

大海クリニック

心療内科・ストレスケア・内科・精神科

初代院長　大海　作夫

統合失調症やうつ病はもとより、心身症の治療にも力を入れています。過敏性腸症候群、片頭痛、パニック障害、更年期障害、職場のストレスの治療にも積極的に取り組んでいます。
薬物療法より、精神療法に重点をおいています。精神症状のある認知症の患者さんにも対応いたします。

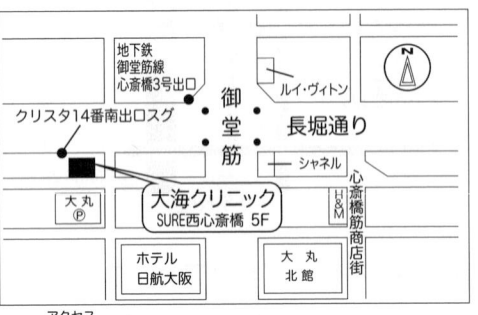

診療時間

診療時間	月	火	水	木	金	土	日	祝
午前 10:00〜午後 1:00	○	○	○	×	○	○	×	×
午後 4:00〜午後 7:00	○	×	○	×	○	×	×	×

〈休　診〉木曜日、日曜、祝日、火・土曜日午後
＊火曜日は11:00〜14:00まで
※予約制にしておりますので、あらかじめご連絡下さい。

〒542-0086
大阪市中央区西心斎橋1-13-25
高岡ビル（SURE西心斎橋）5F
　　電話　06（6243）5505
　　FAX　06（6243）5506

アクセス
・地下鉄御堂筋線／長堀鶴見緑地線「心斎橋駅」徒歩2分
・地下鉄四つ橋線「四ツ橋駅」徒歩3分

院長　大海　聖子

奥田蘇明会医院

院　長　山下　昇三
住　所　〒899-0401
　　　　鹿児島県出水市高尾野町
　　　　大久保13
T E L　0996-82-3998

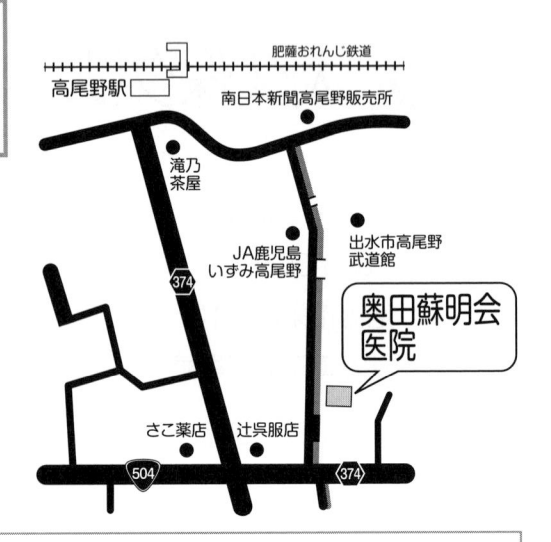

診療の特徴

皮膚科、内科、精神科、神経科などを中心に総合診療を行っております。

数井医院

- 院長　数井　誠司
- 住所　〒563-0017
  池田市伏尾台3-4-1
  伏尾台センター1F
- TEL　072-753-7318

診療の特徴　地域に根ざし、基幹病院と連携して、内科系疾患を幅広く診療することをめざしています。

片岡医院

- 院長　片岡　徳内
- 住所　〒664-0851
  伊丹市中央1-4-8
  宇杉ビル4F
- TEL　072-784-3636

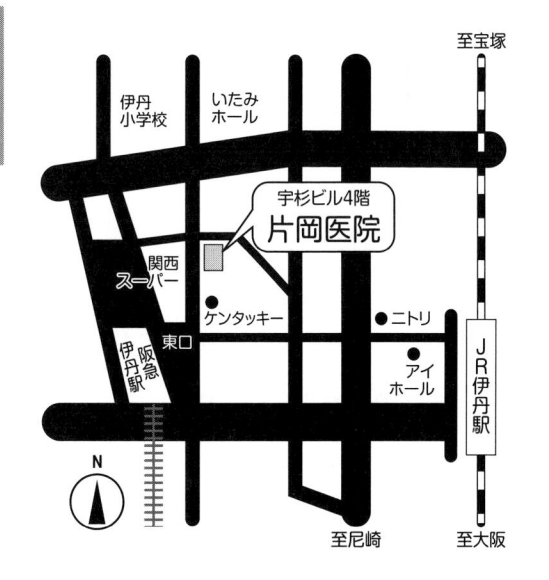

診療の特徴　伊丹市を中心とした地域の皆様の心の健康に役立つことを目指しています。

かめだクリニック

精神科・神経科・内科

医療法人　菱仁会

大阪府堺市堺区向陵中町4-7-30　NDビル2F　（南海高野線三国ヶ丘駅踏切スグ）

診療時間　9:00～12:00　16:00～19:00　　☎072-254-5123

休診日　水曜日、土曜日午後、日祝日　　院長　亀田英明（医学博士）

www.sakai.zaq.ne.jp/kameda-clinic

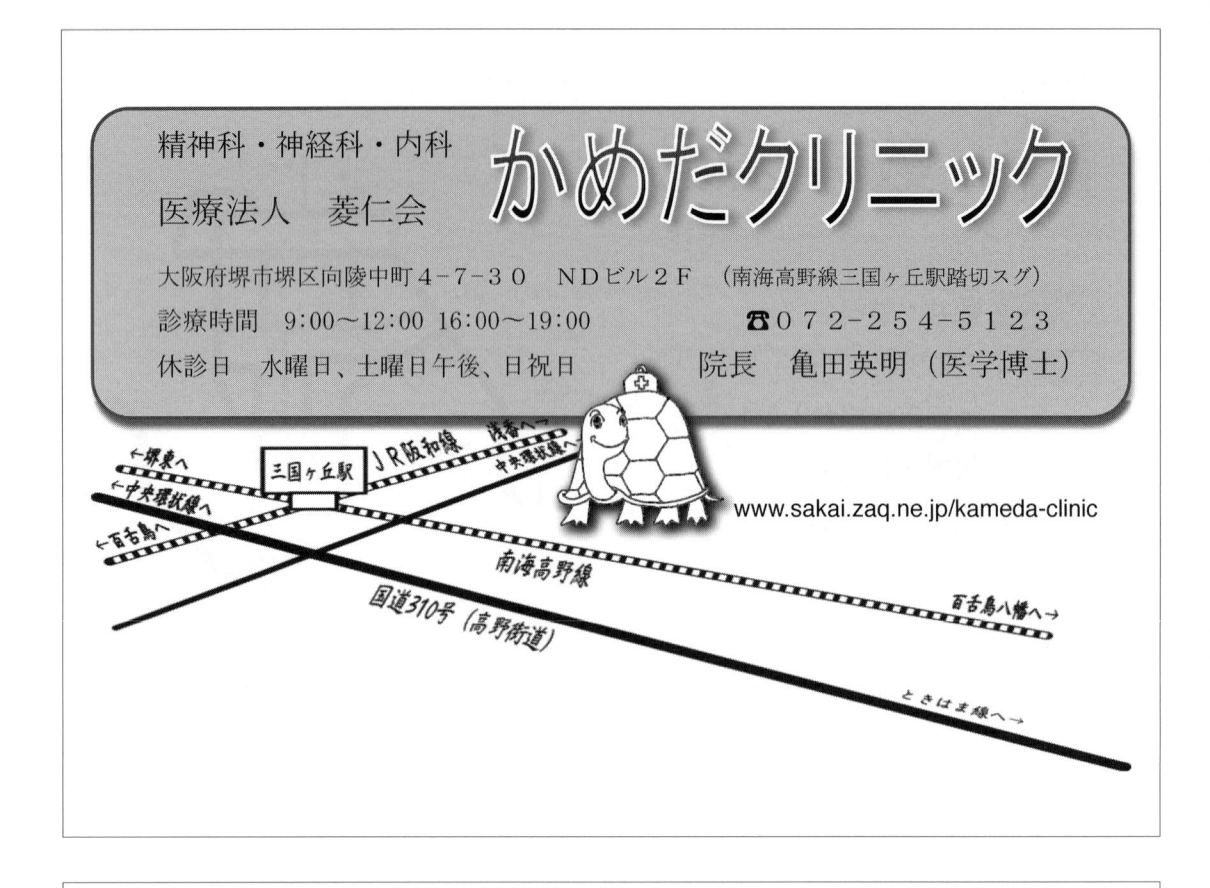

北村クリニック

院　長　北村　栄一

住　所　〒630-8224
　　　　奈良県奈良市角振町16-1

TEL　0742-27-0070

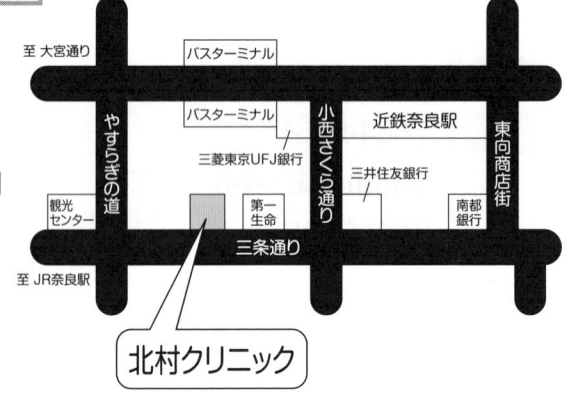

診療の特徴
精神科・神経科・内科
幼児から高齢者まで幅広く診療。地域に密着した医療を実践。

心療内科 くすのき診療所

東灘区 JR甲南山手駅から3分 セルバの西向い

院長　山田　典史　精神保健指定医　医学博士
診療科目：心療内科・精神科

診療時間	月	火	水	木	金	土	日・祝
AM9:30〜12:30	●	●	●	●	●	●	/
PM4:00〜 7:00	●	●	●	●	●	▲	/

▲…土曜午後はPM2:00〜5:00

〒658-0011
神戸市東灘区森南町1丁目6-2-302
（F甲南山手ビル3階）

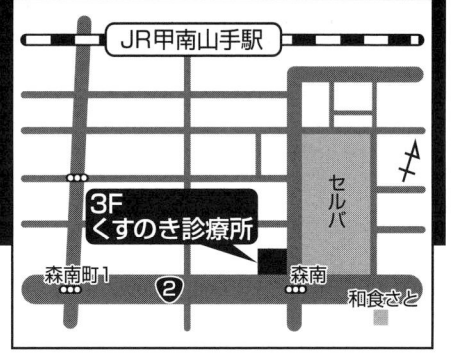

☎078-453-3022

JR甲南山手駅から南へ徒歩3分
2号線沿い北側、セルバの西側にあるビルの3階

小池診療所

内科・神経内科・心療内科
脳波・CT・X線

院長　小池　淳

〒560-0082
大阪府豊中市新千里東町1-4-1
阪急千里中央ビル2F
電話　06-6831-2953
FAX　06-6833-1653

（地下鉄御堂筋線千里中央駅下車すぐ）

小林堂島クリニック

院 長	小林　良成
住 所	〒530-0003 大阪市北区堂島1-6-20
T E L	06-6341-0885

診療の特徴
うつ病、新うつ病、軽症精神神経症を対象に診察。

医療法人 坂口診療所

院 長	坂口　敬人
住 所	〒534-0024 大阪市都島区東野田町5-2-23 京橋セントラルビル2F
T E L	06-6358-0168
初診受付	月・火・水・金　10～15時 木・土　10～11時

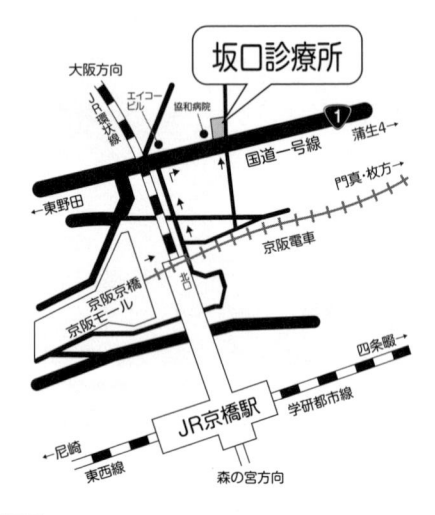

アクセス
- 京橋駅（JR・京阪）から徒歩3分
  国道一号面、協和病院隣
- 近鉄バス・京阪バス
  京橋停留所すぐ前

坂元クリニック

院　長　坂元　秀実
住　所　〒565-0874
　　　　　吹田市古江台4-2-60
　　　　　千里ノルテビル502号
ＴＥＬ　06-6836-1175

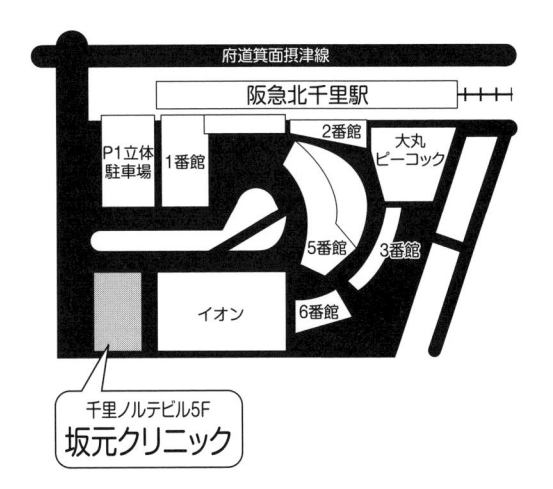

診療の特徴　デイケアを併設し、アウトリーチも取り入れて障害者を地域で支える診療所です。

さらやあすなろ医院

院　長　更家　薫
住　所　〒570-0026
　　　　　守口市松月町5-9
ＴＥＬ　06-6991-2893

診療の特徴　女性医師が診察しております。不眠症・うつ病・統合失調症・更年期障害・パニック障害・心身症・認知症・摂食障害などの疾患を多く扱っており、働く人のメンタルヘルスにも力を入れております。

志水堺東診療所

院長 遠藤さゆり
　　　 志水　彰

住所 〒590-0075
　　　 堺市堺区南花田口町2-3-20
　　　 三共堺東ビル8F

TEL 072-221-4619

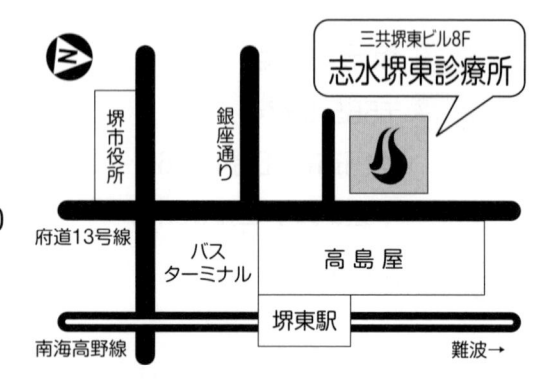

診療の特徴 うつ病などの精神疾患は遠藤さゆりが、てんかんや睡眠障害は志水彰が診療しております。

医療法人　青心会

H.25.10月末現在

青心会メンタルクリニック
院長　益田 勤
☎072-758-1699

受付時間	月	火	水	木	金	土	日・祝
午前9:00～11:30	○	○	○	○	○	○	休診
午後4:00～ 7:00		○		○			

〒666-0016 兵庫県川西市中央町6-7-301セントラルビル3F
http://seishinkai-clinic.com

大森メンタルクリニック
院長　大森 貴美子
☎072-757-6000

受付時間	月	火	水	木	金	土	日・祝
午前9:00～11:30	○	○	○	○	○	○	休診
午後4:00～ 7:00	○		○		○		

〒666-0016 兵庫県川西市中央町3-6 川西大陽ビル3F
http://oomori-clinic.com

（医）青心会　せいしん心療内科
院長　石島 正嗣
☎072-757-4511

〒666-0016
兵庫県川西市中央町5-5
大海ビル 4F

※60歳以上の高齢者の方を対象と致します。

受付	午前9:00～11:30
月	第1・3・5 月曜のみ
火	×
水	○
木	○
金	○
土	第2・4 土曜のみ
日・祝	休診

※予約制
http://seishin-clinic.com

❶ 青心会メンタルクリニック（セントラルビル3F）
❷ せいしん心療内科（大海ビル4F）
❸ 大森メンタルクリニック（川西大陽ビル3F）

大阪健康倶楽部 関山診療所

所　長	関山　正彦
住　所	〒564-0063 吹田市江坂町4-10-1
ＴＥＬ	06-6386-1651

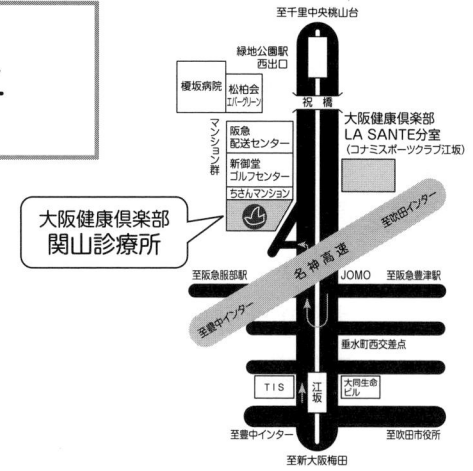

診療内容

人間ドック
- ■日帰りコース
- ■1泊2日コース

専門外来
- ■循環器、肥満、糖尿病

委託検査（要予約）
- ■上部消化管透視、腹部超音波検査、心臓超音波検査、ホルター心電図、頭部CT、骨塩定量(中手骨による)

事業所検診
（巡回バスによる出張検診可）
※THP認定機関
- ■法令に基づく一般健康診断
- ■法令に基づく特殊健康診断
- ■生活習慣病検診　　etc.

高石クリニック

理事長	高石　昇
院　長	高石　穣
住　所	〒530-0001 大阪市北区梅田1-2-2-200
ＴＥＬ	06-6346-0777

診療の特徴

1969年に設立された我が国における精神科クリニックのパイオニア的存在。最近とみに増加するうつ障害をはじめとする神経症、心身症などを治療対象とし、分析及び認知行動的療法を統合的に薬物治療とともに行う。

髙橋西梅田クリニック

院 長	髙橋　京子
住 所	〒530-0001 大阪市北区梅田2-5-4 千代田ビル西館1F
TEL	06-6344-6068

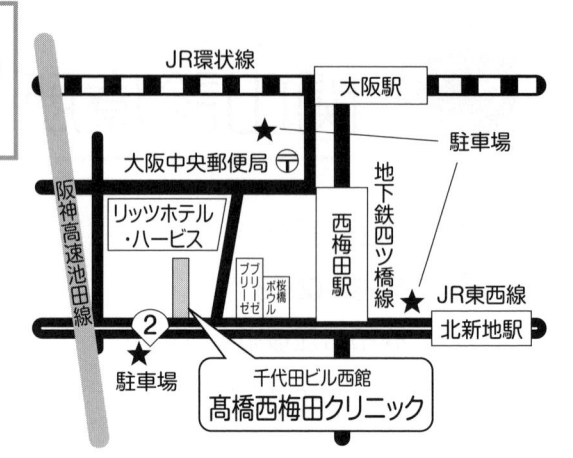

診療の特徴

患者様の最も困っておられることと、その原因を正確に把握し、対処します。病状の背景として、全身的所見・社会・家庭環境を了解し、それに適合して対処します。患者様やご家族に病状や治療内容をわかりやすく説明します。患者様やご家族の了解の下に医療を進めていきます。

医療法人秋田ヒール　田代クリニック
heart-warming

院 長	田代　哲男
住 所	〒010-0003 秋田県秋田市東通1-23-1
TEL	018-884-1500
ホームページ	http://www.tashiro-cl.jp

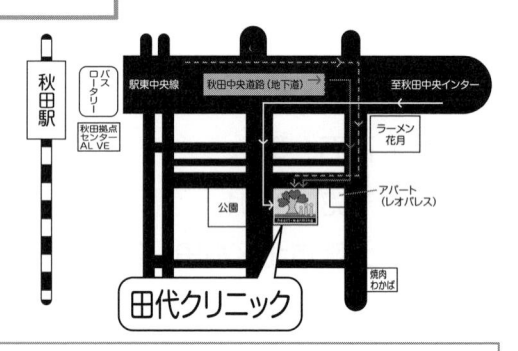

診療の特徴

心が癒える力をはぐくみ、ご自身の力で「癒す」ことができるように支援しています。精神科デイケアでは、通常のデイケア以外に、うつ病者に対して統合的復職支援プログラムを用いたCollege of reworkを行っております。

つつみクリニック

- 院長　堤　俊仁
- 住所　〒536-0016
  　　　大阪市城東区
  　　　蒲生4-1-22
- TEL　06-6935-3200

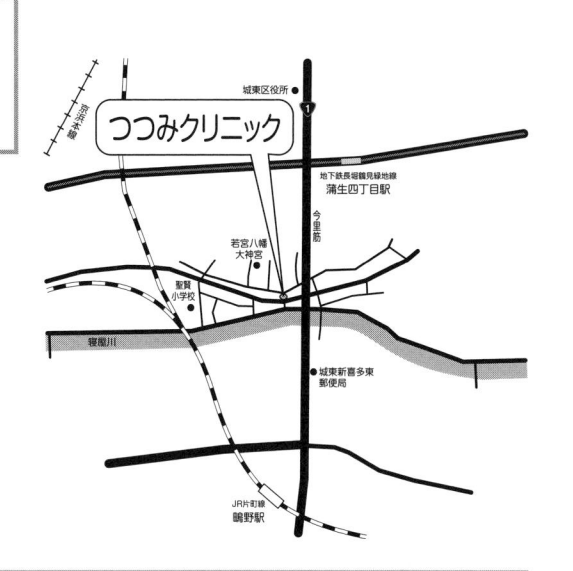

診療の特徴　デイケアを併設しており、地域に根ざした医療を提供しております。

医療法人 中嶋医院

- 院長　中嶋　照夫
- 住所　〒564-0062
  　　　吹田市垂水町2-4-9
- TEL　06-6384-5067
- ホームページ
  http://www.nakajima-iin.com

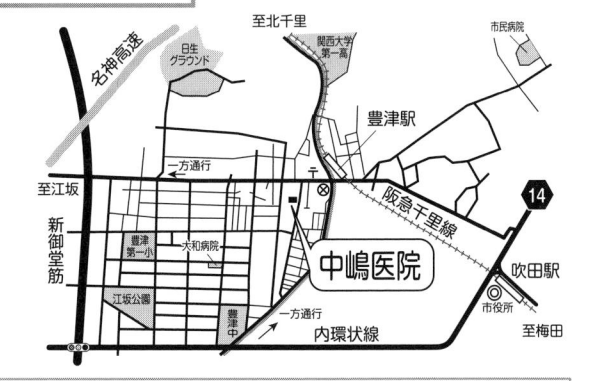

診療の特徴　精神科・神経科・小児科・内科
保健、医療、福祉の統合を目指し、地域に根づいた全人的、包括的診療活動を行いたい。詳細はホームページを参照されたい。

心療内科・神経科・神経内科 にいがわクリニック

- 院長　新川　久義
- 住所　〒599-8236
  堺市中区深井沢町3271
  サンケンビル4F
- TEL　072-270-7801

診療の特徴
抑うつ、不眠等の一般精神疾患、および認知症に基づく行動障害等、お気軽にご相談ください。

医療法人 西口診療所

- 院長　西口　俊樹
- 住所　〒545-0001
  大阪市阿倍野区天王寺町北
  2-31-10
- TEL　06-6719-2702

診療の特徴
デイ・ケア、ナイト・ケア、グループホームを併設する、外来のみの診療所です。

医療法人和栄会 原田医院

- 院　長　原田　忠明
- 副院長　原田　和佳（平成元年入会）
- 住　所　〒746-0014
　　　　　山口県周南市古川町9-8
- ＴＥＬ　0834-62-1500
- ＦＡＸ　0834-62-3134

診療の特徴　当院は人口15万人の地方都市にある精神科クリニックで、気分障害、不安障害、ストレス関連疾患、認知症、統合失調症、てんかんなどの患者さんに対して、多面的な治療・対応を行っております。患者さんの年齢層は幼児から100歳以上の超高齢者と幅広いことが特徴です。

保坂診療所

- 院　長　保坂　直昭
- 住　所　〒662-0973
　　　　　兵庫県西宮市田中町3-1-204
　　　　　エイヴィスプラザ2F
- ＴＥＬ　0798-34-7060

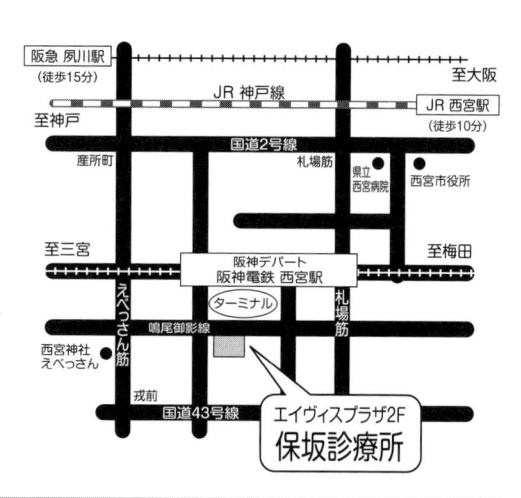

診療の特徴　ストレス関連の障害を主な診療対象としております。
また、てんかんや認知症、症候性のfollowにも対応しております。
詳細に関してはお問い合わせください。

松村クリニック

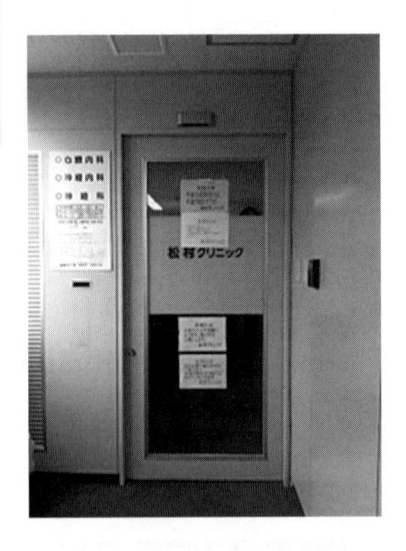

院　長	松村　喜志雄
住　所	〒573-0032 枚方市岡東町13-22 ウィステリア枚方ビル6F
T E L	072-861-0010

診療の特徴　診察室から出る時に今日は来てよかったと思っていただけるようなわかりやすい、ていねいな説明を心がけています。

南クリニック

大阪市福島区吉野3－12－4

院長：南 諭(さとる)

☎ 06-6463-7211
http://minami-clinic.net

【診療内容の特徴】
・心身医学　・行動療法　・自律訓練法

フロー行動療法研究所(関連施設)

行先、不透明なこの時代には、行動療法を基とする「心のトレーニング」が必要と考え、2013年7月、設立しました。
詳しくは、拙著『フロー行動療法本舗』を御一読頂ければ幸いです。

グリーンを基調とした
心理トレーニングルーム

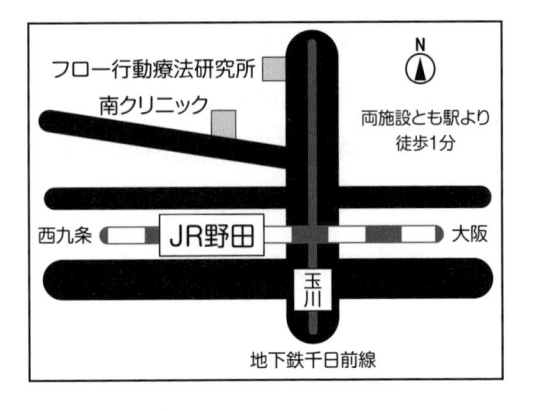

両施設とも駅より徒歩1分

フロー行動療法研究所
☎ 06-6462-6825
http://fb-labo.jp

モト心療内科クリニック

- **院長** 本　義彰
- **住所** 〒532-0006
  大阪市淀川区西三国4-8-19
  三国ビル4F
- **TEL** 06-6393-8341

診療の特徴　仕事を休まずに治療を受けて頂くため、毎日曜日も午前中診療しております。また患者様の社会復帰の一助となるべく、精神科デイケアを併設しております。

山本梅新診療所

- **院長** 山本　順治
- **住所** 〒530-0057
  大阪市北区曽根崎1-2-8
  マルビル3F
- **TEL** 06-6363-3010

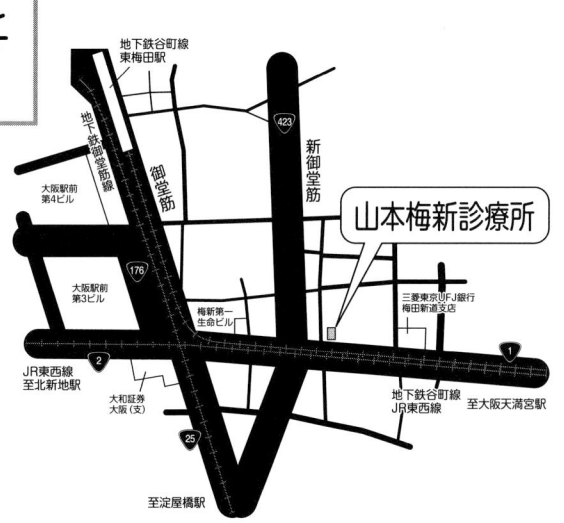

診療の特徴　てんかんも統合治療に取組んでおります。従って脳波検査が得意です。

やまもとクリニック

院長 山本　忍

住所 〒550-0002
大阪市西区江戸堀1-8-22
YTMビル2F

TEL 06-6459-4177

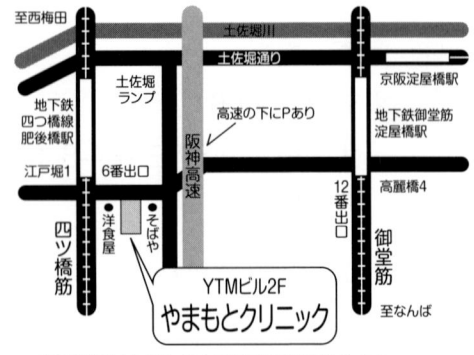

※専用駐車場はありません。図中のPは近隣の駐車場を示します。

診療の特徴　てんかん診療と発達障害に重点をおいています。

INDEX

人名索引

―あ―

アームストロング　281
秋山治彦　597
浅井敬一　87, 479
浅井忠彦　564
浅井昌弘　623
浅尾博一　82, 377, 436, 444, 495
浅野弘毅　564
アシック　691
東武夫　188
阿住一雄　570
足立浩祥　529
阿部和彦　576
安倍晋三　662
新井哲明　597
新井平伊　566, 649
荒井由美子　650
荒川義子　128
有岡巖　344, 386, 476, 479
粟田主一　650
アントニオ　691

―い―

飯島壽佐美　136, 527
飯田信也　116, 138
飯塚礼二　588, 623
井川玄朗　180, 384, 387
イクバル，カリッド　632, 695
池尻義隆　600
池田久男　623
池田学　185, 547, 567, 597, 600, 649
石井毅　587, 588, 623
石井康雄　87
石井良平　534, 576, 606
井田英乃夫　87
板谷美代子　614
伊藤皇一　600

伊藤正昭　132
稲岡長　145, 546
乾正　89, 173
犬尾貞文　564
井上修　123
井上謙　81
井上健　534
井上洋一　138, 586
猪瀬正　566, 623
井原康夫　597
今泉恭二郎　161
今道裕之　563
今村新吉　15, 17, 214, 562
今村有隣　17
井村恒郎　227, 584
猪山昭徳　606
岩井豊明　65, 615
岩瀬真生　534, 576, 606
岩田修永　599
岩坪威　599

―う―

上島哲男　169
上野修一　425
上間武　90
植松七九郎　194
上村忠雄　187
鵜飼聡　534, 576, 606
内村祐之　294, 456, 562, 584
臺弘　563
ウボンラット王女　654
梅垣健三　387

―え―

エー，アンリ　301
江川功　162
エスデイル　246
榎本武揚　12
榎本良広　555
江橋節郎　468
エリクソン，ミルトンH　247
エルメレンス　3, 438

伊藤正昭　132
遠藤四郎　570

―お―

大川匡子　180
大熊輝雄　570, 576
大河内正康　698
大澤安秀　103, 377, 379, 385
太田幸雄　178, 563
大谷藤郎　623
大槻三郎　576
大西（鍛）　i, 12, 562, 662
大野恒之　87, 173
大橋博司　18, 547, 600
大海作夫　81, 615
大溝春雄　173
大村益次郎　2, 108
岡崎綾子　12
岡崎春雄　51
岡崎祐二　576
小笠原將之　138
岡田敬蔵　584
岡田保　570
緒方洪庵　3
緒方惟準　3
小木貞考　585
沖中重雄　294
荻野恒一　585
荻原俊男　623
奥田純一郎　105, 121, 546
尾崎（紀夫）　578, 652, 663
小関充尚　74

―か―

カールバウム　300
カカベロス（ラモン）　538, 691
垣内史朗　288, 336, 467, 597
柿本泰男　418
懸田克躬　227
籠本孝雄　89
笠井清登　652
笠原嘉　584, 609
樫田五郎　14

鹿島晴雄　564
柏木哲夫　534
柏木敏宏　141
柏木雄次郎　171
数井裕光　547，600
片山尚典　558
加藤忠史　652
加藤進昌　576
門川大作　661
金澤彰　418
金子準二　195
金子仁郎　i，36，145，385，474，545，552，562，566，585，588，613，623
紙野晃人　106
神谷美恵子　66，454
亀田英明　88
亀山勉　623
亀山正邦　588，623
假屋哲彦　575
河合隼雄　615
川北幸男　180
河﨑茂　189，197，409，623，639
河﨑建人　190，534，564，639
川人光男　602
川室優　564
神庭（重信）　564，578，652，663
神戸文哉　2

— き —

岸田美登　74
岸本忠三　72
岸本年史　179，384
北村陽英　541
絹川眞理　89
木下利彦　180
木村潔　18，377
木村敏　18，584
木山博資　652
邱郁玟（Chiu, Ye-Wen）　693
姜経緯　692
京谷京子　529
清野茂博　571
切池信夫　180

— く —

楠本長三郎　7，214
工藤喬　336，567，597，623，652，696
工藤義雄　124，175，178，444，488，563
熊代永　588
熊ノ郷卓之　529
クラーク，デイビッド　408
倉知正佳　575，576
倉恒弘彦　535
栗田廣　187
栗田正文　197
車谷隆宏　698
呉秀三　13，18，294
クレペリン　300，439
黒澤良臣　430
黒田重英　613

— こ —

小池淳　81，202，335，564
小出浩之　609
孔繁錦　693
高坂新一　579
古閑永之助　570
越野好文　576
古武彌四郎　377
胡谷和彦　130
小谷八郎　545
小土井直美　115
小松庸一　173
小柳新策　623
小山昭　639
小山司　576
近藤秀樹　546

— さ —

斎藤直光　161
齋藤正彦　642
斉藤正巳　563，576
斎藤茂太　196
西道隆臣　597
堺俊明　179，563，576

榊保三郎　562
阪本栄　173，534
阪本三郎　189
坂本昭三　67，615
桜井図南男　227
篠置昭男　128
佐多愛彦　7
サディク　691
佐藤忠彦　564
佐藤豊彦　571
佐藤光源　564，575，576
里村茂夫　545
佐野勇　120，216，450，505，579
佐野常民　2
鮫島　198
更井正和　89
サリバン　456
澤潤一　189，436，444
三田谷啓　215

— し —

塩入円祐　207
繁信和恵　600
篠崎和弘　180，185，381，534，576，606
司馬遼太郎　108
柴田政彦　558
芝野松次郎　128
島崎敏樹　584
島薗安雄　570，576，623
志水彰　470，501，534
清水達夫　564
清水徹男　136，415，527，574
清水將之　541，585，608
ジャネ　246
シャルコー　246
白石純三　70，169，444，461，546，600
白木博次　623
シルビア王妃　654
新福尚武　385，566，585，588，623

— す —

水津和夫　66
菅井竹吉　17，214

杉田玄端 5	652	天皇皇后両陛下 656
杉田秀夫 623	竹友安彦 51, 553	
杉田義郎 446, 527, 570, 606	田附政次郎 18	—と—
杉原方 492, 613	多田國利 518	
鈴木二郎 576	立花直子 529	土居健郎 585
鈴木利治 597	立花光雄 75, 528	融道男 575, 576
角典哲 170	橘良栓 4	徳川吉宗 2
角辻豊 501	達田健司 558	徳永博正 600
洲脇寛 426	立石潤 588, 628	徳山まどか 558
	立津政順 430	十束支朗 576
—せ—	建野郷三 4	利根川進 289
	楯林義孝 696	富田泰輔 597
清野勇 6	田中克往 88, 169, 527	豊倉康夫 600, 623
関一 18	田中稔久 576, 597, 696	豊島久真男 171
関山敦生 698	田中則夫 554	鳥居鎮夫 571
関山守洋 190	田中迪夫 173	
瀬戸昌子 558	田邉敬貴 424, 445, 464, 546, 600	—な—
ゼルベ, キャスリン J. 543	谷井久志 16, 185, 576, 698	
仙波恒雄 198	谷口和覧 87, 136	中井桐園 2
	谷口典男 89, 108, 546	永井義隆 599
—そ—	谷口充孝 529	長岡半太郎 10
	谷向知 597	中川晶 556
曽谷邦男 87	谷向仁 696	中川格一 545
ソフィア王妃 654	谷向弘 216, 448, 505	中川賀嗣 600
祖父江逸郎 623	田平武 623	中川米造 556
祖父江憲治 336	田伏薫 105, 136, 173, 527	長坂五朗 65, 202, 509, 613
曽良一郎 652	タラント 692	中澤恒幸 575, 576
		中嶋照夫 169, 446, 490, 505, 576
—た—	—つ—	中島豊爾 564
		中修三 161
大澤安秀 379	塚田裕三 579	長田正義 563
高石昇 68, 81, 231, 552	辻明依 558	中根充文 564, 576
高階経昭 81	辻尾一郎 696	中村重信 623
髙橋清彦 188, 189, 196, 437, 444, 509	辻岡美延 615	中村純 576
	辻尾武彦 173	中村晴臣 588
高橋清久 575, 576, 639, 663	辻悟 65, 505, 512, 540, 552, 585, 613	中村祐 567, 576, 597, 698
高橋三郎 576		長山泰政 74, 75, 458
高橋清太郎 189, 439	辻本太郎 554	長与専斎 2
高橋秀俊 576	堤俊仁 28, 137	南木佳士 414
高橋正純 3, 4	津本忠治 602	夏目誠 82
高橋雅春 615		行田建 173
高橋康郎 571	—て—	楢林博太郎 588
高畑直彦 588, 623		成田善弘 609
高柳功 585	デイジー 691	南野壽重 527
竹内知夫 564	デーニッツ 5	難波益之 576
武貞昌志 113	手島愛雄 132, 527	
武田雅俊 57, 567, 575, 597, 637,	テミス 692	

―に―

新美良純　571
西川隆　136, 546, 547, 600
西川徹　575
西園昌久　585
西沼啓次　87, 103, 217
西丸四方　584
西村捨三　6
西村（健）　ii, 48, 169, 217, 518, 563, 568, 587, 588, 622, 638, 645
西村直純　55

―ぬ・の―

ヌリパ　692
野田俊作　89, 554

―は―

橋田賛　188
橋本左内　2
橋本衛　600
橋本亮太　576, 580
長谷川和夫　309, 568, 588, 623, 645
服部英幸　165, 567
鳩谷龍　58, 575, 576, 584
花田雅憲　180
花谷隆志　606
濱中淑彦　600
濱義雄　103
早石修　378
林拓二　180, 576
林正延　615
林幹夫　132
林道倫　584
播口之朗　121, 445, 470, 518
ハル　247

―ひ―

東雄司　180, 379
樋口輝彦　238, 663
樋口真人　599

菱川泰夫　163, 367, 413, 415, 444, 445, 526, 570
人見和彦　180
ピネル，フィリップ　299
日野頌三　553
平井俊策　568, 623, 638
平井富雄　571
平安良雄　578, 652, 663

―ふ―

深津亮　642, 649
福居顯二　180
福沢諭吉　2
福田俊一　89, 555
福田哲雄　576
福森亮雄　698
藤井久和　444, 540, 552, 614
藤岡喜愛　615
藤縄昭　585
藤本修　89
藤本淳三　541, 585, 608
布施敏信　66
フッサール　543
ブランケンブルグ　133
古川唯幸　162
古澤平作　227
古荘和郎　615
ブレイド　246
フロイト　39
ブロイラー　300

―へ―

別府彰　87
ベネディクト　14

―ほ―

ボードウィン　3, 109, 438
ホーナイ　456
保坂正昭　553
星野征光　564
細川清　426
ホフマン　5
堀要　305
堀浩　415

堀見太郎　29, 36, 188, 540, 562, 613
本多治　189
本多弘　66
本多裕　186, 571
本間昭　637, 649

―ま―

前久保邦昭　564
マエスツ　538
前田潔　180, 649
正岡哲　136
町山幸輝　575, 576
松下正明　12, 58, 433, 474, 568, 623, 638
松下昌雄　564
松田武　12
松永秀典　89
松原悦郎　597
松村喜志雄　136
松本和雄　534
松本啓　576
松本淳治　571
松本雅彦　584
丸井清泰　227, 562
マルフリーテ王女　654
丸山総一郎　238
マンスフェルト　4, 438
萬年徹　623

―み―

三浦謹之助　18, 294
三浦岱栄　227
三浦百重　309, 385
三上章良　137, 606
水田一郎　542
三角恂　430
三谷昭雄　67, 614
道川誠　597
満田久敏　575, 584
南諭　553
宮川真一　151, 558
宮川太平　430, 588, 623
宮川九平太　430
三宅弘子　87

宮崎淨　129, 173
宮軒富夫　382
宮軒安太郎　216
宮本忠雄　585
ミュルレル　5
三好功峰　18, 180, 576, 588, 623
ミンコフスキー　132, 301

― む・め ―

村井（俊哉）　652, 662
村上仁　584
村上靖彦　564
室伏君士　588, 623
メスメル　245

― も ―

モーズーリー　5
森康治　698
森輝明　129
森啓　587
森田正馬　227, 441
森田美弥子　618
守田嘉男　179, 637
森原剛史　699
守屋裕文　564
森山公夫　564

― や ―

ヤウレック　21
矢ケ崎明美　535
安永浩　585
八瀬善郎　379
矢野かおり　558
矢部八重吉　227
山内俊雄　576
山口成良　571, 576
山崎學　199
山下格　576
山下仰　534
山下実六　161
山田啓二　661
山鳥重　180
山村道雄　227
山本晃　542

山本（一太）　652, 662
山本和雄　382
山本友香　194
山本幸良　193
山森英長　696

― よ ―

余權訓　693
横井晋　624
吉川正巳　624
吉田功　88, 122, 534
吉田顕三　4, 438
吉田優　65
吉益文夫　380
米田博　180, 576
頼藤和寛　483, 541, 554

― ら・り・れ ―

ライヒマン，フロム　456
ラカン　301, 586
リエボー　246
リノールズ　5
レオ　691

― わ ―

若槻礼次郎　19
ワグナー　21
和田種久　26
和田豊種　i, 17, 20, 214, 540
和田信　172
渡邊章　559
渡辺洋一郎　202

― A ―

Aidaralieva, Nuripa　692
Aimes, David　648
Akiskal, A　558
Alzheimer, Alois　518
Amiel, Henri　669
Andreasen, Nancy A　577
Ansar, Ashik　691
Arie, Tom　637
Armstrong, M. D.　285

Asada, T.　624
Aserinsky, Eugene　526

― B ―

Baiyewu, Olusegun　648
Bauduin, Anthonius Franciscus　3, 109
Begum, Daizy Nurun　691
Bergener, Manfred　637, 645
Berger, Hans　526, 605
Beyreuther, K.　624
Blackwood, Douglas　577
Bonhoeffer　31
Braak, H.　624
Braid, James　246
Brenan, Edward Fitzgerald　670
Brodaty, Henry　649
Brown, Ted　695
Brucki, Sonia　648
Burke, Williams J.　648
Burns, Alister　637

― C ―

Cacabelos, Ramón　691
Canuet Delis, Leonides　691
Carlsson, A　287
Charcot, Jean Martin　246
Chesterton　668
Chiu, Edmond　637
Chiu, Ye-Wen　693
Cloninger, R　558
Cole, Greg M　699
Chan-Hsun, Yu　693
Currais, Antonio　691

― D ―

Doronbekov, Talant　692

― E ―

Eisdorfer, Carl　637
Emerson, Ralph Waldo　669
Emminghaus, H.　303
Erikson, Milton H　247, 486, 552

Ermerins, C. J.　3
Esdail, James　246
Exner　17
Ey, Henri　485, 489

― F ―

Fenichel, O　541
Finkel, Fern　645
Finkel, Sandy　645
Finkel, Sanford　637
Firmino, Horacio　649
Freud, Sigmund　227, 486
Fukui, Hiroyuki　667

― G ―

Gebicke-Haerter, Peter　577
Grasby, Paul M　577
Greengard, P.　285, 287
Griesinger　438
Grossberg, George　577
Grundke-Iqbal, Inge　687, 695
Gunderson, JG　556

― H ―

Haass, Christian　698
Hariguchi　667
Hasegawa, Kazuo　637
Hippocrates　669
Hirokawa, N.　624
Hirsch, Steven R　576
Hoffman, A　624
Hosak, Ladislav　651
Hull, Clark　247

― I ―

Ihara, Y.　624
Ikemura　669
Iqbal, Khalid　622, 632, 695

― J ―

Janet, Pierre　246
Jaspers, K　583

Jervis, George A.　695

― K ―

Kandel, E.　287
Keller, M　558
Kendler, K　558
Kim, Doh Kwan　650
Klatzo, Igor　695
Kleitman, Nathaniel　526
Kraepelin　21, 441, 583
Kudo, Takashi　687
Kung Fun-Chin　693

― L ―

Lacan, J　301, 586
Lautenschlager, Nicola T.　648
Lee, Ho Young　637
Levy, Reymond　637
Liebeault, Ambroise August　246
Live Locally, Grow Globally　10
Loomis, Alfred　526
Luxenberg, Jay　649
Lyketsos, Constantine　648

― M ―

Möller, Hans-Jürgen　577
Mansvelt, C. G. Van　4
Mateos, Raimunodo　649
Maudsley, Henry　5
Mayo, Charles H.　669
Meguro, Kenichi　648
Mesmer, Franz Anton　245
Miller, C. Jeff　669
Minuchin, S　555
Minzer, Jacobo　649
Mukadam, Naaheed　648

― N ―

Niigawa　667
Nishimura, Tsuyoshi　667, 687

― O ―

O'Brien, John　648
Obersteiner　17
Osler, William　669
Oster, Susan　645

― P ―

Pachana, Nancy　648
Pearson, John　667
Poirier, J.　624

― R ―

Ramakrishnan, Anand　648
Reisberg, Barry　624, 637
Reynolds, Russel　5
Ritchie, Craig　648
Robertson, Mark　186
Rorschach, H　613
Roses, A　624

― S ―

Sadik, Golam　691
Sakagami, Yukako　689
Schneider, K　583
Selkoe, D. J.　624
Shaw, George Bernard　669
Shimizu　667
Sisodia, Sangram S.　632
Snider, Al　623, 630
Spielmeyer, W　584
Squire　602
Sugita　668
Sugiyama　669
Suh, Guk-Hee　648
Sutherland, E. W.　286, 467
Swaab, Dick F.　632

― T ―

Tada　667
Takagi　668
Takeda, Masatoshi　667, 687

Tanaka, Toshihisa 688
Tanimukai, Hitoshi 689
Tanizawa 668
Tatebayashi, Yoshitaka 688
Tellegen, A 558
Themistoklis, Katsimichas 692
Tohyama, Masaya 667
Tsujio, Ichiro 689
Tulving 602

— V・W —

Vaillant, G 558
Wada, Hiroshi 667
Wang, Huali 649
Watanabe, Takehiko 667
Weygandt, W. 23
Winblad, Bengt 622, 632, 697
Wisniewski, Henry M. 622, 624, 632, 695

— Y —

Yamamori, Hidenaga 689
Yamatodani, Atsushi 667
Yanagi 669
Yanagihara, T. 624
Yu, Chan-Hsun 693

件名索引

— あ —

藍野病院 899
明石クリニック 917
秋田大学医学部 414
秋津鴻池病院 900
浅香山病院 41, 174, 495, 891
朝日賞 469
アジア睡眠学会 571
阿闍世コンプレックス 228

あすなろ学園 307
アスペルガー症候群 306
アドレナリン 280
アトロピン 292
アナルトリー 548
アパシー 464
甘え理論 228
アミノ酸分析機 419
アミロイドβ（蛋白前駆体） 474, 695
アメリカ国立衛生研究所 695
有馬高原病院 892
アルコール依存症 352
アルコール中毒 38
アルツハイマー型痴呆 462
アルツハイマー協会 633
アルツハイマー病 310, 601, 695
アルツハイマー病とパーキンソン病に関する国際学会 651
アルミニウム 471
アレビアチン 30
あわの診療所 917
安保闘争 467

— い —

医育統一論 7
医学部保健学科 9
医局講座制 40, 178
池田小学校事件 99, 105, 198
医事コンピューター 161
石橋分院 36, 65, 401
和泉丘病院 893
一過性全健忘（患者） 465, 548
茨木病院 894
今岡クリニック 918
今川クリニック 918
医療観察法 105
医療観察法病棟 106
医療技術短期大学部 9
インシュリン 439
インシュリン（衝撃）療法 30, 385, 393
インドール化合物 279

— う —

ウィルソン病 30, 477
上島医院 919
上野芝病院 66
ウエルニッケ失語 602
うつ病 174
運命と研究 296

— え —

英文機関誌 186
エコノモ型嗜眠性脳炎 22
榎坂病院 155, 895
エディプス・コンプレックス 300
エディンバラ大学 408
エピソード記憶 548
愛媛大学 280
愛媛大学医学部 414, 418
援護寮 319

— お —

応急入院 319
大久保クリニック 919
大阪医学校 i
大阪医科大学 i
大阪医療センター 108
大阪外国語大学 10, 70
大阪外国語大学保健管理センター 482
大阪回生病院 160
大阪家庭裁判所 462
大阪仮病院 109
大阪警察病院 123, 342, 462
大阪厚生年金会館 178
大阪厚生年金病院 132
大阪公立病院 4
大阪国際会議場 180
大阪国税局診療所 68
大阪さやま病院 896
大阪市設北霊園 27
大阪女子高等医学専門学校 401
大阪市立小児保健センター 115
大阪市立総合医療センター 113
大阪精神医会 82, 201, 204

大阪精神衛生協会　188
大阪精神衛生協議会　24
大阪精神科診療所協会　82，193，200
大阪精神科病院協会　188，510
大阪精神分析研究会　226，233
大坂遷都論　3
大阪第一陸軍病院　110
大阪大学医学部　i
大阪大学医学部学友会理事長　24
大阪大学保健管理センター　463
大阪第二警察病院　124，490
大阪帝国大学医学部　i
大阪逓信病院　128
大阪癲狂院　188
大阪脳病院　188
大阪府医師会　331
大阪府衛生部　462
大阪府こころの健康総合センター　84，95
大阪府精神衛生相談所　95
大阪府精神科救急体制　190
大阪府立大阪病院　86
大阪府立急性期・総合医療センター　86
大阪府立公衆衛生研究所　81，464，495
大阪府立高等医学校　i
大阪府立こころの健康綜合センター　495
大阪府立成人病センター　169
大阪府立難波病院　86
大阪府立病院　467，479
大阪南医療センター　110
大塚病院　898
大海クリニック　920
オキシトシン　471
奥田蘇明会医院　920
小曽根病院　897
オレキシン　260
音楽療法　129

― か ―

外因性反応型　226
外因反応型精神病　31
絵画療法　125，129，133

介護老人保健施設　335，349
概日リズム　259
概日リズム睡眠障害　530
外傷後ストレス障害　549
回生堂　160
懐徳堂　2
快の笑い　269
解離性健忘患者　549
解離性障害　325
香川医科大学　426
香川大学医学部　426
学生精神的健康調査　71
学生保健室　70
数井医院　921
家族療法　555
片岡医院　921
学会認定医療機関　573
学校精神保健　543
学校保健法　70
家庭内暴力　325
カテコールアミン　280，451
カテプシンD　471
金沢学会　497
金沢総会　88
構えと距離　230
かめだクリニック　922
仮病院　2
カルモジュリン　288，336，420
簡易精神療法　402
関西医科大学　349
関西労災病院　46，143
関西ロールシャッハ研究会　67
がん診療拠点病院　156
がん対策基本法　171
関東大震災　23
漢方　554
緩和医療　170
緩和ケア（チーム）　149，152，170，321

― き ―

季節性感情障害　530
北大阪けいさつ病院　177
北野病院　18，378
北村クリニック　922
キヌレニン　377

機能的MRI　605
嗅周囲野　548
急性期医療　341
急性期治療病棟　375
急速眼球運動　257
嗅内野　548
境界パーソナリティ障害　306，541
境界例　484
教室百周年の記念式典　ii
京都帝国大学医科大学　17
筋萎縮性側索硬化症　379，471
近畿精神神経科学教室集談会　178
近畿精神神経学会　63，178
近畿精神病医会　188
近畿中央病院　322
緊急措置　410
筋交感神経活動　529
筋ジストロフィー　419
近赤外分光計測　538
緊張緩和の笑い　269
勤労者メンタルヘルスセンター　144

― く ―

くすのき診療所　923
熊本大学　430
久米田病院　190
クラーク勧告　196
グループホーム　324，331，342
クロイツフェルト・ヤコブ病　471
クロマトグラフィー　279
クロルプロマジン（療法）　32，279，450

― け ―

芸術療法　133，134
経頭蓋磁気刺激法　605
経鼻的持続陽圧呼吸療法　571
結核性脳脊髄膜炎　30
血管性痴呆　462
血管性認知症　551
健康体育部　70，71，461
言語聴覚士　366
言語療法　136
県立橿原精神病院　384

索 引

県立五稜病院　381

―こ―

小池診療所　923
抗うつ薬（剤）　40，292
公益財団法人　321
後期研修医　321
後期臨床研修医　342
高次神経研究施設　122，452
高次脳機能障害　136，547
抗精神病薬　40，292
向知性薬　312
行動・心理療法科　166
合同卒後研修講座　180
高等中学校医学部　5
行動療法　484，552
広汎性発達障害　694
抗不安薬　40，292
高齢化社会　566
高齢社会　566
語義失語　507
国際アルツハイマー病学会　49
国際睡眠学会　264，570
国際精神分析協会　227
国際老年精神医学会　314，567
国分病院　901
国立大阪病院　66，110，495
国立大阪南病院　322
国立学校設置法　70，413
国立呉病院　397，481
国立循環器病センター　506
国立病院機構大阪医療センター　342
国立療養所中部病院　165
こころのオアシス　95
こころの救急相談事業　191
心のクリニック　157
こころの健康総合センター　411
小阪病院　902
コネクティビティ解析　538
小林堂島クリニック　924
コミュニケーション　267
御用聞き方式　153

―さ―

サイコオンコロジー　131
細胞骨格蛋白　310，474
催眠　84
催眠トランス　248，252
催眠療法　484，552
堺　27
堺脳病院　188，318
坂口診療所　924
坂元クリニック　925
作業所　410
作業療法　104，324，458
作業療法士　366
作業療法センター　324
錯語　506
座敷牢　205
さらやあすなろ医院　925
サルバルサン　31
さわ病院　190，903
三環系抗うつ薬　452
産業精神医学　68
サンザン会　389
三大学協議会　72

―し―

視交叉上核　259
自殺　67
思春期外来　48，541
思春期グループ　38
視床下部　31
視床下部神経核　381
自然治癒能力　134
指尖容積脈波　529
持続睡眠療法　439
持続陽圧呼吸　527
七山（病院）　27，188，905
失語　464
失語症　136
児童青年精神科　113
児童治療教育相談室　305
自閉症　306
自閉症スペクトラム障害　537
司法精神医学　423
志水堺東診療所　926

自明性　133
社会福祉法人　341
社会保険紀南病院　381
社交上の笑い　269
周期性傾眠症　528
周期性四肢運動異常（症）　163，529
従軍日記　21
重症心身障害施設　104
修正型電気けいれん療法　61
集団自律訓練　125
終夜睡眠ポリグラフ（検査）　136，163，526
腫瘍精神科　170
循環精神病　299
純粋語唖　506
障害者自立支援法　365
消去現象　465，506
松心園　498
小精神療法　557
焦点切除術　548
招聘教授　226，231
松籟荘　58，102，497
食道内圧測定法　529
触法患者　411
自律訓練法　553
自立支援事業　321
市立豊中病院　150
私立和歌浦病院　382
新型うつ病　325
心筋シンチ　155
神経科　i
神経化学会　424
神経化学懇話会　279，579
神経学雑誌　18，214
神経科精神科　i
神経原線維変化　311，471，518，695
神経症　67，174，484
神経心理学　464
進行（性）麻痺　38，297，299，441
真乗院　45
心身医療相談　151
心身症　67
心身相関　226
進駐軍　399
心療・緩和科　172

―す―

推薦入学　424
吹田移転　52
吹田キャンパス　52
睡眠医療　163
睡眠医療センター　162, 163, 571
睡眠外来　148
睡眠関連呼吸障害　573
睡眠研究　570
睡眠時無呼吸症候群　262, 527, 571
睡眠障害　256
睡眠障害国際分類　265
睡眠発現物質　256
睡眠ポリグラフ検査　257, 571
水溶性蛋白　49, 310, 471
スウィフト・エリス療法　75
スーパー救急（病棟）　320, 338, 390
巣鴨病院　440
スタンフォード催眠感受性尺度　247
ストレス外来　148
ストレスケア　331
スモン病　385

―せ―

青医連　498
生化学研究室　37
生活技能訓練　76
生活訓練施設　365
生活習慣病　171
生活保護　497
生活療法　88, 104
脆弱X症候群　695
精神医学教室　i
精神医療オンブズマン　192
精神医療行政　409
精神医療審査会　76
精神衛生管理研究会　82, 122, 237
精神衛生研究所　24
精神衛生相談所　488
精神衛生法　76, 196, 497
青心会メンタルクリニック　926
精神科学講座　413

精神科救急　190, 410
精神科救急システム　412
精神科急性期治療病棟　341
精神科診療所医会　206
精神科閉鎖病棟　139
精神科訪問看護　189
精神科リエゾン加算　153
精神神経科　i
精神神経科学　i
精神神経学雑誌　63, 184
精神神経学会　489
精神生理研究室　37
成人病　171
精神病院法　205
精神病者監護法　200, 205
精神病約説　5
精神病理学　132
精神病理グループ　48
精神病理研究室　37
精神分析　552
精神分析学　226
精神分析入門　227
精神分裂病　300, 439
精神保健指定医　76, 137, 342
精神保健政策　76
精神保健福祉士　89
精神保健福祉センター　95
精神保健福祉法　197
精神保健法　499
精神療法　67, 134, 540
精神療養病棟　349
青年期外来　608
青年期精神医学交流会　609
青斑核　468
舎密局　109
世界神経化学会　279
世界睡眠学会連合　264
世界精神医学会　563
世界生物学的精神医学会　64, 656
脊髄小脳変性疾患　136
関山診療所　927
摂食障害　306, 325
セルパシル　32, 385
セロトニン　451
全国児童青年精神科医療施設協議会　113
戦時医学　216

前頭側頭型認知症　507, 551, 601, 696
前頭葉機能　537
せん妄　153, 636

―そ―

双極性障害　38
爽心堂　188
早発性痴呆　300
ソーシャルワーカー　497
措置入院　497
染井霊園　19

―た―

ダートマス大学　58
ターミナルケア　170
大学東校　5
大丈夫　44
体性感覚誘発電位　497
第二けいさつ病院　175
第二次世界大戦　29
第二室戸台風　36, 43
大福寺　2
タウ蛋白　695
ダウン症　695
髙石クリニック　927
髙橋西梅田クリニック　928
田代クリニック　928
田附興風会　18
多発性硬化症　139
玉江橋　36
田蓑橋　36
ためなが温泉病院　906
炭酸脱水素酵素阻害剤　471
断酒会　352
丹比荘病院　907

―ち―

地域医療機能推進機構大阪病院　132
地域がん診療連携拠点病院　151, 154
地域診療拠点病院　156
地域生活支援センター　342, 365

索 引

地域に生き世界に伸びる　2, 10
地域連携システム　550
チーム医療　325
近森病院　908
遅発性ジスキネジア　395
中間径線維　474
中心前回　548
超音波研究室　37
超音波ドプラー法　38, 169
超音波ドプラ血流検査　462, 545
聴覚失認　465
重建懐徳堂　2
超高齢社会　566
長寿医療研究センター　165
勅令第48号　5
勅令第67号　8
チリ地震　382
治療精神医学　228

― つ ―

通院精神療法　201
つつみクリニック　929

― て ―

デイケア　324, 342, 405
帝国大学　8
適塾　2
適々斎塾　2
手続き記憶　548
てんかん　38
電気ショック（療法）　30, 395, 439
電撃療法　402
伝導失語　506

― と ―

同意入院　499
東京精神神経科診療所医会　206
東京都精神医学総合研究所　570
統合失調症　38, 450
同志社英学校　13
堂島川　9, 36
道徳治療　299
冬眠療法　76, 279, 291
東洋学館　20

ドーパ　451
ドーパミン　280, 451
ドーパミン仮説　518
特定機能病院　172
特発性正常圧水頭症　549
特発性レム睡眠行動異常症　528
トリプトファン代謝　377
トロポニンC　468

― な ―

ナイトクリニック　201, 405
ナイトケア　324, 342
長島愛生園　121
中嶋医院　929
中宮病院　27, 41, 74, 190, 336, 408, 459, 468
ナショナルセンター　166
浪華仮病院　2
奈良県立医科大学　377, 467
奈良県立結核療養所　102
ナルコレプシー　41, 256, 526, 573
ナンシー学派　246
難治性てんかん　548

― に ―

にいがわクリニック　930
西口診療所　930
西本願寺　3
西村式（N式）高齢者精神機能検査　310
二重精神病　299
日露戦争　21
日生病院　41, 120, 470
日本医療機能評価機構　151
日本筋電図学会　605
日本高次脳機能障害学会　465
日本サイコオンコロジー学会　172
日本催眠医学心理学会　249
日本産業衛生学会　237
日本産業ストレス学会　238
日本思春期青年期精神医学会　513, 608
日本失語症学会　465
日本児童精神医学会　306
日本児童青年精神医学会　608

日本神経回路学会　652
日本神経化学会　279, 652
日本神経科学会　652
日本神経学会　18, 120
日本神経心理学会　465
日本神経精神医学会　64
日本睡眠学会　163, 264, 528, 570
日本精神衛生学会　238
日本精神衛生協会　23
日本精神衛生連盟　511
日本精神科医学会学術大会　193
日本精神科病院協会　193, 198, 509, 510
日本精神神経科診療所医会　206
日本精神神経科診療所協会　200, 202
日本精神神経学会　184, 513
日本精神神経学会専門医　342
日本精神病院協会　194, 198
日本精神病理学会　54, 513
日本精神分析学会　227, 513
日本生物学的精神医学会　64
日本船舶振興会　176
日本総合病院精神医学会　156
日本痴呆学会　313
日本認知症学会　64
日本脳炎　297, 450
日本臨床神経学会　295
日本臨床神経生理学会　605
日本臨床睡眠医学会　532
日本老年医学会　49
日本老年精神医学会　312
日本ロールシャッハ学会　513
ニューロフィラメント　471, 518
人間学派　541
認知行動療法　61, 134, 355
認知症　38, 153, 636
認知症疾患医療センター　167, 331
認知症の熊本モデル　432
認知療法　557

― ね ―

ネイチャー　469
ネオ-ジャクソニスム　301
ねや川サナトリウム　909

― の ―

脳幹網様体　259
脳虚血モデル　471
脳血管拡張剤　311
脳血管性痴呆　471
脳血流障害　38
脳磁図　605
脳神経科　169
脳代謝改善剤　311
脳波研究室　37
ノーベル医学生理学賞　469
ノルアドレナリン　280, 451
ノンレム睡眠　526

― は ―

パーキンソン（氏）病　451, 518
パーソナリティ障害　325, 558
ハートランドしぎさん　904
バイオフィードバック　84, 554
楳毒院　86
破瓜型分裂病　484
箱庭療法　423
発達障がい　364
原田医院　931
パラリーゼ　439
鍼　554
ハロペリドール　40
阪神淡路大震災　98, 148, 411
反精神医学　76
ハンセン病　121, 454
阪大高次研　336
阪大式老年知能検査　41
阪南病院　174
万博公園　52
反復性経頭蓋磁気刺激療法　61

― ひ ―

東加古川病院　910
東館9階　37
皮質聾　465
ヒスタミン　471
ヒステリー　496
微生物病研究所　8
ピックウィック症候群　256
ピック病　507
非定型うつ病　499
非定型精神病　489
日野病院　911
姫路市営名古山霊園　55
百二十周年記念誌　ii
病院開設許可の取り消し処分　412
病院機能評価　156
病院指導　409
表情筋筋電図　534
瓢箪型持続浴　87
広島藩蔵屋敷　4

― ふ ―

フェニルケトン尿症　695
フォリア刊行会　186
福祉ホーム　335, 365
藤戸病院　912
佛眼寺　15
物療内科神経科　15
不登校　83, 306, 484
プライミング検査　548
府立大阪医科大学　i
府立公衆衛生研究所精神衛生部　95
府立病院　41
フルボーン病院　408
ブローカ失語　602
プロスタグランジン D_2　260
プロスタグランディン　378
プロテインキナーゼ　288
フロリダ大学　57
分子精神神経学講座　59
文章完成テスト　71
文章完成法　226

― へ ―

閉塞性睡眠時無呼吸症候群　163
ベイラー医科大学　57
ベルツ賞　415
変質理論　299
ベンゾジアゼピン　40, 452

― ほ ―

包括医療病棟　165
訪問看護　324
訪問看護ステーション　342
補完代替治療　252
ほくとクリニック　133
保健管理センター　70
保坂診療所　931
星ヶ丘厚生年金病院　135
ホスピス　535
ポリグラフ　42
ホリミウヂノハカ　34
堀見反応　226

― ま ―

マイクロチュブル　471
待兼山　7, 65
松村クリニック　932
マラリア療法　21, 226, 439
慢性疲労症候群　535

― み ―

ミクロ救急体制　204
水間病院　913
みどり会　88
水俣病　431
南クリニック　932
箕面ヶ丘病院　99
箕面市立病院　156
箕面神経サナトリウム　914
箕面墓地公園　33
美原病院　915
三山会　389
ミヤマ会　389
宮本病院　382
ミュンヘン大学　300
見るなの禁止　228
ミロン反応　279

― む・め ―

無意識　486
メトアンフェタミン　257

メラトニン　259
メンタルヘルス　72

―も―

妄想　636
モト心療内科クリニック　933
モノアミン酸化酵素阻害剤　40, 448, 452
物盗られ妄想　507
モノマニー学説　299
物忘れ外来　152
森田療法　557

―や―

夜間せん妄　528
薬物依存　325
薬物性パーキンソニズム　395
薬物療法　134
山口病棟　87
山口別館　31
大和川病院　411
大和川病院事件　98, 189
やまと精神医療センター　107, 912
山本梅新診療所　933
やまとクリニック　934

―ゆ・よ・ら―

ユング派　419
吉村病院　916
ライシャワー事件　40, 102, 497
ラメルテオン　261

―り―

リエゾン精神医学　137
リエゾン精神医療時代　88
理学療法士　366
力動精神医学　227
離人症　541
リソゾーム　471
リバーミード行動記憶検査　603
療養病棟　342, 375
臨床研修指定病院　156
臨床神経学　214

臨床神経懇話会　295
臨床心理士　327

―る・れ―

ルポ・精神病棟　88
ルンバール注射　30
レクリエーション療法　87
レストレスレッグズ症候群　163, 529
レセルピン　75, 451
レビー小体型認知症　507
レビー小体病　551
レム睡眠　526

―ろ―

ロイヤルホテル　43
老人の精神障碍　309
老人斑　474, 518, 695
労働福祉事業団　143
老年期外来　148
老年期精神病　38
老年期脳障害研究会　312, 587
老年精神医学　505
ロールシャッハ・テスト　32, 226, 496, 540, 612
ロールシャッハ・テスト阪大法　228
ロボトミー　32

―わ―

和歌山県立医科大学　377, 495
和風会　ⅱ, 425
和風会研究会　60
和風会講演会　59
和風会誌　108
和風会症例検討会　62
笑い　267
笑いのスコア　274
笑いの度数計　276

―A―

AAIC（Alzheimer's Association International Conference）　633

ADPD　651
AD/PD Conference　654
Alzheimer's Association　633
Alzheimer's disease（AD）　667, 673, 676, 678, 685

―B―

β-シトリルグルタミン酸　420
BPSD　168, 320, 550, 646
Broca 領野　506
Brodmann の脳地図　506

―C―

Calmodulin　469
cAMP　286
CO 中毒後遺症　431
CPAP　162, 571
Cyclic AMP　467

―D―

DALY　658
Dementia Japan　313
DSM-Ⅲ　485
DSM-Ⅳ　541

―E・F―

EGTA　468
FTDP-17　678

―I―

ICU　38
iNPH　549
Institute for Basic Research in Developmental Disabilities（IBR）　694
International Psychogeriatric Association　654
International Psychogeriatrics　647
iPS 細胞　289

― J・L ―

J-COSMIC　676
Japan Society for the Promotion of Science（JSPS）　678
Live Locally, Grow Globally　10
L-5-ヒドロキシトリプトファン　452

― M ―

MAP2　471
MCI　636
MEG　538
mild cognitive impairment（MCI）　676
MRI　155

― N ―

Neurofibrillary tangle（NFT）　678
NIRS　537, 606
Nishimura award　684
NIH　695
NPI　550
NTT 西日本大阪病院　334
N 式精神機能検査　471

― O・P ―

OISA　41
Paired helical filament　518
PEMA 症候群　602
Phosphodiesterase　468
Pickwick 症候群　527
PPI　606
PSW　325
Psychiatry and Clinical Neurosciences　184
PSYCHOGERIATRICS　314
PTSD（概念）　549, 583, 659

― R・S ―

REM 睡眠　257, 534
rTMS　61
S. C. T.　496
Second Messenger　467
SINPHONI　549
SPECT　155
SST　76, 321
Stance and distance　230
Stanford Hypnotic Susceptibility Scale　247

― T・W ―

TAT　226, 613
tau　678
TGA　548
Toll-like receptor　673
Wechsler Memory Scale-Revised（WMS-R）　603
WFSBP　64, 577
White 研究所　232
WPA　563
WPA 地域会議　51

編集後記

　大阪大学精神医学教室は，毎年11月の最終土曜日に同門会である「和風会」総会を開催してきた。先代の故西村健教授の時代に教室創立百周年を迎えた平成6（1994）年にも教室の歴史をまとめる話があったが，その作業の膨大さに恐れをなして実現しなかった。

　今回創設百二十周年記念誌として本書が出版されるに至ったことは，大きな喜びである。内容もそれにふさわしい充実したものとなった。一読して精神医学教室に関して自分の知らなかったこと，間違えて記憶していたことが大変多く，今回の作業を通じて正しい理解が得られたことを意義深く感じている。それにつけても自分の知っていたことは全体の数％に過ぎず，しかも事実と異なっている部分が多かったことに驚いている。

　この百二十年間に世界の精神医学も，我が国のそれも大きく変わった。それは経験と言い伝えを基礎としたものから近代科学への変貌と軌を一にしている。私事であるが，私は医学部へ入学した時に内科医であった父から「精神科だけは行くな。あれは科学ではない。行くなら学費は出さぬ。」と言われた。それを科学にするのが我々の使命であると説得するのが大変であった。以後の五十五年間にわが国の精神医学も精神科医療も大きく変化した。それは客観的事実に基づいた近代科学への着実な前進である。

　その時代の流れに大阪大学精神医学教室が百二十年間にわたって参加し，大きな貢献をなしてきたことを本誌を通読して実感し，本誌を出版できてよかったと深く感じている。昭和34年に筆者が精神科に入局するとき，同級生や他科の先輩から，精神医学教室の構成員がどれだけ"変人"であるかをいろいろ聞かされた。しかしそれはごく一部の教官についての偏見であり，大部分は変人どころか真摯な医師であり研究者であった。

　日々の診療や研究は精神医学の一部分に過ぎない。それ以外の大きな分野で，和風会の先輩，同僚，後輩たちがどのように精神医療を支え，多くの人々の治療に貢献してきたかにつき，今回の百二十周年記念誌を読んで初めて知ったことも大変多い，いや知っていたことはごく一部であった事を痛感している。

　編集者として通読してみて，大阪大学精神医学教室の方々がいかに多くの分野で活動し，成果を挙げてこられたかを知って，誠に嬉しく感じている。本誌を読まれた多くの方々もまたそう感じられるであろう。できるだけたくさんの分野の記事をお読みいただくことを念じてやまない。

　なお，本誌は私が編集委員長という名のもとに責任者になっているが，実際の作業の多くは工藤喬教授（大阪大学保健センター）が行い，本書に記載された写真などの資料の入手にも大きな努力を重ねられた。さらに武田雅俊教授は実質的な計画，編集に多大な努力を傾けられた。このことを付記して編集後記としたい。

編集委員長　志水　彰

© 2014　　　　　　　　　　　　　　　　第1版発行　2014年4月15日

精神医学の潮流
大阪大学精神医学教室120年の歩み

　検印省略

　　　　　　　　　　　編者　　120周年記念誌編集委員会

　　　　　　　　　　　発行者　　　　　　　林　　峰子
　　　　　　　　　　　発行所　　株式会社　新興医学出版社
　　　　　　　　　　　〒113-0033　東京都文京区本郷6丁目26番8号
（定価はカバーに表示してあります）　電話　03（3816）2853　　FAX　03（3816）2895

印刷　三報社印刷株式会社　　ISBN978-4-88002-747-0　　郵便振替　00120-8-191625

- 本書の複製権・翻訳権・上映権・譲渡権・公衆送信権（送信可能化権を含む）は株式会社新興医学出版社が保有します。
- 本書を無断で複製する行為，（コピー，スキャン，デジタルデータ化など）は，著作権法上での限られた例外（「私的使用のための複製」など）を除き禁じられています．研究活動，診療を含み業務上使用する目的で上記の行為を行うことは大学，病院，企業などにおける内部的な利用であっても，私的使用には該当せず，違法です．また，私的使用のためであっても，代行業者等の第三者に依頼して上記の行為を行うことは違法となります．
- JCOPY 〈(社)出版者著作権管理機構　委託出版物〉
　本書の無断複写は著作権法上での例外を除き禁じられています．複写される場合は，そのつど事前に，(社)出版者著作権管理機構（電話 03-3513-6969，FAX 03-3513-6979，e-mail：info@jcopy.or.jp）の許諾を得てください．

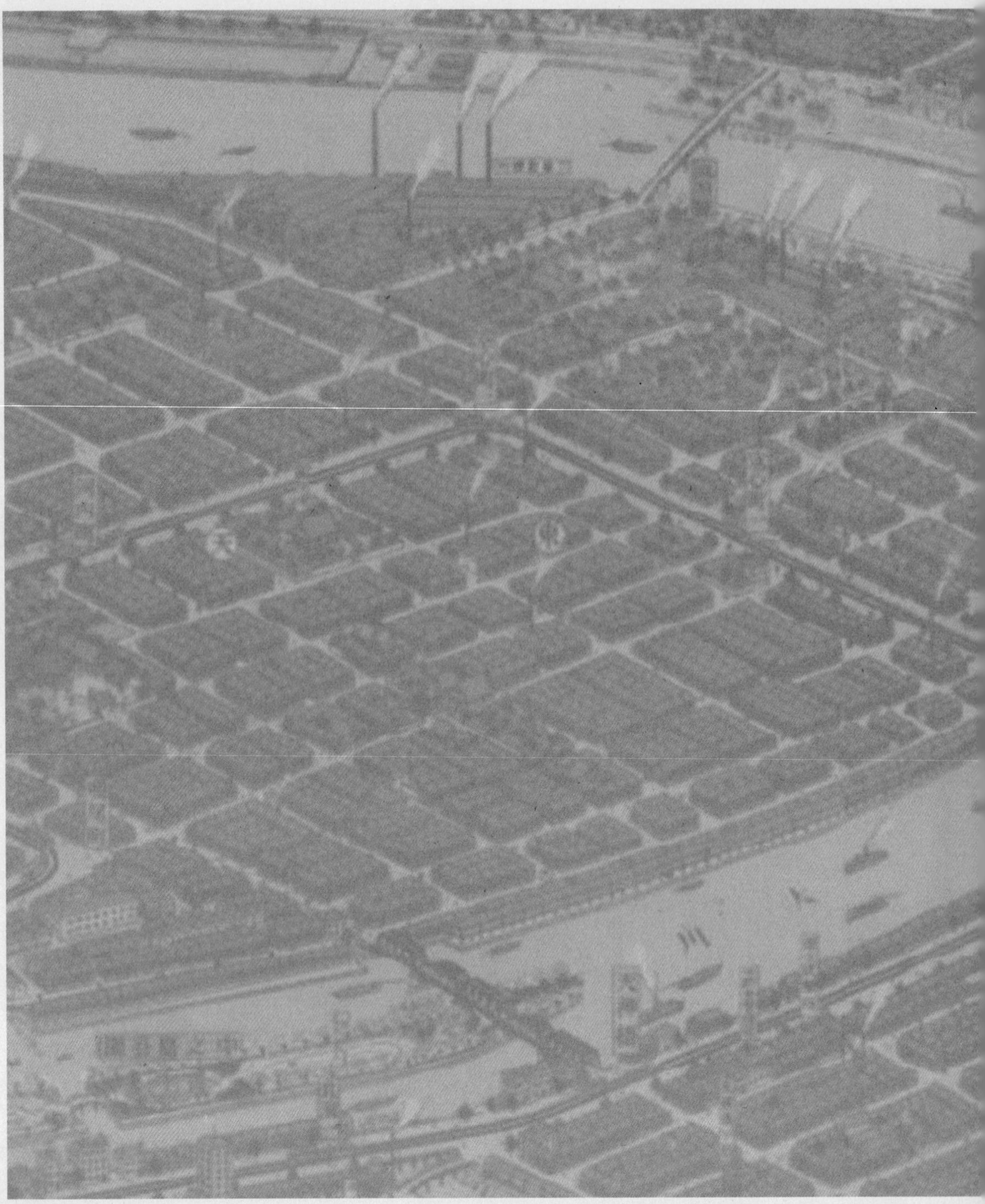